WÖRTERBUCH DER ANTIKE

MIT BERÜCKSICHTIGUNG IHRES FORTWIRKENS

Begründet von HANS LAMER

fortgeführt von PAUL KROH

Zehnte, verbesserte und ergänzte Auflage

ALFRED KRÖNER VERLAG STUTTGART

Lamer, Hans
Wörterbuch der Antike: mit Berücks. ihres Fortwirkens /
begr. von Hans Lamer. Fortgef. von Paul Kroh.
10., verb. und erg. Aufl. – Stuttgart: Kröner, 1995.
(Kröners Taschenausgabe: Bd. 96)
ISBN 3-520-09610-2

Gesamtherstellung: Friedrich Pustet, Regensburg

AUS DEM VORWORT ZUR ERSTEN AUFLAGE

Unter „Antike" ist im Titel dieses Buches nach dem üblichen Sprachgebrauch die griechisch-römische Antike verstanden. Über das griech.-röm. Altertum hinaus wurde der Vordere Orient und auch der Ferne Osten einbezogen, insofern die Völker und Kulturen dieser Gebiete mit denen der Mittelmeerländer in Beziehung getreten sind, vor allem aber auch die germanische Antike, soweit sie durch die sog. röm.-german. Forschung erhellt wird.

Aufgabe des Buches, wo es den Bereich der Antike überschreitet, ist es, darzustellen, wie sich die moderne Weltkultur, darunter also auch die deutsche, auf der Grundlage der antiken Kultur entwickelt hat. Die großen bodenständigen Schöpfungen der neueren, insbesondere der germanischen Völker und die tiefgreifenden Umbildungen des antiken Erbes zu schildern, liegt außerhalb unseres Rahmens.

Innerhalb dieser Grenze blieb altphilologische Fachwissenschaft im engsten Sinne unberücksichtigt; behandelt wurde aber auf der Grundlage der Fachwissenschaft möglichst alles, was der Allgemeinheit zum Verständnis der Antike, ihres Weiterlebens bis in die Gegenwart und damit zu klarerer Erfassung dieser selbst wichtig sein kann.

Diesem Ziel dient besonders die nach Möglichkeit befolgte Methode, die der Hauptverfasser des Buches die „durchlaufende Betrachtungsweise" nennt. Ihre Ergebnisse werden einem größeren Leserkreis hier erstmalig vorgelegt. Die „durchlaufende Betrachtungsweise" behandelt das Altertum nicht als eine abgeschlossen hinter uns liegende Periode, sondern verfolgt antike Einrichtungen, Sitten und Anschauungen bis in die Gegenwart. Damit gelingt es, das Altertum aus der Neuzeit zu erläutern, vor allem aber diese auf Grund unseres Wissens vom Altertum besser als früher zu erfassen und zu verstehen. Leitspruch des Buches war also: Die Altertumswissenschaft eine Gegenwartswissenschaft! Vom alten Athen und Rom sei die Rede; aber nicht als Buchwissen von der Vergangenheit, sondern als lebendige Anschauung dieser Stätten und dessen, was sie in ihrer denkwürdigen Geschichte bis heute uns, die Menschen des 20. Jahrhunderts, lehren. Damit soll dieses Buch, statt nur einen handlichen, aber letzten Endes unselbständigen Auszug aus größeren Werken zu bieten, vielmehr auch einen Eigencharakter und hoffentlich auch Eigenwert besitzen.

Leipzig, Juli 1933 — Lamer Bux Schöne

VORWORT ZUR ZEHNTEN AUFLAGE

Das Wörterbuch der Antike ist bei seinem Erscheinen mit großer Zustimmung begrüßt worden und konnte sich auch mit den sieben folgenden, jeweils neubearbeiteten Auflagen über mehr als fünfzig Jahre hinweg eine gleichmäßig große Leserschaft sichern. Deshalb ist bei allen notwendigen Veränderungen an der Grundidee dieses Buches, wie sie im Vorwort zur ersten Auflage niedergelegt ist, nichts geändert worden. Mit erstaunlicher Weitsicht hatte Lamer neue Wege beschritten: Die von ihm so genannte durchlaufende Betrachtungsweise, mit der er von einer bestimmten Fragestellung aus eine Bahn durch den Geschichtsverlauf zu ziehen versuchte, ist ein Verfahren, das als Längsschnitt heute einen festen Platz in der Methodik des Geschichtsunterrichts besitzt. Gerade mit dieser Methode hat Lamer seinem Ziel, der Darstellung des Altertums, einen neuen Aspekt hinzugefügt; er hat dem Nachleben und Fortwirken der Antike einen breiten Raum zugemessen und dadurch versucht, das so lange unbeachtete Gebiet der Rezeptionsgeschichte des Altertums einzubeziehen. Diese Betrachtungsweise verlieh dem Wörterbuch seinen besonderen Charakter. Verlag und Herausgeber hoffen, diese unverwechselbare Eigenart der Lamerschen Betrachtungsweise über alle notwendigen, zeitbedingten Änderungen hinweg bewahrt zu haben.

Auch in einem anderen Punkt erwies sich Lamers Konzeption als richtig: Seine Absage an das „Buchwissen“ und seine spürbare Vorliebe für „lebendige Anschauung“ haben dieses Lexikon ja fast zu einem Lesebuch werden lassen. Das hatten die Verfasser dadurch erreicht, daß sie neben allen verfügbaren Erkenntnissen der altphilologischen Fachwissenschaft in auffallend starkem Maß die Ergebnisse der Archäologie und auch ihre eigenen, auf weiten Reisen gesammelten Erfahrungen benutzten. Nun hat sich gerade in den letzten Jahrzehnten mit dem allgemeinen Rückgang des altsprachlichen Unterrichts und dem dadurch erfolgten Abbruch der traditionellen Bildungsbrücken herausgestellt, daß die Antike auch mit anderen Mitteln darstellbar ist. Das unvermindert starke Interesse am Altertum hat sich, um mit Lamer zu sprechen, vom Buchwissen auf die lebendige Anschauung verlagert: Die Spielpläne unserer Theater mit dem hohen Anteil antiker Stücke und Stoffe, die Besucherzahlen von Museen und Ausstellungen, die Verbreitung archäologischer Fach- und Bildliteratur, dazu die Anziehungskraft der Länder mit antiken Kulturen: All dies, multipliziert durch die Mittel moderner Medientechnik, eröffnet vielen Menschen heute den Blick in nahezu alle Lebensbereiche der Antike. Da werden etwa römische Grundmauern, auf denen viele unserer Städte stehen, freigelegt, geprüft, oft instandgesetzt und zur Betrachtung für jeden zugänglich gemacht, der sich davon überzeugen will, auf welchem Grund seine Stadt ruht. Ebenso sollten wir auch die geistigen Fundamente, auf denen unsere geschichtliche Existenz ruht, freilegen, prüfen und sichern, sollten jedermann zur Betrachtung einladen und zur Diskussion ermuntern. Deshalb wird auch weiterhin die Hauptaufgabe dieses Buches sein, die mannigfachen Kräfte der Antike aufzuzeigen, die in unserer Gegenwart wirksam sind.

Selbstverständlich ist das Wörterbuch in den weiteren Auflagen den Ergebnissen der fortschreitenden wissenschaftlichen Forschung angepaßt worden. Auch diese zehnte Auflage ist wiederum geprüft, überarbeitet und ergänzt worden; die bibliographischen Angaben wurden aktualisiert.

Dem Verlag danke ich für vertrauensvolle Hilfe bei der Neugestaltung des Buches; auch vielen Lesern, die durch Zuschriften ihr Interesse bekundeten, sei an dieser Stelle für ihre oft wertvolle Unterstützung gedankt. Wieder sei an alle Leser die Bitte gerichtet, den Verlag auf Fehler, Lücken oder sonstige Möglichkeiten einer Verbesserung des Wörterbuches hinzuweisen.

November 1994 Paul Kroh

ALLGEMEINE LITERATUR

Literaturangaben sind am Ende der einzelnen Artikel angeführt. In dieser Aufstellung sind nur wichtige bibliographische Hilfsmittel und Gesamtdarstellungen verzeichnet.

A. Allgemeine Einführungen

Handbuch der Altertumswissenschaft, hg. I. v. Müller, W. Otto, H. Bengtson, 1885–1891, erweitert seit 1923, neu seit 1955.

A. Gercke, E. Norden, Einleitung in die Altertumswissenschaft, III, ^{4}1930–33.

J. Hense, F. Leonhard, Griechisch-römische Altertumskunde, ^{12}1966, neu als: Die Welt der Hellenen, ^{9}1986, und Die Welt der Römer, ^{4}1986, beide hg. O. Leggewie.

M. Clauss, Einführung in die Alte Geschichte, 1993.

B. Bibliographien

Jahresberichte über die Fortschritte der klassischen Altertumswissenschaft, hg. C. Bursian, 1873–1955. Fortsetzung:

Lustrum, Internationale Forschungsberichte aus dem Bereich des Klassischen Altertums, hg. H. J. Mette, A. Thierfelder, seit 1956.

Bibliotheca classica orientalis. Dokumentation der altertumswissenschaftlichen Literatur sozialistischer Länder, hg. J. Irmscher, seit 1956.

Dix Années de Bibliographie Classique (1914–24), hg. J. Marouzeau, Paris II 1927. Fortsetzung:

L'année philologique (ab 1924), hg. J. Marouzeau, Paris seit 1927.

Nairn's Classical Handlist, hg. B. H. Blackwell, Oxford ^{3}1953.

Bibliographia Patristica, Internationale Patristische Bibliographie, hg. W. Schneemelcher, seit 1959.

Archäologischer Anzeiger (im Jahrbuch des Deutschen Archäolog. Instituts, Berlin), seit 1886.

Fasti Archeologici. Florenz, seit 1946.

C. Nachschlagewerke

Ch. Daremberg, M. E. Saglio, Dictionnaire des antiquités grecques et romaines, Paris X 1877–1919, neu 1962–63.

Realencyclopädie der classischen Altertumswissenschaft, (RE), hg. A. Pauly, G. Wissowa, W. Kroll, K. Mittelhaus, K. Ziegler, 1894–1978, Nachträge 1980.

Reallexikon des klassischen Altertums, hg. F. Lübker, J. Geffcken, E. Ziebarth, [8]1914.
Reallexikon für Antike und Christentum, hg. Th. Klauser, seit 1950.
Lexikon der Alten Welt, hg. C. Andresen u. a., 1965, neu III 1991, auch als dtv-Lexikon der Antike, V 1979.
Reallexikon der germanischen Altertumskunde, Neubearbeitung, hg. H. Jankuhn u. a., seit 1968.
The Oxford Classical Dictionary, hg. N. G. L. Hammond, H. H. Scullard, Oxford [2]1970, auch neu 1972.
Der Kleine Pauly, Lexikon der Antike auf der Grundlage von Paulys RE, hg. K. Ziegler, W. Sontheimer, V 1975 und 1979.
O. Hiltbrunner, Kleines Lexikon der Antike, [5]1974.
Lexikon der Antike, hg. J. Irmscher, Berlin–Leipzig [7]1985 und seitdem öfter.
M. Avi Yonah, I. Shatzman, Enzyklopädie des Altertums, o. J.

D. Kulturgeschichte

J. Burckhardt, Griechische Kulturgeschichte, 1898–1902, neu 1977.
L. Friedländer, Darstellungen aus der Sittengeschichte Roms, IV [10]1921–23, neu 1963.
J. Bühler, Die Kultur der Antike, II [2]1957.
P. Grimal, Röm. Kulturgeschichte, d. 1961.
H. Schmökel, Kulturgeschichte des Alten Orient, 1962.
A. Dempf, Geschichte der altchristlichen Kultur, 1964.
E. Friedell, Kulturgeschichte Griechenlands, 1966 und 1985.
F. Chamoux, Griechische Kulturgeschichte, d. 1966
C. Schneider, Kulturgeschichte des Hellenismus, II 1967–69
O. Gigon, A. Wotschitzky, Die Kulturen des klass. Altertums, 1969.
K. Oberhuber, Die Kultur des Alten Orient, 1972.
M. Grant, Mittelmeerkulturen in der Antike, d. 1974.
Kulturgeschichte der Antike, 1. Griechenland, 2. Rom, hg. R. Müller, 1976–78.
H. Bengtson, Hellenistische Weltkultur, 1988.
H. Klengel, Kulturgeschichte des Alten Vorderasien, 1988.
Lexikon Alte Kulturen, hg. H. Brunner u. a., III 1990f.

E. Politische Geschichte

E. Gibbon, Verfall und Untergang des Röm. Reiches, d. 1837, neu d. 1986.
E. Meyer, Geschichte des Altertums, V 1884–1902, neu hg. E. Stier VIII [9]1984.
O. Seeck, Geschichte des Untergangs der antiken Welt, VI [4]1920–22, neu 1966.

E. Kornemann, Weltgeschichte des Mittelmeerraums, II 1948–49, auch 1967.
F. Taeger, Das Altertum, II ^{6}1958, auch 1966.
M. Rostovtzeff, Geschichte der Alten Welt, II d. ^{4}1961.
S. Lauffer u. a., Abriß der antiken Geschichte, ^{2}1964; ders., Daten der gr. u. röm. Geschichte, 1987.
H. Berve, Gestaltende Kräfte der Antike, ^{2}1966.
H. Bengtson, Einführung in die Alte Geschichte, ^{8}1979.
O. Murray (Hg.), dtv-Geschichte der Antike, VII d. 1982–94.
A. Demandt, Die Spätantike (Hdb. d. Altertumswiss. III,6), 1989.
W. Dahlheim, Die Antike. Griechenland u. Rom von den Anfängen bis zur Expansion des Islam, 1994.

F. Literatur des Altertums

F. Klingner, Studien zur gr. u. röm. Literatur, 1964.
W. Kranz, Studien zur antiken Literatur . . ., hg. E. Vogt, 1967.
P. Friedländer, Studien zur antiken Literatur und Kunst, 1969.
H. Rahn, Morphologie der antiken Literatur, 1969.
W. Theiler, Untersuchungen zur antiken Literatur, 1970.
H. Diller, Kleine Schriften zur antiken Literatur, 1971.
P. Kroh, Lexikon der antiken Autoren, 1972.
Tusculum-Lexikon gr. u. lat. Autoren des Altertums u. des MA., hg. W. Buchwald, A. Hohlweg, O. Prinz, ^{3}1982.
B. Kytzler, Die Klassiker der röm. Literatur, 1985; ders., Die Klassiker der gr. Literatur, 1986.
A. Dihle, Die gr. u. lat. Literatur der Kaiserzeit, 1989.
Weiteres: → Griech. Literatur; Lateinische Literatur.

G. Überlieferung und Nachwirkungen

G. Highet, The Classical Tradition, Oxf. ^{4}1959 und 1968.
R. Newald, Nachleben des antiken Geistes im Abendland bis zum Beginn des Humanismus, 1960.
F. Wehrli (Hg.), Das Erbe der Antike, 1963.
R. Bolgar, Classical Influences on European Culture A. D. 500–1500, Cambr. 1971.
E. R. Curtius, Europäische Literatur und lateinisches Mittelalter, ^{8}1973.
H. Hunger, Die Textüberlieferung der antiken Literatur u. d. Bibel, 1975.
K. Büchner, Latein und Europa, 1978.
A. Buck (Hg.), Die Rezeption der Antike, 1981.
E. Pöhlmann, Einf. in die Überlieferungsgeschichte und in die Textkritik der antiken Literatur, 1994.

HINWEISE FÜR DEN LESER

1. Schreibweise

Man schrieb und sprach früher die griech. Namen in der latinisierten Form, z. B. Aeschylus, Croesus. Die Wissenschaft schreibt dagegen heute griechische Namen und Wörter auch wirklich griechisch: Aischylos, Delphoi, Kroisos, Peiraieus. Nach dieser Regel richtet sich auch dieses Wörterbuch, freilich ohne allzu starre Pedanterie: Soweit sich antike Namen im Deutschen völlig eingebürgert haben, werden sie in der eingedeutschten Form wiedergegeben (gr. Athen, Epikur; lat. Horaz, Vergil). Römische Namen wurden in der uns geläufigen Form ins Alphabet eingefügt (also Caesar, nicht Iulius).

2. Allgemeine Abkürzungen

A. T.	Altes Testament	L.	Sekundär-Literatur
Ausw.	Auswahl	MA.	Mittelalter
d.	deutsch	n. Chr.	nach Christi Geburt
Einf.	Einführung	neu	Neu-, Nachdruck
Einl.	Einleitung	N. T.	Neues Testament
f., ff.	folgende	N. Y.	New York
Fragm.	Fragment(e)	Ü	Deutsche (ersatzweise engl., franz., ital.) Übersetzungen
Hg., hg.	Herausgeber, herausgegeben von		
Jahrt.	Jahrtausend	v. Chr.	vor Christi Geburt
Jh.	Jahrhundert	W	Werke, Ausgaben in der Originalsprache
Komm.	Kommentar, kommentiert von	→	siehe! (Verweis)

Bei Literturangaben bezeichnen hochgestellte Ziffern vor der Jahreszahl die Auflage, römische Ziffern die Bandzahl.

3. Sammelwerke und Reihen

ALGr	Anthologia Lyrica Graeca, hg. E. Diehl, VI ^{3}1942–52, I–III neu 1954–64.
AnthGr	Anthologia Graeca, hg. H. Beckby, IV ^{2}1965 (mit Übers.).
CAF	Comicorum Atticorum Fragmenta, hg. T. Kock, III 1880 bis 1888.
CIL	Corpus Inscriptionum Latinarum, hg. Preuß. Akademie Berlin, XVII ^{2}1862–1986.

CMG	Corpus Medicorum Graecorum, hg. I. L. Heiberg u. a., 1908ff., II u. V ^{2}1958–64.
CollAlex	Collectanea Alexandrinea, hg. J. V. Powell, Oxf. 1925.
FdV	Fragmente der Vorsokratiker, hg. H. Diels, W. Kranz, III $^{16–17}$1972–84.
FGrH	Die Fragmente der griech. Historiker, hg. F. Jacoby, Berlin III 1923–30, Leiden 1940, neu seit 1954 (mit Kommentar).
FPL	Fragmenta Poetarum Latinorum, hg. W. Morel, ^{2}1927, neu 1975.
GrL	Grammatici Latini, hg. H. Keil, VIII 1855–80, neu 1961.
HRR	Historicorum Romanorum Reliquiae, hg. H. Peter, I ^{2}1914, II 1906, beide neu 1967.
NBA	Das Neue Bild der Antike, hg. H. Berve, II 1942.
SVF	Stoicorum Veterum Fragmenta, hg. H. v. Arnim, IV 1903 bis 1924, neu 1978–79.
TGF	Tragicorum Graecorum Fragmenta, hg. A. Nauck, ^{2}1889, neu 1964.
WdF	Wege der Forschung. Wissenschaftl. Buchgesellschaft Darmstadt.

A und O. a *(alpha)* ist der erste, o (erst byzant. *omega* genannt), der letzte Buchstabe des gr. Alphabets. „Ich bin das A und das O" = der Anfang und das Ende *(Offb. Joh. 1, 8; 21, 6; 22, 13).* In der frühchristlichen Kunst und Literatur immer auf Christus bezogen.

Abacus *(gr. abax),* Rechenbrett, das nach dem dekadischen Ziffernsystem in quadratische Felder eingeteilt war. Vitruv *(de architectura* 3, 5, 5) bezeichnet mit A. die Deckplatte des dor. Kapitells. → Rechenbrett.

Abdera, alte, um 650 von Joniern aus Klazomenai gegrundete, lange Zeit blühende Hafenstadt an der Südküste Thrakiens, Mitglied des → Attischen Seebundes, z. T. mit eigner Münzprägung, mehrmals zerstört, aber immer wieder aufblühend; bis ins Mittelalter nachweisbar. Obgleich sie die Vaterstadt verschiedener berühmter Männer war, wie des Demokritos, des Protagoras u. a., galten ihre Bewohner schon im Altertum als dumm und rückständig; der Abderite war der Typus des Schildbürgers oder Krähwinklers. Der Grund ist unbekannt. In seinem satirischen Roman „Geschichte der A." (1774) verspottet Wieland die beschränkten Kleinstädter seiner Zeit.

Aberglaube ist nicht lediglich Irrwahn, sondern eine Erinnerung an frühere Religionen oder ein vom Standpunkte des Volks aus manchmal ganz kluger Versuch, die Naturgeheimnisse, z. B. die Heilkraft von Pflanzen, Mineralien, Bädern, zu erklären. So betrachtet, ist er für die Volkskunde wertvoll, der reiche A. des griech.-röm. Altertums auch insofern, als er über ein früher ungeahntes, z. T. sehr intensives Weiterleben antiker Vorstellungen bis in die Gegenwart aufklärt (→ Münzen in der Quelle; Seele; Zauber).

E. Stemplinger, Antiker Volksglaube, neu 1948; J. Th. Kakridis, Die alten Hellenen im neugriech. Volksglauben, 1967; H. Hiller, Lex. d. A.s, 1986.

Abessinien, heute Äthiopien: → Aithiopia.

Aborte → Bedürfnisanstalten.

ab ovo, „vom Ei aus", d. h. von den ersten und entlegensten Anfängen an (etwas erzählen); Horaz, *de arte poetica* 147. Gegenstück dazu (v. 148) *in medias res:* „mitten in die Dinge" (den Zuhorer versetzen). Das Ei als erster Anfang, auf das Horaz anspielt, ist das von Leda geborene, aus dem Helena entschlüpfte; den um diese geführten troischen Krieg solle man nicht „von diesem Ei an" schildern. – Nach anderer Erklärung zu *„ab ovo usque ad mala"* (Horaz, *Satiren* I, 3, 6) = „vom Ei bis zu den Äpfeln", d. h. von der Vorspeise bis zum Nachtisch, vom Anfang bis zum Ende.

Achaier (gr. *Achaioi;* lat. *Achaei, Achivi*), im Epos zusammenfassende Bezeichnung aller Griechen, die gegen Troia zogen. Daß dieser Name im 2. Jahrt. v. Chr. wirklich von einem Volk getragen wurde, lehren uns hethitische Königsakten des 14. und 13. Jhs. v. Chr. aus Boghazköj, in denen ein Land im Westen Ahhijawa genannt wird. Damit sind allerdings kaum die Bewohner des gr.

Festlandes gemeint, sondern vielleicht die der Insel Rhodos. Die Aqaiwascha der „Seevölker“ auf ägyptischen Urkunden des 13. Jhs. v. Chr. (→ Danaer) sind sicherlich nicht mit den A. bzw. Ahhijawa identisch. In historischer Zeit saßen die A. an der Nordküste der Peloponnes in der Landschaft Achaia und in Thessalien *(Achaia Phthiotis)*. Diese Verschiebung hängt wohl mit den kriegerischen Ereignissen infolge der dorischen Wanderung (→ Dorier) zusammen. Kulturell sind die A. nicht besonders hervorgetreten, wohl aber in hellenistischer Zeit kriegerisch und politisch; → Achäischer Bund. – Die Römer bezeichneten mit *Achaia* auch ganz Griechenland (→ Mummius), das unter diesem Namen von 27 v. Chr. bis 395 n. Chr. röm. Provinz war.

F. Schachermeyr, A. u. Hethiter, 1935; G. L. Huxley, Achaeans and Hittites, Oxf. 1960.

Achaiischer (achäischer) Bund. Als infolge des Eintritts Makedoniens in die gr. Welt und der Eroberung Asiens durch Alexander d. Gr. sich politische Machtmittel in bisher für die Griechen ungeahnter Größe zusammenballten, blieben Athen und Sparta, die sich nicht zu Bündnissen entschließen konnten, machtlos. Dagegen traten zwei Bünde von Staaten, die bisher keine Rolle gespielt hatten, hervor, der aitolische (→ Aitoler) und der 280 v. Chr. gegen den Diadochen Antigonos Gonatas gegründete A. B. Die Mitglieder blieben selbständig und übertrugen nur die äußere Politik, vor allem die Entscheidung über Krieg und Frieden, der Bundesversammlung, die die höchste Instanz war. Die militärische Leitung lag in der Hand eines Strategen, dem ein Kollegium von 10 Männern zur Seite stand. Eine besondere Rolle spielte der Bund unter der Führung des Aratos von Sikyon (251–213 v. Chr.) und Philopoimen von Megalopolis (210–183 v. Chr.). Er kämpfte gegen Makedonien, Sparta und die Aitoler, und zeitweise schien die Befreiung Griechenlands vom makedonischen Joch und die Einigung der Peloponnes zu gelingen. Nach dem Tode Philopoimens begann der Niedergang; der Sieg der Römer bei Pydna 168 v. Chr. bedeutete das Ende des A. B. → Polybios.

Th. Schwertfeger, *Der A. Bund,* 1974.

Achaimeniden, persisches Königshaus, das sich von einem legendären König Achaimenes herleitete. Die Aufzählung der Könige in der Monumental-Inschrift von Bisutun (→ Perser) stimmt nicht völlig mit den Angaben des →Herodotos (VII, 11) überein, doch gehörten folgende Herrscher zur Dynastie der A.: → Kyros d. Große, Kambyses, → Dareios I., → Xerxes I., Artaxerxes I., ferner Xerxes II., Artaxerxes II. u. III., Dareios II. u. III.

Acheron, ein Fluß in der Unterwelt (→ Hades), den die Seelen der Verstorbenen erst überqueren mußten, um überhaupt in die Unterwelt gelangen zu können; → Charon betrieb dort den Fährdienst.

Achilleus (lat. *Achilles*), der tapferste Held des → troischen Krieges, der Siegfriedgestalt der deutschen Sage vergleichbar. Sohn des Peleus (daher der „Peleide“ genannt) und der Nereide → Thetis; erzogen von Cheiron, einem der bekanntesten → Kentauren; von seiner Mutter versteckt, als er in den Krieg mitziehen sollte, da ihm nach einem Orakel ein ruhmreiches, aber kurzes Leben bestimmt war. Odysseus vereitelte die List des A., der daraufhin gegen Troia mitzog und dort zahlreiche Heldentaten vollbrachte (→ Amazonen). Im 10. Jahr der Belagerung, im großen Streit mit Agamemnon, zog A. sich grollend vom Kampf zurück, griff aber nach dem Tod seines Freundes Patroklos wieder ein, tötete Hektor, wurde aber selbst durch Paris' Pfeil, den Apollon lenkte, getötet. – A. war als Heros Gegenstand kultischer Verehrung in ganz Griechenland; künstlerische A.-Darstellungen, vor allem in Wand- u. Vasen-Malerei, waren zahlreich. In der Literatur: → Statius, Goethes *Achilleïs,* ein Fragment von 1799.

Ackerbau. Griechenland konnte und kann sich durch A. nicht ernähren; das Land ist zu gebirgig und bietet zu wenig Ackerland. Im Altertum bezogen die Griechen Getreide wesentlich aus Südrußland und aus Sizilien. Als Gegenwert exportierte man keramische Produkte, Waffen u. a. Außer Getreide produzierte, wie noch heute, der gr. Landmann hauptsächlich Wein (auch für den Export) und Öl. Italien war bis etwa 200 v. Chr. fast ganz Bauernland, mit der gleichen Produktion wie Griechenland. Die vielen Kriege, die dann Rom die Weltherrschaft gewannen, lichteten die Zahl der Bauern. Viele von diesen kamen zwar heil aus dem Felde zurück, fanden aber ihr Gütchen verwahrlost und verarmten. Bei der ungeheuren Kapitalanhäufung in Rom gelang es den Reichen, die kleinen verschuldeten Bauerngüter aufzukaufen. Man bewirtschaftete sie aber nicht weiter, sondern verwandelte Italien in ein Weide- und Gartenland; → Latifundien. In der Nähe der Städte, vor allem Roms, berieb man ausgedehnten Gemüseanbau, da Gemüse wegen der leichten Verderblichkeit nicht von weither transportiert werden konnte. Getreide wurde dagegen von auswärts bezogen, z. B. aus Sizilien, Ägypten, in der Kaiserzeit hauptsächlich aus Nordafrika (z. B. Horaz, *Oden* I, 1, 10). Als dieses aber 429 n. Chr. in die Hand der Vandalen kam, war das ein doppelter Schlag für Rom; die Getreidesendungen blieben aus, und viele reiche Römer, die in Nordafrika riesige Güter besessen hatten, verarmten durch deren Verlust völlig. Weiteres → Landwirtschaft; Getreidearten.

R. Gradmann, D. Getreideanbau im dt. u. röm. Altertum, 1909, neu 1975.

Acta diurna → Zeitung.

Actium → Aktion.

Adel → Nobilität.

ad kalendas Graecas = „an den griech. Kalenden", d. h. nie, am „St. Nimmerleinstage". Bei den Römern hieß der Monatserste → *kalendae,* während die Griechen für diesen keine besondere Bezeichnung hatten. Nach Sueton *(Leben des Augustus,* 87) pflegte Kaiser Augustus von faulen Schuldnern zu sagen, sie würden *„ad k. Gr."* zahlen.

Adler → Feldzeichen.

Adonis, nach der gr. Sage ein schöner Königssohn, in den sich Aphrodite verliebte. Auf der Jagd tötete ihn ein Eber. Aphrodite ließ aus seinem Blut eine Blume aufsprießen und erreichte von Persephone, daß A. nur einen Teil des Jahres im Schattenreich zu weilen brauchte, die übrige Zeit aber sich auf der Oberwelt ihrer Liebe erfreuen durfte. Der Mythos wurde früher als Sinnbild des Absterbens und Wiedererwachens der Natur gedeutet. Aber A. ist ursprünglich einer der zahlreichen orientalischen Götter, die sterben und wiederauferstehen (→ Unsterblichkeit), ohne daß dies unmittelbar einen Naturvorgang symbolisiert. Adonisgärtchen: Blumentöpfe oder -körbe, in die man vor dem A.-Fest schnell wachsende und dann schnell welkende Pflanzen säte, dies als Symbol des Aufblühens und Vergehens der Natur.

Adoption (lat. = Annahme). Zur Erhaltung seines Geschlechts bediente sich bei Kinderlosigkeit besonders der röm. Adel der A.; durch einen feierlichen Akt wurde ein junger Mann aus seiner Familie entlassen und in die neue aufgenommen (nach Suet. *Aug.* 64 war es ein Scheinkauf). Er bekam den Namen des neuen Vaters, trug aber außerdem den des alten Geschlechts mit neuer Endung als Beinamen weiter. Die bekanntesten röm. Adoptivsöhne waren Publius Aemilius, der Zerstörer Karthagos, den Cornelius Scipio, der Sohn des Zamasiegers, adoptierte und der fortan Publius Corn. Sc. Aemilianus hieß; ferner der Kaiser → Augustus. In der Kaiserzeit spielte schon unter Augustus, besonders aber seit Nerva (96–98 n. Chr.) die A. eine besondere Rolle. Augustus suchte sich noch den „Besten" unter seinen Familienmitgliedern aus und bestimmte ihn durch A. zu seinem Nachfolger. Seit Nerva aber nahm der Kaiser unter Ausschaltung aller verwandtschaftlichen Rücksichten den tüchtigsten Mann des Reiches als Sohn an und machte ihn dadurch zum Nachfolger (Adoptivkaiser); z. B. Verus.

Ae- → auch Ai-.

Aedilis, ursprünglich wohl Tempelbeamter (*aedes* = Tempel), d. h. Aufseher des Tempels der → Ceres und als solcher nach griech. Vorbild mit der Regelung des Getreidemarktes, der unter dem Schutz der Göttin stand, beauftragt, wurde er zum Beamten der Stadt Rom mit polizeilichen Funktionen. Das Amt des A. bildete die 2. Stufe der → Ämterlaufbahn. Es gab 2 plebeische (seit 493 v. Chr.) und 2 → curulische Ä. (seit 367 v. Chr.), die ursprünglich nur Patrizier, später abwechselnd auch Plebejer waren. Zu ihren Pflichten gehörte die Sorge für die öffentlichen Gebäude, Straßen, Bäder und Wasserleitungen; der Feuerschutz im Stadtgebiet (→ Feuerspritze); die Marktpolizei (Aufsicht über Maße und Gewichte, Einschreiten gegen Wucher und Betrug); später auch die Versorgung der Millionenstadt Rom mit Lebensmitteln, besonders Getreide und Öl (→ *Annona*); die Beaufsichtigung u. Ausrichtung der öffentlichen Spiele (→ Circus).

Ägäische Kultur → kretisch-mykenische K.

Ägäische Wanderung: Das Eindringen der → Seevölker u. der nachdringenden → Dorier in den ägäischen Raum im 13. und 12. Jh. v. Chr.

Ägineten, Marmorstatuen von den Giebeln des Tempels der Aphaia auf der gr. Insel → Aigina aus dem Anfang des 5. Jhs. v. Chr., 1811 von deutschen und englischen Reisenden entdeckt, dem Kronprinzen Ludwig von Bayern verkauft, heute eine Zierde der Glyptothek in München. Die Ergänzungen von Thorwaldsen sind falsch; Forschungen des Archäologen A. Furtwängler an der Fundstelle förderten weitere Figuren zutage. Diese gehörten einem älteren Ostgiebel an, der ungefähr 20 Jahre nach Errichtung des Tempels beschädigt und daraufhin erneuert wurde. Die beschädigten Figuren vergrub man im Boden des Heiligtumes (die Neufunde im Athener Nationalmus.). Athena steht in beiden Giebeln im Mittelpunkt. Der Ostgiebel schildert die Belagerung Troias durch → Herakles, der Westgiebel die in der *Ilias* besungene Belagerung der Stadt. – Die Ä. vermittelten zur Zeit ihrer Auffindung zum ersten Male eine genauere Anschauung von → archaischer gr. Kunst. Beim Bekanntwerden noch älterer, der hocharchaischen gr. Werke, wurde jedoch deutlich, daß die Ä. schon einen Fortschritt darstellen; so ist bei ihnen schon die Darstellung heftiger Bewegung gelungen. Meisterhaft ist die Verteilung der Gestalten in die Giebeldreiecke: in der Mitte stehende, dann gebückte, in den Ecken liegende Figuren. Thorwaldsens Eingriffe sind heute wieder rückgängig gemacht worden.

A. Furtwängler, Ägina, II 1906; G. Welter, Aigina, 1938; G. Rodenwaldt, Kunst d. Antike, [2]1944; R. Lullies, M. Hirmer, Gr. Plastik, [4]1979.

Ägis (gr. *aigis*), ein Brustpanzer mit dem den Beschauer versteinernden Kopf der Gorgo Medusa (dem *Gorgoneion;* → Perseus) in der Mitte, von Schlangen umsäumt, für Zeus von Hephaistos verfertigt, von ihm seiner Lieblingstochter Athena geliehen, deren Statuen an dieser Ä. sofort als Athenadarstellungen erkennbar sind.

Ägypten (gr. *Aigyptos;* die Ägypter nannten ihr Land *Quemt* = schwarze Erde). Enge Beziehungen zwischen Ägypten und Griechenland bestanden seit dem 2. Jahrt. v. Chr. (→ Zeittafel S. 832). Die viel ältere äg. Kultur hat die gr. nachdrücklich beeinflußt, z. B. die gr. Kunst, die Mathematik (→ Thales, der nachweislich in Ä. war). Von 332–31 v. Chr. stand Ä. unter gr. Herrschaft (Alexanders und der Ptolemaier), von 30 v. Chr. (nach der Schlacht von Actium) – 634 n. Chr. (Arabereinfall) unter römischer. Als röm. Provinz wurde es nicht kulturell gehoben, sondern nur ausgesogen; während man sonst → Nordafrika mit den herrlichsten Bauten schmückte, fehlen solche im großen und ganzen aus der Zeit der Römerherrschaft in Ä. Völlig konnte aber das fruchtbare und deswegen reiche Land nicht ruiniert werden; einen gr.-röm. Mittelstand hat es dort fast stets gegeben. Dieser hat in den fast 1000 Jahren der gr.-röm. Herrschaft Ä. mit gr.-

röm. Kultur geradezu durchsetzt. Davon blieben zahllose Reste erhalten, insonderheit an allen Stellen, wohin die Nilschwelle nicht kommt; denn dort verfault nichts (→ Beschreibstoffe, über Papyrus). Damit ist Ä. eines der wichtigsten Länder für die Kenntnis des gr.-röm. Altertums. Besonders reichlich spendet der äg. Boden Kleinfunde, die das antike Privatleben illustrieren. Solche hatte man früher etwas mißachtet; erst in Ä. lernte die Wissenschaft sie richtig verwerten. – Im Altertum wurde Ä. von Griechen und Römern viel bereist, zu Forschungszwecken, so von Thales, Herodot, Platon (?), von Kaufleuten, auch von Touristen, die die schon damals alten Bauten und Kunstwerke des „Wunderlands der Pyramiden" anstaunten: Vgl. die Inschriften, die antike Reisende an dem einen → Memnonskoloß und in den Königsgräbern von Theben angebracht haben. → Isis.

W. Wolf, Funde in Ä., 1966; ders., Kulturgesch. d. Alten Ä., [2]1977; S. Morenz, Die Begegnung Europas mit Ä., 1969; J. von Beckerath, Abriß d. Gesch. d. alten Ä., 1971; H. Strelocke, Ä., [2]1977; B. G. Trigger u. a., *Egypt, A Social History,* Cambr. 1983; E. Brunner-Traut, Ä., (Studienreiseführer), [6]1988; D. Wildung, Die Kunst des alten Ä., 1988; ders., Ägypt. Kunst, 1989; E. Hornung, Grundzüge der äg. Gesch., [4]1992; ders., Einf. in d. Ägyptologie, [4]1993.

Aemilius Paullus. Lucius Aem. P. Macedonicus, aus dem sehr alten patrizischen Geschlecht der Aemilier, tat sich besonders bei der Ordnung der griech. und asiatischen Verhältnisse hervor; 168 v. Chr. schlug er → Perseus bei Pydna. Von den antiken Schriftstellern wird er als echter Römer und Freund der Griechen geschildert (Lebensbeschreibung von Plutarch). Über seinen Sohn → Scipio. – Via Aemilia → Via. Ferner → Lepidus.

Ämterlaufbahn. In Griechenland gab es keine Ä., wohl aber Beamte (→ Demokratie). Auch kannte man für die Wählbarkeit freier, unbescholtener Männer zu irgendeinem Amte keine Beschränkungen. – In Rom bestand für die höheren Ämter eine bestimmte Ä. (cursus honorum = Ehrenämterlauf[bahn]); man konnte sich um ein höheres Amt nicht bewerben, wenn man nicht vorher die in der Ä. vorgeordneten Ämter verwaltet hatte. Außerdem war für manche Ämter eine untere Altersgrenze vorgeschrieben. Die Reihenfolge war: a) Quästur, die man vom 28., später vom 31. Jahre an verwalten konnte, b) Ädilität, c) Prätur (nach vollendetem 40. Lebensjahre), d) Consulat (nach dem 43. J.), e) Censur. Diese folgte in der Theorie dem Range nach auf die Prätur, und das Consulat war das höchste Amt und die höchste Ehre, die das Volk vergeben konnte. In Wahrheit war aber die Censur noch vornehmer, weil dafür nur ehemalige Consuln (Consulare) wählbar waren. – Es war eine besondere Ehre, wenn man jedes Amt in dem Lebensjahre erlangte, in dem man es frühestens verwalten durfte. Man nannte das „jedes Amt *suo anno* (in seinem Jahre) verwalten". Das glückte z. B. Cicero. → Magistrat.

Aeneas und Aeneis → Aineias; Vergil.

Aerarium, die röm. Staatskasse, zugleich Archiv, im Tempel des

Saturnus aufbewahrt, in republikan. Zeit von den → Quaestoren verwaltet und vom Senat kontrolliert. → Finanzen; fiscus.

Aesculapius, lat. Bezeichnung für → Asklepios, den Gott der Heilkunst, dessen Kult man in Rom im J. 293 aus Anlaß einer Seuche nach Befragung der sibyllinischen Bücher (→ Sibylle) direkt aus → Epidauros übernahm. Der 291 v. Chr. geweihte Tempel des A. lag auf der Tiberinsel.

Aesopus → Aisopos.

Aethiopien → Aithiopia.

Aetion, Maler des 4. Jh. v. Chr., Zeitgenosse des → Apelles. Hauptwerk die Hochzeit des Alexander u. der Roxane (238 v. Chr.).

Aetios v. Amida (Mesopotamien), gr. Arzt des 6. Jh. n. Chr., Leibarzt am Kaiserhof in Konstantinopel, verfaßte eine 16bändige medizin. Kompilation aus älteren Werken, die zu den wichtigsten Fachwerken des Altertums zählt.
W: *Corpus Medicorum Graecorum VIII.*

Aetius, röm. Patrizier u. Feldherr, verteidigte unter Valentinian III. das Westreich gegen die Barbaren. Verbündet mit Theoderich siegte er 451 auf den Katalaunischen Feldern über die Hunnen.

Aetna → Aitne.

Afrika → Kamerun; Pygmäen; Nordafrika; Ägypten; Libyen. Umsegelung A.s. → Phoiniker.

Agalma, gr., heißt ganz allgemein Prunkstück, dann Bild, gleich ob skulpiert oder gemalt. So werden von Pausanias (9, 11, 3) Relieffiguren A. genannt. A. bezeichnet also nicht, wie meist angenommen wird, das Götterstandbild im Gegensatz zum Menschenbild, sondern hat umfassendere Bedeutung (→ Statue).

Agamemnon, der „Atreide“, d. h. Sohn des → Atreus, König von Mykenai, Führer der Griechen im → troischen Kriege. Er sammelte die Helden mit ihren Mannen in Aulis, wo er vor der Ausfahrt seine Tochter Iphigeneia opferte. Vor Troia geriet er mit Achilleus in Streit wegen der Tochter des Apollonpriesters Chryses. Aussöhnung erst nach dem Tode des Patroklos. Nach der Heimkehr aus dem Kriege wurde er von seiner Gemahlin Klytaimestra, die inzwischen mit seinem Vetter Aigisthos die Ehe gebrochen hatte, erschlagen (berühmte Tragödie „*A.*“ von Aischylos). Ihr Sohn Orestes rächte später den Mord, indem er Aigisthos und die eigene Mutter tötete.

Agathokles, von 318–289 v. Chr. Tyrann von Syrakus, war ein skrupelloser Herrscher, der mit allen Mitteln seine Machtpolitik verfolgte. Er stammte angeblich aus niederem Stande, kam in den Kämpfen gegen die sizilischen Griechenstädte als Truppenführer von Syrakus empor und wurde Alleinherrscher. Er stellte den sizilischen Städtebund unter der Führung von Syrakus wieder her und kämpfte gegen die Karthager (→ Großgriechenland). Gegen 312 setzte er mit einer Flotte nach Afrika über. Nach der Landung verbrannte er seine Schiffe; seine Truppen mußten also siegen oder sterben, hatten aber keine Möglichkeit der Flucht. Er eroberte das karthagische Gebiet außer der Hauptstadt. 307 nahm er den Königstitel an und heiratete eine ptolemaiische Prinzessin. Seine Tochter vermählte er mit → Pyrrhos von Epeiros. 289 wurde er von einem Enkel durch Gift getötet. Auf dem Höhepunkt seiner Macht hatte er geplant, Sizilien und Unteritalien zu einem von ihm beherrschten westgriech. Großreich zu vereinigen.

H. Berve, Die Herrschaft des A., 1952.

Agathon, nächst den drei großen Tragikern der Griechen (→ Tragödie) der vielleicht bedeutendste, Freund des Euripides und Platon, etwa 440–400 v. Chr.; er lebte in Athen, dann in Pella am Hofe des Makedonenkönigs Archelaos. Von seinen Tragödien sind nur geringe Bruchstücke erhalten. Die Chorlieder seiner Tragödien hatten nach dem Zeugnis des Aristoteles nur noch die Bedeutung von Einlagen, die mit dem Stück nicht mehr innerlich verbunden waren. Die musikalische Gestaltung dieser lyrischen Partien entsprach deren wortreichem Gepränge und zeigt den Einfluß des zeitgenössischen → Dithyrambos. In der Komödie seiner Zeit, namentlich von → Aristophanes (in den *Thesmophoriazusen*), weidlich verspottet, doch in den *Fröschen* auch als fähiger Dichter gelobt. Platon läßt sein → *Symposion* im Hause des A. spielen, der zur Nachfeier eines Sieges 416 v. Chr. eine Reihe bedeutender Männer seiner Zeit zu einem Gastmahl eingeladen hat. Wieland machte A. zum Helden eines philosophischen Romans (1766–1767), des ersten deutschen Entwicklungsromans, knüpfte aber nur äußerlich an ihn an.

W: TGF.
L: P. Leveque, *A.*, Paris 1955.

ager publicus (lat.) → Gemeindeland.

Agesilaos, spartanischer König 401–361 v. Chr., setzte → Lysandros' extrem spartanische Politik fort. 396–394 kämpfte er gegen die Perser, 394–387 gegen die Boioter, Korinther und Argeier, die auf die wachsende Macht Spartas neidisch waren. Im Frieden des Antalkidas (387) erzwang er die Auflösung aller Bündnisse, wodurch freilich Griechenland zur Ohnmacht gegenüber Persien verurteilt wurde; die kleinasiatischen Griechenstädte wurden den Persern preisgegeben. Er wurde der schärfste Gegner des aufstrebenden Theben (→ Epameinondas) und ermutigte die Spartaner nach der Schlacht bei Leuktra. † 361. Der ihm befreundete Xenophon schildert ihn in seinem *A.* als schlicht, einfach und leutselig und damit als Vorbild eines Königs.

Agis. Name spartanischer Könige. Der bekannteste, A. IV. (245–241 v. Chr.), führte eine Sozialreform durch (Bodenreform, Vermögensausgleich, Reaktivierung lykurgischer Gesetze), um die ungesunden sozialen Verhältnisse der Spartiaten zu bessern, vor allem, um die gesunkene Wehrkraft zu heben. Er wurde 241 von den Reaktionären hingerichtet. Sein Werk wurde jedoch von → Kleomenes fortgesetzt. Biographie von Plutarch.

Aglaia, eine der drei Grazien. → Charis.

Agon (gr.) = Wettkampf. W. und Sieg waren für die Griechen der älteren und der klassischen

Zeit Lebenselement; schon Homer formulierte in der *Ilias* VI 208 den Wunsch: „Immer der erste zu sein und überlegen den anderen." Man unterschied sportliche (gymnische → gymnasion; hippische [= Pferderennen]) und geistige, künstlerische (musische). Die körperliche Ertüchtigung stand ganz unter dem Gedanken des A., auch bei den → Nationalspielen. Die Preise der A. bei diesen Spielen waren namentlich in der älteren Zeit an Wert z. T. gering; so war in Olympia der Lohn ein Zweig eines hl. Baumes, mit hl. Messer geschnitten. Desto größer war die Ehre. Die Sieger von Olympia wurden sehr berühmt; die Namen vieler sind noch bekannt. Auch über geistige und künstlerische Darbietungen wurde in Wettkämpfen mit Preisverteilungen entschieden. Die musischen A., Vorträge homerischer Gedichte oder anderer Lieder bei den Götterfesten, gehen schon ins 7. Jh. v. Chr. hinauf. Die Theateraufführungen an den großen Dionysien in Athen waren A., denn 3 Dichter rangen jedesmal mit einer → Tetralogie um den Preis. Sogar in der Philosophie spielte der A. eine bedeutende Rolle; denn die Vorliebe des Sokrates für die Dialektik und Eristik (Streitkunst) ist nur aus der Freude am Wettkampf und Sieg zu verstehen. Seit dem 4. Jh. v. Chr. gingen die öffentlichen A. auf den meisten Gebieten, vor allem in Sport und Musik, mehr und mehr an berufsmäßige Spezialisten über; die Bürger, die als Amateure den gesteigerten Anforderungen nicht mehr gewachsen waren, wurden nur Zuschauer, wenn auch sehr sachverständige. In der hellenistischen Zeit erlosch der agonistische Geist im persönlichen und öffentlichen Leben der Griechen. Er lebte nur noch in den Schulwettkämpfen der Jugend, den Examina, fort. – Schilderung der Wichtigkeit des A. der klass. Zeit bei Burckhardt, Griech. Kulturgeschichte I. Band und bei Nietzsche „Homers Wettkampf". – Capitolinischer Agon → Nationalspiele.

K. Meuli, Der griech. A., 1926, neu 1968.

Agora, gr., Versammlungsplatz, im allg. der Marktplatz einer gr. Stadt (→ forum), der in erster Linie Mittelpunkt des öffentlichen Lebens war. → Athen.

J. E. Wymer, Marktplatzanlagen d. Gr. u. R., 1916; W. Dörpfeld, Alt-Athen u. seine A., 1937; R. Martin, *Recherches sur l'agora Grecque,* 1951; ders., *L'agora,* 1959; A. Thompson, *The Athenian Agora,* [2]1962; *The Athenian Agora* (hg. Amer. School, Athens, 12), Princeton 1970.

Agricola. Gnaeus Iulius A., 40 n. Chr. geb., war unter Vespasian Feldherr in Aquitanien und unterwarf 77–83 Britannien bis nach Hochschottland. Unter Domitian zog er sich vom öffentlichen Leben zurück und starb 93. Seine Tochter heiratete den Historiker Tacitus, der sein Leben beschrieben hat.

A. R. Burn, *A. and Roman Britain,* Lond. 1953.

Agrippa. Marcus Vipsanius A., von niederer Herkunft, Freund und Feldherr Octavians, der selbst kein Soldat war. Seit dem perusinischen Krieg (40 v. Chr.) führte A. die Kriege Octavians gegen Sextus Pompeius und Antonius und gewann besonders den entscheidenden Sieg von → Aktion. In der Kaiserzeit leitete er die äußere Politik und die Militärverwaltung. Wegen seiner Verdienste erwartete er 23 v.

Chr., als Augustus sein Testament machte, sicher, zum Nachfolger bestimmt zu werden. Er heiratete Iulia, die Tochter des Kaisers, ging Ende 16 v. Chr. nach dem Osten und führte Krieg gegen die Kimmerier. Hochgeehrt starb er 12 v. Chr. Besonders berühmt hat ihn seine großartige Bautätigkeit gemacht (→ Pantheon; Tunnel; ferner → Landkarten; Agrippina d. Ä.).

M. Reinhold, *M. A., a biography,* 1933; R. Daniel, M. V. A., 1933.

Agrippa → Menenius.

Agrippina die Ältere, Vipsania A., Tochter des Agrippa, war mit → Germanicus verheiratet. Sie liebte ihren Gemahl sehr und schenkte ihm neun Kinder (darunter → Caligula). Auch folgte sie ihm auf seinen Kriegszügen. Nach seinem rätselhaften Tod brachte sie seine Asche nach Rom. Sie haßte Tiberius und bezichtigte ihn des Mordes an ihrem Gemahl. Tiberius verbannte sie nach Pandataria (heute Ventotene), einer Insel vor der campanischen Küste, wo sie sich 33 n. Chr. durch Hunger tötete.

Agrippina die Jüngere, Iulia A., Tochter des → Germanicus, 15 n. Chr. in Germanien geb., eine schöne und geistvolle, aber herrschsüchtige Frau, die sich in dritter Ehe mit Kaiser Claudius vermählte. Sie erhielt den Titel → Augusta und trat als Mitherrscherin auf, hatte aber in Narcissus, dem allmächtigen Minister des Claudius, einem Freigelassenen, einen starken Gegner. Schließlich räumte sie Narcissus und Claudius aus dem Wege. Dadurch wurde ihr Sohn → Nero Kaiser, der sie zuerst auszeichnete, ihr dann aber alle Ehren entzog und sie 59 ermorden ließ. → Köln.

G. Ferrero, Die Frauen der Caesaren, 1912.

Ahnenbilder → ius imaginum.

Aiakos, Minos u. Rhadamanthys, alle göttlicher Abstammung, sind Richter in der Unterwelt. Platon erzählt diesen Mythos in seinem Dialog *Gorgias* (Kap. 79).

Aias, lat. *Aiax,* Name zweier Helden des troischen Krieges: Der „Große A.", Sohn des Königs Telamon v. Salamis, nächst Achilleus der tapferste Griechenfürst vor Troia, unterlag dem Odysseus im Streit um die Waffen des Achilleus; von Athene mit Wahnsinn geschlagen, gab er sich selbst den Tod. Sophokles' *Aias* zeigt das tragische Ende des Helden. – Der „Kleine A." war Sohn des Königs Oileus v. Lokris; er kam auf der Heimfahrt von Troia, wegen eines Frevels von Poseidon verfolgt, ums Leben.

P. v. d. Mühll, Der Große A., Basel 1930.

Aigina, gr. Insel in beherrschender Lage vor den Küsten von Attika, dem Isthmus und der Peloponnes im saronischen Golf gelegen. Bedeutender Handelshafen, der schon in mittelminoischer Zeit (um 1800 v. Chr.) den Seehandel der Ägäis beherrschte. In A., das zeitweise zum Herrschaftsbereich des Pheidon von Argos gehörte, wurden um 665 v. Chr. die ersten Münzen im europäischen Griechenland geprägt (Stempelwappen: Schildkröte; → Geld). Die aiginetische Währung und das Gewichtssystem hatten in gewisser Weise in den folgenden Jahrhunderten internationale Geltung. Nach den Perserkriegen, in denen A. zunächst seinen Handelsinteressen folgend eine perserfreundliche Haltung einnimmt, später aber entscheidend zu dem Sieg von Salamis beiträgt, kommt es zur Rivalität mit dem aufblühenden Athen, das 459 v. Chr. A. bezwingt und durch einen hohen jährlichen Tribut als Handelszentrum für alle Zukunft ausschaltet. A. hat im Altertum nie wieder eine Rolle gespielt. – Im Nordosten der Insel liegt der Tempel der Aphaia, einer alten lokalen Fruchtbarkeitsgöttin, die mit Athena gleichgesetzt wurde. Mehrere Säulen des Tempels stehen noch aufrecht. Zu den Giebelskulpturen → Ägineten.

A. Furtwängler, A., II, 1906; G. Welter, 1938.

Aigisthos, Sohn des Thyestes (→ Atreus), verführte während Agamemnons Abwesenheit dessen Frau Klytaimestra und ermordete mit ihr den von Troia heimkehrenden Agamemnon. Dessen Sohn → Orestes rächte später den Mord, indem er die eigene Mutter u. A. tötete.

Aigospotamoi, besser *Aigos Potamoi,* „Ziegenflüsse" auf der thrakischen Chersonnes (Gallipoli). Die Niederlage der Athener dort 405 v. Chr. beendete den → Peloponnesischen Krieg.

Aineias, lat. *Aeneas,* Held des troischen Sagenkreises, verließ nach Troias Zerstörung auf Geheiß seiner Mutter Aphrodite die brennende Stadt und fuhr übers Meer, um eine neue Heimat zu suchen. Nach langer Irrfahrt, auf der er viele Abenteuer erlebte und auch zur Königin Dido, der Gründerin von Karthago, kam, landete er schließlich an der italischen Küste in Latium, das ihm als Ziel seiner Fahrt bestimmt war. Latinus, der König des Landes, nahm ihn gastlich auf und gab ihm seine Tochter Lavinia zur Frau, um die Ai. erst harte Kämpfe mit ihrem bisherigen Bräutigam Turnus, dem Fürsten eines Nachbarstammes, bestehen mußte. Dann erbaute Ai. die Stadt Lavinium; sein Sohn Ascanius (auch Ilus oder Iulus genannt, → Iulier) gründete hoch über dem Albaner See die feste Stadt → Alba Longa, die Mutterstadt Roms. Aus Ascanius' Geschlecht stammten die Zwillingsbrüder Romulus und Remus, die Gründer Roms; durch sie galt Ai. als Ahnherr des röm. Volkes. In Vergils *Aeneis* werden seine Irrfahrten und Kämpfe ausführlich geschildert.

Aioler, gr. *Aioleis,* ein gr. Stamm. Der Name umfaßte eine Menge kleinerer Stämme, die sprachlich nur wenig miteinander zu tun hatten; man sieht ihn daher nur als Sammelnamen für alle nichtdorischen und nichtionischen Stämme der Griechen an (→ Dorier; Ioner). A. saßen in historischer Zeit namentlich auf einigen nördl. Inseln des äg. Meeres u. an der Nordwestküste Kleinasiens. In aiol. Dialekt dichteten → Alkaios und → Sappho.

Aiolos, lat. Aeolus, Sohn des Poseidon, wurde von Zeus als Beherrscher der Winde eingesetzt; seine Insel, auf der → Odysseus ihn besuchte, war vielleicht Malta.

Aischines, lat. *Aeschines,* attischer Redner und Staatsmann, geb. 389 v. Chr., der Vertreter der makedonischen Politik in Athen. Er leistete Philipp von Makedonien dadurch wertvolle Dienste, daß er die Aktivität der athenischen Patrioten unter → Demosthenes lähmte und durch seine Politik im Amphiktionenbund 340/339 Philipp die Macht in Mittelgriechenland in die Hände spielte. Sein Hauptgegner Demosthenes verdächtigte ihn immer wieder, er sei von Philipp bestochen, und agitierte gegen ihn entsprechend der Vergiftung des damaligen innenpolitischen Kampfes in Athen mit Verleumdungen und Ehrabschneidungen. A. mußte ins Exil gehen; er gründete auf Rhodos eine Schule der → Beredsamkeit; gestorben 314. – Je nach der Stellung zu Demosthenes hat man Aischines als Verräter an der vaterländischen Sache gebrandmarkt oder als weiterblickenden, fortschrittlichen Politiker bezeichnet; denn unter der von ihm erstrebten makedonischen Herrschaft wurden die bisher partikularistischen griech. Staaten (→ Agesilaos) geeint. – Drei erhaltene Reden; unechte Briefe.

W: Hg. F. Blass, [2]1908, neu 1978.
Ü: G. E. Benseler, 1855–60.
L: G. Ramming, Die polit. Ziele u. Wege des A., Diss. Erl. 1965.

Aischylos, der älteste unter den Klassikern der gr. Tragödie. Sohn des Euphorion, eines adligen Grundbesitzers. Über sein Leben ist wenig Sicheres bekannt. Er war um 525 v. Chr. in Eleusis geboren und trat in Athen gegen 500 als Dichter von → Tetralogien hervor (bezeugt ist für 499–496 ein Agon gegen Pratinas und Choirilos). In den Perserkriegen kämpfte er (wohl sicher bei Marathon und Salamis) als Hoplit. In dieser Zeit (484) errang er im tragischen → Agon den 1. seiner 13 Siege. Er gab der Tragödie die Gestaltung, die sie im großen und ganzen später behielt: er fügte dem bis dahin einzigen Schauspieler einen zweiten hinzu, beschränkte den Anteil des Chores und erhöhte die Bedeutung der Sprechpartien. Der Ruhm der neuen Kunst drang damals schon über die Grenzen Athens; A. wurde von Hieron von Syrakus nach Sizilien eingeladen und hat hier einige seiner Tragödien (z. B. die Perser) aufgeführt; zur Gründung der Stadt Aitne schrieb er das Festspiel *Aitnaiai.* Von einer 2. Reise nach Sizilien ist er nicht nach Athen zurückgekehrt, sondern starb 456 in Gela. Nach antiken Nachrichten schrieb er 90 Tragödien; wir kennen 79 Titel, aber nur 7 Stükke sind erhalten; die Produktion vor 472, dem Aufführungsdatum der Perser, ist uns verloren. Bruchstücke einer Reihe weiterer Stücke sind uns auf Papyrus erhalten, so daß sich die uns bekannten Werke ordnen lassen in 5 Tetralogien, aus denen wir einzelne Stücke kennen, 3 weitere Tetralogien, einige Einzeldramen und Festspiele sowie mehrere Satyrspiele, von denen die *Diktyulkoi* („Netzzieher“) am besten erhalten sind. Die *Perser,* das 1. der erhaltenen Dramen, das der damals über 50jährige geschrieben hat, behandeln als zeitgeschichtliches Drama die Perserkriege. Die 467 aufgeführten *Sieben gegen Theben* haben den Zug des Polyneikes gegen seine Vaterstadt zum Thema. Die *Hiketiden,* früher für das älteste der uns erhaltenen Stücke gehalten, nach neuen Papyrusfunden jedoch wohl erst 463 aufgeführt, schildern das Schicksal der schutzflehenden (daher der Name) Töchter des Danaos, die vor den Verfolgungen der Söhne des Aigyptos in Argos Schutz suchen und finden. Im *Gefesselten Prometheus,* der zwar gegenüber den anderen aischyleischen Stücken manche Besonderheiten aufweist, aber doch wohl als echt anzusprechen ist, wird der Charakter des Titanensohnes geschildert, der sich gegen die Götter empört und zur Strafe an einen Kaukasusfelsen geschmiedet wird. *Agamemnon, Choephoren* (nach dem Chor der „Kannenträgerinnen", die die Totenspende zum Grab Agamemnons bringen) und *Eumeniden* (Chor der Rachegöttinnen, die den Orest hetzen), bilden zusammen die *Orestie,* mit der A. 458 den Sieg errang. In dieser Trilogie, dem Höhepunkt seines Schaffens, schildert A. die Rückkehr Agamemnons, seine Ermordung durch Klytaimestra, die Rache Orests an der Mutter u. dessen endliche Entsühnung durch den Areopag von Athen.

A. war schon zu Lebzeiten beim athenischen Publikum sehr beliebt. Seine Stücke erhielten, die Wiederaufführungen nach seinem Tode inbegriffen, 28mal den 1. Preis. Wie hoch A. und seine Kunst von den Nachfahren eingeschätzt wurden, zeigt ein Gesetz, das die Wiederaufführungen von Stücken des A. gestattete, vor allem aber das großartige Denkmal, das ihm Aristophanes in der Komödie *Die Frösche* gesetzt hat. Man bewunderte das Großartige und Titanenhafte, das sich in Gedanken und Sprache, in der Kühnheit der Metaphern, der Pracht der Bilder und Redefiguren zeigt. Den modernen Leser ergreift vor allem die tief religiöse Stimmung seiner Tragödien. Der Dichter hatte mit innerstem, ehrfürchtigem Erschauern die Allmacht der Götter erlebt, als das kleine Griechenland die Übermacht der Perser abwehrte. Er hat immer wieder das Eintreten der Götter für Recht und Gerechtigkeit und die Bestrafung der Frevler aus tiefster religiöser Überzeugung gestaltet und dadurch seine Hörer gefesselt.

W: Hg. U. v. Wilamowitz, ^{2}1958; O. Werner, ^{4}1988 (m. Ü.); Fragmente: J. Mette, 1959.
Ü: E. Buschor, II 1953–58; J. G. Droysen, W. Nestle, ^{6}1977; O. Werner, ^{4}1988.
L: G. Murray, A., Oxf. 1940; K. Reinhardt, A. als Regisseur und Theologe, 1949; G. Thomson, A. u. Athen, d. 1957; Wege zu A. (WdF), hg. H. Hommel, II 1974.

Aisopos, der Fabeldichter, war nach der antiken Legende ein freigelassener phrygischer Sklave aus Samos. Er soll verschiedene Länder besucht haben, bevor er nach Delphoi kam, wo er im Auftrag des lydischen Königs Kroisos Geldgeschenke an die Bürger verteilen sollte. Die Delphier, mit der Verteilung nicht einverstanden, stürzten ihn von einem Felsen herab. Wie weit die Person A.s historisch gewesen ist, läßt sich nicht ausmachen. Seine Lebensgeschichte, die nach der Art eines Volksbuches umlief, hat jedenfalls romanhaften Charakter; sie war schon Herodot bekannt. Offenbar waren dieser Lebensgeschichte Fabeln angeschlossen, die später dann auch unabhängig von ihr unter dem Namen des A. erzählt wurden. Von Sokrates wird berichtet, daß er einige dieser im Volke beliebten Fabeln in Verse gebracht habe, als er im Gefängnis auf seine Hinrichtung wartete. Die älteste Sammlung aisopischer Fabeln, von der wir hören, ist die des → Demetrius von Phaleron. → Fabel.

W: Corpus fabularum Aesopicarum, hg. A. Hausrath, [4]1970; B. E. Perry, *Aesopica,* Illinois 1952.
Ü: L. Mader, Antike Fabeln, 1951.
L: A. Wiechers, Äsop in Delphi, 1959.

Aisymnetes → Tyrannis.

Aithalia, die heutige Insel Elba, berühmt wegen ihres Eisenreichtums.

Aither, die obere, strahlend-reine Luftregion („Äther"), Aufenthaltsort der Götter. Bei Hesiod (*Theogonie* 124) personifiziert als Sohn des *Erebos* (Unterwelt) und der *Nyx* (Nacht), Bruder der *Hemera* (Tag).

Aithiopia , lat. Aethiopia, früher Abessinien, heute wieder Äthiopien benannt, von den Griechen schon sehr früh erwähnt, aber zunächst unzureichend bekannt (Homer, *Odyssee* I, 23), wurde später kulturell von Ägypten, den dort ansässigen Griechen und von Arabien beeinflußt und nahm schon im 4. Jh., also eher als die Völker nördlich der Alpen, das (koptische) Christentum an. Doch gelang es den Abessiniern nicht, die empfangenen Anregungen zu einer eignen, höheren Kultur auszugestalten. Die Ptolemaier bezogen aus A. Kriegselefanten, die sie gegen die indischen der Seleukiden einsetzten. Im 1. Jh. n. Chr. ließen die Römer das Land vermessen und beschreiben; davon ist leider nichts erhalten. Allmählich sehr reger Handel mit dem Norden, noch im 6. Jh. n. Chr.; Hafenstadt Adulis, heute (noch mit dem alten Namen) Zula bei Massaua an der Westküste des Roten Meeres. Später riegelten die Araber die Zugangswege nach A., zu Lande durch Ägypten, zur See im Arabischen Meerbusen, ab. Dadurch wurde A. in Europa fast vergessen und war im wesentlichen nur durch ein um 530 n. Chr. verfaßtes Buch des griech. Kaufmanns Kosmas (mit dem irrigen Beinamen Indikopleustes, d. h. Indienfahrer) bekannt. Das Werk ist illustriert und gibt u. a. eine Ansicht von Adulis, einem abessinischen Krieger und dem berühmten *monumentum Adulitanum,* einem Thron aus Marmor. Dieser trug eine griech. Inschrift, die K. abschrieb; in ihr rühmt ein König seine Siege. Freilich weiß man mit den vielen Namen der besiegten Völker wenig anzufangen; immerhin blieb durch K. einige Kenntnis von A. erhalten. – Ergebnisse neuerer Forschungen: Bauten: aus ältester Zeit erstaunliche Denkmäler der Megalithkultur, Dolmen und Menhire, ähnlich denen in Europa. In der alten Hauptstadt Axumis, heute Aksum, merkwürdige, obeliskenartige (aber unägyptische) Monumente, Monolithen (d. h. aus einem Stein), das größte 33 m hoch. Inschriften (nicht sehr zahlreich, aber wichtig) in Hieroglyphen, später in griech. Sprache und Schrift; die eines Königs Aeizanas, um 350 n. Chr., zweisprachig, griech. und in äthiopischer Sprache und Schrift (diese aus der griech. entwickelt). Aeizanas nennt sich „König der Könige", so wie im 20. Jahrh. der Negus „Negus Negesti". Inschrift des Landmessers Titus Servilius, Soldaten der III. (kyrenäischen) Legion, vom 26. Juli 33 n. Chr. Viele Münzfunde.

D. Deutsche Aksum-Expedition, hg. v. d. Generalverwaltung d. Museen, Berlin, V, 1913; E. Hammerschmidt, Ä., 1968; G. Gerster, Kirchen im Fels, 1968; E. Ullendorf, *The Ethiopians,* Lond. [3]1973.

Aithra, Tochter des Pittheus von Troizen, Gemahlin des Königs Aigeus von Athen, Mutter des → Theseus.

Aitne, lat. *Aetna,* Vulkan im Nordosten Siziliens, mit 3269 m der höchste Vulkan Europas. Der Sage nach begrub Zeus den Giganten Typhon unter dem Berg. In seinem Inneren sollte → Hephaistos mit den Kyklopen die Blitze des Zeus schmieden. Verschiedene Ausbrüche werden uns aus der Antike berichtet: 479 und 425 v. Chr. – Am Fuße des A. gründete Hieron v. Syrakus 476/475 v. Chr. die Stadt *Aitne,* zu deren Einweihung Aischylos das Festspiel schrieb. – Ein fälschlicherweise unter Vergils Namen überliefertes lat. Gedicht *Aetna* aus der frühen Kaiserzeit befaßt sich mit der naturwissenschaftl. Erklärung des Vulkanismus.

Aetna: Hg. u. d. W. Richter, 1963.

Aitoler, Bewohner von Aitolien, einer Landschaft im Westen Mittelgriechenlands, östlich von Akarnanien. Die Ai. lebten in ihren Tälern von Jagd und Viehzucht. Am Geistesleben nahmen sie in der Blütezeit der gr. Entwicklung fast gar nicht teil. Zu Beginn der hellenist. Zeit traten sie als Söldner auf. Dann schlossen sie sich ähnlich wie die Achaier (→ achaiischer Bund) zu einem Bund zusammen und breiteten ihre Macht in Mittelgriechenland und der Peloponnes aus, mußten jedoch 189 v. Chr. die auswärtigen Städte und Landschaften den Römern ausliefern und wurden dadurch machtlos.

Akademie (gr. *Akademeia*). Wahrscheinlich nach der Rückkehr von der großen sizilischen Reise kaufte → Platon um 387 v. Chr. vor den Toren Athens beim Hain des Heros Akademos einen Garten und gründete dort die älteste → Philosophenschule Athens, die er 40 Jahre, bis zu seinem Tode 347, leitete. Platons erster Nachfolger war sein Schwestersohn → Speusippos; ihm folgte etwa 339 v. Chr. Xenokrates; mit Krates (268) findet diese erste Periode der A., die sich vornehmlich mit der Ethik beschäftigte, ihren Abschluß. Die zweite Periode, die von einem erkenntnistheoretischen Skeptizismus beherrscht wurde, hatte ihre bedeutendsten Vertreter in Arkesilaos (um 315–240 v. Chr.) und Karneades. Die jüngere A. kehrte unter Philon von Larissa (um 100 v. Chr.) wieder zum dogmatischen Standpunkt des Anfangs zurück und suchte unter Antiochos von Askalon (um 60 v. Chr.) im → Eklektizismus den Ausgleich mit den Schulen des Peripatos und der Stoa. In dieser Form gelangte die Lehre der A. zu den Römern; zu ihren Anhängern gehörten auch Varro und Cicero, der ein Freund und Schüler des Antiochos war. Nach dem Siege des Christentums wurde die A. nach einem Bestehen von mehr als 8 Jahrhunderten 529 n. Chr. von Kaiser Iustinian als Hort unchristlicher Lehren aufgelöst und ihr Vermögen eingezogen. Das kann als Ende der Antike und Beginn des Mittelalters angesehen werden (→ Altertum, Dauer). Im gleichen Jahre 529 n. Chr. wurde in Italien das erste Kloster, Monte Cassino, gegründet. Die letzten Mitglieder der A.

wanderten in den Orient. Von dort brachten die → Araber ihre Lehren nach dem Westen zurück. Seit der Renaissance blühten die Platonstudien von neuem auf; der Name A. wurde für wissenschaftliche Gesellschaften überhaupt gebräuchlich. – Die A. lag etwas westlich vom → Dipylon; bei Ausgrabungen glaubt man, den Kultort des Heros Akademos gefunden zu haben.

H. Herter, Platons A., [2]1952; O. Seel, D. platon. A., 1953; H. Cherniss, Die ältere A., d. 1966; A. Weische, Cicero u. d. neue A., [2]1975.

Akanthos, Pflanze mit breitlappigen Blättern (Bärenklau). In Verbindung mit Ranken und Palmetten als architektonische Zierform bei der Bekrönung von Grabstelen (→ Grab), der Ausgestaltung von Akroteren, seit dem 5. Jh. v. Chr. auch als Kapitellschmuck der korinthischen Säule (→ Säulenordnungen) benutzt.

Akarnanien, Landschaft Westgriechenlands, im Norden vom ambrakischen Meerbusen, im Osten von Aitolien begrenzt; Hauptfluß: Acheloos. Verschiedene Städte an der Küste waren korinthische Kolonien. Die Akarnanen, auch später noch ein rückständiges Volk (Thukydides III, 105 ff.), standen im peloponnesischen Krieg auf der Seite der Athener. In röm. Zeit gehörte A. zur Provinz Epirus.

akatalektisch → Versbau.

Akontios, ein schöner Jüngling von Keos, kam als Teilnehmer eines Artemisfestes nach Delos und verliebte sich in Kydippe. Um sich ihrer zu vergewissern, wandte er eine List an: Im Tempel der Göttin ließ er ihr einen Apfel mit der Aufschrift zurück: „Ich schwöre bei Artemis, ich werde den A. heiraten." Die Amme hob den Apfel auf; Kydippe las (wie im Altertum üblich, laut) die Aufschrift, so daß Artemis das Gelübde hörte. Da Kydippe krank wurde, als sie einem anderen Manne vermählt werden sollte, mußte ihr Vater schließlich in die Heirat mit A. einwilligen. – Die Sage ist von Kallimachos zu einem Gedicht gestaltet, dessen Bruchstücke überliefert sind; auch Ovid benutzt sie *(Heroides 19 f.)*.

Akragas, an der Südküste Siziliens gelegene Stadt, um 580 v. Chr. von Gela, einer Kolonie des dorischen Rhodos, gegründet. Berühmt wegen seines Reichtums. Vaterstadt des Empedokles. Zeitweise von Tyrannen regiert: Phalaris (Mitte 6. Jh. v. Chr.) und Theron (488–472 v. Chr.). Nach der Zerstörung durch die Karthager (405 v. Chr.) von Timoleon wieder aufgebaut, erlangte jedoch seine alte Bedeutung nicht wieder. 210 v. Chr. fiel A. in die Hände der Römer. Von der Pracht der Stadt zeugen heute noch die Ruinen von 10 Tempeln. Der größte unter ihnen, der 480 nach dem Sieg über die Karthager erbaute Tempel des Olympischen Zeus, mißt 56 mal 113 m. Es ist der größte dor. Tempel überhaupt. Der Riesentempel wurde nie fertiggestellt. Ein anderer dor. Tempel der Stadt, der sog. Concordia-T. (Tempel F) zählt zu den besterhaltenen gr. Tempeln: er wurde 597 n. Chr. in eine Kirche umgewandelt und so bewahrt. Heutiger Name: Agrigento.

P. Marconi, *Agrigento,* 1929; H. Drerup, D. Tempel d. Zeus Olympios in A., 1939; J. A. de Waele, *Acragas Graeca,* 1971.

Akropolis (= Hochstadt), der Burgberg gr. Städte. Die bekannteste und bedeutendste die von Athen. Sie diente schon um 3000 v. Chr. als Fluchtburg für die sich an den Abhängen erstreckenden Siedlungen. Im 2. Jahrt. befand sich hier im Norden des mittleren Plateaus der Palast der attischen Könige. Ein Mauerrest der Befestigungen des 2. Jahrt. hat sich an der Westseite der A. hinter den späteren Propyläen erhalten. Im 6. Jh. vornehmlich unter den Peisistratiden wurde die A. mit verschiedenen Tempelbauten geschmückt (Reste von ungefähr 10 skulpierten Giebeln aus Kalkstein verschiedener Zeitstellung). Nach den Perserkriegen wurden an Stelle der von den Persern zerstörten Bauten neue errichtet. Kimon begann den Bau des Parthenon, der jedoch unvollendet liegen blieb (Säulentrommeln in der Nordmauer der A. verbaut). Einen glänzenden Ausbau aber erfuhr die A. unter Perikles, der den nach Athen überführten Bundesschatz des Attischen Seebundes dafür verwendete. Auf den Fundamenten des kimonischen Baues wurde von 447–432 der verschwenderisch mit Skulpturen geschmückte → Parthenon errichtet, 438–432 folgten die von dem Architekten Mnesikles erbauten Propyläen, die die Westfront des Burghügels, über die man die A. betrat, architektonisch gestalten sollten, 420 der der Athena Nike geweihte ionische Tempel neben den Propyläen und schließlich das → Erechtheion, ebenfalls wohl um 420 begonnen, aber erst 406 vollendet. Abrechnungen über die Baukosten sind teilweise inschriftlich erhalten. Erst in römischer Zeit wurde dann wieder auf der Akropolis ein Bau errichtet: der kleine, der Roma und dem Augustus geweihte ionische Rundtempel im Osten des Burgberges. Zahlreiche Götterbilder (→ Pheidias), Weihgeschenke (Galliergruppen des Attalos; → Pergamon) und Altäre füllten den Platz zwischen den Tempeln. Im 5. Jh. n. Chr. wurde in das Erechtheion und den Parthenon eine Kirche eingebaut. Nach der Eroberung durch die Türken 1458 wurde der P. ohne größere Eingriffe zur Moschee umgebaut. Bei einer Belagerung durch die Venezianer schoß am 26. Sept. 1687 ein lüneburgischer Leutnant in venez. Diensten eine Granate auf den Parthenon, dessen gesamter mittlerer Teil in die Luft flog; die Türken hatten ihn angeblich als Pulvermagazin benutzt. 1801 erhielt der schott. Lord Elgin die Erlaubnis, den Figurenschmuck des Parthenon wegzunehmen, der heute als → Elgin Marbles das Brit. Museum in London zum ersten Antikenmuseum der Welt macht. Nach dem Abzug der Türken 1833 brachen die Griechen alle türk. Gebäude auf der A. ab und stellten nach Möglichkeit den antiken Zustand wieder her; 1885–1889 durchsuchte die Griech. Archäologische Gesellschaft den sog. Perserschutt: Die Funde werden seitdem in einem Museum auf der A. gezeigt. Durch sorgsam durchgeführte Instandhaltungen sucht man heute, die Gebäude vor Zerfall und Beschädigungen zu bewahren.

O. Jahn, A. Michaelis, *Arx Athenarum a Pausania descripta,* 1901; M. Schede, D. Burg v. Athen, 1922; W. H. Schuchardt, Archaische Plastik auf d. A., 1943; W. Hege, G. Rodenwaldt, Gr. Tempel, [2]1951; dies., Die A., [2]1957; E. Buschor, Winke für A.-Pilger, [3]1961; H. Berve, G. Gruben, M. Hirmer, Gr. Tempel u. Heiligtümer, 1961; F. Brommer, Die A. v. Athen, 1985.

Akroterion, Verzierung (stilisierte Pflanzen oder Figuren) an First und Ecken der Giebel der gr. Tempel aus Marmor, Metall oder Terrakotta.

Aktaion, schöner junger Jäger der gr. Sage, wurde von der jungfräulichen Göttin Artemis, die er im Bade gesehen, in einen Hirsch verwandelt und von seinen eigenen Hunden zerrissen.

Aktion (lat. *Actium*), nordwestliches Vorgebirge von Akarnanien, am Eingang des ambrakischen Meerbusens (heute Golf von Arta). Dort blockierte Octavian 31 v. Chr. die überlegene Flotte des Antonius und der Kleopatra, die in Ambrakia ein festes Lager aufgeschlagen hatten, und besiegte sie am 2. Sept. (→ Agrippa). Octavian legte in der Nähe die Stadt Nikopolis an. Ein altes Fest zu Ehren des Apollon, der auf dem Vorgebirge einen Tempel hatte, wurde von Augustus erneuert und nun alle 4 Jahre zur Erinnerung an den Sieg begangen.
J. M. Carter, Die Schlacht bei Aktium, d. 1972.

Akusilaos aus Argos, → Logograph aus dem Ende des 6. Jhs. v. Chr.; er übertrug die genealogische Dichtung des Hesiod in ionische Prosa.
W: F GrH.

Akzente. Die Griechen des klassischen Altertums schrieben nie A. Auf deren Verwendung verfiel man zuerst bei gleichlautenden, aber verschieden betonten Wörtern wie *Glaúkos* und *glaukós*. Ausgebaut wurde das gr. A.-System von dem alexandrinischen Grammatiker → Aristophanes von Byzanz. Eingebürgert wird es sich haben, als die Römer in größerem Umfange anfingen, Griechisch zu lernen; es erleichtert dem Lernenden die richtige Betonung griechischer Wörter sehr. Durchgängig geschrieben wurden die A. aber erst etwa seit dem 7. Jh. n. Chr. Die französischen A. wurden aus dem Griechischen übernommen. Den Circumflex schreibt man im Fr. richtiger als im Gr., wo sich statt ^ die gebogene Form ~ oder ͡ eingebürgert hat; er ist aber eine Zusammensetzung aus Acut ´ und Gravis `.
A. Schmitt, Unters. zur allg. Akzentlehre, 1924.

Alae, die „Flügel" des röm. Heeres in der Schlachtaufstellung. Hier standen die Hilfstruppen der Bundesgenossen. Seit dem 1. Jh. v. Chr. bezeichnen A. die Reitertruppen; in der Kaiserzeit bestanden sie aus Abteilungen von 1000 oder 500 Reitern.

Alanen, Nomadenvolk aus dem Kaukasusgebiet; sie tauchen, von den Hunnen abgedrängt, in der Völkerwanderung zusammen mit den Vandalen im Römerreich auf.

Alarich, König der Westgoten 395–410 n. Chr. Unter seiner Führung plünderten die Goten Rom am 23./24. August 410. → Busento.

Alba Fucens, alte Stadt im Gebiet der Äquer, die 303 v. Chr.

röm. Kolonisten aufnahm; zu allen Zeiten treuer Bundesgenosse Roms.

Alba Longa, in ältesten Zeiten Hauptstadt des → Latinerbundes; sie wurde schon früh, nach der Sage unter dem König Tullus Hostilius (um 600 v. Chr.) von den Römern zerstört; zahlreiche Einwohner wurden in Rom angesiedelt (Iulier, Tullier u. a.).

Albanerberg *(Mons Albanus)* heute Monte Cavo, höchste Erhebung Latiums, auf dem sich das Bundesheiligtum des → Latinerbundes befand, ein Iuppiter-Tempel: → Feriae Latinae; Iuppiter.

Albaner See, ein Kratersee am Albaner Berg; er enthält einen Ableitungskanal, ein → Emissar, ähnlich wie der nahegelegene → Nemisee.

Albion. Die Insel der Albiones, „die in der Nähe von Irland liegt", wird zuerst in der griech. (massaliotischen) Küstenbeschreibung des Pytheas vom Jahre 350 v. Chr. genannt (erhalten ist die Nachricht bei Avienus, *ora maritima III* in lat. Übersetzung). Später war der Name neben Britannia gebräuchlich.

W: Avienus, *ora maritima,* hg. u. komm. A. Schulten, [2]1955; D. Stichtenoth, 1968 (mit Ü).
L: R. Güngerich, D. Küstenbeschreibungen in d. gr. Literatur, 1950.

Albinos, neuplatonischer Philosoph des 2. Jhs. n. Chr., der eine Einführung zu den Dialogen Platons schrieb.

W: Hg. u. franz. P. Louis, Paris 1945.

Albinovanus Pedo, Freund des → Ovid; aus einem Epos über den Germanenfeldzug des Germanicus ist eine Reihe von Versen erhalten.

W: Fragmenta Poetarum Latinorum.

Albinus, Clodius, Statthalter in Gallien und Britannien unter Commodus, warf sich als Gegenkaiser des Septimius Severus auf. Von diesem 197 bei *Lugdunum* (Lyon) vernichtend geschlagen.

Album (= das Weiße), geweißte Holztafeln, auf denen Mitteilungen der Priester (→ Fasti), des Senats und anderer Behörden bekanntgemacht wurden. Auch Mitgliederlisten wurden so veröffentlicht, daher *A. senatus* die Mitgliederliste des Senats. – Die gleiche Art der Publikation bestand auch in Griechenland (hier hieß das Brett *leukoma* = Geweißtes). Solon veröffentlichte seine Gesetze auf solchen drehbaren Tafeln (daher *axones* genannt).

Aldobrandinische Hochzeit, antikes, wiedergefundenes Gemälde, nach dem früheren Besitzer genannt, jetzt in der Bibliothek des Vatikans in Rom, aus augusteischer Zeit nach älteren Vorbildern. Das Bild stellt die Vorbereitungen zu einer Hochzeit dar; Aphrodite (oder Peitho, die Göttin der Überredung) redet der Braut zu; der Bräutigam fehlt auf dem uns erhaltenen Stück des Bildes. Gruppen von Frauen und Mädchen, deren linke das Hochzeitsbad bereitet, während die rechte das Brautlied spielt. – Eine genaue Deutung des Bildes, auf dem in klassizist. Manier Einzelfiguren ohne strengen Sinnzusammenhang locker aneinandergereiht sind, ist nicht möglich.

alea iacta est, „der Würfel ist gefallen" (lat.), geht auf einen

Vers des → Menandros zurück, der sprichwörtlich wurde: der Würfel sei emporgeworfen (die Sache ist beschlossen). Diese griech. Worte sprach Caesar aus, als er am 10. Jan. 49 v. Chr. den → Rubico überschritt und damit den Bürgerkrieg begann; Plutarch, *Pompeius* 60. Genauere Form bei Sueton, *Divus Julius 32: iacta alea esto* = „geworfen sei der Würfel!"

Alemannen (lat. *Alemanni*), germanischer Stamm, der zuerst unter Caracalla am Oberrhein mit den Römern zusammenstieß. Gegen Ende des 3. Jhs. drangen sie sogar in Oberitalien ein, wurden jedoch von Aurelian und später Probus wieder zurückgeworfen. 357 von Julian bei Straßburg geschlagen. Später nahmen sie das Elsaß, Teile Schwabens und der Schweiz in Besitz.

F. Maurer, Nordgermanen u. Alemannen, ^{3}1952; W. Müller (Hg.), Zur Geschichte der A., 1985; R. Christlein, Die A., ^{2}1979.

Aleria, von den Phokäern an der Ostküste Korsikas unter dem Namen Alalia gegründete Stadt (564 v. Chr.). Nach einer gegen die vereinigten Karthager und Etrusker verlorenen Seeschlacht (um 540 v. Chr.) wanderten die Einwohner nach Elea (→ Eleaten) in Unteritalien aus.

Alesia, alte Stadt der Mandubier in *Gallia Lugdunensies* (Côte d'or), von Caesar 52 v. Chr. durch umfangreiche Belagerungswälle eingeschlossen und erobert.

J. LeGall, *Alesia,* Paris 1963.

Alexander, gr. *Alexandros,* anderer Name für den Troer → Paris.

Alexander, Tyrann von Pherai in Thessalien, Vasall Thebens; ermordet 358 v. Chr.

Alexander von Epeiros, als König dort von Philipp II. von Makedonien 342 eingesetzt; Onkel A.s d. Großen.

Alexander, häufiger Name der Könige von Makedonien: A. I., 498–454 v. Chr., mußte gegen seinen Willen den Perserkönig Xerxes auf dessen Kriegszug gegen Griechenland begleiten, sympathisierte aber mit den Griechen und unterrichtete sie von den Absichten des pers. Heerführers Mardonios (→ Plataiai). – A. II., 369–368, wurde beim Kampf gegen A. von Pherai durch einen Aufstand zurückgerufen, bald darauf ermordet.

Alexander (III.) der Große, geb. 356, König von Makedonien, Sohn Philipps II. u. d. Olympias, König 336–323, erhielt durch Aristoteles eine glänzende gr. Bildung; dieser begeisterte ihn für Homer und Achilleus, der sein Vorbild wurde. Schon als Achtzehnjähriger tat er sich als Führer des entscheidenden Flügels in der Schlacht bei Chaironeia hervor (338). Nach des Vaters Tod (A.s Beteiligung oder Mitwisserschaft am Mord ist fraglich) kam er mit 20 Jahren auf den Thron. Der ehrgeizige, tatkräftige Jüngling schlug zuerst Aufstände im Norden und in Griechenland nieder (Theben zerstört, 335, dabei nur Pindars Haus geschont), dann rüstete er, nachdem er vorher im Norden die Illyrer und Thraker besiegt und die Donau überschritten hatte, zum Zug gegen Persien. Ihm standen ein kriegsgeschultes, schlagfertiges Heer und ein Stab bewährter Generäle (Antipatros, Perdikkas, Kleitos, Parmenion, Hephaistion, Krateros, Ptolemaios, Antigonos) zur Verfügung. 334 zog er mit etwa 35000 Mann (Fußvolk, Reiterei und Leichtbewaffneten) nach Asien. Er besiegte einen pers. Satrapen durch persönliche Kühnheit am Granikos, zog dann an der Küste Kleinasiens entlang und befreite die griech. Städte. Bei Issos in Kilikien besiegte er 333 den Perserkönig Dareios III. 332 zog er nach siebenmonatiger Belagerung und Einnahme der festen Inselstadt → Tyros nach Ägypten, wo er überwinterte. Er schonte ägyptische Anschauungen und ließ sich in der Oase Siwa als Sohn des Gottes → Ammon (= griech. Zeus; → Iuppiter) begrüßen. An der Nilmündung legte er das rasch aufblühende →Alexandria an. Schon in Ägypten zeigen sich die wichtigsten Züge seiner späteren Politik: Ausbreitung der hellenistischen Kultur nach Asien und Afrika durch Hebung des Handels und Anlage neuer Städte, Respektierung der orientalischen Anschauungen und ihre Verschmelzung mit griech. Kultur zu einer neuen Weltkultur. 331 zog er nach Mesopotamien, besiegte den Perserkönig bei Gaugamela (Arbela) und verfolgte den Fliehenden in das Innere des Reiches, wobei er die Hauptstädte (Babylon, Susa, Persepolis und Pasargadai) eroberte. Hier gewann zuerst der Gedanke eines neuen Weltreiches mit makedonischer Spitze Gestalt. A. fühlte sich als offizieller Nachfolger des Perserkönigs und zog den pers. Adel an seinen Hof; pers. Tracht und → Proskynesis wurden eingeführt. Die Auflehnungen der Makedonen (→ Parmenion) gegen diese Zurücksetzung ließ er blutig unterdrücken. Er gelangte 330 bis in die Gebirgsländer im Südosten des Kaspischen Meeres. Hier nahm A. den Bessos, Satrapen von Baktria, gefangen, der den fliehenden Dareios hatte umbringen lassen, und ließ ihn hinrichten. Überall gründete er an Knotenpunkten der Karawanenstraßen Alexanderstädte (z.B. Herat, Prov. Kandahar, noch heute erhalten). Dann zog er 327 nach Indien, überquerte den Indus, kehrte aber nach einem Sieg über den mächtigen König Poros um, als seine Soldaten den Weitermarsch verweigerten. Auf beschwerlichen Wegen durch die Wüsten Gedrosiens (Belutschistan) gelangte er von der Mündung des Indus am Indischen Ozean, die er zu Schiff erreicht hatte, nach Babylon, während sein Admiral Nearchos mit der Flotte den Persischen Golf hinauffuhr. Es war bezeichnend für die geniale Vielseitigkeit seines Geistes, daß seine Züge nicht nur militärischen und politischen Zwecken dienten. Überallhin begleiteten ihn die verschiedensten Wissenschaftler, die alles Bemerkenswerte sammelten. Daher haben durch seine Züge besonders die Naturwissenschaften und die Geographie einen großen Aufschwung genommen. In Babylon entwickelte er die Grundsätze, nach denen das Riesenreich zusammengefügt und regiert werden sollte. Während die Makedonen nach altem makedon. Kriegsrecht glaubten, daß die eroberten Gebiete mit allen Werten ihr gemeinsamer Besitz geworden seien, wollte A. von Anfang an auch den Unterworfenen Rechte lassen. Er löste das Königtum von seiner rechtlichen Bindung an die Makedonen (neue Hauptstadt Babylon) und machte Makedonen, Griechen und Perser zu gleichberechtigten Untertanen, von denen jeder Teil eine bestimmte, seiner Eigenart entsprechende Aufgabe erhielt: die Makedonen den militärischen Schutz, die Perser im Orient die innere Verwaltung, die Griechen die kulturelle Durchdringung des ganzen Reiches. Zwischen ihnen wollte er einen Ausgleich herbeiführen. Deshalb heiratete er Roxane, die Tochter eines baktrischen Fürsten, später Stateira, die Tochter Dareios' III.; 5tägiges Vermählungsfest in Susa für 10000 Makedonen mit Asiatinnen. Auch duldete er die göttliche Verehrung der Asiaten und verlangte 324 sogar von den Hellenen seine Aufnahme unter ihre Götter. Im Innern erstrebte er den Frieden und den Ausgleich der Gegensätze. So forderte er z. B. von den Griechenstädten, daß sie allen Verbannten die Heimkehr gestatteten. Diese sollten offenbar die feste Stütze der makedon. Herrschaft in Griechenland werden. Nur an den Grenzen plante er große Kriegszüge (nach dem Kaspischen Meer und Arabien). Sie kamen nicht zur Ausführung. Im Juni 323, bald nach dem Tode seines Freundes Hephaistion, den er tief betrauerte, brach ein heftiges Fieber seine Lebenskraft, die durch Strapazen und Unmäßigkeit geschwächt war. Seine Leiche wurde nach mannigfachen Schicksalen in Ägypten bestattet. Die Nachfolge war nicht geregelt; so fiel sein riesiges Reich auseinander (→ Diadochen). Wenn auch das Werk des A. ein Torso blieb, so hat er doch mit genialem Weitblick der Folgezeit den Weg gewiesen. Der Weltherrschaftsgedanke gelangte durch ihn nach dem Westen, und die großen tragenden Gedanken des Hellenismus wurden von ihm zuerst entwickelt. – Der Feldherr A.s, Ptolemaios, beschrieb A.s Leben und Taten. Sein Werk ist nicht auf uns gekommen, jedoch von Späteren (Arrian, Curtius) benutzt. Die unerhörten Taten regten die Phantasie sehr an. Seine Geschichte wurde bald zum A.-Roman, zu dem schon zu seinen Lebzeiten → Kallisthenes den Grundstein gelegt hatte (die vorliegende Fassung stammt wohl aus dem 3. Jh. n. Chr.). Der Roman hatte in der Folgezeit eine sehr große Wirkung. So wurde und blieb A. der Held der Sage und Dichtung in Morgen- und Abendland, in Altertum, Mittelalter und Neuzeit. – Der bedeutendste Bildhauer seiner Zeit, → Lysippos, schuf ein Bildnis des Königs, das uns in einer Replik der Kaiserzeit überliefert ist (Azara-Herme, Paris, Louvre). Der Maler → Apelles war der Hofmaler A.s., seine Bildnisse des Königs waren berühmt (davon ist nichts erhalten). Auch andere Maler der Zeit beschäftigten sich mit der Person des großen Königs: → Aetion malte die Hochzeit A.s mit Roxane (→ Alexander-Mosaik).

W: Alexanderroman: Hg. u. d. A. Ausfeld, 1907; hg. u. d. H. van Thiel, ^{2}1983.
L: G. Droysen, Gesch. A.s d. Gr., 1833, neu zuletzt 1967; K. Gebauer, A.-Bildnis u. A.-Typus, 1938; F. Altheim, A. u. Asien, 1953; C. F. Fuller, A. d. Gr. als Feldherr, d. 1961; F. Hampl, A. d. Gr., ^{2}1965; W. W. Tarn, A. d. Gr., d. 1968; T. Hölscher, Idee u. Wirklichkeit in d. Bildn. Alex.s d. Gr., 1971; F. Schachermeyr, A. d. Gr., 1973; G. Wirth, A. d. Gr., 1973; ders., Stud. zur A.geschichte, 1985; R. L. Fox, A. d. Gr., 1974; J. Seibert (Hg.), A. d. Gr., ^{2}1990.

Alexander, röm. Kaiser → Severus.

Alexander Aitolos, hellenist. Dichter, lebte am Hofe des Antigonos Gonatas, vorher Bibliothekar am Museion in Alexandreia (Mitte 3. Jh. v. Chr.). Er war als Tragiker berühmt, doch nur von Kleinepen (→ Epyllien) und Elegien sind Bruchstücke vorhanden.
W: Collectanea Alexandrina, hg. I. U. Powell, Oxf. 1925.

Alexander von Aphrodisias, Peripatetiker des 3. Jhs. n. Chr., der bekannteste der Aristoteles-Kommentatoren, daher *Exegetes* genannt.
W: Supplementum Aristotelicum, hg. I. Bruns, 1887–92.

Alexander *Polyhistor,* von Sulla als Kriegsgefangener nach Rom gebracht, dort 82 v. Chr. freigelassen. Von seiner umfangreichen schriftstellerischen Tätigkeit (Auszüge aus älteren historisch-geographischen und antiquarischen Werken), die ihm seinen Beinamen einbrachte, sind nur Bruchstücke erhalten.
W: FGrH.

Alexander-Mosaik, berühmtes Groß-Mosaik, das nach dem Vorbild eines gr. Monumentalgemäldes im 2. Jh. v. Chr. entstanden ist u. im Haus des Faun in Pompeii 1831 gefunden wurde; heute im Museo Nazionale, Neapel. Das Bild stellt den Zusammenstoß Alexanders d. Gr. mit dem Perserkönig Dareios III. in der Schlacht bei Issos dar. Der Künstler des gr. Vorbildes dürfte Philoxenos v. Eretria, jedenfalls aber ein Zeitgenosse des Makedonenkönigs gewesen sein.
F. Winter, Das A.-M. aus Pompeji, 1909; B. Andreae, Das. A.-M., 1959 u. 1977.

Alexander-Sarkophag, 1887 in Sidon in Syrien gefunden, jetzt im Archäolog. Museum in Istanbul, ist nicht der S. Alexanders d. Gr., sondern heißt so, weil auf ihm A. d. Gr. mit seinen Gefährten im Kampf und auf der Jagd dargestellt ist. Geschaffen wurde er von einem attischen Künstler am Ende des 4. Jhs. v. Chr., wohl für den von A. als König von Sidon eingesetzten Abdalonymos (um 310 v. Chr.); die antike Bemalung (→ Polychromie) ist erhalten. A. d. Gr. starb in Babylon. Die Leiche wurde in feierlichem Kondukt (64 Maultiere zogen in 16 Viererreihen den mit Gemälden geschmückten Wagen) nach Ägypten gebracht, zuerst nach Memphis, dann nach Alexandreia. Dort bildete sie jahrhundertelang den religiösen Mittelpunkt der Stadt; alle röm. Kaiser, die nach Alexandreia kamen, suchten die Gruft auf. Der Sarg steht im Erbbegräbnis der → Ptolemaier in unterirdischen Gängen in einem Hügel, der Kom ed Demas = Hügel der verborgenen Räume heißt. Die Zugänge wurden in krieger. Zeiten zugeschüttet. Der Islam verehrt aber die Stätte noch; auf ihr steht eine Moschee und ein Fort.
F. Winter, D. A.-S. v. Sidon, 1912; K. Schefold, Der A.-S., 1968; V. v. Graeve, Der A.-S., 1970.

Alexanderschlacht → Alexander-Mosaik.

Alexandreia, lat. *Alexandria,* Name zahlreicher, meist von Alexander d. Gr. gegründeter Städte. Am bedeutendsten A. in Ägypten, 331 v. Chr. gegründet, fast 300 Jahre führendes Handels- und → Kulturzentrum (Bibliothek, Leuchtturm, Museum); einst mit rechtwinkeligem Straßennetz (→ Stadtanlagen); bald eine internationale Stadt (Judenviertel). Reiche Nekropole (→ Grab) zeugen von der Bedeutung der Stadt, in der sich alle Völker und Rassen der damaligen Oikumene einfanden. Früh gab es hier auch eine christl. Gemeinde; zwischen Christen und Heiden, die in der dort ansässigen neuplatonischen Schule eine geistige Stütze fanden, kam es zu blutigen Religionskämpfen (→ Hypatia). Die wissenschaftliche Tradition der Stadt setzte sich in der christl. Katechetenschule fort, deren bekannteste Vertreter Clemens und Origenes sind. 640 wurde die Stadt von den Arabern eingenommen. Nur wenige Überreste der einst prächtigen Stadt sind erhalten, darunter Badeanlagen u. ein Theater. Die → Bibliothek war 47 v. Chr. durch Brand vernichtet worden.

E. Breccia, *A. ad Aegyptum,* 1922; H. Th. Davies, A., *The Golden City,* Evanston 1958; H. Möbius, A. und Rom, 1964; P. M. Fraser, *Ptolemaic A.*, III 1972.

Alexis, Dichter der mittleren Komödie. 245 Stücke kennt die antike Überlieferung, doch sind uns nur Fragmente erhalten.

W: Comicorum Graecorum Fragmenta (= CAF.).

Alfenus Varus aus Cremona, ursprünglich Schuster, gab sein Gewerbe auf und ging bei dem berühmten Juristen Sulpicius Severus in die Schule. A. wurde selbst ein berühmter Jurist und Consul (39 v. Chr.). Vergil widmete ihm die 6. Ekloge.

Alimentus. L. Cincius A., Praetor 210 v. Chr.; er schrieb eine röm. Geschichte in gr. Sprache.

W: HRR.

Aliso, röm. Kastell in Germanien, 11 v. Chr. von Drusus gegründet. Stützpunkt in den Kämpfen der Römer gegen die Germanen. Die Lokalisierung ist bis heute ungeklärt: Haltern oder Oberaden, beide an der Lippe.

H. Dragendorff u. a., Ausgrabungen bei Haltern, 1903 ff.; F. Koepp, Varusschlacht und A., 1940.

Alkaios entstammte einer altadeligen Familie aus Mytilene auf Lesbos, wurde um 600 v. Chr. in die Kämpfe der Adelsgeschlechter verwickelt, in deren Verlauf sich die Tyrannen Melanchrus und Myrsilos aufschwangen. Zeitweise mußte er daher außer Landes gehen (→ Pittakos). Seine ganz der ritterlich-feudalen Welt angehörende Lebensschau, sein Parteihaß (Jubellied auf den Tod des Tyrannen Myrsilos, von Horaz im Anfang der Ode 1,37 nachgeahmt) und seine überschäumende Lebensfreude spiegeln sich in seinen Gedichten wider. Neben haßerfüllten politischen Streitliedern, unter denen eines das später häufig und bis in die neueste Zeit (Anouilh, Antigone) wiederverwendete Bild vom Staatsschiff in Seenot bietet, neben leidenschaftlichen Liebes-, übermütigen Zechliedern stehen auch Hymnen auf die Götter. Ebenso vollendet wie der Inhalt ist die Form. Die kunstvollen Strophen atmen bei A. Frische und Natürlichkeit. Neben dem alkaiischen Maß, das nach ihm genannt ist, hat er auch sapphische und andere Strophen verwendet. A. war später, besonders in Athen, sehr berühmt. Die röm. Lyriker, namentlich Catull und Horaz, ahmten ihn nach. – Vase aus dem Umkreis des Brygos-Malers (um 480–470 v. Chr.) mit dem Bilde des A. und der → Sappho in den Staatl. Antikensammlungen in München. – → *ex ungue.*

W: Poetarum Lesbiorum Fragmenta, hg. E. Lobel, D. Page, Oxf. 1955; hg. u. d. M. Treu, [3]1980. – *Ü:* M. Hausmann, D. Erwachen, 1949; E. Staiger, Gr. Lyrik, 1961.
L: D. Page, *Sappho and Alcaeus,* Oxf. 1955.

Alkamenes, gr. Bildhauer, Schüler des Pheidias, in der antiken Überlieferung seinem Lehrer an Hochschätzung kaum nachstehend, schuf Götterbilder aus Marmor, Bronze, Gold und Elfenbein. Eine antike Kopie seines Hermes Propylaios, der auf der Akropolis von Athen stand, wurde in Pergamon gefunden (Istanbul, Museen). Die Marmorstatue der Prokne und des Itys von der Akropolis ist ein originales Werk (Akropolis-Mus.). In einer Aphroditestatue im Louvre in Paris, mit durchsichtigem Gewande (→ koische Gew.), will man eine Kopie seiner berühmten „Aphrodite in den Gärten“ sehen.

W. H. Schuchardt, A., 1977.

Alkestis opferte sich für ihren Gemahl Admetos, der sterben sollte, wurde aber von Herakles dem Tode wieder entrissen. Berühmtes Drama des Euripides. Weiterleben des Motivs bis zu Werfel, Hofmannsthal und Thornton Wilder; Opern von Lully, Gluck u. a.

A. Lesky, A., der Mythos u. d. Drama, 1925.

Alkibiades, vornehmer Athener aus altadeliger Familie (Sohn einer → Alkmaionidin), im Hause seines Vormundes Perikles erzogen. Er stand in Verbindung mit Sokrates, doch hatten offenbar die Sophisten auf den begabten, schönen, reichen, eitlen, ehrgeizigen jungen Mann größeren Einfluß (vgl. die Zeichnung seines Charakters in Platons *Symposion*). A. war der Typus der jüngeren Generation des athenischen Adels, die nicht mehr dem Staat um seiner selbst willen diente; als Individualist und Machtmensch wollte A. den Staat ausnützen, um eine glänzende Stellung, evtl. eine Königsherrschaft zu gewinnen (→ Tyrann). Er machte sich daher den Lieblingsgedanken der athenischen Nationalisten, die Expansion des athenischen Reiches nach dem Westen, skrupellos für seine ehrgeizigen Pläne zunutze. Mit Lamachos und Nikias wurde er Feldherr der → sizilischen Expedition. Bei der Abfahrt ereignete sich der Hermenfrevel, den seine Feinde dem A. zuschrieben (→ Hermokopidenprozeß). A. wurde zurückgeholt, floh aber und ging nach Sparta, wo er gewissenlos gegen Athen intrigierte und durch seinen Rat die Vernichtung des athen. Expeditionsheeres vor Syrakus herbeiführte. Doch überwarf sich A. bald mit dem spartan. König Agis. Durch Vermittlung der Demokraten vor Samos (Thrasybulos) gelang ihm 411 die Rückkehr zur athenischen Flotte. Nach den Seesiegen in den folgenden Jahren als Held verehrt, kehrt er 408 nach Athen zurück, aber die Athener verbannten ihn 407 nach geringen Mißerfolgen von neuem. Seitdem lebte er auf seinen Gütern in der thrakischen Chersones (Halbinsel Gallipoli) in der Hoffnung, wieder zurückkehren zu können. Er wurde 404 von den 30 Tyrannen geächtet und von den Persern ermordet.

F. Taeger, [2]1943; J. Hatzfeld; *Alcibiade,* Paris [2]1951.

Alkinoos, sagenhafter König der → Phaiaken, der den schiffbrüchigen → Odysseus in seinem Palast auf der Insel Scheria aufnahm u. ihn dann auf einem seiner Schiffe nach Ithaka heimbringen ließ. A.' Tochter war → Nausikaa.

Alkiphron, aus dem 2. Jh. n. Chr., Verfasser einer Sammlung literarischer Briefe (als Adressaten und Schreiber attische Bauern, Fischer, Parasiten, Hetären; unter letzteren fiktiver Briefwechsel zwischen dem Komödiendichter Menander und der Hetäre Glykera). A. ist der Mode seiner Zeit folgend Attizist. (→ Attizismus).

W: Hg. M. A. Schepers, 1909, neu 1969.
Ü: W. Plankl: Hetärenbriefe, [4]1958.

Alkmaion von Kroton, Arzt und Philosoph um 500 v. Chr., von Pythagoras stark beeinflußt, schrieb in ionischer Prosa ein Buch *Über die Natur,* das nach unseren Kenntnissen das erste medizinisch-naturwissenschaftliche Buch gewesen ist. Reste haben sich erhalten.

W: FdV, I.
L: J. Schumacher, Die Anfänge abendländ. Medizin in d. gr. Antike, 1965. → Heilkunde.

Alkmaioniden, eine der vornehmsten Familien Athens. Verbannt wegen des Frevels an Kylon, kehrten sie um 560 v. Chr. wieder nach Athen zurück, wurden aber von Peisistratos erneut verbannt. 548 stifteten sie den prachtvollen Neubau des Apollontempels in Delphoi, der ihnen verbreitete Popularität einbrachte. Nach der Verbannung des Peisistratiden Hippias kehrten sie 510 nach Athen zurück; Kleisthenes, damals das Haupt der Familie, gab der Stadt eine neue demokrat. Verfassung. Sowohl Alkibiades als auch Perikles gehörten zur Familie der A.

Alkman, Ioner (kaum Lyder) aus Sardes, um 625 v. Chr., lebte in Sparta als Dichter und Chormeister für Mädchenchöre. Vor seinen Chorliedern *(Parthenien)* sind nur Reste auf uns gekommen, die uns aber dennoch ein gutes Bild von der großen Kunst des Dichters zu geben vermögen. Neben dem Mythos und der Spruchweisheit steht in den Gedichten A.s auch die persönliche Aussage des Dichters. Sehr stimmungsvoll und in seinem Naturgefühl für diese frühe Zeit einzigartig sind einige Verse, die den Frieden der Nacht beschreiben.

W: ALGr II [2]1942; *The Partheneion,* hg. D. Page, Oxf. 1951
Ü: E. Marwitz, E. Boehringer, 1957.

Alkmene war die Gemahlin des → Amphitryon u. die Mutter des → Herakles.

Alkohol → Bier; Wein. → Dionysos.

Allekto (Alekto), Megaira und Teisiphone waren die Namen der drei Erinyen.

Alles fließt (gr. *panta rhei*), nicht, wie meist angenommen wird, ein Ausspruch des gr. Philosophen → Heraklit, sondern nur eine spätere Formulierung seiner Lehre, es gebe in der Welt nur ein ewiges Werden und Vergehen und alles beharrende Sein beruhe auf Täuschung. Gerade das Gegenteil lehrte → Parmenides.

Allia, Nebenfluß des Tiber, etwa 15 km nördlich von Rom, heute wahrscheinlich *Fossa della Bettina,* an dem die Römer am 18. Juli 390 (?) von den Galliern geschlagen wurden. Später war der 18. Juli ein *dies ater* = „schwarzer", d. h. Unglückstag. → Brennus; Camillus.

Alliteration oder Anreim, ein Kunstmittel antiker Poesie und Prosa, das oft zur Hervorhebung bestimmter Begriffe lautmalerisch verwandt wurde; so klopft bei Horaz (c. 1,4) der Tod an die Pforte des Hauses: *pallida mors aequo pulsat pede pauperum tabernas*. Die Einführung dieses Stilmittels in die künstlerische Prosa geht auf den Sophisten → Gorgias zurück.

Allobroger, mächtiger kelt. Stamm zwischen Rhone und Isère, Hauptstadt *Vienna* (heute Vienne); von Q. Fabius Maximus unterworfen, der 121 v. Chr. daher den Beinamen Allobrogicus annehmen durfte. Immer zum Aufstand geneigt, nahmen sie 63 v. Chr. Verbindung mit Catilina auf, gaben aber dann die Verschwörung preis.

Alpen. Der Name dieses europ. Hochgebirges taucht zuerst als Name eines Donauzuflusses bei Herodot (IV, 49) auf, gelangte aber erst durch Hannibals A.-Übergang 218 v. Chr. tatsächlich zur Kenntnis der Alten Welt. Man hielt den Namen für keltisch u. dachte sich dabei eine Bezeichnung für jedes hohe Gebirge; so bezeichnet *Alpis* die jeweilige Paßhöhe u. wird mit einem Beiwort näher charakterisiert. Genauere Erforschung der A. stellte man im Altertum nicht an, sondern interessierte sich lediglich für bewohnbare Täler u. überschreitbare Paßhöhen; nach Tälern und Pässen benannte man auch die einzelnen Teile der A., während man heute gern die jeweils höchsten Erhebungen zur Namensgebung benutzt.
In früheren Jahrhunderten umging man die A. lieber, so daß Hannibals Übergang fast wie ein Wunder wirken mußte. Nach den unklaren Berichten von Livius und Polybios zog Hannibal über den *Col du Clapier* nahe dem M. Cenis. Röm. Heere überschritten zwar später auch die A., eine planmäßige Erschließung der Wege beginnt aber erst mit der Kaiserzeit. Alpenstraßen der Römer folgten möglichst dem Gelände u. vermieden Talübergänge; monumentale Bauwerke findet man daher nicht. Die wichtigsten Übergänge waren in alter Zeit: *Alpis Cottia* (Mt. Genèvre), *A. Graia* (kl. St. Bernhard), *A. Poenina* (gr. St. Bernhard), Splügen, Julier, Rechenscheideck, Brenner, *A. Iulia*. – Die Mehrzahl der A.-völker war keltisch; → Raetien; Veneter.

F. v. Duhn, D. Benutzung der A.pässe im Altert., 1892; W. Cartellieri, Die röm. Alpenstraßen, 1926; L. Pauli, Die A. in Frühzeit und MA., [2]1981.

Alphabet, griech. Bezeichnung des Abc nach den ersten beiden Buchstaben des griech. A.: *alpha* (= a), *beta* (= b). → Buchstabenschrift.

Altar (von lat. *altaria,* Brandstätte, Opfertisch). Er stand im gr.-röm. Altertum nur selten (z. B. im Erechtheion) im Tempel, vielmehr meistens vor ihm. Zur Verbrennung von Weihrauch und Opferfleisch wurde auf ihm ein offenes Feuer angezündet. Der Gottesdienst fand am Altar statt, also im Freien. Der Tempel selbst war Gotteshaus im eigentlichen Sinne des Worts, ein Haus für das Götterbild. Zur Aufnahme der Frommen war er nicht bestimmt. Die Altäre konnten vor allem in großen Heiligtümern monumentale Ausmaße haben, z. B. im Heraion auf Samos, vor allem der mit Skulpturen reich geschmückte A. des Zeus in → Pergamon und in seiner Nachahmung die Altäre von Magnesia und → Priene.

P. Stengel, Gr. Kultusaltertümer, 1920; C. G. Yavis, *Greek Altars*, S. Louis, 1949.

Altertum, d. h. die alte Zeit, dann speziell die Zeit der Griechen und Römer, seit Schlegel meist „klassisches A.“, seit dem 19. Jh. auch Antike genannt: Die erste der seit dem Halle'schen Professor Chr. Cellarius (1634–1707) eingeführten Epochen der Weltgeschichte in der noch weithin üblichen Dreigliederung (A., MA., Neuzeit). Durch Einbeziehung der Geschichte des Alten Orients umfaßt das A. heute die gesamte Zeitspanne zwischen Vorgeschichte und MA.; aus dieser umfangreichen Gesamtepoche löst man die griech.-röm. Kultur durch die Spezialbezeichnung „klass. A.“ oder Antike heraus. Diese Geschichtsepoche läßt sich räumlich einigermaßen einleuchtend begrenzen auf den Mittelmeerraum und einige Randgebiete (sog. *Oikumene*). Die zeitliche Abgrenzung des A.s ist schwieriger: Der Übergang von der Vorgeschichte zum geschichtlichen Leben wird durch die Erfindung der Schrift und, damit verbunden, die Entwicklung eines geschichtlichen Bewußtseins markiert. Damit liegt diese Wende um 3500 v. Chr., jedenfalls für die Völker des Alten Orients. Problematisch ist auch die Zeitangabe für das Ende des A.s: Man rechnet das Mittelalter in der deutschen Geschichte von 375 an, d. h. vom Beginn der Völkerwanderung, die für die Germanen und für Italien eine neue Zeit einleitete; auch die Absetzung des letzten röm. Kaisers 476 gilt als epochemachender Einschnitt. In der griech. Geschichte rechnet man, da dieses Land von der Völkerwanderung nur getroffen, aber nicht wesentlich umgestaltet wurde, richtiger seit 529, der Schließung der → Akademie in Athen; in der Geschichte des islamischen Orients erst seit 622, der Hedschra. Auch → Altertumswissenschaft; Antike; Archäologie; Philologie.

H. Pirenne, Geburt des Abendlandes, d. 1940; H. Aubin, Vom A. zum MA., 1949; P. E. Hübinger (Hg.), Zur Frage der Periodengrenze zwischen Altertum u. Mittelalter, 1969.

Altertumswissenschaft. Die frühere A. beschränkte sich zeitlich auf die eigentlich „klassische“ Zeit des Altertums, dessen Hochblüte, und innerhalb dieser Zeit inhaltlich auf die Sprachen und die Literatur oder gar nur auf die schöne (epische, lyrische, dramatische), philosophische und geschichtliche Literatur. Nachklassische Autoren wurden zwar gelesen und antike Kultur wurde behandelt, aber all dies als Hilfswissenschaft, nur zur Erhellung der klassischen Literatur. Die moderne A. machte aus dieser „klassischen“ Wort- und Literaturphilologie eine die gesamte antike Kultur zeitlich und sachlich umfassende A. Gründer der modernen A. war August Boeckh (1785–1867), ihr hervorragendster Vertreter Ulrich v. Wilamowitz-Moellendorff. Die wesentlichsten Unterschiede der beiden

Richtungen sind folgende: In der modernen A. erhielten auch späte Sprachformen ihr Recht; so wurde der Wertunterschied zwischen dem „klassischen" Griechisch und der → *koine* des → Hellenismus, zwischen → goldner und silberner Latinität und die Verachtung des mittelalterlichen Lateins als „Mönchslatein" aufgegeben. Die modernen romanischen Sprachen und das Neugriechische dienen jetzt zur Erhellung des antiken Lateinisch und Griechisch. Das *Corpus iuris,* antike medizinische, mathematische, geographische und andere Fachschriften helfen, ein Bild der antiken Gesamtkultur zu entwerfen, das früher, bei einem nur auf die schöne Literatur der klassischen Zeit gerichteten Blick, notwendig einseitig gewesen war. Vor allem ist heute die → Archäologie nicht mehr eine von der Philologie getrennte Sonderwissenschaft, sondern man lernte, antike Kunst als einen der wesentlichsten Teile antiker Kultur zu verstehen und ihre Wandlungen aus solchen der jeweils gleichzeitigen Literatur und Gesamtkultur zu erklären und umgekehrt. Von der Archäologie ging auch die Anregung aus, neben der heidnischen auch die christliche Antike in das Gebiet der A. einzubeziehen (→ Christentum; Jesus). Auch die Sprachwissenschaft gab ihre frühere Sonderstellung auf und half die Kulturkenntnis fördern; sie lehrte, von den Wörtern auf die Sachen zu schließen (→ Indogermanen), aus dem Vorhandensein oder Fehlen von Wörtern auf das Kulturniveau, aus dem Wandern von Wörtern auf die Kulturverbreitung. Neben die antiken Autoren, aus denen man früher das Altertum allein kennen gelernt hatte, traten als Quellen für dessen Kenntnis antike → Inschriften und → Papyri, wurden in gewisser Beziehung sogar wichtiger als diese; in den Inschriften und namentlich in den Papyri (→ Kellnerin) redet das Altertum meist ganz unmittelbar zu uns. Seit der zweiten Hälfte des 19. Jhs. wurde ferner die A. grundlegend durch die Ausgrabungen und die Entwicklung des Reiseverkehrs umgestaltet und neben einer Buch-, Lese- und Erkenntniswissenschaft zu einer Sch und Erlebniswissenschaft. Am folgenreichsten schließlich wurde die A. dadurch umgestaltet, daß sie das Altertum nicht mehr nur insoweit betrachtet, wie es war, sondern daraufhin, wie es bis heute weiterlebt und wirkt (über die Durchlaufende Betrachtungsweise → Vorwort). Damit wurde auch die sog. Rezeptionsgeschichte mit in die Betrachtung einbezogen und man rückt das Aufsuchen weitreichender Kulturzusammenhänge in den Vordergrund. So ist z. B. „die Spätantike nicht nur das leidvolle Ende der antiken, sondern auch der verheißungsvolle Anfang der europäischen Kultur" (M. Fuhrmann). Historische Kontinuität und geistige Wandlungsprozesse sichtbar zu machen, dürfte die Hauptaufgabe der A. sein. Sie kann jedoch ihre Tätigkeit nicht mehr vornehmlich auf dem Felde der → Philologie ausüben, sondern sollte sich im Zeitalter der Medientechnik neuer Vermittlungsmethoden und veränderter Darstellungsmöglichkeiten bedienen.

G. Voigt, D. Wiederbelebung d. class. Alterthums, hg. v. M. Lehnerdt, II, [4]1960; M. Fuhrmann, Rom in der Spätantike, 1994.

Altis heißt der heilige Hain des Zeus in Olympia.

Amalthea, die Ziege, die den kretischen Zeus säugte. Ihre Hörner spendeten Nektar und → Ambrosia. Aus dem abgebrochenen Horn schuf Zeus das → Füllhorn, das unerschöpflichen Reichtum spendete.

Amasis, ägyptischer Pharao (um 569–526 v. Chr.), Philhellene, gewährte den Griechen Handelskonzessionen in Naukratis, war verbündet mit Samos (Polykrates), Lydien (Kroisos), Kyrene und Sparta.

Amasis, attischer Töpfer aus der 2. Hälfte des 6. Jh. v. Chr.; der Maler dieser Vasen erhielt den wissenschaftl. Rufnamen Amasis-Maler; Gefäße mit preziöszierlichen Bildern.

Amazonen, gr. *Amazones,* kriegerisches Frauenvolk in Kleinasien, bei Trapezus, am Flusse Thermodon, das Männer nur zwecks Fortpflanzung unter sich duldete. Die Griechen deuteten den Namen A. verschieden, meist als „brustlos" (die A. hätten sich die rechte Brust verstümmelt, um die Bogensehne weiter zurückziehen zu können). Die A. halfen nach der Sage den Troern im troischen Kriege (Königin Penthesileia, von Achilleus erschlagen, der sich in die Sterbende verliebte) und fielen unter der Herrschaft des Theseus, der die A. Antiope geheiratet hatte, in Attika ein, wurden aber geschlagen. Herakles holte sich im Kampf den Gürtel der Amazonenkönigin Hippolyte; auch Bellerophon kämpfte mit ihnen. Zahlreiche Gräber bewaffneter Frauen aus dem 7.–5. Jh. v. Chr., in Südrußland gefunden, bestätigen anscheinend alte Sagen. Die A.-Sagen waren nach Ausweis der zahlreichen Darstellungen sehr beliebt; auf Vasen (z. B. Penthesileia-Schale in München mit dem Tod der P., um 460 v. Chr.), als Statuen (Kopien von Pheidias, Polyklet, Kresilas u. Phradmon; Weihgeschenk des Attalos von → Pergamon auf der Akropolis, Anf. 2. Jh. v. Chr.), auf Reliefs (Metopen des Heratempels von Selinus, des Mausoleums von Halikarnass, auf etruskischen und röm. Sarkophagen), auf Gemälden (berühmte Amazonomachie des Mikon in der Stoa poikile und im sog. Theseion zu Athen; beide nicht erhalten, aber Nachbildungen auf Vasenbildern).

E. Bielefeld, *Amazonomachie,* 1951; D. Bothmer, Oxf. 1957.

Ambarvalia, die religiöse Feier mit Prozessionen, die jährlich im Mai begangen wurden. → Arvales.

Ambrosia, wörtlich die „unsterbliche", nämlich Speise, diente mit Nektar als Trank den Göttern zur Nahrung; sie verlieh Unsterblichkeit.

Ambrosius, Bischof von Mailand (339–397); er wurde wahrscheinlich in Trier als Sproß einer vornehmen röm. Familie geboren, genoß eine juristisch-rhetorische Ausbildung und wurde Statthalter in Mailand. A. erwarb sich große Beliebtheit und wurde nach dem Tode des arianischen Bischofs Auxentius, als er in dem Streit zwischen Arianern und Katholiken vermitteln wollte, gegen seinen Willen vom Volke zum

Bischof gewählt (374). Als Bischof bekämpfte er das Heidentum, die Sekten (Arianer) wie auch die ungerechte Staatsgewalt gleichermaßen. Als Theodosius bei einem Aufstand 7000 Menschen hatte hinrichten lassen, zwang er den Kaiser, sich der öffentlichen Kirchenbuße zu unterwerfen. Daneben fand A. noch Zeit zu ausgedehnter Schriftstellerei (Predigten, Schriften zur Seelsorge); durch seine Hymnendichtungen und -kompositionen wurde er der Schöpfer des abendländ. liturg. Hymnengesangs. → Kirchenväter.

W: CSEL (→ Kirchenväter, dort auch Ü).
L: H. v. Campenhausen, A. als Kirchenpolitiker, 1929; ders., Lat. Kirchenväter, ²1965.

Amburbium, röm Fest, an dem ein feierlicher Umzug um Rom stattfand. Man suchte die Stadt zu schützen, indem man einen magischen Kreis um sie zog. Das A. war ein Wandelfest (→ *Feriae*) und lebt fort bis auf den heutigen Tag in der Lichterprozession von Mariae Lichtmeß.

Ameipsias, attischer Komödiendichter, Zeitgenosse des Aristophanes, über den er 414 v. Chr. mit seinem Stück *„Die Komasten"* siegte (→ Komos).

W: Comicorum Atticorum Fragmenta, hg. Th. Kock, I, 1880.

Amethyst, gr. *amethystos* = nicht betrunken; man glaubte, der Träger eines A. sei vor Trunkenheit geschützt. → Edelsteine.

amicus Plato, sed magis amica veritas = „Platon ist mir lieb, aber noch lieber ist mir die Wahrheit", nach Aristoteles, *Nikomachische Ethik* I 4, 1096a 16: „von zwei Freunden, Platon und der Wahrheit, muß man die W. vorziehen", was in der zitierten lat. Form zum geflügelten Worte wurde.

Ammianus Marcellinus, gest. ca. 400 n. Chr., der erste bedeutende röm. Geschichtsschreiber nach Tacitus, behandelte, an diesen anknüpfend, die Zeit von 96–378 und schuf mit diesem Werk einen würdigen Abschluß der röm. Geschichtsschreibung. Erhalten ist nur die Geschichte der letzten, von ihm selbst erlebten Zeit (353–378; er nahm an Feldzügen in Italien, Gallien und im Osten teil), durch ihr klares, unparteiisches Urteil und die meisterhafte psychologische Analyse „eine der lebendigsten und farbenreichsten historischen Darstellungen des Altertums" (Fr. Leo). Als Grieche (geb. in Antiochéia) schrieb A. einen meisterhaften, wenn auch gezierten lat. Stil.

W: Hg., komm. u. d. W. Seyfarth, II ³⁻⁶1988.
Ü: L. Tross, ²1898.
L: W. Ensslin, Z. Geschichtsschreibung u. Weltanschauung d. A. M., 1923; E. A. Thompson, *The Historical Works of A. M.*, Cambr. 1947; H. Gärtner (Hg.), Beiträge zu A. M., 1972; K. Rosen (Hg.), A. M. 1982.

Ammon, ägypt. Gott *(Amun)*, der eine berühmte Orakelstätte in der Oase Siwa hatte (→ Alexander d. Gr.). Von den Griechen wurde er mit Zeus, von den Römern mit Iuppiter gleichgesetzt.

Ammonios Sakkas, Philosoph des 3. Jhs. n. Chr., der unter dem Einfluß der Lehren des Pythagoras und Platons stand; Lehrer Plotins und durch diesen Begründer des Neuplatonismus.

Amor, lat. Name des gr. Liebesgottes → Eros.

Amphiaraos, Seher in Argos, Teilnehmer der Kalydonischen

Jagd und des Argonautenzuges. Als er sich versteckte, um den Zug der Sieben gegen Theben nicht mitmachen zu müssen (er wußte, daß er dabei sterben müsse), verriet ihn seine Frau.

Amphiktionen (nicht eindeutig definiert, vielleicht von gr. *amphiktiones* = Umwohner; später auch *amphiktyones* nach Amphiktyon, einer mythischen Gründergestalt), Mitglieder einer Amphiktionie, d. h. eines Verbandes von Staaten, die sich zum Schutze eines zentral gelegenen Heiligtums zusammengetan hatten. Ein Bundesschiedsgericht der A. hatte den Zweck, Krieg zwischen den Bundesmitgliedern zu verhindern, der für das Heiligtum verheerende Wirkungen haben mußte. Unter den Tempelvereinen hatte der von Delphoi, dem 12 Staaten angehörten, besondere Bedeutung. Diese A. benutzte Philipp von Makedonien, um in Griechenland festen Fuß zu fassen, indem er sich im heiligen Krieg (355–346) die Exekution gegen die Phoker für einen von diesen begangenen religiösen Frevel übertragen ließ. Er bekam dadurch den Thermopylenpaß und damit den Zugang zu Mittelgriechenland in die Hand.

Amphion und Zethos, Zwillingssöhne des Zeus und der Antiope, die von ihrem Gatten, dem König Lykos von Theben, verstoßen worden war. Die auf dem Berg Kithairon ausgesetzten Zwillinge wurden von Hirten aufgezogen. Als Antiope, nun die Sklavin der zweiten Frau des Lykos, Dirke, vor deren Mißhandlungen in das Gebirge floh, fand sie dort ihre erwachsenen Söhne. Diese gingen nach Theben, töteten Lykos und banden Dirke an die Hörner eines Stieres, der sie zu Tode schleifte. Nach der Besitznahme Thebens befestigten sie die Stadt durch eine Mauer: Amphion spielte dabei so schön auf seiner Leier, die ihm Hermes geschenkt hatte, daß die Steine von selbst sich herbei bewegten und sich zusammenfügten. In der Tragödie *Antiope* des Euripides stehen die beiden Brüder einander gegenüber als Vertreter des praktisch-tatkräftigen und theoretisch-nachdenklichen Lebenstyps.

Amphipolis, gr. Stadt am Strymon in Thrakien, im Pelop. Krieg hart umkämpft (→ Thukydides).

Amphitheater. In den Theatern waren die Sitze der Zuschauer halbkreisförmig angeordnet. In den eliptischen A. dagegen liefen die Sitze unter freiem Himmel *amphi* = ringsum, nämlich um die Arena. Die A. dienten für Gladiatorenkämpfe und Tierhetzen (→ Colosseum). Viele gut erhaltene A. → gladiator.

Amphitrite → Poseidon.

Amphitryon, Sohn des Alkaios, Königs von Tiryns, lebte als Verbannter in Theben. Während er als Feldherr der Thebaner ein Heer gegen die Taphier führte, nahte seiner Gattin Alkmene Zeus in der Gestalt des A. Als aber A. anderntags siegreich von dem Feldzug zurückkehrte, grüßte ihn Alkmene erstaunt, da er ja bereits gestern bei ihr gewesen sei. A. glaubte nun, daß Alkmene ihm untreu geworden sei, bis Zeus selbst aufklärend eingriff und die Verwicklung löste. – Die Sage hat Plautus in seiner Verwechslungskomödie *Amphitruo* wohl nach gr. Vorbild gestaltet; Nachdichtungen Molières und Kleists u. a. – → Herakles.

Amphora. Zweihenkliges Gefäß mit engem Hals, der mit Kork oder Pech verschlossen wurde, oft unten spitz, da man die A. in die Erde steckte (→ Keller), für Wein, Öl u. Hülsenfrüchte; auch mit breiterem Hals, für Pökelfleisch; in Straßenwinkeln auch als Uringefäße aufgestellt (→ non olet; Hohlmaße; Vasen).

Amt → Magistrat; Ämterlaufbahn.

Amtsabzeichen. Seit alters (Agamemnon bei Homer) ein Stab, gr. *skeptron,* lat *sceptrum.* Die Feldwebel des röm. Heeres führten einen Stock als A. und durften damit die Mannschaften auch schlagen. Mindestens seit hellenistischer Zeit ein zusammenklappbares Feldstühlchen, auf dem die Beamten saßen, gr. *diphros,* lat. *sella* mit dem Zusatz *curulis* (→ curulisch). Ursprünglich persisch, seit hellenistischer Zeit auch gr. das Diadem, ein Band, das durch das Schläfenhaar rechts und links gezogen und am Hinterkopf, später aber einfach um den Kopf gebunden wurde. Erst bei den Römern ein Streif, *clavus,* aus → Purpur, schmal an der plebeischen *tunica,* breit an der der patrizischen Kriegstribunen und an der andrer Vornehmer, so der Senatoren (→ Nobilität). Seit der röm. Kaiserzeit ein Globus, der andeuten sollte, sein Träger sei Herr der ganzen (laut dem Kreuze darauf christlichen) Erde. Die Streifen auf dem Reichsapfel entsprechen der antiken Zoneneinteilung der Erde (→ Geographie). – Ein Weiterleben dieser A. ist vielfach zu beobachten: Das Szepter bleibt Königszeichen, der Beamtenstuhl wird zum Thron; das Diadem wird in Verschmelzung mit dem → Kranz zur Krone; der *clavus* lebt in den farbigen Paspeln an den Uniformhosen etwa der Generalstäbler; der Globus als der sog. Reichsapfel. – → Orden.

H. Fillitz, D. Insignien u. Kleinodien d. hl. röm. Reiches, 1954.

Amulius, Bruder Numitors, des Königs von Alba Longa, stieß nach der Sage diesen vom Thron, machte dessen Tochter → Rea Silvia zur Vestalin und setzte ihre Zwillinge → Romulus und → Remus auf dem Tiber aus.

Amyklai, achaiische Siedlung im dorischen Lakedaimon, Sitz eines alten vorgr. Kultes des → *Hyakinthos,* der später mit Apollon identifiziert wurde.

Amykos, Sohn Poseidons, König der Bebryker, berühmter Boxer, der jeden Fremden zum Wettkampf herausforderte und erschlug. Als die Argonauten dort landeten, kämpfte Polydeukes mit A. und tötete ihn. Auf der Ficoronischen Cista, einem gravierten Bronzebehälter, der Anfang des 4. Jhs. v. Chr. in Mittelitalien entstanden ist, ist dargestellt, wie A. von Polydeukes an einen Baum gebunden wird (Villa Giulia, Rom).

Amyntas, Name makedon. Könige.

Anabasis = Hinaufmarsch; so betitelte → Xenophon seinen Bericht vom Zug der 10000 gr. Söldner im Dienste des Kyros und ebenfalls → Arrian seine Darstellung des Zuges Alexanders d. Gr.

Anacharsis, Skythe aus königl. Geschlecht, kam auf seinen Reisen nach Athen; seine legendäre Figur wurde zum idealisierten Musterbild eines klugen Barbaren umgestaltet, von manchen unter die 7 Weisen gerechnet; viele seiner Aussprüche waren im Umlauf.

W: Hg. u. d. F. H. Reuters, 1963

Anakreon, gr. Lyriker aus Teos in Ionien, um 550 v. Chr., wanderte als junger Mann, da seine Heimat von den Persern bedroht wurde, mit seinen Landsleuten nach → Abdera in Thrakien aus. Später lebte er hochgeehrt und angesehen an gr. Fürstenhöfen, so bei Polykrates von Samos und nach dessen Ende (522) bei Hipparchos in Athen. Nach dem Sturz des Hipparchos (514) finden wir ihn wieder in Thrakien. Er soll 85 Jahre alt geworden sein. Von seinen Chorliedern (für Frauenchöre), Elegien, Epigrammen, Iamben und Liedern sind drei vollständige Lieder und verstreute Trümmer und Bruchstükke auf Papyros erhalten; in ihnen tritt uns A. entgegen als lebensfroher Gesellschafter und genußfroher Lebemann, aber auch als ein Dichter, der souverän seine Mittel beherrschend in überraschenden Bildern und in zarten und verhaltenen Tönen, die seinen Liedern eine zarte Duftigkeit verleihen, von der Süße des Lebens zu singen weiß. Dem entsprechen auch die von ihm verwendeten Metren, Glykoneen und Ioniker, die er virtuos handhabt. – Die zu sehr verschiedenen Zeiten verfaßten *Anakreonteia* sind Nachbildungen unterschiedlicher Qualität, die freilich den Genius A.s vermissen lassen und in ihrer tändelnden, süßlichen Art gegenüber der kraftvollen Frische der echten Lieder des A. z. T. stark abfallen. Sie gewannen aber Einfluß auf die europäische Literatur, seitdem sie 1554 Henri Estienne (Henricus Stephanus) griechisch mit französischer Übersetzung herausgegeben hatte. An ihren Ton und ihre Themen knüpften Belleau, Ronsard, Rousseau und die deutschen Anakreontiker: Lange, Hagedorn, Gleim, Uz, Götz an. – Goethe übersetzte das hübsche Gedicht auf die Zikade.

W.: ALGr. – Anakreonteia, hg. C. Preisendanz, 1912.

Ü: E. Mörike, 1864; E. Geibel, Klass. Liederbuch, 1875.

L: A. Pick, Zur Gesch. d. dt. Anakreontik, II, 1907–09.

Anamnesis (gr.), die Wiedererinnerung, für Platon ein Teil seines Unsterblichkeitsbeweises, wonach jeder Wissenserwerb in Wahrheit eine Wiedererinnerung sei.

Anapäst, gr. *anapaistos,* der Versfuß (→ Metrik) ◡ ◡ –́. Der Name deutet „zurückgeschlagener", d. h. umgekehrter (nämlich Daktylos, ◡ ◡ –́ statt –́ ◡ ◡). Anapästische Verse finden sich als Kurzverse in Marschliedern, z. B. des Tyrtaios; als feierliche Langverse in der → Parabase der Komödie; in der Tragödie stehen sie oft in aufgeregten Szenen:

Weh weh! Dich verfolgt grausames Geschick!
Welch' Haus, welch' Reich wird öffnen sich dir
Als rettender Port?

Anax, der Königstitel der gr. Frühzeit. → Monarchie.

Anaxagoras, 500 v. Chr. in Klazomenai in Kleinasien geb., gest. 428, brachte die Philosophie nach

Athen, wo er als Freund des Perikles eine neue Heimat fand. Sein Buch *„Die Natur“* wurde sehr angegriffen; er wurde in Athen (wegen → Asebie; → Kleon) angeklagt und mußte in die Verbannung nach Lampsakos gehen. – A. nimmt eine aus kleinsten Teilchen *(spermata)* bestehende Urmischung an, in der alle möglichen Stoffe und Qualitäten enthalten sind. Aus diesem Urgemisch wird und vergeht wieder alles durch Mischung und Entmischung. Urheber und Lenker dieses Prozesses ist der *Nus,* ein unpersönlich gedachter weltordnender Geist, der über alles die Herrschaft führt. Der *Nus,* der allein abgesondert, unvermengt und unbegrenzt und göttliche Potenz ist, ist nicht reiner Geist, sondern das feinste und reinste aller Dinge. – A. hat in Athen auf Perikles und andere, besonders auf Euripides, stark gewirkt. Aristophanes griff ihn unter anderen unter der Maske des Sokrates in den *Wolken* an. → Nil.

W: FdV, II.

L: W. Broecker, D. Lehre des A., 1942; D. Ciurnelli, *La Filosofia di A.,* Padova 1947; J. Zafiropulo, *A. de Clazomène,* Paris 1948; M. Cleve, *The Philosophy of A.,* N. Y. 1949.

Anaxandrides aus Rhodos, Dichter der mittleren Komödie. Er soll 65 Stücke verfaßt haben; 376 v. Chr. erlangte er an den Dionysien den ersten Sieg.

W: CAF.

Anaximandros, lat. *Anaximander,* aus Milet, lebte um 610–546 vor Chr. und war vielleicht der Begründer der Philosophie überhaupt (→ Thales). Er schrieb das erste philosophische Buch der Welt, das später unter dem Titel *„Über die Natur“* bekannt war, uns aber nicht erhalten ist. In ihm wurde das Grenzenlose, Unbestimmbare, Unendliche *(apeiron)* als die Ursache allen Seins bezeichnet; dieses ist unvergänglich, ungeworden und allumfassend. Aus ihm scheiden sich durch Bewegung das Feste und Flüssige, Kalte und Warme = Erde, Wasser, Luft und Feuer ab. Das Feuer umschließt alle anderen Weltteile; im Wasser entstanden Lebewesen, auch die Menschen: Hier ist also zum ersten Male der Gedanke der Entwicklung gefaßt worden. A. stellte als erster Grieche auch eine Weltkarte und eine Himmelstafel her; auch die Sonnenuhr soll seine Erfindung sein (→ Uhr), offenbar nach babylonischem Vorbild.

W: FdV, I.

L: O. Gigon, D. Ursprung d. Philosophie, 1945; F. M. Cornford, *Principium Sapientiae,* Cambr. 1952; M. Heidegger (in: Holzwege), ³1957.

Anaximenes aus Milet, jüngerer Zeitgenosse des Anaximandros; ionischer Naturphilosoph um 585–528 v. Chr., der ein Werk *„Die Natur“* schrieb. Für das Urelement hielt er die Luft; sie ist unendlich, aus ihr entwickelt sich alles, auch die organische Welt, indem durch Verdünnung Feuer, durch Verdichtung Wolken, Wasser, Erde entstehen; Luft, Atem und Seele setzte er gleich.

W: FdV, I.

L: → Anaximandros.

Anchises, König von Dardanos am Berge Ide in Kleinasien; er war schön wie die unsterblichen Götter; Aphrodite liebte ihn; beider Sohn war Aineias.

Ancus Marcius war nach der Tradition der 4. König Roms. Er unterwarf die Latiner und siedelte sie in Rom auf dem Aventin an. Wichtiger waren seine friedlichen Taten: die Gründung von → Ostia, der Hafenstadt Roms an der Tibermündung, und die Konstituierung der → Plebs.

Andokides, attischer Maler des 6. Jh. v. Chr., auf dessen Amphoren u. Schalen die ältesten rotfigurigen Malereien auftauchen (bis dahin nur → schwarzfig. Vasen). Eine schöne Amphora in Berlin.

Andokides, attischer Redner, um 440–391 v. Chr. Er wurde 415 in den → Hermokopidenprozeß verwickelt und verbannt; 411 unter den 30 Tyrannen erneut exiliert, kehrte er 403 endgültig nach Athen zurück. Drei der unter seinem Namen überlieferten Reden sind echt; sie sind alle in eigener Sache gehalten: Für die Rückkehr aus der Verbannung, gegen die Anklage wegen unbefugter Teilnahme an den Mysterien, für den (von ihm ausgehandelten) Frieden mit den Lakedämoniern. Die Rede gegen Alkibiades stammt nicht von A.
W: Hg. F. Blass, C. Fuhr, ^{4}1913, neu 1966.

Androgeos, Sohn des → Minos und der Pasiphae, besiegte alle Gegner bei den Panathenäen in Athen. Aus Neid wurde er getötet. Minos bekriegte daraufhin die Athener und zwang sie, einen Tribut von 7 Jünglingen und Jungfrauen zu zahlen, die Theseus nach Kreta zu bringen hatte.

Androklos, ein entlaufener Sklave, hatte einem Löwen einen Dorn aus dem Fuß gezogen; Jahre später erkannte das Tier A. wieder, als dieser in der Arena mit wilden Tieren kämpfen sollte; der Löwe ließ seinen früheren Wohltäter unverletzt. Die alte Fabel von der Dankbarkeit eines Tieres, bei Gellius überliefert, hatte auch eine christliche Fassung; Bühnenstück von G. B. Shaw.

Andromache, Gattin → Hektors, Mutter des Astyanax. Sie fiel als Kriegsbeute nach der Eroberung Troias dem Sohne Achills, Neoptolemos zu. Später heiratete sie Helenos, einen Bruder Hektors, der über einen Teil von Epirus herrschte. – Tragödie *A.* des Euripides.

Andromeda war die Tochter des Aithiopierkönigs Kepheus und sollte einem Seeungeheuer geopfert werden; sie wurde jedoch von → Perseus gerettet, der das Ungeheuer tötete u. A. als seine Gattin mitnahm; ihr Name lebt in einem Sternbild weiter. Zahllose künstlerische Darstellungen in allen Jahrhunderten.

Andronicus, Beiname des → Livius A., eines röm. Dichters.

Andronikos von Rhodos, Peripatetiker, 1. Jh. v. Chr., Haupt der Schule in Athen, ordnete die Werke des Aristoteles und des Theophrastos.

Anio, Nebenfluß des Tiber, bildet oberhalb Tiburs (Tivoli) berühmte Wasserfälle. Zwei → Wasserleitungen Roms (*A. vetus* und *A. novus*) wurden mit seinem Wasser gespeist.

Ankyra (Ankara), Stadt des keltischen Stammes der Tektosagen in Galatien in Kleinasien. Hauptstadt der röm. Provinz Galatia. → *Monumentum Ancyranum.*

annales, „Jahrbücher“, die ältesten geschichtlichen Aufzeichnungen der Römer; sie entwickelten sich aus der Kalendertafel,

in die der → *pontifex maximus* Namen der Beamten und besondere Ereignisse eintrug, z. B. Sonnen-, Mondfinsternisse, Wunderzeichen u. dgl., später auch Daten aus der inneren und äußeren Geschichte der Stadt. Um 123 v. Chr. wurde diese ganze Stadtchronik in einer großen Sammlung von 80 Büchern, den *Annales Maximi,* publiziert, die als Urkunden zur ältesten röm. Geschichte eine gewisse Bedeutung hatten (→ Annalisten).
W: HRR; CIL.

Annalisten verzeichneten in dürftiger, chronikartiger Fassung und trockenem Stil nach dem Vorbild der amtlichen → *annales* geschichtliche Tatsachen von den ältesten Zeiten bis auf ihre Gegenwart, meist verfälscht durch kritiklose, patriotisch oder parteipolitisch gefärbte Darstellung. Die ältesten (seit Ende des 2. Punischen Krieges) schrieben in griechischer Sprache, da noch kein literaturfähiger lat. Prosastil geschaffen war und man so auch der griech. gebildeten Welt die Größe Roms künden konnte. Die Werke der A. sind fast ganz verlorengegangen, da sie durch das Geschichtswerk des Livius, der ihre Werke aber noch benutzte, ersetzt wurden.

Annona, lat., der jährliche Getreideertrag (von lat. *annus* = Jahr), auch der Marktpreis des Getreides, dessen Höhe sich nach der jeweiligen Ernte richtete. Unter A. verstand man aber auch die Versorgungsleistungen des röm. Staates bei schlechtem Ernteausfall. Um Spekulationen von Händlern zu unterbinden, wurde die *cura annonae* (Sorge für die Getreideverteilung) den Ädilen übertragen (→ Aedilis); später schuf Augustus für diese Aufgabe eine besondere Behörde *(praefectus annonae).* Das notwendige Getreide wurde aus den Provinzen, hauptsächlich aus Ägypten, eingeführt; die Kosten trug teils der Kaiser, teils das *aerarium* (→ Finanzen).
H. P. Kohns, Versorgungskrisen ... im spätant. Rom, 1961; E. Tengström, Bread for the People, Stockh. 1984.

Antaios, Riese in Libyen, Sohn Poseidons und der Gaia (= Erde), der, wenn er beim Ringen stürzte, durch Berührung mit seiner Mutter immer neue Kraft gewann. Darum konnte ihn Herakles nur dadurch erwürgen, daß er ihn über der Erde in der Schwebe hielt.

Antalkidas, ein spartan. Feldherr, schloß 387 v. Chr. in Sardeis mit den Persern den sog. A.- oder auch Königs-Frieden; damit wurde die pers. Herrschaft in ganz Kleinasien anerkannt.

Antenor, vornehmer Troianer, der seinen Mitbürgern zur Wiederherstellung des Friedens riet, Helena den Griechen auszuliefern. Aus Troia geflohen, soll A. mit den verbündeten Venetern nach langen Irrfahrten Patavium (= Padua) gegründet haben.

Antenor, attischer Bildhauer der → archaischen Zeit, arbeitete in Marmor und Bronze, schuf bald nach der Vertreibung der Tyrannen (510 v. Chr.) in öffentlichem Auftrage die Bronzegruppe der Tyrannenmörder → Harmodios und Aristogeiton, das erste Beispiel eines politischen Denkmals in Europa. Die Gruppe ist nicht erhalten; die Kopien stammen von einem Denkmal, das als Ersatz der von Xerxes 480 entführten Gruppe des A. aufgestellt worden war. Erhalten ist aber eine von A. signierte marmorne Mädchenstatue von der Akropolis; vielleicht sind auch die Giebelgruppen des Apollontempels in Delphoi, von denen sich Reste gefunden haben, von A.s Hand.

Anthesterien, Frühlingsfest in Athen; die Tage hießen Faßöffnung, Kannenfest, Topffest (letzteres als Totenfest dem Hermes, die beiden anderen dem Dionysos geweiht). → Feste; Seele.

Anthologie (gr. *anthologia* = Blumenlese) eine Sammlung griech. Epigramme aus den Werken von 47 Dichtern, im 1. Jh. v. Chr. von Meleagros von Gadara angelegt, später durch andre Sammlungen ergänzt. Um 925 n. Chr. veranstaltete Konstantinos Kephalas eine neue Sammlung, die in der berühmten *A. Palatina* (so nach der Universitäts-B. von Heidelberg genannt; jetzt in H. und ein Teil in Paris) erhalten ist. – *A. Latina* wird eine Sammlung lat. Gelegenheitsgedichte und Epigramme genannt, die Gedichte der Kaiserzeit bis zum 6. Jh. umfaßt. – → Stobaios.

W: Anthologia Palatina: Hg. u. d. H. Beckby, IV ^{2}1964; hg. A. S. F. Gow, D. L. Page, Cambr. II 1968 (mit engl. Ü). – *Anthologia Latina:* Hg. A. Riese, F. Bücheler, II ^{2}1894–1906, neu 1982.

Antigone, Tochter des → Oidipus. Dessen Söhne Eteokles und Polyneikes stritten um den Besitz von Theben (→ Sieben gegen Th.) und töteten sich im Bruderkampfe. Der neue König von Th., Kreon, Oidipus' Schwager, befahl, Eteokles zu bestatten, die Leiche des P. aber, der gegen die Vaterstadt gekämpft habe, den Hunden und Vögeln zum Fraße vorzuwerfen. Trotzdem begrub A. den Bruder (→ Nicht mitzuhassen). Der harte Kreon ließ sie deswegen in der unterirdischen Grabkammer des Königshauses lebendig einmauern. Ihr Verlobter, Kreons Sohn Haimon, drang dort ein, um die Braut zu retten, fand sie aber tot; sie hatte sich, um dem Hungertode zu entgehen, erhängt. Haimon tötete sich im Schmerz über ihren Verlust selbst; dasselbe tat seine Mutter wegen des Verlustes ihres Sohnes (Inhalt von Sophokles' Drama *A.*). So hatte A. noch im Tode über Kreon gesiegt, der hier den absoluten Anspruch der staatlichen Gesetze gegenüber den „ungeschriebenen Gesetzen" des → Naturrechtes vertritt. – Nach anderer Version pflegte A. den Oidipus im Alter; so in Sophokles' *Oid. auf dem Kolonos.*

Antigonos *Monophthalmos* (der Einäugige), hervorragender Feldherr Alexanders d. Gr., nach dessen Tode 323 v. Chr. Satrap von Großphrygien, Lykien und Pamphylien. Seitdem führte er fortgesetzt Kriege mit anderen Diadochen und besaß seit 314 ein großes Reich in Syrien und Kleinasien; auch Griechenland besetzte er. In der Schlacht bei Ipsos 301 verlor er Herrschaft und Leben. Sein Sohn war → Demetrios Poliorketes.

Antigonos *Gonatas,* der Enkel des Vorigen. Beim Tode des Demetrios *Poliorketes* nahm er den Titel eines Königs von Makedonien an; 276 gelangte er in den tatsächlichen Besitz des Landes, verlor aber 274–273 wieder

Thessalien und einen Teil Makedoniens an Pyrrhos, konnte aber in späteren Kämpfen seine Macht über einen Teil Griechenlands bis Korinth ausdehnen; 239 starb er. Er umgab sich an seinem Hofe mit Philosophen und Dichtern.

W. Fellmann, A. G., Diss. Würzb. 1930.

Antigonos von Karystos, ein Bildhauer, arbeitete unter Attalos I. von → Pergamon an den Galliermonumenten. Er verfaßte wohl auch ein kunstgeschichtliches Werk über Bildhauerei und Malerei, ferner Philosophen-Biographien und ein Werk über Wundergeschichten.

W: Rerum Naturalium Scriptores, hg. O. Keller, I, 1877.
L: U. v. Wilamowitz, A. v. K., 1881.

Antike, ein aus dem Lat. (*antiquus* = alt) über das Franz. *(l'antiquité)* seit dem 18. Jh. entwickelter Epochenbegriff für die griech.-röm. Welt und die Kultur dieser beiden Völker, damit auch für einen Teilabschnitt der Großepoche → Altertum, oft als solcher noch mit der Beifügung „klassisches Altertum" genauer bezeichnet. Im üblichen Sprachgebrauch versteht man also in diesem engeren Sinne unter A. die Epoche vom Ende der mykenischen Zeit (also ab etwa 1250 v. Chr.) bis zum Ende des Weström. Reiches (476 n. Chr.) oder auch bis zu einem geistesgeschichtlichen Epochenjahr, der Schließung der Akademie in Athen 529. Der geographische Raum dieser Epoche ist der Mittelmeerraum mit einigen angrenzenden Ländern; die geistige und kulturelle Einheit dieses Raums beruht auf der Kontinuität der geistigen Überlieferung, einem intensiven Kulturaustausch und einem dadurch gewachsenen Traditionsbewußtsein; in dieser geistigen Einheit, die man gern als „Alte Welt" bezeichnet, wurden die Grundlagen der europäischen Kultur gelegt. Auch → Altertumswissenschaft; Archäologie; Humanismus; Klassik; Philologie; Renaissance; Weiterleben der Antike; Wirkung der Antike.

A. u. Abendland. Beitr. zum Verständnis der Griechen u. Römer u. ihres Nachlebens. Hg. v. B. Snell u. a., seit 1945. Weiteres → Altertum.

Antimachos von Kolophon (um 400 v. Chr.) dichtete ein Epos *„Thebais"* und eine Elegie *„Lyde",* in der er unglückliche Liebesgeschichten mythischer Paare schilderte, durch die er sich über den Tod seiner Frau trösten wollte. Der von seinem Zeitgenossen Platon sehr geschätzte Dichter wurde zum Vorbild für die alexandrinische Liebeselegie. Alexandrinische Grammatiker gaben ihm den zweiten Platz nach Homer unter den Epikern.

W: Antimachi Colophonii Reliquiae, hg. B. Wyss, ^{2}1974.

Antinoos, ein schöner junger Mann aus Bithynien, der Liebling des Kaiser Hadrian, den er auf seinen Reisen begleitete. 130 n. Chr. ertrank er im Nil; wie einige behaupten, indem er sich für Hadrian opferte. Der Kaiser erhob ihn zum Gott, errichtete ihm in Mantinea einen Tempel, ließ seine Statuen aufstellen und gründete in Ägypten eine Stadt Antinoupolis; zahlreiche Bildnisse des A. sind erhalten.

C. W. Clairmont, Die Bildnisse des A., Bern 1966.

Antiocheia, noch jetzt mit dem antiken Namen (arab. Antakija). Seleukos Nikator (305–280 v. Chr., der erste in der Dynastie der → Seleukiden) benannte 16 (?) von ihm errichtete Städte nach seinem Vater Antiochos; deren berühmteste war A. an der Daphne oder A. am Orontes, die Seleukos zu seiner Residenz erhob. Diese Stadt wetteiferte mit den anderen Diadochenstädten und konnte zwar die geistige Bedeutung Alexandreias nie erreichen, an äußerer Pracht ihm aber doch gleichkommen (bedeutende Reste, vor allem zahlreiche prächtige Mosaiken, bei amerikan. Ausgrabungen aufgedeckt). Ihre Hauptstraße war eine $6^1/_2$ km lange → Säulenstraße. Noch unter → Theodosius d. Gr. betrug nach chinesischen Berichten (→ China) ihr Durchmesser $18^1/_2$ km. Geistig bedeutsam wurde A. durch das Christentum; hier entstand der Name „Christen" (*Ap.-Gesch.* II, 26; gr. *Christianoi*). Wichtige Stätte der christlichen Lehre (→ Erziehung). Von 250–525 mehr als 30 Konzilien in A. – Seit 83 v. Chr. vorübergehend in armenischem Besitz; seit 64 v. Chr. römisch; seit 395 n. Chr. oströmisch, d. h. wieder griechisch; die antike Pracht 538 durch den Sasaniden Chosroes zerstört, aber als Großstadt immer noch sehr bedeutend; seit 1084 türkisch. Vorübergehend im Besitz der Kreuzfahrer, ab 1268 in der Hand der Mohammedaner.

A. J. Festugière, *Antioche paienne et chrétienne,* Paris 1959; G. Downey, *A History of A. in Syria,* Princeton 1961.

Antiochos, Name seleukidischer Könige in Syrien: A. I. *Soter,* Sohn des Seleukos *Nikator,* 324–261 v. Chr., der Gründer des syrischen Königreichs der Seleukiden. Er war Reiteroberst in der siegreichen Schlacht bei Ipsos. Nach seiner Thronbesteigung besiegte er 275 die Gallier (sein Beiname = Retter); in neuen Kämpfen gegen die Gallier fiel er 261. – A. II. *Theos,* 261–246 v. Chr., Sohn und Nachfolger des Vorigen; seinen Beinamen (= Gott) verliehen ihm die Milesier, weil er sie von ihrem Tyrannen Timarchos befreit hatte. – A. III. *der Große,* Sohn des Seleukos II. *Kalinikos,* 223–187 v. Chr., bestieg mit 15 Jahren den Thron. Nach Kämpfen mit aufsässigen Statthaltern im Osten bekriegte er Ptolemaios *Philopator* von Ägypten, mußte jedoch Phoinikien und Palästina aufgeben. Bei erneuten Kämpfen im Osten seines Reiches gelangte er bis nach Indien; den parthischen und baktrischen Satrapen, die sich von seinem Reich losgesagt hatten, gestand er Selbständigkeit zu und schloß mit ihnen Verträge. 198 griff er nach Europa über und geriet in Konflikt mit den Römern, die seit 197 in Griechenland Fuß gefaßt hatten; den flüchtigen Hannibal nahm er bei sich auf und kam dem aitolischen Bund gegen die Römer zu Hilfe. 191 wurde er aber bei den Thermopylen von M.' Acilius Glabrio geschlagen, seine Flotte wurde vernichtet. Die entscheidende Niederlage erlitt er 190 bei Magnesia am Berge Sipylos; er mußte daraufhin alle Gebiete Asiens westlich vom Taurus abtreten und die riesige Summe von 15000 Talenten zahlen, ferner seine Kriegselefanten an Rom abliefern; gegen röm. Befehl ließ er Hannibal entkommen. Bei der Plünderung des Bel-Tempels von Elymais am Kaspischen Meer wurde er 187 erschlagen. – A. war der größte Herrscher unter

den Seleukiden, ein echter Sohn seiner Zeit; neben beispielloser Kühnheit und Todesverachtung, Energie und Zähigkeit im Verfolgen seiner Ziele stand teuflische Grausamkeit, Hinterlist, Brutalität, Gewissenlosigkeit und Härte selbst gegen nahe Verwandte. – A. IV. *Epiphanes,* der Sohn A.s des Großen, lebte zuerst als Geisel in Rom, wurde 175 Nachfolger seines Bruders Seleukos *Philopator* und kämpfte erfolgreich gegen Ägypten, mußte aber von einer Belagerung Alexandreias auf röm. Druck hin ablassen. Sein Versuch, die Juden zu hellenisieren, rief den Makkabäer-Aufstand hervor. Gestorben 164 v. Chr. – Den 13. König gleichen Namens, A. *Asiatikos,* entthronte 64 v. Chr. Pompeius, der Syrien zur röm. Provinz machte.
H. H. Schmitt, Unters. zur Gesch. A.s d. Gr. u. s. Zeit, 1964.

Antiochos, Name der Könige von → Kommagene.

Antiochos von Syrakus, schrieb um 425 v. Chr. eine sizilische Geschichte von den mythischen Anfängen bis auf seine Zeit in 9 Büchern, die, zusammen mit einer Schrift über Italien, das Werk Herodots für den Westen ergänzen sollten.
W: FGrH.

Antiochos von Askalon war Philosoph an der Akademie und Lehrer Ciceros; er war Eklektiker und suchte die stoischen und peripatetischen Lehren mit der akademischen zu versöhnen.
L: S. Luck, D. Akademiker A., 1953.

Antiope war die Mutter der Zwillinge → Amphion u. Zethos.

Antipater. L. Coelius A., röm. Jurist und Historiker, Zeitgenosse des G. Gracchus, schrieb eine Geschichte des 2. punischen Krieges, die erste historische Monographie der röm. Literatur; sie wurde später von Livius benutzt.
W: HRR.

Antipatros, General Philipps II. von Makedonien und Alexanders d. Gr., von diesem als Statthalter in Makedonien eingesetzt, unterwarf 330 v. Chr. die aufsässigen Spartaner bei Megalopolis. Nach dem Tode Alexanders unterdrückte er einen Aufstand der Griechen; 319 gestorben. – Sein gleichnamiger Enkel stritt mit seinem jüngeren Bruder Alexandros um die Herrschaft in Makedonien; beide wurden getötet von Lysimachos und Demetrios *Poliorketes,* der König von Makedonien wurde.

Antiphanes, Dichter der mittleren Komödie aus dem 4. Jh. v. Chr.; er soll 280 Stücke geschrieben haben, von denen etwa 120 Titel bekannt sind.
W: Comicorum Atticorum Fragmenta, hg. Th. Kock.

Antiphon, der älteste der 10 attischen Redner, geb. 480 v. Chr. Er gehörte der oligarchischen Richtung an und wurde nach dem Sturz der Oligarchen 411 hingerichtet. In einem Prozeß hatte er sich verteidigt mit seiner Rede *„Über die Verfassungsänderung“,* von der Fragmente erhalten sind; seine übrigen Reden sind für andere geschrieben, die damit vor Gericht auftraten. A. war Leiter einer Schule der Beredsamkeit in Athen, in der auch Thukydides Unterricht genossen haben soll. Von den 15 überlieferten Reden sind 12 Musterbeispiele für den Schulunterricht (Mordfälle).
W: Hg. F. Blass, T. Thalheim, 1914, neu 1982; L. Gernet, Paris ^{2}1954 (mit frz. Ü).
L: → Beredsamkeit.

Antiphon der Sophist (die Trennung des Sophisten A. vom Redner A. mit ihren Werken ist ein bis heute noch nicht völlig gelöstes philologisches Problem), Zeitgenosse des Sokrates, tritt uns mit einer Schrift *Über die Wahrheit* als einer der entschiedensten Vertreter des → Naturrechtes entgegen: Alle Gesetze der Konvention klagt er als widersinnige Fesseln der Natur an und verkündet in revolutionärer Weise die Gleichheit aller Menschen, Hellenen und Barbaren, sogar Freien und Sklaven.

W: FdV, II.
L: G. Vollmer, Diss. Hamb. 1958.

Antisemitismus ist eine ungenaue Bezeichnung für Judenhaß. Antiker Antijudaismus erwuchs aus polit. Motiven und verbreiteter Abneigung gegen Fremdreligionen, kaum jedoch aus Rassismus. Nachweisbare Verfolgungen von → Juden seit dem 6. Jh. v. Chr. in der völkischen u. religiösen Diaspora im Perserreich, vor allem Syrien u. Ägypten (A. T., Buch Esther), dann bei Griechen u. Römern, auch Pogrome (in Alexandreia) u. Ausweisungen (Rom unter Kaiser Claudius). Der fromme Jude konnte sich dem Kaiserkult (→ Vergottung) nicht fügen, ebensowenig dem röm. Recht, wenn es von ihm an Sabbaten Erscheinen vor Gericht und Dienst im Heere forderte. Das schuf beständig Konflikte. Ein „christlicher A." war im späten Altertum spürbar u. führte in der Gesetzgebung des Kaisers Iustinian zur völligen Rechtlosigkeit der Juden, wodurch ihre spätere Verfolgung ermöglicht wurde.

J. Leipoldt, A. in der antiken Welt, 1933; J. E. Seaver, *Persecution of the Jews in the Roman Empire,* Lawrence/Ks. 1952; P. W. Massing, Vorgeschichte des A., d. 1959; W. Sulzbach, Die zwei Wurzeln des A., ²1960; J. Parker, A., d. 1964; K. Meier, Kirche und Judentum, 1969; L. Poliakov, *History of Anti-Semitism,* II 1973.

Antisthenes, etwa 455–366 v. Chr., Freund und Schüler des Sokrates, auch Schüler der Sophisten, besonders des Gorgias, verband sokratische und sophistische Lehren zu einer Einheit. Er lehrte noch lange nach des Meisters Tod im Kynosarges, dem Gymnasium der Halbbürtigen in Athen. Sein Hauptgebiet war die Ethik; er suchte seine Schüler durch rauhe Tugendübungen zu erziehen. Seine Anhänger hießen → Kyniker (der Name stammt entweder von Kynosarges oder direkt von *kyon* = Hund, nach der Lebensweise der K.). Alle Züge der späteren K. wurden auf A. zurückgeführt, ob mit Recht, ist ungewiß. Schon er soll Herakles zum Patron genommen haben, in dessen Taten er in allegorischer Erklärung Kämpfe mit den Lastern sehen wollte. Rund 70 Titel bezeugen eine eifrige schriftstellerische Tätigkeit. → Diogenes.

W: Hg. A. W. Winckelmann, 1842.
Ü: W. Nestle, D. gr. Philosophen, II, 1922.
L: F. Syre, *The Greek Cynics,* Baltimore 1949.

Antium, alte latinische Küstenstadt, 338 v. Chr. von den Römern eingenommen, später bevorzugter Villen- und Badeort; Nero wurde dort geboren. A. besaß ein berühmtes Heiligtum der Fortuna und des Aesculapius; zahlreiche bedeutende Kunstwerke wurden dort gefunden: Apoll v. Belvedere (Vatikan), Mädchen v. Antium (jetzt Nat. Museum, Rom).

Antonine, die Kaiser → Antoninus Pius, 138 bis 161, und →

Marcus Aurelius Antoninus, 161 bis 180.

O. Th. Schulz, Das Kaiserhaus der A., 1907; M. Hammond, *The Antonine Monarchy*, Rom 1959.

Antoninus Pius. Titus Aurelius A. P. stammte aus Nemausus (Nimes) in Südgallien, war Mitglied des geheimen Consiliums unter Hadrian und wurde von diesem als Nachfolger adoptiert. Unter seiner Regierung (138 bis 161) herrschte im Innern des Reichs Friede; nur an den Grenzen mußte er kämpfen, in England (neuer Grenzwall gegen die Schotten), Mauretanien (Marokko) und gegen die Juden. Rechtspflege, Bildungsanstalten und Armenwesen erfreuten sich seines besonderen Schutzes, so daß seine Regierung als die glücklichste der rom. Kaiserzeit gelten kann. Wegen seiner Milde erhielt er den Beinamen der Gütige (Pius). → Faustina.

W. Hüttl, A. P., I, 1936.

Antonius. Der Redner Marcus A., 143–87 v. Chr., wurde von Cicero neben L. Crassus als der bedeutendste Redner seiner Zeit bezeichnet. Als Anhänger Sullas wurde er von Marius und Cinna 87 hingerichtet; er war 113 Quaestor, 104 Praetor, 99 Consul, 97 Censor gewesen.

U. W. Scholz, Der Redner M. A., 1962.

Antonius. Der Triumvir Marcus A. tat sich zuerst als Parteigänger und Offizier Caesars hervor, kämpfte als Legat seit 54 v. Chr. in Gallien, als Propraetor bei Dyrrhachium und Pharsalus. Nach Caesars Ermordung bemächtigte er sich des Staatsschatzes und der Privatpapiere Caesars. Bei dessen Leichenfeier auf dem Forum peitschte er das Volk gegen die Mörder auf (Shakespeares *Iulius C.*). Er rückte mit seinem Heer nach Oberitalien gegen die Caesarmörder und belagerte Brutus in Mutina. Die Führung des Krieges wurde ihm jedoch vom Senat genommen und an die Consuln → Hirtius und Pansa gegeben. Nach dem Tod der Consuln schloß Octavian mit ihm und → Lepidus am 27. Nov. 43 das Triumvirat auf fünf Jahre. A. und Octavian besiegten die Caesarmörder bei Philippi (42). Bei der Beuteverteilung erhielt A. den Osten; dort geriet er unter den Einfluß der Kleopatra. Der Senat erklärte Kleop. den Krieg. Am 2. Sept. 31 wurden A. und Kl. bei Actium geschlagen, A. stürzte sich in sein Schwert.

H. Buchheim, Die Orientpolitik des Triumvirn A., 1960; H. Bengtson, 1975; F. Chamoux, Marcus Ant., d. 1989.

apatheia (gr.), Freiheit von jeglicher Leidenschaft, Gelassenheit, „stoische Ruhe“, eines der Ziele der jüngeren Stoa (→ Stoizismus), nicht zu verwechseln mit Apathie, das in unserer Sprache die Bedeutung von Teilnahmslosigkeit, Gleichgültigkeit erhalten hat.

Apeiron (gr., das Grenzenlose, Unbestimmbare) nannte → Anaximandros den von ihm angenommenen Ursprung aller Dinge. → Elemente.

Apelles, Ioner aus Kolophon, im 4. Jh. v. Chr., der berühmteste gr. Maler, schon zu Lebzeiten anerkannt, Hofmaler Alexanders d. Gr. Von seinen Bildern, deren berühmteste die Bildnisse Alexanders waren, können wir uns, obwohl darüber viel berichtet wird, keine rechte Vorstellung machen, weil keins im Original erhalten ist. Genannt werden:

eine Aphrodite *Anadyomene,* die Augustus von Kos nach Rom holte, zwei weitere Aphroditen und ein figurenreiches Gemälde *Die Verleumdung.* Plinius *n. h.* XXXV 79ff. überliefert drei seiner Aussprüche lateinisch: *manum de tabula* („die Hand vom Bilde!", d. h. sei nicht überpeinlich); *nulla dies sine linea* („kein Tag ohne Strich!", d. h. übe dich täglich); *ne sutor supra crepidam* (frei: Schuster, bleib bei deinem Leisten! So fertigte er einen Schuster ab, der auf einem Gemälde die Sandalen kritisierte.
W. Lepik-Kopaczynska, A., 1962.

Apellikon, peripatetischer Philosoph und Büchersammler; seine Bibliothek enthielt auch die Manuskripte aus dem Nachlaß des Aristoteles, die A. in einem Keller entdeckt hatte; sie wurden von Sulla nach Rom entführt. A. ist 84 v. Chr. gestorben.

Apex, spitzer, dornartiger Aufsatz auf der Kopfbedeckung von Priestern in Rom.

Aphaia, gr. Göttin, die einen Tempel auf der Insel → Aigina besaß; sie wurde später mit → Athena gleichgesetzt.

Aphrodite, lat. → *Venus,* Göttin der Schönheit und der Liebe, wohl orientalischen Ursprungs; → Astarte. Den Griechen galt sie als dem Meer entstiegen (berühmtes Bild der „auftauchenden" A., *A. Anadyomene,* von Apelles) oder als Tochter des Zeus und der Dione. Sie, die schönste Göttin, war Gattin des lahmen, rußigen Hephaistos. Sie wurde ihm untreu, wurde aber bei einem Zusammensein mit Ares von Hephaistos ertappt (Homer, *Odyssee* VIII 267 bis 366). Ihr Söhnchen war Eros. Spätere, z. B. Platon, unterschieden eine *A. Urania,* die himmlische, und eine *A. pandemos,* die irdische, käufliche Liebe. Hauptkultstätten waren Paphos auf Kypros, wonach sie auch *Kypris,* die gr. Insel Kythera, wonach sie *Kythereia* hieß, die reiche Handelsstadt → Korinth, wo an ihrem Tempel nach oriental. Brauch Hunderte von Dirnen (→ Hierodulen) zur Verfügung standen, auf Sizilien der Berg Eryx, daher lat. *Venus Erycina.* Bedeutende Darstellungen von Alkamenes, Praxiteles und die A. von der gr. Insel Melos (Milo) im Louvre in Paris.
J. R. Harris, *The Origin of the Cult of A.*, Manch. 1916; J. Charbonneux, Die Venus v. Milo, d. 1959; E. Simon, Die Geburt der A., 1959.

Aphthonios von Antiocheia, 4. Jh. n. Chr., schrieb ein Lehrbuch der Rhetorik, das viele Jahrhunderte hindurch vorbildhaft blieb (Titel: *Progymnasmata*).
W: Hg. H. Rabe, 1926.

Apicius Caelus wird als Verfasser eines 10bändigen röm. Kochbuches angegeben; das Buch, wohl aus dem 3./4. Jh. n. Chr., enthält eine systematisch-geordnete Rezeptsammlung; lediglich den Titelnamen entlieh das Werk von einem bekannten Schlemmer der frühen Kaiserzeit. → Kochbücher.
W: Hg. M. E. Milham, Leipz. 1969.
Ü: E. Alföldi Rosenbaum, [11]1994.
L: B. Flower, E. Rosenbaum, *The Roman Cookery Book,* Lond. 1958.

Apis, der heilige Stier von Memphis in Ägypten, der göttliche Verehrung genoß; sein Heiligtum war wohl mit einem Orakel verbunden.

Apocolocyntosis (die „Verkürbissung"), Titel einer Satire von → Seneca.

Apollodoros, Maler in Athen gegen Ende des 5. Jhs. v. Chr.; galt als Erfinder der Schattenmalerei, daher *Skiagraphos* genannt.

Apollodoros, Dichter der neuen Komödie aus Athen (bzw. Karystos); er soll 47 Stücke verfaßt haben. Zwei seiner Komödien hat → Terentius bearbeitet *(Hecyra, Phormio).* Lebenszeit: 3. Jh. v. Chr.

W: Comicorum Atticoum Fragmenta, hg. Th. Kock.

Apollodoros von Athen, geb. um 180 v. Chr., Schüler des Stoikers Diogenes v. Seleukeia, arbeitete mit → Aristarchos von Samothrake in Alexandreia zusammen, ist um 110 in Athen gestorben. Er verfaßte einen Kommentar zum Schiffskatalog der *Ilias* und *Chronika;* dieses Werk, das die historischen Daten von der Eroberung Trojas an (1184 nach seiner Berechnung) bis zu seiner Zeit zusammenstellt, wurde für spätere Zeiten maßgebend. Zur leichteren Erlernbarkeit waren die *Chr.* in Versen abgefaßt. Ein theologisches Werk *Über die Götter* stammt noch von seiner Hand, nicht dagegen die unter seinem Namen überlieferte *„Bibliotheke“,* die ein mythographisches Handbuch des 2. Jhs. n. Chr. ist.

W: FGrH. – Bibliothek: Hg. R. Wagner, [2]1926, neu 1965.

Apollodoros von Damaskus, Architekt des Kaisers Traian; er erbaute u. a. das Traiansforum, schrieb auch ein dem Kaiser Hadrian gewidmetes Werk über Belagerungskunst.

W: Hg. u. d. R. Schneider, 1908.

Apollon, auch *Phoibos* oder *Phoibos A.,* lat. *Apollo, Phoebus,* in Delphoi *A. Pythios* (→ Pythia), Sohn des Zeus und der Leto, Zwillingsbruder der Artemis, auf der gr. Insel Delos geboren, wo er hoch verehrt wurde. A. hatte eine Reihe von „Funktionen“: 1. Gott des Ackerbaus, Schützer der Viehzucht und überhaupt der Vegetation (als *Lykeios* wehrte er die Wölfe ab); so wurden ihm auch im Kreislauf des Jahres verschiedene Feste gefeiert. 2. Heil- und Sühnegott. Mit Pfeil und Bogen sendet er die Pest (Homer, *Ilias* I. 43 ff.) u. rafft Jünglinge u. Männer dahin; grausam tötet er Niobe u. ihre Kinder, die seine Mutter Leto beleidigt hatte. In seiner Macht über Krankheit und Tod liegt auch die Kraft zu heilen beschlossen. Sein Sohn ist → Asklepios, der später seine Funktion als Heilgott übernimmt. 3. Dem Heilgott A. steht der Orakelgott nahe. Das bedeutendste Orakel, das ihm gehörte, war das von Delphoi, wo die von ihm inspirierte Pythia weissagte. Andere Orakelstätten befanden sich in Kleinasien (Gryneia, Klaros und Didyma). 4. Als Torwächter schützte der Gott in Gestalt eines Steinpfeilers vor dem Tore Haus und Hof. Kraft dieser Funktion wurde er später wohl zum Patron von Städtegründungen und zum Hüter von Recht und Ordnung. 5. Als Gott der Künste und der Wissenschaften verlieh er die Gabe des Gesanges und der Musik, die er selbst pflegte (→ Marsyas; Midas), und war Anführer der Musen. – Erst seit dem 5. Jh. v. Chr. wird er auch dem Helios gleichgesetzt, eine Anschauung, die dann auch in hellenist. u. röm. Zeit geläufig ist. Der Glaube an A. als den lichten Himmelsgott ist also spät und gehört nicht zu den frühen Vorstellungen über

A. Er wurde immer als schöner junger Mann dargestellt; berühmte Kunstdarstellungen sind der A. im Museum in Kassel, der jugendliche „Eidechsentöter" von Praxiteles im Vatikan in Rom und der A. als Kitharöde (→ *kithara*) in der Berufstracht eines Sängers in der Glyptothek in München, ferner der A. im Belvedere des Vatikan. – In Rom wurde A. bereits 496 v. Chr. ein Tempel gelobt. Er ist der erste der gr. Götter, die in Rom eingeführt wurden (aus der alten gr. Kolonie Kyme). Zu seinen Ehren wurden seit 212 die *ludi Apollinares* gefeiert. Augustus, der in A. seinen persönlichen Schutzgott sah, weihte ihm 28 v. Chr. einen Tempel auf dem Palatin. Horaz besingt den A. als *Sol* (Sonnengott) in seinem Hymnus für die Jahrhundert-Feier des J. 17 v. Chr. – Nietzsches Unterscheidung zwischen apollinischem und dionysischem Wesen ist unantik.

R. D. Miller, *The Origin and original Nature of A.,* Philad. 1939; K. A. Pfeiff, A., D. Wandlung s. Bildes in d. gr. Kunst, 1943; R. Pfeiffer, *The Image of the Delian A. and Apolline Ethics,* 1952; K. Kerényi, ²1956; W. Schadewaldt, Der Gott v. Delphi u. d. Humanitätsidee, 1965.

Apollonios v. Kition (Kypros), gr. Arzt des 1. Jh. v. Chr., Anhänger der Empiriker-Schule (→ Heilkunde), schrieb u. a. einen illustrierten Kommentar zur hippokratischen Schrift über Gelenk-Chirurgie.

W: Hg. J. Kollesch, F. Kudlien, 1965 (in *Corpus Medicorum Graecorum,* mit *Ü*).

Apollonios v. Perge, gr. Mathematiker u. Astronom des 3. Jh. v. Chr., behandelte die Kegelschnitte (Buch 1–4 gr., 5–7 in arab. Ü. erhalten) u. andere Fragen der Mathematik u. der → Astronomie (Bewegung der Planeten, Epizyklentheorie).

W: Hg. J. L. Heiberg, 1891–93, neu 1974.
Ü: A. Czwalina, 1926, neu 1967.

Apollonios Rhodios, Epiker, ungefähr 295–215 v. Chr., geb. in Alexandreia, lebte lange am Hof der Ptolemaier als Prinzenerzieher und war als Bibliothekar des Museions (→ Museum) Nachfolger des Zenodot. Sein Weggang aus Alexandreia und Aufenthalt in Rhodos (daher der Beiname *Rh.*) ist vielleicht auf den Streit mit seinem Lehrer → Kallimachos über Ziel und Ausdehnung der epischen Dichtung zurückzuführen. Er schrieb mehrere ausgedehnte Epen, äußerlich anknüpfend an den Stil und die formalen Elemente homerischer Epik, doch ganz im Geiste seiner Zeit durchsetzt mit Gelehrsamkeit und im Gewande einer bewußt den neuen Erfordernissen angepaßten epischen Sprache. Doch weisen nicht wenige Partien seiner *Argonautika* (→ Argonauten), die uns erhalten sind, A. als einen bedeutenden Dichter aus.

W: Hg. H. Fraenkel, Oxf. 1961.
Ü: Th. v. Scheffer, 1940.
L: P. Händel, 1954; A. Hurst, *A. de Rhodes,* Bern 1967; H. Fraenkel, Noten zu d. Argon. des A., 1968.

Apollonios von Tyana in Kappadokien, ein → Heiland, Prophet, Wundertäter und Neupythagoreer aus dem 1. Jh. n. Chr.; nach seinem Tode erhielt seine Gestalt eine legendäre Verklärung. Sein Leben hat → Philostratos romanhaft beschrieben.

W: Philostratos, hg. u. d. V. Mumprecht, 1983.

Apologie, gr. *apologia* = Verteidigung(srede, -schrift): → Platon; Xenophon.

Apotheose (gr.), die Vergötterung; → Seneca *(Apocolocyntosis);* Vergottung.

Apoxyomenos, Name einer berühmten Statue des → Lysippos, wörtlich: „der sich abschabende". Die Ringer massierten sich vor dem Kampfe; an Stelle der Creme oder des Massierpuders benutzte man Öl, um die massierende Hand gleitend zu machen. Den eingeölten Körper bewarf man mit feinem Sande. Nach dem Kampf schabte man den öligen und schweißgetränkten Staub mit einem gr. *stlengis,* lat. *strigilis* genannten Instrument ab. Man wußte aus literarischer Überlieferung, Lysippos habe einen A. geschaffen. 1849 fand man in Rom einen A. (jetzt im Museum im Vatikan). Er paßte zu dem, was über Lysippos berichtet wird, und diese Nachrichten (→ Kunstgeschichte im Altertum) wurden, als man nun eine antike Kopie des Werks besaß, viel greifbarer und verständlicher. Dadurch wurde dieser Fund einer der Marksteine der Archäologie (→ Polyklet, über den Doryphoros).

Appianos aus Alexandreia, unter Hadrian in Rom als „Rechtsanwalt" tätig, später Procurator, wahrscheinlich in Ägypten, schrieb im 2. Jh. n. Chr. eine röm. Geschichte von den Anfängen bis auf seine Zeit nach guten alten Quellen. Zu den erhaltenen Teilen des Werkes zählen, für uns besonders wichtig, die 5 Bücher über die röm. Bürgerkriege.

W: Hg. L. Mendelssohn, P. Viereck. G. Roos, II [4]1968; hg. u. engl. H. White, London, IV 1912f.
Ü: G. Zeiss, II 1875–76.

Appius Claudius, Angehöriger der vornehmen röm. Familie der → Claudier.

Apuleius v. Madaura, röm. Schriftsteller des 2. Jh. n. Chr., als Anwalt in Rom u. Nordafrika tätig, auch philosophisch interessiert, hinterließ Schriften philos., rhetorischer u. erzählender Art. Unter letzteren befindet sich der phantastische Roman in 11 Büchern mit dem Titel Metamorphoses; er enthält die Erlebnisse eines Lucius aus Korinth, Raub, Zauber, Entführung u. endlich Erlösung, viele Abenteuer, kulturhistorisch interessant, auch religiöser Deutung zugänglich. In den nach älterer Vorlage gearbeiteten → Roman eingebettet sind mehrere Novellen, darunter die von Amor u. Psyche (→ Eros), die auf Nachdichter u. Künstler anregend wirkte.

W: Hg. u. d. E. Brandt, W. Ehlers, [4]1989.
Ü: A. Rode, 1783, neu 1961 u. 1963; R. Helm, [6]1970.
L: H. Riefstahl, Der Roman des A., 1938.

Aquaeducte → Wasserleitungen.

Aquae Sextiae, der Ort in der Provence, in dessen Nähe 102 v. Chr. die → Teutonen besiegt wurden.

Aquincum, röm. Legionslager, später Verwaltungshauptstadt des Unteren → Pannonien, ist heute ein Stadtteil von Budapest. Systematische Ausgrabungen seit 1854, erneut seit 1947, erbrachten 2 Amphitheater, Bäder, Heiligtümer, Kirchen, Wasserleitungen, Privathäuser. Funde im Museum. Auch → Orgel.

V. Kuzsinszky, 1934; J. Szilagyi, 1956.

Araber. In der Blütezeit der gr. Kultur zeigen sich die A. dieser gegenüber sehr aufnahmefähig (→ Kleidung [Burnus]). Durch den Karawanenhandel (Vermittlung indischer Drogen und Edelsteine, chinesischer Seide) sehr reich geworden (→ Indienhandel), zogen sie gr. Künstler in ihr Land; unter gr. Einfluß entstandene Gräber mit architektonisch reich ausgestatteten Felsfassaden finden sich in → Petra, etwa 80 km südlich vom Toten Meer. Später wurden sie in der antiken Literatur heimisch und übersetzten sie ins Arabische; einige antike Schriften sind uns nur in solchen Übersetzungen erhalten. Dadurch, daß die A. Ende des 7. Jhs. Nordafrika endgültig einnahmen (698 Karthago zerstört), ging dieser wichtige Reichsteil, seine Hauptkornkammer, dem Imperium Romanum für immer verloren. Die neuen Herren Roms, die Germanen, fanden sich, statt ihn wiederzuerobern, mit dem Verlust ab; ja, sie traten mit den A. in Beziehungen, weil diese Feinde des röm. Ostreichs waren. Jetzt versteht man die Gesandtschaft Haruns al Raschid an Karl d. Gr. Der Hohenstaufe Friedrich II. zog A. an seinen Hof, die den Deutschen antike Geistesschätze vermittelten; dadurch und infolge der Kreuzzüge drang auch manches von antiker äußerer Kultur bei uns ein (→ Europ. Kultur; Uhr; Zahlenschreibung). Wie sehr antike rhetorische Schulung und die Fähigkeit, über eine Person oder eine Sache *pro* und *contra* zu reden, eine in den antiken Schulen sehr beliebte Übung, noch später bei den A. lebte, sieht man aus der 2. und 26. Makame des Hariri (1068–1138; Übersetzung von Rückert, Die Verwandlungen des Abu Seid von Serug; 1826, und später oft); diese Makamen sind dem Geiste nach völlig antik, aus dem Altertum aber sind uns so verblüffende, geistvolle Beispiele dieser Übung nicht erhalten (→ Sophisten). – Heute ist das Gebiet von Marokko bis Bagdad für die Altertumswissenschaft ergiebig, weil es voll von Resten der röm. und byzantinischen Zeit ist; → Nordafrika; Palmyra; Sinai; ferner Akademie; Kuppelbauten.

P. Paret, D. Islam u. d. griech. Bildungsgut, 1950; F. Altheim, R. Stiehl, D. A. in d. Alten Welt, 1963–69; F. Rosenthal, D. Fortleben d. Antike im Islam, 1965; I. Opelt, Griech. Philosophie bei den Arabern, 1970; F. Klein-Franke, D. klass. Antike in d. Tradition des Islam, 1980; G. L. Bowersock, *Roman Arabia,* Lond. 1983; U. Haarmann (Hg.), Gesch. der arab. Welt, 1987; G. Crespi, Die Araber in Europa, 1992.

Arachne, eine Lyderin, forderte Athene zum Wettkampf im Weben heraus. Erzürnt über ihr Werk, das Liebesabenteuer von Göttern darstellte, verwandelte die Göttin A. in eine Spinne (gr. *arachne*; Ovid, Met. VI).

Ara Pacis Augustae: der Altar des von Augustus dem röm. Reiche geschenkten Friedens, wohl das schönste Zeugnis augusteischer Kunst in Rom. Das kleine Heiligtum, ein von marmornen Umfassungswänden geschützter Altar, wurde vom Senat 13 v. Chr. gestiftet *(Mon. Ancyr.* 12) und am 30. 1. 9 v. Chr. geweiht (Ovid, *fasti* I, 709 ff.); später zerstört, 1937 wiederhergestellt, heute am Tiberufer beim Augustus-Mausoleum. Am Altar und an den Außenwänden zeigen Reliefs Darstellungen der Opferhandlung des Augustus u. der kaiserlichen Familie, von Priestern u. anderen Würdenträgern; das Relief der Erdmutter Tellus symbolisiert den Segen der friedlichen Natur. Griech. Kunst u. röm. Empfinden bilden hier eine einzigartige Synthese.

L. Budde, *Ara Pacis Augustae,* 1957; G. Kaschnitz v. Weinberg, Röm. Kunst, II, 1961; G. Moretti, Die A. P. A., d. 1952: E. Simon, A. P. A., 1967.

Aratos, 271 v. Chr. in Sikyon geb., gest. 213. Bedeutender Staatsmann und Feldherr des → achaiischen Bundes (→ Kleomenes); schrieb umfangreiche Memoiren, die Plutarch als Grundlage seiner Biographie des A. benutzte.

F. W. Walbank, *A. of Sicyon,* Cambr. 1933.

Aratos aus Soloi in Kilikien (um 310–240 v. Chr.) gehörte der stoischen Schule an u. ging von Athen an den Hof des → Antigonos Gonatas, für dessen Sieg über die Kelten er einen Hymnos auf Pan verfaßte. Sein Hauptwerk war ein astronomisches Lehrgedicht über „Himmelserscheinungen" (gr. *Phainomena*), eine Beschreibung des Sternenhimmels, der Planeten, Fixsterne u. des Tierkreises. Das Gedicht hatte eine große Nachwirkung; von verschiedenen lat. Bearbeitungen sind die des Germanicus und Avienus (4. Jh. n. Chr.) erhalten; aus A.s Gedicht schöpfte das Mittelalter seine astronomischen Kenntnisse.

W: Hg. E. Maaß, [3]1964.
Ü: A. Schott, 1958.
L: M. Erren, die Phainomena des A. v. S., 1967.

Arcadius u. → Honorius waren die Söhne des Kaisers → Theodosius I., der das Reich unter diese beiden teilte: A. erhielt den Osten u. wurde damit erster oström. Kaiser (395–408).

Archäologie, gr. *archaiologia,* bedeutet wörtlich „Kenntnis des Alten". So bezeichnet man die ersten Kapitel in dem Geschichtswerk des Thukydides, die die älteste gr. Geschichte behandeln, als A. (→ auch Iosephus). Im speziellen Sinne versteht man heute unter A. die Kenntnis u. Erforschung der antiken Kunst u. materiellen Kultur der Griechen u. Römer, gesondert von den selbständigen Einzelwissenschaften der Orientalistik, Byzantinistik, Ägyptologie usw. Die A. umfaßt keineswegs nur die Kunst der Antike, sondern erforscht „alle Denkmäler des Altertums mit Ausnahme der rein literarischen" (Rumpf), welche Studiengebiet der klass. Philologie sind. Größere Teilgebiete der A. sind Münzkunde u. Inschriftenkunde (→ Numismatik; Epigraphik).

Interesse an der Geschichte der Kunst war wohl immer vorhanden; Reisen, Entdeckungen, Sammlungen waren vielfach Liebhabereien reicher oder mächtiger Personen; besonders, was man von der Renaissance an fand, wanderte in die Kunstkammern weltlicher oder geistlicher Fürsten. → Winckelmann (1717 bis 1786) hat aus dieser Kunstbetrachtung durch Einführung von Stilbegriffen und Einteilung nach Stilepochen eine systematische Wissenschaft gemacht. In diese Zeit, die Mitte des 18. Jhs., fallen die Gründungen öffentlicher Museen, deren Grundstock oft eine fürstliche Privatsammlung war: Kapitolin. Museum in Rom, Britisches Museum in London, Louvre in Paris, Mannheimer Antikensaal, Sammlung von Sanssouci, ferner Dresden u. Kassel. Mit der Entdeckung von → Pompeii u. → Herculaneum setzen am Ende des 18. Jh. auch erstmalig Ausgrabungen ein; es begann die Aufdeckung der etrusk. Gräber.

In Rom wurde 1829 das Deutsche Archäologische Institut (→ Capitol) gegründet u. für andere Nationen Vorbild; in Athen besteht seit 1846 eine französische Schule, seit 1874 ein deutsches Institut. Großzügig organisierte Ausgrabungen unternahm (auf seine Kosten) zuerst → H. Schliemann, der Troia, Mykenai, Tiryns aufdeckte. Seitdem beteiligen sich an solchen → Ausgrabungen viele Nationen, bei ihrer Arbeit oft behindert durch Andenkenjägerei, Raubgrabungen, nicht zuletzt durch Kriege.
Erhöhte Reisefreudigkeit u. populäre Literatur haben dazu geführt, daß Ausgrabungstätigkeit mit ihren Methoden heute weiten Kreisen bekannt ist; diese Methoden haben sich seit Schliemanns Zeit erheblich verfeinert. Neben die traditionelle Art der Grabung und Freilegung von → Schichten treten technische und naturwissenschaftliche Mittel: Photographie (besonders Luftaufnahmen), Kartographie, Ausnutzung von Magnetwirkungen, Echolot, Ausrüstungen zur Suche auf dem Meeresgrund, (→ Unterwasser-Archäologie), sogar → Radioaktivität; ferner die Dechiffrierungsmethoden bei der Entzifferung fremder Schriftarten, Erd-Radarmessungen an Fundplätzen, elektronische Datenverarbeitung zur Funderfassung.
War die A. in früheren Phasen auf der Suche nach Fundstücken, so erforschte sie später topographische Zusammenhänge; sind auf diese Weise z. B. einige zentrale Heiligtümer Griechenlands freigelegt worden, so versucht die heutige A. die Gesamtgeschichte eines Platzes zu erforschen, was bei neuer Fragestellung auch neue Überprüfung u. Nachgrabungen erfordern kann.

A. Michaelis, D. arch. Entdeckungen d. 19. Jh., [2]1908; F. v. Oppeln-Bronikowski, Arch. Entdeckungen im 20. Jh., 1931; E. Buschor, Begriff u. Methode d. A. (Hdb. d. A., I), 1939; A. Rumpf, A., II, 1953ff.; W. H. Schuchardt, A., 1960; M. Wheeler, Moderne A., 1960; I. A. H. Potratz, Einführung in d. A., 1962; A. Bickel, Jahrtausende steigen ans Licht, 1962; G. Th. Schwarz, Archäologen an d. Arbeit, 1965; ders., Archäolog. Feldmethode, 1967; Archaelogia Homerica, hg. F. Matz u. a., seit 1967; U. Hausmann, Handb. d. Arch., 1969; C. Andresen, Einf. in d. christl. Arch., 1971; W. Bray, D. Trump, Lexikon der A., II d. 1975; G. Daniel, Gesch. d. A., d. 1982; F. W. Deichmann, Einf. in d. christl. A., 1983; H. G. Niemeyer, Einf. in d. Arch., [3]1983.

Archaisch (von gr. *arche* = Anfang) = anfänglich, ursprünglich, Bezeichnung für eine Epoche gr. Kunst, die man in Unkenntnis der noch früheren geometrischen Zeit für den Anfang der gr. Kunst hielt; in Wahrheit handelt es sich nicht um einen Anfang, wohl aber einen Neubeginn. Man unterscheidet die früharchaische Periode (700–620 v. Chr.), die reifarchaische (620–570) und die spätarchaische Zeit (bis etwa 480 v. Chr). Von dieser archaischen Kunst ist zu trennen die archaistische oder archaisierende, eine die a. nachahmende Kunst. Sie findet sich bereits am Ende des 5.Jhs. (→ Alkamenes), doch liegt ihr Höhepunkt im 2. Jh. n. Chr. Damals begeisterte man sich für die große Vorzeit Griechenlands und suchte in der Kunst zu ihr zurückzukehren (ähnlich in der Sprache, wenn gleich nicht zu der der a. Periode; → Attizismus). Doch erreichten die archaisierenden Künstler die strenge, herbe Schönheit der archaischen nie. – Der Neubeginn während der archaischen Zeit manifestiert sich auf mehreren Gebieten. In der Baukunst wird der Holzbau abgelöst durch den Steinbau; der Tempelbau tritt uns entgegen mit seinen wesentlichen Bestandteilen (Säule, Metopen, Giebel), als Materialien Kalk, Poros, Marmor (Artemistempel auf Korfu, Aphaiatempel auf Aigina). Im Mittelpunkt der monumentalen Plastik (Stein, Erz) steht der Mensch, vornehmlich der Knabe *(Kuros)*, das Mädchen *(Kore)*, vielfach Weihebilder mit dem „archaischen Lächeln" (Mädchenfiguren der Akropolis, Apollon von Tenea). Die Vasenmalerei hat in Korinth neuen Aufschwung erfahren, in Athen wird der → schwarzfigurige Stil entwickelt, später die rotfigurige Technik (François-Vase; → Amasis; Andokides; Exekias). –Um 500 v. Chr. verschwindet das Lächeln, wird die Frontalität verlassen und das Standmotiv überwunden: Die Gesetze der Klassik künden sich an. Der klassischen Epoche unserer Kultur (Winckelmann, Goethe) waren a. Werke gänzlich unbekannt, da sie erst im 19. Jh. ausgegraben und erforscht worden sind. „Dadurch wurde nun erkannt, daß eine Frühstufe nicht allein als Vorstufe zum Klassischen begreiflich oder gar erklärbar ist, sondern nur aus sich heraus, weil sie eine Vollkommenheit in sich trägt, die nur dieser Stufe eigentümlich ist" (Zschietzschmann).

E. Langlotz, W. H. Schuchardt, A. Plastik d. Akropolis, 1941; K. Schefold, D. gr. Bildhauer d. a. Athen, 1949; E. Buschor, Frühgr. Jünglinge, 1950; R. Lullis, M. Hirmer, Gr. Vasen d. reifarch. Zeit, 1952; G. M. A. Richter, *Archaic Greek Art*, N. Y. 1949; E. Homann-Wedeking, Die arch. Kunst Griechenlands, 1966.

Archelaos, Philosoph, Schüler des Anaxagoras, mit Sophokles befreundet, angeblicher Lehrer des Sokrates.
W: FdV.

Archelaos, König von Makedonien um 413–399 v. Chr. Er stärkte die maked. Heeresmacht, baute Straßen, förderte Handel und Verkehr; zahlreiche berühmte Dichter und Künstler berief er an seinen Hof nach Pella: Euripides, Agathon, Choirilos, Zeuxis, vielleicht auch Thukydides. Von diesem wurde A. gerühmt, von Sokrates und Platon als Tyrann angeprangert.

Archias, gr. Dichter aus Antiocheia, schrieb Gedichte über den Kimbernkrieg des Marius und den Mithridatischen Krieg zu Ehren des L. Lucullus. Cicero verteidigte ihn 62 v. Chr. mit einer uns erhaltenen Rede vor Gericht.
W: Anth Gr.

Archidamos, Name spartanischer Könige; der bekannteste von ihnen fiel am Anfang des peloponnesischen Krieges mit einem spartan. Heer in Attika ein.

Archilochos aus Paros, um 650 v. Chr., führte als abenteuernder Ritter und fahrender Sänger (seine Liebe für Leier und Schwert hat er in einem schönen Distichon verherrlicht) ein wechselvolles, an Drangsalen und Kämpfen reiches Leben. Er fiel in einem Krieg mit Naxos. Seine Lebensschicksale kennen wir aus seinen Gedichten, die in dem von ihm zur Kunstform erhobenen geschrieben Iambos geschrieben sind; der Sprechvortrag solcher Verse zur Instrumentalbegleitung (sog. Parakataloge) galt als A.s. Erfindung. Außer iambischen Trimetern schrieb er auch Elegien und trochäische Tetrameter (→ Trochäus). Er ist der erste gr. Dichter, der uns seine persönlichen Gefühle und Empfindungen offenbart. Unkonventionell ist seine Sprache, zu zarten lyrischen wie derb-erotischen und bissig-ausfälligen Tönen gleichermaßen fähig. Die Antike stellte den Dichter in ihrer Wertschätzung neben Homer.

W: ALGr. fasc. 3, [3]1952 u. Suppl. Lyr.; hg. u. d. M. Treu, [2]1979. – *Ü:* Chr. Graf zu Stolberg, 1782; E. Geibel, Klass. Liederbuch, 1875; E. Staiger, Gr. Lyrik, 1961.
L: H. Gundert, A. und Solon (NBA), 1942; H. Fraenkel, Dichtung u. Philosophie d. frühen Griechentums, [2]1962; F. Will, N. Y. 1969.

Archimedes, der bedeutendste antike Mathematiker, Physiker und Mechaniker, um 287 v. Chr. in Syrakus geb., ging nach Alexandreia und lebte später meist in seiner Vaterstadt, die er im 2. Punischen Kriege als Siebziger zwei Jahre gegen die Römer verteidigte. Berühmt sind seine Bewegungsmaschinen („gib mir einen Punkt [außerhalb der Erde], wo ich stehen kann, und ich werde die Erde bewegen"). Bei der Einnahme der Stadt 212 v. Chr. wurde er gegen den Befehl des Marcellus von einem röm. Soldaten getötet (→ *noli turbare*). Seine vielen Entdeckungen behandelte er in zahlreichen Schriften. In der Arithmetik löste er z.B. kubische Gleichungen und errechnete 8 Unbekannte aus 7 Gleichungen. Er entdeckte das spezifische Gewicht, wies die Strahlenbeugung nach, und in der Mechanik fand er das Gesetz des Schwerpunktes, das Hebelgesetz, behandelte Flaschenzug, Schraube und schiefe Ebene. Ferner entwarf er ein Planetarium und einen Himmelsglobus. Mit alledem wurde er grundlegend bis in die Gegenwart. Noch heute trägt das archimedische Axiom seinen Namen. → *heureka; pi.*

W: Hg. u. lat. J. L. Heiberg, III, 1910 bis 1915, neu 1972–75. – *Ü:* F. Kliem, 1914; A. Czwalina (Auszüge), 1922–25, neu 1967. *L:* E. J. Dijksterhuis, *A.*, Kopenh. 1956 (engl.); M. Clagett, *A. in the Middle Ages,* Madison 1964; I. Schneider, A., 1979. → Mathematik.

Architektur → Baukunst.

Archon (plur. *archontes,* d. Archonten), „Herrscher", nannten die Athener ihre 9 jährlich neugewählten höchsten Beamten. Die Art ihrer Wahl ist strittig. Die Verteilung ihrer Pflichten wurde durch Solon geregelt. Der oberste A., der A. *eponymos* („Namens-A.", weil nach ihm das Jahr benannt wurde; → Jahreszählungen) war oberster Richter, der A. *basileus* (König; → Monarchie) hatte die öffentlichen Opfer und religiösen Feste zu leiten, der A. *polemarchos* (Feldherr) leitete das Kriegswesen. Die 6 übrigen hießen *thesmothetai* (Gesetzgeber); sie hatten vor allem in allen Privatsachen Recht zu sprechen. Mit fortschreitender Demokratisierung wurde die Macht der A. eingeschränkt. Seit → Kleisthenes war das Archontat ein bloßes Ehrenamt, zu dem jeder Bürger durch das Los bestimmt werden konnte. → Athens Verfassung.

P. Nagel, Das Wesen der Archonten, 1971.

Archytas von Tarent, Pythagoreer, Staatsmann, Philosoph und Mathematiker, um 380 v. Chr.; bei ihm lernte Platon die pythagoreische Lehre kennen.

W: FdV. – *L:* E. Frank, Plato u. die sog. Pythagoreer, [2]1962.

Areopag, griechisch *Areios pagos,* ein Hügel westlich der Akropolis von Athen: „Aresbezirk“. Dort hielt im Freien der älteste Rat von Athen (→ Rat) seine Sitzungen ab, der meist kurz „der A.“ genannt wird. Er wurde aus den ehemaligen höchsten Beamten gebildet und verkörperte also – ähnlich dem röm. Senat – die Tradition im Staate. Ursprünglich war er der eigentliche Mittelpunkt der Staatsverwaltung mit wichtigen politischen Befugnissen (Beamtenkontrolle, Beschwerdeinstanz u. a.); später, als man ihm aus demokratischen Tendenzen seine überragende Bedeutung genommen hatte, doch noch ehrwürdiger Gerichtshof, dem der wichtigste Teil der Kriminalgerichtsbarkeit (Mord, Brandstiftung) übertragen blieb. (→ Kleisthenes; Isokrates). Vor diesem Gremium predigte Paulus *(Apg.* 17, 22).

Ares, Sohn des Zeus und der Hera, Gott des Krieges, und zwar des blutigen, zerstörenden (im Gegensatz zu Athena). Deswegen verhaßt; bedeutendere Kultstätten hatte er nicht; Kunstdarstellungen sind selten (Ares Ludovisi im Thermenmuseum in Rom). Bei Übernahme der gr. Religion setzten die Römer A. ihrem Mars gleich.

Arethusa, Quelle in der Altstadt von Syrakus. Auf Münzbildern von Syrakus erscheint der Kopf der Nymphe A.

Arginusen, Inselgruppe südöstl. von → Lesbos; in ihrer Nähe besiegte 406 v. Chr. eine athenische Flotte die Spartaner. → Pelop. Krieg; Sokrates.

Argo, die „Schnelle“ (?), nach der gr. Sage das erste Schiff, von Athena erbaut, trug die → Argonauten.

Argonauten = Argofahrer: → Iason und seine Begleiter, darunter Herakles und Orpheus, die auf der → Argo nach Kolchis (→ Phrixos) fuhren und von dort das goldne Vlies nach Griechenland brachten. Auf der Fahrt viele Abenteuer (→ Phineus): auf Lemnos von schönen Frauen zurückgehalten, nur durch Herakles’ Energie zur Weiterfahrt veranlaßt; Verlust des Hylas, eines schönen Knaben, den die Nymphen raubten; Kampf mit dem Bebrykerkönig Amykos, den Polydeukes niederboxte, u. a. Die schwerste Aufgabe bewältigte Iason selbst in Kolchis mit Hilfe der Medeia: den Kampf mit feuerschnaubenden Stieren und gepanzerten Männern, die aus gesäten Schlangenzähnen emporwuchsen. Das goldene Vlies verschaffte ihm Medeia, indem sie mit ihrer Zauberkraft den → Drachen einschläferte, der es bewachte. – Historischer Kern der A.-Sage: Vordringen der Griechen an die Küsten des Schwarzen Meeres, → Kolonien. Alte Sagendarstellung: → Epischer Kyklos; späteres Epos von → Apollonios Rhodios.

Argos, Stadt in der nach ihr benannten Landschaft Argolis, dem Lande des heroischen Zeitalters der Griechen. Die Argolis nimmt den Nordostteil der Peloponnes ein, öffnet sich zwischen hohen Gebirgsmauern nach Süden hin zum Golf von Nauplia; eine der wenigen fruchtbaren Gegenden Griechenlands, schon von Homer „weizenreich“ und

„rossenährend" genannt. Die von Norden hereinströmenden Eroberer hatten hier im 2. Jahrtausend ihre Herrschersitze und Burgen angelegt (→ Mykenai; Tiryns), die durch ein wohlausgebautes Straßensystem untereinander verbunden waren. Die einwandernden → Dorier machten ihrer Herrschaft ein Ende und wählten die Stelle, auf der jetzt A. liegt, zur ihrer Hauptsiedlung mit einem gemeinsamen Kultheiligtum der → Hera. Die Einführung eines Gewichtssystems zeugt von ausgreifender Handelstätigkeit. Zunächst an den spartanischen Staat angeschlossen, machte sich A. in langen Kämpfen von dieser Oberhoheit frei und schloß sich den Athenern an. Geschichtliche Bedeutung hat die Landschaft behalten; 1827 wurde das in der A. liegende Nauplia zur Hauptstadt des befreiten Griechenland erklärt.

H. Lehmann, Argolis 1937; J. Deshayes, Argos, Paris 1966; R. A. Tomlinson, *Argos and the Argolid,* Lond. 1972.

Argos war der Wächter, den Hera mit der Bewachung der → Io beauftragte; er besaß viele (hundert ?) Augen, weshalb A.-Augen sprichwörtlich wurden.

Ariadne war die Tochter des Kreterkönigs → Minos; sie verliebte sich in → Theseus und schenkte ihm das Garnknäuel, mit dessen Hilfe dieser wieder aus dem → Labyrinth herausfand: Daher der Ariadnefaden, sprichwörtlich für ein Hilfsmittel, mit dem man sich in schwieriger Lage zurechtfindet. – Theseus nahm A. auch mit sich, ließ sie aber auf der Insel Naxos zurück; → Dionysos. Der Stoff fand zahlreiche Bearbeitungen in der bildenden Kunst u. auf der Bühne.

L. Coltrelli, D. Faden d. A., 1954.

Arianismus. Neben der gnostischen Lehre (→ Gnosis) war der A. die nachhaltigste → Häresie des christlichen Altertums. Wenn auch seine Wurzeln ganz in der Antike liegen, so bestimmte er in der Folge doch das Gesicht des Abendlandes, indem er Völkern und Reichen zum Schicksal wurde. – Der alexandrin. christliche Priester Areios (lat. *Arius),* gest. 336, vertrat, beeinflußt durch philonische und platonische Lehren, die er über s. Lehrer Lukian v. Antiocheia erhalten hatte, eine Reihe von Sätzen, deren Kern besagt: Christus, der Sohn Gottes, ist dem Vater nicht gleich und nicht wesenseins. Von einer örtlichen, durch den Bischof Alexander v. Alexandreia einberufenen Synode (320?) verurteilt, gewann die arianische Lehre, volkstümlich verbreitet, bald größere Volksmassen. Das allgemeine Konzil von Nicaea 325 n. Chr. befaßte sich ausführlich mit der neuen Lehre und machte sich die Auffassung des jungen Athanasios (→ Kirchenväter) zu eigen, die dann ihren Ausdruck fand in der Aufstellung des nicaenisch-athanasianischen Glaubensbekenntnisses, das für die ganze Kirche bindend wurde: Ich glaube „an Jesum Christum ... dem Vater wesensgleich". –

Mit der Verurteilung war der A. nicht vernichtet. 30 Jahre nach dem Konzil stand er sogar, unterstützt durch den Kaiser Constantius, auf der Höhe der Macht. Seine Hochburg war der Orient, doch war er zeitweilig auch über den ganzen Westen verbreitet.

Erst durch das Eintreten des Kaisers Theodosius d. Gr. für das nicaenische Bekenntnis (381 Konzil v. Konstantinopel) war das Schicksal des A. besonders im Westen besiegelt, die katholische Bischofskirche wurde Reichskirche. Der A. der germanischen Stämme, vor allem der Ost- und Westgoten, der Vandalen und Langobarden, war eine Art Nachblüte. Die Westgoten lernten am nördlichen Ufer der Donau und am West- und Nordrand des Schwarzen Meeres das Christentum zuerst in seiner arianischen Form kennen. Der Gote Ulfila wurde in Konstantinopel zum arian. Bischof geweiht (341) und missionierte 4 Jahrzehnte bei seinen Landsleuten, Schöpfer der got. Buchschrift und Übersetzer der Bibel ins Gotische. In Thrakien nahmen die Goten den christl. Glauben in arian. Form als Nationalreligion an. Diese Sonderart bewahrten sie auf ihren Zügen nach dem Westen, wo sie das lateinische Christentum kennen lernten, ganz bewußt, weil sie sich um der nationalen Selbsterhaltung willen von der zahlreicheren röm.-kath. Bevölkerung absondern mußten. Von den Westgoten verbreitete sich das arian. Christentum mit großer Schnelligkeit zu den anderen Gotenstämmen und zu den nach den Karpaten gezogenen Vandalen. Auch hier begünstigte der A., der keine innere Einheit hatte, die Bildung von german. Nationalkirchen (in Afrika, Südgallien und Spanien), in denen der Stammeskönig das letzte Wort hatte. Er bestimmte auch den Kultus. Aber die religiöse und moralische Autorität der Landeskirchen war gering, denn wie die Bischöfe vom König, so waren die niederen Geistlichen von den Großgrundbesitzern abhängig. Außerdem wirkte sich die Isolierung der arian. Kirchen im Kulturumbruch des Abenlandes für den Bildungstand dieser Staaten verhängnisvoll aus, während der Anschluß des Frankenkönigs an den athanasianischen Papst seinem Reiche langen Bestand sicherte.

Arion, gr. Dichter und Sänger aus Lesbos, um 600 v. Chr., der mit seiner Kunst den Göttern diente und dafür – nach einer von Herodot I 24 erzählten Sage – belohnt wurde: Als ihn einst Schiffer auf hoher See berauben und über Bord stürzen wollten, sprang er ins Meer; aber ein Delphin nahm ihn auf seinen Rücken und trug ihn an die Küste. Diese Sage geht nach Herodot auf das Bild eines Delphinreiters in Tainaron zurück, vielleicht eine Statue Poseidons, den man als Herrn des Meeres so dargestellt hatte. Durch Herodot und durch die Ballade A. W. v. Schlegels wurde A. so berühmt, daß er als typischer Sänger überhaupt gilt. → Dithyrambos.

Ariovist war der Herzog der → Sueben, der von Caesar 58 v. Chr. im Elsaß besiegt wurde.

Aristarchos von Samos, etwa 320–250 v. Chr., bildete das heliozentrische System aus, d. h. die Lehre, die Sonne stehe im Mittelpunkt und die Erde kreise um sie (→ Astrologie). Das mußte, als die gegenteilige altjüdische Ansicht durch das Christentum erneut geltend geworden war, Kopernikus später mühsam neu entdecken, und zwar auf Grund antiker Quellen, die er, wie er selbst angab, benutzte. Erhalten ist nur eine kleine Schrift über Sonne und Mond.

W: Hg. u. engl. T. L. Heath, VI Oxf. 1913, neu 1959. – *Ü:* A. Nock, 1854.
L: Th. S. Kuhn, *The Copernican Revolution,* N. Y. 1957.

Aristarchos von Samothrake, 217–145 v. Chr., Schüler des Aristophanes von Byzanz, bedeutender Grammatiker. Seine größte Leistung war die Ausgabe und Erklärung der homerischen Gedichte; daneben kommentierte er Klassiker wie Aischylos, Sophokles, Aristophanes, Herodot. Er schloß die Bildung der grammatischen Terminologie (→ Grammatik) ab, die dann von den Griechen auf die anderen Völker überging und noch heute gilt.

P. Cauer, Grundfragen d. Homerkritik, [3]1921, neu 1971.

Aristeides, konservativer Politiker Athens in der Zeit der Perserkriege. 482 v. Chr. wurde er auf Veranlassung des Themistokles, gegen dessen fortschrittliche Flottenpolitik er auftrat, durch → Ostrakismos verbannt (Anekdote von dem Bäuerlein, dem er seinen Namen auf die Tafel schrieb, bei Nepos, *Ar.* I, 3/4). In der Nacht vor der Schlacht von Salamis kehrte er zurück. 479 wurde er zum Strategen gewählt und siegte mit Pausanias bei Plataiai. Dann führte er die Verhandlungen zum Abschluß des → Attischen Seebundes und erhielt wegen seiner Uneigennützigkeit und Unbestechlichkeit bei der Festsetzung der Beiträge den Beinamen der Gerechte. In der späteren antiken Literatur wird er überhaupt als sittenstrenger, rechtlicher Mann geschildert.

Aristeides v. Milet, gr. Novellist um 100 v. Chr., Verfasser erotischer Erzählungen (→ Milesische Geschichten), einst beliebt u. weit verbreitet, heute fast ganz verloren, greifbar nur noch die „Witwe von Ephesos" bei → Petron.

Aristeides. Publius Aelius A., aus Kleinasien gebürtig, lebte etwa 117–189 n. Chr., Schüler des Herodes Attikos, ein berühmter Rhetor; 55 Reden sind von ihm vorhanden, z. B. ein Lob der Stadt Rom, eine andere Rede, mit der er den Kaiser Marcus Aurelius veranlaßte, die durch ein Erdbeben zerstörte Stadt Smyrna wieder aufzubauen; ein andermal verteidigt er die Rhetorik gegenüber Platon.

W: Hg. W. Dindorf, III 1829, neu 1964.
L: F. W. Lenz, A.-Studien, 1964.

Aristippos aus Kyrene, etwa 435–360 v. Chr., Schüler des Sokrates, dem gegenüber er jedoch seine Selbständigkeit wahrte; es finden sich zahlreiche sophistische Züge bei ihm. Er lehrte für Geld und führte ein Wanderleben, bis er in seiner Heimat die Philosophenschule der Kyrenaiker gründete. Ausgehend von dem *Homo-mensura*-Satz (→ Protagoras) vertrat er einen extremen Subjektivismus und hielt die wahre Erkenntnis der Dinge für unmöglich. Er erklärte die Lust (*hedone;* daher bezeichnet man seine Philosophie als Hedonismus) als das einzige wirkliche Ziel des menschlichen Strebens, das auf Glückseligkeit gerichtet sei. So wurde ihm Genuß Selbstzweck, allerdings unter der Voraussetzung, daß der Mensch Herr über ihn bleibe, und alles, was Mittel zum Genuß war, gut und begehrenswert. Einsicht war für ihn nur erstrebenswert, weil sie zum Erkennen der Lust nötig sei. Diese Anschauungen wurden erst in der Lehre → Epikurs auf ein höheres Niveau gehoben. Als Vorbild eines Lebenskünstlers galt A. über Jahrhunderte hinweg: Wielands Roman A., 1800.

W: Hg. E. Mannebach, Leiden 1961. – *Ü:* W. Nestle, D. gr. Philosophen, II, 1922.
L: G. Giammantoni, *I Cirenaici,* Flor. 1958.

Aristobulos v. Kassandreia (Chalkidike) hatte am Zuge Alexanders d. Gr. als Techniker teilgenommen; er schrieb später einen Bericht über seine Erlebnisse, der viele technische und naturwissenschaftl. Angaben enthält.

W: FGrH.

Aristogeiton u. → Harmodios planten 514 v. Chr. den Tyrannenmord und die Befreiung Athens.

Aristokratie = Herrschaft der *aristoi* = der Besten, des Adels; → Staatsformen.

Aristomenes war ein Nationalheld der → Messenier in einem der Kriege gegen die Spartaner.

Aristophanes, Dichter aus dem attischen Demos Kydathenai, Hauptvertreter der älteren attischen → Komödie. Von seinem Leben wissen wir, wie schon die Alten, wenig. Als er 427 v. Chr. sein erstes Stück aufführen wollte, war er noch nicht volljährig. Er war also um 445 geboren. Sein letztes Stück war der *Plutos,* der 388 aufgeführt wurde. Bald nachher muß er gestorben sein. In Platons *Symposion* tritt er als Mitunterredner auf. Von den 44 Stücken, die von ihm erwähnt werden, sind 11 erhalten (allg. Charakteristik → Komödie). Sie haben meist aktuellen Hintergrund; sehr häufig spielen die Stimmungen des peloponnesischen Krieges herein. Die bekanntesten sind: *Acharner,* Bewohner des attischen Dorfs Acharnai, 425 v. Chr. aufgeführt, in denen Dikaiopolis seinen Sonderfrieden mit den Spartanern macht und glücklich sein Erntefest feiert, während der Vertreter der Kriegspartei, Lamachos, schwer verwundet über die Bühne getragen wird. Die *Ritter* enthalten einen leidenschaftlichen Angriff auf Kleon, der den Demos beherrscht, aber schließlich von dem Oberdemogogen, einem Wursthändler, ausgestochen wird. In den *Wolken* machte A. in der Gestalt des Sokrates die ihm verhaßte Sophistenzunft lächerlich. Im *Frieden* gab er der Friedenssehnsucht des athenischen Volkes im Jahre 421 Ausdruck; Trygaios fliegt auf einem riesenhaften Mistkäfer zum Olymp, um den Frieden zu holen. In den *Vögeln* kritisierte er seine Heimatstadt mit ihren Schwächen; denn → Wolkenkuckucksheim, die neuanzulegende Vogelstadt, soll nichts anderes sein als Athen. Die *Frösche* vom Jahre 405 beleuchten die Situation der tragischen Dichtkunst, die durch den ungefähr gleichzeitigen Tod der beiden Klassiker, des Euripides und Sophokles, einen argen Schlag erlitten hatte. A. schildert, wie der Gott Dionysos auf seiner Suche nach guten Stücken in die Unterwelt reisen muß, um sich einen toten Klassiker wieder auszubitten. Ein Wettstreit des Aischylos u. Euripides gibt ihm Gelegenheit, die beiden Dichter treffend zu charakterisieren. Eine besondere Stelle nehmen die 3 Frauendramen, die *Lysistrate,* die *Ekklesiazusai* (die eine Versammlung abhaltenden Frauen) und die *Thesmophoriazusai* (die Fr. beim Thesmophorienfest) ein. In ihnen beschäftigte sich A. mit den modernsten sozialen Fragen, die damals in Athen aufgeworfen wurden, mit der politischen Gleichberechtigung der Frauen, mit Güter- und Weibergemeinschaft. Bezeichnend für A. und die ganze ältere Komödie ist die aktuelle Satire, die sich gegen einzelne Personen, Zeiterscheinungen und vor allem politische Strömungen und Tendenzen richtet. A. gehörte der konservativ-aristokratischen Richtung an, die gegen die extrem demokratische Entwicklung in Athen scharf opponierte u. die neue Richtung der sophistisch-rhetorischen Bildung für eine Gefahr des Staates hielt. Gegen sie zog er in den *Wolken* vom Leder, wo in merkwürdiger Verkennung seines wahren Wesens ausgerechnet Sokrates als Vertreter dieser neuen Denkweise scharf angegriffen und kräftig karikiert wird. Im Ganzen jedoch gelang es A., indem er „Witz und Humor mit politischer Heißblütigkeit und sittlichem Ernst verband, die Komödie zu einem Erziehungsmittel des Volkes und zu einer politischen Macht zu machen“ (Christ-Schmid). Freilich mußte er es erleben, daß das Volk diese Kunst nicht mehr ertrug; nach dem Zusammenbruch im Peloponnesischen Krieg wurde man empfindlich gegen politische Kritik. Im Reichtum *(Plutos)* von 388 trug A. dieser Stimmung Rechnung, indem er einen harmlosen Stoff wählte. So ging die Kunst des A. in die mittlere Komödie über.

W: Hg. u. franz. V. Coulon, V, Paris 1923–30. – *Ü:* J. G. Droysen, ³1881; L. Seeger, O. Weinreich, ²1968.
L: W. Süß, A. u. d. Nachwelt, 1911; G. Murray, Oxf. ²1965; K. Reinhardt, A. u. Athen (Tradition u. Geist) 1960; O. Seel, 1960; P. Händel, Formen u. Darstellungsweisen der aristophan. K., 1963; V. Ehrenberg, A. u. d. Volk v. Athen, d. 1958; Th. Gelzer, A. der Komiker, 1971; A. u. d. Alte Komödie (WdF), hg. H. J. Newiger, 1975.

Aristophanes von Byzanz, der größte Philologe der Antike, Leiter der Bibliothek des Museion in Alexandreia (um 257–180 v. Chr.), gab eine kritische, gereinigte Edition der homerischen Gedichte heraus, daneben andere Werke der gr. Dichtkunst und die Schriften Platons. Durch andere Werke wurde er der Begründer der Lexikographie und der Grammatik. Seiner vielseitigen wissenschaftlichen Tätigkeit entstammen, wenigstens im Grundstock, die Einleitungen, die in den auf uns gekommenen antiken Ausgaben der attischen Tragödien und Komödien des Aristophanes einzelnen Stücken voranstehen. – → Akzente.

W: Fragmenta, hg. A. Nauck, W. J. Slater, 1986.

Aristoteles, 384–322 v. Chr., geb. als Sohn eines gr. Arztes, Leibarztes des makedonischen Königs, in Stageiros, einem makedonischen Städtchen, kam mit 18 Jahren nach Athen und trat in die Schule Platons ein. Er war bis zu des Meisters Tod dessen bedeutendster Schüler. Dann ging er nach Kleinasien und wurde 342 auf 3 Jahre Lehrer Alexanders d. Gr. In Athen gründete er 335 eine selbständige Schule im → Lykeion. Die Schüler hießen nach einem Wandelgang *(peripa-*

tos), in dem sie studierten, Peripatetiker. Die Schule war wie andere → Philosophenschulen als religiöser Verein mit genauer Regelung des gemeinsamen Lebens, besonders der Forscherarbeit, eingerichtet; 12 Jahre hat A. seine Schule geleitet. Nach Alexanders Tod mußte er vor einer Anklage wegen → Asebie fliehen und starb 322 in Chalkis. Außer einer intensiven Tätigkeit als Lehrer seiner Schule, wo die Schüler durch freien Vortrag oder nach ausgearbeiteten Kollegheften unterrichtet wurden, hat A. eine ausgedehnte schriftstellerische Tätigkeit entwickelt. Die für ein weiteres Publikum bestimmten Dialoge (exoterische Schriften) sind verloren. Erhalten sind die esoterischen, d. h. für den Schulgebrauch (daher auch akroamatische = „für das Hören" genannt) berechneten. Sie waren nicht zur Herausgabe bestimmt. Daher verzichten sie auf äußere Darstellung, sind nüchtern und beschränken sich auf das rein Sachliche. Auch haben sie zahlreiche Unterbrechungen und Dubletten und sind also ein oft nicht leicht zu bewältigender Lesestoff.

In seiner Forscherarbeit, bei der ihn seine Schüler durch Übernahme von Spezialgebieten unterstützten, suchte A. die gesamte Wissenschaft, auch die Naturwissenschaften, zu umspannen. In der Art seiner Forschung stand er in direktem Gegensatz zu Platon. Er wandte der Umwelt, die dieser als Schein („Erscheinungswelt") verachtete, sein gesamtes Interesse zu. Alles, was die Erfahrung lehrte, was an Erscheinungen vorhanden war, war gut und richtig. So trug er nicht wie Platon fertige Normen an die Welt heran, sondern suchte sie aus der Natur und jedem Einzelgebiet selbst zu erkennen. Ausgangspunkt war ihm bei dieser Arbeit häufig die Sprache, indem er durch logische Untersuchung der Wortbedeutungen und Begriffe und durch die scharfe Abgrenzung ihrer Anwendungsbereiche zur Erkenntnis der Sachen zu gelangen strebte. Diese analytische Denkweise hat seinen Schriften ihren eigentümlichen Stempel aufgedrückt. Die erhaltenen Schriften zerfallen in 2 Gruppen. In den Materialsammlungen sichtete er die Fülle der vorhandenen Erscheinungen (vor allem naturwissenschaftliche Schriften und → *Staat der Athener*); in den systematischen Werken suchte er aus der Fülle der Einzelheiten zu allgemeingültigen Schlüssen zu gelangen. Dieser Gattung gehört die Mehrzahl der erhaltenen Schriften an. In ihnen wollte A. nicht durch Behandlung der einzelnen Fächer ein festes dogmatisches System gewinnen, sondern nur die tatsächlichen Verhältnisse jedes Einzelgebietes genau erkennen. Dieser präzisen Erfassung der Einzelprobleme galt seine unermüdliche wissenschaftliche Arbeit. Wenn er trotzdem lange als Systematiker gegolten hat, so hat das seinen Grund darin, daß die ordnende und scheidende Kraft der analytischen Methode allein schon systematisierend wirkte. Das notwendige Rüstzeug für seine Forschung lieferte ihm die Erkenntniskritik u. Logik, als deren eigentlicher Schöpfer er zu gelten hat (von A. „Analytik" genannt; die Bezeichnung „Logik" stammt erst aus der Stoa).

Sie ist in zahlreichen Schriften behandelt, die schon von den Peripatetikern selbst als *Organon* = Werkzeug (zum philosophischen Denken) bezeichnet wurden (Kategorien, Lehre vom Satz und Urteil, Syllogistik, Erkenntnistheorie). Besonders wichtig war seine Lehre von den Schlüssen (→ Trugschlüsse). Die große Anzahl naturwissenschaftl. Schriften behandelt teils philosophisch, teils empirisch alle Gebiete der Natur. Berühmt war auch die *Forschung über die Tiere,* eine vergleichende Anatomie und Physiologie. Nach den physikalischen kamen die metaphysischen (→ Metaphysik) Schriften. In ihnen bekämpft er Platons Ideenlehre u. erklärt, daß die Ideen kein Sonderdasein haben, sondern nur mit dem betr. Einzelwesen zusammen existieren können. So kam er zu der Bestimmung der Erscheinungswelt mit Hilfe von Form und Stoff, die aber nicht selbst die Erscheinungen hervorbringen, denn die „Natur" baut aus ihnen die Gegenstände auf. Der Stoff hat nur die Möglichkeit oder Anlage *(dynamis),* die Form dagegen ist Verwirklichung oder Erfüllung *(entelecheia)* dieser Anlage, sie „hat das Ziel, die Erfüllung in sich". So ist die Teleologie beherrschender Gesichtspunkt der gesamten aristotelischen Betrachtungsweise. Die ewige, stofflose Form ist die Gottheit, die sich selbst denkende Vernunft oder der absolute Geist, der durch die Bewegung aus der bewegten Materie die Welt schafft. Die Ethik (→ Nikomachische E.) zeigt die eigenartige Einstellung des A. zur Welt. Er stellte nicht wie Platon hohe Forderungen auf, sondern sammelte die gesunden Anschauungen seines Volkes. Durch scharfe logische Zergliederung und Bestimmung der sittlichen Begriffe und Beschreibung der Formen des Handelns und Wollens hob er diese bisher vielfach unklaren Anschauungen in das sittliche Bewußtsein. Als Ziel des menschlichen Lebens erklärte er die Glückseligkeit und fand sie in der vernünftigen und tugendhaften Tätigkeit der Seele. Die Tugend war ihm die uns gemäße Mitte zwischen den extremen Begierden, die → Sophrosyne nach der gr. Adelsanschauung. Ähnlich verfuhr A. in den politischen Schriften. Hier hatte er in den Vorarbeiten 158 Verfassungen von gr. Staaten untersucht, um dann in den *„Politika"* nach einer Kritik des Bestehenden den besten Staat zu zeichnen (→ *Staat der Athener;* Staatstheorie). Bekannt ist der Ausgangspunkt des A.: der Mensch als *zoon politikon* = Lebewesen, das in Gemeinschaft mit anderen existiert. – Besonders berühmt wurde A.' Schrift über die Dichtkunst *(Poetik),* in der er in gleicher Weise die bestehenden Dichtungsgattungen (erhalten der Teil über die Tragödie) untersuchte und ihre Gesetze ableitete. Über A.' *Rhetorik* → Beredsamkeit. – Diese Schriften blieben zunächst Besitz seiner Schule und wurden bis zu → Theophrasts Tod auch zu Kollegzwecken verwendet; über ihre weiteren Schicksale → Apellikon; Bibliothek. Im Fortleben des A. innerhalb seiner Schule unterscheidet man zwei Richtungen, die naturwissenschaftliche, mit dem Hauptvertreter Theophrastos, und die geisteswissenschaftlich-philosophische. Diese beeinflußte das Christentum; seit dem 7. Jh. wurde sie immer mehr die offiziell anerkannte christliche Philosophie. Die Araber lernten A. durch syrische Übersetzungen kennen, der Westen durch lateinische, in diese Sprache wurden allmählich, besonders auf Anregung des hl. Thomas von Aquin (1225–1274), alle seine Schriften übersetzt. Durch deren Bekanntwerden wurde die um 1200 einsetzende Hochscholastik erweitert u. ausgebildet. Die Renaissance wandte sich mehr Platon zu, Luther kehrte sich von A. als dem Urheber der → Scholastik ganz ab; die Humanisten suchten von dem durch scholastische Umdeutungen entstellten zu dem echten A. vorzudringen. Die Neuzeit findet Interesse vorwiegend an Politik und Logik, doch auch wieder an der Poetik: B. Brecht als „Anti-Aristoteles".

W: Hg. I. Bekker, V 1831–70, neu O. Gigon, V 1960–61. – F. Wehrli, Die Schule des A. (Texte u. Kommentare), X ^{2}1967–69.
Ü: Gesamtwerk: P. Gohlke, IX 1947–61; E. Grumach, H. Flashar, XX $^{1-8}$1983–93; O. Gigon, bisher III 1961–83.
L: W. Jaeger, ^{2}1955; I. Düring, 1966; P. Moraux (Hg.), A. in d. neueren Forschung, 1968; ders., D. Aristotelismus bei d. Griechen, III 1973–84; F. P. Hager (Hg.), Ethik u. Politik des A., 1972; ders., Metaphysik u. Theol. des A., ^{2}1979; E. R. Sandvoss, 1981; J. L. Ackrill, A.-Einf., d. 1985; H. Flashar u. a., A. u. s. ‚Politik', 1992; P. Koslowski, Politik u. Ökonomie bei A., 1993.

Arkadien, Landschaft der Peloponnes, die einzige gr. Landschaft, die nicht ans Meer grenzt, sehr gebirgig. Im ganzen war A. arm, viele Bewohner waren einfache Hirten. Zu einem idyllischen und Glückslande (*„et in Arcadia ego";* bei Schiller: „auch ich war in A. geboren"; Goethe, Motto der ital. Reise; nicht antik; berühmt geworden als Inschrift auf einem Bilde N. Poussins [1594–1665]) ist es nur durch die → bukolische Poesie geworden. – Die Arkader, die zusammen mit den → Ionern und → Aiolern, anderen gr. Stämmen, zu Beginn des 2. Jahrts. nach Griechenland einwanderten und von dort aus → Kypros besiedelten, wurden von den gegen Ende des 2. Jahrts. in Griechenland einbrechenden Doriern in der Peloponnes aus ihren Siedlungsgebieten auf das Gebirgsland A. zurückgedrängt. – → Bassai.

C. Callmer, Studien zur Geschichte A., 1943; B. Snell, Entdeckung d. Geistes, ^{3}1955; G. Highet, Röm. Arkadien. Dichter u. ihre Landschaft, 1964.

Armenien, eine zum Seleukidenreich gehörende Landschaft am Oberlauf von Euphrat u. Tigris, später selbständig; König → Tigranes leistete den Römern lange Widerstand, doch wurde das Land von → Lucullus erobert u. spielte später eine unglückliche Rolle als Pufferstaat zwischen Römern u. → Parthern.

Arminius, Sohn des Cheruskerfürsten Segimer, trat mit seinem Bruder Flavus in röm. Kriegsdienste und lernte dort röm. Militärwesen kennen. Er wurde zum *amicus populi Romani* = Freund des röm. Volkes ernannt. Nach seiner Rückkehr Fürst der Cherusker, vermählte er sich mit Thusnelda, der Tochter des Cheruskerfürsten → Segestes. Er bereitete eine Verschwörung gegen die röm. Herrschaft vor, überfiel die 3 Legionen des Varus und rieb sie an 3 oder 4 stürmischen Tagen in den Waldschluchten des → Teutoburger Waldes 9 n. Chr. auf. Dadurch befreite er Nordgermanien, in das die Römer später nur noch Streifzüge unternahmen. Dann kämpfte er weiter gegen sie, z. B. 15 n. Chr. gegen Germanicus. Dabei verlor er seine Gemahlin Thusnelda, die von dem römerfreundlichen Vater an Germanicus ausgeliefert wurde. 17 kämpfte er unentschieden gegen → Marbod. Bald darauf wurde er von Verwandten ermordet. „Aber dem hochsinnigen Mann, der sechsundzwanzigjährig seine Heimat von der Fremdherrschaft erlöst hatte, gab sein Volk, was es zu geben vermochte, ein ewiges Gedächtnis im Heldenlied" (Mommsen). Kleists Hermannsschlacht und ein weitragendes Denkmal auf der Grotenburg bei Detmold künden seinen Ruhm. Leider wissen wir seinen germanischen Namen nicht. Hermann hat er nicht geheißen; auch Siegfried ist unmöglich. Manche Forscher brachten ihn mit dem Namen des Kriegsgottes der Hermionen, Ermino oder Hermino, zusammen, der in anderen Ableitungen, wie Irminsul usw., vorliegt. Doch wird er jetzt auch wieder als ein römischer Name erklärt. → Flavus; Silberfunde; Varus.

E. Bickel, A., 1949; E. Hohl, Um A., 1952; O. Höfler, Siegfried, A. u. die Symbolik, 1961; H. Kesting, Der Befreier A., 1965; D. Timpe, A.-Studien, 1970.

Arretinische Keramik → terra sigillata.

Arrian (gr. *Arrianos*) aus Bithynien lebte im 2. Jh. n. Chr., erhielt eine gute Bildung und studierte Philosophie. Als kaiserlicher Offizier sah er viele Länder. Er brachte es bis zum Consul und kaiserlichen Legaten in Kappadokien. Später war er schriftstellerisch tätig. Sein wichtigstes Werk ist der Alexanderzug *(Anabasis Alexandru),* in dem er die Ereignisse nüchtern darstellt, doch so, daß man den Blick des Soldaten und Beamten für das Richtige durchspürt; damit ist er für unsere Kenntnis der Geschichte Alexanders bedeutsam. A. war auch ein Schüler des Philosophen → Epiktet.

W: Hg. A. G. Roos, G. Wirth, [2]1967–68; hg. u. d. G. Wirth, O. v. Hinüber, 1985. – *Ü:* A.s d. Gr. Siegeszug durch Asien, W. Capelle, 1950.

Arsakiden, Nachfolger des Arsakes, das Herrschergeschlecht der → Parther.

Ars poetica, von Quintilianus eingeführter Titel des Literaturbriefes von → Horaz.

Artaphernes war neben Datis Feldherr des persischen Heeres, das bei → Marathon geschlagen wurde.

Artemis, Tochter des → Zeus und der → Leto, Zwillingsschwester → Apollons. Geboren auf der Insel Ortygia (= → Delos ?). Als jungfräuliche Jägerin zieht sie mit ihren Begleiterinnen, den → Nymphen, durch die Wälder (→ Aktaion). Ihre Gefährtin Kallisto, eine Nymphe, die sich Zeus hingegeben hatte, verwandelt A. zur Strafe in eine Bärin. Wie Apollon trägt A. den todbringenden Bogen (→ Niobe). A. ist Natur- und Fruchtbarkeitsgöttin, auch Herrin der Tiere *(Potnia theron).* – Skulpturen: Gute Kopien des 4. Jh. im Louvre (Paris). – Die ephesische A. (→ Ephesos) hat mit A. ursprünglich nichts zu tun, sondern war eine kleinasiatische Fruchtbarkeitsgöttin (→ *Magna Mater*), die aber von den gr. Kolonisten in Kleinasien mit A. verschmolzen wurde. → Diana.

K. Hönn, 1946; R. Fleischer, Die A. v. Ephesos, Leiden 1973.

Artillerie. Wandeltürme, Rammböcke, Sturmrampe und Belagerungsdamm kannten schon die Babylonier. Während bei den Griechen der Frühzeit (laut Homers *Ilias*) und der klassischen Zeit die Belagerungskunst (→ Belagerung) noch auf niedriger Stufe stand, hat sich das Geschützwesen seit dem 4. Jh. v. Chr. und besonders in → hellenistischer Zeit zu erstaunlicher Höhe entwickelt; als genialer Erfinder gewaltiger Kriegsmaschinen ist → Archimedes berühmt, als erfolgreichster Belagerer → Demetrios *Poliorketes*. Man kannte neben der alten Standardarmbrust, bei der die Kraft in den elastischen Bogenarmen beruhte, die viel wirksameren Torsionsgeschütze; ihre Triebkraft lag in der Elastizität der zwischen zwei feste Balken eingezogenen, aus Tiersehnen zusammengedrehten Stränge, deren Spannung durch einen Hebelarm bewirkt wurde; dabei unterschied man zwei Geschützarten, mit denen in fast ebener Flugbahn oder unter einem Winkel von 45 Grad Pfeile und Speere oder Steinkugeln, Balken und Bleigeschosse geschleudert wurden. Bewegliche Türme von gewaltiger Höhe führten in mehreren Stockwerken die Geschütze gegen die belagerte Stadt; weitere Vorrichtungen dienten dazu, um, vor dem Feind gedeckt, Breschen in die Mauer zu legen. Am besten kennen wir die Mittel antiker Belagerungstechnik bei den Römern, die sich die Erfindungen der hellenistischen Zeit durchaus zunutze machten. Ihre Geschütze *(tormenta),* als *catapultae* und *ballistae* bezeichnet, schleuderten Pfeile, Balken und Steine; hölzerne, auf Rollen oder Walzen laufende Belagerungstürme trugen in ihren oberen Stockwerken die Geschütze, im unteren den Mauerbrecher (*aries* = „Widder"), einen starken Balken mit eisernem Kopf, der gegen die Mauer gestoßen wurde. Mit Sturmleitern, Fallbrücken (→ *sambuca*), Mauersicheln (Sicheln an langen Stangen, zum Herabreißen der Steine der Stadtmauern), Äxten und unterirdischen Minengängen suchte man der feindlichen Mauer beizukommen, während man die angreifenden Soldaten durch Frontschirme aus Weidengeflecht, Schutzdächer und ähnliche Vorkehrungen zu sichern wußte. Um all diese Werkzeuge auf ebenem Gelände an die Mauer heranzubringen, wurde aus Baumstämmen, Erde und Steinen ein Belagerungsdamm bis an den Fuß der Mauer aufgeführt. Durch ähnliche Mittel, wie Brandpfeile, Türme, Geschosse und Gegenminen, suchten sich die Belagerten zu wehren. Die Wurfmaschinen wurden zunächst nur im Belagerungskrieg, erst in der Kaiserzeit als Feldartillerie verwendet. Die Rekonstruktionen antiker Geschütze (auf der → Saalburg) erreichten bei Schießproben mit einer Steinkugel von 2 kg eine Schußweite von ca. 350 m mit einem Anfangsdruck bis zu 60 000 kg. – Weiterbildung der antiken A.

durch das Pulver, → Siphon. – Beispiel einer antiken artilleristischen Schrift: Biton, *Bau von Belagerungsmaschinen und Geschützen.*

WÜ: Hg. u. d. A. Rehm, E. Schramm, 1929.
L: Schramm, Die antiken Geschütze der Saalburg, 1918; H. Diels, Antike Technik, ^{3}1924; F. Kretzschmer, Technik u. Handwerk im Imp. Rom., 1958; A. Bruhn-Hoffmeyer, *Antikens Artilleri,* Kopenh. 1958; E. W. Marsden, *Greek and Roman artillery,* Oxf. 1971.

Arvales (*fratres A.,* Arvalbrüder), röm. Priesterschaft von 12 Mitgliedern. Sie verrichteten den Kult der *Dea Dia,* einer alten Saatgottheit. Im Mai veranstalteten sie (vgl. → *Ambarvalia*) einen Flurumgang, der die Saaten vor feindlichen Mächten schützen und sie entsühnen sollte. Das altertüml. Lied der A., das sie bei verschlossenen Türen sangen, hat sich in einer im Jahre 218 n. Chr. aufgezeichneten Inschrift erhalten. Es ist an die → Lares und → Mars gerichtet, dessen verderbliche Macht man fernzuhalten suchte.

W: Kultlied: Hg. u. komm. M. Narcinovich, Rom II 1933–34.
L: E. Norden, Aus altröm. Priesterbüchern, Lund 1939 (Neudr. 1961).

Arzt → Heilkunde.

as, als röm. Gewicht ein Pfund von etwa 327 g (→ *libra*); als röm. Münze ursprünglich ein einpfündiges Kupferstück, dessen Wert immer mehr sank (→ Münzen), als leichte kupferne Scheidemünze ausgeprägt. → Sesterz. Vor der Einführung der Silbermünze (→ *denarius*) war der As Rechnungseinheit: *semis* ($^1/_2$ *as*), *triens* ($^1/_3$ *as*) und andere Unterteilungen waren im Umlauf. Von der Gewichtsbezeichnung *as* stammt frz. *as,* danach dtsch. As(s) = 1 auf Würfel oder Karte. → Tabelle S. 830. → Münzen.

Ascanius, auch Iulus genannt, Sohn des → Aineias, mythischer Ahnherr des bekannten röm. Geschlechts der → Iulier.

Aschenurnen → Urne; Bestattung.

Asebie, gr. *asebeia* = Gottlosigkeit. Die Griechen waren an sich in religiösen Dingen tolerant; eine Verbindung zwischen Religion und Staat gab es nur insofern, als diesem der Kult der Stadtgöttin oblag; im übrigen verfolgte er nur gottlose Handlungen, z. B. Tempelraub, Zauberei. 432 v. Chr. brachte jedoch in Athen Diopeithes, ein fanatischer Anhänger des alten Glaubens und Gegner der sich damals verbreitenden Aufklärung, ein (zunächst auf Anaxagoras gemünztes) Gesetz durch, wonach auch Anschauungen und Lehren in A.-Prozessen verfolgt wurden. Doch blieben solche Prozesse selten; ihr bekanntester ist der gegen Sokrates 399 v. Chr. → Aristoteles; Hetären (Phryne); Protagoras. – Bei den Römern häuften sich die Prozesse wegen Religionsverletzung *(laesae religionis)* namentlich, seitdem die Christen das Weihrauchopfer für den als Gott verehrten Kaiser (→ Vergottung) verweigerten.

Asianismus. Als durch den Zug Alexanders d. Gr. das kleinasiatische Ionien vom persischen Joch befreit war, blühte es auf und nahm wieder am griech. Geistesleben bedeutenden Anteil. Sprachlich steuerte es zur → *Koine* wichtige Bestandteile bei. Im Stil warfen die Ioner die Gesetze der attischen Technik, die die persönliche Freiheit des Redners gezügelt hatte, beiseite. Sie schufen den als A. bezeichneten Redestil, der fast bis zu Christi Geburt geherrscht hat. Es gab in der Hauptsache 2 Arten: den „Stil der zerhackten Sätzchen“ mit stark rhythmischem Wortfall; den bombastischen Stil. Die neue Redemode eroberte sich das übrige Griechenland, weil der bewegliche, aufgeregte Stil für die bewegte Zeit besser paßte als die ruhige Gemessenheit des attischen. Auch die Römer übernahmen den A. (Cicero), bis sich im → Attizismus eine Reaktion bildete, die aber den A. nicht völlig überwand.

Askese, von gr. *askesis* = Übung, Training, geht auf das Athletentum zurück. In der Alexanderzeit erstmals bei indischen Weisen als Konzentrationsübung beobachtet. Im Mönchstum hieß *a.* „religiöse Übung“ (im Nachdenken über Gott); weiterhin „Bußübung“ (durch Zügelung der Begierden). Die Bedeutung „Enthaltsamkeit“ hatte *a.* nicht; doch → Epiktet.

P. Arbesmann, Das Fasten bei Griechen u. Römern, 1929, neu 1966.

Asklepiades aus Samos, gr. Dichter um 300 v. Chr.; nach ihm ist ein lyrisches Versmaß benannt. Er beeinflußte u. a. Kallimachos; zahlreiche Epigramme sind in der → *Anthologia Palatina* überliefert.

Asklepiades von Prusa, Arzt in Rom im 1. Jh. v. Chr., Anhänger der Naturheilkunde; er schloß sich mit seinen Kuren an einen griech. Arzt des 3. Jh. v. Chr., Kleophantos, an und verhalf dieser Behandlungsweise zur höchsten Anerkennung. Seine ärztlichen Ansichten beruhten auf einem System: Der Körper sei aus unzähligen, sich beständig verändernden und bewegenden kleinen Körperchen zusammengesetzt, von deren Beschaffenheit und Verhältnis zu den zwischen ihnen gelagerten Hohlräumen Gesundheit und Krankheit abhänge. Erprobte Medikamente verschmähte er nicht, legte aber weit mehr Wert auf diätetische Behandlung, z. B. Entziehung, häufiger aber Verordnung des Weingenusses, Bäder, Reibungen, Bewegung: Tragen in der Sänfte, Schaukeln der Betten als Schlafmittel. Unnötige Quälerei der Kranken, z. B. durch übermäßiges Schwitzen oder zu häufigen Gebrauch von Brech- und Abführmitteln, vermied er. Neben seiner Praxis betätigte er sich auch als medizinischer Schriftsteller. Man kennt die Titel und einigermaßen den Inhalt von 17 seiner Schriften.

Asklepios, lat. *Aesculapius,* Heilgott, Sohn des Apollon, Gott der Ärzte, die als seine Jünger Asklepiaden hießen. Sein Abzeichen, ein Schlangenstab, ist noch jetzt das der Apotheker. Von der strengen, ernsten Auffassung der ärztlichen Pflichten zeigt der berühmte Asklepiadeneid, den die Ärzte auf Kos beim Antritt ihres Berufs schwuren (→ Heilkunde). Das älteste Heiligtum des A. befand sich in Trikka in Thessalien; im 5. Jh. v. Chr. verbreitete sich sein Kult über ganz Griechenland, wo er an vielen Orten ältere Heilgötter verdrängte (→ Epidauros; Kos). In Athen wurde sein Kult von Sophokles eingeführt. – → Opfer.

E. J. u. L. Edelstein, *Asclepius,* II, Baltimore 1945; U. Hausmann, Kunst u. Heiltum, 1947; K. Kerényi, D. göttl. Arzt, [2]1956.

Aspasia aus Milet, Geliebte und später Gemahlin des Perikles. Er hatte aus dieser Ehe einen Sohn, den jüngeren Perikles. A. war eine geistig hochstehende Frau, wurde aber von der attischen Komödie sehr angegriffen; man bezeichnete sie als → Hetäre. Sie wurde auch, um Perikles zu treffen, angeklagt, aber freigesprochen.

Asphodelos, gr., bei Homer Pflanze auf einer Wiese in der Unterwelt, auf der die Toten wandeln, nach Späteren eine Liliacee, deren Wurzelknollen gegessen wurden; von Linné der Name (mit Recht?) auf die von ihm *Asphodelus ramosus* genannte Pflanze übertragen.

Astarte, semitische, speziell syrisch-phoinikische Göttin der gebärenden Kraft der Natur. Von den Griechen mit → Aphrodite identifiziert. A. selbst wurde auch auf → Kypros und auf Sizilien verehrt.

Astragaloi (gr.; lat. *tali*) heißen die Würfel aus den Knöcheln der Hinterbeine der Schafe. Ein A. konnte auf 4 je ungleiche Seiten fallen. Je nachdem wie leicht der A. auf diesen Seiten zur Ruhe kam, wurden sie bewertet. Die 4 Seiten hatten eigene, noch heute in Griechenland gebräuchliche Namen. Daneben gab es längliche Würfel aus Knochen mit scharfen Kanten und kubische (lat. *cubus*), deren Augen je durch einen doppelten konzentr. Kreis gekennzeichnet wurden. Antike Würfel haben sich in Mengen erhalten (meist aus Gräbern). A.-Spieler sind auf gr. Vasen und auf dem Bild des Alexandros aus Herculaneum in Neapel dargestellt. → Spiele.

G. Rohlfes, Antikes Knöchelspiel im einstigen Großgriechenland, 1963.

Astrologie, -nomie, von gr. *astron* = Stern. Der Unterschied, den wir zwischen Astrol. = abergläubischer Sterndeutung und Astron. = wissenschaftlicher Sternkunde und -forschung machen, liegt in den beiden Namen nicht begründet. – Die A. haben die Griechen nicht zuerst ausgebildet. Sie übernahmen eine große, im einzelnen freilich nicht genau feststellbare Zahl von Einzelkenntnissen über die Zustände im Weltenraum von den Babyloniern, welche aber die Sternkunde nicht zu wissenschaftlichen Zwecken, sondern als Astrologie betrieben. Diese lehrt, daß sich die Vorgänge im Weltall (dem Makrokosmos) im kleinen auf der Erde (dem Mikrokosmos) gewissermaßen in Projektion wiederholen. Da man die Vorgänge im Makrokosmos, den Wandel der Gestirne und ihre gegenseitige Stellung zueinander (Konstellation), im voraus berechnen könne, so könne man auch die Vorgänge auf der Erde, insonderheit das Geschick einzelner Menschen, voraussehen. Die Lehre gelangte nach dem Westen. Dort fand man bald eine Widerlegung, wie sie bündiger nicht gedacht werden kann. Wenn die Konstellation bei jemandes Geburt dessen Schicksal bestimmt, so müssen alle unter derselben K. Geborenen dasselbe

Geschick haben. Das ist aber nicht der Fall; nachgewiesenermaßen (man gab sich die Mühe, es nachzuweisen) werden unter denselben Sternen künftige Herren und Sklaven, Könige und Arme geboren (Plinius, *n. h.* VII 165). Zum Nachleben der antiken Astrol. gehört übrigens auch unsere Verwendung des Zeichens * für „geboren" („unter einem Stern geboren"). Der Astrologe, auch *mathematicus* genannt, stellte den Kindern vornehmer Leute, so auch den Familien röm. Kaiser das Horoskop. – Obwohl der Orient Bedeutendes auch schon in der wissenschaftlichen Astron. geleistet hat, haben doch erst die Griechen die A. zu einer reinen Wissenschaft fortentwickelt. Die erste Periode der antiken A. unter den Naturphilosophen war eine Zeit des Lernens. So verwendeten Thales bei den Voraussagen einer Sonnenfinsternis und Anaxagoras bei einer Mondfinsternis zweifellos babylonische Forschungsergebnisse. Vielleicht aber gingen die Griechen schon in dieser frühen Zeit eigene Wege, indem sie aus Gründen der naturphilosoph. Spekulation, nicht veranlaßt durch wissenschaftlich exakte Beobachtungen, die Kugelgestalt der Erde annahmen. Noch weiter entfernte sich der Pythagoreer Philolaos im 5. Jh. v. Chr. von der sinnlichen Vorstellung, als er einen Kreislauf der Erde um ein Zentralfeuer lehrte. Aber erst in der Zeit Platons wurde dessen Freund Eudoxos von Knidos der eigentliche Begründer der math. A., indem er eine math. Erklärung der Bewegungen der Planeten gab. In besonderem Maß kam die Steigerung der math. Kunst in der alexandrinischen Epoche der A. zugute. Apollonios von Perge (um 200 v. Chr.) entwarf die Theorie der Epizyklen und stellte über die Bahn und Entfernung des Mondes Untersuchungen an. Die höchste Stufe erreichte die antike A. mit → Hipparchos v. Nikaia (um 150 v. Chr.), der für seine Wissenschaft strengste Verbindung mit der Mathematik verlangte. Er veröffentlichte einen Katalog der Fixsterne und einen Himmelsglobus, auf dem die Lage der wichtigsten Sternbilder durch ein festes Koordinatensystem nach Länge und Breite angegeben war. Die Zahl der von ihm vermessenen Sterne betrug mehr als 800. Das von ihm und anderen zusammengetragene Material wurde im 2. Jh. n. Chr. von → Klaudios Ptolemaios in wissenschaftlichem Geiste zusammengefaßt. – Schriften wie die astron. Lehrgedichte des Aratos, Manilius oder das Buch des Kleomedes, *„Die Kreisbewegung der Gestirne"* gaben das astron. Wissen des Altertums, an dem die Kirche zur Bestimmung des Ostertermins interessiert war, an das Mittelalter und die Neuzeit weiter.

W: Catalogus codicum astrologorum Graecorum, hg. A. Olivieri u. a.; XII. Brüssel 1898–1953.

L: F. Cumont, *Astrology and Religion among the Greeks and Romans,* Lond. 1912, neu 1960; F. Boll, C. Bezold, W. Gundel, Sternglaube und -deutung, [4]1931; H. Balss, Antike Astron., 1949; F. H. Cramer, *Astrology in Roman law and politics,* 1954; B. L. van der Waerden, D. Anfänge der Astronomie, 1966; ders., D. Astron. d. Griechen, 1988; E. Hoppe, Math. u. Astron. im klass. Altert., [2]1966; D. R. Dicks, *Early Greek Astronomy,* Ithaca 1970; C. Fagal, *Astrological Origins,* Llewellyn 1971.

Asylie (gr. *asylia*) bezeichnet zunächst die persönliche Sicherheit und die Unverletzlichkeit des Eigentums. Wenn jemand Forderungen gegenüber einem Bürger eines anderen Staates hatte, besaß er das Recht, in Selbsthilfe sich Genugtuung zu verschaffen. Wer jedoch A. durch den Staat, dem die Gegenpartei angehörte, verliehen bekommen hatte, der war vor einer solchen Beschlagnahme sicher. Die A. konnte auch Orten, bes. Heiligtümern (→ Kos), gewährt werden. Daraus leitete sich die Bedeutung des Wortes „Asyl" ab.

E. Schlesinger, D. gr. A., 1933; O. Henssler, Formen des Asylrechts, 1954.

Ataraxia (gr.) = Ruhe und Unberührtheit des Gemütes durch äußere Einflüsse, besonders Schicksalsschläge. → Epikur.

Atellane, *fabula Atellana,* eine uralte süditalische Volksposse, die aus dilettantischen Improvisationen hervorging, nach dem oskischen Städtchen Atella in Campanien genannt, wo sie besonders gepflegt wurde. Die A. bot derbkomische, oft unanständige Szenen aus dem täglichen Leben mit feststehenden Charakterrollen, unseren Fastnachtsspielen vergleichbar. Sie kam früh nach Rom, wo man sie literarisch zustutzte und als burleskes Nachspiel zu tragischen Aufführungen verwandte; in der Kaiserzeit wurde sie vom → Pantomimos verdrängt. Erhalten sind nur Titel und kleine Fragmente.

Atellanae Fabulae, hg. P. Frassinetti, Rom [2]1967.

Athanasios v. Alexandreia, 295–373, einer der → Kirchenväter.

Atheismus. Die Griechen standen den homerischen Göttern sehr viel freier gegenüber als später dem Christentum. Z. B. behandelt Homer eine für Aphrodite recht peinliche Liebesszene direkt mit Humor. Gegenüber der jüdischen (*Moses* I 1,27) Lehre, wonach die Menschen Abbilder Gottes sind, behauptete → Xenophanes, daß umgekehrt die Menschen sich die Götter nach ihrem Bilde schaffen. Ganz allgemein versuchten die → Ionischen Naturphilosophen, die Welt auch ohne Götter zu erklären; → Lucrez wollte die Menschen ausdrücklich von der Religion, d. h. vor der Furcht vor den Göttern, befreien. Sogar ein so konservativer Mann wie der alte → Cato wußte, wieviel Priestertrug in der römischen Religion steckte (→ Augures). Nach ihrer Lebensführung waren viele antike Menschen, z. B. Alkibiades, in ihren Handlungen religiös sicher nicht bestimmt oder gehemmt. → Speusippos wurde, weil er das Prinzip des Guten als Faktor des Weltprozesses ablehnte, als Atheist bezeichnet. – Aber Männer, die sich wirklich zum A. bekannten und ihn philosophisch vertraten, gab es ganz wenig (so Theodoros von Kyrene mit dem Beinamen *atheos* = gottlos), überdies blieben sie bedeutungslos; mehr Einfluß erlangte → Euhemeros; Polytheismus; Asebie.

A. B. Drachmann, *Atheism in pagan antiquity,* 1922; F. Mauthner, Der A. u. s. Geschichte, IV 1920–23, neu 1989.

Athen, altgr. und bis heute *Athenai,* ist wohl nach der Göttin *Athena* genannt: „die (Stadt der) Athenen". Wenigstens die →

Akropolis war schon im 2. Jahrt. v. Chr. bewohnt, an ihrem Fuß lag eine Siedlung. Durch die Dorische Wanderung strömten weitere verdrängte Ioner ins Land; durch Zusammenschluß entstand eine neue Siedlung, die das Übergewicht in → Attika errang; fortan ist ganz Attika das Staatsgebiet dieser neuen Stadt. Die Stadt wurde namentlich durch eine von etwa 800–400 v. Chr. blühende keramische Industrie und durch Export attischen Öls (relativ) sehr reich. Eine wirkliche Großstadt war A. nach der Bevölkerungszahl nie (→ Volkszählungen). Um so erstaunlicher bleibt sein Einfluß, den es auf die gesamte Welt ausgeübt hat und noch ausübt. Besonderer Aufschwung unter dem Tyrannen → Peisistratos und seinen Söhnen (560–510): Entstehung des Dramas, Ausschmückung der Akropolis; Bau einer Wasserleitung; um 535 in der Vasenmalerei (→ Vasen) Übergang vom schwarzfig. zum rotfig. Stil, womit Athen für über 100 Jahre jede Konkurrenz schlug. Im 5. Jh. v. Chr. Hochblüte (→ Europ. Kultur) im künstlerischen und wissenschaftlichen Leben; die Akropolis mit den Bauten geschmückt, die sie (in Trümmern) noch jetzt zieren. Nach dem Verluste des Peloponnes. Kriegs 404 wurde auch die athenische Keramik-Industrie vernichtet. Immerhin erlebte A. im 4. Jh. noch eine Nachblüte bis zur Niederlage bei Chaironeia 338. Von da an immer mehr stille Gelehrtenstadt, aber im Glanze ihrer großen Vergangenheit, ihrer Prachtbauten, berühmt durch die → Philosophenschulen. Kaiser Hadrian (117–138 n. Chr.) schmückte die Stadt, besonders dadurch, daß er das riesige Olympieion vollenden ließ, dessen Bau seit Mitte des 2. Jh. v. Chr. unvollendet lag; von seinen 104 gewaltigen Säulen stehen noch 15 aufrecht; der reiche Herodes Attikos (101–177 n. Chr.) schenkte ihr das Odeion, ein → Theater. 396 Plünderung der Stadt durch Alarichs Westgoten; später wurden zahlreiche Kunstwerke nach Konstantinopel gebracht; 529 Schließung der Akademie, der letzten Philosophenschule. Im Mittelalter byzantinisches Provinzstädtchen, 1456–1833 türkisch. 1830 noch Kleinstadt mit 15 000 Einwohnern, erlangte A. 1834 eine Stellung, die es im ganzen Altertum nie besaß; es wurde die Hauptstadt des ganzen, national geeinigten (und seither noch gewachsenen) Griechenlands. Seitdem großer Aufschwung; heute Großstadt mit annähernd 2 Mill. Einwohnern. Unter dieser modernen Stadt stecken die Trümmer der antiken, Ausgrabungen neueren Datums auf dem Gebiet der → Agora durch die *American School of Classic Studies at Athens* (→ Stoa) und auf dem → Kerameikos am → Dipylon durch das Deutsche Archäol. Institut. → Athenische Geschichte; Athens Verfassung.

F. Gregorovius, Geschichte der Stadt A. im MA., II [3]1927, neu 1980; W. Judeich, Topographie von A., [2]1931; W. Dörpfeld, Alt-A., II, 1937; J. T. Hill, *The ancient City of Athens,* Lond. 1953; J. Travlos, Bildlex. zur Topographie d. ant. A., 1971; W. Kraiker, Funde in A., 1971; K. W. Welwei, A., 1992; C. Meier, A., 1993.

Athena oder *Athene,* auch *Pallas A.,* die jungfräuliche Stadtgöttin Athens, Göttin der Weisheit, der klugen Kriegsführung (→ Ares), Erfinderin des Schiffbaus (→

Argo), der Flöte (→ Marsyas), Schützerin des Ölbaumes und der weiblichen Handarbeiten (Webkunst → Arachne). Der Name ist vorgriechisch. Die Schlange ist ihr Attribut. Andererseits scheint ihr Beiname *glaukopis* = eulen- (nicht: blau-)äugig und die vielen → Eulen in Athen auf eine ursprünglich vogelgestaltige Göttin zu deuten (→ Tierkult). Ursprünglich wohl eine minoische Hausgöttin, später in mykenischer Zeit kriegerische Schützerin von Palast und Stadt; daher das in A.-Tempeln bezeugte → Palladion. Den Griechen galt A. als aus dem Haupte des Zeus entsprungen und als dessen Lieblingstochter. Bei einem Streite mit Poseidon um den Besitz Attikas sprach Zeus das Land dem zu, der seinen Bewohnern das Wertvollste schenken werde; P. schenkte das Pferd, A. den Ölbaum und siegte damit. Kunstdarstellungen: → Ägis; Elgin Marbles; Lemnia; Myron; Pheidias. Berühmte Kultstätten: das Erechtheion, mit dem archaischen Kultbilde, und der → Parthenon, beide auf der Akropolis in Athen. → Nike. – Bei den Römern → Minerva.

K. Kerényi, D. Jungfrau u. Mutter d. gr. Rel., 1952; C. J. Herington, *A. Parthenos* u. *A. Polias,* Manch. 1955; F. Brommer, *A. Parthenos,* 1957; M. Müller, A., 1966.

Athenaios v. Attaleia (Pamphylien), gr. Arzt des 1. Jh. v. Chr., war philosophisch sehr gebildet und stand unter stoischem Einfluß; er gründete in Rom die sog. Schule der Pneumatiker (→ Heilkunde). Von seinen Werken existieren nicht einmal Titel.

Athenaios v. Naukratis, gr. Schriftsteller um 200 nach Chr., dessen einziges erhaltenes Werk *(Deipnosophistai)* ein „Philosophengastmahl" schildert: Dreißig Gäste (Juristen, Dichter, Künstler, Ärzte, Philosophen) führen über mehrere Tage hinweg Gespräche über ganz disparate Themen wie Musik, Dichtung, Tanz, Speisen, Getränke u. a. m. Das Gespräch ist selbstverständlich Fiktion u. besitzt keinerlei Originalität, bietet aber gerade deswegen unschätzbare kulturgeschichtliche Informationen, darunter zahlreiche sorgfältige Zitate aus verlorenen Autoren. → Griech. Literatur; Skolion.

W: Hg. G. Kaibel, III 1887–90, neu 1966–85; hg. u. engl. C. B. Gulick, London, VIII, 1937–41.

Athenische Geschichte. Aufgefundene Wohnhöhlen in den Felswänden der Akropolis lassen auf eine Besiedlung dieser Stelle schon um 3000 v. Chr. schließen. Später bot dieser Felsen den geeigneten Ort für einen Fürstensitz: Seit etwa 1400 v. Chr. läßt sich ein mykenischer Palast mit → Megaron nachweisen; ein Stück uralter Mauer ist erhalten. Zwar gehört die folgende Königszeit größtenteils der Sage an; so haben die Athener unter ihrem König → Kodros den Ansturm der Dorischen Wanderung abgeschlagen, doch hat beim allgemeinen Umschwung, der durch die Verlagerung der gr. Stämme eintrat, der Fürstensitz seine Bedeutung bald verloren. Ein vielleicht schon im 10. Jh. v. Chr. erfolgter *Synoikismos,* Zusammenschluß der Landbevölkerung und Zustrom weiterer Ioner, formen eigentlich erst das Bild der Siedlung Athen. Deren Geschichte beginnt mit Verfassungskämpfen, in denen die Bürger von den Adligen ein geschriebenes Gesetz erzwangen; sie wurden durch die Gesetze Drakons (um 620 v. Chr.) und Solons (594 v. Chr.) beendet. Bald darauf bemächtigte sich Peisistratos der Herrschaft; er wurde auf politischem, wirtschaftlichem und künstlerischem Gebiet der Schöpfer von A.s späterer Größe. Eine große Rolle spielte A. zuerst in den Perserkriegen, in denen es als die hauptsächlich bedrohte Stadt auch die Hauptlast der Abwehr trug; die Siege über die Perser bei Marathon und Salamis (490; 480 v. Chr.) wurden hauptsächlich durch A.s Tatkraft erfochten. Der herrliche nationale Schwung der Athener hielt auch nach dem Kriege an. Durch ihre Angriffskriege gegen die Perser wurden sie die Führer des neugegründeten delischen Bundes (→ Attischer Seebund), der die Inseln des Ägäischen Meeres und viele Städte Kleinasiens umfaßte. Unter Perikles erlebte A. seine höchste Blüte (443–429 v. Chr.; → Pentekontaetie). Es gelang, den Bund in ein attisches Reich umzuwandeln. Auch handelspolitisch und künstlerisch war damals A. auf dem Gipfel seines Ruhmes (klassische Zeit). Im Peloponnesischen Krieg (431–404 v. Chr.) brach der stolze Bau zusammen. Von da an mußten die Athener auf eine großzügige auswärtige Politik verzichten; zwar erneuerten sie noch zweimal den Attischen Seebund, doch mußten sie die → Hegemonie in Griechenland seit 404 den Spartanern, seit 371 den Thebanern überlassen. Auch gegenüber dem aufstrebenden Philipp von Makedonien zögerten sie zu lange mit der Entscheidung. Als sie sich zum Krieg entschlossen, wurden sie 338 v. Chr. bei Chaironeia geschlagen. Damit erlag die attische Freiheit. In hellenistischer Zeit blieb A. offiziell eine freie Stadt, aber ohne politische Betätigung, die auch den großen Mächten gegenüber aussichtslos gewesen wäre. Es wurde die Stadt der Gebildeten, die an den zahlreichen → Philosophenschulen studierten, ansonsten eine ruhige Provinzstadt. Daran änderte sich auch in röm. Zeit nichts. → Athen.

Athens Verfassung strebte mit der fortschreitenden wirtschaftlichen u. sozialen Entwicklung der Bürgerschaft danach, alle Kreise des Volkes für die Verwaltung des Staates zu gewinnen. Die älteste V., die des Drakon, hatte nur das bestehende Adelsrecht formuliert. 594 v. Chr. richtete Solon die Timokratie ein, durch die die Besitzenden neben dem Adel zu Trägern der Staatsidee wurden; außerdem erhielten alle Bürger Rechtsgleichheit und persönliche Sicherheit. Nach dem Sturz der Peisistratiden führte Kleisthenes 508 v. Chr. die Demokratisierung durch, indem er durch Übertragung der wichtigsten Staatsgeschäfte auf die Volksversammlung das ganze Volk am Staat interessierte. Diese V. machte alle Kräfte für den Staat frei; damit wurde sie die Grundlage des ungeheuren nationalen Aufschwungs in den Perserkriegen und der athenischen Blütezeit unter Perikles. Die Leitung behielten adlige Berufspolitiker, die sich ehrenamtlich dem Staat zur Verfügung stellten. Die Demokratisierung unter Perikles, die auch dem Ärmsten die Möglichkeit geben sollte, am Staatsleben teilzunehmen (Vergütungen für Teilnahme an den Volksversammlungen, an den Gerichtssitzungen, später sogar Erstattung des Eintrittsgelds im Theater), weckte die Begehrlichkeit der Massen, die vom Staat die Versorgung verlangten. Im Peloponnesischen Krieg erfolgte der Umschwung, z. T. infolge des Aussterbens des Adels. Volksführer wurden ehrgeizige Demagogen, die im Staatsdienst ihren Vorteil suchten und der Masse schmeichelten. In dieser extremen → Demokratie herrschte die Masse über die Besitzenden. Einzelnes → Archon; Drakon; Kleisthenes; Rat; Solon; Timokratie; Volksversammlung; *Staat der Athener;* Banause.

U. v. Wilamowitz, Aristoteles u. Athen, II, 1893; H. Frisch, *The constitution of the Athenians,* 1942; C. Hignett, *A history of Athenian Constitution,* Oxf. 1952; R. Meiggs, *The Athenian Empire,* Oxf. 1972.

Athlet, gr. *athletes,* „der sich um ein *athlon,* einen Kampfpreis, bewirbt". → Sport.

Athos, weithin sichtbares Vorgebirge an der östlichen Halbinsel der Chalkidike, fast 2000 m hoch, ein Wahrzeichen für die Schiffe, an dem 492 v. Chr. die Flotte scheiterte, die Dareios unter Mardonios gegen die Griechen schickte (→ Taube). → Athoskanal; Perser. – Den heutigen Charakter eines hl. Bergs (Mönchsstaat; → Utopie) hatte der A. im Altertum nicht.

Athoskanal. Zur Vermeidung der Fahrt um den Athos ließ Xerxes 480 v. Chr. den A. graben. Diese Nachricht Herodots wurde früher bezweifelt, weil man Herodot (vielfach ganz zu Unrecht) überhaupt nicht traute, mit den technischen Mitteln der „Alten" die Anlage eines solchen Kanals für unmöglich hielt, und weil Reisende vom A. keine Spur mehr fanden. Aber im Frühjahr ist er kurze Zeit in einem Streifen grünen Pflanzenwuchses ganz deutlich zu erkennen. Hineingestürzte Erde hat ihn völlig ausgefüllt; aber sie ist lockerer als der gewachsene Boden beiderseits und nimmt den Frühlingsregen leicht auf, daher die Pflanzen. Diese Entdeckung ist prinzipiell wichtig, weil sie die Zweifel am technischen Können des Altertums widerlegen half; → Isthmos; Suezkanal; Leuchttürme.

Atlantis, nach Platon (im *Timaios* u. besonders auch im *Kritias*), der sich dabei auf → Solon beruft, eine einst große, später untergegangene Insel im Atlantischen Ozean; möglicherweise „eine reine Fiktion" (Ed. Meyer), was freilich von anderen immer wieder geleugnet wird. Neueste Vermutungen deuten auf → Thera, auf Kreta oder auch Troia.

W. Brandenstein, 1951; J. Spanuth, 1965; J. V. Luce, A., Legende u. Wirklichkeit, d. 1969; J. W. Mavor, Reise nach A., d. 1973; G. Gadow, Der A.-Streit, 1973; E. Zangger, A. – Eine Legende wird entziffert, 1992.

Atlas, Titanensohn. Seine Brüder Prometheus und Epimetheus. Wegen Teilnahme am Titanenkampf gegen die Götter wurde er verurteilt, das Himmelsgewölbe zu tragen. Seine Töchter waren die Hesperiden, die Pleiaden und Hyaden. Am bekanntesten wurde er durch die Heraklessage: Er verschafft dem Herakles, dem er während der Besorgung das Himmelsgewölbe zum Tragen gibt, die Hesperidenäpfel. Als er ihn zu betrügen sucht, überlistet ihn

Herakles. Die Gleichsetzung mit dem nordafrikanischen Gebirge findet sich schon bei Herodot (4, 184). Kartenwerke bezeichnete man im Altertum nicht als A. Das wurde seit dem Werke des G. Mercator (*A. sive cosmographicae meditationes de fabrica mundi et fabricati figura,* hg. 1595) üblich, das mit dem Bild des die Erde tragenden A. geschmückt war. → Landkarte; Geographie.

Atom, von gr. *atomos* = unteilbar (ins Lat. [von Cicero] mit *individuum* übersetzt), nannten Leukippos und Demokritos, die danach Atomisten (→ Atomistik) heißen, die kleinsten Urstoffe, aus denen sie die Welt aufbauten.

Atomistik, Philosophie des → Demokritos von Abdera, der mit seiner Weiterbildung der Lehren seines Lehrers Leukippos diesen ganz in den Schatten stellte. Nach seiner Ansicht besteht die Welt aus unendlich vielen, unendlich kleinen, nur quantitativ bestimmbaren, ewigen Substanzen, Atomen. Diese haben unendlich verschiedene Gestalt und wirbeln im unendlichen leeren Raum, der zweiten wichtigen Annahme der A., in unendlicher Bewegung wie die Sonnenstäubchen. Durch ihre Zusammenballung und ihre Trennung entstehen und vergehen die Lebewesen. Neben den Stoffatomen sind auch Seelenatome in unendlicher Zahl vorhanden, die in die Stoffatome eindringen, sie beleben, lenken und bewegen. So wurde Demokrit zum Materialisten, bei dem Körper und Seele gleichwertig nebeneinander stehen. Seine Ansichten haben schon auf die Zeitgenossen gewaltig gewirkt, Epikur und Lucrez haben sie weiterentwickelt und weitergegeben. Später haben Gassendi (1592 bis 1655) und Descartes (1596 bis 1650), die die Atomistik in die moderne Naturwissenschaft einführten, auf die Theorie der antiken Philosophen zurückgegriffen; seitdem haben „alle Hauptzüge der antiken Theorie in der neueren bis auf die Gegenwart fortgelebt, sehr erweitert und ausgebaut, aber unverändert" (Schrödinger).

W: Gli Atomisti, hg. V. E. Alfieri, Bari 1936.
Ü: Gr. Atomisten, Texte u. Kommentare, von F. Jürss u. a., 1973.

L: C. Marwan, Die Wiederaufnahme der gr. A. durch P. Gassendi, 1936; A. Stückelberger, Antike Atomphysik, 1979.

Atreus, Sohn des Pelops, Vater des Agamemnon und Menelaos, die deshalb Atreiden heißen, vertrieb seinen Bruder Thyestes, der seine Gemahlin verführt hatte, und setzte ihm nach seiner Rückkehr das Fleisch seiner eigenen Kinder als Speise vor. Später wurde er von Thyestes' Sohn Aigisthos erschlagen. Der Fluch wegen dieses Frevels des A. lastete auf dem Geschlecht weiter, auch auf → Agamemnon und Orestes.

atrium, der Hauptraum des röm. Hauses, um den sich die Zimmer lagern. Name wohl zu lat. *ater* = schwarz; „das Dunkle" benannt, weil dort der Herd stand und mit dem Rauch die Decke schwärzte. Später wurde das A. zum Empfangsraum, in dem man die Ahnenbilder aufbewahrte (→ Haus).

Attalos, Name mehrerer Könige von → Pergamon.

Atticus. Titus Pomponius A., 109–32 v. Chr., feingebildeter, reicher Römer, der literarisch, besonders als Geschichtsschreiber, tätig war und als der erste uns bekannte röm. → Verlagsbuchhändler die Schriften seiner Freunde herausgab. Seinen Beinamen erhielt er von seiner Vorliebe für attische Bildung. Von seiner Freundschaft mit Cicero zeugen dessen Briefe *ad Atticum.* Sein Leben ist uns aus der Biographie des Cornelius Nepos bekannt.

W: HRR.
L: H. Ziegler, T.P.A. als Politiker, 1936; O. Perlwitz, Pomp. Att., 1992.

Atticus → Herodes Attikos.

Attika, gr. Landschaft, das Staatsgebiet der Athener. Wie eine Halbinsel wird A. auf drei Seiten vom Meer umgeben, im Norden bilden die Gebirgszüge des Kithairon und des Parnes natürliche Grenzen. Mehrere Höhen teilen das Land in kleinere Ebenen: Aigaleos, Parnes, Hymettos und Pentelikon sind die höchsten Erhebungen. Die Ernte an Korn, Öl und Wein reichte für die Bewohner nie aus, dafür konnte Obst und Gemüse geerntet werden. Das Land schenkte Schätze an Marmor (Pentelikon) und Silber (Laurion; → Bergbau). → Athen; Athenische Geschichte.

W. Wrede, 1934; → Athen.

Attis, kleinasiatischer Gott, Geliebter der Kybele, wurde ihr untreu u. von ihr mit Wahnsinn bestraft, in dem er sich entmannte. Seine Anhänger taten nach lärmenden, berauschenden Feiern dasselbe; Catulls 63. Gedicht behandelt die Klage eines A.-Verehrers in Versen, die in ihrem ionischen (→ *Ionicus*) Metrum das Orgiastische der Feier hervorragend ausdrücken. Die Erklärung des A.-Mythos ist strittig.

H. Hepding, A., seine Mythen u. s. Kult, 1903, neu 1967; P. Lambrechts, Brüssel 1962; M. J. Vermaseren, *The Legend of A. in Greek and Roman art,* Leiden 1966.

Attischer Seebund: Er wurde 478 v. Chr. nach den Perserkriegen von Kimon und Aristeides gegründet, um die griech. Kräfte zu einer tatkräftigen, aggressiven Abwehr persischer Übergriffe unter athenischer Führung zusammenzufassen. Sparta hielt sich fern. Dagegen schlossen sich alle gr. Staaten an, die bisher unter persischer Herrschaft gestanden hatten, besonders die Inseln und kleinasiatischen Städte. Die Bundesgenossen stellten anfangs ihre Schiffe zur Bundesflotte; soweit sie keine hatten, zahlten sie an Athen Beiträge (→ Aristeides) zur Unterhaltung einer genügenden Zahl von Schiffen. Dadurch bekam Athen die Mittel zum Ausbau seiner Kriegsflotte. Vorort war zuerst Delos (daher auch „Delischer Bund"), wo auch die von athenischen Schatzmeistern verwaltete Bundeskasse im Apollontempel lag. Durch seine Stärke gewann Athen das Übergewicht zur See und im Bund. Es konnte sich von der Hegemonie Spartas freimachen und eine eigene Hegemonie zur See aufbauen. Um die Mitte des 5. Jhs. setzten die Bestrebungen ein, den Bund zu einem attischen Seereich umzugestalten. Die Stellung der Schiffe durch die Bundesgenossen wurde bei fast allen in Geldbeiträge umgewandelt; fast nur Athen stellte die Bundesflotte. Die Bundesgenossen wurden härter angefaßt, Aufstände blutig niedergeworfen. Der Bundesschatz wurde 453 von Delos nach Athen gebracht. Fortan wurden die Gelder nicht nur für Bundeszwecke, sondern auch für rein athenische Aufgaben (Besoldung der Bürger, sogar Ausbau der Akropolis) verwendet. Um 450 waren nur noch 3 Staaten Bundesgenossen (Chios, Samos, Lesbos), die anderen zinspflichtige Untertanen, die sogar ihre Prozesse vor athenischen Gerichten verhandeln mußten. Die Athener zogen sich dadurch den Haß der Griechen zu. Im Peloponnesischen Krieg zogen die Spartaner für die „Freiheit Griechenlands" ins Feld. Im Kriege brach der Bund zusammen. Den Vorteil hatten die Perser, die die griech. Städte Kleinasiens wieder unterwarfen. Die späteren Zusammenschlüsse (392–387, 378–355) waren nur Schatten des ersten Bundes.

M. Amit, *Athens and the Sea,* Brüssel 1965; W. Schuller, Die Herrschaft d. Athener im 1. A. S., 1974.

Attizismus, die rhetorische Bewegung, die im 2. Jh. v. Chr. gegen den 'ungesunden' Schwulst des → Asianismus einsetzte und im 1. Jh. v. Chr. siegte. Man stellte die attischen Schriftsteller (daher der Name) des 5. und 4. Jhs. v. Chr. als Klassiker ihres Gebiets hin (Beginn des Klassizismus im Abendland, der seitdem in Abständen immer wieder, besonders in der Neuzeit als Renaissance oder Klassizismus aufgetaucht ist; → Gr. und latein. Sprache), studierte sie nach Wortwahl und Stil und ahmte sie nach; sogar Lexika attischer Ausdrücke wurden angelegt. Auch die Römer wendeten sich vom Asianismus ab. Den Höhepunkt erreichte die Bewegung im 2. Jh. n. Chr.; ganz verdrängen konnte sie freilich den Asianismus nicht.

W. Schmid, Der A., IV 1887–97.

a. u. c. = *a(b) u(rbe) c(ondita),* d.h. „seit Gründung der Stadt (Rom)" → Jahreszählungen; Livius.

Auch du, mein Sohn Brutus. Diese Worte soll Caesar gerufen haben, als bei seiner Ermordung am 15. März 44 v. Chr. auch → Brutus auf ihn einstach, den er besonders liebte. Aber Sueton, der sie (*Divus Iulius* 82) in der griech. Originalfassung zitiert („Kind! Auch du?!"), verwirft dies als nur unsichere Überlieferung.

audiatur et altera pars, „auch die andere Partei soll man hören", alter Rechtsspruch (vielleicht nach Seneca, *Medea* 199), verdeutscht: „Eines Mannes Rede ist keines Mannes Rede; man soll sie billig hören beede".

Augures, röm. Priester, ursprüngl. 3 an Zahl, dann 9, von Sulla auf 15 und Caesar auf 16 erhöht; sie vollzogen das *augurium* (zu *augere* = vermehren), das in ältester Zeit eine Bitte um Mehrung der Kräfte der Natur für eine gute Ernte war, als staatliches *a. salutis* als Bitte um die Mehrung des Wohls des röm. Volkes zu verstehen ist. Durch den Ritus der *inauguratio,* d. h. der Machtübertragung, gaben die A. ihre Amtsgewalt in alter Zeit ihren Amtsnachfolgern weiter (→ Flamen). Später wurden die A. von Staats wegen mit der Beobachtung der *auspicia* betraut, d. h. Beobachtung von Vögeln, ihres Flugs, Fressens, Geschreis innerhalb eines → *templum.* Die Lehre, daß man auf Grund solcher Beobachtungen prophezeien könne, entstand in Babylonien, kam zu den Griechen, wurde aber schon in der *Illias* XII 237 ff. energisch abgelehnt; ferner, wohl durch die Etrusker, nach Italien und wurde dort zunächst eifrig gepflegt. Später sagte Cato, er wundere sich, daß sich zwei *haruspices* (Eingeweidepropheten; → haruspex), die sich begegneten, nicht einfach angrinsten (Cicero, *De divinatione* II 24, 51; *De natura deorum* I 26, 71); das hat man auf die Au. übertragen und spricht von einem Augurenlächeln. Man wußte also, daß die Sache Betrug war, trieb sie aber weiter; vor jedem bedeutenderen Staatsakte wurden *ausspicia* angestellt.

E. Flinck, Auguralia, 1921.

Augusta. Wie der Monat August, so wurden mehr als 20 Städte zu Ehren des Kaisers Augustus A. (oft mit einem unterscheidenden Zusatz) genannt, und manche heißen heute noch so, z. B. Augsburg (→ Raetien), Augst (→ Schweiz), Aosta (in Italien), während z. B. *A Taurinorum, A. Treverorum, A. Suessionum* nach dem Zusatz jetzt Turin, Trier, Soissons heißen. Saragossa in Spanien ist = Caesarea Augusta. – A. war auch ein Ehrenname, in der ersten Kaiserzeit mehreren Frauen der kaiserlichen Familie verliehen (→ Agrippina); seit Domitian (81-96 n. Chr.) offizieller Titel der Gemahlin des regierenden Kaisers; deswegen später überhaupt vornehmer Frauenname.

Augustinus. Aurelius A., 354–430, der größte Kirchenvater, der auf die Ausgestaltung der christlichen Glaubenslehre gewaltigen, bis in die Gegenwart reichenden Einfluß hatte. Geboren in Tagaste in Numidien (Algerien). Die Lektüre von Ciceros *Hortensius* begeisterte ihn für die Philosophie. Nach vielbewegtem Jugendleben wurde er 387 durch Ambrosius in Mailand getauft. Als Priester und seit 396 als Bischof von Hippo in Numidien entfaltete er eine unendlich vielseitige, praktische und literarische Tätigkeit, die der dogmatischen Ausbildung des christlichen Glaubens und der Bekämpfung andersgerichteter Lehren gewidmet war. Von seinen zahlreichen, meist philosophischen und theologischen Schriften sind am bekanntesten die „Bekenntnisse" *(Confessiones),* in denen er sein äußeres Leben und seine innere Entwicklung mit unerhörter Offenheit darstellt, und sein Alterswerk vom „Gottesstaat" *(de civitate Dei),* eine gewaltige, zu einer tiefsinnigen Geschichtsphilosophie erweiterte Verteidigung des Christentums, veranlaßt durch die Eroberung Roms durch Alarich (410), in der die Gegner des Christentums die Strafe für die Vernachlässigung der alten Götter sahen. „Man wird wohl sagen dürfen, daß außer Platon kein Schriftsteller auf die Gedanken der Kulturmenschheit so bestimmend eingewirkt hat wie A. durch dieses Werk" (E. Norden).

W: In Corpus Christianorum, 1954 ff.

Ü: In Bibliothek der Kirchenväter, XII 1911–1935. – Einzelnes: Bekenntnisse: J. Bernhart, ^{5}1987 (mit Text); W. Thimme, ^{3}1982. Gottesstaat: W. Thimme, ^{2}1978.

L: R. Guardini, D. Bekehrung des hl. A., ^{2}1950; P. Simon, 1954; V. Pöschl, A. u. d. röm. Gesch. Auffassung, 1954; F. G. Maier, A. u. d. antike Rom, 1956; C. Andresen, A.-Bibliographie, 1962; H. Fuchs, A. u. der antike Friedensgedanke, ^{2}1965; A. Schöpf, A. 1970.

Augustus. Gaius Octavius, geb. 63 v. Chr., stammte aus dem im Volskerland beheimateten plebejischen Geschlecht der Octavier, das bis dahin noch wenig hervorgetreten war und altröm. Art bewahrt hatte. Sein Großonkel mütterlicherseits, C. Iulius Caesar, nahm sich des Frühverwaisten an, erzog ihn zum Nachfolger, adoptierte den 18jährigen im Testament und setzte ihn zum Erben ein. Seitdem hieß er C. Iulius Caesar Octavianus (→ Adoption). Mit großem Geschick gelang es dem verschlossenen jungen Mann, sich gegen den Senat und Antonius, der anfangs die Auslieferung der Erbschaft verweigerte, durchzusetzen. Er zwang durch den Marsch auf Rom den Senat zur Annahme seiner Bedingungen (Consulat und Triumph), verständigte sich mit Antonius und Lepidus und schloß mit ihnen das (2.) Triumvirat (43 v. Chr.). In furchtbaren → Proskriptionen wurden die Gegner, 130 Senatoren (darunter Cicero) und 2000 Ritter, vernichtet. Nach dem Sieg über die Caesarmörder Brutus und Cassius bei Philippi in Thrakien, Herbst 42, teilten Octavian und Antonius die Provinzen (O. latein. Westen, Antonius gr. Osten) und fanden Lepidus mit Afrika ab. O. schuf im Kampfe gegen die Pompeianer in Spanien, Afrika und Italien Ordnung. 33 kam es zum Krieg zwischen ihm und Antonius. Nach der Schlacht bei Actium am 2. Sept. 31 v. Chr. verlor Antonius Reich und Leben, O. wurde Herr des röm. Reiches. Er ordnete den Staat neu, knüpfte aber nicht an Caesars hellenistische Herrschaftspläne, sondern an die röm. republikanische Tradition an. Damit schuf er ein → Kaisertum, das tatsächlich eine → Monarchie war, aber die Formen der Republik möglichst wahrte, weil wenigstens äußerlich die Aufgaben des Senates und der Beamten im allgemeinen unangetastet blieben und die Beamten wie bisher gewählt wurden; durch diese schmiegsame Politik wurde er auf verfassungsmäßige Weise Herrscher des röm. Reiches (mit dem Titel *princeps)*. Außer den offiziellen Ämtern, die er z. T. dauernd (proconsularische Gewalt mit dem imperium und das Volkstribunat), z. T. mit Unterbrechungen, je nach Notwendigkeit verwaltete, stützten besonders zwei Faktoren seine Stellung: sein überragender persönlicher Einfluß und die Neigung der Massen, dem Manne, der den Frieden gebracht hatte, unbedingt zu folgen; so gelang es ihm, den Senat und die Beamten entscheidend zu beeinflussen. Vor allem sicherte er seinen Einfluß durch den alleinigen Oberbefehl über das Heer. Es wurde in den Grenzprovinzen, deren Verwaltung ihm übertragen war, stationiert und durch kaiserliche Offiziere geführt. Außer Ägypten, dessen Bedeutung für die Brotversorgung Roms eine Sonderstellung verlangte, wurden die befriedeten Innenprovinzen dem Senat überlassen. – Wichtiger als diese rein organisatorische Maßnahme waren die Versuche des Kaisers, das röm. Volkstum, das in den revolutionären Wirren der letzten Jahrzehnte stark gelitten hatte, wieder zu kräftigen. Er knüpfte auch hier bewußt an die alten Traditionen an und suchte die röm. Tugenden der Sittenstrenge Hingabe an den Staat und soldatischen Zucht neu zu wekken. Durch Gesetze wider den Luxus der Reichen, zur Gesundung des ehelichen Lebens, zur Bekämpfung der Ehelosigkeit und Kinderarmut suchte er eine Erneuerung der röm. Gesellschaft zu erreichen. Er zog die geistig bedeutendsten Männer seiner Zeit, vor allem Künstler und Dichter, aber auch Historiker und Juristen an sich und regte sie an, durch Schilderung der röm. Vergangenheit dem Volke zum Bewußtsein zu bringen, wo die Wurzeln seiner Kraft lagen. Er schuf durch prunkvolle Bauten in der Hauptstadt einen glänzenden Rahmen für die staatliche Repräsentation des allmächtigen Weltreiches. Mit ihm wetteiferten die Großen und Reichen des Imperiums. So wurde durch ihn Rom aus einer Ziegel- zu einer Marmorstadt. Durch dieses Bauprogramm gab er der hauptstädtischen Bevölkerung Arbeit. Er verminderte ferner das arbeitslose Bürgerproletariat in der Stadt, indem er die Veteranen in 28 Kolonien in Italien und ebensoviel in den Provinzen ansiedelte. Die vertriebenen Bewohner wurden entschädigt oder auswärts angesiedelt. Er suchte die Grundlage des Römertums besonders in den westlichen Provinzen zu verbreitern. An den Grenzen verteidigte er das Ansehen des röm. Volkes. Im Jahr 20 gewann er die durch Crassus' Niederlage bei Carrhae 53 an die Parther verlorenen Legionsadler kampflos zurück; der Partherkönig lieferte sie ihm aus. Gegen die Germanen kämpften seine Stiefsöhne Drusus u. Tiberius und schoben die Grenzen bis zur Elbe vor; 9 n. Chr. gingen freilich diese Erfolge in der Varusschlacht im Teutoburger Wald wieder verloren, und die Römer zogen sich auf d. Rheinlinie zurück. Der Kaiser wurde überall hochgeehrt. 27 v. Chr. verlieh ihm der Senat den Ehrennamen Augustus, der „Erhabene" (gr. *Sebastos* = Anbetungswürdiger). Im Osten entstand der Kaiserkult (→ Vergottung); in besonderen Tempeln wurde dem A. meist zusammen mit der Roma geopfert. Die späteren Jahre waren durch häusliches Unglück verdüstert. Seine Tochter und Enkelin, die ältere und jüngere Iulia, mußte er wegen ihres unsittlichen Lebenswandels in die Verbannung schicken. Die Prinzen starben vor ihm bis auf seinen Stiefsohn Tiberius, den er nicht liebte. Dieser wurde schließlich Thronfolger. Wohl erst am Ende seiner Regierung verfaßte A. eine Übersicht über seine Taten (→ *Monumentum Ancyranum);* sie wurde auf Bronzetafeln vor seinem monumentalen Grabmal auf dem Marsfeld aufgestellt. Im Testament adoptierte er Tiberius und nahm seine Gattin Livia als Augusta in das iulische Geschlecht auf; dadurch wurde sie zur Mitregentin eingesetzt. Er starb am 19. Aug. 14. n. Chr. Sein Charakter ist schwer zu durchschauen. Festzuhalten ist, daß er am Anfang seiner Regierung, besonders ehe er Kaiser wurde, grausam vorgegangen ist. An der Verantwortung, die auf seinen Schultern lastete, ist er dann zu einem großen Herrscher und sorgenden Vater gewachsen, der alle Teile des Reiches, bes. die Hauptstadt und das Römertum, umsorgte und nicht nur für die Gegenwart, sondern für die spätere Zukunft bauen wollte. Die dankbare Nachwelt hat dies Streben anerkannt, sie nannte deshalb den Monat *Sextilis* nach ihm. Ebenso lebt sein Name in den → Augusta genannten Städten noch häufig bis heute. Außerdem übernahmen die meisten Kaiser den Ehrentitel Augustus; seit der Neuorganisation des Reiches unter Diokletian wurde A. der offizielle Titel für die beiden gemeinsam regierenden Kaiser des Reiches, unter denen je 2 *Caesares* standen.

Eine Büste des jugendlichen A., jetzt im Vatikan; Statue des A. von Prima Porta bei Rom, der Kaiser in reich geschmücktem Panzer, ebenfalls im Vatikan. Sein Wohnsitz (sog. Haus der Livia, → Palatinus) und sein Grabbau sind erhalten; → Grab. – Eine ausführliche Biographie schrieb Sueton.

V. Gardthausen, A. u. s. Zeit, VI 1891 bis 1917, neu 1964; K. Hönn, A. u. s. Zeit, [4]1953; R. Heinze, Die augusteische Kultur, [3]1960, neu 1983; H. D. Meyer, Die Außenpolitik des A. u. d. august. Dichtung, 1961; G. W. Bowersock, *A. and the Greek world,* Oxf. 1965; P. Zanker, Stud. zu den A.-Porträts, 1973; ders., A. u. d. Macht der Bilder, [2]1990; H. Bengtson, Kaiser A., 1981; M. Giebel, A., 1984; W. Schmitthenner (Hg.), (WdF), [2]1985; E. Simon, A., Kunst u. Leben in Rom, 1986; G. Binder (Hg.), *Saeculum Augustum,* III 1987ff.; I. Stahlmann, Imperator Caesar A., 1988; D. Kienast, A., [2]1992; D. Boschung, Die Bildnisse des A., 1993.

Aulos → Flöte.

aurea mediocritas, „die goldene Mitte", Horaz *Od.* II. 10,5; berühmtes Schlagwort, mit dem der Dichter seiner abgeklärten Lebensanschauung entsprechend empfiehlt, die rechte Mittelstraße zwischen allzuhohem Streben und verächtlicher Niedrigkeit einzuhalten. → *sophrosyne; ne quid nimis.*

Aurelian. Lucius Domitius Aurelianus, aus Pannonien, röm. Heerführer, wurde 270 n. Chr. nach einer Zeit der Anarchie von den Truppen zum Kaiser ausgerufen und regierte 270–275. Er suchte mit großer Tatkraft der vielen Feinde des Reiches Herr zu werden, kämpfte mit Erfolg gegen die Goten und Vandalen und stellte die Donaugrenze wieder her. Die Alemannen brachte er erst bei Pavia zum Stehen. Dieser Einfall war die Veranlassung, daß Rom wieder mit einer festen Mauer (Aureliansmauer → Stadtmauern) umgeben wurde. 273 zerstörte er das Palmyrenische Reich, das Zenobia zu einem großen oström. Reich ausbauen wollte. 275 wurde er auf einem Zuge gegen die Perser ermordet. Er war hervorragend tüchtig, herrschte aber nach orientalischem Muster (Diadem u. edelsteingeschmückte Gewänder). Mit ihm begann die Reihe der großen Herrscher illyrischen Blutes (→ Illyrer), die rationalisierend und zentralisierend in das Leben des Reiches eingriffen. Um die Ernährung Roms zu sichern, verstaatlichte er 274 die Innungen, verpflichtete sie zur Lieferung von täglichen Brotrationen, Schweinefleisch und Öl, regelte die Rohstoffzufuhr und erschloß Brachland der Weinkultur. Unter seiner Regierung setzten sich besonders Illyrer in allen einflußreichen Reichsstellen fest. So leitete seine Regierung von der humanen röm.-gr. Periode der ersten Kaiserzeit zum absolutistischen Obrigkeitsstaat der späteren Kaiserzeit hinüber.

Auri sacra fames, „verfluchter Hunger nach Gold!" Vergil, *Aeneis* III 57.

Aurora (lat.), gr. *Eos,* die Morgenröte und die Göttin, die sie heraufführt.

Ausgrabungen → Schichten. An den A. antiker Stätten beteiligen sich alle großen Kulturnationen. Sie graben, z. T. mit großen Kosten, im eigenen Lande oder mit Genehmigung der fremden Regierungen im Ausland. Die wichtigsten A. der Vergangenheit sind folgende: deutsche in Athen (Kerameikos), Aigina, Samos, Olympia, Mykenai, Tiryns und im vorderen Kleinasien (Troia, Priene, Magnesia, Milet, Pergamon), am germanischen Limes, in Spanien (→ Numantia); italienische in Gortyn, Kyrene; englische in Knossos, Sparta; französische in Delphoi, Delos, Syrien; amerikanische (der USA) in Athen, Korinth, Dura; schwedische in Asine, Dendra in der Argolis, Dura auf Zypern (→ Kypros). A., die auf deutschem Boden ausgeführt werden: → Köln, Regensburg, Trier u. a.

Neue deutsche A. im Mittelmeergebiet u. im vord. Orient (hg. D. Arch. Inst., Berlin), 1959; F. Behn, A. und Ausgräber, [2]1961; L. Woolley, Ausgrabungen – Lebendige Geschichte, d. 1960; G. Th. Schwarz, Archäologen an d. Arbeit, 1965; E. Gersbach, A. heute, 1989. → Archäologie.

Ausonius. Decimus Magnus A., etwa 310–395, Professor der Grammatik und Rhetorik in seiner Vaterstadt Burdigala (Bordeaux), später Prinzenerzieher in Trier, verfaßte zahlreiche, meist poetische Werke, die heute nur noch als Quelle für die Kulturgeschichte seiner Heimat Bedeutung haben; am bekanntesten und für uns Deutsche besonders reizvoll sein Gedicht *Mosella,* die begeisterte Schilderung einer Moselfahrt in epischem Stile, und die schönen Verse auf die blonde Germanin *Bissula,* die er als Beute von einem Feldzug gegen die Alemannen heimbrachte. Felix Dahn, Bissula.

W: Hg. R. Peiper, 1886, neu 1976; *Mosella,* hg. u. d. B. K. Weis, [2]1994.
Ü: W. John, 1932.
L: M. J. Lossau (Hg.), A., 1991.

Auspicia, lat., die Vogelbeobachtung, Aufgabe der → Augures.

Aussetzen neugeborener Kinder war im allgemeinen bei Griechen und Römern wie andern indogermanischen Völkern nicht verboten. So wurden bei den Spartanern schwächliche Kinder ausgesetzt, nachdem ihre körperliche Beschaffenheit geprüft war. Auch wirtschaftliche Verhältnisse haben oft zur A. geführt. Schon Hesiod (*Werke u. T.* 376) sagt, es sei das beste, nur einen einzigen Sohn als Erben zu hinterlassen. Sowohl in der Mythologie (Hephaistos, Oidipus) als auch in der neueren Komödie (Menandros, Plautus) spielt das Motiv des A. eine große Rolle. Rechtlich ergab sich das A. aus der väterlichen Gewalt; aufgefundene und gerettete Kinder wurden zumeist Sklaven. Beim Vorhandensein von Erkennungszeichen ergaben sich gelegentlich juristische und menschliche Konflikte, die häufig in Komödien dargestellt wurden. – Das Christentum hat das A. abgeschafft, jedoch gelang das nur allmählich. Aber die spätere Kaiserzeit baute wenigstens Findelhäuser, in denen man nach alter Sitte noch weiterhin ausgesetzte, dann aufgefundene Kinder erzog. Die bekannte Loggia des Bigallo, in der Via de Calzaioli in

Florenz, 1352–1358 erbaut, diente nicht zur Ausstellung eben geborener und dann ausgesetzter Kinder, sondern derjenigen, die sich verlaufen hatten oder von ihren Eltern böswillig verlassen worden waren.

Aussprache des Griechischen und Lateinischen hat sich in allen Jahrhunderten des Lebens dieser Sprachen bis zum heutigen Neugriechischen und Italienischen vielfach geändert. Diese Änderungen beeinflußten auch die Art, in der wir diese Sprachen sprechen.
Griechisch lernte man in Deutschland im wesentlichen erst seit der Renaissance. Damals übernahm man die A. der zeitgenössischen Griechen, die auch heute in Griechenland noch üblich ist. Die Griechen sprechen jetzt *y* in Diphthongen als *v* (daher bei uns *euaggelion* nicht Eu-, sonder Ev-angelium), vor allem aber 6 Vokale und Diphthonge ihrer Sprache, *i, e, ei, oi, y, yi* alle als *i.* Auch das Altgr. sprechen sie so aus und behaupten, diese A. sei richtig. In der Tat finden sich im Altertum Ansätze dazu. Aber allgemein kann diese neugr. A. des Altgr. im Altertum nicht gewesen sein. *mekasthai* heißt „meckern" (v. Ziegen), *mykasthai* „brüllen" (von Kühen); diese Lautmalereien geben Hinweise auf die Aussprache; neugr. lautet dagegen beides *mikasthae.* – In Deutschland kämpfte der Humanist Erasmus für die richtige A. (Etazismus, nach unserer A. des *e,* im Gegensatze zu den namentlich von Reuchlin verteidigten Itazismus mit *e = i*). Jetzt herrscht bei uns der Etazismus allgemein. In der Betonung z. B. der gr. Namen in der deutschen Sprache folgen wir im allgemeinen heute noch dem Lateinischen.
Da uns der Itazismus fremd ist, darf man, auch wenn man Altgr. gelernt hat, nicht hoffen, bei einer Reise die Griechen zu verstehen. Sogar das kirchliche, sehr konservative Neugr. fällt uns schwer. Aber mit Kenntnis des Altgr. findet man sich schneller zurecht.
Im Latein änderte sich besonders die A. des c. und die des t vor i *(natio = nazio)*. Das haben wir in unserer Schreibung nur inkonsequent übernommen (sozial, aber Nation); die A. des c ist nach Ländern u. Zeiten verschieden, bald Zizero, bald Kikero. Die Römer in klass. Zeit haben zweifellos, wie griech. Transkriptionen zeigen, k und t gesprochen.

Autarkie, gr. = Selbstgenügsamkeit, bei Sokrates u. Platon im Sinne von „Zustand, in dem man keines anderen bedarf", bei verschiedenen → Sokratikern dann besonders ausgeprägt als Schlichtheit der Lebensführung und Bedürfnislosigkeit, in einem beinahe schon übertriebenen Maß bei → Diogenes. – Im politischen Sinn gibt es A. bei Thukydides II 36,3 als „Unabhängigkeit eines ganzen Landes vom Ausland". Der Sache nach findet sich Au. in diesem modernen Sinne im ältesten Griechenland und noch länger im ältesten Rom; doch war man für Herstellung der Geräte und Waffen aus → Bronze immer auf Einfuhr englischen Zinns angewiesen.

Autobiographie (gr.; → Biographie) wurde nicht als eigene Lit.-Gattung angesehen, doch existieren Werke mit stark autobiogr. Einschlag, so die Selbstdarstellungen von Rednern (Isokrates, Demosthenes) oder Dichtern (Archilochos, Sappho), auf andere Weise die Memoiren von Politikern (gr. *hypomnemata,* von Demetrios v. Phaleron, Ptolemaios I., Pyrrhos), ferner die geschichtl. Darstellungen wie die *Anabasis* des → Xenophon, schließlich auch briefliche wie die → Platons. Am Rand dieser Gattung liegen Königs-Inschriften (→ Perser), deren Tradition allerdings bis zu Kaiser Augustus reicht. Bei den Römern waren Selbstdarstellungen überhaupt zahlreicher: Von Cicero führt eine Linie über Seneca zu Augustinus. Politische Memoiren wurden oft geschrieben (lat. *commentarii;* die bekanntesten von Caesar), sind jedoch meist verloren gegangen.

G. Misch, Gesch. d. A., VIII [3]1949–50; ders., Stud. zur Gesch. d. A., IV 1954–60; G. Niggl (Hg.), Die A., 1989.

Autochthonen (gr.), ursprünglich „aus der Erde selbst" Entsprossene; übertragen: nicht eingewandert, sondern Ureinwohner eines Landes. So führten die Athener ihre Abstammung auf den legendären Stammvater Erechtheus zurück. A. zu sein, war für die Griechen ein besonderer Stolz – nicht ganz zu Recht, denn ihre eigenen Vorfahren waren schließlich erst nach Griechenland eingewandert: → Griech. Geschichte.

Automaten. Von gr. *automatos* = aus eigener Bewegung handelnd; mit diesem Wort beschreibt schon Homer (*Ilias* XVIII, 376) die von Hephaistos geschaffenen Dreifüße, die sich wunderbarerweise von selbst bewegten. Der Bau von A. wurde in technischer Vollendung, jedoch fast ausschließlich als reine Spielerei in hellenist. Zeit betrieben: → Ktesibios konstruierte eine → Uhr, eine hydraulische → Orgel; → Philon von Byzanz erfand ein autom. Waschbecken, das → Heron zu einem Münz-A. weiterentwickelte. Von Heron gibt es auch ein Buch über den A.-Bau, in dem u. a. über aut. singende Vögel, Weihwasserverkaufs-A., A.-Theater, über sich selbsttätig öffnende Tempeltüren berichtet wird. Die Erfinder benutzten Pneumatik u. Gewichtszüge, Heron aber auch schon Dampfkraft. – In der Folgezeit konzentrierte man sich vorwiegend auf den Bau von Geschützen u. Kriegsmaschinen (→ Artillerie). Erst die Renaissance entdeckte wieder das Interesse an A. u. Maschinen. → Log; Maschine; Mechanik; Taxameter; Technik.

autos epha (gr.), „er selbst hat's gesagt". Damit rechtfertigten die Schüler des → Pythagoras ihre Lehren, bei denen sie sich unbedingt der Autorität des Meisters unterwarfen. Das wurde zur klassischen Formel des blinden Autoritätsglaubens. Zitiert in einem Scholion zu Aristophanes' *Wolken* 195; in der lat. Form *„Ipse dixit"* bei Cicero, *de natura deorum* I 5, 10.

ave, Caesar, morituri te salutant, „Heil dir, Caesar (oder Imperator, wie es bei Sueton, *Claudius* 21, heißt), die Todgeweihten begrüßen dich!", Gruß der röm. Gladiatoren an den Kaiser bei ihrem Einzug in die Arena.

Aventin, lat. *(mons) Aventinus,* einer der 7 Hügel Roms, am Circus Maximus, im Altertum meist von Plebejern bewohnt, seit dem Mittelalter verödet, erst in neuerer Zeit wieder bebaut.

Baalbek, Stadt in Syrien, gr. *Heliopolis* (Baal mit Helios gleichgesetzt), in röm. Zeit mit überaus prächtigen Tempeln geschmückt (→ Maschinen; Turm). Diese wurden von den Arabern in eine von ihnen errichtete Festung einbezogen u. blieben dadurch erhalten. Auf Anregung Kaiser Wilhelms II., der 1889 auf einer Palästinareise B. besuchte, wurden die arabischen Anbauten abgebrochen und so das von den alten Tempeln Erhaltene freigelegt. Die Ruinen sind, wenngleich sie hinter denen v. → Palmyra weit zurückstehen, höchst eindrucksvoll: Ein riesenhafter Tempelbezirk mit vielen Höfen, Treppen, Säulenhallen und Altären, alle aus dem 1.–3. Jh. n. Chr.

O. Puchstein, Führer d. d. Ruinen, 1905; T. Wiegand, III, 1921–25, neu 1973; O. Eissfeldt, Tempel u. Kulte syr. Städte in hellenist.-röm. Zeit, 1941; P. J. Alexander, *The Oracle of B.,* Dumbarton Oaks 1967.

Babrios, gr. Fabeldichter wohl um 100 n. Chr., schrieb 143 Fabeln; er folgte dabei der Sammlung des → Aisopos, gab ihnen die schlichte sprachliche Form u. die metrische Gestaltung, die sie seither behalten haben.

W: Hg. (mit Phaedrus) B. E. Perry, Lond. 1965 (mit engl. Ü).
Ü: L. Mader, Antike Fabeln, 1951.

Babylon (so gr., hebr. *Babel,* „Tor Gottes"), alte Stadt am Euphrat, in sumerischer Zeit gegründet, bedeutend seit König Hammurapi als Haupt- und Residenzstadt des alt- und neubabylonischen Reiches; später eine der Hauptstädte des Perserreiches, von Herodot besucht und als staunenswert beschrieben (I, 178 ff.). Sowohl die vielgerühmten Stadtmauern als auch die sog. Hängenden Gärten, beide mit dem Namen der legendären Königin Semiramis verknüpft, zählten zu den → Sieben Weltwundern. Nach Alexanders d. Gr. Tod (er starb in B.) sank die Stadt allmählich zur Bedeutungslosigkeit herab, da die Diadochen und nach ihnen die Parther andere zentrale Orte hatten, doch blieb B. bis heute das Symbol für Glanz und Elend einer Riesenstadt und für die Probleme ihrer Bewohner (Turm von B.; „babylonische Sprachverwirrung"). – Deutsche Ausgrabungen seit R. Koldewey ab 1898 legten die Mauern frei, Paläste, Tempelbezirke, die „Gärten", Wohnviertel. Viele Funde, darunter die Prozessionsstraße und das Istar-Tor, im Vorderasiat. Museum, Berlin.

R. Koldewey, Das wiedererstandene B., [4]1925, neu 1990; ders., Die Königsburgen von B., II 1931–32; F. Wetzel, Die Stadtmauern von B., 1930; E. Unger, B., die heil. Stadt ..., 1931, neu 1970; W. Andrae, B., die versunkene Weltstadt, 1952; H. Schmökel, Assur u. B., 1962; J. Oates, *B.,* 1983.

Bacchanal. Feier eines aus Unteritalien (oder Etrurien?) in Rom eingedrungenen Geheimkults des Bacchus (→ Dionysos), wobei angeblich nicht nur Ausschweifungen, sondern auch Verbrechen vorkamen. Der röm. Senat sah sich 186 v. Chr. gezwungen, einzuschreiten, wodurch es in Rom zu einem gewaltigen Skandalprozeß kam, in den über 7000 Personen verwickelt wurden (Liv. XXXIX, 8–18). Der Senatsbeschluß, der den Kult für das ganze röm. Reich verbot, wurde auf Bronzetafeln in den Städten des Reiches bekanntgemacht. Eine solche Tafel fand sich in dem kalabrischen Dorfe Tiriolo und wird jetzt im Kunsthist. Museum in Wien aufbewahrt. Sie ist, nächst dem → Lapis niger, eines der ehrwürdigsten Denkmale der lat. Sprache und die älteste auf uns gekommene röm. Staatsurkunde. Der Text (CIL I 581) ist auch sprachgeschichtlich höchst wichtig.

M. P. Nilsson, *The Dionysiac Mysteries* ..., Lund 1957.

Bacchus, lat. Form für gr. Bakchos bzw. → Dionysos, dessen Kult bereits früh im Rom Anklang gefunden hatte (→ Bacchanal); nach der Verfolgung fand dieser Kult wieder viele Anhänger, obwohl die kultischen Riten u. Begleitumstände zur röm. Religion wenig paßten.

Bäder (→ Wasserleitungen). Die Griechen übernahmen die Sitte zu baden von den Trägern der kretischen Kultur, wie das vorgriechische Wort *asaminthos* = Badewanne beweist; im Palaste in Tiryns ein Badezimmer aus dem 2. Jahrt. v. Chr. In späterer Zeit waren die B. eher primitiver: Öffentliche B. hatten mehrere Duschen nebeneinander; in dieser Weise badende Frauen stellte die Vasenmalerei gern dar. In Olympia sind seit 1937 mehrere Badeanlagen gefunden worden, deren älteste (5. Jh. v. Chr.) sehr einfach war. Aus dem Anfang des 4. Jhs. v. Chr. stammt ein Schwimmbad, ein Badehaus mit 11 Sitzwannen und ein rundes Schwitzbad. (Die Sitte, heiß zu baden, scheint damals aufgekommen zu sein.) Der Anbau eines tonnenüberwölbten Raumes und der ältesten bisher gefundenen → Hypokaustenheizung um 100 v. Chr. weist auf eine Änderung der Badesitten in dieser Zeit hin. Im allgemeinen spielte aber das Bad bei den Griechen nicht die große Rolle wie bei den Römern der Kaiserzeit. Diese hatten es von den Griechen übernommen, wie verschiedene Lehnwörter (z. B. *Laconicum, thermae*) beweisen, bildeten aber das Baden zu einem „Schlemmen in Sauberkeit" (Birt) aus. Thermen gehören zu besten architekton. Leistungen der Römer; die Ruinen der Caracallathermen sind noch jetzt imponierend. In diesen Thermen konnten Tausende zugleich baden; noch im 4. Jh. n. Chr. besaß Rom 856 öffentl. Bäder. In antiken Provinzstädten (→ Timgad) finden sich ebenfalls erstaunlich viele, große, überaus prächtige B. Die deutschen Reisenden am leichtesten zugänglichen röm. Thermen sind die riesigen in → Trier. Die Schwimmbassins sind stets auffällig klein und wenig tief; es kam offenbar weniger auf Ausarbeiten durch Schwimmen als auf Schwitzen mit Massage und Abwaschung des Schweißes an. Geheizt wurde mit → Hypokausten. Außer zum Baden dienten die Thermen zum Lustwandeln, Ballspielen, Anhören von Vorträgen u. ä. Die Geschlechter badeten manchmal getrennt, manchmal gemeinsam. Der Drang zur Reinlichkeit rettete sich sogar über den ungeheuren Verfall nach der Völkerwanderung. Im Mittelalter badete man viel, aber das Baden kam bis weit in die Neuzeit in geradezu erstaunlicher Weise ab. – Dagegen sind im Orient die antiken, mit Hypokausten geheizten B. vom Altertum her bis heute ununterbrochen erhalten geblieben. Der engl. Politiker Urquhart lernte sie in Konstantinopel kennen und ließ 1856 eines bei Cork in Irland errichten. Von dort kamen sie 1860 nach England, dann nach Deutschland und heißen deswegen „römisch-irische B.“

Die Römer badeten auch in heißen Quellen, erkannten früh die Heilkraft dieser B. und erbauten prächtige Badeanlagen. Viele dieser B. werden bis heute benutzt, so die B. der Acque Albule bei Rom, in Aachen, Wiesbaden, Badenweiler; manchmal kann man noch im antiken Bassin baden: in Khenchla in Algerien, in Pascha Ludscha bei Pergamon, in den antiken Zellen in Bormio am Stilfser Joch.

Unter den Seebädern war Baiae bei Neapel das vornehmste und teuerste; von den großartigen antiken Bäder- und Villenanlagen stehen geringe Reste am und im Meer. Umfangreiche Unterwasseruntersuchungen mit Skulpturfunden seit 1951.

F. Kretschmer, Die Entw.gesch. d. ant. Bades, 1961; W. Heinz, Röm. Thermen, 1983; E. Brödner, Die röm. Thermen u. d. ant. Badewesen, ^{2}1992.

Baiae → Bäder.

Bakchai (griech.), auch *mainades,* Maenaden, „Rasende“ (deutsch besser Bakchen als Bacchantinnen): Bakchos-, Dionysosverehrerinnen, in langen Gewändern mit Rehfellen darüber, mit aufgelöstem Haar, in den Händen Schlangen, Dolche oder → Thyrsosstäbe, tobten durch die Wälder, fingen Rehkälbchen, zerrissen sie bei lebendigem Leibe und rissen deren rohes Fleisch mit den Zähnen ab. Männern war Anwesenheit bei den Feiern verboten (→ Pentheus). In historischer Zeit haben im eigentlichen Griechenland solche Feiern schwerlich stattgefunden. Manches ist sicher Ausgeburt dichterischer Phantasie (Euripides, *Bakchai*), aber orgiastische Feste u. Kulte gab es häufig (→ Orgien; Ekstase), und ein Kern des über die B. Berichteten wird wahr sein. → Dionysos.

Bakchos → Dionysos.

Bakchylides aus Keos, die „keïsche Nachtigall“, etwa 505–450 v. Chr., Neffe des → Simonides, lebte mit diesem am Hofe Hierons von Syrakus, später in der Peloponnes. Sein Schaffen vermittelt uns einen interessanten Einblick in das Dichterleben seiner Zeit. B. war bewußter Konkurrent Pindars; hatte einer der Großen der Erde einen Sieg bei einem der → Nationalspiele errungen, so bemühten sich beide um den Auftrag, ihm dafür das → Epinikion (Siegeslied) zu dichten, z. B. 476 v. Chr., als Hierons Hengst Pherenikos („Siegbringer“) den ersten Preis davongetragen hatte; B. wurde bevorzugt und erntete den Ruhm und den klingenden Lohn. Über den Wettstreit können wir besser urteilen, seitdem 1896 14 Epinikien und 7 Dithyramben des B. in

Ägypten auf Papyrus entdeckt worden sind. Pindars Ruhm ist dadurch nicht erschüttert worden; aber auch B. spricht an, schon weil seine dichterische Sprache nicht so pathetisch und dadurch schwer verständlich ist wie die Pindars.

W: Hg. u. d. O. Werner, 1969.
Ü: L. Wolde, 1942.

Baktrien, das heutige Afghanistan, eine Satrapie des Perserreiches, war eine fruchtbare Landschaft, die aus dem → Indien-Handel Vorteile zog u. sich als selbständiges Königreich aus der Seleukidenherrschaft löste. Im 7. Jh. eroberten Araber das Land.

W. W. Tarn, *The Greeks in Bactria and India,* Cambr. 1951.

Ball → Spiele; Tanz.

Banause, gr. *banausos,* eigentlich „Arbeiter am Ofen“, dann überhaupt ein Mann, der vom Ertrag seiner Arbeit lebt, statt als freier Herr seiner selbst von den Einkünften aus einem wenn auch kleinen Vermögen. Die politisch und wirtschaftlich in der älteren Zeit ausschlaggebenden Adligen, auch noch Platon, Aristoteles und Isokrates, die es als Aufgabe des freien Mannes ansahen, sich dem Staate und der Bildung zu widmen, schätzten die B. gering; durch sie erhielt das Wort schon im Altertum eine verächtliche Nebenbedeutung, die ihm noch anhaftet. Diese Auffassung einzelner Männer wurde aber, wie ihr Niederschlag in der Sprache zeigt (zu gr. *penes* = arm, *ponos* = Arbeit gehört auch *poneros* = schlecht), auch von der Allgemeinheit weitgehend geteilt. Wer es sich leisten konnte, begnügte sich damit, die Arbeiten der Sklaven zu beaufsichtigen und „das Auge des Herrn“ zu spielen (Xen., *Oikonom.* Kap. 12). Daneben aber muß es schon früh die Ansicht gegeben haben, daß Gelderwerb durch eigene Arbeit überhaupt, auch durch künstlerische, wissenschaftliche, unterrichtliche Tätigkeit, keineswegs eines Freien unwürdig sei. Schon Hesiod (*W. u. T.* 311) sagt: „Arbeit bringt keine Schande; nicht arbeiten aber ist schändlich.“ Ebenso deutlich läßt Thukydides den Demokraten Perikles in der berühmten Leichenrede (II, 40,1) sagen: „Armut einzugestehen ist bei uns für niemanden eine Schande, wohl aber, ihr nicht durch Arbeit zu entgehen.“ Völlig irrig schließlich ist die Ansicht, die Mehrzahl der antiken Menschen habe nur ihren eigenen Interessen oder denen des Staats u. der Bildung gelebt, ohne selbst zu arbeiten (→ Tägliches Leben). Die extreme Demokratie, vor allem Perikles, wollte auch die Handwerker für die Mitarbeit an den Staatsgeschäften heranziehen; man mußte ihnen daher den Taglohn (2 Obolen) aus der Staatskasse zahlen. Dies geschah in der Form von Vergütungen (→ Athens Verfassung). Seitdem dominierten die B. in den Volksversammlungen und den Richterkollegien und für viele Bürger wurde nunmehr die Tätigkeit als Richter eine Art neuer Beruf. – Sokrates scheint der erste B. gewesen zu sein, der sich ganz der Bildung widmete, aber dann, wie er in Platons Apologie sagt, in „10000facher Armut“ lebte.

J. V. P. D. Balsdon, *Life and leisure in ancient Rome,* Lond. 1969.

Bankwesen. Die Bank als Geldinstitut heißt im Alt- und Neugr. *trapeza* „Tisch“, von den Tischen kleiner Wechsler auf dem Markte, die im allgemeinen nur für das Sortengeschäft dienten. Für finanzielle Transaktionen wie Anleihen, Pfänder, Mieten u. Renten gab es bankähnliche Geschäfte schon im Alten Orient, daher auch eine entsprechende Gesetzgebung u. Buchhaltung. Richtige Banken mit Verleihgeschäft, Kreditgewährung, Depositen u. a. entstanden in Griechenland im 6. Jh. v. Chr.; sie hatten ihre Sitze vielfach in Tempeln; man glaubte dort das Geld unter dem Schutze des Gottes stehend, und in dem Quaderbau war es in der Tat sicherer als in den vielfach nur aus Luftziegeln erbauten Privathäusern. Besonders gut kennt man das B. aus dem gr.-röm. Ägypten, wo in jedem Dorfe eine Filiale der Staatsbank oder einer Privatbank vorhanden war, die alle bankmäßigen Geschäfte ausführte (→ Giro). – Das römische B. ist dem gr. nachgebildet (wie die Gr., so nannten die R. die Bank „Tisch“, *mensa*). Es erhielt sich notdürftig im frühen Mittelalter, blühte im späteren M.A. in Italien wieder auf und wurde, wie allenthalben die Fachausdrücke beweisen (→ Kaufmann[sprache]), Grundlage des unsrigen, zuerst in dem Italien am nächsten liegenden Süddeutschland. Doch nannten (aus einem wohl noch nicht geklärten Grunde) die Italiener eine Bank nicht mehr „Tisch“, sondern mit einem deutschen Worte „Bank“ *(la banca, il banco),* das dann Deutsche (Nürnberg 1558), Franzosen und Engländer von Italien übernahmen. Aus dem altgr. „Umstürzen des Tisches“ betrügerischer oder zahlungsunfähiger Wechsler wurde *il banco rotto* „die zerbrochene B.“, der Bankrott. → Kreditbriefe; Stadtanleihen; Handel; Seedarlehen.

R. Bogaert, *Banques et banquiers dans les cités Grecques,* Leiden 1968.

Barbaren nannten die Griechen alle Nichtgriechen, besonders die Orientalen, deren Sprache ihnen unverständlich war und die sie häßlich fanden (es war ihnen bloß Gekrächz = *bar-bar*). Das Wort hatte zuerst eine verächtliche Nebenbedeutung; B. galten nicht als volle Menschen. Aber die Verachtung der Ausländer milderte sich schon in den Kolonien (→ Kosmopolitismus). Sie verschwand seit der Zeit der → Sophisten und unter dem Einfluß der kosmopolitischen, besonders der stoischen Philosophie; auch im B., wie im Sklaven, erkannte und wertete man nun den Menschen. – Ursprünglich waren für die Griechen auch die Römer B., und die Römer nannten sich, vielleicht mit Selbstironie, selbst so. (*Plautus vortit barbare* = Plautus hat es ins Lateinische übersetzt). Später bezeichnete man als B. alle, die an der gr.-röm. Weltkultur nicht teilhatten. Die nationale Grundlage verschwand, und an die Stelle trat die kulturelle, die das Wort noch heute hat.

J. Jüthner, Hellenen u. B., 1923; J. Vogt, Kulturwelt u. B., 1967; A. Dihle, Die Griechen u. das Fremde, 1994.

Barttracht. Die in der Burg von Mykenai bestatteten Fürsten trugen nach Ausweis ihrer Goldmasken z. T. Schnurrbart ohne Kinnbart. Diese B. gelangte im 2. Jahrt. v. Chr. bis zu uns und hielt sich hier, ebenso bei Kelten u. Karern; man trug seitdem Schnurr-, Wangen- und Vollbart bis auf Alexander d. Gr., der sich rasierte. Das wurde durch ihn Weltmode bis zu dem Kaiser Hadrian (117–138), der Narben in seinem Gesicht mit dem Barte verdeckte. Seitdem kommt Vollbart oder völliges Rasieren nebeneinander vor. Stets haben aber die antiken Gelehrten am Vollbart festgehalten. → Haartracht; Rasieren.

Basileus, gr. König, Titel eines Landesherren in der griech. Frühzeit; → Archon; Monarchie; Basilica.

Basilica. *basilike,* die „Königliche", oder die „Halle des Königs", ging als *basilica* ins Lat. über und bezeichnete bei den Römern einen rechteckigen Hallenbau, auf griech. Bautypus beruhend, der als Markt- und Gerichtshalle diente. Auf dem Forum Romanum sind die B. Aemilia, die B. Iulia und die → Constantinsb. (die erste gewölbte) in Trümmern erhalten. Das besondere Kennzeichen der B. war die Mehrschiffigkeit (2, 3, 5, ja 7 Schiffe), die Überhöhung des Mittelschiffes und meist die rechtwinklige oder halbkreisförmige Apsis. Verwendung fand dieser Hallenbau auch als Thronsaal, Palast-B. (→ Trier) und als Kultraum, vorwiegend in den Provinzen.
In der christlichen Zeit wurde der Name B. für die Gotteshäuser üblich. Die Gestalt der christl. B. war das Resultat einer langen Entwicklung. Die Christen feierten anfangs den Gottesdienst in den Häusern vermögender Glaubensbrüder, im kleinen Atrium oder im langen Peristyl. Im *vestibulum,* einem Vorraum, hielten sich die Taufschüler (Katechumenen) auf. Seit dem Anfang des 3. Jhs. wurden solche Häuser von den Christen der Gemeinde geschenkt als „Haus des Herrn" oder „Haus der Kirche". So entstanden die ersten Pfarrkirchen Roms. Die ersten eigenen von der Gemeinde errichteten Kirchen unterschieden sich äußerlich kaum von diesen Wohnpalästen. Als nach 313 die Heiden in großen Massen den Christenglauben annahmen, entstanden die altchristlichen B., die direkten Nachfolger der eben genannten Hauskirchen. Auch ihre wichtigsten Teile waren: Torbau, Atrium (mit Säulenhallen umgebener Hof und Brunnen in der Mitte) und Kirche, ein langgestreckter, drei- oder fünfschiffiger Raum, dessen Mittelschiff die Seitenschiffe überragte, am Ostende (Lichtsymbolik: die Sonne war Abbild Christi) der Altarraum, vom Gemeinderaum durch Schranken abgeschlossen. In Verbindung mit diesen standen die Lesepulte für den Vortrag der liturgischen Lesungen. Seit dem 4. Jh. baute man den Altar gern über dem Grab eines Märtyrers. Über ihm erhob sich in der Regel das *ciborium,* eine von Säulen getragene Überdachung. Hinter dem Altare befand sich die Apsis, der Priesterraum, das Presbyterium. Der Außenbau der B. war gewöhnlich sehr schlicht gehalten, oft umgeben von kirchlichen Nebengebäuden, wie Pilgerherbergen, Armenhäusern, Schulen. Der Basilikastil wurde weitergeführt im sog. „romanischen" Kirchenstil. Dabei erfuhr

besonders die Fassade grundlegende Änderungen. Das → Atrium fiel entweder ganz weg oder schrumpfte zum sog. Paradies vor dem Hauptportal zusammen. Der Brunnen wurde zum Weihwasserkessel in der Kirche. Die Stirnwand des Langhauses erhielt, wahrscheinlich nach dem Vorbild der antik-röm. Portikusvilla mit Eckrisaliten (→ Haus) ein monumentales Portal zwischen mächtigen Ecktürmen.

R. Schultze, B. 1928; E. Langlotz, Der architekturgeschichtl. Ursprung der christl. B., 1972.

Bassai, gr. = Schluchten; kl. Ort in Arkadien, in dessen Nähe in großartiger Einsamkeit ein sehr gut erhaltener Tempel des Apollon liegt, von Iktinos, dem Baumeister des Parthenon, entworfen, gegen 400 v. Chr. vollendet.

H. Kenner, D. Fries d. Tempels v. B., 1946; A. Mallwitz, Der B.-Fries, 1975; F. A. Cooper, *The Temple of Apollo at B.*, 1978.

Bataver, ein Germanenstamm in der Gegend der Rheinmündung, stellten seit Augustus Truppen als Verbündete der Römer; wegen ungerechter Behandlung erhoben sie sich 69/70 n. Chr. unter Iulius Civilis in einem blutigen Aufstand, erfolglos. – Wegen einer dort stationierten B.-Kohorte erhielt das Kastell am Zusammenfluß von Donau u. Inn die Bezeichnung Castra Batava; heute daraus Passau; Fundamente des Kastells wurden 1974 entdeckt.

Batracho(myo)machie → Homerische Dichtung 5.

Baukunst. Das dem Griech. entlehnte Wort Architektur bedeutet Zimmermannskunst u. erinnert an die ursprünglich am Holzbau entwickelte Technik (→ Tempel). Von der Holz-Lehmziegel-Bauweise gingen die Griechen im 7. Jh. v. Chr. zum Bau mit behauenen Steinen über; diese Bauweise wurde von den Römern übernommen und durch die Technik des Mörtelbaus ergänzt. → Steinbau; Kuppelbauten; Knossos; Mykenai; Tiryns. In der weiteren Entwicklung war die Tempelarchitektur entscheidend: → Tempel; Säule; Säulenordnungen. Für die Profan-B. → Haus; Privathäuser; Stadtanlagen; Stadion; Theater. – Die Römer übernahmen auch in der B. viele griech. Formen, leisteten aber Bedeutendes auf dem Gebiet der Ingenieurs-Architektur: → Basilica; Brücken; Straßen; Thermen; Wasserleitungen. – Von zahlreichen gr. Bauwerken sind die Architekten namentlich bekannt: Iktinos u. Kallikrates (→ Parthenon), Mnesikles (→ Propyläen), Theodotos (Tempel in → Epidauros), Skopas (Athenatempel in Tegea), Polyklet d. Jüngere (Tholos in → Delphoi), Rhoikos u. Theodoros (Tempel auf → Samos), Pytheos u. Satyros (→ Mausoleum). Dagegen kennen wir von röm. Bauten oft nur den Bauherrn (Basilica „Iulia"; Inschrift am → Pantheon). – Von den antiken Autoren, die sich mit der B. befaßten, liegt uns nur das Werk des → Vitruvius vor.

L: Denkmäler antiker Arch., hg. Dt. Arch. Inst., XIV 1932–82; A. v. Gerkan, Von antiker Arch. u. Topographie, 1959; E. Rupp, Bautechnik im Altert., 1964; W. L. Macdonald, *The Arch. of the Roman Empire,* N. Haven 1965; H. Drerup, Griech. B. in geometr. Zeit, 1969; M. Wheeler, Röm. Kunst und Architektur, d. 1969; A. Wittenberg, Griech. Baukommissionen, 1978; H. Knell, Perikleische Baukunst, 1979; ders., Archit. d. Griechen, ²1988; H. Lauter, Die Arch. d.

Hellenismus, 1986; W. Müller-Wiener, Gr. Bauwesen ..., 1988; W. Müller, Architekten in d. Welt d. Antike, 1989; J. P. Heisel, Antike Bauzeichnungen, 1993.

Baumwolle ist in Indien heimisch. Herodot III 106 berichtet von „Bäumen, von denen die Inder ihre Kleider machen". Die antiken Völker erhielten B. zuerst durch semitische Händler, bei denen sie *keton* hieß; daher stammt das gr. und lat. Wort für = Hemd, *chiton, [c]tunica* und das moderne engl. *cotton,* franz. *coton,* deutsch *Kattun.* → Stoffe.

beati possidentes, „glücklich (sind) die Besitzenden!", nach einem Fragment aus Euripides' Drama *Danae,* 326: „schlecht ist der Arme, die Bes. gl."

beatus ille, qui procul negotiis, „glücklich, wer fern von Geschäften!", Horaz, *Epoden* 2, I; Anfang einer (ironischen!) Verherrlichung des idyllischen Landlebens.

Bedürfnisanstalten. Der Abort im Palaste in → Knossos hat Wasserspülung. Dagegen hatte man im 5. Jh. v. Chr. (Aristophanes, *Ekklesiazusai* 371) im Schlafzimmer einen Nachtstuhl. Die A.e in den Wohnungen waren, soweit überhaupt vorhanden, bescheiden; im Lat. heißt der A. *locus sordidus* = der schmutzige Ort. Diese antiken Verhältnisse haben sich in romanischen Ländern und vor allem im Orient vielfach bis heute erhalten. – Besser als die A.e in den Privathäusern waren die öffentlichen, mit Steinsitzen (manchmal Doppelplätzen), Armlehnen, Wasserspülung; im Smyrna hießen sie *soteria* = Rettungsstätten: erhalten in Ephesos u. Timgad. – Die Tuchmacher brauchten im Altertum und bis vor kurzem in der Neuzeit für ihr Gewerbe Harn. Der sparsame Kaiser Vespasian verteuerte ihnen den Ankauf des Harn aus den öffentl. B. (→ Amphora) durch eine Steuer (→ *non olet*).

Beförderungsmittel → Wagen; Sänfte; Streitwagen; Pferd; Esel; Maultiere. – Öffentliche Verkehrsmittel gab es im Altertum auch in Großstädten nicht.

Bei Philippi sehen wir uns wieder. Diese viel zitierte Stelle aus Shakespeares *Caesar* 4. Akt, 3. Szene, geht auf Plutarch, *Leben Caesars* 69, zurück, der erzählt, der Geist des ermordeten C. sei nachts seinem Mörder Brutus erschienen und habe ihm drohend zugerufen: „Bei Philippi wirst du mich wiedersehen." Dort stürzte sich Brutus, dem nachts wieder dasselbe Gespenst erschienen war, nach seiner Niederlage (42 v. Chr.) in sein Schwert.

Belagerung. Im Belagerungskrieg kannten die Griechen noch etwa 450 v. Chr. nur die Blockade; man schloß die feindliche Stadt so lange ein, bis Hunger oder Verrat die Übergabe erzwang. Im Peloponnesischen Kriege (431–404) wurde die Belagerungstechnik vervollkommnet; man ging jetzt auch offensiv gegen die belagerte Stadt vor, um erst eine Bresche in ihre Mauer zu legen und sie dann im Sturm zu nehmen. Kriegsmaschinen, Wandeltürme, Sturmböcke, Geschütze u. dgl. wurden eingeführt (→ Artillerie); eine neue Befestigungstechnik suchte gegen derartige Angriffe zu sichern, wie man Im Fort Euryalos in Syrakus (errichtet um 400 v. Chr.), einem der besterhaltenen antiken Festungswerke mit Mauern, Türmen, Gräben und unterirdischen Gängen, heute noch gut erkennen kann. Die hellenistische Zeit bildete all dies wahrscheinlich nach babylonischem Vorbild noch weiter aus. – Die Römer übernahmen diese Technik in Angriff und Abwehr bei Belagerungen, ohne hier wesentliche Fortschritte zu erzielen; dagegen sind die Grenzwehrbefestigungen (→ Limes) und die befestigten → Lager Neuerungen ihrer Kriegstechnik. Festungen sicherten den Bestand des röm. Reiches. Minenkrieg, Verwendung stinkenden Rauches, Feuer, Pulver (→ Siphon) waren die Hauptmittel der B. „Poliorketiker" nennt man Fachschriftsteller, die sich in der Antike mit militärischen B.-Methoden befaßten.

Beleuchtung war im ganzen Altertum schlecht. Man hatte zwar äußerst geschmackvolle oder prunkvolle Beleuchtungskörper aus Bronze, Silber, Marmor, auch vielflammige Lampen (eine 16flammige ist in Cortona erhalten); aber diese Lampen waren nur Ölfunseln, mit kleiner Flamme (eine große hätte gerußt); oder man brannte Kerzen, die man seit dem 1. Jh. n. Chr. aus Bienenwachs herstellte. – Den Germanen muß die antike schlechte B. immerhin besser als ihre eigene mit Kienspänen erschienen sein, denn sie übernahmen sie, wie man aus der Übernahme der Wörter dafür sieht.

F. Fremersdorf, B.-Gerät in röm. Zeit, 1924; H. Menzel, Antike Lampen, [2]1968; D. M. Bailey, *Greek and Roman Pottery Lamps,* 1972.

Belger, nach Caesars Angaben der nördl. Teil der gallischen Bevölkerung, also zwischen Seine u. Marne, Rhein u. Nordsee wohnend. Sie wurden von Caesar unterworfen, das Land seit Augustus Provinz, Vorort das heutige Reims.

Belisarios, 505(?)–565 n. Chr., Feldherr Iustinians, zerstörte 534 das Vandalenreich in Nordafrika, eroberte seit 535 Italien, auch Rom, und führte den Ostgoten Vitigis gefangen nach Konstantinopel; kämpfte dann an der Ostgrenze gegen die Perser am Euphrat. 562 wurde er als Verschwörer angeklagt, 563 freigesprochen, 565 gestorben.

L. M. Chassin, *Belisaire,* Paris 1957.

Bellerophon oder -phontes, der korinthische Nationalheld, tötete, auf dem → Pegasos reitend, die → Chimaira, kämpfte erfolgreich mit den → Amazonen, endete aber zur Strafe im Wahn, weil er zum Olympos hinaufreiten wollte.

L. Malten, 1925; R. Peppermüller, Die B.-Sage, 1961; St. Hiller, 1970.

Bemalung antiker Bauteile u. Statuen → Polychromie.

Benedikt v. Nursia, mit dem zu gleicher Zeit lebenden → Cassiodor und → Boethius einer der letzten großen Repräsentanten röm. Kultur, hatte zugleich als „Vater des abendl. Mönchtums" den nachhaltigsten Einfluß auf die Entfaltung der Kultur des Abendlandes. Geboren um 480 in Nursia, aus sabinischem Landadel, studierte in Rom die Rechte, gründete 529 auf dem Monte Cassino an der *via Latina* das Kloster, das dann das Mutterkloster des abendl. Mönchtums wurde. Er gab ihm eine aus röm. Geiste geformte *regula,* die dem vielfach formlosen Lebensstil des aus Ägypten kommenden

Mönchtums feste und klare Normen verlieh, ohne die mystische Tiefe und Glut dieser Lebensbewegung zu verschütten. B. verlangt örtl. Beständigkeit, Bindung an ein Kloster und strengen Gehorsam gegenüber dem Abt. Neben diesem röm.-militärischen Zug hat die *regula* den patriarchalisch-konservativen Charakter der altröm. Familie übernommen: der Abt besitzt die Autorität des römischen Hausvaters, er soll für jeden einzelnen väterlich sorgen, er ist der Diener aller. Die Erziehungsweisheit der *regula* blieb in der Kirche bis heute lebendig u. ist unveräußerl. Gut abendl. Kultur geworden. Die alten röm. Ideale der *virtus* (Männlichkeit), der *honestas* (Ehrbarkeit) u. der *aequitas* (Gelassenheit) werden, von Benedikt im christl. Geiste geprägt, den Erziehungsschulen seiner abendl. Klöster übergeben. Von besonderer Bedeutung wurde die Gründung des B. dadurch, daß sie im Gegensatz zum morgenländischen Mönchtum die Tätigkeit als Hauptaufgabe des Mönches (Wahlspruch: *ora et labora*) erklärte. Die Arbeit war eine gemischte, geistige u. körperliche. Durch ihre geistige, wissenschaftliche Tätigkeit wurden die Mönche die Erhalter des antiken Kulturgutes u. die Mittler zwischen Römern u. Germanen. Außerdem wurden sie, da d. Klöster sich zu landwirtschaftl. Musterbetrieben entwickelten, besonders nördl. der Alpen, die großen Kolonisatoren u. die tatkräftigen Förderer des wirtschaftl. Fortschritts.

W: Regula, hg. R. Hanslik, 1960; hg. u. d. B. Steidle, 1963. – *Ü:* P. Bihlmeyer, [4]1934.
L: St. Hilpisch, D. Benediktinertum im Wandel d. Z., 1950; I. Herwegen, Sinn u. Geist d. Benediktinerregel, 1944; P. Schmitz, Gesch. d. B.-Ordens, IV 1947–60; B. Senger, St. B., 1963.

Beredsamkeit (Rhetorik). Die Freude an kunstreicher Rede u. geformtem Stil ist dem Südländer angeboren. Für ihn verdient auch heute noch eine Rede oder ein Werk der Literatur nicht diesen Namen ohne eine sehr bestimmte, ausgefeilte äußere Form. Schon in dem ältesten gr. Literaturwerk (bei Homer) zeigt sich eine große natürliche B. Darüber hinaus ist es das große Verdienst der Griechen, das Reden als Kunst ausgebildet u. diese Kunst lehrbar gemacht zu haben. Dies geschah im 5. Jh. v. Chr. in Unteritalien und Sizilien durch → Korax u. → Teisias, deren Schüler → Gorgias der klassische Vertreter der älteren B. wurde. Er bearbeitete sie auf allen ihren Einzelgebieten vom Buchstaben bis zur stilistischen Regel mit großem Erfolg. Auf ihn geht auch die Einteilung der B. in ihre 3 Hauptteile, die Volks-, Gerichts- und Festrede zurück; er hat die Eigenart einer jeden Gattung herausgearbeitet, genaue Anweisungen für ihre Abfassung nach Inhalt, Disposition u. stilistischer Form gegeben u. durch Musterbeispiele seine Lehren verdeutlicht. Seine Hauptergebnisse u. Einteilungen hat man immer beibehalten, wenn auch der Geschmack sich im Lauf der Zeit mehrmals stark änderte. Durch Reisen verbreitete er die zünftige B. in ganz Griechenland, besonders in Athen. Das gesamte spätere gr. geistige, politische u. juristische Leben ist ohne Kenntnis der B. nicht zu verstehen. Die 3 Hauptgattungen der Rede, die

Staatsrede, die Gerichtsrede und die Festrede (→ *panegyrikos*) entwickelten sich selbständig weiter, doch ohne eine reinliche Scheidung. Jede hatte ihre Spezialisten u. Hauptvertreter: die Volksr. Demosthenes, die Gerichtsr. Lysias, die Festrede Gorgias u. Isokrates. Besonders gepflegt wurde im prozeßlustigen Athen die Gerichtsr., die daher in den theoretischen Anweisungen besonders ausführlich behandelt wurde. Die bedeutendsten attischen Redner, d. h. Politiker u. Rechtsanwälte, wurden später in dem Kanon der → 10 attischen Redner zusammengefaßt. Ihr größter Vertreter war Demosthenes. Im 4. Jh. v. Chr. schrieb Aristoteles eine *Redekunst;* auf Grund dieses Buchs gehörte Schulung in Rhetorik fortan zur Ausbildung des Philosophen. Die B. bemächtigte sich auch der Jugenderziehung. Sie behauptete, durch praktische u. theoretische Ausbildung im Reden die Jugend am besten zu Staatsbürgern heranbilden zu können. Darin stritt sie mit der Philosophie, die das gleiche Ziel durch logisch-ethische Erziehung zu erreichen suchte. Zum Zweck des Unterrichts wurden die Lehren der B. in einfache Regeln gefaßt u. an oft reichlich ausgeklügelten Themen, die die Schüler behandeln mußten, geübt. Diese formelhafte, eingelernte B. wurde besonders der gr. Literatur (Prosa u. Poesie) verhängnisvoll, da nicht nur alle Literaten durch diese Schule gegangen waren, sondern auch das Publikum, das deswegen rhetorische Kunst, aber auch rh. Kunststückchen in den Werken verlangte. Dadurch verlor die gr. Literatur seit 400 v. Chr. die Unmittelbarkeit u. Natürlichkeit im Inhalt und Ausdruck; die Schriftsteller schrieben im rhetorischen Modestil, u. nur wenige hatten den Mut, ihre Selbständigkeit zu behaupten, so Polybios. In der Hauptsache gab es 2 Moderichtungen, den → Asianismus u. den → Attizismus. Da die B. in ihrer Einwirkung auf Senat, Volk u. Heer oder vor Gericht praktischen Wert hatte und zu politischer Bedeutung verhalf, wurde sie bei den Römern, die von Natur dazu befähigt waren, schon früh gepflegt u. bald zu hoher Blüte entwickelt; die unter gr. Einfluß eingeführte kunstmäßige B. bildete einen wesentlichen Bestandteil im Bildungsgang des jungen Römers. Die Blüte u. der Verfall der B. hing aufs engste mit der politischen Verfassung zusammen; in den leidenschaftlichen Parteikämpfen zur Zeit der Gracchen und der untergehenden Republik erreichte sie ihre höchste Vollendung, mit dem Verlust der politischen Freiheit unter den Kaisern verlor sie ihre Bedeutung. Eine große Zahl bedeutender röm. Redner ist uns bekannt, an der Spitze der geniale Volkstribun Gaius Gracchus (gest. 121 v. Chr.), nach Ciceros sachkundigem Urteil Roms größter Redner. Viele Reden wurden niedergeschrieben u. als politische Flugschriften veröffentlicht; doch sind sie unter Ciceros übermächtigem Einfluß bis auf wenige Reste aus der Überlieferung verschwunden. So ist uns die röm. B. fast nur durch Cicero kenntlich, von dem einige Schriften über die Theorie der Redekunst und mehr als 50 sorgfältig ausgearbeitete Reden erhalten sind. → Quintilian; Stenographie.

Intensiv und lange lebte die B. im griech. Ostreich, wie schon die Unmenge der erhaltenen späten gr. Schulbücher beweist. Im röm. Westreich wurde die B. bis zu dessen Ende weitergepflegt, weil rhetorische Schulung ein Bestandteil der Allgemeinbildung war (→ *gramm-loquitur*), zu den → Sieben freien Künsten gezählt wurde und deshalb an Schulen und Universitäten ihren Platz behielt, jedoch vorwiegend in roman. und angelsächs. Ländern. Eigentlich lebt die antike B. nur noch in unseren Predigten, doch setzt sich die Ansicht wieder stärker durch, die B. habe in einem freien Staatsleben eine wichtige Funktion und bedürfe daher der Pflege. – → Seneca; Araber.

R. Volkmann, D. Rhetorik d. Gr. u. Römer, [3]1901, neu 1963; F. Blass, D. att. B., [2]1887 ff., neu 1962; D. L. Clark, Die Rhetorik bei d. Römern, d. 1967; G. Kennedy, *The Art of Persuasion in Greece,* Princeton 1972; H. Lausberg, Hdb. d. lit. Rhetorik, [2]1973; ders., Elemente d. lit. Rhetorik, [5]1976; J. Martin, Antike Rhetorik, 1973; G. Fey, Das Antike an d. modernen Rhetorik, 1979; M. Fuhrmann, Die antike Rhet., [2]1987; W. Eisenhut, Einf. in d. ant. Rhet. u. ihre Geschichte, [4]1990.

Berenike, Frauenname, namentlich am Königshofe der Ptolemaier beliebt; maked. Form für *Pherenike,* d. h. Siegbringerin; lat. *Veronica;* am berühmtesten B., Gattin Ptolemaios' III., nach deren Locke ein Sternbild benannt ist; von Kallimachos, danach von Catull (LXVI. Gedicht) verherrlicht.

Bergbau war im Mittelmeerraum schon in sehr frühen Zeiten bekannt; man förderte Metalle, Salz u. Edelsteine: Kupfer in Israel u. auf Kypros, Gold auf Thasos u. in Makedonien/Thrakien, Silber bei Laurion (Attika), Silber, Blei, Eisen u. Zinn in Spanien, Zinn auch in England, Eisen auf Elba u. Sardinien; daneben Marmorgewinnung in Attika u. Norditalien, Salzabbau in Oesterreich. – Die Arbeit im B. galt als schwer und war nur durch Einsatz von Kriegsgefangenen u. → Sklaven gewinnbringend. – Die Technik des B. im Altertum kann man am leichtesten in dem Silberbergwerk in Laurion in Attika kennenlernen, das dem Themistokles die Mittel zum Bau der athenischen Flotte lieferte. Da finden sich etwa 2000 Schächte und Stollen. Die Schächte sind meist viereckig mit je 2 m langen Seiten und einer Tiefe von 20–210 m. Der Betrieb in L. verfiel unter der Konkurrenz der makedonischen Goldbergwerke (→ Thukydides) und weil man den Silbergehalt für erschöpft hielt. Im 1. Jh. n. Chr. hat man aber die großen Schutthalden mit einem besseren Verfahren der Silbergewinnung erneut verarbeitet. Seit 1860 gewinnt man Galmei, Blei und Zinn. → Emissar; Katakomben; Tunnel.

H. Wilsdorf, Bergleute u. Hüttenmänner im Altert., 1952; R. J. Forbes, Bergbau, Steinbruchtätigkeit u. Hüttenwesen (Archaeologia Homerica 1), 1967; O. Rosumek, Techn. Fortschritt u. Rationalisierung im ant. B. 1982.

Bernstein, gr. *elektron,* lat. *sucinum,* germ. (in lat. Schreibung) *glesum* oder *glaesum. Elektron* heißt im Gr. auch eine Legierung aus Silber und Gold. Aber die Grundbedeutung ist B., da dieser schon lange vor der Legierung in Griechenland vorkam; von seiner

Farbe übertrug man den Namen auf das ähnlich gefärbte Metall. Die Elektrizität heißt nach der Kraft des mit einem Wollappen geriebenen Bernsteins, der dann kleine Fäden und Spreu anzieht; → Magnet. *sucinum* ist ein nordisches Wort für Harz mit Angleichung an lat. *sucus (?). glesum,* das älteste deutsche Wort im Latein., heißt Baumharz; das Wort wurde dann von den Germanen auf das ihnen bisher unbekannte Glas übertragen. Man wußte also, B. sei Harz; aber das Volk hielt ihn für einen Stein, den man anbrennen könne; Verbrennen von B. in Zimmern diente als Parfüm. B. war im 2. Jahrt. v. Chr. in Kreta selten, in Mykenai häufig. Von der Ostsee wurde B. im ganzen Altertum nach dem Süden eingeführt; die Haupthandelsstraße mündete in Aquileia bei Triest (→ Handelswege). Wichtige Notizen über den B. bei Tacitus, *Germania* 45 und bei Plinius, *naturalis hist.* XXXVII 30–51. Tacitus weiß durchaus, daß es Harz ist; die Germanen wunderten sich über den hohen, ihnen von den Römern dafür gezahlten Preis; man kannte auch Stücke mit einem eingeschlossenen Insekt.

Berufung → Prozeß.

Beschreibstoffe. Auf Stein (Marmortafeln) und Metall (Bronzetafeln) schrieb man im Altertum in Fällen, in denen wir es noch heute tun, wenn nämlich der Text im Freien für alle Zeit erhalten bleiben sollte, wie bei Grabsteinen; man verwandte aber solche Tafeln auch, um Staatsverträge, Gesetze (→ Recht von Gortyn; 12-Tafelgesetz), Ehrungen von Bürgern, die Namen beim Examen (→ Agon) prämiierter Schüler u. ä. dauernd bekanntzumachen. Briefe, Handelsverträge, Schularbeiten und ä. schrieb man auf Wachstafeln (→ *Diptychon*), Bücher anfänglich auf Pergament; dessen ursprünglicher Name war *diphthera* = Haut. Es ist dünn geschlagene oder geschabte und dann geglättete Tierhaut, bis heute der idealste und beste B., fast unverwüstlich. Mit ihm trat für etwa tausend Jahre der ägyptische Papyrus in siegreiche Konkurrenz, namentlich als durch Gründung von Naukratis in Ägypten um 650 v. Chr. und dessen Besiedelung durch die Griechen die Handelsbeziehungen zu Ägypten enger wurden. Der Papyrus wurde aus der P.-Staude gewonnen, die besonders in den Sümpfen um Alexandreia angebaut wurde (2 bis 3 m hoch). Man zerschnitt das Mark der dreieckigen Stengel in ganz dünne Scheiben (Blätter); diese wurden in frischem Zustand ohne Leim so aufeinandergepreßt, daß je ein Stück, dessen Fäden senkrecht lagen, auf ein Stück mit den Fäden waagrecht kam; wenn man antikes Papier gegen das Licht hält, sieht man das Gitterwerk. Auf Grund dieser Herstellung des antiken Papiers unterscheidet man gewöhnlich Papyrus v. modernen Papier. Die Papyrusstaude wuchs im Altertum nur in Ägypten; die Ägypter hatten also das Monopol für Papier. Wegen des relativ hohen Preises ließen sich arme Leute Steuerquittungen auf → *ostraka* schreiben; die Notizbücher (→ *Diptychon*) bestanden nicht aus Papier, und dieses wurde auch in den →

Bedürfnisanstalten nicht verwandt; doch klagen Dichter der Kaiserzeit, ihre Werke dienten in Kaufläden als Papiertüten. – Es gab verschiedene gangbare Formate und verschieden gute Sorten. Beschrieben wurde das Papier nur einseitig, weil die Tinte mehr oder weniger durchschlägt; auf der Rückseite beschrieb man fast nur Altpapier, meist mit gelegentlichen Notizen (Ausnahme → *Staat der Athener)*. Moderne Schreibversuche (mit Rohr- oder Stahlfedern) auf antikem und modernem Papyrus zeigen, daß dieser im ganzen kein schlechter Beschreibstoff war. – Erhalten hat sich antikes Papier vereinzelt in Herculaneum, in Massen aber in Ägypten, denn da, wohin die Nilschwelle nicht kommt, verfault nichts (auch Holz, Schilf, Stoffe, Haare nicht); alles sonst im Altertum verwendete Papier ist verschwunden. Die ägyptischen Papyri sind für die Wissenschaft ganz außerordentlich wichtig (→ Papyrus). – Das Wort *papyros* ist Fremdwort, die Griechen sagten dafür auch *byblos,* später *biblos* = Bast. Dieses Wort bekam, da die Bücher aus solchem Bast bestanden, die Bedeutung „Buch“; daher „Bibliothek“, „Bibel“. Auch lat. *liber* bedeutet erst Bast, dann Buch. – Angeblich aus Neid auf den Ruhm der aufblühenden Bibliothek in Pergamon sperrte einmal ein Ptolemaier in Ägypten dem pergamenischen Reiche die Papyruszufuhr (Plinius, *n. h.* XIII 70); daraufhin griff man auf den alten B. aus Tierhaut zurück, und weil er nun in Pergamon verwendet wurde, nannte man ihn (aber erst viel später!) Pergament. – Als 641 Ägypten in die Hände der Araber fiel, war die ganze christliche Welt, mit ihrem bedeutenden Papierbedarf für Literatur und Schulbücher, mit einem Schlage ohne B. Man half sich dreifach: Man kehrte erneut zum Pergament zurück; schon vorher hatte man übrigens begonnen, wichtige alte Papyrusbücher auf diesen viel haltbareren B. umzuschreiben; man verwandte Lumpenpapier, das etwa 100 n. Chr. Tsai Lun in China erfunden hatte. Die Kenntnis seiner Herstellung kam über Samarkand 794, unter Harun al Raschid, nach Bagdad; von da weiter nach dem Westen (ein „Ries“ Papier, arab. *rizima* = Bündel); man pflanzte, als man sich dann wieder mit den Arabern vertrug, Papyrus an dem Flusse Anapo bei Syrakus an. – Pergament wurde im ganzen Mittelalter hergestellt, in der Neuzeit wohl nicht mehr; was heute die Papierfabrikanten so nennen, ist keine Tierhaut; das Lumpenpapier war auf der ganzen Linie siegreich. Es verdrängte den Papyrus selbst in Ägypten; dort ließ man die Papyrusstaude eingehen, u. sie wächst am Nil (außer an dessen Quellen) nicht mehr. → Buchwesen; Schreibgerät.

C. Wendel, Die gr.-röm. Buchbeschreibung, 1949; O. Rück (Hg.), Pergament, 1992.

Bestattung → Totenfeiern. Die Form der Bestattung hat in Griechenland im Altertum mehrfach gewechselt, ohne daß es gelungen wäre, die Gründe dafür festzustellen. In myk. Zeit wurden die Leichen, vollständig bekleidet u. kostbar geschmückt (Goldschmuck, die Männer mit Waffen, z. T. Goldmasken auf dem Gesicht und allerlei Gerät als Beigaben), in Schacht- oder Kuppelgräbern beigesetzt, die wahrscheinlich Familiengräber waren. Meist wurden die Leichen auf den Boden gelegt u. der Zugang zugeschüttet oder zugemauert. Die Reste früherer Begräbnisse wurden wahrscheinlich in besondere Kisten gesammelt (→ Grab). – In historischer Zeit hatten die nächsten Verwandten die unbedingte Pflicht der B. (→ Antigone). War die Leiche nicht zu erreichen, da der Tote in der Fremde gestorben war, errichtete man ein → Kenotaph. Die B. erfolgte durch Verbrennen oder Begraben, ohne daß wir die Gründe für den Wandel anzugeben vermögen. Bei Homer ist allein die Verbrennung üblich. Ins Mutterland dagegen dringt diese Form viel später ein. Auch in historischer Zeit war das Begraben vorherrschend. In den Dipylongräbern ist vom 6.–4. Jh. das Verbrennen die Ausnahme. Das Beisetzen erfolgte meist, doch nicht immer, in Särgen, z. T. aus Holz. Wenn ohne Sarg beigesetzt wurde, wurde oft ein Hohlraum über der Leiche gelassen. Um 250 v. Chr. wird das Verbrennen üblich. Opfer am Grabe waren in alter Zeit notwendig, aber auch in historischer Zeit üblich (→ Aischylos: *Choephoren*). Besondere Röhren leiteten die Spenden in das Grab hinein. → Etrusker.

In Italien ist das Verbrennen die älteste nachweisbare Bestattungssitte. Daneben kommt im 8. Jh. Begraben in Schachtgräbern vor. In der Gegend von Rom (Gräber unter dem Serviuswall), in Umbrien, Picenum und bei den Oskern war das Begraben üblich. Wann in Rom die Verbrennung eindrang, ist unbekannt. Das Zwölftafelgesetz kennt beide Sitten nebeneinander. Später überwog das Verbrennen. Doch hielten alte Geschlechter zäh am Begraben fest. Z. B. haben die Cornelier, nach dem Befund ihres Erbbegräbnisses an der Via Appia zu schließen, nur begraben. Sulla wurde als der erste seines Geschlechts verbrannt. In der letzten Zeit der Republik und im 1. Jh. n. Chr. wurden die Toten allgemein verbrannt. Im 2. Jh. dagegen wurden die Begräbnisse wieder häufiger; eine große Zahl marmorner Sarkophage ist aus dieser Zeit erhalten. Um 400 n. Chr. war das Verbrennen verschwunden, und 768 wurde die Verbrennung als heidnischer Brauch von der Kirche verboten.

Antike B. waren teurer als heute. Schon auf den Dipylonvasen werden die Toten auf Wagen gefahren, später wohl auf Ruhebetten getragen. Man entfaltete großen Luxus, der zu verschiedenen Zeiten durch strenge Gesetze eingeschränkt werden mußte (Solon). Bei den Römern fanden bei der B. schon früh Gladiatorenspiele statt. – → Grab; Leichenfeier; Sarkophag; Totenfeiern (-masken); Urne.

J. Zehetmaier, Leichenverbrennung u. -bestattung im alten Hellas, 1907; J. M. C. Toynbee, *Death and Burial in the Roman world,* Lond. 1971.

Beten. Die Gebärden unseres Gebets drücken Demut aus (→ Grußformen). Der religiös freiere Grieche betete ganz anders: aufrecht stand er der Gottheit gegenüber und blickte ihr frei ins Angesicht.

Bias v. Priene, gr. Staatsmann des 6. Jh. v. Chr., galt als Ideal eines Herrschers und wurde auf der Liste der → Sieben Weisen geführt; angebliche Aussprüche sind überliefert. → omnia porto.

W: B. Snell, Leben u. Meinungen der 7 Weisen, ³1952 (mit *Ü*).

Bibel. Ein phoinikischer Hafen, ägyptisch in den Tell-el-Amarna-Tafeln *gubla* genannt, woraus die Griechen Byblos machten. B. war Hauptstätte des Adoniskultes; aus ihr stammte → Philon. – Griech. *byblos,* später *biblos,* der Papyrus, ein auf P. geschriebenes Buch; auf dem Wege über griech. *biblion,* lat. *biblia* = „B.", das Buch überhaupt, das „Buch der Bücher".

H. Rost, Die B. in den ersten Jahrh., 1946; ders., Zweitausend Jahre B., 1965; O. Paret, D. Überlieferung der B., ⁴1966; M. Magall, Archäologie der B., 1986; A. Negev (Hg.), Archäolog. B.-Lexikon, 1991.

Bibliothek (gr. *biblion* = Buch, *theke* = Aufbewahrungsort). Archive u. „Tafelhäuser" (→ Beschreibstoffe) sind für Mesopotamien schon sehr früh nachweisbar; Privatleute, Priesterschaften u. Könige unterhielten oft solche Sammlungen, von denen die berühmteste der Assyrerkönig Assurbanipal im 7. Jh. v. Chr. in Ninive anlegen u. katalogisieren ließ. Die erste öffentliche B. der griech. Welt hat der Tyrann Klearchos in Herakleia am Pontos im 4. Jh. v. Chr. errichtet. Von antiken B. ist die bekannteste die in Alexandreia von Ptolemaios I. (323–285 v. Chr.) gegründete, für die mit ungeheuren Kosten alle überhaupt vorhandene u. erreichbare Literatur gekauft wurde; 700000 Bände (d. h. Rollen nach der Form der Papyrusbücher), zur Zeit Caesars, unter dem 47 v. Chr. im alexandrinischen Krieg ein großer Teil davon verbrannte; der Rest später durch Brand oder religiösen Fanatismus vernichtet (durch den Patriarchen Theophiles i. J. 391 n. Chr.). Ptolemaios II. (285–247 v. Chr.) errichtete eine kleinere B. im Serapeion (→ Sarapis). Die zweitberühmte B. war die in Pergamon, in deren erhaltenen Ruinen man noch die steinernen Auflager der Bücherbretter sieht. Teilweise erhalten ist die Celsus-B. in Ephesos. Rom hatte in d. Kaiserzeit viele öffentl. B. (28 zur Zeit des Kaisers Konstantin). Aber auch kleine Städte verfügten über solche, so Timgad in Algerien, wo das B.-Gebäude ebenfalls als Ruine erhalten ist. – Von Privatb. kam die große des Aristoteles und seines Nachfolgers Theophrastos später nach Kleinasien, wurde aus Furcht vor der Büchersucht der Attaliden, die alles für die B. in Pergamon haben wollten, in einem Gewölbe verborgen, dort nicht benutzt, um 100 v. Chr. von einem reichen Bibliophilen gekauft und nach Athen gebracht; von dort kam sie 86 v. Chr. nach Rom, wo sie katalogisiert wurde, aber später unterging (nach anderer Überlieferung erwarb sie Ptolemaios Philadelphos für Alexandreia). Erhalten ist eine antike Privatb. aus → Herculaneum mit 2000 Rollen. – Mit der Ausbreitung d. Christentums erwuchsen aus den Sammlungen der heiligen Bücher bei vielen bischöflichen Kirchen, besonders Nordafrikas, Bibliotheken, die ein Diakon oder Lektor überwachte. Daneben entstanden priv. Sammlungen christlicher Bücherfreunde. Die des Märtyrers Pamphilos in Caesarea mit ca. 30000 Papyrusrollen fiel dem

Dekret Diokletians vom Jahre 303 *De tradendis et comburendis libris* zum Opfer. Ersatz erwuchs in den großen B. der Kirchenväter, worin auch die heidnischen Klassiker nicht fehlten, vor allem aber durch d. Sammeleifer und Schreibfleiß der morgenl. (Athos- und Sinaikloster) und abendl. Mönche. *Regula St. Benedicti,* c. 48: *Claustrum sine armario est claustrum sine armis* = ein Kloster ohne Bücherschrank ist ein Kloster ohne Waffen (→ auch Cassiodor; Benedikt). In Deutschland besaßen große B. die Klöster von Fulda, Lorsch, Hersfeld, Reichenau, St. Gallen, Weißenburg, Tegernsee, Wessobrunn. In diesen Klosterb. war besonders das klassische Altertum vertreten, in den Domb. vorwiegend theologische Literatur.

W. v. Wyss, Die B.en des Altertums, 1923; F. Milkau, Gesch. d. B. im Alten Orient, 1935; C. Wendel, Geschichte d. B. im gr.-röm. Altertum, 1940; K. Christ, B., 1950; R. Mummendey, Von Büchern u. Bibliotheken, 1950, neu 1984; E. A. Parsons, *The Alexandrian Library,* Lond. 1952.

Bienenzucht wurde im Altertum eifrig betrieben, weil Zucker fehlte. Die Griechen interessierten sich auch theoretisch sehr für das Bienenleben u. den Bienenstaat; die röm. Schriften über B. geben mehr praktische Anweisungen. Vergil behandelte die B. in den *Georgica* poetisch.

J. Klek, Bienenkunde d. Altertums, 1919 ff.

Bier, in Mesopotamien u. Ägypten seit dem 4. Jt. v. Chr. in verschiedenen Sorten gebraut u. sehr beliebt; den Griechen und Römern als Trank fremder Völker bekannt, aber von ihnen nie geschätzt. Tacitus, *Germ.* 23 gesteht dem deutschen B. nur eine „gewisse Ähnlichkeit mit (schlechtem) Wein" zu. Diese Abneigung gegen das B. dauerte in Griechenland u. Italien bis ins 19. Jh. Die Germanen übernahmen das B. (nicht zu verwechseln mit Meth [zu gr. *methy* = süß], einem Getränk aus Honig, Wasser und Kräutern) erst kurz vor Christi Geburt von den Kelten. Das Wort B. gehört wohl sicher zu lat. *bibere* = trinken. Es bezeichnet ursprünglich gehopftes und dadurch haltbar gemachtes B. Weil solches zuerst in den Klöstern gebraut wurde, benannte man es lateinisch. Das eigentliche deutsche Wort für B. lautet *alu,* engl. *ale.* – Das Modell einer ägyptischen Brauerei befindet sich im Dt. Museum in München.

Bilder (→ Malerei). Die antiken Bücher waren z. T. illustriert. Literarisch bezeugt bereits für das 5. Jh. v. Chr. (Plin. *n. h.* 35, 68). Erhalten aber erst aus dem 4. Jahrhundert n. Chr. B. auf Papyroshandschriften des 2. Jhs. n. Chr. fanden sich in Ägypten. Die mittelalterl. Buchillustrationen zu Prudentius, Vergil und Terenz gehen auf antike zurück. Wohl noch dem 4. Jh. n. Chr. gehören der Vergilkodex des Vatikan und der Homerkodex in Mailand an. Eine der berühmtesten illustr. Handschriften des Altertums ist die eines Werkes des Dioskurides, der im 1. Jh. n. Chr. lebte. Sie wurde 512 für eine reiche Römerin geschrieben und gemalt (jetzt in Wien). Sie enthält 600 kolorierte Pflanzenbilder. Das Werk beherrschte bis ins 16. Jh. die Botanik im Orient und Okzident. – Als Wandschmuck stellte man in hellenist. Zeit kleine, aufklappbare Tafelbilder auf die Gesimse der architektonisch gegliederten Wände, z. B. in Pompeii; → Porträt. Meist malte man direkt auf die Wand (→ Wandmalerei; Mosaik). Die B. der großen Maler d. Altertums, auf Leinwand oder Holz, sind sämtl. untergegangen.

M. Wellmann, Dioskurides, III, 1906–14, neu 1958; E. Bethe, Buch u. Bild im Altertum, 1945, neu 1965; K. Weitzmann, *Illustration in Roll and Codex,* Princet. 1947; ders., *Ancient Book Illumination,* Cambr. Mass. 1959; G. Hafner, Bildlexikon antiker Personen, [2]1993.

Binsenwahrheit, sprichwörtlich für eine allgemein bekannte W. Dem König Midas wuchsen zur Strafe für ein törichtes Urteil über Apollons Musik Eselsohren. Er versteckte sie unter purpurnen Binden; aber sein Haarschneider merkte das Geheimnis. Gierig, es auszuplaudern, was er doch nicht durfte, flüsterte er es in ein Loch in der Erde, das er dann wieder mit Erde füllte. Aber Binsen, die an dieser Stelle wuchsen, wiederholten beim Rauschen die in die Grube gesprochenen Worte. Die Geschichte wird oft erzählt, z. B. von Ovid, *Metam.* XI 174–193.

Biographie (gr. *biographia* erst spät, vorher einfach *bios* = Leben, lat. *vita*), die Beschreibung des Lebens einer Person als eigene Literaturgattung entwickelte sich erst gegen Ende des 5. Jh. v. Chr. mit fortschreitender Emanzipation und dem Hervortreten des einzelnen aus den bis dahin festgefügten sozialen Bindungen. Ihre Quellen waren: Neugier an auffallenden Zeitgenossen (Sokrates), Bewunderung für bedeutende Persönlichkeiten (Sieben Weise), Prestigebedürfnis von Politikern (Alexander d. Gr.), wissenschaftlich-methodisches Interesse an Lebensführung und -gestaltung des Individuums (Schule des Aristoteles). Mehrere biogr. Strömungen verzweigten sich dann: Die politisch-historische B. (Xenophon: *Agesilaos*), die romanhafte (derselbe: *Kyropaideia*), die philosophische (Theophrastos: *Charakteres*), daneben Annäherungen an Poesie und Rhetorik (→ Enkomion; Epinikion). Biogr. Sammelwerke: → Diogenes Laertios; Philostratos; eine besondere Art der Doppel-B. entwickelte → Plutarch. – Die Römer brachten ihre eigenen Traditionen in die Entwicklung der B. mit ein (→ Leichenfeier; Tacitus' *Agricola*); auch hier entstanden größere Sammlungen (Varro, Nepos); für die Kaiser-B. stellte dann → Sueton das feste Schema auf, an das sich Spätantike (→ Historia Augusta) und MA. hielten (Einhard, *Vita Caroli Magni*). Die christl. Literatur entwickelte mit den Heiligen-Geschichten daneben noch einen literarischen Sondertyp (→ Legende). Ein völlig neues Interesse für das Einmalige einer Persönlichkeit erwachte erst wieder in der → Renaissance. – → Autobiographie.

I. Bruns, Das lit. Porträt der Griechen u. Römer im 5. u. 4. Jh., 1896; F. Leo, Die griech.-röm. B. nach ihrer litt. Form, 1901, neu 1965; W. Steidle, Sueton u. die antike B., 1951; A. Dihle, Stud. zur gr. B. (Abh. Göttingen 37), [2]1970; ders., Die Entsteh. d. hist. B., 1987; T. A. Dorey (Hg.), *Latin Biography,* Lond. 1967.

bis dat, qui cito dat, „zweimal gibt, wer schnell gibt"; lat. Sprichw. nach → Publilius Syrus.

Bithynien, Landschaft im vorderen Kleinasien an der Propontis (= Marmarameer), erst persische Satrapie, dann mit Geschick von tüchtigen Herrschern zur

Selbstständigkeit gebracht, zur Blüte von König Nikomedes I. (Hauptstadt Nikomedeia). Zu König → Prusias floh Hannibal, doch erreichte ihn röm. Einfluß auch dort: 74 v.Chr. war B. denn auch röm. Provinz; Statthalter war dort u. a. → Plinius d. Jüngere.

Blei (gr. *molybdos;* lat. *plumbum)* wurde wegen seines Gewichtes und seiner leichten Formbarkeit (niedriger Schmelzpunkt) vielfach verwendet. So dienten kleine kunstlose Bleifigürchen als Weihgeschenke (Sparta, Heiligtum der Orthia). Rundplastische, vollgegossene Statuetten aus B. sind aber nur wenige erhalten. Gewichte aus B. sind häufig. Aus klass. Zeit stammen Schleuderbleie, die oft mit Verwünschungen des Feindes beschrieben sind. Anker stellte man ebenfalls aus B. her und in der Kaiserzeit (Syrien) auch → Sarkophage.

I. Mariani (Ausonia 4) 1909; E. v. Mercklin (Berytus 5) 1938.

Böhmen → Boier.

Böser Blick. Die Furcht vor dem b. Bl., d. h. vor Menschen, die durch Blicke bezaubern können, ist sehr alt, auf der ganzen Erde zu finden und bei den Mittelmeervölkern von einst und jetzt durchaus verbreitet. Man suchte und sucht dem b. Bl. durch viele verschiedene Mittel entgegenzuwirken, so durch → Kleidung; durch Zeichen („den Daumen halten", schon bei Ovid, *Fasten* V 433), durch Amulette, vor allem durch Hörner. Dies ist, wie das → Füllhorn, der letzte Rest des antiken → Stierkults. In vielen italienischen Läden sieht man zwei mächtige Hörner von Campagnaochsen. Vornehme tragen noch immer gern goldene Hörnchen, *cornetti,* an der Uhrkette.

E. Stemplinger, Antiker Volksglaube, neu 1948.

Boethius, Anicius Severinus (480–524), stammte aus vornehmer röm. Familie u. erlangte als Ratgeber des Theoderich die höchsten Staatsämter. Große Bedeutung hatte seine ausgedehnte Schriftstellerei. Er vermittelte die gr. Philosophie und Wissenschaft dem Mittelalter, indem er die Werke des Aristoteles und Platon, sowie die Schriften des Eukleides, Archimedes, Ptolemaios und Porphyrios übersetzte und erläuterte. In seiner Philosophie war er Anhänger des Neuplatonismus. Am berühmtesten ist sein Werk *De consolatione philosophiae* (Vom Trost der Philosophie), das er im Gefängnis schrieb, als er des Hochverrats gegen die Goten und der Verbindung mit Byzanz angeklagt war. Es ist eins der meistgelesenen Bücher des Mittelalters (von König Alfred dem Großen, gest. 901, ins Angelsächsische, von Notker Labeo, gest. 1022, ins Althochdeutsche übertragen). Besonders wichtig ist die Übersetzung der *Kategorien* (mit Kommentar) und der *Hermeneutik* des → Aristoteles. Durch seine logischen Arbeiten hat B. die Scholastik stark beeinflußt. Ebenso waren seine Werke *De institutione musica* und *De institutione arithmetica* die Grundlagen der mittelalterlichen Musiktheorie und Rechenkunst. B. war Christ und der letzte röm. Philosoph. 524 hingerichtet.

W: Arithmetik u. Musik, hg. G. Friedlein, 1867; *Consolatio,* hg. u. d. E. Gegenschatz, O. Gigon, [4]1990. – *Ü:* Musik: O. Paul, 1872. *L:* M. Fuhrmann, J. Gruber (Hg.), 1984.

Bogen (zum Schießen oder als Wölbung) heißt im Lat. *arcus*. Darauf gehen drei deutsche Wörter zurück: Erker, ein (ursprünglich runder) Balkon; Arkade, Bogen über Säulen; Armbrust aus *arcubalista* (gr. *ballein* werfen; → Etymologie). Verdiente Männer ehrte man durch große, mit Relief geschmückte Ehrenb. oder Triumphb. (→ Triumph), auf denen der Geehrte auf einem Viergespann stand. Die bekanntesten E. sind die des Titus, des Septimius Severus und des Constantinus (Widmung und Bau-Datum neuerdings angezweifelt) nahe dem Forum Romanum. Im Durchgang des Titusbogens Bild der Beute, die Titus 70 n. Chr. aus Jerusalem mitgebracht hat, darunter der siebenarmige Leuchter.

E. Löwy, Die Anfänge des Triumphalbogens, 1928; K. Dornisch, Griech. Bogentore, 1982.

Bogenschützen → Infanterie.

Boier, einer der großen Keltenstämme, die seit dem 5. Jh. v. Chr. durch ihre Wanderung aus Gallien eine große Gefahr für Europa wurden. Sie erschienen in der Poebene, siedelten sich hier an (Hauptort Bononia = Bologna) und kämpften mit den Etruskern, zogen dann aber zurück in das Land zwischen Riesengebirge, Erzgebirge und Böhmerwald, das nach ihnen den Namen *Boihaemum* (d. h. Boierheim) = Böhmen erhielt. Ca. 60 v. Chr. verließen sie Böhmen, das dann um 8 v. Chr. von den Markomannen besetzt wurde, und siedelten sich in Noricum an. Später sind sie untergegangen; nur der Name Böhmen erinnert an sie, ferner der Name der Bayern, Baiuvari, aus Boio *(haemo)-uarii.*

Boiotien, mittelgr. Landschaft, vielfach durch Gebirgszüge (Helikon, Kithairon) von den Nachbarn *(Phokis, Attika)* getrenntes Tiefland mit weiten Sumpfgebieten und ungesundem Klima *(Kopaissee; → Emissar)*. Vielleicht gerieten die Boioter daher im Altertum in den Ruf eines bäurischen Stammes, dessen geistige Unbeweglichkeit und Plumpheit man tadelte. Wichtigster, seit mykenischer Zeit bedeutender Ort ist → Theben. Als Durchzugsbiet besaß B. allerdings strategische Bedeutung; die große Zahl der Schlachtfelder dort beweist es bis in die Zeit der Kreuzzüge hinein *(→ Chaironeia; Leuktra; Plataiai)*.

P. Guillon, La Béotie antique, Paris 1948.

Bona Dea wohl aus Griechenland übernommene röm. Heilgöttin (vielleicht gleichzusetzen mit *Agathe Theos*, d. i. → *Hygieia*). Sie wird mit Fauna gleichgesetzt und wurde in einem Frauenkult verehrt, zu dem Männer keinen Zutritt hatten; die jährliche Feier fand in einer Dezembernacht statt.

Boscoreale → Silberfunde.

Bosporus, thrakischer Name, von den Griechen volksetymologisch (→ Etymologie) als Kuhfurt gedeutet. Thrakischer B., vom Schwarzen Meer bis nach Konstantinopel, „Furt der Kuh" (→ Io). Kimmerischer B., vom Schw. M. bis zum Asowschen M., galt im Altertum als Grenze zwischen Asien und Europa; heute: Straße von Kertsch.

Botanik. Gr. *botane* heißt Futterkraut. Als wissenschaftliche Kunde von allen Pflanzen wurde die B. von Aristoteles und Theophrastos ausgebildet. Aristoteles erhielt von seinem Schüler Alexander d. Gr. Pflanzen aus allen Teilen der Welt, in die dieser kam, und beschreibt z. B. die Mangrovegebüsche in indischen Flüssen sehr genau. Über die B. der Griechen ist die wissenschaftl. Entwicklung nur langsam hinausgekommen, meist standen landwirtschaftliche oder pharmakologische Interessen im Vordergrund. Ein Standardwerk für lange Zeit war der heute sog. Wiener Dioskurides (Nat.-Bibl. Wien; → Bilder) mit über 600 Illustrationen und vielen Beschreibungen. Vorwiegend auf Heilpflanzen spezialisierten sich später im Mittelalter die Mönche.

Brasidas, spartan. Feldherr, führte im Pelop. Krieg 424 v. Chr. die Nord-Expedition, gegen die → Thukydides so erfolglos blieb; B. fiel 422 vor Amphipolis, wie auch sein athenischer Gegner → Kleon.

Brautstand. Die Heirat wurde von den beiderseitigen Eltern nach gesellschaftlichen und finanziellen Rücksichten verabredet. Dann folgte die Hochzeit sehr schnell; eine Zeit des Kennenlernens gab es nicht („eine Frau heiraten" heißt lat.: sie „in die Mutterschaft führen"). → Hetären; Schleier; Hochzeit.

Brennus, nach der Sage der Gallierkönig, der die Römer an der Allia besiegte und dann Rom bis auf das Kapitol zerstörte. Am bekanntesten ist von ihm die erst spät eingefügte Novelle, daß er das Lösegeld mit falschem Gewicht abwägen ließ und auf die Vorstellungen der Römer mit einem zynischen → *Vae victis* noch sein Schwert in die Waagschale warf (→ Camillus).

Brettspiele → Spiele.

Brief heißt im Griech. *epistole* = das Zugesandte (zu demselben Wortstamme gehört auch *apostolos* = der Abgesandte), im Lat. *epistula* oder *litterae* = die Buchstaben. Die deutschen Wörter für Br. sind Lehnwörter aus dem Lat.. Luther sagt Epistel, z. B. an die Thessalonicher, wir Br. von lat. *brevis, breve* = kurz (in der lat. Form noch „ein päpstliches Breve"); auch „Schrift" ist Lehnwort; → schreiben. Erhalten sind antike Br. in Menge, meist auf Papyrus. Sie sind gerollt oder gefaltet, dann gesiegelt; die Dienstbr. tragen oft einen Amtsstempel. Br.-Anfang: gr. X dem Y *chairein* (Freude) oder *eu prattein* (Wohlsein); lat. X dem Y S. *(P.) D. = salutem (plurimam) dicit* („sagt [sehr viel] Heil"); Schluß: gr. *errhoso* (sei stark) oder *eutychei* (sei glücklich), lat. *vale* (sei gesund) oder *cura, ut valeas* (sorge für Deine Gesundheit). Keine Ergebenheits- und Hochachtungsfloskeln; doch gehört es im antiken Br.-Stil zur Höflichkeit, sich in die Zeit des Empfängers zu versetzen (nicht: . . . ich schreibe Dir aus Rom", sondern „ich habe Dir aus R. geschrieben").

Die Br. bedeutender Männer wurden gesammelt herausgegeben, so die Ciceros, des Paulus, des jüngeren Plinius. Dagegen sind z. B. die „moralischen Briefe" von → Seneca d. J. und die Episteln des Horaz nicht wirkliche Br., sondern Abhandlungen in Br.-Form. Hier wurde der Br. zur literarischen Gattung, ebenso wie in den fiktiven Br., d. h. Br., die so geschrieben sind, wie sie ihr gedachter Verfasser (oder Verfasserin) geschrieben hätte; → Ovid *(Heroides);* Hetären. Diese literarische Einkleidung von Schriften in die B.-Form (so bei Platon, Epikur; auch bei Sallust) war vielfach üblich und hielt sich auch über das Altertum hinaus noch sehr lange. → Humanismus; Post.

W: R. Hercher, *Epistolographi Graeci,* Paris 1873, neu Amsterd. 1965. – *Ü:* Briefe des Altertums, hg. u. d. H. Rüdiger, [2]1965.
L: H. Peter, D. B. in d. röm. Lit., 1901, neu 1965; A. Gleichen Rußwurm, Antikes Leben in Briefen, 1922; K. Thraede, Grundzüge der röm. B.topik, 1970.

Brieftauben → Taube.

Brillen aus dem Altertum sind bisher noch nicht gefunden worden, werden auch nie erwähnt außer einem unklaren Hinweis auf eine Art Monokel bei Nero (durch Sueton). → Lupen.

Britannicus. Tiberius Caesar Claudius Br., Sohn des Kaisers Claudius und der Messalina, war unter Cl. der erste Anwärter auf den Thron. Nach der Ermordung Messalinas und der Wiederverheiratung des Cl. mit Agrippina intrigierte diese gegen ihn. Er wurde gefangengesetzt und nach dem Tod des Cl. von Nero 55 n. Chr. durch Gift beseitigt.

Britannien → England.

Bronze heißt gr. *chalkos,* lat. *aes* (beide Wörter bedeuten auch → „Kupfer"). Das Wort Br. vielleicht aus aes Brundisinum = Erz aus Brindisi (Plinius, *naturalis historia* XXXIII 130; XXXIV 160). Br. ist eine Legierung aus 90% Kupfer und 10% des weit selteneren → Zinns. Wegen größerer Zinn-Vorkommen (z. B. Cornwall, Bretagne) entwickelte sich die Br.-Kultur doch wohl im Westen Europas. In den Ländern des östlichen Mittelmeeres beginnt die auf die Steinzeit folgende Br.-Zeit ungefähr 3000 v. Chr., in Griechenland im Lauf der Früh-Helladischen Periode (→ Zeittafel S. 832; Frühe Br.-Zeit bis 2000, Mittlere bis 1600, Späte bis zum Beginn der Eisenzeit um 1100). Auch nach Bekanntwerden des → Eisens hat das Altertum Br. stets viel mehr verwendet als die Neuzeit, für Gebrauchsgegenstände aller Art und für Kunstwerke. Die „Erfindung" des Br.-Gusses schrieben um 600 v. Chr. die Griechen den auch als Architekten berühmten Samiern Rhoikos und Theodoros zu. Auch Römer, Etrusker und auch Germanen verwandten den Br.-Guß sowohl für künstlerische Zwecke als auch für Gebrauchsgegenstände. Der antike Br.-Guß vollzog sich so, wie es Schiller im Lied von der Glocke schildert (Einfließen der flüssigen Br. zwischen Kern und Mantel). – Alte Br. überzieht sich mit (lat.) *aerugo,* (ital.) *patina* = Edelrost, Grünspan, der jedoch das Metall nicht zerfrißt wie *ferrugo* = Eisenrost. Daher ist von antiker Br. weit mehr erhalten als von antikem Eisen. → Plastik.

K. Kluge u. a., Die ant. Groß-Br.n III 1927; K. A. Neugebauer, Die griech. Br.n d. klass. Z., 1951; H. Menzel, D. röm. Br.n aus Dtld., 1960ff.; W. Lamb, *Greek and Roman Bronzes,* Lond. [2]1969; P. C. Bol, Ant. Br.technik, 1985; R. Thomas, Gr. Br.-Statuetten, 1992.

Brot kennt bei den Griechen schon Homer; es kam in Körben auf den Tisch. Die Griechen aßen (und essen noch heute) sehr viel Br., dazu Früchte, Salzfische, Käse, aber nur wenig Fleisch. Die ältesten Römer kannten das Br. noch nicht, sondern *puls,* einen dicken Brei, und → *polenta.* Sie aßen mehr Fleisch als die Griechen, aber später und bis heute ebenfalls sehr viel Br. Caesar nennt den Heeresproviant einfach *frumentum* = Getreide, obgleich die Soldaten auch Speck bekamen. Noch Isidorus von Sevilla, um 600 n.Chr., sagt (*Etym.* XX 2,5), zur Nahrung sei (nur) Brot und Wein nötig. Daß auch bei uns Br. einst Hauptnahrung war, sieht man aus den Wörtern Mittag-, Abendbr.; bayrisch Brotzeit; „sein Brot (= seinen gesamten Lebensunterhalt) verdienen".

M. Währen, B. u. Gebäck im alten Griechenland, 1974.

Brücken. Sehr alte Br. aus myken. Zeit gibt es in Griechenland; eine davon (Spitzbogen, falsches Gewölbe, → Kuppel) links vom Wege von Nauplia nach Epidauros ist noch im Gebrauch. Das gr. Wort für Br., *gephyra,* ist Fremdwort; doch haben sich Vorbilder von gr. Br. noch nicht gefunden. Viele Br. haben die Gr. nicht gebaut; die meisten ihrer Flüsse kann man durchwaten oder -reiten. Besonders beachtliche Br. waren die zwei Schiffsbrücken des Xerxes über den Hellespont, 480 v. Chr. – Die Römer leisteten im Br.-Bau Hervorragendes: *pons sublicius,* hölz. Pfahl-Br. über den Tiber; später große, breite Steinbr., von denen viele noch benutzt werden, z. B. die Moselbr. in Trier; die erste Br. über den → Rhein schlug Caesar in zehn Tagen, *bellum Gallicum* IV 17; → Traian. Die Deutschen benutzten lange Zeit Furten (in Deutschland 93 Ortsnamen wie Frankfurt [wobei -furt = Überfahrtstelle], 40 wie Osnabrück; mehr im Englischen auf -bridge). Der Bau einer hölzernen Rheinbr. unter Karl d. Gr. dauerte 10 Jahre. → Wasserleitungen.

F. Kretzschmer, Technik u. Handwerk im Imperium Romanum, 1958; H. Klingelhöfer, Röm. Technik, 1961; P. Gazzola, Ponti Romani, Florenz II 1963; F. Fois, I *Ponti romani in Sardegni,* Sasseri 1964.

Brundisium, heute Brindisi, bedeutende Hafenstadt in Kalabrien, seit 245 v. Chr. röm. Kolonie u. Endpunkt der über Benevent dorthin verlängerten → Via Appia. Nach dem Rückgang → Tarents erlebte Br. einen raschen Aufstieg als Umschlagplatz nach dem gesamten östl. Mittelmeer; eine wichtige Rolle spielte es im Bürgerkriege, als sich 49 v. Chr. die Pompejaner gegen Caesar verteidigten. Im Mittelalter ziemlich bedeutungslos, aufgeblüht zu alter Größe erst wieder nach Eröffnung des Suezkanals 1869. Auch heute geht von Br. aus der kürzeste Anfahrtweg zur See nach Griechenland. – Horaz beschreibt in den *Satiren* (I, 5) auf amüsante Weise eine Reise von Rom nach Br.

Brunnen. Das Bohren eines Br. ist nicht ganz leicht. Wie der Mensch darauf gekommen ist, ist wohl noch nie untersucht worden. Vermutlich geschah es in den Wadis Afrikas, wo man durch Wegschippen des Sandes leicht Wasser findet. Dann ist vielleicht die Notiz bei Plinius, *naturalis* *historia* VII 195, nicht ganz grundlos, wonach ein Ägypter das Br.-Graben erfand und nach Griechenland brachte. Viele Br. haben aber die Gr. nicht gebohrt; notfalls wurden lange → Wasserleitungen gebaut, um Städte zu versorgen. Wirklich ausgebildet haben das Br.-Bohren erst die Römer; in Wohngebieten sinnvoll konstruierte Verteilertürme. Auch → Nymphaeum. – Röm. Br. sind ein Entzücken der Archäologen. Infolge vielhundertjähriger Benutzung ist in sie viel hineingefallen, was man jetzt heraufholt; so sind die römischen Schuhe im Saalburgmuseum (→ Saalburg) ein Br.-Fund.

Brutus. Lucius Iunius Br., der älteste bekannte Angehörige des berühmten patrizischen Geschlechts der Iunier, der nach der Sage bei der Errichtung der röm. Republik eine entscheidende Rolle spielte. Den Beinamen Br. = Dummkopf soll er erhalten haben, weil er sich den Verfolgungen seines Oheims Tarquinius durch geheuchelten Blödsinn entzog. Er wurde 509 v. Chr. (?) mit Tarquinius Collatinus der erste Consul. Bekannt war seine Strenge gegen seine Söhne, die er hinrichten ließ, weil sie an einer Adelsverschwörung zu Gunsten der vertriebenen Tarquinier teilgenommen hatten. Er fiel bald darauf im Kampf gegen den Sohn des Tarquinius, Aruns.

Brutus. Marcus Iunius Br., 85 v. Chr. geb., gehörte schon in jungen Jahren zum engsten Kreise Caesars, so daß man erzählte, er sei sein Sohn. Caesar gab ihm für das Jahr 44 die städtische Prätur. Trotzdem ließ B. sich von den Verschwörern gewinnen und drang in der berühmten Senatssitzung an den Iden des März mit anderen auf C. ein (→ Auch du). Dann ging er nach Asien und rüstete ein Heer, wurde aber mit Cassius bei Philippi von Octavian und Antonius 42 besiegt und stürzte sich in sein Schwert.

G. Walter, *B. et la fin de la Republique,* Paris 1938.

Bryaxis, gr. Bildhauer des 4. Jh. v. Chr., war an der Ausschmükkung des → Mausoleums beteiligt; eine Statuenbasis in Athen trägt seinen Namen; eine Riesenstatue des → Sarapis in Alexandreia war sein Werk.

Buchhandel. Die dichterischen Werke wurden anfangs mündlich überliefert. Erst die Prosaschriftstellerei machte buchmäßige Überlieferung nötig (doch siehe den Anfang des platonischen *Phaidros*). Umfangreicherer B. ist erst in der 2. Hälfte des 5. Jhs. v. Chr. nachweisbar. In der platonischen *Apologie* sagt Sokrates, man könne das Werk des Anaxagoras für 1 Drachme an der *Orchestra* (Büchermarkt?) kaufen. In dieser Zeit nahm auch die Prosaschriftstellerei großen Aufschwung. Es entstanden die 1. größeren → Bibliotheken. Weiteres: → Atticus; Beschreibstoffe; Buchwesen; Verlagsbuchhändler.

E. Stemplinger, B. im Altert., ^{2}1933; T. Kleberg, Buchhandel u. Verlagswesen in d. Antike, d. ^{3}1969.

Buchmalerei → Bilder.

Buchstabenschrift. Eine der größten Erfindungen, die der Mensch je gemacht hat, die B., verdanken wir dem Orient, nämlich den Sumerern, die etwa zu

Ende des 4. Jahrts. v. Chr. eine Schrift entwickelt haben (freilich noch keine B.); vom Zweistromland aus wird sie nach Ägypten, Indien, China gelangt sein. Diese Schrift bestand aus Zeichen; die uns bekannteste ist die in Ägypten verbreitete Hieroglyphenschrift, die zwar nie eine reine Bilderschrift, aber auch nie eine reine Lautschrift war; vielmehr waren Bildzeichen (dargestellte Gegenstände), Lautzeichen (phonetische Z., Konsonantenfolge) und Deutzeichen (stumme Z. zur Verdeutlichung der vokallosen Konsonantenfolge) gemischt. Eine vokallose Schrift erscheint uns sonderbar, aber mit einiger Übung kann man so geschriebene Wörter schon lesen, z. B. die Städtenamen Brln, Mnchn, Lndn, Prs; doch kann der Nachteil der Mehrdeutigkeit nicht vermieden werden. Als später die Notwendigkeit eintrat, etwa auch griech. Namen wiederzugeben, entwickelte sich in Ägypten eine syllabische Schrift, in der auch Vokale angedeutet wurden; immerhin gab es 24 Hieroglyphen, die nur je einen Konsonanten wiedergaben; niemals aber kam man in Ägypten zur reinen Lautschrift.

Im Zweistromland, wo man die Schrift erfunden hatte, war sie wichtig für die Bürokratie: Eigentumszeichen, Stempel, Siegel mit bildhaften Zeichen begegnen uns. Durch Verwendung desselben Zeichens für Worte mit ähnlicher Lautung wird auch hier schon der Übergang zur Silbenschrift erreicht. Das Schreibmaterial, der zähe Ton, legt es nahe, die Schriftzeichen in möglichst gerade Striche zu zerlegen; wegen der keilförmigen Striche, die diese Schrift immer abstrakter werden ließ, nennen wir sie bis heute „Keilschrift“. Wortzeichen und Silbenzeichen werden nebeneinander verwendet, und diese vielseitige praktische Verwendungsmöglichkeit sicherte der Keilschrift ihre weite Verbreitung im ganzen Vorderen Orient; auch die Hethiter zeichneten ihre indoeurop. Sprache in Keilschr. auf. Mit dem 14. Jh. v. Chr. hat sie ihre größte Verbreitung gefunden bis Ägypten, Assyrien, Armenien. Einige Sonderformen kann man herauslösen: In → Ugarit benutzt man eine Schr., die schon die gleiche Buchstabenfolge aufweist wie unsere europäisch-ererbte; eine einfachere Keilschr. mit 36 Silbenzeichen und einigen Wortzeichen eigneten sich die Perser an.

Die Erfindung der Buchstabenschr. zu lokalisieren, ist nicht möglich; Vorstufen sind erkennbar auf der Halbinsel Sinai, einigen Orten in Palästina und Ugarit. Der Durchbruch der B. erfolgte im 12. oder 11. Jh. v. Chr. in phoinikischen Küstenstädten, auf der Grundlage der ägypt. Hieroglyphen in semitischer Vergröberung: 30 Zeichen ohne Vokale, wodurch freilich eine Mehrdeutigkeit nicht vermieden werden konnte. Durch die rege phoinik. Handelstätigkeit verbreitete sich dies Alphabet an allen ägäischen Küsten und gelangte auf diesem Wege in den folgenden Jahrhunderten zu den Griechen. Nun war diese Schrift keineswegs die erste im griech. Raum: Auf Kreta war schon zu Anfang des 2. Jahrts. eine Bilderschr. nach Art der ägypt. Hierogl. in Gebrauch; diese wurde im 17. Jh. abgelöst von einer bis heute noch nicht entzifferten Silbenschrift, → Linear A genannt, welche ihrerseits wiederum ersetzt wurde durch die auch uns lesbare Linear B in griech. Sprache. Diese Schr., die auch vom mykenischen Herrschaftsgebiet auf dem gr. Festland übernommen wurde, scheint aber die Dorische Wanderung nicht überdauert zu haben. Auf den ägäischen Inseln müssen um 1000 v. Chr. schon zahlreiche phoinik. Niederlassungen bestanden haben; um 900 übernahmen die Griechen dort das neue Alphabet und suchten es ihren Bedürfnissen anzupassen; etwa um dieselbe Zeit werden auch hethitische Bildinschriften abgelöst durch solche in phoinik. B. An die Übernahme dieses Alphabets bewahrten die Griechen noch Erinnerungen in der Sage von → Kadmos; dieser König, der die Stadt Theben gegründet haben soll, habe aus Phoinikien die B. mitgebracht. Herodot (V, 59) kannte noch im 5. Jh. v. Chr. in Theben Geräte mit Aufschriften in „phoinikischer" oder „kadmeïscher" B.: Dies ist die Verdichtung eines historischen Vorganges. Wichtigste Begleiterscheinung der Übernahme ist die von den Griechen vorgenommene Anpassung der phoinik. B.: Zur Bezeichnung der Vokale zogen sie einige Zeichen der phoinik. B. heran, die sie für ihre Sprache nicht brauchten, und setzten sie an deren Stelle ins Alphabet ein. An sich hätte ja nahe gelegen, die Vokale voranzustellen und die Buchstaben so zu ordnen: a, e, i, o, u; b, c, d, f, g usw. Durch diesen Austausch aber kommt es, daß die Vokale über das ganze Alphabet verstreut sind. Da die neuen Vokalzeichen an Stelle ausgeschiedener phoinik. Buchstaben getreten sind, hat das griech. Alphabet annähernd so viele Buchstaben wie das phoinik., nämlich 24. Die neue Lautschrift war geschaffen, vorläufig noch in vielen umlaufenden Varianten, von denen sich in längerer, seit 900 anlaufender Entwicklung das milesische Alphabet durchsetzte. Mag nun das Linear-B-System aus mykenischer Zeit fortgelebt haben oder nicht (das ist umstritten), so brachte die neue B. eine Verminderung der Schriftzeichen um 75%! Das Vorhandensein einer verwendungsfähigen B. ist auch Voraussetzung für die Abfassung solcher Großepen wie der Ilias und Odyssee. Die Kenntnis und Verbreitung der Schrift hat denn auch in der → Homerischen Frage eine bedeutende Rolle gespielt. Die ersten schriftl. Denkmäler, olympische Siegerlisten, stammen aus dem 7. Jh. v. Chr., eine der ältesten griech. Inschriften haben griech. Söldner im ägyptischen Abu Simbel etwa um 590 hinterlassen. In Athen wurde das milesische Alphabet 403 v. Chr. offiziell eingeführt.

Diese B. gelangte über Chalkis im Zuge der Kolonialgründungen nach Kyme (→ Cumae) in Unteritalien, das etwa um 750 v. Chr. angelegt worden ist. Ob nun Etrusker und Römer diese B. übernommen und jeweils selbständig weiterentwickelt haben, oder ob die Römer sie von den Etruskern gelernt haben, ist noch strittig. Die goldene Fibel von Präneste mit der ältesten lat. Inschrift stammt jedenfalls aus der Mitte des 7. Jh. v. Chr.; Veränderungen nahmen die Römer kaum vor: Sie setzten als dritten Buchstaben das C ein, fügten G als 7.

hinzu (C. = Gaius). Die griech.-röm. B. kam in das übrige Europa, zu den Spaniern, Franzosen, Engländern, Deutschen usw. Daß es sich dabei immer um dasselbe Alphabet handelt, sieht man an den erwähnten Kennzeichen: der annähernd gleichen Zahl der Buchstaben (während z. B. das Japanische 73, das Sanskrit 331 Zeichen hat), ihren Namen (im Koptischen *alpha, vida, gamma, dalda;* im Russischen *as, buki, glagol, dobro;* also immer wieder a, b, g [c], d usw.) und der Verstreuung der Vokale über das Alphabet hin. → schreiben.

Bei den Germanen entstand (vielleicht aus nordetruskischen oder norditalischen Schriften) gegen Ende des 2. Jhs. v. Chr. die Runenschrift. Sie wurde nicht viel verwendet, und ebenso haben die Germanen trotz ihres langen Verkehrs mit den Römern die Kunst des Schreibens von diesen erst spät übernommen. Erst unter dem Einfluß der Kirche breitete sich durch die Klosterschulen die Kenntnis der Buchstabenschrift auch in Laienkreisen aus.

Ursprünglich schrieb man nur in großen Buchstaben, die Zeilenführung ging bald von rechts nach links wie bei den semitischen Schriften, bald von links nach rechts, manchmal auch „nach der Art des beim Pflügen umkehrenden Ochsen" (gr. *Boustrophedon*); doch setzte sich aus praktischen Gründen Rechtsläufigkeit durch (→ Wortabteilung; Worttrennung). Mit besserem Schreibmaterial (→ Beschreibstoffe) wurden die Buchstaben teilweise miteinander verbunden und kamen kleine Buchstaben auf, wobei man auf Abrundung des Schriftzuges bedacht war. War somit in der Spätantike eine lesbare Gemeinschaft vorhanden, so wurde die Kenntnis der Schrift doch niemals geistiger Gemeinbesitz; unsere heutige Geläufigkeit des Lesens und Schreibens setzt doch wohl eine allgemeine Schulbildung voraus. Schnelles Überfliegen einer Schrift war nicht üblich; man las sich laut und langsam selbst vor (→ Lesen).

A. Mentz, Gesch. d. griech.-röm. Schrift, 1920; W. Schubart, Gr. Paläographie, 1925, neu 1966; H. Arntz, Hdb. der Runenkunde, ²1944; E. Doblhofer, Die Entzifferung alter Schriften u. Sprachen, 1957, neu 1993; I. J. Gelb, Von d. Keilschrift zum Alphabet, 1958; J. Tschichold, Gesch. d. Schrift in Bildern, ⁴1961; H. Förster, Abriß d. lat. Paläographie, ²1963; F. Steffens, Lat. Paläogr., ²1965; G. Pfohl (Hg.), Das Alph., 1968; W. Röllig, Die Alphabetschrift, 1969; H. Jensen, Die Schrift in Verg. u. Ggw., ³1969; M. Kuckenberg, Die Entw. von Sprache u. Schrift, 1989; H. Haarmann, Universalgesch. d. Schrift, 1990.

Buchwesen → Beschreibstoffe. Die Bücher hatten zunächst Rollenform (daher noch jetzt die Rolle des Schauspielers), die in Ägypten seit 3000 v. Chr. aus Papyros hergestellt wurde. Dieser war aber im 5. und 4. Jh. v. Chr. in Griechenland noch selten, erst seit Alexander d. Gr. häufig. Die antike gr. und röm. Literatur ist von Anfang bis Ende getragen von der Papyrusrolle. Erst zuletzt schuf man auch Bücher zum Blättern wie unsere (→ codex). Schilderung einer Buchrolle: Ovid *Tristia* I, 5–12. Die Rollen wurden in runden Schachteln aufbewahrt. Eine solche Schachtel neben dem Bilde oder der Statue eines Mannes charakterisiert ihn als Schriftsteller. Der Papyrus wurde um einen Stab aus Holz oder Elfenbein gerollt, der beiderseits einen Knauf hatte. An den einen wurde ein Zettel mit dem Titel des Buchs gebunden. Wenn die Rollen senkrecht in der Schachtel standen, lagen diese Zettel oben auf und erleichterten das Heraussuchen des gewünschten Buchs. Oft rissen diese Zettel und der leicht zu beschädigende Anfang der Rolle ab und gingen verloren; daher wissen wir von vielen antiken Büchern den Verfasser oder Titel oder beides nicht. Da man die Rollen nicht sehr dick machen konnte, so zerlegte man größere Werke in Teile, die man „Bücher" nannte. Diese entsprechen also unseren Bänden. → Bilder.

Vom antiken → Buchhandel wissen wir wenig. Wichtige politische Reden wurden im Buchhandel als Broschüren veröffentlicht. Auch → Schulbücher. – Zwei Leistungen des byzantinischen, früher ganz unterschätzten B.: das *Corpus iuris* umfaßt heute im Druck 2211 Seiten großen, der Homerkommentar des Eustathios 2292 S. noch größeren Formats. Wenigstens das *Corpus iuris* mußte oft vervielfältigt werden; wenn es nicht an allen wichtigeren Amtsstellen vorhanden war, wäre seine Herausgabe ja zwecklos gewesen. Aber auch der Homerkommentar war viel verbreitet. Über die Vervielfältigung wissen wir nichts; wahrscheinlich schrieben in einem großen Saale mehrere im Schön- und zugleich Schnellschreiben Geübte gleichzeitig nach Diktat. Im Westreich verfiel das B. im frühen Mittelalter fast völlig; dort schrieb dann jahrhundertelang nur je ein Mönch je ein Exemplar des Buchs, das er oder sein Kloster sich wünschte, nach einem geliehenen anderen Exemplar ab. Buchhandel in unserem Sinne gab es also lange Zeit im Westen nicht. Er erwachte neu seit Gutenberg. – Das älteste, wirklich erhaltene (nicht nur durch spätere Abschriften uns bekannte) antike Buch stammt aus dem 4. Jh. v. Chr. Es ist ein Exemplar der *Perser* eines gr. Dichters Timotheos, das man in Busiris, heute Abusir, in Ägypten im Grabe vielleicht eines Dorfschullehrers fand und das sich jetzt in den Berliner Staatl. Museen befindet. Das schönste erhaltene illustrierte antike Buch ist wohl das des Dioskurides in Wien (→ Bilder).

Th. Birt, Das ant. B. u. s. Verhältnis zur Lit., 1882, neu 1959; E. Bethe, Buch u. Bild im Altert., 1945, neu 1965; F. G. Kenyon, *Books and Readers in ancient Greece and Rome,* Oxf. [2]1951; E. G. Turner, *Athenian Books . . .,* Lond. 1952; F. Funke, Buchkunde, 1959; W. Schubart, D. Buch b. d. Gr. u. Römern, [3]1961; H. Hunger, Textüberlieferung, 1975.

Bürgerkrieg. Die gr. Geschichte kennt außerordentlich heftige politische Kämpfe, die gelegentlich, so 404 v. Chr. in Athen, auch zu einem Putsch unter Anwendung von Waffengewalt führten, aber keinen eigentlichen B. Auch dem Rom der älteren Zeit blieb dieser erspart; der Ständekampf der Jahre 500–300 v. Chr. war ebenfalls kein wirklicher B. Ein solcher entstand erst nach 133 v. Chr. zwischen der stolzen, habgierigen Nobilität einerseits und der völlig verarmten Plebs und den bedrückten italischen Bundesgenossen andererseits, die nur die Lasten für das Reich zu tragen hatten, ohne die Vorteile zu genießen. Diese Revolution bezeichnete man schon im Altertum als B. *(bellum civile)*. Die Etappen dieses furchtbaren Kampfes waren: 1. die Zeit der Reformversuche, deren bedeutendste die der → Gracchen waren; 2. die Zeit des Marius und Sulla, in der die führenden Männer ihre Aufgabe darin sahen, den Sieg für die eigne Partei zu gewinnen und zu sichern; 3. die Zeit des Pompeius und Caesar, in der die Parteiführer die Machtmittel der Partei für ihre persönlichen Ziele mißbrauchten. Bezeichnend für diese letzte Phase des B. war die Demoralisierung beider Parteien, besonders des Adels (Catilinarische Verschwörung). Erst Octavian stellte nach dem Sieg über seine Gegner und ehemaligen Freunde den Frieden wieder her. – Die gesamte rom. Kaiserzeit kannte Kämpfe der Thronprätendenten, aber keinen B. → Soziale Konflikte.

Büste, zu lat. *bustum* = Verbrennungsstätte, Grab. Es gab im Altertum hohle B. aus Ton, die einen Toten darstellen, mit einem Loch mit Deckel am Hinterkopf; durch dieses legte man die Asche in das hohle Innere.

Bukolische Poesie, d. h. Hirtendichtung, Schäferpoesie (von gr. *bukolos* = Hirt), schildert das schlichte, friedliche Leben der Bauern und Hirten. Volkstümlichen Hirtengesang zum Klange der Rohrflöte gab es schon in alter Zeit, besonders auf Sizilien, wo er wohl auch zuerst kunstmäßig ausgebildet wurde. Als erster Bukoliker gilt der Grieche Stesichoros aus Sizilien (um 600 v. Chr.), der die Gestalt des schönen Schäfers Daphnis in die Literatur eingeführt hat. Der größte Vertreter der griechischen b. P. war → Theokrit, dessen Idyllen erhalten sind; aus der b. Literatur späterer Zeit ist am bekanntesten der einst vielgelesene, von Goethe (*Gespr. mit Eckermann,* 9. März 1831) als Meisterstück gepriesene Hirtenroman des Longus *Daphnis und Chloe,* wahrscheinlich aus dem 2. Jh. n. Chr. Diese b. P. der Griechen schildert aber nicht wirkliches Bauern- und Hirtenleben, sondern ein erträumtes, idealisiertes; sie entstand in einer Zeit, als die gr. Hauptstädte Großstädte geworden waren, deren Bewohner sich aus Lärm und Steinmauern aufs Land sehnten. Deswegen verschmähten die Römer anfangs die b. P. der Griechen; sie waren noch zu sehr richtige Bauern und empfanden das Unwirkliche dieser Dichtung. Erst kurz vor Chr. Geb., d. h. als auch Rom ein Häusermeer wurde, gelang es → Vergil mit seinen *Eclogae,* die b. P. in Rom einzuführen; neubelebt wurde sie nochmals in Neronischer Zeit. Hirtenmotive spielten im christl. Bereich eine wichtige Rolle. Danach erstand die b. P. neu im 15. Jh. in Italien und ging von dort im 16. Jh. nach Frankreich über. Dort entwickelte sie sich besonders, als sich Paris zur Großstadt auswuchs, also auf gleicher Grundlage wie zur Zeit Theokrits und Vergils. Daß die franz. Schäferdichtung (Fontenelle, Chaulieu, La Fare u. a.) eine Nachahmung der griech. (oder der von der griech.-latein. abhängigen italienischen) ist, ergibt sich schon aus den gr. Namen dieser Schäfer und Schäferinnen, Daphnis, Chloe, Phyllis usw. In Deutschland wurde diese gr.-franz. b. P. im 18. Jh. begeistert aufgenommen (Gottsched, Gleim, Gellert, Geßner). → Arkadien.

W: Bucolici Graeci, hg. A. S. F. Gow, [3]1952; Hirtengedichte aus Neronischer Zeit, hg. u. d. D. Korzeniewski, [2]1987; Hirtenged. aus spätröm. u. karoling. Zeit (ders.), 1976.
L: B. Effe, Theokrit u. d. gr. Bukolik, 1989.

Bundesgenossen, lat. socii, nannten die Römer diejenigen ital. Stämme, die nach ihrer Unterwerfung zwar autonom blieben, aber zur Stellung von Hilfstruppen (meist Reitern) verpflichtet waren. Als diese Stämme ihre berechtigten Forderungen auf Erteilung des vollen röm. Bürgerrechts nicht durchsetzen konnten, kam es 90–88 v. Chr. zum sog. Bundesgenossenkrieg, der Italien schwer erschütterte; danach erhielten alle Italiker das röm. Bürgerrecht.

Busento, Fluß in Kalabrien. Dort bei Cosenza hat man erfolglos nach Alarichs Grab gesucht.

Byrsa, die Burg von Karthago. Die Gründungssage (→ Dido) ist aus dem Namen herausgesponnen (*b.* = Fell).

Byzantinische Kultur. Byzantion ist der alte Name der Stadt, die 330 n. Chr. Hauptstadt des röm. Reichs u. nach Konstantinos d. Gr. Konstantinopolis genannt wurde. Die b. K. rechnet man von Iustinianus I. (527–565) bis 1453 (Einnahme Konstantinopels durch die Türken). Zweifellos war es keine Hochkultur; doch war im Mittelalter die b. K. die führende (→ Hofzeremoniell) unseres Kulturkreises, mindestens bis zur Plünderung Konstantinopels durch die Lateiner 1204. Unterschätzen darf man sie ferner nicht wegen ihrer Wichtigkeit für die „Kontinuität der Bildung“ (→ Kulturzentren). – → auch Prokopios; Konversationslexika.

K. Krumbacher, Gesch. d. byz. Lit. [2]1897, neu 1958; Byzantin. Geschichtsschreiber, d. E. v. Ivanka, XI Graz seit 1954; H. Hunger, Byz. Geisteswelt, 1958; D. Talbot Rice, Kunst aus Byzanz, d. 1959; ders., Byz. Kunst, d. 1964; H. W. Haussig, Kulturgesch. v. Byzanz, [2]1966; ders., Byzantin. Geschichte, 1969; E. Kitzinger, Byz. Kunst, 1984.

Byzantinische Verfassung. Die absolute Monarchie, die sich im Laufe der röm. Kaiserzeit entwickelt hatte und von Diocletian (284–305) durch Gesetz zum Regierungssystem erhoben worden war, wurde im östlichen Teil des Imperium Romanum beibehalten, als dieser 395 n. Chr. ein selbständiges Reich, das byzantinische wurde. Der Herrscher (seit Aurelian, 270–275, *dominus et deus,* „Herr und Gott“; → Vergottung) lebte in seiner vom Volk gänzlich abgeschlossenen Hofwelt und war nur wenigen Höflingen seiner nächsten Umgebung zugänglich. Vor dem Volk erschien er bei feierlichen Empfängen als höheres Wesen mit ungeheurem Pomp (Kleidung: Purpurmantel u. Diadem, Szepter u. Erdkugel in der Hand; → Amtsabzeichen). Die Untertanen waren nach ihrer Stellung zu Thron und Hof in scharfgeschiedene Gesellschaftsschichten geteilt, deren Breite nach unten zunahm, also eine Gesellschaftspyramide, an deren Spitze d. Kaiser stand. Ein starres Hofzeremoniell sorgte mit genauen Vorschriften für den prunkvollen Rahmen u. verschaffte dem Kaiser das Gefühl seiner Gottähnlichkeit. Daher liegt für uns in dem Wort Byzantinismus ein Tadel.

G. Ostrogorsky, Gesch. d. byzantin. Staates, [3]1963 u. 1980; F. Dölger, Byzanz u. d. europ. Staatenwelt, [2]1964; W. E. Kaegi, *Byzantium and the Decline of Rome,* Princeton 1968; Ph. Sherrad, Byz., d. 1972; P. Wirth, Grundz. d. byzantin. Gesch., [2]1989; A. Ducellier, Byzanz, das Reich u. d. Stadt, d. 1990.

Byzanz, gr. Byzantion, von Griechen um 660 v. Chr. als Kolonie gegründet, wichtig wegen seiner beherrschenden Lage am Bosporos. Von Kaiser Konstantin 330 n. Chr. als → Konstantinopel zur neuen Reichshauptstadt erhoben; heute Istanbul (auch dieser Name griech.).

Caecilia Metella, vornehme Römerin, gest. um Chr. Geb., deren „trutzig Totenmal" (Scheffel) an der Via Appia steht: Ein turmartiger Rundbau (→ Grab).

Caere, das heutige Cerveteri, Hafenstadt und wichtiger Platz des alten Etrurien, während seiner Blütezeit im 7. und 6. Jh. v. Chr. in lebhaftem Austausch mit den übrigen Hafenplätzen des Mittelmeeres; für die Archäologie wichtig durch die Aufdeckung der größten Nekropolis Etruriens, die C. mit Tausenden von großen und kleinen Gräbern rings umgibt. → Grab.

M. Pallottino, *La necropoli di Cerveteri,* Rom [5]1960.

Caesar. Gaius Iulius C., geb. 100 v. Chr. (nach Mommsen 102), aus altem patrizischen Geschlecht der Iulier, das als Stammvater Iulus (Ilus), den Sohn des Aineias, und durch diesen Aphrodite als Stammutter verehrte. Die I. waren bis auf C. wenig hervorgetreten. Er gehörte durch seine Tante, Iulia, die Gemahlin des Marius, der Popularpartei an. Wegen seiner Verheiratung mit der Tochter Cinnas, Cornelia, wurde er von Sulla geächtet, aber auf Fürsprache von Freunden begnadigt: C. schlug die Ämterlaufbahn ein: 68 Quaestor, 65 Aedil, 63 Pontifex Maximus, 62 Praetor urbanus. Er gewann großes Ansehen beim Volk und trieb plebsfreundliche Politik. Sein Anteil an der Verschwörung Catilinas ist ungewiß. 60 Dreibund mit Pompeius und Crassus. 59 war er Consul. Als Proconsul ging er 58, zunächst auf 5 Jahre, nach Gallien (Oberitalien und Provence). Sein Ziel war, durch Eroberung des freien Galliens kriegerischen Ruhm u. ein treues, schlagfertiges Heer zu gewinnen, um sich in die erste Reihe neben Pompeius stellen zu können. Er eroberte 58–51 Gallien, wozu er 54 das Kommando auf weitere 5 Jahre erhielt. Zweimal ging er über den Rhein (55, 53) und fuhr zweimal nach Britannien (55, 54). Als Rechenschaftsbericht schickte er die *commentarii de bello Gallico* nach Rom. In jedem Winter weilte er in Oberitalien, um der Hauptstadt näher zu sein. Nach dem Tode des Crassus bei Carrhae (53) entfremdeten sich Pompeius und C. Durch die Forderung des Senats, C. solle sein Kommando niederlegen, kam es zum Bürgerkrieg. Am 10. Jan. 49 überschritt C. den Rubico, die Grenze seiner Provinz („der Würfel sei gefallen" → alea). Als Pompeius nach Griechenland auswich, folgte ihm C. in einer stürmischen Winternacht über das Adriatische Meer, obwohl die

Flotte des Pompeius das Meer beherrschte. In der Schlacht bei Pharsalos (48) erlag Pompeius und wurde auf der Flucht in Ägypten von einem röm. Kriegstribunen erstochen. C. folgte ihm nach Ägypten und entschied den Thronstreit zwischen Ptolemaios und Kleopatra zugunsten der Kl., von der er einen Sohn, Kaisarion, gehabt haben soll. Er zog gegen Pharnakes, den Sohn des Mithradates, und besiegte ihn 47 bei Zela (→ *veni, vidi, vici*). Nach d. Rückkehr nach Rom zog er gegen das Heer der Pompejaner in Afrika und schlug sie bei Thapsus (46); 45 vernichtete er in Spanien die Reste der Pompejaner bei Munda. Seitdem war er faktisch Alleinherrscher. Schon seit dem Siege bei Pharsalus besaß er außerordentliche Vollmachten: Dictatur auf unbestimmte Zeit, Consulat auf fünf Jahre, tribunicische Gewalt auf Lebenszeit. Diese wurden 45 noch erweitert: Verfügung über Staatsschatz und Heer, Münzen mit Porträt, Triumphalgewand und Lorbeerkranz, göttliche Ehren. Der Versuch, den Königstitel anzunehmen, mißlang jedoch.

C. entwickelte eine gewaltige Reformtätigkeit: Ergänzung des durch den Bürgerkrieg dezimierten Senats auf 900 Mitglieder, Herabsetzung der Zahl der Versorgungsberechtigten auf 150000, freigebige Verleihung des Bürgerrechts, Neuordnung des → Kalenders; besonders diese wirkt bis heute in der gesamten Kulturwelt, und im Namen des 7. Monats wird Iulius C. deswegen geehrt. Anderes war geplant: Tiberregulierung, statistische Aufnahme des Reiches, Austrocknung der Pontinischen Sümpfe, Kodifizierung des röm. Rechtes. Groß war C. auch als Schriftsteller. Am bekanntesten ist sein Werk (→ *commentarii*) „Der Gall. Krieg". Es zeigt ihn als meisterhaften Stilisten, der in ganz schlichter, klarer Sprache Militärisches auch dem Nichtfachmann verständlich machen kann. Erstaunlich ist aber vor allem das Geschick, mit dem er es versteht, seine in Wirklichkeit sehr selbstherrlichen Maßnahmen als durch die Lage und durch das Verhalten der Gallier, Germanen und Britannier bedingt darzustellen. Für uns Deutsche ist das Buch deswegen besonders wichtig, weil es die ältesten zusammenhängenden Nachrichten über die Germanen enthält. Außer *de bello Gallico* schrieb C. die Geschichte des Bürgerkrieges *(de bello civili)*. Dieses Werk ist unvollendet (der Zeitpunkt seiner Veröffentlichung ist umstritten; → Hirtius). Mehrere Werke C.s sind heute verloren, darunter *de analogia,* das über Sprachrichtigkeit handelte; auch damit sich zu befassen hatte C. Zeit! Erhalten hat sich daraus der für seine Schriftstellerei charakteristische Satz: „neue und ungebräuchliche Wörter meide wie eine Klippe".

Durch seine Hinneigung zu hellenistischen Regierungstendenzen (er wollte wohl ein absolutistisch regiertes Weltreich nach dem Vorbild Alexanders des Gr. errichten) machte er sich in Rom verhaßt. Über 60 Senatoren, an der Spitze Cassius und Brutus, verschworen sich gegen ihn. Aus 23 Wunden blutend, sank er in der Senatssitzung am 15. März (→ Iden) 44 am Standbild des Pompeius nieder. – Seine Biographie schrieb Sueton. – Togabüste in Berlin, Kolossalkopf im Neapler Nat.-Museum.

W: Bell. Gall. hg. u. d. O. Schönberger, 1990; bell. civ. hg. u. d. ders., [2]1990. Gesamtausgabe A. Klotz, III [2]1961–82.
Ü: Gall. Krieg: Ph. L. Haus, K. Bayer, 1965; Bürgerkrieg: G. Wirth, 1963.
L: E. Meyer, C.s Monarchie u. d. Prinzipat des Pompeius, [3]1923, neu 1963; H. Oppermann, C. d. Schriftsteller u. s. Werk, 1933; ders., 1958 und 1968; H. Strasburger, C.s Eintritt in d. Geschichte, 1938; A. Alföldi, Studien zu Caesars Monarchie, Lund 1953; G. Walter, C., 1955; G. Walser, C. u. d. Germanen, 1956; M. Gelzer, C., d. Politiker u. Staatsmann, [6]1960; F. Adcock, C. als Schriftsteller, [2]1962; D. Rasmussen, C.s Commentarii, 1963; ders. (Hg.), [3]1980; M. Grant, d. 1970; H. Gesche, 1976; Ch. Meier, 1982; E. Bradford, Iulius C., d. 1985; W. Dahlheim, 1987; W. Wirth, 1992; K. Christ, 1994.

Caesar als Berufsbezeichnung (Kaiser, Zar). Daß ein Eigenname zur B. wird, ist sehr selten. C. hat das für seinen Namen erreicht. Zunächst nahm 44 v. Chr. Octavian C.s Namen an; durch ihn wurden die iulisch-claudischen Kaiser *Caesares*. Bei der Neuordnung des Reichs unter Diocletian 293 n. Chr. wurde Caesar Amtsbezeichnung der zwei Unterkaiser, später im Deutschen und Russischen die der Staatsoberhäupter.

Caesarea, gr. *Kaisareia,* Name von Städten, der das Andenken von Caesar bewahrt, z. B. C. in Palästina; C. in Mauretanien, heute Cherchel; C. in Kappadokien, heute Kayseri; auch C. Augusta oder Caesaraugusta, heute Saragossa.

Caesur, „Einschnitt" an bestimmten Stellen im gr. u. lat. → Versbau.

Caligula. Gaius Caesar Germanicus, 3. Sohn des → Germanicus, wuchs im Feldlager in Germanien auf und wurde, da er Soldatentracht trug, von den Soldaten Stiefelchen (von *caliga* = Soldatenstiefel) genannt. Nach dem Tod des Tiberius war er 37–41 n. Chr. Kaiser. Er regierte zuerst maßvoll, verfiel aber dann dem Caesarenwahnsinn (→ *oderint*). Außenpolitisch war seine Regierungszeit eine Zeit der Schwäche. Wohl feierte C. Triumphe, aber ohne wirkliche Schlachten gewonnen zu haben. 41 wurde er nach mehreren mißlungenen Komplotten ermordet. Porträtkopf in Kopenhagen.

P. V. D. Balsdon, *The emperor Gaius,* Oxf. neu 1964.

Camillus. Marcus Furius C., nach d. offiziellen röm. Tradition einer der erfolgreichsten u. bedeutendsten Männer der röm. Frühzeit. Er soll die Volscer u. Aequer besiegt haben u. sechsmal Consulartribun gewesen sein. Als Dictator eroberte er nach 10jähriger Belagerung Veii (396 v. Chr.?). Als die Gallier (→ Allia) Rom zerstörten (390 v. Chr.?), war er nicht in Rom. Erst als die Feinde das Lösegeld erhielten (→ Brennus), kam er dazu und besiegte sie. Seine Geschichte ist ein typisches Beispiel für die Art, wie die spätere röm. Historiographie unter griech. Einfluß die Lücken der röm. Überlieferung durch rührselige Novellen ausfüllte, die sie um einzelne überragende Persönlichkeiten gruppierte. → Gallier(-katastrophe); Frühgeschichte.

Campanien, wohl von der Stadt Capua her benannt, mittelital. Landschaft an der Westküste, im Norden an Latium angrenzend; fruchtbares Gebiet mit reichem Wachstum an Getreide, Öl und

Wein (→ Falerner). Im 9. oder 8. Jh. v. Chr. gründeten gr. Kolonisten Kyme (→ Cumae); von dort aus wurde → Neapel gegründet; eine führende Stellung übernahm unter den Städten später Capua. Wegen seines Reichtums war C. lange heftig umkämpft zwischen Griechen, Etruskern, Samnitern u. Römern; gegen Roms Herrschaft hat sich Capua lange gewehrt u. ist im 2. Pun. Krieg zu Hannibal abgefallen; seiner Selbständigkeit beraubt, erst von Caesar 59 v. Chr. wiederhergestellt; 73 v. Chr. war dort in der Gladiatorenschule der → Sklavenkrieg unter der Führung des Spartacus ausgebrochen. In der Kaiserzeit war Capua eines der führenden Zentren Italiens; 840 von den Sarazenen zerstört, später an anderer Stelle neugegründet. – Wegen mehrerer Vulkanausbrüche (→ Vesuv) hat das Gelände besonders an der Küste erhebliche Veränderungen erfahren. Im Altertum berühmter Badeort: Stabiae; → auch Pompeii; Herculaneum; Italiker.

Campus Martius, das „Marsfeld“, das Gebiet im Tiberbogen nördlich des Capitols vor der Stadtmauer, wo → Mars einen Altar besaß.

Cannae, unbedeutender Flecken nahe dem Meer in Apulien, wo Hannibal 216 v. Chr. die beiden röm. Consuln L. Aemilius Paullus und C. Terentius Varro mit acht Legionen und den Bundesgenossen vernichtend schlug. Man streitet, ob die Schlacht auf dem. r. oder l. Ufer des Flüßchens Aufidus (Ofanto) stattfand; auch ihr Verlauf ist nicht klar (Durchbruchs- oder Umfassungsschlacht). → Hannibal ad portas; vincere scis.

J. Kromeyer, G. Veith, Antike Schlachtfelder, III., 1912 ff.; A. v. Schlieffen, C., [2]1925; F. Cornelius, C., 1932 (Klio Beiheft 26), neu 1963; D. Ludovico, La *battaglia di Canne,* Rom 1958 (mit Luftaufnahmen).

cantica, Gesänge mit Musikbegleitung, die in den Komödien des Plautus zwischen die Dialogpartien eingelegt sind. Während die gr. Vorbilder der röm. Komödie fast ausschließlich auf den gesprochenen Dialog beschränkt waren, geben diese lyrischen Gesangspartien, die Plautus, vielleicht nach hellenistischen Vorbildern, mit großer metrischer Kunst gestaltete, seinem Lustspiel einen ganz neuen Charakter, den eines Singspiels.

Capitol, lat. *(mons) Capitolinus,* der Burgberg Roms. Der Name wird wohl wie Kapital, Kapitel, Kapitell zu *caput* = Kopf gestellt und als „Hauptberg“ gedeutet. Das C. hat zwei Kuppen und zwischen beiden eine Einsattelung. Auf der nördlichen, der *Arx* = Burg, stand der Tempel der → Iuno Moneta, auf der südlichen, dem *Capitolium,* der des Iuppiter Capitolinus. An den Ostabhang lehnt sich das einzige noch ziemlich gut erhaltene antike Gebäude des C., das Tabularium (→ Staatsarchiv). Die Tempel auf der Höhe zerfielen so arg, daß das C. im Mittelalter Weideplatz wurde (*Monte Caprino* = Ziegenberg). Aber die Römer wußten doch immer, was der Berg bedeutete. 1143 legten sie die Stadtverwaltung dorthin. Über dem Iunotempel erbaute man die große Kirche Sa. Maria in Ara Coeli; die Stätte blieb also geheiligt und ist es bis heute. Den Sattel gestaltete Michelangelo zum C.-Platz, mit prachtvoller breiter Freitreppe, der antiken Reiterstatue des Kaisers Marcus Aurelius, anderen Kunstwerken, dem Capitolinischen (Antiken-) Museum u. dem ebenfalls reich mit Antiken ausgestatteten Palast der Conservatoren (Stadträte). Auf der Südkuppe wurde der Palazzo Caffarelli erbaut, der 1823–1870 Sitz der preußischen, dann bis zum ersten Weltkrieg der deutschen Botschaft war u. wo am 21. April (→ Geburtstag) 1829 das Deutsche Archäologische Institut gegründet wurde (→ Archäologie). – Capitolinischer Agon → Nationalspiele.

H. Siebenhüner, Das Kapitol in Rom, 1954.

Capri, lat. *Capreae* = Ziegeninseln, im Golf von Neapel, wegen sonnenbegünstigter Lage und des stärkenden Klimas in allen Zeiten begehrter Erholungsplatz, Besiedlung in frühgeschichtlichen Zeiten nachgewiesen. Kaiser Augustus erwarb die Insel von den Neapolitanern, sein Nachfolger Tiberius erbaute sich dort palastartige Villen, in deren Einsamkeit er sich gern zurückzog. Röm. Badeanlagen und Villen sind heute zu besichtigen.

captatio benevolentiae, „Haschen nach Wohlwollen“, in der antiken Redekunst eine Wendung, die dem Zuhörer schmeicheln und seine Gunst erwerben soll; zitiert wird der Ausdruck in Boethius' Kommentar zu Ciceros *Topica* I. p. 272, 4 (Orelli).

Capua war die Hauptstadt von → Campanien.

Caracalla. Marcus Aurelius Antonius C. (C. ist ein Spitzname nach einem gallischen Gewand dieses Namens, das er seit 213 trug), Sohn des → Septimius Severus u. der Iulia Domna, nach des Vaters Tod Kaiser 211–217. Wie die übrigen → Soldatenkaiser stützte er sich hauptsächlich auf das Heer, das er durch große Geschenke gewann. Er führte mehrere Kriege, besonders gegen die Parther. In der → *constitutio Antoniniana* verlieh er 212 allen Freigeborenen des ganzen Reiches das röm. Bürgerrecht. Damit wurde der Ausgleich zwischen Rom, Italien u. den Provinzen, der sich schon längst angebahnt hatte, vollendet. Neben diesen praktischen Maßnahmen finden sich bei ihm ausgesprochene Wahnvorstellungen u. Scheußlichkeiten, z. B. die Ermordung seines Bruders Publius Septimius Geta und dessen Anhänger. Von seiner Prachtliebe zeugen noch die riesigen, von ihm errichteten Thermen in Rom. 217 wurde er in Carrhae ermordet. – Porträtbüste im Nat.-Museum, Neapel. → Bäder.

O. Th. Schulz, Der röm. Kaiser C., 1909.

carcer [Mamertinus], am forum Romanum, das antike Staatsgefängnis in Rom, mit einem Raume namens Tullianum aus dem 2. Jh. v. Chr., einst einem Quellhaus, noch heute so schaurig, wie ihn Sallust *Cat.* 55, 3f. beschreibt, in dem Iugurtha, die Catilinarier, Vercingetorix hingerichtet und der Legende zufolge Petrus gefangen saß, der mit dem Wasser der Quelle seinen Kerkermeister taufte; deswegen heute Kapelle (S. Pietro in Carcere). Die Bezeichnung Mamertinus ist nachklassisch und irrig. → Gefängnis.

carmen (lat.) = Gedicht. – c. fratrum Arvalium, ein uraltes Kultlied der *fratres Arvales* („Flurbrüderschaft"), das alljährlich im Mai bei ihrem feierlichen Flurumgang unter rhythmischen Tanzbewegungen gesungen wurde, um die Saaten zu entsühnen u. ihr gutes Gedeihen von den Göttern zu erflehen. Bei Ausgrabungen im Hain der von dieser Brüderschaft verehrten Dea Dia nahe bei Rom fand man in einem Steinprotokoll von 218 n. Chr. den Text des Liedes, freilich in sehr junger Fassung. – c. saeculare, Festlied zur Jahrhundertfeier des Jahres 17 v. Chr., von Horaz im Auftrag des Kaisers Augustus gedichtet und von einem Chor von Knaben u. Mädchen vorgetragen. Das Fest wurde vom Kaiser im Anschluß an eine alte Tradition veranstaltet, um der von ihm begründeten neue Aera die religiöse Weihe zu geben; das feierliche Lied, in dem Horaz seine Aufgabe würdig gelöst hat, ist ein kulturhistorisch wertvoller Beweis für die Stimmung, die damals offenbar im Volke lebendig war. – c. saliare, Lied der röm. Kultgenossenschaft der → *Salii,* die alljährlich im März und Oktober, also am Anfang und Ende der Kriegszeit einen Kulttanz zu Ehren des Mars abhielten; der Tanz und das Lied sollten dessen Gunst erbitten. Das *c. S.* (auch *Axamenta* genannt) war schon zu Ciceros Zeit unverständlich; nach den erhaltenen Resten stammte es aus altersgrauer Zeit.

W: Arvallied: → Arvales. – Salierlied: Fragm. Poet. Rom., hg. E. Baehrens, 1886. *L:* E. Norden, Aus alten Priesterbüchern, 1939.

carpe diem, „pflücke den Tag", d. h. laß ihn nicht ungenützt vorüber; bei Horaz, *Oden* I 11, 8 knappste Formulierung seiner Lebensweisheit, nach der man dankbar die Gaben der gegenwärtigen Stunde genießen soll.

Cassiodorus. Magnus Aurelius C., geb. um 490 n. Chr. als Sohn einer alten röm. Familie. Senator und leitender Minister Theoderichs, blieb auch nach dessen Tode bis 538 im Amte und führte bis zu seinem Tode (um 583) ein beschauliches, der Wissenschaft gewidmetes Leben im Kloster Vivarium (Vivarese) in Bruttium. Er unterrichtete die Mönche, sammelte Handschriften u. machte den Mönchen das Abschreiben von Büchern zur Pflicht. Damit wies er dem gerade entstehenden Benediktinerorden neue Wege. Auf diese seine Grundregeln *(institutiones)* gingen die Klosterschulen und die Sammlungen von Vervielfältigungen aus der antiken Literatur zurück, durch die die geistige Kultur des Römerreiches in das Mittelalter hinübergerettet wurde und damit dem Abendlande erhalten blieb. Unter seinen Werken sind als Geschichtsquellen wichtig 12 Bücher *Variae,* eine Sammlung von Briefen und Urkunden aus seiner amtlichen Tätigkeit. Weiter schrieb er eine Chronik von der Erschaffung der Welt bis 519, eine *Geschichte der Goten,* die verloren ist, aber die Hauptquelle für → Iordanes war, und eine Kirchengesch., die als Hauptlehrbuch für die abendländische Geistlichkeit das Vorbild für mönch. Geschichtsschreibung wurde. Auch seine philosophischen Schriften, in denen er eine Verbindung zwischen Theologie und weltlicher Wissenschaft erstrebte, wurden für das Mittelalter wichtig. Seine Einteilung der Schulwissenschaften in die → 7 freien Künste galt das ganze Mittelalter hindurch. → *Gramm – loquitur*.

W: Variae, hg. Th. Mommsen, 1893–94; *Institutiones,* hg. R. A. B. Mynors, Oxf. [2]1961; Kirchengeschichte: Hg. W. Jacob, R. Hanslik, 1952.

Cassius. Gaius C. Longinus, aus plebeisch. Geschlecht, kämpfte im Bürgerkrieg auf der Seite des Pompeius. Nach der Schlacht bei Pharsalus verständigte er sich 47 v. Chr. mit Caesar und wurde für 44 Praetor, stiftete aber die Verschwörung gegen Caesar an. [„Laßt dicke Männer um mich sein . . .; der C. hat solch hohlen Hungerblick; er denkt zu viel; die Männer sind gefährlich," Shakespeare, *Iul. Caes.* I, 2]. Nach Caesars Ermordung zog er nach Syrien und marschierte dann mit Brutus nach Europa. Bei Philippi 42 geschlagen, stürzte er sich in dem Glauben, es sei alles verloren, in sein Schwert. Er wurde als „letzter Römer" gefeiert.

Cassius Dio aus Bithynien war unter verschiedenen Kaisern der Dynastie der Severer als hoher Beamter tätig, zog sich aber 229 n. Chr. ins Privatleben zurück und schrieb eine (nur teilweise erhaltene) röm. Geschichte in 80 Büchern, in der er Roms Geschick von der Gründung bis zur Regierung des Severus Alexander (229 n. Chr.) in streng annalistischer Weise nach guten Quellen behandelte. Sein Standpunkt ist der eines guten kaiserlichen Beamten, der für die Kämpfe der früheren Jahrhunderte wenig Verständnis hat.

W: Hg. U. P. Boissevain, Berlin, V [2]1955–59. *Ü:* O. Veh, V 1985–87.

Cassius Felix, röm. Arzt des 5. Jh. n. Chr. in Afrika, verfaßte ein Rezeptbuch in 82 Kapiteln über ebensoviele Krankheiten.

W: Hg. V. Rose, 1879.

Castor und Pollux (besser: Kastor), die beiden → Dioskuren.

castra (lat.) = (militärisches) Lager, castellum = kleines L., → Lager.

Catilina. Lucius Sergius C., geb. um 108 v. Chr., aus patrizischem Geschlecht, aber, wenn wir Cicero und Sallust glauben können, früh verlottert und verdorben. Er ist zum Typus des gewissenlosen, patrizischen Abenteurers geworden, der durch die Bürgerkriege demoralisiert war und dem alle Mittel recht waren. Er sog als Propraetor 67/66 Afrika auf das schamloseste aus; er wurde nachher deswegen angeklagt, aber von den parteiischen Richtern, seinen Standesgenoss., freigesprochen. Mit verarmten Adligen und einigen Vertretern der Volkspartei schloß er einen Bund mit dem Ziel, durch einen Staatsumsturz den Verschworenen Besitz und politische Macht zu verschaffen. Geplant war zunächst die Ermordung der für 65 gewählten Consuln. Der Versuch schlug fehl, ebenso wie C.s Bewerbung um das Consulat für 63. Gewählt wurde Cicero. Dieser enthüllte die Verschwörung und erhielt darauf unbeschränkte Vollmacht *(Senatus consultum ultimum)*. Nach der 1. Rede Ciceros im Senat am 7. Nov. 63 (→ Stenographie; *quousque tandem*) ging C. zu einem bereitstehenden Heer der Aufrührer nach Faesulae (jetzt Fiesole) in Etrurien. Am 8. Nov. erreichte Cicero durch die 2. Rede die Ächtung C.s. Die 3. Rede berichtete dem Volk über die Senatssitzung u. das Untersuchungsergebnis. Am 5. Dez. wurden die Verschwörer nach der 4. Rede zum Tode verurteilt und, soweit man ihrer habhaft geworden war, im Tullianum (→ carcer) erdrosselt. C. fiel Anfang 62 bei Pistoria. Die Reden Ciceros sind nicht so gehalten, wie sie jetzt vorliegen, sondern von Cicero für die Herausgabe bearbeitet. Außer ihnen unterrichtet uns über C. das *bellum Catilinae* Sallusts. – Catilinarische Existenzen, Gescheiterte, die wie C. nichts mehr zu verlieren haben und darum alles wagen; von Bismarck am 30. Sept. 1862 geprägter Ausdruck.

L. Hutchinson, *The conspiracy of C.,* Lond. 1967; E. Manni, L. S. Catilina, Palermo 1969; H. Drexler, Die catilinarische Verschwörung, [2]1989.

Cato. Marcus Porcius C., 234 – 149 v. Chr., zum Unterschied von seinem Urenkel (→ u.) als *C. maior,* der ältere C., bezeichnet; ein echter Römer alten Schlags und eifrigster Vertreter der nationalen Richtung in Literatur und Leben, daher in starker Opposition zu den Scipionen und ihrem Kreis, die das in Rom eindringende Hellenentum nachdrücklich förderten (→ Philosophengesandtschaft). Er war Feldherr, Staatsmann (184 Censor; Beiname *Censorius*), Redner, Historiker und Fachschriftsteller; alle seine Werke verfaßte er im Gegensatz zu vielen griech. schreibenden röm. Schriftstellern seiner Zeit lateinisch und wurde so zum Sprachschöpfer und Begründer eines entwicklungsfähigen lat. Prosastils und zum ersten eigentlichen Prosaiker der Römer. Sein Hauptwerk waren die *Origines,* eine „Urgeschichte" Roms und der italienischen Stämme, in der er nicht mehr wie die → Annalisten einzelne Tatsachen von Jahr zu Jahr aufzählte, sondern zusammengehörige Ereignisse von der Gründungssage (daher der Titel, der nur für die ersten drei Bücher zutrifft) bis in die selbsterlebte Zeit zu einheitlicher Darstellung zu verbinden suchte. Abgesehen von dürftigen Fragmenten der Orig. ist nur sein Buch *de agricultura* (der Landbau) erhalten, die älteste lat. Prosaschrift, die wir besitzen, ein interessantes Stück alten unverfälschten Römertums. → *ceterum censeo;* Scipio.

W: Origines: HRR; de agr. hg. u. d. O. Schönberger, 1980.
L: D. Kienast, C., der Censor, 1954, neu 1979; F. Della Corte, *Catone Censore,* Florenz [2]1969; A. E. Astin, *C. the Censor,* Oxf. 1978.

Cato. *Marcus Porcius C. Uticensis,* Urenkel des vorigen, so genannt, weil er sich nach dem Untergang der Republik in Utica tötete (46 v. Chr.). In der Kaiserzeit wurde er zur Idealgestalt des echten stoischen Republikaners. Bekannt ist er durch das stolze Wort: *victrix causa deis placuit; sed victa Catoni* = die siegreiche Sache gefiel den Göttern; aber die besiegte einem C. (Lucanus, *Pharsalia* I 128).

Catull. Gaius Valerius Catullus, ca. 87–54 v. Chr. In Verona geb., kam er früh nach Rom, wo er im Kreise gleichgesinnter Freunde ein freies Dichterleben führte; als genialer Vertreter einer neuen literarischen Richtung (*neoterici,* → Neoteriker), die Cicero als „die Modernen" bezeichnet hat, steht er den bedeutendsten Lyrikern der Weltliteratur ebenbürtig zur Seite; der erste Römer, in dessen Dichtungen sich das persönliche Leben stark und rein widerspiegelt. Er begann mit Übersetzungen und Nachbildungen gelehrter und kunstvoller alexandrinischer Gedichte, besonders des Kallimachos (→ Berenike); viel wertvoller u. hinreißend frisch u. ursprünglich seine persönlichen Herzensergießungen, gleichsam ein poetisches Tagebuch, in dem er allen Gefühlen und Stimmungen seines jugendlich empfindsamen Herzens unmittelbaren Ausdruck verleiht. Neben Hochzeitsgedichten, Freundschafts- und Trinkliedern, Spottversen und politischen Epigrammen stehen die berühmten Liebeslieder auf Lesbia (Clodia; → Claudier), eine vornehme Römerin, die sein Glück und sein Verhängnis wurde. In seinen scheinbar spielend hingeworfenen und doch höchst kunstvollen Versen hat er die spröde lat. Sprache den verschiedensten griech. Metren erschlossen. Er beherrschte viele Formen der kompositorischen Gestaltung (Brief, Epigramm, Mono- und Dialog, Elegie, Epyllion); seine Sprache besaß eine reiche Ausdrucksskala für alle Nuancen seines Stimmungs- und Erlebnisreichtums. Diese Ausdrucksfähigkeit, verbunden mit Bekenntniskraft und rückhaltloser Selbstäußerung, sichert den Liedern historischen Rang und einen einmaligen Platz in der röm. Literatur. – Einige Lieder übersetzte geistesverwandt E. Mörike. Eine Rezeption erfuhr C. erst im 20. Jh.: Ezra Pound; C. Orffs Vertonungen. → Hochzeit; Attis.

W: Hg. u. komm. W. Kroll, [5]1968; R. Helm, [2]1971; hg. u. d. W. Eisenhut, [10]1993. – *Ü:* M. Brod, 1914.
L: R. Heine (Hg.), 1975; H. P. Syndikus, III 1984–90; E. A. Schmidt, 1985.

Caudinische Pässe, ein Gebirgspaß nahe der samnitischen Stadt Caudium (Montesarchio), wo ein röm. Heer 321 v. Chr. von den Samnitern infolge der Unvorsichtigkeit der röm. Consuln eingeschlossen und zur Ergebung gezwungen wurde. Es mußte unter dem → Joch hindurchgehen.

Cave canem, (lat.) = „Achtung! Bissiger Hund!", bisweilen im Fußbodenmosaik an antiken Haustüren.

Celsus, Aulus Cornelius, röm. Gelehrter des 1. Jh. n. Chr., war Verfasser eines enzyklopädischen Werkes mit dem Titel Artes, aus dem sich ein umfangreicher Teil über die → Heilkunde erhalten hat: Über Lebensweise, Klimaeinflüsse, Krankheiten, Heilmittel, Chirurgie. Ob C. wirklich Fachmann war, bleibt unsicher; die 8 überlieferten Bücher stellen jedenfalls eine unschätzbare Quelle für die Geschichte der Medizin dar.

W: Hg. F. Marx, 1915. – *Ü:* E. Scheller, W. Frieboes, [2]1906, neu 1967 (mit. Komm.).

Cena Trimalchionis, das Gastmahl bei Trimalchio, der Titel einer größeren Einlage im satirischen Werk des → Petron.

censor. Das Amt des Censors war das vornehmste in Rom (→ Ämterlaufbahn); dazu wurden nur die bewährtesten und sittenstrengsten → Consulare gewählt. Die C. waren „Schätzer", d. h.

die obersten Steuerbeamten der röm. Bürgerschaft. Alle 5 Jahre wurden 2 C. gewählt. Ihre Aufgaben waren: 1. Aufstellung des neuen Bürgerverzeichnisses für Steuer- und Aushebungszwecke; 2. Verteilung der Bürger auf die Stände: Bürger, Ritter und Senat nach Vermögen, Geburt und sittlicher Führung; daher 3. Beurteilung des Lebenswandels der Bürger, besonders der Senatoren und Ritter, die sie aus ihren Ständen ausstoßen konnten; 4. Feststellung der Liste der Senatoren; 5. desgl. des Gemeindehaushaltes, besonders der laufenden Ausgaben, z. B. für Tempel und Straßen (→ Via Appia). → *lustrum;* Cato; *census.*

Censur, lat. *censura,* das Amt des → Censors.

census, die in Rom alle 5 Jahre stattfindende Steuereinschätzung u. Sittenprüfung der Bürger (→ *censor; suovetaurilia*). Die Fünfjährigkeit des c., wonach man die einmal festgesetzten Steuern 5 Jahre lang gleichmäßig zu zahlen hatte, entstammte einer primitiven Periode der röm. Wirtschaft, in der man mit großen Gewinnen durch Konjunkturausnutzung (→ Handel) und Spekulationen bzw. mit entsprechend plötzlichen großen Verlusten noch nicht rechnete. Das wurde aber nicht geändert, bis der c. als Steuereinschätzung 168 v. Chr., nach Einbringung der Beute aus der Schlacht von Pydna, dadurch wegfiel, daß der röm. Bürger überhaupt keine Steuern zu zahlen hatte. Den letzten c. als Sittenprüfung usw. hielt in der alten republikanischen Form → Vespasianus mit seinem Sohn Titus ab (74 n. Chr.).

centum (lat.) = 100. Dazu: *centuria* = Hundertschaft (→ Heeresorganisation); *centurio,* Führer einer Centurie, „Zenturio“, 60 bei jeder Legion (→ Offiziere). – Zentner = 100 Pfd.

Ceres ist die Göttin, die die Feldfrucht wachsen und reifen läßt. Sie wurde zusammen mit → Liber und Libera in einem im Jahre 493 v. Chr. geweihten Tempel, der beim Circus Maximus lag, verehrt. Wahrscheinlich steht hinter dieser Trias die griechische, bestehend aus → Demeter, Kore und Dionysos. Nach griech. Vorbild machte man C. auch zur Tochter des → Saturnus, zur Schwester → Juppiters und Mutter → Persephones. Der Getreidehandel stand unter dem Schutz der C. (→ *Aedilis*).

H. de Bonniec Le culte de C., Paris 1958.

ceterum censeo, „im übrigen stelle ich den Antrag“, eine Verkürzung des Ausspruchs, den Cato (nach Plutarch, *Leben des älteren C.* 27) vor dem 3. punischen Krieg bei jeder Gelegenheit im Senat getan haben soll: Die hartnäckige Forderung nach völliger Zerstörung Karthagos. Der häufig zitierte lat. Wortlaut *(c. c. Carthaginem esse delendam)* ist in dieser Form nicht authentisch.

Chaironeia, Provinzstadt in Boiotien, berühmt durch die Schlacht 338 v. Chr., in der Philipp von Makedonien trotz aller Tapferkeit der hl. Schar der Thebaner und der Athener die Freiheit Nord- u. Mittelgriechenlands vernichtete, aber die gr. Einheit gründete. Ein marmorner Löwe hütete und hütet heute auf dem Schlachtfeld das Grab der gefallenen Thebaner (→ Massengräber); Heimat Plutarchs.

chaos (gr.), zu *chainein* = gähnen, bedeutet zunächst einen gähnenden, leeren Raum. Nach Hesiodos, *Theogonie* 116, entstand dieser von allem, was ist, zuerst; wie, woraus, warum, auf wessen Veranlassung, wird nicht gesagt. Dieses „Leere" wird aber dann auf Grund des primitiven Wunsches nach Vorstellbarkeit, der sich auch bei Homer und sonst oft im gr. Geistesleben findet (z. B. Phobos, Nike, die Furcht, der Sieg, als Gottheiten), zu einem Concretum und zeugt die Finsternis und die Nacht. In Hesiods Vers 700 jedoch bedeutet *ch.* wieder abstrakt „Weltraum". Bei Ovid *Metam.* I 7 ist *ch.* eine „rohe Masse", in der die Keime alles später Gewordenen noch ungeordnet durcheinander lagen; danach so in unserem Sprachgebrauch.

charis (gr., zu *chairein* = sich freuen) = Anmut. Charis, Göttin der A., bei Homer Gattin des Hephaistos; da aber sonst Aphrodite dessen Gattin ist, ist Ch. nur ein Beiwort dieser. Chariten, bei den Römern Gratiae = Grazien, untergeordnete Göttinen, Dienerinnen Heras und Aphrodites. Man nennt gewöhnlich drei: Euphrosyne = Frohsinn, Aglaia = Glanz, Thaleia (auch der Name einer Muse) = die Blühende. Ein unbek. Künstler hellenistischer Zeit stellte die drei Ch. nackt dar, eine in Rückenansicht. Diese Gruppe war sehr beliebt und wurde oft nachgebildet; man kennt viele antike Kopien, dazu solche aus der Renaissance.

E. Schwarzenberg, Die Grazien, 1966; K. Deichgräber, Ch. und Chariten, 1971.

Charisius, Flavius Sosipater, röm. Grammatiker des 4. Jh. n. Chr., schrieb eine Grammatik (Grundbegriffe, Stilistik, Metrik) mit sorgfältigen Zitaten aus älteren Autoren.

W: GrL.

Chariton, gr. Romanschriftsteller etwa um 100 n. Chr., beschrieb in 8 Büchern die Geschichte von Chaireas und Kallirrhoe und damit den ältesten gr. → Roman; Liebeserlebnisse und Reiseabenteuer sind, wie in fast allen Romanen, seine Hauptbestandteile; rasch wechselndes Milieu, Personencharakteristik, übersichtliche Handlung bei aller Vielfalt, dramatische Zuspitzung – diese Vorzüge machten den Roman sehr beliebt.

W: Hg. F. Zimmermann (Abh. Leipzig 51/2), 1960 (mit *Ü*).
Ü; Ch. G. Heyne, 1752.

Charon (gr., lat.), Fährmann, der die Toten in einem Kahn in die Unterwelt (→ Hades) fuhr. Er erhielt dafür eine kleine Münze (→ Münzen im Munde), bei den Griechen 1 *obolos,* den Charonsgroschen.

Charondas aus Katane in Unteritalien wurde im 6. Jh. v. Chr. von seinen Mitbürgern zum Ordner des Staates bestellt. Seine Gesetze waren besonders in Unteritalien berühmt, wo sie von anderen Städten, z. B. von Rhegion, übernommen wurden. Die antiken Berichte darüber sind unzuverlässig.

Chatten, ein bedeutender Germanenstamm an den Flüssen Eder und Fulda, wurden vom Kaiser → Domitian bei der Anlage des → Limes aus der Wetterau verdrängt. Lat. Chatti über Hassii zu Hessen.

Cherusker, germanischer Stamm zwischen Weser und Elbe, unter

Augustus unter röm. Oberhoheit. 9 n. Chr. verbündeten sie sich mit anderen Völkern, traten an die Spitze des Bunds und besiegten die Römer (→ Arminius). 16 n. Chr. kämpften sie siegreich gegen Marbod. Dann verschwanden sie aus der Geschichte.

Chiasmus, chiastische Wortstellung, Stellung der Wörter übers Kreuz, in Form des gr. Buchstabens X (chi); statt: das sagte der Vater ... da sagte die Mutter ... vielmehr: das sagte der Vater ... die Mutter sagte. Dadurch wird Eintönigkeit vermieden.

chimaira (gr.), eigentlich „Ziege", weiterhin gr. Fabelwesen, vorn Löwe, in der Mitte Ziege, statt des Schwanzes eines Schlange (Homer, *Ilias* VI 181; danach Chimäre = Phantasiegebilde), von Bellerophon(tes) getötet; berühmte Darstellung in Bronze im Archäolog. Museum in Florenz, wahrscheinlich etruskischen Ursprungs.

China. Bei Markianos von Herakleia (*Fahrten im äußeren Meere,* I 40–51) haben wir eine ganze Reihe von Angaben über Ch. Markianos schrieb um 400 n. Chr., verdankte aber seine (nur knapp für die Praxis der Seeleute dargelegten) Erkenntnisse weit älteren Werken. (Bei M. spielt auch ein über Ch. hinaus liegendes „südliches, unbekanntes Land" eine Rolle. Den gr. Ausdruck hierfür übersetzte man ins lat. mit *terra australis incognita;* danach wurde, nach seiner Entdeckung, Australien benannt.) Alte chin. Autoren sagen, seit An-tun (d. i. der röm. Kaiser Marcus Aurelius Antoninus) 166 v. Chr. über Annam eine Gesandtschaft nach China geschickt habe, stehe dieses in direktem Handelsverkehr mit Rom. In einem chinesischen Buche *Nachrichten üb. die Westländer* sind die Entfernungen nicht in chinesischen Maßen, sondern in gr. Stadien angegeben, wohl auf Grund eines gr. Handbuchs für Reisende nach Ch. Auch später findet sich direkter Verkehr Europas mit Ch. Die Nachricht über direkten Handel des antiken Rom mit Ch. überrascht uns nur deswegen, weil wir an die Absperrung des Orients durch die Türken gewöhnt waren, die den langen Seeweg um das Kap der Guten Hoffnung nötig machte; die Römer fuhren nilaufwärts, gingen mit Karawanen östlich durch die Wüste, schifften sich in Myushormos oder Berenike am Roten Meer ein. → Periplus; Seide.

W: Geographi Graeci Minores, hg. C. Müller 1855 ff.

L: A. Herrmann, D. Verkehrswege zw. China, Indien u. Rom um 100 n. Chr., 1922.

Chios, eine der griech. Inseln vor der kleinasiat. Küste, auf der nach einer Legende Homer lange gelebt haben soll; noch später bestand dort eine angesehene Schule von → Rhapsoden, die sich *"Homeriden"* nannten (→ Sieben Geburtsstädte Homers).

chiton → Hemd.

Choliambus → Hinkiambus; nicht mit → Choriambus zu verwechseln.

Chor. Griechisch *choros* bedeutet ursprünglich und noch bei Homer Tanzplatz (verwandt mit lateinisch *hortus* = Garten); später die Tanzgruppe, den Gesang und Tanz selbst. Der Ch. war ein Reigen, ein Schreiten in langsamen, feierlichen Rhythmen (so noch jetzt bei gr. Bauern), häufig zu Ehren eines Gottes, also Gottesdienst. Ein Sänger trug zur Kithara ein Lied vor; die Tänzer führten in der älteren Zeit um ihn nur die Bewegungen aus; später sekundierten sie ihm. Die Stoffe der Texte wurden der Sage entnommen. In historischer Zeit liebten besonders die peloponnesischen Dorier die Chöre, die dem Vergnügen, aber auch der Ertüchtigung der Jugend dienten; so die Kriegstänze in Sparta, wo die Tanzgruppe siegte, die in der glühenden Sonne des griech. Sommers am längsten aushielt. Im allgemeinen wurde mit Abfassung des Liedertextes ein Chordichter betraut, der auch die Chöre einstudierte. Die bedeutendsten unter ihnen waren Alkman, Stesichoros, Ibykos, Simonides, Bakchylides u. Pindar (→ Einzelartikel). Der Dialekt dieser Lieder war dorisch.

Schon in der Zeit Pindars, des größten Chordichters, hatte sich das dorische Chorlied mit dem ionischen Iambus zu einer neuen Einheit von größter dichterischer Feinheit zusammengeschlossen, der attischen Tragödie u. Komödie (→ Drama). Der Ch. der Tragödie war in der ältesten Zeit deren wichtigster Teil, in der klassischen trat er immer mehr hinter der Handlung zurück. Die Choreuten traten meist in der Maske von Männern oder Frauen der Stadt auf, in der die Handlung des Dramas spielte. Der Ch. griff nicht direkt in das Stück ein, sondern verfolgte nur die Handlung mit Anteilnahme und sprach seine Ansichten, Hoffnungen und Befürchtungen aus. So wurde er für den Dichter zu einem Mittel, um seine persönliche Ansicht zu sagen (wie in Schillers *Braut von Messina*). Der Ch. zog bei Beginn des Stückes in die Orchestra ein, wo er seine Stasima (→ Stasimon) sang. Die Zahl der Mitglieder betrug 12, seit Sophokles 15. Z. T. wurde er in Halbchöre gegliedert, die sich im Gesang abwechselten und einander antworteten, ein Mittel, das besonders in aufgeregten Situationen auf der Bühne seine Wirkung nicht verfehlte. An der Spitze des Ch. stand der Chorführer (→ Koryphaios), der z. T. als Sprecher des Ch. in den Dialog eingriff. Die Lieder des Ch. wurden in der Tragödie durch die Phorminx (→ Lyra), in der Komödie durch die Flöte begleitet. Sie sind strophisch gebaut; einer Strophe entspricht jedesmal eine Gegenstrophe im gleichen Versmaß. Mehrere solcher Systeme ergeben ein Chorlied. Die Verse sind im Einzugs- und Schlußlied häufig anapästisch (→ Anapäst); die Stasima verwenden viele verschiedene lyrische Versmaße, oft sehr komplizierte, die d. Wissenschaft große Rätsel aufgeben. – Der Chor der Komödie, mit 24 Mitgliedern, spielt ungefähr dieselbe Rolle wie der der Tragödie, hat aber als eignen, charakteristischen Bestandteil in der älteren K. noch die → Parabase. → Choreg.

T. B. L. Webster, The Greek Chorus, Lond. 1970; → Komödie.

Choreg, gr. *chor-egos,* bedeutet wörtlich „Chorführer“. Indessen hieß der wirkliche Anführer des Chors auf der Bühne (→ Chor) *koryphaios*. Als Choregen bezeichnete man den reichen athenischen Bürger, dem von staatswegen die Aufführung einer tragischen Trilogie aufgetragen wurde. Er hatte die Kosten für den Chor zu tragen und erhielt im Falle des Sieges als Preis einen Efeukranz (→ Drama; Leiturgien).

Choriambus, der Versfuß (→ Metrik) –◡◡–, d. h. ein –◡, Trochaeus mit einem ◡–, Iambus; nicht mit Choliambus zu verwechseln, → Hinkiambus.

Christentum. In Deutschland kann man ein heidnisches Altertum und, seit Bonifatius (gest. 754), ein christliches Mittelalter scheiden. (Vorhanden war das Chr. freilich schon früher, es begann schon im 2. Jh. n. Chr. am Rhein.) Für die Mittelmeervölker ist diese Scheidung falsch. Setzt man das Ende des gr. → Altertums auf 529, so hat doch Christus 500 Jahre früher, also im Altertum gelebt. Das Chr. ist eine der vielen oriental. Religionen, die seit alter Zeit in die gr.-röm. Welt eindrangen. Christus stand vor einem röm. Richter; Paulus war röm. Bürger. Außer dem Neuen Testament bieten uns die ältesten Nachrichten über das Chr. röm. Schriftsteller, und gar nicht etwa nur solche des späten und spätesten Altertums, sondern Tacitus (*Annalen* XV 44: die *Christiani* angeblich schuld am Brande Roms 64 n. Chr.; „der Name *Chr.* stammt v. einem *Christus,* der unter Tiberius von dem Landpfleger Pontius Pilatus hingerichtet worden war“) und Plinius, *Briefe* X 96 (→ Pl. d. Jüngere), Sueton, auch Josephus. Man könnte allenfalls eine vorchristl. von einer christl. Antike scheiden; auf jeden Fall ist das Chr. eine der größten und sicher die bis in die Gegenwart folgenreichste geistige und kulturelle Bewegung des Altertums. Doch nahm das antike Chr. zu den Kulturformen seiner Umwelt eine charakteristische Stellung ein, die auch in den einzelnen Gegenden und Teilen je nach den Anschauungen der Anhänger wechselte. Als große Gesichtspunkte lassen sich folgende aufstellen: 1. Die spezifisch jüdischen Gebräuche wurden in den Auseinandersetzungen mit den Judenchristen schon im 1. Jahrh. n. Chr. abgeworfen: Auszug aus der Synagoge, Verlassen des Gesetzes, der Speisevorschriften, der Kultgebräuche und des jüdischen Festkalenders (→ auch Ostern). 2. Die kulturellen Formelemente, in denen sich das Christentum ausdrückte, waren naturgemäß die seiner Umwelt, des latein.-griech. Kulturkreises im Zeitalter des Hellenismus und später, in dem sehr verschiedene Elemente miteinander verbunden waren. 3. Die theologische Entfaltung der Glaubenswahrheiten geschah mit den Denkmitteln der griech. Philosophie; nicht nur der Neuplatonismus, auch der Aristotelismus und die Stoa lieferten ihre Begriffe (die Logosspekulation in neuer Prägung findet sich schon bei Johannes 1, 1). 4. Bei den Verwaltungseinrichtungen der Kirche waren vielfach die römischen Formen maßgebend. – Man kann fragen, wie das Chr. seinen relativ schnellen Sieg über Griechen u. Römer erreichte. Es kam aus einem sehr kleinen Lande; die Juden, mit denen man die Christen natürlich zuerst zusammenwarf, waren verachtet (→ Antisemitismus); das Land war schmucklos. Und nun der plötzliche Einfluß noch dazu einer Religion armer, einfacher, ungebildeter Leute auf die Griechen mit ihren stolzen geistigen und künstlerischen Leistungen! Mit dem Verfall der gr. Religion (→ Religionen im Altertum) kann man den Sieg nicht erklären; warum siegte dann gerade das Chr. und nicht z. B. die Isis- oder Mithrasverehrung? Auch der Hinweis auf die innere Wahrheit und Schlichtheit des Chr., die Klarheit u. Eindringlichkeit vieler Stellen des Neuen Testaments beantwortet die Frage noch nicht restlos; denn die anderen orientalischen Religionen waren auch nicht ohne Erhabenheit und Überzeugungskraft und hatten vor allem sehr erschütternde Kulte. Die Griechen hatten ihre Religion sehr frei aufgefaßt und in ihrer Philosophie den Skeptizismus, ja den → Atheismus vertreten; dagegen war das Chr. in seinen Forderungen sehr viel strenger (→ Dogma) und verlangte Glauben an logisch Unbeweisbares, „Absurdes" (→ *credo quia absurdum*). Einer der Gründe für den überraschend schnellen Sieg des Christentums ist der Umstand, daß dieses die Anhänger andrer Religionen dadurch gewann, daß es ihren Glauben als von dem christlichen gar nicht so weit entfernt erklärte. Beispiele → ichthys; Isis; Ostern; Unsterblichkeit; Weihnachtsfest. Funktionen antiker Götter, an die das Volk innig glaubte, übertrug man einfach auf christliche Heilige: → Dioskuren. Auch verabscheute das Christentum die Stätten der früheren Kulte nicht, sondern setzte sich in zahllosen Fällen dort fest; z. B. Parthenon in Athen (→ Akropolis), Sa. Maria sopra Minerva in Rom (→ Minerva).

E. Meyer, Ursprung u. Anfänge d. Chr., III 1921–23, neu 1962; F. J. Dölger, Antike u. Chr., V 1927–50; C. Schneider, Geistesgesch. d. ant. Chr., 1954 und 1970; H. Rahner, Kirche und Staat im frühen Chr., 1961; H. Lietzmann, Gesch. d. alten Kirche, 1961; J. Vogt, Zur Religiosität der Christenverfolger im röm. R., 1962; W. Jaeger, D. frühe Chr. u. d. gr. Bildung, 1963; H. J. Schoeps, D. Judenchristentum, 1964; A. Dempf, Gesch. der altchristl. Kultur, 1964; A. Wifstrand, Die alte Kirche u. die gr. Bildung, d. 1967; F. Vittinghoff, Spätantike u. Frühchristentum, 1969; O. Gigon, Die antike Kultur u. d. Chr., [2]1969; A. Wlosok, Rom u. d. Christen, 1970; J. Moreau, D. Christenverfolgung im röm. Reich, [2]1971; H. Chadwick, Die Kirche in d. ant. Welt, d. 1972; R. Klein (Hg.), Das frühe Chr. im röm. Staat, [2]1982; R. Bultmann, D. Ur-Chr., [5]1986 u. 1992; A. Hammann, Die ersten Christen, 1986; A. Effenberger, Frühchristl. Kunst u. Kultur, 1986; H. Kraft, Die Entsteh. d. Chr., [3]1990; J. Martin, B. Quist (Hg.), Chr. u. antike Gesellschaft, 1990

Chronologie → Jahreszählungen.

Chrysippos, ca. 280 v. Chr. in Kilikien geb., trat nach philosophischen Studien in Athen in die stoische Schule ein, deren bedeutendster Organisator er wurde: „wenn Chr. nicht gewesen wäre, existierte die Stoa nicht" (Diogenes Laertios). Er war ein Vielschreiber (705 Schriften, davon sicher viele nur Materialsammlungen zum Schulgebrauch). C. versuchte mit Erfolg, die stoische Lehre systematisch durchzuarbeiten u. zu gliedern, um eine Orthodoxie aufzubauen; er galt deshalb schon im Altertum als Neubegründer der Stoa. Der → Stoizismus hat sich nach seinem Tode nicht mehr wesentlich verändert. – Büste: Uffizien, Florenz.

W: Stoicorum veterum fragmenta, hg. H. v. Arnim, IV, 1903 ff.
L: J. B. Gould, *The Philosophy of Chr.*, Leiden 1970.

Chrysostomos (gr., „Goldmund“), Iohannes, gest. 407, einer der → Kirchenväter.

chthonische Götter (zu gr. *chthon* = Erde), Erd-, unterirdische Gottheiten, die Tod und Leben, Blühen und Welken beherrschen, besonders Demeter, Hades, Dionysos und viele untergeordnete, z. B. Hekate, die Erinyen.

Cicero. Marcus Tullius C., 106–43 v. Chr., der bedeutendste Redner Roms, in dessen Werken die kunstmäßige lat. Prosa am höchsten ausgebildet ist; die einzige große Persönlichkeit des Altertums, die uns als Mensch und als Schriftsteller völlig klar vor Augen steht. Nach sorgfältiger Jugendbildung war C. in Rom als Anwalt tätig, fand trotz seiner Herkunft aus dem Mittelstande einer kleinen Provinzstadt (Arpinum im Liristal) als → *homo novus* vermöge seiner Begabung, seiner erstaunlichen Arbeitskraft und schließlich auch seines nicht unberechtigten Ehrgeizes Zugang zu den höchsten Staatsämtern u. entfaltete daneben eine überaus reiche schriftstellerische Wirksamkeit. Auf dem Höhepunkt seiner politischen Laufbahn unterdrückte er 63 v. Chr. als Consul die Verschwörung → Catilinas; infolge der gesetzwidrigen Hinrichtung der Catilinarier wurde er 58 verbannt, jedoch ein Jahr später ehrenvoll zurückgerufen. Der schweren Zeit der Bürgerkriege war der politische Idealist, der zeitlebens an die altröm. Ideale und die längst entschwundene Größe des Senates glaubte, nicht gewachsen. Er stand auf Pompeius' Seite u. wurde nach dessen Sturz von Caesar begnadigt; nach Caesars Ermordung (44 v. Chr.) betrieb er als Führer der Senatspartei die Wiederherstellung der alten Freiheit, wurde aber nach Errichtung des (2.) Triumvirats auf Veranlassung des Antonius, den er sich durch haßerfüllte Schmähreden (→ *Philippica*) zum bittersten Feinde gemacht hatte, geächtet und ermordet (→ Gesten).

C.s literarischer Nachlaß besteht aus zahlreichen Volks-, Senats- und Gerichtsreden, aus wissenschaftlichen Schriften über Redekunst u. Philosophie u. einem sehr ausgedehnten Briefwechsel. Die Reden wurden, nachdem sie ihren unmittelbaren praktischen Zweck erfüllt hatten, für die Herausgabe umgeformt und als literarische Kunstwerke veröffentlicht; sie zeigen den raffinierten Anwalt und glänzenden Stilisten, der der künstlerische Vollender der lat. Sprache geworden ist (→ Ciceronianismus); auch für die Geschichte dieser vielbewegten Zeit bieten sie eine wertvolle Quelle. Die wichtigsten sind die Reden für Roscius Amerinus, gegen Verres, für das Imperium des Cn. Pompeius, gegen Catilina, für Murena, für den Dichter Archias, für Milo und die sog. Philippischen Reden gegen M. Antonius. Die rhetorischen Schriften *(de oratore, Brutus, orator)* schildern den Entwicklungsgang der röm. Beredsamkeit u. das Ideal eines Redners, wie es dem reifen Kenner dieser Kunst vor der Seele stand und in ihm selbst verkörpert war. In den philosophischen Schriften (*de republica:* “Die beste Staatsform“; *de officiis:* „Die Pflichten“; *de finibus bonorum et malorum:* „Das größte Gut und das größte Übel“;

Tusculanae disputationes: „Gespräche in Tusculum über den Weg zur Glückseligkeit“; *Cato maior de senectute:* „Das Alter“; *Laelius de amicitia:* „Die Freundschaft“; u. a.) vermittelte er, ohne selbst ein tiefer Denker und selbständiger Forscher zu sein, das reiche Gedankengut der griech. nacharistotelischen Philosophie, konventionell formuliert, den Römern (→ Akademie); so wurde er philosophischer Lehrer u. Sprachschöpfer für sein Volk und durch den starken Einfluß, den seine philosophischen Schriften auf die Nachwelt hatten, einer der großen Erzieher der Menschheit. Ciceros Briefe, die in vier umfangreichen Sammlungen erhalten sind, gehören zu den eigenartigen und wertvollsten Stücken der röm. Literatur; wir blicken durch sie einem bedeutenden Menschen, der sich hier vor vertrauten Freunden (→ Atticus) ohne Maske offenbart, in die geheimsten Falten seines Herzens; auch sind die Br. eine unschätzbare Quelle für die politischen und kulturellen Verhältnisse seiner Zeit. Es handelt sich um 3 Bücher Briefe an seinen Bruder Quintus, 16 B. an Atticus, 2 B. an M. Brutus, endlich 16 B. an verschiedene Adressaten *(ad familiares),* unter denen auch rund 100 Briefe v. C.s Korrespondenzpartnern sind, also auch Schreiben von Caesar, Brutus, Pompeius. – Die Mißachtung, die C. bei Historikern des vorigen Jahrhunderts erfuhr (Drumann, Mommsen), ist heute durch eine vorurteilsfreie Würdigung seiner Persönlichkeit längst überwunden: Als Politiker zweifellos gescheitert, wurde C. der Meister der lat. Rede, und als Philosoph wird er sogar heute noch oft unterschätzt.

W: Gesamtausgabe: K. Atzert u. a., 1914ff., ^{2}1949ff.: I–III Rhetor. Schr., IV–VIII Reden, IX Briefe, XII–XV Philos. Schr. – Staatsreden: Hg. u. d. H. Kasten, III $^{4-6}$1987–88. – De rep.: K. Büchner, ^{5}1993; De off.: ders., ^{4}1994; Tusc. disp.: ders., ^{2}1966; De fin.: hg. u. d. O. Gigon, 1988; Cato: M. Faltner, ^{2}1993; Laelius: ders., ^{2}1966 (alle mit Ü). – Briefe an Atticus: ^{4}1990; ad fam.: ^{3}1980; an Quintus: 1965, alle H. Kasten mit Ü. – Korrespondenz-Index: R. Tyrrel, L. C. Purser, Dublin 1901, neu Hildesh. 1969. – *Ü:* Reden: M. Fuhrman, VII $^{1-2}$1978–85. Briefe: Ch. M. Wieland, IV 1808–1821, neu 1912–13. Cato: R. A. Schröder, 1948. – Vox humana, ein Leseb. aus C., O. Seel, 1949. *L:* M. Gelzer u. a. (RE-Sonderdr.), 1961; ders., 1968; B. Weil, Zweitausend Jahre C., 1962; K. Barwick, D. rednerische Bildungsideal C.s, 1963; K. Büchner, 1964; F. Wieakker, C. als Advokat, 1965; O. Seel, ^{3}1968; Das neue C.-Bild (WdF), hg. K. Büchner, 1971; K. Bringmann, Unters. z. späten C., 1971; C.s literar. Leistung (WdF), hg. B. Kytzler, 1973; C. J. Clasen, C., Recht–Rhetorik–Politik, 1985; P. Grimal, d. 1988; C. Habicht, C. als Politiker, 1990; M. Fuhrmann, C. u. d. röm. Rep., ^{3}1991; M. Fleck, C. als Historiker, 1993.

Cicero als Schriftgrad. Buchstaben in der Höhe von 4,511 mm heißen C., weil mit solchen zuerst Ciceros Briefe gedruckt wurden (1467). → Corpus.

Ciceronianismus. Die an sich berechtigte Anerkennung des ciceronischen Lateins als des klassischen führte übertreibend zum C., der Sucht, nur ganz rein ciceronisches L. zu schreiben (über ähnliche Bewegung im Griechischen → Attizismus). Der C. wurde schon im Altertum angefochten (Tacitus, *Dialogus*). Im Humanismus des 15. und 16. Jhs. ging man jedoch darin zu weit. Heute bieten die lat. Schulgrammatiken wesentlich Ciceros Lat., aber nicht mehr aus Ciceronianismus, sondern weil Einbeziehung aller Perioden des Lateins die Schule zu sehr belasten würde; muß man aber eine Art des Lat. auswählen, so wählt man das nach antikem Urteil (→ Quintilian) klassische, das Ciceros.

Cimbern → Kimbern.

Cincinnatus. Lucius Quinctius C. (d. h. „mit Kraushaar“), röm. Nationalheld des 5. Jhs. v. Chr., das Urbild des alten Römers, der Bauer und Staatsmann zugleich war. Am bekanntesten ist die Sage, daß er 458 v. Chr. vom Pfluge weg zum Diktator gemacht wurde, um ein v. Aequern eingeschlossenes Heer der Römer zu befreien.

Cinna. Lucius Cornelius C., aus dem patrizischen Geschlecht der Cornelier im Zweig der Cinnae. Er war Anhänger der Popularpartei, mit deren Hilfe er 87 v. Chr. das Consulat erhielt, obgleich Sulla die Marianer bei seiner Umkehr nach Rom vor dem Mithradatischen Kriege vertrieben hatte. Sulla verpflichtete C. eidlich, die von ihm eingeführte Schmälerung der Rechte der Volkstribunen und der Volksversammlung beizubehalten. C. tat das nicht und wurde daraufhin von seinem Mitconsul Octavius vertrieben (der octavianische Krieg) und vom Senat abgesetzt. Aber er erzwang seine Anerkennung als Consul und ließ seine Gegner ermorden. Mit Marius zusammen wurde er 86, nach dessen Tod auch 85 Consul. Er schaltete als Despot und wurde 84 von meuternden Soldaten erschlagen.

circus, die lat. Bezeichnung des Baues für Wagenrennen (→ Rennen), von gr. *kirkos* = Kreis (daher auch unser Wort Zirkel). Vielleicht waren diese Bauten einst kreisrund, doch haben alle erhaltenen röm. C. die langgestreckte Form des gr. → Stadions, auch der sehr alte *c. maximus,* der „größte C.“ in Rom. Dieser lag zwischen Palatin und Aventin und hatte für die Zuschauer ursprünglich Holzgerüste; später war er Steinbau. Unter Augustus faßte er etwa 60000 Personen, nach Erweiterungen unter Constantin (312–337) angeblich 385000. Gleichwohl gab es in Rom noch andere, und noch unter Maxentius (306–312) wurde ein sehr großer gebaut. Im *c. m.* fand das letzte Rennen 549 unter dem Goten Totila statt. Dann fehlte das Geld für den kostspieligen Rennsport, u. der *c. m.* diente als Steinbruch. Heute ist nur noch die Mulde zu sehen, in der er einst lag; die unter dem Schutt vorhandenen Reste wurden freigelegt. – Außerhalb Roms sind C. seltener als Amphitheater (doch → Hippodrom); das Interesse für Gladiatorenkämpfe war größer als das für Rennen. – Nie traten im antiken C. Clowns, Dompteure, Trapezkünstler u. ä. auf. → *Panem et circenses.*

Civilis, Iulius, Anführer d. → Bataver im Aufstand 69/70 n. Chr.

civis Romanus sum (ich bin ein römischer Bürger). Mit diesen Worten entzog sich ein r. B. im Auslande der fremden Gerichtsbarkeit; z. B. auch Paulus *(Apostel-Gesch. 16, 37/40; 22, 25/29).*

A. N. Sherman-White, *The Roman Citizenship,* Oxf. ²1973.

Claudier, vornehmes sabinisches Geschlecht, das schon früh nach Rom einwanderte und unter die Patrizier aufgenommen wurde. Sie stellten besonders zahlreiche Staatsmänner. Durch schroffen Adelsstolz waren namentlich einige Mitglieder mit Vornamen Appius berühmt. Die bekanntesten Cl. waren Appius Cl., der Decemvir, der durch seinen hochfahrenden Sinn 449 v. Chr. den Sturz d. Decemvirn herbeiführte, und Appius Cl. Caecus (d. h. „der Blinde"), der im 2. Samniterkrieg (312 v. Chr.) als Censor sämtlichen Freigelassenen das röm. Bürgerrecht gab und die nach ihm genannte *via Appia* (→ Via) u. die erste → Wasserleitung Roms, die *Aqua Appia,* anlegte. In der letzten Zeit der Republik spielte besonders A. C. Pulcher („der Schöne") eine Rolle. Er ging zur plebs über und nannte sich fortan Clodius. Wie Catilina war er ein unruhiger Geist und ein verbrecherischer, zu allem fähiger Mensch. Als Volkstribun setzte er im Auftrag Caesars die Verbannung → Ciceros durch. Er stellte eine Bande zusammen, mit der er Rom beherrschte, bis er durch Milos (→ Milo) Bande ermordet wurde. Seine Schwester Clodia, eine vielbesprochene Dame der röm. Gesellschaft, war → Catulls Lesbia. Durch Livia, die Gemahlin des Augustus, die in erster Ehe mit Tib. Cl. Nero verheiratet war, kamen ihre Kinder erster Ehe, Tiberius und Drusus, in die kaiserliche Familie und mit Tiberius sogar auf den Kaiserthron (daher iulisch-claudische Kaiser). Tiberius, Claudius, Caligula u. Nero waren echte Cl., Glieder dieses ehemals bedeutenden Geschlechts. Mit Nero starben die Cl. aus.

Claudius (Kaiser). Tiberius Cl. Nero Germanicus, geb. 10 v. Chr. als Sohn des Drusus, Bruder des Germanicus, trat unter Augustus und Tiberius nicht hervor und war wegen körperlicher und geistiger Schwäche von öffentlichen Ämtern ausgeschlossen. Nach der Ermordung Caligulas 41 n. Chr. zogen ihn die Prätorianer aus einem Versteck u. machten ihn zum Kaiser; der Senat fügte sich. Cl. blieb auch als Kaiser ein weltscheuer Mann der Studierstube u. wurde von Freigelassenen (Finanzminister Pallas und Narcissus) und Frauen (Messalina, Agrippina) beherrscht. Die Haupttätigkeit entfaltete er im Innern. Große Änderungen setzte er im Rechtsleben durch, und zwar im Ehe-, Erb-, Sklavenrecht. Durch eine gute Finanzverwaltung wurden große Nutzbauten möglich: Wasserleitung *(Aqua Claudia),* → Emissar des Fuciner Sees, Neuanlage des Hafens von Ostia. Der wichtigste außenpolitische Erfolg war die Eroberung von Südengland 43 n. Chr. Cl. ließ seine zügellose Gemahlin Messalina 48 hinrichten und heiratete seine Nichte → Agrippina die Jüngere. Diese herrschsüchtige Frau ließ sich zur Mitregentin ernennen. Um ihrem Sohn 1. Ehe, Nero, den Thron zu sichern und Britannicus, den Sohn des Cl. und der Messalina, auszuschalten, tötete sie Cl. durch Gift (54). Seine Regierung und noch mehr seine Art, sich zu geben, auch seine philologischen Studien, wurden sehr verspottet (→ Seneca *[Apocolocyntosis];* Etrusker; Orthographiereformen). Viele neuere Forscher sehen jedoch in ihm einen nicht unbedeutenden, aber in seiner Eigenart von seiner Umwelt verkannten Mann. Antike Biographie v. Sueton.

A. Momigliano, *C., the emperor . . .*, N. Y. 1962.

Claudius Ptolemaeus → Klaudios Ptolemaios.

Client, lat. *cliens* zu lat. *clinare,* gr. *klinein,* althochdeutsch *hlinen,* neuhochdeutsch *lehnen:* 'der sich (an einen Mächtigeren) anlehnt'. Clienten waren ursprüngl. Bürger minderen Rechts, die einem Patrizier zu Dienst verpflichtet waren. Sie saßen als Bauern und Pächter auf dem Grund und Boden des patrizischen Grundherrrn (Patrons). Auch nichtansässige Handwerker waren Cl. im Schutze eines Herrn. Entstehung des Verhältnisses ist nicht klar. Vielleicht war die Hauptsache der Rechtsschutz durch den Patron. Um 400 v.Chr., als die Cl. volle private u. öffentliche Rechtsfreiheit erhielten, verschwand die frühere patrizische Clientel und wurde zu einem engen Pietätsverhältnis, bei dem beide Teile ihren Vorteil fanden. Der vornehme Römer suchte sich viele ärmere Bürger durch Wohltaten: Speise, Kostgeld, wirtschaftliche und juristische Unterstützung usw. zu gewinnen, damit sie sich bei seinem Erscheinen auf dem Markt um ihn scharten und seinen Einfluß und seine Bedeutung zeigten; vor allem wurde erwartet, daß bei Wahlen der Cl. dem Patron seine Stimme gab. Ähnlichen repräsentativen Wert hatte auch die Clientel, die ganze Staaten u. Provinzen einflußreichen Politikern anboten. → patronus.

cloaca maxima in Rom. *cl.* gehört zu *cluo* = ich spüle, reinige (gr. *klyzo,* wozu auch 'Klistier'). Die *cl. m.* ist eine in alter Zeit angelegte, in ihrer jetzigen Form aus sullanischer Zeit stammende Entwässerungsanlage des → Forum Romanum. An dessen Stelle befand sich ehedem eine sumpfige Niederung. Die *cl. m.* entstand dadurch, daß man den Bach, der sie durchfloß, regulierte und dann im 2. Jh. v. Chr., als man das Forum pflasterte, überdeckte. *maxima* heißt sie, weil in ihr auch die Wässer aus den anderen Niederungen Roms zusammen- und durch sie in den Tiber fließen. An der *cl.* lag ein Heiligtum der Venus, die nach der Lage des Heiligtums *Venus Cloacina* hieß.

Clodius, Clodia → Claudier.

Cloelia, ein Mädchen aus vornehmem patrizischem Geschlechte, wurde nach der Sage mit anderen 508 v.Chr. dem etruskischen König Porsenna als Geisel zugeschickt. Sie floh, wurde von den ängstlichen Bürgern dem Porsenna zurückgegeben, der sie aber freiließ. Auf der Höhe der Sacra Via (→ Via) in Rom wurde die Statue einer Reiterin gezeigt, die Cl. darstellen sollte. Bei Livius (II 10; 12; 13) dient die breite Erzählung vom Heldenmut der Cl., des Horatius Cocles und des Mucius Scaevola dazu, den Leser über die fatale Tatsache hinwegzutäuschen, daß die Römer dem Feinde Geiseln stellen mußten.

Cocytus, gr. Kokytos, einer der Flüsse der Unterwelt; → Hades.

codex oder **caudex** heißt Holzklotz, dann Buch. Man zerschnitt einen Holzklotz in dünne Brettchen, durchlöcherte diese an einem Rande und richtete sie wie die Täfelchen eines → Diptychons her. Dann legte man sie aufeinander und band sie mit einem durch die Löcher gezogenen Faden zusammen. So entstand statt der älteren Rolle aus Papyrus ein Buch zum Blättern. Diese Buchform, die anfangs für Schüler und kleine Leute üblich war (man sparte Platz), übertrug man etwa seit dem 1. Jh. n. Chr. auf Bücher aus Pergament u. Papier u. später auch ihren Namen. Insbesondere ist die christliche Kirche für die Verbreitung des c. eingetreten. – c. Iustinianus, Sammlung der Erlasse und Gesetze *(constitutiones)* des oströmischen Kaisers Iustinianus (527–565) und älterer Kaiser, also die Codifikation des röm. Kaiserrechts; als Teil des → *corpus iuris* 529 zusammengestellt und nach nochmaliger Umarbeitung 534 endgültig publiziert.

C. H. Roberts, *The Codex,* Lond. 1955.

Cohorte (lat. *cohors*), Truppeneinheit des röm. Heeres, → Heeresorganisation. – *Cohors praetoria* → Prätorianer.

Colonen, lat. *coloni,* Kleinpächter, die in der späteren Kaiserzeit gegen eine Abgabe in Geld oder Naturalien Land von einem Latifundienbesitzer pachten. Ihre Lage verschlechterte sich trotz zahlreicher Dekrete, die in den Digesten (→ *corpus iuris)* erhalten sind, immer mehr. Sie waren persönlich frei, blieben aber an das gepachtete Land gebunden, so daß man sie als Hörige bezeichnen kann. Auch ihre Kinder kamen in die gleiche Lage; die Möglichkeit, in einen anderen Stand aufzurücken, war sehr beschränkt. Die Kaiser förderten diese Entwicklung als Mittel gegen Landflucht und als Stärkung des Steuersystems; auf Dauer entstanden allerdings große Domänenbesitztümer.

A. Dopsch, Die wirtschaftl. u. soz. Grundlagen d. europ. Kulturentwicklung a. d. Zeit von Caesar bis auf Karl d. Gr. II; [2]1923 f.; M. Rostovtzeff, Stud. zur Gesch. d. röm. Kolonats, 1910; neu 1970; R. Clausing, *The Roman Colonate,* Columbia 1925; P. Collinet, *Le colonat . . .,* 1937.

colonia (lat.), Siedlung der Römer außerhalb von → Latium, später auch außerhalb Italiens, zunächst meist zur militär. Sicherung eroberter Gebiete, zur Ausbreitung wirtschaftlicher Beziehungen und auch zur Versorgung ganzer Bevölkerungsteile, z. B. der ausgedienten Soldaten angelegt. Solche „Pflanzstädte“ dienten damit der Sicherung wie auch der Romanisierung der beherrschten Gebiete. Bürgeransiedlungen dieser Art wurden zunächst sogar von Rom aus mitverwaltet, erhielten erst später eine eingeschränkte Selbstverwaltung. Bei späteren Neugründungen erhielten die Bewohner den Status von Bundesgenossen *(socii);* auch konnten solche Gründungen als Belohnungen und Ehrungen vorgenommen werden (z. B. *Colonia Claudia Ara Agrippinensis,* das heutige → Köln); das verschaffte solchen Städten einen Vorzug gegenüber dem Status eines → municipium. Vergleiche auch → Kolonie, andererseits aber auch → Colonen, deren Ansiedlung mit dieser *colonia* nur den lat. Namen gemeinsam hat.

E.T.Salmon, *Roman colonisation . . .,* Lond. 1969.

Colosseum in Rom, ein → Amphitheater; trotz vielfacher Zerstörung eines der kolossalsten Gebäude der Welt mit $48^1/_2$ m

Höhe (→ Leuchttürme), mit einst etwa 50000 Sitzplätzen. Im Altertum hieß das C. *amphitheatrum Flavium* (→ Vespasianus). Seit dem späteren Mittelalter heißt der Bau C. (ital. *Colosseo*), aber nicht, weil er so kolossal ist, sondern nach dem Koloß des Nero, der einst daneben stand (→ *kolossos).* 80 n. Chr. wurde der Bau vollendet und mit 100tägigen Spielen eingeweiht, wobei 5000 wilde Tiere getötet wurden. Umfang des elliptischen Gebäudes 524 m; äußere Längsachse 188 m, Querachse 156 m, Arena L. 80 m, Q. 49 m. Trotz der Höhe hat es nur 4, also riesig hohe Stockwerke. Wunderbares System der Ein- und Aufgänge, zur schnellsten Aufnahme und Entlassung der Zuschauer. Die Arena, einst Bretterboden, mit Sand bedeckt, ist heute aufgegraben, damit man die darunter liegenden Kammern für wilde Tiere und für Theatermaschinen sieht; es gab ferner ein unterirdisches Kanalnetz. Ganz oben Konsolen für Masten, von denen aus Matrosen der Kaiserl. Flotte Sonnensegel über den riesigen Zuschauerraum spannten. Die Tierkämpfe im C. waren so beliebt, daß sie noch lange nach der Aufhebung der Gladiatorenkämpfe (um 400 n. Chr.), letztmals 523 abgehalten wurden. Als das zu teuer wurde, stand der Bau nutzlos da u. wurde teils zu Festungen, die man einbaute, teils als Steinbruch verwendet, aber von Benedikt XIV. 1744 durch Weihung zum Gedächtnis der hier getöteten Märtyrer weiterer Zerstörung entzogen und seit dem 19. Jh. auch gegen Verfall durch den Zahn der Zeit geschützt.

G. Cozzo, *Il Colosseo,* Rom 1971.

columbarium. Taubenschlag; → Tauben. – Raum für Aschenurnen Ärmerer in Nischen, die wie die oben bogenförmigen Einfluglöcher eines Taubenschlags aussehen; → Grab.

Columella, L. Iunius Moderatus, ein Spanier des 1. Jh. n. Chr., Offizier der röm. Armee und nachher Gutsbesitzer in Italien, schrieb ein 12bändiges Handbuch über die Landwirtschaft, systematisch alles in Haus, Hof, Garten, Feld und Weinberg einbeziehend. Das Buch vermittelt uns viele Informationen über das Wirtschaftsleben jener Zeit.

W: Hg. u. d. W. Richter, III 1981–83. – *Ü:* H. Oesterreicher (15. Jh.!), hg. K. Löffler, 1914; K. Ahrens, 1972.

Comitien, lat. *comitia* → Volksversammlungen; Servius Tullius.

commentarii (lat.), „Aufzeichnungen als Hilfe für das Gedächtnis“. Die Römer kannten verschiedene Arten c. Zur schriftlich fixierten Prosa der ältesten Zeit gehörten, bezeichnend für deren geschäftsmäßig nüchternen, praktischen Charakter, Anweisungen der Priesterkollegien für den Gottesdienst und sein Ritual *(c. pontificum)* sowie Amtsbücher für Behörden *(c. magistratuum, c. consulum)*. Ferner verstand man unter c. amtliche Protokolle, Exzerpte, Entwürfe von Reden u. dgl.; später bezeichnete → Caesar seine Kriegsberichte so.

Commodus. Lucius Aurelius C., Sohn des Marcus Aurelius, Kaiser 180–192. Er führte mit Hilfe der → Prätorianer ein strenges Regiment und ließ von tüchtigen Offizieren die Grenzen der Provinzen sichern. Andererseits ergötzte er sich an blutigen Gladiatorenspielen und trat selbst als röm. Hercules (→ Herakles) im Kampf mit Gladiatoren und wilden Tieren auf. Nach einer Verschwörung wurde er getötet.

J. Ch. Traupman, *The life and reign of C.*, Princet. 1956.

concordia (lat.) = Eintracht. Concordia, Personifikation der E. (unter den Bürgern), in Rom göttlich verehrt; Reste ihres Tempels, an der NW-Ecke des Forums und am Fuße des Capitols, sind erhalten. – Im heutigen Athen ist der Eintrachtsplatz *(Platia Omonias)* ein Zentrum des Verkehrs; auch Paris besitzt eine *Place de la Concorde.*

Constantin d. Gr. Flavius Valerius Constantinus, Sohn des → Constantius Chlorus u. der Helena, bald nach 280 in Naissus (Nisch in Serbien) geboren, 306 von den Soldaten zum Caesar erhoben. 312 besiegte er Maxentius bei Saxa Rubra am Pons Mulvius nördlich von Rom (→ *in hoc signo vinces),* 324 Licinius, den Mitregenten im Orient, bei Adrianopel, wurde dadurch Alleinherrscher und regierte bis 337. Er führte die von Diocletian begonnene Neuorganisation des Reiches weiter. An der Spitze des Reiches stand der 'Eure Ewigkeit und Göttlichkeit' angeredete Kaiser, neben ihm ein kaiserliches Consistorium, d. h. ein Kronrat, danach die Zivilbeamten in voneinander geschiedenen Rangstufen. Streng abgetrennt wurde die militär. Verwaltung mit Trennung von Feldarmee u. Grenztruppen. Rom trat als Hauptstadt zurück. Mit sicherem Blick erkannte der Kaiser die günstige Lage des alten Byzanz auf der Grenze zweier Erdteile u. gründete es als Konstantinopel neu (26. Nov. 326 Grundsteinlegung der neuen Stadt, 11. Mai 330 Einweihung). Wichtig war besonders seine Stellung zum Christentum. 313 erließ er das Mailänder Edict zum Schutze der Christen. Dadurch wurde das Christentum zwar nicht Staatsreligion; wohl aber fielen die Fesseln, die seine Ausbreitung verhinderten. Durch Berufung des → ökumenischen Konzils nach Nikaia 325 griff C. auch in die innere Organisation der Kirche ein und entschied den Streit zwischen Athanasius und Arius zugunsten des ersten. Taufen ließ er sich erst kurz vor seinem Tod, der ihn über Vorbereitungen zu einem Perserkrieg ereilte. Zeitgenössische Porträtstatue des Kaisers heute in der Vorhalle von San Giovanni in Laterano. → labarum.

J. Burckhardt, D. Zeit Ks. d. Gr., [4]1924 u. 1982; K. Hönn, K. d. Gr., [2]1945; H. Kraft, Kaiser K.s. relig. Entw., 1955; ders. (Hg.), K. d. Gr., 1974; L. Völkl, D. Kaiser K., 1957; J. Vogt, K. d. Gr. u. sein Jahrh., [2]1960; H. Dörries, Konst. d. Gr., [2]1967.

Constantinische Schenkung, die Sch. Roms und seiner Umgebung (d. h. die Grundlage des späteren Kirchenstaates) durch C. d. Gr. an den Papst, gilt allgemein als eine Fälschung.

Constantinopel → Byzanz; Konstantinopel.

Constantinsbasilica, am Forum Romanum, von Maxentius (306 bis 312) begonnen, von Constantin d. Gr. (312–337) vollendet, eine → Basilica mit der Grundfläche 100 × 65 m und ursprünglicher Höhe von 35 m; mit zwei Kreuzgewölben, Apsis und Vorhalle. Luxuriöse Ausstattung, z.

B. mit vergoldeten Dachziegeln (→ Luxus), im Mittelschiff mit 8 riesigen Marmorsäulen (eine davon jetzt auf dem Platz vor Sa. Maria Maggiore), einer Kolossalstatue (→ *kolossos)* Constantins mit einem Gewand aus vergoldetem Metall; jetzt drei kahle Tonnengewölbe. – Die C. und das Pantheon gaben die Grundlage f. Bramantes Bauplan der Peterskirche in Rom; in dieser ist das Pantheon auf die C. getürmt (→ Kunst.)

Constantius. Flavius Valerius C. Chlorus, → Illyrer von niederer Herkunft, gelangte als Soldat schnell zu hohen Ämtern und wurde Schwiegersohn des Kaisers Maximianus. 293 n. Chr. Caesar, 305 Augustus, führte er Kriege in Britannien und Gallien. Er starb 306. Sein Sohn war Constantin d. Gr.

Constantius II., Sohn Constantins d. Gr., wurde 337 Augustus (337–361). Er regierte zuerst mit seinen Brüdern (Constans II., 337–350; Constantin II., 337–340) zusammen, dann allein. Im Innern hatte er sich vor allem des Magnentius zu erwehren. Seit dessen Tode war er Herr des gesamten röm. Reiches. Er kämpfte gegen Sapores (Sapur) II., den kriegerischen König des neupersischen Reiches (→ Sasaniden), gegen den er eine schwere Niederlage erlitt. Dieser Krieg war noch nicht zu Ende, als er in Kilikien starb.

Constitutio Antoniniana. Die Römer hatten lange den Bewohnern Italiens das röm. Bürgerrecht hartnäckig verweigert, bis diese es 89 v. Chr. im Bundesgenossenkriege erzwangen. Caracalla bewilligte es durch die C. A. 212 n. Chr. allen freien Einwohnern des ganzen Reichs. Damit wurde der Ausgleich zwischen Rom und den Provinzen, der sich schon längst angebahnt hatte, vollendet; das staatsbürgerliche Prinzip siegte über das Nationalitätsprinzip. Dies bedeutete freilich für Italien den (wie sich weiterhin ergab, dauernden) Verlust seiner bisherigen bevorrechteten Stellung, und Rom war nun nicht mehr die Herrin einer unterworfenen Welt. Aber nun war der von Philosophen schon seit Jahrhunderten intellektuell vorbereitete → Kosmopolitismus auch rechtlich festgelegt.

C. Sasse, Die C. A., 1958; H. Wolff, 1976.

consul. Die Etymologie dieses Wortes ist umstritten. Man erklärt c. oft als „Zusammenrufer" (des Senats, des Volkes); zu *consulere „versammeln"* (*erst in zweiter Linie* „um Rat fragen"). Als Amtsbezeichnung der zwei höchsten röm. Beamten der Republik kam c. erst um 450 v. Chr. statt → praetor auf. Die C. wurden in der Volksversammlung auf ein Jahr gewählt. Sie traten ihr Amt am 1. März, seit 153 v. Chr. am 1. Jan. an. Zu ihrer Machtbefugnis gehörten die gesamte Militär- u. Zivilverwaltung, Gerichtsbarkeit, Abhaltung von Wahlen, Einberufung und Leitung des Senats und der Volksversammlung. In der ältesten Zeit der Republik konnten nur Patrizier C. werden. Im Ständekampf erreichten die reichen u. vornehmen Plebejergeschlechter 367 v. Chr., daß immer wenigstens ein C. Plebejer sein mußte. Als sich der Senat immer mehr zum Regierungsorgan der aus alten patrizischen und den bevorrechteten plebeischen Familien bestehenden Klasse entwickelte, wurden die C. nur die ausführenden Organe des Senats. Doch blieben sie als solche der röm. Republik unentbehrlich. Sie beriefen den Senat und die Volksversammlungen, führten den Vorsitz u. sorgten für die Ausführung der Beschlüsse. Im Krieg waren sie die Führer der röm. Heere. – In der Kaiserzeit wurden weiter C. gewählt, weil das Kaisertum die Fiktion der Republik aufrechterhielt; für sich selbst beanspruchten die Kaiser das Amt nur verhältnismäßig selten. Doch verblaßte die Stellung der C. neben der des Kaisers, der durch Gesetz und Recht keine Grenzen gesetzt waren. – Über „Collegialität“ und „Annuität“ des Consulats, d.h. über die Ernennung zweier oberster Beamten nebeneinander, aber nur für je ein Jahr: → Demokratie. In einem monatlichen Turnus wechselten die C. bei Amtshandlungen ab, die gesetzlich nur von einem vollzogen werden konnten. Jeder C. konnte Befehle erteilen, ohne seinen Collegen zu fragen. Doch war jeder C. für die Amtshandlungen des anderen mitverantwortlich; wenn er die Verantwortung nicht übernehmen zu können glaubte, durfte er die Anordnungen des Collegen aufheben (!). – Vor den C. gingen 12 Lictoren mit → Fasces her. Amtsabzeichen waren die purpurumsäumte Toga *(toga praetexta)* und die elfenbeinerne *sella curulis* (→ Amtsabzeichen). Eine weitere Auszeichnung war die Benennung des Jahres nach den C. (→ Jahreszählungen). Unter dem Prinzipat (seit Augustus) wurde mit dem Schwinden der Macht die äußere Pracht erhöht (die Toga ganz aus Purpur; goldne Schuhe). – Die letzten C. waren im Westreich 534 n. Chr. Paulinus, im Ostreich 541 n. Chr. Basilius. Dann taucht das Wort 1460 in den Mittelmeerländern neu auf.

A. Lippold, *(Antiquitas I 8)* 1963; R. Werner, Der Beginn der röm. Rep., 1963; I. König, Der röm. Staat I (Rep. mit consul-Listen), 1992.

Consular *(lat. consularis)* hieß der röm. Consul nach Ablauf seines Amtsjahres. Er gehörte dann dem Senat an und spielte hier durch seine Erfahrung eine bedeutsame politische Rolle. Oft wurden den C. auch noch wichtige Stellen als Statthalter oder → Censoren übertragen. Die Bezeichnung C. ist der älteste in Europa nachweisbare → Titel.

contiones (lat.) → Volksversammlungen.

Coriolanus. Gnaeus Marcius C., ein Held der röm. Sage, soll seinen Beinamen 493 v.Chr. durch die Eroberung von Corioli im Volskerlande erhalten haben. Er machte sich durch extrem aristokratische Ansichten verhaßt und mußte in die Verbannung gehen, kehrte aber mit einem Volskerheer zurück, um sich an der Heimat zu rächen. Auf Bitten seiner Mutter und seiner Gattin gab er die Belagerung Roms auf und soll deswegen von den ergrimmten Volskern getötet worden sein. Nach der Tradition war er der einzige Römer, der je gegen die Vaterstadt zog. Die stolze Figur C., den verletzte Ehre zum Verräter werden ließ, u. die eindrucksvolle Szene seiner Umkehr sind ausführlich geschildert bei Livius und in einer Biographie Plutarchs; an diesem Stoff haben sich viele Dramatiker versucht, vor allem Shakespeare; in neuester Zeit haben Brecht und Grass am sozial-revolutionären Hintergrund der Geschichte Interesse gezeigt.

Cornelia (→ Cornelier), Tochter des älteren P. Cornelius → Scipio, Mutter der → Gracchen. Als Witwe widmete sie sich ganz der Erziehung ihrer Söhne. Sie war eine der höchstbegabten u. gebildetsten Frauen Roms, der die Gracchen ihre Redegabe verdankten; man pries sie als das Muster einer Römerin. Von ihr sind durch Cornelius Nepos zwei größere Bruchstücke eines Briefes an ihren Sohn Gaius, vom Jahre 124 v. Chr., erhalten, die in ihrer Mischung von altröm. Kraft und weiblicher Weichheit zu den eigenartigsten und eindrucksvollsten Stücken in lat. Sprache gehören.

W: HRR., fragm. p. 222L: F. Leo, Geschichte der röm. Literatur, 1913, S. 479.

Cornelier, eines der ältesten patrizischen Geschlechter Roms, das sich in sehr zahlreiche Familien verzweigte, v. denen auch einige Plebejer waren. Die bekanntesten C. sind die → Scipionen. Über eine berühmte Cornelierin → Cornelia. Im Bürgerkrieg waren die Familien des C. Geschlechts auf beide Parteien verteilt; L. Corn. → Sulla war Führer der Optimaten, L. Corn. → Cinna neben Marius der der Popularen. Unter den plebeischen C. sind bes. die 10000 Sklaven zu nennen, denen Sulla nach dem Tode ihrer Herren das Bürgerrecht verlieh und die sich C. nennen durften.

Cornelius Nepos → Nepos.

corpus (lat.) = Körper; ferner das (wie die einzelnen Glieder im K.) Zusammengehörige: eine Körperschaft, Innung; frz. (daher bei uns militärisch und studentisch) *corps;* eine Sammlung zusammengehöriger Werke, ein Gesamtwerk; *c. inscriptionum,* → Inschriften; *c. iuris* → d. nächsten Art; *c. medicorum Graec. et Latin.* → Heilkunde. – C. als Schriftgrad. Buchstaben in der Höhe von 3,759 mm heißen C., weil mit solchen zuerst das C. *iuris* gedruckt wurde (→ Cicero als Schriftgr.).

Corpus iuris (→ *corpus*), das Reichsgesetzbuch, in dem der oströmische Kaiser Iustinianus (527–565) 533/4 das gesamte röm. Recht zusammenfassen ließ; es bedeutet den Abschluß einer etwa tausendjährigen Rechtsentwicklung und zugleich das letzte große Vermächtnis der Römer an die Nachwelt; „nie war ein Gesetzbuch aus edlerem Stoff verfertigt worden" (R. Sohm). Zunächst enthielt es drei Teile: die Institutionen, ein kurzes Lehrbuch, das den ganzen Inhalt des C. i. zusammenfassend darstellt und damit zugleich in sein Studium einführt; die Pandekten (oder Digesten), eine planmäßig durchgeführte Sammlung von Auszügen aus den Schriften der römischen Juristen, und den *Codex* (12 B., auch 534). Dazu kamen später als vierter Teil die Novellen, ein Nachtrag der von Iustinian und späteren Kaisern nach Vollendung des C. i. gegebenen Gesetze. Dieses Riesenwerk (→ Buchwesen) war schon für die Praktiker, die es unter Iustinian anwenden sollten, zu schwierig. Seit dem 9. Jh. behilft man sich daher im oströmischen Reich mit immer dürftigeren Auszügen, deren letzter, der *Hexabiblos* (von 1345), in Griechenland noch lange gegolten hat. Der Einfluß des C. i., der noch heute nachwirkt, geht vom Westen aus. Die Germanenstämme, die sich in den Besitz des Westens d. römischen Reiches gesetzt hatten, ließen sich bereits etwa 30 Jahre vor dem C. i. gleichzeitig Rechtsspiegel des römischen Rechts kompilieren, u. zwar Westgoten und Burgunder für ihre römischen Untertanen, der Ostgotenkönig Theoderich aber auch für die germanischen Bürger seines Reiches. Als die Heere Iustinians Italien erobert hatten, führte dieser dort das *C. i.* ein. Zur vollen Anwendung kam das Gesetzgebungswerk aber erst seit dem 11. Jh. mit der Auffindung u. Bearbeitung der Digesten. Wissenschaft u. Praxis, die in Iustinian einen Rechtsvorgänger der deutschen Kaiser sahen, erkannten es für das gesamte Gebiet des deutschen Reiches als verbindliche Rechtsquelle an. Diese starke (nicht völlige) Verdrängung des deutschen Rechtes durch das römische (um 1500) bezeichnet man als Rezeption. Seit dem 18. Jh. trat eine rückläufige Bewegung ein. Die größeren deutschen Staaten schufen sogenannte Partikulargesetzgebungen, die das gemeine Recht verdrängten. Außerhalb Deutschlands fand der napoleonische *code civil* weite Verbreitung. Als das Bürgerliche Gesetzbuch am 1. Jan. 1900 in Kraft trat, galt gemeines Recht und damit das C. i. nur noch in einem kleinen Teil Deutschlands. Das Bürgerliche Gesetzbuch übernahm jedoch viele römische Rechtssätze; „nicht nur der überwiegende Teil seines Inhalts, sondern auch sein Geist ist römisch“ (W. Kunkel). Im *C. i. Canonici* wurde dem röm. *C. i.* (*civilis,* d. h. des bürlichen Rechts) ein mittelalterliches Weltgesetzbuch angefügt, das eine vom Papsttum veranstaltete, im 14. Jh. abgeschlossene Sammlung kirchlicher Rechtsquellen darstellt; so trat neben das kaiserliche (röm.) Weltrecht ein päpstliches (kirchliches) Weltrecht. Daher der Titel *iuris utriusque doctor,* ‚beider Rechte Doktor‘.

W: Corpus juris, hg. Th. Mommsen u. a., III 1895, [11–12]1970–80; Corp. Iur. civ., I (Institutionen), hg. u. d. O. Behrends u. a., 1990. – Auswahl: R. Düll, [2]1960 (mit Ü). *Ü:* C. E. Otto, B. Schilling, C. F. F. Sintenis, 1830–33. *L:* Ebrard, Die Entstehung des c. i. (Schweizer Beitr. zur allg. Gesch. 5), 1947. → Recht; Rechtswissenschaft.

Crassus. Marcus Licinius Cr. Dives („der dicke Reiche“), aus der patrizischen Familie der Licinier und dem Zweig der Crassi, geb. 115 v. Chr., schloß sich Sulla an und zeichnete sich in seinem Gefolge aus. Er besiegte im → Sklavenkrieg 71 Spartacus. Seit dem Consulat, das er 70 mit Pompeius zusammen verwaltete, war er dessen Gegner. Erst Caesar söhnte sie aus u. schloß mit ihnen 60 den Dreibund. Nach der Zusammenkunft in Luca in Oberitalien 56, wo die Geschicke der Welt geordnet wurden, wurden Pompeius u. Cr. für 55 Consuln; Cr. erhielt als Proconsul Syrien auf 5 Jahre. Er unterwarf Mesopotamien, wurde aber 53 von den Parthern in einen Hinterhalt gelockt und bei Carrhae besiegt und getötet; sein Heer wurde fast vernichtet. Er war eine typische Figur der wilden Zeit des 1. Jhs. v. Chr., in der die Nobilität sich auflöste. Sprichwörtlich war sein Reichtum, den er mit den robustesten Mitteln während der → Proscriptionen Sullas erworben hatte. Auch den Catilinariern soll er nicht ferngestanden haben.

F. E. Adcock, *M. Crassus Millionaire,* Cambr. 1966.

credo, quia absurdum (lat.) = „ich glaube es, weil es widersinnig ist", nicht von Tertullian, aber dem Sinne nach auf ihn zurückgehend, wird oft ganz mißverstanden. Gemeint ist: weil ich die christliche Erkenntnis, die ich (gefühlsmäßig) für richtig halte, mit logischen Gründen nicht beweisen kann, will ich sie mir dadurch zu eigen machen, daß ich sie glaube.

Creme, von gr.-lat. *chrisma,* bzw. *chrima* = Salbe, Salböl, auch Fett; das Wort zeigt den Einfluß der gr. Kochkunst auf die franz. Küche der Neuzeit (franz. crème).

cui bono?, „wem zum Vorteil?", sprichwörtlich meist im allgemeinen Sinne gebraucht: wozu? was hat man davon? (Cicero, *pro Roscio Amerino* 30, 84 u. sonst.).

Cumae, gr. Kyme, älteste Ansiedlung von Griechen in Italien (→ Großgriechenland), im 8. Jh. v. Chr. gegründet. Von dort breitete sich griechische Kultur über die italienischen Völker aus (→ Buchstabenschrift). 1207 zerstört. Vom antiken C. noch viele Reste; im Innern des Akropolisberges ein über 130 m langer unterirdischer Gang, der zu einer großen, gewölbten Höhle führt, der Grotte der → Sibylle, vor 1930 zum 2000jährigen Vergiljubiläum freigelegt, weil Vergil diese Höhle u. die Gänge beschreibt. → Porsenna; Tarquinius Superbus.

E. Gabrici, (*Mont. Ant.* 22), Rom 1913.

cum grano salis, „mit einem Körnchen Salz", d. h. mit ein wenig Verstand, nicht buchstäblich zu verstehen; vielleicht aus Plinius, *nat. hist.* XXIII 149.

curia (Grundbedeutung unsicher; = Versammlungsort? → Curien), Rathaus. Das Rathaus Roms soll von dem Könige Tullus Hostilius erbaut sein und hieß C. Hostilia. Diesen Bau am Forum Romanum ersetzte Iulius Caesar durch einen neuen, der ihm zu Ehren C. Iulia heißt. Um 303 n. Chr. wurde er von Diocletian restauriert. Dieses ehrwürdige Rathaus, in dem jahrhundertelang über die Geschicke der röm. Welt verhandelt wurde, steht noch und wird noch benutzt, und zwar seit etwa 625 als Kirche S. Adriano. Auch seine überaus stattlichen Bronzetüren sind noch erhalten, nicht als Museumsstükke, sondern sie verschließen heute das Mittelportal der Lateransbasilica (→ Schlüssel). – Bei modernen Erneuerungsarbeiten, die 1937 abgeschlossen worden sind, wurde das ganze Gebäude wieder in seinem ursprünglichen Zustand hergestellt. Der Saal bietet Raum für 300 Senatoren, genügte also bei Vollsitzungen des → Senats nicht.

A. Bartoli, *C. senatus,* Rom 1963.

Curiatier, Drillinge aus Alba Longa, die unter Tullus Hostilius mit den Horatiern kämpften und fielen. → Horatii.

Curien, lat. *curiae* (aus *co-viriae* = Männergemeinschaften?), Vereinigungen mehrerer Geschlechter in Rom, lange Zeit die staatlichen Einheiten der röm. Bürgerschaft. Die Mitglieder der C. waren durch gemeinsame Rechte und Pflichten verbunden und hatten besondere Gottesdienste, zur Vertretung der Interessen der Geschlechter besondere Versammlungen (→ Volksversammlung); auch die älteste Heeresorganisation beruhte auf der C.-Einteilung. Die Geschlechterordnung verlor später weitgehend an Bedeutung, doch behielten ihre Vertreter noch lange einige familienrechtliche Befugnisse.

Curtius → Marcus C.

Curtius. Quintus C. Rufus schrieb im 1. (2.?) Jh. n. Chr. ein umfangreiches Werk über Alexander d. Gr. *(Historiae Alexandri Magni Macedonis),* das (lückenhaft) erhalten ist; keine wissenschaftliche Forschung, sondern phantasiereiche, auch stilistisch fesselnde Unterhaltungslektüre.
W: Hg. u. d. K. Müller, H. Schönfeld, 1954.

curulisch, lat. *curulis* hießen die hohen röm. Staatsmänner laut antiker Erklärung, weil die cur. Beamten in einem Wagen *(currus)* fahren durften. (→ Amtsabzeichen).

Cybele, gr. Kybele, eine phrygische Göttin, stiftete ein Trauerfest für ihren untreuen, verlorenen Geliebten → Attis. Sie wurde auch als → Magna Mater oder als Mutter der Götter verehrt.

Cyprianus, Caecilius, Bischof v. Karthago, gest. 258, war einer der → Kirchenväter.

Cyrus → Kyros.

Cytherea, gr. Kythereia, Beiname der Göttin → Aphrodite, die auf der Insel → Kythera eine wichtige Kultstätte besaß.

d. ₰ Man kürzte früher das Wort „Pfennig" außer mit Pf. auch mit ₰ ab, die Engländer penny, pence nicht mit p., sondern mit d. Das sind Abkürzungen des röm. Münznamens *denarius,* der auch im jugoslav. Dinar noch lebt.

Dämon (gr. *daimōn*). Im Unterschied zu einem erkennbaren Gott bezeichneten die älteren Griechen mit diesem Wort alle unnennbaren Mächte, die fördernd oder hemmend in das menschl. Leben eingriffen (dt. also etwa: Gottheit, göttl. Wesen). Die ungesicherte, aber einleuchtende Erklärung des Wortes als „zuteilende Gewalt" stimmt überein mit der Vorstellung von der → Moira. Als glückbringende oder (zumeist) unheilvolle Geister hielten die Dämonen eine Mittelstellung zwischen Göttern u. Menschen; daher dämonisch heute = unheimlich, unheilvoll. → Religionen; Schicksal.
L: H. Nowak, Entw. gesch. des Begriffes D., 1960.

Daidalos (gr. = „Kunstreich"), mythischer Erfinder des 2. Jahrts. v. Chr. aus Athen, der wegen eines Mordes fliehen mußte. Er ging nach Kreta, erbaute dort dem König → Minos das → Labyrinth, wurde aber gefangen gesetzt. Im Gefängnis baute er sich und seinem Sohne → Ikaros Flügel u. entfloh durch die Luft. Ferner schuf er sich automatisch bewegende Statuen oder doch solche, bei denen die Steifheit der hocharchaischen Statuen überwunden ist (→ archaisch; sog. Dädalische Plastik des 7. Jh. v. Chr.).

E. Homann-Wedeking, D. Anfänge der gr. Großplastik, 1950.

daimonion bedeutet das „Göttliche“, von gr. *daimon,* und ist die göttliche Stimme, von der Sokrates gelenkt zu werden behauptete. Die Ansichten über das D. und seine Wirkungen waren schon bei den Sokratikern nicht einheitlich. Nach Xenophon war es eine Art Weissagekunst. Platon in der *Apologie* faßt es als ein Gewissen auf, das ihn bei manchen Handlungen warnte, aber ihm nie zuredete. → Dämon.

Daker, lat. Daci, und die mit ihnen verwandten → Geten, beide thrakische Volksstämme, saßen an der unteren Donau, ein unabhängiges Königreich, das den Römern viel zu schaffen machte und erst unter Kaiser Traian in den D.-Kriegen (101–102, 105–106 n. Chr.) nach heldenmütigem Kampf unterworfen wurde. Der dakische König Decebalus gab sich selbst den Tod. Die Kämpfe sind auf der Traians-Säule bildlich dargestellt.

daktylos, gr. = Finger, der Versfuß (→ Metrik) –◡◡, mit einem langen (–) und zwei kurzen (◡◡) Gliedern wie ein Finger. Gewöhnlich, so stets im antiken Epos, dessen Verse alle daktylisch sind, verband man je 6 (richtiger $5^3/_4$) Daktylen zu einem Vers, dem daktylischen Hexameter = Sechsmaß; ansonsten je einen solchen Vers mit je einem aus $2^1/_2 + 2^1/_2 = 5$ Daktylen, dem Pentameter. → Hexam.; Pent.; Distichon. – Auch (lat. *digitus*) ein → Längenmaß.

Dalmatien, altes Griechen- und vor allem Römergebiet, sehr gut durchforscht und durch große Ruinen wichtig, besonders durch den großen Palast, den sich Diocletianus 305 n. Chr. in Split (ital. Spalato) erbaute. Von ihm sind besonders das Mausoleum des D., heute der Dom v. Spl., mit Vorplatz u. Umfassungsmauern des ganzen Palastes erhalten, die heute ein ganzes Wohnviertel bilden.

G. Alföldy, Bevölkerung u. Gesellsch. der röm. Provinz D., Budapest 1965; J. J. Wilkes, *Dalmatia,* Lond. 1969; T. Marasovic, Diokletians Palast, Belgr. 1982.

Damaskus, uralte Oasen-Siedlung, nacheinander im Besitz der Semiten, Griechen, Römer, Araber, Türken, dem Charakter nach stets semitisch (arabisch seit 635 n. Chr.). D. war wegen seines Wasserreichtums u. der Fruchtbarkeit seiner Umgebung zu allen Zeiten eine blühende Stadt; deswegen sind die Reste aus dem gr.-röm. Altertum gering.

C. Watzinger, K. Wulzinger, D., d. antike Stadt, 1921.

Damoklesschwert, sprichwörtl. für eine im Glück stets drohende Gefahr. Der Tyrann Dionysios von Syrakus ließ seinen Günstling Damokles, der ihn um sein Glück beneidete, an einer reichbesetzten Tafel schwelgen, während über seinem Haupte ein scharfes Schwert an einem Pferdehaar hing (Cicero, *Tusc.* V. 21, 61).

Dampfbäder, „röm.-irische“ → Bäder.

Danae, Tochter des Königs Akrisios v. Argos, gebar von Zeus, der sich ihr in Gestalt des goldenen Regens genähert hatte, den → Perseus. Der Vater ließ, von einem Orakelspruch erschreckt, Tochter und Enkel in einen hölzernen Kasten sperren und auf dem Meer aussetzen (Klagelied der D. vom Dichter → Simonides). Der herangewachsene Perseus bringt seine Mutter später wieder nach Argos zurück. – Der D.-Mythos wurde zu allen Zeiten gern künstlerisch dargestellt, von pompeianischen Wandgemälden bis zur Oper von R. Strauß.

Danaer, gr. *Danaoi,* bei Homer neben *Achaioi* (→ Achaier) Name aller Griechen. Gewöhnlich bringt man ihn mit dem der Danauna zusammen, einem der → Seevölker, die um 1220 v. Chr. in Ägypten eindrangen, aber von Merenptah bei Perjerer und 1190 von Ramses III. bei Migdol besiegt wurden. – Danaergeschenk, ein verdächtiges G., das Nachteil oder Gefahr bringt; → *quidquid id est.*

Danaiden. Aigyptos hatte nach der gr. Sage 50 Söhne, Danaos, König der Landschaft Argolis in Griechenland, 50 Töchter, die D. (→ Patronymikon). Die Väter vermählten ihre Kinder, aber gegen den Willen der Mädchen, die, mit einer Ausnahme, in der ersten Nacht ihrer Ehe ihre Männer ermordeten. Deshalb mußten sie in der Unterwelt Wasser in ein Faß schöpfen (Danaidenfaß), bis es gefüllt sei; aber sein Boden war durchlöchert. Die Sage ist vielleicht eine dunkle Erinnerung an sehr alte Beziehungen zwischen Griechenland u. Ägypten. – In Aischylos' Drama *Die Hiketiden* bilden die D. den Chor.

Daphne, eine schöne Nymphe, die die Werbung Apollons verschmähte und vor ihm floh; als er sie nach langer Verfolgung einholte, wurde sie auf ihre Bitten von ihrem Vater, dem Flußgott Peneios, in einen Lorbeerbaum verwandelt. Die Sage wurde oft künstlerisch dargestellt: Plastik (Bernini), Drama (H. Sachs), Oper (R. Strauß). Der → Lorbeer ist seitdem Apollons heiliger Baum.

W. Stechow, Apollon u. D., 1932, neu 1965.

Daphnis und Chloe sind nicht nur Titelfiguren des Romans von → Longus, sondern seitdem beliebte Gestalten der → Bukolischen Poesie zu allen Zeiten.

Dareikos, persische Goldmünze, wohl die berühmteste Münze der Antike (→ Goldprägung). Besonders im Verkehr mit dem Auslande (z. B. nach Xenophons Angabe zur Bezahlung der gr. Söldner) verwendet und benannt nach dem Bild des Perserkönigs Dareios, das sie auf der Vorderseite zeigte (vgl. Louisdor, Friedrichsdor); → Münzen, Münzbilder. Das Bild des Herrschers, nicht sein Porträt (!), erscheint auf dem D. erstmalig in der Geschichte des Münzwesens; die Sitte ging von Persien nach Europa über und hat sich ununterbrochen bis heute erhalten.

Dareios I., vornehmer Perser, Sohn des Hystaspes, stürzte mit Hilfe von 6 hohen Adligen den Gaumata, der sich als der (ermordete) Bruder des Kambyses,

Smerdis, ausgab (→ Perser [Inschrift von Bisutun]), u. war als der 1. Achaimenide 522–486 v. Chr. König von Persien. Er reorganisierte das Reich: Einteilung in 20 Satrapien, Straßenbau, Post und Reichswährung gingen auf ihn zurück. Von Persien aus versuchte er sogar in Europa festen Fuß zu fassen. Der Zug gegen die Skythen war kein voller Erfolg (→ Histiaios; Miltiades); dagegen unterwarf er Thrakien und Makedonien. Nach dem Ionischen Aufstand (500) plante er die Unterwerfung Griechenlands; 492 Zug d. Mardonios, 490 Zug des Datis und Artaphernes, Niederlage bei → Marathon. Während neuer Rüstungen starb er 486. Zweifellos war er eine große Herrschernatur. – D. III. regierte 336–330 v. Chr., unterlag 333 Alexander dem Gr.

P. J. Junge, D. I., 1944.

Datis war neben Artaphernes Feldherr des persischen Heeres, das bei → Marathon geschlagen wurde.

Dea Dia, einfach „die Göttin", wurde in Rom von den → Arvales verehrt, wahrscheinlich eine Saatgottheit.

Decemvirn, lat. *decemviri,* auch *Xviri* geschrieben. Kollegien von 10 Männern mit außerordentlicher Vollmacht wählte man in Rom häufig, z. B. für Ackerverteilung, für Veranstaltung von Opfern. Die bekanntesten D. waren die *decemviri consulari imperio legibus scribundis* (10 Männer mit consularischer Gewalt zur Niederschrift der Gesetze). Diese Kommission von 10 Patriziern wurde auf Antrag der Volkstribunen 451 v. Chr. gewählt. Sie regierte nach der Tradition musterhaft und stellte 10 Tafeln mit Gesetzen her. Im nächsten Jahr wurden neue Männer, Patrizier und Plebejer, gewählt. Ihr Führer war Appius Claudius. Sie stellten noch 2 Tafeln zusammen (→ 12-Tafelgesetz). Da besonders Appius Claudius sehr willkürlich regierte (→ Virginia), zwang sie die Plebs durch die 2. *Secessio,* ihr Amt niederzulegen.

Decius. Publius D. Mus (d. h. Maus), röm. Nationalheld, als Muster altröm. Vaterlandsliebe hoch gefeiert. Er soll in der Schlacht bei Sentinum gegen die Samniten (295 v. Chr.) sich und die Feinde dem Tode geweiht u. dadurch den schwankenden Sieg für die Römer gewonnen haben. Die gleiche Tat wird auch von seinem Vater u. seinem Sohn, die beide den gleichen Namen trugen, berichtet.

Decius. C. Messius Quintus Traianus D. Augustus, aus angesehenem Geschlecht in Sirmium in Illyrien gebürtig, wurde als Befehlshaber von Mösien und Pannonien von den illyrischen Legionen zum Kaiser ausgerufen und regierte 249–251 n. Chr. Er suchte der Not des Reiches kraftvoll zu steuern. Zu einer schlimmen Berühmtheit gelangte er durch seine blutigen Christenverfolgungen. Er zwang die Christen, an den Festen u. Gebräuchen d. Staatsreligion teilzunehmen und ging gegen alle Verweigerer mit unnachsichtlicher Strenge vor. Nach außen hatte er mit den Germanen zu kämpfen, unter denen besonders die Ostgoten auf ihrem Zuge von der Ostsee her seit 238 in Mösien eingefallen und bis nach Philippopel gelangt waren. Gegen sie fiel D.

251 in der blutigen Schlacht bei Abrittus in der Dobrudscha.

Decumatland, lat. *agri decumates,* das Land zwischen Rhein und Donau, das in der 2. Hälfte des 1. Jhs. n. Chr., unter den flavischen Kaisern, vor allem wohl von Domitian (81–96 v. Chr.), dem röm. Reiche einverleibt u. durch den Limes gesichert wurde. Ursprünglich saßen hier keltische Stämme, besonders Helvetier, aber dann machten ihnen die Sueben, vielleicht schon Ariovist, das Land streitig. Sie hielten sich aber in einzelnen Siedlungen. Unter röm. Schutz blühte das Land auf. Da aber unter den Bodenfunden kleine bäuerliche Gehöfte vorherrschen, größere Villenbauten nur in der Nähe der Lager u. Kastelle (Offizierswohnungen) vorkommen, muß man annehmen, daß das D. immer ein äußerstes Grenzland blieb, in dem die militärische Organisation besonders stark vorherrschte. Erst im 2. Jh. n. Chr. wurde es durch die freien Germanen bedroht (erstmalig 162). 213 fielen die Alemannen in das D. ein, das sie um 260 völlig eroberten. – Die Erklärung des Namens ist strittig.

E. Hesselmeyer (Klio 36), 1944, Neudruck 1960; E. Norden, Altgermanien, [2]1934, neu 1962.

Deinarchos, gr. Redner des 4. Jh. v. Chr., lebte vorwiegend in Athen und schrieb Reden für Prozesse (→ Logograph); von angeblich 60 echten Reden sind drei erhalten, alle Bestechungsfälle. D. wird zu den → Zehn attischen Rednern gerechnet.

W: Hg. F. Blass, [2]1888, neu 1967.

Delos, Kykladeninsel, schon in vorgeschichtl. Zeit besiedelt, neben → Delphoi die bedeutendste Stätte des Apollonkults (→ Leto). Bei der Begründung des → Attischen Seebundes wurde Delos Zentrum des Bundes. Seit 314 aus der attischen Vorherrschaft gelöst, entwickelte sich D. in der Folgezeit als wichtiges Handelszentrum. Seit 168 (Schlacht bei Pydna) Freihafen. Von der Zerstörung in den mithradatischen Kriegen (88 u. 69 v. Chr.) hat sich D. nie wieder erholt. Die antiken Reste auf D., die von Franzosen in jahrzehntelanger Arbeit freigelegt wurden, machen die Insel zu dem größten erhaltenen Ruinenfeld des gr. Altertums. Die Funde sind wissenschaftlich sehr wichtig; namentlich reiche Privathäuser aus der wirtschaftl. Blütezeit der Insel in hellenist. Zeit sind gut erhalten. Kernpunkt des Heiligtums bildet der Apollontempel aus dem 6., 5. und 3. Jh. v. Chr.; durch Abbildungen sehr bekannt ist die Prozessionsstraße mit den Löwenstatuen aus dem 6. Jh. v. Chr.

Exploration archéolog. de D., Paris 1909 ff.; W. A. Laidlaw, *A history of D.,* Oxf. 1933; E. Bethe, 1938; R. Vallois, *L'architecture hellenique a D.,* Paris, 1944; N. Kontoleon, *Odegos tes Delou,* Athen 1950; R. Vallois, *Les constructions antiques de D.,* Paris, 1953; Ph. Bruneau, *Recherches sur les cultes de D.,* Paris 1970.

Delphoi (gr., lat. *Delphi*), die wichtigste Orakelstätte Griechenlands mit einem Kult Apollons, der hier durch die → Pythia Weissagungen erteilte. Die Stätte liegt etwa 600 m hoch in wilder, majestätischer Bergeinsamkeit, die schon an sich die Menschen beeindruckt, ebenso wie das nahe Quellwunder → Kastalia. Das Heiligtum des Apollon, dessen Kult einen alten Kult der Erdmutter → Gaia verdrängte, stand über einer vorgeschichtlichen Siedlung; in historischer Zeit lag auch neben dem Kultort eine Siedlung. An eine Erdspalte war die heilige Stätte gebunden; über der Spalte saß auf einem Dreifuß die Pythia und gab Ratschläge, die ein Priesterkollegium in Verse setzte. Schutz und Verwaltung des gesamten Heiligtums lag in den Händen der „Amphiktionen" (= Umwohner), eines Bundes mittelgriech. Stämme. Unter deren Obhut wurde D. nun das zentrale Heiligtum aller Griechen; zahlreiche Weihgeschenke und Stiftungen, die schon seit dem frühen 7. Jh. v. Chr. auch von nichtgriech. Herrschern (→ Kroisos) geweiht wurden, bezeugen die Bedeutung dieser Orakelstätte. Entsprechend prächtig war auch die Ausgestaltung des Heiligtums: Nach der Zerstörung eines alten Holztempels wurde die Terrasse aufgeschüttet und ein erheblich größerer Steinbau errichtet, zu dem ganz Hellas beigesteuert hatte; 513 wurde dieser Bau begonnen (Reste im Museum), eine marmorne Fassade schmückte ihn. Als dieser Bau 373 v. Chr. durch Erdbeben zerstört wurde, ersetzte man ihn durch einen neuen, dessen Überreste man heute vor sich sieht. Zum Tempel hinauf führte die heilige Straße, an deren Rand die *Thesauroi* (→ Schatzhaus) einzelner griech. Staaten standen; diese dienten zur Aufnahme der kostbarsten Weihgeschenke; von Denkmälern, Beutestücken, Statuen war der heilige Bezirk übersät. Dazu kam ein Theater (4. Jh. v. Chr.) u. andere Bauten wie z. B. die Lesche der Knidier (→ Polygnot); schließlich noch ein (heute gut erhaltenes) Stadion, denn man feierte hier die pythischen Spiele (→ Nationalspiele), zu denen musische Wettkämpfe gehörten. Mit dem späten 5. und 4. Jh. v. Chr. nehmen die großen Stiftungen ab; zunehmende Beeinflussung des Orakels durch die umliegenden Staaten und die Einwirkung der philosoph. Aufklärung seit dem Späthellenismus ließen das Orakel immer mehr zurückgehen; das Heiligtum wurde mehrfach (Sulla, Nero) geplündert. Nur im 2. Jh. n. Chr. blühte D. für eine kurze Zeit wieder auf unter Kaiser Hadrian; damals war → Plutarch delphischer Oberpriester; → Pausanias kam auf seiner Besichtigungsreise damals nach D. Barbareneinfälle, Naturkatastrophen und Unterdrückung heidnischer Kulte verwandelten das Heiligtum aber schließlich in eine Trümmerstätte. Auf der Trümmerschicht siedelte sich das Dorf Kastri an. Seit 1861 graben hier franz. Archäologen, bauten den Bewohnern von Kastri ein neues Dorf, brachen das alte ab und legten die Reste des heiligen Bezirkes und aller erkennbaren Gebäude frei; ein modernes Museum bewahrt alle Funde, darunter den berühmten Wagenlenker, eine lebensgroße Weihefigur. → Orakel.

P. de la Coste-Messelière, *Au Musée de Delphes,* Paris 1936; H. W. Parke, *A History of the Delphic Oracle,* 1939; J. Fontenose, *Python,* Berkeley 1959; P. Hoyle, D. u. s. Orakel, 1968; G. Roux, D., 1971; E. Melas, D. – Die Orakelstätte des Apollon, 1990; M. Maaß, Das antike D., 1993.

Demagoge (gr. *demagogos*), Führer d. demokrat. Partei in Athen. Die D.en bekleideten keine offizielle Stellung, spielten jedoch durch ihren Einfluß auf die Entschlüsse der Volksversammlung eine ausschlaggebende politische Rolle. Das Wort hatte an sich keinen tadelnden Nebensinn (auch Perikles wurde als D. bezeichnet), sondern erhielt diesen erst infolge der Entartung der athenischen → Demokratie und weil die D.en ihre Macht für ihren persönlichen Vorteil, zum mindesten zur Befriedigung ihres Ehrgeizes, mißbrauchten. → Kleon; Thersites.

Demeter (Grundbedeutung unklar; *de-* = *ge* = Erde?; *meter* = Mutter), die Göttin der Fruchtbarkeit, besonders des Ackerbaues, von Zeus Mutter der → Persephone. Auf der Suche nach ihrer von → Hades geraubten Tochter wurde sie in Attika gastlich aufgenommen u. lehrte zum Danke die Menschen dort durch Triptolemos die Feldbestellung. Nach einem Beschluß des Zeus weilte P. dann die eine Hälfte des Jahres bei ihrem Gatten Hades (→ Granatapfel), die andre bei der Mutter. Mit P. war D. die Hauptgöttin der eleusinischen → Mysterien und wurde mit ihr von den Athenern so aufrichtig verehrt (→ *kore*), daß diese D. u. P. einfach „die zwei Göttinnen" nannten. Wichtig der „homerische" Hymnos auf D. Herrliche Kunstdarstellungen: das eleusinische Relief, im Nationalmuseum in Athen; die um P. trauernde D., in Knidos gefunden, jetzt im Brit. Mus. in London, ferner auch die D. von Selinunt (Nat. Mus. Palermo). → Ceres; Iakchos.

F. Altheim, *Terra Mater,* 1931; H. Anton, Der Raub der Proserpina, 1967.

Demetrios von Phaleron, geb. etwa 350 v. Chr., athenischer Staatsmann, Redner und Philosoph, Schüler des Theophrast, wurde von Kassandros um 317 an die Spitze des athenischen Staates gestellt, den er 10 Jahre lang mit Umsicht durch alle Fährnisse der Diadochenzeit leitete. Sein Luxusgesetz, das die kostspielige Ausschmückung der Gräber verbot, machte freilich einer Grabsteinkunst ein Ende, die köstliche Werke (jetzt auf dem → Dipylonfriedhof und im Archäol. National-Museum in Athen) geschaffen hatte. Von D. *Poliorketes* vertrieben, ging er nach Ägypten, wo er literarischen Studien lebte. Er schrieb zahlreiche Werke, darunter Memoiren über seine Regierungszeit in Athen; außerdem veröffentlichte er die erste Sammlung von äsopischen Fabeln (→ Aisopos). → Volkszählungen.

W: D. Schule d. Aristoteles, hg. F. Wehrli, Band IV, [2]1968.

L: E. Bayer, D. Phalereus der Athener, 1942, neu 1969.

Demetrios *Poliorketes* (d. h. Städtebelagerer), Sohn des → Antigonos, nahm an d. Kämpfen um die Nachfolge Alexanders d. Gr. hervorragenden Anteil. Seinen Beinamen verdankt er der Verwendung von damals modernen Belagerungsmaschinen; besonders berühmt ist seine Belagerung der Stadt Rhodos 305/304 v. Christus. Auf weiten Kriegszügen durch Asien u. Griechenland eroberte er im Auftrage seines Vaters, der ihm 306 v. Chr. den Königstitel verlieh, viele Städte, ohne sie behaupten zu können. Er war der Typus des makedonischen Condottiere. Am Ende seines tatenvollen Lebens stand er vor dem Nichts. Von seinen Truppen verlassen, wurde er von Seleukos gefangen und starb 283 in Gefangenschaft.

G. Elkeles, D. der Städtebelagerer, 1942; E. Manni, *D. Poliorcete,* Rom 1952.

Demodokos, blinder Sänger der Phaiaken, der in der *Odyssee* (VIII 62 ff.) beim Mahle von Odysseus singt.

Demokedes, gr. Arzt des 6. Jh. v. Chr., erst Stadtarzt auf Aigina, später hochbezahlter Leibarzt des Tyrannen Polykrates v. Samos; → Heilkunde.

Demokratie. D. ist ein von den Griechen geschaffener Name einer bei ihnen zuerst ausgebildeten Verfassungsform, der Beteiligung des ganzen Volkes *(demos)* an der Herrschaft *(-kratia).* Die D. ist wohl in Ionien entstanden, wo die wirtschaftlichen und sozialen Verhältnisse zuerst dazu reif waren. Als typischste D. galt schon im Altertum → Athens Verfassung. Ihr Schöpfer war Kleisthenes 508 v. Chr.; später wurde nur wenig daran geändert. Die Gewalt lag bei der Gesamtheit der Bürger, die über 30 Jahre alt waren und die in der Volksversammlung mindestens einmal im Monat alle wichtigen Fragen durch Mehrheitsbeschluß erledigten. Damit war das Volk der Souverän, und zwar, da die Macht des Adels gebrochen war, der alleinige. Die Mitglieder des Adels hatten in der Volksversammlung nur dasselbe Recht wie jeder andere Bürger. Freilich galt dies in der Blütezeit Athens, bis zum peloponnesischen Kriege, nur theoretisch; in Wahrheit behielt der Adel mit langer politischer Erfahrung, mit besserer Bildung und größerer Redegewandtheit die Führung in der Volksversammlung. So lange bewährte sich die D.; Athen verdankte außer seinen kriegerischen Erfolgen in den Perserkriegen auch seiner Staatsform, die alle Kräfte für den Staat nutzbar machte, seinen glänzenden Aufstieg. Das Ideal der athenischen D. hat uns Thukydides (II, 35 ff.) in der berühmten Leichenrede des → Perikles geschildert. Mit zunehmender Radikalisierung, namentlich nach dem Tode des → Perikles, vielleicht auch unter schädigendem Einfluß der Sophistik änderte sich der Charakter des athenischen Staats. Bei den Volksführern (→ Demagoge) schwand die uneigennützige Gesinnung, noch mehr aber bei der Masse; diese traf ihre Entscheidungen nicht mehr im Staatsinteresse, sondern in dem der unteren Schichten. Sie sah den Staat, der ihr Unterstützung der Erwerbsunfähigen und vielfache Vergütungen (→ Athens Verfassung) gewährt hatte, nur noch als Geldgeber, als Versorgungsanstalt an. Die D. wurde zur Herrschaft der Armen, die die Reichen bei jeder Gelegenheit schröpften; das Ideal der D. artete zur → Ochlokratie aus. In Rom fehlte eine D. nach athenischer Art. Immerhin empfand man sich doch als demokratisch; nicht von ungefähr setzte man die Einrichtung der Republik auf 510 v. Chr. an, d. h. auf dasselbe Jahr, in dem in Athen die D. mit Vertreibung der Tyrannen endgültig siegte. In der röm. Verfassung, die mehr aristokratisch war, stellen die Volksversammlung mit ihren Rechten, vor allem dem der Beamtenwahl, und die Annuität und Collegialität der Beamten den demokratischen Zug dar.

Besondere Kennzeichen der antiken Demokratien sind die Vergebung der ausführenden Gewalt nicht an einen einzigen Präsidenten, sondern an mehrere Personen, 10 Archonten oder 2 Consuln (sog. Collegialität), u. die Beschränkung ihrer Amtszeit (auf 1 bzw. $^1/_{10}$ Jahr, sog. Annuität, nach dem röm. Brauche benannt). Sie entstanden aus einer Furcht vor der Monarchie; man sträubte sich, einem einzelnen die Macht auf längere Zeit anzuvertrauen. Diese Furcht war so groß, daß man um ihretwillen die offensichtlichen Schäden dieser Maßregeln mit in Kauf nahm. → Monarchie.

Der athenischen Regierung durch das Volk stand in Rom die durch Senat und Volk (→ SPQR) gegenüber; den 50 Prytanen mit einer Amtsdauer von nur 35 oder 36 Tagen (der Vorsitzende der Pr. war gar nur 24 Stunden im Amt!) entsprachen nur 2 Consuln mit einer wenigstens einjährigen Amtsdauer. In Rom ging man also mit der demokratischen Machtbeschränkung viel weniger weit als in Athen. Die antiken Theoretiker seit Polybios bezeichneten daher die röm. Verfassung als eine sog. gemischte Verfassung, in der alle 3 reinen Verfassungsformen: Monarchie, Aristokratie, Demokratie nebeneinander standen.

Auch nach dem tatsächlichen Untergange der D. in Griechenland und Rom lebte sie wenigstens in den äußeren Formen weiter. Die Diadochen waren zwar absolute Herrscher; aber sie beließen den Städten für ihre kleinen Interessen die liebgewordenen Ekklesia (→ Volksversammlung), deren Beschlüsse nach wie vor mit *edoxe to demo,* „das Volk beschloß", formuliert wurden. Auch die röm. Monarchie seit Augustus behielt z. T. die Formen der D.; zu einer wirklichen Monarchie wurde sie erst seit Diocletian. – Teilweise wiedererweckt wurde die ant. D., u. zwar in der Form der röm. → Republik, in der → französischen Revolution von 1789. – Die athenische D. ist nie nachgeahmt worden, denn in einem Flächenstaat ist Regierung durch das ganze Volk praktisch undurchführbar; die Volksversammlung muß durch Parlamente ersetzt werden (Repräsentativsystem). Außer diesem Unterschied bleibt als Haupteinwand gegen die athen. D. die Feststellung, daß diese „Volksherrschaft" nicht nur Sklaven, sondern auch Frauen und → Metöken von jeder Mitwirkung ausschloß.

F. Warncke, D. demokr. Staatsidee in d. Verfassung von Athen, 1951; H. Stier, D. klass. D., 1954; A. H. M. Jones, *Athenian Democracy,* Oxf. 1957; T. Tarkiainen, Die athen. D., d. 1966; W. G. Forrest, Wege zur hellen. D., d. 1966; Ch. Meier, Entstehung des Begriffes D., 1970; H. E. Stier, Der Untergang der *klass.* D., 1971; J. Bleicken, D. athen. D., 1985.

Demokritos (im Deutschen oft auch Demokrit), ein gr. Philosoph aus Abdera, lebte 460–370 v. Chr. als Zeitgenosse des Sokrates. Nach dem Katalog seiner Schriften u. den zahlreichen erhaltenen Fragmenten war er ein universal begabter Mensch, der sich fast auf allen Gebieten der Wissenschaft und des Lebens versucht hat. Über Ethik, Poesie, Medizin, Grammatik, Phonetik, über Physik, Mathematik und Technik, aber auch über praktische Dinge wie Landbau, Malerei

u. Kriegskunst, sind Fragmente erhalten, die seine scharfe Beobachtungsgabe und seinen unbeirrbaren Blick für den Kern der Frage zeigen. Das philos. Weltbild seines Lehrers → Leukippos scheint D. zum Ausgangspunkt genommen zu haben, von dem aus er ein vielschichtiges System errichtete, die → Atomistik. Eine Schule hat D. offenbar nicht begründet; starke Legendenbildung hat sein Bild in der Tradition verzeichnet („der lachende Philosoph", so bei La Fontaine, Chr. M. Wieland, K. J. Weber).

W: FdV. II.

L: P. Natorp, Die *Ethika* des D., 1893 (mit Text); F. Messiano, *La morale materialistica di D.,* Florenz 1951; R. Loebl, Demokrits Atomphysik, 1987.

de mortuis nil nisi bene, freie lat. Übersetzung eines Wortes des Griechen Cheilon (→ 7 Weise), das von Diogenes Laertios *(Cheilon* I 3, 70) überliefert ist. Es heißt nicht, wie meist übersetzt wird: „über die Toten soll man nur Gutes reden"; dann stünde im Lat. *bona* statt *bene* da; sondern „nur in guter Weise", freundlich, nicht schmähend; denn die Toten können sich nicht wehren.

Demosthenes, ein athen. Feldherr des Pelop. Krieges, wurde 413 v. Chr. mit Verstärkungen nach Sizilien geschickt; nach einer Niederlage wurde er hingerichtet (→ Sizil. Expedition).

Demosthenes, der größte und berühmteste attische Redner u. Staatsmann aus der Zeit der untergehenden gr. Freiheit, geb. 384 v. Chr. Er verlor als Kind seinen Vater, der eine Waffenfabrik mit 30 Arbeitern u. eine Stuhlfabrik mit 20 Arbeitern besaß. Die Vormünder brachten das Vermögen von 14 Talenten durch. D. bildete sich trotz körperlicher Fehler, die er durch Zungen- und Atemgymnastik überwand, zum Rhetor aus und belangte seine Vormünder, erhielt aber sein Vermögen nicht zurück. Um Geld zu verdienen, wurde er → Logograph, ging aber seit 355 v. Chr. langsam in die politische Laufbahn über. Er entwickelte besondere staatsmännische Fähigkeiten im Kampf gegen die aufstrebende Macht Philipps von Makedonien, dessen Absichten nach Einmischung in Griechenland D. den kriegsmüden Athenern vergeblich klar zu machen suchte (351–349 philippische, olynthische Reden; → *Philippica;* Olynthos). Als die Athener durch das Vordringen Philipps erbittert wurden, gewann er größeren Einfluß. Sein Hauptgegner war → Aischines, den er in mehreren Prozessen auf das gehässigste angriff (Rede über die Truggesandtschaft). Auf der Höhe seiner Macht stand er 340, als er von den Athenern durch einen goldenen Kranz geehrt wurde. Er suchte einen gr. Bund zustande zu bringen und trieb zum Krieg gegen Philipp, der 340 ausbrach. 338 erlagen die Verbündeten bei → Chaironeia. D. nahm an der Schlacht teil und hielt in Athen die Leichenrede auf die Gefallenen. Nach dem Tode Philipps hoffte er vergeblich auf eine Abschüttelung der makedonischen Herrschaft. Bald darauf wurde ihm Bestechung durch Harpalos, den ungetreuen Schatzmeister Alexanders d. Gr., vorgeworfen. Er wurde zu 50

Talenten Strafe verurteilt, nach Alexanders Tod aber begnadigt. Bald darauf von den Makedonen, die Athen eingenommen hatten, zum Tode verurteilt, floh er in einen Tempel in Kalaureia. Als man ihn dort entgegen dem Asylrecht der Tempel vom Altar riß, nahm er schnell Gift (Okt. 322). – Die Dialektik seiner Staatsreden und die Leidenschaft seiner Vaterlandsliebe haben schon in der Antike die Menschen zur Begeisterung hingerissen. Im Grunde hängt die Stellung zu D. davon ab, wie man den letzten Freiheitskampf der Athener beurteilt. Kurzsichtig mag man D. nennen, weil er die Aussichtslosigkeit des Kampfes gegen Philipp und die für die griech. Einigkeit so förderliche Wirkung von Philipps Politik nicht erkannte; aber Athen mit seiner großen Vergangenheit konnte unmöglich kampflos die Waffen strecken. – Röm. Kopie einer Ehrenstatue in Kopenhagen.

W: Hg. S. H. Butcher, W. Rennie, IV, Oxf. 1903–31; hg. u. engl. J. H. Vince, A. T. Murray, VII, Lond. zuletzt 1956.
Ü: F. Jacobs, ^{2}1833. Kranzrede: W. Waldvogel, 1968.
L: A. Schäfer, D. u. s. Zeit, III, 1885–87, neu 1966; P. Cloche, *D. et la fin . . .*, Paris 1957; W. Jaeger, D., ^{2}1963; H. J. Wolff, D. als Advokat, 1968; U. Schindel (Hg.), 1987.

denarius, röm. Silbermünze der gr. → Drachme entsprechend, 268 v. Chr. in Rom eingeführt; ursprünglich je 10 (lat. *deni*), später 16 → As; Untereinheiten waren der *quinarius* (= $^1/_2$ den.) und der → *sestertius* (= $^1/_4$ den.). → d.

designatus, abgekürzt *des.,* hieß der röm. Beamte in den Monaten zwischen der Wahl und dem Amtsantritt. In dieser Zeit genoß er bereits gewisse Vorrechte und wurde in seinen neuen Aufgabenkreis eingeführt.

Deukalionische Flut, gr. Bezeichnung der Sintflut, nach Deukalion, der mit seinem Weibe Pyrrha allein gerettet wurde. Sie wurden die Stammeltern der neuen Menschheit. Aus Steinen, die sie auf göttlichen Befehl hinter sich warfen, entstanden neue Menschen (Ovid, Metam. I). – Da allen Sintflut-Sagen histor. Vorgänge zugrundeliegen, verbindet man heute die D. F. mit dem Ausbruch des Vulkans der Insel → Thera (Santorin), der um 1500 v. Chr. diese Insel vernichtete; die dabei entstandene riesenhafte Flutwelle muß die ägäischen Inseln u. Küstengebiete stark in Mitleidenschaft gezogen haben (→ Kret.-myken. K.).

deus ex machina. Die „Maschine“ im gr. Theater schlechthin war ein Kran; mit diesem schwenkte man über das Dach des Bühnengebäudes einen Korb heraus, in dem Götter oder Helden erscheinen konnten. Euripides benutzte diese Götter, um am Ende seiner Tragödien einen unlösbaren Konflikt durch Götterbefehl in die von der Sage vorgeschriebene Bahn zu lenken; ein einfaches, wenn auch wenig künstlerisches Mittel, das ihm manchen Tadel eingebracht hat.

A. Spira, Unters. zum d. e. m. bei Sophokles u. Euripides, 1960.

Deutsche Flußnamen haben manchmal Wortstämme, die sich auch im Gr. und Lat. finden. Dabei liegen Wortstämme vor, die die → Indogermanen schon in ihrer Urheimat verwandten und die dann Deutsche, Griechen und Italiker in die neue Heimat mitnahmen. Elbe „die Fließende", „der Fluß", schwed. *elf,* gr. *Alpheios,* Fl. in Arkadien. Rhein „Strom"; denselben Namen trägt ein Flüßchen bei Bologna (lat. *Renus,* it. *Reno*). Die Wurzel dieses Wortes, *sreu,* liegt auch im gr. Zeitwort *rhein* = fließen vor (→ panta rhei), ebenso in Strymon, heute Struma (Fluß in Thrakien); vgl. althochdeutsch *stroum.* Ache, lat. *aqua* „Wasser".

Deutsche Klassik, Romantik → Wirkung der Antike.

Deutsche Kultur und Antike. Unsere d. K. als etwas historisch Gewordenes ist eine Gemeinschaftsüberlieferung und ein Gemeinschaftsbesitz an geistigen Gütern und Werten, der als Erbe, immer wieder vermehrt, von Generation zu Generation weitergegeben wird und der durch Erziehung und Bildung zum persönlichen Besitz des einzelnen werden soll. Diese d. K., die geschichtlich zu einem einheitlichen Ganzen zusammengewachsen ist, ist in der Herkunft ihrer Elemente verschiedener Art. Auf das Ganze gesehen, läßt sich mit Recht behaupten, daß es drei Hauptelemente seien: Germanentum, Christentum und Antike. Doch haben daneben auch noch andere Einflüsse bei der Gestaltung der d. K. mitgewirkt, z. B. auch die westeuropäische Aufklärung. Der Austausch zwischen den antiken Völkern und dem Germanentum setzte nicht erst dann ein, als zum erstenmal Germanen u. Römer zusammenstießen (→ Kimbern), sondern schon vorher auf Handelswegen; und er hat von da an gewirkt bis auf den heutigen Tag. Diese Zusammenhänge zwischen d. K. u. A. sind von zweierlei Art. 1. Es besteht ein politisch-historischer Zusammenhang zwischen beiden, insbesondere zwischen dem einen Träger der ant. K., dem Römertum u. den Germanen, ein Zusammenhang, der mit dem Vordringen der Römer nach Germanien einsetzt u. sich bis ins Mittelalter (Heiliges röm. Reich deutscher Nation!) erstreckt. 2. Es besteht zwischen den Trägern der a. K. und den germanischen u. romanischen Völkern andererseits eine Verwandtschaft, die sich aus der gemeinsamen indogermanischen Wurzel erklärt.

Deutsche Städte mit lat. Namen. Anders als bei den → Deutschen Flußnamen stammen diese Städtenamen direkt aus dem Lat., weil die Stadt von Römern oder unter kirchl. Einfluß gegründet wurde: Augsburg = *Augusta Vindelic(or)um* (→ Raetien); Koblenz = *confluentes* (die Zusammenfließenden, Rhein u. Mosel); Kastel, Bernkastel → Lager; Köln = *Colonia*; Pfalz → Kaiserpaläste; Pforzheim zu *porta* = Pforte; Quint, Detzem (bei Trier) → Meile; Winkel am Rhein = *vini cella,* Weinkeller; Xanten = *ad sanctos* = Zu den Heiligen; Zabern = *taberna* = Kneipe; Regensburg = *Regina castra,* das Lager am Regen.

W. Sturmfels, H. Bischof, Unsere Ortsnamen, [3]1961; H. Krahe, Ortsnamen als Geschichtsquelle, 1949; R. Schützeichel, Ortsnamenwechsel, 1986.

Dezimalsystem findet sich schon auf Täfelchen des 2. Jahrts. v. Chr., da sich dort gewisse Zahlzeichen wie I = 1, ● = 10, ○ = 100 nicht mehr als neunmal wiederholen und dann durch ein anderes ersetzt werden. So wird 240 nicht mit 24maligem ●, sondern

○ ○
● ● ● ● geschrieben;

○ ● III
● III
I } = 127.

Das myken. Maß- u. Gewichtssystem war dagegen am babylonischen → Sexagesimalsystem orientiert; → Rechenbrett.

D. G(r)., Abkürzung von lat. *dei gratia* = von Gottes Gnaden; → Diokletian.

Diadochen, gr. **diadochoi** – Nachfolger, die N. Alexanders d. Gr., die zum größten Teil seine Generale gewesen waren. Von 323 bis 281 v. Chr. (→ Seleukos) dauerten ihre Kämpfe, aber in ewigen Kriegen gegeneinander erschöpften sie ihre Kräfte. An die Stelle des Wunsches, das ganze Reich Alexanders zu erobern, trat bald der Versuch, bestimmte Teile zu gewinnen. In der Hauptsache hielten sich 4 Reiche, Ägypten unter den Ptolemaiern, Syrien unter den Seleukiden, in Kleinasien namentlich das Pergamenische Reich unter den Attaliden, alle diese Mittelpunkte hoher Kultur; dazu, wie schon vor Alexander d. Gr. kulturell unbedeutend, Makedonien unter den Antigoniden. Von den direkten Nachfolgern Alexanders, die man als D. im engeren Sinn bezeichnet, trennt man die späteren Herrscher als → Epigonen; unter diesen waren einige gleich dem Gründer ihres Königshauses wilde Draufgänger, andere, namentlich unter den Ptolemaiern und Seleukiden, von ihrem Ahn sehr verschieden, weichlich und schwach.

J. Seibert, Das Zeitalter der D. 1983; H. Bengtson, Die D., 1987.

Diadumenos, gr., „der sich die Siegerbinde um den Kopf legt“, eine Statue von → Polykleitos.

Dialekt → Schriftsprache.

Dialektik, von gr. *dialegesthai* = sich unterreden (→ Dialog). Die Unterhaltung war eine spezifisch gr. Form des Unterrichts auch für die schwierigsten Fragen der Philosophie, Mathematik usw. Eine besondere Kunst bestand darin, durch geschickt gestellte Fragen den Schüler unvermerkt zur Erkenntnis zu führen. Aristoteles nennt als Erfinder der D. den Eleaten Zenon. Die Sophisten bildeten diese Kunst mit allem Raffinement durch und steigerten sie zur Eristik (Streitkunst), so daß sie alles, auch die paradoxesten Behauptungen, beweisen, vor allem aber jede Ansicht, auch die selbstverständliche, widerlegen konnten (Beispiele im *Euthydemos* Platons). Seitdem beherrschte die D. den philosophischen, rhetorischen und jeden andern Unterricht. Besonders beliebt war die D. bei den Sokratikern, seit Sokrates sie zur alleinigen Lehrmethode gemacht hatte. Platon schrieb seine Werke in Dialogform: Für ihn war D. nicht nur eine Methode, sondern eine Wissenschaft, und zwar die höchste, denn sie allein führt erst zur Erkenntnis der Ideen. Unter den Sokratikern erhielten die Anhänger der megarischen Schule sogar den Namen Dialektiker oder Eristiker. Aristoteles reduzierte dann die D. wieder auf die Technik der wissenschaftlichen Diskussion; als Schulfach behauptete die D. ihren Platz im Kreis der → Sieben Freien Künste. Bis zum 18. Jh. war D. die übliche Bezeichnung für die schulmäßige Logik. Erst für Hegel ist D. die methodische Anwendung der natürlichen Denkgesetze und außerdem diese Gesetzmäßigkeit selbst. Diese Bedeutung hatte die D. im Altertum nie, wenn es auch bei verschiedenen Philosophen Ansätze zu dieser „dialektischen" Betrachtungsweise gab (→ Anaximandros: Scheidung der Gegensätze; → Empedokles: Trennung u. Verbindung). So ist es erklärbar, daß einige antike Philosophen als Vorläufer des dialektischen Materialismus in Anspruch genommen werden können, außer den genannten noch Heraklit, Anaxagoras, Demokrit und Aristoteles.

J. Stenzel, Stud. z. Entw. der platon. D., 1931; R. Robinson, *Plato's earlier dialectic,* Oxf. [2]1953; W. Bröcker, D., Positivismus, Mythologie, 1958; R. Heiss, Wesen und Formen der D., 1959.

Dialog, gr. *dialogos* = Unterhaltung, ist als Literaturform von den Griechen erfunden; → Dialektik. In fast allen D.en Platons spielt Sokrates als Hauptunterredner die Hauptrolle. Die platonischen D. zeichnen sich trotz des oft spröden philosophischen Stoffes durch Lebhaftigkeit und Anschaulichkeit der Unterhaltung aus. Besonders berühmt sind die Einleitungen, z. T. Kabinettstücke dramatischer Darstellungskraft, die bei Platons Spätschriften wieder zurücktrat. Seitdem wurde jedoch im ganzen Altertum der D. als literarische Form der philos. Erörterung bevorzugt (daneben auch die → Diatribe); vor allem griff Cicero diese Darstellungsweise wieder auf, und in seiner Nachfolge stehen seither viele Autoren der röm. und der europ. Literatur, wodurch der D. als Erörterung, Disputation oder Streitgespräch weiterlebte: Erasmus, Hutten und Luther; später Wieland und Lessing, in der Neuzeit Benn und Brecht.

R. Hirzel, Der D., II 1895, neu 1963; R. Wildbolz, Der philos. D. als literar. Kunstwerk, Bern 1952; J. Andrieu, *Le dialogue antique,* Paris 1954; W. Bröcker, Platons Gespräche, 1964; W. Gundert, der platon. D., 1968; ders., D. und Dialektik, Amsterd. 1971.

Diana (= die Leuchtende), altitalische Mondgöttin. Ihr Heiligtum in Aricia am Nemisee war das Bundesheiligtum der Latiner. Nachdem Rom zur Vormacht Latiums geworden war (→ Latinerbund), errichtete man der Bundesgottheit ein neues Heiligtum auf dem → Aventin. In Nemi wurde D. vor allem als Frauen- und Geburtsgöttin verehrt. Berühmt war auch das Heiligtum der D. am Berge Tifata bei Capua, das wie die Heiligtümer in Aricia und auf dem Aventin ursprünglich wohl ein Hain war. Hier in Campanien ist D. wohl bereits mit → Artemis gleichgesetzt worden. Die als Jägerin verehrte D. der Kaiserzeit ist die griech. Artemis.

diatribe (gr., das Zerreiben, Verbrauchen, bes. der Zeit, dann Vorlesung, Gespräch), eine im 3. Jh. v. Chr. entstandene griech. Literaturform, in der die kynischen Wanderprediger (→ Kyniker) ihre moralphilosophischen Lehren den Massen nahezubringen suchten. Sie zogen als eine Art antiker Bettelmönche durch die Städte und eiferten halb ernst, halb scherzend gegen die Verkehrtheiten und den Sittenverfall der Zeit; da sie mit wissenschaftlichen Lehrvorträgen bei der großen Menge nichts ausgerichtet hätten, bildeten sie einen populären, satirisch gefärbten Predigtstil aus, zwanglose Plaudereien voll packender, echt volkstümlicher Beredsamkeit, reichlich mit Gleichnissen, Anekdoten, Sinnsprüchen, Wortspielen, drastischen Witzen gewürzt und durch Einwürfe, Fragen und Antworten eines fingierten Gegners belebt. Diese Diatriben, von denen man sich etwa durch die Kapuzinerpredigt in Schillers Wallenstein eine ganz gute Vorstellung machen kann, gelten als Vorläufer der christlichen Moralpredigt; in den *Satiren* des Horaz, die er selbst als „Plaudereien" bezeichnet (lat. *sermones* = gr. *diatribai),* wurde dieser Stil aufs feinste künstlerisch veredelt. → Dion von Prusa.

A. Oltramare, *Les origines de la diatribe romaine,* Laus. 1926.

dictator, ein röm. Beamter, der nur in Zeiten außerordentlicher Kriegsgefahr auf Veranlassung des Senats durch die Consuln aus der Reihe der Consulare ernannt wurde. Er hatte unumschränkte Gewalt auch in der Stadt und konnte für seine Handlungen nicht zur Rechenschaft gezogen werden. Das Amt legte ungeheure Machtmittel in die Hand eines Mannes; daher war seine Dauer auf höchstens 6 Monate = 1 Kriegssommer befristet. Von sich aus ernannte der D. (sein ursprünglicher Titel war *magister populi),* einen *magister equitum* (der Kavallerie) mit gleicher Amtsdauer. Seit 202 v. Chr. ist das Amt in der alten Form nicht mehr besetzt worden; zuerst → Sulla, nach ihm auch → Caesar benutzten die Diktatur als Übergangsmöglichkeit zur Alleinherrschaft (→ Monarchie).

Didaskalie, gr. die Belehrung, besonders die Einübung eines → Chores für eine Theateraufführung, ferner ganz speziell listenartige Verzeichnisse über Aufführungen von Dramen in Griechenland, bes. Attika, mit vielen Nebenangaben (Schauspieler, Preise u. ä.); auf solche Tabellen stützten sich die Gelehrten in alexandrinischer Zeit, wenn sie zu einem Drama eine → Hypothesis abfaßten. – Auch für einzelne Komödien von Plautus u. Terenz existieren solche D.

Dido, nach der Sage Tochter des Königs von Tyros in Syrien. Sie floh vor ihrem Bruder Pygmalion, der ihren Gatten ermordet hatte, und kam nach Afrika, wo sie vom König Iarbas so viel Land erbat, als sie mit einer Rinderhaut bedecken könne. Daraufhin umgab sie mit den aus einer Haut geschnittenen Riemen das Gebiet der späteren Burg (→ Byrsa) von Karthago, dessen Gründerin sie wurde. Von Iarbas umworben, gab sie sich den Tod, weil sie dem toten Gatten nicht untreu werden wollte. Bekannter ist die Darstellung von → Vergil: Nach ihr beging D. Selbstmord, weil → Aineias ihre Liebe verschmähte (Vergil, *Aeneis,* 4. Buch). Die Darstellung der verlassenen und gekränkten Königin begegnet in Malerei und (Musik-)Theater sehr häufig (Rubens, Turner; Marlowe, Schlegel; Purcell, Graupner, Hasse, Haydn).

E. Semrau, D. in d. dt. Dichtung, 1929; M. Addamo, *Didone nella letteratura latina,* Palermo 1952; A. Dermutz, Die D.-Sage in d. engl. Lit. des MA u. d. Ren., Wien 1957.

Didyma. An der Westküste Kleinasiens in der Nähe Milets gelegene berühmte Orakelstätte → Apollons, die wohl auf vorgriech. Ursprung zurückgeht. Der 300 v. Chr. begonnene Riesentempel ersetzte einen archaischen Vorgänger (2. Hälfte 6. Jh.) von ähnlichem Grundriß: ein Innenhof mit Umfassungsmauer umschloß ein kleines Tempelchen, das das Kultbild des Apollon von der Hand des Kanachos (1. Hälfte 5. Jh.) barg. Im → ion. Aufstand wurde das Heiligtum zerstört. Der in vergrößertem Maßstab begonnene Neubau zog sich bis in das 2. Jh. n. Chr. hin, ohne daß der Tempel jemals fertiggestellt worden wäre. 120 riesige ionische Säulen umstehen in doppelter Reihe den Cellahof, dem eine 20 m hohe Halle vorgelagert ist. An den Sockelwänden des Tempelbaus wurden eingeritzte Bauzeichnungen entdeckt. – Eine 20 km lange Heilige Straße verband D. mit dem nördl. gelegenen → Miletos; sie war teilweise von Statuen (6. Jh. v. Chr.) gesäumt: Neben Löwen vor allem thronende Männer. Die Skulpturen jetzt im Brit. Mus. Reste der Skulpturen des alten Tempels in den Berliner Staatl. Mus. und in Istanbul.

Th. Wiegand, D. I, 1941; H. Knackfuß, D., 1942; A. Rehm, R. Harder, II, 1958.

diem perdidi, „ich habe einen Tag verloren", rief Kaiser → Titus aus, als ihm einst bei Tische einfiel, er habe an jenem Tage noch niemandem etwas Gutes getan (Sueton, *Leben des T.*, 8).

Dies ater, lat., „schwarzer", also Unglücks-Tag im röm. Kalender; kultische oder jurist. Handlungen waren verboten. Als solcher Tag galt der Jahrestag der Niederlage an der → Allia.

difficile est satiram non scribere: „schwer ist es, (über diese Zustände) keine Satire zu schreiben" (Iuvenal, *Sat.* I 30).

digamma, ursprünglich der 6. Buchstabe des gr. Alphabets, entspricht nach seiner Stellung im Alphabet und nach seinem Lautwert dem F. Von der Form des Buchstabens (F oder Ϝ) stammt auch der Name „Doppelgamma", d. h. ein Γ *(Gamma)* mit einem zweiten Querstrich. Auf alten griech. Inschriften ist es noch geschrieben. Später verloren die Griechen die Fähigkeit, *f (v, w)* zu sprechen (φ, ph, wurde nicht als *f*, sondern als p-h gesprochen), ließen das D. auch beim Schreiben weg und merzten es sogar im Alphabet aus. Dadurch erschienen viele homerische Verse nun fehlerhaft mit einem → Hiatus, der in der Dichtung streng verpönt ist. Diese „Fehler" verschwanden alle, als der engl. Philologe Bentley (gest. 1742) das D. bei Homer wiederentdeckte. Das ist eine der Großtaten der Philologie. Andere → Indogermanen haben das im Gr. verlorene D. bewahrt: gr. *voinos*, später *oinos* = lat. *vinum* = deutsch Wein; gr. *nevos*, später *neos* = lat. *novus* = deutsch *neu* = engl. *new* = franz. *neuf*.

Digesten (lat. *Digesta*, gr.-lat. *Pandectae)*, ein Sammelwerk jurist. Inhalts; → Corpus iuris.

Digitus, lat., der Finger; → Längenmaße.

di indigetes war eine schon in der Antike zur Zeit Varros unverständliche Bezeichnung bestimmter Gottheiten. Die früheren Erklärungsversuche moderner Gelehrter, die *di ind.* als Bezeichnung der Götter der frühröm. Religion im Gegensatz zu den *di novensides,* den „Neueingesessenen“, d. h. den später von anderen Völkern übernommenen Göttern, auffaßten, sind nicht mehr zu halten. Auch etymologisch ist dies Wort nicht aufzuhellen.

G. Radke, Die Götter Altitaliens, 1965.

Dimeter, ein aus zwei Metren bestehender Vers; → Metrik; → Epoden.

Dio → Cassius Dio.

Diodor, gr. *Diodoros,* stammte aus Sizilien und lebte im 1. Jh. v. Chr. In seiner *Bibliotheke* behandelte er die Weltgeschichte vom Anfang der Welt bis zu Caesars Gallischem Krieg in 40 Büchern, auch die Geschichte der Ägypter, Assyrier, Babylonier, Meder, Inder; es folgt die Geschichte der Griechen, die der Diadochen und der Römer bis zum Jahre 54 v. Chr.; dabei versuchte D., die griech. u. die röm. Gesch. synchronisierend zu behandeln. Historische Kritik gehörte nicht zu D.s Stärken, vielmehr machte er den Versuch, einen breiten Leserkreis zu fesseln. Erhalten ist Buch I-V, XI-XX, das übrige nur in Resten.

W: Hg. F. Vogel, C. T. Fischer, V, 1988ff., neu 1970–85; hg. u. engl. C. H. Oldfather, R. M. Geer, London XII, $^{2-3}$1946–57. – *Ü:* J. F. Wurm, 1827ff.; A. Wahrmund, VI, 1866–69.

Diogenes aus Sinope (am Pontos Euxeinos), Zeitgenosse Alexanders d. Gr., Schüler des → Antisthenes. Die von seinem Lehrer (in der Nachfolge des Sokrates) gepredigte Bedürfnislosigkeit mit dem Ziel der → Autarkie trieb D. derart auf die Spitze, daß er nach der Meinung seiner Zeitgenossen das Leben eines Hundes (gr. *kyon*) führte; diesen Ruf trug er als Auszeichnung und wurde so der populärste Vertreter der kynischen Philosophie. D.' Anhänger sammelten seine Aussprüche; eine große Zahl Anekdoten war über ihn im Umlauf („Ich suche einen Menschen“; „geh mir ein wenig aus der Sonne!“).

F. Sayre, Baltimore 1938.

Diogenes aus Seleukeia („der Babylonier“ genannt), gr. Philosoph des 2. Jh. v. Chr., Stoiker und Schulhaupt der athen. Stoikerschule, legte u. a. die Grundlagen zur stoischen Sprachlehre u. Grammatik. Er war Teilnehmer an der → Philosophengesandtschaft.

W: SVF III.

Diogenes Laertios, schrieb um 275 n. Chr. eine Philosophengeschichte, die trotz ihrer Dürftigkeit für uns mangels besserer erhaltener antiker Werke sehr wertvoll ist. Die biographische Material-Sammlung beginnt mit den → Sieben Weisen und behandelt die Philosophen nach den Schulen getrennt bis zu den Skeptikern des 2. Jh. v. Chr. Gelegentlich übermittelte D. wichtige authentische Zeugnisse, so drei Briefe und das Testament des → Epikur.

W: Hg. C. G. Cobet, Paris 1862; hg. H. S. Long, II Oxf. 1964. – *Ü:* O. Apelt, K. Reich, II 1967.

Diokletian. Gaius Valerius Aurelius Diocletianus, Sohn eines Freigelassenen, stammte aus Diokleia (heute Duklja) in Illyrien, diente zuerst als Soldat, kam

284 auf den Thron und regierte bis 305. D. veränderte die röm. Verfassungswirklichkeit in Richtung auf eine absolute Monarchie (vom Prinzipat des → Augustus zum sog. Dominat; → Kaisertum). Er war ein organisatorisches Genie ersten Ranges. Er zog die Konsequenzen aus der Not des Reiches, das durch Fehlen einer geregelten Thronfolge und durch die Überbelastung einer Person mit der Verantwortung für das ganze Reich schwer litt, und ordnete die Regierung neu nach drei Gesichtspunkten: Teilung der Gewalt, Sicherung der Thronfolge, Stärkung der kaiserlichen Macht. An die Spitze des Reiches traten 2 *Augusti* als gleichberechtigte Kaiser, einer für den Westen, einer für den Osten. Um die Thronfolge zu regeln, sollte jeder *Aug.* einen *Caesar* als seinen Stellvertreter annehmen, der in die Regierungsgeschäfte eingeführt werden sollte. D. selbst übernahm den Osten, sein *Caesar* war Galerius. Im Westen regierte Maximianus mit Constantius Chlorus. Damit sollte das Reich aber nicht geteilt werden; die vier Männer regierten gemeinsam, und durch die Maßnahme sollte das kaiserliche Regiment nur mehr Festigkeit und Dauer erhalten. Tatsächlich ist jedoch durch D. die Reichsteilung vorbereitet worden. Das zeigt sich auch in der Ausschaltung Roms als Hauptstadt; die neuen Hauptstädte waren Nikomedeia in Kleinasien (D.s Lieblingsresidenz; jetzt Ismid), Sirmium (jetzt Mitrovitza) a. d. Save, Mailand, Trier. Sie waren ganz nach militärischen Gesichtspunkten gewählt. Das Reich wurde weiter in 4 Präfekturen (Gallien, Orient, Illyrien, Italien) = 12 Diözesen = 101 Provinzen eingeteilt. Durch diese Zerschlagung d. Verwaltungsbezirke und durch die Trennung von Zivil- und Militärgewalt wurde ein vortrefflich organisierter Beamtenstaat geschaffen. Dieser Staatsaufbau hat auf das Mittelalter und fast bis in die Neuzeit gewirkt; die Germanenkönige haben ihn, besonders in seiner byzantinischen Weiterentwicklung, zum Vorbild genommen, als sie aus dem losen germanischen Zusammenschluß einen richtigen Staat aufbauten. Die Sorge um die Reichseinheit veranlaßte D., die schwerste und planvollste Verfolgung der Christen zu veranstalten, in deren Gemeinden er einen Staat im Staat erblickte. Sonst sorgte er für das niedere Volk, indem er durch → Höchstpreise für Löhne und Lebensmittel die Ausbeutung der wirtschaftlich Schwachen zu verhindern suchte. Später zog er sich in die ländliche Stille seiner Heimat → Dalmatien zurück, wo er sich in Spalato einen großartigen Palast erbaut hatte.

E. Kornemann, Doppelprinzipat u. Reichsteilung, 1930; S. Williams, *Diocletian and the Roman Recovery,* N. Y. 1985.

Diomedes, Argeier, Sohn des Tydeus, daher Tydeides (→ Patronymikon), einer der besten gr. Helden vor Troia; seine tapferen Taten besingt namentlich das V. Buch der *Ilias;* weiterhin Gründer mehrerer gr. Städte in Süditalien, wo er später als Gott verehrt wurde.

Diomedes, röm. Grammatiker des 4. Jh. n. Chr., schrieb ein grammat. Lehrbuch über grammat. Grundbegriffe, Redeteile, Stilistik und Metrik; es beruhte

auf verschiedenen älteren Vorlagen.
W: GrL.

Dion, Schwager, später Schwiegersohn des älteren → Dionysios in Syrakus, war ein begeisterter Freund der Philosophie, besonders Platons, den er zu mehrfachen Reisen nach Syrakus veranlaßte, damit er dort seine politischen Theorien in die Praxis umsetze. Die Versuche scheiterten; D. wurde aus Syrakus verbannt und lebte in Athen. 354 v. Chr. endete er durch Meuchelmord. Platon setzte auf den hochstrebenden Jüngling große Hoffnungen; das Bild des Idealherrschers im *Staat* ist vielleicht im Hinblick auf ihn gezeichnet.
H. Berve, D., 1956; H. Breitenbach, Platon u. D., 1960.

Dion von Prusa (heute Brussa in Kleinasien), später durch den Beinamen *Chrysostomos,* d. h. Goldmund, ausgezeichnet, lebte um 40–120 n. Chr. als vornehmer Bürger, der in den höchsten Kreisen in Rom viele Freunde hatte. Nach einem Verbannungsurteil unternahm er weite Reisen, z. B. nach Alexandreia, nach Rom, aber auch an die Nordgrenzen des Reichs, an die Donau und nach Südrußland und wurde, obwohl vorher Stoiker, nun allmählich zum typisch-kynischen Bettelphilosophen. Von seinen Reden, in denen er stoisch-kynische Moral lehrte, sind 80 erhalten. Am reizvollsten ist der *Euboikos*; darin schildert er die Unverfälschtheit der Landbevölkerung in dem köstlichen Idyll einer einfachen, durch die Stadtluft noch nicht verdorbenen Jägerfamilie auf Euboia.
W: Hg. H. v. Arnim, 1893–96, neu 1962.
Ü: W. Elliger, 1967; Euboikos, H. Hommel, 1959.
L: H. v. Armin, Leben u. Werke d. D. v. P., 1898.

Dionysien, gr. *Dionysia,* Feste des Dionysos in Athen: ländl. D. im Dezember, städtische (oder große) D. im März–April, mit großen musischen Wettkämpfen und dramatischen Aufführungen (→ Anthesteria; Lenäen; Drama; Feste).

Dionysios (Dionys) der Ältere kam als syrakusischer Feldherr im Kampfe gegen die Karthager, die Herren des westlichen Siziliens, empor, schwang sich 405 v. Chr. zum Tyrannen von Syrakus auf und herrschte bis 367. Trotz zahlreicher unsympathischer Charakterzüge (Grausamkeit) gehört er zu den großartigsten griech. Persönlichkeiten (Schillers *Bürgschaft*).
K. F. Stroheker, D. I., 1958; H. Meier-Welcker, D. I., Tyrann v. Syrakus, 1971.

Dionysios der Jüngere, Sohn des älteren D., wurde nach dem Tode des Vaters von dessen Anhängern auf den Thron erhoben und regierte als Tyrann von Syrakus 367–344 v. Chr. Ausschweifend und ohne militärische u. politische Fähigkeiten, herrschte er seit der Ermordung → Dions mit Grausamkeit, bis er von den empörten Untertanen, die den Korinther Timoleon herbeigerufen hatten, vertrieben wurde (344). Er lebte noch lange in Korinth in der Verbannung, angeblich als Schulmeister („Als Dionys von Syrakus / aufhörte, ein Tyrann zu sein, / da ward er ein – Schulmeisterlein“).
L. Marcuse, Plato und Dionys, 1968.

Dionysios Thrax, griech. Grammatiker, etwa 170–90 v. Chr.,

faßte in seiner *Techne grammatike,* d. h. Grammatik, die Lehren der früheren Grammatiker sehr geschickt und gemeinverständlich zusammen und beherrschte dadurch alle grammatischen Studien bis in die Neuzeit.
W: Hg. G. Uhlig, 1883.

Dionysios v. Halikarnassos kam 30 v. Chr. nach Rom und lebte dort in politisch und kulturell maßgebenden Kreisen, stilistisch dem → Attizismus huldigend. Er versuchte, in seiner *Röm. Urgeschichte* den Polybios zeitlich nach oben zu ergänzen, bearbeitete also Roms Frühzeit bis 264 v. Chr.; von 20 Büchern ist die Hälfte erhalten. Rhetorische Gestaltung ohne historische Kritik; D.' Hauptverdienste liegen auf rhetorisch-philosophischem Gebiet, nämlich in der Stilanalyse und -kritik.
W: Rhetor. Schr. Hg. H. Usener, L. Rademacher, II 1899–1904, neu 1965. – Gesch.werk hg. C. Jacobi, VI 1885–1925, neu 1967–85; E. Cary, Lond. VII ^{2}1943–53 (mit engl. Ü).

Dionysos oder *Bakchos* (beides gr.), lat. *Bacchus,* altlat. auch *Liber* oder *L. pater.* Die Grundbedeutung aller dieser Namen ist unbekannt. Man nimmt an, der Kult des D. sei aus Thrakien (den Balkanländern) nach Griechenland gekommen. Gott des Weines und des drängenden Lebens in der Natur, deren zeugende Kraft in ihm Gestalt gewinnt. Nach dem Mythos war D. geboren als Sohn des Zeus und der Prinzessin → Semele, der Zeus in menschlicher Gestalt genaht war. Einige Sagen melden von Widerstand gegen D. (→ Lykurgos); man deutet sie als Erinnerung an Widerstände gegen den neuen Kult; unter die → Zwölfgötter wurde D. erst spät aufgenommen. – Als Lyaios („Löser") befreite D. die Menschen von Sorgen; in Athen hielt er feierlichen Einzug an den → Anthesterien; aus seinem Kult erwuchs die → Tragödie. Der in hellenist. Zeit ausgemalte Siegeszug des D. nach Indien ist vielleicht eine Erinnerung daran, daß der Weinbau von Griechenland nach Indien gelangte. Der Kult des D. war oft sehr lärmend (Ekstase, Orgiasmus); über sein Gefolge → Silen; Satyrn; Nymphen; *Bakchai.* Gattin des D. war Ariadne. Diese hatte Theseus aus Kreta entführt, verließ sie aber auf Geheiß des D. auf der Insel Naxos. Der verzweifelten A. erschien D. und nahm sie zur Gattin; ihr Diadem versetzte er nach der Erzählung hellenistischer und römischer Dichter (Ovid) unter die Sterne (das heutige Sternbild Krone). Zahllos sind die künstlerischen Darstellungen des Gottes, unter ihnen berühmt, wenn auch als Original angezweifelt, der Hermes des → Praxiteles. Er stellt H. dar, der sein Brüderchen D. zu den Nymphen bringt, die es aufziehen sollen; er ruht unterwegs aus und scherzt mit dem Kinde; auch Vasenbilder aus alter und Gemälde aus neuer Zeit. Die ältere Kunst etwa bis zum 5. Jh. v. Chr. stellte ihn immer als bärtigen, würdigen Mann dar, die spätere auch als schönen Jüngling. – Dionysisch, Gegensatz zu apollinisch → Apollon. – → Iakchos; Komos; Thyrsosstab; Wein; Zwölfgötter.
W. F. Otto, D., ^{3}1960; K. Kerényi, Die Herkunft der D.-Religion ..., 1956; ders., Der frühe D., Oslo 1960; ders., D., 1994; F. W. Hamdorf, 1986; M. Detienne, D., d. 1992.

Diophantos v. Alexandreia, gr. Mathematiker des 3. Jh. n. Chr., verfaßte ein math. Lehrbuch in Form einer progressiven Aufgaben-Sammlung (Gleichungen, Analytik).

W: Hg. P. Tannery, II 1893–95, neu 1974. – *Ü:* A. Czwalina, 1952.

Dioskuren (gr. *dios kuroi* = „Söhne des Zeus"), die Zwillinge Kastor und Polydeukes (lat. Pollux), nach der üblichen Sagenversion aus einem Ei entstanden, das → Leda gebar. Sie waren Brüder der → Helene und der Klytaimestra. Sie zeichneten sich durch viele Heldentaten aus, K. besonders als Rossebändiger, P. als Faustkämpfer. U. a. befreien sie die von → Theseus geraubte Helene, nehmen am → Argonautenzuge teil und bekriegen mit → Herakles die Amazonen. Auch an der kalydonischen Jagd nehmen sie teil (→ Meleagros). Im Kampf mit ihren Vettern Lynkeus und Idas fällt Kastor, der sterblich ist. Polydeukes aber erwirkt von Zeus, daß sie beide für immer verbunden abwechselnd einen Tag auf der Oberwelt und in der Unterwelt verbringen. – Man verehrte die D. als ritterliche Helfer in allen Nöten und besonders als Schutzherren der Seefahrer, denen sie als Zwillingsgestirn *(Gemini)* den Weg zeigten und durch elektrische Flämmchen an den höchsten Spitzen der Masten, das sog. St. Elmsfeuer, ihre hilfreiche Nähe bewiesen. Heimat des Kultes der D. war wohl Sparta; nach Rom, wo sie eine alte Kultstätte in dem dem Castor geweihten Tempel am Forum besaßen, sind sie über Latium eingewandert. Die röm. Frauen schworen bei C. *(ecastor)*. Das Christentum verdrängte den Kult der D. nicht; er lebt in dem der Apostel Johannes und Philippus oder der hl. Kosmas und Damian weiter.

J. Rendel Harris, *The Dioscuri in the Christian legends,* London 1903; F. Chapouthier, *Les Dioscures au service d'une déesse,* Paris 1935.

Dioskurides v. Anazarba (Kilikien), gr. Arzt des 1. Jh. n. Chr., schrieb ein pharmakolog. Werk; eine illustrierte Handschrift vom Jahre 512 n. Chr. ist eine der berühmtesten Bilder-Handschriften des ausgehenden Altertums (sog. Wiener D., Österr. National-Bibl.) → Bilder.

Diotima aus Mantineia soll nach den Angaben Platons im *Symposion* die weise Frau gewesen sein, die 429 v. Chr. die Athener von der Pest entsühnte. Sokrates berichtet dort von einer Unterredung mit ihr, in der sie ihm ihre wundervollen Anschauungen über die Liebe als die Sehnsucht nach dem Schönen, nach der Philosophie, mitteilt. Sicher ist sie nur eine Fiktion Platons.

Di Penates nannte man in Rom die Hausgötter, die Schützer des *penus,* des Vorratsraumes und der Vorräte. P. ist nicht Eigenname, sondern der Form nach eine Zugehörigkeitsbezeichnung (zu *penus*). Eigennamen hatten diese Gottheiten nicht, eine Erscheinung, die für die Unbestimmtheit des altrömischen Gottesbegriffes bezeichnend ist (→ Religionen im Altert.). Dies führte in späterer Zeit dazu, daß an Stelle dieser unbestimmten Gottheiten gestalthafte griech. Götter traten, wie die Wandmalereien in Pompeii beweisen. Ihnen war der

Herd des Hauses heilig. Hier wurden sie mit den → Lares, die die Schutzgeister des örtlichen Hauswesens waren, zusammen verehrt. Hier wurden ihnen Spenden aller Art, Blumen, Wein, Eier, Pinienzapfen an den Nonen, Iden und Kalenden und an allen wichtigen Familienfeiertagen dargebracht. Die *P. populi Romani,* die P. des römischen Staates, der in alter Zeit als eine große Familie verstanden wurde, wurden im Tempel der → Vesta, der das Herdfeuer des Gemeinwesens barg, verehrt. Aufgrund der Legende von Aineias, der aus dem brennenden Troia die P. mitnahm, erhielten die P. *populi Romani* schließlich den Charakter eines → Palladions.

Diploma → Diptychon.

Diptychon (gr.) = doppelt Gefaltetes, oder *diploma* = Gedoppeltes, zwei Täfelchen, auf der einen Seite bis an ein umlaufendes niederes Rändchen mit Wachs überzogen; auf dieses schrieb man mit einem → *stilus.* Die beschriebenen Seiten legte man aufeinander; das Rändchen verhinderte Zusammenkleben oder Aufeinanderscheuern des Wachses. Durch Löcher an einer Seite des D. zog man einen Faden, mit dem man das D. zuband; die Enden konnten versiegelt werden. Die Täfelchen waren meist aus Holz, im späteren und bis ins späteste Altertum auch aus Elfenbein mit schöner Schnitzerei auf der Vorderseite. Diptycha dienten bis zum Aufkommen des Graphitstifts, d. h. bis in die Neuzeit, als Notizbücher, aber auch als Paß, Beglaubigung; daher Diplomat. – → *codex.*

Dipylon = Doppeltor, das in Trümmern noch erhaltene Haupttor in der Mauer des alten Athen, mit zwei Durchgängen; davor der Hauptfriedhof der antiken Stadt. Dessen Gräbern entstammen die hocharchaischen (→ archaisch) D. – Vasen m. geometrischer Verzierung, aber auch mit freilich noch sehr ungelenker Darstellung von Menschen aus dem 9.–7. Jh. v. Chr. Manche Gräber, (meist) aus dem 4. Jh. v. Chr. tragen herrliche Grabsteine; der schönste der der Hegeso (jetzt im Nat.-Museum).

F. Poulsen, Die D.-Gräber u. D.-Vasen, 1905.

diskos (gr.), runde Scheibe aus Stein oder Bronze, die bronzenen mit z. T. schönem, eingraviertem Figurenschmuck, für sportliche Übungen. Diese werden schon von Homer erwähnt, wurden im späten Altertum so wie der Sport überhaupt aufgegeben, aber in der Neuzeit nach antikem Vorbild wieder eingeführt. Diskobolos = Diskoswerfer → Myron. Von d. stammt das deutsche Wort → Tisch.

Dis Pater, röm. Unterweltsgott, Spender des Reichtums. Entspricht dem griech. Pluton (→ Hades). D. P. wurde in Rom zusammen mit → Proserpina verehrt. Der Kult wurde während des 1. Punischen Krieges aus Unteritalien übernommen. Dem D. P. waren die alle hundert Jahre zu feiernden *ludi Tarentini* geweiht.

distichon (gr.) = Zweizeiler, jede Verbindung von zwei Versen, meist aber die eines daktylischen → Hexameters mit einem daktylischen → Pentameter:

–◡̄◡–◡̄◡–◡̄◡–◡̄◡–◡◡–◡
–◡̄◡–◡◡–| –◡◡–◡◡–

„Im Hexameter steigt des Springquells flüssige Säule,
Im Pentameter drauf fällt sie melodisch herab" (Schiller 1796). Ein D. der zweiten Art hieß gr. auch *elegeion,* weil die → Elegien aus solchen D. bestanden; → elegisch; daher „elegisches D." genannt.

dithyrambos (gr.; lat. *dithyrambus*); die Bedeutung des sicher vorgriechischen Wortes ist unklar. Nach Archilochos war der d. ein Lied zu Ehren des Dionysos. Der d. hat auf Chorlyrik und die spätere Tragödie, zu deren Vorstufe er zu rechnen ist, eingewirkt. Als Dichter von D. sind von späteren vor allem zu nennen → Simonides und Bakchylides, in dessen erhaltenen D. die Entwicklung vom Festlied des Dionysos zur Heroenballade greifbar wird und die z. T. durch dialogischen Aufbau der Tragödie nahestehen, und schließlich Pindar. In Athen gab es an den Panathenäen und Dionysien eigene Agone für den D. (→ Lysikrates). Der neuere D. des 5. Jhs. hatte nicht mehr strophische Gliederung, sondern war, mit stärkerem Hervortreten der musikalischen Gestaltung, ganz durchkomponiert. Der Aufführung dieser D., die von einem Chor zur Flöte vorgetragen wurden, diente in Athen das von Perikles 440 erbaute Odeion.

A. W. Pickard-Cambridge, *D., Tragedy and Comedy,* Oxford [2]1962; ders. *Dramatic Festivals,* Oxf. 1953.

divide et impera (lat.) = trenne (die Gegner) u. beherrsche (sie dadurch), „entzweie u. gebiete". Die Worte sind wahrscheinlich nicht antik, wohl aber bei den Römern seit jeher Grundsatz ihrer Außenpolitik gegenüber einer Mehrzahl von Feinden. Im Latinerkrieg (340–338 v. Chr.) verhandelten die Römer mit den Latinern einzeln und gaben den Städten je nach ihrer Bedeutung u. Anhänglichkeit verschiedene Vorrechte. Die gleiche Taktik wandten sie auch sonst an, z. B. gegenüber den Griechen und Germanen.

docendo discimus, „durch Lehren lernen wir"; nach Seneca, *Briefe an Lucilius* 7, 8.

Dochmius (griechisch *dochmios*), der „schiefe" Versfuß (→ Metrik) ◡ ––◡–, so genannt, weil die Längen (–) u. Kürzen (◡) nicht regelmäßig verteilt sind wie z. B. bei ◡◡–– oder –◡◡. Im D. kann für jede – die Doppelkürze ◡◡ eintreten, für jede ◡ die – und für diese wieder die ◡◡. Dadurch werden dochmische Verse mit 34 möglichen Varianten des Fußes:

◡◡ ◡◡◡◡
– – – – –
◡ ◡◡◡◡ ◡

(die letzte Silbe auch nur ◡) sehr abwechslungsreich. Ein Beispiel bietet ein Lied hellenist. Zeit, → *„Mädchens Klage"* (→ Lyrik; Metrik):
Der Schmérz hält mich fést, gedénk ích darán,
wie ér mich küßte áb und lístig dáchte schón
zu lássen mich alleín.
Besonders kraftvolle D. bei Luther: Der alt böse Feind mit Ernst ers jetzt meint.

Dodone, ältestes und nächst dem in Delphoi wichtigstes gr. Orakel, dem Zeus geweiht; aus dem Rauschen einer heiligen Eiche wurden Deutungen gegeben. Das

Heiligtum lag in einem einsamen Gebirgstal der nordwestgriechischen Landschaft Epirus, abseits von den Hauptzentren des politischen und kulturellen Lebens Griechenlands. Dennoch hatte das → Orakel, das in *Ilias* (16, 234) und *Odyssee* (14,327) erwähnt wird, schon im 7. Jh. Bedeutung über die Grenzen Griechenlands hinaus (Anfrage des → Kroisos), und noch im 4. Jh. sind Sparta und Athen unter den Fragestellern. Das seit hellenist. Zeit zurückgehende Orakel hat aber noch bis zum Ausgang der Antike bestanden. Die Reste einer frühchristl. Kirche bezeugen, daß wie in → Delphoi so auch in D. das Christentum die Nachfolge des uralten Kultes angetreten hat. Die jetzt ganz einsame Stätte, mit zahlreichen Ruinen, wurde 1832 von dem Engländer Lincoln als D. wiedererkannt. Seit 1955 wurden Ausgrabungen wiederaufgenommen und haben Tempel, ferner ein Theater und Befestigungen aus hellenist. Zeit aufgedeckt. – Eine Bronzestatuette des 5. Jh. v. Chr., der „Zeus v. D.", befindet sich in der Antiken-Abt. der Staatl. Museen in Berlin.

E. Dyggve, Dodonaeiske Problemer, Kopenh. 1941; D. Evangelides, S. Dakaris, Athen 1964; W. Schiering, Die Bronzestatuette des Zeus v. D., 1969.

Dogma. Gr. *dogma* heißt die Meinung, das gut Scheinende, das, was man als gut scheinend beschlossen hat, der Beschluß; all dies aber rein weltlich. Ein D. im christlichen Sinne, als das unverbrüchliche Wahre kannte die gr. Religion nicht; jeder durfte glauben, was und wie er es wollte; doch → Asebie.

Dominat → Kaisertum.

Domitian. Titus Flavius Domitianus, Sohn des Vespasianus, 51 n. Chr. geb., war unter der Regierung seines Vaters in Rom tätig u. mißbrauchte seine Macht in schändlichster Weise. Sein Bruder *Titus* setzte ihn 79 als Nachfolger *(successor)* ein. Als Kaiser (81–96) hatte er nach außen große Erfolge. In Germanien eroberte er die Wetterau u. begann den Bau des → Limes. Glücklich kämpfte er auch in Britannien u. an der Donau gegen die Daker. Im Innern regierte er streng u. stellte Zucht u. Ordnung her, besonders in der Rechtspflege. Seit einer weitverzweigten Verschwörung des Adels 88/89 wurde er mißtrauisch; das Angeberwesen aus der Zeit Caligulas blühte wieder auf. Er begann auch Christenverfolgungen (seine Base Domitilla die 1. Märtyrerin). 96 wurde er auf Anstiften seiner nächsten Umgebung ermordet. → Nationalspiele.

A. Degrassi, 1955; M. Wegener, Die Flavier, 1966.

Donatus, Aelius, röm. Grammatiker des 4. Jh. n. Chr., schrieb neben Kommentaren auch zwei grammat. Lehrbücher für Anfänger und Forgeschrittene, die bis ins MA hinein als Schulbücher dienten. → Grammatik.

W: GrL.

Donau, nach längeren Kämpfen mit den Markomannen Grenze des röm. Reiches (Ende des 2. Jhs. n. Chr.). Im Jahre 361 inspizierte Kaiser Julianus Apostata die Grenze und fuhr mit der Donauflottille vom Hauptstützpunkt → Regensburg aus flußabwärts. Die Funde aus der D.-Gegend bezeugen beachtliches zivilisatorisches Niveau und den bescheidenen Wohlstand einer röm. Randprovinz, die sich mit den vergleichbaren Flüssen Rhein und Mosel allerdings nicht messen kann. – Der griech. Name des Flusses war *Istros,* der lat. zunächst *Ister* bzw. *Hister,* später *Danuvius* und *Danubius,* woher dann engl. *Danube.*

E. Anthes, Spätröm. Kastelle u. feste Städte im Rhein- u. Donaugebiet, 1917.

Dorier, gr. *Dorieis,* nach Ansicht der meisten Gelehrten der gr. Stamm, der zuletzt, wohl um 1200 v. Chr., den dalmatin. Raum verließ u. in Griechenland einwanderte, Träger einer stark bäuerlich bestimmten Kultur. Sie kamen, den → Seevölkern folgend, wohl von Nordwesten zu Lande durch Nord- und Mittelgriechenland (Doris) nach der Peloponnes (dann von hier nach Kreta und den Inseln bis zur Südküste Kleinasiens hinüber). Die myken. Königsburgen waren um diese Zeit schon zerstört. Hauptsitze der D. waren in historischer Zeit Argolis, Lakonien (Sparta), Messenien in der Peloponnes, viele Inseln, besonders Kreta, Thera (von dort aus Kyrene besiedelt), die SW-Küste von Kleinasien (Halikarnassos, Knidos, Kos, Rhodos), Unteritalien und Sizilien. Die D. unterschieden sich von den anderen Griechen durch einfache Lebensweise, Strenge, Fleiß und Disziplin. Ganz besonders waren diese Eigenschaften bei den Spartanern ausgebildet, welche die übrigen Peloponnesier z. T. unterwarfen (Messenier), z. T. zu einem starken militärischen Bund zusammenschlossen und lange Zeit die stärkste politische Macht in Griechenland darstellten. – Obwohl die Dorische Wanderung nur die zweite Welle der Großen oder Ägäischen Wanderung war, lebte sie in der antiken Überlieferung als Rückkehr der Herakleiden fort. Danach waren Nachkommen des Herakles, Herakleiden, von Nachkommen des Pelops, Pelopiden, aus ihrer Heimat, der Landschaft Argolis, vertrieben worden und nach Mittelgriechenland geflüchtet und wohnten in der Landschaft Doris. Von dort kehrten die Herakleiden zurück u. bemächtigten sich der Argolis, aber auch andrer Teile der Peloponnes, deren frühere gr. Bewohner sie unterwarfen oder vertrieben (→ Ioner; Aioler; Arkadien).

E. Will, *Dorians and Ionians,* Paris 1956; G. L. Huxley, *Early Sparta,* Cambr./Mass. 1962.

Dorische Wanderung → Dorier.

Dornauszieher, ital. *lo spinario,* Bronzestatue im Conservatorenpalast in Rom, eines der beliebtesten antiken Werke und zudem eine der wenigen Antiken, die niemals verschüttet waren (→ Marcus Aurelius), römische Kopie. Eine derbrealistische Wiederholung im Brit. Mus. gibt das Original der hellenist. Zeit getreuer wieder als die kapitolin. Bronze, der der Kopist geschickt einen nicht zum Körper gehörenden Kopf frühklass. Zeit angefügt hat.

W. Fuchs, Der D., 1958.

Doryphoros, gr., Speerträger, eine der bekanntesten Bronze-Statuen von → Polykleitos, von der nur Marmor-Kopien erhalten sind (Nat.-Museum, Neapel; Berliner Staatl. Museen).

K. Friedrichs, Der D. des Polyklet, 1863; Th. Lorenz, D., 1966.

do, ut des, „ich gebe (dir), damit du (mir) gibst“, aus den Digesten (→ *Corpus iuris*) XIX 5, 5.

Drache → Schlange.

drachme (gr.; über den Namen → Geld), als gr. Gewicht = 4,3 g. Die Hauptmünze Athens war das Vierdrachmenstück, griech. *tetradrachmon*; für Römer etwa = 1 Denar. Die Kaufkraft der Dr. war zu verschiedenen Zeiten sehr verschieden; wie bei allen Münzen sank sie allmählich. Zu Solons Zeit kostete der *Medimnos* (etwa 52 Liter) Getreide 1 Dr., ein gewöhnlicher Stier 5 Dr., unter Perikles war ⅓ Dr. das Existenzminimum einer Familie für einen Tag. Noch heute in Griechenland Währungseinheit.

Drakon, athenischer Aristokrat, den 621 v. Chr. der Adel beauftragte, das Gewohnheitsrecht aufzuschreiben (→ Athens Verfassung). Erster Versuch, die Blutrache durch Schiedsgericht zu ersetzen. Wegen ihrer Härte bezeichnete man seine Gesetze als mit Blut geschrieben; „drakonische (drakontische) Strenge" ist noch jetzt sprichwörtlich.

M. Mühl, Unters. zu altoriental. u. althellen. Gesetzgebung, 1963.

Drama (gr. *drama* = Handlung). Das Dr. ist die klassischste Schöpfung des gr. dichterischen Genius, die erst möglich wurde, nachdem Epos u. Lyrik bereits ausgebildet waren. Die Anfänge dramat. Dichtung fallen noch ins 6. Jh. v. Chr., ihre Keime liegen in volkstümlichen Feiern zu Ehren von Natur- u. Bauerngottheiten; Prozessionen unter Chorgesängen (→ Dithyrambos), vielfach auch von vermummten Gestalten vorgetragen, die unter Scherzen u. Neckereien der Zuschauer durch die Stadt zogen. „Aus der Verbindung dieser kultischen Elemente mit den bisher geschaffenen Gattungen der Poesie entstanden die neuen Kunstformen der dramat. Dichtung: Tragödie, Satyrspiel, Komödie u. Mimos" (Nestle). Am wahrscheinlichsten ist die Entstehung der → Komödie in Süditalien, besonders Sizilien, die der Tragödie in Athen, wo das Dr. auch seine höchste Blüte erlebte. Hier hatte Peisistratos im 6. Jh. v. Chr. die Feste des Gottes Dionysos, besonders die großen → Dionysien, prächtig ausgestattet. Um die gleiche Zeit, 534 v. Chr., kam Thespis mit seinem Karren aus dem Vorort Ikaria in die Stadt u. führte die erste Tragödie auf, indem er als Schauspieler (*hypokrites* = Antworter) auf die Fragen des Chorführers antwortete. Seitdem ging die Entwicklung zur klassischen Tragödie sehr schnell; schon eine Generation später ist um die Zeit der Perserkriege die Blütezeit des Aischylos.

Das gr. Dr. hat die eigenartigen Umstände seiner Entstehung nie verleugnet. Dr. heißt Handlung, aber nicht die Handlung des Stückes, sondern Gottesdienst für Dionysos. Man spielte nur an dessen Festen, anfangs an den großen Dionysien, später auch an den → Lenäen. Den Vorsitz hatte der Priester des Dionysos; er lud alle anderen Priester als Ehrengäste ein, die mit den Beamten in der ersten Reihe auf Ehrenplätzen saßen (→ Theater). Der Spielplatz war das Heiligtum des *Dionysos Eleuthereus* am Südabhang der Burg, wo um 338 v. Chr. das erste steinerne Theater Athens entstand. Im 5. Jh., d. h. in der klassischen Zeit der Tragödie und Komödie, gab es hier noch kein festes Theater; das Bühnengebäude und die Zuschauersitze wurden aus Holz aufgebaut. Über Anlage u. Einrichtung: → Theater.

Die Vorstellungen boten im 5. Jh. v. Chr. immer Neuaufführungen; erst im 4. Jh. v. Chr., als Dichter von Bedeutung fehlten, wurden die Dr. der Klassiker wieder hervorgeholt. Der Dichter, der eine tragische Trilogie (3 → Tragödien u. ein Satyrspiel) oder eine Komödie aufführen wollte, erbat bei den Behörden und erhielt nach Prüfung seiner Stücke einen Chor. Den Preis für die Stücke, d. h. das Honorar, zahlte die Stadt. Die 3 → Choregen, die von den Behörden unter den reichsten Bürgern als Veranstalter der Aufführung bestimmt wurden (→ Leiturgie), hatten die Kosten für den Chor zu tragen. Dessen Einstudierung übernahm der Dichter, der in der älteren Zeit auch der 1. → Schauspieler war. Erst Sophokles brach mit dieser Sitte. Die Aufführung fand in einer Art Festspielwoche mit anderen Vorführungen u. religiösen Umzügen statt. An jedem Tag spielte man eine Trilogie, für Schauspieler wie Zuschauer eine erstaunliche Anstrengung. Die Aufführungen waren ein → Agon. Ein ausgelostes und vereidigtes Richterkollegium bestimmte unter stärkster Anteilnahme der gesamten Bürgerschaft den besten Chor, die beste Trilogie und Komödie. Nominell erhielt nicht der Dichter, sondern der Choreg den Preis, ideell natürlich der Dichter; manche erhaltene antike Einleitungen (→ Hypothesis) der Dramen geben diesen als Sieger an, z. B. die Hypothesis des Grammatikers Aristophanes zu Euripides' *Medeia.* Das Eintrittsgeld mag gering gewesen sein, um möglichst vielen Bürgern den Zutritt zu ermöglichen. Doch wird berichtet, daß die Gassenjungen von den benachbarten Bäumen aus zusahen (das Theater war ungedeckt). Seit Perikles wurde den Bürgern das Theatergeld als besondere Leistung des Staates ausgezahlt. In der klassischen Zeit war die Aufführung von Tragödien und Komödien auf wenige Städte beschränkt, namentlich auf Athen und Syrakus (das dortige Theater geht in seinen Anfängen auf das 5. Jh. v. Chr. zurück); in der hellenistischen dehnte sie sich schnell über die ganze gr. Welt aus. Ein Theater gehörte zu den Gebäuden, die auch eine kleine Stadt besitzen mußte.

Unter den verschiedenen Gattungen der Poesie entsprach das Dr. am meisten der Art des Römers, der die Gabe scharfer Beobachtung und lebendiger Nachahmung besaß. Aus übermütig nekkenden Wechselgesängen entwickelte sich schon frühzeitig ein derbes, improvisiertes Bühnenspiel primitivster Art; dazu übernahm man aus Süditalien den griech. → Mimos u. die campanische → Atellane. Statt organischer Weiterentwicklung dieser primitiven Anfänge wurde seit 240 v. Chr. das griech. Kunstdrama in Übersetzungen u. Nachbildungen in Rom eingeführt. Die Komödie überwog durchaus, an der Spitze die *fabula palliata* (benannt nach dem *pallium,* dem gr. Gewand, das die Schauspieler trugen), eine Nachbildung der neuen attischen Komödie; ihre Hauptvertreter waren Plautus und Terenz. Seltener war das Lustspiel, das in den von den Griechen erlernten Formen röm. Stoffe darstellte, die *fabula togata* (nach der röm. *toga*). Auch die Tragödie blieb inhaltlich und formal von den Griechen abhängig; nur die von → Naevius eingeführte *fabula praetexta* (nach der *toga praetexta,* der purpurverbrämten T., in der die röm. Helden auftraten; → Seneca) behandelte national-röm. Stoffe. Das 1. Jh. v. Chr. brachte den künstlerischen Verfall der röm. Bühne; Stücke fremder Herkunft, wie die Atellane und der Mimos, wurden literarisch zurechtgestutzt, und als letzte Form dramatischen Spiels erschien der gr. → Pantomimos, ein Ausstattungsstück mit Gebärden u. Tänzen, das die ganze Kaiserzeit beherrschte. Von den häufigen Versuchen, die längst verstummte Tragödie zu erneuern, gewann nur einer bleibenden Wert: um 50 n. Chr. schrieb Seneca 9 Tragödien, die einzigen röm., die uns erhalten sind, wohl nicht zur Aufführung auf der Bühne, sondern nur zum Lesen und Rezitieren bestimmt; stark rhetorische Bearbeitungen bekannter klassischer Stücke, die weit hinter ihren gr. Vorbildern zurückbleiben. Ihre Bedeutung liegt also nicht in ihrem dichterischen Wert, sondern in dem großen Einfluß, den sie auf die dramatische Literatur der Folgezeit, besonders der romanischen Völker, ausgeübt haben; man ging jahrhundertelang nicht auf die gr. Originale, sondern auf ihre Bearbeitungen durch Seneca zurück, der so zum ersten Vermittler zwischen der griech. und modernen Tragödie wurde.

Am Ende des Altertums verfiel das Dr. völlig bis auf den Pantomimos, der aber an sich schon eine Entartung des Dr. darstellt. Jedenfalls kannte das Mittelalter nur dürftige Krippen-, Marien- und ähnliche Spiele (Hrotsvitha schrieb D., aber sie dachte nie daran, sie aufführen zu lassen). Das Dr. belebte sich neu durch die Humanisten, die in den Gymnasien lat. Stücke, besonders des Terenz, und auch eigne aufführten. Das eigentliche Dr. der Neuzeit, das bei den Engländern (Shakespeare) und Franzosen (Corneille, Racine; Molière) entstand, schloß sich in seiner ganzen Art, oft auch in den Stoffen, direkt an das antike (röm.) und an die Regeln in Aristoteles' Poetik an. Später schufen sich auch andre Völker, die Deutschen im wesentlichen durch Lessing, ein eigenes Dr.; dessen Entwicklungsgeschichte entfernte sich zwar oft weit vom antiken Vorbild, führte aber in immer erneuter Auseinandersetzung mit eben diesem Vorbild zur griech. Schöpfung zurück; dies gilt besonders für die → Tragödie.

H. D. Kitto, *Form and Meaning in Drama,* Lond. 1957; E. Buschor, Über das gr. Dr., 1963; G. M. Sifakis, *Studies in the History of Hellenistic Dr.,* Lond. 1967; W. Steidle, Stud. zum antiken Dr., 1967; A. W. Pickard-Cambridge, *The Dramatic Festivals of Athens,* Oxf. ²1968; E. Lefevre (Hg.), D. röm. Dr., 1978; G. A. Seeck (Hg.), D. gr. Dr., 1979.

Dreifuß, gr. *tripus,* zunächst ein Küchengerät, ein Kessel aus Ton oder Bronze auf drei, im Altertum meist nicht gekreuzten, sondern parallelen Füßen, zum Wasserkochen über offenem Feuer; weiterhin eine Weihegabe an Götter, eine Ehrengabe für Sieger. Daß man diese gerade mit dem Geschenk eines Kochtopfs erfreute, ist absonderlich; den Grund hat man zu finden gesucht, aber bisher ohne Erfolg. Im Gottesdienst brauchte man zwar beim Schlachten der Opfertiere heißes Wasser, und Dr. gehörten zum Tempelinventar. Die Gabe an Sieger erklärt man mit dem materiellen Werte der Bronze, und in der Tat sind auf Münzen von Knossos und Gortyn die Worte *tripus* und *lebes* = Kessel Wertbezeichnungen. In Athen stellten die Sieger ihre Dr. in der Dreifußstraße (jetzt wieder so genannt, *odos tripodon,* am Ostfuße der Akropolis) auf hohen, künstlerischen Postamenten auf, → Lysikrates.

Dreizack, gr. *triaina,* lat. *tridens* = Dreizahn (bei Schiller Trident), Harpune zum Fang großer Fische, noch jetzt benutzt; Symbol und Waffe Poseidons.

Druiden, lat. *druides,* der Priesterstand der Kelten, der sich durch Gelehrsamkeit und praktische Klugheit auszeichnete. Zur Zeit Caesars war er mächtig; auch die politische Macht war in seinen Händen, nicht in denen der staatlichen Organe. Die Dr. waren Opferpriester, Zauberer, Ärzte und Richter. Besondere Gewalt besaßen sie durch den Bann, den sie über Widerspenstige aussprechen konnten. Der Mittelpunkt der Lehre war nicht in Gallien, sondern in Britannien; dort soll eine Art druidischer Orden bestanden haben, der den Nachwuchs heranbildete. Um ihre Macht zu brechen, wurde die Priesterschaft von den Römern aufgelöst. In Irland hielt sich ihr Einfluß länger, doch die meisten Dr. sanken zu unschädlichen Wahrsagern herab. Ihr Wirken setzte sich in Schulen und Klöstern fort. Ein Dr.-Orden der Freimaurer wurde 1781 in England gegründet. → Mnemotechnik.

F. le Roux, *Les Druides,* Paris 1961; S. Piggott, *The Druids,* Lond. 1968.

Drusus. Nero Claudius Dr., Sohn der → Livia Drusilla und des Tiberius Claudius Nero, aber im Hause des Augustus geboren, mit dem sich Livia 38 v. Chr. in zweiter Ehe vermählt hatte. Er kämpfte in jungen Jahren mit seinem Bruder Tiberius zusammen im Norden, zuerst in Noricum und Pannonien; dann stand er 12–9 v. Chr. am Rhein. Um die niederdeutschen Stämme zu bekriegen, baute er die *fossa Drusiana,* einen Kanal (Lage sehr unsicher), und fuhr nach der Mündung der Ems und Weser. Im Kampf gegen einen Bund im Innern wohnender Germanen legte er 11 v. Chr. das Kastell → Aliso an. Als Augustus die Grenze an die Elbe vorschieben wollte, gelangte Dr. bis dorthin. Nach der Sage wurde er von einer germ. Seherin vor weiterem Vormarsch gewarnt. Er starb auf dem Rückweg durch einen Sturz vom Pferde 9 v. Chr. Sein Tod war für Rom ein unersetzlicher Verlust. Grabdenkmal in → Mainz (Eigelstein, Kenotaph, in Resten erhalten). Seine Söhne waren → Germanicus und der spätere Kaiser → Claudius. – Zur Unterscheidung von diesem Dr. wird der Sohn des Kaisers Tiberius Dr. der Jüngere genannt; er wurde 23 n. Chr. vergiftet. – Auch ein Sohn des Germanicus hieß Dr.; ihn ließ Kaiser Tiberius 30 verhaften; 33 starb er im Gefängnis.

K. Christ, D. u. Germanicus, 1956.

Dryaden → Nymphe.

Dual (zu lat. *duo* = zwei). Außer Singular und Plural hatten viele Sprachen, so das Altgriech., zur Bezeichnung der Zweizahl einen D.; d. h. „zwei“ wurde nicht durch das Zahlwort, sondern durch die Endung ausgedrückt: gr. *aner* = Mann, *andre* = 2 Männer, *andres* = Männer. Schon im ältesten uns bekannten Gr., bei Homer, war der D. im Absterben. Das Neugr. kennt den D. nicht mehr.

Duilius. Gaius D., röm. Consul u. Feldherr im 1. punischen Krieg. Nach dem Muster eines karthagischen, an der Küste Italiens gescheiterten Fünfdeckers ließen die Römer eine Kriegsflotte bauen, die mit großen Enterbrücken ausgerüstet war. Mit ihr besiegte D. die Karthager bei Mylae, einem Vorgebirge an der Nordküste Siziliens (260 v. Chr.). Als Siegeszeichen wurde ihm auf dem Forum in Rom eine Säule mit den erbeuteten Schiffsschnäbeln *(columna rostrata)* errichtet. → Seeschlacht.

dulce et decorum est pro patria mori, „süß ist’s und ehrenvoll, fürs Vaterland zu sterben“; Horaz *carm.* III 2, 13.

Dunkelmännerbriefe, Sammlung fingierter Briefe aus einer literarischen Fehde in der Zeit des → Humanismus.

duo cum faciunt idem, non est idem, „wenn zwei dasselbe tun, so ist es nicht dasselbe“; lat. Sprichwort nach einem Vers des Terenz (*Adelphi* 823f.), wo es mit einer leichten Änderung heißt: wenn zwei Menschen dasselbe tun, so darf es der eine ungestraft tun, der andere nicht.

Duodezimalsystem → Sexagesimal-S.

Dura-Europos, hellenist. Stadt am mittl. Euphrat, unter Seleukos I. gegründet, nach gr. Muster erbaut (→ Stadtanlagen) u. mit makedon. Soldaten besiedelt; später röm., 272 n. Chr. verlassen, seitdem verfallen. In unserem Jahrhundert wieder entdeckt u. wegen des von der Stadt mehr u. mehr angenommenen oriental. Charakters lehrreich. U. a. gab es dort eine reich mit Figuren ausgeschmückte Synagoge, ferner eine Hauskirche, darin ein Taufsaal (?), ein anderer Raum, der einer christl. Gemeinde als Versammlungsraum diente: An der Kurzwand stand der Thron des Bischofs; er saß der Gemeinde gegenüber, vor ihm stand der Altar: die Urform des Kirchenbaus (Auch → Basilica.). Ausgrabungen seit 1928; Fresken im Nat.-Mus. Damaskus.

M. Rostovtzeff, *D.-E. and its art,* Oxf. 1938; ders., *The Excavations of D. E.,* New Haven 1939–56; *The Excavation of D. E. Final Report,* hg. C. Bradford Welles, N. H. 1959; J. Gutmann, *The D.-E. synagoge,* Montana 1973; C. Hopkins, *The discovery of D.-E.,* Lond. 1979.

Duzen. Im Altertume redete man sich nur mit Du an, auch der Niedrigste den Höchsten. Doch kam im späten Altertume gegenüber Hochstehenden als Anredeform statt des Singulars die im Plural auf, z. B. statt *Tua excellentia: Vestra* e. (→ Titel), deine ~ eure E. Der Sinn der Neuerung war, daß man so tat, als ob der eine Angeredete dem Anredenden so viel bedeute wie mehrere Personen. Diese Anredeform hat sich im Französischen und Englischen bis jetzt erhalten. → Grußformen.

Echo (gr.), Nymphe, die sich in den schönen → Narkissos verliebte und, da sie keine Gegenliebe fand, sich vor Gram verzehrte, bis schließlich ihr Gebein zu Felsen wurde und nur die Stimme übrigblieb. Die Sage ist von Ovid in den *Metamorphosen* III 351–401 behandelt. – Wenn die allzeit gern fabulierenden Griechen sich einen Naturvorgang wie das E. oder ein Naturprodukt nicht erklären konnten, so erfanden sie als Deutung eine hübsche kleine Geschichte; → Magnet; Midas [Paktolos]; Phaëthon [Bernstein]. Das deutsche Wort E. wurde im 16. Jh. aus dem Griech. übernommen.

Edelsteine. In Europa finden sich vereinzelt E., so Granate in Böhmen; aber das Hauptland der E. war und ist Indien. Besonders daher übernahm man ihre Verwendung im gr.-röm. Altertum, von Griechenland und Italien weiterhin in Deutschland und sonst. Deswegen sind unsere E.-Namen Fremdwörter, z. B. → Amethyst, Onyx, Sard-onyx, Saphir.

Egeria, eine röm. Quellnymphe, die dem König → Numa Pompilius erschienen und ihn beraten haben soll.

Ehe. Geschwisterehe war bei den Gr. in sehr alter Zeit bekannt u. findet sich daher in der Religion (Zeus, Hera; → Iakchos), später selten, in konservativen Adelsfamilien (Kimon, Elpinike; so nach Corn. Nepos *Cimon* 1); häufig bei den Gr. in Ägypten, wo sie seit alters üblich gewesen war: Ptolemaios II. hieß *Philadelphos,* „der seine Schwester liebt". Die G.-E. hat den Vorteil, daß die Mitgift in der Familie bleibt. Eine Degeneration der Gr. in Äg. durch die G.-E. will man nicht bemerkt haben. Polyandrie, Ehe einer Frau mit vielen Männern, ist für die Zeit des Matriarchats (→ Frau) zu vermuten, aus antiken Autoren aber nicht nachzuweisen. Polygamie (gr. *gamos* = Hochzeit), Ehe eines Mannes mit vielen Frauen, war bei den Gr. in vorhistorischer Zeit bekannt, wie die vielen Liebschaften des Zeus beweisen (→ z. B. Herakles; Io). Diese waren (z. T.) einst rechtsgültige Ehen, wurden aber als solche nach Übergang d. Gr. zur Einehe nicht mehr verstanden. Vor allem wird es sich um einstige Ehen des Zeus mit den alten Hauptgöttinnen der einzelnen griech. Länder handeln, in die die Indogermanen d. Zeuskult mitbrachten; man gesellte den neuen Gott der alten Landesgöttin zu. Diese Erklärung trifft wohl sicher für Zeus' Hauptgattin Hera zu, die Landesgöttin der Landschaft Argolis. Später ersannen dann die allzeit gern fabulierenden Gr. die Sagen von Heras Eifersucht hinzu. Zwischenstufe zwischen P. u. Einehe (bei Homer): der Mann hat rechtlich eine Gattin, aber Nebenfrauen (Agamemnon: Klytaimestra, Briseïs, Kassandra). Monogamie (gr. *monos* „allein"), Einehe, in historischer Zeit bei Gr., Röm. (wo aber der Mann außerhalb des Hauses viel Freiheit hatte: → Hetären) und Germanen. → Brautstand.
Formen der Eheschließung: Raubehe, die älteste Form, bei den Gr. nur noch in der Religion (Hades, Persephone). Kaufehe, in Spuren noch bei Homer; man muß dem Vater der Braut diese abkaufen, weil er durch die Hei-

rat der Tochter eine Helferin im Haushalte verliert. Mitgiftehe: der Brautvater zahlt, um der Pflicht des Unterhalts der Tochter enthoben zu werden. – Hochzeit bei den Gr. als Familienfeier, aber ohne Trauung im Tempel; bei den Röm. Ziviltrauung oder solche mit priesterlichem Segen (→ Gaia). – Verboten, bzw. rechtsungültig, waren Ehen zwischen Freien und Sklaven, zwischen nahen Verwandten und zwischen Angehörigen verschiedener Länder u. sogar Städte, soweit diese (bei den Römern) nicht durch *conubium,* das Recht gegenseitiger Heirat ihrer Bürger und Bürgerinnen, verbunden waren; doch galt diese Beschränkung im späteren Altertum nicht mehr. – Die Moral der E. verschlechterte sich seit dem Ende der röm. Republik und in der Kaiserzeit. Nunmehr der früher wenigstens bei der Frau bestrafte E.-Bruch in der guten Gesellschaft mehr oder weniger geduldet; oft wiederholte Scheidung ein und derselben Person; man zeigte sie auch in der → Zeitung unter Familiennachrichten an. Gesetze zur E.-Reform, wie sie zuerst Kaiser Augustus erließ, hatten nur geringen Erfolg. Häufige Ehescheu suchte man durch Junggesellensteuer vergeblich zu bekämpfen, ebenso die Beschränkung der Kinderzahl durch Vergünstigungen an Kinderreiche. Der Verzicht auf eine E. wurde von manchen Philosophen, z. B. kynischen, empfohlen, weil die Frau zu philosophischem Denken nicht fähig sei. Aus anderem Grund riet dazu der hl. Paulus (*Korinth.* I 7, 1–2), jedoch nicht unbedingt; später (nicht in der älteren christlichen Kirche u. in der gr.-orthodoxen noch jetzt nicht allgemein) wurde der Zölibat den Priestern zur Pflicht gemacht.

H. Licht, Liebe u. Ehe in Griechenland, 1933; W. Erdmann, Die E. im alten Griechenland, 1934; H. Thierfelder, D. Geschwisterehe im hellenist. u. röm. Ägypten, 1960; K. Siems (Hg.), Sexualität u. Erotik in d. Antike, 1988.

Ehrenbogen → Bogen.

Ehrensäulen, große Säulen mit einem vom Fuß bis zum Kapitell schräg umlaufenden Bande mit Figuren in Flachrelief, oben mit der Statue des Geehrten; erst in röm. Zeit. Nur zwei in Rom sind aus dem Altertum erhalten, die Traianssäule, über → Traians (gest. 117) Grab auf dem Traiansforum, 30 m hoch; die Reliefs auf dem 200 m langen Bande, mit rd. 2500 Figuren, stellen Szenen aus Traians Kriegen an der Donau dar; im Innern eine Treppe; oben seit 1587 eine Statue des hl. Petrus; – ferner die E. für Marcus Aurelius (161 bis 180), auf Piazza Colonna, 30 m hoch, auf den Reliefs Szenen aus Kriegen gegen Germanen u. a.; 1589 restauriert, seitdem mit Statue des hl. Paulus. Von den 2 E. in Konstantinopel, die Theodosius d. Gr. und seinen Sohn Arkadios verherrlichten, steht nur noch der Sockel (10 m hoch) der letzteren. Die Reliefs waren im Altertum farbig und daher besser zu sehen als heute. – Die E. geben uns einen guten Einblick in die antike Buchillustration. Schon in Ägypten, dann in Griechenland und Rom wurde der fortlaufende Bildstreifen verwendet, auf dem sich Szene an Szene reihte. In den mittelalterl. Codices wurden diese Streifen auseinandergeschnitten. Auch die Mosaiken mit Bildfolgen aus der biblischen Geschichte in Rom (Sta. Maria Maggiore, San Paolo fuori mura), in Venedig (San Marco) gehen auf solche Bildstreifen zurück.

C. Cichorius, D. Reliefs d. Tr., 1896–1900; K. Lehmann-Hartleben, Die Trajans-Säule, II 1926 (m. Abb.); B. F. Florescu, Die Tr.-Säule, Bukarest 1969.

Eid. Über die Wahrhaftigkeit des E. (gr. *horkos*) und über Erfüllung des eidlich Versprochenen wachte *Zeus horkios.* Um die Heiligkeit des E. einzuschärfen, ließ man ihn oft im hl. Bezirk eines Tempels schwören („Tempeleid"), oder man verwandte eine Formel analog der modernen „ich schwöre es, so wahr mir Gott helfe". – Eid des Hippokrates → Heilkunde.

L. Hirzel, Der Eid, 1902.

Eigennamen. Die Griechen hatten je nur einen Namen. Amtlich wurde, zunächst wohl zur Unterscheidung Gleichnamiger, der Name des Vaters im Genitiv und die Heimatsbezeichnung hinzugefügt (z. B. Demosthenes, Sohn des Demosthenes, aus Paiania). Griech. Namen gibt es zu Tausenden. Sie reden von Kampf, Sieg, Ruhm, Stolz, Frömmigkeit (→ Isidor). Von einer Übersetzung der in diesem Buche vorkommenden gr. E. wurde jedoch abgesehen. Denn schließlich dachten die Griechen, so wie wir bei unseren sehr sinnvollen E., oft nicht mehr an die Bedeutung; vor allem ergibt aber die Übersetzung mancher E., obwohl sie sicher richtig ist, keinen Sinn, z. B. Lys-ippos, „Pferdelöser, -abspanner", Zeux-ippos, „Pferdeverbinder, -anspanner". Man erklärt solche E. als Zusammensetzung von Namenshälften der E. zweier Ahnen des Kindes. In den ursprünglichen E. hätten die Hälften noch einen Sinn gegeben, z. B. Lys-anias, „Leidlöser", und Phil-ippos, „Pferdefreund"; der neue Name Lys-ippos habe, obzwar sinnlos, doch das Andenken an zwei Namen bewahrt. Manche E. waren in niederen, manche in hohen Kreisen üblich. N. mit -*(h)ipp*-(*hippos* „Pferd") besonders bei Vornehmen; der Pferdesport ist der teuerste (→ equites). Adelsbezeichnungen vor dem E. gab es im Gr. und Lat. nie (→ Patronymikon). Sehr viele gr. E. sind Kurz- oder Koseformen, z. B. Agis für Agesilaos.

Die Römer hatten in der ältesten Zeit nur einen E., z. B. Romulus, und so stets die Frauen, nur den Familiennamen mit der Femininendung -a; die Tochter des M. Tullius Cicero hieß nur Tullia; in der klassischen Zeit 3 Namen, nämlich a) das *praenomen,* den → Vornamen. Deren gab es nur wenige, und manche sind nur Ziffern; die Römer waren so prosaisch, einen Sohn „Fünfter", „Sechster", „Zehnter" *(Quintus , Sextus, Decimus)* zu nennen. Beim Schreiben pflegte man die Vornamen abzukürzen, was bei ihrer geringen Zahl nicht mißverstanden werden konnte; b) das *nomen gentile,* den Familiennamen; oft mit Beziehung auf ländlichen Beruf, z. B. Ovidius „Schäfer"; c) das *cognomen,* den Beinamen, oft roh mit Beziehung auf körperliche oder geistige Fehler, z. B. *Flaccus* (Horaz) „mit Schlappohren", *Naso* (Ovid) „mit zu großer Nase", *Plautus* „mit Plattfüßen", *Brutus,* „der Dumme"; in der Kaiserzeit führte man auch mehr E., wir haben eine Ehreninschrift für einen Mann mit 38 Namen (in Tivoli; H. Dessau, *Inscript. Lat. select.* 1104). Die Sitte, alle Mitglieder der Familie mit ein und demselben Namen zu bezeichnen, der sich vererbt, ist römische Erfindung.

Deutsche Eigennamen können hier nur insoweit behandelt werden, als sie von griech.-röm. abgeleitet sind oder in ihrer Eigenart eine Parallele zu den antiken darstellen. Auch die Deutschen hatten ursprünglich nur je einen E.: Siegfried, Brünhilde; auch diese E. reden von Kampf, Sieg usw. wie die gr. Dazu traten zwei neue Gruppen von E.: hebräische (biblische), wie Johannes, Elisabeth, und gr.-röm., wie Theodor, Dorothea (gr.), Max, Paul(a) (lat.). Damit gehen nun auch unsere Namen in die Tausende. Eine Betrachtung ihres dreifachen Ursprungs lehrt besser als anderes, auf welchen drei Grundlagen unsere deutsche Kultur ruht. Trotz unseres Reichtums an E. entwickelte sich wie bei den Römern eine Drei-, so bei uns um 1200 eine Zweiteilung der E. in Vor- und Familiennamen. Noch lange aber galt der Vorname als der eigentliche E.; Luther und Melanchthon wurden nicht so, sonder *Doctor Martinus, Magister Philippus* genannt; Michelangelo ist Vorname (Familienname Buonarroti). Auch aus den deutschen Familiennamen lassen sich kulturelle Schlüsse ziehen, namentlich auf Berufe; wir haben eine Menge Namen wie Bäcker, Fischer, Fleischer, Müller (→ Mühle), aber selten als Familiennamen Arzt, Lehrer; daraus folgt, daß es diese Berufe um 1200 noch kaum gab. In der Humanistenzeit übersetzten Gelehrte ihre deutschen E. ins Griech. oder Lat. (Melanchthon = Schwarzert).

R. Hirzel, Der Name, 1927, neu 1962; E. Fraenkel, Indogerman. E. als Spiegel d. Kulturgesch., 1932; B. Doer, D. röm. Namensgebung, 1937, neu 1974; F. Dornseiff u. a., Rückl. Wb. d. gr. E., 1957; O. Landau, Myken.-gr. Personennamen, 1958; W. Fleischer, Die dt. Personennamen, 1964; W. Schulze, Zur Gesch. lat. E., [2]1966.

Eile mit Weile → *festina lente.*

Eingeweideschau gehörte zur Amtstätigkeit eines röm. → Haruspex.

Einhard (ca. 770–840), einer der gelehrten Paladine am Hofe Karls d. Gr., schrieb nach dem Muster → Suetons eine lat. Biographie des Kaisers *(Vita Caroli Magni).* Ihm führte die Bewunderung für den Kaiser die Feder, aber ihn befähigte auch die nahe Kenntnis der beschriebenen Person, deren Berater er war. Die Biographie ist mehr als eine Lebensbeschreibung des Kaisers, sie zeichnet auch das Bild einer Epoche, die auch als karolingische → Renaissance bezeichnet wird.

W: Hg. O. Holder-Egger, [7]1927, neu 1965. – *Ü:* O. Abel, W. Wattenbach, 1920, neu 1965.

Einst wird kommen der Tag. Mit diesen Worten beginnen die Verse in Homers *Ilias,* in denen Agamemnon (IV 164f.) und Hektor (VI 448f.) ahnungsvoll auf das kommende Ende Troias hinweisen; Scipio zitierte sie, als er 146 v. Chr. auf den rauchenden Trümmern des zerstörten Karthago stand, in Vorahnung von Roms einstigem Schicksal.

Ein und alles. Nach Aristoteles und Theophrastos glaubten die → Eleaten, daß die Welt oder das Weltganze eine Einheit, das Eine sei. Sie sprachen daher in diesem Zusammenhang von dem Seienden als dem E. und A. und lehrten die Identität des Weltganzen mit Gott. Seitdem wurde der Ausdruck e. u. a. in der philosophischen Literatur zum festgeprägten Begriff. Daraus entstand, wohl in verblaßter Bedeutung, die heutige sprichwörtliche Wendung.

eirene (gr.) = Frieden, E., Friedensgöttin. E. mit dem Plutoskinde, eine Statue des → Kephisodotos.

Eisen war bis etwa 1000 v. Chr. ein seltenes, sehr begehrtes Metall, das damals aus dem Osten eingeführt wurde; später wurde es abgebaut in Lakonien, Euboia, auf Elba u. Sardinien u. in Spanien; es löste teilweise die Bronze ab: gr. *chalkeus* = der Bronzearbeiter wurde dann die Berufsbezeichnung für den Schmied. Von der E.verarbeitung ist wenig bekannt (Schmelzen, Schmieden); Verwendung für Waffen, Lanzenspitzen, Nägel, Werkzeuge. – Bei den Germanen waren E. und eiserne Waffen noch um 100 n. Chr. selten, Tac. *Germ.* 6.

O. Johannsen, Gesch. d. E., 1925

ekklesia, die athenische Volksversammlung (→ Athens Verfassung). Das Wort bedeutet „Versammlg. Ausgewählter", stammt also noch aus der aristokratischen Zeit Athens; in der Demokratie konnte jeder Bürger an der E. teilnehmen. – Lat. *ecclesia* (Fremdwort) = Kirche (*mulier taceat in e.,* → Frau); daher franz. *église.*

ek-kyklema (gr.), eine Rollmaschine im → Theater, die den Zuschauern auf einem Wagen hinter der Szene ermordete Personen zeigte.

Eklektizismus. Nachdem die Lehren der meisten gr. Philosophenschulen konsequent durchgebildet waren, ohne daß man eine wirkliche Lösung der Probleme gefunden hatte, bahnte sich seit dem 3. Jh. v. Chr. ein Ausgleich der Schulen an, der im 1. Jh. v. Chr. zum E. wurde. Ohne darauf zu achten, ob die Anschauungen ein geschlossenes System ergaben, übernahm der Eklektiker (= Auswähler) zusagende Teile verschiedener Lehren. Die alten Schulen blieben bestehen, aber auch ihre Anhänger wurden zu Eklektikern. Panaitios, Poseidonios und Seneca waren als Stoiker, Philon u. Cicero als Akademiker E. Der E. beherrschte die ganze Kaiserzeit (→ Plutarch; Gnosis); erst der Neuplatonismus schuf im 2. Jh. n. Chr. eine neue konsequente Spekulation.

Eklogen (lat. *eclogae,* Fremdwort aus dem Gr.) bedeutet „Auswahlen", d. h., „Ausgewählte Gedichte". Die Römer verstanden darunter u. a. Hirtengedichte; am bekanntesten die E. (oder *Bucolica,* d. h. Hirtenlieder) Vergils.

Ekstase, gr. *ek-stasis,* „aus sich gestellt sein", nannten die Griechen den Zustand der Wahrsager, Seher und auch der Dichter. Man glaubte, daß dabei das eigene Ich aus dem Körper „herausgestellt" werde und daß ein Gott oder eine Muse in den Menschen fahre und aus ihm rede; in (gr. *en*) dem Menschen war nun ein Gott (gr. *theos*), der Mensch war *entheos* (daher Enthusiasmus; → Inspiration). Diese Anschauung hat bei manchen Philosophen große Bedeutung gewonnen. Sokrates und Platon sprachen den Dichtern deswegen jedes Wissen von den Dingen, über die sie dichteten, ab und verwarfen ihre Erkenntnis als Schein („sie wissen nicht, was sie dichten"). Aus diesem Grunde hat Platon die Dichter aus seinem Idealstaat verbannt. In der Mystik dagegen wurde der Dichter gerade wegen der Inspiration gefeiert.

J. Pieper, Begeisterung u. göttlicher Wahn, 1962.

Elagabal. Marcus Aurelius Antoninus Heliogabalus aus Emesa in Syrien, ein Verwandter Caracallas, gab vor, dessen Sohn zu sein, wurde 218 nach dem Tode Caracallas als 14jähriger Knabe von den Soldaten als Kaiser ausgerufen und regierte bis 222. Er stammte aus dem Priestergeschlecht des Sonnengottes von Emesa und versetzte dessen Kult nach Rom. So wurde der edelsteingeschmückte Meteorstein, in dem der Gott gegenwärtig war, der „Erhalter des Herrschers", der heilige Gott, zum absoluten „Herren des Himmels" erklärt, der sich über dem Römerreich wölbte, und alle Untertanen und Reichsbehörden waren zu seiner Verehrung verpflichtet. Es war, 8 Jahre nach der → *Constitutio Antoniniana,* ein erster Versuch einer orientalischen Religion, das röm. Imperium auch offiziell für sich zu erobern. Er mißlang, weil die Zeit noch nicht reif war. E. wurde schließlich von den Soldaten ermordet.

Elbe → Deutsche Flußnamen.

Eleaten (→ Physik), Philosophen in Elea in Unteritalien, nämlich Xenophanes und seine Schüler; unter diesen waren die bekanntesten Parmenides, der eigentliche Vollender des philosophischen Lehrgebäudes der E., der ältere Zenon und Melissos. Die E. bildeten um 540 v. Chr. die erste eigentliche → Philosophenschule des Altertums. Der enge Zusammenschluß eines Lehrers mit einer Zahl Schüler mag zuerst bei den unteritalienischen Griechen entstanden sein, die von den Italikern den Sinn für politische Verbände übernommen hatten. – Über ihre Lehre: → Parmenides; Xenophanes; Zenon; Kugelgestalt. – Elea (lat. Velia), 540 v. Chr. von ausgewanderten Phokaiern gegründet, ist um 1930 von Maiuri ausgegraben; man fand mehrere Tempel und einen Altar; neue Ausgrabungen seit 1965 haben Stadtmauern u. Tore freigelegt.

Elefant, gr. *elephas,* lat. *elephantus,* den Griechen erst seit dem Zuge Alexanders d. Gr. nach Indien bekannt, wo sie die dortigen Könige in großen Herden hielten; Aristoteles beschrieb die Tiere erstmalig. Besondere Bedeutung erlangten sie als Kampf-E., wobei sie einen Turm trugen, in dem mehrere Kämpfer standen. König → Pyrrhos brachte solche Kampf-E. erstmals in den Westen; er wie auch König Antiochos v. Syrien hatte indische, Hannibal hingegen afrikan. E.; die Römer verwendeten sie oft und gern zu Repräsentations- und Schauzwecken bei Triumphzügen und Dressurakten im Zirkus. Die Eigenschaften des E. (gelehrig, anhänglich, dankbar) waren schon dem Altertum bekannt, auch das Sprichwort „Aus der Mücke einen E. machen" steht schon bei Lukian.

Elegie (gr. *elegeion,* lat. *elegia*), bei den Griechen ein ursprünglich zur Flöte vorgetragenes Lied aus → Distichen, nach antiken Nachrichten eigentlich ein Klagelied. Jedenfalls waren schon die ältesten E. im 7. Jh. v. Chr. nicht nur Klagelieder, sondern sie hatten sehr verschiedenen Inhalt: kriegerische Ratschläge, politische Propaganda, Widmungen an die Götter, Lehren der Lebensweisheit; später überwog das sympotische und erotische Element. Entstanden ist die E. in Ionien, dem Hauptland des Epos, von dem sie in Stil und Dialekt stark abhängig ist. Hauptvertreter waren: → Tyrtaios; Kallinos; Mimnermos; Solon aus Athen u. der Dorier Theognis. In hellenist. Zeit fand die E. als eine der kleineren literar. Gattungsformen verstärktes Interesse: jetzt wurde der Mythos einbezogen, seltene Sagen, Sitten, Feste, Gebräuche wurden erklärt, Fürsten besungen, alles in gezierter Sprache mit einem Hauch der Exklusivität (→ Kallimachos, auch Philetas, Euphorion, Hermesianax). Diese Gegenstände und Stoffe übernahmen im 1. Jh. v. Chr. die Römer, doch rückte mehr und mehr das subjektive Liebeserlebnis in den Vordergrund; neben der (meist unglücklichen) Liebe werden Freundschaft, Krankheit u. Tod, Glück und Leid dargestellt. Eine formale Eigentümlichkeit der röm. E. ist häufig der Dialog, eine Art szenischer Gestaltung mit Gespräch oder wenigstens Selbstgespräch („ludus poeticus", H. Wagenvoort). Als angeblicher „Erfinder" der E. galt → Gallus; Catull, Tibull, Properz u. Ovid sind ihre Hauptvertreter (→ Einzelartikel). Diese weh- und schwermütige „elegische" Stimmungslage blieb für die spätere Entwicklung der E. kennzeichnend. Deutsche Elegiendichtung in antiker Form bieten Goethes *Römische Elegien* und *Euphrosyne.* – Das → Epigramm hat dieselbe äußere Form wie die E., unterscheidet sich jedoch von ihr durch Kürze und Zuspitzung.

C. M. Bowra, *Early Greek elegists,* London 1938, neu 1959; G. Luck, D. röm. Liebeselegie, 1961; F. Beißner, Gesch. d. dt. E., [3]1965; W. Stroh, Die röm. Liebes-E. als werbende Dichtung, Amst. 1971; Die gr. E. (WdF), hg. G. Pfohl, 1972; N. Holzberg, Die röm. Liebes-E., 1990.

elegisch, in der Art einer Elegie, besonders = „klagend"; elegisches Versmaß, das der E., das daktylische → Distichon.

Elektra, Tochter des → Agamemnon und der → Klytaimestra, Schwester der Iphigeneia, des Orestes u. der Chrysothemis. Sie ließ ihren noch kleinen Bruder nach des Vaters Ermordung in Sicherheit bringen; als er erwachsen nach Mykenai zurückkehrte, trieb E. ihn zur Ausführung der grausigen Tat, zum Muttermord, um den Vater zu rächen. Sie heiratet später → Pylades. – Die Darstellung dieser Frauengestalt hat viele Dichter gereizt: Erniedrigt lebte E. bei der verhaßten Mutter, Haß und Rachsucht beherrschten sie u. hielten sie am Leben, bis der langersehnte Bruder und mit ihm die Gelegenheit zur Rache kam. Die drei großen attischen Tragiker eröffnen die lange Reihe (Aischylos: *Choephoren;* Sophokles u. Euripides: *E.*), sie endet mit Hofmannsthal (mit R. Strauss), Sartre *(Die Fliegen),* Hauptmann.

elektron. Zum Namen → Bernstein. E. ist eine natürliche Legierung aus Gold und Silber, die in Ägypten und Lydien (→ Lydia) gefunden wurde. Gefäße aus E. fanden sich bei Grabungen in → Mykenai (Schachtgräber) und kleine Idole aus E., die dem 3. Jahrt. v. Chr. angehören, in Kleinasien. Die ältesten bekannten Münzen (→ Geld) sind aus E. Sie wurden in Lydien und dann auch in Ionien (→ Milet) geprägt. Ähnlich → Gold wurde E. von den gr. Staaten in Notzeiten für die Münzprägung statt des sonst im europ. Griechenland üblichen → Silbers verwendet (Theben, Syrakus u. a. im 4. Jh. v. Chr.).

Elemente, Feuer, Wasser, Luft, Erde, spielten bei den ionischen Naturphilosophen eine große Rolle, die ihr Hauptaugenmerk auf die Entstehung der Welt aus einem Urstoff *(hyle)* richteten. Die älteren Naturphilosophen nahmen alle nur ein Grundelement an (Thales: Wasser, Anaximenes: Luft, Anaximandros: das Unermeßliche, Heraklit: Feuer), aus dem sich die übrigen Erscheinungsformen entwickelt hätten. Empedokles meinte den Streit durch die Annahme von 4 E. schlichten zu können.

A. Lumpe, *Elementum,* 1959.

Eleusis, Stadt und Demos in Attika, berühmt durch die eleusinischen → Mysterien (→ Orgien), die im dortigen Telesterion (Weihetempel) zu Ehren der → Demeter abgehalten wurden. Während sonst der antike Gottesdienst im Freien stattfand (→ Altar), war das Telesterion, weil die Mysterien ein Geheimkult waren, an dem nur die Eingeweihten (Mysten) teilnehmen durften, ein geschlossener Kultraum (wie die Mithräen, → Mithras). Die Ausgrabungen haben in einem größeren heiligen Bezirk das Telesterion freigelegt. Es ist seinem Zweck entsprechend ein in der antiken Architektur einzigartiger Kultbau von annähernd quadratischem Grundriß mit 42 großen Säulen, die die Decke stützten. Die Mysten saßen als Zuschauer der heiligen Handlungen auf an den Wänden umlaufenden Sitzstufen. Dieser Bau nach Plänen des Iktinos ersetzte einen kleineren, ähnlichen aus dem 6. Jh. v. Chr., der wiederum auf Anlagen mykenischer Zeit stand. Der Kult hatte hier also ein sehr hohes Alter. Seine Nachfolge hat der Kult der Muttergottes angetreten, der eine Kapelle innerhalb des alten heiligen Bezirkes geweiht ist.

F. Noack, E., 1927; L. Deubner, Zum Weihehaus d. eleusin. Myst., 1948; G. E. Mylonas, *E. and the Eleusinian Mysteries,* Princeton 1961.

Elfenbein (griech.-lat. *elephas*), als kostbarer, aus dem Orient eingeführter Rohstoff, ist in der Antike zu allen Zeiten gern verarbeitet worden. Schon die frühesten Zeugnisse bei Homer und Sappho zeigen die Verwendung von E. für die Ausschmückung von Palästen, Tempeln und wertvoller Gebrauchsgegenstände. E.-Figürchen vorgeschichtlicher Zeit fanden sich in Kreta und in Mykenai. Ein Grab geometrischer Zeit in Athen barg die frühesten uns bekannten E. gr. Kunst (9. Jh. v. Chr.). In den Heiligtümern von Delphoi, Ephesos, Samos, Sparta förderten Grabungen Statuetten, Reliefs (Beschläge), Siegel, Kämme

u. a. aus E. zutage (6. Jh. v. Chr.). Aus etruskischen Gräbern stammen Statuetten, Beschläge und Gerätschaften des 7./6. Jh. v. Chr. Von der Verzierung der Lade des → Kypselos, die dieser in das Heiligtum zu Olympia geweiht hatte, kann uns ein Fund ausgeschnittener elfenbeinerner Relieffiguren aus Delphoi eine Vorstellung geben. Auch für die Großplastik wird E. verwendet (→ Goldelfenbein). Nur wenig E. klass. Zeit hat sich erhalten, darunter E.-Platten (Beschläge?) mit sehr schönen eingeritzten Zeichnungen aus Südrußland. Aus späterer Zeit sind Reste von Möbeln, Musikinstrumenten, Türen, Spielsteine (→ Spiele) erhalten. Zahlreiche Stücke sind uns, nicht zuletzt dank ihrer Wiederverwendung für kirchliche Zwecke im frühen MA., aus dem späten Altertum erhalten. Es sind neben Kästchen (Pyxiden) und Beschlägen vor allem die reliefierten Deckel der → Diptychen. Unter den schon christlichen Stücken aus der Spätantike sind die sog. Lipsanothek von Brescia und der prächtige, reliefverzierte elfenbeinerne Thron des Bischofs Maximinian von Ravenna (Mitte 6. Jh., Museum) hervorzuheben. Die Tradition der antiken E.-Schnitzerei lebt fort, z. T. sogar in der Übernahme heidn. Motive, in den byzant. und mittelalt. Arbeiten.

R. Delbrueck, Die Consulardiptychen und verw. Denkm., 1929; P. Amandry, *Les statues chryseleph. de Delphes,* 1939; O. Walter, Fundber. Delphi, 1942; W. F. Volbach, E.-Arbeiten der Spätantike und des frühen MA, [2]1952; Kunst und Leben der Etrusker (Katal. Ausstell. Köln) 1956; S. Marinatos, M. Hirmer, Kreta und das myk. Hellas, 1959; J. Kollwitz, E., 1959; P. Metz, 1962; H. W. Hegemann, Das E. in Kunst u. Kultur Europas, 1988.

Elgin Marbles (engl. *marble* = Marmor) wird der skulptierte Schmuck des → Parthenon genannt, den Lord Elgin (1799/1803 engl. Botschafter in Konstantinopel) in den Jahren 1801/3 abnehmen ließ, soweit dies ohne Zerstörung des Baues möglich war, und nach London brachte, bis sie endlich 1816 für 35000 Pfund vom Brit. Museum angekauft wurden. An die Stelle des Apoll vom Belvedere, der das Schönheitsideal Winckelmanns gewesen war, traten nun die Parthenonskulpturen als Höhepunkt der antiken Kunst. Lord Elgin ist schon von Lord Byron getadelt worden; Griechenland fordert heute von England die Rückgabe der Kunstschätze. Es ist nicht zu verkennen, daß L. E. die Parthenonskulpturen der europäischen Kenntnis in einer Zeit erschloß, als Athen unter der türkischen Herrschaft so gut wie unzugänglich war. Zudem sind die Skulpturen vor der weiteren Zerstörung durch die Witterung und durch Menschenhand (Beschießung der Akropolis während der Freiheitskriege) bewahrt geblieben.

A. Michaelis, Ein Jahrhundert kunstarchäol. Entdeckungen, [2]1908; A. Rumpf, Archäologie I, 1953; N. Yalouris, D. Marmorskulpturen d. Parth., *(the Elgin Marbles),* 1960; W. St. Clair, *Lord Elgin and the marbles,* Lond. 1967.

Elis, Landschaft im Westen der → Peloponnes, in der Olympia liegt.

Elle → Längenmaße.

Elysium, gr. *Elysion,* im Unterschied zum → Hades das paradiesartige Aufenthaltsgebiet der Seligen, vor allem der Heroen und Götterlieblinge (so nach Homer, *Odyssee* IV, 561 ff.). Für Hesiod (*Werke* 167 ff.) sind es schon Inseln der Seligen am Rande des Okeanos, eine später verbreitete Vorstellung, die sich auf Madeira, dann auf die Kanarischen Inseln richtete.

Emissar (altgr. Name unbekannt; neugr. *katabothra;* lat. emissarium), Entwässerungsanlage für Sümpfe oder für Seen mit Quellen auf dem Grunde, infolge deren sie überlaufen. Die Katabothren des Kopaissees in Boiotien sind natürliche unterirdische Spalten, durch die das Wasser ins Meer abfloß; sie wurden jedoch schon in myken. Zeit künstlich erweitert, wodurch man den Kopaissee trocken legte und viel Akkerland gewann. Das umfangreiche unterirdische Kanalsystem ist inzwischen entdeckt und erforscht worden. – Im Gegensatz zu den gr. Katabothren sind die E. in Italien nur von Menschenhand geschaffen, die ersten wohl von Etruskern. Das E. des Albaner Sees bei Rom, angeblich 396 v. Chr. angelegt, ein 1200 m langer, 1–2 m hoher, 1 m breiter Tunnel, funktioniert ununterbrochen seit dem Altertum. Das antike E. des → Nemisees diente 1928 zur Entwässerung des Sees zwecks Hebung antiker Schiffe. Das E. des Fuciner Sees, 52 n. Chr. von Kaiser Claudius angelegt, 5640 m lang, bis zur Errichtung der großen Alpentunnel der längste Tunnel der Welt, verfiel bald; die oft versuchte Wiederinbetriebsetzung gelang 1854–1875 und lieferte 175 qkm anbaufähiges Land. → Tunnel; Wasserleitungen.

Empedokles, um 450 v. Chr., aus vornehmem Geschlecht in Akragas (Agrigent) auf Sizilien, führte ein unstetes Wanderleben als Arzt, Weiser, Prophet, Wundertäter und Heiland auf Erden. Sein Leben und sein Ende (Tod im Krater des Ätna) waren mit dem Schimmer des Wunderbaren umgeben. Als Philosoph schrieb er ein → Lehrgedicht *Die Natur.* Darin suchte er den Streit der älteren Naturphilosophen um den Urstoff zu schlichten, indem er 4 → Elemente als gleichwertige Urstoffe annahm, die ursprünglich in der alles umfassenden Weltkugel *(sphairos)* harmonisch verbunden waren und sich später trennten. Durch Anziehung und Abstoßung (Liebe und Haß) bildete sich aus ihnen und bildet sich immer aufs neue die Welt. Werden und Vergehen gibt es also nicht mehr, sondern jeweils nur noch Verbindung und Trennung dieser unveränderlichen Grundstoffe. Die heutigen Tiere und Menschen haben sich aus merkwürdigen Mischwesen durch Auswahl der Geeignetsten gebildet. Mit dieser Lehre schloß E. die ionische Naturphilosophie gewissermaßen ab.

W: F. d. V., I.
L: W. Kranz, 1949; K. Reinhardt, 1950; F. Altheim, R. Stiehl, Porphyrios und E., 1954; U. Hölscher, E. u. Hölderlin, 1965; J. Brun, *Empedocle,* Paris 1966; D. O'Brien, *E., cosmic cycle,* Lond. 1969.

Engel, zu pers. *ang* = gehen, gr. *angelos* = Bote. Götterboten finden sich auch bei den Griechen. Unsere Vorstellung vom Aussehen der E. ist stark von der altgr. Kunst beeinflußt; → Nike.

Engelsburg, im Altertum *moles Hadriani,* etwa „Hadriansmonument", großes Grabmal am Tiber in Rom, in dem von Hadrian, seinem Erbauer (gest. 138), bis Caracalla (gest. 217) alle Kaiser bestattet wurden. Der Name stammt aus dem Jahre 590, als bei einer Bittprozession wegen der Pest der Erzengel Michael über der E. erschien, der das Schwert in die Scheide steckte. Seit 923 Festung; seit dem 16. Jh. mit einer Statue des Erzengels; seit 1911 Museum; sie ist heute wieder ganz freigelegt und steht in einem Park wie zur Zeit Hadrians. → Grab.

England, lat. *Britannia* oder *Insula Albionum,* war wegen seines Zinnreichtums (→ Zinn) seit der ältesten Bronzezeit (Bronze besteht aus 90% Kupfer und 10% Zinn) Ziel der seefahrenden Mittelmeervölker. Mit einem röm. Heer betrat es zuerst 55 und 54 v. Chr. Caesar, der in seinem *Gallischen Krieg* wertvolle Nachrichten über die Insel und ihre Bewohner (→ Kelten) gibt. Von 43 n. Chr. an wurde es von den Römern erobert, zunächst im Süden, dann weiter nach Norden (→ Agricola) bis zum → Pictenwall. 407 mußten es die röm. Heere verlassen; doch stand es noch lange und besonders seit 596 (unter Gregor d. Gr.) in Beziehungen zu Rom (Bonifatius). Das Land ist voll von Resten aus der Römerzeit, auch London (Reste einer Thermenanlage, 1987). Aber noch mehr als in Germanien handelte es sich um röm. Grenzkultur. Ortsnamen auf -caster, -cester, -chester gehen auf das lat. *castra* (→ Lager) zurück, ferner *castle* auf lat. *castellum.*

E. Birley, *Roman Britain and the Roman Army,* Kendal 1953; J. A. Richmond, *Roman Britain,* Pelican ²1963; J. M. C. Toynbee, *Art in Britain under the Romans,* Oxf. 1964; M. J. Lewis, *Temples in Roman Britain,* Cambr. 1966; S. Frere, *Britannia: A hist. of Roman Britain,* Lond. 1967; J. Liversidge, *Britain in the Roman Emp.,* Lond. 1968; M. Todd, *Roman Britain,* Lond. 1980.

Enkomion (gr.) = Lobrede, Verherrlichung, wohl auch Leichenrede, zumeist aber doch Preislied auf heimkehrende Sieger der gr. → Nationalspiele, von einem Chor vorgetragen (→ auch *Epinikion*). Erhalten sind solche Lieder von Simonides, Bakchylides. Später als Preisrede auch Bestandteil der → Beredsamkeit.

Ennius. Quintus E., 239–169 v. Chr., geb. in Rudiae (Unteritalien, beim heutigen Lecce), wo er ganz im Banne der griech. Bildung aufwuchs, kam während des 2. punischen Krieges (204) nach Rom, erfuhr dort im Verkehr mit dem Scipionenkreis als erster röm. Dichter die segensreiche Wirkung des Maecenatentums und wurde in seinen Werken der bedeutsamste Vermittler griech. Geisteslebens für die röm. Literatur. Sein Lebenswerk waren die *Annales* (Jahrbücher), das bis zu Vergils Aeneis vielgefeierte Nationalepos der Römer, in dem er in engster Anlehnung an homerische Darstellungskunst die ganze röm. Geschichte von Aineias bis auf seine Zeit in lat. Sprache behandelte; „ein Epos, das in seiner Kunstform griechisch, in Geist und Haltung römisch ist" (Bieler); epochemachend mehr noch als durch den Inhalt durch seine Form, weil er mit diesem Werk an Stelle des altertümlichen → Saturniers den gr. Hexameter in Rom eingebürgert und eine künstlerische Literatursprache geschaffen hat. Daneben war er sehr vielseitig tätig; er bearbeitete griech. Tragödien u. Komödien für das röm. Publikum, machte in philosophischen Schriften die Römer mit dem hellenist. Rationalismus bekannt und gab eine Sammlung kleinerer Dichtungen über die verschiedensten Gegenstände in wechselnder metrischer Form heraus, die er als → Satiren (*saturae*), d. h. wörtlich „Vermischte Gedichte" bezeichnete. Die Nachwelt sah in ihm lange und mit Recht den größten und einflußreichsten Vertreter altrömischer Dichtung; besonders auf Livius und Vergil hat er großen Einfluß ausgeübt; aber weil sein Ruhm vor dem Vergils verblaßte, sind von seinen Werken nur Fragmente erhalten. → Kochbücher; Lehrgedicht.

W: Ennianae Poesis Reliquiae, hg. J. Vahlen, [3]1963. – *Ü:* O. Weinreich, Röm. Satiren (Ausw.), 1949 u. 1962.
L: E. Norden, E. und Virgilius, 1915, neu 1966; O. Skutsch, *The annals of E.*, 1951; ders., Studia Enniana, Lond. 1968; G. Hafner, D. Bildnis des Q. E., 1968.

entasis = Schwellung (griech., als Fremdwort bei Vitruvius III 3, 13). Hohe antike Säulen sind in der Mitte stärker als unten und oben (am Parthenon bei einem unteren Durchmesser von 1,90 m um 0,17 m); in ganz ähnlicher Weise sind breite gr. Treppen in der Mitte jeder Stufe höher als an den beiden Enden. Die antiken Architekten haben beobachtet, daß infolge einer optischen Täuschung gleichmäßig starke Säulen u. gleichmäßig waagrechte Treppenstufen in der Mitte eingebuchtet erscheinen, und haben dies durch die sogenannte Kurvatur ausgeglichen. (Wenn man an einer Längsseite des Parthenons auf das eine Ende einer Treppenstufe seinen Hut und am anderen Ende sich selbst ganz platt hinlegt, kann man infolge der K. den Hut nicht sehen.) Der Nachweis dieses auf genauester Beobachtung beruhenden Kunstgriffs durch die Engländer Cockerel (1810) und Wilkins (1812) erregte berechtigtes Aufsehen.

Entdeckung Amerikas; Erdumseglung. Daß die Erde eine Kugel ist, keine Scheibe, weiß man seit etwa 540 v. Chr. (→ Kugelgestalt). Eratosthenes bewies die theoretische Möglichkeit einer Erdumseglung und der Fahrt von Europa nach Indien westwärts, hielt aber eine solche Fahrt für sehr lang. Aufgrund der antiken Forschungsergebnisse (→ Klaudios Ptolemaios), nicht eigner, sind dann 1492 Columbus, 1519 Magalhaes ausgefahren. Die Griechen haben also die theoretischen Grundlagen für diese Reisen geschaffen.

A. Elters, D. Altertum u. d. Entd. Amerikas (Rhein. M. 75), 1926; J. Urzidil, Amerika u. die Antike, 1964.

Entelechie, gr. die zielgerichtete Verwirklichung, war einer der wichtigsten philos. Gesichtspunkte des → Aristoteles.

Enterhaken, -brücken auf Kriegsschiffen → Duilius; Seeschlacht.

Enthusiasmus → Ekstase; Inspiration.

Enzyklopädie, gr. die kreisförmige Bildung, d. h. der Kreis von Wissenschaften und Künsten, die jeder freie Grieche in der Jugend treiben mußte, bevor er ins bürgerliche Leben eintrat (vgl. Aristoteles, *Ethik* 1, 5, 6). Bei den Griechen haben zuerst die → Sophisten ein enzyklopädisches Bildungsideal aufgestellt, während vorher nach einem dürftigen Elementarunterricht nur Literaturkunde und Sport getrieben wurde. Es umfaßte mit der Zeit neben den praktischen Wissenschaften der Politik und Wirtschaft besonders die Rhetorik, aber auch die theoretischen Wissenschaften, wie Geometrie, Astronomie u. a. Die Auswahl der Fächer blieb jedem einzelnen Lehrer überlassen. Ein festes Schema der Lehrgegenstände gab es nicht. Ebensowenig gab es umfassende Sammelwerke in der heutigen Bedeutung des Wortes. Alle Wissenschaften wurden von dem gleichen Lehrer erteilt. Erst seit dem 4. Jh. v. Chr. wurden die Fachwissenschaften streng geschieden. Große Sammelwerke des gesamten Wissens wurden zuerst von den Römern geschaffen. Varro schrieb 41 Bücher *antiquitates rerum humanarum et divinarum* und 9 Bücher *disciplinarum,* deren Dispositionsprinzip sich in den die grammatisch-rhetorische Jugendbildung umfassenden → 7 freien Künsten des späten Altertums und Mittelalters wiederfindet; die an Varro anschließende Traditionsreihe bilden Martianus Capella (4. Jh. n. Chr.), → Cassiodorus u. Isidorus v. Sevilla (7. Jh.). – Die Bezeichnung solcher Sammelwerke als E. ist modern.

Eos, gr. Göttin der Morgenröte; lat. → Aurora.

Epameinondas aus Theben trat mit → Pelopidas zusammen an die Spitze des Staates, als 379 v. Chr. die Spartaner von Pel. aus Theben vertrieben worden waren. Er war vor allem ein tüchtiger Feldherr, der das thebanische Heer neu organisierte (heilige Schar; schiefe Schlachtordnung; Bewaffnung mit den langen Lanzen) u. den boiotischen Bundesstaat schuf. Er kämpfte mit viel Glück gegen die Spartaner, die er durch die Schlacht bei Leuktra 371 v. Chr. aus Mittelgriechenland vertrieb. In der Schlacht von Mantineia 362 siegten die Thebaner noch einmal, aber E. fiel. Mit seinem Tod brach die thebanische Hegemonie zusammen. Seine Neuerungen in der Kriegstechnik wurden von Philipp von Makedonien, der in Theben als Geisel gelebt hatte, übernommen; mit ihnen hat Alexander d. Gr. seine Siege erfochten.

M. Fortina, Epaminonda, 1958.

Epeisodien, gr. *ep-eis-odia,* wörtlich das „(noch) dazu Hineinkommende", Dialogpartien im Drama, in iambischen Trimetern u. im attisch-ionischen Dialekt; in ihnen entwickelte sich die Handlung des Stückes. Ursprünglich hieß nur die erste Dialogpartie so, weil die Schauspieler, die sie vortrugen, zu dem Chor, der schon vorher aufgetreten war, „noch hinzutraten"; weiterhin alle diese Partien. Da im ältesten Drama der Chor die Hauptsache war und die E. zwischen je zwei Chorliedern liegen, bekam das Wort die Bedeutung „Einschiebsel"; daher unser „Episode". → Chor.

K. Aichele, Die E. der gr. Tragödie, 1966.

Epheben (von gr. *ephebos,* „an die Jugendblüte", → Hebe, [„herangekommen"], d. h. mannbar), junge Männer mit 18, junge Mädchen mit 14 Jahren; mit diesem Alter wurden sie unter die Bürger und die jungen Männer in die Stammrolle aufgenommen.

E. Buschor, Frühgr. Jünglinge, 1950; A. Bork, D. junge Grieche, 1959; C. Pelekidis, *Hist. de l'Ephebie Attique,* Paris 1962.

Ephesos, uralte Stadt der Karer in Kleinasien, mit Kultus der später → Artemis genannten Göttin, um 1100 v. Chr. von den Griechen besiedelt (vorher mykenische Burg), späterhin bis lange nach Chr. eine der ersten Städte der Welt. Neben → Milet unter dem Tyrannen Pythagoras Ende des 7. Jhs. die früheste griechische Münzstätte (als Prägung eine Biene); etwa 545–466 v. Chr. persisch, danach erst im Attischen Seebund, dann auf spartan. Seite, ab 190 bei Pergamon, von 133 v. Chr. bis 395 n. Chr. in röm. Besitz, ihrem Wesen nach immer griech. Von einer Zerstörung durch die Goten um 263 n. Chr. konnte sie sich erholen und war noch im Mittelalter Handelsplatz mit italienischem Konsul. Seit 1426 im Besitz der Türken; jetzt kleiner Ort namens Selcuk (Seltschuk). 55–58 war der hl. Paulus in E., *Ap.-Gesch.* 18, 19; 19, 1. Die Hauptzierde war der Artemistempel, namentlich seit dem Wiederaufbau nach der Zerstörung durch → Herostratos, 356 v. Chr., ein Werk unerhörter Pracht (→ 7 Weltwunder). Seit 1896 gräbt das Österreichische Archäolog. Institut in E. mit steigendem Erfolg; Aufdeckung der spätantiken Stadt mit Funden namentlich aus röm.-christl. Zeit; besonders eindrucksvoll die über ½ km lange Prachtstraße, beiderseits mit etwa 5 m tiefen Säulenhallen über dem Fußweg, hinter diesen Läden; von Arcadius (→ Honorius) angelegt und nach ihm benannt; sie führte vom Theater zum Hafen. Die Celsus-Bibliothek ist wieder aufgerichtet; ferner Reste von Stadien, Gymnasium, Konzilskirche.

Forschungen in E., hrsg. vom Österr. Arch. Inst. seit 1932; F. Krischen, Weltwunder d. Baukunst, 1956; F. Miltner, E. Stadt der Artemis u. d. Johannes, 1958; W. Alzinger, D. Stadt des 7. Weltwunders, 1962; ders., Die Ruinen von E., 1972; A. Bammer, 1988.

Ephialtes verriet → Leonidas und seine Spartaner bei → Thermopylai, wurde wegen seiner Tat geächtet und bald darauf erschlagen.

Ephialtes, athen. Politiker und Freund des → Perikles, begann 462 v. Chr. eine Verfassungsreform, wurde aber 461 ermordet.

Ephoren, gr. die „Aufseher", eine wichtige Regierungsinstanz in → Spartas Verfassung.

Ephoros, etwa 408–330 v. Chr. in Kyme (Kleinasien) geb., schrieb in 30 Büchern die erste *Universalgeschichte der Griechen* (→ Frühgeschichte). Sie begann mit der Rückkehr der Herakleiden (→ Dorier), die er um 1069 v. Chr. ansetzte, und schloß mit dem Jahr 340; der Stoff war nach sachlichen Gesichtspunkten geordnet, das Buch wurde bald ein vielzitiertes Standardwerk.

W: F. Gr. H.

L: G. L. Barber, *The historian E.,* Cambr. 1935.

Epicharmos aus dem sizilischen Megara, Mitbegründer und bekanntester Vertreter der dorisch-sizilischen Komödie, etwa 550–460 v. Chr. Er bevorzugte den gutmütigen Humor und die Schilderung drolliger Charaktertypen wie des Parasiten und komischer Situationen wie die Betrunkener („Rüpelkomödie"); besonders beliebt war seine harmlose Mythenparodie. Dagegen fehlte die Satire, der scharfe Angriff auf Personen oder politische Verhältnisse. Seine Stücke waren sehr berühmt; in Sammlungen lebten seine Sinnsprüche fort.

W: Comicorum Graec. Fragm., hg. G. Kaibel, 1899; FdV, I.

Epidauros, Kurort (→ Heilkunde), in der nordöstl. Peloponnes gelegen, Kultstätte des → Asklepios. Beträchtliche, übersichtlich freigelegte Ruinen erinnern an das bedeutende Heiligtum, dessen Hauptbauten im 4. und 3. Jh. entstanden: Der Tempel des Asklepios mit einem goldelfenbeinernen Bild des Gottes, ein Rundtempel (*Tholos*), Liegehallen für die Kranken, ein Gästehaus (→ Hotel), ein Theater, in dem heute wieder gespielt wird; seine Schönheit wurde schon in der Antike gerühmt (Pausan. 2, 24, 5). – Zahlreiche Weihinschriften erinnerten an Heilungen, die dem Kranken im Heilschlaf (Inkubation) zuteil wurden. Diese Berichte wie die Weihung von Bildern der geheilten Körperteile finden ihre Fortsetzung in den entsprechenden Bräuchen christlicher Wallfahrtsorte.

P. Kavvadias, *Fouilles d'Epidaure,* Athen 1893; A. Defrasse, H. Lechat, *Epidaure,* Paris 1895; R. Herzog, D. Wunderheilungen v. E., 1931; A. v. Gerkan, W. Müller-Wiener, Theater in E., 1961.

Epigonen, gr. *epigonoi* = Nachkommen; im Altertum (→ Sieben gegen Theben; Diadochen) noch nicht im heutigen Sinne („epigonenhaft"): schlechter als die Vorfahren.

Epigramm. Das E. war, wie der Name sagt, eine poetische „Aufschrift" auf einem Denkmal, Grab, Weihgeschenk u. dgl., meist in → Distichen. Schon früh wurde es von dieser ursprünglichen Bestimmung losgelöst und die schlichte Gelegenheitspoesie im Buch-E. zu einer literarischen Kunstform ausgebildet, die ihre Bedeutung in der Weltliteratur bis heute behalten hat (→ Simonides); man drückte in E. Stimmungen u. Eindrücke, flüchtige Einfälle und geistreiche Gedanken in pointierter Form und knappster Fassung aus. Es gibt sympotische und erotische, literarische und politische E., E. auf Götter, Helden, Kunstwerke u. dgl., bald lyrischer, bald didaktischer Art. Oft wurde es zur Invective verwandt. Für die hellenistische Zeit (→ Asklepiades; Kallimachos; Theokrit) mit ihrer Vorliebe für die feine u. geschliffene Form, für das „epigrammatisch" Zugespitzte war das E. wie geschaffen, und dem Römer mußte diese Dichtungsart besonders zusagen, weil sie (in der ursprünglichen Bestimmung des E.) praktisch verwertbar war und in ihrer Knappheit zum röm. Wesen stimmte. Die lat. E. sind fast ausnahmslos „verjüngte, gleichsam in einem Auszug und auf das knappste Maß gebrachte Satiren"; die Hauptvertreter waren → Ennius, Catull u. sein Kreis u. vor allem → Martial, der erste, der sich ausschließlich dieser Dichtung widmete und als der größte Epigrammatiker des Altertums für die Weltliteratur maßgebend wurde, in der ausgehenden Antike → Ausonius. – Antike E. sind zahlreich erhalten; die größte Sammlung, die berühmte Palatinische → Anthologie, umfaßt über 3600 Stücke. Zu allen Zeiten wurden sie nachgeahmt; s. z. B. die Sinngedichte Logaus und Lessings, die Xenien Goethes und Schillers.

W: G. Kaibel, *Epigrammata Graeca,* 1878f., neu 1965; J. Geffcken, Gr. E.e, 1916; P. Friedländer H. B. Hoffleit, Epigrammata, Berkeley 1948 (mit engl. Ü). W. Peek, Gr. Vers-Inschriften (Grab-E.), I 1955. Ders., Gr. Grabgedichte, 1960 (mit *Ü*).
Ü: L. Fulda, Das Buch der E.e, 1920; E. Staiger, Gr. E.e, 1946.
L: R. Reitzenstein, E. u. Skolion, 1893; P. Nixon, *Martial and the modern e., N. Y.,* 1927; O. Weinreich, E.-Studien, 1948; G. Pfohl, Bibliographie der gr. Vers-Inschr., 1964; ders., Geschichte u. E., ^{2}1966; ders., Das E. (WdF), 1968.

Epigraphik, Kenntnis der *epigraphai* (gr.) = → Inschriften.

Epiktet (*Epiktetos*), stoischer Popularphilosoph, etwa 55–135 n. Chr., aus Hierapolis in Phrygien, war ursprünglich Sklave, wurde freigelassen und lebte als Lehrer der Philosophie in ärmlichen Verhältnissen in Rom u. Nikopolis. Er hat nichts geschrieben. Aber sein Schüler, der Historiker → Arrian, hat uns nach stenographischen Nachschriften der Vorträge seines Lehrers ein getreues Bild von ihm entworfen. Sein Ziel war die Erweckung der sittlichen Persönlichkeit, Erziehung, Bildung und Hinlenkung zu einer philos. Lebensweise mit deutlichem Appell an Vernunft u. Willensstärke seiner Schüler.

W: Hg. H. Schenkl. ^{2}1916, neu 1965. – *Ü:* Handbüchlein d. Moral u. Unterredungen, H. Schmidt, ^{11}1984; W. Capelle, R. Nickel, 1987.
L: A. Bonhöffer, E. u. das N. T., 1911, neu 1964; J. Bonforte, *The Philosophy of E.,* N. Y. 1955.

Epikur (*Epikuros*), berühmter gr. Philosoph und Begründer der Schule der Epikureer, war als Sohn eines Atheners in Samos geb. und kam 323 v. Chr. nach Athen, wo er sich 306 niederließ. Er hatte seit frühester Jugend philosophische Studien getrieben. 306 kaufte er einen Garten in Athen und gründete die Schule der „Philosophen im Garten“. Er starb 270. Von seinen zahlreichen Werken ist wenig erhalten. Er ging in seiner Philosophie vom Individualismus der Sophisten aus (→ Protagoras) und konzentrierte sein gesamtes Interesse auf das Diesseits und hier wieder auf den Menschen, dessen Glück und Behagen er schaffen wollte. In seiner Ethik schloß er sich an → Aristippos an und lehrte, der Wert aller Güter werde durch Lust und Schmerz bestimmt. Er erklärte die Lust, d. h. die Befreiung von Schmerz und die Besiegung der Unlust, als die Grundlage der Glückseligkeit des Menschen. In der ausgeglichenen Ruhe des Geistes, der → *ataraxia,* sah er das Glück des Menschen. Seine ganze übrige Philosophie zielte darauf ab, die Ursachen jeglicher Furcht zu zerstören, besonders der vor dem Tode und den Göttern (→ Lucrez). Er übernahm die Atomistik → Demokrits, glaubte also an eine mechanische Weltentstehung. Trotzdem leugnete er die Götter nicht. Er gab ihnen wunderschöne Gestalt; doch kümmerten sie sich nach ihm nicht um die Menschen. Auch sein Verhältnis zum Staat war durch die Ataraxie bestimmt. Der Individualist konnte diesen nur als eine Quelle von Schmerz und Unlust ansehen; deswegen hielt sich E. ganz von ihm zurück und predigte das zurückgezogene private Leben; *lathe biosas* (= lebe verborgen) war sein Wahlspruch. Daß dieser extreme Individualismus, diese Philosophie des Glücks, nicht in einem weichlichen Sinnengenuß versinken sollte, hat E. selbst am Ende seines Lebens gezeigt; denn er bekämpfte eine schmerzhafte Krankheit mit heldenhaftem Gleichmut. Über seine Schüler → Epikureer. – Porträtbüste des 3. Jh. im Barraco-Museum, Rom.

W: Epicurea, hg. H. Usener, 1887, neu 1966; hg. u. engl. C. Bailey, Oxf. 1926, neu Hildesh. 1970 (mit engl. Ü).
Ü: O. Gigon, ^{3}1983, neu 1992; J. Mewaldt (Ausw.), ^{5}1973.
L: A. J. Festugiere, *E. et ses dieux,* Paris 1946; N. W. de Witt, *E. and his philosophy,* Oxf. 1955; C. Diano, E. u. d. Dichter, 1967; R. Müller, D. epikur. Gesellschaftstheorie, ^{2}1974.

Epikureer, Epikureismus. Die Schule Epikurs hat die Grundgedanken des Gründers mit starrem Konservatismus festgehalten. Das System wurde weder geandert noch wesentlich ausgebaut, wenn auch innerhalb der Schule, wie die Papyri lehren, über Einzelheiten gestritten wurde. Am glänzendsten dargestellt wurde es in der Dichtung des Römers T. Lucretius Carus (→ Lucrez); auch Horaz rechnete sich zu den E. – Im späteren Altertum erhielt „Epikureismus" die verfälschte Bedeutung eines genußsüchtigen Lebens mit Betonung der materiellen Freuden des Daseins; diese zweite Bedeutung, die das Wort epikureisch in den vornehmen Laienkreisen des Altertums gewann, hat es bis heute behalten.

Epimenides, kretischer Wundertäter und Theologe des 7. Jh. v. Chr., eine von zahlreichen Legenden umrankte Gestalt; Sammlungen von Orakeln und Gebeten, ferner eine Götterlehre sollen von ihm stammen. Goethe griff den Namen auf: Festspiel: *Des E. Erwachen,* 1815.
W: FdV, I.

Epinikion (gr., *epinikion melos*) = Siegeslied, das von einem Chor dem in seine Heimatstadt zurückkehrenden Sieger eines Wettkampfes in den gr. → Nationalspielen zu Ehren gesungen wurde (→ auch *Enkomion;* Pindar).

Epiphanie, griech. *epiphaneia,* bedeutet Erscheinung, und zwar die eines Gottes unter den Menschen. Sie konnte vorübergehend sein, z. B., wenn ein Gott einem Menschen helfen wollte; so oft bei Homer. Oder ein Gott weilte dauernd auf Erden, so nach ägyptischer Anschauung der Pharao. Dem schlossen sich die → Ptolemaier an; Ptolemaios V. heißt direkt Pt. *Epiphanes,* der (als Gott) Erschienene. Das Christentum feiert die Erscheinung des Herrn am 6. Januar, dem Tage der Drei Weisen und der Taufe Christi.

Epirus. Gr. *epeiros* bedeutet „Festland". So nannten die Griechen der Insel Kerkyra (Korfu) zunächst im allgemeinen das ihnen im O. gegenüberliegende Festland. Später wurde das Wort zum festen geographischen Namen für dieses Land. E. liegt nördlich des NW-Zipfels von Griechenland (zu dem es nicht mehr gehörte), westlich von Thessalien. Es ist nur durch seinen kriegerischen König Pyrrhos bekannt geworden; kulturell ist es nie hervorgetreten. Jetzt gehört es zu Griechenland und im N. mit einem kleinen Teile zu Albanien (dem alten Illyrien).

P. R. Franke, Alt-Epirus, 1955; N. L. G. Hammond, Oxf. 1963.

Epischer Kyklos (Zyklus) hieß eine Reihe von griech. Epen, die heute verloren sind, aber wohl noch den Gelehrten des 2. Jhs. n. Chr. in ihrer ursprünglichen Form vorlagen; sie bildeten einen *kyklos* (= Kreis) altgr. Sagen. Die einzelnen Gedichte waren: *Titanomachie* (Kampf der Titanen gegen die olympischen Götter), *Oidipodie, Thebais, Epigonen* (thebanische Sagen), → *Kypria, Ilias* (sog. kleine), *Aithiopis, Iliu persis, Nostoi* u. *Telegonie* (troische Sagen bis zum Ende des troischen Kriegs; letzte Schicksale des Odysseus und seines Hauses) und einige andere Epen, z. B. auch *Argonautika.* Der ep. K. wurde von den späteren Gelehrten exzerpiert, die in die Mythenwelt der Griechen einführen wollten. Den Wert der Werke können wir aus Mangel an Unterlagen nicht mehr beurteilen; als Verfasser werden teilweise recht obskure, teilweise auch ganz unglaubhafte Namen angegeben. Auch die Datierung der Werke fällt schwer (in den Grenzen zwischen 800 und 500 v. Chr.). Die *Kypria* versuchte auf Grund der Überlieferung, aber als dichterische Neuschöpfung, Th. v. Scheffer zu rekonstruieren.

W: Epicorum Graecorum Fragmenta, hg. G. Kinkel, 1877. – *Ü:* Th. v. Scheffer, Die K., 1934.

L: F. G. Welcker, Der ep. Cyclus, II 1835–49; E. Bethe, Thebanische Heldenlieder, 1891.

Epitome (gr. *epitome,* wörtlich „das Beschneiden"), ein Auszug aus einem umfangreichen Buche.

Epoden, eine von den Griechen geschaffene Form lyrischer Dichtung, bei der abwechselnd auf eine längere Zeile eine kürzere, besonders auf einen iambischen Trimeter ein iambischer Dimeter folgt; daher der Name *epodos,* d. h. Nachvers, Nachgesang. Aufgebracht wurde diese Versform durch → Archilochos von Paros, nachgeahmt von Horaz in seinem Buche *Epoden,* die er selbst als Iamben bezeichnete. – Im kunstvollen Aufbau des gr. Chorliedes folgt auf die einander entsprechenden ersten beiden Teile, die Strophe und Antistrophe, als dritter Teil die *Epodos,* d. h. der Schlußgesang.

Epos (gr. *epos* = Wort) hieß schon im Altertum die älteste gr. Dichtung, die in Hexametern die Sagen der Heldenzeit, besonders die Kämpfe um Troia, behandelte. Noch heute nennen wir E. diese gestaltete Großform der Dichtung, deren Wirkung auf gleichem Versmaß, Monumentalität des Stils u. der Darstellung beruht (epische Breite). Diese Gedichte wurden zunächst gesungen, in historischer Zeit aber rezitiert (→ Rhapsoden). Erhalten sind davon zwei umfangreiche Epen, die *Ilias* und die *Odyssee* (→ Homerische Dichtung), seit alters die beliebtesten Bücher der Griechen. Diese Werke haben ihre letzte Form durch einen überragenden Dichter, Homer, erhalten. In ihnen findet sich viel Kunstmäßiges. Ihre Sprache wurde nirgends in dieser Form gesprochen; es ist eine Kunstsprache, in der der ionische Dialekt mit aiolischen Elementen zu einer kunstvollen Einheit verbunden ist. Der Vers *(→ daktylos)* ist erst in langer Entwicklung zu seiner Feinheit ausgebildet, mit der er sich allen Nuancen des Inhalts im Rhythmus anpaßt. Auch der Stil zeigt eine lange Tradition. Es waren feste Redewendungen, charakterisierende Epitheta (Beiwörter), feste Halb- und Ganzverse entstanden, die den Rhapsoden in großer Zahl im Gedächtnis hafteten u. die schwere Arbeit des Vortrags erleichterten. Auch die Art der Erzählung, die Feinheit der Menschenschilderung, die Lebendigkeit u. Anschaulichkeit der Szenen, die kunstvolle Komposition (Rahmenerzählung; Zuspitzung auf einen Höhepunkt wie später in der Tragödie) zeigen, daß viele Geschlechter mit feinstem Gefühl für dichterische Komposition an den Epen gearbeitet und gefeilt haben, ehe *Ilias* und *Odyssee* in der heutigen Form entstehen konnten. Trotz dieser kunstvollen Elemente, die auf eine lange Tradition hinweisen, ist die Naivität der Weltanschauung, die Jugendfrische so groß, daß man spürt, die E. sind aus dem Bewußtsein eines sinnenfrohen, unverbrauchten Volkes, d. h. des lieder- und phantasiebegabten ionischen (u. aiolischen) Stammes herausgewachsen. Man bezeichnet sie daher als Volksepen; so viel Kunstmäßiges in ihnen vorliegt, die volkstümliche Frische überwiegt. Neben den homerischen gab es im 7. und 6. Jh. v. Chr. zahlreiche andere E., die nur in Bruchstükken oder prosaischen Inhaltsangaben auf uns gekommen sind (→ Epischer Kyklos). Unter Hesiod nahm die Epik z. T. didaktische Tendenzen an (→ Lehrgedichte). Mit der *Batracho(myo)machia* (→ Homerische Dichtung) starb das echte E., das Volksepos, ab. Die späteren Epen sind Kunstepen, die auf mühsamen, gründlichen Studien über Mythen, Sagen, Altertümer und Versform beruhen; dahin gehört auch die philosophische Lehrdichtung des 6./5. Jh. v. Chr. (→ Parmenides; Empedokles) und ein späterer Nachfolger mit anderem Stoff, → Aratos v. Soloi. – Soweit die hellenist. Dichter unter dem Einfluß des → Kallimachos nicht die → Epyllien oder kleinere Literaturformen bevorzugten, wählten sie für ihre Epen mythische oder historische Stoffe: → Antimachos v. Kolophon *(Thebais)*, Apollonios Rhodios *(Argonautika)*, Lykophron *(Alexandra)*, Quintus v. Smyrna (sog. *Posthomerica*), Nonnos *(Dionysiaka)*. Trotz eines gewissen Niedergangs verdient hervorgehoben zu werden, daß die epische Dichtung der Griechen von Homer an über das Ende des Altertums hinaus lebte in dem von den Fesseln der Gelehrsamkeit befreiten byzantinischen E. vom *Digenes Akritas* (11./12. Jh., Verfasser unbekannt).

Der Wunsch der Römer, die Taten der Vorfahren in der Erinnerung zu bewahren, begünstigte das Gedeihen epischer Dichtung; so gab es schon in ältester Zeit Keime eines nationalen E.: Totengesänge und Ahnenlieder zum Preise berühmter Vorfahren; doch kam es nicht zur Ausbildung eines Volks-E., denn das literarische E. der Römer, das seit der Mitte des 3. Jhs. v. Chr. bis in die christliche Zeit hinein gepflegt wurde, stand ganz unter gr. Einfluß. Der älteste röm. Epiker, Livius Andronicus, um 240 v. Chr., übersetzte Homers *Odyssee*; → Naevius und → Ennius wählten schon nationale Stoffe; während zunächst das alteinheimische Versmaß des → Saturniers verwendet wurde, führte Ennius den daktylischen

Hexameter ein, der künftig herrschend blieb. Nach vielen Dichtern, deren Epen uns nur dem Namen nach bekannt sind, schuf Vergil in seiner *Aeneis* das vielgefeierte röm. Nationalepos, das auf dem Hintergrunde altröm. Heldensage die ganze Entwicklung Roms bis auf Augustus' Zeit umfaßte; seine poetische Technik wurde für die Zukunft mustergültig. In Vergils Stile schrieb Lucanus seine *Pharsalia,* Silius Italicus die *Punica,* Statius die *Thebais* und die *Achilleis* (→ die Einzelartikel). Daneben pflegten die Römer mit besonderer Vorliebe das didaktische Epos; → Lehrgedichte.

In bewußtem Anschluß an die *Aeneis* entstand eins der schönsten Werke frühdeutscher Dichtung (in lat. Gewande), das *Waltharilied.* Vergil, Lucan und Statius haben wohl auch das *Nibelungenlied* beeinflußt, so wie vor allem die *Aeneis* das Vorbild großer Dichtwerke der Romanen wurde, von Dantes *Göttlicher Komödie* und von Camoes' *Lusiaden.* Ebenso hat Homer, seitdem man ihn wieder schätzen gelernt hatte, deutsche u. ausländische Dichter zur Nachahmung angeregt: Milton schrieb das *Verlorene Paradies,* Voß außer seiner berühmten Homerübersetzung die *Luise,* Goethe die *Achilleis* (Fragment) u. *Hermann und Dorothea.*

G. Murray, *The rise of the Greek epic,* Oxf., [4]1934; C. M. Bowra, *From Virgil to Milton,* Lond. 1945; W. Fechter, Lat. Dichtkunst u. dt. MA., 1964; K. Ziegler, Das hellenist. E., [2]1966; R. Finnegan, *Oral Poetry,* Cambr. 1977; W. Schetter, D. röm. E., 1978; E. Burck (Hg.), D. röm. E., 1979.

Epyllien, gr. *epyllia,* Deminutiv zu *epos,* „kleine Epen", kleine Dichtungen in daktylischen Hexametern, für die in alexandrinischer Zeit → Kallimachos das Muster aufstellte: Seinem Vorbild (z. B. in der *Hekale*) folgten → Theokrit und Erinna, ferner Euphorion, Moschos *(Europa),* Bion *(Grabgesang auf Adonis)* und Musaios *(Hero u. Leander).* Die Stoffe waren häufig erotischer Art, bekamen aber eine eigene Note durch die Exkurse, in denen der gelehrte Dichter als besonderen Leckerbissen für gebildete Leser mythologische Anspielungen einflocht oder Kunstwerke, Naturgegenstände, Tiere u. Menschen schilderte. Diese schöngeistigen Spielereien der alexandrinischen Dichter haben die röm. Dichter stark beeinflußt: → Catull (bes. Gedicht Nr. 64), Gallus, Ovid.

M. M. Crump, *Epyllion from Theocritus to Ovid,* Oxf. 1931.

equites, Reiterei → Kavallerie; der Geldadel, Ritterstand in Rom → Nobilität. – Auch das Wort Kavalier (zu lat. *caballus* = Pferd) bedeutet nicht schlechthin „Besitzer eines Pferdes", sondern es bezeichnet einen solchen als vornehmen Mann. → Eigennamen.

A. Alföldi, D. frühröm. Reiteradel 1952.

Erasistratos v. Keos, gr. Arzt des 3. Jh. v. Chr., ein bedeutender Anatom, entwickelte ein Obduktionsverfahren und entdeckte wichtige Zusammenhänge im Blutkreislauf und im Nervensystem. → Heilk.

G. Spanopoulos, 1939.

Erasmus v. Rotterdam, Desiderius, 1469–1536, Schriftsteller u. bedeutendster Vertreter des → Humanismus.

W: Hg. u. d. W. Welzig, VIII $^{1-2}$1967–90.
L: R. Newald, *Erasmus Roterod.*, 1947; J. Huizinga, Europ. Humanismus: E., d. 1958; C. Augustijn, 1986; L. Halkin, 1989.

Erato → Musen.

Eratosthenes aus Kyrene, um 295–195 v. Chr., Direktor der Bibliothek in Alexandreia, berühmt als Philologe (→ Philologie), Mathematiker und Geograph; bewies die Möglichkeit der Erdumseglung (→ Entdekkung), schuf die Erdeinteilung und Erdmessung und bestimmte den Erdumfang. Sein Wissen war umfassend, aber nach Meinung der strengsten Fachgelehrten nicht ganz gründlich; liebe Kollegen gaben ihm deswegen den Spitznamen *Beta*, „Nr. 2". → Selbstmord.
W: Hg. G. Bernhardy, 1822, *Geogr.:* H. Berger, 1880, neu 1964; auch FGrH.

Erdnabel, Erdmitte → Nabel.

Erdumseglung → Entdeckung Amerikas.

Erechtheion auf der → Akropolis von Athen: Ein Heiligtum, das auf den Grundmauern eines alten Athene-Tempels errichtet wurde und mehrere heilige Stätten in einem Bau umgreifen sollte: Altäre der Athene, des Poseidon, die Stelle, an der dieser Gott mit seinem Dreizack den Felsen gespalten hatte, einen Altar des attischen Stammvaters Erechtheus und das Grab des Sagenkönigs Kekrops. 421–406 v. Chr. ist der Tempel erbaut, aber nicht vollendet worden: Ein rechteckiger Kapellenbau mit Eingang (ion. Säulenstellung) von Osten; Kekrops-Grab (das Gebälk dieser kleinen Halle tragen die sechs Mädchengestalten, → Karyatiden oder Koren genannt, daher auch „Korenhalle"; → Kore); die Halle über dem Poseidon-Mal im Norden. Daneben ist die Stätte des heiligen Ölbaumes, den Athene gepflanzt haben soll. Die Koren-Statuen inzwischen im Akropolis. Museum, am Tempel Nachbildungen.
W. Dörpfeld, H. Schleif, E., 1942.

Erechtheus, legendärer erdentsprossener König von Athen, von Athena erzogen und später Herrscher, gilt nach → Kekrops als zweiter Gründer Athens. Sein Heiligtum: Das → Erechtheion.

Erinna, gr. Dichterin des 4. Jh. v. Chr., schrieb ein elegieähnliches Epyllion *(Die Spindel)*, in das sehr persönliche Erlebnisse und Erinnerungen eingeflossen sind.
W: ALGr.

Erinyen, gr. *Erinyes*, lat. *Furiae*, wohnten in der Unterwelt und bestraften von dort aus das Unrecht auf der Oberwelt, wurden deshalb gefürchtet. Ihre Namen werden mit Allekto, Megaira und Teisiphone angegeben; die galten auch als Töchter der Nacht. Von ihrem Äußeren gibt Schiller eine Vorstellung: *Die Kraniche des Ibykos.* Orestes wurde, weil er seine Mutter ermordet hatte, von ihnen gehetzt, bis sie sich durch den Richterspruch Athenes versöhnen ließen: Von nun an hießen sie *Eumeniden*, die Wohlwollenden (oder auch *Semnai* = Erhabene); *Eumeniden* ist der Titel der Tragödie des Aischylos, in der diese Versöhnung geschildert wird.

Eris, Schwester des Ares, Göttin des Streites, warf bei der Hochzeit des Peleus und der Thetis (→ Nereiden) unter die Gäste den

Erisapfel, einen goldenen A. mit der Aufschrift „Der Schönsten", um den sich die Göttinnen Hera, Athena und Aphrodite bewarben. Als Schiedsrichter wurde Paris bestellt. (→ Troischer Krieg.)

Eristik, die „Streitkunst", war eine besonders aggressive Form der → Dialektik.

Erkenne dich selbst (gr. *gnothi seauton*), Inschrift am Apollontempel in Delphoi, die von einem der → Sieben Weisen stammen soll.

Eros, lat. *Amor,* die Liebe, der Liebesgott, in → Hesiods *Theogonie* einer der ältesten Götter, von selbst entstanden, nach späterer allgemeiner Auffassung Sohn der Aphrodite und des Ares, nackt, oft beflügelt, mit Pfeil und Bogen, trifft die Menschen ins Herz und macht sie dadurch verliebt; plagt damit auch seine Mutter Aphrodite sehr, bis diese böse wird und den Frevler züchtigt. In Platons *Symposion* ist der Begriff E. als Drang zu philosophischer Erkenntnis vergeistigt (→ Platon; Platonische Liebe; Diotima). – Dargestellt wurde E. als ganz kleines Kind oder als heranwachsender Junge, zuweilen mit Psyche, seiner Geliebten (berühmte Marmorgruppe im Capitolinischen Museum in Rom); das schöne Märchen von E. und Ps. in Apuleius' „Metamorphosen". Die spätere Kunst liebte es, kleine Eroten, Amores (Amoretten) bei allerhand Spielen u. häusl. Tätigkeiten darzustellen (→ Vettierhaus, Pompeji). Aus diesen Amoretten sind die Putten der Renaissance- und Barock-Kunst entstanden.

K. Kerényi, Der große Daimon des Symposion, Amst. 1942; A. Greifenhagen, Griech. Eroten, 1957; G. Binder, R. Merkelbach (Hg.), Amor und Psyche, 1968; A. Lesky, Vom E. der Hellenen, 1976.

Erotische Literatur → Roman; Milesische Geschichten; Novelle.

errare humanum est, „Irren ist menschlich"; lat. Sprichwort nach Cicero, *Philippica* XII 2,5 u. a.

Erscheinungswelt, wichtiger Begriff der platonischen Philosophie (auch → Sein; Zenon), die uns umgebende Welt, „E." genannt, weil diese W. nach Platon uns als W. nur erscheine, aber gegenüber der wirklichen Welt der Ideen nicht existiere; sie sei nur deren Abbild. Dagegen opponierte → Aristoteles.

Erythrai, gr. Stadt nahe von Smyrna, verdient bekannter zu werden als sie ist, als Heimat der → Sibylle Herophile, besonders aber, weil ihre 4 km lange Stadtmauer, aus hellenistischer Zeit, bis 5 m Höhe erhalten ist.

Erziehung. Bei den Griechen standen die Kinder von der frühesten Jugend an unter der ständigen sorgfältigen Fürsorge eines älteren zuverlässigen Sklaven, der als Pädagoge eine besondere Vertrauensstellung innehatte und der den jungen Herrn bis zur Mündigkeit überallhin begleitete. Die geistige Bildung übernahm er wohl selten. Jedenfalls gab es in Athen schon früh besondere Elementarlehrer, bei denen der Knabe Lesen, Schreiben und Rechnen lernte. Die Schreibkunst war bei Beginn der Demokratisierung schon in den einfachen Bürgerkreisen verbreitet, da in manchen Fällen schriftliche

Abstimmung verlangt wurde. Nur manche Bauern waren um 485 v. Chr. noch Analphabeten (→ Aristeides). Auch die häufigen Vasenaufschriften sprechen f. allgemeine Kenntnis der Schrift. Die weitere Ausbildung übernahm der Musik- u. der Sportlehrer (→ *Paideia*). Den Abschluß bildete die praktische Anleitung durch ältere Bürger, die die Epheben mit den Gesetzen und Staatsfunktionen bekannt machten. Eine gewisse theoretische Vertiefung und Systematisierung dieses Unterrichts der Heranwachsenden und Erwachsenen bildeten zuerst die → Sophisten aus, indem sie gegen Geld Vorträge über alle möglichen praktischen Themen hielten und vor allem die Kunst des Redens lehrten. Im Gegensatz zu ihnen legte → Sokrates auf die gedankliche Durchdringung des Stoffes und das Vordringen zu den wesentlichen Grundlagen unseres menschlichen Seins bei der Erziehung den größten Wert. Beide Richtungen fanden Nachfolger, die praktisch-realistische der Sophisten bei den Rhetoren, die humanistisch-theoretische bei den Philosophen. Dies „höhere Schulwesen" wurde vom Staat in hellenistischer Zeit z. T. in eigene Hand genommen, indem an die städtischen Gymnasien Hörsäle angebaut (z. B. Pergamon) und bestimmte Lehrer auf kürzere oder längere Zeit gegen Gehalt angestellt wurden. Der Unterricht vollzog sich in drei Stufen: Elementarschule (Lesen, Schreiben), Grammatiker-Schule (Klassikerlektüre), Rhetoren-Schule (Redekunst). Selbstverständlich war Schulbesuch Privatsache, auch war der Unterricht nicht so fest geregelt wie bei uns. Vor allem war der privaten Initiative von Eltern und Lehrern, die oft von Stadt zu Stadt zogen, ein viel weiterer Spielraum gelassen. An den Zentren der Bildung, wo die Philosophenschulen u. Rhetoren ihren Sitz hatten (Athen, Alexandreia, Rhodos), bildete sich im 2. Jh. v. Chr. eine Art von Universitätsbetrieb heraus.

Bei den Römern kennen wir die E. erst aus der späteren republikanischen Zeit u. auch da nur die vornehmer Familien (vor allem aus Ciceros Schrift *Cato maior*). Die jungen Patrizier begleiteten von einen gewissen Alter an ältere Senatoren, als deren „Sekretäre" sie den Staatsbetrieb aus nächster Nähe miterlebten und von denen sie bei allen Gelegenheiten weitere Aufklärung und Fingerzeige erhielten. So wuchsen sie in das Staatsgetriebe hinein (ähnlich noch heute in England). Neben diese praktische Unterweisung trat im 2. Jh. v. Chr. (→ Philosophengesandtschaft) in immer stärkerem Maße die Schulung des Geistes durch die griechische Rhetorik u. Philosophie. Im 1. Jh. gab es in Rom bereits zahlreiche gr. Lehrer, die den Römern die besonderen Kenntnisse der gr. Wissenschaft und Rhetorik vermittelten. Man reiste auch nach dem Osten, um an der Quelle selbst (in Athen und Rhodos) die gr. Bildung zu studieren. Einen großen Fortschritt in der Hellenisierung der röm. E. bedeutete es, als → Cicero das für den Römer wichtigste Wissen der Griechen in die lat. Sprache übertrug. Durch das Eindringen der gr. Bildung wurde das bisherige Privileg der Nobilität auf die Staatsführung gebrochen. Seit der Mitte des 1. Jhs. v. Chr. gelang es Männern aus anderen Kreisen (besonders Italikern, Cicero, Vergil, Horaz usw.) mit Hilfe der gr. Bildung eine einflußreiche Stellung in Staat und Geistesleben zu erringen. Seit dem 1. Jh. n. Chr. verwischten sich die Unterschiede zwischen röm. und gr. E. Die Bildung wurde immer mehr rein griechisch. Diese Entwicklung erreichte mit der Philosophenschwärmerei an den Höfen der Kaiser Hadrian, Marcus Aurelius u. a. ihren Höhepunkt. Ungefähr gleichzeitig aber machten sich die ersten Anzeichen einer neuen Entwicklung bemerkbar, welche das Geistesleben und die E. straffer organisieren und staatlich kontrollieren wollte. Marcus Aurelius gründete in Athen offizielle Lehrstühle für die philosophischen Schulen und die Beredsamkeit, auf denen hochbesoldete Lehrer im Auftrage des Kaisers die Jugend unterrichteten. Entsprechend dem Streben der späteren Kaiserzeit, das Leben in feste, vom Staat genau vorgeschriebene und kontrollierte Bahnen zu lenken, wurde auch der Betrieb an dieser und den anderen → Universitäten immer geregelter. Es entstanden feste Vereinigungen der Studenten, deren Leben bis ins kleinste genau vorgeschrieben war. Der Studienverlauf war festgelegt, und auch das Wissen selbst teilte sich in einzelne scharf voneinander getrennte Fakultäten. Dies spät-röm. E.wesen ist für das Mittelalter und die Neuzeit von größter Bedeutung geworden (→ Cassiodor; 7 freie Künste).

Im frühen Christentum führte die Auseinandersetzung mit der Umwelt u. die Notwendigkeit systematischen Unterrichts für die künftigen Katecheten u. Prediger zur Gründung von theologischen Schulen, deren bedeutendste die von Alexandrien und Antiochien waren. Alexandrien, wo drei große Kulturkreise zusammenstießen, der orientalische, der ägyptische und der griechische, die im Hellenismus dann ineinanderfließen, hatte am Ende des 1. Jhs. n. Chr. schon blühende christliche Gemeinden. Die Auseinandersetzungen waren naturgemäß an diesem Orte reger als sonst. Charakteristisch war für die hier entstehende theologisch-wissenschaftliche Schule die Abhängigkeit von der platonischen Philosophie und eine idealistische Geistesrichtung. In Antiochien, der zweiten Hauptstadt des griechischen Orients, entstand in der zweiten Hälfte des 3. Jhs. eine theologische Schule, die in Gegensatz zur alexandrinischen trat. Gegenüber der spekulativ-idealistischen Richtung der Alexandriner war sie empiristisch-realistisch. Damit lebte der Gegensatz in der Erziehung wieder auf, der schon in der heidnischen Antike seit der Zeit der Sophisten das gesamte gr. Bildungswesen beherrscht hatte. Über abendländ. Gelehrtenschulen des MA. → Scholastik.

L. Grasberger, E. u. Unterricht im klass. Altert., 1869, neu 1971; E. Ziebarth, Aus d. gr. Schulwesen, ²1914; M. Lechner, E. u. Bild. in d. gr.-röm. Antike, 1933; W. Wühr, D. abendl. Bildungswesen im MA., 1950; W. Jentsch, Urchristl. Erz.-Denken, 1951; P. Wolf, Vom Schulwesen der Spätantike, 1952; M. P. Nilsson, D. hellenist. Schule, 1955; F. Kühnert, Allgemeinbildung u. Fachbildung in der Antike, 1961; W. Jaeger, Das frühe Christentum u. die gr. Bildung, 1963; E. Garin, Gesch. u. Dokumente der abendl. Pädagogik, II 1964; E. B. Castle, Die

E. in d. Antike, d. 1965; E. Lichtenstein, Paideia I (Der Ursprung der Pädagogik im griech, Denken), 1970; M. L. Clarke, *Higher Education in the Ancient World,* Lond. 1971; R. Barrow, *Greek and Roman Education,* Lond. 1976; H. Th. Johann (Hg.), E. u. Bildg. in d. heidn. u. christl. Antike, 1976; H. I. Marrou, Gesch. d. E., 1977.

Esel, im Süden, im Altertum und heute, viel häufiger als bei uns; als Last- und Reittier ungemein brauchbar, auch wichtig für die menschliche Ernährung (Salami, Mortadella). Wie viele andere Haustiere schon früh aus Italien in Deutschland eingeführt (schon althochdeutsch *esil*), aber im Verhältnis zu seiner großen Nützlichkeit ohne viel Erfolg. – → Spottkruzifix.

Esquilinus, einer der 7 Hügel Roms, nordöstlich vom Colosseum, lange Begräbnisplatz für Arme, später mit großen Gärten Reicher (wichtige Fundstätte für Kunstwerke) und den Traiansthermen.

Eteokles u. Polyneikes waren die beiden Söhne des → Oidipus, die um den Besitz von Theben stritten (→ Sieben gegen Theben; Antigone).

Ethik. Name (*ethika* von *ethos* = Gesinnung, Sittlichkeit, Charakter) und Begriff dieses wichtigen Teilgebietes der Philososphie wurde von den griech. Philosophen gefunden. Trotzdem hat es natürlich schon lange vorher bei den Griechen u. anderen Völkern eine E. gegeben. Die in der vorhistorischen Zeit gewordene und in historischer Zeit herrschende E. der Griechen beruhte nicht auf religiöser Grundlage. Vielmehr stand der Staat, die Gemeinschaft im Mittelpunkt des gr. Empfindens; die älteste E. der Griechen entstand daher als das Tugendideal des Ritterstandes, durch den zuerst gr. Staaten im späteren Sinne gegründet und konsolidiert wurden. Da dieser Adel in gesicherten äußeren Verhältnissen lebte, blieb ihm der ethische Wert der Arbeit fremd (→ Banause). Sein sittliches Ideal war die *„Kalokagathia"* (→ *paideia*); „Tugend" waren Gerechtigkeit, Tapferkeit und vor allem → *Sophrosyne.* Dieses Tugendideal ging auf die bürgerliche Gesellschaft in den Städten über, u. wenn wir Thukydides (II 35) glauben dürfen, so hat Perikles versucht, alle Athener ohne Unterschied zu diesem hohen Ziel zu erziehen. Gegen diese staatliche Fundierung der gr. E. traten zuerst die → Sophisten auf. Als Entdecker des Eigenwertes des Individuums mußten sie auch eine E. auf individueller Grundlage aufbauen. Freilich haben sie sich mehr als Zersetzer der alten E., denn als Neuschöpfer betätigt. Gegen einen solchen ethischen Relativismus (→ Protagoras) wandte sich Sokrates mit seiner festen Überzeugung von der gegenseitigen Abhängigkeit zwischen Tugend und Wissen, ohne allerdings dieses Gute hinreichend zu definieren; die Ansicht aber, daß Glück aus Erkenntnis hervorgehe und daß alle Tugenden der Erkenntnis untergeordnet oder aus ihr abgeleitet werden sollten, vertrat auch Platon nachdrücklich; als „Kardinaltugenden" bezeichnete er Weisheit, Tapferkeit, Beherrschung, Gerechtigkeit. Gegenüber der theoretischen Zielsetzung Platons untersuchte Aristoteles die wirklich vorhandenen ethischen Anschauungen und begründete damit die E. als Wissenschaft und philosophisches Spezialgebiet. Von seinem Kolleg über ethische Fragen sind noch mehrere Bearbeitungen erhalten, die als erste Werke den Titel E. tragen (→ *Nikomachische E.*). Die späteren Systeme der gr. E. scheiden sich in zwei Gruppen. Die Stoiker sahen nach wie vor die Arbeit für den Staat als den Sinn des Lebens an. Mehr aber drang die individualistische Ansicht durch, die den Wert der Tugend in des Menschen eigene Brust setzte, zum großen Teil sogar in betonter Ablehnung jeder Verpflichtung gegen die Gemeinschaft (→ Epikur; ähnlich auch die Anschauungen der Kyrenaiker u. Kyniker). Diese ethischen Systeme der Philosophenschulen spielten in Griechenland bei der Masse der Gebildeten eine größere Rolle, eben weil eine anderweitige, die religiöse Grundlage der E., fehlte. Daher wurden sie auch der Menge durch weitgehende Popularisierung zugänglich gemacht (→ Diatribe).

Auch die älteste E. der Römer war ganz auf das Leben in der Öffentlichkeit, die Arbeit für die Gemeinschaft eingestellt. Der Angehörige der Nobilität hatte sein Leben dem Staate zu widmen. In Krieg u. Frieden entfaltete sich seine *virtus,* d. h. Mannestugend. Dazu kam im Verkehr mit Standesgenossen, besonders aber gegenüber den → Clienten, die *gravitas,* die Würde, die in vieler Hinsicht der *sophrosyne* der Griechen entsprach, aber viel ernster, ja herber war als diese. Im Verhältnis zu den niederen Volksschichten, deren Stimme man für die Wahlen brauchte, besonders zu der großen Zahl der Clienten, spielte die *fides,* die Treue, eine entscheidende Rolle. Unter den Familienmitgliedern dagegen betätigte sich die *pietas,* das pietätsvolle Zusammengehörigkeitsgefühl (die übliche Übersetzung von *p.*, „Frömmigkeit", führt ganz irre). Diese ganz auf praktische Verwendung im Staats- und Familienleben eingerichtete E. wurde durch die im 2. Jh. v. Chr. übernommene gr. Philosophie vertieft. Dem Geist der Römer entsprechend fand vor allem der Stoizismus viele Anhänger; doch bekannten sich besonders im augusteischen Zeitalter auch viele Römer zu dem individuellen Epikureismus. Unter gr. Einfluß vermehrte sich die Zahl der röm. Tugenden um die *humanitas,* die „Menschlichkeit" (→ Gracchen; Humanität), die eine gewisse Großzügigkeit und Weite des Blicks verlangt und den Mitmenschen nur nach seinem inneren Wert beurteilte; auch eine gewisse Milde gegen fremde Schwächen verband sich mit ihr. Im 1. Jh. n. Chr. war → Seneca der Hauptvertreter einer höheren E. Zu Beginn des 2. Jhs. n. Chr. setzte sich die strenge stoische E. auch in den höchsten Kreisen und am Kaiserhof durch und erlangte durch die Vertiefung des Pflichtgefühls eine außerordentliche politische Bedeutung (→ Marcus Aurelius). In dieser Zeit hat auch Plutarch durch seine ethischen Schriften zu der Verbreitung der philosophischen E. in weiten Kreisen viel beigetragen. Die gr.-röm. philosophische E. hat das Christentum sehr stark beeinflußt;

viele Einzelanschauungen, die uns als typisch christlich erscheinen, z. B. die Forderung, auf keinen Fall Unrecht zu tun, die Ansicht, Unrecht leiden sei besser als Unrecht tun, gehen auf Sokrates und seine Anhänger zurück.

L. Schmidt, Die E. der alten Griechen, 1882, neu 1968; H. v. Arnim, Die drei aristotel. E.en, 1924; R. Meister, D. Tugenden d. Römer, 1930; H. G. Gadamer, Platons dialekt. E., 1931; E. Howald, Die E. des Altertums, 1931; E. Schwartz, E. d. Griechen, neu 1951; H. H. Joachim, *The Nicomachian Ethics,* Oxf. 1951; J. Gould, *The Development of Plato's Ethics,* Cambr. 1955.

Ethnographie → Völkerkunde.

Etrusker, gr. *Tyrsenoi* oder *Tyrrhenoi,* lat. *Tusci* (davon der Name der Landschaft Toskana), bewohnten im oberen Italien das nach ihnen genannte Etrurien, die Landschaft im Schutze des Apennin zwischen Tiber im Süden, dem Arno im Norden und der Küste des „tyrrhenischen" Meeres. Die Frage der Herkunft der E. hat schon antike Historiker beschäftigt und ist bis heute nicht eindeutig gelöst. Sind die E. Autochthonen? Jedenfalls ist bis zum 8. Jh. v. Chr. eine etr. Kultur bereits voll ausgeprägt: Ihre Träger waren teils vor-indoeurop. Ackerbauern, teils Zuwanderer italischen Ursprungs und teils die eigentlichen Tyrrhener; diese kamen aus dem ägäischen Raum und errangen das kulturelle Übergewicht. Die etr. Sprache, in ihren vorhandenen Zeugnissen hinreichend klar gedeutet, erlaubt keine eindeutige Einordnung: Zu autochthonen Bestandteilen scheinen fremde Elemente von den Tyrrhenern aus der Ägäis eingebracht worden zu sein. Die Schrift haben die E. von den Griechen gelernt (→ Buchstabenschrift); die erhaltenen Schriftfunde weisen einen beschränkten Sprachschatz auf, weil sie meist Grabinschriften entstammen (Religion, Todesbereich, Verwandtschaftsbezeichnungen). – Die E. gehören zu den großen Völkern des Altertums, die eine ausgedehnte Seemacht innehatten. Zwischen dem 8. und 6. Jh. v. Chr. ging ihr Machtbereich über das westl. Mittelmeer längs der Küste bis nach Sizilien, Korsika und Sardinien hin; mit den griech. Kolonien in Italien (→ Großgriechenland) und Karthago lagen die E. in heftiger Konkurrenz. Ihr ursprüngliches Herrschaftsgebiet konnten sie nach Norden bis in die Poebene, nach Süden bis nach Latium und Campanien hinein ausdehnen. Rom stand zeitweilig unter etr. Herrschaft, die letzten röm. Könige waren E. Im 6. und 5. Jh. v. Chr. wurden die E. durch die Griechen in Süditalien (524 und 474 Schlachten bei Cumae) auf die Toskana zurückgeworfen. Dann gingen die Römer erobernd über den Tiber und unterwarfen die E.-Städte (Kämpfe gegen Veii); das etr. Land wurde durch die Via Flaminia gesichert. Zur gleichen Zeit fallen die Gallier in Norditalien ein. Aber der Widerstand der E. war damit nicht gebrochen; sie kämpften noch oft gegen Rom. Nach dem Bundesgenossenkrieg (90–88) wurden in vielen etr. Städten röm. Militärkolonien angelegt. Seitdem verschwinden die E. aus der Geschichte. Sie wurden (nach Ausweis ihrer Grabinschriften, die lange etr., später lat. waren) romanisiert. Manche vornehmen etr. Familien zogen nach Rom (→

Maecenas). Mit den Flaviern kamen sogar E. auf den Kaiserthron (Vespasians Großvater hatte einen etruskischen Beinamen: Petro). Die etrusk. Sprache war zur Zeit Ciceros nur noch Sakralsprache (Kaiser Claudius beschäftigte sich mit ihr aus philologischem Interesse).

Politisch war Etrurien als Staatenbund organisiert, der aus 12 selbständigen Stadtstaaten gebildet war; die bedeutenderen waren Veii, Caere, Tarquinii, Clusium, Perusia. Die Städte waren nach religiösen Vorschriften angelegt; sie lagen meist, von Mauern geschützt, auf Anhöhen; einige mögen in ihrer Glanzzeit im 6. Jh. v. Chr. etwa 100000 Einwohner gehabt haben; vor den Mauern erstreckte sich die Nekropolis (→ Grab). – Den wirtschaftlichen Reichtum ihres Landes verdanken die E. ihren Bodenschätzen und der Kunst der Metallverarbeitung; Funde zeigen hohes handwerkliches Können (besonders eindrucksvoll im Goldschmiedehandwerk); Handelsbeziehungen zu Großgriechenland wie auch zum gr. Mutterland werden bezeugt durch Mengen gr. Keramik, die, zumeist in etr. Gräbern gefunden, heute vielfach in oberital. Museen vereinigt ist (Ferrara). Griech. Einfluß zeigt sich auch besonders in der Malerei der Grabkammern. Die Riesenmauern der Städte, der Tempel von Alatri, die Spuren gewaltiger Dämme, Straßen, Kanäle usw. zeugen von großer architektonischer Geschicklichkeit. Auch die Bronzegießerei (Statuen, Gebrauchsgegenstände, besonders Spiegel; ein hochbedeutendes Werk etr. Bronzegusses ist die lupa Capitolina, → Wölfin) und die Keramik (Gefäße; große Sarkophage mit gelagerten Figuren auf dem Deckel) sind berühmt. Etr. Frömmigkeit war beeinflußt durch viele Vorschriften für die Beziehungen zwischen Göttern und Menschen; charakteristisch waren Opferdeutung, Eingeweideschau, Ausdeutung von Wetterzeichen und Vogelflug. Von Bedeutung waren die Jenseitsvorstellungen der E,; der Glaube an ein Weiterleben der Seele nach dem Tode erforderte die Herstellung von Urnen, den Bau von Grabstätten in Häuserform, mit Malereien geschmückt, die oft dem Alltagsleben entnommen worden sind (→ Grab).

Besonders wichtig wurde der etr. Einfluß auf das Nachbarvolk im Süden, die Römer. Diese übernahmen von den E. die äußere Kultur: Bau der Häuser, der sorgfältig gepflasterten Heerstraßen, der Tempel (so des Iuppiter Optimus Maximus auf dem Capitol) und Abwässeranlagen *(cloaca maxima),* ferner die Formen der politischen und religiösen Einrichtungen: Lictoren, Fasces, elfenbeinerner Sessel *(sella curulis),* Purpurstreifen als → Amtsabzeichen, den Triumph, die Eingeweideschau *(haruspex)* und die Vogelschau *(augures),* das *templum* (→ Einzelartikel). Auch die Formen des röm. Sportes (Rennbahn, Circus, Gladiatorenkämpfe) waren bei den Leichenspielen der E. längst vorgebildet, ehe sie von den Römern übernommen wurden.

Das wissenschaftl. Interesse an den E., die Etruskologie, begann eigentlich mit der Renaissance und hat, zumal mit der Erforschung der Sprachdenkmäler, bedeutende Fortschritte gemacht.

H. A. Stützer, D. Kunst d. E. u. d. röm. Rep., 1956; G. M. A. Hanfmann, Etr. Plastik, 1956; O. v. Vacano, Die E. in der Welt der Antike, 31961; R. Herbig, Götter u. Dämonen der E., 21965; M. Pallottino, Die E., d. 1965; ders., Etruskologia, 61968; R. Bloch, Die Kunst der E., 21969; ders., Die E., 1970; A. J. Pfiffig, Die etr. Sprache, 1969; ders., Einf. in die Etruskologie, 31989; K. W. Weeber, Gesch. d. E., 1979; ders., Funde in Etrurien, 1982; St. Steingräber, Etrurien, 1981; ders., Etr. Wandmalerei, 1985; R. M. Ogilvie, Das frühe Rom u. d. E., d. 1983; G. Buzzi, Die E., d. 1987; M. Moltesen, C. Weber-Lehmann, Etrusk. Grabmalerei, 1992.

Etymologie, gr. zu *etymos* = wahr, richtig, *-logia* = Kunde, die von der richtigen Herleitung eines Worts. Etymologische Studien haben die Griechen schon früh versucht; schon bei Homer wird der Name Odysseus zu *odyssesthai* = zürnen gestellt. Eine erste ausführliche Behandlung et. Fragen findet sich bei Platon (im Dialog Kratylos), der versuchte, von Lautanklängen auf die Bedeutung eines Wortes zu schließen und dabei auch mit Lautsymbolik arbeitete. Auch die Stoiker wollten die jeweilige „Wahrheit" aus dem Wort herausholen; bei den Römern suchte vor allem → Varro den Zusammenhang zwischen den Dingen (lat. *res*) und den Wörtern *(verba)*. Manchmal, aber infolge des Fehlens der Sprachwissenschaft selten und mit mehr Glück als Verstand, traf man das Richtige, so daß *barbaros* einer ist, der *brr-brr,* d. h. unverständlich spricht, → Barbaren. Aber es gibt erheiternd-dumme antike E., z. B. lat. *caelebs* (der Junggeselle) zu *caeles* (himmlisch), „der wie im Himmel *(caelum)* lebt" (Quintilian, *Institutio* I 6, 36); die erschütterndste ist die von lat. *aqua* = Wasser zu *a qua (iuvamur)* = „von dem (wir unterstützt werden)"; Wasser heiße also eigentlich „von dem" (Paulus *ex Festo* 2). Der Wert antiker E. liegt also mehr darin, daß sie überhaupt anregten, über die Ableitung der Wörter nachzudenken. Über die Kirchenväter, die sich ebenfalls et. Fragen widmeten, gelangte diese Wissenschaft ins Mittelalter; der eben zitierte Paulus, ein Diakon, widmete seinen Auszug aus Festus „dem Herrn Könige Karl [d. Gr.], dem erhabensten der Könige". Der Deutsche F. Bopp, der Begründer der idg. Sprachwissenschaft, stellte sie auf einen ganz neuen Boden, → Indogermanen. – Volksetymologie nennt man die Versuche des Volks, unverständliche Wörter durch Zurechtmachen zu erklären: *arcubalista,* zu lat. *arcus* = Bogen, gr. *ballein* = werfen, wurde *Armbrust,* weil mit dem l. Arm vor die Brust gehalten; → Bosporus.

R. Reitzenstein, Gesch. d. gr. E., 1897, neu 1964; R. S. Conway, *The Making of Latin. An Introduction to Greek, Latin and English Etymology,* Lond. 1922.

Euboia, nach Kreta die größte gr. Insel; sie zieht sich, durch einen schmalen Meeresarm (Euripos) vom Festland getrennt, an der Ostküste Mittelgriechenlands hin. Der bedeutendste Platz war Chalkis, eine Hafenstadt, die uns über ihre Kolonie Kyme (→ Cumae) das Alphabet vermittelt hat (→ Buchstabenschrift); gegenüber liegt Aulis, der Sammelplatz der gr. Flotte bei der Ausfahrt gegen Troia, mit Athen verbündet, für das es als Flottenstützpunkt eine wichtige Rolle gespielt hat (→ Dion v. Prusa).

F. Geyer, Topographie u. Gesch. d. Insel E., 1903.

Euclid → Eukleides.

Eudoxos v. Knidos, gr. Naturwissenschaftler des 4. Jh. v. Chr., Schüler Platons und Mitglied der Akademie in Athen, war auf vielen Gebieten tätig (Theologie, Ethik, Geographie, Meteorologie), doch errang er besondere Bedeutung als Mathematiker (Lehre von den Proportionen) und als Astronom (System der homozentrischen Sphären, Beschreibung des Fixsternhimmels, Umlaufzeiten der Gestirne). → Astrologie, Astronomie.

W: Fragmente hg. F. Lasserre, 1966 (mit *Ü* u. Komm.).

Euhemeros schrieb um 300 v. Chr. einen utopischen Reiseroman *Die heilige Aufzeichnung.* Er wollte auf der Insel Panchaia im Indischen Ozean eine Inschrift gefunden haben, auf der die Taten des Uranos, Kronos und Zeus verzeichnet waren. Danach machte er die Götter zu menschlichen Personen, die sich den göttlichen Namen beilegten, um sich vor ihren Untertanen einen höheren Schein zu geben (Euhemerismus). Die Meinungen über Eu. sind, wie im Altertum, so noch heute geteilt. Manche sehen in ihm einen der großen Volksaufklärer, der das vorher nur dem kleinen Kreise der Philosophen eigne Nachdenken über Gott und die Entstehung des Götterglaubens den Ungelehrten nahegebracht habe, und zwar geschickt in einer gefälligen Form (Roman) und mit einem für seine Zeit doch nicht unrichtigen Resultat (→ Vergottung). Andere betonen die Züge utopischer Staatsbeschreibung, die das Werk enthält.

W: FGrH.

Eukleides, Archon in Athen, unter dem eine → Orthographiereform durchgeführt wurde.

Eukleides, Mathematiker in Alexandreia, schrieb um 300 v. Chr. ein durch seine Klarheit und Faßlichkeit vortreffliches Lehrbuch („Elemente"), das mit Definitionen und Axiomen samt Lehrsätzen und Aufgaben behandelt: Trigonometrie, Proportionslehre, Arithmetik und Stereometrie. E. galt als absolute Autorität bis in die Neuzeit; seit der ersten engl. Übersetzung von 1570 bedeutet engl. Euclid das ganze, von E. entwickelte geometr. System. Die auf dem sog. Parallelenaxiom aufgebaute euklidische Geometrie besaß unangefochtene Geltung bis ins 19. Jh.

W: Hg. I. L. Heiberg, H. Menge, VIII 1883–1913 (mit lat. *Ü*). – Elemente: E. S. Stamatis, ^{2}1969–77. – *Ü:* C. Thaer, ^{8}1991.
L: L. Heiberg, Gesch. d. Math. u. Naturw. im Altertum, 1925; O. Becker, D. math. Denken der Antike, 1957.

Eulen nach Athen tragen, gr. *glaukas Athenaze* (Aristophanes, *Vögel* 301) oder *glauk' eis Athenas* (Lukian, *Nigrinos 1);* sprichwörtlich zur Bezeichnung von etwas Überflüssigem, erklärt man meist aus der Häufigkeit der Eule in A., des hl. Vogels der Athena. In Wirklichkeit bezieht sich das Sprichwort wohl auf die athenischen Geldstücke, die wegen des Münzbildes einer Eule im Volksmunde den Namen „Eulen" führten (ähnlich wie die aiginetischen Münzen kurz „Schildkröten", die korinthischen „Fohlen" genannt wurden); denn von diesen aus den reichen Silberschätzen des attischen Lauriongebirges geprägten „Eulen" waren im Staatsschatz so viele vorhanden, daß die Bürger keine Steuern zu zahlen brauchten und eine Zeitlang sogar jährlich die Überschüsse verteilt werden konnten. - Ähnlich das lat. *ligna in silvam (ferre)* „Holz in den Wald tragen" (Horaz, *Satiren* I 10, 34).

Eumaios, der treue Schweinehirt des → Odysseus.

Eumenes, Namen zweier Könige von → Pergamon.

Eumeniden → Erinyen.

Eupatriden = „Söhne edler Väter", „wohlgeborene Herren", Bezeichnung des attischen Adels, zunächst wie der Name besagt, eines Geburts-, seit → Solon eines Geldadels. Ihre Vorrechte beseitigte → Kleisthenes, der selbst E. war, so wie später der Demokrat Perikles. Viele E. arbeiteten seitdem in Geheimbünden gegen den bestehenden Staat; doch blieben die Revolutionen von 411 und 404 erfolglos.

Euphemismus, gr., Bezeichnung einer unangenehmen Sache mit einem milderen Ausdruck, z. B. Eumeniden statt Erinyen (→ Hetären; Pontos Euxeinos). Das Deutsche hat die meisten Eu. für sterben, tot, viele auch für Teufel.

Euphrosyne, eine der Grazien; → *charis*.

Eupolis, neben Kratinos u. Aristophanes der bedeutendste Dichter der älteren attischen Komödie, 446 v. Chr. geb. Seine Stücke (17, mit 7 Siegen) enthielten viel politische und Zeit-Kritik; E. bediente sich gern der Satire und Ironie, man lobte an ihm Witz und Charme.

W: Comicorum Atticorum Fragmenta, III, hg. T. Kock, 1880 ff.

Euripides, der 3. der klassischen Tragiker in Athen. Das Geburtsjahr steht nicht genau fest; 485 oder 480 v. Chr.? Es wurden schon zu seiner Zeit, namentlich in der Komödie, viel Klatschgeschichten über ihn erzählt. Tatsächlich wissen wir von ihm wenig. Er war wohl Sohn eines vornehmen Gutsbesitzers und muß Schüler der Sophisten gewesen sein, die in seiner Jugend zuerst nach Athen kamen; jedenfalls sind seine Tragödien voll von ihren Lehren. Man schilderte ihn als menschenscheuen Gelehrten, und seine Porträtbüste, die wohl auf die Statue aus dem Theaterneubau des Lykurgos zurückgeht, bestätigt dies; er galt als Weiberfeind. 455 v. Chr. erhielt er den 1. Chor. Es hat aber lange gedauert, bis er sich beim Publikum durchsetzte, dessen Gunst ihm auch nicht immer blieb; er hat nur viermal gesiegt. Im Alter folgte er einer Einladung des Archelaos von Makedonien an dessen Musenhof nach Pella. Dort ist er 406 gestorben. Von den 75 Dramen, die die Alexandriner als echt anerkannten, sind 19 erhalten, darunter der unechte *Rhesos.* Die wichtigsten und bekanntesten sind: *Alkestis, Medeia, Hippolytos, Herakles, Iphigeneia in Aulis* und *I. bei den Taurern, Ion, Phoinissai, Bakchai, Kyklops* (Blendung des Polyphem; ein Satyrspiel). Sehr häufig behandelte er entferntere Stoffe und Lokalsagen (z. B. *Alkestis*). Immer, besonders im Alter, suchte er nach Neuem, Verblüffendem. Frömmigkeit spielte bei dem Sophistenschüler eine geringe Rolle. Dagegen suchte er die großen Kulturprobleme, die, durch die sophistische Aufklärung aufgeworfen, die Griechen in der 2. Hälfte des 5. Jhs. mächtig bewegten, „Fragen nach dem Selbstbestimmungsrecht des Weibes, dem Wert der sittlichen Begriffe, der Bedeutung des Kultes, dem Wesen der Götter, der Natur des Menschen“ (Christ-Schmid) in der Dichtung zu gestalten, und er hat sehr dazu beigetragen, daß die Ideen der Sophisten im gr. Volk populär wurden. Als kühl denkender Sophistenschüler konnte er den älteren Idealismus nicht teilen; der berufenste Beurteiler des damaligen Theaterwesens, Sophokles, meinte: ich stelle die Menschen dar, wie sie sein sollen, E. dagegen so, wie sie sind. Infolgedessen kam er oft mit der gewöhnlichen Sagentradition in Konflikt. Viele Sagen *(Medeia)* hat er abgeändert; manche haben durch ihn die heute bekannte Version erhalten. In einigen Fällen hat er sich durch den → *deus ex machina* zu helfen gesucht. Moderne Wege ging er auch in der äußeren Form seiner Tragödien. Er übernahm die neue → Musik, die sich damals zu bilden begann und die sich mit größtem Raffinement dem Gedankeninhalt anschmiegte und ihn durch pathetische Beweglichkeit und Auflösung der alten Rhythmen zu untermalen versuchte. Dadurch erreichte er Wirkungen von höchster musikalischer Kraft. Auch die Rhetorik mit ihren Rededuellen übernahm er. Mit höchster Kunst feilte er seine Gedanken zu blendenden Sentenzen, die bei den späteren Schriftstellern als Zitate beliebt waren. Wegen dieser mit Raffinement auf die äußere Wirkung berechneten Mittel ist E. oft geschmäht worden; aber auch seine Gegner (Aristophanes) haben sich dem gewaltigen Eindruck seiner Schöpfungen nicht entziehen können. Jedenfalls war er eine echte, tiefe Dichternatur. In die Worte des Chores im *Herakles* 673f.: „Allzeit will ich zu holdem Vereine Chariten laden und Musen. Ohne Kunst kein Leben!“ hat der alternde Dichter seine eigene Anschauung gekleidet. Auf die Weltliteratur hat er den größen Einfluß gehabt, besonders seitdem Melanchthon (durch eine lat. Prosa-Übersetzung) die Aufmerksamkeit auf ihn gelenkt hatte.

W: Hg. u. d. E. Buschor, VI 1972–83; hg. u. d. D. Ebener, bisher VI 1990ff. Fragmente: TGF.

Ü: H. v. Arnim, F. Stoessl, II 1958–68; D. Ebener, 1966; J. Donner, R. Kannicht, B. Hagen, II ²1984.

L: W. Zürcher, D. Darstellung d. Menschen im Drama d. E., 1947; H. Strohm, 1957; T. B. L. Webster, Lond. 1967; H. Rohdich, Die euripid. Tragödie, 1968; E. R. Schwinge (Hg.), 1968; G. Murray, E. u. s. Zeit, d. ²1969; U. Petersen, Goethe u. E., 1974. → Tragödie.

Europa. Die Deutung des Namens unseres Erdteils gelingt nicht. Im 1. homer. Hymnus (v. 250) wird Mittelgriechenland im Gegensatz zur Peloponnes und den Inseln als Eu. bezeichnet. Der Sage nach war Europe die Tochter Agenors, eines phoinikischen Königs. Zeus nahte ihr in Gestalt eines Stieres und entführte sie auf seinem Rücken nach Kreta, wo er sich mit ihr vermählte; nach ihr wurde der Erdteil Eu. benannt. Raub der Eu., berühmtes pompejanisches Wandbild, jetzt im Museo Nazionale in Neapel.

W. Bühler, Europa, 1968.

Europäische Kultur. Wenn wir heute weiter fortgeschritten sind als die Menschen von 1800 und diese es gegenüber den Menschen von 1000 waren, so darf man daraus nicht schließen, die Kultur von 1000 habe ihrerseits höher gestanden als die von 200 und diese wiederum höher als die von 200 v. Chr. Denn die eur. K. entwickelte sich nicht in gradlinigem Aufstieg, sondern im Zickzack. – In prähistorischer Zeit hat der Mensch einige seiner größten Erfindungen gemacht: Gewinnung des Feuers (Feuerstein), seine Nutzbarmachung, Herstellung von Tongeschirr, Kochen und Braten von Speisen, Herstellung von Kleidung, Gewinnung und Verwertung von Metall, Erfindung noch heute allgemein gebräuchlicher Geräte wie des Messers, Hammers, der Säge, auch schon des Rades? (→ Wagen), der Malerei, der Schiffahrt, des Handels, vor allem als Vorbedingung jeder menschlichen K., Ausbildung der → Sprache. – Im 2. Jahrt. v. Chr. zeigt der Südostzipfel Europas eine erstaunlich hohe, die → kretisch-mykenische K. Um 1400 v. Chr. Verfall dieser K. Seit etwa 900 v. Chr. allmähliche Entwicklung der eigentlich griechischen K.; von etwa 500–338 v. Chr. deren Hochblüte; besonders bemerkenswert der Aufstieg Athens von 500–404 v. Chr. Seit Alexander d. Gr. (336–323) eroberte die gr. K. als hellenistische K. den vorderen Orient, den südlichen Okzident, besonders Mittelitalien mit Rom und, in Fortsetzung früherer gr. Kolonisierung, Südrußland. Nach dem Siege der Römer bei Actium (2. Sept. 31 v. Chr.) folgte die griech.-röm. K. der Kaiserzeit, die kaum eine Vertiefung, wohl aber eine große Verbreitung der K. darstellt. Sie breitete sich in Frankreich, England, West- und Süddeutschland aus, in Fortsetzung der Kolonisation Alexanders d. Gr. auch im ferneren Orient bis Indien (→ Gandharakunst). Das riesige, sich von der schottischen bis an die persische Grenze, von Köln bis in die Sahara erstreckende Reich wurde zwecks besserer Verwaltung von Diocletian (284–305) in ein West- und ein Ostreich zerlegt; diese Reiche entwickelten sich seit Theodosius' Tod (395) selbständig weiter. – Im Westreich im frühen Mittelalter Verfall der bisher erreichten K.; Rettung dürftiger Reste das hohe Verdienst der Klöster (ältestes europäisches Monte Cassino bei Neapel, 529); trotzdem das 6.–8. Jh. die kulturell dunkelste Zeit der westeurop. Geschichte seit Chr. G. – Im Ostreich Verlust bedeutender Teile an die Völker des Islams, besonders der Ägyptens, dann ganz Nordafrikas an die → Araber, die jedoch wichtige Teile der antiken K. retteten. In den griech. gebliebenen Teilen zwar wenig Weiterbildung, aber doch Erhaltung der antiken K. durch die byzantinische Kultur bis 1453, Einnahme Konstantinopels durch die Türken. Im Westreich Aufstieg durch die karolingische und ottonische → Renaissance, durch den Hohenstaufen Friedrich II.; in Italien seit dem 14. Jh., etwas später in den übrigen westeuropäischen Ländern im Anschluß an Italien, K. der eigentlichen → Renaissance. – Daß die moderne eur. K. gegenüber der antiken K. manches verändert, manches verbessert hat, ist jedem klar; nicht jedem aber, daß sie auf der gr.-röm. K. des Altertums aufgebaut ist.

C. Schuchardt, Alteuropa, [5]1944; E. Friedell, Kulturgesch. d. Neuz., 1965; ders., Kulturgesch. Griechenlands, 1966; C. J. H. Hayes, *Western Civilisation,* N. Y. [2]1967.

Eurydike, die Gattin des → Orpheus.

Eurymedon, Fluß in Pamphylien (Kleinasien), an dem Kimon 466 (?) v.Chr. über die Perser siegte.

Eusebios, Bischof v. Kaisareia, etwa 260–339, war einer der → Kirchenväter und außerdem „Vater der Kirchengeschichtsschreibung“: Er schrieb eine zehnbändige Kirchengeschichte (bis auf Kaiser Konstantin) und eine synchronistische Weltchronik, die weite Verbreitung fand; sie wurde mehrfach weitergeführt u. bearbeitet (u. a. von → Hieronymus) und in andere Sprachen übersetzt.

W: Chronik hg. A. Schöne, II [2]1967; Kirchengesch. hg. E. Schwartz, III 1903–09, auch [5]1955. – *Ü:* H. Kraft, [3]1989.
L: A. Schöne, Die Weltchronik des E., 1900; D. S. Wallace-Hadrill, 1960.

Eustathios, im 12. Jh. Erzbischof von Thessalonike (Saloniki), fand neben seinem hohen Amte Zeit, die Angaben aller ihm erreichbaren erklärten Homerausgaben (→ Scholien), die er eifrig sammelte, in dem umfangreichsten Homerkommentar zusammenzustellen, den wir besitzen. Wir haben davon noch die Niederschriften von seiner eigenen Hand: den *Komm. der Ilias* in der Bibliothèque Nationale in Paris, vom *Komm. der Odyssee* sein Konzept, mit zahllosen eingeklebten Zetteln, in der Marciana in Venedig, die Reinschrift in der Laurentiana in Florenz. Das sehr umfangreiche (→ Buchwesen) Werk strotzt von gelehrten Notizen, die aus uns verlorenen Werken übernommen sind; es ist dadurch unschätzbar und auch für die Beurteilung des geistigen Lebens und des Buchhandels in der → byzantinischen Kultur sehr wichtig.

W: Commentaria ad Homeri Iliadem et Odysseam, hg. Stallbaum, VI, 1825–30, neu 1960.

Euterpe, eine der neun → Musen.

Eutropius schrieb als Hofbeamter des Kaisers Valens (364–378 n. Chr.) in dessen Auftrag eine röm. Geschichte *(Breviarium ab urbe condita)* von der Gründung der Stadt bis auf seine Zeit in 10 Büchern. Quellen waren Livius, eine unbekannte Kaisergeschichte und die Familiengeschichte des konstantinischen Hauses. Das Buch entsprach so sehr den Erfordernissen der Zeit, daß es bald als Schulbuch verwendet und ins Griechische übersetzt wurde. Im Mittelalter wurde es viel benutzt und erweitert.

W: Hg. F. Rühl, [2]1909, neu 1985. – *Ü:* A. Forbiger,, [2]1911.

Evocatio, lat., = Herausrufung, religiöse röm. Zeremonie bei Belagerung einer Stadt; deren Götter wurden von den röm. Belagerern gebeten, die Stadt zu verlassen und in Rom ihren Sitz zu nehmen; so suchte man die feindliche Stadt ihres Schutzes zu berauben.

V.Basanoff, Paris 1947.

Exekias, attischer Töpfer u. Maler des 6. Jh. v. Chr., Meister in fast lyrischer Zeichnung stimmungsvoller Szenen: Aias und Achilleus beim Brettspiel (Vatikan, Rom), Schale mit Dionysos' Meerfahrt (München).

Exil, gr. *phyge* = Flucht, lat. *exsilium,* Grundbedeutung vielleicht „außerhalb *(ex)* des *(heimischen)* Bodens *(solum)*", war als Strafe besonders bei politischen Verbrechen üblich. Sie war deshalb besonders schwer, weil der Aufenthalt im Ausland ohne Schutz der Heimatstadt mit absoluter politischer und juristischer Rechtlosigkeit verbunden war. In republikanischer Zeit scheint bei Kapitalprozessen d. Begnadigung auf E. üblich gewesen zu sein, indem man dem Verurteilten die Flucht ermöglichte; Sokrates machte davon keinen Gebrauch.

Exodos (gr. = Ausgang). Das anapästische (→ Metrik) Lied, mit dem der Chor am Ende der Tragödie die Orchestra verließ. Es schloß häufig mit den auffällig prosaischen Worten: „So ging diese Geschichte zu Ende". - Bei der → *Septuaginta,* danach lat. *exodus,* das 2. Buch Mosis, der „Auszug" (der Israeliten).

ex ungue leonem, „an der Kralle (erkennt man) den Löwen"; lat. Übersetzung eines Wortes, das nach Plutarch, *de defectu oraculorum* („Der Verfall der Orakel") von → Alkaios stammt. Im Zusammenhange der Stelle bedeutet der Ausdruck: „von etwas Kennzeichnendem ausgehen".

Fabel, lat. *fabula* = Erzählung. Damit ist einmal der stoffliche Plan u. Grundverlauf einer epischen oder dramatischen Dichtung gemeint, im engeren Sinne aber eine Erzählung, die als Handlungsträger meist Tiere in lehrhafter Weise als Spiegelbilder der Menschen benutzt u. moralisch-lehrhafte Wirkung erstrebt. Seit alters pflegte man die Fabel im Orient u. Ägypten, wo man sie auch benutzte, um der Gesellschaft u. dem Herrscher in satirisch-kritischer Absicht einen Spiegel vorzuhalten. Vom Osten kam sie zu den Griechen; hier war sie sehr beliebt u. wurde seit → Hesiods Zeit *(Werke u. Tage)* in d. Literatur verwendet (z. B. Archilochos, Semonides); später sammelte man diese volkstümlichen Dichtungen, zuerst angeblich → Aisopos, der als Vater der Fabeldichtung gilt. Eine Reihe solcher volkstümlicher Sammlungen ist erhalten; in der überlieferten Form stammen sie allerdings aus der röm. Kaiserzeit. Besonderen Erfolg bei seinen Zeitgenossen u. bis in byzantinische Zeit hinaus hatte der um 100 n. Chr. lebende Babrios, dessen F.n. in einem Auszuge erhalten sind. In der römischen Literatur erschien die F. zunächst bei Ennius, Lucilius und Horaz (hier am schönsten in der uns durch Luthers Nachbildung bekannten Geschichte von der Stadtmaus und der Feldmaus, *Satiren* II 6, 79ff.) als gelegentliches Darstellungsmittel; → Menenius; als selbständige Gattung wurde sie von → Phaedrus in die röm. Literatur eingeführt. - Eins der beliebtesten Bücher des Mittelalters war das *Kalilabuch,* in dem sich zwei Schakale über Pflichten der Fürsten unterhalten. Es entstand um 300 n. Chr. in Indien, wurde ins

Persische, Arabische, Hebräische und in fast alle europäischen Hauptsprachen (gr. von Symeon Seth, 1080; lat. von Johannes von Capua, 13. Jh.) übersetzt u. hielt das Interesse an der F. wach. Die neuere F.-Dichtung (Lafontaine, Gellert, Lessing) schloß sich an Aisopos und Phaedrus an.

W: F. der Antike, hg. u. d. H. C. Schnur, [2]1985. – *Ü:* Antike F.n, L. Mader, 1951; J. Irmscher, 1978.

L: W. Wienert, D. Typen d. gr.-röm. F., 1925; O. Weinreich, F., Aretalogie, Novelle, 1931; K. Meuli, Herkunft u. Wesen d. F., 1954; B. E. Perry, *Fable,* (*Stud. Gen.* 12) 1959; N. Holzberg, Die antike F., 1993.

Fabier (der Name vielleicht von *faba* = Bohne abgeleitet, also Bohnenpflanzer; oder etruskisch), sehr altes römisches patrizisches Geschlecht; Stammvater angeblich Hercules. In republikanischer Zeit stellten die F. zahlreiche Kriegshelden u. Staatsmänner. Ihre Geschichte ist von der → Annalistik sehr ausgeschmückt. - Der bekannteste F. ist Quintus Fabius Maximus Cunctator, d. h. der „Zauderer“, der besonders durch seine abwartende Haltung Hannibal gegenüber 217 v. Chr. nach der Schlacht beim Trasimenischen See berühmt ist. Damals war er schon ein älterer Mann (1. Consulat 233 v. Chr.) und zweimal Consul, Dictator und Censor gewesen u. hatte triumphiert. Er vermied jede Schlacht, blieb aber Hannibal auf den Fersen, als dieser plündernd u. raubend Unteritalien durchzog. Sehr bald regte sich in Rom die Opposition gegen ihn („*Cunctator*“ wohl ursprünglich Spottname); doch nach der Schlacht bei Cannae (216) wurde er gefeiert; er hieß der „Schild Roms“, und Ennius schrieb den berühmten Vers: *Unus homo nobis cunctando restituit rem* = ein Mann hat uns durch Zaudern den Staat wiederhergestellt.
Q. Fabius Pictor verfaßte als erster eine röm. Geschichte in gr. Sprache (von den Ursprüngen bis auf seine Zeit, den 2. pun. Krieg). Nach der Schlacht von → Cannae führte er die Regierungsdelegation, die das Orakel von Delphoi befragen sollte (216 v. Chr.).

W: HRR.

Fabricius, röm. Staatsmann aus der Zeit des Pyrrhuskrieges (280–272 v. Chr.). Seine Geschichte ist stark ausgeschmückt, so daß er zu einem Muster der röm. Tugend und Vaterlandsliebe (Unbestechlichkeit trotz Armut, Unerschrockenheit) geworden ist. Er soll so arm gestorben sein, daß seine Tochter auf Staatskosten ausgestattet werden mußte (dies wohl nach dem Vorbild von Aristeides' Tochter erfunden).

fabula → Fabel; Atellane; Drama.

Fahnen → Feldzeichen.

Falerner. Von den vielen Weinsorten, die Horaz nennt, gibt es heute nur noch den nach einer Gegend in Campanien genannten F.; → Wein.

Fangschlüsse → Trugschlüsse.

Farben → Malerei; Polychromie; Wandmalerei.

Farnesischer Stier. Dirke, welche die Antiope mißhandelt hatte, wurde von deren Söhnen Amphion u. Zethos an einen wilden Stier gebunden, der sie zu Tode schleifte. Diese Szene wurde wohl um 150 v. Chr. von den Brüdern Apollonios und Tauriskos aus Tralleis in Kleinasien in einem großen Marmorwerk für die Stadt Rhodos dargestellt; Plinius, *nat. hist.* XXXVI, 34 kennt diese Gruppe als im Besitz des leidenschaftlichen röm. Kunstsammlers → Pollio. Eine antike Kopie antonin. Zeit wurde 1545/1547 in den Caracallathermen in Rom gefunden, kam in den Besitz des röm. Adelsgeschlechts der Farnese und 1826 in das Museo Nazionale in Neapel. Als Kunstwerk ist die Gruppe zu pathetisch; technisch („aus einem Block", Plinius) ist sie ein Meisterwerk.

fasces (lat.), mit Lederriemen umschnürte Rutenbündel der → Lictoren, die Abzeichen der Amtsgewalt der röm. Beamten, vor denen sie getragen wurden; die Beamten durften mit Schlägen strafen. Im Feldlager steckte im Rutenbündel ein Beil, weil der Feldherr Macht sogar über Leben u. Tod seiner Untergebenen hatte. In Rom, wo das Volk die Blutgerichtsbarkeit ausübte, fehlte das Beil. → Etrusker. – Im 20. Jh. wurden die F. von den „Faschisten" als heraldisches Symbol wieder aufgegriffen.

Faß, gr. *pithos,* lat. *dolium.* Die Fässer der Gr. und Römer, auch das, in dem Diogenes wohnte, waren tönern. Das F. aus Holz, mit Dauben und Reifen, ist eine Erfindung der Kelten (Germanen?) und ging von diesen auf die Römer der Kaiserzeit über. → Schlauch.

fasti. Die röm. Oberpriester *(pontifices)* führten ein Verzeichnis der *dies fasti,* d. h. der Tage, an denen Gericht gehalten werden durfte (und der *dies nefasti,* an denen die Behandlung staatlicher oder gerichtlicher Angelegenheiten unzulässig war); aus diesem Verzeichnis ging allmählich ein erweitertes hervor, das alle Tage des Jahres mit seinen Ereignissen enthielt, also der röm. Kalender. Danach hat Ovid seinen poetisch gestalteten Festkalender als *F.* bezeichnet. - Von diesen Tagesverzeichnissen wurde der Name auf Jahresverzeichnisse mit Angabe der jährlichen höchsten Beamten übertragen; diese Magistratslisten, die sog. Consularfasten *(fasti consulares),* die unter den Dokumenten der altröm. Geschichte den ersten Rang einnehmen, ließ Augustus zusammenstellen und an den Wänden der Amtswohnung des Pontifex Maximus (→ *forum*) auf Marmorplatten einmeißeln; sie sind zum größten Teil erhalten, jetzt im Conservatorenpalast auf dem Capitol (daher „Capitolinische Fasten"). → Jahreszählungen.

W: Konsular-Fasten hg. A. Degrassi, Rom 1947. Kapitolin. Fasten, ders., Turin 1954; auch CIL (Band I).

Fatum, der Schicksalsbegriff der Römer, wird als „Spruch" gedeutet, der über die Zukunft aussagt und sie damit bestimmt. In der Personifizierung wurde F. mit → Moira gleichgesetzt (daher auch im Plural: *tria Fata* nach dem Vorbild der Moiren oder Parzen). Im religiösen Denken der Römer u. in der Literatur (besonders bei Vergil) spielte das F. eine wichtige Rolle als sinnvolle Ordnung der Weltgeschichte. → Schicksal.

Faunus (zu *favere* = günstig sein), altrömischer Gott, Schützer der Viehzucht und des Ackerbaues; darin dem → Silvanus verwandt, mit dem er auch identifiziert wird. In Rom hatte er einen im Jahre 194 v. Chr. geweihten Tempel auf der Tiberinsel. Später wurde er → Pan gleichgesetzt und erscheint wie dieser vervielfacht in den *Fauni. Fauna,* ursprünglich die weibliche Entsprechung zu F., wird dann als seine Frau oder Schwester angesehen.

Faustina. Annia Galeria F., die ältere F., Gemahlin d. Antoninus Pius (Kaiser 138–161 n. Chr.), vom Senat mit dem Ehrentitel → Augusta ausgezeichnet, Mutter der jüngeren F., der Gemahlin des Marcus Aurelius (Kaiser 161–180 n. Chr.), ebenfalls Augusta.

Favorinus, Popularphilosoph aus Arelate *(Arles)* in Südfrankreich, um 100 n. Chr., zweisprachiger Schriftsteller, „der sich der künstlerisch bedenklichen Aufgabe widmete, Enzyklopädien in Unterhaltungsbücher aufzulösen". Seine Zeitgenossen erkannten seine Bemühungen um Popularisierung der Bildung auf das dankbarste an; er erhielt in seiner Vaterstadt ein hohes Priesteramt und wurde in den Ritterstand erhoben. Von seinen gr. Reden und Diatriben existieren nur wenige Reste. → Gellius war sein Schüler.

WÜ: Über die Verbannung, hg. B. Häsle, 1935. Fragmente: Hg. E. Mensching, II 1963.

Feldvermessung und Grenzziehung waren Aufgaben der sog. → Gromatici.

Feldzeichen. Über Verwendung von F., speziell von Fahnen, bei den Griechen ist nichts Näheres bekannt. Die Römer verwendeten F. aus praktischen Gründen, aber auch zur moralischen Stärkung der Mannschaften. Die F. galten als heilig und wurden in der Kaserne und im Lager in einer Kapelle aufbewahrt. Der Soldat schwur seinen Diensteid vor ihnen. Ihr Verlust galt als Schande für den Träger und die Truppe (→ Augustus, F. von Carrhae); um die Soldaten vorwärts zu bringen, wurden sie manchmal sogar in die Reihen der Feinde getragen oder geworfen. Diese Hochachtung der F. blieb bei der Fahne im Mittelalter und in der Neuzeit erhalten. Das älteste F. *(signum)* war ein an einer Lanzenspitze befindliches Heubündel (*manipulus,* zu *manus* = Hand, *pleo* = ich fülle; also „eine Handvoll" [Heu]; danach der Manipel genannt, → Heeresorganisation), an dessen Stelle dann das Bild einer ausgestreckten Hand oder Tiergestalt (Wolf, Pferd, Eber u. dgl.) auf Stangen traten. Daneben gab es Fähnchen aus viereckigen Stücken Tuch, die am Querholz einer Stange befestigt waren (*vexillum;* ein solches aus der Zeit um 200 n. Chr. mit einer aufgemalten Victoria hat sich erhalten). Sie dienten als Standarten für die Reiterei und für kleinere Truppenteile der Infanterie; das Hissen einer Purpurstandarte auf dem Feldherrnzelt gab das Signal zur Schlacht. Als gemeinsames F. der ganzen Legion führte Marius um 100 v. Chr. den silbernen Adler ein, der mit ausgebreiteten Schwingen auf einer hölzernen Stange schwebend der Legion gleichsam zum Siege voranflog. Fremdartig wirkt daneben ein chinesisches, auf dem Wege über Parthien von den Römern zu Traians Zeit (um 100 n. Chr.)

eingeführtes F. in Form einer → Schlange aus Seide, die sich im Wind aufblähte (lat. *draco,* gr. *drakon* = Schlange, Drache). Diese Fahne wurde im Mittelalter zum Ritterfähnlein an der Lanze; davon „Dragoner". Auch → labarum.

A. v. Domaszewski, Die Fahne im röm. Heer, 1885.

Fenster, gr. *phos,* d. h. einfach Licht, oder *thyris* = Türchen; lat. *fenestra;* aus dem lat. das deutsche Wort. Die Griechen hatten kein eigentliches Wort für F., weil sie auch meist (so gut wie) keine F. hatten; Licht und Luft erhielten die Räume durch die Tür, die im warmen Griechenland den größten Teil des Jahres offenstehen kann (→ Peristylhaus). Die wenigen F. waren klein und zunächst nicht verglast (→ Glas). Auch noch klein, aber verglast waren die F. in Pompeii (Spuren von Glas noch vielfach in den Ecken, z. T. auch ganz runde Fensterchen mit der Scheibe erhalten, freilich nur mit kleiner, in der Art der mittelalterlichen Butzenscheiben). Daneben finden sich aber in röm. Zeit F. in der Größe der unsrigen (→ Ostia); Licht und Wärme sind in den riesigen Räumen der Thermen ohne große Glasf., in denen allerdings kleinere Scheiben in ein Marmorgitter eingesetzt waren, undenkbar. Die Germanen übernahmen, wie das → Glas, so nach Ausweis des Wortes F. auch dieses von den Römern.

Feriae, die Feste des röm. Kalenders. Man kannte F. *stativae,* d. h. festliegende und F. *conceptivae,* d. h. Feste, deren Datum von den Priestern oder Beamten (in diesem Falle *F. imperativae*) angekündigt wurde. Die *F. conceptivae* schieden sich wiederum in Feste, die zu einer bestimmten Jahreszeit gefeiert wurden (→ *Amburbium*), und solche, deren Ansetzung davon unabhängig war *(F. Latinae).* → Feste.

Feriae Latinae, röm. Wandelfest (→ Feriae). Ursprüngl. das gemeinsame Fest der im → Latinerbund unter Führung von → Alba Longa zusammengeschlossenen latin. Gemeinden. Die *F. L.* wurden dem → *Iuppiter Latiaris* gefeiert, dessen Tempel auf dem *Mons Albanus* (heute Monte Cavo) das Bundesheiligtum war. Als Rom Vorort des Bundes geworden war, mußten die F. L. gefeiert werden, bevor die Konsuln sich nach dem Amtsantritt zum Heere ins Feld begaben.

Feste u. Feiertage hatten im Leben der Alten eine wichtige Bedeutung, da im antiken Jahresablauf die regelmäßig wiederkehrende Sonntagsruhe fehlte (→ Woche). Die antiken F. waren in der Regel religiös-staatliche Feiertage. Bei den Griechen standen an erster Stelle die großen → Nationalspiele mit ihren verschiedenen Wettkämpfen. Die Athener feierten an den → Panathenaia eine Art Nationalfeiertag (→ Pomp); andere F. waren mit Theateraufführungen verknüpft (→ Dionysien; Lenäen); ein Frühlingsfest waren die → Anthesterien. - Der röm. Festkalender (→ fasti) verzeichnete zahlreiche → Feriae zu Ehren einzelner Götter (→ Flora; Lupercalia; Parentalia; Parilia; Portunus; Saturnalia); viele dieser F. waren mit Spielen aller Art verbunden (→ gladiator; ludi; Rennen).

L: M. P. Nilsson, Griech. F. von relig. Bedeutung, 1906, neu 1957; L. Deubner, Att. F., ³1969; K. Latte, Röm. Religionsgesch. (m. Festkalender u. Spielen), ²1967; H. H. Scullard, Röm. F., d. 1985.

festina lente, „eile langsam“, eile mit Weile! Übersetzung des gr. Sprichwortes *speude bradeos,* das (nach Sueton, *Leben des Augustus* 25) ein Lieblingswort des Kaisers war.

Festungsbau. Schon in der Steinzeit gab es große Fluchtburgen, so bei Urmitz (nahe Andernach/ Rhein) für 20–30 000 Menschen, mit kunstvollem Doppelwall. Die ersten wirklichen Festungen, die Europa kennt, entstanden vor mehr als 3000 Jahren in Griechenland (→ Mykenai; Tiryns). Beispiele späterer F. geben die gut erhaltene attische Grenzfestung Phyle (4. Jh. v. Chr.) u. a., vor allem das von Dionysios dem Älteren um 400 v. Chr. errichtete Fort Euryalos bei Syrakus, eins der besterhaltenen antiken Festungswerke. → Belagerung.

F. E. Winter, *Greek Fortifications,* Toronto 1971; A. Paradissis, *Fortresses and Castles of Greece,* Athen 1972.

Fetiales, 20 röm. Priester, die über Aufrechterhaltung des Völkerrechts wachten und die Kriegserklärungen überbrachten. Die in der ausgehenden Republik in Vergessenheit geratene Institution wurde von Augustus wieder belebt.

Fetisch (ein vielleicht lat. Wort, das über das Portugiesische zu uns kam), ein als Gott erklärter Gegenstand, z. B. ein (Meteor-) Stein (→ *Magna, Mater*), Pfahl, Baum o. ä. Fetischismus findet sich in der kretischen Religion und dann bei den Griechen. In historischer Zeit wurde der Fetischismus von den Griechen beibehalten, aber nicht mehr verstanden.

Feuerspritze, gr. → *siphon,* von → Ktesibios erfunden, eine Handspr., auf deren Prinzip aber die jetzigen Dampfspr. beruhen. - Für Feuerwehr fehlt ein gr. Wort; das lat. *vigiles* heißt „die Wachsamen“. In Ostia ist die Kaserne der v. gut erhalten. Sie waren militärisch organisiert und standen unter einem *praefectus vigilum,* bei Bränden aber unter der Polizei (den Aedilen), denn sie trugen wohl sicher Beile, waren also eine bewaffnete Macht, die evtl. dem Staate gefährlich werden konnte. Deswegen fragte Plinius, als er in Nikomedeia in Kleinasien eine F. von 150 Mann einrichten wollte, beim Kaiser lieber erst an und fügte beruhigend hinzu: „es wird nicht schwer sein, so wenige zu überwachen“ (*Briefe an Traian* 33).

Finanzen. Gr. *telos* heißt Ende (Lösung), dann Zoll, Steuer. Der Grund der Bedeutungsübertragung ist unklar; vielleicht: Zahlungsverpflichtung, die man endgültig erledigen (ablösen) mußte. Vom gr. *telos* stammt deutsch → Zoll. Von dem ins Lat. übersetzten *telos, finis* (= Ende) stammt Finanzen.

Über das Finanzwesen der Griechen sind wir bis in Einzelheiten durch die zahlreichen Inschriften (besonders aus Delos u. Athen) unterrichtet. Es existierte in den gr. Städten eine Stadtkasse, bei der die Einnahmen u. Ausgaben durch besondere Beamte (in Athen die Reichskasse durch Hellenotamien, die Stadtkasse durch die Kolakreten) erledigt und gebucht wurden. Die Finanzverwaltung war verhältnismäßig einfach, da die laufenden Ausgaben nur gering waren. Ein heute wichtiger Posten (Gehälter der Beamten) war unbedeutend, da nur wenigen Unterbeamten Gehälter bezahlt, die wichtigsten Arbeiten dagegen ehrenamtlich erledigt wurden. Erhebliche Summen verschlangen in Athen die Sonderzuwendungen an die Richter (60 Talente), Ratsherrn, Volksversammlungen und Theaterbesucher. Auch für Staatsfeste war die Bereitstellung großer Mittel notig. Staatliche Unterstützungen wurden ferner an Waisen, Invaliden und arme Bürger gezahlt, die wegen körperlicher Gebrechen arbeitsunfähig waren. Hinzu kamen die kostspieligen Bauten, allen voran die Instandsetzung der Mauern und Kriegsschiffe, dazu die der Waffen. Bei weitem der höchste Posten des antiken Budgets aber war die außerordentliche Aufwendung für die dauernden Kriege. Sie führten in Athen zweimal den finanziellen Ruin herbei (421 u. 404 v. Chr.) und bereiteten im 4. Jh. den leitenden Staatsmännern fast beständige Finanzsorgen. Zur Begleichung dieser Ausgaben schlug man verschiedene Wege ein. Nur für die laufenden Ausgaben wurde eine Art Budget aufgestellt, eine *diataxis,* Verteilung der Staatseinnahmen, die Gesetzeskraft hatte.

Die regelmäßigen Haupteinnahmequellen des Staates waren die Einkünfte aus dem staatlichen Besitz (Domänen, Bergwerke; in Athen waren die Silberbergwerke des Laurion gegen eine feste Summe und etwa $^1/_4$ der Ausbeute in Erbpacht vergeben. Der Reingewinn der Pächter war also sehr groß), die Zölle (in Athen bestand ein Zoll von 2% auf Ein- und Ausladen, 10% auf die Waren aus dem Pontos, dazu Marktzoll, zeitweise 5% in den Bundesstädten), außerdem ein Schutzgeld für die → Metöken, Kopf- und Gewerbesteuer für die Fremden. Die Zölle nahm der Staat nicht selbst ein, er verpachtete sie gegen eine bestimmte Summe auf ein Jahr. Die Höhe dieser regelmäßigen Einkünfte hat Xenophon (*anab.* VII, 1, 27) auf 1000 Talente geschätzt, unter der Verwaltung des → Lykurgos betrugen sie, freilich bei gesunkenem Geldwert, 1575 Talente. Einkommen- und Vermögenssteuer gab es in Griechenland gewöhnlich nicht. Nur im Kriegsfall bildete ihre Erhebung eine Notmaßnahme, da das Freiheitsgefühl des antiken Bürgers sich offenbar dagegen wehrte. Auch dann wurden die Steuern nur aufgrund einer Selbsteinschätzung erhoben und zwar progressiv. Oft wählte man einen einfacheren Weg. Man verteilte die benötigte Gesamtsumme auf einige besonders reiche Bürger in den einzelnen Bezirken und stellte ihnen anheim, die ausgelegte Summe auf ihren Bezirk umzulegen. Die Wohlhabenden wurden auch sonst oft zu Sonderleistungen in Form von → Leiturgien herangezogen, um den Staatshaushalt zu entlasten.

Eine beliebte Form außerordentlicher Geldbeschaffung waren die Staatsanleihen, welche bei reichen Bürgern (meist in großen Summen, nicht in Form von kleinen gezeichneten Anteilen), vor allem aber bei den Tempeln aufgenommen wurden. So ist besonders der peloponnesische Krieg mit dem Schatz der Burg von Athen geführt worden (er enthielt 433 v. Chr. 9700 Talente; 422 war er aufgebraucht). Auch Anleihen bei befreundeten Staaten kamen vor. Bei ihnen spielte, wie heute, die Politik meist eine entscheidende Rolle.

Im Hellenismus wurde das Finanz- und Steuerwesen auf das glänzendste ausgebaut. In Ägypten z. B. gab es ein ausgeklügeltes System indirekter Steuern: Einfuhr-, Transport- u. Binnenzölle, Verkaufs- und Pachtsteuern, sogar eine Stempelsteuer für alle Quittungen u. Verträge. Auch direkte Steuern waren üblich: Kopfsteuern (nur von Männern), Grund-, Vermögens-, Gewerbesteuer usw. Dazu kamen die Einkünfte des Staates aus eigenen Wirtschaftsunternehmungen, den Domänen und Monopolen. Alle diese Einnahmen machten den König, in dessen Tasche sie flossen, zum reichsten Mann des Landes. Sie betrugen insgesamt in der Zeit des → Ptolemaios Philadelphos 14800 Silbertalente u. 591000 Hektoliter Getreide im Jahr.

In Rom waren in republikanischer Zeit die F. ähnlich einfach geregelt wie im Griechenland der klassischen Zeit. Die Verwaltung lag in den Händen des Senates. Die Staatskasse war das *aerarium*. Der Staatshaushalt wurde für 5 Jahre von den Censoren aufgestellt. Da die Beamten, abgesehen von einigen Unterbeamten, keine Gehälter erhielten, waren die laufenden Ausgaben verhältnismäßig gering (Verwaltung, Bauten, Feste, später Getreidespenden, Sold für Soldaten). Ihnen gegenüber waren die laufenden (Pachtzins vom *ager publicus*, Zölle, später Tribute der Provinzen, einige Steuern) und die außerordentlichen Einnahmen (besonders die ungeheuren Summen aus der Kriegsbeute: Crassus raubte aus dem Tempel von Jerusalem 10000 Talente, der Tempelschatz von Toulouse, den 106 v. Chr. Servilius Caepio nach Rom brachte, hatte 15000 Talente, und Caesar warf mit der gallischen Beute so viel Gold auf den Markt, daß das Pfund von 4000 auf 3000 Sesterzen in Italien fiel) so groß, daß die röm. Bürger seit 168 v. Chr. keine Steuern zu zahlen brauchten. Auch in Rom wurde die Einziehung der Einnahmen an Unternehmer (→ *publicanus*) verpachtet.

In der Kaiserzeit trat neben das *aerarium*, das zur Senatskasse wurde, der → *fiscus* des Kaisers. Eine scharfe Trennung der Aufgabengebiete dieser beiden Reichskassen ist nicht möglich. Jedenfalls hat der Kaiser schon im Anfang viel auf seine Kasse (kaiserliche Provinzen, Heer) übernommen, vieles freiwillig gegeben und sogar die Senatskasse unterstützt. Die Bedeutung des fiscus wuchs immer mehr. Der Finanzminister des Kaisers wurde unter Claudius allmächtig. In dieser Zeit vergrößerten sich auch die Ausgaben, da die Kosten für die höheren Beamten, die fest angestellt und daher besoldet waren, und besonders die teure Hofhaltung dazukamen. Auch Bauten, Volksbelustigungen und Getreidespenden verschlangen große Summen. Dazu kamen unter einigen Kaisern die Unterstützungen der Kinderreichen, Witwen u. Waisen usw. Die ordentlichen Einnahmen bestanden aus Zöllen (auch Binnenzöllen), Abgaben der Provinzen (Palästina jährlich 1200 hebr. Talente, Ägypten unter Vespasian sogar 24000 gr. Talente und eine große Masse Getreide) und Steuern, die allerdings nur je nach der Notwendigkeit erhoben wurden. So führte Augustus eine 6%ige Erbschaftssteuer und Tiberius eine allgemeine Umsatzsteuer von 1% ein. Die Haupteinnahmequelle war freilich auch in dieser Zeit noch der Beuteerlös aus den Feldzügen in den Grenzprovinzen. In der späteren Kaiserzeit ging die Finanzverwaltung ganz an den Kaiser über. Der Druck, der von den Finanzbeamten auf die Bevölkerung ausgeübt wurde, wurde besonders unter den Soldatenkaisern immer starker. „Neben der Besteuerung, aber viel drückender als diese und viel minder planmäßig durchgeführt, lief das System der Requisition von Lebensmitteln, Rohmaterial, Manufakturwaren, Geld, Schiffen, Zugtieren und Menschen zu Transportzwecken und so fort" (Rostovtzeff). Es bildete sich damals ein System des permanenten Terrors aus, das immer schlimmer wurde. Unter Diokletian wurde auch der Staatshaushalt ganz umgestaltet. Die Staatskasse *(aerarium sacrum)* wurde wieder scharf von der kaiserlichen Vermögensverwaltung *(aerarium privatum)* getrennt. → *fiscus;* Steuern; Monopol.

J. Marquardt, Röm. Staatsverwaltung, III [2]1881–85, neu 1957; G. Busolt, H. Swoboda, Gr. Staatskunde, II, 1920 ff.; M. Rostovtzeff, Gesellsch. u. Wirtsch. im röm. Kaiserreich II, 1929, neu 1955; ders., Gesellschafts- und Wirtsch.-Gesch. d. hellenist. Welt, III, 1955 f.; A. M. Andreades, Gesch. d. gr. Staatswirtsch. d. 1931; T. Frank, *Economic Survey of Ancient Rome,* Baltimore, VI 933–40, neu 1959; F. Altheim, R. Stiehl, Finanzgesch. d. Spätantike, 1957.

Fingerringe, von alter Zeit an als Schmuck üblich; auch apotropäisch (→ Amethyst; Orphik); ursprünglich auch von Eisen, als dieses noch selten und kostbar war; oft mit Siegel. Entzückende, aber auch große, protzige Stücke in großen Massen erhalten, weil man die F. den Toten mit ins Grab gab. → Goldschmiedekunst.

Firmenschilder → Läden.

Fisch, hl. Zeichen der alten Christen, → *ichthys.* – Daß die *Fischerei* auch im Altertum bei den Mittelmeervölkern eine große Rolle spielte, bedarf hier keiner ausführlichen Darstellung.

fiscus (lat.), eig. Körbchen. Mit Beginn der Kaiserzeit wurde eine Neuordnung der → Finanzen des Reiches nötig. Das *aerarium,* der Staatsschatz der republikanischen Zeit, verblieb dem Senat, die Einnahmen und Ausgaben der kaiserlichen Verwaltung gingen durch die *res familiaris Caesaris,* seit Claudius *fiscus* genannt. Die Haupteinnahmen waren Abgaben der Provinzen, Zölle auf eingeführte Waren, Steuern auf Erbschaften und Legate und außerordentliche Einnahmen aus Beute, aus Geldstrafen und Erbschaften. Daraus bestritt der Kaiser den Militär- und Flottenetat, die Kosten der kaiserlichen Provinzen, der Staatsverwaltung, der Hofhaltung, Bauten, Volksbelustigungen und Unterstützungen für die Minderbemittelten, später auch die Gehälter der Beamten. Die Abgaben blieben nicht immer gleich. Sie sind besonders von Caracalla wesentlich erhöht worden, überstiegen aber nicht 10% des besteuerten Wertes. Die Verwaltung führten besondere

Beamte (*a rationibus; ratio* = Rechnung), die (meist) Freigelassene des Kaisers waren. Der höchste von ihnen war als Finanzminister sehr einflußreich (Pallas unter Claudius).

L: A. Boeckh, D. Staatshaushalt d. Athener, II, [3]1886, neu 1967; O. Hirschfeld, Die kaiserl. Verwaltungsbeamten, [4]1975; R. Knapowski, D. Staatshaushalt d. röm. Republik, 1961.

Flächenmaße. Das bekannteste griech. Fl. ist das *plethron.* Die röm. Fl. gingen vom Quadratfuß *(pes quadratus)* aus; die größere Einheit bildete ein *iugerum,* d. h. soviel Land, wie ein Joch (lat. *iugum*) Ochsen an einem Tage pflügen kann, → Tabelle S. 830.

flamen, Plur. flamines, Einzelpriester einer bestimmten Gottheit; sie trugen eine spitze Filzkappe zu ihrer Tracht (→ *apex*). → *Pontifex.*

Flamininus. Titus Quinctius Fl., bedeutender röm. Feldherr und geschickter Politiker aus der Zeit der Einmischung in Griechenland, gest. 174 v. Chr. Noch nicht 30 Jahre alt, wurde er 198 v. Chr. Consul, bekriegte Philipp V. von Makedonien und besiegte ihn bei Kynos kephalai. Nach dem Grundsatz → *divide et impera* machte er Griechenland wehrlos, indem er (bei den Isthmischen Spielen) alle Griechenstaaten für autonom und alle Bündnisse für nichtig erklärte. Die Griechen, die den Zweck der Maßregel nicht verstanden, begrüßten ihn als Befreier. – → Hannibal.

Flaminius. Gaius F., aus plebej. Geschlecht, wurde zuerst als Volkstribun bekannt, als er scharf gegen den Senat und die habgierige Nobilität auftrat. Die Plebs setzte seine Wahl zum Consul durch. Im 2. punischen Krieg wurde er 217 v. Chr. am Trasimenischen See vernichtend geschlagen. Sein Bild scheint von der senatorisch eingestellten Historiographie entstellt zu sein. Seinen Namen bewahrt bis heute die Via Flaminia, die er 220 v. Chr. anlegte (die öffentlichen Bauten wurden nach den Censoren benannt, die sie errichten ließen) und die nach Norditalien führt.

Flavus, Bruder des Arminius. Sein deutscher Name ist unbekannt; Fl., „der Blonde“, ist sein röm. Militärname. Im Gegensatz zu Arminius stand er auf seiten der Römer; berühmtes Gespräch der beiden Brüder an der Weser bei Tacitus, *Annalen* II 9 f.

Flöte (gr. *aulos, lat. tibia*), das beliebteste Blasinstrument der Griechen, in der Form unserer Oboe ähnlich. Sie wurde meist doppelt verwendet (z. B. die Fl.-Spielerin auf der „Ludovisischen Thronlehne“ im Thermenmuseum in Rom, um 500 v. Chr.), d. h. ein Musikant blies zwei Fl. zugleich; sie wurden an seinem Munde durch eine Binde festgehalten, in der die Mundstücke steckten und die man um den Hinterkopf band. Das Instrument stammte nach antiken Nachrichten aus Asien (Phrygien); nach der Sage sollte es von Athena erfunden sein (→ Marsyas). Man verwandte die Fl. im Festspiel (Tragödie und Komödie) und im privaten Leben (zur Begleitung der Elegie; beim Symposion). Doch bliesen sie Vornehme nicht selbst, weil beim Blasen das Gesicht entstellt wird (→ Marsyas); vielmehr betrieben Männer u. Frauen aus den niederen Ständen, besonders Sklaven, das Fl.-Spiel als Beruf; die Sklaven wurden von ihren Herrn für diesen Zweck vermietet. → Syrinx.

Flora, uralte röm. Gottheit. Ihr Dienst wurde von einem → Flamen versehen. Sie war die Gottheit der blühenden Natur. Die im Jahre 238 v. Chr. eingerichteten *ludi Florales* (→ *ludi*), die ihr geweiht waren, wurden als ein ausgelassenes Volksfest begangen.

Flotte. In der Entwicklung des griechischen Seewesens hatten die Athener im Gegensatz zur konservativen Landmacht Sparta unbestritten die Führung. Schon um 600, seit dem Streit mit Megara um den Besitz der benachbarten Insel Salamis, unterhielten sie eine kleine stehende Fl. Die Zeit der Perserkriege (5. Jh.) brachte ihrer Fl. den großartigen Aufschwung, der sie zu entscheidenden Seesiegen (480 v. Chr. bei Salamis, nahe Athen; 449 v. Chr. bei Salamis auf Kypros) befähigte und ihnen auf ein halbes Jahrhundert die Hegemonie in Griechenland, auch auf dem Meere, sicherte (→ Themistokles; Attischer Seebund). Während man früher lange, niedrige Schiffe mit nur einer Ruderreihe baute (Dreißigruderer, Fünfzigruderer usw.), war der berühmte Schiffstyp der klassischen Zeit ein leichtgebauter Dreidecker, die sog. → Triëre. Die hellenistische Zeit gestaltete das Flottenwesen weiter aus; über ganz erstaunliche Leistungen → Schiffsbau. Die athenische Flotte war zu Beginn des peloponnesischen Krieges (431 v. Chr.) 300–400 Trieren stark. Das Kommando stand den Strategen zu; besondere Admirale gab es meist nicht (→ Offiziere). Über die Kampfesweise → Seeschlacht. Im Peiraieus mit seinen gewaltigen Werftanlagen besaß Athen im 5. Jh. v. Chr. den stärksten Kriegshafen der alten Welt, mit dem sich später höchstens der von Syrakus vergleichen konnte. – Im Gegensatz zu den Gr. hatten die Römer niemals rechte Neigung zu Seefahrt und Seekrieg. Nach unbedeutenden Anfängen brachte erst der 1. punische Krieg (264–241 v. Chr.) eine stärkere Entwicklung der Fl. und maritime Erfolge (→ Duilius), die aber nicht anhielten und nicht zur Schaffung einer ständigen Fl. führten. Über eine neue Kampfesweise (Entern) → Seeschlacht. Auch in der Kaiserzeit hatte die nunmehr stehende Fl. keine strategische Bedeutung, da Aufgaben des Seekriegs in größerem Stile fehlten und die Fl. meist nur unkriegerischen Zwecken diente (Paradedienst, Seepolizei gegen Seeräuber, Getreidezufuhr). Da jedoch normalerweise im ital. Mutterland keine militär. Streitkräfte stationiert waren, stellte die Fl., ähnlich wie die → Prätorianer-Garde, einen Machtfaktor dar, dessen sich einige Kaiser gern bedienten. Die Besatzungen der Schiffe setzten sich aus Freigelassenen, Sklaven, aber auch aus Provinzialen zusammen; dazu kamen Legionssoldaten als Kämpfer. Das Kommando über die Fl. stand den Führern des Landheeres, Consuln u. Praetoren, zu; auf den einzelnen Schiffen kommandierten Tribunen und Centurionen (→ Offiziere). Die Schiffstypen wurden den griech. nachgebildet; die häufigste Form war der Fünfdecker mit

5 übereinander (?) befindlichen Ruderreihen und etwa 300 Rudern. Die wichtigsten Kriegshäfen waren Misenum und Ravenna; dazu kamen kleine Flottenkommandos auf Rhein, Donau und Euphrat und auf dem Bodensee. Neben den Kriegsschiffen (*naves longae,* „lange Sch."; auch *n. aeratae,* „Panzersch.", mit Platten aus *aes* = Bronze) gab es Transportschiffe *(n. onerariae).* → Schiffahrt.

C. G. Starr, *The Roman imperial navy,* Cambr. [2]1960; D. Kienast, Unters. zu den Kriegsfl. der röm. Kaiserzeit, 1966; A. E. L. Viereck, Die röm. Fl., 1975.

fortes fortuna adiuvat, „den Mutigen hilft das Glück", frisch gewagt ist halb gewonnen, Terenz, *Phormio* I, 4, 203; schon von Cicero, *Tuscul. disp.* II 4, 11, als altes Sprichwort bezeichnet.

Fortschritt. Der vor allem in den letzten Jahrzehnten eingetretene stürmische Fortschritt besonders auf naturwissenschaftl. u. technischem Gebiet hat uns dem Altertum gegenüber ungerecht werden lassen. Wer vom Altertum erzählt und dabei Aborte mit Wasserspülung, Giroverkehr, Goldplomben, Leuchttürme, Pfeifen zum Rauchen, ein Reisehandbuch für Chinareisen, Reißzeug, Schlafwagen, Suezkanal, Telegraphie, Tunnel, Zentralheizung erwähnt, begegnet immer wieder der Frage: „Ja, hatten denn das die Alten auch schon?" Diese Frage ist meist schon grundsätzlich falsch gestellt: Die Alten kannten den Meridian von Ferro nicht „auch schon", sondern sie verfielen auf die nützliche Idee, zum besseren Zurechtfinden ein Gradnetz auf den Globus zu legen (→ Klaudios Ptolemaios). Den Nullmeridian legten sie auf den am weitesten westlich gelegenen Punkt der ihnen bekannten Welt, und weil sie es taten, tun wir es (z. T.) heute noch. So ist es aber bei zahllosen Dingen unserer materiellen und geistigen Kultur. → Renaissance.

P. Coll, Das gab es schon im Altertum, [3]1965; E. Stemplinger, So modern war die Antike, 1965; E. R. Dodds, Der F.sgedanke in d. Ant., 1977.

Fortuna hatte in Latium zwei alte und bedeutende Kultstätten in → Antium und Präneste. F. war eine Funktion des Iuppiter; sie repräsentierte das glückliche Gelingen. Cicero, der ihre Statue in Präneste beschreibt (*div.* 2,85), berichtet, daß die Göttin von den Müttern verehrt wurde, was durch Weihinschriften bestätigt wird, die auch die Verehrung von Handwerkern und Gewerbetreibenden bezeugen. Im pränestinischen Heiligtum befand sich zudem ein Losorakel. In Rom gab es einen Tempel der *F. Populi Romani* auf dem Quirinal und weitere Heiligtümer in der Stadt. F. wurde mit → Tyche identifiziert. → Schicksal.

forum, (Markt-) Platz; das f. in Rom, im Altertum kurz f., heute meist *f. Romanum* genannt, eine Talsenkung zwischen Capitol, Palatin und Esquilin. Wie dort gefundene Gräber beweisen, lag es einst außerhalb der Stadt (innerhalb deren man nicht bestattete). Dann in die Stadt einbezogen, durch die → *cloaca maxima* entwässert. Läden, aber auch vornehme Bauten, so die *regia,* angeblich Wohnung des Königs Numa, später Amtshaus des →

pontifex maximus. Namentlich unter den Kaisern mit den allerprächtigsten Gebäuden geschmückt: Tempel d. Saturn, der Dioskuren, der Venus u. Roma, Basilica Julia, B. des Konstantin, Bogen des Sept. Severus, B. des Titus; letztes Baudenkmal der Antike: Die Phokas-Säule von 608. Im Mittelalter wurden die Gebäude z. T. in Kirchen verwandelt (→ *curia*), andre in Festungen (→ Bogen), andre verfielen und dienten als Steinbruch oder zum Metallraub. Die Trümmer der zerfallenen Bauten bedeckten den Boden stellenweise bis 13 m über dem antiken Pflaster. Schließlich wüste Fläche, *Campo vaccino* „Kuhfeld" genannt. Ausgrabungen seit 1898; jetzt ist alles freigelegt. – Neben dem f. R. liegen die Kaiser-Foren, große, repräsentative Anlagen verschiedener Bauherren: Das Caesar-F. *(f. Iulium)* mit Venus-Tempel; das Augustus-F. mit Tempel des → Mars; das Nerva-F. (oder *f. transitorium*) mit Minerva-Tempel; der Friedens-Tempel des Kaisers Vespasian; endlich die großartigste Anlage (300 × 185 m), das Traians-F. mit Basilica, Bibliotheksbauten und Traians-Säule (→ Ehrensäulen). Alle diese Platzanlagen sind freigelegt.

C. v. Hülsen, F. R., ²1905; E. Welin, Stud. z. Topogr. d. F. R., Lund 1953; P. Romanelli, *Il F. R.,* Rom ²1956; F. Castagnoli, *Foro Romano,* Mail. 1957; P. Zanker, *Forum Augustum,* 1969; ders., F. R. 1972; M. Grant, *The F. R.,* Verona 1970; W. K. Buchner, Das Zentrum der Welt (Das F. R.), 1990.

François-Vase, attischer Mischkrug von etwa 570 v. Chr., reich mit mythologischen Darstellungen verziert, jetzt im Archäol. Museum, Florenz; → Malerei.

Franken, westgerman. Stammesverband, der durch die von den Römern erzwungene größere Seßhaftigkeit der Germanen im Mündungsgebiet des Rheins entstand. Um die Mitte des 3. Jhs. n. Chr. drangen sie in Gallien ein (→ Iulian). Ihre eigentliche Geschichte beginnt erst in der Zeit der Völkerwanderung durch den Zusammenschluß unter Chlodwig (481–511).

E. Zöllner, Gesch. d. Fr., 1970.

Frankreich → Gallien.

Französische Revolution von 1789 muß in einem Wörterbuch der Antike und ihres Fortwirkens vertreten sein. Sie wollte die Monarchie durch die Republik ersetzen. Dabei schloß man sich an die Republiken des Altertums in Athen und Rom an. Besonders nahe lag den Franzosen als einem romanischen Volke das Vorbild Roms. Montesquieu, Voltaire und Rousseau wiesen auf die Römer hin. Die Begeisterung für die Antike ging auf das 1. Kaiserreich über. Sie zeigt sich in Paris in der Madeleinekirche (1806) und der Börse (1808) im Stile antiker Tempel, in der Colonne Vendome (1806), einer Nachahmung antiker → Ehrensäulen, im Empirestil für Möbel und Kleidung, der sich an die Funde in Pompeii anschloß; in der Bezeichnung Napoleons als *consul* 1799, als *empereur* = lat. *imperator* 1804, der neuen Staatsformen als *republique* = lat. *res publica* u. *empire* = lat. *imperium.* Die Ideen der fr. R. durchsetzten in unerhörter Weise die Welt; so griff die Nachahmung der röm. Republik auch auf die jungen USA über (Senat, Kapitol).

Ch. de Montesquieu, *Considerations sur les causes de la grandeur des Romains et de leur décadence,* 1734; d.: Größe u. Niedergang Roms (mit d. Randbemerkung Friedrichs d. Gr.), 1958; Th. Zielinski, Cicero im Wandel d. Jahrhunderte, [2]1929; C. Mossé, *L'antiquité dans la Revolution française,* Paris 1989.

Frau. Bachofen erkannte, daß es einmal eine Periode des Matriarchats (Mutterrechts) gegeben haben müsse, in der die Frau größere Rechte als der Mann hatte. Mythische Erzählungen weisen auf mutterrechtliche Verhältnisse hin: → Amazonen; Erinyen. Mutterrecht herrschte vielleicht noch in der kret. Kultur, in deren Kunstdarstellungen die Frauen sehr häufig und selbständig auftreten, sicher auch noch in historischer Zeit bei den → Karern. Die Griechen schätzten, soweit wir wissen, im allgemeinen die Frau als dem Mann gleichwertig ein. In der frühgriech. Religion spielten Muttergottheiten und Fruchtbarkeitsgöttinnen eine bedeutende Rolle (→ Religionen im Altertum); die homerische Religion kannte mächtige, hochverehrte Göttinnen (z. B. Athena), was sich schwer erklären ließe, wenn die gr. Fr. eine untergeordnete Stellung eingenommen hätte (die häufigen Streitigkeiten zwischen Zeus u. Hera aber doch wohl eher Rivalitäten einer Geschwisterehe; → Ehe). In der Odyssee kann Penelope in Abwesenheit des Hausherren das Haus selbständig verwalten und auch vor Männern auftreten. Übrigens hielten auch die Germanen die Fr. heilig und trauten ihr die Gabe der Weissagung zu (Tacitus, *Germania* 8).

Dann entstand aber die Lehre, die Fr. sei ein minderwertiges, vor allem dummes, bildungsunfähiges Wesen (→ Pandora): Ebenfalls schon in der Odyssee kann Telemachos seiner Mutter Befehle erteilen. Nach einer Übergangsphase siegte endlich die Lehre von der Minderwertigkeit der Fr.; sie drang im 7./6. Jh. v. Chr. zunächst in Griechenland durch (außer in Sparta), und von da an führten die gr. Fr. ein zurückgezogenes Leben: Schulbildung und berufliche Tätigkeit blieb ihnen versagt (Ausnahme: → Hetären). Zwar gab es Fr. in der gr. Öffentlichkeit von → Sappho bis → Hypatia, also vom ältesten bis zum späten Altertum, aber sie waren sehr selten; immerhin blieb ihnen das Recht des öffentlichen Auftretens als Priesterin. Am gesellschaftlichen u. politischen Leben hatten sie keinen Anteil, besaßen kein Wahlrecht, nicht einmal Zutritt zu den → Olymp. Spielen.

Bei den Römern war der Mann als *pater familias* unumschränkter Herr im Haus; die Fr. lebte unter dauernder Vormundschaft u. Obhut des Vaters, Ehemanns oder Bruders. Diese Rechtsverhältnisse änderten sich nur sehr langsam zugunsten größerer Selbständigkeit der Fr. (Vermögensverwaltung, Scheidung; auch → Cornelia). Ausnahmen waren auch in Rom die Priesterämter (→ Vesta). Aber dann kam mit dem Christentum eine zweite, stärkere Welle der Zurückstellung der Fr.: *Mulier taceat in ecclesia,* „die Fr. soll in der Gemeinde schweigen" (Paulus, 1. Korinther 14, 34), d. h. sie darf nicht als Priesterin oder Predigerin auftreten; Europa stand also in der Frauenfrage für weit über tausend Jahre im

Banne einer Lehre, die im 7./6. Jh. v. Chr. in Griechenland durchgedrungen war! Dagegen traten in den letzten 100 Jahren Frauen auf, die der Fr. die Gleichberechtigung erkämpften (gegen Vorurteile: → Xanthippe).

J. J. Bachofen, Mutterrecht u. Urreligion, 1861, [6]1984; F. Engels, Der Ursprung der Familie, 1884, neu 1962; E. Kornemann, D. Stellung d. Fr. in d. vorgriech. Mittelmeerkultur, 1929; ders., Große Fr. d. Altertums, [4]1952; B. Förtsch, D. polit. Rolle d. Fr. in d. röm. Rep., 1935; J. Leipoldt, D. Fr. in d. ant. Welt u. im Urchristentum, [2]1955; U. E. Paoli, D. Fr. im alten Hellas, 1955; Ch. Seltman, Geliebte der Götter, d. 1960; E. O. James, *Cult of the Mother-Goddess,* 1959; J. Vogt, Von d. Gleichwertigkeit der Geschlechter ..., 1960; V. Zinserling, Die Fr. in Hellas u. Rom, 1972; J. P. V. Balsdon, Die Fr. in d. röm. Antike, d. 1979; W. K. Lacey, Die Familie im antiken Griechenl., d. 1983; S. B. Pomeroy, Frauenleben im klass. Altert., d. 1985; W. Schuller, Frauen in d. griech. Gesch., 1985; ders., Frauen in d. röm. Gesch., 1987; B. Wagner-Hasel (Hg.), Matriarchatstheorien in der Altertumswissenschaft, 1992; M. R. Lefkowitz, Die Töchter des Zeus, d. 1992; G. Duby, M. Perrot (Hg.), Geschichte der Frauen, I Antike, 1993.

Freigelassene → Sklaven.

Fremdsprachen. Sichere Anzeichen deuten darauf hin, daß es in den großen Handelsstädten des Nahen Ostens im 2. Jt. v. Chr. (Hattusa im → Hethiterreich; Tell el Amarna; Ugarit u. a.) mehrsprachige Wörterbücher für die ausgedehnte Geschäftskorrespondenz gegeben hat. Es fällt aber auf, daß wir in der so reich entwickelten griech.-röm. Literatur des Altertums nie fremdsprachliche Lexika und Übungsbücher finden, etwa gr.-persische, gr.-ägyptische; es fehlen sogar, trotz der seit dem Hellenismus so regen Beziehungen zwischen Griechenland und Rom, derartige griech.-lat. und lat.-gr. Bücher. Ferner ist sicher, daß man im Schulunterricht Fr. nicht lehrte. Daraus hat man geschlossen, der antike Grieche und Römer habe Fr. überhaupt nicht gelernt. Aber das ist nicht richtig. Nicht gelernt haben allerdings Griechen und Römer Fr. in den Ländern, in denen sie sich für die Dauer festsetzten; so wie die Engländer in ihren Kolonien ihr Englisch nicht aufgaben. Aber der griech. Kaufmann war nach allem, was wir von ihm wissen, klug genug, um zu merken, daß er mit einem ägyptischen, persischen, skythischen Großkaufmann oder reichen Großherrn um so gewinnbringender handeln konnte, je besser er dessen Sprache beherrschte (→ Hanno). Die Vorherrschaft des Griechischen, die der → Hellenismus brachte, erleichterte allerdings die Handelsbeziehungen u. ersparte den Griechen das Erlernen von Fr. Trotzdem kennen wir zweifelsfrei antike Menschen, die Fr. lernten, wie Themistokles das Persische; Mithradates sprach 22 Sprachen. In älterer Zeit lernten die röm. Kinder etruskisch (Livius IX 36, 3); noch später mußten das, um ihre Lehre zu verstehen, die → haruspices tun. Ovid konnte so gut Getisch, daß er in dieser Sprache auch dichtete (*Briefe aus dem Pontus* IV 13, 19). Mindestens seit etwa Chr. G. verstand jeder gebildete Römer von seinem Studium her Griechisch und die meisten Griechen schon aus Opportunitätsgründen (für den Handel, für Gerichtsstreitigkeiten) Lat.; aber sogar für den Inhaber z. B. eines besseren Friseurladens in Rom war Kenntnis des Griech. unerläßlich (man denke an die Rolle, die etwa um 1750 bei uns das Franz. spielte).

Fremdwörter werden teils aus Bequemlichkeit übernommen, weil sie vielfach treffender sind; so findet man griech. Fr. in den Briefen Ciceros und anderer (des Augustus in Suetons *Leben des Claudius*). In der überwiegenden Mehrzahl aber dringt das Fr. ein, wenn ein Volk von einem anderen eine ihm bisher unbekannte Sache, Einrichtung, Anschauung übernimmt; dann übernimmt es auch das fremde Wort dafür. So sind im Gr. und Lat. Pyramide und Elefant Fr., in allen modernen europ. Sprachen Schule, Kirche, Theater u. v. a. → Obst; Kaufmannsprache; Musik. Das Gr. hat eine Menge Fr., das Lat. noch mehr; doch hat weder das Gr. seine Schönheit und reiche Ausdrucksmöglichkeit, noch das Lat. seine Majestät und Monumentalität dadurch verloren. Ovid betitelte seine „Verwandlungen" nicht lat. *„Mutationes"*, sondern gr. *„Metamorphoseis"*. *Met.* I 7 bringt er das Fr. *chaos*, Horaz *Od.* I 1, 34, das Fr. *barbiton.* Auch das (durchaus auf Volkstümlichkeit u. Verständlichkeit berechnete) Griechisch des Neuen Testaments vermied Fr. nicht, so Ev. nach Matth. 10, 25 *Beelzebub* = Herr des Mistes (hebr.).

In der Geschichte der Fr. wechselt Vorliebe für sie mit ihrer Verfolgung. Sie dringen besonders dann ein, wenn eine ganze Kultur eine andre überschwemmt wie die griech. seit etwa 200 v. Chr. die röm., die röm. seit Bonifatius die deutsche, oder wenn die Völker in besonders nahe Berührung treten wie im 30jähr. Kriege. Andre Zeiten bekämpfen die Fr. (Der Kaiser Tiberius beanstandete in einem Dekret des Senats das gr. Fr. *emblema*, Sueton, *Tiberius* 71.) Trotz mancher Bemühungen dringen auch in unsere modernen Sprachen heute immer wieder neue Fremdwörter ein, besonders seitdem unser gegenwärtiges Leben so sehr durch Naturwissenschaft und Technik beeinflußt wird. Vor allem kann die Sprache der Wissenschaft die Fr., die zum überwiegenden Teil aus dem Gr. und Lat. stammen, überhaupt nicht entbehren.

Friedhof → Grab.

Frontinus, Sextus Iulius, röm. Schriftsteller des 1. Jh. n. Chr., war u. a. auch Direktor der städt. Wasserversorgungsbetriebe in Rom, schrieb auch ein Buch über die Wasserversorgung der Hauptstadt (→ Wasserleitungen mit Konstruktionsbeschreibung, Verteilung und damit verbundene jurist. Fragen).

W: Hg. F. Krohn, 1922, neu 1967; hg. C. Kunderewicz, 1982. – *Ü:* A. Dederich, 1841.

Froschmäusekrieg → Homerische Dichtung.

Frühgeschichte Griechenlands und Roms. Noch ein so kritischer Kopf wie → Thukydides hielt den troischen Krieg für historisch. Unsere abweichende Ansicht darüber geht erst auf hellenistische Historiker zurück. Diese verzichteten auf die Darstellung der Fr., aber nicht, weil die Angaben darüber sämtlich falsch, sondern nur, weil sie zu lückenhaft und widerspruchsvoll seien (Diodor IV, 1, 1–3). Ihre Ansicht wurde weiterhin etwa 2000 Jahre lang sogar dahin ausgedehnt, alle gr. Angaben über Fr. seien nur fabuliert. Erschüttert wurde sie im wesentlichen erst dadurch, daß Schliemann Troia wirklich fand und die dort und in Mykenai und Tiryns aufgedeckte Kultur des 2. Jahrt. v. Chr. sich mit dem, was die Griechen des Altertums davon erzählen, z. T. erstaunlich deckt. Zum anderen Teil ist das freilich gar nicht der Fall. Deswegen sind seitdem die Ansichten über die Glaubwürdigkeit der gr. Sagen geteilt. Auch die Jahreszahlen, die die Gr. für ihre Fr. angaben, brauchen, wenn sie auch nur errechnet sind, deswegen doch nicht ganz falsch errechnet zu sein (→ Troia). – In der Fr. Roms sind viele hübsche Geschichten aus Griechenland übernommen; aber auch hier steckt in der Fr. viel mehr Historisches, als man früher annahm. – Eine gesicherte Grundlage historischer Überlieferung gibt es für Griechenland erst ab der Mitte des 6. Jh. v. Chr., für Rom erst etwa seit 200 v. Chr. – → Mnemotechnik; Kadmos; Odysseus; Troischer Krieg.

A. Alföldi, Röm. Fr., 1976; ders., D. frühe Rom u. d. Latiner, 1977; G. Strasburger, Lex. zur Frühgriech. Gesch., 1984; M. I. Finley, D. frühe gr. Welt, d. 1987; S. Lauffer, Daten der gr. u. röm. Geschichte, 1987.

Füllhorn, Horn der Amaltheia, des Reichtums (→ Plutos), der Fülle. Das F., dem Früchte entquellen, ist, als Symbol des Segens, der letzte Rest des altägyptischen (→ Apis) und altkretischen Stierkults. Die Hörner vertraten schon in Kreta und vertreten noch jetzt, besonders die mächtigen der röm. Campagnaochsen, den segenspendenden Gott. Später sah man als segenbringend auch die Hörner andrer Tiere an, so der Ziege (→ Amaltheia), u. schrieb ihnen auch die Kraft zu, Unheil abzuwehren (→ Böser Blick).

Fünfkampf (Pentathlon) → Sport.

Furcht und Mitleid → Katharsis.

Furien → Erinyen.

Fuß → Längenmaße.

Fußvolk → Infanterie.

Gabeln (lat. *furca;* Furkapaß) wurden im Altertum in der Landwirtschaft verwendet; ferner bei den Griechen, um das Fleisch aus dem Kessel zu nehmen oder, mit sehr langem Stil, um es zum Braten über das Feuer zu halten; bei den Römern dienten sie dem *scissor* = Trancheur beim Zerlegen des Bratens, nicht als Tischg., aber nach Ausweis der Funde mehr, als man früher annahm, auch den Speisenden selbst. Im übrigen aß man freilich außer mit einem Löffel mit den Fingern. Dann taucht die G. im Westen erst wieder 995 in Venedig auf, u. zwar speiste eine griech. Prinzessin, Argillo, bei ihrer Hochzeit mit dem Dogensohne Pietro Orseolo mit Löffel und G., während alle anderen mit den Fingern aßen. In dem weit eleganteren Ostreiche scheint sich also der Gebrauch der antiken G., wenn auch nur bei Vornehmen, erhalten zu haben und von dort nach dem Westen übergegangen zu sein. Doch dauerte es auffällig lange, bis die G. bei Tisch allgemeiner verwendet wurde. Dies geschah zuerst in Venedig, aber erst seit dem 12. Jh. Ludwig XIV. von Frankreich (1643–1715) aß stets ohne G.; in Deutschland sträubten sich im 17. Jh. noch viele gegen das „welsche“ Gerät. → Mahlzeiten.

Gades, Stadt in Spanien, heute Cadix, südlich der Mündung des Baetis (Guadalquivir), gegen 1100 v. Chr. von den Phoinikern angelegt, war der Ausgangspunkt für den atlantischen Handelsverkehr (→ Tartessos). Im 3. Jh. v. Chr. wurde es Operationsbasis für die Karthager. Nach der Eroberung Spaniens durch die Römer blühte die Stadt auf. Antike Reste sind unbedeutend.

Gaia. Wenn mit ai als Diphthong → Ge. – Gaïa, röm. Frauenname. Röm. Trauformel für die Braut: *ubi tu Gaius, ego Gaia* = wo, du Gaius (bist, will auch) ich, G. (sein); Plutarch, *Quaestiones Romanae* 30.

Gaius, röm. Jurist des 2. Jh. n. Chr., Lehrer und Schriftsteller in Rom, verfaßte neben anderen Werken das später grundlegende Einführungswerk für Studienanfänger der Rechtswissenschaft, einen Überblick über Privat- und Zivilprozeßrecht *(Institutiones)*. Der Text wurde erst 1898 auf einem → Palimpsest entdeckt.

W: Hg. E. Seckel, B. Kübler, ^{7}1935, neu 1969. *Ü:* J. Lammeyer, ^{2}1929.

L: A. M. Honoré, *Gaius,* Oxf. 1962; R. G. Böhm, G.-Studien, I–V 1969–72.

Galateia, eine Nereide, hatte einen Liebhaber, Akis, den der eifersüchtige Polyphemos, einer der → Kyklopen, erschlug; G. erweckte Akis wieder zum Leben. Zahlreiche Opern behandeln diesen Stoff.

Galater → Kelten.

Galba. Servius Sulpicius G., aus altpatrizischem Geschlecht, 5 v. Chr. geb., war seit Tiberius als Legat in Aquitanien, Germanien und Spanien tätig. Bei der großen Unzufriedenheit, die im Reiche gegen Neros Regierung herrschte, riefen ihn die spanischen Legionen 68 als Kaiser aus. Die Prätorianer erkannten ihn an. Er war aber der Lage nicht gewachsen. Als die untergermanischen Legionen Vitellius erhoben und die über seine Sparsamkeit empörten Prätorianer ihn fallen ließen, wurde er Anfang 69 ermordet.

Galenos v. Pergamon, gr. Arzt des 2. Jh. n. Chr., praktizierte in Rom (zeitweilig als kaiserl. Leibarzt) und in Pergamon. Er hatte 153 Schriften mit über 500 Büchern verfaßt, in denen er versuchte, die zersplitterte Lehre noch einmal auf eine gemeinsame wissenschaftl. Grundlage zu stellen; in klarer, verständlicher Sprache und mit großem Fleiß schuf er letztmalig im Altertum eine Synthese des medizin. Wissens in nahezu kanonischer Form. Dadurch galt G. bis zur Renaissance als unbestrittene Autorität auf dem Gebiet der → Heilkunde; Pergamon.

W: Hg. C. G. Kühn, XX 1821–33, neu 1964–65. Zahlreiche arab. und lat. Übersetzungen. – *Ü:* E. Beintker, W. Kahlenberg, 1939 ff.

L: G. Sarton, *G. of Pergamum,* Lawrence 1954.

Gallien hieß im Altertum das heutige Frankreich, aber auch Oberitalien, das die Römer nicht zu Italien rechneten. Man unterschied daher *Gallia transalpina* (jenseits = nördlich der Alpen) und G. *cisalp.* (Oberitalien =

diesseits der A.); weiter *G. transpadana* (jenseits des Po) und *cispadana* (südlich des Po). Der südliche Streifen von Frankreich, von den Alpen bis zu den Pyrenäen, den die Römer 125–120 v. Chr. besetzten, hieß *Gallia Narbonensis* nach der Hauptstadt *Narbo* (Narbonne) oder kurz *Provincia* = Provence. Dieser Teil war schon in der ersten Kaiserzeit völlig romanisiert und hatte blühenden Handel und hohen Wohlstand. Die wichtigsten Städte waren Nemausus (→ Nimes), Narbo, Arausio (Orange). Sie haben heute noch bedeutende Reste röm. Bauten. → Kelten; Provence; Caesar.

O. Brogan, *Roman Gaule romaine,* Paris [2]1959; A. Grenier, *Les Gaules,* Paris [3]1970; P. Mac Kendrick, *Roman France,* N.Y. 1972; G. Bonheur, *Notre Patrie Gauloise,* Paris 1974; P. M. Duval, Gallien, d. 1979; J. F. Drinkwater, *Roman Gaul,* Lond. 1983.

Gallier → Kelten. Die Berichte über die Gallierkatastrophe, durch die Rom 390 v. Chr. fast zugrunde ging, sind ein interessantes Beispiel dafür, wie röm. Stolz die historische Überlieferung im Laufe der Zeit fälschte. Die älteste Tradition berichtete nur kurz, daß die Gallier nach der Schlacht an der Allia Rom außer dem Capitol eroberten und zerstörten. Durch ein reiches Lösegeld wurden sie zum Abzug bewogen. Diese Niederlage kränkte jedoch den röm. Nationalstolz. Mehrere Varianten, die bei verschiedenen Schriftstellern erhalten sind, zeigen die fortschreitende Fälschung. Die letzte Fassung der Sage in der Geschichte des gr. Rhetors Dionysios v. Halikarnaß berichtet, es sei überhaupt nicht zur Lösegeldzahlung gekommen, da Camillus gerade in dem Augenblick erschien, als Brennus beim Abwägen des Goldes sein berühmtes → *Vae victis* ausrief. So wurde die G.-Katastrophe im 1. Jh. v. Chr. aus einer demütigenden Niederlage beinahe zu einem Sieg; → Camillus.

Gallus. Cornelius G., geb. 69 v. Chr., von Augustus zum Präfekten Ägyptens gemacht, 26 v. Chr. durch Selbstmord geendet, galt in Rom als der „Erfinder" der → Elegie; jedenfalls hat er diese Dichtungsgattung in die röm. Literatur eingeführt. Von den 4 Büchern ist ein einziger Vers erhalten; die E. waren wohl unter dem Titel *„amores"* (Liebeslieder) vereinigt (→ Ovid).

Gandharakunst, Kunstepoche zwischen dem 1. und 4. Jh. n. Chr. in einem Teil von Vorderindien; ihre stark ausgeprägten griech.-persischen Züge gehen letztlich auf den Zug Alexanders d. Gr. zurück, andererseits bestehen enge thematische Bindungen zum Buddhismus. Die Epoche ist in der Datierung im einzelnen stark umstritten; schon lange bekannt, aber früher kaum beachtet, da man Ausstrahlung gr. Wesens bis Indien für unmöglich hielt; jetzt, da man diese Wirkung bis China hin kennt, gewinnt die G. schon als Etappe auf diesem weiten Wege an Bedeutung.

A. Foucher, *L'art Greco-Bouddique du G.,* Paris III 1905–51; J. H. Marshall, *The Buddhist art of Gandhara,* Lond. 1960; D. Ahrens, Die röm. Grundlagen der G., 1961; M. Hallade, Indien, Gandhara, . . ., 1968.

Gans, gr. *chen,* lat. *anser*. Diese drei Wörter sind, obwohl im Aussehen ganz verschieden, sprachlich identisch; Deutsche, Gr. und Röm. haben also das Wort und das Tier aus ihrer indogerm. Urheimat mitgebracht. In Rom die G. der Iuno heilig; Gänse als Weissagevögel (je nachdem sie fraßen oder nicht) staatlich auf dem Capitol unterhalten; dieses 390 v. Chr. beim Galliereinfall durch ihr Geschnatter gerettet (→ Manlius). G.-Leber, durch grausame Mästung künstlich vergrößert, beliebter Leckerbissen des Altertums und von da an bis heute. Mästung besonders mit Feigen. – Gans, althochd. *ganta,* ist eines der ältesten deutschen Wörter, die wir belegen können (Plinius, *n. h.* X, 53).

Ganymedes, schöner Knabe, in den sich Zeus verliebte. Er ließ ihn durch einen Adler auf den Olymp tragen und machte ihn dort zu seinem Mundschenken. Bekannte Gruppe, Adler, den G. emportragend, im Vatican in Rom, antike Marmorkopie nach einem Bronzewerk des Leochares (4. Jh. v. Chr.).

H. Sichtermann, G., Mythos u. Gestalt, 1953; G. Lippold, Leda u. G., 1954.

Garde der griech. Könige und Tyrannen, *doryphoroi* = Speerträger; der röm. Kaiser, → Prätorianer.

Gardepräfekt. Die 2 G., *praefecti praetorio* (→ Präfekt), Befehlshaber der 9 Gardecohorten (→ Prätorianer), wurden vom Kaiser ernannt. Sie entstammten dem Ritterstande, und das Amt bedeutete die Spitze der ritterlichen Laufbahn. Die G. waren bei Abwesenheit des Kaisers seine Stellvertreter. Ihr täglicher Umgang mit dem Kaiser steigerte ihren Einfluß. Der erste G., der seine Stellung mißbrauchte, war → Seianus. Im 2. Jh. wurden den G. besonders wichtige richterliche Aufgaben zugewiesen; Marcus Aurelius fällte kein Urteil ohne sie.

Garten. Die kretische Kultur kannte Blumenzucht; herrliche Fresken mit Lilien in Knossos und in Amnisos. Die ältesten Griechen übernahmen die Blumenzucht nicht. Homer kennt einen Nutzg. (des Alkinoos, *Od.* VII 122ff. und XXIV 220 des Laertes), aber noch keinen Blumen- und Zierg. und keine Kränze. Man pflanzte außer Gemüse vor allem Ölbäume und Weinreben. Im 5. Jh. v. Chr. gaben sogar die Athener den Körnerbau auf und gingen zur Gartenkultur über, da diese ertragreicher war; für die Getreideversorgung verließen sie sich auf die reichen Ernten der Krim und Ukraine. Die Blumenzucht und die Anlage großer G. (→ Paradies; 7 Weltwunder [„Hängende“ G.]) kam erst aus Persien nach Europa. Das gr. Wort für G., *kepos,* ist sprachlich unerklärt; das lat. *hortus,* ist lautlich dasselbe wie unser Wort G. Auch bei den Römern spielte nicht der Blumen-, sondern der Nutzg. die größte Rolle. Man baute nach Varro Reben, Gemüse, Weidenbüsche, Ölbäume und Eichen, weil sie mehr abwarfen als der Ackerbau. Seitdem die Latifundien aufkamen und durch die Eroberungen der speziellen Getreideländer billiges Getreide nach Rom kam, wurden diese Pflanzen auf ausgedehnten Plantagen angebaut. Erst im 1. Jh. v. Chr. entstanden auch großartige Parks, die denen der hellenistischen Fürsten nachgemacht waren. Nach Bildern waren sie im späteren französischen Geschmack angelegt, die Wege und Beete abgezirkelt, die Pflanzen z. T. verschnitten. Man belebte die G. durch Teiche, Wasserkünste und plastischen Schmuck (Brunnenfiguren in Mengen erhalten). Manche G. hatten auch Treibhäuser. Viele antike G. waren sehr berühmt, so der auf dem Prachtschiff Hierons II., vor allem die auf dem → Pincius in Rom. → Haus; Vettierhaus. Eine Handelsgärtnerei fand sich in Pompeii. Ärmere Leute zogen Blumen vor den Fenstern. Die Germanen kannten zu Tacitus' Zeit *(Germ. 26)* und noch lange nachher keine G., sondern übernahmen sie und die Zucht von Heil-, Küchen- und Zierpflanzen aus dem Süden erst als Klosterg. und auf Grund von Karls d. Gr. *Capitulare de villis* = Haupterlaß über Gutshöfe (814?); viele unserer Gartenblumen wie Rose, Lilie, Reseda tragen deswegen lat. Namen.

P. Grimal, *Les jardins Romains,* Paris [2]1969; W. F. Jashemski, *The Gardens of Pompeji,* 1979.

Gaugamela → Alexander d. Gr.

Ge oder **Gaia,** die Erde, nach Hesiods *Theogonie* nicht, wie bei Moses I 1, von einem Gott geschaffen, sondern nach dem → Chaos von selbst entstanden; Mutter des Uranos (des Himmels) und des Pontos (des Meeres).

A. Dieterich, Mutter Erde, 1925.

Gebiß (Zahnersatz) → Heilkunde.

Geburtsgöttinnen, gr. *Eileithyiai,* Töchter des Zeus und der Hera, erleichterten die Geburten. Die Römer schrieben dies ihrer *Iuno Lucina* zu, später unter gr. Einfluß einer *Ilithyia.* → Genius; Moira.

Geburtstag. Der G. vieler älterer berühmter Griechen und Römer ist unbekannt; es gab keine standesamtlichen Register, in denen spätere Forscher hätten nachsehen können. Denn der Staat interessierte sich für einen Menschen erst dann, wenn er militärpflichtig wurde (→ Epheben). Listen von Neugeborenen wurden erst seit hellenistischer Zeit angelegt, als die Diadochen für jeden Untertan eine gleich von der Geburt ab zu zahlende Kopfsteuer eingeführt hatten. In Rom brauchte man Kenntnis des G. Vornehmer wegen der für die → Ämterlaufbahn gültigen zeitlichen Beschränkungen. – In der Familie war der G. jedes einzelnen natürlich bekannt und wurde mit Glückwünschen, Geschenken, Schmaus und Trank gefeiert, und zwar vielfach allmonatlich; in Rom auch wie noch bei uns mit Anzünden von Lichtern. – Auch G. von Göttern wurden gefeiert, z. B. der Apollons am 7. jeden Monats, der des → Mithras. Seit hellenistischer Zeit Königs-, seit Augustus Kaisergeburtstagsfeiern, wie bei uns bis 1918 in den Schulen, aber auch im Circus; dort Spiele, Geschenke an das Volk, schließlich der angebliche Gründungs- oder, wie man zu sagen pflegt, Geburtstag Roms, der 21. April. Er wurde nachweislich das erstemal 249 v. Chr. in der Not des 1. punischen Krieges durch ein dreitägiges Sühneopfer für die unterirdischen Götter gefeiert. Dadurch sollte die alte Schuld gesühnt und ein neues glückliches Zeitalter begonnen werden. Seitdem feierte das römische Volk, von dem Gedanken ausgehend, daß 100 (oder 110) Jahre die äußerste Lebensdauer eines Menschen seien, Säkularfeiern (1. Wiederholung 146 v. Chr.). Das berühmteste Fest veranstaltete Augustus nach Beendigung des Bürgerkrieges 17 v. Chr. in besonders prunkvoller Weise (*carmen saeculare* → Horaz). Die augusteische Tradition wurde durch Domitian (im Jahre 88 n. Chr.), Septimius Severus (204) fortgesetzt. Andere Feiern schlossen sich an: (Claudius 47 n. Chr. 800-Jahr-Feier), Antoninus Pius 147, Philippus 248 (1000-Jahr-Feier). Im Mittelalter nahm Papst Bonifaz VIII. die Sitte auf (Jubeljahr 1300). Spätere Päpste feierten das Fest in immer kürzeren Abständen (1350, 1389, seit 1460 alle 25 Jahre). Die kirchlichen Feiern wurden das Vorbild für alle weltlichen Jubiläen (→ auch Capitol).

W. Schmidt, G. im Altertum, 1908.

Gefängnis → *carcer*. Die G. hielten im Altertum Verdächtige oder Schuldige meist nur bis zum Prozeß bzw. bis zur Hinrichtung fest, in Schuldhaft bis zur Bezahlung der Schuld; Aufenthalt im G. als Strafe gab es im allgemeinen nicht. → Strafen.

Geflügelte Worte, ein bei Homer häufiger Ausdruck in der Übersetzung v. J. H. Voß; dem Sinne nach „schnell von den Lippen eilende Worte"; seit dem Erscheinen des bekannten Werkes von G. Büchmann (1864) Ausdruck für allgemein gebrauchte, quellenmäßig nachweisbare Zitate. Die große Zahl der dem Griech. und Lat. entstammenden, in allen europäischen Hauptsprachen verwendeten gefl. W. zeigt, wie eifrig man früher gr. und lat. Schriftsteller las und wie intensiv diese unser Geistesleben befruchteten. – → Publilius.

A. Otto, Die Sprichwörter u. sprichwörtl. Redensarten der Römer, 1890, neu 1962; A. Sellner, Latein im Alltag, 1980; *Veni, vidi, vici:* Gefl. Worte aus dem Gr. u. Lat., hg. K. Bartels, L. Huber, [9]1992; H. Krauss, Gefl. Bibelworte, 1993; K. Bayer, Nota bene. Lat. Zitatenlexikon, 1993.

Geheimkulte → Mysterien.

Geld. Der älteste Handel war Tauschh.; da man Waren besonders gegen Vieh tauschte, hieß im Lat. noch später G. *pecunia,* zu *pecus* = Vieh. Dienste bezahlte man mit Sachwerten, meist Naturalien. – Die nächste Stufe war die der Einsetzung eines bestimmten Wert- u. Tauschmittels, eines eigentlichen Zahlungsmittels, und zwar der Edelmetalle, die sich dazu besonders eignen, weil sie selten sind, nicht rosten und, im Falle des Goldes, keiner Veränderung unterworfen sind. Diese Entwicklungsstufe erreichten in Mesopotamien zuerst die Sumerer und die Ägypter der vordynastischen Zeit. Freilich mußte man beim Kauf die Metallstücke abwägen (Moses I 43, 21; Münznamen). Auf dieser Stufe blieb Ägypten bis in hellenistische Zeit. Eine Art wirklichen G.s entstand dadurch, daß man den Metallstücken eine bestimmte Form, Größe und Gewicht gab. Dieses älteste G. war mit dem Beginn der späten Bronzezeit (etwa 1600 v. Chr.) bei Ägyptern und → Phoinikern in Form von Ringen aus → Gold oder → Elektron und bei Kyprern und Kretern in Form von Rinderfellen aus Bronze oder

Kupfer üblich. Dem Gewicht von etwa 8,5 Gramm des Goldringes entsprach offenbar der Wert des $25^1/_2$ Kilogramm schweren Kupferbarrens; seine Form erinnerte noch an das alte Zahlungsmittel des Rindes, dessen Wert er darstellte. Beide Einheiten hießen bei den Griechen *talanton* (→ Talent). Beide Währungseinheiten wurden bei Grabungen gefunden: Goldringe u. a. in den Schachtgräbern von Mykenai und in Salamis auf Zypern, Kupferbarren in Zypern, Kreta, Sardinien, auf Euboia und im Palast von Mykenai. Erinnerung an die Goldwährung in der *Ilias* 23, 740. Mit dem Ende der kretisch-mykenischen Kultur im Ausgang des 2. Jahrt. kam dieses G. außer Gebrauch. Als Gewichtseinheit lebt das Kupfertalent wohl noch im späteren „Euböischen Talent" weiter. Dann findet sich G. erst etwa im 7. Jh. v. Chr. in Griechenland. Dieses „Gerätgeld" hatte die Form von Barren, Beilen, Sicheln oder Spießen; davon hieß noch später eine runde athenische Münze *obolos,* zu *obelos* = Bratspieß. Im 5. Jh. n. Chr. behauptete der Grammatiker Orion, Pheidon, der im 7. Jh. v. Chr. Tyrann von Argos war, habe nach Einführung des runden G. altes Spießg. zum Andenken im Tempel der Hera in der Argolis aufgestellt. Ferner gaben die Griechen an, ihre Münze → *drachme,* deren Namen „das, was die Hand füllt" bedeutet, heiße so, weil man 6 obolen mit einer Hand habe fassen können. Das hielt man für falsch, weil viel mehr als 6 runde O., ganz kleine Silbermünzchen, in eine Hand gehen; außerdem bezweifelte man die Nachrichten später Grammatiker überhaupt gern, und Orion ist in der Tat von Pheidon um rund 1100 Jahre getrennt. Aber er hat recht! Die (1,20 m langen, also recht unpraktischen) Spieße haben sich bei Ausgrabung des Heratempels gefunden; mit einer Hand kann man 6 umfassen! Dieses G. befindet sich jetzt im Numismatischen Museum in Athen.

Geld als Münze (gr. *nomisma*), d. h. ein als Zahlungsmittel verwendetes Metallstück, dessen Gewicht und Metallgehalt von einer Autorität durch Stempel garantiert wird, ist offenbar eine Erfindung der hellenisierten Lyder (→ Lydia). Nach den Funden von → Elektronmünzen mit dem königlichen Wappentier, einem Löwen, als Prägung, in dem 652 v. Chr. von den Kimmeriern zerstörten Artemision von Ephesos, ist der Beginn dieser Münzprägung unter König Gyges (689–652 v. Chr.) anzusetzen. Mit der Übertragung der Münzprägung ins europäische Griechenland im 7. Jh. wurde Silber das am häufigsten verwendete Münzmetall (vgl. noch heute franz. *argent* = 1. Silber, 2. Geld), das im Gegensatz zu Gold dort reichlicher gefunden wurde (→ Aigina). – → Goldprägung; Italiker; Münzen.

B. Laum, Das Eisengeld d. Spartaner, 1925; ders., Über d. Wesen d. Münzgeldes, 1929; A. Giesecke, Antikes G.wesen, 1928; F. M. Heichelheim, Wirtschaftsgesch. d. Altert., 1938; W. Gerloff, Die Entst. d. G.es, [3]1947; ders., G. u. Gesellschaft, 1952; H. Weimer, Gesch. d. G.es, 1992.

Geldstrafen → Strafen.

Gellius. Aulus G., geb. etwa 130 n. Chr., veröffentlichte um 175 n. Chr. *Noctes Atticae,* „Attische

Nächte", so betitelt, weil er das Material zu dem Werke als Student in Athen an langen Winterabenden gesammelt hatte. Es enthält Auszüge aus gelehrten Büchern. Als Wissenschaftler stand G. nicht hoch. Aber er hatte ein Gefühl für das, was einen gebildeten Leser auf dem Gebiete der Grammatik, der Philosophie, Mathematik, Rechtswissenschaft, Geschichte und der Antiquitäten interessiert, und wußte es auch ganz geschickt vorzutragen. Wir verdanken ihm sehr viele Auszüge aus sonst verlorenen Schriften.

W: Hg. C. Hosius, 1903, neu 1991. – *Ü:* F. Weiß, 1875–76, neu 1992.

Gelon, Tyrann von Gela in Sizilien. Er bemächtigte sich der Stadt Syrakus und beherrschte von dort aus 485–478 v. Chr. das östliche Sizilien. Durch seinen Sieg über die Karthager bei Himera 480 wurde der gr. Westen von der Bedrohung durch die Phoiniker zur gleichen Zeit befreit, wie der Osten durch den Sieg bei → Salamis von der Invasion der Perser. → Hieron.

Gemeindeland *(ager publicus)* hieß bei den Römern das Land, das sie den besiegten Feinden abnahmen, gewöhnlich $^1/_3$ der Feldmark. Es gehörte der röm. Gemeinde; jeder Bürger konnte darauf eine bestimmte Anzahl Vieh halten. Die Patrizier übernahmen es aber gegen geringen Pachtzins für sich; dadurch entstanden große Güter (→ Latifundien). Schon früh machten jedoch die ärmeren Bürger ihr Anrecht geltend; im Ständekampf spielten ihre Ansprüche auf den *a. p.* eine große Rolle. Durch die *leges Liciniae-Sextiae* wurde 367 v. Chr. ein Höchstmaß von 500 *iugera* (125 ha) festgesetzt, über das hinaus niemand G. besitzen durfte; doch hatte die Maßnahme wenig Erfolg. Neue Bedeutung erhielt die Aufteilung des G. seit der Zeit der → Gracchen, als weitschauende Angehörige der Nobilität versuchten, die Verelendung weiter Kreise der Plebs und die daraus erwachsenden politischen Gefahren durch Einziehung des G. u. Neuverteilung an das Proletariat zu lösen. Die Bestrebungen scheiterten an der Habgier und dem Mangel an Einsicht bei der Mehrzahl der röm. Adligen und an der Faulheit des städtischen Proletariats, das einer geordneten, schweren Landarbeit längst entwöhnt war.

L. Zancan, *ager publicus,* Padua 1935.

Gemmen → Steinschneidekunst.

Genius, röm. Gottheit (= der zeugen kann), die Verkörperung der im Manne liegenden Zeugungskraft, während Iuno die Verkörperung der Gebärkraft der Frauen darstellt (→ Geburtsgöttinnen). So hieß auch das Ehebett *lectus genialis.* Diesen Vorstellungen entsprechend hatte jeder Mann seinen eigenen G., der seine männliche Kraft repräsentierte, so lang er lebte. Der G. des *pater familias* hatte eine besondere Stellung gemäß der, die der Hausherr in der Familie genoß. Man brachte ihm am Geburtstag eine Spende, und die Sklaven schworen bei ihm. An die Verehrung des G. des *pater familias* knüpfte Augustus den Kult des G. *Augusti,* also des G. des Kaisers, an. In den Hauskapellen der pompeianischen Häuser erscheint der G. als Schlange. Erst der Kaiserzeit entstammt die Vorstellung, daß auch jeder Ort seinen Schutzgeist habe *(g. loci).*

Geographie, gr. zu *ge* = Erde, *graphein* = beschreiben. Intensiveres Interesse für geographische u. ethnographische Dinge hatten bereits die asiatischen Handelsvölker. Halb Kaufleute, halb Forscher, unternahmen sie weite, kühne Expeditionen (Necho, König von Ägypten) und beschrieben das Erlebte zu Nutzen der Nachfahren. Bei den Griechen entstand das gleiche Interesse, als sie zu einem Handelsvolk wurden, zuerst bei den Ionern im 7. und 6. Jh. v. Chr. Die Vorliebe für Schauen und Forschen und die Erfordernisse eines weitverzweigten Handelsverkehrs mit fremden Völkern führten zur beschreibenden Länderkunde, die ihren Höhepunkt in den reichen Materialsammlungen und den Listen des → Hekataios und den Schilderungen der Sitte u. Kultur fremder Völker durch Herodot erreichte. Der Wunsch, sich von der Welt im Ganzen ein Bild zu machen, veranlaßte die spekulative Welterklärung, die in den Systemen der Naturphilosophen ihren Niederschlag fand. Schon damals kam man zu der Annahme, daß die Erde eine Kugel sei (→ Astronomie). Die fortschrittlichsten Vertreter waren Anaximandros (Weltkarte auf spekulativer Grundlage) und Xenophanes (Zoneneinteilung der Welt). In der klassischen Periode wurde die G. nicht wesentlich gefördert. Erst durch die Züge Alexanders wurde das Interesse an ihr wach. Der König selbst hatte für diese Studien sehr große Vorliebe, die offenbar durch seinen Lehrer Aristoteles geweckt war. Er selbst ließ die Südküste Asiens durch seinen Admiral Nearchos erforschen und beschreiben. Gelehrte in seinem Gefolge sammelten alles Wissenswerte. So veröffentlichte Aristobulos hervorragende geographische u. ethnographische Schilderungen, und Megasthenes brachte Aufklärung über Indien. Um die gleiche Zeit (um 350) unternahm Pytheas von Massilia aus seine Nordlandreise (→ Thule). Diese neuen Erkenntnisse der Länderkunde kamen auch der wissenschaftlichen G. zugute. Eratosthenes konnte ein wissenschaftliches Bild der Welt entwerfen, das auf math. Grundlage aufgebaut war. Er gab eine Erdbeschreibung „nach einer schematischen Einteilung der Erdoberfläche in ungleich große, von 7 Meridianen und ebensoviel Parallelen begrenzte Vierecke". Außerdem errechnete er den Erdumfang mit anerkennenswerter Annäherung auf 252000 Stadien = ca. 39690 km (in Wirklichkeit 40700 km). Noch exakter ging Hipparchos vor, der durch ein Gradnetz (von 360 Grad zu je 700 Stadien) die Weltkarte des Eratosthenes verbesserte. Um 150 v. Chr. schuf Krates von Mallos den ersten Globus. Auch die beschreibende Länderkunde machte Fortschritte. Hervorragende Schilderungen der ethnographischen Verhältnisse fremder Länder, besonders von Afrika und Asien, wurden veröffentlicht. Die Kenntnis der Erde erweiterte sich immer mehr. An der Forschung beteiligten sich auch die Römer. So schickte Nero eine Expedition nach Afrika, die sicher bis 9° n. Br. kam; → Nilquelle. Man kannte Indien, China, sogar Ceylon, die Ost- und Westküste von Afrika bis zum Äquator. Strabon lieferte bereits für das röm. Publikum ein praktisch brauchbares Werk, das die Oikumene beschrieb. Die Landkarte des → Agrippa weckte wohl erneut geogr. Interesse: Der Spanier Pomponius Mela schrieb (unter Claudius) eine *Chorographie* (= Länderbeschreibung) in 3 Büchern. Einen Abschluß der geogr. Forschungen bedeutete das Werk des Klaudios Ptolemaios, der einen erläuternden Text zu einer Weltkarte mit Längen- und Breitengraden für etwa 8000 Orte schrieb. Sein Werk hat im Altertum und Mittelalter kanonische Geltung gehabt. Die Römer bildeten auch die genaue Landvermessung u. Übertragung auf ein kleines Kartenbild aus; ein Beispiel dafür ist der in Bruchstücken erhaltene Stadtplan Roms (Forma Urbis, etwa 210 n. Chr., Maßstab 1:246). – → Landkarten; Entdeckung Amerikas; Kugelgestalt der Erde; Eratosthenes; Strabon; Plinius d. Ä.; Reisehandbücher; China.

W: Geographi Graeci Minores, hg. C. Müller, III 1855–61, neu 1965 (mit Atlas); *Geographi Latini Minores,* hg. A. Riese, 1878, neu 1964.

L: M. Ninck, D. Entdeckung Europas durch die Griechen, 1945; J. O. Thomson, *A History of Ancient Geography,* Cambr. 1948; C. Van Paassen, *The classical tradition of geography,* Groningen 1957; E. H. Bunbury, W. H. Stahl, *A history of ancient geography,* N. Y. [2]1959; E. Olshausen, Einf. in d. hist. Geographie d. Alten Welt, 1991.

Geometrie, gr. zu *ge* = Erde, *metrein* = messen. Die Ägypter trieben G. als das, was der Name besagt, als Feldmessung; die Griechen, zuerst wohl Pythagoras, als → Wissenschaft. → Mathematik; Schulbücher; Eukleides.

Geometrische Vasen, gr. Keramik des 10.–7. Jhs. (→ Dipylon), in Italien noch viel später, die das Gefäß mit g. Figuren, Kreisen, Quadraten, Zickzacklinien u. ä. bemalte.

V. Desborough, *Protogeometric Pottery,* Oxf. 1952; K. Schefold, Frühgriech. Vasenbilder, 1964.

Gerichtswesen → Prozeß; Logographen.

Germanen. Grundlagen unserer Kenntnisse von den G. sind zunächst Ausgrabungen. Seit dem 1. Jahrh. v. Chr. treten Angaben gr. und röm. Schriftsteller hinzu. Diese berichten zuerst anläßlich des Einfalls der → Kimbern und Teutonen über G. Doch sind diese Aufzeichnungen noch ungenau; man kannte die G. noch nicht genügend und verwechselte sie noch mit den Kelten, z. T. auch mit den Skythen. Weit verläßlicher sind die Nachrichten in Caesars *bellum Gallicum,* etwa aus dem Jahre 52 v. Chr., besonders der zusammenhängende Abschnitt VI 21–28 (die Kapitel 25–28 stammen vielleicht nicht von Caesar selbst). Weitaus das beste Bild von den G. vermittelt uns Tacitus' *Germania.* Dazu treten vereinzelte Nachrichten bei anderen antiken Schriftstellern. Zu den literarischen Quellen treten ergänzend hinzu: Inschriften und Kunstwerke mit Darstellungen von G. – Dies gilt im wesentlichen auch für unsere Kenntnis der Völkerwanderungszeit; auch diese lernen wir besonders eindringlich aus griechischen und römischen Schriftstellern, vor allem aus → Prokopios kennen. Doch gab 551 n. Chr. der Gote (Alane) → Iordanes eine Gotengeschichte heraus *(Ursprung u. Taten der Goten),* einen Auszug aus dem gleich betitelten (uns verlorenen) Werke des Römers Cassiodor.

Den Namen *Germani* sucht Tacitus im letzten Satze des 2. Kap. der *Germania* zu erklären. Doch ist es trotz vieler Bemühung nicht möglich, die Angaben dieses berüchtigten „Namensatzes“ eindeutig zu verstehen (die Benennung kam von den Galliern). Über die Herkunft der G. wissen wir nichts Sicheres. Man nimmt aber wohl mit Recht Südskandinavien und Norddeutschland als ihre Heimat an. Im Osten stießen sie am Ende der Bronzezeit bis an das Schwarze Meer vor, im Westen treten gegen Ende des 2. Jh. v. Chr. die → Kimbern und Teutonen als erste germ. Stämme in das Licht der Weltgeschichte ein. Von da an beginnt die Beunruhigung des röm. Reiches durch german. Völkerschaften, die, von Landhunger getrieben, immer wieder den Rhein zu überschreiten versuchten; → Caesar; Limes.

Durch die Ausgrabungen erfahren wir viele wichtige Einzelheiten, vor allem über die materielle Kultur der G. Über Wesen und Charakter, Sitten und Gebräuche dagegen unterrichten uns die Römer, besonders Tacitus in seiner *Germania,* der die germ. Kultur um 100 n. Chr. studiert hat. Nach einer Einleitung über die Grenzen Germaniens und über den Ursprung der G., über ihre Körpergestalt, über die Beschaffenheit des Landes und seine Erzeugnisse schildert Tacitus die germanische Bewaffnung und Kampfesweise, die Führung im Kriege, Hochschätzung der Frau, Religion, Orakelwesen, Volksversammlung, Rechtsprechung, Wehrhaftmachung, Leben im Frieden, Wohnung, Kleidung, eheliches Leben, Reinheit der Sitten („dort vermögen gute Sitten mehr als anderwärts gute Gesetze“, Kap. 19), Kinderzucht, Erbrecht, Fehderecht, Gastfreundschaft, Speise und Trank, Spiele (Schwerttanz; Würfelspiel), Lage der Sklaven und Freigelassenen, Ackerbau, Bestattung und Totenkult. Alle diese Nachrichten stammen aus zweiter Hand und sind vorsichtig zu beurteilen. Im zweiten Teil der *Germania* (Kap. 28–46) beschreibt Tacitus die verschiedenen germ. Stämme u. ihre Besonderheiten; doch sind die Angaben über die entfernteren Stämme recht unzuverlässig. Im allgemeinen haben die archäologischen Funde die Angaben des Tacitus bestätigt, aber andererseits zeigten sie uns doch die materielle Kultur der G. höher stehend, als man nach der Schilderung des Tacitus annehmen möchte. Ihm verdanken wir auch Auskunft über Dinge, über die wir sonst nichts Genügendes wüßten, z. B. über die Augen-, Haar- und Hautfarbe. (→ Röm.-german. Forschung).

Im 3. Jh. n. Chr. gerieten die G. wieder in Bewegung. Die Alamannen eroberten das → Decumatland. Andre G. fielen in die röm. Grenzländer, ja in Italien selbst ein. Dort wurden sie zwar zunächst zurückgeworfen, so von den Kaisern Claudius II. Gothicus (268–270) und Aurelianus (270–275). Immerhin erschien die G.-Gefahr als sehr bedrohlich; Aurelian baute die neue Mauer Roms (→ Stadtmauern), die denn Rom auch noch bis 410 geschützt hat. Aber von 375 an überfluteten die G. das ganze Imperium. In die von ihnen verlassenen Gebiete im N. und O., bis zur Elbe und Saale, rückten die Slawen nach. – Das röm. Ostreich litt unter den Plünderungen der G. (→ Ephesos; Sparta), vermochte aber die G.-Gefahr als solche abzuwehren. Im Westreich entstanden folgende neue Reiche: das der Vandalen in Nordafrika, der Ostgoten in Italien, der Westgoten in Spanien und Südfrankreich, der Franken im übrigen Frankreich. Sie erlebten ihre höchste Blüte um 500; damals erstrebte → Theoderich einen Zusammenschluß aller G.-Reiche, der jedoch nicht zustande kam. Vielmehr erlagen die Vandalen 534, die Ostgoten 552 den Oströmern unter Iustinian, die Westgoten 711 den Arabern. An Stelle der 552 geschlagenen Ostgoten hatten sich schon 568 die Langobarden in Norditalien festgesetzt. Ihr Reich fiel 774 an das der Franken, das einzige G.-Reich, das sich auf röm. Boden behauptete und unter Aneignung der dort vorgefundenen Kultur die Grundlage zu einer romanisch-germanischen Völkergemeinschaft bildete. Dessen machtvollster Herrscher (→ *Caesar* als Berufsbezeichnung) vereinigte unter seiner Herrschaft so weite Gebiete des ehemaligen röm. Westreichs, daß er 800 dessen rechtmäßiger, von Ostrom als solcher auch anerkannter Kaiser werden konnte. Kulturell hat das Westreich unter den vielen seit 375 geführten Kriegen schwer gelitten; als Retterin des antiken Kulturguts erschien die Kirche (529 Monte Cassino gegründet, das erste Kloster in Europa).

J. de Vries, G. und Kelten, 1960; ders., D. geistige Welt der G., [3]1964; K. F. Stroheker, Germanentum u. Spätantike, 1965; R. Hachmann, Die G., 1971; G. Mildenberger, Sozial- u. Kulturgesch. d. G., 1972; A. Franke, Rom u. d. G., 1980; W. Sölter, Das röm. Germanien aus d. Luft, 1981; B. Krüger (Hg.), Die G., II [2]1987–[5]1988; L. Kilian, Zum Ursprung der G., 1988. → Tacitus.

Germania → Tacitus; Germanen.

Germanicus. Gaius Iulius Caesar G., Sohn des Nero Claudius Drusus, geb. 15 v. Chr., wurde von Tiberius adoptiert und heiratete die ältere Agrippina. Er zeichnete sich als Feldherr besonders in Germanien aus. Unter Augustus kämpfte er mit Tiberius zusammen. Nach Aug.' Tod ging er 14 n. Chr. mit 3 Legionen ohne Tiberius' Auftrag über den Rhein, zog 15 durch Norddeutschland, befreite Segestes, der von Arminius belagert wurde, nahm Thusnelda gefangen und beerdigte auf dem Schlachtfelde im Teutoburger Walde die Gebeine der dort 9 n. Chr. Gefallenen. 16 rief ihn Tiberius zurück, der sich den Germanen gegenüber auf Defensivpolitik beschränkte, und schickte ihn mit außerordentlichen Vollmachten nach dem Osten. G. fühlte sich zurückgesetzt und verfeindete sich mit Piso, dem Legaten Syriens. 19 n. Chr. starb er plötzlich in Antiocheia; → Agrippina.

K. Christ, Drusus u. G., 1956; D. Timpe, Der Triumph des G., 1968; W. F. Akveld, G., Groningen 1961.

Germanische Religion. Was früher die Lehrbücher über g. R. sagten, beruhte meist auf der Edda, war also ziemlich spät und bezog sich auf nordg., skandinavische R. Wesentliches über die g. R. in den ersten Jahrhunderten nach Chr. auf eigentlich deutschem Boden hat die → röm.-german. Forschung gelehrt; beim Studium der röm. Schriftsteller muß jedoch die → *interpretatio Romana* berücksichtigt werden. So haben nach Caesars Bericht die G. Sonne und Mond verehrt, als Götter Mercurius (= Wotan, Odin), Hercules (= Donar) und Mars (= Ziu), auch eine Göttin, Nerthus (Tacitus, *Germania* 40). Daneben wurden zur Römerzeit in Niedergermanien besonders drei mütterliche Gottheiten verehrt; ihre Namen (*Fernovineae, Ollototae* u. andere) erscheinen auf Weihe-Inschriften, die ersichtlich von Germanen stammen. Zwar sind sie ohne Ausnahme latein. abgefaßt und auch alle von röm. Steinmetzen hergestellt, aber diese Namen sind germanisch mit angehängten lat. Endungen. Freilich wissen wir mit diesen Wörtern nichts anzufangen. – Die Germanen feierten u. verehrten ihre Götter in Hainen und hl. Bezirken, es gab Feste mit Umzügen auf Wagen unter Mitwirkung von Priestern, deren Autorität sich auch auf Rechtsfragen erstreckte; es gab ferner Losorakel und Weissagungen, u. a. auch von sehr verehrten Seherinnen.

K. Helm, Altgerman. R.gesch., II 1937–53; ders., Wodan ..., 1946; F. v. d. Leyen, D. Götter d. G., 1938; J. de Vries, Altgerman. R.-gesch., II, [2]1956–57; R. L. M. Derolez, Götter u. Mythen der G., d. 1963; V. Gronbech, Kultur u. Rel. d. G., II d. [11]1991.

Geronten, Gerusia, der „Rat der Alten“, ein Beratungsgremium der Spartaner; → Spartanische Verfassung.

Gesang wurde von den Griechen im ganzen Altertum hochgeschätzt und gepflegt, als Einzelg. und Chorg. Inwieweit altgr. Melodie u. Rhythmus im neugr. Volkslied noch weiterlebt, ist für den Mitteleuropäer schwer herauszufinden. Die Römer liebten den G. weit weniger und pflegten den Kunstg. eigentlich nur in Nachahmung der höheren gr. Kultur; ganz anders ihre jetzigen Nachkommen. G. der Germanen, Kriegsg., *barditus,* Tacitus, *Germania,* 3. Kap. – → Musik.

T. Georgiades, D. gr. Rhythmus, 1949; ders., Musik u. Rhythmus bei d. Gr., 1958.

Geschichte → Historie, Geschichtsschreibung; Griech. u. Röm. Geschichte.

Geschichtsschreibung. Schon bei den Völkern des Orients (Babyloniern, Assyriern, Ägyptern, Persern) war das Interesse an geschichtlichen Vorgängen sehr groß. Besonders die Könige liebten es, in großen Inschriften auf den Wänden der Tempel und an Felswänden ihre Taten zu überliefern. Jedoch liegt in alledem keine eigentliche G. vor, sondern eine Verherrlichung der Könige. Auch die jüdische G. des Alten Testaments ist keine G. in modernem Sinne. – Eine wirkliche G. entstand erst bei den Griechen in Kleinasien. Den Ionern lag das *historein* u. *theorein* (→ Historie), das Forschen u. Schauen. Alles, was man erkundet hatte, Kultur-, politische Geschichte u. Geographie, häufte man in den ältesten Geschichtsbüchern zusammen. Die Werke der älteren → Logographen hatten daher einen sehr bunten Inhalt; auch die Kritik fehlte nicht. Aus ihrer Reihe hob sich → Herodot hervor; aber neben wissenschaftlicher Durchdringung des Stoffes finden sich bei ihm viele Beispiele alter ionischer Fabulierkunst. Das erste Geschichtswerk im heutigen Sinn schuf → Thukydides. Seine Nachfolger erreichten seine Höhe nicht. → Xenophon fehlte trotz allem guten Willen die Weite des Blickes; durch Ephoros u. Theopompos (Schüler des Isokrates) geriet die G. unter den Einfluß der Rhetorik. Im → Hellenismus nahm der Einfluß der Rhetorik immer mehr zu; die Geschichtswerke wurden zum Tummelplatz der Beredsamkeit, besonders in den eingeflochtenen langen Reden. Alexander d. Große fand nicht den Historiker, den er verdient hätte. Die Werke des bedeutendsten Geschichtsschreibers Alexanders: die des → Ptolemaios sowie die des Aristobulos von Kassandreia sind nur noch aus späteren Historikern (Arrian, Curtius Rufus) erkennbar. Erst der Zusammenstoß der Griechen mit Rom brachte in → Polybios wieder einen großen Historiker hervor. Ihn setzte der Philosoph → Poseidonios fort, der noch viel eingehender die röm. Geschichte behandelte. Die Erweiterung des Gesichtskreises nach dem röm. Westen hin veranlaßte → Diodor, die erste Weltgeschichte zu schreiben. Von da an ging die gr. Geschichte in die röm. auf. Dionysios von Halikarnassos behandelte die röm. Vorgeschichte. Plutarch, der sich selbst nicht als Historiker betrachtete, verband in seinen Parallelbiographien Griechen und Römer. Auch in der Kaiserzeit fehlte es nicht an bedeutenden Historikern, z. B. Arrianos, Appianos, Cassius Dio. Im Mittelalter war die griech. G. ebenfalls sehr rege. Ihre Werke sind für unsere Kenntnis der europäischen und vorderasiatischen Geschichte wichtig.

Die konservativen, staatlich interessierten Römer hatten anfänglich seltsamerweise wenig Sinn für G. In späterer Zeit wunderten sie sich selbst über dieses mangelnde Interesse ihrer Vorfahren. Sallust hat dafür die stolze, prägnante Formulierung gefunden: „Gerade die Besten wollten lieber handeln als reden; sie wollten lieber ihre Taten von anderen gelobt sehen als selbst die anderer erzählen" (*Bellum Catilinae* 8,5). Die amtlichen Aufzeichnungen der in älterer Zeit allein schriftkundigen Oberpriester *(pontifices maximi)* dienten nicht historischem Rückerinnern, sondern religiösen Zwekken (→ *Annales; Fasti*). Erst als um 240 v. Chr. griechische Bildung in Rom eindrang und die Römer schon Mittelmeer-(d. h. für ihre Verhältnisse Welt-)politik trieben, erwachte das Interesse für Geschichte. Nunmehr stellten die → Annalisten in chronikartiger Form geschichtliche Tatsachen zusammen, zunächst noch in griech. Sprache. Cato (gest. 149 v. Chr.) war der erste, der sein Geschichtswerk lateinisch schrieb. Im 1. Jh. v. Chr. begann die Blütezeit der röm. Geschichtsschreibung; alles Frühere, uns nur in geringen Bruchstücken kenntlich, war historisch u. literarisch von geringem Werte. Der erste kunstmäßige röm. Geschichtsschreiber war → Sallust, dessen Monographien zu den besten literarischen Leistungen der Römer gehören; zu gleicher Zeit belebte sich das Interesse für Universalgeschichte (Cornelius Nepos), und bedeutende Männer wie Caesar veröffentlichten ihre Denkwürdigkeiten. In augusteischer Zeit schrieb → Livius seine künstlerisch formvollendete Geschichte des röm. Volkes, und hundert Jahre später kam die röm. G. in → Tacitus' meisterhafter Kaisergeschichte auf ihren höchsten Gipfel. Alles Spätere trat dagegen weit in den Schatten (über Sueton und die *Scriptores Historiae Augustae* → Sueton); doch ragt noch im 4. Jh. n. Chr. → Ammianus Marcellinus hervor, und als letzter röm. Historiker Cassiodor, der Geschichtsschreiber der Goten (um 550 n. Chr.).

Die moderne Wissenschaft erkennt einige Größen der antiken G., namentlich Thukydides, auch Polybios, an, tadelt aber im übrigen deren Vertreter, auch in der Weltliteratur Hochstehende wie Plutarch, weil sie keine eigentlichen Historiker im heutigen Sinne seien; es überwiege bei ihnen die Freude an der Rhetorik, an der sprachlich geschickten, auf den Leser wirkenden Darbietung des Stoffs, z. T. in dem Maße, daß die G. zum Geschichtsroman, zur Geschichtsnovelle werde. Der Tadel ist richtig, führt aber leicht zu einer falschen Bewertung der antiken G. im allgemeinen. Um die Wahrheit haben sich die antiken Historiker fast alle bemüht; nur taten es viele nicht so methodisch, wie wir es heute verlangen. Gegenüber diesem Mangel erfüllte jedoch die antike G. eine zweite Aufgabe des Historikers besonders glänzend, die der Darstellung. Da uns Rhetorik an sich wenig liegt, sehen wir in ihr oft nur das Tadelnswerte, das ihr allerdings anhaftet, und vergessen ihre Vorzüge. Die antike G. erreichte es mit ihrer rhetorischen Darstellung, daß die geschilderten Menschen und Szenen (freilich nichts stets völlig historisch treu, aber) wirklich lebenswahr und plastisch vor uns stehen. Die nachantike G. hat lange und bis weit in die Neuzeit hinein eine solche Höhe der Darstellung nicht erreicht. Über Erforschung und Mitteilung geschichtlicher Tatsachen hinaus ist schließlich die dritte Aufgabe des Historikers die Erschließung des Sinnes der Geschichte. Was z. B. antike Geschichte über Wert und Unwert der einzelnen Staatsformen lehrt, kann auch heute noch als gute Orientierungshilfe dienen. Wenn also für → Plutarch die Geschichte „ein Rüsthaus ist, dem er Beispiele für Nachahmenswertes und Abschreckendes entnimmt", so ist das nicht zu tadeln; der Meister selbst betont ja den Nutzen seiner G. für Beurteilung zukünftiger Ereignisse (Thukyd. I 22, 4)!

W: Historicorum Romanorum Reliquiae, hg. H. Peter, I ²1914, II 1906, beide neu 1967; Die Fragmente d. griech. Historiker, hg. F. Jacoby, III 1923–30, Leiden 1940, neu 1954.

L: E. Howald, Vom Geist antiker G., 1944, neu 1964; M. I. Finley, *The Greek historians*, 1959; F. Jacoby, Gr. Historiker, ⁵1962; M. L. W. Laistner, *The Greater Roman Historians,* 1947; A. Momigliano, *Studies in Historiography,* 1966; T. A, Dorey (Hg.), *Latin Historians,* Lond. 1966; K. v. Fritz, Gr. G., I 1967; V. Pöschl (Hg.), Röm. G., 1969; M. Grant, Klassiker der G., d. 1973; W. Schadewaldt, Die Anf. d. G. bei d. Gr., 1982; D. Flach, Einf. in d. röm. G., ²1992; O. Lendle, Einf. in d. gr. G., 1992.

Geschütze → Artillerie.

Geschworenengerichte → Prozeß.

Gespenster → Seele.

Gesten, lat. *gestus.* Das „Reden mit den Händen" ist Eigentümlichkeit aller Südländer, besonders der Italiener. Diese kennen eine Menge allgemein üblicher G., die jeder versteht. Sie gestikulieren außer mit den Händen mit dem ganzen Gesichtsausdruck, ja, mit der Haltung des ganzen Körpers ungemein viel lebhafter als wir. Wie man auf vielen antiken Bildwerken sieht, waren die G. schon im Altertum üblich. Neben dem abgeschlagenen Kopfe Ciceros wurde auf der Rednerbühne, auf der er Marcus Antonius bekämpft hatte, auch seine rechte Hand ausgestellt, diese als Sprechwerkzeug (Cassius Dio 47, 8, 3). Weil man mit dem ganzen Körper „sprach", standen die antiken Redner immer frei, nie hinter einem Rednerpult.

C. Sittl, D. Gebärden d. Gr. u. Römer, 1890; G. Neumann, Gesten u. Gebärden in d. gr. Kunst, 1965.

Geten, ein nomadisierendes thrakisches Reitervolk, mit dem → Dareios auf seinem Skythenfeldzug zusammenstieß. Die G. bildeten dann gemeinsam mit den → Dakern ein unabhängiges Reich.

Getreidearten (→ Ackerbau), von der niedersten bis zur besten, nach der Güte und dem Nährwert geordnet: 1. Dinkel oder Spelt, gr. *zeia,* lat. *far,* schon im Altertum als die geringste G. angesehen, wird heute wieder angebaut; daher lat. u. ital. *farina,* Mehl; 2. Hafer, kommt in großer Höhe vor, Haferbrot Nahrung armer Gebirgsbewohner; 3. Gerste, für Brot und auch für → Bier; 4. Roggen; 5. Weizen; Weizenbrot nach antikem Geschmack das beste. – Jetzt im Süden auch viel Maisbrot; dies nicht im Altertum.

Getreideversorgung Roms → Annona.

Gewerbe → Handwerkliche Berufe. G.-Steuer aus dem hellenistischen und röm. Ägypten bekannt.

Gewichte. Die üblichen griechischen G. waren Talent, Mine, Drachme, Obolos; die römischen Libra, As, Unze (→ Einzelartikel). Diese Gewichtsnamen wurden meist später auf Münzen übertragen (vgl. das englische Pfund Sterling und die italienische Lira, von latein. *libra* = Pfund); → Münzen. – Bemerkenswert ist ein in Pfullingen gefundener Satz spätrömischer Gewichtchen, zu 0,89; 0,37; 0,22; 0,17; 0,03 g; jetzt im Röm.-German. Zentralmuseum in Mainz. – Die deutschen G. sind, wie schon das Wort Pfund und die Abkürzung dafür (→ libra) zeigen, in Anlehnung an die röm. entstanden. → Tabelle S. 830.

F. Hultsch, Gr. u. röm. Metrologie, [2]1882; O. Viedebantt, Antike G.-Normen u. Münzfüße, 1923.

Gewürze. Man kannte in Europa zunächst nur Salz, ferner Zwiebeln, Knoblauch, Senf und Wacholder. Alle übrigen G., vor allem Pfeffer, Zimt, Nelken u. a., sind vom Orient (→ Indien) über Griechenland u. Italien in das übrige Europa gekommen; ihre Namen waren einst Fremdwörter.

Giganten, gr. *Gigantes* (Grundbedeutung dieses Wortes unklar), Riesen der gr. Sage, Söhne der → Ge, bekannt durch ihren Kampf gegen die Götter (Gigantomachie). Später sah man in ihnen nicht Wesen der Sage, sondern ein gottloses Urvolk, und setzte sie mit den → Kelten des Nordens gleich. Den Sieg der Pergamener über die in Kleinasien eingefallenen Kelten feiern die Reliefs des großen pergamener Altars mit einer Darstellung des Siegs der Götter über die G.

Giganten- oder Iuppitersäulen, antike röm. Kunstwerke, die sich sonderbarerweise nur im Rhein-Moselgebiet, also NO-Gallien, und auch nur etwa von 180–250 n. Chr. finden. Auf einer Basis mit vier Göttern in Relief steht (oft eine kleinere mit den Göttern der 7 Wochentage, dann) eine Säule, oft von stattlicher Höhe, darauf ein Reiter, Iuppiter oder der keltische Gott Taranis, der über einen liegenden Giganten hinwegreitet. Der Sinn dieser Darstellungen ist umstritten.

F. Quilling, D. Jupitersäule, 1918; E. Neeb, D. Mainzer J.-Säule, 1923.

Giroverkehr. Bargeldlose Zahlung war im alten Ägypten ganz üblich. Der Bauer lieferte seine Weizenernte in die aus der Geschichte Josephs bekannten staatlichen Getreidespeicher, hatte nun dort ein Guthaben und konnte mit schriftlichen Anweisungen, deren Wert abgebucht wurde, zahlen, ohne daß eine Schaufel Weizen umgeschippt zu werden brauchte; ebenso konnte man auch durch Überweisung sein Weizenguthaben erhöhen. Gleiches bürgerte sich dann in der antiken Welt im Geldverkehr und bei Bankguthaben ein. Der gr. Name des Schecks ist unbekannt; lat. *littera.* Ovid in der *Liebeskunst* I 428 klagt über die Habgier der Frauen; wenn sie etwas gekauft haben wollen und man ihnen sagt, so viel Geld habe man nicht im Hause, so fordern sie Bezahlung mit einem Scheck. – Giro ist ein griech. Wort, *gyros* = Kreis; danach lat. *gyrus* = Kreislauf; ital. *giro* = Kreislauf des Geldes, Rundreise. → Bankwesen; Kaufmann.

gladiator, zu lat. *gladius* = Schwert, eigentlich nur Kämpfer mit dem Schw., wird nicht in diesem allgemeinen Sinne (als Soldat) verwendet, sondern speziell von Kämpfern, die zum Vergnügen von Zuschauern mit Schwertern oder anderen Waffen gegeneinander oder gegen wilde Tiere auf Leben und Tod kämpften. Gl.-Spiele zuerst bei Etruskern, und zwar bei Leichenbegängnissen; von den Römern übernommen, mit wildester Begeisterung gepflegt; von den Griechen im allgemeinen abgelehnt; wo sich die für Gl.-Spiele erbauten → Amphitheater und Gl.-Darstellungen auf gr. Boden finden (viel seltener als auf röm. Gebiet), gehen sie wohl auf Römer zurück, die nach dem Osten übergesiedelt waren. Im Westen wurden ursprünglich auf dem Markt Holzbauten errichtet; das älteste steinerne in der Stadt Rom wurde 29 v. Chr. von Statilius Taurus erbaut. In Campanien gibt es aber ältere. Das Amphitheater in Pompeii geht in sullanische Zeit zurück. Die Kaiserzeit baute riesige Amphitheater (→ Colosseum); in Südfrankreich manchmal in nicht weit voneinander liegenden Städten (heute zu Stierkämpfen benutzt); das für deutsche Reisende am leichtesten zu erreichende in Trier, ferner das in Verona; daneben zahllose kleine, namentlich in Garnisonen; in Carnuntum bei Wien gleich zwei (das neu entdeckte zweite für 20000 Zuschauer; sie müssen aus der ganzen Umgebung herbeigeströmt sein). Außer den geradezu ungeheuren Baukosten für die A. (→ Colosseum) verschlangen die Gl.-Spiele Unsummen für Fang u. Herbeischaffung wilder Tiere, namentlich aus Afrika und aus den Wäldern Deutschlands; der Verbrauch war trotzdem so groß, daß der Bestand an Löwen, Elefanten usw., bei uns an Bären, Auerochsen merklich zurückging. Schließlich mußte der Spielgeber die Gl. von dem Inhaber einer Gl.-Schule, der sie dort unterhalten und im Kampfe unterwiesen hatte, mieten und ihm dann die Toten und die Heilung der Verwundeten bezahlen. Gl. waren zum Tode verurteilte Verbrecher oder Christen, die in ihrem Glauben beharrten (diese auch manchmal waffenlos den Tieren, die man hatte hungern lassen, preisgegeben; man hatte dann nicht die Freude am Kampf, sondern nur daran, wie diese Armen zerfleischt wurden), Kriegsgefangene, Sklaven, die man zum Kampfe zwang, Arme, die die Not dazu trieb. Die Kämpfe gingen bei Orgelspiel vor sich (Gl.-Mosaik in der röm. Villa in Nennig bei Trier). Es gab sehr viele Arten Gl. und ihrer Kämpfe. Diese kennen wir aus Schriftstellern wie Tacitus, Sueton und zahllosen erhaltenen Gl.-Darstellungen, die, ebenso wie die zahlreichen Amphitheater, die ungemeine Beliebtheit der Gl.-Kämpfe beweisen. Auch ganz reiche Leute, denen man nach der Pracht ihrer Villen wenigstens einige Bildung zutrauen möchte, mochten den täglichen Anblick der Scheußlichkeiten nicht missen und „schmückten" namentlich die Fußböden ihrer Zimmer mit Gl.-Mosaiken; der Arme kaufte sich eine Lampe, einen Becher o. ä. mit einem Gl. Gegenüber der allgemeinen Begeisterung für Gl.-Spieler sagt zuerst Cicero (*Tusculanen* II 41), „einigen" erschienen sie grausam und unmenschlich. Seneca (an mehreren Stellen) verwarf die Schlächtereien durchaus. Aber das wirkte nicht auf die Menge. Erst das Christentum hat die Grausamkeit beseitigt (zuerst Kaiser Constantin 325 im Osten, später im Westen). Weit länger erhielten sich jedoch die Tierhetzen in der Arena, so noch unter Iustinian (527–565); ihr letzter Rest sind die Stierkämpfe in Spanien, Südfrankreich, -amerika. – In Pompeii ist eine Gl.-Kaserne erhalten. Gl.-Waffen werden viel gefunden, oft überladen prächtige.

M. Grant, Die Gladiatoren, d. 1970; A. Hönle-Henze, Röm. Amphitheater u. Stadien, 1981; P. Veyne, Brot u. Spiele, 1990.

Glas (gr. *hyalos;* lat. *vitrum*) herzustellen wurde wohl im 3. Jahrt. v. Chr. von den Ägyptern erfunden, zunächst farbiges, in kleinen Stückchen, Perlen, dann Gefäße. Mit den Glasperlen, am Rande des Alten Reiches (Ende des 3. Jahrt.) zuerst sicher nachzuweisen, beglückte man im Tauschhandel andre Völker bis nach

Deutschland hin (Aggryperlen). Etwa im 17. Jh. v. Chr. tauchen die ersten Glasgefäße auf. Im 16./15. Jh. sind sie dann schon häufiger. Sie bestehen meist aus blauem Glas mit eingelegten bunten Glasfäden. Von den Ägyptern gelangte wohl die Glasfabrikation zu den Phoinikern, die am Meeresstrande einen zur Herstellung von Gl. besonders geeigneten Sand gehabt haben sollen (Plin. *n. h.* 36, 191). Syrien, an dessen Küste die Phoiniker gesiedelt hatten, war noch bis in die spätere Kaiserzeit ein Hauptzentrum der Glasfabrikation. Gefäße aus gleichem Material wie die in Ägypten kannte man auch in Griechenland seit dem 6. Jh. v. Chr. (→ Vasen). Das seit dem späteren 14. Jh. in Ägypten bekannte farblose, durchsichtige Glas wird für das 4. Jh. v. Chr. auch für Griechenland bezeugt (Pausan. 2, 27, 3). Wie hoch Glasgefäße eingeschätzt wurden, bezeugt die Geschichte bei Petron (51), nach der der Erfinder des unzerbrechlichen Glases hingerichtet worden sei, da sonst das Gold seinen Wert verlöre. Gefäße aus Gl. waren also zunächst nicht gewöhnliches Gebrauchsgeschirr. Um Christi Geburt wurde die Herstellung des Gl. in Süditalien bekannt; erst damals erfand man, es zu blasen, wodurch die billige Massenfabrikation möglich wurde. Nun treten auch Gläser als wohlfeiles Gebrauchsgeschirr auf. Dann wanderte die Glasfabrikation nach Südfrankreich und von da nach Köln u. Umgebung. Gl. war nun billig geworden, und das ausgehende Altertum verwandte es viel häufiger als das glasarme Mittelalter, so für Aschenurnen (nach Strabon 794 ruhte schon Alexander d. Gr. in einem Glassarkophag). Im frühen Mittelalter verfiel die rhein. Gl.-Industrie, und Gl. verschwand aus Deutschland bis auf geringe Reste. In Frankreich blieb einige Glasfabrikation (fränkisches Gl. der Merowingerzeit); im wesentlichen rettete sie sich aber nach Venedig, erhielt sich dort, weil diese Stadt infolge ihrer Lage im Meer von den Stürmen der Völkerwanderung verschont blieb, und blüht dort bis heute (Murano). Im Mittelalter suchten Venezianer am Südfuße des Erzgebirges nach Silber, fanden einen für Glasfabrikation besonders geeigneten Sand und verpflanzten diese nach Böhmen. – Auch Plastiken wurden aus Gl. hergestellt. Sie sind allerdings sehr selten (vgl. den weibl. Kopf im Museo Nuovo Capitolino). – In Mosaiken wurde buntes oder vergoldetes G. in kleinen Stückchen schon in Pompeii verwendet; häufig wird diese Verwendung dann in spätantiken Mosaiken. (→ Ravenna.) – Goldgläser finden sich in Pompeii als Verglasung kl. Fensterchen. Das wundervolle Schillern in Regenbogenfarben (Irisierung), das die Laien an antikem Gl. am meisten bewundern, ist nicht antik, sondern durch langes Liegen des Gl. in der Erde entstanden. Die berühmten Diatret-Gläser (Becher mit gläsernem Gitternetz) wurden in Köln hergestellt. Beste Sammlungen antiken Glases: in Berlin, Staatl. Museen; Wallraf-Richartz-Museum in Köln; im Brit. Museum in London die berühmte → Portland-Vase. – → Fenster.

A. Kisa, Das G. im Altertum, III, 1908;

Morin-Jean, *La verrerie en Gaule,* 1913; F. Fremersdorf, Die Denkmäler des röm. Köln, Bd. 3–8, 1958–67; F. Neuburg, Antikes Gl., 1962; C. Ising, *Roman glass,* Groningen 1957; E. R. Caley, *Analysis of ancient glasses,* N. Y. 1962.

Glasur findet sich an Töpfen aus Mesopotamien (9.–7. Jh. v. Chr.) und an Scherben in sicher röm. Schichten (1. Jh. n. Chr. in Boscoreale und spätröm. in Köln). Scherben glasierter Gefäße z. B. im Wallraf-Richartz-Museum in Köln. Wirklich gebräuchlich wurde die Technik erst im Mittelalter.

Gleichnisse nennt man großangelegte Vergleiche, die der Veranschaulichung eines Sachverhaltes dienen sollen; dazu zieht man vergleichbare Lebensbereiche heran. Jedem Christen vertraut sind die sehr anschaulichen G. aus dem Neuen Testament; G. gehören aber auch zum Rüstzeug des epischen Stils u. finden sich in besonderer Zahl u. Schönheit bei → Homer. Seine G. sind für die Forschung auch deshalb wichtig, weil sich in ihnen die Welt des Dichters spiegelt, also das 8. u. 7. Jh. v. Chr. So können wir mit Hilfe dieser G. den Horizont der vom Dichter beschriebenen Ereignisse deutlich scheiden von dem des Dichters. – Dem G. steht die → Fabel nahe. → Höhlengleichnis.

R. Hampe, Die G. Homers u. d. Bildkunst seiner Zeit, 1952.

Glosse, gr. *glossa* = Zunge, Wort, nannten die gr. Gelehrten Wörter (Dialektwörter, dann überhaupt seltene und ungebräuchliche) der Schriftsteller, die der Erklärung bedurften. Besonders die alexandrinischen Gelehrten legten Lexika an, in denen sie die Gl. nach bestimmten Gesichtspunkten ordneten und zu jedem Worte ihre oft sehr gelehrten Erklärungen schrieben. Daher unser Ausdruck „Glossen machen“; jetzt mit dem Nebensinne einer spöttischen Bemerkung.

Glykera, Glykerion → Hetären; Menandros.

Glyptothek, nach → Pinakothek neu gebildetes Wort: gr. *glypta* = Bildhauerwerke, *theke* = Aufbewahrungsort. Gl. in München, dem Kunstsinn König Ludwigs I., Ny-Carlsberg-Glyptotek [so!] in Kopenhagen, dem der Brauerfamilie Jacobsen verdankt.

A. Furtwängler, P. Wolters, Beschreibg. der Gl. Ludwigs I., ²1910; D. Ohly, Gl. München, 1972.

Gnome, gr. *gnome,* lat. *sententia* = Meinung, Ausspruch eines berühmten Mannes in besonders präzisierter Form.

Gnosis, gr., eine religiöse Bewegung, die an philosophische Strömungen, besonders die Mystik des → Poseidonios anknüpfte, sich im 1. und 2. Jh. n. Chr. sehr verbreitete u. auch das Christentum ergriff. Die Gnostiker waren Eklektiker (→ Eklektizismus), die aus älteren philosophischen Systemen ihnen Zusagendes übernahmen. Vor allem benutzten sie neuplatonische und alexandrinisch-christl. Lehrelemente; das Band, das ihre reichlich verworrenen Lehren zusammenhielt, war die → Mystik und die theologisch-eschatologische Spekulation (d. h. ein Nachdenken über *ta es-chata* = „das Letzte“, die letzten Dinge, das Leben nach dem Tode und nach dem Untergange der Welt). Das Ziel ihres Strebens war die Erlösung, die dem Auserwählten nicht durch den Glauben *(pistis),* sondern durch die Erkenntnis (= *gnosis*) Gottes oder der Welt des Übersinnlichen zuteil werde. Ihre Anschauungen suchten sie durch eine Menge mythologischer Gestalten und Begriffe zu verdeutlichen. Ihr heidnischer Vorläufer war die Hermetik, die im Anschluß an den ägyptischen Gott Thoth = Hermes (daher der Name; → hermetisch) die Gotteserkenntnis zur Heilsquelle machte. Hauptvertreter der Gn. waren Simon Magus, Saturninus (unter Hadrian), Basileides (um 125 n. Chr.) u. a. Das Christentum wehrte sich gegen die Gn. energisch; trotzdem sind Ausläufer dieser Bewegung z. T. noch heute (Theosophie, Anthroposophie) wirksam.

WÜ: Texte, hg. W. Krause, II 1969–70. Zeugnisse u. Quellen, d. E. Haenchen u. a., III 1971–80.

L: E. Petersen, Frühkirche, Judentum u. Gn., 1959 u. 1982; R. McLacklan, Gn. u. NT, d. 1968; C. Andresen (Hg.), Die Gn., II 1969–71; W. Eltester, Christentum u. Gn., 1969; K. Rudolph (Hg.), Gn. u. Gnostizismus, 1975; ders., Die Gn., [2]1980; H. Leisegang, Die Gn., [5]1985; P. Koslowski (Hg.), Gn. u. Mystik ..., 1988; H. Jonas, Gn. u. spätantiker Geist, Bd. I [4]1988, Bd. II 1993; M. Brumlik, Die Gnostiker, 1992.

gnothi seauton (gr.) → Erkenne dich.

Gold (gr. *chrysos;* lat. *aurum*). Im Gegensatz zu den reicheren Silbervorkommen wird G. in Griechenland nur wenig gefunden. Die Inseln Siphnos (im 6. Jh.), Thasos und das diesen vorgelagerte thrak. Festland (Pangaios-Gebirge; → Goldprägung) hatten G.-Vorkommen. Das meiste G. wurde aber eingeführt (aus Westkleinasien, Bosporus, Ägypten?). Mit der Erschließung Asiens seit frühhellenist. Zeit ist dieses Hauptquelle. – In Italien wurde ebenfalls nur wenig G. gefunden. Spanien und später der Balkan sind Hauptfundgebiete. – Reiche Funde verarbeiteten G.s fanden sich in myken. Gräbern: Gefäße, Schmuck, Siegel, Totenmasken, Waffenbeschläge u. a. Gegenstände aus G. meist gr. Arbeit sind vor allem am Rande der gr. Welt, in Thrakien, der Nordküste des Bosporus, Kleinasien, ans Tageslicht gekommen. Reiche Goldfunde (Schmuck, Gefäße) boten auch etrusk. Gräber des 7. Jh. Erhalten hat sich von der Großplastik allein die G.-Büste des Marc Aurel aus Aventicum (Avenches).

G. Karo, Schachtgräber v. Mykenai, 1930 ff.; E. Q. Giglioli, *L'Arte Etrusca,* Mail. 1935; G. Bruns, Schatzkammer d. Antike, 1946; H. Quiring, Gesch. d. G., 1948; G. Becatti, *Oreficerie antiche dalle minoiche alle barberiche,* Rom 1955; E. Coche de la Ferté, *Les bijoux antiques,* Paris 1955; H. Hoffmann, P. F. Davisson, *Greek Gold,* Mainz 1965; H. Hoffmann, V. V. Claer, Antiker G.- u. Silberschmuck, 1968; B. Deppert-Lippitz, Gr. G.schmuck, 1986. → Münzen; Vasen.

Goldelfenbeinstatuen, die dem Material nach vielleicht kostbarsten antiken St., bei denen das Gewand aus Gold, die Fleischteile aus Elfenbein waren; beides lag über einem Holzgerüst oder auch einem Stuckkern. In einer verwandten Technik waren die sogen. Akrolithe (*akro* = oben, Ende; *lithos* = Stein) gearbeitet; bei ihnen bestanden die nackten Teile aus Marmor. Alle diese Werke sind wegen ihrer Kostbarkeit verschwunden; man hat das Gold in der ausgehenden Antike und im frühen Mittelalter eingeschmolzen. Auf Grund der uns überlieferten Gewichtsangaben des verarbeiteten Goldes und der ebenfalls überlieferten Größe der Statuen läßt sich sagen, daß z. B. das Gewand der Athena Parthenos (→ Pheidias) aus nur wenige Millimeter starkem Goldblech bestanden haben muß. In dem als Werkstatt des Pheidias erkannten Gebäuderest in Olympia fanden sich 1955 Terrakottastücke, die als Modeln für das Goldblech des Gewandes des Zeus gedient haben müssen. In Delphoi fanden sich Reste von archaischen G. des 6. Jhs. v. Chr. Im Osten Kretas wurde 1987 ein Jünglings-Torso gefunden, dessen Elfenbeinteile u. Goldblätter noch vorhanden waren (um 1550 v. Chr. ?). Die berühmtesten G. der Antike waren: 1. der Zeus des Pheidias im Z.-Tempel in Olympia; dort die Stelle des Postaments gut sichtbar; das Werk selbst nur durch Münzbilder und Beschreibungen (ausführlich bei Pausanias) bekannt; eine Nachbildung im Material des Originals stellte Antiochos IV. im Apollotempel zu Daphne bei Antiochia auf; 2. die Athena Parthenos von Pheidias im Parthenon; 3. die Hera von → Polykleitos im Heraion in der Argolis.

Goldene Latinität. Als Schriftsteller der g. L. bezeichnet man die der röm. Literatur von Ciceros Anfängen bis zu Augustus' Tode, also von etwa 80 v. Chr. bis 14 n. Chr. In dieser Periode gelang es den Römern, die von den Griechen empfangenen Anregungen sich so zu eigen zu machen, daß sie Werke von eigenem Werte schufen, die wir heute als klassisch bezeichnen. Die Prosa erreichte ihre höchste Blüte früher als die Poesie, da das politische Getriebe der sterbenden Republik ihr Gedeihen ebensosehr begünstigte, wie es die Beschäftigung mit der Dichtkunst zurückdrängte. Die klassischen Namen dieser Epoche sind Cicero, Caesar und Sallust; nach ihrem Hauptvertreter wird sie als „Ciceronische Zeit" bezeichnet. Die Poesie blühte etwa ein Menschenalter später, als man in Italien endlich des Segnungen des langersehnten Friedens genoß; ihre Hauptvertreter sind Vergil, Horaz, Tibull, Properz und Ovid. Nach dem Namen des Mannes, der den Frieden geschaffen und der ganzen Epoche den Stempel seiner Persönlichkeit aufgedrückt hat, bezeichnet man diese 2. Periode der g. L. als „Augusteische Zeit". – An sich bezeichnet g. L. keine Literaturperiode, sondern das Latein der genannten Zeit, das man lange ebenfalls als klassisch und mustergültig ansah. Das mit „golden" ausgedrückte Werturteil hat man vom rein sprachlichen Standpunkt jedoch aufgegeben; → Ciceronianismus; Silberne Lat.

R. Heinze, D. Augusteische Kultur, ^{2}1933.

Goldmünzen → Goldprägung; Münzen.

Goldnes Zeitalter → Zeitalter.

Goldprägung, zuerst in der Welt bei dem goldreichen Kroisos (564/546 v. Chr.) von Lydien, der die Elektronprägung seiner Vorfahren (→ Geld) durch G. ersetzte, wobei die Goldmünze, dem Metallwert entsprechend, $^{3}/_{4}$ des Gewichtes der Elektronmünzen besaß. Die G. übernahmen die Perserkönige, die Rechtsnachfolger der lyd. Könige (→ Lydia; *dareikos*). Bei den

Griechen war G., abgesehen von den → Elektronmünzen Ioniens, zunächst nur in Notzeiten üblich, wenn die Reserven für die Silberprägung (→ Geld) knapp wurden (so u. a. in Kyme in Italien, den sizil. Städten im 5. Jh. v. Chr. und Athen i. J. 407/406). Allein Thasos und unter pers. Oberhoheit Lampsakos, Abydos und Klazomenai hatten im 4. Jh. G. Bedeutung erlangte die G. aber erst unter Philipp II. von Makedonien, der nach der Besitznahme der thrak. Goldminen am Pangaiosgebirge und nach der Zerstörung Olynths (348 v. Chr.) in größerem Umfange Münzen, die sog. Philippeioi mit dem Kopf Apollons, prägte. Die berühmten Münzen wurden im Nahen Osten wie im Westen gleicherweise als Zahlungsmittel verwendet. Die Gallier, bei denen rohe Nachahmungen zirkulierten, lernten sie durch die Vermittlung Roms in späthellenistischer Zeit kennen. Die Epigonen setzten die G. Alexanders fort. In Rom begegnet eigene G. erst um 100 v. Chr., häufig erst seit etwa 50 v. Chr.; bei den Germanen spät, unter röm. Einfluß (→ Münzen); im frühen Mittelalter im Osten, bei Byzantinern und Arabern, stets reiche G., im Westreich nur ganz vereinzelt (Benevent, Salerno, Sizilien). Wirkliche G. in großem Umfange erst wieder seit 1252 in Florenz. Diese Goldstücke hatten eine Lilie im Wappen und hießen danach *florini*, ital. *fiorini* (von lat. *flos* ital. *fiore* = Blume). Die Deutschen, die sie übernahmen, schufen sich dafür einen eigenen Namen, nach dem Metall: Gulden (später der Gulden freilich meist nur Silbermünze). Aber daß diese Gulden Abkömmlinge der südlichen sind, sieht man aus der bei uns und in Österreich früher, in Holland noch jetzt für den Gulden üblichen Abkürzung fl. So läßt sich die Geschichte der G. bis zur Antike zurückverfolgen. Außerhalb des gr.-röm. Kulturkreises, so bei den goldreichen Inkas, fehlt sie.

Ch. Seltman, *Greek Coins,* [2]1960; H. Mattingly, Roman Coins, III, [2]1960; M. R. Alföldi, Die constantin. G., 1963.

Goldschmiedekunst blühte in Griechenland schon im 2. Jahrt. v. Chr. Hochentwickelt war die G. seit dem 8. Jh. in Etrurien. Alle heute bekannten Techniken, (Schneiden, Treiben, Ziselieren, Punzieren) wurden von den antiken Goldschmieden schon angewandt. Andere, wie die Granulation, wurden in neuester Zeit wiederentdeckt, nachdem sie seit der Renaissance, die sie der Tradierung seit der Antike verdankte, verlorengegangen waren. Qualität und Schönheit antiker Goldschmiedearbeiten sind unübertroffen. → Gold; Silber; Vasen.

E. Treskow, Über die Technik d. Granulation (in: Kunst und Leben d. Etrusker, Katal. Köln), 1956; R. A. Higgins, *Greek and Roman Jewellery,* Lond. 1961; C. Carducci, Gold- u. Silberschmuck aus d. antiken Italien, 1962; B. Herdmeyer, Prähistor. Gold Europas, 1976.

Gordian. Marcus Antonius Gordianus, vornehmer, reicher Römer, wurde als 80jähriger Senator 238 als Gegenkaiser gegen Maximinus Thrax aufgestellt, erhängte sich aber bald darauf nach dem Tode seines Sohnes. – Sein gleichnamiger Sohn und Mitregent fiel im Kampfe mit den numidischen Legionen. – Sein gleichnamiger Enkel wurde nach dem Tode des Maximinus 238 Kaiser, kämpfte an der Donau und gegen die Perser und regierte nicht ohne Ruhm, bis er 244 durch Philippus Arabs beseitigt wurde. – Die Regierung dieser Männer zeigt sehr deutlich die tiefgreifenden inneren und äußeren Schwierigkeiten, in die das Reich durch den Tod des Severus Alexander (235) gestürzt wurde. Während besonders im Norden die Feinde über die Grenzen drängten, erhoben die unbotmäßigen Legionen ihre ehrgeizigen Feldherren zu Kaisern und untergruben die Schlagkraft des Reiches. Als am Ende dieser Periode die illyrischen Kaiser wieder ein starkes Reich schufen, war ein absolutistisches Herrschaftssystem entstanden. – Porträtbüste G.s III. im Louvre, Paris.

Gordischer Knoten. In Gordion, der alten Hauptstadt Phrygiens, stand der alte Streitwagen der Könige, dessen Joch mit Hilfe eines langen Riemens (*Ilias* XXIV, 270) durch einen kunstvollen Kn. an der Deichsel befestigt war. Nach der Sage sollte derjenige König von Kleinasien werden, der den Kn. auflöse. Alexander d. Gr. durchschlug ihn 334 v. Chr. mit dem Schwert. – Funde und freigelegte Mauerfundamente der Stadt reichen bis ins Jahr 2000 v. Chr. zurück.

R. S. G. Young, *Gordion*, Ankara 1968.

Gorgias aus Leontinoi in Sizilien, Schüler des Rhetors Teisias, etwa 483–380 v. Chr., kam 427 als Gesandter seiner Vaterstadt nach Athen. Dort, in Delphoi und Olympia hielt er berühmte Prunkreden (→ *panegyrikos*) und verpflanzte damit die in Sizilien entstandene Rhetorik (→ Beredsamkeit) nach Griechenland. Darüber hinaus ist er der Schöpfer der gr. kunstmäßigen Prosa. G. nahm viele Eigenarten der Poesie in die Prosa auf; er legte den Hauptwert auf die äußere Form. Zueinandergehörige Sätze hatten gleiche Silbenzahl (Isokola) und in die Augen fallende Antithesen. Am Schluß hatte jeder Satz gewisse Rhythmen (sog. Klauseln); auch den → Reim oder Assonanzen am Satzende hat er verwandt (Homoioteleuta). Im Inhalt war er Sophist; er liebte frappierende Themata, Antithesen, gewagte Metaphern und suchte durch spitzfindige Fangschlüsse (→ Trugschlüsse) zu verblüffen; sein und der Sophisten Ziel war, mit ihrer Redekunst „die unterlegene Sache zur siegenden zu machen". Mit seiner glänzenden Beredsamkeit riß er die Griechen seiner Zeit zu rasender Begeisterung hin; er war der gefeiertste Mann in Griechenland, und auch Platon, der seine äußerliche und sophistische Art ablehnte, hat ihn im Dialog G. vorsichtig behandelt. Erhalten sind außer Inhaltsangaben bei späten Schriftstellern vor allem zwei seiner Musterreden *Helena* u. *Palamedes*.

W: FdV, I. – *Ü:* D. Vorsokratiker, W. Capelle, [8]1973;
*L:*F. Zucker, D. Stil, d. G. nach s. inneren Form, 1956.

Gorgo, auch Medusa („Herrscherin"), Ungeheuer und Spukgestalt, deren Anblick jeden Sterblichen erstarren ließ. → Perseus schlug ihr das Haupt ab, das dann Athena auf ihrem Brustpanzer anbrachte (sog. Gorgoneion; → Ägis). – Gorgonen auch in der Dreizahl, neben Medusa noch Euryale und Stheno. – Häufig dargestellt als Fratzen mit Schlangenhaaren.

H. Besig, G. und Gorgoneia, 1937.

Gortyn, im südlichen Kreta, nahe bei → Phaistos, war seit alters bis in christliche Zeit eine große, blühende Stadt. Ihre Ruinen liegen weit verstreut unter den Feigengärten des heutigen Dorfes *Hagioi Deka* (Zehn Heilige). Der Italiener Halbherr und der Deutsche Fabricius fanden dort das Stadtrecht von G.; → Recht v. G.

Goten (gr. *Gotthoi,* lat. *Gothi*), germanischer Stamm, ursprünglich in Südschweden (Gotland), dann am rechten Ufer der unteren Weichsel. Seit etwa 150 n. Chr. schoben sie sich nach Süden und hatten im 3. Jh. feste Sitze in Südrußland. Sie schieden sich in West- *(Visigothi)* und Ostg. *(Ostrogothi)*. Die Westg. wurden durch Kaiser Constantin als Bundesgenossen nördlich der Donau angesiedelt (332 n. Chr.) und durch Ulfilas (Bibelübersetzung) Christen (um 350; → Arianismus). Durch ungeschickte Beamte gereizt, unternahmen sie Einfälle in das Ostreich. 378 fiel → Valens gegen sie bei Adrianopel. 395 begannen sie unter Alarich den Zug nach Italien. 410 eroberten sie Rom. 415 gründeten sie ein Reich in Spanien und Südgallien. 711 wurde ihr Reich von den Arabern überrannt. Die Ostg., die in Rußland geblieben waren, wurden (370: Niederlage und Tod des Königs Ermanarich) durch die Hunnen unterworfen. Nach dem Tode Attilas zogen sie seit 453 nach Pannonien und 488 unter ihrem großen König → Theoderich nach Italien. → Prokopios. Mit dem Untergang ihrer Reiche verschwanden die G. aus der Geschichte. Mehr als andre Germanen (Ausnahme: → Treverer) schlossen sie sich der röm. Kultur an (westgot. Gesetzbuch in lat. Sprache nach röm. Vorbild: *Lex Visigothorum*). – Die auf der Krim zurückgebliebenen G. (Krimgoten) verloren ihre politische Selbständigkeit erst 1475 an die Türken; ihre Sprache, von der uns im 16. Jh. einige Dutzend Wörter überliefert sind, scheint erst im 18. Jh. völlig ausgestorben zu sein.

Die got. Bibel (Text u. griech. Vorlagen mit got.-griech. Wörterbuch), hg. W. Streitberg, II [5]1965; E. Schwarz, Goten, Nordgermanen, Angelsachsen, 1951; H. Rosenfeld, Ost- u. Westgoten, 1957; D. Claude, Die West-G., 1970; H. Wolfram, Gesch. d. G., [3]1990; ders., Die Goten, [3]1989.

Gott. Die ältesten Gottesvorstellungen in Griechenland lassen einen ausgedehnten Fetischismus (→ Fetisch), → Tierkult und Seelenkult (→ Seele) erkennen. Auch der Glaube an die Dämonen spielte eine große Rolle. – Von diesen primitiven Anschauungen ist der Glaube an die homerischen Götter scharf zu trennen. Diese sind menschengestaltig, mit menschlichen Gefühlen und Leidenschaften, sogar Fehlern und Schwächen ausgestattet. Trotzdem schaute der Grieche zu diesen Göttern lange auf, fürchtete ihre Macht und wußte sich in ihrer Hut. Diese Götter schied man in verschiedene Gruppen. Es gab olympische, die auf dem Berge → Olympos wohnenden, → chthonische, und im Meere und in Flüssen wohnhafte; oder obere, insbesondere → Zwölfgötter, dienende (→ Charis) und Halbgötter (→ Heros). – Die Vorstellung vom Olympos als Götterberg ist übrigens bei Homer schon im Schwinden; er kennt neben den Olympiern schon Götter im Himmel (gr. *uranioi theoi,* lat. *caelites*). Die Kritik verstärkte sich im Laufe des 5. Jhs. Die Ursache war in den seltensten Fällen Atheismus (→ Euhemeros). Im allgemeinen wollte man die Gottesvorstellungen von zu großer Vermenschlichung reinigen und den Begriff des Göttlichen scharf herausarbeiten. Das ist auch z. T. gelungen. – G. der Römer → *di indigetes.* Um 200 v. Chr. übernahmen die Römer die olympischen Götter. Doch bekam der Gottesbegriff der Römer nie die Reinheit und Plastik wie bei den Griechen. Niemals wurde über das Wesen der Götter so lebhaft diskutiert wie bei den Philosophen. Die Götter blieben unpersönliche Mächte, die vor allem die Aufgabe hatten, Haus und Staat vor Gefahren zu schützen. → Religionen im Altertum.

H. Usener, Götternamen, [3]1948; E. Simon, Die Götter der Griechen, 1969 u. 1985; ders., Die Götter der Römer, 1990.

Grab. Im 3. Jahrt. finden sich in der Ägäis die primitiven Grabformen wie Erdgrube und Höhle, aber auch entwickeltere wie das Kuppelgrab mit falschem Gewölbe nebeneinander. In letzterem wirkt die Form des gleichzeitigen Hausbaues nach: das G. war also das Haus des Toten. Eine weiterentwickelte Form der Erdgrube stellt in myken. Zeit das aus Steinplatten oder Bruchsteinen hergestellte Kisten- oder Schachtgrab dar. Im Gegensatz zu diesen Grabformen, die auch mehreren Bestattungen dienen konnten, waren die Gefäßbestattungen, bei denen die Leiche in großen Tonkrügen *(Pithoi)* geborgen wurde, nur einem Toten vorbehalten. Ursprung dieser Bestattungsform ist wohl die im alten Orient geübte Konservierung des Toten in Honig. Schließlich sind die kretischen → Sarkophage aus Ton und Kalkstein zu nennen. Die Schachtgräber von Mykenai (16. Jh. v. Chr.) und das sog. Schatzhaus des Atreus ebendort (14. Jh. v. Chr.) sind die bekanntesten und bedeutendsten Beispiele für die Form des Schacht- und Kuppelgrabes. – In histor. Zeit kennen wir monumentale Grabbauten mit großen, in den Fels gehauenen Fassaden oder freistehenden Grabmonumenten in Hausform aus Kleinasien. Bei den Ioniern in Kleinasien war die Bestattung in Ton- und Steinsarkophagen verbreitet, während im Mutterland noch die seit geometrischer Zeit übliche Leichenverbrennung vorherrschte und die Asche in Tongefäßen geborgen wurde. Architektonisch ausgestaltete Sarkophage kennt man in klass. Zeit in Großgriechenland. In Griechenland selbst wird das Grab seit archaischer Zeit durch einen Grabstein (*Stele* genannt) gekennzeichnet, der Vorläufer schon in den Grabstelen der myken. Schachtgräber hat. Die Stele ist mit dem gemalten oder reliefierten Bild des Toten geschmückt (→ *Dipylon).* Daneben gibt es den Pfeiler, die Säule, den Grabaltar, den Grabtisch, ein Wasserbecken oder eine monumentale Vase aus Stein als Grabschmuck. Diese Formen sind vor allem beliebt, nachdem die Grabstele mit Reliefschmuck nach dem Dekret des Demetrios von Phaleron gegen den Gräberluxus (317 v. Chr.) in Athen nicht mehr verwendet wird. – In Kleinasien setzen sich die monumentalen Grabbauten auch im 4. Jh.

fort; besonders reiche und großartige Ausführung das → Mausoleum. – Von Grabformen hellenist. Zeit sind die Hügelgräber Makedoniens und die Katakombengräber Alexandriens (mit Malerei und architekton. Wandverkleidung) zu nennen. – Etrurien kennt seit früharchaischer Zeit zwei monumentale Grabformen: das Kammergrab (Hausform; mit Ausmalung) und das Hügelgrab mit architektonisch gestaltetem Sockel; ein solcher Grabhügel (*tumulus* genannt) nimmt oft die Grabstätten ganzer Geschlechter auf; die größten erreichen einen Durchmesser von 30–40 m. Nachfolger dieser etrusk. *tumuli* sind die seit spätrepublikan. Zeit in Rom bekannten monumentalen Rundgräber: das Grab der Caecilia Metella (um 50 v. Chr. an der Via Appia), das Augustus-Mausoleum und das Hadriansgrab (→ Engelsburg). – Kammergräber sind auch in Süditalien (z. B. Paestum) verbreitet (4./3. Jh. v. Chr.).

In Rom wurden die Särge, Aschenkisten oder Urnen in meist unterirdischen Kammern, die oft mehreren Mitgliedern einer Familie Platz boten, beigesetzt, während zu ebener Erde sich ein Grabmonument erhob; häufig war es ein außen verkleideter Ziegel- oder Steinklotz, der das Relief mit den Büsten der Verstorbenen, die Grabschrift und bei reicheren Gräbern auch Reliefs mit Darstellungen aus dem Berufsleben des Eigentümers (z. B. Eurysacesgrab vor Porta Maggiore) trug. Andere Gräber bestanden in einem Grabmal in Form eines Altars, der die Aschenurne aufnehmen und die Grabschrift oder bildl. Darstellungen tragen konnte. Ähnlich stellte man auch innerhalb des umzäunten Grabbezirkes den → Sarkophag im Freien auf oder errichtete über dem Erdgrab Grabsteine verschiedener Größe, oft mit dem Bild des Toten. Gegenüber diesen aufwendigen Grabformen bestatteten die ärmeren Schichten der Bevölkerung in einfachen, mit Dachziegeln abgeschirmten Erdgräbern. Urnen wurden in sog. *Columbaria* (= Taubenschlägen) geborgen, die in reihenweise übereinander angeordneten Nischen Raum für viele Urnen boten. Solche Begräbnisstätten wurden von Herren für ihre Freigelassenen und Klienten oder auch von Begräbnisvereinigungen und Privatunternehmern errichtet, die so den ärmeren Schichten bei steigenden Grundstückspreisen dennoch einen billigen Begräbnisplatz boten. Während die *Columbaria* wenigstens teilweise unter der Erde lagen, sind die ersten → Katakomben durch Erweiterung unterirdischer Familiengrüfte *(hypogaea)* entstanden, als der Raum über der Erde bereits belegt oder aber zu teuer geworden war. Hier befanden sich zu beiden Seiten schmaler, in den weichen Tuff geschnittener Gänge reihenweise übereinander Nischen, in die die Leiche gelegt wurde. Marmorplatten mit eingemeißelter Inschrift oder auch einfache Ziegel mit aufgemaltem Namen des Toten verschlossen jeden *loculus* (Nische). – Einen Sondertypus stellen die „Grabtürme“ dar. Sie begegnen in Nordafrika, Spanien, Gallien, Germanien (Igeler Säule bei Trier; Juliergrab v. St. Rémy). –

Schon in Mykenai lagen die Schachtgräber innerhalb eines eigenen Bezirkes außerhalb der Siedlung. Diese Trennung zwischen dem Bereich der Lebenden und Toten ist für die ganze Antike typisch. Oft nehmen diese Gräberbezirke mit Straßenzügen und Umfriedung den Charakter einer Totenstadt (gr. *Nekropolis*) an (so in Etrurien). Häufig ziehen sich die Gräber vor den Toren längs der Straßen hin: offenbar wollte man so in der Erinnerung der Lebenden bleiben (Dipylon, Via Appia, Pompeii, Alyscamps in Arles, Gräber unter St. Severin in Köln). – Antike Friedhöfe zu suchen, die Gräber zu öffnen und damit die Ruhe der Toten zu stören, ist eine traurige, aber zugleich wichtige Aufgabe der Archäologen. Denn neben den antiken Autoren, den Inschriften und Papyri sind die Gr. die ergiebigste Quelle für unsere Kenntnis des Altertums, und zwar zunächst durch die Beigaben. Man gab den Toten sehr viel in das Grab mit, meist Gefäße mit Speise und Trank, wertvollen Schmuck (→ Fingerringe; Goldschmiedekunst), Geräte, Waffen, Kleider, ein Buch (→ Buchwesen), den Kindern Spielsachen, die Schultafel u. a. So gewinnen wir eine Menge Gegenstände des antiken täglichen Lebens wieder. Die Gefäße sind fast stets datierbar (→ Vasen). Aus dem Umfang des Friedhofs, dem Reichtum oder der Dürftigkeit der Beigaben kann man auf Einwohnerzahl, Blüte oder Verfall der zu dem Friedhof gehörigen Stadt in der durch die Gefäße ermittelten Periode schließen; Zehntausende attischer Vasen in toscanischen Gräbern enthüllten uns einen Handelsverkehr zwischen Etrurien und Athen, von dem die antike Literatur nichts sagt. Die ebenfalls in Mengen erhaltenen Grabinschriften sind für unsere Kenntnis der Entwicklung der Schrift wichtig, ferner für die der Volkssprache, in der sie namentlich für Ärmere oft abgefaßt sind; sie lehren uns, daß wir die alten Sprachen mit Kenntnis der Schriftsprachen (in der Literatur) nur einseitig kannten, und ergeben auch wertvolle Bindeglieder zwischen Alt- und Mittelgriechisch und zwischen Latein und den romanischen Sprachen. Wie die oft rührenden Beigaben, namentlich in Kindergräbern, so bringen die manchmal wirklich ergreifenden Grabinschriften die Menschen des Altertums uns innerlich sehr viel näher als gelehrte antike Werke. Häufig nennen aber die Grabinschriften allein den Namen des Toten, später, vor allem auf christl. Grabsteinen, auch den Beruf. Auch Geburts- und Todesdatum sind in vorchristl. Zeit selten. Die poetischen Grabepigramme empfehlen gerne im Zwiegespräch zwischen Totem und Vorüberziehendem diesen dem Gedächtnis der Lebenden. Ungemein charakteristisch sind spartanische Grabsteine (→ lakonische Redeweise); sie nennen den Namen des Bestatteten überhaupt nur, wenn er für das Vaterland gefallen war; und dann auch nur den Namen mit dem kurzen Zusatz: *en polemo* = „im Kriege".

F. v. Duhn, F. Messerschmidt, Ital. Gräberkunde, II 1924ff.; H. Diepolder, D. attischen Grabreliefs d. 5. u. 4. Jh., 1931, neu 1965; A. Ackerström, Studien über d. etrusk. Gräber, 1934; H. Klumbach, Tarentiner Grabkunst, 1937; J. Wiesner, Grab u. Jenseits, 1938; A. de Franciscis, R. Pane, *Mausolei Romani di Campania,* Napoli

1957; M. Demus-Quatember, Etrusk. G.architektur, 1958; B. Andreae, Stud. zur röm. G.kunst, 1963; G. Kleiner, Diadochen-Gräber, 1963; B. Schmaltz, Gr. Gr.-reliefs, 1983; H. v. Hesberg, Röm. Grabbauten, 1992. – Griech. Gr.-Gedichte, hg. u. d. W. Peek, 1960; Röm. Gr.inschriften, hg. u. d. G. Pfohl, H. Geist, [2]1976.

Gracchen. Tiberius Sempronius Gracchus entstammte der vornehmen patrizischen Familie der Sempronier. Sein Vater war zweimal Consul und wegen seiner Redlichkeit hochangesehen; seine Mutter → Cornelia. Er selbst war im Kreise des jüngeren Scipio erzogen; dadurch war er erfüllt von humanitären Ideen und entwickelte soziale Vorstellungen u. Pläne, die ihn in schärfsten Widerspruch zur Schicht der Latifundienbesitzer brachten: Eine Bodenreform sollte die Not der niederen Schichten der Bevölkerung lindern. Ähnliche Pläne hatten schon andere idealistisch veranlagte Vertreter der Aristokratie zu verwirklichen gesucht, hatten sich aber durch den Widerstand des Senates abschrecken lassen. T. erneuerte 133 v. Chr. als Volkstribun das licinische Gesetz vom Jahre 367 (?) v. Chr. mit geringen Änderungen, das gegen die Latifundienbildung aus → Gemeindeland gerichtet war. Niemand sollte mehr als 500 Joch Gemeindeland besitzen, für 2 Söhne noch je 250 Joch = 1000 Joch (250 ha) Maximum. Der Rest sollte armen Familien unter den röm. Bürgern oder latinischen Bundesgenossen in kleinen Gütern von 30 Morgen (7,5 ha) gegen eine geringe Grundrente in Erbpacht gegeben werden. Zur Aufteilung wurde eine Kommission von drei Männern, Tib. Gr. selbst, sein Bruder Gaius und sein Schwiegervater Appius Claudius, bestimmt. Die → Optimaten bekämpften diese Politik auf das äußerste. Bei dem Versuch, seine Wahl als Volkstribun auch für das nächste Jahr durchzusetzen, was ungesetzlich war, wurde Tib. Gr. mit vielen seiner Anhänger erschlagen.

Gaius Sempronius Gracchus, der 9 Jahre jüngere Bruder des Tib. Gr., diesem überlegen an zwingender Kraft der → Beredsamkeit, staatsmännischer Umsicht und Energie, wurde schon 133 v. Chr. in die genannte Dreimännerkommission gewählt. Nach des Bruders Tod hielt er sich zurück und trat erst 123 hervor, als die Zeit für die Ideen des Tiberius gearbeitet hatte. Mit kühlster Berechnung suchte er zuerst durch ein Korngesetz (Verteilung des Getreides zu niedrigstem Preis) Anhänger im niederen Volk. Den Adel spaltete er, indem er die Besetzung der Geschworenengerichte vom Senatorenstand auf den Ritterstand (→ *equites*) übertrug. Dann trat er mit seiner Agrarreform hervor; er schlug die Ansiedlung der Bürger in Übersee, besonders in Afrika (Karthago) vor, und stellte den Antrag, den Bundesgenossen das Bürgerrecht zu verleihen. Die Optimaten suchten seine Gesetzvorschläge durch den Volkstribunen M. Livius Drusus zu überbieten, um dadurch seine Popularität zu vernichten. Das erreichte man auch bei dem leichtgläubigen Volk. C. Gr. wurde nur noch für 122 Volkstribun; bei der Bewerbung für 121 fiel er durch. Darauf schritt der Senat zum Angriff. C. Gr. verschanzte sich auf dem Aventin; nach heftigem Kampf wurden seine Anhänger erschlagen, er selbst ließ sich auf der Flucht von einem Sklaven töten. Hauptquelle Plutarchs *Lebensbeschreibungen der beiden Gr.*

E. Kornemann, Zur Gesch. d. Gracchenzeit, 1903; F. Taeger, Tib. Gr., 1928; H. v. Rimscha, 1948; D. C. Earl, *Tib. Gr.*, Brüssel 1963; J. Carcopino, *Autour des Gracches,* Paris [2]1967; H. C. Boren, *The Gracchi,* N. Y. 1968; J. M. Riddle, *Tib. Gr.*, Lexington/Mass. 1970; C. Nicollet, *Les Gracques,* Paris 1972.

Gradmessung der Erde → Klaudios Ptolemaios.

Gramm- *loquitur, Dia- vera docet, Rhe- verba colorat,*
Mus- canit, Ar- numerat, Gepondit, As- colit astra.

Mittelalterliche Verse mit den Namen der → 7 *artes liberales,* d. h. der Künste (wir sagen: Wissenschaften), deren Kenntnis zur Bildung eines Freien *(liber)* gehörte: die Grammatik spricht, Dialektik (Philosophie) lehrt das Wahre, Rhetorik färbt die Worte (lehrt schön darstellen), Musik singt, Arithmetik zählt, Geometrie wägt ab, Astronomie pflegt die Stern(kund)e. → Cassiodorus.

Grammatik. Erstmalig die Griechen beobachteten, daß es verschiedene Arten von Wörtern wie Substantiva, Verba, und innerhalb dieser verschiedene Kasus, Tempora usw. gibt; damit wurden sie die „Erfinder" der Gr. Wesentliches für die Gr. leisteten die Sophisten, namentlich Protagoras; sie galten überhaupt für die Begründer der Gr. Ausbau des Systems durch die Stoiker, die sich mit der Sprache als wichtigem Mittel für den Ausdruck philosophischer Gedanken befaßten (→ Aristarchos; Dionysios). Unterweisung in Gr. war seit den Sophisten ein fester Bestandteil der Jugendbildung; sie stieg sehr methodisch vom Einfachen zum Schweren (von Buchstaben zu Silben, Wörtern, Deklination, Konjugation, Syntax) auf. Zweck des gramm. Unterrichts war nicht, das Erlernen fremder Sprachen zu erleichtern, sondern Sprachrichtigkeit. Die uns geläufigen gramm. Bezeichnungen sind fast alle Übersetzungen der griech. ins Lat. Das von den Griechen erarbeitete grammat. System übertrugen die Römer auf ihre Sprache. Auf der latein. Sprachlehre des Aelius Donatus (4. Jh. n. Chr.) fußte der gesamte grammatische Unterricht des Mittelalters. Gleichfalls dem 4. Jh. gehört Charisius an, von dessen Grammatik Bruchstücke erhalten sind; auch von dem grammat. Werk seines Zeitgenossen Diomedes ist ein Teil überliefert. Das umfangreichste und beste grammatische Werk in latein. Sprache, das wir besitzen, stammt von Priscianus, der im 6. Jh. n. Chr. in Konstantinopel als Lateinlehrer wirkte. – Im Altertum rechnete man zur Gr. auch die → Literaturgeschichte; alexandrinischen Grammatikern verdanken wir sehr wertvolle Nachrichten über gr. Literatur.

W: Grammatici Graeci, hg. E. Schneider u. a., XI 1867–1910, neu I-V 1965. – *Grammatici Latini,* hg. H. Keil, VIII, 1855–80, neu 1961.

L: H. Steinthal, Gesch. d. Sprachwissensch. bei d. Gr. u. Römern, [2]1890–91, neu 1961.

Granatapfel, gr. *rhoa,* kam nach Ausweis seines lat. Namens *malum punicum* = punischer Apfel zu den Römern aus dem Orient über Karthago; außerdem hieß er im Lat. *malum granatum* = A. mit vielen Kernen, *grana.* Symbol der Liebe und Ehe; Persephone wurde dadurch Gemahlin des Hades, daß sie einen von ihm dargebotenen Gr. aß; neugr.

Ehepaare werden nach der Trauung beim Verlassen der Kirche mit getrockneten Gr. beworfen, und wenn diese platzen und die Kerne herausfallen, so bedeutet das reichen Kindersegen. Auch → Hera führt als Attribut manchmal den G. (als Göttin der Ehe).

Granikos → Alexander d. Gr.

Gratianus, Flavius, Sohn des Valentianus I., Kaiser von 375 bis 383. Schüler des → Ausonius.

Grattius Faliscus, Zeitgenosse Ovids, Verfasser eines Lehrgedichts in Hexametern über Jagdhunde *(Cynegetica)*.

W. Hg. u. engl. J. W. A. M. Duff, London 1935; hg. P. J. Enk, 1918, neu 1976.

Grazien → *charis*.

Gregorios von Nazianz, (329–ca. 390) einer der griech. → Kirchenväter.

Gregorios von Nyssa, (ca. 335–394), einer der griech. → Kirchenväter.

Gregor d. Große, Papst 590–604, stammte aus einer senatorischen Adelsfamilie, 572/573 Stadtpräfekt in Rom. Ordnete die Verwaltung des kirchl. Grundbesitzes, dessen Erträge er zur Linderung der sozialen Not verwendete. Missionierung der Angelsachsen. 854 z. T. historisch bedeutsame Briefe und eine Reihe auf die Seelsorge abgestimmter Schriften.

W: Hg. J. P. Migne Bd. 75–79 (Kirchenväter); Briefe hg. P. Ewald, L. M. Hartmann *(Mon. Germ.)* 1891 ff. – *Ü:* (Ausw.) Th. Kranzfelder, II, neu 1933.
L: H. Grisar, G. d. Große, 1928; L. Weber, Hauptfragen der Moraltheologie G.s d. Gr., 1947; Ch. Chazottes, *Grégoire le Grand,* Paris 1958.

Gregor von Tours, 538–594, aus Senatorenfamilie, 573 Bischof von Tours, das damals religiöser Mittelpunkt Galliens war. Seine Werke, die stilistisch schon den Wandel zum Romanischen erkennen lassen, sind wichtige Quellenwerke der polit. und kirchl. Geschichte seiner Zeit. Hauptwerk: *Historia Francorum* (Geschichte d. Franken).

W: Historia, hg. B. Krusch, W. Levison *(Mon Germ. Hist.)* ^{2}1937–51. – *Ü:* R. Buchner, II $^{7-8}$1990.
L: M. Heinzelmann, G. v. T., Zehn Bücher Geschichte, 1994.

Griechen. Die Gr. hießen in ältester Zeit *Achaioi* (→ Achaier) oder *Danaoi* (→ Danaer), später *Hellenes* (→ Hellenen); so nennen sie sich bis heute. Die lat. Bezeichnung *Graeci* führt man auf den Ortsnamen *Graia* in Boiotien oder auf andere Namen zurück; der Zusammenhang ist bis heute ungeklärt. – Der Landesname: *Hellas;* lat. *Graecia.*

H. D. F. Kitto, Die Gr., 1957; R. Harder, Die Eigenart der Gr., 1962; M. I. Finley, Die Gr., d. ^{2}1983.

Griechenland, in seiner heutigen Gestalt mit ca. 132 000 qkm (davon entfallen 25 500 qkm auf die Inseln), ist ein Gebirgsland. Zwischen Thessalien und Epirus zieht sich der wilde, zackige, fast immer beschneite Pindos hin. Epirus ist ein rauhes, zerklüftetes Gebirgsland, das von verschiedenen kriegerischen und abgehärteten Völkern bewohnt war. Die Fortsetzung des Pindos in Mittel-G. bilden der als Musensitz berühmte Parnassos, der 2500 m hoch fast senkrecht als nacktes Felsengebirge aus der Ebene emporsteigt, der Helikon und Kithairon. Auch im Osten finden sich zahlreiche Gebirge. Thessalien ist umgeben von dem vielgezackten Göttersitz des Olympos (2917 m), dem rauhen Otrysgebirge und dem Oite. Dies setzt sich in Attika in dem wegen seines Marmors berühmten Pentelikon, dem kräuterreichen Hymettos und dem Lauriongebirge fort, in dem im Altertum reiche Silberbergwerke lagen. Nur durch die schmale Landenge von Korinth steht die Peloponnes mit Mittel-G. in Verbindung. Auch sie ist durchweg Gebirgsland. Von dem rauhen Tafelland Arkadien, das rings von hohen Randgebirgen umschlossen ist, stoßen steile Gebirgsstränge nach Osten und Süden (darunter besonders steil der Taygetos, 2400 m) weit ins Meer vor und bilden lange schmale Halbinseln.

Durch die vielen Gebirgszüge entstehen viele kleine und kleinste Landschaften, die im Altertum alle ein abgeschlossenes Eigenleben führten und selbständig waren. Die hauptsächlichsten sind: Epirus mit dem Heiligtum Dodona, Thessalien, Boiotien (4000 qkm) mit der Hauptstadt Theben, Phokis mit Delphoi, Attika (2250 qkm) mit Athen, im Westen Akarnanien und Aitolien, in der Peloponnes Korinth, die Argolis mit Argos und Mykenai, Lakonien (3350 qkm) mit Sparta, Messenien, Elis mit Olympia, Achaia und in der Mitte Arkadien. Die Mehrzahl von ihnen sind Gebirgsländer. Größere Ebenen befinden sich nur in Thessalien, Boiotien, Attika und Messenien. Sie liegen im Osten, wo auch die Hauptmasse der Inseln zu finden ist; während im Westen nur die sog. ionischen Inseln: Kerkyra, Kephallenia, Leukas, Ithaka und Zakynthos liegen, gibt es im Osten außer den großen Inseln Kreta und Euboia hauptsächlich 2 Gruppen: die Kykladen, die im Kreise um Delos herumliegenden, u. die Sporaden (die verstreuten). So ist das Gesicht G.s von ältester Zeit an Asien zugewendet. Kulturelle und wirtschaftliche Beziehungen bestanden hauptsächlich mit Kleinasien. Nur ein geringer Teil des Bodens ist anbaufähig (heute 28% Ackerland). → Landwirtschaft.

Über die älteste Besiedlung besteht bis heute keine Klarheit. Wir kennen aus gr. Überlieferung eine ganze Reihe von Volksnamen, deren Verhältnis zueinander aber unklar bleibt. Am häufigsten werden die → Pelasger genannt, daneben finden sich die Leleger in Mittel-G., die Minyer in Böotien, die Abanten in Euboia, die Karer in Kreta u. a. Auch → Illyrer. Die eigentliche gr. Kultur beginnt erst mit der Einwanderung der gr. Stämme. → Gr. Geschichte.

A. Philippson, E. Kirsten, D. gr. Landschaften, IV, 1951–59; J. Gaitanides, Griechenland ohne Säulen, 1955 u. 1963; G. v. Reutern, Hellas, [5]1969; E. Peterich, [7]1965; E. Kirsten, W. Kraiker, Griechenlandkunde, II [5]1967; R. V. Schoder, D. ant. Gr. aus d. Luft, d. 1975; H. J. Gehrke, Jenseits v. Athen u. Sparta, 1986; Griechenland. Lex. d. hist. Stätten, hg. S. Lauffer, 1989.

Griechen und Römer als Kulturschöpfer und -vermittler. Schöpfer der → europäischen Kultur waren die Gr. Die R. haben das Verdienst, diese gr. K. in ihrem Werte erkannt, angenommen und an den europäischen Westen weitergegeben zu haben; wesentlich fortgebildet haben sie sie nicht. Die Gr. behaupteten den kulturellen Vorrang auch nach dem Verlust ihrer Freiheit; nach einem berühmten Vers des Horaz (*Epist.* II 1, 156) hatte schon zu dessen Zeit das (von den R. im Kriege) besiegte Griechenland den wilden Sieger (kulturell) besiegt. Noch während des Mittelalters waren die Gr. die kulturelle Vormacht (→ Byzantin. Kultur); der lat. Westen stand hinter dem griech. Osten zurück. Die Römer standen uns näher, geographisch, politisch, weil Germanen seit 476 Herren Italiens waren, und als Kulturvermittler; Griechenland lag uns ferner; 1456 wurde es durch die Türken vom europäischen Verkehr abgeschlossen.

H. Zucker, Vom Verhältnis der Römer z. bildenden Kunst der Griechen, 1950; J. Deininger, D. polit. Widerstand gegen Rom in Griechenland, 1971.

Griechische Geschichte. In Griechenland bildete sich durch vorderasiatische Impulse, die von Einwanderern auf dem Landweg herangetragen wurden, im 5. Jahrt. eine neolithische Kultur mit Ackerbau, Seßhaftigkeit und z. T. urbanen Zügen; ihre Hauptzentren lagen in Thessalien (sog. Sesklo-Kultur, nach einem thessal. Fundort genannt; frühe Hausformen, Idolplastik). Der „Dimini-Vorstoß" von Bandkeramik-Völkern bis nach Thessalien brachte im 3. Jahrt. neue Elemente hinzu (Megaron-Bau, Mäander); ebenfalls im 3. Jahrt. verbreitete sich die von Osten her vordringende Metallverarbeitung (beginnende Bronze-Zeit) im Verlauf der Frühhelladischen Periode (→ Zeittafel S. 832), in der sich auch die Städtebildung vor allem an der griech. Ostküste verstärkte. Um 2000 v. Chr. wanderten die Völker des Streitaxt-Schnurkeramik-Kreises, indoeurop. Stämme, nach Griechenland ein und unterwarfen sich die Urbevölkerung. Dabei kommt es an verschiedenen Mittelpunkten zu beachtlicher Machtentfaltung und Kulturentwicklung (Einfluß von Kreta); Mykenai war Zentrum eines mächtigen Reiches, das schließlich auch Kreta umschloß. Gegen Ende des 2. Jahrt. v. Chr. geht diese Kultur durch die Verschiebungen der → Ägäischen Wanderung in langen Kämpfen zugrunde. Damals erhielt Griechenland seine spätere Gestalt. Im Mutterland u. an den damals besetzten Küsten Kleinasiens gab es seitdem 3 Stämme: Aioler im Norden, Ioner in der Mitte, Dorier im Süden. Die politischen Zentren waren kleine agrarische Städte *(poleis),* die vom Adel beherrscht wurden. Eine Entwicklung läßt sich seit dem 8. Jh. v. Chr. in Kleinasien feststellen, wo auf politischem (Demokratie), sozialem (handeltreibendes Bürgertum), wissenschaftlichem (Geographie, Geschichte, Philosophie) und künstlerischem Gebiet (Literatur) neue Wege gefunden wurden. Ionien kam im 6. Jh. unter die Herrschaft der Lyder und Perser. Durch die Auswanderung der besten Köpfe wurde aber diese Kultur nach dem Mutterland verpflanzt, besonders nach Athen, das bisher in langsamerem Tempo gefolgt war (Gesetze Solons; Tyrannis des Peisistratos). Die stärkste politische Macht besaß im Mutterland der spartanische Militärstaat, der durch den peloponnesischen Bund die Hegemonie in Griechenland erlangte. Seit den Perserkriegen (→ Perser) stieg Athen als fortschrittliche Handelsmacht schnell siegreich empor; → attischer Seebund. Der athenische Bund umfaßte die Inseln des ägäischen Meeres und die Küste Kleinasiens; er beherrschte besonders die Dardanellen und damit den Zugang zu den Kornkammern Südrußlands, dessen Getreide zur Verpflegung der zahlreichen Bevölkerung Athens unbedingt notwendig war. Der Bund umfaßte also in der Hauptsache das östl. Mittelmeer. Nach Westen (Sizilien) griffen die Athener nur zeitweise über. 444 Gründung von Thurioi, 427 und 415–413 Züge nach Sizilien, freilich ohne bleibenden Erfolg. Hier dominierten die dorischen Städte, besonders Korinth. Nur die attische Töpferware beherrschte auch lange Zeit den ital. Markt (reiche Funde besonders in Etrurien). Unter Perikles (ca. 460–429) erreichte A. politisch, wirtschaftlich und wissenschaftlich die höchste Blüte (klass. Zeit der gr. Kultur). Im → peloponnes. Krieg (431–404) kämpften Sparta und Athen um die Hegemonie. Athen unterlag, aber auch Spartas Macht war erschüttert, so sehr es sich in den Jahrzehnten nach dem Kriege als Herrscher Griechenlands aufspielte. Es erlag der moderneren Taktik der Thebaner unter Epameinondas; Theben erlangte für ein Jahrzehnt (371–362) die Hegemonie in Griechenland. Die Schwäche der gr. Kleinstaaten enthüllte der Einfluß, den der Perserkönig erlangte. Durch seine Geldunterstützungen, um die sich alle gr. Staaten bemühten, beherrschte er in Wahrheit die gr. Politik. Ein trauriger Beweis für seine Macht war 386 v. Chr. der Friede des Antalkidas (auch Königsfriede genannt), in dem der Perserkönig als Garant auftrat und die ionischen Städte ausgeliefert erhielt. Zugleich aber enthüllte der Zug der 10000 Griechen (→ Xenophon) durch Persien auch die Schwäche dieses Riesenreiches. Thebens Hegemonie brach mit Epameinondas' Tod zusammen. Sparta und Athen waren machtlos. So fiel es dem energischen, schlauen Philipp von Makedonien (359–336) leicht, seine Macht von Norden her nach Griechenland auszubreiten. Vorsichtig und schrittweise eroberte er die Küste Makedoniens, die in der Hand von athenischen Kolonien war, vor allem das Gebiet am goldreichen Strymon. Dadurch erhielt er die Mittel, mit denen er seine Politik vorbereitete, indem er Bestechungsgelder zahlte. Im Hl. Krieg gegen die Phoker (346) setzte er sich in Thessalien und Mittelgriechenland fest und eroberte dann Thrakien bis zum Hellespont. Als Athen und Theben sich zum Krieg gegen ihn entschlossen, war es zu spät. Die Freiheit Mittelgriechenlands erlag in der Schlacht bei Chaironeia 338 v. Chr. Nach Philipps Ermordung setzte sein Sohn Alexander (336–323) sein Werk fort. Er eroberte das riesige Perserreich in jahrelangen Kriegszügen voll unerhörter Strapazen und erstrebte eine Vereinigung der asiatischen und gr. Völker zu einer neuen Einheit. Bei dem inneren Ausbau des Reiches starb er 323 v. Chr. Die Kämpfe um seine Nachfolge wurden von den Diadochen mit viel Blutvergießen geführt; über die von ihnen außerhalb Griechenlands gebildeten Reiche → Diadochen. Griechenland selbst blieb in kleine selbständige Stadtstaaten zerschlagen, die wegen ihrer Schwäche neben den Großstaaten, außer vielleicht dem → Achaiischen und Aitolischen Bund, keine Rolle spielten. Diese Staaten wurden in langen Kämpfen von den Römern unterworfen (200–197; 171–168 Kriege gegen Makedonien; 146 Eroberung und Zerstörung von Korinth, Makedonien wird röm. Provinz; auch → Achaier).

K. J. Beloch, Gr. Gesch., IV, [2]1912–27, neu 1967; R. Pöhlmann, Grundr. d. gr. Gesch. nebst Quellenkunde, [5]1914; H. Berve, Gr. Gesch., II [2]1951–52, neu 1959–60; F. Schachermeyr, Gr. Gesch., 1960; ders., Die ägäische Frühzeit, Innsbr. 1961; U. Wilcken, Gr. Gesch., [9]1962; I. Weiler, Gr. Gesch., [2]1988; W. Schuller, Gr. Gesch., 1980; H. Bengtson, Gr. Gesch., [7]1986; E. Bayer, Gr. Gesch., [3]1987; ders., Gr. Gesch. in Grundzügen, [6]1988; W. Dahlheim, Die gr.-röm. Antike, I Griechenland, 1992.

Griechische Literatur. In Poesie und Prosa schufen die Griechen die meisten literarischen Gattungen des abendländischen Kulturkreises. Sie stellten auch für sie die Gesetze auf, die, wenn auch mit manchen Änderungen, bis in die Gegenwart geltend geblieben sind.

Die ältesten uns bekannten Werke zeigen bereits einen sehr hohen Stand dichterischer Kunst. Sie stehen also nicht am Anfang, sondern am Ende einer langen Entwicklung. Das gr. Heldenepos, das aus dem aiolischen Thessalien nach dem aiolischen Teil Kleinasiens gekommen war und dann im benachbarten Ionien eine neue Heimat gefunden hatte, erzählte die verschiedensten Sagen mit großer Realistik und Anschaulichkeit. Immer mehr aber konzentrierte sich das Interesse auf den Kampf um Troia. Diesem Stoffgebiet gehören die *Ilias* und *Odyssee* Homers (→ Homerische Dichtung) an, die viel bewunderten, oft nachgeahmten, nie erreichten Meisterwerke des Epos. Die übrigen Stoffe sind uns in den jungen Bearbeitungen des → epischen Kyklos erhalten. Das ionische Heldenepos wurde durch Hesiodos, einen nach Boiotien verpflanzten kleinasiatischen Aioler, weitergebildet. Er wählte bereits andere Stoffe als seine Vorgänger; sein Interesse gehörte der Landarbeit und der Religion. Mit ihm kündet sich eine einfachere, bürgerlichere Zeit an. Der Ritterzeit verdanken wir aber noch ein zweites herrliches Geschenk, die gr. Lyrik. Sie entstand im 7. Jh. v. Chr. in Ionien und auf den aiolischen Inseln des ägäischen Meeres, besonders auf Lesbos. Persönliche Erlebnisse wurden in reizvollen Versmaßen und in wundervoller Sprache mit großer Kunst erzählt. Im Mutterland, besonders im dorischen Sprachgebiet, wurde zu gleicher Zeit die Chorlyrik gepflegt; die Dichter waren z. T. eingewanderte Ioner. Erst unter Peisistratos erhielt die Literatur auch in Athen eine Stätte. Damit begann die klassische Periode der gr. L. Aus der Verbindung von ionischer Iambendichtung und dorischer Chorlyrik entstand im 6. Jh. die → Tragödie, deren Hauptvertreter im 5. Jh. Aischylos, Sophokles und Euripides waren. Aus denselben Bestandteilen entwickelte sich auch die → Komödie, deren klassischer Dichter in Athen Aristophanes war. Um die gleiche Zeit fand in Athen die ionische Wissenschaft (Geschichtsschreibung, die Herodot, der „Vater der Geschichte", vorgebildet hatte, und Erdkunde) und die Philosophie (Naturphilosophie und Sophistik) eine neue Heimat. Thukydides schrieb seine berühmte Geschichte des peloponnesischen Krieges und schuf damit das erste Geschichtswerk im modernen Sinne; an ihn schloß sich Xenophon an. Platons und Aristoteles' Schriften bilden den Höhepunkt der philosophischen Schriftstellerei in Athen. Die in Sizilien entstandene → Beredsamkeit (→ Korax; Teisias) wurde durch Gorgias nach dem Mutterland, bes. nach Athen, verpflanzt. Dort wirkten die → 10 attischen Redner, besonders Lysias, Isokrates und Demosthenes.

In der hellenistischen Zeit drängte sich die Rhetorik in der gr. L. immer mehr hervor. Häufig überwucherte das formale Element den Inhalt. Besonders die eigentliche Beredsamkeit und die Geschichtsschreibung wurden ein Betätigungsfeld für die zünftigen Rhetoren. Der → Asianismus wurde Mode. Nur wenige Männer, wie Polybios, vermochten sich von ihm freizuhalten. Weiterhin war für die hellenistische Zeit charakteristisch, daß mehrere Mittelpunkte der L. und Kunst emporblühten. Athen, das in klassischer Zeit eine Art Monopolstellung innegehabt hatte, brachte in der neueren Komödie (Menandros) noch eine Literaturgattung hervor, die für die Zukunft größte Bedeutung gewann. Neben ihm aber eroberte sich das reiche, blühende Alexandreia eine führende Stellung in der gr. L. Hier wurden im Museion (→ Museum) die gelehrten, literarischen Forschungen gepflegt, und an dem kunstsinnigen Hof der Ptolemaier versammelten sich die gelehrten modischen Dichter (Kallimachos, Theokritos). Sie schufen eine neue bedeutende Lyrik, die sich aber meistens nur an einen kleinen Kreis von feingebildeten Hofleuten und Gelehrten wenden wollte. Eine besonders feine Gedichtform dieser Zeit war die Hirtenpoesie, die Bukolik, in der sich die Sehnsucht dieser überkultivierten Stadtmenschen nach der unverfälschten Natur ausdrückt; freilich gibt sie, als Kunstdichtung, nicht völlig reine Empfindungen wieder. Auch Rhodos wurde ein L.-Zentrum, wo die Rhetorik aber eine ernsthaftere und wissenschaftlichere Haltung zeigte. Erst im 1. Jh. v. Chr. gelang es der gr. L., sich vom Schwulst des Asianismus zu befreien. In dieser Bewegung, die man → Attizismus nennt, finden sich auch die ersten Anzeichen, daß die ursprüngliche Schöpferkraft der gr. L. nachließ. Denn die gr. Literaten konnten nicht mehr aus eigener Kraft neue Formen für ihre Ideen finden; sie lehnten sich an die große klassische Periode im 5. und 4. Jh. an und ahmten sie mehr oder weniger sklavisch nach. So wurde der Attizismus die erste klassizistische Strömung des Abendlandes. Trotzdem haben gr. Schriftsteller auch unter der Herrschaft der Römer noch Hervorragendes geleistet. Dio Chrysostomos und Herodes Attikos waren bedeutende Lehrmeister der Beredsamkeit; Lukian ergötzte durch seine satirischen Schilderungen; Ptolemaios wurde der Meister der Geographie; Plutarch entwickelte eine vielseitige, liebenswürdige Schriftstellerei; Arrian und Appian schrieben wertvolle Geschichtswerke. Ihnen stellte sich im 3. Jh. n. Chr. Cassius Dion ebenbürtig an die Seite. Sonst betätigten sich die gr. Schriftsteller vom 3. Jh. an hauptsächlich als Sammler. Sie sichteten und stellten in großen Werken das zusammen, was die vergangenen Jahrhunderte gedacht und geschrieben hatten. Unter ihnen ist besonders Athenaios zu nennen, der in seinem *Gelehrtengastmahl* Auszüge aus mehr als 1500 Werken gab. Diese an sich wenig produktive und daher heute nicht besonders geachtete Tätigkeit ist für unsere Kenntnis der antiken L. sehr wichtig geworden, weil viele Werke gr. Schriftsteller, die verloren sind, uns wenigstens auf diese Weise nach Stil und Inhalt erkennbar werden. Mit dieser Sammlertätigkeit, die bis weit in die byzantinische Zeit fortgesetzt wurde, endet die Geschichte der antiken gr. L., in der die Griechen in 1000 Jahren Einzigartiges geleistet haben.

U. v. Wilamowitz, D. gr. Lit. d. Altert., ³1924; J. Geffcken, Gr. Lit.-gesch., II, 1926ff., neu 1961; W. Christ, W. Schmid, O. Stählin, Gesch. d. gr. Lit., ⁷1929, neu 1959–74; B. Riesenfeld, *Repertorium Lexicographicum Graecum,* Stockh. 1954; A. Körte, P. Händel, D. hellenist. Dichtung, ²1960; W. Kranz, Gesch. d. gr. Lit., ⁴1960; W. Nestle, Gesch. d. gr. Lit., II, ³ 1961f.; R. Flacelière, Lit.gesch. Griechenlands, d. 1966; A. Lesky, Gesch. d. gr. Lit., ³1971; E. Vogt (Hg.), Gr. Lit., 1981; A. Dihle, Die gr. u. lat. Lit. der Kaiserzeit, 1989; ders., Gr. Lit.gesch., ²1991.

Griechische und lateinische Sprache. Das Altägyptische lernte man verstehen, als man 1799 in Rosette ein und denselben Text in ägyptischer und griechischer Fassung gefunden hatte. Dem Altpersischen ging man vom Neupersischen her zu Leibe und entzifferte dann auch babylonische Texte, die auch in altpers. Übersetzung vorlagen. Die Sprachen der alten Griechen und Römer dagegen brauchte man sich nicht so mühsam zu erschließen; ihre Kenntnis hat sich vom Altertum her stets erhalten.

G r i e c h i s c h ist vom 2. Jahrt. v. Chr. an in Griechenland immer gesprochen worden und wird es noch. Natürlich hat es sich in dieser langen Zeit sehr verändert; man unterscheidet also, ähnlich wie im Deutschen, Alt-, Mittel- und Neugr.; im Mittel- und Neugr. dazu zwei Unterabteilungen, das Schriftgr. und das gesprochene Gr. Früher galt das Altgriech. als eine reine Sprache mit nur einheimischen Beständen. Die letzten Dezennien haben uns gelehrt, daß der homerische Wortschatz nicht wenig mit dem Gut der Vorbewohner der gr. Lande durchsetzt ist. Auch die Wortbildung war fremden Einflüssen zugänglich und vermischte Einheimisches mit Fremdem. Besonders häufig ist Entlehnung aus dem Mittelmeergebiet und Kleinasien. – Im röm. Westreich konnte, infolge der Überlegenheit der gr. Kultur, jeder Gebildete Griechisch. Nach der Völkerwanderung ging im Westen die Kenntnis des Griech. fast ganz unter und belebte sich erst wieder in der Renaissance um 1400. Namentlich seit 1453, als das gr. Konstantinopel türkisch geworden war, kamen aus dem Osten viele Gr. nach Italien, um als Sprachlehrer, Gelehrte, auch als Drucker von gr. Büchern ihr Brot zu verdienen; diese konnten außer ihrem Mittelgr. auch Altgr. und verbreiteten dort die Kenntnis dieser Sprache neu (den ersten Lehrstuhl für Griech. im Abendland erhielt durch Boccaccios Vermittlung der Calabrese Leonzio Pilato); von Italien kam sie um 1500 nach Deutschland. – Im Osten dagegen hat sich ohne jede Unterbrechung und ganz organisch aus dem Altgr. das Mittel- und aus diesem das Neugr. entwickelt.

Im Latein unterscheidet man 1. Altl., 2. klassisches Latein, in zwei Unterabteilungen, → Goldene, Silberne Latinität; 3. das mittelalterliche L., kurz Mittell. genannt: a) im frühesten Mittelalter ein gesprochenes Volksl., aus dem sich organisch die romanischen Sprachen entwickelten; b) Schriftl., das sich vom klass. Lat. längst nicht so weit entfernte wie das gesprochene Volksl., aber doch auch immer mehr. 4. Neulatein, seit etwa 1500. Dieses wandte sich in einer von der heutigen Sprachwissenschaft als unrichtig erkannten Geringschätzung von dem mittelalterlichen Schriftl. (dem „Mönchsl.") ab und in Verfolgung der Ziele des → Ciceronianismus wieder dem klassischen Latein, der goldenen Latinität, zu. Das Neulatein ist im sprachwissenschaftl. Sinne eine „abgeschlossene Sprache"; es entwickelt sich nicht weiter, man lernt es nach festen Regeln; Jahrhunderte lang war es bis vor kurzem Kultsprache vieler Millionen Katholiken, Amtssprache des Papstes, in der auch heute die päpstl. Enzykliken abgefaßt werden, Verhandlungssprache des Konzils auch 1962–65. – Auch → Indogermanen; Latein; Schriftsprache; Vulgärlatein.

I. B. Hofmann, Etymol. Wörterb. d. Gr., 1950, neu 1966; W. Brandenstein, Gr. Sprachwissenschaft, III, 1954–66; Hj. Frisk, Griech. etymolog. Wörterb., II 1960–70; H. Poeschel, D. gr. Spr., [5]1968; I. B. Hofmann, A. Debrunner, Gesch. d. gr. Spr., [2–4]1969; H. Eideneier, Neugriechisch für Humanisten, [2]1969; R. Hiersche, Grundzüge der gr. Sprachgesch., 1974; G. Fink, D. gr. Sprache, 1986; L. R. Palmer, Die gr. Sprache, d. 1986.

Griechische und latein. Wörter im Deutschen finden sich als W., die mit der Kenntnis der Sache aus dem Süden zu uns kamen, lat. *colis* = Kohl; lat. *corbis* = Korb; gr. *kiste* = Korb (Kiste); lat. *mantelum* = Mantel; gr. *myle* = Mühle; gr. *sakkos,* lat. *saccus* = Sack (auch babyl., hebr., phoinik., abessin., assyr., syr., ägypt. ähnlich). – gr. *pantophellos* „ganz *(pant.)* aus Kork *(phellos)*". Viele gr. und lat. W. sind zweimal ins D. eingedrungen; manchmal direkt vom Lat. und außerdem auf dem Wege über das Französ., z. B. *radere* = schaben: a) radieren, deutsch seit dem 15., b) rasieren, deutsch seit dem 17. Jh. Im allgemeinen (aber nicht ausnahmslos) kann man sagen, daß ein fremdes Wort um so länger im Deutschen vorliegt, je mehr es verändert ist; „teuflisch" ist viel älter als das sprachlich gleiche „diabolisch". Im Deutschen und sonst in allen europäischen Hauptsprachen gleich sind gr. u. lat. Wörter für ein und dasselbe Ding, eine Einrichtung, Wissenschaft u. dgl., z. B. Mathematik, Münze, Philosophie, Platz, Schule, Theater, Universität, meist dann, wenn alle diese modernen Völker diese W. und das, was sie bezeichnen, aus der antiken Kultur übernommen haben (→ Fremdwörter). Ausnahmen sind W. wie Lokomotive, Telephon, die im Anschluß an gr. und lat. W. erst in der Neuzeit geschaffen worden, aber auch international verbreitet sind.

Das Christentum kam zu uns (auf dem Umweg über Irland und England; die Angelsachsen hatten sich in England der südlichen Kultur eher angeschlossen als die Germanen in Deutschland) als römisch geprägtes Christentum. Daher stammen die vielen latein. W., meist als solche nicht mehr empfunden, weil längst zu Lehnwörtern geworden (Kanzel, Predigt, Gesten, Kapitel, Verse, Firmung, Pate u. v. a.); auch den Herrennamen (→ Jesus) sprechen wir lat. *Iesus Christus* aus. Daneben gibt es aber im Deutschen viele griechische W., z. B. → Bibel, Evangelium, → Engel, → katholisch, → Kirche, Pfarrer, Parochie, Diakon, → Teufel u. a. Das rührt daher, daß schon das Latein der röm. Kirche vielfach mit Fremdwörtern aus dem Gr. durchsetzt ist, weil ja das Christentum von Palästina auf dem Wege über Griechenland nach Rom gelangte. → Deutsche Flußnamen; Deutsche Städte mit lat. Namen.

A. Hemme, D. lat. Sprachmaterial im Wortschatz d. dt., franz. u. engl. Sprache, 1904; P. Rannacher, Griechisches im tägl. Leben, 1922; F. D. Stürmer, D. Griechische in d. dt. Sprache u. Bildung, 1933; F. Dornseiff, D. gr. Wörter im Deutschen, 1950; P. Gessler, Griech. Fremd- u. Lehnwörter im D., Basel 1967; W. Ertl, Der europ. Wortschatz, Linz o. J.; H. Wittstock, Gr. u. lat. Wörter im dt. Wortschatz, 1979; A. Sellner, Altgriechisch im Alltag, 1991; B. Kytzler, L. Redemund, Unser tägliches Latein, 1992.

Griechisches Feuer → Siphon.

Griffel → stilus.

Gromatici, röm. Landvermesser, nach ihrem Visiergerät *groma* benannt. Bei der Anlage von Lagern und Kolonien brauchte man G. Das Land wurde dabei in regelmäßige Quadrate oder Rechtecke eingeteilt, sog. *Centurien,* von denen je eines 100 Siedlern zufiel (Ansiedlung der Veteranen in der späten Republik und Kaiserzeit). Die G. benötigten für ihre Tätigkeit Kenntnisse in der Mathematik und im röm. Grundrecht; es gab dazu eine regelrechte Fachliteratur, über die wir durch eine im 6. Jh. n. Chr. angelegte Schriften-Sammlung gut informiert sind. Die aus verschiedenen Zeiten stammenden Schriften behandeln Bodenrecht, Grenzziehung, Grundbegriffe der Geometrie, Maße und Gewichte, sogar einschlägige religiöse Fragen.

W: Die Schriften der röm. Feldmesser, hg. F. Blume u. a., II 1848–52, neu 1967; *Corpus agrimensorum Romanorum,* hg. C. Thulin, nur I, 1, 1913, neu 1971.

L: Th. Mommsen, Ges.-Schr. V und VII, 1910–13; O. Behrends u. a. (Hg.), Die röm. Feldmeßkunst, 1992.

Großgriechenland, gr. *Megale Hellas,* lat. *Magna Graecia,* nannte man ganz Süditalien u., wenigstens seit dem 1. Jh. v. Chr. (Strabon), auch Sizilien, weil es von Griechen kolonisiert war, ehe es in die Hände der Römer fiel. Ein dichter Kranz gr. Städte zog sich von Apulien (besonders von Tarent [gegründet 706 v. Chr.] an) an der Süd- und Westküste Italiens entlang bis nach Cumae (gegründet 750 v. Chr.) in Campanien (Metapontum, Sybaris, Thurioi, Kroton, Lokroi, Rhegion, Poseidonia [→ Paestum], Neapolis), dann von der Nordostecke Siziliens (gr. *Sikelia*), an der Ost- und Südküste entlang bis nach Selinunt (Syrakus, Akragas, Selinus, Gela, Himera, Leontinoi, Messana). Die Gr. bevorzugten also den Zug der alten Handelsstraße (→ H.wege) von West nach Ost. Obwohl die Städte im allgemeinen als Ackerbaukolonien angelegt waren, entwickelten sie sich häufig zu wichtigen Handelsplätzen. Sie gerieten in einen heftigen Konkurrenzkampf mit den Karthagern, die die Westspitze Siziliens besetzt hatten (Eryx), und führten mit ihnen jahrhundertelang erbitterten Krieg. Das Ziel der beiden Seiten war, den Gegner von der Insel und damit von der Handelsstraße zu verdrängen. Die Karthager wurden so die Erbfeinde der Gr. im Westen (vgl. Sieg Gelons bei Himera 480 v. Chr., im Jahre der Schlacht bei Salamis) wie die Perser im Osten. Diese Erbfeindschaft bestimmte das Schicksal der Insel und der gr. Städte auf ihr. Zwar fehlte den Städten, die an sich alle selbständig und außerdem noch durch Stammesunterschiede (teils ionischer, teils dorischer Herkunft) gespalten waren, der nötige politische Zusammenschluß, und sie erschöpften sich bei allen Gelegenheiten in inneren Parteikämpfen und Kriegen untereinander; durch den Kampf gegen die Karthager aber gewann Syrakus, die stärkste unter ihnen, mit der Zeit ein immer größeres Übergewicht, und starke Persönlichkeiten, die meist auch als Heerführer im Kampfe gegen die Karthager sich hervorgetan hatten, schwangen sich zu Tyrannen auf (Gelon, Hieron, Dionysios I., II., Agathokles). Diese fortgesetzten Kriege erschöpften die Volkskraft der kleinen Städte, besonders da die Tyrannen zum größten Teil die Gefahr der dauernden Blutverluste nicht erkannten. So waren zahlreiche Städte verödet, ehe die Römer Unteritalien und Sizilien eroberten. Nur Syrakus vermochte energischen Widerstand zu leisten. In der röm. Zeit hörte das Sonderdasein der gr. Städte in It. auf. Daß der Reisende in Süditalien auf gr. Boden steht, empfindet er zuerst in → Paestum.

J. Bérard, *Bibliographie topographique des principales cités grecques de l'Italie et de la Sicile,* Paris 1941; F. Altheim, Italien u. Rom, I, 1941; U. Kahrstedt, D. wirtschaftl. Lage G.s in d. Kaiserzeit, 1960; H. v. Hülsen, Funde in d. *Magna Graecia,* 1962; A. G. Woodhead, *The Greeks in the West,* Lond. 1962; A. S. Graf v. Stauffenberg, Trinakria, 1963; E. Langlotz, M. Hirmer, D. Kunst der Westgriechen, 1963; K. Meister, Das gr. Sizilien, 1969; E. Kirsten, Süditalienkunde, II 1975; M. I. Finley, Das ant. Sizilien, d. 1979; W. Krönig, Sizilien, 1986.

Großstädte des Altertums erreichten nicht die Maße der heutigen. Horaz bezeichnet *Satiren 1* 9, 18 den Weg vom Forum Romanum nach Trastevere, $1^1/_2$ km, schon als abschreckend lang. Die größte Entfernung innerhalb der Aureliansmauer Roms, von Porta del Popolo bis Porta San Sebastiano, beträgt 5 km, noch weniger etwa die vom Pincio bis zum Monte Testaccio. 5 km lang war die antike Hauptstraße in Konstantinopel, $6^1/_2$ km die in Antiocheia am Orontes; beide geradlinig durchlaufend. Nach Diodor XIII 52, 6 war Alexandreia die größere Stadt der damals bekannten Welt. Dagegen Berlin: Gesundbrunnen bis Wilmersdorf ca. 8 km; Paris: Bois de Boulogne bis Bois de Vincennes 12 km; London: Kensington bis West India Docks 13 km. – Über die Einwohnerzahlen der Gr. gibt es nur wenige verläßliche Angaben: Roms Bevölkerungszahl lag in spätrepublikan. Zeit bei 600000, zu Augustus' Zeit bei 1 Million, zur Antoninen-Zeit bei etwa 1,5 Mill. Sowohl Alexandreia als auch Antiocheia sollen zur Zeit des Kaisers Augustus die Halbmillionengrenze überschritten haben. Athen, Korinth und Syrakus dürften je etwa 100000 Einwohner gehabt haben. Konstantinopels Einwohnerzahl stieg im 6. Jh. bis auf 600000.

K. J. Beloch, Die Bevölkerung der gr. u. röm. Welt, 1886, neu 1967; A. W. Gomme, *The population of Athens . . .*, 1933.

Gruß-, Gebetsformen. Die meisten Gr. stammen aus kriegerischen Zeiten und erklären den Grüßenden als Freund: man grüßt mit der Rechten, die Handfläche nach oben, um zu zeigen, daß man in ihr keinen Dolch trägt; Abnehmen des Huts ist eigentlich Absetzen des Helms; usw. Die Gr. wurden als Gruß an die Gottheit auf das Gebet übertragen (aber noch nicht im älteren griech. Altertum; → Beten). Die devoteste Gr. ist die → *proskynesis:* der Grüßende (im Islam der Betende) wirft sich auf den Boden und berührt diesen mit der Stirn; dadurch begibt er sich völlig in die Gewalt des anderen. - Grußformeln waren im täglichen Leben gr. *chaire* = freue dich, lat. *salve* oder *vale* = sei gesund, sei stark. - Grußformeln nach der Tageszeit („Guten Tag" usw.), jetzt im Ital. wie im Griech. durchaus üblich, fehlten im Altertum völlig.

J. Svennung, Anredeformen, 1958; E. Brandt, Gruß u. Gebet, 1965.

gutta cavat lapidem, „der Tropfen höhlt den Stein" (d. auch eine winzige Kraft kann durch Beharrlichkeit einen harten Widerstand überwinden); Ovid *epistulae ex Ponto* IV 10, 5, nach einem alten Spruch des gr. Epikers Choirilos von Samos.

Gyges, der erste lydische König aus der Mermnaden-Dynastie, Nachfolger des Kandaules, den er mit eigener Hand tötete (um 685 v. Chr.). Die Episode von Herodot in novellistischer Ausschmückung erzählt (1,7ff.). G. bekriegte verschiedentlich die gr. Städte, die seinem Herrschaftsbereich benachbart waren: Milet, Smyrna, Kolophon und Magnesia. Sein Reichtum war sprichwörtlich; prächtige Weihgeschenke sandte er nach Delphoi.

Gylippos, kommandierender Offizier des spartanischen Hilfskorps, das Syrakus entsetzen sollte. Unter seiner Führung wurde das athenische Expeditionskorps aufgerieben und die athenischen Feldherrn Demosthenes und Nikias gefangengenommen (413 v. Chr.). Nach der Einnahme Athens durch Lysander wurde G. beauftragt, den Beuteschatz nach Sparta zu bringen. Da er sich dabei aber einen guten Teil aneignete, wurde er des Landes verwiesen.

Gymnasion (zu gr. *gymnos* = nackt), ein Platz oder ein Gebäude (mit großem Hof, Hallen und Bädern; Angaben über die Anlage von G. späterer Zeit bei Vitruv, arch. 5, 11) für verschiedene Sportarten. Von der Blütezeit Griechenlands (5. Jh. v. Chr.) an legten auch kleine Städte Wert darauf, ein Theater und ein G. zu besitzen; die Gymnasien großer Städte waren oft überaus großzügig und prächtig angelegt (→ Pergamon). Mit dem Ende der allgemeinen Wehrpflicht, für die man den Körper nun nicht mehr zu stählen brauchte (seit ca. 400 v. Chr. meist Söldnertruppen; → Heer), und infolge der Opposition der Gebildeten gegen Übertreibung und Überschätzung des → Sports entwickelten sich die G.en aus Pflegestätten des Sports mehr zu hygienischen Anstalten. Vor allem wurden sie aus Turnschulen zur Ausbildungsstätte des Geistes für die → Epheben; in Ägypten bildeten „die vom G." die gesellschaftliche Oberschicht. - Bei den Römern, die an der gr. Bildung teilhatten, dienten an Stelle der G. die → Thermen der Gesundheitspflege.

E. Ziebarth, Aus d. gr. Schulwesen, [2]1914; K. F. W. Schmidt, D. gr. G. in Ägypten, 1926; W. Zschietzschmann, Wettkampf- u. Übungsstätten in Griechenland, II, 1960f.; J. Delorme, G., 1961.

Haartracht. Das Haar hat die zauberisch erscheinende Eigenschaft, nach dem Scheren nachzuwachsen. Daher galt das Haar als Sitz der Kraft, ja der → Seele. Der freie Grieche trug anfänglich (bei Homer: „die haupthaarumwallten Achaier") und noch im Anfang des 5. Jahrhunderts v. Chr. (die Marathonkämpfer) vielfach langes Haar, herabwallend oder (in einer kurzen Übergangszeit vor und nach den Perserkriegen) in einem am Hinterkopfe aufgebundenen oder um den Kopf gewundenen Zopf; kurzes Haar trugen nur Sklaven und kleine Leute wie Handwerker. Mit dem Sieg der Demokratie im 5. Jh. wurde die H. des kleinen Mannes, der Haarschnitt, die allgemeine, der sich auch die Vornehmen unterwarfen; von Griechenland, das auch in Fragen der Mode führend war, ging er nach Italien über. Die Germanen trugen langes Haar (die Sueben geknotet, Tacitus, *Germania* 38). Als sie Herren des Imperium Romanum geworden waren, übernahmen sie dessen H. nicht; die Witwe des Frankenkönigs Chlodomer, Chlotilde, ließ ihre beiden Kinder lieber töten, als ihnen, wie ihre Gegner wollten, das lange Haar abscheren (Gregor von Tours). Oder man schnitt das Haar, namentlich Vornehmer, nur wenig; man denke an mittelalterliche Pagen oder etwa an die Reiterstatue im Bamberger Dom. Allmählich lebte sogar der Zopf wieder auf (unter Friedrich Wilhelm I.). Daß dieser nach 1780 lächerlich gemacht wurde, wird in dem Anschluß an das antike Römertum liegen, der sich mit der → Französ. Revolution von 1789 durchsetzte; die Revolutionäre trugen das Haar wie antike Römer, und deswegen bezeichnet „alter Zopf" etwas Rückschrittliches. – Haartracht der Frauen: Stets Zopf, geknotet, oft sehr geschmackvoll, nie gekünstelt; manchmal durch eine Binde belebt, manchmal in Netz oder Haube. In der Kaiserzeit sehr künstliche (aber nicht so übertrieben wie im Rokoko) H. in so raschem Wechsel der Mode, daß sich Damen in Marmor glatzköpfig porträtieren ließen; der Glatze wurde dann die jeweils moderne Frisur in Marmor aufgesetzt. – Haar am Körper beseitigte man durch → Rasieren, radikaler durch Ausrupfen mittels Pinzetten (solche schon in Gräbern des 2. Jahrts. v. Chr. gefunden) oder durch Brennen mit glühendem Eisen. – → Perücke.

J. H. Krause, Plotina oder d. Kostüme d. Haupthaares b. d. Völkern d. Alten Welt, 1858; L. Sommer, Das Haar in Religion und Aberglauben der Griechen, 1912; J. Fink, Die H.en der Griechen, 1938. → Porträt.

habeat sibi (lat.): wörtlich „er mag es für sich behalten"; übertragen = „meinetwegen"; nach Sueton, *Leben Caesars* 1, wo der röm. Dictator Sulla denen, die für den geächteten jungen Caesar um Gnade bitten, nach langem Sträuben zuruft: „so sollten sie ihren Willen haben und ihn behalten" *(vincerent ac sibi haberent)*.

habent sua fata libelli, „Bücher haben ihre Schicksale"; lat. Sprichwort aus einem Lehrgedicht des Grammatikers Terentianus Maurus (2. Jh. n. Chr. Die Stelle lautet vollständig: *pro captu lectoris h. s. f. l.* = „wie der Leser sie auffaßt, so haben ihr Schicksal die Büchlein", d. h., das Schicksal eines Buches hängt (nicht nur vom Autor, sondern) von dem Fassungsvermögen des Lesers ab.

Hacksilber. Die Germanen haben Münzen im wesentlichen erst in Italien geprägt, als sie Herren dieses Landes geworden waren. Vorher, in Deutschland, verwandten sie meist röm. Münzen, oder sie zerhackten erbeutetes römisches Silbergeschirr in etwa münzgroße Stücke. So war ein Teil des Hildesheimer Silberschatzes bei seiner Auffindung zu. H. verarbeitet. → Silberfunde.

Hades, lat. *Orcus,* der Gott der Unterwelt, Sohn des Kronos, Gemahl der Persephone, verhaßt, weil das Leben in seinem Reiche freudlos war; aber weil die Erde, in der er wohnt, auch Reichtum (Metalle und Getreide) spendet, auch Pluton (gr. *plutos* = Reichtum) genannt (→ Plutos). – In übertragenem Sinne die Unterwelt selbst, ein Raum unter der Erde, den man sich als Aufenthalt d. Seelen Verstorbener dachte; von einem Fluß umgeben (→ Charon); düster, schaurig; die Seelen lebten dort ohne Erinnerung an die Freuden des irdischen Lebens (→ Lethe). Achilleus klagt (Homer, *Odyssee* XI 489) im H., er wolle lieber auf der Oberwelt Ackerknecht eines Armen sein als König aller Toten in der Unterwelt. Die gr. Religion betonte also durchaus das irdische Dasein und kannte nach dem Tode zwar ein ewiges, aber nicht, wie die → Mysterien und das Christentum, ein seliges Leben (Lehre von der Erlösung aus dem H. → Orpheus). - Die Grundbedeutung des Wortes H. ist unbekannt („unsichtbar"?). - Flüsse im H.: gr. der Acheron, der Fl., den die Toten beim Eintritt in die Unterwelt überschreiten mußten; der Kokytos, „Strom der Klagen" (von gr. *kokyein* = klagen); die → Lethe; der Pyriphlegethon, „d. Feuerflammende"; die Styx, „der Verhaßte". Bei diesem Fl. schwuren die Götter; im Falle eines Eidbruchs hätten sie ihn überschreiten müssen und damit ihre Unsterblichkeit verloren. → Elysium.

Hadrianus. Publius Aelius H., 76 n.Chr. in Italica in Spanien geb. (→ Militärkolonien), wurde nach dem Tod seines Vaters von seinem Verwandten Traian, dem späteren Kaiser, erzogen und heiratete dessen Großnichte Sabina. Er war in verschiedenen Ämtern tätig. Zwischen ihm und Traian bestand kein gutes Verhältnis, da ihre Charaktere zu verschieden waren. Während Traian ein richtiger Römer, ein nüchterner

Praktiker war, dem die fortgesetzte Sorge für das anvertraute Reich als die einzige Aufgabe erschien, war H. für gr. Wesen begeistert. Freigebig unterstützte er Dichtkunst, Musik und Gelehrsamkeit und zog gr. Philosophen und Rhetoren an seinen Hof. Er war selbst Dichter und Schriftsteller; doch ist von seinen Werken nichts erhalten. In späteren Jahren machte sich bei ihm eine starke Neigung für orientalische Mystik und Geheimlehre, für astronomische Träumerei und prunkende Vielwisserei bemerkbar. Damit hat er die folgende Periode des Reiches vorbereitet, in der Philosophen auf dem Thron in Rom saßen. Trotzdem wurde er von Traian, der durch schwere Krankheit gebrochen war, gegen seinen Willen und auf Drängen der Kaiserin Plotina adoptiert und zum Nachfolger bestimmt. Als Kaiser (117–138) gab er die Eroberungspolitik Traians auf und beschränkte sich auf die Behauptung und den Ausbau des Erreichten. Er verstärkte den → Limes in Deutschland und Britannien, baute einen Verwaltungsapparat auf, dessen Rückgrat der Ritterstand war, und richtete in Rom einen geheimen Staatsrat *(consilium)* für alle wichtigen Angelegenheiten der Verwaltung und Rechtspflege ein. Um die Provinzen persönlich zu inspizieren, bereiste er 121–126 den Westen (Gallien, Spanien, Britannien und Germanien), die Ägäis u. Griechenland; 128–132 Afrika, Arabien u. Ägypten. Auch dieser Friedenskaiser mußte Kriege führen; vor allem gegen die Juden (132–135), deren Freiheitsdrang sich unter Bar Kochba (= Sternensohn) ein letztes Mal gegen die Unterwerfung unter die Römer wehrte. H. entfaltete eine großartige Bautätigkeit, besonders in Rom und in Athen, das er als Freund gr. Bildung vor allem liebte (Hadrianstadt; der Torbogen erhalten), in Kleinasien und Syrien. Seine bekanntesten Bauten sind das → Pantheon, der riesige Tempel des Olympieion in Athen, die ausgedehnte und mit Andenken an die Reisen angefüllte Villa bei Tibur (heute Tivoli) und sein Grab (→ Engelsburg). Die bildende Kunst seiner Zeit stand unter einer ausgesprochen klassizistischen Tendenz: ihr Vorbild war die gr. Klassik des 5. u. 4. Jhs. Die meisten der röm. Kopien nach gr. Originalen sind unter Hadrian und seinem Nachfolger entstanden. Viele Statuen und Büsten erhalten, z. B. im Vatican (Vollbart → Barttracht). – → Antinoos; Jerusalem. Hadrianisches Edikt → Praetorisches Recht.

F. Gregorovius, Geschichte d. röm. Kaisers H. u. s. Zeit, [2]1884; O. Th. Schulz, Leben d. Kaisers H., 1904; W. Weber, Trajan u. H., 1923; B. W. Henderson, *Life and Principate of the Emperor H.*, London 1923; J. Toynbee, *The Hadrianic School* (Kunst), 1934; H. Kähler, H. u. s. Villa b. Tivoli, 1950; S. Aurigemma, *La villa Adriana,* Rom 1962; S. Perowne, H., d. 1966.

Haedui, gallischer Volksstamm mit der Hauptstadt Bibracte; 5 v. Chr. wurde in ihrer Nähe eine neue Hauptstadt *Augustodunum* (heute Autun) gegründet.

Haeresie (gr. Wahl oder das Gewählte) war in der klass. Lit. irgendeine wissenschaftliche, religiöse oder politische Ansicht. Auch in der Heiligen Schrift ist das Wort H. in dieser Bedeutung gebraucht. *(Ap.-Gesch.* 5, 17; 24,

5), ebenso in den Schriften der Väter. Daneben erscheint das Wort aber schon hier im Sinne einer der Gemeindedisziplin widersprechenden Absonderung (*1. Kor.* 11, 19) u. einer Absonderung in der Lehre (*2. Petr.* 2, 1). In letzterer Bedeutung wird es dann immer ausschließlicher gebraucht, wahrscheinlich deswegen, weil Sektierer sich gern als die „Auserwählten" ansahen. Die heidnischen Religionen der Antike waren meist nicht streng umrissen, ihre Gehalte flossen ineinander und dies besonders im Zeitalter des → Hellenismus, wo man synkretistisch gestimmt war. Die Abgrenzung gegenüber dem Unerlaubten war durch den Begriff der Staatsreligion gegeben, also weniger auf theoretische Wahrheit als auf praktische Folgerung abgestellt. Im Gegensatz dazu wachten die christlichen Gemeinden mit Eifer über den Bestand der Lehre Christi und der Apostel und wehrten sich gegen jede fremde und von dem Überkommenen abweichende Erklärung und Aufstellung. Solche Meinungen wurden als H. ausgeschieden und, wenn sie sich stärker verbreiteten, feierlich verurteilt und die überkommene Wahrheit im Gegensatz zur H. zum → „Dogma" erklärt. Seit den apostolischen Zeiten wurden die geoffenbarten Lehren des christlichen Glaubens als *„dogmata"* bezeichnet. → Arianismus. – Das seit dem 12. Jh. im Deutschen für H. gebrauchte Wort Ketzerei hat den Beiklang staatsrechtlicher Abwertung und Gefährlichkeit (der Name stammt von der Sekte der „Reinen" [gr. *katharoi*], die versprengte Anhänger einer aus dem Osten stammenden manichäischen Sekte waren und sich seit dem 10. Jh. in Südfrankreich festsetzten).

Häusliches Leben → Geburtstag; Spiele; Schule; Ehe; Bestattung; Kleidung; Sklaven.

Hagia Sophia → Sophienkirche in Konstantinopel.

Haimon, Sohn des Kreon, war mit → Antigone verlobt; er wollte seine Braut aus dem Kerker retten; als er zu spät kam, tötete er sich selbst.

Halikarnassos (h. Bodrum), eine karische Stadt in Südwestkleinasien, von Dorern besiedelt. Unter pers. Herrschaft von Tyrannen regiert. Die Königin Artemisia kämpfte bei Salamis auf persischer Seite. Unter ihrem Nachfolger Lygdamis mußte → Herodot außer Landes gehen. Im 4. Jh. gehörte H. zum Herrschaftsbereich karischer Dynastien: Mausolos machte es zu seiner Residenz. Der von ihm begonnene monumentale Grabbau von seiner Witwe Artemisia II. vollendet (um 351). → Mausoleum.

Ch. Newton, *A history of discoveries at H., Cnidos and Branchidae,* 1862f.; E. Buschor, Maussolos u. Alexander, 1950; S. Hornblower, *Mausolos,* 1982.

Halkyone war in der gr. Sage die Gattin des Königs Keyx; als dieser von einer Seereise nicht zurückkehrte, wollte sich H. vor Kummer ins Meer stürzen; da verwandelte Zeus beide aus Mitleid in Eisvögel (gr. halkyones; so jedenfalls bei Ovid in den Metamorphosen XI); während der Brutzeit dieser Vögel soll nach verbreiteter Ansicht eine Schönwetterperiode herrschen, die daher Halkyonische Tage genannt wird und seitdem sprichwörtlich ist. Eine andere Sagenversion sieht die Verwandlung als Strafe für Hochmut.

Halys (kysyl-Irmak), größter Fluß Kleinasiens, Grenzfluß zwischen dem Lyder- und Perserreich, bekannt durch das Orakel, das die Pythia dem Lyderkönig → Kroisos gab.

Hamilkar Barkas (d. h. Blitz), karthagischer Feldherr im 1. punischen Krieg (264–241 v. Chr.), trat zuerst in Sizilien hervor und schlug nach dem Kriege den Aufstand der libyschen Söldner nieder (241–238). Dann ging er mit einem Heer nach → Spanien, um für das verlorene Sizilien Ersatz zu schaffen. Er eroberte einen großen Teil; im Winter 229/228 fiel er. Seine Nachfolger, sein Schwiegersohn → Hasdrubal und sein Sohn → Hannibal, vollendeten sein Werk.

Handel (gr. *emporia,* lat. *commercium, mercatura*). Der antike H. legte den größten Wert auf Sicherheit. Man bevorzugte immer den relativ sichereren Landweg vor dem Seeweg. Daher war der Landh. nicht nur viel früher vorhanden als der Seeh., auch in späterer Zeit, als man längst hochseefähige Schiffe baute, bis in die späteste Zeit der Antike, machte man lieber große Umwege zu Lande, anstatt zur See zu fahren (→ Handelswege nach Indien). Der Landh. benutzte in weit stärkerem Maße als heute die Täler der großen Flüsse und ging von ihnen nur ab, um an geeigneten Stellen zu anderen Flüssen zu gelangen (in Frankreich und Deutschland z. B. alte Straße von Massilia über Maas, Mosel, Rhein zur Nordsee). Die Schiffe aber hielten sich aus Sicherheitsgründen immer an der Küste und ankerten jeden Abend vor Land. Auf die freie See hinaus fuhr man nur im Notfall, wenn ein Forttasten von Vorgebirge zu Vorgebirge, von Insel zu Insel nicht möglich war. Solche Fahrten machte man gewöhnlich bei Nacht und richtete sich nach den Sternen, deren Verwendbarkeit für die Schiffahrt schon die Babylonier gelehrt hatten. An Stellen, von wo aus die Überfahrt gewagt werden mußte, bildeten sich meist große Sammelhäfen für die Seeleute, die auf günstiges Wetter warteten.

Tauschh. mit Spezialartikeln hat es wie überall auch im Mittelmeer schon in der Urzeit gegeben. In neolithischer Zeit wurde besonders der Obsidian von Melos wegen seiner Brauchbarkeit zu Werkzeugen bevorzugt. Melos war in der damaligen Zeit ein H.szentrum. Daneben spielte Troia, zwischen zwei Weltteilen und zwei Meeren gelegen, eine führende Rolle. Wirklich seetüchtige Schiffe haben wohl zuerst um 3000 v.Chr. die Ägypter gebaut, die durch die Flußschifffahrt auf dem Nil bereits eine jahrhundertelange Erfahrung im Schiffsbau hatten. Mit Segelschiffen fuhren sie nach der Küste Syriens, um das wertvolle Cedernholz zu holen (Ägypten hat kein Holz). Auch der Verkehr mit Kreta wird anfangs in ihrer Hand gelegen haben. In der 1. Hälfte des 2. Jahrts. erstarkte der H. in Kreta, das für ein halbes Jahrtausend der Mittelpunkt einer starken Handelsmacht wurde (nach der Sage Reich des Minos). Sein Handelsgebiet erstreckte sich von Ägypten, das nach den Funden enge Handelsbeziehungen mit den Kretern hatte, bis nach den Dardanellen (Troia), von der Küste Syriens (→ Ugarit), wo man aus Zypern Kupfer für die Bronzewerkzeuge holte, bis nach Tartessos in Spanien, das der Umschlaghafen für das englische Zinn war. Man handelte Bernstein von der Ostsee, Zinn aus England, Silber aus Spanien, Gold und Elfenbein aus Afrika. Das Kaufmannswesen war gut geregelt. Es gab bereits einheitliche Gewichte (→ Talent) und ein geregeltes Münzwesen. Dieser imponierende, in geordneten Bahnen verlaufende Mittelmeerh. fand ein jähes Ende durch die dorische Wanderung. Das reiche Erbe traten die Phoiniker an, die die Handelsherren des Mittelmeeres wurden. Sie vermittelten zuerst den H. zwischen Ägypten und Babylonien und beherrschten vor allem die große Ost-West-Straße nach Tartessos, deren Westteil sie durch Anlage Karthagos sperrten (um 800 v.Chr.).

Die Griechen entwickelten zuerst im nordöstlichen Mittelmeer seit dem 8.–7. Jh. v. Chr. einen eigenen H. Sie führten feste Maße, Gewichte und Münzen ein. Die gr. Städte Kleinasiens (besonders Milet und Ephesos) verkauften die Produkte Kleinasiens und Innerasiens und bald auch die Erzeugnisse eigenen Gewerbefleißes auf den Inseln und in Griechenland. Insbesondere bauten sie den H. nach dem Schwarzen Meere aus, das mit einem dichten Kranz von gr. Kolonien umsäumt wurde. Noch heute legen die Ausgrabungen auf der Krim und in der Ukraine von dem lebhaften H. Zeugnis ab. Dann folgten die Gr. den Phoinikern nach dem Westen. Es gelang ihnen, diese Konkurrenz in Sizilien und Unteritalien aus dem Feld zu schlagen und von Massilia aus rhoneaufwärts einen Landweg nach England und der Nordsee zu erschließen. Nur das Monopol der Karthager auf den spanischen H. und die Vormachtstellung der Etrusker in Mittel- und Oberitalien konnten die gr. Städte nicht brechen (beide Mächte schlossen infolge der gemeinsamen Abwehrstellung gegen die vordringenden Gr. ein Bündnis; 535 v.Chr. kämpften beide zusammen bei Alalia gegen die Phokaier). Nach dem schnellen Verblühen der kleinasiatischen Städte und einer kurzen Vormachtstellung von Aigina stieg als neue gr. Handelsmacht Athen auf, das als erste Stadt daranging, seine Handelsinteressen auch politisch zu stützen. Im attisch-delischen Seebund schuf es seinen Kaufleuten ein geschlossenes Handelsgebiet, in dem sie ziemlich unbehindert durch fremde Konkurrenten die Preise bestimmten und die Produktion der Waren kontrollierten. Handelsinteressen bedingten auch die Befestigung der Dardanellen. Man wollte den H. nach dem Schwarzen Meer monopolisieren und vor allem die Getreidezufuhr nach Athen sichern. In diesem geschlossenen Wirtschaftsgebiet handelten die Athener nicht nur mit allen Landesprodukten, sie setzten auch die Erzeugnisse ihres heimischen Gewerbefleißes, vor allem Tongefäße, Metallwaren und Öl ab. Diese Handelsartikel gingen auch weit über die Grenzen bis nach

Italien, wo viele Tongefäße in etruskischen Gräbern gefunden worden sind. Als im 4. Jh. v. Chr. der Unternehmungsgeist der Athener zu erlahmen begann, übernahm Korinth den Transithandel zwischen Ost und West, und Syrakus blühte als Vorposten gr. H. im Westen. Durch die Züge Alexanders wurden dem gr. H. ungeheure neue Gebiete erschlossen und neue Aufgaben gestellt. Der König selbst war sich der Folgen seiner Eroberungen wohl bewußt. Vor allem bei seinem Zug nach Indien spielten zweifellos handelspolitische Erwägungen mit. Auf dem Rückweg, den Nearchos zur See über den Persischen Golf nahm, während der König zu Lande marschierte, sollte die beste Handelsverbindung nach Indien, dem begehrten Lande der wertvollsten Rohstoffe, festgestellt werden. In der hellenistischen Zeit zog sich der H. mehr nach dem Orient, das Mutterland verlor seine Vormachtstellung, die es 2 Jh. behauptet hatte. An die Stelle des einen Handelszentrums traten mehrere. An den Toren von Asien schwang sich Rhodos, der letzte gr. Freistaat von Bedeutung, zum Freihafen der gr. Welt auf. In den Diadochenstaaten entstanden unter der großzügigen Pflege der Fürsten neue Handelszentren, vor allem Alexandreia in Ägypten und Antiocheia im Seleukidenreich. Hier endeten jetzt die neuerschlossenen und ausgebauten Handelswege nach Innerasien und Indien (→ Suezkanal). Besonders Alexandreia beherrschte bis ins 1. Jh. v. Chr. unter der merkantilistischen Handelpolitik seiner Fürsten den Handel des östlichen und westlichen Mittelmeeres bis nach Italien und Rom und verschaffte seinen Fürsten ungeheure Einnahmen. Neben dieser Stadt konnte der H. des Seleukidenreiches, das den Verkehr nach Innerasien und Indien (über Petra an der arabischen Wüste) in der Hand hatte, nicht aufkommen. So entstand in dieser Zeit ein internationaler Welth., bei dem es wie in der Politik nationale und rassische Grenzen nicht mehr gab.

Um die Zeit der punischen Kriege wuchsen auch die Römer in diese Weltwirtschaft hinein. Als echtes Bauernvolk überwanden sie nur schwer ihren Widerwillen gegen den H. Noch im Jahre 218 v. Chr. verbot die *lex Claudia* den Senatoren das Betreiben des H. und beschränkte sie auf die Bewirtschaftung ihrer Ländereien, ein Gesetz, das in der Folge, wenn auch häufig umgangen, doch immer in Geltung blieb und noch von Caesar erneuert wurde. In der älteren Zeit versorgten etruskische Kaufleute die Römer mit den nötigen Gegenständen. Mit der Zeit aber entstand in der Stadt ein Kaufmannsstand, und 508 und dann 348 v. Chr. schlossen die R. sogar einen Handelsvertrag mit Karthago. Ein mächtiger Ritterstand übernahm die staatlichen und privaten Geld- und Handelsgeschäfte und gewann besonders nach dem 2. punischen Krieg auch steigenden Einfluß auf die röm. Politik. Rücksichtslos wurden die staatlichen Mittel für Handelszwecke eingesetzt (Zerstörung von Karthago und Korinth). So wurde die Stellung des bisher befreundeten Rhodos dadurch erschüttert, daß man Delos als Freihafen erklärte.

Auch im einzelnen griffen die röm. Regierungen und Beamten zugunsten der Kaufleute aus Rom und Italien ein, die sich im Ausland und in den Provinzen häufig zu besonderen Niederlassungen und festen Organisationen zusammenschlossen. Durch diese rücksichtslose Förderung des röm. H. durch den Staat und durch die Achtung, die der röm. Bürger an sich schon im antiken Leben genoß, gelang es, eine beherrschende Stellung im Welth. zu erobern. Auf der anderen Seite machten sich die röm. Kaufleute besonders im Osten sehr verhaßt. Aus dieser Stimmung erklärt sich die Durchführung des Mordbefehls, den Mithradates 88 v. Chr. von Ephesos aus gab. In der Kaiserzeit erfolgte ein völliger Umschwung der Handelspolitik. An die Stelle der Unterstützung der Römer trat der völlige Freih. im ganzen Reich ohne Rücksicht auf Nation und Rasse. So erreichten die unterworfenen Völker auf wirtschaftlichem Gebiet zuerst und schon unter Augustus die Gleichberechtigung, die ihnen politisch noch fast 2 Jahrhunderte vorenthalten wurde (→ *constitutio Antoniniana*). Obwohl das Reich auch jetzt nicht zu einem völlig einheitlichen Münz- u. noch viel weniger einem geschlossenen Zollgebiet zusammengeschlossen war, brachte doch die Befriedung im Innern einen großartigen Aufschwung des H., der jetzt das ganze Reich gleichmäßig umspannte. Er erstreckte sich von England bis nach Indien und China, von der Nordsee bis nach dem inneren Afrika. Man trieb auch nicht nur H. innerhalb der Grenzen des eigentlichen Imperium Romanum, sondern die Kaufleute wanderten mit ihren Waren weit hinaus und tauschten die fremden Waren gegen die eigenen Erzeugnisse aus. Als ein typisches Beispiel dieses Außenh. mögen die Handelsartikel genannt sein, die man aus Germanien einführte: Pelzwerk, Gänsefedern, Bernstein, besonders Frauenhaar (von Leibeigenen), Haarfärbemittel (aus Kräutern), Räucherwerk, Schinken, Wurst, Rüben, Rettiche. Im 3. Jh. n. Chr. machte sich ein langsamer Rückgang dieses imponierenden Welth. bemerkbar, der durch die Unsicherheit der Verhältnisse, besonders im Norden, und durch wirtschaftliche Schwankungen und Inflationen im Innern sehr litt. Schon die Preisregelung → Diokletians, der durch staatliche Eingriffe dem Zerfall der Wirtschaft zu steuern suchte, war ein Zeichen dieses Niedergangs. In den Stürmen der Völkerwanderung brach der H. im Westen ganz, im Osten z. T. zusammen. Man näherte sich wieder der Naturalwirtschaft, die am Anfang dieser zweitausendjährigen Entwicklung gestanden hatte. → Rechenbrett; Seedarlehen; Kaufmannssprache; Wein.

Der antike H. in der Stadt war nach dem im Orient bis heute üblichen Basarprinzip organisiert. Alle Vertreter ein und derselben Branche hausen nebeneinander in demselben Basar; es gibt keine über die Stadt verstreuten Schuh-, Kleiderläden usw. Man muß also meist weit gehen, um einen bestimmten Gegenstand zu kaufen; gefällt aber dort bei einem Kaufmann die Ware nicht, so geht man nur fünf Schritte zur Konkurrenz nebenan. Das in

Rom am Traiansforum aufgedeckte 'Warenhaus' war wohl kein solches für verschiedene Waren, sondern auch ein Basar. Das Basarprinzip bestand auch bei uns, und noch bis in die Neuzeit. – Der Kaufmannsstand wurde vom Adel verachtet. Den röm. Senatoren war H. verboten („Kleinh. ist schmutzig, Großh. nicht gerade sehr zu tadeln", Cicero, *de officiis* I 42, 151); dieses antike Vorurteil hat merkwürdig lange auch in der nachantiken Welt geherrscht. Um so reicher wurde durch Großhandel der 2. Stand, die Ritter. – → Handelswege; China; Indien; Reisen.

G. Calhoun, *The Business life of ancient Athens,* 1926; T. Frank, *An economic history of Rome,* London [2]1927; ders., *An economic Survey of Ancient Rome,* VI, Baltimore 1933ff.; J. Hasebroek, Staat u. H. im alten Griechenland, 1928; H. Schaal, Vom Tauschh. z. Welth., 1931; E. Ziebarth, D. gr. Kaufmann, 1934; F. Heichelheim, Wirtschaftsgesch. d. Altertums, II, 1938; H. Michell, *Economics in Ancient Greece,* [2]1957; C. Roebuck, *Ionian Trade and Colonization,* N. Y. 1959; M. Wheeler, Der Fernhandel des röm. Reiches in Europa, Afrika u. Asien, d. 1965; R. J. Hopper, H. u. Industrie im klass. Griechenland, d. 1982. → Wirtschaft.

Handelswege. Der antike Handelsverkehr erfolgte seit den ältesten Zeiten auf H., die das ganze Altertum hindurch benutzt wurden und z. T. noch benutzt werden. Die wichtigsten H. verliefen von O nach W: die NS-Verbindungen waren kürzer und weniger bedeutend (der → Bernstein kam aus den Ostseeländern lange Zeit nicht in direktem Handel, sondern wurde von Volk zu Volk weitergegeben; die Griechen sind über das Schwarze Meer hinaus nicht weit nach N vorgedrungen). – Unter den Landwegen sind besonders wichtig die asiatischen Straßen von → China und → Indien her bis zur Westküste Kleinasiens. Die dortigen griech. Städte Milet, Ephesos, Smyrna wurden große Handelszentren, durch die Fülle der fremden Einflüsse aber auch die Geburtsstätten der gr. Bildung und Kultur. Diese Straßen bauten die Perserkönige zu ausgezeichneten Poststraßen (→ Post) aus; auf ihnen zog Alexander d. Gr. nach Indien. Auch im byzantinischen Reich blieben sie bestehen, nur daß der Endpunkt nicht mehr die Westküste Kleinasiens, sondern Konstantinopel, die Hauptstadt des Reiches, wurde. Heute benutzt die Eisenbahn nach Ankara und Bagdad die alten Wege, und auf weite Strecken läuft der Schienenstrang neben der alten, noch begangenen Karawanenstraße. – Von Kleinasien an betrieb man den Handel auf dem Seeweg. Die Fahrt ging zuerst über die Inseln nach Griechenland; dann aber nicht um die gefürchteten Vorgebirge der Peloponnes herum, sondern die Schiffe wurden über den 7 km breiten → Isthmos auf einer Schleifbahn gezogen. Dann fuhr man nach Unteritalien. Hier teilte sich der Weg. Der eine führte über Sizilien nach Afrika (Karthago) und an der Nordküste Afrikas entlang durch die Straße von Gibraltar (Säulen des Herakles) nach der Handelsstadt → Tartessos in Spanien und bis nach den Zinninseln, nach Britannien. Wahrscheinlich um das Monopol der Karthager zu brechen, wurde noch ein anderer Weg nach dem fernen Westen erschlossen. Man fuhr an der Küste Italiens aufwärts bis nach der Rhonemündung, wo Kolonisten aus der ionischen Stadt Phokaia in Kleinasien um 600 v. Chr. Massalia (jetzt Marseille) gründeten. Von dort gingen Landwege rhoneaufwärts nach der Seine und Maas (mit anschließender Schiffsverbindung über den Kanal nach Britannien) und ostwärts über den Rhein bis nach Jütland und den Ostseeprovinzen (Bernstein), Schweden und Norwegen. Unbestrittene Herren der Seewege waren von etwa 1000 v. Chr. an die Phoiniker, bis im 7. Jh. v. Chr. die Griechen ihnen den Rang streitig machten und sie vom östlichen und von großen Teilen des westlichen Meeres vertrieben. Seitdem teilten sich Griechen und Karthager in das Westmeer, bis die Römer in den punischen Kriegen beide Völker verdrängten. → Periplus; Schiffahrt.

A. Herrmann, D. Verkehrswege zw. China, Indien u. Rom um 100 n. Chr., 1922; M. P. Charlesworth, *Trade-Routes and Commerce of the Roman Empire*. Cambr. [2]1926, neu Hildesheim 1961; E. H. Warmington, *The Commerce between the Roman Empire and India*, Lond. [2]1974.

Handschuhe wurden sehr selten und nur zum Schutz gegen Kälte getragen (bei Plinius, *Briefe* III 5. 15 von einem Stenographen, der im Reisewagen stenographiert), vom Gärtner gegen Dornen (Homer, *Odyssee* XXIV 230), nie um der Eleganz willen.

Handwerkliche und industrielle Berufe. Je primitiver der Mensch war, desto mehr stellte er sich, was er brauchte, selbst her. Diese „Stufe der Hauswirtschaft“ war noch in der Neuzeit nicht völlig überwunden („hausbacken Brot am besten nährt“; Strumpfstrikken unserer Großmütter). Mit höherer Kultur bilden sich bestimmte Berufe aus, zunächst handwerkliche. Bei den Griechen erwähnt schon Homer Schmiede, Töpfer, Ärzte, aber z. B. noch nicht Bäcker, Fleischer, Gärtner. Weitere Handwerke entwickelten sich in der klassischen Zeit, dem 5./4. Jh. v. Chr. Im hellenistischen Ägypten kennen wir aus den Ostraka (→ *ostrakon)* 179 Berufe, z. B. Briefträger, Milchmann, Obersteuermann. Zu den Handwerkern rechnete man auch Herolde, Seher, Ärzte, Künstler: Musiker, Tänzer, Sänger, selbst Maler und Bildhauer wie Pheidias. Es fehlte aber vor allem die Weberei, die bis in die röm. Kaiserzeit meist im Hause ausgeübt wurde. Im Mittelpunkt der handwerklichen und industriellen Erzeugung stand die Handarbeit. Billige Arbeitskräfte (durchaus nicht immer Sklaven, sondern gerade im Handwerk auch in hellenistischer Zeit freie Arbeiter) standen in reichem Maße zur Verfügung. Werkzeuge und Maschinen (Webstuhl) dienten nur zur Unterstützung der Handfertigkeit. Rationalisierung der Arbeit durch selbständige Maschinen war nie ein Problem der Antike (→ Maschinen). Zunächst befriedigte das Handwerk nur den Bedarf der näheren Umgebung. Aber in den Handelsstädten mag sehr bald der Wunsch nach einer Ausbreitung des Absatzgebietes gekommen sein, und so finden wir besonders im Orient schon sehr früh eine gesteigerte handwerkliche Tätigkeit, die hauptsächlich für den Export arbeitete. Schon die Phoiniker stellten Gläser, Purpur und Gewänder (sidonische G. schon bei Homer) her. In viel weiterem

Ausmaß taten dies dann die griechischen Städte in Kleinasien, deren Export durch die Funde in den Gräbern am Schwarzen Meer kenntlich ist. Besonders beliebt waren bei den reichen Häuptlingen Südrußlands und der Krim reichverzierte goldene Geräte und Gebrauchsgegenstände.

Während der Vorherrschaft Athens nahm die Exporttätigkeit zu, doch blieb es meist bei Betrieben, die mit etwa 20–30 Sklaven arbeiteten. Besonders in der Töpferei waren die athenischen Werkstätten lange Zeit führend. Die Töpfer und Maler waren auf ihre Erzeugnisse stolz und signierten mit ihrem Namen. Man streitet sich darüber, ob diese Betriebe noch als handwerklich oder schon als industriell anzusprechen sind. Tatsächlich ist die Grenze schwer zu ziehen. Jedenfalls herrschte zwischen den einzelnen Werken eine weitgehende Arbeitsteilung, so daß z. B. die eine Fabrik die Tongefäße formte, die andere bemalte usw. Die Besitzer größerer Fabrikationsbetriebe waren wohlhabend, und ihre Familien gehörten zur guten Gesellschaft (Sophokles, Sohn des Besitzers einer Waffenfabrik). Die Exportware übernahm ein besonderer Spediteur (*naukleros*), der sie nach den Absatzgebieten brachte. Meist hatte er ganz bestimmte feste Kunden, und es wurde schon bei der Fabrikation weitgehend auf die besonderen Wünsche der Käufer Rücksicht genommen. Diese Entwicklung setzte sich im Hellenismus fort. In Alexandreia gab es industrielle Betriebe, über die wir jedoch wenig wissen. Der erste Großindustrielle des Landes war der König, mit dem Alleinrecht der Herstellung und des Vertriebs für manche Erzeugnisse (→ Monopol). Auch die Tempel wurden Großunternehmer für den eigenen Bedarf und für den Weiterverkauf. Daneben aber gab es in Ägypten ein sehr gutgehendes Gewerbe. Eine große Anzahl mittlerer und kleiner Handwerker sorgte für den Bedarf der Umgebung. Sie hatten als Besitzer von eigenen Werkstätten oder als Lohnarbeiter ein auskömmliches Leben. – Bei den Römern wurde lange Zeit der gesamte Bedarf in der Familie hergestellt (noch Augustus trug nur im Haus gefertigte Kleider). Schmiede waren die einzigen H., die für die Allgemeinheit arbeiteten. Seit dem Ende der Bürgerkriege blühte aber das Handwerk rasch auf. Vor allem hatten die Provinzen von der Ruhe und Ordnung großen Vorteil. Der Welthandel brachte eine Vergrößerung der Absatzgebiete und damit der Betriebe. Ganze Städte spezialisierten sich auf bestimmte Gewerbe und erlangten dadurch Weltruf. Daneben aber gab es Handwerker, die in den einzelnen Provinzen, Städten und Bezirken den lokalen Bedarf deckten. Aus dieser Zeit kennen wir zahlreiche Großbetriebe, z. B. zur Herstellung von Keramik (in Arezzo und sonst, → terra sigillata), von → Glas (z. B. in Köln), von bronzenen Eimern (in Capua; Export bis nach Norddeutschland), von → Purpur (Monopol des Staats). Als staatliche Unternehmen gab es auch Waffenfabriken. Die Legionen waren Großhersteller von Ziegeln. In der Kaiserzeit blühte besonders das Gewerbe in den nördlichen Provinzen des Reiches auf. Berühmtheit erlangten die Bronzegefäße und Gläser (Köln), die den italienischen ebenbürtig waren. Mit der Schrumpfung des Handels im 3. und 4. Jh. n. Chr. ging auch die Industrie zurück, da der Absatz stockte. Schließlich blieb nur die Befriedigung der lokalen Bedürfnisse übrig. Auch das Handwerk war an den Anfang seiner Entwicklung zurückgekehrt. Aber die Kenntnis der Arbeitsmethoden erbte sich auf die spätere Zeit fort. – Gott der Handwerker → Hephaistos.

H. Blümner, Technologie u. Terminologie d. Gewerbe u. Künste b. Griechen u. Römern, IV 1887–1912, neu 1969; A. Burford, Künstler u. Handwerker in Griechenl. u. Rom, d. 1986; A. Riegl, Spätröm. Kunstindustrie, Wien [5]1987, neu 1991.

Hannibal (sem. = Gnade des Baal), Sohn des Hamilkar Barkas, der ihn, noch als Kind, schwören ließ, ewig Feind der Römer zu sein, und ihn 237 v. Chr. nach Spanien mitnahm. Seit 221 vollendete er die Eroberung Spaniens (→ Hispania). Durch die Einnahme Sagunts 219 kam es zum 2. punischen Krieg (218–201), den H. durch einen kühnen Zug über die Pyrenäen und Alpen nach Italien trug. Offenbar plante H., zuerst die Bundesgenossen zum Abfall von den Römern zu bringen, um dann die Stadt selbst anzugreifen. Er besiegte die Römer mehrmals (→ punische Kriege), gab aber 215, als ihn Marcellus bei Nola zurückgeschlagen hatte, den Angriffskrieg auf; es gelang ihm nicht, Rom zu einem ihm günstigen Frieden zu zwingen. Sein Bruder Hasdrubal, der ein Heer aus Spanien heranführen sollte, wurde am Metaurus (207) von den Römern vernichtend geschlagen. 203 mußte H. Italien verlassen, da → Scipio in Afrika gelandet war. Von diesem wurde er 202 bei Zama zum ersten Mal besiegt. Nach dem Frieden suchte er als → Suffet Karthago zu heben. Daher erzwangen die Römer 195 seine Verbannung. Er lebte bei → Antiochos, den er gegen Rom aufstachelte. Auch → Prusias von Bithynien unterstützte er gegen Eumenes von → Pergamon, den Bundesgenossen der Römer. Als Titus Quinctius → Flamininus seine Auslieferung verlangte, tötete er sich 183 v. Chr. durch Gift. Er war der hervorragendste Gegner der Römer. H. verdankte seine Erfolge als Heerführer einer ungewöhnlichen Tatkraft, ja Tollkühnheit, verbunden mit einer umsichtigen Planung und gründlichen Vorbereitung, für die er in einem guten Nachrichten- und Kundschaftersystem die Voraussetzung fand. Im Felde verstand er, alle Waffengattungen in geschickter Taktik bestmöglich einzusetzen und sich durch eine scharfe Offensivstrategie den Sieg zu sichern. Er scheiterte an der Zähigkeit der Römer und der mangelnden Unterstützung durch seine Mitbürger. Für die Römer war der hannibalische Krieg eine schwere militärische Prüfung, die sie aber glänzend bestanden. Sie sahen dem Gegner seine Künste ab, und die fortschrittlichsten unter ihnen, die Scipionen und Aemilier, studierten auch seine Vorbilder, die gr. Taktiker. Aus ihren Studien entwickelte sich mit der Zeit das röm. Berufsheer und die röm. Taktik des Marius. So wurde H. der große militärische Lehrmeister der Römer. – *Hannibal ad portas!* „Hannibal (steht) an den Toren!“, Schrekkensruf, der im 2. punischen Kriege in Rom erklungen sein soll; sprichwörtlich für eine den Staat bedrohende schwere Gefahr, zitiert bei Cicero, *Philippica* I, 5, 11 u. sonst. – → *vincere scis.*

W. Görlitz, H., d. Feldherr, d. Staatsmann, d. Mensch, 1935; K. Sprey, 1946; H. Lamb, *H.*, New York 1958; W. Hoffmann, 1962; A. J. Toynbee, *Hannibal's legacy*, Lond. II, 1965; G. Ch. Picard, *H.*, Paris 1967; G. de Beer, d. 1970; D. Proctor, *Hanibal's March in History*, Oxf. 1971; K. Christ (Hg.), 1974; J. Seibert, H., 1993; ders., Forschungen zu H., 1993.

Hanno, karthag. Seefahrer, versuchte Ende des 6. Jhs. Afrika zu umsegeln und kam dabei bis zum Kap Palmas an der Westküste Afrikas. Sein Bericht liegt in einer hellenist. Übersetzung vor. → Kamerun; Periplus.

W. Geographi Graeci minores, I., hg. C. Müller, 1855 ff. – *Ü:* Antike Entdeckerfahrten, O. Seel, 1961.
L: R. Güngerich, Küstenbeschreibung in d. gr. Lit., 1950.

Hanno der Große, Führer der Aristokraten in Karthago, Gegner Hannibals.

Hanteln, gr. *halteres,* lat. *manipuli* (wörtl.: „die Hand füllend") wurden im Altertum nicht gestemmt, sondern beim Weitsprung nach vorn geschwungen; daher der gr. Name, zu *hallesthai* = springen; Metall- oder Steinstücke, in der Mitte mit Einbuchtung zum Anfassen, Vasenbilder zeigen deutlich ihre Verwendung.

Harmodios, adliger Athener aus dem Geschlecht der Gephyraier, das nach Herodot V 55–61 phoinikischen, also semitischen Ursprungs war. Er unternahm es mit seinem älteren Freunde Aristogeiton zusammen 514 v. Chr., die Söhne des Peisistratos, → Hippias und → Hipparchos, wegen einer persönlichen Sache, einer Beleidigung seiner Schwester, zu töten. Der Anschlag gelang nur halb; nur der ungefährlichere Hipparchos wurde ermordet. H. wurde sofort erschlagen, A. hingerichtet. Trotz des Mißerfolges wurden die „Tyrannenmörder" als Befreier Athens hochgeehrt (→ *skolion;* Antenor); ihre Nachkommen wurden im → Prytaneion gespeist. – Berühmte gr. Statuengruppe; Kopie im Nat.-Mus., Neapel.

Harmonie, gr. *harmonia* = „Zusammenfügung". – Solange der Gr. in der Abgeschlossenheit des Stadtstaates lebte, gingen seine Gedanken auf Übersichtlichkeit und H. Überall, in Politik, Kunst, Philosophie und Wissenschaft, suchte er die kleinen, abgeschlossenen Verhältnisse auf, um durch H. und Übersichtlichkeit das Gefühl der Sicherheit zu haben. Die gr. → Polis, in der sich alle Bürger kannten, war in der klass. Zeit das Ideal der gr. Staatenbildung; Platon schrieb sogar eine Höchstzahl der Bürger für seinen Idealstaat vor. In Literatur und Kunst faßte man die besten Vertreter der Einzelgebiete übersichtlich (oft in der Zehnzahl) in *kanones* (→ Kanon) zusammen. Polyklet suchte durch Herausarbeiten einer Idealfigur, die er *kanon* nannte, die Schönheit zu normieren. Die größte Leistung der klassischen Periode der gr. Bildung lag also darin, daß sie die Dinge und Geschehnisse der Welt mit Klarheit, Übersichtlichkeit und H. zusammenzufassen suchte. Auch in der gr. Philosophie spielte die H. eine große Rolle. Die Absicht der ionischen Naturphilosophen ging darauf aus, die Welt als Kosmos, d. h. eine übersichtlich gebaute, geordnete, harmonische Welt zu erweisen. Sie stellten sie sich als Kugel vor, nicht weil sie empirisch zu dieser Erkenntnis kamen, sondern weil die Kugel für das gr. Auge der vollkommenste mathematische Körper war. Im → Hellenismus verschwand die Liebe zur H. und damit die großartige Einheit der leitenden Ideen in der gr. Bildung. Jedes Gebiet suchte seine Ziele nunmehr in sich selbst. – Schon im 5. Jh. v. Chr. findet sich das Wort H. auch in dem noch uns geläufigen Sinne, als Zusammen-, Einklang von Tönen.

Harpalos, ein Jugendfreund Alexanders d. Gr. und Schatzmeister der Reichskasse, mußte wegen Veruntreuung riesiger Summen flüchten, war dabei vorübergehend auch in Athen, wo er durch Bestechung führender Politiker (→ Demosthenes) einer Verurteilung entging; er wurde später auf Kreta ermordet.

Harpyien, gr. *Harpyiai* = „Raffende", „Entführende", geflügelte Windgeister, dargestellt als Mädchen in Vogelgestalt, die plötzlich erscheinen, Unheil stiften u. Menschen entführen. Gefräßig besudeln sie die Speisen, die sie nicht verschlingen können. Darstellung am H.-Monument von Xanthos in Kleinasien, einem Grabmal des 6. Jhs. v. Chr., jetzt im Britischen Museum in London.

haruspex, römischer Priester, der Wundererscheinungen, besonders aber die Eingeweide der Opfertiere deutete. Die *haruspices* waren in einem Kollegium organisiert, das noch bis in die Kaiserzeit hinein aus Etruskern bestand. Aus den einzelnen Teilen der Leber sagten sie die Zukunft voraus (Bronzeleber von Piacenza). Die Leberschau ist wohl babylonisch, wo es eine ähnliche Zukunftsdeutung gab; von dort ist die Lehre (*haruspicina*) nach Etrurien und von da nach Rom gekommen. Die h. wurden von Staats wegen befragt. Die Haruspizin war den Gebildeten schon im 1. Jh. v. Chr. suspekt (→ Augures), offiziell aber noch im 4. Jh. n. Chr. sehr angesehen. → Orakel.

C. O. Thulin, D. etrusk. Disziplin, III 1905–09, neu 1968.

Hasdrubal, häufiger karthagischer Name. Am bekanntesten sind 1. der Schwiegersohn des → Hamilkar Barkas. Nach dessen Tod setzte er sein Eroberungswerk in Spanien fort (229 v. Chr.) und eroberte das Land bis zum Ebro, der durch Vertrag mit den Römern 226 zur Grenze der karthagischen Einflußsphäre wurde. Er gründete Carthago nova (Cartagena); → Hispania. 221 endete er durch Meuchelmord. Sein Nachfolger wurde Hannibal. – 2. Hannibals Bruder, der nach dem Abzug Hannibals aus Spanien dort mit einem Heer zurückblieb. Ihm traten zuerst Scipionen, der Vater und der Onkel des späteren Zamasiegers, entgegen; in wechselvollen Kämpfen verloren beide Sieg und Leben (211; → Scipio). H. gelang es, sein Heer zur Unterstützung des bedrängten Bruders nach Italien zu führen. Er wurde aber nach der Ankunft dort am Metaurus 207 vernichtend geschlagen. Hannibal erfuhr Ankunft und

Tod des Bruders durch den abgeschlagenen Kopf, der über den Lagerwall geworfen wurde.

Haus. Infolge des südlichen Klimas war im ganzen Altertum von der Urzeit an der Hof der beherrschende Raum des antiken H. Die Zimmer lagen um ihn herum und erhielten von ihm Luft und Licht. Daher hatte das H. sehr lange Zeit fast keine Fenster nach außen und vor allem keine Fassade. Es entwickelte seine Schönheit und Behaglichkeit nach innen. Der Hof war entweder ein einfacher gepflasterter Platz (Hofh.) oder hatte auf allen oder mehreren Seiten gedeckte Umgänge, die durch Säulen oder Pfeiler gestützt waren (→ Peristylh.). In diesem Falle war der Platz in der Mitte oft als Garten angelegt. Eine Geschichte der beiden Typen läßt sich noch nicht geben. Sie kamen scheinbar zu allen Zeiten nebeneinander, oft sogar in reichen Häusern in einem Grundstück vereinigt vor, so schon in Kahun in Ägypten (um 2000 v. Chr.). In der kret.-myk. Periode sind die Paläste in Kreta um einfache, gepflasterte Höfe, die Burgen und Paläste im Mutterland (Tiryns) als Peristylh. angelegt. Diese Anlagen zeigen insofern eine in die Zukunft weisende Neuerung auf, als bei ihnen dem monumentalen, säulengeschmückten Eingang gegenüber der Hauptraum, das → Megaron, höher gebaut war als der Umgang. Größere Zimmerzahl wurde durch Nebeneinandergruppierung mehrerer nicht zusammenhängender Megara mit Höfen erreicht. Auch hierin ist Tiryns das Vorbild für die spätere Entwicklung geblieben. Bei den Griechen der archaischen und klassischen Periode müssen die beiden H.typen nebeneinander gebräuchlich geblieben sein, obwohl wir von dieser Zeit noch keine Reste besitzen. In den ausgegrabenen Städten der hellenistischen Zeit kommen beide nebeneinander vor. Ein Unterschied in der Verwendung nach gewissen Gegenden oder Stämmen läßt sich nicht feststellen. Doch scheint man bei reicheren H. das säulengeschmückte Peristyl bevorzugt zu haben. Auch in der späteren Zeit ist der Grieche über die beiden Typen nicht hinausgekommen. Sogar die Fürsten und Könige (→ Pergamon) begnügten sich mit mehreren größeren Peristylen, die lose nebeneinander lagen. Eine besondere Palastarchitektur entwickelte sich nicht.

Bei den Römern wandelt sich das altital. Rundhaus unter etrusk. Einfluß zum rechteckigen Bau. In vielen etrusk. Gräbern vermitteln uns die hausförmig gestalteten Urnen (gleichsam das H. der Toten) Modelle dieses Hauses: Rings um einen Mittelraum mit erhöhtem Dach liegen kleinere Räume; der Mittelraum besitzt ein rechteckiges Oberlicht, das gleichzeitig als Rauchabzug dient; das verlangt eine entsprechende Vertiefung im Boden zum Auffangen des Regenwassers. Dieser Typ des Atriumh. hat sich weit über das Altertum hinaus erhalten: Noch der Grundriß des Kosters St. Gallen vom Jahre 820, nach einer Kopie eines Musterplanes für Klosteranlagen entstanden, zeigt dieselbe Anlage. – Nachdem die Römer das gr. H. kennengelernt hatten, verbanden sie das einheimische Atrium-

h. mit dem gr. Peristyl; das erstere wird zum Empfangsraum, das letztere nimmt die Privaträume auf (→ Atrium). In solchen villenartigen H. wohnten in Rom die Reichen, in den Kleinstädten (Pompeii) auch einfachere Leute, während das Volk in Rom und Ostia in den Stuben mehrstöckiger Mietskasernen hauste. Wegen der hohen Grundstückspreise mußte in Rom die Baufläche möglichst ausgenutzt werden; so taten sich oft mehrere Familien zum Bau eines H. zusammen u. bewohnten es getrennt in den einzelnen Stockwerken. Augustus bestimmt als Normalmaß fur ein an der Straße stehendes H. die Höhe von 70 Fuß = 20,65 m. Diese z. T. aus Fachwerk erbauten Häuser bildeten bei Bränden eine dauernde Gefahr. Die Kaiserpaläste auf dem Palatin und die Villen der Kaiser und Vornehmen auf dem Lande behielten bis ins 1. Jh. n. Chr. die Form des Peristylh. bei, übertrafen aber die H. in Pompeii durch Größe und Pracht. In ihnen war der Raum durch Nischen, große Fenster usw. gegliedert und gestaltet. Auch diese Gebäude bildeten noch keinen einheitlichen, geschlossenen Komplex. Ihre sog. Porticusfassade war mit den Gemächern nur lose verbunden. Diese Fassade war zusammen mit einer anderen H.-form, der sog. Porticusvilla, entstanden, in der eine oder auch mehrere Säulenhallen *(porticus)* übereinander an einer oder mehreren Seiten des Gebäudes vorgelegt waren. Diese aus den ländlichen Bedürfnissen des 1. Jhs. v. Chr. entwickelte Hausform, in der sich die Räume nach der offenen Säulenhalle öffneten, war im 1. Jh. n. Chr. bei den reichen Grundbesitzern sehr beliebt (zahlreiche Abb. auf Wandgemälden erhalten). Seit der Wende des 1. Jhs. n. Chr. suchte man den Bau als kubisches Gebilde fester zusammenzufassen und zu gliedern. Die Porticusvilla bekam z. B. zwei starke flankierende Ecktürme, die das übrige Gebäude überragten u. beherrschten, und auch sonst wurden bestimmte Haupträume höher gebaut und durch besondere Dächer oder turmartige Aufsätze geschmückt. Diese neue Fassadenform, die Porticusvilla mit Eckrisaliten (= (Eckvorsprüngen), war nicht erst jetzt erfunden, sie läßt sich bis zu den Palästen der Perserkönige in Persepolis zurückverfolgen, aber sie konnte sich erst bei den Römern langsam durchsetzen. Sie wurde aber im 2. Jh. n. Chr. allgemein beliebt. Besonders die Gutshöfe *(villae rusticae)* in den erst jetzt aufblühenden nördlichen Provinzen (in Germanien: Otrang Kr. Bitburg) wurden so angelegt. Endlich wurde die Porticus in die Wand des Gebäudes einbezogen, und es entstand ein geschlossener Gebäudekomplex mit einer einheitlichen Front. Diese wurde durch eine oder mehrere große Arkadenreihen übereinander geschmückt, hinter der ein offener Korridor entlanglief. Auch das Stadth., das im übrigen die Peristylform beibehielt, bekam eine Fassade dadurch, daß zuerst der davorliegende Teil der → Säulenstraße zum Hause geschlagen und zur Verschönerung der Front benutzt wurde. Wo solche Gänge fehlten, wurden sie am H. angebracht. Diese spätröm. Hausarchitektur hat auf die Entwicklung des abendländischen Hausbaues in vielfacher Weise gewirkt. So hat man vermutet, daß die Kirchenfront nördlich der Alpen auf die aus der Peristylvilla mit Ecktürmen entwickelten frühmittelalterl. Palastfront zurückgeht. Die Verwendung der Bogenstellungen als Laubengang in den Straßen der südlichen Städte oder als verbindender Korridor in den Schlössern der roman. (Pallas der Wartburg) und Renaissancezeit oder als Schmuck der Kirchen- und Hausfassaden (Venedig) ist auf röm. Einfluß zurückzuführen. → Privathäuser; Olynth; Horazens Sabinum; Neros Goldenes H.; Vettierh.

A. Boethius, D. Stadtbild im spätrepublikan. Rom, 1935; R. L. Scranton, *Ancient Greek houses,* Chic. 1964; K. M. Swoboda, Röm. u. roman. Paläste, [3]1969; S. Sinos, Die vorklass. Hausformen in d. Ägäis, 1971; W. Hoepfner u. a., Wohnungsbau im Altert., 1978; A. G. McKay, Röm. Häuser, Villen u. Paläste, 1980; F. Reutti (Hg.), Die röm. Villa, 1990; E. Brödner, Wohnen in d. Antike, [2]1993.

Hebamme. Der Beruf einer H. findet sich in der europ. Kultur zuerst im antiken Griechenl. Sokrates' Mutter Phainarete war H. (im Scherz bezeichnete Sokrates seine Kunst, bei anderen das in ihnen schlummernde Wissen zu entbinden, als *maieutike,* H.-Kunst). Mit der Entwicklung der → Heilkunde befaßten sich auch die Ärzte mit Geburtshilfe. Zwei Schriften eines berühmten gr. Arztes, Soranos, um 110 n. Chr., über Frauenkrankheiten, wurden die Grundlage eines H.-Buchs des Mustio, mit guten Illustrationen (s. Bilder in Büchern) z. B. über Kindslagen im Mutterleib (5.–6. Jh.).

Hebe, Tochter des Zeus u. der Hera, Göttin der Jugendschönheit (gr. *hebe*), Schenkin der Götter, Gemahlin des Herakles seit seiner Aufnahme in den Olymp.

Hebros, Hauptfluß Thrakiens (heute Maritza).

Hecuba, lat. Form für → Hekabe, die Gattin des Königs Priamos.

Hedonismus, von gr. *hedone* = Lust, nennt man die von → Aristippos v. Kyrene gegründete philos. Schule, nach deren Lehre die durch Lust gewonnene Glückseligkeit das Ziel allen menschl. Strebens sei. Die Anhänger dieser Lehre hießen Hedoniker oder auch (nach A.' Heimat) Kyrenaiker.

Heer. Die Dienstpflicht der Griechen dauerte vom 18. bis zum 60. Jahre. Selten machte man die ganze Kriegsmacht mobil, öfter nur bestimmte, besonders die jüngeren Jahrgänge der Bürgerschaft. Allmählich gingen auch griech. Staaten dazu über, Söldner anzuwerben, wie früher schon oriental. Herrscher (gr. Söldner dienten dem Pharao Psammetich schon Ende des 7. Jhs. v. Chr.), in größerer Zahl zuerst im peloponnesischen Kriege (431–404); das erste nur aus Söldnern bestehende H., das wir kennen, war das der „10 000 Griechen" (→ Xenophon). Im Laufe des 4. Jhs. v. Chr. nahm das Söldnertum immer mehr zu, während das aus den freien Bürgern gebildete Heer zurücktritt. Alle Kriege werden nun im wesentlichen mit Söldnerheeren durchgefochten. Auch in den H. Alexanders d. Gr. und der Diadochen spielten die S. eine wichtige Rolle. → Mamertiner. – Das römische H.

setzte sich in alter Zeit gleichfalls aus den Bürgern zusammen, die vom 17. bis zum 60. Jahre zum Kriegsdienst verpflichtet waren; nur die Besitzlosen (*proletarii*) waren von der Wehrpflicht frei; also auch hier zunächst ein „Volk in Waffen", das nach Bedarf zur Abwehr des Landesfeindes aufgeboten wurde. Allmählich entwickelte sich daraus ein bürgerliches Söldnerheer; die Besitzenden entzogen sich dem gemeinen Kriegsdienste, während ihn die gesetzlich dienstfreien Proletarier als willkommene Erwerbsquelle betrachteten und sich freiwillig dazu meldeten. Diese Umgestaltung des H. vollendete sich unter Marius (um 100 v. Chr.), der für seine Feldzüge ein regelrechtes Werbesystem zur Anlockung Kriegslustiger eingeführt hatte. Später hob man auch in den Provinzen Legionen aus und verschmähte es nicht, Freigelassene und Sklaven einzustellen, die durch Verleihung des Bürgerrechtes zu Legionssoldaten erhoben wurden. In der Kaiserzeit wurde das erste stehende H. geschaffen, das zum Schutze der Monarchie und zur Sicherung der Reichsgrenzen diente; seine Rekrutierung erfolgte immer mehr in den Provinzen, speziell im Lande des Standorts der einzelnen Truppe, so daß die spätere Kaiserzeit eine allmählich fortschreitende „Entrömerung" des Römerheeres brachte. Daß jedoch diese „Entr." eine „Barbarisierung" des röm. Heeres bedeutet habe, trifft nicht zu, da seit der → *constitutio Antoniniana* alle Mannschaften röm. Bürger waren. Der Heeresdienst gab also Provinzialen und Angehörigen von Völkern am Rande des Reiches die Möglichkeit, das begehrte röm. Bürgerrecht zu gewinnen. Das Heer hatte also auch eine wichtige soziale Funktion: es bot den untersten Schichten die Möglichkeit zu sozialem Aufstieg. → den nächsten Artikel.

Heeresorganisation. Bei den meisten griechischen Staaten entsprach die Heereseinteilung der Gliederung des Volkes im Frieden; so stellten bei der schweren Infanterie der Athener, den Hopliten, die Angehörigen der zehn Stämme *(Phylai)* 10 *Taxeis* (Regimenter), in denen sich wieder die Angehörigen von Gemeinden zu *Lochoi* (Kompanien zu etwa 100 Mann) zusammenschlossen; über die Reiterei → Kavallerie. Etwas anders war es in Sparta, dessen Heeresverfassung sich ursprünglich auf dem Prinzip der Kameradschaft aufbaute; aus den Tischgenossenschaften (Pheiditien; → Syssitien) der Friedenszeit setzten sich die sog. Enomotien („Eidgenossenschaften", zu etwa 30 Mann) als unterste Truppeneinheit zusammen. Im übrigen sind wir über die taktische Gliederung des spartanischen Heeres nur unvollkommen unterrichtet. – Das römische Heer bestand aus Legionen, deren Normalstärke in klassischer Zeit der Theorie nach 6000 Mann betrug, in der Praxis fast stets weniger. Diese gliederten sich in 10 Cohorten (Bataillone) zu 600 Mann, die → Cohorte in 3 Manipeln (Kompanien; → Feldzeichen) zu 200 Mann, der Manipel in 2 Centurien (Züge) zu 100 Mann. Die taktische Einheit war die Cohorte. Zu jeder Legion gehörten 300 Reiter; → Kavallerie. Neben die röm. Legionen trat das in Cohorten aufgestellte Heer der Bundesgenossen.

J. Kromayer, G. Veith, Heerwesen u. Kriegführung d. Gr. u. R., 1928, neu 1963; H. W. Parke, *Greek mercennary soldiers,* Oxf. 1933; H. M. D. Parker, *The Roman Legions,* Oxf. 21958; G. Webster, *The Roman Imperial Army,* Lond. 1969; A. Snodgrass, Wehr u. Waffen im ant. Griechenld., d. 1984; M. Junkelmann, Die Legionen des Augustus, 1986; Y. Le Bohec, Die röm. Armee, d. 1993.

Hegemon aus Thasos, nach Aristoteles der erste Vertreter der Parodie (wohl aus dem 4. Jh. v. Chr.). Sein parodistisches Epos *Gigantomachia* fand in Athen großen Anklang. Athenaios überliefert uns Teile eines anderen parod. Epos (14, 698 D).

W: Corpusculum poesis Gr. epicae ludibundae, hg. P. Brandt, Bd. I, 1888.

Hegemonie, gr. *hegemonia* = Vorherrschaft, Vormachtstellung, besonders die eines gr. Staates. Sie gab diesem kein faktisches Recht über die anderen gr. Staaten, sondern nur das Prestige, die erste Macht der gr. Welt zu sein. Ursprünglich besaß Sparta die H., 480–431 v. Chr. neben Sparta Athen (die H. zur See); 431–404 war sie umstritten. 404 fiel sie wieder Sparta allein zu, 371 auf kurze Zeit, bis 362, Theben, 338 den Makedonen.

Hegesias, Philosoph der kyrenaischen Schule um 300 v. Chr. H. huldigte einem völligen Pessimismus. Für ihn gipfelte die Lust, das höchste Gut der Kyrenaier, in der Empfindungslosigkeit nach dem Tode. Er empfahl daher den → Selbstmord, was ihm den Namen *Peisithanatos,* d. i. „Der zum Sterben rät", einbrachte.

W: I *Cirenaici,* hg. G. Giannantoni, Flor. 1958 (m. ital. *Ü*).

L: H. Diels, Der antike Pessimismus, 1921.

Hegeso, eine reiche Athenerin, gest. um 400 v. Chr., ist auf dem Grabstein ihres Grabes abgebildet; er zählt zu den schönsten Grabmälern, die am → Dipylon entdeckt worden sind; jetzt im Nat.-Mus., Athen.

Heiland. Der Begriff H. taucht nicht erst mit dem Christentum auf, sondern schon vorher wurden Götter, z. B. Apollon, Dionysos, (Orpheus) und besonders Zeus und Asklepios oder vergötterte Menschen (→ Vergottung), so Ptolemaios I. (323–283), als *soter* = Retter, was Luther mit H. übersetzte, bezeichnet.

Heilkunde. Krankheiten schrieben die Menschen anfänglich göttlicher Einwirkung zu; Helfer dagegen war der Priester. Diese durch Priester ausgeübte H. wurde auch in Griechenland gepflegt (Asklepiosheiligtümer; → Epidauros; Pergamon). – Ansätze zu einer H. im Sinne unseres Begriffes „Medizin" (chirurgische Behandlung von Kriegsverletzungen) und Erwähnung von Ärzten (Machaon und Podaleirios) finden sich schon bei Homer. Die berühmtesten griech. Ärzte (→ Asklepios) waren Hippokrates von Kos, 460 bis nach 377 v. Chr., der Begründer der Medizin als Wissenschaft, Soranos v. Ephesos und Galenos v. Pergamon. Unter den röm. Ä. waren viele berühmt, so vor allem Cornelius Celsus, aber keiner wissenschaftlich schöpferisch. – Herodot wunderte sich, in Ägypten Spezialärzte zu finden. Später waren im Altertum überall Augen-, Ohren-, Zahnärzte, Steinschneider zur Verfügung. Man kannte alle Methoden unseres Zahnersatzes, Brücken, Kronen usw.; die → Zwölftafelgesetze verboten, den Toten Gold mit ins Grab zu geben, außer dem in den Goldplomben. – Von jeher hat man, nicht nur auf Grund des berühmten Asklepiadeneids (→ Asklepios), bewundert, wie ernst es die gr. Ärzte mit den Pflichten und der Ehre ihres Berufs nahmen. Gesellschaftlich freilich standen die Ärzte nicht sehr hoch (→ Handwerkl. u. ind. Berufe). Dafür bezogen sie aber manchmal hohe, in der Kaiserzeit z. T. riesige Honorare; so schon um 528 v. Chr. Demokedes als Gemeindearzt von Aigina ein Jahresgehalt von 1 Talent, später als Leibarzt des Tyrannen Polykrates von Samos ein solches von 2 Talenten. – Die berühmtesten Kurorte, mit Bequemlichkeiten für die Kurgäste (→ Hotels) und mit einer Pracht der Bauten, die moderne Bäder noch übertrifft, waren → Epidauros in Südgriechenland, → Kos, → Hierapolis in Phrygien, → Pergamon. In Epidauros heilte man zunächst nur mit Priestermedizin; doch machten sich die Priester später auch die Ergebnisse der wissenschaftlichen Medizin zu eigen; überdies wird die windgeschützte Lage und die hohe landschaftliche Schönheit des Orts ihre natürliche Heilkraft gehabt haben. Umgekehrt pflegte Kos vorwiegend die wissenschaftliche Medizin, ohne aber die religiöse völlig zu verschmähen. – Die berühmtesten Ärzteschulen bestanden auf Kos (→ Asklepios), einer Insel vor Kleinasien, und in der ihr auf dem Festland gegenüberliegenden Stadt Knidos.

Schon bei Homer ist eine sehr fortgeschrittene Kriegschirurgie erkennbar. Man verstand Wunden und Verrenkungen durch sorgfältige Verbände, Auflegen von Kräutern usw. zu heilen. Die wissenschaftl. Begründung u. Ausbildung der H. ist, wie bei fast jeder → Wissenschaft, den kleinasiatischen Griechen gelungen. Im ionischen Kolonialgebiet waren die Ärzte in Schulen organisiert, über deren Grundsätze uns der sog. Eid des Hippokrates Aufschluß gibt. Durch ihn verpflichteten sich die Zunftangehörigen in Kos zu gewissenhafter Anwendung ihrer Kunst. Der bedeutendste Lehrer dieser Schule war Hippokrates, dessen Schriften mit vielen anderen unbekannter Herkunft im sog. *corpus Hippocraticum* zusammengefaßt sind. Man hatte besonders auch die Bedeutung der Umwelt für das Wohlergehen des Körpers erkannt, wie die wohl im 5. Jh. v. Chr. von einem Ioner verfaßte Schrift über *Klima, Wasser und örtliche Verhältnisse* zeigt, in der klimatologische Beobachtungen mitgeteilt sind, dann aber auch der Nachweis geführt ist, daß „die physischen und psychischen Eigentümlichkeiten eines Volkes von der Natur seines Landes und sogar von der Form seiner Regierung bestimmt werden“. Man erwartete daher bei der Krankenbehandlung viel von der kräftigen Natur des Menschen und heilte mit einer vernünftigen Diät, die auch bereits vorbeugend verwendet wurde. Von Medikamenten hielt man wenig und war auch mit operativen Eingriffen sparsam. Die anatomischen Kenntnisse waren noch gering, obwohl der Blick für die menschlichen Körper durch die Palästra geschärft war. Doch gelang es bereits Alkmaion (um 500 v. Chr.) und einigen Hippokratikern, die Bedeutung des Gehirns für den Körper zu entdekken. In der Physiologie herrschte die sog. Humoralpathologie. Sie erklärte, Krankheit entstehe, wenn 4 Säfte, *humores,* des menschlichen Körpers, nämlich *sanguis,* Blut, *chole,* Galle, *melaina chole,* schwarze Galle und *phlegma,* Schleim, nicht im richtigen Verhältnis gemischt seien (→ Temperament). Neben diesen Praktikern schrieben zahlreiche philosophierende Theoretiker, die von den Spekulationen der Naturphilosophen ausgingen. Nachdem die H. in der Zeit des Platon und Aristoteles keine wesentlichen Fortschritte gemacht hatte, erlebte sie die zweite und höchste Blütezeit in der alexandrinischen Periode. Damals wurde besonders die Kenntnis der Anatomie des menschlichen Körpers auf rein empirischer Grundlage gewonnen. Die Ptolemäer gestatteten sogar die systematische Sektion menschlicher Leichen und sollen auch zum Tode verurteilte Verbrecher den Ärzten lebendig zur Verfügung gestellt haben. Daher blieb die alexandrinische Schule die einzige, die Präparate für den anatomischen Unterricht besaß. Der eigentliche Bahnbrecher wurde in dieser Zeit → Herophilos, der die Anatomie weiterentwickelte und bereits die zentrale Bedeutung des Gehirns erkannte. Sein Schüler → Erasistratos v. Iulis (Keos) versuchte gegenüber der Humoralpathologie eine andere Theorie durchzusetzen, nämlich die Erklärung physiologischer Vorgänge durch mechanische Ursachen nach dem Vorbild der Atomlehre des Demokritos. E. entdeckte wichtige Zusammenhänge des Blutkreislaufs. Sein Schüler → Philinos v. Kos dagegen wandte sich von der Theorie ab, arbeitete vorwiegend auf dem Gebiet der Pharmakologie und begründete die sog. Schule der Empiriker. Anhänger dieser empirischen Schule war auch Serapion von Alexandria. Bedeutende Empiriker kannte das 1. Jh. v. Chr.: Herakleides von Tarent und Apollonios von Kition. In der Folgezeit blieb man im wesentlichen bei diesen Kenntnissen stehen. Nur die Pharmakologie wurde noch ausgebaut und durch ein illustriertes Kräuterbuch der Allgemeinheit zugänglich gemacht. Sonst wandte man sich bereits im 1. Jh. v. Chr. in der medizinischen Wissenschaft der literarischen Beschäftigung mit den Schriften der älteren Ärzte, besonders dem hippokratischen Corpus zu. Im 1. Jh. v. Chr. gründeten → Asklepiades aus Prusa u. sein Schüler Themison die sog. Methodikerschule, aus der neben Thessalos aus Tralleis ein so bedeutender Arzt wie Soranos hervorgegangen ist (um 110 n. Chr.). Er leitete alle Krankheiten vom Zustand des ganzen Körpers her. Er schrieb u. a. über Frauenkrankheiten (→ Hebamme). Im 1. Jh. v. Chr. entstand unter dem Einfluß stoischer Lehren vom *Pneuma* als dem feinsten Stoff und dem Sitz des Lebens die Pneumatikerschule. Ihr Begründer war Athenaios von Attaleia, der unter Claudius in Rom lebte. Weitere Vertreter dieser Schule waren Aretaios v. Kappadokien (1. Jh. n. Chr.) und Archigenes v. Apameia (Syrien, 2. Jh. n.

Chr.). Einen Abschluß der mediz. Literatur bildete die überaus reichhaltige Schriftstellerei des → Galenos (129 bis etwa 200 n. Chr.), des Leibarztes des Commodus. Als Eklektiker versuchte er eine Zusammenfassung der Ergebnisse aller Schulrichtungen. Galenos galt bis ins 16. Jh. als unerschütterliche Autorität. Als Kompilator, der die Ergebnisse der älteren Medizin in einem umfangreichen Werk zusammenfaßte, ist schließlich noch Oreibasios, der Leibarzt des Kaisers Iulian, zu nennen. Seine Bücher, die uns z. T. erhalten sind, hatten eine nachhaltige Wirkung in der Folgezeit.

Nach Rom ist die medizin. Wissenschaft nur langsam eingedrungen; man hielt dort noch lange an altbewährten Hausmitteln fest, wie sie etwa → Cato in seinem Buch über die Landwirtschaft mitteilte. In der Naturkunde des → Plinius hat jedoch auch die H. ihren Platz, u. Cornelius Celsus überlieferte in seiner Enzyklopädie (1. Jh. nach Chr.) viele medizin. Nachrichten. Später ließen sich viele griech. Ärzte in Rom nieder, teils als hochbezahlte Gladiatorenärzte, andere wurden als kaiserl. Leibärzte berühmt. In der medizin. Schriftstellerei des Marcellus Empiricus u. des Cassius Felix (beide im 5. Jh. nach Chr.) überwogen Medikamentenlehre u. prakt. Ratschläge für Ärzte.

Die antike Medizin geriet auch in den dunkelsten Zeiten des Mittelalters nicht völlig in Vergessenheit (Ärzteschule in Salerno). Mit dem Wiedererwachen der griech. Studien in der Renaissance las und nutzte man die Werke der gr. Ärzte eifrig. Daher stammen die vielen gr. Ausdrücke der H., Diät, Diarrhöe, Hämorrhoiden, Katarrh, Rheumatismus; auch das Wort Arzt ist gr., von *archiatros* = Chefarzt. Die altgr. Medizin war nun die M. überhaupt; Galens Werke erschienen (nicht für Philologen, sondern für Studenten der M.!) noch Leipzig 1821–1833 in 22 Bänden! Entdeckungen wie die des Blutkreislaufs durch Harvey erschütterten die antike Grundlage nicht; das geschah erst seit 1850, als Virchow die Humoralpathologie durch die Cellularpathologie ersetzte, wonach Krankheit durch krankhafte Veränderung der Zellen entstehe. Doch steht neuestens die moderne Medizin den Leistungen der Antike auf diesem Gebiet wieder positiver gegenüber; besonders gerühmt wird, mit welch genauer Beobachtung die antiken Ärzte oft Dinge festgestellt haben, deren Kenntnis man nur mit Hilfe moderner Mittel wie des Mikroskops für möglich hielt. Vor allem hat sich die Erkenntnis durchgesetzt, daß die ganzheitliche Anschauungsweise der antiken H., die sich bereits in den hippokrat. Schriften findet, vorbildhaft ist.

W: Corpus Medicorum Graecorum (CMG), hg. J. L. Heiberg u. a., 1908ff., II u. V ²1958–64; Corpus Medicorum Latinorum (CML), hg. F. Marx u. a., VIII 1915–28, 1963ff.; Der Arzt im Altertum, Quellen, gr., lat., d. v. W. Müri, ⁵1986. – *Ü:* Ant. Heilkunst, hg. J. Kollesch, D. Nickel, ⁵1986.

L: M. Pohlenz, Hippokrates u. d. Begründung d. wissenschaftl. Medizin, 1938; J. Schumacher, D. naturphilosoph. Grundlagen d. Medizin in d. gr. Antike, 1940, neu 1963; ders., Antike Medizin, ²1963; W. H. S. Jones, *Philosophy and Medicine in Ancient Greece,* Baltim. 1946; P. Diepgen, Gesch. d. Med. II ¹⁻²1949–65; K. Pollak, D. Jünger des Hippokrates, 1963; ders., Die H. der Antike, 1969; K. Deichgräber, D. gr. Empirikerschule, ²1965; H. Flashar, Melancholie u. Melancholiker in d. med. Theorien der Antike,

1966; ders. (Hg.), Antike Medizin, 1971; F. Kudlin, Der Beginn des med. Denkens bei d. Griechen, 1967; ders., M. Michler, Die antike Chirurgie, 1968; H. M. Koelbing, Arzt u. Patient in d. ant. Welt, 1977; A. Krug, Heilkunst u. Heilkult, 1985.

Heizung → Ofenheizung; Hypokausten.

Hekabe (lat. *Hecuba*), Gemahlin des Priamos, Königs von Troia, Mutter des → Hektor, → Paris, der → Kassandra und zahlreicher anderer Kinder. Nach dem Fall Troias wird H. Sklavin des Odysseus. Die Leiden der gefangenen H. schildert Euripides in seiner Tragödie *H.* – „Was ist ihm H.?", geflügeltes Wort nach Shakespeares *Hamlet* II 2.

Hekataios von Milet, der bedeutendste → Logograph, lebte während des ionischen Aufstandes (500–494 v. Chr.), an dem er hervorragenden Anteil nahm. Er war die erste ausgeprägte Persönlichkeit unter den Logographen. Von ihm existierten *Genealogien,* d. h. Stammbäume von Herrscherhäusern, und eine *Rundreise,* eine geographische Schrift, die zunächst Beilage zu einer Erdkarte sein sollte, dann aber eine selbständige geographische Studie wurde: Es war eine Beschreibung des Schwarzen und des Mittel-Meeres, beginnend bei Gibraltar (daher „Rundreise"). Sein Erdbild stammte wohl noch von seinem Lehrer Anaximandros (Erde als eine vom Okeanos umflossene Scheibe; → Kugelgestalt). Im allgemeinen machen seine Nachrichten den Eindruck solider Berichte eines weitgereisten Mannes. Herodot verdankt ihm manche wertvolle Nachricht, obwohl er ihn gelegentlich ironisch kritisierte.

W: Hecataei Milesii Fragm., hg. G. Nenci, Florenz 1954; auch FGrH.

Hekate, sehr alte, aus Karien nach Griechenland eingewanderte chthonische Göttin mit sehr verschiedenen Funktionen, später namentlich Göttin „der Dreiwege", d. h. von Stellen, wo sich ein Weg in zwei spaltet, und des Spuks (die Möglichkeit des Irrtums am Dr. schreibt der Aberglaube vieler Völker gespenstischem Einfluß zu). Viele Darstellungen erhalten, ein- oder dreigestaltig (drei Körper in einen vereint); keine mit wirklichem Kunstwert; die meisten ganz schlicht, weil H. mehr Volksgottheit war; ihr Kult war sehr populär, ihre Altäre standen vor vielen Häusern in Athen, ihr Opfertier war der Hund.

Th. Kraus, H., 1960; M. F. Nouveau-Piobb, *H.*, Paris 1961.

Hekatombe (gr.), ein → Opfer von 100 Rindern oder anderen großen Tieren.

Hektor, ältester Sohn des Priamos und der Hekabe, trug im → Troischen Krieg die Hauptlast der Kämpfe: Er bestand erfolgreich den Zweikampf mit Aias, er drang ins griech. Schiffslager vor, er tötete Patroklos, wurde dann freilich von Achilleus getötet, der seinen Leichnam ins Lager schleifte, ihn dann aber doch dem Priamos auf dessen Bitten hin freigab. H.s Abschied von seiner Frau Andromache u. seinem kleinen Sohn Astyanax, eine ergreifende Szene in Homers *Ilias* (VI,

390ff.), ist oft künstlerisch dargestellt worden.

Helene, lat. Helena, Tochter des Zeus und der Leda, Schwester des Kastor und Polydeukes (→ Dioskuren) und der Klytaimestra, galt als die schönste Frau der Welt. Ihr Stiefvater Tyndareos läßt ihre zahlreichen Freier schwören, demjenigen, der sie als Frau erringt, fürderhin durch ihren Beistand im Kampf H.s Besitz zu garantieren. So brach nach der Entführung H.s durch Paris der troische Krieg aus, an dessen Ende Menelaos die entführte Gattin wieder mit sich nach Sparta nahm. – Eine attische Sage erzählte, daß H. von Theseus und Peirithoos entführt, aber von den Dioskuren wieder befreit worden sei. Von H.s Geburt aus einem Ei wußte eine andere Sage zu berichten. – H. war ursprünglich eine Göttin. Mancherorts wurde sie im Baumkult verehrt. Dies und die Entführungssage lassen darauf schließen, daß H. eine Vegetationsgottheit war. Vielleicht erst durch das homer. Epos wurde sie zur Heroine. – Den Dichtern galt H. als Prototyp des schönen, aber treulosen Weibes. Den Dichter Stesichoros (um 600 v. Chr.) soll H. zur Strafe für eine solche Charakterisierung geblendet haben. Er dichtete daher eine Palinodie (Widerruf): Paris soll nach Troia nur ein Scheinbild entführt haben, H. selbst wurde dagegen nach Ägypten entrückt. Euripides übernahm diese Version für sein Drama *H.* Eine Rede zum Lobe H.s von dem Sophisten Gorgias ist uns erhalten, ebenso wie die des Isokrates. – H. war vielfach Gegenstand künstlerischer (Tintoretto, Tiepolo, Tischbein) und dramatischer Darstellungen (H.s Rolle in Goethes Faust II.).

M. Becker, 1939; D. Brunnhofer, H., Zürich 1941; K. Kerényi, Die Geburt der H., Zürich 1945; W. Wiesmann, Chur 1950.

Heliaia, (gr.), das aus 6000 Bürgern in mehreren Unterabteilungen gebildete Volksgericht in Athen; → Prozeß.

Helikon, Gebirge in Boiotien, dem Apollon und den Musen geweiht (→ Hesiod). Am Nordabhange die berühmte Quelle *Hippukrene* = Roßquell, lat. *Hippocrene,* neugriech. Kaltenborn (das Wasser ist eiskalt), mit uralter Brunnenfassung zum Hinabsteigen zu dem etwa 3 m unter dem oberen Rand liegenden Wasser. → Pegasos.

U. v. Wilamowitz, D. Berg d. Musen, 1925.

Heliodoros aus Emesa (3. Jh. n. Chr.), Verfasser eines Romans (*Aithiopika* = Äthiopische Geschichten von Theagenes und Charikleia); dabei sind alle verfügbaren Motive u. Requisiten des → Romans verarbeitet worden, Entführung, Tod, Gefahr, Liebe, Trennung u. Vereinigung. Durch sorgfältige Komposition mit Spannung und Retardation ist ein literarisches Meisterwerk entstanden, das zu allen Zeiten viel gelesen wurde und auch auf die Romanliteratur des 17. Jh. eine starke Wirkung hatte (Philipp von Zesen: Afrikan. Sofonisbe, 1647); Nachklänge noch in Verdis *Aida.*

W: Hg. A. Colonna, Rom 1938; hg. u. franz. R. M. Rattenbury, T. W. Lumb, J. Maillon, Paris III, ^{2}1960. – *Ü:* R. Reymer, 1950 u. 1962; H. Gasse, ^{2}1966.

L: M. Oeftering, H. u. s. Bed. für die Literatur, 1901.

Heliogabalus, graecisierter Name für das semitische → Elagabal.

Heliopolis, das heutige → Baalbek.

Helios, lat. *sol,* Sonnengott, Sohn des Titanen Hyperion, Enkel des Uranos, Bruder der Selene und der Eos (bei Homer hat er den Beinamen *Hyperion*). H. fährt in einem von vier Flügelpferden gezogenen Wagen bei Tage von Ost nach West über den Himmel. Auf der Insel Trinakia (nach antiker Überlieferung = Sizilien) weiden seine Rinder und Schafherden. – H. genoß in Griechenland in histor. Zeit keine kultische Verehrung (Gestirnkult war den Griechen fremd). Allein auf Rhodos und in der Peloponnes sind Kulte nachzuweisen (Koloß von Rhodos, → 7 Weltwunder). Bei H., der alles sieht und hört, schwur man. Später wurde H. oft dem → Apollon gleichgesetzt. Im 5. Jh. v. Chr. erkannte → Anaxagoras die Sonne als glühenden Körper. Die Religion hielt aber an dem Gotte fest; → Asebie. – Der röm. Sonnengott, Sol, wurde später mit dem persischen → Mithras verquickt, der als *Sol invictus* = unbesiegte S. galt. Dieser Kult schlug vor Einführung des Christentums den aller anderen Götter weitgehend aus dem Felde. → Iulianus; Elagabal; Phaëthon. – In Griechenland lebt der Kult des Sonnengottes in dem des hl. Elias weiter, nach dem zahllose Berge (oft mit Kapellen) benannt sind; das erklärte sich aus der Ähnlichkeit der Namen (*helios* sprich *ilios, Elias* sprich *ilias*)
K. Schauenburg, H., 1955.

helladisch, Bezeichnung für eine Periode der ägäischen Kultur (auch → kretisch-mykenische Kultur), nämlich die des griech. Festlandes, von der Forschung noch unterteilt in Früh-Helladisch (2600–1900 v. Chr.), Mittel-H. (1900–1600) u. Spät-H. (= Mykenisch, 1600–1100); jede dieser Perioden kann nochmals dreifach unterteilt werden.

Hellanikos von Mytilene auf der Insel Lesbos, Zeitgenosse des Herodot, suchte durch chronologische Studien und Behandlung einzelner Landschaften in die gr. Sagengeschichte, die er sammelte, Ordnung zu bringen. Auf diesem Gebiet hat er große Bedeutung für die spätere Zeit, da er die Periode der → Logographen in gewisser Weise zum Abschluß brachte, ohne freilich schon zur kritischen Darstellung etwa des Herodot vorzustoßen. Auch hat H. durch seine Bücher über die *Sieger an den Karneen* und die eponymen *Priesterinnen der Hera,* in denen er versuchte, eine verläßliche Chronologie zu schaffen (→ Jahreszählung), einen wichtigen Beitrag zur Geschichtswissenschaft geleistet.
W: FGrH.

Hellen, Sohn des Deukalion. Nach dem Mythos Stammvater der → Hellenen. Seine Söhne Aiolos, Doros und Xuthos waren die Ahnherren der Ioner (durch Ion, Sohn des Xuthos), Dorier, Aioler.

Hellenen, Hellas → Griechen. – H. als Gesamtname für alle gr. Stämme nach der dorischen Wanderung taucht zuerst um 700 v. Chr. auf und stammt angeblich von einem kleinen thessalischen Stamm (Homer, *Ilias* II 684 *Hellenes;* II 530 *Panhellenes,* Gesamthellenen). Zunächst galten nur Menschen griech. Abstammung als H. Als in hellenistischer Zeit die griech. Kultur weit nach Asien hinein vordrang, bildete an Stelle der Blutgemeinschaft das einigende Band die griech. Bildung; alle Menschen, auch die Orientalen, die gr. Kultur angenommen hatten, waren nunmehr H. Besonders unter den späteren Philosophen waren zahlreiche Orientalen. In der christlichen Spätantike unterlag das Wort einem Bedeutungswandel: H. hießen nunmehr die, die am ererbten Glauben der Väter festhielten; H. bedeutete also „Heiden". – → Hellenismus.

hellenisch = griechisch, → Griechen. Davon sind zu scheiden die erst in der Neuzeit künstlich geschaffenen Bezeichnungen hellenistisch und helladisch (→ kretisch-myken. Kultur).

Hellenismus. Dieser von Droysen geschaffene Name bezeichnet die Periode der gr. Kultur, die in der politischen Geschichte mit Alexander d. Gr. (336–323 v. Chr.) begann und mit Augustus (31 v. Chr. – 14 n. Chr.) endete. Eigenarten des H. sind freilich schon vor 336 nachweisbar. Der H. brachte, wesentlich unter ionischem, aber auch besonders in Philosophie und Religion unter orientalischem (→ Hellenen) Einfluß, neue Anschauungen auf allen Gebieten, kulturell in Sprache, Dichtung, Geschichtsschreibung, Religion, Philosophie, bildender Kunst, politisch mit Entstehen großer Reiche neben den kleinen Stadtstaaten und der Monarchie neben der Demokratie. Die neue großräumige Politik brachte nicht nur wirtschaftliche Verflechtungen neuen Ausmaßes mit sich, sondern auch die Entstehung einer supranationalen Mischkultur mit Verschmelzung oft recht heterogener Elemente griechischer und orientalischer Herkunft. Die gemeinsame Kultur- und Verkehrssprache war Griechisch, auch Kunst und Literatur waren eindeutig griechisch beeinflußt, wohingegen in Religion und Philosophie, auch in einigen Fachwissenschaften, hellenisierte Orientalen einen bestimmenden Einfluß ausüben konnten. Gleichzeitig mit diesem neuen Bildungsbegriff entsteht auch die Idee der Humanität und der Begriff des Klassischen, der die großen, als vorteilhaft empfundenen kulturellen Leistungen des perikleischen Athen umfaßt. Das Verständnis des H. wurde im Gegensatz zu der früheren Anschauung, die wesentlich nur das Griechentum des 5./4. Jhs. hochgeschätzt hatte, von Droysen erschlossen.

J. G. Droysen, Gesch. d. H., [2]1877; M. Rostovtzeff, Die hellenist. Welt, III 1955f.; V. Grönbech, D. H., 1955; A. Körte, P. Händel, D. hellenist. Dichtung, [2]1960; U. v. Wilamowitz, Hellenist. Dichtung, II, [2]1962; M. Hadas, Hellenist. Kultur, 1963; C. Schneider, Kulturgesch. des Hell., II 1967–69; K. Ziegler, Das hellenist. Epos, [2]1966; W. W. Tarn, G. T. Griffith, Die Kultur der hellenist. Welt, d. 1966; Der H. in Mittelasien (WdF), hg. F. Altheim, J. Rehork, 1969; H. Bengtson, Herrschergestalten des H., 1975; R. Bichler, H., 1983; F. K. Walbank, Die hell. Welt, d. 1983; H. H. Schmitt, E. Vogt (Hg.), Kl. Wb. d. Hellenismus, 1988.

Hellenotamiai, die Schatzmeister des → Attischen Seebundes.

Hellespont, gr. *Helles-pontos,* die Meerenge zwischen dem Marmarameer und der Ägäis, wird von den Alten als Meer (gr. *pontos*) der Helle, die in ihm ertrank (→ Phrixos), erklärt.

Heloten, gr. *heilotes,* die älteren Bewohner von Lakonien, die von den einwandernden Spartiaten unterworfen und zu leibeigenen Knechten und Tagelöhnern herabgedrückt wurden. Sie blieben auf ihrer Scholle sitzen, mußten aber bis zur Hälfte der Erträge an die Herren abliefern, denen sie zugeteilt waren. Rechtlich waren sie nicht von diesen abhängig, sondern gehörten dem Staat, der allein auch ihre Lage ändern durfte. Im Heer dienten sie als Leichtbewaffnete im Gefolge ihrer Herren. Ihre Lage (→ Sklaven) muß sehr kläglich gewesen sein, da die Spartiaten aus Angst vor ihrer Zahl ihre völlige Verelendung erstrebten; es werden sogar Kopfjagden auf H. erwähnt. H.-Aufstände waren häufig.

Helvetier, keltischer Stamm, der erst um 100 v. Chr. seine ursprüngliche Heimat im heutigen Südwestdeutschland verließ und die Alpenländer am Genfer See besiedelte. Hauptstadt war Aventicum (heute Avenches). Von den Sueben, die über den Rhein kamen, bedrängt, wollten die H. neue Sitze in Gallien suchen. Dabei stießen sie mit den Römern zusammen; Caesar zwang sie, nach einer verlustreichen Schlacht bei *Bibracte* (heute Autun) i. J. 58 v. Chr., ihre alten Sitze in den Alpen wieder einzunehmen. → Schweiz.

G. Th. Schwarz, Die Kaiserstadt Aventicum, 1965.

Hemd, gr. *chiton,* lat. *tunica.* Viele antike Bilder zeigen, daß man zu Haus, ja auch auf der Straße, vielfach nur im H. ging; die → Toga war etwa von Chr. G. an nur Festkleid.

Henotheismus (gr.), der Glaube an einen Gott bei gleichzeitig vorhandener Mehrzahl sonstiger Götter. Gegensätze: Monotheismus und → Polytheismus.

Hephaistion, Feldherr und intimer Freund Alexanders d. Gr., nach seinem Tod 324 v. Chr. göttlich verehrt.

Hephaistion aus Alexandria (2. Jh. n. Chr.). Sein „Handbüchlein" *(encheiridion),* ein Auszug aus seinem großen umfassenden Werk *Peri metron,* ist für uns die wichtigste Quelle der antiken Metrik.

W: Hg. M. Consbruch, 1906, neu 1969.

Hephaistos, Sohn des Zeus und der Hera, kam lahm zur Welt, wurde deswegen vom Olymp ins Meer geworfen (→ Aussetzen), aber dort von der Nereide Thetis mitleidig gepflegt (*Ilias* XVIII 396; andre Version I 594). Er wurde Gott des Feuers, aller Künste und der Handwerker, die sich des Feuers bedienen, besonders der Bronzegießer. Später wurde er in den Olymp wieder aufgenommen. Er schuf die Aigis (→ Ägis) und das Szepter des Zeus, die Waffen des Achilleus, den Wagen des Helios, die Pfeile des Eros, goldne Mädchen, die ihn bedienten, und andre kunstreiche Werke. Seine Helfer sind die Kyklopen. Infolge seiner Arbeit sah er rußig aus, bekam aber trotzdem und trotz seines körperlichen Fehlers die schönste Göttin (→ Charis oder) → Aphrodite, zur Frau, die ihm jedoch die Treue nicht wahrte. Im Ursprung ist H. ein kleinasiat. Gott. Seine wichtigste Kultstätte lag auf

Lemnos (dort einst ein Erdfeuer). Später glaubte man, daß H.s Werkstätte sich in den Vulkanen Unteritaliens und Siziliens befände. Außer in Athen sind im europäischen Griechenland kaum Kulte des H. nachzuweisen. Der besterhaltene antike Tempel in Athen, das sog. Theseion, war wohl ein Tempel des H. In seiner Nähe lag das Quartier der Schmiede. → Volcanus. – Zahlreiche Gemälde aller Zeiten zeigen H. in seiner Werkstatt oder bei der Arbeit (Tintoretto, Bassano, Rubens, Velasquez, van Dyck, Tiepolo).

L. Malten, H., 1912; F. Brommer, Rückführung d. H., 1937; M. Delcourt, *Héphaistos,* Paris 1957.

Hera, Schwester und Gemahlin (→ Ehe) des Zeus, Mutter des Ares, Hephaistos und der Hebe, hauptsächlich in der gr. Landschaft Argolis verehrt, ursprünglich eine Göttin der dort im 2. Jahrt. v. Chr. herrschenden → kretisch-myken. Kultur. H. wurde daneben vor allem in Olympia, Samos, Paestum, Korinth, Attika, Delos verehrt (→ Heraion). H. war Schutzgöttin einer Stadt (→ Argos) oder eines Landes; daneben Schutzgöttin der Ehe; daher auch als Geburtsgöttin verehrt. Sie waltet als freundliche Herrin des Olymps wie auch als eifersüchtige und furchterregende Gattin des Zeus. Im Paris-Urteil erfolglos, verfolgte sie die Troer und nach dem Fall der Stadt noch den → Aineias bis nach Italien. H.s heiliges Opfertier war die Kuh, auch der Pfau war ihr heilig. Wichtigste Darstellungen: → gold-elfenbeinerne H. des Polykleitos; kolossaler Kopf der H. Ludovisi, von Goethe besonders geschätzt, jetzt im Thermenmuseum in Rom, ist wohl ein Porträtkopf; H. Barberini im Vatikan: Kopien nach Werken vom Ende des 5. Jh. v. Chr. → Iuno.

W. Pötscher, 1987.

Heraion, Tempel der Hera; bes. berühmte in Olympia, in der Landschaft Argolis, auf Samos.

Herakleia, gr. Stadt am Golf v. Tarent, nach schriftlichen Daten 433/2 v. Chr. gegründet, aber nachweislich schon im 7. Jh. v. Chr. besiedelt, bekannt durch den Sieg des Königs → Pyrrhos über die Römer 280 v. Chr. Die Lage der Stadt war in Vergessenheit geraten, bis seit 1959 deutsch-ital. Ausgrabungstätigkeit die Reste freilegte, eine Akropolis, ein Demeter-Persephone-Heiligtum mit einer Quelle; reiche Funde an Terrakotten, Vasen, auch Bleistäbchen (→ Geld) in einem neuen Museum.

B. Neutsch, H.-Studien, 1967.

Herakleides v. Tarent, gr. Arzt des 1. Jh. v. Chr., Anhänger der Empirikerschule (→ Heilkunde), war als Pharmakologe und Therapeut bekannt, schrieb auch medizin. Kommentare zu Schriften des → Hippokrates.

Herakles („der durch Hera Berühmte") wurde als ein Sohn des Zeus und der Alkmene, die mit Amphitryon vermählt war, in Theben geboren, wo A., König von Mykenai, wegen eines Mordes in der Verbannung lebte. Hera, die Zeus' Kinder von anderen Frauen mit ihrem Hasse verfolgte, schickte zwei Schlangen, die H. umbringen sollten; aber das Kind würgte sie mit den Händen tot (köstliche Darstellung auf einer Schale des Hildesheimer → Silberfunds). – Nach einem Orakel ließ sich H. in → Tiryns, der Burg seiner Ahnen, der Perseiden, nieder und diente seinem Vetter Eurystheus, dem Herrn von → Mykenai. Dieser trug ihm 12 Arbeiten auf: a) Besiegung des Löwen von Nemea, dessen Fell H. dann als Gewand trug; daran, an der Keule und an der massigen Gestalt sind H.-Darstellungen als solche kenntlich; b) der Hydra, einer 9köpfigen Wasserschlange bei der Quelle Lerna; c) Einfangen der windschnellen Hirschkuh von Keryneia, der er ein ganzes Jahr lang nacheilen mußte; d) eines Ebers auf dem Berge Erymanthos; e) Erlegung oder Vertreibung furchtbarer Vögel, die ihre Federn wie Pfeile abschießen konnten, am See Stymphalos; f) Reinigung eines Stalles, den der König Augeias von Elis hatte völlig verschmutzen lassen; g) Bändigung eines wilden Stiers auf Kreta (→ Theseus); h) der Pferde des Thrakerkönigs Diomedes; i) Herbeischaffung des Gürtels der Amazonenkönigin Hippolyte, den sich Eurystheus' Tochter wünschte; k) der Rinder des Riesen Geryoneus von einer Insel im äußersten Westen; l) der Äpfel der Hesperiden, auch vom äußersten Westen; m) des Hundes Kerberos aus der Unterwelt. Die Aufgaben wurden also immer schwerer und führten H. in immer weitere Fernen, bis an die „Säulen des H." (Straße von Gibraltar). Daneben gab es noch Erzählungen über andere Taten des Heros: die Befreiung der → Alkestis aus den Händen des Todes, H.' Teilnahme am → Argonautenzug, sein Zug nach Troia, seine Teilnahme am Kampf der Götter gegen die → Giganten. Bei der lydischen Königin Omphale dient H. als Sklave zur Strafe für den Raub des Dreifußes des Apollon in Delphoi oder nach anderer Version wegen der Tötung des Iphitos. Der Kentaur Nessos versuchte seine Gattin Deianeira zu rauben und wurde von ihm mit einem vergifteten Pfeile erschossen. Das Gift teilte sich dem Blute des N. mit, der kurz vor seinem Tode der D. ein Gefäß mit diesem Blut übergab. Deianeira hielt H. für untreu, bestrich sein Hemd mit dem giftigen Blut des N., und H. litt unendliche Qualen. Um ihnen zu entgehen, verbrannte er sich auf dem Berge Oite. Aufnahme in den Olymp, wo ihm → Hebe zur Frau gegeben wurde. – H., in dessen Sagen sich Mythisches und Historisches fast unentwirrbar vermischt haben, war ursprünglich wohl in der Argolis, dem Zentrum des → Herakultes, zu Hause; von dort verbreitete sich seine Verehrung schon sehr früh. Dem homerischen Epos ist H. wohl bekannt, doch tritt er dort weniger hervor. Bald wurde H. dann zum Nationalheros der Griechen. H.-Sagen bildeten den Vorwurf für verschiedene Dramen: der H. des Euripides (erst von Humanisten *H. im Wahnsinn* genannt; der von Hera wahnsinnig gemachte H. tötet die Gattin und die Kinder) u. die Hercules-Dramen Senecas (*H. furens* u. *H. Oetaeus,* seine Selbstverbrennung). Im 5. Jh. v. Chr. verfaßte Panyassis, ein Onkel → Herodots, ein uns verlorenes H.-Epos. – Weiterhin wurde die Gestalt des H. z. T. idealisiert. Viele Städte, die man bei der Gründung nach ihm nannte (gr. Herakleia), verehrten ihn als ihren Schutzgott. Der Sophist Prodikos gestaltete die Auffassung des Helden als Vollbringer von Heldentaten und Wohltäter der Menschheit in seiner Allegorie von H. am Scheidewege, wo der Held zwischen Tugend und Laster zu wählen hat. Die Kyniker sahen in ihm ihr Vorbild. Andrerseits wurde H. auch eine beliebte, als Vielfraß und Krafthuber lächerliche Figur der Komödie und des Satyrspiels (Euripides' *Alkestis*). – Entsprechend der Beliebtheit und Bedeutung des Helden in Sage und Mythos haben wir zahlreiche Darstellungen in der Kunst erhalten. – H. in Rom → Hercules.

B. Schweitzer, H., 1922; E. Panofsky, Hercules am Scheidewege ..., 1930; F. Brommer, H., Die 12 Taten des Helden in antiker Kunst u. Lit., [5]1986; II 1984. → Euripides; Seneca.

Heraklit, gr. *Herakleitos,* aus königlichem Stamm in Ephesos, lebte am Ende des 6. Jhs. v. Chr., als sich in Ionien der nationale Zusammenbruch vorbereitete. Die Philosophenlegende hat sich seiner Person früh bemächtigt; er soll eine ihm angetragene hohe Priesterstellung ausgeschlagen und sich ins Gebirge zurückgezogen haben, wo er in der Nähe eines Tempels als der erste uns bekannte Eremit lebte und starb. Erhalten sind zahlreiche Fragmente aus einem Buch, das wohl den Titel *Über die Natur* trug; es war in Aphorismen geschrieben, auch war der Stil auf das äußerste zugespitzt, der Gedanke oft so eigenartig gewendet, daß H. schon in der Antike nicht verstanden wurde (sein Beiname „der Dunkle"). Als erster erfaßte er wohl die Bedeutung des seelisch-geistigen Bereiches („ich habe mich selbst gesucht"), der nach seinen Worten in seiner Ausdehnung nicht zu erfassen ist. Dazu fügt sich gut seine Abneigung gegen die Masse und jede Art von Autorität. Kritik und Polemik spielten bei H. eine große Rolle, besonders die kulturellen, sozialen und politischen Verhältnisse haben ihn oft zu sehr scharfen Worten veranlaßt. In seiner Lehre tritt er → Parmenides entgegen. Die ständige Veränderung des Seienden (→ „Alles fließt"), das in sich alle Gegensätze aufhebt und so in einem riesigen Spannungsfeld zusammengefügt ist, stellt die Grundanschauung von H.s Lehre dar, diese Wechselbeziehungen, Spannungen und Kontraste stellte H. immer wieder und oft sehr pointiert in seinen Lehrsätzen dar (man vergleiche dazu Goethes *Dauer im Wechsel* und andere Gedichte). Als Symbol dauernder Wandelbarkeit sah er das Feuer an: Das Feuer, vernunftbegabt, d. h. nicht reiner Stoff, wandelt sich zum All und wieder zurück, ist also das Grundelement der Welt. Die Seele des Menschen hat an diesem Feuer Anteil; sie kann deshalb das Feuer, das auch Logos heißt, erkennen. (Spätere stoische Gedanken sind sehr ähnlich.) Hegel baute sein philos. System auf H.s Grundgedanken auf, Nietzsche wurde von H.s Stil beeinflußt.

W: FdV I.; hg. u. d. B. Snell, [10]1989. – *Ü:* L. Winterhalder, 1962.

L: O. Spengler, 1904; H. Diels, 1909; O. Gigon, Unters. zu H., 1935; H. Diller, Weltbild u. Sprache im Heraklitismus, (NBA), 1942; W. Jaeger, D. Theologie d. frühgr. Denker, 1953; C. Ramnoux, *Héraclite,* Paris, [2]1968; H. Fraenkel, Dichtung u. Philosophie des frühen Griechentums, [2]1962; ders., Wege und Formen frühgr. Denkens, [2]1960; P. Wheelwright, Princeton 1959; M. Heidegger, E. Fink, H., 1970; E. N. Roussos, H.-Bibliographie, 1971.

Herculaneum, die mit Pompeii 79 n. Chr. vom Vesuv verschüttete Stadt. Während über Pompeii Asche und Bimsstein fiel, floß über H. Schlamm. In die Schicht über Pompeii konnten die Überlebenden leicht eindringen: sie holten alle Kostbarkeiten aus den Häusern. Der Schlamm über H. dagegen verhärtete bald zu Tuff; diesen kann man nicht durchbrechen, ohne daß man ihn mühsamst wegmeißelt. Deswegen liegt in H. noch alles Hausgerät wie am Tage der Verschüttung. Erst in der Neuzeit, seit 1738, hat man Schächte und Stollen in den Tuff gebohrt und großartige Funde gemacht u. große Teile der Stadt aufgedeckt (Palästra, Theater, Wohnbauten). – Herculanerinnen, 3 1709 in H. gefundene weibliche Statuen (Zufallsfund, nicht bei Ausgrabungen) in der Staatl. Skulpturensammlung in Dresden, etwa aus augusteischer Zeit, aber nach griech. Vorbild, an denen → Winckelmann die Schönheit gr. Kunst aufging. – Herculanensische Rollen, die Bibliothek eines jetzt *Villa deï papiri* oder *V. Suburbana* genannten Hauses der Pisonen in H., etwa 2000 Rollen und Fragmente, 1752/1754 z. T. noch in den antiken Bücherschränken gefunden; sie zerfielen bei Berührung; heute helfen chem. Mittel bei der Konservierung; Funde im Museo Nazionale, Neapel. Die Bibliothek enthielt namentlich die Schriften eines minder bedeutenden epikureischen Philosophen, des Philodemos; aber gerade weil er kein eigenständiger Denker war, läßt sich aus seinen Schriften manches über das System der epikur. Schule entnehmen.

W: Herculanensium voluminum quae supersunt, XI, 1793 ff. u. XII, 1862 ff.; A. Ruesch, *Guida del Mus. Naz. di Napoli,* 1908; A. Vogliano, *Epicuri et Epicureorum scripta in Herculanensibus papyris servata,* Berlin 1928; K. Preisendanz, Papyrusfunde, 1933; W. Schmid, Z. Gesch. d. Herkulan. Studien, 1955; *Academicorum Philosophorum Index Herculanensis,* hg. S. Mekler, ²1958.

L: Reale Accademia Ercolanense, Le antichità di Ercolano, Napoli 1757 ff.; E. C. C. Corti, Untergang u. Auferstehung v. Pompeii u. H., ⁷1951; A. Maiuri, *Ercolano, I nuovi scavi* 1927–58, Rom 1958; E. Kusch, H. 1960.

Hercules, lat. Namensform des gr. Herakles, der von den Griechen Unteritaliens über die Osker, Latiner und Etrusker nach Rom kam. In Latium und Etrurien wurde H. sehr verehrt. In Rom war sein Kult an der Ara maxima auf dem Forum boarium der älteste; er hatte gr. Ritus. H. wurde in Rom vor allem von Kaufleuten verehrt. In der Kaiserzeit wurde H. als Überwinder der Mühsal und als Wohltäter der Menschheit zum Inbegriff der herrscherlichen Tugenden. So identifizierten sich die Kaiser Commodus (sog. H. Farnese, Kopie nach Lysipp mit Kopf des Commodus) und Maximinus mit H. Auf röm. Sarkophagen der Kaiserzeit symbolisiert die Darstellung von der Überwindung des Kerberos durch H. die Jenseitshoffnung. In der Katakombe an der Via Latina aus dem 4. Jh. n. Chr. erscheint H. u. a. in dem Bild mit der Befreiung der Alkestis als Überwinder des Todes.

J. Bayet, *Herclé, l'Hercule Etrusque,* Paris 1926; ders., *Les Origines de l'Hercule romain,* Paris 1926; Th. Klauser, 1961; M. Simon, *Hercule et le christianisme,* Paris 1955.

Hermaphrodit, gr. *herm-aphroditos,* ein Zwitter; H. war ein Sohn des Hermes und der Aphrodite. Ovid erklärte die mannweibliche Gestalt durch eine Metamorphose der Vereinigung des Jünglings mit seiner Geliebten, einer Quellnymphe; in Wahrheit dürfte der Kult (ein Hochzeitskult?) auf dem Wege über Kypros nach Griechenland gelangt sein. Seit dem 4. Jh. v. Chr. in Athen verehrt. Die Künstler lockte die Schwierigkeit der Darstellung einer mannweiblichen Figur; schöne Werke sind erhalten.

M. Delcourt, *Hermaphrodite,* Paris 1958. ders., *Hermaphroditea,* Brüssel 1966.

Herme, eine Statue, bei der nur der Kopf ausgearbeitet ist. Den Körper vertritt ein viereckiger Schaft, rechts und links mit etwas kubischen Vorsprüngen anstelle der Arme, stets auch mit Angabe des Schamgliedes. Dem Namen nach ursprünglich ein Bild des Gottes Hermes. Früh scheinen auch Fruchtbarkeitsgötter wie → Priapos ähnliche Bilder gehabt zu haben. Es handelt sich hier offenbar um einen Rest eines uralten Pfeilerkultes, wie er sich in den einfachen, kunstlosen Bildern dieser Götter, die wie Hermes, der Wegegott, überall standen und vom einfachen Volk verehrt wurden, leicht halten konnte. Die frühesten H. sind uns aus dem 6. Jh. v. Chr. bekannt. Im 4. Jh. v. Chr. tragen H. dann auch Köpfe anderer Gottheiten. Als Träger eines Porträts, vor allem berühmter Männer wie Dichter und Staatsmänner, ist die H. seit dem 1. Jh. v. Chr. häufig, auch in der Form der Doppelherme. – → Hermokopidenprozeß.

L. Curtius, Zeus u. Hermes, 1931; R. Lullies, D. Typen d. gr. H., 1931.

Hermes, Sohn des Zeus und der Maia, in Arkadien geboren, Götterbote, verleiht den Menschen Reichtum, besonders an Herden; später Gott der Wege, Straßen, des Verkehrs, der Kaufleute, Diebe, Betrüger (sehr hübsche Schilderung, wie er schon als kleines Bübchen die Rinder seines Bruders Apollon stibitzt und ihn dann durch das Geschenk der von ihm erfundenen Lyra versöhnt, im Homerischen Hymnos auf H.), der Gymnastik; als H. *psychopompos* führte er die Seelen Toter in die Unterwelt. Als Attribute trägt er den Zauberstab, mit dem er Menschen einschläfern, aber auch erwecken kann, ferner Reisehut und Flügelschuhe. In der archaischen Kunst erscheint H. vorwiegend bärtig (Hermen). Während im 5. Jh. der jugendliche Typus sich durchsetzt, wird der bärtige noch für den *H. psychopompos* (auf Vasen) beibehalten. H. des → Praxiteles; ausruhender H. im Museo Nazionale in Neapel, Kopie nach lysipp. Werk; von diesen Werken hat sich der jugendl. Typ des Praxiteles auch für die Neuzeit erhalten: Correggio, Tintoretto, Elsheimer, Rubens; Thorwaldsen. – → Mercurius; Herme; Hermokopidenprozeß.

L. Radermacher, D. homer. H.-Hymnus, 1931; L. Curtius, Zeus u. H., 1931; P. Raingaerd, *Hermes psychagogue,* Paris 1935; K. Kerényi, H., d. Seelenführer, 1944; O. Brown, *H. the Thief,* Madison 1947; P. Zanker, Wandel der H.-Gestalt in d. att. Vasenmalerei, 1965.

hermetisch. In den ersten Jh.en n. Chr. entstand bei den Griechen eine religiös-mystische Bewegung, die ägyptische Schriften theologischen Inhalts zur Grundlage ihrer Lehre machte. Im Mittelpunkt stand ein ägyptischer Gott, „der große Thoth" (→ Gnosis), der dem gr. Hermes gleichgesetzt und als *Hermes trismegistos* = der dreimal größte H. bezeichnet wurde. Von dieser

Bewegung, die in vieler Hinsicht dem Neupythagoreismus (→ Mystik) verwandt war, ist eine Reihe von Schriften erhalten, die in einem berühmten Mysterienwerke, dem *Corpus Hermeticum* (= dem von Hermes handelnden Werk) zusammengeschlossen sind, daher hermetisch = geheimnisvoll, verschlossen, abgeschlossen.

W: Corpus Hermeticum, hg. A. J. Festugière, A. D. Nock, Paris IV 1946–54 (m. franz. *Ü*).
L: J. Kroll, Die Lehren des H. Trism., [2]1928; A. J. Festugière, *La révélation d'H. T.*, Paris 1954.

Hermione, Tochter Helenas und des Menelaos. Euripides zeichnet sie in der Tragödie *Andromache* als herzlos und intrigant.

Hermokopidenprozeß. In Athen standen an den Straßenecken und vor den Häusern → Hermen, die dem Wanderer Schutz gewähren und Übel von den Häusern fernhalten sollten. Diese wurden in der Nacht vor der Abfahrt der Flotte zur → sizilischen Expedition von Unbekannten beschädigt. Der Religionsfrevel erregte die Gemüter in Athen sehr. In einem großen Prozeß gegen die *hermokopidai* = Hermenzertrümmerer wurden viele Bürger zum Tode verurteilt; die wirklich Schuldigen sind nie ermittelt worden. → Alkibiades.

Herodes d. Große (37–4 v. Chr.), Nachfolger seines Vaters Antipatros als Procurator von Judäa. Er machte sich 37 v. Chr. zum König und führte eine glänzende Regierung und entwickelte eine großartige Bautätigkeit (Neubau des Tempels in Jerusalem; bedeutende Reste, z. T. mit riesigen Blöcken an der Westmauer gut erhalten). In seiner Politik gegen Augustus war er sehr geschickt, gegen die Untertanen hart: der Tempelbau unter schwerer Besteuerung des Volks; Begünstigung des den Juden unsympathischen Hellenismus (→ Makkabäer). – Sein Sohn H. Antipas folgte ihm in der Herrschaft über Galiläa und Peräa. Im J. 39 wurde er zu Gunsten des H. Agrippa von Caligula nach Lyon verbannt. – H. Agrippa II., ein Sohn des H. Agrippa I., befand sich im jüd. Krieg unter Titus auf Seiten der Römer.

St. Perowne, H. d. Gr., 1957; S. Sandmel, d. 1968; A. Schalit, d. 1969.

Herodes Attikos, 101–177 n. Chr., gefeierter attischer Lehrer der Rhetorik. Lehrte auch in Rom. Unter seinen Schülern befanden sich die späteren Kaiser M. Aurelius und L. Verus. Im J. 143 bekleidete er das Konsulat. Seinen großen Reichtum verwendete er zu Stiftungen an Bauten (Athen: Stoa, Odeion, Stadion; Pausan. I, 19) und Statuen (Korinth; Pausan. 2, 1; u. andernorts). In seinen Schriften und als Redner folgte er der attizistischen Stilrichtung. Von seinen zahlreichen Schriften hat sich nur eine Rede *peri politeias* erhalten. → Sophisten; Aristeides, P. Aelius.

W: Hg. E. Drerup, 1908; P. Graindor, Kairo 1930; H. Lemp, H. A., 1978.

Herodianos aus Alexandreia, 2. Jh. n. Chr., Schüler des Apollonios Dyskolos. Schrieb u. a. ein Werk über die Prosodie (Lehre vom Akzent und der Quantität der Silben), das er dem Kaiser Marc Aurel widmete. Einige Auszüge daraus sind uns erhalten; andere Schriften sind ver-

loren. U. a. durch seine Vermittlung sind wertvolle Erklärungen zu Homer von → Aristarchos in unseren Homerscholien erhalten.
W: Hg. A. Lentz II, 1867–70, neu 1965.

Herodianos aus Syrien, Ende des 2. Jh. n. Chr., verfaßte eine Geschichte der röm. Kaiser von Marcus Aurelius bis Gordian III. (238 n. Chr.), ein ziemlich oberflächliches, daher unzuverlässiges Werk.
W: Hg. K. Stavenhagen, 1922, neu 1969.

Herodotos aus Halikarnassos, etwa 484–425 v. Chr., der „Vater der Geschichte" Cicero, *de leg.* 1, 1, 5). Nach dem Namen des Vaters und des Oheims (→ Herakles) zu urteilen, hatte H. karisches Blut in seinen Adern. In seiner Jugend als Gegner des Tyrannen Lygdamis von Halikarnassos zeitweise in Samos in der Verbannung lebend, machte er später ausgedehnte Reisen: er lernte Kleinasien, Syrien, Babylonien und Persien im Osten, die Küsten des Schwarzen Meeres, Thrakien und Makedonien im Norden, Kyrene (in Nordafrika) und Ägypten bis Elephantine im Süden, Sizilien und Unteritalien im Westen kennen. Schließlich nahm er an der Gründung von → Thurioi durch Athen im J. 444 teil, wo er wohl auch gestorben ist. In Athen trat er mit Sophokles in Verbindung und soll nach Vorlesung eines Teiles seines Werkes einen Staatspreis von 10 Talenten erhalten haben. Auf den Reisen sammelte er Material für das Geschichtswerk, das seinen Ruhm begründete. Das Epos, die Erzählungskunst der → Logographen, die Tragödie, die Sophistik, geographische Werke haben ihn beeinflußt. Trotzdem ist durch die geschlossene Persönlichkeit des Mannes ein einheitliches Werk entstanden. *histories apodexis* = Darlegung der Erkundung (→ Historie) war nach den einleitenden Worten der Zweck seines Werkes. H. wollte die Auseinandersetzung zwischen Asien und Europa, Barbaren und Griechen, die in den Perserkriegen ihren Höhepunkt fand, seit der Urzeit darstellen. Neben der eigenen Anschauung benutzt er für seine Darstellung ältere Autoren wie Hekataios, Xanthos, Hellanikos u. a. Der Inhalt ist sehr bunt; die Geschichte der Lyder, Perser, Ägypter, Babylonier und Skythen wird mit ausführlichen völkerkundl. Beschreibungen in den ersten 5 Büchern erzählt (die Einteilung in 9 Bücher stammt erst aus hellenistischer Zeit; ihre Benennung nach den 9 Musen findet sich erst im 2. Jh. n. Chr.). Besonderes Gewicht wird auf die Züge der Perser gegen Griechenland gelegt; für die → Perserkriege ist H. unsere Hauptquelle. In behaglicher epischer Breite, mit novellistischer Ausschmückung und Auflösung der Handlung in Szenen mit Rede und Gegenrede wird der Stoff vorgelegt. Eine innere Einheit des vielseitigen Werkes rührt von der Überzeugung H.s her, der Ablauf der Geschehnisse werde schicksalhaft bestimmt, gelegentlich auch durch Schuld und Sühne moralisch bedingt; in diesem Sinne sind die berühmten Geschichten von → Kroisos und → Polykrates zu verstehen. Die Götter wachen darüber, daß die Menschen das richtige Maß einhalten, und wie Kroisos bestraft wird, weil er sich für den glücklichsten Menschen hielt, so dulden die Götter auch nicht, daß Xerxes über Asien und Europa zugleich herrscht; → Hybris ruft die → Nemesis hervor; „aus der zentralen Bedeutung des Maßes geht auch die Vorstellung von dem notwendigen Ausgleich der Dinge und Schicksale hervor, die zu den dominierenden Ideen des Werkes gehört" (Lesky). H. sucht die historische Wahrheit zu ermitteln, wodurch er im eigentlichen Sinne zum ersten Historiker geworden ist; er wollte aber nicht nur diese geben, sondern auch unterhalten. Durch diese Lebendigkeit ist er unsterblich geworden und hat trotz früh einsetzender Kritik (→ Thukydides; Athoskanal) immer viele Freunde (vgl. Dionys v. Halikarnassos, *de imit.* 207) und Nachahmer gefunden. Daneben ist sein Werk auch eine fast unergründliche Fundquelle für Dramen, Novellen und Balladen gewesen (Gyges, Arion, Polykrates u. a.). Doppelherme mit Thukydides, 4. Jh. v. Chr., Nat.-Mus. Neapel.

W: Hg. C. Hude, Oxf. II, ^{3}1927; Hg. u. franz. Ph. E. Legrand, Paris XI, 1932ff.; hg. u. d. J. Feix, ^{4}1988. – *Ü:* A. Horneffer, ^{4}1971; W. Marg, II 1973–83.

L: H. Bischoff, D. Warner bei H., 1932; J. L. Mÿres, *Herodotus, Father of History,* Oxf. 1953; K. A. Riemann, D. herodot. Gesch.-werk in d. Antike, 1967; H. Bornitz, H.-Studien, 1968; W. Aly, Volksmärchen, Sage u. Novelle bei H., ^{2}1969; J. A. Wilson, *H. in Egypt,* Leiden 1970; H. Drexler, H.-Studien, 1972; M. Pohlenz, ^{3}1973; W. Marg (Hg.), ^{3}1982; W. Nicolai, Vers. über H.s Gesch.philosophie, 1986; D. Müller, Topograph. Bildkommentar zu H., 1987.

Heroenkult → Heros.

Heron von Alexandreia, Direktor einer Schule für Mechaniker und Feldmesser in Alexandreia, wohl im 1. Jh. n. Chr. (unsicher), schrieb zahlreiche Werke, die uns manches von den Erfindungen der hellenist. Technik bewahrt haben, z. B. über ein Visierinstrument (eine Art Theodolit), Bau von Automaten(theatern), Geschützbau, auch über Krane, Hebel, Winden, Flaschenzüge. H. baute eine Art von Dampfmaschine, mit der er Figuren in Bewegung versetzte, außerdem eine Reihe anderer Automaten; auch hierüber verfaßte H. Schriften, deren Überlieferung teilweise lückenhaft oder unsicher ist (gr., lat. u. arab. Ausgaben). Die zum Teil sehr spielerischen Pläne fanden noch Beachtung, als man im 17. Jh. die ersten Versuche mit Dampfkraft unternahm.

W: Hg. W. Schmidt, L. Nix, H. Schöne, J. L. Heiberg, 1899–1914, neu 1976 (mit *Ü*).

L: H. Diels, Antike Technik, ^{3}1924, neu 1965; A. G. Drachmann, Ktesibios, Philon u. Heron, 1948.

Herondas oder Herodas von der dorischen Insel Kos, lebte um 250 v. Chr. Nach dem Vorbild des → Hipponax schilderte er in poetischer Form (in → Hinkiamben) Momentbilder aus dem täglichen Leben mit naturalistischer Wahrheit. Seine Werke *Mimiamben,* d. h. in Iamben geschriebene Mimoi (→ Mimos), waren verloren, bis 1891 einige Stücke auf Papyrus entdeckt wurden. Es sind kurze Szenen in Dialogform: die verführerischen Reden einer Kupplerin, die Bestrafung eines ungezogenen Jungen durch seinen Lehrer, die Heimlichkeiten zwischen Freundinnen usw. Die Stücke waren offenbar zum Lesen oder für den Vortrag eines Solosprechers bestimmt. → Sophron.

W: Hg. O. Crusius, R. Herzog, ^{2}1926, neu 1967. – *Ü:* O. Crusius, 1893.

L: A. Körte, P. Händel, Hellenist. Dichtung, ^{2}1960.

Herophilos von Chalkedon, gr. Arzt um 300 v. Chr., wurde der Begründer der wissenschaftlichen Anatomie, die er am Museion in Alexandreia ausüben konnte; er erkannte schon die zentrale Bedeutung des Gehirns und beschrieb die Lage und Funktionen der inneren Organe und des Nervensystems. Seine zahlreichen Anhänger nannten sich Herophileer. → Heilkunde.

W: Hg. K. F. H. Marx, 1838.

Heros, gr. Held; Halbgott, a) Sohn eines göttlichen Vaters und einer sterblichen Mutter oder umgekehrt, wie Herakles; b) ein „heroisierter" Toter, ein Mensch, der nach dem Tode als Wesen höherer Art, aber noch nicht als wirklicher Gott betrachtet wurde; c) Menschen wie Lysandros, dem man schon bei Lebzeiten (→ Vergottung) wie einem Gotte Spiele weihte und Choräle (→ Paian) sang. Die Zahl der Heroen war praktisch unbegrenzt, jede Stadt und Gemeinde feierte ihren Gründer als H. oder erfand sich notfalls einen solchen. Die Heroen spielten im Volksglauben die Rollen von Nothelfern und Schutzpatronen; ihre Verehrung war oft an ein Grab gebunden (Reliquienkult), die Grabkapelle hieß Heroon. – → Manes.

L: F. Pfister, D. Reliquienkult im Altert., 1909–12; K. Kerényi, D. Heroen d. Gr., 1958; O. Stumpfe, Die Heroen Griechenlands, 1986.

Herostratos zündete den (alten) Artemistempel in → Ephesos an, um berühmt zu werden; sein Name wird bis heute genannt. Ähnliche Fälle auch in der Gegenwart: „Herostratentum".

Forschungen in Ephesos, Wien I 1906.

Hero und Leander (gr. *Hero, Leandros*). L., aus Abydos am Hellespont, verliebte sich in die Aphroditepriesterin H. in dem am gegenüberliegenden Ufer des Hellesponts gelegenen Sestos und schwamm jede Nacht zum Besuche der Geliebten über das Meer; eine von dieser auf einem Turm ausgestellte Leuchte zeigte ihm den Weg. Bei einem Sturm, in dem die Leuchte erlosch, ertrank L.; H. stürzte sich von dem Turm, um im Tode mit ihm vereint zu sein. Im Altertum oft literarisch behandelt und oft bildlich dargestellt; am bekanntesten ist → Musaios' Gedicht, das in vielen Sprachen zahlreiche Übersetzungen und Bearbeitungen nach sich zog, u. a. Schillers Ballade; Grillparzers Drama *Des Meeres und der Liebe Wellen.*

L: G. Schott, Hero u. Leander bei Musaios u. Ovid, 1957; H. Färber, H. u. L., Musaios . . . , 1961.

Herrscherkult → Vergottung.

Hesiodos, der erste gr. und damit abendländische Dichter, der für uns als Persönlichkeit faßbar ist, aus einer Familie, die aus der aiolischen Stadt Kyme stammte, geb. in Askra in Boiotien, wo sein Vater einfacher Bauer war, um 700 v. Chr., wurde von seinem Bruder Perses, der die adligen Richter bestach, um das Erbe betrogen. Als Kind schon hatten ihn die Musen des Helikon beim Weiden der Schafe zum Dichter berufen (*theogon.* 22 ff.). Seine Hauptdichtungen, nach dem Vorbild der hom. Epen in epischem Versmaß (daktylischen → Hexametern) und auch in hom. Sprache sind a) *Werke und Tage.* Der Titel erklärt sich aus dem Inhalt; das Gedicht enthält eine Anweisung zur Verrichtung von ländlichen Arbeiten und im Anhang dazu, der aber wohl nicht von H. stammt, einen Arbeitskalender. In der Schilderung der 5 Weltalter, von denen das 1. das goldene, glückliche war, während das jetzige, das eiserne, voller Mühsal und Last ist, zeigt sich deutlich die pessimistische Weltanschauung H.s. Er gehört zu den Mühseligen u. Beladenen, die unter dem Übermut der Mächtigen zu leiden haben (Fabel vom Habicht und der Nachtigall). Anständige Arbeit ist die Hauptaufgabe der Menschen. Diese Ansichten kontrastieren scharf mit der Welt Homers, und H. trug mit ihrer Darlegung ein subjektives Moment in das Epos, das dem homerischen Epos völlig fehlt. → auch Lehrgedicht. – b) die *Theogonie* (gr. *theogonia,* d. h. „Entstehung der Götter"), ein für unsere Kenntnis der sog. homerischen Religion (→ Religionen im Altert.) sehr wichtiges Werk. In ihm sind alte mythische Vorstellungen vom mehrfachen gewaltsamen Wechsel der Weltherrschaft unter verschiedenen Göttergenerationen, die ihre Entsprechung und vielleicht auch ihren Ursprung im Orient (Syrien; Hethiterreich) schon im 2. Jahrt. haben, mit wohl von H. stammenden genealogischen Spekulationen, in denen er die Vielzahl der göttlichen Wesen der gr. Religion in eine Ordnung zu bringen suchte, verschmolzen. – Andere Werke wurden H. zu Unrecht zugeschrieben, z. B. der *Frauenkatalog,* ein Katalog von Heroinen; auch der *Schild des Herakles,* in Abhängigkeit von H. und in Nachahmung Homers (Schildbeschreibung: *Ilias* 18, 478 ff.) geschaffen, ist ihm zweifellos zu Unrecht zugeschrieben worden. – Der *Wettstreit zwischen Homer und H.,* der die Gleichzeitigkeit beider Dichter voraussetzt, ist aber wohl ein Werk vielleicht schon der klass. Zeit mit späteren Zusätzen.

W: Hg. A. Rzach, [3]1913, neu 1992; hg. u. d. A. v. Schirnding, 1991; *Erga* hg. u. komm. U. v. Wilamowitz, [3]1962; *Theogonia,* hg. u. komm. F. Jacoby, 1930. – *Ü:* Th. v. Scheffer, [2]1965; W. Marg, [2]1984.

L: F. Schwenn, D. Theog. d. H., 1934; F. Solmsen, *H. and Aischylos,* N. Y. 1949; F. Dornseiff, Antike u. alter Orient, 1956; H. Diller, D. dichter. Form von H.s *Erga,* 1962; W. Nicolai, H.s Erga, 1964; H. Troxler, Sprache u. Wortschatz H.s, 1964; H. (WdF), hg. E. Heitsch, 1966; J. Blusch, Formen u. Inhalt von H.s individuellem Denken, 1970.

Hesperiden, die vier Töchter des Atlas; sie pflegten im Garten der Götter, im äußersten Westen, den Wunderbaum mit den goldenen Äpfeln, von denen → Herakles drei holen sollte (Hesiod, *Theog.* 215 ff.).

Hestia (gr., lat. *Vesta*), die Göttin des Herdfeuers; seit alters wurde der Herd des Hauses ebenso heilig gehalten wie der Altar. Am Herd fand der Fremde und Schutzflehende den gleichen Schutz wie im Tempel; vor jeder Mahlzeit opferte man auf dem Herd. H., eine der 12 olympischen Gottheiten, blieb im Bewußtsein der Griechen immer eng mit Herd und Herdfeuer verbunden, ohne je völlig personifiziert zu werden. → Vesta.

Hesychios v. Alexandreia, wohl 5. Jh. nach Chr., Verfasser eines Lexikons, das trotz der Spuren zahlreicher Bearbeitungen für d. gr. Dialektforschung nützliche Dienste leistet.

Hg. M. Schmidt, IV 1858–68; K. Latte (teilweise) Kopenh. 1953–66.

Hetären (gr. = Gefährtinnen), euphemistische Bezeichnung gefälliger Mädchen, die nicht immer einfache Straßenmädchen waren, sondern z. T. hochgebildet; sie beherrschten alle möglichen Kunststücke, aber auch Musik, Literatur, Kunst u. Philosophie, während die gr. Ehefrauen (→ Frau) weniger gebildet waren. Die gr. Männer fanden bei den H. die geistige Anregung, die ihnen in der Familie fehlte. Das gr. Leben ist ohne H. nicht zu denken; Verkehr mit ihnen galt nicht als gesellschaftlich anstößig. Die berühmtesten H. waren → Aspasia; Glykera oder Glykerion („Süßchen"), Geliebte des Dichters Menandros (der Briefwechsel beider ist nicht echt, sondern antike Fiktion, Wieland, *M. und Gl.*), Lais v. Korinth, Freundin des Diogenes; Phryne, wegen ihrer hohen Schönheit von Praxiteles dargestellt; sie wurde wegen Religionsfrevels verklagt und in einer berühmten, noch Jahrhunderte später auch ins Lat. übersetzten Rede von Hypereides verteidigt, der am Schluß der Rede die Brust seiner Klientin entblößt haben soll, um die Richter zu gewinnen. → Alkiphron.

Hethiter. Dieses indoeurop. Volk hat zur Zeit seiner Machthöhe im 14. Jh. v. Chr. den größten Teil Kleinasiens (ohne den westl. Küstenstreifen) bis zum Euphrat beherrscht. Aus Keilschrifttexten, die in der heth. Hauptstadt Hattusa (heute Boghazköy) gefunden worden sind, hören wir von polit. u. militär. Verbindungen zu einem Nachbarland Ahhijawa, worunter man möglicherweise die → Achaier zu verstehen hat; die Könige beider Länder korrespondierten miteinander; diese Verbindung ist ein weiteres Hilfsmittel, „die mykenische Kultur ins Gesamtbild der zeitgenössischen Kulturen einzuordnen u. uns ein gewisses Bild von den Berührungen zwischen Griechentum u. Vorderem Orient zu machen" (Webster). Es können vielfältige Beziehungen und Parallelen nachgewiesen werden zur gr. Welt in der Gesellschaftsstruktur, dem Militärwesen, der bildenden Kunst, in der Abfassung von Urkunden u. Verzeichnissen. – Die Vernichtung des heth. Großreiches durch die → Seevölker fällt etwa zusammen mit der Zerstörung des homerischen Troia (→ Zeittafel S. 832).

F. Sommer, H. u. Hethitisch, 1947; M. Riemenschneider, D. Welt d. H., 51961; E. Akurgal, M. Hirmer, D. Kunst d. H., 1961; K. Bittel, Kunst u. Kultur der H., 1961; ders., *Hattusha,* 1983; C. W. Ceram, Enge Schlucht u. schwarzer Berg, 1966; C. Friedrich, Gesch. d. H., 31979; F. Cornelius, Gesch. d. H., 41990; P. Neve, Hattusa, 1993.

heureka (gr.) „ich habe (es) gefunden", soll → Archimedes gerufen haben, als er im Bad das hydrostatische Grundgesetz fand, nach dem ein in eine Flüssigkeit getauchter Körper so viel von seinem Gewicht verliert, wie das Gewicht der von ihm verdrängten Flüssigkeitsmenge beträgt; mit dem Rufe *h.! h.!* soll er splitternackt nach Hause gelaufen sein (Vitruv IX *Vorwort* 9/12; → Professorenwitze).

Hexameter, gr. *hexametros* (von *hex* = sechs, *metron* = Maß), der „sechsfüßige (Vers)"; der bekannteste gr. Vers. Ein H. ist an sich ein Vers aus 6 beliebigen Füßen (→ Metrik); doch wird das

Wort selten so gebraucht; meist ein Vers aus – ⏑ ⏑, Daktylen *(→ daktylos),* und zwar in der Theorie aus 6, in der Praxis aus 5¾ D. Eine beständige Wiederholung von je 6 Daktylen hätte ein eintöniges Geklapper ergeben. Durch Ersatz von ⏑ ⏑ durch – (der eintreten kann, aber nicht muß), ferner durch Verkürzung und gegebenenfalls Umformung des letzten – ⏑ ⏑ (die sog. Katalexis und *syllaba anceps*; → Versbau) gestaltete man aber den Vers in reicher Abwechslungsmöglichkeit, die durch verschiedenartige Caesuren (→ ebenfalls Versbau) noch erhöht wird. So kunstvoll ausgebildet liegt der dakt. H. schon bei Homer (→ Epos) fertig vor; er muß eine lange, uns nicht mehr nachweisbare Vorgeschichte gehabt haben und stammt nach Meinung mancher Gelehrter aus dem 2. Jahrt. v. Chr. – Voß' *Luise* und Homerübersetzung, Goethes *Hermann und Dorothea* zeigen, wie geeignet der d. H. auch für deutsche Dichtung ist:

Hurtig mit Donnergepolter entrollte der tückische Marmor.
(Homer, *Odyssee* XI 598. Übers. von Voß.)

Ein anderer bekannter H. ist:

quamvis sint sub aqua, sub aqua maledicere temptant (Ovid, *Metamorphosen* VI 376)
(unter dem Wasser versteckt, auch versteckt noch schimpfen sie kecklich; Übers. von Voss).

Dakt. Pentameter → P.; Distichon; Homer. Frage.

hiatus (lat.), das Aufeinandertreffen zweier Vokale am Ende des einen und am Anfang des folgenden Wortes: hab**e** **i**ch. Im Griechischen galt der H. in der Dichtung als fehlerhaft (→ Digamma); auch in der Prosa wurde er oft vermieden, ebenso in der Schrift. Im Latein. schrieb man den H.: *tu amas,* zählte aber in Versen *tu am-* als eine Silbe; gesprochen wurde jedoch nicht einsilbig *t'am-,* sondern der erste Vokal ist leise hörbar: *t*ᵘ *amas*. Das Deutsche verschleift die Vokale beim Sprechen (hab' ich), nimmt aber am H., auch im Vers, keinen direkten Anstoß.

Hibernia (gr. *Ierne*), Irland. Gr. Seefahrern schon Ende des 6. Jhs. bekannt. Von → Pytheas umsegelt. → Eratosthenes und → Ptolemaios hatten ziemlich genaue Kenntnisse von der Lage der Insel und ihren Bewohnern. Von der röm. Besetzung blieb H. unberührt. Im 4. Jh. von England aus christianisiert. In den zahlreichen Klöstern der von der Völkerwanderung verschonten Insel wurde das Studium der ant. Literatur gepflegt. Irische Missionare (Columban, Gallus) brachten die Kenntnis der alten Sprache und ihrer Literatur wieder auf das europäische Festland, wo durch den Zusammenbruch der röm. Verwaltung in den Stürmen der Völkerwanderungszeit die klassischen Studien in Gefahr waren, in Vergessenheit zu geraten.

Hiberus, Ebro, größter Fluß im nördl. Spanien.

hic Rhodus, hic salta, „hier ist Rhodos, hier springe", d. h. was du anderswo getan hast, mußt du auch hier tun können, wenn man dir glauben soll; geht auf eine Erzählung des → Aisopos zurück, nach der ein weitgereister Renommist sich mit allerhand Heldentaten brüstete, die er in der

Ferne ausgeführt haben wollte; so habe er auf der Insel Rh. einen Sprung getan, den ihm keiner nachgemacht. Darauf erfolgte jene Aufforderung, die in ihrer lat. Umgestaltung sprichwörtlich geworden ist.

Hierapolis, Stadt in Phrygien (Kleinasien) mit einem Teich, auf dessen Grunde eine kohlensäurehaltige, 33°C warme Quelle entspringt, einst ein überaus glänzend ausgestatteter Kurort, heute mit stattlichen Ruinen. – Vaterstadt → Epiktets; im Altertum starke Judengemeinde, daher auch frühes Christentum (*Kolosser* 4, 13); hier starb der Apostel Philippus. Heute: Pamukkale. → Reisen.

C. Humann, Altertümer von H., 1898.

Hierodulen, „heilige Sklaven, -innen", die Skl. der Tempel, die diese reinigten, beim Opfer halfen usw. (der Name erst seit hellenist. Zeit nachzuweisen); in den Heiligtümern der → Aphrodite, speziell in Korinth, die weiblichen H. käufliche Dirnen.

Hieroglyphen, (gr.), die „heiligen, (in den Stein) eingeschnittenen Schriftzeichen" der Ägypter; → Buchstabenschrift.

Hieron, Bruder → Gelons, des Tyrannen von Gela, der seit 485 auch in Syrakus herrschte, folgte diesem in der Tyrannis (478–467 v. Chr.) und besiegte bei Kyme 474 die vordringenden Etrusker. Seine Regierung war sehr glänzend; er versammelte die berühmtesten Dichter seiner Zeit, Simonides, Aischylos, Pindar und Bakchylides, um sich. Berühmt sind die Lieder Pindars auf seine Siege in Olympia. Zur Einweihung der von H. gegründeten Kolonie Aitnai dichtete Aischylos ein Festspiel.

Hieron II. von Syrakus hatte sich als Offizier im Kriege gegen die Karthager ausgezeichnet, wurde Stratege und später Herrscher in Syrakus (269–214). Mit einem durch Söldner verstärkten Heer besiegte er die → Mamertiner. Im 1. punischen Krieg (264–241) trat er zu den Römern über, so daß ihm im Frieden von 241 die Selbständigkeit und Neutralität seines Reiches garantiert wurde. Auch im 2. punischen Krieg blieb er den Römern treu. Erst nach seinem Tod 215 fielen die Syrakusaner von diesen ab (eine Folge der Schlacht von Cannae). Unter seiner Herrschaft machte er Sizilien zur Kornkammer der damaligen Welt. – → Garten.

A. von Stauffenberg, H. II., 1933; H. Berve, König H. II., 1959.

Hieronymos v. Kardia, 4./3. Jh. vor Chr., Historiker der Diadochen. In den Diensten des Eumenes v. Kardia, dann des Antigonos Gonatas und des Demetrios Poliorketes. Sein Werk, die wichtigste Quelle für Arrian und Plutarch, ist leider verloren; es handelte sich um eine Diadochen-Geschichte, die anscheinend mit großer Sachkenntnis abgefaßt war.

W: FGr H.

Hieronymus aus Dalmatien, einer der gelehrtesten → Kirchenväter (ca. 348–420 n. Chr.), Schüler des Aelius Donatus. Lebte zeitweise in Trier, später in Antiochia, dann (382–385) in Rom, wo Papst Damasus ihn mit der Revision der lat. Übersetzungen der Bibel beauftragte (*Vulgata*). 386 wieder im Osten, gründete Klöster in der Nähe Bethlehems. Aus seiner umfangreichen wissenschaftlichen Schriftstellerei, die Bibelkommentare, theologische Schriften, Predigten u. a. umfaßte, ist vor allem seine Übersetzung der Chronik des Eusebios, die er erweiterte, zu nennen: Mit deren Fortsetzung bis zum Jahre 378 lieferte H. der Nachwelt ein nahezu unentbehrliches chronolog. Gerüst, das er durch ein Spezialwerk zur christl. Literaturgeschichte noch ergänzte.

W: Chronik, hg. R. Helm, 1956; A. Schoene, II ²1966.
Ü: L. Schade, III 1914–37.
L: G. Grützmacher, H., 1901 ff.; A. Penna, *S. Girolamo,* Turin 1949; H. Steinmann, H., 1961; R. Eiswirth, H.s Stellung zu Lit. u. Kunst, ²1964.

Hilarius v. Poitiers (gest. 367), einer der lateinischen → Kirchenväter.

Hildesheimer Silberfund, → Silberfunde; Vasen.

himation, ein Mantel, genauer eigentlich nur ein Umschlagtuch; → Kleidung.

hinc illae lacrumae (= lacrimae), „daher jene Tränen", Terenz, *Andria* 126; wurde schon bei den Römern (Cicero, *pro Caelio* 25, 61; Horaz, *Episteln* I 19, 41) sprichwörtlich zur Bezeichnung einer überraschenden Aufklärung über den Grund sonderbaren Verhaltens.

Hinkiambus (gr. *choliambos,* nicht mit *choriambus* zu verwechseln; gr. *cholos = hinkend*) ist ein sechsfüßiger iambischer (→ Iambus) Vers, in dem statt des sechsten, iambischen Fußes ◡ – ein → Trochaeus – ◡ steht. Da das so widersinnig ist, erschrickt man an jedem Versende, und das ist die Absicht der H.; sie sollen auffallen (→ Hipponax) und anders sein als andere Iamben:

Der Choliambe scheint ein Vers für Kunstrichter,
die immerfort voll Naseweisheit mitsprechen
und eins nur wissen sollten: daß sie nichts wissen.
Wo die Kritik hinkt, muß ja auch der Vers lahm sein.
(A. W. v. Schlegel, 1803).

Hipparchos v. Nikaia in Bithynien, berühmter gr. Astronom (ca. 160–127 v. Chr. Geb.), lehrte in Rhodos u. war bekannt durch Schriften ebenso wie durch Erfindungen. Mit erheblich verbesserten Beobachtungsmethoden errechnete er die Entfernungen Erde – Sonne u. Erde – Mond; er entdeckte die Präzession u. veröffentlichte neben einem Himmelsglobus einen Katalog der Fixsterne, deren Zahl wahrscheinlich über 800 betrug. → Astronomie.

W: Hg. C. Manitius, 1894 (mit *Ü*).

Hipparchos, der zweite von den drei Söhnen des Peisistratos, war nach Aristoteles' Schrift *Staat der Athener* „zu fröhlichem Lebensgenuß aufgelegt, verliebter Natur und ein Freund der Poesie; er berief Anakreon, Simonides und die anderen Dichter nach Athen". 514 v. Chr. wurde er ermordet (→ Harmodios).

Hippias, nach Aristoteles' Schrift *Staat der Athener* der politisch interessierte unter den Söhnen des Peisistratos, der daher die Regierung führte. Nach der Ermordung des → Hipparchos schloß er sich mißtrauisch in die Burg von Athen ein. 510 v. Chr. wurde er vom Adel mit spartanischer Hilfe vertrieben, lebte als persischer Vasall in Sigeion und versuchte in den Perserkriegen mit persischer Hilfe zurückzukehren. Er starb 490 nach der Schlacht bei Marathon auf der Rückkehr nach Asien.

Hippias aus Elis, berühmter Sophist aus der Zeit des Sokrates, der sich auf sein fabelhaftes Gedächtnis und seine Vielseitigkeit viel zugute tat. Er verlangte die Unabhängigkeit des Menschen von seiner Umgebung und hatte daher seine gesamte Kleidung selbst gefertigt. Gegen Entgelt hielt er Prunkreden und Lehrvorträge. Er betätigte sich auf allen Wissensgebieten seiner Zeit ebenso wie in der Dichtung. Seine *Liste der olympischen Sieger* bildete die Grundlage der gr. Chronologie (→ Jahreszählung). Platon hat zwei seiner Dialoge nach ihm benannt, die man als *Großen H.* und *Kleinen H.* scheidet; im Gr. H. verspottet er die Aufgeblasenheit des H. Der Sophist scheint in seinen Lehren gewisse Grundzüge des → Naturrechts entwickelt zu haben.
W: FdV, II.
L: O. Apelt, 1891.

Hippodamos von Milet, um 475–400 v. Chr., erfolgreicher Stadtbaumeister. → Stadtanlagen.

Hippodrom, griech. wörtlich „Pferdelauf“, Bau für Pf.-Rennen und Wettfahrten (→ Circus; Rennen). Am bekanntesten der H. in Konstantinopel, 203–330 mit unerhörter Pracht erbaut, mit 80000 Sitzplätzen aus Marmor, reich skulpiert und mit den berühmtesten Kunstwerken geschmückt, die man aus aller Welt zusammengeholt hatte. Erhalten: 20 m hohe Unterbauten; die → Schlangensäule, aber ohne den goldenen Dreifuß; ein → Obelisk von etwa 1500 v. Chr.; ein andrer, aus unbestimmter Zeit, einst vergoldet; ferner in Venedig die dorthin 1204 entführten vier bronzenen Pferde über dem Portal von San Marco (→ Quadriga). Im H. in Konstantinopel tobten über 1000 Jahre lang die heftigsten Kämpfe der zwei Rennfahrerparteien, der „Grünen“ und „Blauen“. Mit welch wilder Leidenschaft man sie verfolgte, zeigt der Nikaaufstand 532 n. Chr., bei dem sich die Grünen und Blauen mit Waffen bekämpften und ein großer Teil Konstantinopels, darunter die alte Sophienkirche, abbrannte.
A. Cameron, *Circus factions,* Oxf. 1976.

Hippokampen, von gr. *hippos* = Pferd, *kampe* = Raupe; Pferde, deren Hinterleib in einen raupenförmig geringelten Fischkörper und -schwanz ausgeht. Sie und ähnliche Fabelwesen repräsentierten das Meer und das Wasser überhaupt und wurden überall dargestellt, wo es sich um Wasser handelt, namentlich in Fußbodenmosaiks der Bäder. Sie finden sich schon in archaischer Kunst und werden vom Hellenismus an sehr häufig. Die H. wurden von der modernen Kunst übernommen.

Hippokrates v. Kos, der bekannteste Arzt des Altertums, lebte etwa 460–370 v. Chr. und war das Haupt der Ärzteschule auf der Insel Kos. Kennzeichen dieser Schule u. ihrer Lehre war die genaue Beobachtung eines Falles, die Niederschrift der Symptome u. die Betonung der Prognostik, ferner die angestrebte Gesamterklärung eines Falles auf der Annahme, der menschliche

Körper stehe als Gesamtorganismus in einer Wechselbeziehung zu seiner Umwelt. Jedoch besteht weder über H.' Schriften noch über seine Lehre hinreichende Klarheit, obwohl rund 130 Schriften unter dem Namen H. erhalten sind; etwa 58 Werke bilden das sog. *corpus Hippocraticum,* dessen Grundstock H.' eigene Werke und die Schulbibliothek von Kos bildeten, doch enthält das *corpus* Schriften aus insgesamt 5 Jahrhunderten. Zu den ältesten Bestandteilen gehören die Krankenberichte *(Epidemien)* und die Schriften über die Prognostik, ferner pathologische u. chirurgische Schriften. In das Zentrum der „hippokrat. Medizin" führt die Schrift über die Umwelt (genau: *Über Winde, Wasser und Örtlichkeiten*), die viele auf Reisen gesammelte Beobachtungen enthält; diese legen den Schluß nahe, daß der Mensch in gewisser Hinsicht das Produkt seiner Umwelt sei. Zu diesem Themenkreis gehören Werke über die Epilepsie und über Diät. Inwieweit H. der Lehre von den Säften des Körpers anhing (sog. Humoralpathologie), ist nicht mehr ersichtlich; diese Theorie wird in einer Schrift *Von der Natur des Menschen* vertreten, die von H.' Schwiegersohn Polybos stammen soll. Viele weitere Bücher (chirurgische, therapeutische, diätetische, prognostische) sind mit den vorher genannten u. weiteren Schriften in alexandrinischer Zeit zu einem *corpus* vereinigt und später vielfach kommentiert und in fremde Sprachen übersetzt worden (syrische, arabische, hebräische, dann auch lat. Übersetzungen); aktuelle medizin. Bedeutung behielten diese Werke bis ins 19. Jh. (Ablösung der Humoralpathologie). Einzelne Zitate waren lange lebendig geblieben: Schiller, Motto der Räuber. – Über die Ärzte-Schule und das Berufsethos der dort ausgebildeten Ärzte gibt der sog. Eid des H. gute Auskunft. → Heilkunde.

W: Gesamtausgabe: E. Littré Paris X 1839–61, neu Amsterd. 1961–63 (mit frz. *Ü*). – Auswahl: Der Arzt im Altertum, hg. W. Müri, ^{5}1986 (mit *Ü*). – Eid: Hg. u. komm. L. Edelstein, Baltimore 1943 (mit engl. *Ü*).
Ü: R. Kapferer, G. Sticker, V 1933–40; Auswahl: W. Capelle, ^{2}1984; H. Diller, 1962. Eid: L. Edelstein, 1969.
L: W. Müri, Arzt u. Patient bei H., Bern 1936; M. Pohlenz, H., 1938; W. A. Heidel, *Hippocratic medicine,* N. Y. 1941; C. Lichtenthaeler, La *médicine Hippocratique,* Paris X 1948–60; G. Baissette, Leben u. Lehre des H., d. 1962.

Hippokratischer Eid → Heilkunde; Hippokrates.

Hippolytos war der Sohn des Theseus und der Amazone Antiope; seine Stiefmutter Phaidra verliebte sich in ihn und suchte ihn zu verführen; als H. sie entrüstet abwies, verleumdete die verzweifelte Phaidra H. bei Theseus, der ihr glaubte und Poseidon um Rache bat; H. wurde, als er am Strand entlangfuhr, vom Wagen geschleudert und zu Tode geschleift . – H. besaß einen Kult, zu dessen Feiern die Mädchen von ihrem Haar opferten. – Eine Tragödie H., die Euripides 428 v. Chr. aufführte, behandelt diese attische Sage; dort erhielt das uralte Potipharmotiv besondere Bedeutung durch die Schilderung der verzehrenden Glut unerlaubter Liebe bei der Frau. Der Stoff auch von Seneca in einer Tragödie behandelt. Auch die Neuzeit kennt zahlreiche Dramatisierungen des H.-Stoffes (Racine mit

Schillers Übersetzung, d'Annunzio u. a.).
W. Fauth, H. und Phaedra, 1959.

Hipponacteum, Versmaß, nach Hipponax genannt, von dem sich ein entsprechender Vers erhalten hat.

Hipponax aus Ephesos floh bei der Eroberung seiner Vaterstadt durch die Perser um 542 v. Chr. nach Klazomenai. Dort lebte er als Bettelpoet. Bei ihm wurde der „Lästerton" des Iambus ins Pöbelhafte gezogen. Sein Jargon ist mit phrygischen u. lydischen Barbarismen durchsetzt. Sein Vers, der Choliambus (→ Hinkiambus), sollte mehr auffallen als schön sein. H. liebte in seinen Gedichten die Parodie und den beißenden Spott. Er ist viel nachgeahmt worden, u. a. auch von → Kallimachos. Im Athen des 5. Jhs. war er populär, und der Mimos des → Herondas sah in ihm das Vorbild. Eines der von ihm verspotteten Opfer, ein Bildhauer namens Bupalos, soll verzweifelt Selbstmord begangen haben.
W: Hg. O. Masson, Paris 1962 (mit frz. *Ü*); auch ALGr.

Hippukrene. Quelle auf dem → Helikon, den Musen geheiligt; sie entstand durch den Hufschlag des → Pegasos.

Hirtendichtung → Bukolische Poesie.

Hirtius. Aulus H., aus plebeisch. Geschlecht, Freund Ciceros und Caesars, der ihn zu vertraulichen Missionen verwendete; er vollendete dessen *Gallischen Krieg* durch Hinzufügung des VIII. Buches u. schloß damit die Lücke zwischen *bellum Gallicum* u. *bellum civile.* Als Consul zog er 43 v. Chr. mit seinem Collegen Pansa und dem Propraetor Octavian gegen Antonius. In der zweiten Schlacht bei Mutina siegte er, fiel aber, und Pansa starb einige Tage darauf an seinen Wunden, so daß Octavian Herr des siegreichen Heeres wurde.
O. Seel, H. (Klio, Beiheft 35), 1935, neu 1963.

Hispania, Spanien, griech. *Iberia* nach den → Iberern, der Urbevölkerung des Landes. Phoinikische Händler und Seefahrer gründeten in dem an Silber und Zinn reichen Land schon am Ende des 2. Jahrts. eine Handelsniederlassung (Gades) am Guadalquivir. Die Griechen von → Phokaia folgten im 7. Jh. mit der Gründung von Mainake (nahe Malaga), das aber unter dem wachsenden Einfluß Karthagos verlorenging. Den Griechen blieb der Hafen *Emporion* im Nordosten (heute Ampurias). Die Karthager gründeten die Kolonie *Carthago Nova* (Cartagena), die das Zentrum des unter ihrer Botmäßigkeit stehenden Gebietes wurde. Nicht unter karthagischer Herrschaft standen die Keltiberer (eine Mischbevölkerung aus Kelten und Iberern) nördlich des Tajo. Römer und Karthager bestimmten vertraglich den Ebro im J. 226 v. Chr. als Grenze ihrer Einflußsphären. Die Eroberung von Saguntum und die Überquerung des Ebro durch Hannibal löste den 2. Punischen Krieg aus, der mit dem Verlust aller spanischen Besitzungen für Karthago endete. Rom errichtete in H. zwei Provinzen: *H. citerior* im Norden mit der Hauptstadt *Carthago Nova* und *H. ulterior* im Süden mit *Corduba* als Hauptstadt. Die Unterwerfung der Keltiberer gelang endgültig erst → Scipio d. J. durch die Eroberung Numantias im J. 133. Noch → Sertorius nutzte den Freiheitswillen von Keltiberern und Lusitaniern (im heutigen Portugal). Augustus reorganisierte die Verwaltung und schuf aus der bisherigen Provinz *H. ulterior* die Provinzen *Lusitania* und *Baetica*. Die Kaiser seit Augustus erschlossen das Land durch Straßenbau und Städtegründungen. H., vor allem die Provinz *Baetica,* wurde völlig romanisiert. Die Kaiser → Traian, → Hadrian und → Theodosius I. stammten aus Spanien; ebenso eine Reihe bedeutender Männer der Literatur bis in die christliche Spätantike hinein: → Hyginus, → Seneca, → Lucanus, → Quintilianus, → Martialis. – 409 überfluteten die → Vandalen das Land, 415 gründeten die West- → Goten in H. ein Reich, das 712 den Arabern zum Opfer fiel. – Wie gründlich das Land von röm. Kultur durchdrungen wurde, lehrt noch heute seine Sprache, die von den romanischen Sprachen dem Latein in vieler Hinsicht am nächsten steht.

Fontes Hispaniae Antiquae, hg. A. Schulten u. a., IX 1925ff.; C. H. V. Sutherland, *The Romans in Spain,* Lond. 1939; A. Schulten, Iber. Landeskunde, II 1935–57; Madrider Forschungen, hg. Dt. Arch. Inst. XV 1956–83; J. Wiseman, *Roman Spain,* Lond. 1956; H. Simon, Roms Kriege in Spanien 154–133 v. Chr., 1962; J. M. Roldan Hervas, *Hispania . . .,* Salamanca 1974; H. Sichtermann, Funde in Spanien, 1977.

Histiaios von Milet, unter Dareios Tyrann seiner Vaterstadt, zeichnete sich 514 v. Chr. auf dem Zuge des Dareios gegen die Skythen durch den Ratschlag aus, die Brücke über die Donau nicht abzubrechen. Als er sich des Aufruhrs verdächtig machte, wurde er nach Susa berufen. Von dort aus entfachte er den ionischen Aufstand gegen die Perser (→ Ioner). 493 wurde er von den Persern hingerichtet.

Historia Augusta (oder richtiger: *Scriptores Historiae Augustae,* also die Schriftsteller der „Kaisergeschichte“), Titel einer Sammlung von 30 lat. Biographien röm. Kaiser und Gegenkaiser von Hadrian bis Numerian, also die Jahre 117 bis 284 umfassend, aber unvollständig erhalten; vielleicht schloß sich diese Sammlung an die Biographien des → Sueton an, jedenfalls aber sind die Lebensbeschreibungen nach dessen Vorbild gearbeitet, doch enthalten sie vielfach Anekdoten, Wundergeschichten und sogar Hofklatsch. Obwohl die Verfasser namentlich genannt werden, hat sich die Sammlung doch als das Werk eines Fälschers aus dem 4. Jh. n. Chr. erwiesen; es besitzt einen begrenzten historischen Quellenwert, läßt aber dafür Tendenzen „heidnischer“ Geschichtsschreibung gut erkennen.

W: Hg. E. Hohl, W. Seyfarth, II $^{3-5}$1971; D. Magie, Lond. II ^{3}1960/61 (mit engl. Ü). – *Ü:* E. Hohl, J. Straub, II 1976–85.
L: J. Straub, Heidnische Geschichtsapologetik . . . (Antiquitas 4), 1963.

Historie, gr. *historie,* lat. *historia,* ein ionisches Wort, bedeutet eigentlich Ausforschung und gehört mit → *theorie,* dem Schauen, zusammen (vgl. *histor* = Augenzeuge) bei → Herodot zu den Grundlagen der Geschichtsforschung. Die beiden Eigenschaften: Sehen und Ausfragen, kennzeichnen so recht den beweglichen Geist der → Ioner des 7.

und 6. Jhs. v. Chr., die zu Lande nach den Kulturländern Asiens, zur See nach Ägypten und dem Norden gingen und alles auskundschafteten, was ihnen nützlich sein konnte. Was sie erforscht hatten, erzählten sie zu Hause den staunenden Mitbürgern. Aus schriftlichen Aufzeichnungen solcher Art, die Geographisches u. Historisches noch nicht trennten, entstand die → Geschichtsschreibung (→ Logographen); deswegen bedeutet dann lat. *historia* „Geschichte".

Hochzeit → Brautstand; Ehe; Schleier. Wenn man die Braut aus dem Elternhaus ins neue Heim geleitete oder beim Hochzeitsmahl versammelt war, stimmte man den → *Hymenaios* an, ein Lied, in dessen Refrain der Hochzeitsgott Hymen angerufen wurde; am Abend sang ein Chor von jungen Männern u. jungen Mädchen zu Ehren der Neuvermählten vorm Brautgemach (griech. *thalamos*), das *Epithalamion.* Diese Dichtungsgattung hat besonders Sappho gepflegt, von deren Epithalamien noch Reste erhalten sind; vollständige H.-Lieder besitzen wir von Theokrit (18. *Idyll*), von Catull (Nr. 61, 62), der sie wohl denen Sapphos nachgebildet hat, und aus der röm. Kaiserzeit.

Hockey. In Athen wurde eine Darstellung von H.-Spielern gefunden (einst Schmuck eines vornehmen Grabes, aus dem 6. Jh. v. Chr.; jetzt in Athen, Nationalmuseum).

hoc volo, sic iubeo, sit pro ratione voluntas, „das will ich, so befehle ich's, es gelte statt der Vernunft mein Wille"; so fährt bei Iuvenal, *Satiren* VI 223, eine herrschsüchtige Römerin den Gatten an, der gegen ihre Forderung, einen unschuldigen Sklaven ans Kreuz zu schlagen, eine Einwendung wagt. Der Vers, in seiner schneidenden Kürze bezeichnend für Iuvenals geschickte Formulierung fein geschliffener Sentenzen, wurde sprichwörtlich zum Ausdruck unbedingter Herrschsucht.

Höchstpreise gab es im Altertum im allgemeinen nicht; Angebot u. Nachfrage regelten den Preis. Im 3. Jh. n. Chr. kam aber infolge des wirtschaftlichen Niederganges das Münzwesen so in Unordnung, daß eine Regelung durch den Staat nötig wurde. Diese führte → Diokletian mit dem *edictum de rerum venalium pretiis* (Verordnung über die Preise der käuflichen Dinge) ein. Durch die Festsetzung der Löhne und Lebensmittelpreise sollte ein bestimmtes Verhältnis zwischen Verdienst und Lebensunterhalt geschaffen werden. Doch wurde das Gesetz trotz zahlreicher Strafen allzu oft umgangen und mußte bald aufgegeben werden. Das Münzelend wurde trotz des Mißerfolgs *des Edictum Diocletianum* überwunden; → Inflation; Goldprägung; Münzen.

H. Blümner, D. Maximaltarif d. Diokletian, 1893, neu 1958; S. Lauffer, 1971. – S. Lauffer, D.s Preistarif, 1971.

Höhlengleichnis → Gleichnis. Auch Platon verwendet, offenkundig dem Beispiel des Sokrates folgend, viele Bilder und Vergleiche. So hatte Sokrates seine Lehrtätigkeit als geistige Hebammenkunst, sich selbst als Stechmücke bezeichnet, die ein edles, aber träges Roß (= Athen) beunruhigte. Unter mehreren großangelegten Gleichnissen in Platons Schriften ragt das H. hervor; es charakterisiert durch Höhle und Licht die beiden Bereiche des Scheines (= Unbildung) und des Wissens sowie den schweren Weg der Erkenntnis.

E. Hoffmann, Platons H., 1948; T. Ballauf, D. Idee d. Paideia, 1952; M. Heidegger, Platons Lehre von d. Wahrheit, [2]1954.

Hofzeremoniell. Hof, lat. *aula* = Fürstenhof; spätestens seit byzantin. Zeit Audienz- u. Gerichtssaal des Kaisers. – Das moderne H. wurde von den Griechen des späten Altertums und des frühen Mittelalters in Konstantinopel ausgebildet. Schriftlich aufgezeichnet wurden seine Regeln auf Befehl des gr. Kaisers Konstantinos VII. Porphyrogennetos (912–959) in einem Buch, das es nur in einem einzigen Exemplar gab, weil man nur ein solches brauchte (nämlich im kaiserlichen Zeremonialamt). Im 12. Jh. wurde dieses Exemplar abgeschrieben (umgearbeitet, ergänzt?), aus dem gleichen Grunde wieder nur einmal. Dieses eine Exemplar kam in den Besitz des bibliophilen Königs von Ungarn Matthias Corvinus, der es neu binden ließ (der Einband trägt seitdem sein Wappen), dann in den des Frankfurter Büchersammlers Uffenbach (1683 bis 1734) und wurde nach dessen Tode von der Leipziger Stadtbibliothek erworben, deren größter Schatz es heute ist. Das byzantinische H. ging an die anderen Höfe Europas über (→ Kulturzentren; Titel). Schon das Hofleben Karls d. Gr. hatte keinen rein nationalen Charakter; Karl d. Gr. als weström. Kaiser suchte im Äußeren dem oström. Kaiser gegenüber ebenbürtig aufzutreten.

Constantin VII., Porphyrogénète, Le livre des cérémonies, hg. A. Voigt, 1935ff.; O. Treitinger, D. oström. Kaiser- u. Reichsidee u. ihre Gestaltung im höfischen Zeremoniell, [2]1956; A. Alföldi, Die monarch. Repräsentation im röm. Kaiserreich, 1970.

Hohlmaße. Entsprechend den Haupterzeugnissen der antiken Landwirtschaft gab es verschiedene H. für Flüssiges (Wein, Öl) und Trockenes (Getreide). Die wichtigsten für Flüssigkeiten waren bei den Griechen *kyathos, kotyle* und *metretes;* bei den Römern außer dem griech. *cyathus* (Fremdwort) der *sextarius* und die *amphora.* Für trockene Waren dienten z. T. die gleichen Maße, außerdem bei den Gr. besonders *choinix* u. *medimnos,* bei den Römern *modius* (d. i. $^1/_3$ der Amphora, $^1/_6$ des Medimnos). → Tabelle S. 830.

Homer. (gr. *Homeros).* Über H.s Person war schon damals im Altertum nichts Sicheres bekannt. Wir besitzen einige Biographien von ihm, die in der vorliegenden Form aus der römischen Kaiserzeit stammen, aber zum Teil älteres Gut verarbeiten. Die Angaben über seine Lebenszeit schwanken zwischen dem troischen Kriege und Hesiod. Nach zwei berühmten Versen, von denen es wiederum Varianten gibt, stritten im Altertum 7 und mehr Städte um die Ehre, seine Geburtsstadt zu sein (→ 7 Geburtsstädte). H. soll blind gewesen sein. Nach Ephoros bedeutet sein Name „blind“, doch wird er heute als Eigenname angesehen („der Bürge“); eigentlich soll H. Melesigenes geheißen haben, „der am Fluß Meles Geborene“, nämlich bei Smyrna. Die Blindheit H.s, die ihm nach einer Stelle des unter seinem Namen gehenden Delischen Apollonhymnos (→ Homer. Dichtung 3) zugeschrieben wurde, gehört in den Bereich der Legende. Auch die Zahl der von ihm verfaßten Werke ist umstritten; → Homer. Frage. In dem H.-Streit des vorigen Jhs. hat man schließlich sogar seine Existenz ganz geleugnet; in der Tat sind die von den Griechen sonst als „Erfinder", Begründer einzelner Kulturgebiete genannten Männer öfter nur mythische Figuren. Heute glaubt man, daß er wirklich gelebt hat, und zwar im 8. Jh. v. Chr.; als Geburtsort kommt nach den heutigen Dialektforschungen der Überlieferung entsprechend am ehesten Smyrna in Betracht. Seine Werke: → Homer. Dichtung; Homer. Frage.

Das in vielen antiken Kopien und Abwandlungen erhaltene Porträt H.s (das in Deutschland bekannteste Exemplar befindet sich in der Glyptothek in München) ist ein Idealporträt, das erst in hellenistischer Zeit entstand. In ihm hat das Problem der Blindheit den Künstler, dem alle Mittel einer pathetischen Kunstrichtung zur Verfügung standen, besonders interessiert. Die erloschenen Augen sehen nichts Wirkliches mehr; aber der „Blick" ist wie im dichterischen Schauen nach oben gerichtet; → Ekstase.

U. v. Wilamowitz, *Vitae Homeri et Hesiodi,* 1916; E. Boehringer, H., Bildnisse u. Nachweise, 1939; W. Schadewaldt, Legende v. H., d. fahrenden Sänger, [3]1959; ders., Von H.s Welt und Werk, [4]1966; G. Kahl-Furthmann, Wann lebte H.?, 1967; F. Codino, Einf. in H., 1970; J. V. Luce, Archäologen auf den Spuren H.s, 1978; J. Latacz, H., II 1979–91; J. Wohlleben, Die Sonne H.s, 1990.

Homeriden, Sängerschule von → Rhapsoden, die sich bei ihren Rezitationen auf die homerischen Gedichte beschränkten; vielleicht, wie eine antike Nachricht besagt, ursprünglich direkte Nachkommen Homers. Sie traten als die Wahrer seines Werkes auf und sorgten für seine Verbreitung. → Epischer Kyklos.

Homerische Dichtung.
1. Ilias, ein → Epos über die Kämpfe um Troia (Ilion). Der Dichter behandelt nicht die gesamten 10 Jahre des Kriegs von der Ankunft der Griechen bis zur Zerstörung der Stadt, sondern nur einen kleinen Ausschnitt. Er nennt im 1. Vers, der nach der Sitte die Überschrift des Werkes enthält, nicht den Kampf um Troia, sondern den Zorn des Achilleus als sein Thema, zu dem er nach kurzem Anruf der Muse sofort übergeht. Ohne Vorbemerkung über den Stand des Krieges führt er uns sogleich zur Ursache des Zornes, dem Streit um Briseïs, eine schöne Gefangene des Achilleus, die Agamemnon diesem entführt. Als Folge des Streites ergibt sich, da der grollende Achilleus am Kampfe gegen die Troer nicht mehr teilnimmt, deren Einbruch ins gr. Schiffslager. In dieser Not greift Achilleus' Freund Patroklos ein, wird aber von Hektor getötet und der Waffen beraubt. Dann wird der Zwist der Heerführer beigelegt, und Achilleus rächt sich an Hektor. Diese straff geführte Handlung ist von zahlreichen Episoden umkleidet, in denen der Dichter das Milieu des Kampfes und Lagerlebens ausführlich schildert. Dabei steht ihm eine beinahe unerschöpfliche Fülle von → Gleichnissen, Bildern und Parallelen aus der belebten und

unbelebten Natur zur Verfügung, die eine besonders köstliche Eigenart des Werkes ausmachen. Obwohl nur 51 Tage geschildert sind, glauben wir den ganzen Krieg bis zur Zerstörung Troias zu erleben. Denn mit großem Geschick ist dessen entscheidender Moment herausgegriffen; mit dem Tod Hektors ist das Schicksal der Belagerten besiegelt. Der bunte Wechsel von Situationen, die mit großer Plastik die Menschen in ihrer ganzen Natürlichkeit schildern, das raffinierte Abschweifen ins scheinbar Uferlose und plötzliche Zurückkehren zum Thema geben dem Werk einen eigenen, besonderen Reiz. – Homer wird bereits von → Kallinos und → Archilochos erwähnt; möglicherweise lag die Ilias schon um 700 in der uns bekannten Form vor.

W: Hg. D. B. Monro, T. W. Allen, Oxf. III, 1931; hg. u. d. H. Rupé, [10]1994; hg. u. komm. W. Leaf, Lond. [2]1900–02, neu Amsterd. 1971. – *Ü:* J. H. Voss, 1791, jetzt [17]1980; Th. v. Scheffer, [2]1938; R. A. Schröder (Ges. Werke, IV), 1952; F. L. zu Stolberg, II 1778, neu 1960; W. Schadewaldt, 1975.

L: P. Vondermühll, Krit. Hypomnema zur Il., 1952; W. Kullmann, Das Wirken der Götter in d. Il., 1956; ders., Die Il. u. ihre Quellen, 1960; K. Reinhardt, Die Il. u. ihr Dichter, 1961; W. Schadewaldt, Il.-Studien, [3]1966, neu 1987; ders., Der Aufbau der Il., 1975; U. v. Wilamowitz, Die Il. u. Homer, [3]1966; K. Deichgräber, Der letzte Gesang der Il., 1972; W. Bröcker, Die Theologie der Il., 1975; H. van Thiel, Iliaden u. Ilias, 1982; Th. Reucher, Die situative Weltsicht Homers (Ilias!), 1983.

2. Odyssee (gr. *Odysseia*) behandelt die Heimkehr des → Odysseus aus Troia und seine Irrfahrten. Nach dem im Epos üblichen Anruf der Muse beginnt die O. mit einer Schilderung der Verhältnisse in Odysseus' Heimat Ithake im 20. Jahre seiner Abwesenheit, der Sehnsucht der noch immer treu auf die Wiederkehr des Gatten hoffenden Penelope, der gegenüber den Forderungen der Freier seiner Mutter wachsenden Kraft des jugendlichen Sohnes des Odysseus, Telemachos, und beschreibt dann ausführlich eine Reise, die dieser unternimmt, um nach dem lange verschollenen Vater zu forschen. Die Dichtung schildert also nicht chronologisch, sondern beginnt kurz vor der Rückkehr des Odysseus. Auch die dann folgende Schilderung seiner Abenteuer auf seiner Heimfahrt stellt diese nicht in ihrer zeitlichen Abfolge dar; vielmehr beginnt sie ebenfalls mit den letzten Erlebnissen des Helden, seinem Aufenthalt auf der Insel der Nymphe → Kalypso, dem Bau eines Floßes für die Heimfahrt nach Ithake und dem furchtbaren Schiffbruch, aus dem er zu den → Phaiaken gerettet wird. In den Gesängen, die seinen Aufenthalt bei den Ph. schildern, holt der Dichter die Beschreibung der früheren Abenteuer nach; Odysseus berichtet den Ph. selbst seine Erlebnisse. All dies ist künstlerisch beabsichtigt und macht die Dichtung besonders reizvoll (→ Rahmenerzählung). Dabei wird ausführlich das Leben der Zeit geschildert, das Treiben im Hafen, eine Ratsversammlung, der Vortrag eines Sängers, die ritterlichen Spiele der Jugend. Erst dann folgt Odysseus' Ankunft in Ithake und die Rache an den Freiern. So sind die 10 Jahre seiner Rückkehr von Troia auf 41 Tage zusammengezogen. Zwei Handlungen gehen nebeneinander her; neben das Drama vom umherirrenden Helden tritt das hohe Lied von der Gattentreue Penelopes, die allen Versuchungen der Freier stand-

hält, und der des Odysseus, der die lockende Werbung Kalypsos abweist.

Der Geist der O. ist ein anderer als der der *Ilias.* Wir haben nicht die hochgemuten Ritter vor uns, deren Lebenselemente Kampf und Krieg sind, sondern den kühnen Seefahrer, der die verschiedensten Gefahren bestehen muß, sich aber mit Anpassungsfähigkeit u. Geistesgegenwart aus den schwersten Situationen rettet. Daneben steht die Welt der Gutswirtschaft, deren Gesellschaft sich in die Schicht der adeligen Großgrundbesitzer und die niedere Schicht der Landarbeiter, Handwerker, Ärzte, Sänger teilt (auch in der *Ilias* finden sich Anklänge an diese Welt). Hierdurch, mit der Gattentreue der P. und mit vielen Einzelschilderungen führt uns die O. nicht, wie die *Ilias,* in eine ritterliche, sondern in eine scheinbar mehr bürgerliche Welt. Daraus hat man geschlossen, die *O.* spiegele ein jüngeres gesellschaftliches Stadium wider als die *Ilias.* Doch ist dieser Schluß nicht zwingend, da der Unterschied zwischen der „ritterlichen" Gesellschaft der *Ilias* und der „bürgerlichen" der *O.* wohl der Unterschied zwischen dem Kriegsleben dieser adeligen Herren ist und ihrem Leben im Frieden. Wenn auch die *O.* später anzusetzen ist als die *Ilias,* so scheinen beide Epen doch zeitlich nicht weiter auseinanderzuliegen, als die Lebensspanne des einen Dichters, der sie beide schuf, es zuläßt.

W: Hg. P. Vondermühll, Basel ³1962; hg. u. d. A. Weiher, ¹⁰1994; hg. u. komm. W. B. Stanford, Lond. II ²1958. – *Ü:* J. H. Voss, 1793, jetzt ¹⁷1980; Th. v. Scheffer, ²1938; R. A. Schröder (Ges. Werke, IV), 1952; W. Schadewaldt (in Prosa), 1958 und 1966.

L: K. Meuli, Od. u. Argonautika, 1921; F. Focke, Die Od., 1943; A. Heubeck, Der Od.-Dichter u. die Ilias, 1954; E. Bradford, Reisen mit Homer, d. 1963 u. 1967; F. Eichhorn, Führer d. d. Dicht., 1965; M. I. Finley, Die Welt des Odysseus, d. 1968; H. H. u. A. Wolf, Der Weg des Odysseus, 1968; R. Merkelbach, Unters. z. Od., 1968; K. Rüter, Od.-Interpret., 1969; H. Eisenberger, Stud. z. Od., 1973; U. Hölscher, Die Od., ²1989.

3. H y m n e n. Die unter Homers Namen erhaltenen Hymnen (als homerisch galten sie noch Aristophanes und Thukydides) haben mit ihm nichts zu tun. Es sind 33 Göttergedichte verschiedener Zeit u. Herkunft; die älteren stammen aus dem 8./7. Jh. v. Chr. und sind von Rhapsoden gedichtet worden, die ihren Rezitationen bei den Götterfesten H. voranschickten, – daher auch Proömien = Einleitungen genannt. Die H. wandten sich an die Olymp. Götter Zeus, Hera, Poseidon, Apollon, Ares, Hermes, Athene, Artemis, Aphrodite, Hephaistos, ferner an Herakles, Dionysos u. Demeter, schließlich an die Göttermutter, die Allmutter Gaia, an Hestia, Selene, Helios, Asklepios, die Dioskuren und an Pan. Die jüngsten Gedichte sind wohl hellenist. Herkunft (3. Jh. v. Chr.). Fast alle sind nach einheitlichem Muster gestaltet: Anrufung des Gottes, seine Abstammung, seine Taten.

W: Hg. T. W. Allen, E. E. Sikes, W. R. Halliday, Oxf. ²1936, neu 1963; hg. u. d. A. Weiher, ⁶1989. – *Ü:* Chr. v. Stolberg, 1782; Th. v. Scheffer, 1928, neu 1987.

4. M a r g i t e s, das älteste gr. Spottgedicht, dem Homer u. a. auch von Aristoteles zugeschrieben (oder dem Karer Pigres). Sein Held ist M. = Tölpel; „viele Werke verstand er, doch schlecht verstand er sie alle", so lautet ein uns überlieferter Vers. Das Gedicht ist als Ganzes nicht erhal-

ten. Es hatte eine ungewöhnliche Versgestaltung: Hexameter mit eingestreuten iambischen Trimetern.

W: Rekonstruktionsversuch: H. Langerbeck, Harvard Studies 63, 1958.
L: M. Forderer, Zum homer. M., 1960.

5. Batracho(myo)machie, gr. = Frosch(mäuse)krieg, wurde noch im 2. Jh. v. Chr. Homer zugeschrieben (oder auch dem Karer Pigres); eine witzige Homerparodie vielleicht aus dem 5. Jh. v. Chr. Mit Anlehnung an die Tierfabel schildert sie den tragischen Tod der Maus „Bröseldieb" auf dem Rücken des Froschkönigs. Der darob entbrennende Krieg zwischen Mäusen und Fröschen muß von Zeus durch den Blitz und schließlich durch ein Heer von Krebsen geschlichtet werden. Das Gedicht wurde viel nachgeahmt und übersetzt: Nachdichtung *Froschmeuseler* von Rollenhagen, 1595.

W: Margites u. Batrachom., hg. T. W. Allen, Oxf. [2]1946; *Batrachom.* auch hg. u. d. H. Ahlborn, [4]1988. – *Ü:* Chr. v. Stolberg, 1784, neu 1970.
L: H. Ahlborn, Unters. z. pseudohomer. *Batr.*, [3]1984.

Im gr. Osten wurde Homer im Mittelalter stets gelesen. Eustathios schrieb im 12. Jh. den umfangreichsten Homerkommentar, den es gibt; er buchte in ihm alles zur Erklärung Homers Beigebrachte, soweit er es erreichen konnte. Im lat. Westen wurde H. mit dem Rückgang der Kenntnis der → gr. Sprache vergessen. Aber auch die Renaissance kehrte nicht zu ihm zurück; Vergil galt als der weit größere Epiker, die Verse Homers erschienen als schlecht. Man las H. um des Inhalts willen (Übersetzung der *Odyssee* ins Deutsche, von S. Schaidenreißer, 1537, der *Ilias* von Eobanus Hessus, 1540), aber nicht als Dichter. Zu neuem Leben erweckt wurde er durch zwei Engländer, R. Bentley u. Wood. Der letztere hatte H. 1750 in Ionien gelesen und ihn dort verstanden. Die Wirkung seines Buchs und die der H.-Übersetzung von Johann Heinr. Voß 1793 kann kaum überschätzt werden. Man lernte nun bei H. wirkliche, echte Dichtung kennen, gegenüber mannigfacher Verkünstelung und Schnörkelei im zeitgenössischen Geschmack. – Die Arbeiten anderer Philologen seit Fr. A. Wolf (→ Homerische Frage) haben leider die Gebildeten nicht an H. herangeführt, sondern sie mit ihren Zerstückelungsforschungen eher von ihm abgeschreckt. Besser als die Gelehrten erfaßten die Dichter (Voß, Schiller, Goethe; → Epos) Homer.

R. Wood, Über das Originalgenie des H., d. C. F. Michaelis, [2]1778; K. Meister, Die homer. Kunstsprache, [3]1921, neu 1966; A. Rüegg, Kunst u. Menschlichkeit H.s, 1948; H. L. Lorimer, *H. and the monuments,* Lond. 1950; M. Leumann, Homer. Wörter, Basel 1950, neu 1993; M. Riemschneider, H., Entw. u. Stil, [2]1952; R. Hampe, Die Gleichnisse H.s …, 1952; M. Treu, Von H. zur Lyrik, 1955; R. Sühnel, H. und die engl. Humanität, 1958, G. Nebel, H., 1959; T. B. L. Webster, Von Mykene bis H., d. 1960; A. J. B. Wace, F. H. Stubbings, *A. Companion to H.,* Lond. 1962; G. S. Kirk, *The songs of H.,* Cambr. 1962; *Archaeologica Homerica,* hg. F. Matz u. a., seit 1967; A. Lesky, H. (RE-Sonderdruck), 1967; A. Dihle, H.-Probleme, 1970; C. M. Bowra, *H.,* Lond. 1972; R. Friedrich, Stilwandel im homer. Epos, 1975; J. Latacz (Hg.), H., II 1979–91.

Homerische Frage. Man schrieb H. um 500 v. Chr. die meisten troischen und anderen Epen und auch Hymnen zu, fand aber bald viele Widersprüche oder nahm Anstoß an der Auffassung der Götter, die die homer. Gedichte bieten (so → Xenophanes und →

Platon) und sprach seit Herodot dem Dichter ein Epos nach dem anderen ab. Früh begann schon als Antwort auf diese kritischen Stimmen die allegorische Homerauslegung, die, vielleicht schon im 6. Jh. v. Chr. mit Theagenes von Rhegion einsetzend, bis in die byzantin. Zeit hinein beliebt blieb. Untersuchungen zu Stil und Sprache wie zur Deutung schwieriger Passagen müssen wir seit der Mitte des 5. Jh. voraussetzen (→ Demokritos). Im 4. Jh. v. Chr. schrieb Aristoteles seine „Homerprobleme" *(aporemata homerika),* in denen er auf Fragen der Interpretation einging; sein Zeitgenosse war der Sophist Zoilos, der seiner extremen Homerkritik wegen *Homeromastix* (Homergeißel) genannt wurde: damals sprach man Homer noch *Ilias* und *Odyssee* zu. Um 200 v. Chr. deckten jedoch die Grammatiker Xenon und Hellanikos bestimmte Widersprüche zwischen den beiden Epen auf und ließen H. nur als Verfasser der *Ilias* gelten (sie heißen daher *Chorizontes* = die Trennenden). Damals begann die methodische Untersuchung des Homer (→ Philologie; Aristophanes; Aristarchos). Die Ergebnisse dieser Studien liegen, wenn auch stark gekürzt, in den Homerscholien (→ Scholien; Eustathios) vor. Auch die Textgestaltung geht auf die Alexandriner zurück, ebenso wie die Einteilung in 24 Bücher. Die Griechen haben an Homer alle Gebiete unserer heutigen Literaturforschung (Biographie, Textgestaltung, Echtheitsfragen, Interpretation) ausgebildet. Auf diesen antiken Studien fußt z. T. die moderne Homerkritik und Literaturgeschichte.

Nach dem nicht beachteten Versuche des französischen Abbé d'Aubignac (er suchte der zu seiner Zeit üblichen abschätzigen Bewertung Homers damit entgegenzutreten, daß er dichterische Qualität nur den Einzelliedern zubilligte, die von einem Unbekannten zu einem größeren Werk zusammengefügt worden seien) erweckte der hallische Professor Fr. A. Wolf durch seine *Prolegomena ad Homerum* (Einleitung in den Homer) 1795 die H.-Forschung zu neuem Leben. Er versuchte aus den schon von den alten Grammatikern bemerkten Widersprüchen und aus Mängeln der Komposition zu beweisen, die beiden großen Epen, die *Ilias* und die *Odyssee*, seien nicht das Werk eines einzigen Dichters, sondern mehrerer Sänger; die alten Gesänge seien erst durch viele Jahrhunderte nach ihrer Abfassung mündlich tradiert und endlich, im wesentlichen unter Peisistratos, von unbedeutenden Geistern zu je einem Ganzen zusammengefügt und schriftlich fixiert worden. Abgewandelt nahm G. Hermann (1772–1848) diese These auf: er setzte eine *Ur-Ilias* voraus, die im Laufe der Zeit zu dem uns bekannten Umfange angewachsen sei (Erweiterungstheorie). Wolfs Theorie wurde durch K. Lachmann (1847) vertieft und weiter entwickelt. Dieser sonderte, ausgehend von seinen Forschungen zum Nibelungenlied, auf Grund zahlreicher Widersprüche selbständige, ältere Lieder aus der *Ilias* aus (Liedertheorie). Eine dritte Version endlich, die Kompilationstheorie, begründet von A. Kirchhoff (1859), schied innerhalb der *Ilias* und *Odyssee* verschiedene Kleinepen, die schließlich über einen längeren Zeitraum hin zu den größeren Epen zusammengewachsen oder von einem Dichter zusammengefaßt worden seien. Den Analytikern traten die Unitarier entgegen, neben Gelehrten wie F. G. Welcker, K. O. Müller auch Schiller und Voß, der Homer übersetzte. Sie wiesen auf die große dichterische Kraft und einheitliche Komposition hin, die nur von einem überragenden Genie stammen könne; daher verwarfen sie den barbarischen Gedanken an einen „Flickhomer". In neuerer Zeit machte man vor allem darauf aufmerksam, daß eine Reihe der Anstöße in den homer. Epen, die der Ansatzpunkt für die Analyse gewesen waren, nicht stichhaltig seien, da sich Ähnliches, so vor allem logische Widersprüche, auch in der modernen Kunstdichtung findet. So gewann der Gedanke, daß die homer. Epen doch eine Einheit seien, wieder an Boden. W. Schadewaldt schließlich zeigte im einzelnen, daß der Aufbau der Gedichte auf einen einzelnen Dichter schließen lasse, wenn auch manches schon Vorgeformte und von alters her Tradierte in seine Dichtung eingegangen sei. In der neuesten Zeit haben sich allerdings auch wieder die Analytiker zu Wort gemeldet. Doch ist wohl an der Historizität eines Dichters, den wir Homer nennen dürfen, der nach einheitlichem Gestaltungswillen beide Epen schuf, kaum zu zweifeln. Die vielfachen Beziehungen zwischen z. T. weit auseinanderliegenden Partien der Epen zeigen, daß er sich dabei der Schrift bediente. Homer hat aus der ihm vorausliegenden mündlichen Epik geschöpft, deren Wesenszüge, auch über längere Partien hin, sich in seinem Werk erhalten haben (formelhafte Wendungen und Verse; reihende Komposition; katalogartige Partien; → Kataloge). Das Ausmaß der Abhängigkeit von dieser älteren Epik läßt sich allerdings im einzelnen nicht bestimmen. – Die Ergebnisse der Literaturwissenschaft bestätigte die archäologische Forschung. Beginnend mit den Grabungen Schliemanns und Dörpfelds in Troia und Mykenai zeigte sich, daß hinter der Erzählung von *Ilias* und *Odyssee* offenbar historische Geschehnisse stehen. Im einzelnen haben diese Geschehnisse aber im Epos eine stark veränderte Gestalt angenommen. Jedenfalls lassen sich nur sehr wenig Elemente direkt auf die kretisch-myken. Kultur zurückführen, Homer hat also „antiquarisch wenig, aber historisch sehr viel mit der myken. Kultur zu tun" (Rodenwaldt). *Ilias* und *Odyssee* spiegeln im wesentlichen die Kultur ihrer Entstehungszeit, d. h. des 8. Jh. wider, bis auf einige Elemente, die mit altem epischem Gut in den homerischen Epen Aufnahme gefunden haben. Die langjährige wissenschaftliche Fehde hat aber den Vorteil gehabt, daß sie auch andere Gebiete der Wissenschaft befruchtete und dazu lockte, Teilfragen besonders zu behandeln: Volkslied, Volksepos anderer Völker, Entstehung und Entwicklung der Sagen, Dialekt Homers.

Fr. A. Wolf, Prolegomena ad Homerum, [3]1884, neu 1963; G. Finsler, H. in der Neuzeit, 1912, neu 1973; P. Cauer, Grundfragen der H.-Kritik, [3]1921, neu 1971; E. Bickel, Die Lösung der homer. Frage, 1949; A. Lesky, Die H.-Forschung in der Gegenwart, Wien 1952; A. Heubeck, Die homer. Frage (Forschungsbericht), [2]1988.

Homerisches Gelächter, nach Homer *Ilias* I 599, *Odyssee* VIII 326, wo vom „unauslöschlichen G. der seligen Götter" die Rede ist.

Homerische Religion → Religionen im Altertum.

Homo-mensura-Satz, der Hauptlehrsatz des → Protagoras, lautet: „Der Mensch ist das Maß aller Dinge" (FdV II, 80, B 1).

Homo novus (lat.) = Neuling, verächtlicher Ausdruck, mit dem die röm. Nobilität jeden nicht zu ihren Kreisen Gehörigen bezeichnete, der es versuchte, durch die → Ämterlaufbahn in die exklusive röm. Gesellschaft einzudringen. Obwohl nach dem Gesetz keinerlei Beschränkungen für die Auswahl der Kandidaten bestanden, hielt doch die → Nobilität diese Ämter für ihr Reservatrecht, um so mehr, da der ehemalige höhere Beamte im allgemeinen Sitz und Stimme im Senat erhielt und damit auf die Dauer in die regierende Oberschicht gelangte. Selbst bei Mitgliedern alter röm. Familien in den Kolonien suchte die Nobilität mit allen Mitteln die Wahl zum Beamten zu verhindern und ließ sie auch später ihre Unebenbürtigkeit spüren. Dadurch sind zahlreiche unerfreuliche Konflikte entstanden (Marius-Sulla; Cicero).

J. Vogt, *Homo novus, 1926.*

homo sum, humani nihil a me alienum puto, „ich bin ein Mensch und meine, daß nichts mir fremd ist, was Menschen betrifft"; d. h. ich nehme an allem Anteil, was meinen Mitmenschen widerfährt. Mit diesem vielzitierten Vers (Cicero, *de officiis* I 9, 30; *de legibus* I 12, 33; Seneca, *Epistulae morales* 95, 53) wird im *Heautontimorumenos* des Terenz (v. 77; er geht auf → Menandros zurück) die Einmischung in fremder Leute Angelegenheiten durch Erteilen eines guten Ratschlags entschuldigt. Cicero und Seneca raten mit Berufung auf den Vers zu solcher Einmischung im Sinne der Nächstenliebe. Nicht liegt in den Worten, was man heute oft aus ihnen herausliest: als Mensch darf ich in menschliche Schwächen und Fehler verfallen. → Humanität.

Honig war, ehe man → Zucker zu gewinnen lernte, eines der wichtigsten Haushaltsmittel zum Süßen der Speisen, zum Backen, zur Herstellung von Getränken und Medikamenten. → Bienenzucht.

Honorius, jüngster Sohn des Kaisers → Theodosius, der nach des Vaters Tod Westrom mit der Hauptstadt Ravenna erhielt (393 bis 423), während seinem Bruder Arcadius (395–408; → Ephesos) Ostrom zufiel. Vormund der Brüder war der Vandale Stilicho. Unter seiner Regierung plünderten die West- → Goten 410 Rom.

Hopliten (gr.), schwerbewaffnete Soldaten zu Fuß; → Infanterie.

Horai, 3 Töchter des Zeus und der Themis; Namen: *Eunomia, Dike, Eirene* (Gesetzlichkeit, Recht und Friede, so bei Hesiod) oder *Thallo, Auxo, Karpo* (also Blüte, Wachstum, Frucht). In den letztgenannten Namen erscheinen die H. als Göttinnen der Jahreszeiten und der Naturkräfte. Bei Hesiod sind sie Hüterinnen der Rechtsordnung; sie sind also aus dem Naturbereich in einen sittlichen gerückt, doch hat gerade die Bedeutung „Jahreszeiten" dauernde Oberhand gewonnen. – Schiller wollte eine von ihm seit 1795 herausgegebene Zeitschrift durch den Titel H. offenbar als fruchtbringend bezeichnen.

Horatii, altpatrizisches röm. Geschlecht. Drillinge, die siegreich mit den → Curiatiern kämpften. – Horatius Cocles, d. h. der Einäugige, verteidigte nach der Sage 507 v. Chr. ganz allein die Tiberbrücke *(pons sublicius)* gegen die Etrusker → Porsennas, bis die Römer in seinem Rücken die Brücke abgebrochen hatten, und schwamm dann bewaffnet durch den Tiber zurück (Livius 2, 10; anders Polybios 6, 55); → Cloelia.

Horaz. Q. Horatius Flaccus, 65–8 v. Chr., einer der bedeutendsten Dichter und größter Lyriker Roms, der in seinen Werken ein abgerundetes Bild seiner Persönlichkeit und seiner Zeit gibt, wurde als Sohn eines Freigelassenen in Venusia (Süditalien) geboren und in Rom sorgfältig erzogen; als er dann in Athen studierte, gewann ihn der Caesarmörder Brutus für den Freiheitskampf; er wurde rasch Offizier und erlebte als *tribunus militum* (→ Offiziere) die Schlacht und Flucht bei Philippi (42 v. Chr.). Durch die Landverteilung an Octavians Veteranen seines väterlichen Gutes beraubt, fand er zunächst in Rom als Kanzleibeamter *(scriba quaestorius)* seinen Unterhalt; durch seine ersten Dichtungen, auf die → Vergil aufmerksam wurde, gewann er die Gunst des → Maecenas, der ihm ein Landgut in den nahen Sabinerbergen schenkte (→ Horazens Sabinum) und bis zu seinem Tode in engster Freundschaft mit ihm verbunden blieb. So konnte H. sorgenfrei leben und sich seiner dichterischen Tätigkeit widmen. Mit seiner frühesten Gedichtsammlung, den → *Epoden* oder *Iamben,* wie er selbst sie nannte, führte er eine neue Kunstform in Rom ein: in Spottversen, die nach dem Vorbild des griech. Iambendichters Archilochos längere und kürzere Zeilen zu einer kleinen Strophe verbanden, griff er persönliche Gegner oder ganze Klassen verächtlicher Menschen leidenschaftlich an; daneben behandelte er auch allgemeinere Fragen ohne aggressive Tendenz. Auf der Höhe seiner virtuosen Formkunst zeigen ihn die im reifen Alter gedichteten *Lieder (carmina),* gewöhnlich als *Oden* bezeichnet, die sich die klassischen Lyriker der Griechen, vor allem Sappho, Alkaios und Anakreon, zum Vorbild nahmen und deren Versmaße auf röm. Boden verpflanzten. Sie besingen Liebe und Wein, Freundschaft und Geselligkeit; oft führt die Schilderung einer Alltagssituation zum Nachdenken über Mensch und Welt, über Verhaltensweisen, über Probleme wie Alter, Tod, Vergänglichkeit; oft schließt sich daran eine philosophische Mahnung zu Ausgeglichenheit und Gelassenheit. Auch polit. Lieder finden sich; sie preisen den Kaiser und den Segen des neuen Regiments und zeigen (wie die berühmten *Römeroden* III 1–6) mit priesterlichem Ernst die Wege, auf denen das röm. Volk zur Sittenstrenge der Väter zurückkehren und seiner hohen Bestimmung gerecht werden könne; keine aus unmittelbarem Erleben entspringenden Herzensergüsse, sondern die Verstandeslyrik eines großen Künstlers voll geistiger Klarheit und Ruhe. Trotz ihrer Abhängigkeit von griech. Vorbildern in Form und Motiven haben diese Lieder durchaus röm. Charakter; das Ideal einer Verschmelzung von griechischer Kunst und nationalrömischem Empfinden ist hier verwirklicht. Gleiches gilt von dem *Carmen saeculare,* dem offiziellen Festlied für die große staatliche Jahrhundertfeier im Jahre 17 v. Chr. Der Auftrag, dieses Lied zu verfassen, war eine kaiserliche Ehrung für H.; der Monarch und der ehemalige Republikaner hatten sich gefunden. „Die Glätte der Form, der sordinierte Ton, die Tendenz zum understatement, die unverbindliche Geste täuschen leicht darüber hinweg, daß H. oft ernster ist als er scheinen will und persönlicher als er sich gibt. Das Chaos hat seine Generation so gut gekannt wie die unsere; um so dankbarer war sie dem Manne, der es gebannt hatte“, Augustus. (Bieler.) Besonders reife Werke des Dichters, in denen sich seine Eigenart am schönsten offenbart, sind die *Satiren* u. *Episteln,* gehaltvolle *Plaudereien (sermones,* wie er sie selbst bescheiden nennt), voll scharfer Charakterzeichnung und feiner Beobachtung, in denen er (nach dem Vorbild des → Lucilius und oft in Form des fingierten Dialoges) launig über die Schwächen u. Verkehrtheiten seiner Mitmenschen spottet, ergötzliche Erlebnisse erzählt oder – zumal in den Episteln, die naturgemäß ein subjektiveres Gepräge tragen – allgemeine Gedanken persönlichen, philosophischen oder literarischen Inhalts erörtert (→ Diatribe). Der berühmteste dieser Briefe ist der letzte und umfangreichste, die *Epistula ad Pisones,* später als *„ars poetica“* (d. h. Dichtkunst) bezeichnet; darin faßte H. die Früchte seines kritischen und theoretischen Nachdenkens über die Aufgaben des literarischen Kunstwerks u. seines Schöpfers zusammen. Diese Epistel hatte wie die Poetik des Aristoteles eine Jahrhunderte dauernde Wirkung; Boileaus auf H. gestützte *Art poétique,* 1674, wurde das Gesetzbuch für die französische Literatur. – Seit dem Altertum war H. einer der beliebtesten Dichter, der die moderne Literatur, vor allem auch die deutsche Dichtung, nachhaltig beeinflußt hat. Er wurde sehr oft übersetzt: Satiren u. Episteln von Wieland (1782), Oden 1875 in Geibels Classischem Liederbuch, 1935 von R. A. Schröder, schließlich als Studentenscherz auch von Chr. Morgenstern. – → Lehrer; Verlagsbuchhändler.

W: Carmina, hg. F. Klingner, ^{5}1970; hg. u. komm. A. Kiessling, R. Heinze, III $^{11-14}$1977–84; hg. u. d. H. Färber, W. Schöne, ^{11}1993; Ars poetica: hg. u. d. E. Schäfer, 1972. – *Ü:* R. A. Schröder, 1935; (Ges. W. V) 1952; *Horatius travestitus,* Chr. Morgenstern, 1897, neu 1961.

L: E. Stemplinger, H. im Urteil d. Jahrhunderte, 1921; W. Wili, H. u. d. augusteische Kultur, ^{2}1966; L. H. Hommel, H., d. Mensch u. d. Werk, 1950; K. Hönn, Das Rom d. H., 1951; C. Becker, D. Spätwerk d. H., 1963; W. Monecke, H. u. Wieland, 1964; V. Pöschl, H.sche Lyrik (Interpret.), 1970; G. Rückert, Mörike u. H., 1970; Th. Halter, Vergil u. H., 1970; H. P. Syndikus, Die Lyrik des H., II ^{2}1988–90; H. Oppermann (Hg.), H., ^{2}1980;

E. Fraenkel, d. [6]1983; H. Dettmer, Hildesh. 1983; B. Kytzler, 1985; E. Lefèvre, 1993.

Horazens Sabinum, d. h. sein Landgut in den Sabinerbergen, lange gesucht, wurde von Ussani gefunden, seit 1911 ausgegraben und von Lugli mit einiger Sicherheit als H. S. nachgewiesen. In dem Städtchen Licenza ein kleines Museum mit den Funden aus der Villa.

G. Lugli, *Orazio e la villa Sabina,* Mail. 1936.

Horen (gr. *Horai*), drei Töchter des Zeus, Göttinnen der „Jahreszeiten", symbolisieren auch die sittliche Ordnung, Recht und Frieden. – Im Mönchsleben: Stundengebete. – Fr. Schiller benannte 1795 seine lit.-ästhet. Literaturzeitschrift so.

Hortensius. Q. H. Hortalus (114–50 v. Chr.), neben Cicero der berühmteste Redner Roms. Als Anhänger der Optimaten verteidigte er Verres, als dessen Ankläger Cicero auftrat. Im J. 69 war er Konsul. Im Stil war H. ein ausgesprochener Vertreter des → Asianismus. Ciceros Schrift *H.*, die dem Andenken H.s gewidmet war, ist uns nicht erhalten (→ Augustinus).

Hosen galten den Griechen und Römern immer als barbarisch. Gr. Bilder stellen nur Barbaren behost dar, nie Griechen. Die Perser trugen H., die Römer nur in Germanien (auf der Trajanssäule nur Offiziere und Hilfstruppen) Knieh. Für H. hatte man nur ein Fremdwort, das keltische *braca* (daraus heute *breeches*; → Provence). Später hat sich das Tragen von H. in Europa allgemein durchgesetzt.

Hotel, gr. *katalysis* = „Ausspann"; *xenodocheion* (auch neugr.) = „Fremdenaufnahme"; lat. *deversorium* = „Einkehr". Im allgemeinen wurde im Altertum über Dürftigkeit der Gasthöfe geklagt; wirklich gute sind kaum bekannt, so das Kurhotel in → Epidauros, das im Grundriß erhalten ist, mit 180 Zimmern, und ein H. in → Olympia; ein Komfort-Hotel immerhin auch in Kempten (→ Raetien). Der einfache Mann fand in Gasthäusern ein Quartier; sonst übernachtete man beim Gastfreund, der einem neben der Gastfreundschaft auch Rechtsschutz in der fremden Stadt gewährte. Vornehme reisten mit eigenem Wohnzelt oder Wohnwagen. Auch → Schlafwagen.

T. Kleberg, In den Wirtshäusern u. Weinstuben d. ant. Rom, [2]1966.

Hrotsvitha (Roswitha), eine Stiftsdame im Kanonissenstift in Gandersheim, dramatisierte um 960 sechs Heiligengeschichten nach dem Vorbild des Terenz; durch diese lat. geschriebenen Komödien, die „zugleich vom Geist der Askese und von den Traditionen antiker Dichtung" erfüllt sind, suchte sie Terenz zu verdrängen und eine neue christliche Poesie an seine Stelle zu setzen.

W: Hg. K. Strecker, [2]1930. – *Ü:* O. Baumhauer, 1966.

L: F. Preissl, H. v. G., 1939; B. Nagel, Hr. v. G., 1965.

Humanismus ist die geistige Bewegung, die, anknüpfend an den → Humanitäts-Begriff, das

Ideal freier Menschlichkeit u. Bildung zu ihrem Ziel machte. Der H. im Abendland entstand aus der gleichen Grundstimmung wie die italienische → Renaissance. Auch nördlich der Alpen war in den gebildeten Kreisen das Streben nach freier Entfaltung aller menschlichen Geisteskräfte und nach Schaffung eines neuen selbstbewußten Menschentums und die Abneigung gegen die Bevormundung der Wissenschaft und des religiösen Lebens durch die Kirche weit verbreitet. Daher fanden die Lehren der italienischen Humanisten im 14. 16. Jh. in Deutschland starken Widerhall. Zuerst standen die führenden Männer am Hofe Karls IV. in Prag mit → Petrarca und Cola di Rienzo in persönlicher und brieflicher Verbindung. Dann kamen zu den Reformkonzilien bedeutende Humanisten, wie Poggio und Enea Silvio, über die Alpen. Man stellte daher auch in Deutschland die Werke der großen Römer und Griechen als die unerreichbaren Muster hin, studierte sie eifrig und übersetzte sie ins Deutsche. Besonders Cicero wurde das bewunderte Vorbild der Humanisten, die in ihren Werken und Briefen in ciceronianischer Beredsamkeit zu glänzen suchten. Daneben entstand eine reiche Fülle lat. Dichtungen (vor allen Konrad Celtis u. Eobanus Hessus), die in eleganten Versen die Probleme der Zeit behandelten. Sogar die deutsche Sprache suchte man nach den Gesetzen des Lateinischen zu schulmeistern. Gleichwohl war der H. nicht antinational; im Gegenteil war die ganze Bewegung weithin von nationalem Empfinden getragen. Man wollte die antiken Stoffe im Volke bekanntmachen und dadurch auch das deutsche Geistesleben von der kirchlichen Vormundschaft befreien. Doch fanden nur wenige deutsche Humanisten so enge Verbindung mit dem Volk wie Hutten. Die meisten blieben mit ihren Werken und Dichtungen exklusiv. Denn der H. war in Deutschland im wesentlichen eine Bewegung von Gelehrten, die für ihre antiken Studien eine selbständige Stellung an den Universitäten erringen u. eine theologischer Bevormundung enthobene Wissenschaft schaffen wollten. Als Begründer einer modernen, streng sachlichen Wissenschaft begnügten sie sich nicht mehr mit den lat. Übersetzungen des Mittelalters, sondern gingen auf die Quellen selbst zurück und nahmen die griechischen und hebräischen Werke zur Hand, die dem Mittelalter fast verschlossen geblieben waren. – Am größten war aber der Einfluß des H. auf das Schulwesen. Überall blühten die Lateinschulen auf. Besonders berühmt wurden die in Deventer, aus der Erasmus hervorging, zu Schlettstadt u. Münster. Außer an den Universitäten, an denen die Humanisten einen erfolgreichen Kampf gegen die Scholastik führten (vor allem in Tübingen und Erfurt, zu dessen kampffreudigem Kreis Männer wie Ulr. v. Hutten und der Dichter Eobanus Hessus gehörten), gab es zahlreiche gelehrte Gesellschaften, die im Schutze der Höfe u. Städte die human. Bestrebungen förderten. Die Hauptvertreter des H. aber waren die bedeutendsten Gelehrten der Zeit. Der Niederländer Erasmus von Rotterdam (sein Name Erasmus Desiderius war ein Gelehrtenname, der durch Latinisierung u. Gräzisierung, wie das bei den Humanisten üblich war, gewonnen wurde = der Begehrte, Vielgeliebte; in Wirklichkeit hieß er Geert Geerts), geb. 1469, war das eigentliche anerkannte Haupt des H. An der Schule von Deventer gebildet, führte er ein unruhiges Wanderleben. Unter seinen zahlreichen Werken war das wichtigste eine Ausgabe des Neuen Testaments in griech. Sprache mit lat. Übersetzung und Umschreibung. Gest. 1536 in Basel. Neben ihm lehrte Johann Reuchlin (gr. Gelehrtenname Capnion = Räuchlein), 1455–1522. Von Beruf Jurist und in hohen Vertrauensstellungen tätig, suchte er in pythagoreischen, platonischen und kabbalistischen Lehren Aufschluß über göttliche Dinge. Vor allem aber schuf er durch die ersten Lehrbücher zum Studium des Hebräischen die Grundlage für die Erforschung und Erklärung der Bibel in ihrer Originalgestalt. In seinem Streit mit den Dominikanern veröffentlichte er 1514 die *epistulae clarorum virorum* (Briefe berühmter Männer). 1515 erschienen die Dunkelmännerbriefe *(ep. obscurorum virorum),* die, in mönchischem Küchenlat. geschrieben, die Gegner des H. satirisch beleuchteten. An ihrer Abfassung war neben anderen auch der kühnste und tatkräftigste Kämpfer für die neue Bildung, Ulr. v. Hutten, hervorragend beteiligt (1488–1523). Er führte ein ruheloses Wanderleben und geißelte in Gedichten, Satiren und Flugschriften alle Mißstände der Zeit. Auch die Bedeutung der Reformation Luthers hat er früh erkannt und ist für sie eingetreten. Luther selbst hatte nur lose Verbindung mit dem H., der seiner Natur nicht entsprach. Trotzdem begegnete er sich mit ihm im Kampfe gegen die Scholastik u. Priesterhierarchie und im Zurückgehen auf die Urquellen des Christentums, die Bibel. Ohne die Vorarbeiten des Erasmus und Reuchlin wäre seine Bibelübersetzung kaum möglich gewesen. Vor allem aber war Philipp Melanchthon (gräzisierter Gelehrtenname aus Schwarzert), der Großneffe und Schüler Reuchlins, Luthers treuester Freund und Helfer am Werk der Reformation: 1497 bis 1560. 1518 nach Wittenberg als Lehrer der griech. und lat. Sprache berufen, stellte er die humanistische Wissenschaft in den Dienst der Reformation und begründete die evangelischen Glaubenssätze in wissenschaftlicher Forschung. Bei der Neuordnung des kursächs. Schulwesens wies er den klassischen Sprachen die wichtigste Rolle zu. So wurde er der hochverehrte *praeceptor Germaniae,* dessen Ruf weit über die Grenzen Deutschlands reichte. Glaubensspaltung u. Reformation setzten dieser großen geistigen Bewegung ein Ende.

Neuen Einfluß gewann das Studium der antiken Klassiker im 18. u. 19. Jh.; Wegbereiter waren zunächst bedeutende Schulmänner wie Gesner, Heyne u. Ernesti, die das Studium der alten Sprachen wieder in den Mittelpunkt der Schulbildung rückten. Seinen Höhepunkt erreichte dieser sog. „Neu-Humanismus“ mit dem Wirken von Winckelmann, Herder, Goethe, Schiller u. W. v.

Humboldt; den Anstoß gab das „Griechenerlebnis" u. die Erfahrung von der Vollkommenheit antiker Kunstwerke (→ (Winkelmann; Wirkung der Antike auf die deutsche Klassik u. Romantik); so sollte die gesamte Menschenbildung an den Idealen der Antike u. an der Idee der Humanität orientiert werden. Das führte in der Schulpraxis zu einem Bildungsmonopol der humanist. Gymnasien, gegen das sich die Vertreter der „realen Bildung" mit wachsendem Erfolg zur Wehr setzten. Eine von W. Jaeger seit 1925 initiierte Bildungsbewegung (sog. Dritter Humanismus) wirkte kaum über die Fachgrenzen der → Philologie hinaus.

Das Kernproblem des H., die Frage nach dem Bildungswert des antiken Geistesgutes für die Formung des modernen Menschen, stellt sich jeder Generation aufs neue. Wie verschieden die jeweiligen Antworten auf diese Kernfrage ausfallen, zeigt die verwirrende Zahl der Attribute, mit denen ein moderner H. ideologisch näher gekennzeichnet werden soll: Der klassische, christliche, reale, tragische, existentielle, technologische oder ökologische H. – → Altertumswissenschaft.

L: W. Jaeger, Antike u. H., 1925; ders., Humanist. Reden u. Vorträge, [2]1960; K. Burdach, Reformation, Renaissance, H., [2]1926, neu 1963; A. M. Warburg, Die Erneuerung der heidn. Antike, II 1932; H. Rüdiger, Wesen u. Wandlungen des H., [2]1966; F. Blättner, Der H. im deutschen Bildungswesen, 1937; W. Rüegg, Cicero u. d. H., Zürich 1946; R. W. Livingstone, Lebendiges Griechentum, d. 1947; M. Enzinger, Der H. der deutschen Klassik, 1947; O. Regenbogen, H. heute?, 1947; V. E. v. Gebsattel, Christentum u. H., 1947; R. Newald, Probleme u. Gestalten d. deutschen H., 1963; H. Garin, Der ital. H., Bern 1947; K. Barth, H., 1950; Th. Litt, D. Bildungsideal d. dt. Klassik u. d. mod. Arbeitswelt, [5]1967; E. Hoffman, Pädagog. H., 1955; E. Howald, H. u. Europäertum, 1957; H. Weinstock, D. Tragödie des H., [5]1967; A. Bohlen, Moderner H., 1957; P. B. Stadler, Humboldts Bild der Antike, 1959; E. Spranger, W. v. Humboldt u. d. Reform d. dt. Bildungswesens, [2]1960; G. Voigt, D. Wiederbelebung d. klass. Altertums, hg. M. Lehnerdt, II [4]1960; F. Wehrli, Das Erbe der Antike, 1963; R. Schwarz, H. u. d. Humanität in d. modernen Welt, 1965; M. Seidlmayer, Wesen und Wandlungen des H., 1965; H. O. Burger, H.-Renaissance-Reformation in d. dt. Lit.-gesch., 1968; S. Dresden, H. u. Renaissance, d. 1968; P. O. Kristeller, Der ital. H. u. s. Bed., Basel 1969; ders., H. u. Renaissance, II 1980; H. Oppermann (Hg.), [2]1977; R. Müller, Menschenbild u. H. in d. Antike, 1980; W. Raith, H. u. Unterdrückung, 1985; A. Buck, H., 1987; M. Landfester, H. u. Gesellschaft im 19. Jh., 1988.

Humanität. Das lat. Abstraktum *humanitas* leitet sich her vom Adjektiv *humanus* = menschlich, rücksichtsvoll, sanft, empfindsam, maßvoll; so benutzt es Terenz vielfach in seinen Komödien (→ *homo sum*). Das Substantiv zur Kennzeichnung eines Idealbildes vom Menschen mag im Freundeskreis des jüngeren → Scipio entstanden sein; Cicero hat den Begriff wesentlich verfeinert: Er umgreift nicht nur die Bildung des Herzens zu Feinheit, Menschenfreundlichkeit u. Rücksicht (griech.: *philanthropia),* sondern auch die ästhetisch-intellektuelle Bildung des Verstandes, zu der hauptsächlich das Studium der griech. Kultur führt (griech: → *paideia*). Wegen dieser idealen Vorstellung von wahrer „Menschenbildung" hat man die Römer etwas mißverständlich als die ersten Humanisten bezeichnet; zu einer Bildungstheorie oder einem programmatischen → Humanismus ist es jedoch bei den Römern nie gekommen. Die Bedeutung von humanitas verengte sich bald auf „Zivilisation". Einen tieferen Gehalt verlieh dem Wort erst die Aufklärung u. der Neu-Humanismus; Herder sah in der immer reicheren Entfaltung der menschlichen Anlagen, schließlich in der Geschichte der Menschheit eine Entwicklung zur H. Die heutige Verwendung des Wortes rückt die ethische Komponente wieder in den Vordergrund: H. als Menschenliebe, soziale Hilfsbereitschaft, Menschlichkeit, hergeleitet von der Grundlage gemeinsamen Menschentums.

L: Reitzenstein, Werden u. Wesen der H., im Altertum, 1907; F. Wehrli, Vom antiken H.-Begriff, 1939; K. Latte, Griechentum u. H., 1947; J. Meyer, *humanitas* bei Cicero, Diss. Freibg. 1951; H. Hoffmann, Die H.-Idee in d. Gesch. d. Abendl., 1951; F. Beckmann, H., 1952; G. Krüger, Abendländ. H., 1953; W. Gerlach, H. u. naturwissenschaftl. Forschung, 1962; W. Schadewaldt, Der Gott v. Delphi u. d. abendländ. H.-Idee, 1965; R. Schwarz, Humanismus u. H. in d. modernen Welt, 1965; R. Rieks, Homo, humanus, humanitas (Zur H. in d. lat. Lit. . . .), 1967.

Hunde waren den → Idg. wohl schon in ihrer Urheimat bekannt; in den meisten idg. Sprachen hat der H. einen einheitlichen Namen (griech. *kyon,* lat. *canis,* deutsch Hund, franz. chien gehen auf dieselbe Wurzel zurück). Als Hausgenosse des Menschen taucht er in Europa in neolithischer Zeit auf; im ganzen gr.-röm. Altertum war er ein verbreitetes Haustier; wir kennen viele antike H.rassen und H.namen. Man verkannte seine Kriecherei, seine Schamlosigkeit nicht; deswegen war „H.", „Hündin" Schimpfwort. Im allgemeinen aber waren die antiken Menschen große Hundefreunde. Das Wiedersehen des Odysseus und seines H.es Argos in der Odyssee (XVII 291–327) ist eine der tiefstempfundenen Stellen des ganzen Werks. Die Liebe zu Schoßhündchen (Namen, Pflege, Bilder, Beisetzung im Familiengrab) ging so weit, daß ernste Männer sie tadelten. Man kannte den Blinden-H.; in der Schlacht von Marathon zeichnete sich ein Kriegs-H. aus (bildliche Darstellung auf dem großen Schlachtgemälde in der *Stoa poikile* in Athen).

E. Hauck, Abstamm., Ur- u. Frühgeschichte d. Haus-H.s, 1950.

Hunnen (lat. *Hunni*), asiatische Nomaden, stießen 375 n. Chr. gegen Westen vor und lösten durch Druck auf die Ostgoten eine gewaltige Verschiebung in Europa aus, die Völkerwanderung (→ Germanen; Goten; röm. Geschichte).

O. J. Maenchen-Helfen, Die Welt der H., 1978.

Hyaden (gr. *Hyades*), Nymphen, Töchter des Atlas (oder des Okeanos), wurden als Sterne an den Himmel versetzt, nun im Sternbild des Stiers, gelegentlich als „Regensterne" gedeutet.

Hyakinthos, ein schöner spartanischer Königssohn, Liebling des Apollon, der ihn beim Spiel durch einen Diskuswurf tötete. Die aus seinem Blut aufsprießende Blume trug auf ihren Blättern die Klagelaute des Gottes A I, A I (Weh, Weh!) eingezeichnet. Die Sage (u. a. erzählt in Ovids *Metamorphosen* X, 162 ff.) stellt das Hinsterben des Frühlings durch die Sommerhitze dar (die antike Blume entspricht nicht unserer H., sondern wohl einer violetten Schwertlilie). Ursprüngl. war H. ein vorgr. Vegetationsgott (Name vorgr.). In Amyklai bei Sparta übernahm Apollon den Kult des H.

M. J. Mellinck, *H.,* Utrecht 1943.

Hybris (gr. = Hochmut, Freveltat); *Ate* (gr. = sittliche Betörung, Verblendung, weiter Schuld, aber auch Sühne); *Nemesis* (gr. = Strafe) und *Neid der Götter* waren die Begriffe, die in der älteren gr. Ethik von Homer bis ins 4. Jh. v. Chr. die entscheidende Rolle gespielt haben. Mit ihnen suchte man eine Antwort auf die schwersten und wichtigsten Lebensfragen, z. B. nach der Verantwortlichkeit des Menschen für seine Taten, nach den Gründen von Glück und Unglück, Lust und Leid. Sie zeigen, daß man nicht wie im Christentum in der Belohnung der Guten und Frommen den Hauptanreiz zum sittlichen Handeln erblickte, sondern in der Furcht vor Strafe. Im übrigen haben die Begriffe mit der Höherentwicklung der gr. Ethik und der Verfeinerung des sittlichen Empfindens mannigfache Wandlungen durchgemacht. Verfahren in der *Ilias* die Götter mit den Menschen noch nach Lust und Laune, üben Huld und Grausamkeit, so „dürfen wir in diesen Göttern feudale Züge der adeligen Herren erkennen, in deren Welt der Dichter der *Ilias* stand" (Lesky). Doch schon die *Odyssee* hat diesen (amoralischen, besser: vormoralischen) Zustand überwunden: dort wird schließlich die gesamte Handlung nach ethischen Gesichtspunkten beurteilt. Eigene Verantwortlichkeit des Menschen, Schuld und Sühne werden an Beispielen deutlich gezeigt (Aigisthos; die Gefährten des Odysseus; die Freier). Die Götter stehen dem Menschen häufig als Mahner und Hüter des Rechtes gegenüber. Die gleichen Anschauungen zeigen auch zahlreiche alte Sagen (besonders Oidipus- und Atridensage). In der frühgr. Lyrik begegnet man der erwachenden verantwortlichen Persönlichkeit. Die geläuterte Gottesvorstellung der Ioner (Naturphilosophen) sah die Aufgabe der Götter darin, die aus Frevelmut über ihre Sphäre hinausstrebenden Menschen zu bestrafen (Nemesis) und so die göttliche Weltordnung zu schützen und den harmonischen Weltkosmos zu bewahren. Diese Harmonie bestand in einer gewissen Ausgeglichenheit. Auch fortgesetztes Glück wurde als Krankheit empfunden, von der man sich läutern mußte. Diese Anschauungen finden sich in einigen Novellen des Herodot (Kroisos, Polykrates) und bei den attischen Tragikern (besonders Aischylos). Sophokles vertrat auch den Glauben an eine unfreiwillige Verschuldung. Im Oidipus und der Antigone empfindet aber der moderne Beurteiler die Bestrafung der Helden zum Zwecke der Herstellung der göttlichen Weltordnung als grausame Härte. Im 4. Jh. fanden sich ähnliche Anschauungen noch bei Xenophon und Demosthenes. In Athen bestand auch seit dem 6. Jh. ein Kult und Altar der H. Platon, Aristoteles und die Philosophen verwarfen diese Anschauungen u. legten mehr Wert auf die entsprechenden positiven Charaktereigenschaften, die *aidos,* eine Macht, die dem Menschen das Rechte sagte (etwa = Gefühl für Recht, Ordnung und Anstand), und die → *sophrosyne,* die richtige sittliche Einstellung (Gegensatz zur Ate), sie gründeten also das sittliche Handeln nicht mehr wie bisher auf die Furcht vor Strafe, sondern auf die sittliche Verpflichtung des philosophisch Gebildeten, das Gute um seiner selbst willen zu tun und so von sich aus zur Verwirklichung der göttlichen Weltordnung beizutragen. → Schicksal.

C. del Grande, *H.*, Neapel 1947; J. Stallmach, Ate, 1968.

Hygieia, gr., Göttin der *hygieia* = Gesundheit, Personifikation, dem → Asklepios beigesellt. – Aus dem 4. Jh. v. Chr. ist uns in einer Inschrift (aus Epidauros) ein Hymnus auf H. von Ariphron v. Sikyon erhalten. – Hygiene, nach dem Titel einer Schrift des Galenos (→ Heilkunde), die Mittel zum Schutz einer vorhandenen Gesundheit empfiehlt.

P. Maas, Epidaurische Hymnen, 1933; H. Sobel, 1990.

Hyginus. C. Iulius H., Freigelassener des Kaisers Augustus, der ihn zum Bibliothekar der Palatinischen Bibliothek bestimmte. Freund des Ovid. Seine zahlreichen geograph., philolog. und historischen Werke verloren.

Hylas, Liebling des Herakles. Nahm mit diesem am → Argonautenzuge teil. Herakles sucht den von den Nymphen geraubten H. und verpaßt so die Abfahrt der Argo in Mysien, so daß er am weiteren Zuge nicht mehr teilnimmt.

Hylozoisten nennt man diejenigen unter den → ionischen Naturphilosophen, die die Ursubstanz der Welt in einem als belebt gedachten Urstoff suchten: Thales, Anaximandros, Anaximenes, Heraklit.

Hymenaios (Grundbedeutung unklar; wohl nicht mit Hymnos verwandt), Hochzeitslied (→ Hochzeit); H. oder Hymen, der Hochzeitsgott.

Hymnos. Ursprüngl. jedes Lied zu Ehren eines Gottes. Als Metren finden sich lyrische und hexametrische Maße. Das Wort und die Sache begegnen schon in der *Ilias* und der *Odyssee* (*Il.* 1, 472–4; *Od.* 8, 429). Die älteste Hymnensammlung sind die Homerischen H. (→ Homer. Dichtung 3), die aber literarische und keine Kulthymnen sind. Das gilt in noch stärkerem Maße von den 6 H. des → Kallimachos, die den homerischen in der äußeren Form folgen. Von H. anderer hellenist. Dichter sind uns z. T. Fragmente erhalten. Der Philosoph Kleanthes dichtete einen H. auf Zeus. Neben diesen literar. H., von denen uns schon bei → Alkaios solche in lyrischem Maß bekannt sind, stehen die ausgesprochenen Kulthymnen, wie die orphischen H. (→ Orpheus) und eine Reihe inschriftlich erhaltener H. aus Delphoi (mit Noten; hellenist. Zeit), Epidauros (→ Hygieia), Erythrai (Ende 4. Jh. v. Chr.), Palaikastro auf Kreta. Mit Notenschrift sind auch 3. H. des Mesomedes überliefert (2. Jh. n. Chr.). – Ein Kultlied ist das *Carmen saeculare* des → Horaz. – Die H. der christlichen Liturgie reichen z. T. bis ins Altertum zurück. Die meisten H. des Breviers sind rhythmisch und strophisch gegliedert und bestehen fast immer aus vierzeiligen Jamben. Sie sprechen von Gottes Größe in seinen Werken. Der *Hymnus Ambrosianus,* d. i. das *Te Deum laudamus,* sowie die

Präfationen des Missale sind im freien Rhythmus und ohne streng strophischen Aufbau geschrieben. Die Dichter der meisten H. sind nicht mit Gewißheit nachzuweisen. Der erste christl. H.dichter ist Ephraim, der Syrer, gest. 373. Der erste H.-Dichter des Abendlandes ist → Hilarius v. Poitiers; Ambrosius von Mailand ist der „Vater der abendl. H.dichtung", nach ihm Prudentius; im MA. Hrabanus Maurus (*Veni, creator spiritus,* 8./9. Jh.) und Thomas v. Aquin (*pange lingua,* 13. Jh.).

W. Peek, Isis-H. v. Andros u. verw. Texte, 1930; P. Maas, Epidaur. H., 1933; O. Hellinghaus, Lat. H. d. christl. Altertums u. MA., ³1934; E. Norden, Aus altröm. Priesterbüchern, 1939; E. Beek, Die Theologie des hg. Ephraim in s. Hymnen, 1949; E. J. E. Raby, *A history of christian-latin poetry,* Oxf. ²1953; K. Langosch, H. u. Vagantenlieder, 1954; B. Stäblein, Die ma. H.-Melodien des Abendlandes, 1956; W. Bulst, *Hymni antiquissimi,* 1956; A. S. Walpole, *Early Roman Hymns,* 1922, neu 1966.

Hypatia, eine Anhängerin der platonischen Philosophie in Alexandreia, Tochter des Mathematikers und Astronomen Theon, als Lehrerin der Mathematik und der Philosophie (Neuplatonismus) hervorragend, schrieb u. a. über Kegelschnitte, hatte auch politischen Einfluß und wurde vielleicht deswegen 415 n. Chr. vom fanatisierten christl. Pöbel gelyncht, worüber nur unklare Berichte vorliegen: Sowohl tadelnde wie auch ehrfurchtsvolle Bemerkungen über diese höchst ungewöhnliche Frauengestalt liegen heute noch vor.

Hyperboreer, gr. *Hyperboreoi, -reioi,* „die jenseits des Nordwinds *(boreas)* Wohnenden"; doch ist diese antike Erklärung des Wortes sehr unsicher. Nach delphischem Glauben waren die H. ein seliges Volk in einem nicht zu Fuß und nicht zu Schiff erreichbaren Lande. – Römische H., kleiner, 1823 in Rom begründeter Verein deutscher, für antike Kunst begeisterter Männer.

Hypereides aus Athen (→ Zehn attische Redner), Redner, 389–322 v. Chr., Schüler Platons und Isokrates', stand mit Demosthenes auf Seiten der antimakedonischen Partei. Sechs Reden fanden sich im vorigen Jh. auf Papyri. H. war ein gewandter Redner, doch ohne die mitreißende Gewalt des Demosthenes. In der Sprache nähert er sich der → Koine.

W: Hg. C. Jensen, 1917, neu 1963; hg. u. franz. G. Colin, Paris 1946. – *Ü:* W. S. Teuffel, ²1882.

Hyperion, Beiname des → Helios.

Hypnos, Gott des Schlafes, mit seinem Zwillingsbruder *Thanatos,* dem Gott des Todes, von der *Nyx,* der Nacht, geboren. Die Kunst stellte sie meist als geflügelte Jünglinge dar (Lekythos des Thanatos-Malers in London).

H. Schrader, 1926.

Hypokausten, die antike Zentralheizung, nach antiker Angabe um 80 v. Chr. von Sergius Orata erfunden. Dieser war der (damals in Rom ziemlich neue) Typus des industriellen Unternehmers; er erfand auch die künstliche Austernzucht. Auf einen unteren Fußboden aus gewöhnlichen Ziegelsteinen stellte er runde oder viereckige Säulchen aus Ziegelsteinen von 10–20 cm Durchmesser und etwa 80 cm Höhe; auf ihnen liegt dann der eigentliche Fußboden des Zimmers. Von einem Zentralofen strich zwischen den Säulen warme Luft hin und erwärmte den Fußboden von unten (gr. *hypo*). Zur Erwärmung der oberen Stockwerke ließ man die Heißluft in Hohlziegeln der senkrechten Wände emporsteigen. H.-Heizung findet sich in sehr vielen antiken Bauten, auch die → Bäder der meisten Limes-Kastelle besaßen solche Einrichtungen.

G. Fusch, Über H.-Heizungen, 1910.

Hypotenuse → Kathete.

Hypothek. Gr. *hypotheke* heißt im Altgr. Unterlage; Warnung (Unterl. für die Ausführbarkeit eines Plans). So wurden die Elegien des Theognis an Kyrnos als *hypothekai parainetikai* (Rat- u. Mahngedichte) bezeichnet, u. unter dem Nachlaß des Hesiod befinden sich *Chironos hypothekai* (Verwarnung d. [Kentauern] Ch.), eine poetische Erziehungsschrift. Unterpfand, Verpfändung (Unterl. für ein Darlehen). In unserer, sonst bei unserer Abhängigkeit vom *Corpus iuris* meist lat. Rechtssprache erscheint das gr. Wort H., weil es schon die Römer des Altertums als Fremdwort übernahmen. → Inflation.

Hypothesis („Grundlage, Stoff, Gegenstand“), Einleitung mit Inhaltsangabe, wie sie von den alexandrinischen Gelehrten den Editionen der von ihnen wissenschaftlich bearbeiteten Dramen klassischer Autoren beigegeben wurden. Die H. konnten auch weitere Angaben über das erste Aufführungsdatum des Stückes, den Preis, den der Autor damit gewann, die Ausstattung, Namen der Schauspieler, Erklärung der geschichtlichen Gegebenheiten (bei Komödien) und manchmal auch literarkritische Bewertungen enthalten. Diese H. haben sich in der Überlieferung, wenn auch stark überarbeitet und verwässert, erhalten.

A. Wilhelm, Urkunden dramatischer Aufführungen in Athen, Wien 1906.

Hypsipyle, die Tochter des Königs der Insel Lemnos, Geliebte Iasons und Königin des Frauenstaates, der dort entstanden war, weil alle Frauen der Insel ihre Männer umgebracht hatten, wurde nach Argos als Sklavin verkauft, weil sie allein ihren Vater Thoas gerettet hatte. – Euripides schrieb eine Tragödie über diese Frauengestalt.

i, j. Das i (im Griechischen *iota,* sprich *i-ota)* wurde nie als Konsonant j, sondern stets als Vokal i gesprochen. Im Lateinischen war i Vokal oder Konsonant. Dieser wurde im Altertum vereinzelt als *i longa* = langes i geschrieben: EIVS, MAIOR, seit dem 17. Jh. konsequent als J, j. Das hat die Wissenschaft aber seit etwa 1870 wieder aufgegeben.

Jagd, zu allen Zeiten im Altertum gern betrieben, zur Abwehr gefährlicher Tiere (→ Löwentor), zur Nahrungsbeschaffung, als → Sport, in hellenistischer Zeit zur Beschaffung von Kriegselefanten, in röm. zu der wilder Tiere für den → Circus. In der Kaiserzeit galt die J. auf wilde Tiere als Bewährungsprobe männlicher Tugenden; daher ließen sich die Kaiser gern als Jäger wilder Bestien darstellen.

M. Müller, D. J.-Wesen d. alten Gr. u. Römer, 1883; J. Overbeck, Antike J., 1927;

J. Aymard, *Chasses Romaines,* Paris 1951; H. Altenmüller, Die J. im Alten Ägypten, 1967; *Archaeologia Homerica,* II 1973.

Jahreszählungen (→ Kalender). Es hat merkwürdig lange gedauert, bis man lernte, die Jahre nach einem Fixpunkt, z. B. Christi Geburt oder Hedschra, vor- und rückwärts zu zählen. In Argos bezeichnete man die Jahre nach den Dienstjahren der einzelnen Herapriesterinnen; in Athen zählte man sie nicht, sondern benannte sie, und zwar nach dem Namen des ersten der 9 Archonten (→ Archon); ebenso in Rom nach denen der Consuln oder eines Consuls; ein Krug 65er Wein heißt bei Horaz *Od. III* 21 „unter dem Consul Manlius geboren". Zur Angabe der Regierungszeit der spartanischen Könige Agis und Leonidas braucht Plutarch (*Ag.* 3) statt des uns geläufigen „Agis, 245–241" $1^1/_2$ Druckseite! Er nennt berühmte Ahnen der beiden, deren Zeit man ungefähr im Kopfe hatte, und dann alle ihre Nachkommen bis zu A. u. L. (dadurch werden die langen genealogischen Listen der Bibel verständlich). Natürlich war das sehr unpraktisch; man mußte lange Listen von Beamtennamen auswendig lernen, was im Gymnasium mit Recht sehr unbeliebt war, oder in einem Buche nachschlagen. – Dann kam man auf die Idee, ein Jahr 1 als Fixpunkt anzusetzen; aber man einigte sich nicht, welches Jahr! Der Verfasser des → *Marmor Parium* nahm als 1 das Jahr 264 v. Chr. an, d. h. das, in dem er seine Chronik schrieb; die Griechen sonst 776 v. Chr. (→ olympische Spiele); die Römer das angebliche Gründungsjahr ihrer Stadt, 754 oder 753 v. Chr. (→ a. u. c.); die röm. Christen nach einer Anregung des röm. Abtes Dionysius Exiguus, gest. um 540, das Jahr von Christi Geburt. Aber die Olympiaden- u. die a. u. c.-Ära bürgerte sich kaum, die christliche nur ganz langsam ein. Seit 297 n. Chr. rechnete man auch nach → Indictionen = Steuerjahren. Die Grabinschrift Karls d. Gr. gab dessen Todesjahr nach der christl. Ära als 814, aber auch mit der I.-Zahl an; das Kaiserliche Reichskammergericht in Wetzlar verzeichnete die I. bis 1806! – Immerhin hat Dionysius Exiguus, also das späte Altertum, das Verdienst, die Grundlage für die heutige, wenigstens unter Christen gültige Beseitigung des antiken Wirrwarrs der J. geschaffen zu haben. Der Versuch der franz. Revolution, eine neue J. einzuführen, schlug fehl.

O. Leuze, Die röm. J., 1909; M. P. Nilsson, *Primitive Time-Reckoning,* Lund 1920, neu 1960; W. Kubitschek, Grundriß d. ant. Zeitrechnung, 1928; G. Thomson, *The Greek Calendar,* 1943; H. U. Instinsky, Das Jahr der Geb. Chr., 1957; E. Bickermann, Chronologie d. Antike, [2]1963; A. E. Samuel, *Greek and Roman Chronology,* München 1972; H. Lietzmann, Zeitrechnung d. röm. Kaiserzeit, d. MA u. d. Neuzeit f. d. Jahre 1–2000, [4]1984; M. Deißmann, Daten zur antiken Chronologie u. Geschichte, 1990.

Iakchos, Sohn der Demeter und mit ihr in → Eleusis verehrt, vielleicht eigentlich Gott des Jubel-, Juchheegeschreis, *ia(k)che,* dann wegen des Anklangs an Bakchos dem Dionysos gleichgesetzt.

Iamblichos v. Chalkis (Syrien), gr. Philosoph des 3./4. Jh. n. Chr., gründete die syrische Schule des Neuplatonismus, in der Magie, Okkultismus und Mystik eine wichtige Rolle spielten. Er versuchte noch einmal, das gesamte pythagoreische Gedankengut systematisch darzustellen und einer breiten Leserschaft nahezubringen. → Pythagoreer.

W: B. 1 hg. L. Deubner, 1937, neu 1975; B. 2 hg. u. d. M. v. Albrecht, 1963. – *Ü:* Th. Hopfner, 1922.

Iambus, gr. *i-ambos,* der Versfuß (→ Metrik) ◡ –, eigentlich „Pfeil", weil → Archilochos ihn zu Spottversen verwandte. Im Drama sind die iambischen Verse für die gesprochenen Partien üblich, weil sie der gesprochenen Sprache am nächsten stehen, Meist hatte ein i. V. 6 Iamben; einen solchen V. nannten die Griechen i. Trimeter („Dreimaß", weil sie je 2 Iamben zusammenrechneten), die Römer i. Senar („Sechsmaß", zu *seni* = je 6). Die modernen i. V. haben meist 5 Füße. Die Verschiedenheit der i. V. bei Archilochos, Aischylos und Aristophanes charakterisierte hübsch und treffend A. W. v. Schlegel (1803):

Wie rasche Pfeile sandte mich Archilochos,
vermischt mit fremden Zeilen, doch im reinsten Maß,
im Rhythmenwechsel meldend seines Mutes Sturm.
Hoch trat und fest auf dein Kothurngang, Aischylos;
großartgen Nachdruck schafften Doppellängen mir
samt angeschwellten Wörterpomps Erhöhungen.
Fröhlicheren Festtanz lehrte mich Aristophanes,
labyrinthischeren: die verlarvte Schar anführend ihm
hin gaukl' ich zierlich in der beflügelten Füßchen Eil.

Die iambische Poesie war mit den beweglichen Versen besonders für den „verstandesmäßig kritischen, zugleich zornmütig erregbaren, zu Spott geneigten Geist des ionischen Stammes" bezeichnend. Neben Archilochos waren → Semonides und → Hipponax die Hauptvertreter der iambischen Poesie. – → Hinkiambus.

Ianiculum, Berg Roms auf dem r. Tiberufer, daher nicht zu den → 7 Hügeln gerechnet, schon sehr früh mit Rom durch die älteste → Brücke über den Tiber, den *pons sublicius,* verbunden. Heute Monte Gianicolo in Trastevere, d. h. jenseits (ital. *tras-*) des Tiber *(Tevere).* → Ianus.

Januar, lat. *ianuarius,* → Monatsnamen. Ursprünglich begann das Jahr in Italien am 1. März, ganz organisch mit dem Beginn des dortigen Frühlings; am 1. März traten die neuen Consuln ihr Amt an. Ende 154 v. Chr. brach in Spanien ein Aufruhr aus, dessen Urheber nicht geahnt haben, daß sie damit dauernd den europäischen Kalender beeinflussen würden. Man wollte seine Niederwerfung, um einen Wechsel des Kommandos zu vermeiden, nicht erst den Consuln von 154 übertragen und am 1. März 153 den neuen. Daher ließ man das Jahr 154 nur 10 Monate dauern und begann 153 mit dem 1. Jan. Dies wurde beibehalten, und deswegen ist noch heute der 1. Jan. Neujahrstag! – Am 1. Jan. 45 wurde der iulianische → Kalender eingeführt. – Der Neujahrstag wurde gefeiert; man beglückwünschte und beschenkte sich gegenseitig. → Saturnalia.

Ianus, altröm. Gott, der die Stadttore beschützte (nicht die Haustüre; → Portunus). Als Gott soll er sich in früher Vorzeit auf dem → Ianiculum niedergelassen haben (von Etruskern eingeführt). Der Monat → Januar, der elfte des röm. Jahres, ist nach ihm benannt. Münzbilder geben I. durch eine bärtige Doppelherme wieder. Sein Tempel lag auf dem Forum neben der Curia; er war ein Doppeltor, das im Frieden geschlossen und in Kriegszeiten geöffnet war (ursprl. um den Auszug der Truppen zu erlauben). Zwischen der Zeit des angeblichen Erbauers Numa und des Augustus soll er nur zweimal, bekannt nur 235 v. Chr., geschlossen gewesen sein; Augustus schloß ihn dreimal. Prokopius sah den Bogen noch im 6. Jh. n. Chr.

B. R. Burchett, *Janus in Roman Life and Cult*, Pennsylvania 1918; F. Börtzler, Janus und seine Deuter, 1930; L. A. MacKay, Berkeley 1956; L. A. Holland, *I. and the bridge*, Rom 1961.

Iason, Erbe von Iolkos in Thessalien, wurde von seinem Onkel Pelias dessen beraubt und auf eine gefährliche Fahrt geschickt, auf der er umkommen sollte (→ Argonauten); gewann in Kolchis (→ Phrixos) die Medeia, eine Zauberin, als Gattin. Mit deren Hilfe rächte er sich an Pelias; sie überredete dessen Töchter, den Vater zu zerstückeln und zu kochen, unter dem Vorgeben, dadurch werde P. verjüngt. Von P.' Sohn aus Iolkos vertrieben, wohnte er in Korinth und wollte sich mit der Tochter des dortigen Königs vermählen. Die enttäuschte Medeia ermordete, um sich an ihm zu rächen, die beiden Söhne, die sie von ihm hatte, und floh nach Athen, später wieder nach Kolchis. Der unglückliche u. vereinsamte I. schlief einst in der Mittagshitze im Schatten des Schiffs → Argo und wurde, als dieses aus Altersschwäche einstürzte, von den Trümmern erschlagen.

Iberer, unseres Wissens die ältesten Einwohner von Spanien, deren ethnische Zugehörigkeit noch nicht geklärt ist (jedenfalls nicht Indogermanen). Um 500 v. Chr. entstand bei den nördlichen Stämmen infolge der Einwanderung der Kelten der neue Stamm der → Keltiberer. Als der noch lebende Rest der I. gelten die Basken.

A. Arribas, *The Iberians*, Lond. 1963.

Ibykos aus Rhegion lebte im 6. Jh. v. Chr. als fahrender Sänger in Süditalien, Sizilien u. auf Samos am Hofe des Polykrates. Seinen Tod bei Korinth hat Schiller nach einer antiken Erzählung geschildert. Vielleicht ist diese aus dem Namen I. herausgesponnen; gr. *ibyx* heißt Kranich (?). Seine in 7 Büchern gesammelten Gedichte waren dorische Chorlieder, meist zum Preise schöner Knaben, die in Ton und Inhalt Verwandtschaft zu Stesichoros und der aiolisch-ionischen Lyrik zeigen.

W: ALGr II, ^{2}1942. – *Ü:* E. Geibel, Klass. Liederbuch, 1875.

ichthys, gr. = Fisch. Das Wort enthält die Anfangsbuchstaben von gr. *Iesus Christos the-u yios soter,* d. h. J. Chr., Gottes Sohn, Heiland. Die religionsgeschichtliche Herkunft dieses Zeichens ist wissenschaftlich noch nicht völlig geklärt. Nach dem Ausgang der Antike verschwindet dieses Symbol wieder. Grundlegend für die symbolische Vorstellung war bei den Christen der im 2. Jh. aufgekommene, bei Tertullian formulierte Gedanke der Wiedergeburt des Menschen im Taufwasser, das durch den Logos dem eingetauchten „toten Menschen“ neues Leben gibt.

F. J. Dölger, D. Eucharistie nach Inschriften frühchristl. Zeit, 1922; ders., *Ichthys,* 1928.

Ich weiß, daß ich nichts weiß, bekannter Ausspruch des Sokrates, in dem er die wichtigste Erkenntnis seines Forschens zusammenfaßte. Diesen absoluten Skeptizismus gegenüber der Erkenntnisfähigkeit des menschlichen Geistes setzte er der Selbstüberhebung der Sophisten entgegen, die auf ihr Wissen stolz waren. Für ihn, wie schon für Pythagoras, trat die → Philosophie, das Suchen nach der Weisheit, an die Stelle der Weisheit, *sophia,* der Sophisten. – → Ironie.

Ida, gr. (die) Ide, seltener Ida, Gebirge a) auf Kreta, wo Zeus erzogen wurde, b) in Kleinasien, Hauptsitz des Kybelekults.

Ideenlehre, ein wesentlicher Bestandteil der Philosophie → Platons.

Iden, lat. *idus,* der 13., im März, Mai, Juli, Oktober der 15. Tag des Monats, → Kalender. – I. des März, lat. *i. Martiae* (wörtlich: „die märzischen I.“; die Monatsnamen sind im Lat. Adjektiva), der 15. März; besonders berühmt der 15. März 44 v. Chr., an dem Caesar ermordet wurde.

idg., Idg., die übliche Abkürzung für indogermanisch, → Indogermanen; die bessere Bezeichnung Indoeuropäer bürgert sich erst langsam ein.

Idyll, gr. *eidyllion,* Deminutivum zu *eidos,* „Bildchen“, nach anderer, jedoch umstrittener Deutung „Liedchen“. Idyllen sind kurze Gedichte über das Landleben; → bukolische Poesie.

Jerusalem, hebr. *Jeruschalajim,* (der zweite Bestandteil des Namens heißt „unversehrt“, „friedlich“, weil J. infolge seiner Lage auf einem Berge als uneinnehmbar galt), gr. (mit Angleichung an gr. *hieros* = heilig) u. lat. *Hierosolyma,* um 1400 v. Chr. in ägyptischen Texten *Urusalim;* von den Israeliten unter David um 980 erobert; schon früh bedeutend; um 950 Tempelbau unter Salomo; 587 von Nebukadnezar, König von Babylon, zerstört, 7000 Grundbesitzer und 1000 Handwerker mit ihren Familien in die babylonische Gefangenschaft verschleppt; 539 von → Kyros den Juden die Rückkehr gestattet, Stadt u. Tempel wieder aufgebaut; 332 von Alexander kampflos genommen; seit 301 unter den Ptolemaiern, seit 197 unter den Seleukiden, seit 63 unter den Römern; Ablehnung des Hellenismus (→ Makkabäer); 70 n. Chr. von Titus trotz tapferster Gegenwehr der Juden erobert und zerstört (→ Bogen); 130 von Hadrian als *Aelia [Capitolina]* neu errichtet, aber den Juden nicht zugänglich (über den Judenaufstand → Kyrene); seit Constantin d. Gr. (323–337) christlich; bald Ziel von Pilgerreisen (→ Reisehandbücher); seit 637 islamisch; seit 15. Juli 1099 (1. Kreuzzug) christlich, dann in wechselndem Besitz, heute Hauptstadt des Staates Israel. Erfolgreiche Ausgrabungen am Tempelberg seit 1967; viele Reste auch aus 900 Jahren gr.-röm. Geschichte.

J. Jeremias, J. zur Zeit Jesu, [3]1962; J. Lande-Nash, 3000 Jahre J., 1964.

Jesus hieß eigentlich (aramäisch) Jehoschua, Jeschua = Gott hilft.

Iesus (gr., ebenso lat.) ist an das Griech. angeglichen (→ Isidor). – Die Geschichtlichkeit Jesu wird von glaubwürdigen Schriftstellern schon des 1. Jhs. einwandfrei bezeugt (→ Christentum).

J. B. Aufhauser, Antike J.-Zeugnisse, [3]1925; W. Grundmann, Die Gesch. J. Christi, [3]1960; G. Bornkamm, J. v. Naz., [8]1968; E. Schweizer, 1968; H. Braun, [2]1976.

Ikaros, Sohn des → Daidalos. Dieser erfand Flügel, deren Federn er mit Wachs zusammenklebte. Beim Fluge kam I. aus Übermut der Sonne zu nahe, fiel, da das Wachs schmolz, ins Meer u. ertrank.

Ilias → Homerische Dichtung 1.

Illyrer. Dieses indoeurop. Volk, ursprünglich in Mitteleuropa beheimatet, setzte sich später in Südosteuropa fest, stark durchsetzt mit anderen indoeurop. und auch nicht-indoeurop. Elementen (Liburner, Dalmater, Istrer). Nach einem Vorstoß ins Keltengebiet Süddeutschlands ließen sich die I. dauernd in der nordwestlichen Balkanhalbinsel und an der nördlichen und östlichen Adriaküste nieder. Diese Verschiebung setzte wahrscheinlich die Große oder → Ägäische Wanderung in Bewegung. Die I. bildeten nun eine dauernde Bedrohung des griech. Gebietes, weshalb maked. Könige mehrfach gegen sie zu Felde ziehen mußten; sie waren auch als Seeräuber gefürchtet. Seit 230 v. Chr. wurden sie von den Römern unterworfen u. romanisiert; Provinz erstmals unter Caesar. Als im 3. Jh. n. Chr. das Heer der ausschlaggebende Faktor im Reich wurde, stiegen Söhne dieses Volkstums bis zu den höchsten Stellen empor. Schon in der Zeit der Anarchie (234–281) waren überwiegend I. die Leiter der Reichspolitik. Mit Aurelian kamen sie auf den Kaiserthron und haben 100 Jahre in Rom geherrscht. Einige der markantesten Persönlichkeiten der röm. Kaiserzeit (Diokletian, Constantin) gehörten zu ihnen. Es waren harte Söhne der wilden Berge des Balkan, die neue Gesinnungen in die erstarrende Römerwelt brachten, Soldaten, die mit unbekümmertem kühnem Griff das röm. Reich neu organisierten und es in fortgesetzten Kämpfen gegen die andrängenden Nordvölker verteidigten. Bezeichnenderweise wurden gerade unter ihrer Regierung alle jene grundstürzenden Neuerungen durchgeführt, die nachher das Mittelalter einleiteten: Reichsteilung, Vergottung der Kaiser und Einführung des Christentums. Schon bei → Ptolemaios erschienen sie dann als *Albanoi.* Unter diesem Namen (Albaner, Albanesen) gehörten Teile des illyrischen Volkstums dem byzantinischen Reich an. Im 14. Jh. unternahmen sie große Wanderungen, die sie nach Attika, Thessalien, der Peloponnes und den Inseln führten. Seit etwa 1400 mußten sie sich der vordringenden Türken erwehren. – Wiederverwendung des Völkernamens in der napoleonischen Zeit: Ill. Provinzen, Königreich Illyrien.

J. Pokorny, Zur Urgesch. d. Kelten u. I., 1938; A. Mayer, Die Sprache der alten I., II 1957–59; V. G. Alföldy, Bevölker. u. Gesellsch. der röm. Prov. Dalmatien, Budap. 1965.

Imperator, (lat.) der Inhaber des → *imperium;* wurde Ehrentitel des Feldherren, der nach siegreichem Feldzug zum Triumph nach Rom zurückkehrte. Mit der wachsenden Bedeutung des Heeres als Machtfaktor in den Wirren der späten Republik gewann der Titel an Bedeutung; er wird zum Symbol der absoluten Macht, die der Feldherr als Befehlshaber besaß. So nahm Caesar die Bezeichnung *i.* als ständigen Titel an, Augustus folgte ihm darin, so daß der Titel unter den Kaisern erblich wurde. Damit wurde das Recht auf den Oberbefehl über das Heer und auf den Triumph ein wichtiger Bestandteil der kaiserlichen Befugnisse.

imperium hieß in der röm. Republik die uneingeschränkte Amtsgewalt der Beamten. Sie zeigte sich nicht so sehr in der Stadt als im Felde, im Oberbefehl über alle Heeresangehörigen. Kraft des I. konnte der Feldherr auch röm. Bürger außerhalb der Stadt töten lassen. Er hob Soldaten aus, ernannte die Offiziere, regelte die Kriegsoperationen, schloß Verträge (bald allerdings nur im Einvernehmen mit Senat und Volk), traf Anordnungen über Verwendung der Beute; nach siegreichem Feldzug durfte er sich beim Senat um den Triumph bewerben. Ursprünglich war das I. auf ein Jahr, die Amtszeit des Beamten, befristet, aber schon in der späteren Zeit der Republik wurde es in Sonderfällen auch auf längere Zeit verliehen, so an → Caesar auf 5 Jahre. – I. hieß bald auch das Land, in dem die Gewalt der Beamten ausgeübt wurde. Vor allem bezeichnet man mit I. Romanum das röm. Kaiserreich. → den vorigen und nächsten Art.

Imperium Romanum (→ imperium): Das Röm. Reich hatte zur Zeit seiner größten Ausdehnung unter → Traian rund 3,5 Millionen Quadratkilometer und besaß eine geschätzte Einwohnerzahl von 50–80 Mill. Menschen (über diese Schwankungen → Volkszählungen); die Anzahl der männl. röm. Bürger wird unter Augustus mit 5 Mill. angegeben.

E. Täubler, *Imp. Rom.*, 1913; Ortega y Gasset, Über d. röm. Imperium, 1942; J. Bleiken, Röm. Kaiserreich, II 1978; H. P. L. Orange, Das Röm. Reich, 1985.

in contumaciam; lat. *contumacia* (von *tumere:* [von Stolz] aufgeblasen sein; *contumax:* widerspenstig, trotzig) = absichtlicher Ungehorsam gegen ein Gebot des Magistrats, besonders gegen eine richterliche Ladung. Blieb in Rom der Beklagte trotz dreimaliger Ladung ohne triftigen Grund aus, so konnte in seiner Abwesenheit verhandelt und entschieden werden; war er ordnungsgemäß verurteilt, konnte er nicht Berufung einlegen. „*in c.* verurteilen“ heißt also: den (auf Vorladung nicht erschienenen) Beklagten in seiner Abwesenheit verurteilen.“

indictio, „der Römer Zinszahl“. Lat. *ind.* heißt „Ansage“; speziell Ankündigung einer außerordentlichen Steuer; später überhaupt Steuer. Diese wurde alle 5 Jahre neu festgesetzt (→ census); 3 solcher Indictionsperioden wurden zu einem I.-Zyklus zusammengefaßt; in einem solchen hieß jedes einzelne Jahr *ind.* Der erste I.-Zyklus wurde von Diokletian 297 n. Chr. festgesetzt. Der Zyklus galt für das ganze Reich. Bei Jahreszählungen nach I. gab man nur die jeweilige Jahreszahl der 15 Jahre des Z. an, nicht aber der wievielte Z. seit 297 es sei. Diese Datierung ist also gegenüber der nach Jahren von Chr. G. an sehr unvollkommen; trotzdem erhielt sie sich sehr lange. → Jahreszählungen.

Indien, → Araber; Edelsteine; Gandharakunst. – I.-Handel: „nach geringster Schätzung importieren wir aus Indien, China und Arabien jährlich für 100 Mill. Sesterze“ (Plinius, *n. h.* XII, 84; wohl nach Angaben der Grenzsteuerämter). Die europäische Politik seit Alexander d. Gr. war stark durch den Wunsch bestimmt, den Weg nach dem Drogen- und Edelsteinlande I. in die Hand zu bekommen.

A. Herrmann, D. Verkehrswege zw. China, I. u. Rom um 100 n. Chr., 1922; A. Schmidt, Drogen u. Drogenhandel im Altert., 1924; ders., D. Handel zwischen I. u. Rom z. Z. der röm. Kaiser, 1930; W. W. Tarn, *The Greeks in Bactria and India,* Cambr. [2]1951; M. Rostovtzeff, Gesellschafts- u. Wirtschaftsgesch. d. Hellenist. Welt, 1956; A. K. Narain, *The Indo-Greeks,* Oxf. 1957; G. Woodcock, The Greeks in India, London 1966.

Indoeuropäer ist die neue, bessere Bezeichnung der früher so bezeichneten → Indogermanen; die neue Bezeichnung setzt sich langsam durch.

Indogermanen. Kenntnisse des Sanskrit, des Altindischen, das in Indien noch im religiösen Gebrauch fortlebt, gelangten im 18. Jh. erstmals nach England. Der Deutsche F. Bopp, geb. 1791, der in London orientalische Sprache studierte (seit 1821 Professor in Berlin), erkannte, daß Indisch, Persisch, alle germanischen Spr., Griechisch, Latein mit den romanischen Tochterspr., aber auch alle slawischen Spr. auf eine gemeinsame Ursprache zurückgehen und sich erst später in viele Einzelsprachen spalteten, die heute trotz des gemeinsamen Ursprungs tiefgreifende Unterschiede aufweisen. Diese von der Wissenschaft erschlossene „Grundsprache“ nennt man gewöhnlich indogermanisch, richtiger (denn nicht nur Indisch und Germanisch gehören dazu) aber heute indoeuropäisch. Die Verwandtschaft der idg. Sprachen ist auch für den Laien leicht erkennbar an den Verwandtschafts- und Zahlenbezeichnungen: Vater heißt altindisch *pitar,* altpersisch *pita,* gr. *pater,* lat. *pater,* dtsch. Vater, engl. *father,* franz. *père,* ital. *padre;* Mutter heißt matar, matar, meter, mater, Mutter, mother, mère, madre; sechs heißt sas, hex, sex, sechs, six, sei. Aus solchen Reihen suchen Sprachforscher feste Gesetze zu ermitteln. Vielfältige Bemühungen, aus den idg. Sprachen Rückschlüsse auf Geschichte, Staat, Recht, Religion der Idg. zu ziehen, waren bisher nicht sehr erfolgreich. Auch die idg. Urheimat ist noch immer umstritten: Asien (zwischen Hindukusch und Aralsee) oder Mittel- und Nordeuropa?

H. Krahe, Idg. Sprachwissenschaft, [5]1966; ders., Sprache u. Vorzeit, 1954; W. Porzig, D. Gliederung d. indog. Sprachgebietes, 1954; P. Thieme, D. Heimat d. indog. Gemeinsprache, 1954; O. Bastian, D. europ. Sprachen, 1964; Die Urheimat der Idg. (WdF), hg. A. Scherer, 1968; W. Besch u. a., Sprachgeschichte, 1985; L. Kilian, Zum Ursprung d. Idg., [2]1988; E. Benveniste, Indoeuropäische Institutionen, d. 1993; H. Haarmann, Die Sprachenwelt Europas, 1993.

in dubio pro reo, „im Zweifel (entscheidet das Gericht) für den Angeklagten“; altes lat. Sprichtwort, Quelle unbekannt. Dem Sinne nach im → *Corpus iuris:*

„In Zweifelsfällen ist immer die wohlwollende Auslegung vorzuziehen."

Industrie → handwerkliche und industrielle Berufe.

Infanterie. Man unterschied schwerbewaffnete und leichtbewaffnete Truppen zu Fuß. Den Kern der griechischen Heere bildeten stets die Hopliten (Schwerbewaffnete), ausgerüstet mit Schutz- und Angriffswaffen zum Nahkampf (→ Waffen). Weniger geachtet waren daneben die Truppen leichterer Bewaffnung, die sich erst allmählich durchsetzten; die Peltasten, eine Art leichter I. mit kleinem Schild (gr. *pelte*), Schwert und Wurfspießen, und die Gymneten, die nur zum Fernkampf bestimmten Leichtbewaffneten, zu denen man die Bogenschützen, Schleuderer und Speerschützen zählte. – Auch bei den Römern bildete das aus der Bürgerschaft ausgehobene schwerbewaffnete Fußvolk der Legionäre *(milites legionarii)* Kern und Stärke des Heeres. Nicht in den Legionsverband gehörten die leichtbewaffneten Hilfstruppen zu Fuß *(auxilia),* die von den Bundesgenossen gestellt, in den Provinzen ausgehoben oder im Ausland angeworben wurden, also stets Nichtrömer; zu ihnen gehörten besonders Bogenschützen aus Kreta und Schleuderer von den Balearen und aus Numidien; römische Offiziere *(praefecti)* oder diesen untergeordnete einheimische Fürsten befehligten sie. Das Wort Infanterie ist jedoch nicht antik. → Heer.

Inflation (Geldentwertung) ist aus dem Altertum verschiedentlich bekannt; Preisanstieg und Geldverschlechterung schon in der griech. Welt des 5. u. 4. Jh. v. Chr., im Ptolemaierreich um 200 v. Chr., im röm. Reich zur Zeit der Punischen Kriege und sehr deutlich um 300 n. Chr. Während 267 ein Haus in einer Provinzhauptstadt 2000 Drachmen kostete, erhielt man etwa 40 Jahre später auf ein solches eine → Hypothek von 3840000 Dr. 4 Hühner kosteten 30000 Dr., $^1/_2$ l Wein 12000, bald 18000, bald 26000 Dr. Man rechnete in Drachmen nur noch nach Tausenden und Myriaden. → Münzen.

F. M. Heichelheim, Wirtschaftsgesch. d. Altertums, 1938; A. H. M. Jones, *The Late Roman Empire,* Oxf. III 1964.

in hoc signo vinces, „in diesem Zeichen wirst du siegen", geht auf die Erzählung des Eusebios im Leben Konstantins d. Gr. I 28 zurück, nach der dem Kaiser Konstantin vor seinem Siege über → Maxentius 312 n. Chr. am Himmel das Bild des Kreuzes und daneben die gr. Inschrift „Mit diesem siege" erschienen sein soll.

in magnis et voluisse sat est, „in großen Dingen genügt es auch, gewollt zu haben"; Properz, *Elegien* II 10, 6.

in medias res, mitten in die Dinge hinein; → ab ovo.

Ino, Tochter von Kadmos und Harmonia, war die Stiefmutter von → Phrixos und Helle, denen sie nach dem Leben trachtete; auf der Flucht vor ihrem Gatten Athamas stürzte sie sich ins Meer und wurde zur Seegottheit verwandelt; ihr neuer Name: Leukothea. Sophokles und Euripides schrieben Tragödien über diesen Stoff.

Inschriften. Die gr. und lat. I. sind in Stein gemeißelt, in Metall (meist Bronze, selten Blei) eingraviert, mit Farbe auf eine Wand gemalt, mit einem spitzen Gegenstand, einem Nagel, in den Wandverputz eingeritzt. Marmorblöcke mit I. hat man seit dem Ende des Altertums viele Jahrhunderte lang zum Kalkbrennen benutzt; trotzdem sind noch viele Tausende erhalten. I. auf Metall sind höchst selten; das metallarme Mittelalter hat sie eingeschmolzen. Die Farbe der aufgemalten I., z. B. von Ladenschildern, Wahlaufrufen, ist längst verblichen, außer in Pompeii, wo man diese I. jetzt bei den *nuovi scavi* sorgsam konserviert. Die eingeritzten I., z. B. Namen der Besucher an Sehenswürdigkeiten (→ Ägypten) nennt man *graffiti.* – Die I. künden von den verschiedensten Dingen, oft von solchen, die wir aus der antiken Literatur gar nicht oder nicht so authentisch und unmittelbar kennen. Sie enthalten Gesetze, z. B. über zulässige Höchstpreise, Staatsverträge, Ernennungen zu Ehrenbürgern, Namen freigelassener Sklaven, vom Militär entlassener Soldaten, von Schülern, die bei der Versetzung eine Prämie, z. B. für Kalligraphie, erhielten, und vieles andre. Das gestattet uns höchst fesselnde Einblicke in antikes Leben. Dem Historiker bieten sie eine unschätzbare Ergänzung zu den Nachrichten in den antiken Geschichtswerken; so namentlich die „Königin der I.“, das → *Monumentum Ancyranum* und die I. von Bisutun (→ Perser). Sprachlich geben uns I. oft nicht die Literatur-, sondern die Volkssprache und Dialekte. Die älteren I. gestatten wichtige Schlüsse auf die Verbreitung der Volksbildung (→ schreiben). Die I. sind also für unsere Kenntnis des Altertums in vielen Einzelheiten sehr wichtig, so wie die → Papyri, weil aus ihnen das Altertum unmittelbarer zu uns spricht als aus den antiken Schriftwerken, die stets mehr oder weniger auf eine literarische Wirkung zugeschnitten und zurechtgemacht sind. – Schon die antiken Gelehrten benutzten oft I., die z. T. Jahrhunderte älter waren als sie selbst. Manche solcher I., auf die sie sich berufen, haben wir noch; so ist die I. des Peisistratos, die Thukydides VI 54,7 mitteilt, 1877 in Athen wiedergefunden worden; → Orsippos. Das Mittelalter, die Türkei noch in der Neuzeit, ging an den alten I. achtlos vorbei oder zerstörte sie. Schon im 14. Jh. veranstaltete Cola di Rienzo eine Inschriftensammlung. Der Grieche Isidoros von Monemwasia und der Italiener Ciriaco von Ancona, beide um 1400, begründeten die moderne Epigraphik.

W: Corpus Inscriptionum Graecarum (CIG), hg. A. Boeckh, IV 1825–1877, neu 1977; *Inscriptiones Graecae* (IG), hg. Preuß. Akad., XV 1873–1939, ed. alt. IX 1967–68; *Corpus Inscriptionum Latinarum* (CIL), hg. Preuß. Akad., XVII ²1862–1986; W. Dittenberger, *Sylloge inscriptionum Graecarum,* IV ⁴1960; H. Dessau, *Inscriptiones Latinae selectae,* III ³1962; Die Staatsverträge des Altertums, hg. H. Bengtson, III 1962–69; Gr. Inschr. als Zeugnisse des privaten u. öffentl. Lebens, hg. G. Pfohl, ²1980; Röm. Inschr., hg. u. d. H. Appuhn u. a., 1988.

L: G. Klaffenbach, Gr. Epigraphik, neu ²1966; G. Pfohl, D. inschriftl. Überlieferung d. Griechen, ²1964; L. Robert, Die Epigraphik d. klass. Welt, d. 1970; G. Walser (Hg.), Röm. I.-Kunst, 1988; E. Meyer, Einf. in d. lat. Epigraphik, ³1991.

Inspiration, gr. *epipnoia* = Anhauchen, *enthusiasmos* = Darinsein eines Gottes in einem Menschen, lat. *inspiratio* = Einhauchung, nämlich göttlichen Wesens, nahmen Juden, Griechen u. Römer bei Propheten an, Gr. u. R. auch bei literarisch Tätigen u. ihren Werken, die Christen bei der Bibel sogar Verbal-I., Einhauchung Wort für Wort. Auch Epileptiker hielten die Gr., trotz des Protestes der Ärzte, für inspiriert. → Ekstase; Orakel.

inter arma silent leges, „im Waffenlärm schweigen die Gesetze", Cicero, *Rede für Milo* 4,10.

interpretatio Graeca, d. h. eine Erklärung und Deutung fremder Dinge durch bekannte griech. Analogien, liegt bereits in den Bemerkungen Herodots, der die Götternamen der Ägypter und anderer Völker seinen griech. Lesern mit griechischen Götternamen erklärt, also Ammon als Zeus usw. Fremde Götternamen behielt man nur bei, wenn griech. Entsprechungen fehlten (Isis). Diese häufig angewandte Übertragungsmethode erleichterte den Synkretismus der hellenist. Zeit, also die weitgehende Verschmelzung religiöser Lehren, die sich vor allem in den oriental. Mysterienreligionen und in der → Gnosis zeigte.

interpretatio Romana heißt (nach Tacitus, *Germania* 43,3) die Bezeichnung eines fremden Gottes mit dem Namen eines römischen. So berichtet schon Caesar *b. G.* VI, 21 von den „germanischen" Göttern Sol, Luna und Vulcanus. Eine solche Gleichsetzung, meist auf Grund rein äußerlicher Züge, die man als ähnlich ansah, war in der Antike durchaus üblich; so fand man Zugang zur Religion fremder Völker. Zugrunde lag die Anschauung, die von allen Völkern verehrten Götter seien die gleichen. – Auf *„interpretatio Germana"* beruhen unsere → Wochentagsnamen.

interpunctio (lat.), das Setzen eines *punctum* zwischen die Wörter; → Worttrennung. I. in unserem Sinne entstand erst nach dem Altertum und allmählich; Genaueres ist wohl noch nicht ermittelt. Die Namen der älteren I.-Zeichen sind gr. u. lat.: 1. *punctum.* 2. gr. *komma.* Dieses bedeutet: das Abgeschlagene, ein Stück; Abschnitt (eines Satzes); das Zeichen dafür (/, später,). 3. gr. *kolon:* Glied eines Körpers; eines Satzes (das Zeichen dafür ist unbekannt). 4. Semikolon, ein halbes K. Das ; ist im Neugr. = ? und wird auch für altgr. Texte so verwendet. Alle anderen Zeichen sind jung.

in usum Delphini, „zum Gebrauch des Dauphin", d. h. des französischen Kronprinzen, wurden unter Ludwig XIV. Ausgaben der antiken Klassiker hergestellt, in denen alle anstößigen Stellen ausgemerzt waren. Seitdem sprichwörtlich bei Zustutzung eines Originalwerkes für bestimmte Leser.

in verba magistri iurare, „auf des Meisters Worte schwören", d. h. ein blinder Nachbeter sein. Horaz *Episteln* I 1, 14.

in vino veritas, „im Wein (liegt) Wahrheit", d. h. der Trunkene plaudert seine Geheimnisse aus, wörtliche latein. Übersetzung eines mittelgriech. Sprichworts; dem Sinne nach schon bei älteren Schriftstellern, z. B. bei Alkaios (wiederholt bei Theokrit 29, 1): „Wein wird auch Wahrheit genannt“; bei Plinius, *nat. hist.* XIV 141: „allgemein wird dem Wein Wahrheit zugeschrieben“; bei Theognis 500: „der Wein zeigt den Sinn“. – Ähnlich bei den Germanen; sie berieten über wichtige Fragen zuerst beim Becher, faßten jedoch den endgültigen Beschluß am nächsten Tage nüchtern; „sie beraten, während sie nicht ans Täuschen denken, und beschließen, während sie nicht irren können“ (Tacit. *Germ.* 22).

Io, Geliebte des Zeus (→ Ehe), von dessen Gemahlin Hera aus Eifersucht in eine Kuh verwandelt u. dem hundertäugigen Argos zur Bewachung übergeben; Hermes schläferte auf Zeus' Befehl den Wächter mit seinem Zauberstabe ein und tötete ihn. Nun schickte Hera der verwandelten Io eine Bremse, die sie wahnsinnig machte und in unsteter Flucht durch alle Länder jagte. (→ Bosporos), bis sie endlich in Ägypten ihre frühere Gestalt wiederbekam und Ruhe fand; hier wurde sie unter dem Namen Isis als Göttin verehrt. Viele Gemälde stellen diese Geschichte dar: Correggio, Tintoretto, Rubens, Velasquez.

Joch → Flächenmaße, – Unter das J. schicken: Man ließ Kriegsgefangene unter drei so aufgestellten Lanzen: ⊓ durchgehen; das galt als Demütigung; → Caudinische Pässe.

Johannes Chrysostomos (gest. 407), einer der griech. → Kirchenväter.

Iokaste, Tochter des Menoikos und Bruder Kreons, war die Gattin des Thebanerkönigs Laios, den ein Orakel gewarnt hatte, einen Sohn zu zeugen; dieser werde seinen Vater töten und seine Mutter heiraten. I. brachte dennoch einen Sohn zur Welt, → Oidipus. Dieser heiratete ahnungslos seine ahnungslose Mutter; als diese die Wahrheit erkannte, beging sie Selbstmord.- Sophokles machte Oidipus zur Zentralfigur seiner Tragödie; in anderen Werken der Weltliteratur stand I. im Mittelpunkt: H. Sachs, *Die unglückhaftig Königin,* 1550.

Ion von Chios, sehr vielseitiger Schriftsteller des 5. Jhs. v. Chr. In Athen verkehrte er mit den dortigen Größen seiner Zeit. Er dichtete Elegien, Hymnen, Dithyramben und Tragödien und schrieb in Prosa Reisememoiren, in denen er die berühmtesten Männer Athens schilderte. Sie bezeugen seine glänzende Fähigkeit, das Individuum scharf aufzufassen und anmutig zu charakterisieren (hübsches Geschichtchen von einer List des verliebten Sophokles. Athenaios XIII 604 c). Erhalten sind nur Fragmente.

W: A. v. Blumenthal, Ion v. Chios, 1939; auch FGrH.

Ioner (gr. *Iones)* gehörten mit den Achaiern zu den ältesten griech. Ansiedlern in Griechenland, die schon vor der dorischen Wanderung (→ Dorier) dort saßen. Nach dieser siedelten sie sich hauptsächlich auf den Inseln und in der Mitte der Westküste von Kleinasien an. Im Mutterland behielten sie das wenig fruchtbare Attika und Euboia. Der ionische Stamm zeichnete sich namentlich in Kleinasien durch geistige Beweglichkeit, Kunstsinn und Anpassungsfähigkeit aus. Dadurch wurden die I.

die Hauptschöpfer der griech. Bildung; auf die Entwicklung und Ausgestaltung vieler Teile der gr. Literatur hatten sie großen, ja entscheidenden Einfluß (→ Iambus; Novelle); die kunstmäßige Prosa scheint ihre besondere Schöpfung zu sein. Auch in der Plastik, Architektur und Malerei haben sie besondere Leistungen hervorgebracht, die ihren eigenartigen Charakter, ihre Liebenswürdigkeit, Eleganz, Grazie und Leichtigkeit deutlich zeigen. Infolge ihrer günstigen Wohnsitze am Ende der großen Karawanenstraßen, die aus den hochkultivierten innerasiatischen Ländern kamen (besonders aus Mesopotamien; → Handelswege), eigneten sie sich früh reiche Kenntnisse an. Maße, Gewichte, Kalender, Geometrie, Astronomie, wohl auch Münzen und die Schrift wurden durch sie den übrigen Griechen bekannt. Die Fremdartigkeit der Einflüsse regte zum Reisen, Schauen und Ausfragen (→ Theorie; Historie) an; so entstanden Geschichte und Geographie. Durch die Verschiedenheit der Eindrücke wurden die Ioner zum Vergleich herausgefordert. Die religiösen Welterklärungsversuche des Orients führten zur Philosophie (→ ion. Naturphilosophen). Politisch und wirtschaftlich waren sie der fortschrittlichste Stamm; sie bildeten die Demokratie früher aus als alle anderen Griechen. Freilich entarteten sie durch den übergroßen Individualismus sehr früh. Als die Perser ihren Aufstand (500–494) niederschlugen (→ Histiaios), war ihre Kraft gebrochen. In der klassischen Zeit waren sie ohne Einfluß; damals übernahmen die I. des Mutterlandes, die Athener, die Führung. Erst in → hellenistisch. Zeit traten die kleinasiatischen I. wieder hervor. Bei ihnen entstand der → Asianismus; auch in der statuarischen Kunst, vor allem in der Architektur, spielten sie wieder eine bedeutende Rolle. In dem genialen Griechenvolke waren sie der genialste Stamm. Das Ionische Meer und die Ionischen Inseln (Kerkyra = Korfu, Leukas, Ithake, Kephallenia, Zakynthos) haben mit den Ionern nichts zu tun. Der Name ist unerklärt („veilchenblaues“ Meer?).

D. G. Hogarth, *Ionia and the East,* 1909; C. Roebuck, *Ionian Trade and colonization,* N. Y. 1959; G. L. Huxley, *The early Ionians,* Lond. 1966.

Ionicus (d.h. der ionische, nämlich Versfuß; s. Metrik), ⏑⏑ – – oder – –⏑⏑. Ionische Verse kann man nach verschiedenen Regeln sehr abwechslungsreich gestalten. Sie sind manchmal äußerst stürmisch und aufregend; → Attis.

Ionische Naturphilosophen heißen die aus Ionien stammenden Philosophen vor Sokrates, die Begründer der Philosophie u. der Wissenschaft nicht nur bei den Griechen, sondern überhaupt in der Welt. Ihr Hauptgebiet war die Erklärung der Weltentstehung. Der Wert ihrer Lehren liegt nicht darin, daß sie darüber das Richtige gefunden hätten; wohl aber darin, daß sie zuerst lehrten, wissenschaftlich über diese Frage nachzudenken, und in der äußersten Kühnheit ihres Versuchs, die Vielheit der Erscheinungen auf einen Grundstoff zurückzuführen. Die älteren i. N., etwa 600–450 v. Chr., Thales, Anaximandros, Anaximenes, Heraklit (→ Einzelartikel), waren sog. Hylozoisten; d.

h. sie nahmen einen belebten Urstoff (*hyle;* → Elemente) an, aus dem sich auf organischem Wege das Leben *(zoe)* entwickelt habe. – Die Systeme der späteren N. (→ Empedokles; Anaxagoras; Atomistik) waren komplizierter.

W. Kranz, Kosmos u. Mensch in d. Vorstellung d. frühen Griechentums, 1938; H. Barth, V. d. Anfängen d. gr. Philosophie, 1944; O. Gigon, D. Ursprung d. gr. Philosophie, ^{2}1958.

Ionischer Aufstand, der Versuch der in Kleinasien lebenden Ioner, sich aus der polit. Zugehörigkeit zum Perserreich zu befreien, 500 v. Chr. unter der Führung von Aristagoras v. Milet, Zerstörung von Sardeis, Unterstützung durch die Athener. Als jedoch die Perser sich von der Überraschung erholt hatten, schlugen sie den Aufstand erfolgreich nieder, zerstörten Milet als Revanche und nahmen die Hilfeleistung Athens zum Anlaß für den Krieg gegen das gr. Mutterland.

Ionische Wanderung nennt man die sich vom 12. Jh. v. Chr. an vollziehende Bewegung ionischer Bevölkerungselemente aus der Peloponnes zunächst nach Attika (als Folgeerscheinung der sog. Dorischen Wanderung) und von dort über See auf die Inseln und nach Kleinasien.

Iordanes, ein Gote, zunächst als Notar tätig, schrieb um 550 n. Chr. eine Gotengeschichte. Als Hauptquelle benutzte er → Cassiodor. Er war von dem Gedanken geleitet, der auch der Politik des Theoderich zugrunde gelegen hatte, daß „nur in der friedlichen Einfügung des Gotenvolkes in das röm. Reich die Möglichkeit und Hoffnung einer gedeihlichen Zukunft für dasselbe zu suchen sei“. Es ist das erste erhaltene Geschichtswerk, das ein Germane in lat. Sprache schrieb; den deutschen Leser interessieren die großartigen Schilderungen des heldenmütigen Todeskampfes der Goten. Sie sind auch die historische Grundlage für Dahns Roman *Ein Kampf um Rom* geworden.

W: Hg. Th. Mommsen, 1882. – *Ü:* W. Martens, ^{3}1913.

Iosephus. Flavius I., 37 n. Chr. in Jerusalem geb., gestorben wohl nach 100 (in Rom?), aus vornehmem jüd. Geschlecht, kämpfte gegen Vespasian. Nach seiner Gefangennahme hielt er sich im Lager des Titus auf und erlebte hier den Fall Jerusalems. Dann lebte er in Rom und schrieb mit apologetischer Tendenz ein Werk *Der Jüdische Krieg,* sein interessantestes und bestdurchgearbeitetes Buch, in dem er den Aufstand und die Niederwerfung der Juden, also Selbsterlebtes, schilderte. Das Werk wurde zuerst in aramäischer Sprache geschrieben und dann von I. selbst ins Griech. übersetzt. Ferner verfaßte er eine *Jüdische Archäologie* (d. h. Frühgeschichte), die mit der Erschaffung der Welt nach Art der Bücher Moses beginnt und bis zu Nero reicht. [Hierin wird XVIII 63 und XX 200 Jesus erwähnt; ob jedoch die erstgenannte Stelle von I. stammt oder später von Christen eingefügt wurde, ist stark umstritten. Die zweite Stelle ist aber sicher echt.] Die Schrift *Gegen Apion,* den Führer der alexandrinischen Antisemiten, sucht die Juden vor zeitgenössischen antisemitischen Angriffen zu schützen. In seiner *Selbstbiographie* verteidigt er seine Haltung im jüdischen Krieg. – I.' Werke verfolgen die ausgesprochene Absicht, den Griechen und Römern Interesse für Geschichte und Eigenart des verachteten Volkes einzuflößen. Das angestrebte Ziel, einen Ausgleich zwischen den beiden Welten zu finden, in denen er sich bewegt hatte, hat I. nicht erreicht.

W: Hg. B. Niese, VII, [2]1955. Jüd. Krieg: Hg. u. d. O. Michel, K. Bauernfeind, III [2]1963–82. – *Ü:* H. Clementz: Jüd. Krieg [2]1959; Altertümer II 1959.

L: R. Laqueur, Der jüd. Historiker F. J., 1920, neu 1970; W. Whiston, *The Life and Works of F. I.,* Philad. 1957; I.-Studien, hg. O. Betz, 1974.

jovial → Iuppiter.

Iphigeneia, Tochter der Klytaimestra und des Königs → Agamemnon; dieser hatte die Göttin Artemis erzürnt. Als das unter seiner Führung stehende Heer von Aulis aus gegen Troia fahren wollte, verhinderte Artemis dies durch widrige Winde. Der Prophet Kalchas gab an, der Zorn der Göttin werde beseitigt, wenn ihr Agamemnon seine Tochter I. opfere. Ag. lockte I. durch eine List nach Aulis und wollte der Weisung des Kalchas folgen. Während des Opfers ersetzte jedoch Artemis I. durch eine Hirschkuh. (Die Geschichte ist vielleicht sehr alt und stammt aus einer Zeit, die noch → Menschenopfer kannte. Den Ersatz durch die Hindin erfand man hinzu, als solche Opfer ungebräuchlich geworden waren; ähnlich beim Opfer Isaaks durch Abraham.) I. wurde in das Land der Taurer in Südrußland entrückt (auch dies ein jüngerer Zug der Sage, aus einer Zeit, als die Griechen das Schwarze Meer schon kannten). Dort fand sie ihr Bruder → Orestes, der mit seinem Freunde Pylades an diese Küste verschlagen worden war; alle drei fliehen nach Griechenland zurück. – Die zwei wichtigsten Szenen dieser Geschichte, die Opferung in Aulis und die Wiederbegegnung in Tauris, sind in vielen Darstellungen künstlerisch festgehalten worden; für die Literatur sei hingewiesen auf Euripides-Schiller und Racine-Gottsched *(Aulis),* auf Euripides, Schlegel und Goethe *(Tauris),* auf Hauptmann *(I. in Delphi).* Zahlreiche Opern.

S. Fazio, *Ifigenia* ..., Palermo 1932; E. Philipp, Die I.-Sage ..., Wien 1948.

ipse dixit → *autos epha.*

iris (gr.), Regenbogen; Schwertlilie; der farbige Kreis im Auge und um die Augen des Pfauenschwanzes. Iris, Götterbotin, Dienerin der Hera; der Name auf Grund des hübschen Gedankens, daß sie auf dem Regenbogen zu den Menschen heruntersteige.

Ironie, gr. *eironeia* = Selbstverkleinerung, speziell die Haltung des Sokrates seinen Mitunterrednern gegenüber. Er war in seiner Bescheidenheit von seinem Nichtwissen überzeugt (→ Ich weiß, d. i. n. w.), während der andere, besonders wenn es ein Sophist war, sich mit seinem reichen Wissen brüstete. In der Untersuchung stellte sich dann heraus, daß auch er eine umfassende Antwort nicht zu geben verstand. Sokrates triumphierte niemals über den überwundenen Gegner, sondern wollte ihn mit der Hebammenkunst (→ Hebamme) zur rechten Weisheit anleiten.

Isaios v. Chalkis, gr. Redner des 5./4. Jh. v. Chr., war Logograph in Athen und Lehrer u. a. des Demosthenes; von seinen angeblich 64 Reden sind 11 erhalten, alle aus Erbschaftsprozessen. I. gehörte zur kanonischen Elite der → Zehn attischen Redner.

W: Hg. Th. Thalheim, [2]1903, neu 1963; E. S. Forster, Lond. [2]1957 (mit engl. *Ü*).

Isidor ist von Haus aus kein jüdischer, sondern ein rein griech. Name. Deren gibt es viele auf -dor, wie Apollodor, Artemidor. Sie heißen „Geschenk der (Gottheiten) Isis, Apollon, Artemis". Die Juden hielten unter sich an den alttestamentlichen Namen fest. Um aber in der Außenwelt, besonders vor Antisemiten, nicht schon durch den Namen als Juden aufzufallen, glichen sie diesen im Altertum an nichtjüdische an. So haben sich Juden, die Isai oder Isaak hießen, den Griechen gegenüber I. genannt, und das ist so oft geschehen, daß schließlich I. zu einem charakteristischen jüdischen Namen wurde.

Isidorus v. Sevilla, Bischof dort 600–636, war ein Kirchenschriftsteller, der durch Verbreitung des klass. Bildungsgutes für eine verbesserte Bildung der Kleriker sorgen wollte. Er schrieb eine Weltchronik, eine Gotengeschichte und als wichtigstes Werk ein Konversationslexikon (Titel *Origines* oder *Etymologiae),* nach Sachgebieten in 20 Bände eingeteilt. Damit hat I. die Ergebnisse ganzer Wissenschaftsgebiete zusammengefaßt und weitergegeben.

W: Lexikon hg. W. M. Lindsay, Oxf. II 1911, neu 1962. *L:* H. J. Diesner, I. v. S. u. s. Zeit. 1973.

Isis, ägyptische Göttin, Gattin des Osiris, Mutter des Horos; auch von Griechen und Römern ungemein, ja, wohl von allen fremden Gottheiten am meisten verehrt (→ Io; Isidor; Religionen). Im 2. Jh. v. Chr. drang ihr Kult unter Sulla in Italien ein, stieß aber dort zunächst noch offiziell auf Ablehnung. Erst unter Caligula wurde I. von Staats wegen ein Tempel errichtet. Zur Schutzpatronin der Schiffahrt wurde sie in ihrer Funktion als Hafengöttin von Alexandreia. Dem Christentum war der Kult der I., gegen den die Kirchenväter häufig und heftig polemisierten, ein gefährlicher Gegner. – Schrift Plutarchs *„I. und Osiris"* mit Versuch harmonisierender Interpretation.

F. Cumont, Oriental. Religionen im röm. Heidentume, [4]1931; P. E. Tschudin, I. in Rom, 1962; L. Vidman, I. u. Sarapis bei den Gr. u. R., 1970; R. E. Witt, *I. in the greco-roman world,* Lond. 1971.

Ismene, Schwester der → Antigone.

Isokrates, 436 bis 338 v.Chr., berühmter attischer Redner, erhielt eine sorgfältige Erziehung. Prodikos, Gorgias, Teisias waren seine Lehrer; im Gegensatz stand er zu Platon, der sein formales Talent anerkannte. Nach einer kurzen Tätigkeit als → Logograph wandte er sich der Jugenderziehung zu und glaubte, durch den Unterricht in der Rhetorik der vornehmen Jugend die wahre Bildung vermitteln zu können. Ein Kursus dauerte 3–4 Jahre. Er bildete eine eigene rhetorische Technik aus, die er aber nicht in einem besonderen Buch niedergelegt hat. Seine Schule war weit über die Grenzen Athens hinaus bekannt; sogar mit Fürsten und Königen (Philipp v. Makedonien) stand er in Verbindung. Er erwarb sich ein großes Vermögen. Kurz nach der Schlacht bei Chaironeia (338) starb er fast 100jährig; aus Lebensüberdruß verweigerte er die Nahrungsaufnahme (→ Selbstmord). Von den erhaltenen 21 Reden sind die ältesten die Gerichtsreden. Aus der Zeit der Schultätigkeit stammen die Schulreden, die wohl als Reklamereden gedacht sind. Mit diesen hat er den größten Beifall gefunden. Wegen angeborener Schüchternheit und wegen der Schwäche seiner Stimme konnte er nicht öffentlich als Redner auftreten; daher suchte er durch Veröffentlichung seiner Reden Einfluß auf die Politik zu gewinnen. Ihn schmerzte die Ohnmacht, in die Griechenland durch seine Kleinstaaterei gekommen war, sehr, und er hat nach dem Retter ausgeschaut, der Griechenland aus der Abhängigkeit von den Persern befreien sollte. Seine Reden zeigen die Etappen seiner Hoffnungen u. Enttäuschungen. Im → *Panegyrikos* glaubte er, in Athen den Retter zu sehen. In einem Briefe mahnte er Dionysios von Syrakus, die Rolle des Befreiers zu übernehmen. Zuletzt wandte er sich an Philipp. Diese Hoffnung haben die Ereignisse bestätigt. – Für unsere Kenntnis der Verfassungsgeschichte Athens ist der *Areopagitikos* wichtig, worin I. Wiederherstellung des → Areopags empfahl. Seine letzte große Rede war der *Panathenaikos,* in dem er Vorstellungen von einer idealen Staatsform entwikkelte. Sein Wunsch, der gr. Kleinstaaterei mit einer gemeinsamen Aktion zu begegnen, blieb unerfüllt. Einflußreich jedoch war I. durch seinen Lehrbetrieb und dessen theoretische Grundlegung. Für I. besaß die Redekunst eine zentrale Stellung im sozialen Leben, da sie die Menschen durch das rechte Wort zum rechten Handeln führen kann. Mit diesem Realitätsbezug setzte I. dem platonischen Intellektualismus einen Bildungsbegriff entgegen, von dem aus direkte Linien über Cicero bis zu Erasmus führen. – I. schrieb eine meisterhafte Kunstprosa mit Periodisierung, Rhythmisierung und allen klanglichen Effekten.

W: Hg. G. E. Benseler, F. Blass, II, 1878–79, ²1913–27; hg. u. engl. G. B. Norlin, V. Hook, Lond. III 1945–56. – *Ü:* A. H. Christian, VIII 1832–71. *Paneg.,* M. Mühl, 1956.

L: A. Levi, Mailand 1959; K. Bringmann, Stud. zu I.' polit. Ideen, 1965.

Israel → Palästina.

Issos, Schlachtort in Kilikien; dort schlug → Alexandros d. Gr. 333 v. Chr. den Perserkönig Dareios III.

Isthmos (gr.), das schmale Landstück, das Mittelgriechenland mit der Peloponnes verbindet; von da auf andre solche Landbrücken übertragen, z. B. I. von Panama. Quer über den I. lief eine Mauer mit Toren; man konnte also die Peloponnes buchstäblich abschließen. Die M. ist sehr alt u. wurde im 3. u. 6. Jh. und zuletzt noch von den Venezianern ausgebessert; erst die Türken ließen sie verfallen; jetzt noch Reste, auch von Türmen. Weiter sieht man auf dem I. Reste des *diolkos* = „Durchzugs“, einer Vorrichtung, auf der man Schiffe (auf Schlittenkufen, wie in Ägypten die schweren Steinblöcke?) von einem Meer ins andere zog. An ihrer Stelle wollte Nero den I.-Kanal bauen; er tat den ersten Spatenstich und trug den ersten Korb Erde weg. Zustande aber kam der Kanal, für 60 Mill.

Francs, erst 1881–1893. Er verläuft so, wie der neronische geplant war; an der Südwand des Westausgangs sieht man noch ein von diesem herrührendes, jetzt sehr verstümmeltes Relief. Isthmische Spiele → Nationalspiele.

Italien. Mit dem Namen I. (fälschlicherweise abgeleitet von gr. *italos,* lat. *vitulus* = junger Stier) bezeichnet man um 500 v. Chr. nur Bruttium. Von hier aus breitet sich der Name langsam aus, bis er im 2. Jh. ganz I. bis zu den Alpen umfaßt. Doch wird bis auf Augustus die ganze Poebene staatsrechtlich nicht zu I. gerechnet, sondern hat als *Gallia cisalpina* eine Sonderstellung. Für die antike Entwicklung war das Gebiet südlich des Po entscheidend. Es wird vom Apennin durchzogen, einem kahlen Kalkgebirge, das die ganze Halbinsel durchzieht. Obwohl er in seinen höchsten Erhebungen (Gran Sasso d'Italia, im alten Samnitergebiet, 2911 m) bis tief in den Sommer hinein mit Schnee bedeckt ist, bietet er doch mit seinen Hochebenen, Abhängen und Tälern ausgezeichnete Ansiedlungsmöglichkeiten für Hirten und Bauern. Jenseits der großen Spalte von Rhegium findet er seine Fortsetzung auf der schönen Gebirgsinsel Sizilien. In seinem Vorland bilden sich vor allem im Westen kleine Ebenen, die durch kürzere Flußläufe bewässert (der größte ist, abgesehen vom Po, der Tiber) und fruchtbar sind, aber zur Versumpfung neigen und wegen der Fiebergefahr bereits im Altertum zu veröden begannen.

Die ältesten Bewohner I.s waren wahrscheinlich die Ligurer, ein nichtidg. Volk, dessen Wohnsitze ursprünglich von der Rhonemündung bis in die Poebene reichten. In historischer Zeit waren sie auf die Landschaft Ligurien beschränkt. Als zweites (nichtidg.?) Volk wanderten um 800 v. Chr. die → Etrusker ein und setzten sich in der nach ihnen benannten Landschaft Etrurien fest. Sie schufen die älteste Hochkultur in I., die die anderen Stämme lange Zeit stark beeinflußte. Ab 400 v. Chr. drangen noch die → Kelten in die Poebene ein. Bei weitem den größten Teil des Landes besetzten die → Italiker, die sich in mehrere Sprachfamilien und zahlreiche Stämme gliederten. Außer ihnen saßen noch andere Stämme in I., die freilich im Laufe der Zeit von den Umwohnern aufgesogen und schließlich zusammen mit den anderen Italikern romanisiert wurden: Die → Illyrer, in der Poebene die → Veneter, im Südosten die Messapier und Iapyger, im Süden die Sikuler. Wichtig für die Entwicklung I.s wurde auch die gr. Kolonisation (→ Kolonisatorische Tätigkeit), durch die das Land von Tarent bis Cumae mit einem dichten Kranz gr. Städte umsäumt wurde. Durch sie erhielten die Italiker nicht nur gr. Vasen und sonstige Kunstgegenstände, sondern auch die Schrift (die Römer aus Cumae). In der älteren Zeit führen die Landschaften I.s z. T. ein reiches Eigenleben, das durch die Ausgrabungen und besonders die Gräber erkennbar wird. Wirkliche Geschichte aber beginnt erst, als die Römer in dauernden Kämpfen die Italiker unter ihrer Herrschaft einigen. → Römische Geschichte.

V. Hehn, Italien, ²1879, neu 1992; H. Nissen, Italische Landeskunde, II 1883–1902, neu Amsterd. 1967; F. Altheim, I. u. Rom, II, 1941f.; G. M. A. Richter, *Ancient Italy,* Ann Arbor 1955; R. Pittioni, *I.* (RE-Sonderdr.) 1962; P. Grimal, Auf d. Suche nach d. antiken Italien, d. 1965; A. Rieche, D. ant. I. aus d. Luft, 1978; M. Pallottino, I. vor der Römerzeit, 1987; E. Greco u. a., Italien – Archäolog. Führer, d. 1991.

Italiker, der moderne Sammelname für eine ganze Anzahl idg. Stämme, die in unbekannter Zeit von Norden her über die Alpen in Italien einwanderten u. südlich der Poebene das Gebirge u. die kleinen Ebenen mit Ausnahme von Etrurien besiedelten. Um 1000 v. Chr. scheinen sie ihre Sitze fest innegehabt zu haben. Sie teilten sich nach der Sprache in zwei Gruppen: die → Latiner, die Ackerbauer aus der latinischen Ebene, die zu einem Bund von 12 Städten (→ Latinerbund) zusammengeschlossen waren, u. Umbro-Sabeller. Deren Hauptstämme waren die Umbrer, Sabeller (die Sabiner und Samniten im Gebirge) und die Osker, die als Bauern in der Ebene bei Praeneste und Tibur wohnten und durch die Samniten später verdrängt wurden. Die kriegerischen → Volsker gehörten wohl eher zum umbrischen als zum oskischen Sprachzweig. Von den Sprachen dieser Stämme ist wenig erhalten; sie wurden später durch das Latein verdrängt. Die I. waren hauptsächlich Viehzüchter; daneben trieben sie Ackerbau, Jagd und Fischfang. Sie verstanden einfachste Töpferei, Spinnen, Weben und die Anfänge der Metallarbeit. Produkte einer höheren Stufe, die sog. Villanovafunde (genannt nach dem ersten Fundort bei Bologna; um 1000–600 v. Chr.), gehen wohl auf orientalischen Import zurück. Diese Periode kannte das Eisen, verwandte aber noch vorwiegend Bronze. Sehr alte Aschenurnen (→ Urne) in Form eines Hauses (sog. Hausurnen), und zwar eines runden, sind wahrscheinlich Abbilder des ältesten italischen Bauernhauses (→ Grab; Haus; auch die casa Romuli auf dem Palatin war eine runde Hütte; spätere Rundhäuser sind der Vestatempel in Rom und der sog. Sibyllentempel in Tivoli bei Rom). Bezeichnend für die patriarchalischen Verhältnisse ist das späte Eindringen des Geldes. Das Vieh war lange Tauschobjekt; auch nachdem Kupfermünzen eingeführt waren, blieb es Wertmesser (→ Geld). Erst seit 335 v. Chr., als sich die Campaner unter röm. Joch beugten und als Rom schon die Hauptstadt eines größeren Reiches war, prägten die Römer in Capua Silbergeld, aber nur für die campanischen Bedürfnisse; sie selbst kamen mit dem Kupfer zunächst noch weiterhin aus (→ Münzen). In jahrhundertelangem Kampf, bis um 250 v. Chr., gelang es den Römern, die I. zu unterwerfen. Die besiegten Volksstämme wurden teils zu Bundesgenossen, teils zu Untertanen gemacht. Aber bis in die Tage Sullas hinein haben sie Aufstände unternommen. 88 v. Chr. erhielten alle I. die Rechte der latinischen Bundesgenossen. Seitdem gingen sie in der römischen Nation auf. In der Kaiserzeit, besonders seitdem aus den Provinzen viele Ausländer nach der Hauptstadt strömten, verwischte sich der Unterschied zwischen Römern und Italikern.

J. Beloch, Bevölkerungsgesch. Italiens, III, [3]1961.

Ithake – Leukas. Als das alte Ithake, die Heimat des Odysseus, wird man zunächst die heute *Ithaki,* vom Volke auch *Thiaki* genannte Insel ansehen. Dörpfeld jedoch behauptete, das alte I. sei die heute Leukas genannte Insel; diese habe einst I. geheißen, dieser Name sei aber nach dem heutigen I. gewandert (solche Wanderung geographischer Namen gibt es auch sonst, z. B. in Deutschland Preußen, Sachsen). Diese Theorie gilt heute als unwahrscheinlich. Versuche, in der *Odyssee* geschilderte Lokalitäten auf I. nachzuweisen, erscheinen erfolgreich (Siedlung u. Palast bei Pelikata; Quelle u. Hafen).

H. Schliemann, I., der Peloponnes u. Troia, 1869, [6]1989; W. Dörpfeld, Alt-Ithaka, II, 1927, neu 1965; W. A. Heurtley, *The site of the Palace of Odysseus,* (*Antiquity* 9), 1935.

Itinerarien → Reisehandbücher.

iucundi acti labores, 'angenehm sind überstandene Mühen'; Cicero, *De finibus II,* 32, 105 (ähnlich Cicero, *epistulae ad familiares* V, 12, 4).

Juden und die gr.-röm. Kultur: Die → Seleukiden wollten die J., die in ihrem Reich wohnten, hellenisieren; gegen die Oberhoheit der Seleukiden wehrten sich erfolgreich die → Makkabäer, doch war eine Annäherung der J. an die Kultur der hellenist. Welt und an die Politik des röm. Reiches unausweichlich (→ Herodes d. Gr.). Rücksichtslose Ausbeutungs- und Religionspolitik der röm. Besatzungsmacht provozierten 66 n. Chr. einen Aufstand; die Zerstörung → Jerusalems und des Tempels durch Kaiser → Titus im Jahre 70 n. Chr. machten der jüd. Geschichte ein vorläufiges Ende; die J. lebten seitdem in aller Welt in der „Zerstreuung" (gr. diaspora). Schon lange vor der Zerstörung Jerusalems wohnten J. in allen Teilen der antiken Welt, nicht nur als Kaufleute. In Ägypten wurden sie trotz → Antisemitismus und Bedrückung durch J.-Steuer so heimisch, daß sie ihre Muttersprache verlernten; → *Septuaginta.* In Athen ist von J. wenig bekannt, auch nichts von Antisemitismus; Paulus wurde in A. nicht als J. bekämpft, sondern in der Hitze der wissenschaftlichen Diskussion (*Ap.-Gesch.* 17, 18). In Rom kennt schon Horaz J. und spöttelt *Satiren* I 5,100; 9, 70 über sie. Über altes Judentum in Rom unterrichten die Funde in 5 jüd. Katakomben, z. T. auch die Schriftsteller der Kaiserzeit, z. B. Sueton, Tacitus, Plinius und Iosephus. Früh finden sich J. in Deutschland; der spätere Kaiser Konstantin d. Gr. zog in Köln, wo es seit 321 eine jüd. Gemeinde gab, J. zu dem Amt eines Stadtrats *(decurio)* heran, das sie zu religiösen Gebräuchen verpflichtete, denen sie sich zu entziehen suchten; ältester jüd. Grabstein in Deutschland: Mainz 1064.

W. Altmann, Das früheste Vorkommen der J. in Deutschl., 1932; M. Avi-Yonah, Gesch. der J., d. 1962; M. Hengel, Judentum u. Hellenismus, 1969; M. Grant, *The Jews in the Roman world,* Lond. 1973; E. M. Smallwood, *The Jews under the Roman rule,* Leiden 1976; H. H. Ben-Sasson (Hg.), Gesch. des jüd. Volkes, III 1978–80; J. Maier, Gesch. d. Judentums im Altert., [2]1989; E. L. Ehrlich, Gesch. Israels, [2]1980; G. Sternberger, Die röm. Herrschaft im Urteil der Juden, 1983; F. J. Bautz (Hg.), Gesch. der J., [2]1987; A. Momigliano, Die J. in d. Alten Welt, d. 1988.

Jugenderziehung → Erziehung.

iugerum lat., ein Joch; → Flächenmaße.

Iugurtha, König von Numidien (Algerien), Nachkomme des → Masinissa, kriegsgewandt, herrschsüchtig, erkannte, wie schwach Rom infolge der Unfähigkeit und Habgier seiner Nobilität war, und nutzte diesen Vorteil rücksichtslos aus. So konnte er mehrere Jahre (111 bis 105 v. Chr.) den röm. Heeren trotzen, deren Feldherren er bestach. Als Marius von den empörten Popularen zum Feldherrn bestimmt worden war, wurde I. schnell besiegt, von seinem Schwiegervater, Bocchus, König von Mauretanien (Marokko), zu dem er floh, ausgeliefert und in Rom im → *Carcer Mamertinus* erdrosselt. → Sallust.

Iulia hießen die Frauen des iulischen Geschlechts. Die bekannteste war die Tochter des Augustus aus dessen 2. Ehe. Sie war in 2. Ehe mit → Agrippa, in 3. mit Tiberius verheiratet, der sich wegen ihrer Sittenlosigkeit von ihr trennte. Schließlich wurde sie wegen ihrer Leichtlebigkeit von Augustus nach der Insel Pandataria (heute Ventotene an der campanischen Küste) verbannt und starb 14 n. Chr.

Iulianus → Salvius I., röm.Jurist.

Iulianus Apostata (der Abtrünnige), eine der eigenartigsten Persönlichkeiten auf dem röm. Kaiserthron (361–363 n. Chr.), streng christlich und asketisch erzogen. Die Beschäftigung mit der gr. Philosophie entfremdete ihn aber dem Christentum; er wurde in Athen Anhänger des sinkenden Heidentums und des Neuplatonismus. 355 zog ihn Constantius II. als Caesar und Nachfolger an seinen Hof. Als solcher hat er in Gallien im Krieg gegen die Alamannen und Franken seine Pflicht getan (Niederlage der Alamannen bei Straßburg 357). 361 wurde er in → Paris von den Legionen als Augustus ausgerufen. Der kriegerischen Auseinandersetzung mit Constantius entging er durch dessen Tod 361. Als Herrscher versuchte er, den alten Götterglauben wieder neu zu beleben und eine 'heidnische Staatskirche' einzurichten; er bevorzugte ein vergeistigtes Heidentum in der Form des Neuplatonismus, das aber viele Züge aus dem Christentum entnommen hatte. Diese innenpolit. Pläne, aber auch seine geistige Entwicklung und Einstellung sind gut ablesbar in des Kaisers Reden, Briefen und Streitschriften, deren literarischer Wert allerdings hinter ihrem historischen Quellenwert zurücktritt.- 362/363 zog er gegen die Perser. In einem Vorpostengefecht wurde er 32jährig tödlich verwundet (nach der Legende waren seine letzten Worte 'Galiläer, endlich hast du gesiegt'; → *tandem*). – I.' Religionspolitik scheiterte, die seit Constantinus geschaffene Lage (christl. Staatskirche) ließ sich nicht mehr revidieren. Die Gestalt des Kaisers blieb lange umstritten, von der Kirche mit Legenden ausgeschmückt (Beiname), selten objektiv beurteilt, in der Literatur gern dargestellt (Epos von Eichendorff, Roman von F. Dahn, Drama von Ibsen).

W: Gesamtwerk hg. F. C. Hertlein, 1975–76; Briefe hg. u. d. K. Weiss, 1973. – *Ü:* L. Goeßler, 1971.

L: J. Geffcken, Kaiser J., 1914; J. Bidez, Kaiser I., der Untergang der heidn. Welt (1930), d. 1956; J. Leipoldt, 1964; R. Klein (Hg.), 1978.

Iulier, ein uraltes, rein patrizisches Geschlecht Roms, das aus Alba Longa stammte und seine Herkunft auf Iulus oder Ascanius, den Sohn des Aeneas, und damit auf Aphrodite zurückführte. Diese Abstammung wurde besonders durch Caesar betont, den bei weitem bedeutendsten I., obwohl Consuln und andere hohe Beamte aus dem Geschlecht schon im 5. Jh. v. Chr. genannt werden. Mit Caesar starb die Familie aus, denn Augustus war erst durch Adoption im Testament I. geworden. – Die vielen I. in der ersten Kaiserzeit waren meist Freigelassene oder Nachkommen von Provinzialen, denen Caesar oder Augustus das Bürgerrecht geschenkt hatten und die den Namen I. annehmen durften; → Sklaven.

Iulius Paulus, röm. Jurist des 2./3. Jh. n. Chr., Anwalt in Rom, war Verfasser zahlreicher Rechtskommentare, wichtiger Entscheidungssammlungen, schrieb auch Gutachten und Monographien; außer Fragmenten ist eine (wohl unechte) Elementarschrift überliefert *(sententiae).*

W: Hg. W. Levy, 1945.

Iulus, auch → Ascanius genannt, war der Sohn des → Aineias; Iulier.

Iuno, altröm. Göttin; ursprüngl. bezeichnete I. die göttliche Kraft, die man sich in der Fruchtbarkeit der Frau wirksam dachte; jede Frau hatte so ihre I. (→ *Genius*). Doch ist I. schon sehr früh verselbständigt auch als Mond- und Geburtsgöttin faßbar *(I. Lucina);* zu ihren Ehren feierten am 1. März die röm. Frauen ein Familienfest, die *Matronalia.* In der aus Etrurien übernommenen kapitolinischen Trias ist sie mit Iuppiter und Minerva vereint. Hier in Etrurien war I. unter dem Einfluß der griech. → Athena Polias zur Stadtgöttin geworden. Nach der Zerstörung Veiis, dessen Hauptgottheit sie war, wurde sie als *I. Regina* nach Rom übertragen, wo sie auf dem Aventin im J. 392 v. Chr. einen Tempel erhielt (Liv. 5, 21, 3; 22, 3). Der *I. Moneta* (Mahnerin? oder von *moneta,* → Münzen), war ein Tempel auf der nördl. Kuppe des → Capitol geweiht. In der röm. Dichtung entspricht I. der Hera und gilt als Ehefrau und Schwester → Iuppiters.

Iuppiter, (Iupiter), alter indoeurop. Gott (aus *Diu-pater;* die erste Silbe entspricht dem griech. Zeus, Genet. *Dios;* zur selben Wurzel gehört lat. *dies,* Tag). Bei den Römern ist I. Wettergott (vgl. *sub Iove* = unter I., d. h. unter freiem Himmel). In Italien und Rom wurde er auf Höhen verehrt, z. B. der I. *Latiaris* auf dem Albanerberg. An die Stelle des alten Kultes auf dem Capitolium trat wohl noch unter den etrusk. Königen die Verehrung der ursprünglich gr., aus Etrurien übernommenen Trias I. Iuno und Minerva. Hier wurde I. als *Optimus Maximus* angerufen, d. h. als höchster der Götter. Seine Verehrung bildete den Mittelpunkt des röm. Staatskultes (→ Triumph). Als Staatsgott verbürgte I. den Erfolg im Kriege; so besitzt er einen Tempel als *I. Victor, I. Stator* (am Palatin und am Circus Flaminius) und *I. Propugnator*. Dem *I. Feretrius* wurden die → *Spolia opima* geweiht. Als Wettergott waren ihm auch die Iden eines jeden Monats geweiht. Als oberster Gott wurde er später außer dem griech. Zeus auch anderen Göttern ähnlicher Stellung gleichgesetzt: I. → Ammon; Gigantensäulen. – Der Genet. von I. heißt *Iovis;* danach die engl. Form *Jove; by Jove* = wahrhaftig, beliebter engl. Ausdruck, mit Vermeidung des Wortes „Gott"; *jovial, Jovialität;* diese schrieb man den unter dem Planeten I. (→ Astrologie) Geborenen zu.

C. Koch, Der röm. I., 1937, neu 1968.

ius imaginum, das „Recht auf Bilder", ein Vorrecht vornehmer Römer, von Verstorbenen ihrer Familie, die ein höheres Amt verwaltet hatten, eine Wachsmaske herstellen zu lassen. Starb ein andres Mitglied der Familie, so legten Schauspieler diese Masken, die man durch Generationen sorgfältigst aufbewahrte, und die Amtstracht des in der Maske Dargestellten an und fuhren so vor dem Leichenwagen her. Welch ein Anblick muß es gewesen sein, wenn bei der Bestattung eines Scipio die Scipionen vergangener Jahrzehnte, ja Jahrhunderte ihren Toten in die Unterwelt abholten und dann an dem Sarge oder Scheiterhaufen ein Verwandter, meist der Sohn des Verblichenen, die Leichenrede hielt! – Erhalten sind solche Masken in Marmor in den Händen einer Porträtstatue, wo sie anzeigen, der Dargestellte habe das *i. i.* gehabt; ferner zwei im Original, die man in Cumae und in Lyon fand. Die Ahnenbilder haben die röm. Kunst stark beeinflußt; die realistische Treue der Wachsmasken wurde auch in marmornen Porträts beibehalten.

A. Bethe, Ahnenbild u. Familiengesch. bei d. Römern u. Griechen, 1935; F. Bömer, Ahnenkult u. Ahnenglaube im alten Rom, 1943.

Iustinian I., oström. Kaiser (527–565 n. Chr.), stammte aus einem Dorf bei Skoplje (Üsküb). In ihm und seiner Generation lebte wieder der Glaube an die Größe des röm. Reiches. Daher erschien ihm die Wiedergewinnung der alten Grenzen als vornehmste Pflicht. Er selbst war kein Soldat. Doch fand er in → Belisar und → Narses die Feldherrn, die diese großen Aufgaben selbstlos durchführten. Nach Sicherung der Ostgrenze gegen die Perser vernichtete Belisar das Vandalenreich (533). Er und Narses bereiteten dann dem Ostgotenreich in Italien den Untergang. Der Versuch, die Westgoten aus Spanien zu vertreiben (554), mißlang, auch die Donauprovinzen konnten nicht gewonnen werden. Trotzdem waren seine Siege eine großartige Leistung, da die Kämpfe gegen die Perser weitergingen. Gegen diese Feinde konnte er nur einen wirtschaftlichen Erfolg buchen. Es gelang 552 christlichen Missionaren, die Seidenraupenzucht im Westen heimisch zu machen. Dadurch entzogen die Byzantiner den Persern große Einnahmen aus einem der wichtigsten Zwischenhandelsartikel. Auch I.s Bautätigkeit diente der Verherrlichung röm. Größe. Außer zahlreichen Festungen, die das Land gegen die Einfälle der Feinde sicherten, errichtete er Prachtbauten, wie die Hagia Sophia in → Konstantinopel, die noch heute zu den gewaltigsten Denkmälern der Baukunst zählt, und San Vitale in Ravenna. Der Wiederherstellung und Erhaltung des Römertums diente auch seine Aufzeichnung des → *corpus iuris*. Die christliche Kirche baute er fest in den staatlichen Organismus ein. Er sorgte für ein einheitliches Glaubensbekenntnis, damit Frieden im Innern der Kirche herrsche, und glich ihren hierarchischen Aufbau an die staatliche Verwaltung an. So konnte sie wichtige Teile der staatlichen Verwaltung, Aufsicht über Maße, Gewichte und städtische Befestigungen übernehmen. Alle Konkurrenten dieser Stütze des Staates wurden beseitigt. Daher schloß I. im Jahre 529 die platonische Akademie, ein Zeichen, daß eine neue Zeit für das Ostreich begonnen hatte (→ Altertum). Trotz dieser Riesenanstrengungen erreichte I. sein Ziel einer Reorganisation des Römerreiches nicht. Er erschöpfte nur die Kräfte seines Staates. Unter seinen Nachfolgern mußten die Eroberungen im Westen bis auf das Exarchat von Ravenna wieder preisgegeben werden. Trotzdem ist sein grandioser Versuch, die alte röm. Herrlichkeit wiederherzustellen, bewundernswert, vor allem auch seine Anstrengungen, das gesamte röm. → Recht aufzeichnen zu lassen: → *Corpus iuris*. – Er hatte menschliche Schwächen, die der Historiker → Prokopios überbetonte.

W. Schubart, I. u. Theodora, 1943; B. Rubin, D. Zeitalter I.s, 1960; J. W. Barker, *I. and the later Roman Empire*, Madison 1966; R. Browning, *Iustinian and Theodora*, Lond. 1971.

Iustinus, der Märtyrer (gest. 165), war einer der griech. → Kirchenväter.

Iuvenal. Decimus Iunius Iuvenalis, ca. 60–140 n. Chr., der letzte große Satiriker der röm. Literatur. In den erhaltenen sechzehn *Satiren* schildert er mit leidenschaftlicher Entrüstung und in den grellsten Farben die Laster der röm. Gesellschaft; während Horaz überlegen lächelnd die Schwächen seiner Mitmenschen fein ironisiert, kennt I. keinen befreienden Humor und sucht Abscheu und Entsetzen über das Sündenbabel Rom hervorzurufen. So entstanden Bilder von packender Kraft und oft schonungsloser Anschaulichkeit: Überbetonung der Sexualität, Tafelluxus beim Gastmahl, Arroganz des Militärs, überhaupt viel Gesellschaftskritik, Anprangerung sozialer Mißstände und menschlicher Schwächen, am drastischsten in der berühmten Weibersatire (Nr.6), die alle Laster und Verirrungen des weiblichen Geschlechts an den Pranger stellt. Der Maßlosigkeit des Inhalts entspricht eine saloppe Willkür in der Form und Anordnung seiner Verse. Dem späten Altertum u. dem Mittelalter erschien I. als beredter Zeuge vom Verfall des Heidentums; auch in der Neuzeit wurde der strenge Sittenrichter, dessen Dichtungen Schiller als Muster der „pathetischen Satire" neben die Rousseaus stellte, viel gelesen, und Sentenzen von ihm sind noch jetzt im Umlauf (→ *difficile est; hoc volo; mens sana)*. Durch seine übertriebenen, allzu düster gefärbten Urteile verführte er jedoch zu einer falschen Ansicht über röm. Sittenlosigkeit.

W: Hg. U. Knoche, 1950; hg. u. komm. E. Friedländer, II 1895, neu 1967; hg. u. d. J. Adamietz, 1993. – *Ü:* U. Knoche, 1951; H. C. Schnur, 1969.
L: F. Gauger, Zeitschilderung u. Topik bei I., 1936; J. Adamietz, Unters. zu I., 1973.

Iuventus, Jugendbund → princeps.

K. Die Griechen sprachen und schrieben nur k, nie c (= z): Lakedaimonioi, nicht Lazed. Die Römer sprachen bis etwa 600 n. Chr. immer k, schrieben es nur in Kaeso (Vorname), *kalendae, Karthago,* sonst als c. Erst später sprachen sie ce, ci als ze, zi. → Kikero.

Kabiren (gr. Kabeiroi), männl. und weibl. Gottheiten unbestimmter Herkunft (Nachkommen des Hephaistos?), deren Kult von Kleinasien über die Inseln (Hauptkultort Samothrake) nach Griechenland gelangte; die K. wurden auch „die Großen Götter" genannt und als Seegottheiten um Schutz gebeten. K.-Heiligtum bei Theben, wo auch eine besondere Gattung von Vasen gefunden wurde.

P. Wolters, G. Bruns, D. K.-Heiligtum bei Theben, 1940; B. Hemberg, Die K., Uppsala 1950.

Kadmos. Als Zeus → Europa entführt hatte, sandte deren Vater seine drei Söhne, darunter K., aus, um Eu. zu suchen, mit dem Befehl, nicht ohne sie zurückzukehren. K. fand sie nicht u. blieb in Griechenland. Er gründete Theben, erbaute dort als sein Schloß die Kadmeia, (Reste aus dem 14. Jh. v. Chr. auf der Burghöhe erhalten) und führte angeblich die → Buchstabenschrift ein. Die Sage hat unzweifelhaft einen historischen Kern (wie bei → Pelops) und weist auf Einwanderung von Asiaten in Griechenland und auf asiatischen Kultureinfluß. – Die Nachkommen des K. lassen sich über Oidipus bis ins 5. Jh. v. Chr. hinab verfolgen; Theron von Akragas, den Pindar besang, war Kadmeier. Man nahm früher an, solche Ahnenreihen seien für große Herren des 5. Jhs., die ihr Geschlecht in die Vorzeit zurückdatieren wollten, von gefälligen „Gelehrten" gegen Bezahlung verfaßt worden. So wurden diese Listen einfach als Fabelei verworfen. Diese Ansicht ist aber jetzt etwas zweifelhaft geworden, vor allem durch die neuen Funde in → Theben.

F. Vian, *Les origines de Thèbes,* Paris 1963.

Käse, von lat. *caseus.* K. war im Altertum und ist bis heute im Süden ein häufiges Nahrungsmittel, weil Milch nur so haltbar bleiben kann. Zwar lebten laut Caesar (*bellum Gallicum* VI 22, 1) die Germanen wesentlich von Milch, K. und Fleisch. Dieser K. war aber breiig, mehr Quark. Herstellung festen K. unter Verwendung von Lab lernten die Deutschen, Engländer, Franzosen nach Ausweis ihrer Wörter für K., die alle Lehnwörter aus dem Lat. sind, von den Römern.

kairos (gr.), der günstige Augenblick; K., der Gott des g. A.; Lysippos stellte ihn als jungen Menschen mit großer Stirnlocke und kurz geschorenem Hinterkopfe dar, der an den Menschen vorbeihuschte; dabei sollte man ihn beim Schopfe packen. Das Werk ist in vielen, von den Kopisten oft mit willkürlichen Zutaten versehenen Kopien erhalten; die beste jetzt im Museum in Split

(Dalmatien). Die Zutaten sollten das Wesen des Gottes noch näher kennzeichnen.

Kaiser (→ auch Kaisertum; Caesar als Berufsbez.) – Die K. unterschieden sich durch ihre Tracht von ihren Untertanen. Sie trugen die *toga praetexta,* die mit dem Purpurstreifen geschmückte T. der höchsten röm. Beamten, seit Septimius Severus sogar das ganz purpurne, goldgestickte *paludamentum,* den Feldherrnmantel. Dazu kam ein Lorbeerkranz (später das Diadem), Schwert, die *sella curulis* (→ Amtsabzeichen) und die Begleitung durch 12 Lictoren. – Entsprechend der Entstehung des Kaisertums aus mehreren republikanischen Ämtern waren auch die Titel der K. sehr zahlreich: *imperator, pontifex maximus, tribunicia potestate* („mit der Amtsgewalt eines Volkstribuns") u. a. In späterer Zeit wurden die Eigennamen der beiden Gründer des Kaisertums Kaisertitel; der K. hieß *Augustus,* der Unterkaiser (der oft Thronfolger wurde) *Caesar.* Dieser mindere Titel überlebte den T. Augustus. Der Titel *Imperator* wurde im franz. Kaisertum *(empereur)* zu neuem Leben erweckt. → Monarchie. – Der Unterschied, den wir zwischen Kaiser und König machen (ein Kaiser mächtiger als ein König), beruht darauf, daß die Diadochen-Könige oder Männer wie Ariovist, denen die Römer den Titel *rex* = König bewilligten, nur Teile des späteren röm. Reichs beherrschten, die Kaiser dagegen das ganze Reich. → Forum; Sueton; Vergottung.
K.-Paläste: in Rom, auf dem → Palatin, von dem sich der „Palast" ableitet; z. T. ausgegraben, namentlich die *domus Augustana,* der Palast d. flavischen Kaiser. Der Palast in Konstantinopel bedeckte 400 000 qm (→ Palmyra). Er wurde von 330 bis gegen 1100 bewohnt, verfiel seit der Eroberung Konstantinopels durch die Lateiner 1204, diente dann als Steinbruch und ist heute bis auf wenige Mauern verschwunden. Die röm. Kaiser deutscher Nation nannten ihre Residenzen wie die in Rom; daher Pfalz, Palast, Palais. – Die Kaiserzeit dauerte rechtlich vom 2. Sept. 31 v. Chr. im Westen bis 476, im Osten bis 29. Mai 1453 (bzw. bis 1917, → Röm. Geschichte). Nach dem üblichen Sprachgebrauch versteht man aber unter „Kaiserzeit" nur die des Westreichs bis 476, weil man früher bei der Unterschätzung der → byzantin. Kultur an das Ostreich gar nicht dachte.

E. Mambury, Th. Wiegand, D. Kaiserpaläste von Konstantinopel, 1934; S. Miranda, *Les Palais des Empéreurs Byzantines,* 1964; K. M. Swoboda, Röm. u. roman. Paläste, Wien [3]1969.

Kaisertum. Das ältere röm. K. bezeichnet man als Prinzipat, weil Augustus die höchste Gewalt im Staate am 13. Jan. 27 v. Chr. als *princeps civium* = Erster Bürger übernommen hatte. Für den Pr. wurde die Stellung maßgebend, die ihm Augustus gab. Er verzichtete im Gegensatz zu Caesar ganz bewußt auf das hellenistische Vorbild der absoluten Monarchie und baute seine Macht auf der röm. republikanischen Tradition auf, wobei er die republikanischen Ämter beließ. Während aber in der Republik ein Mann nur je ein Amt geführt hatte und dies nur ein Jahr lang

(→ Magistrat), übernahm Augustus gleichzeitig mehrere wichtige Ämter, die er längere Zeit oder auf die Dauer verwaltete. Das machtvollste Amt, die Dictatur zur Wiederherstellung der öffentlichen Ordnung, legte er freilich so bald wie möglich nieder; das Consulat überließ er anderen und behielt sich nur die Beeinflussung der Wahlvorschläge vor. Aber durch das unauffälligere prokonsularische Imperium besaß er die oberste militärische Gewalt im Reiche, selbst innerhalb des Stadtgebietes. Die Heere an den Grenzen kämpften in seinem Auftrag unter Feldherrn, die er einsetzte; daher nahm er den → Triumph für sich in Anspruch. Er konnte Truppen ausheben und von sich aus über Krieg, Frieden und Bündnisse entscheiden. Durch Übernahme des Volkstribunates auf Lebenszeit war er unverletzlich, er konnte die Volksversammlung berufen und Gesetze beschließen lassen. Dazu kamen noch andere weniger wichtige Ämter wie das als höchster Priester *(pontifex maximus)*. – Abgesehen von diesen gesetzlichen Rechten wurde die Stellung des Kaisers im Staat noch durch den persönlichen Einfluß *(auctoritas)* gestützt, den besonders → Augustus auszuüben verstand. Auch das Treueverhältnis *(fides)* zwischen Kaiser und Volk hatte große Bedeutung. – Diesen Charakter des K. behielten die Nachfolger des Augustus zunächst bei. Es bestand also in Rom der Form nach die Republik mit Senat (→ SPQR) und jährlichen Beamten weiter; in Wirklichkeit herrschte der Kaiser durch Vereinigung wichtiger Ämter in seiner Hand.

Die historische Entwicklung des K. ging in der Richtung auf den Dominat, eine Verstärkung der kaiserlichen Rechte. Der Senat wurde schrittweise beiseite geschoben; an seine Stelle trat der Alleinherrscher *(dominus)* nach hellenistischem Muster schon lange, bevor Diocletian (284–305) die absolute Monarchie offiziell einführte. Die Bürger waren nun Untertanen (franz. *sujets,* von lat. *subiecti,* wörtlich „Unterworfene").

E. Meyer, Caesars Monarchie u. d. Prinzipiat des Pompeius, [3]1922, neu 1963; E. Kornemann, Doppelprinzipat u. Reichsteilung im Imp. Rom., 1930; A. v. Premerstein, Vom Werden u. Wesen des Prinzipats, 1937; D. Timpe, Unters. zur Kontinuität des frühen Prinzipats, 1962; M. A. Wes, Das Ende des K. im Westen des Röm. Reiches, s'Gravenhage d. 1967; R. Klein (Hg.), Prinzipat u. Freiheit, 1969; J. Straub, *Regeneratio imperii,* II 1972–86; M. Grant, Roms Caesaren, d. 1978; J. Bleicken, Verf.- u. Sozialgesch. d. röm. K.reichs, 1978; A. Wlosok (Hg.), Röm. Kaiserkult, 1978; W. Kuhoff, Herrschertum u. Reichskrise, 1979; W. Schindler, Röm. Kaiser, 1986; K. Christ, Gesch. d. röm. Kaiserzeit, 1988; P. Garnsey, R. Saller, D. röm. Kaiserreich, d. 1989; D. Kienast, Röm. Kaisertabelle, 1990.

kalendae (lat.), der 1. Tag jeden Monats, an dem ausgerufen (*calare* = rufen) wurde, ob in diesem Monat die *nonae* am 5. oder 7. seien (unsichere Erklärung des Wortes). → *ad kalendas Graecas*; Kalender.

Kalender. Die gr. Städte hatten alle ihren besonderen K., oft mit besonderen Monatsnamen, deren wir insgesamt noch gegen 400 (!) kennen. Zu dieser Uneinheitlichkeit kam der Mangel einer bestimmten → Jahreszählung; eine für die ganze gr. Welt gültige Datierung war also gar nicht möglich. Wie die Gr. das ertrugen und warum sie es nicht änderten, wird nur zur Not verständlich, wenn wir in Deutschland an den jahrhundertelangen Gebrauch einer Frankfurter, Leipziger, Lübischen Elle und daran denken, daß wir im 20. Jh. wenigstens in dem kleinen Erdteil Europa noch kein einheitliches Geld haben. Über den gr. K.-Wirrwarr siegte der K. der Römer, weil er, obwohl ebenfalls reichlich unpraktisch, doch besser war. Die R. zählten die Monatstage nicht vom 1. bis zum 30. oder 31., sondern rückwärts von den *kalendae,* dem 1. des folgenden Monats (z. B. ist der 30. Januar „der 3. vor dem 1. Februar"); dies aber nun nicht durchlaufend, sondern nur bis zu bestimmten Tagen des Monats, den *idus* und *nonae;* von diesen an begann die Rückwärtszählung von neuem. Damit aber nicht genug; die Iden und Nonen lagen in vier Monaten am 7. bzw. 15., in den anderen 8 Monaten am 5. bzw. 13. Tage. Wie die sonst so praktischen Römer auf diesen absonderlichen K. gekommen sind, weiß man nicht, und ebensowenig, wem man die heutige Zählung, vom 1. an vorwärts, verdankt; sie findet sich seit dem 6. Jh. n. Chr. Ein weiterer Fehler des röm. Kalenders war, daß das röm. Jahr ein → Mondjahr war. 46 v. Chr. beauftragte Iulius Caesar den alexandrinischen Mathematiker Sosigenes mit einer K.-Reform (→ Januar). S. führte das in Ägypten seit 4240 v. Chr. übliche Sonnenjahr ein; statt der Schaltmonate brauchte man nun nur noch manchmal einen Schalttag. Diesen fügte man im Februar zu, aber nicht als 29. Febr., sondern der 24. Febr. wurde doppelt gezählt, so daß auf den „6. vor den märzischen Kalenden" der „zweimal 6. v. d. m. K." folgte; daher heißt im Französischen das Schaltjahr *année bissextile* (bis = zweimal). Der iulianische K. übertraf alle gr. und den früheren röm. so, daß er sich die Welt eroberte und mit einer Abänderung durch Papst Gregor XIII. bis heute gilt. Im Okt. 1582 glich dieser einen kleinen Fehler des Sosigenes von jährlich 11 Minuten 12 Sek. dadurch aus, daß er 10 Tage überspringen ließ. Zu dieser Reform bequemten sich, weil sie von einem röm. Papste kam, die Protestanten erst um 1700, die griech.-orthodoxen Russen und Griechen erst 1917 bzw. 1923, die Chinesen erst 1949. Mit dem röm. K. eroberten sich auch die lat. → Monatsnamen die Welt. Karl d. Gr. suchte sie zu verdeutschen, die franz. Revolution sie durch andre zu ersetzen. Bestrebungen, den Kalender durch Festlegen des Ostertermins zu reformieren, blieben bisher erfolglos.

W. Kubitschek, Grundriß d. ant. Zeitrechnung, 1927; G. Thomson, *The Greek Calendar,* 1943; W. K. Pritchet, O. Neugebauer, *The Calendars of Athens,* Cambr. (Mass.) 1947; R. A. Parker, *The Calendar of ancient Egypt,* Chic. 1951; J. v. Beckerath, Der ägypt. Ursprung unseres K.s, 1953; H. Grotefend, D. Zeitrechnung d. dt. MA. u. d. Neuzeit, 1962; M. P. Nilsson, D. Entstehung u. rel. Bedeutung d. gr. K., Lund [2]1962; A. K. Michels, *The Calendar of the Roman Republic,* Princet. 1967; H. Kaletsch, Tag u. Jahr (Die Gesch. unseres K.s), 1970; O. E. Hartmann, der röm. K., 1973.

Kalk → Steinbau; Mörtel.

Kallimachos aus Kyrene lebte zwischen 310 und 240 v. Chr. Er studierte in Athen und ließ sich als Gelehrter in Alexandreia nieder, das durch seinen musenliebenden Hof, die Bibliothek und das Museion der Treffpunkt der besten Köpfe der damaligen Zeit war. Als Bibliothekar am Museion war K. mit der Katalogisierung der riesigen Bestände beschäftigt. Als Gelehrter und Dichter entwickelte er eine sehr umfangreiche Tätigkeit und verfaßte über 800 (?) Bücher. Mit seinen großen Prosawerken, besonders den *Pinakes* (Verzeichnissen) der hervorragendsten Vertreter der Literaturgattungen mit Titeln, Abfassungszeiten und Umfang ihrer Werke, und den *Hypomnemata,* einer Sammlung von Wunderbarem und Merkwürdigem in Natur, Kunst, Geschichte, Geographie, hat er die spätere Forschung maßgebend beeinflußt; auch eine Sagen-Sammlung mit vielen Erklärungen über Kulte, Einrichtungen, Feste, Bräuche (*Aitia,* also „Ursachen") war eine Frucht seiner gelehrten Studien. In diesem Werk entwarf K. auch ein Programm, mit dem er einen literarischen Streit auslöste: Er wollte mit seiner Absage an die lit. Großform (also das traditionelle Epos) eine neue Epoche einleiten, die von mannigfachen kleineren Formen der Dichtung geprägt sein sollte: Das → Epyllion, Lehrgedichte, Elegien, verschiedene Liedformen wurden von K. bevorzugt; für alle diese Formen legte er selbst eindrucksvolle Dichtungen vor, von denen teilweise allerdings nur noch Fragmente vorhanden sind. Mit der Einbeziehung gelehrten Wissens in die Dichtung, mit einer kunstreichen Verfeinerung von Sprache und Stil, mit seiner Hinwendung an ein kleines, kunstverständiges Publikum leitete K. tatsächlich eine neue literar. Epoche ein, deren Vertreter vom Ideal des poeta doctus (Dichter-Gelehrte) beeindruckt waren und weiterhin nach formaler Vervollkommnung strebten. Sehr groß war auch sein Einfluß auf die röm. Dichter, die seine Gedichte übersetzten und bearbeiteten (Catull, *Locke der Berenike* [→ Ber.]; Ovid, *Ibis, Hekale, Philemon* u. *Baukis*).

W: Hg. R. Pfeiffer, Oxf. II 1949–53, neu 1965–66; hg. E. Cahen, Paris [4]1953 (mit franz. *Ü*). – Hymnen hg. u. d. E. Howald, E. Staiger, 1955.

L: E. Howald, D. Dichter K. v. Kyrene, 1943; W. Wimmel, K. in Rom, 1960; K. J. McKay, *The Poet at Play,* Leiden 1962; G. Capovilla, *Callimaco,* Rom 1967.

Kallinos aus Ephesos, 7. Jh. v. Chr., ist der älteste unter den uns bekannten griech. Elegikern. Das einzige uns überlieferte Bruchstück enthält einen Kampfaufruf an jüngere Männer; seine Sprache ist stark vom Epos geprägt. K. u. → Tyrtaios haben wohl die Literaturform der polit. → Elegie geschaffen.

W: ALGr., fasc. 1. → Lyrik.

Kalliope → Musen.

Kallisthenes, Neffe des Aristoteles, Bewunderer Alexanders d. Gr., den er auf dem Asienzug begleitete. Später zerfiel er mit Al., als dieser die → *Proskynesis* verlangte; er war der Hauptbeteiligte an der Verschwörung von 327 v. Chr., wurde verhaftet und bald darauf hingerichtet. Als Hofhistoriograph verfaßte er eine Geschichte Alexanders d. Gr. mit der Tendenz, das Leben des Königs ins Wunderbare zu steigern. Unter seinem Namen geht auch ein historischer Roman, dessen Ursprung zwar in hellenistische Zeit zurückreicht, der aber in der geläufigen Fassung erst in röm. Zeit entstanden ist. Dieser Alexanderroman wurde ins Latein., Syrische und Armenische übersetzt und bis tief ins Mittelalter gern gelesen. Ihm verdankten die mittelalterlichen Schriftsteller die Kenntnis → Alexanders d. Gr. und die Begeisterung für ihn.

W: FGrH; Alexanderroman, hg. W. Kroll, [3]1977.

L: H. Berve, D. Alexanderreich, II, 1927.

kaloskagathos (gr.), „körperlich und geistig tüchtig", so sollte der junge Grieche durch eine ideale Erziehung werden; → *paideia.*

Kalydonische Jagd: Ein gefährlicher Eber wurde einst bei Kalydon (Aitolien) gejagt, wobei die größten griech. Helden teilnahmen, die Dioskuren, Theseus, Admetos, Iason, Peleus, Amphiaraos und → Meleagros.

Kalypso, Nymphe auf einer einsamen Insel, die den schiffbrüchigen Odysseus rettete und acht Jahre liebevoll pflegte in der Hoffnung, ihn zum Gatten zu gewinnen; aber O. verließ sie, obwohl sie ihm Unsterblichkeit versprach, aus Sehnsucht nach seiner Heimat (→ Ithake) und seiner Gattin Penelope. K. ursprünglich Todesgöttin („Verbergerin")?

Kambyses, Großkönig der → Perser 529–522 v. Chr., eroberte Ägypten.

H. Fahr, 1959.

Kameen → Steinschneidekunst.

Kamerun. Über K. haben wir ältere Nachrichten als über Deutschland. Im 5. Jh. v. Chr. fuhr eine karthagische Expedition durch die Straße von Gibraltar und dann an der Küste Afrikas südwärts. Das Schiffstagebuch (→ *Periplus*) des Kapitäns → Hanno ist in griech. Übersetzung und diese in einem einzigen Exemplar, in Heidelberg, erhalten. Nach den Entfernungsangaben gelangte man bis K.; der im Tagebuch „Götterwagen" genannte dortige Berg heißt in der Eingeborenensprache noch heute so. Die Karthager müssen also auch gute Dolmetscher gehabt haben. Nach deren Angabe lebten dort wilde Menschen namens *Gorillai.* Die Karthager machten Jagd auf sie; die Männer entkamen, 2 Weiber wurden gefangen; sie bissen sehr wild um sich und waren am ganzen Körper behaart. Als 1847 Savage in Gabun Menschenaffen entdeckte, dachte er an diese Geschichte; offenbar hatte er zur Vorbereitung seiner Reise Hanno gelesen. Er nannte diese Affen G. So ist also ein westafrikanisches Wort des 5. Jhs. vor Chr. über das Punische und Griech. in die modernen Sprachen gedrungen. → Pygmäen.

W: Geographi Graeci Minores, hg. G. Müller, 1855 ff. – *Ü:* (engl.): M. Cary, E. Warmington, *Ancient Explorers,* 1929: Antike Entdeckerfahrten, O. Seel, 1961.

L: R. Güngerich, D. Küstenbeschreibung in d. gr. Lit., 1950.

Kampf (nach lat. *campus* ?). Die Germanen erfaßten schon früh die Bedeutung dessen, was die Römer auf dem Exerzierplatz, dem *campus Martius* (→ Mars), trieben. Die german. Kampfesweise war offenbar wild und ungestüm, die röm. geregelt; das lernte man von den Römern und schuf nach den Übungen auf dem *campus* das Wort Kampf. Die Franzosen nennen noch jetzt den Exerzierplatz *champ de Mars.*

Kanal → Athoskanal; Drusus; Isthmos; Suez.

Kanarische Inseln, lat. *Canaria(e) Insula(e)* = Hundsinsel(n) (*canis* = Hund), nach der dort einst vorhandenen Menge großer Hunde genannt. Die Inseln wurden von den Alten als „Inseln der Seligen“ oder auch „Glückliche I.“ wegen der vom Klima begünstigten Lage bezeichnet. Eine phoinik. Expedition hatte sie um Chr. Geb. erkundet.

Kandidat. *candidatus* hieß der Römer, der sich beim Volke um ein Amt bewarb, da er in *toga candida,* d. h. in weißer T., auftrat.

Kannelierung. Kanneluren nennt man die langen, vom Kapitell den ganzen Säulenschaft parallel herablaufenden eingerieften Streifen vieler antiker Säulen; bei dorischen S. meist 20 an je einer Säule, scharfkantig aneinanderstoßend, bei ionischen meist 24, durch Stege getrennt. Man arbeitete sie erst an der fertig aufgerichteten Säule aus. Eine K. einer großen Säule ist etwa handbreit. In *Akragas* (Agrigento) auf Sizilien liegt aber ein schon von Goethe bewundertes Werkstück, in dessen K. sich ein erwachsener Mann wie in ein Schilderhaus hineinstellen kann; der Bau, zu dem es gehört hat, muß riesig gewesen sein. Die K. dienen dazu, die Säule zu beleben. Das geschieht, wie der Kunstphotograph Hege erkannte, namentlich dadurch, daß die Zwischenwände zwischen den K., außer wenn die Sonne senkrecht auf die scheint, Schatten in die K. werfen; mit wechselndem Sonnenstand ändert sich dieser und damit das Gesamtbild der Säule.

Kanon, Kanone gehen auf ein uraltes semitisches Wort *gin* = Schilfrohr zurück. Dieses wurde im Assyr. zu *kanu,* im Griech. zu *kanna.* Von da stammen gr. *kanun* = Korb (aus Rohr geflochten); gr. *kanon* = Rohrstengel; grade wie ein R.; Richtscheit, Lot; Lineal; richtunggebend, Regel (lat. *sub omni canone,* unter aller Kanone, gegen alle Regeln, hat mit der K. zum Schießen nichts zu tun). Daher: Kanon (Adjektiv: kanonisch), ein mustergültiges Werk; so der K. des → Polykleitos (→ auch Harmonie); eine Liste der in ihrem Fach, namentlich als Literaten, maßgebenden, klassischen Männer: Der K. der 9 Lyriker (Alkaios, Sappho, Anakreon, Alkman, Stesichoros, Ibykos, Simonides, Bakchylides, Pindar); der K. der Tragiker (die drei Großen, nämlich Aischylos, Sophokles und Euripides, ferner Ion v. Chios u. Achaios v. Eretria); der K. der Komiker (Eupolis, Kratinos, Aristophanes); schließlich der K. der → 10 attischer Redner. Die Entstehung solcher Kanons ist nicht völlig klar. Man leitet sie von dem den Griechen angeborenen Sinn für Ordnung und Harmonie her. Mit diesem habe man für alle Gebiete der Literatur und Kunst Gesetze aufgestellt und Männer, deren Schöpfungen diesen entsprachen, in einem *k.* vereinigt. Nicht abzuweisen ist auch eine ganz prosaische Erklärung, Entstehung der *k.* nur für Schulzwecke; man sollte einfach die bedeutendsten Vertreter jedes Fachs in knapper Zusammenstellung auswendig lernen; die kanonischen Dramen und Reden waren die in der Schule gelesenen. – Kanone → Siphon.

H. v. Steuben, der K. des Polyklet, 1973.

Kapitell (von lat. *caput* = Haupt), der Kopf eines Pfeilers oder einer → Säule, zugleich eines der Unterscheidungsmerkmale der antiken → Säulenordnungen.

Kapitol → Capitol, einer der sieben Hügel Roms.

Kap Sunion, Vorgebirge an der S-Spitze Attikas mit Festungsbauten und einem Tempelbezirk, in dem ein weit übers Meer sichtbarer Poseidon-Tempel stand, von dem noch Säulen aus weißleuchtendem Marmor aufrecht stehen.

Karer (gr. *Kares*), eine vorgriech. Bevölkerungsgruppe, bewohnten anscheinend die ägäische Inselwelt, wurden von dort nach Osten verdrängt. In historischer Zeit saßen sie an der Westküste Kleinasiens und bewahrten manches Altertümliche (→ Barttracht), besonders das Mutterrecht (→ Frau). Lange waren sie persische Untertanen unter eingeborenen Fürsten. Deren bedeutendster war Maussolos (377–352 v. Chr.); sein Grabmal (→ Mausoleum) zeigt, daß die K. nicht persische, sondern gr. Kultur annahmen. Auch ethnisch sind sie dann unter den Griechen aufgegangen. → Herodot.

Karneades von Kyrene, etwa 214 v. Chr. geb., Schulhaupt der → Akademie in Athen, war einer der Teilnehmer an der → Philosophengesandtschaft. Er neigte zu skeptischer Haltung, lehnte feste Wahrheitskriterien ab und entwickelte eine Theorie des Wahrscheinlichen.

Karneval. Deutung des Worts unsicher; früher als ital. *carne, vale* = Fleisch, leb wohl, erklärt wegen der Fastenzeit; unwahrscheinlich, weil das lat. *vale* im Italienischen nicht mehr lebendig ist; von lat. *carrus navalis* = Schiffskarren, der im gr. Kult hie und da eine Rolle spielte; z. B. fuhr bei der Prozession an den großen Dionysien in Athen Dionysos (d. h. sein Priester, der ihn vertrat) in einem Schiff auf Rädern. Aber man findet keine rechte Verbindung von da zum K. Dem Sinne nach ist der K. der attische Choëntag. → Seele.

Karthago (= „Neustadt"), wichtigster Handelsplatz der Phoiniker an der uralten Handelsstraße, die schon im 2. Jahrt. v. Chr. aus dem östlichen Mittelmeer nach → Tartessos führte. K. lag an der günstigen Stelle, wo die Seeleute auf der Fahrt nach dem Westen die schwere Überseefahrt von Sizilien her hinter sich hatten (man fuhr sonst immer möglichst längs der Küste). Die Stadt, deren Mittelpunkt die starkbefestigte → Byrsa war, besaß große, gegen jeden Sturm geschützte Häfen (heute Salzlagunen). Diesen beiden Umständen verdankte sie es wohl, daß sie nicht nur eine vorübergehende Niederlassung der Phoiniker, wie diese sie sonst gründeten, sondern eine feste Stadt wurde. Die Zeit der Gründung ist unbekannt; die Angabe des Timaios, 814 v. Chr., ist errechnet, wenn auch mit guten Unterlagen. Die Erzählung von Dido ist Sage. K. überflügelte bald die Mutterstadt Tyros. Seit 600 v. Chr. rissen die → Punier durch zielbewußte Handelspolitik, die durch eine starke Kriegsflotte unterstützt wurde, die Herrschaft im westlichen Mittelmeer an sich. Mit wechselndem Erfolg kämpften sie mit den Griechen um den Besitz von

Sizilien, dessen Westecke (Eryx) sie als Stützpunkt ausbauten. Sie beherrschten die Küsten Sardiniens und Korsikas und schlossen 509 v. Chr. mit Rom den 1. Handelsvertrag. Nach dem tarentinischen Krieg wurde K. der Gegner der jungen, aufstrebenden Handelsmacht Rom. In zwei Kriegen (264–241, 218–201 v. Chr.) zerschlug Rom die militärische Kraft der Stadt. Trotzdem war sie nach dem Urteil des → Polybios noch im 2. Jh. v. Chr. die reichste Stadt der Welt. Die Römer vernichteten endlich den unangenehmen Handelskonkurrenten (146 v. Chr.). Als röm. Kolonie wurde K. von Caesar 44 v. Chr. neu gegründet und entwickelte sich zur reichsten Stadt der blühenden Provinz Africa. 439 wurde K. vandalisch, 533 durch Belisar oströmisch., 698 arabisch; seitdem verfiel es schnell; die guten Häfen wurden unbrauchbar. Heute steht Tunis neben der Stätte des alten K. und dehnt sich in den letzten Jahrzehnten auf diese aus. Neue deutsche Ausgrabungen legten Reste der röm. Siedlung frei u. darunter Mauern der karthag. Stadt aus dem 8. Jh. v. Chr. → Kamerun.

J. Vogt u. a., Rom u. K., 1943; B. H. Warmington, d. 1963; G. u. C. Charles-Picard, K., d. 1983; A. Lezine, *Carthage Utique,* Paris 1968; S. Noscati, Die Karthager, d. 1984; W. Huß, Die Karthager, ²1994.

Karyatiden oder Koren, Mädchenfiguren, die an Stelle von Säulen das Gebälk der Korenhalle am → Erechtheion tragen, benannt nach den Mädchen des lakon. Dorfes Karyai, die zum Tanz einen derartigen Kopfschmuck trugen. Eine der K. vom → Erechtheion jetzt im Brit. Museum, London; die röm. Kopie einer K. in der Hadriansvilla in Tivoli.

Kassandra, Tochter des troischen Königs Priamos, hatte von Apollon die Gabe der Weissagung erhalten, wurde aber, da sie dessen Liebe nicht erwiderte, damit bestraft, daß man ihren wahren Prophezeiungen nie glaubte. Nach Troias Untergang, den sie gleichfalls, ohne gehört zu werden, vorausgesagt hatte, fiel sie → Agamemnon als Beute zu und wurde mit ihm von Klytaimestra erschlagen.

K. Ledergerber, K., 1950.

Kassandros, Sohn des Reichsverwesers Antipatros, nahm als General an den Kämpfen um die Nachfolge Alexanders d. Gr. hervorragenden Anteil. 317 v. Chr. gewann er die Herrschaft in Makedonien, die er bis zu seinem Tode (297) behauptete. 306 nahm er den Königstitel an. Er ließ Roxane (→ Alex. d. Gr.) und ihren Sohn Alexander hinrichten. Eine von ihm gegründete Stadt, heute eine der wichtigsten in Griechenland, nannte er zu Ehren seiner Gattin mit deren Namen Thessalonike.

Kastalia, Quelle bei Delphoi mit einer Ergiebigkeit, wie man sie sonst in Griechenland selten findet; im Altertum den Musen geheiligt: sie versorgt auch das heutige Delphoi mit Wasser.

Kastell, von lat. *castra* = ein (militärisches) → Lager.

Kastor und Pollux, die beiden → Dioskuren.

Katakomben. Lat. *Catacumbae* oder *Ad Catacumbas* (Erklärung unsicher), Flurbezeichnung bei Rom, an der Via Appia, mit unterirdischen Gräbern von Christen; danach nennt man jetzt diese Gräber selbst u. auch andre derart. K. Die Juden verbrannten ihre Toten nie, sondern bestatteten sie in Felsgräbern und anderen unterirdischen Grabkammern; die Anlagen waren zunächst Privatbesitz oder Eigentum von Begräbnisvereinen oder Stiftungen. Im Anschluß daran verfuhren auch die Christen ebenso. Diese bestatteten in K., riesigen bergwerkähnlichen, mit Treppenschächten und langen, oft in mehreren Stockwerken übereinanderliegenden Stollen, an deren Wänden die Liegestätten für die Leichen in den Stein gehauen sind; nach der Bestattung wurden diese Nischen mit einer Grabsteinplatte verschlossen. Außer den Stollen finden sich auch größere Räume für Gottesdienst bei den Gräbern. Die K. sind nicht wegen der Christenverfolgungen entstanden, um die Gräber der Christen zu verstecken; das Herausschaffen der geradezu riesigen Massen des losgeschlagenen Gesteins konnte ja nicht verborgen bleiben. Aber in Zeiten der Not hat man in den K. heimliche Gottesdienste gehalten. K. finden sich in sehr vielen antiken Städten, besonders in Alexandreia, Syrakus, Neapel, Rom; dort wurden sie 410 n. Chr. aufgegeben (→ Goten). Seitdem gab es Friedhöfe (→ Grab). Später wurden den röm. K. eine Menge Gebeine entnommen, die man als die von Märtyrern teuer an Kirchen verkaufte. Grund dafür war der sich verbreitende Märtyrer- und Reliquienkult; infolgedessen verfielen die röm. K. fast völlig. – Die K.-Forschung bereicherte unsere Kenntnis des ältesten Christentums und namentlich der ältesten christlichen Kunst sehr, zumal viele der Gänge und vor allem die gewölbten Grabräume reich mit Fresken ausgemalt waren.

J. Wilpert, Die Malerei der K. Roms, 1903; H. W. Beyer, H. Lietzmann, Die jüd. K. der Villa Torlonia, 1930; P. Styger, Die röm. K., 1933; ders., Röm. Märtyrergrüfte, 1935; H. Achelis, Die K. von Neapel, 1936; A. F. Legnaud, *Les catacombs Africains,* 1937; L. Hertling, E. Kirschbaum, Die röm. K. u. ihre Märtyrer, 1950; E. Bock, R. Göbel, Die K., ²1964; W. Käch, Bildzeichen der K., 1965; P. Testini, *Le catacombe ...,* Bol. 1966; L. Kötzsche-Breitenbruch, Die neue K. an d. Via Latina, 1976.

Katalexis, katalektische Verse → Versbau.

Kataloge, also Aufzählungen, sind ursprüngliche Bestandteile des → Epos. Der berühmte Schiffskatalog im II. Gesang der *Ilias* enthält eine detaillierte Schilderung der griech. Kontingente, die am troischen Kriege teilnahmen; eine Aufzählung der Troer u. ihrer Hilfsvölker schließt sich an. Daß Aufzeichnungen dieser Art, Inventarisierung u. sogar eine geordnete Buchführung auch schon in mykenischer Zeit (16.–13. Jh. v. Chr.) vorhanden waren, beweisen die Funde (→ Linear B; Pylos).

V. Burr, D. Tontafeln v. Pylos u. d. homerische Schiffskatalog, 1944, neu 1961; G. Jachmann, D. homer. Schiffskatalog u. d. Ilias, 1958; R. Hope Simpson, J. F. Lazenby, *The Catalogue of the Ships in Homer's Iliad,* Oxf. 1970; J. Gassner, K.e im röm. Epos, 1972.

Kategorie, gr. *kategoria,* Anklage, Aussage gegen jem.; in Aristoteles' *Logik* die über ein Ding möglichen Aussagen, die Gattungs- oder Stammbegriffe, von denen er 10 annahm: Substanz, Qualität, Quantität, Relation,

Ort, Zeit, Lage, Besitz, Tun, Leiden. Noch nicht im Altertum: Gruppe von verwandten Dingen (über die man dieselben Aussagen macht); kategorisch aussagend: bestimmt aussagend.

kat' exochen (gr., *exoche* = das Hervorragen, der Vorzug) = vorzugsweise; hauptsächlich; überhaupt.

Katharsis. *katharsis ton pathematon* = Reinigung, Läuterung der Affekte durch Furcht und Mitleid bezeichnet Aristoteles in seiner berühmten Definition (*Poetik* 6, 1449 b) als Aufgabe der Tragödie. Seitdem ist besonders in der Zeit der französischen und deutschen Klassiker viel über die Bedeutung dieses Satzes gestritten worden, aber die Frage kann heute in gewisser Weise als geklärt gelten: Aristoteles hatte nicht in erster Linie eine ethische Wirkung in der K. gesehen; der Ausdruck stammt aus dem medizinischen Bereich. So wird man die K. ansehen können als eine Lust an der Erregung von Schauder und Jammer (so Schadewaldt) und damit ein Gefühl der erleichterten Befreiung, das durch eine tragische Handlung im Zuschauer hervorgerufen wird. Damit sieht man in den Worten also keine Aussage mehr über die moralisch-erzieherische Wirkung eines Kunstwerkes.

W: Aristoteles, Poetik, hg. R. Kassel, Oxf. 1965; hg. E. G. Schmidt, [3]1972 (mit *Ü*). – *Ü:* A. Gudeman (mit Komm.), 1934; O. Gigon, 1950 und 1967.

L: L. Cooper, A. Gudeman, *A bibliography of the Poetics of A.*, New Haven 1928; M. Kommerell, Lessing u. Aristoteles, [4]1970; W. Schadewaldt (Hermes 83), 1955; W. Flashar (ebd. 84), 1956; M. Pohlenz (ebd.); C. W. van Boekel, Utrecht 1957; K. Brunius, *Inspiration and K.*, Stockh. 1966.

Kathete, gr. *kathetos,* im rechtwinkl. Dreieck die „herabgelassene" Linie, im Gegensatz zur Hypotenuse, gr. *hypoteinusa (gramme),* der „(sich) unten ausstreckenden" Linie. → Mathematik.

katholisch von *kat holen (ten gen)* = über die ganze (Erde) hin; → griech. u. lat. Wörter.

Katzen. Die nubische Falbk. wurde von den Ägyptern gezähmt und als Hausk. heilig gehalten; äg. Friedhöfe mit K.-Mumien gibt es viele. Im antiken Griechenland waren K. höchst selten (die Ägypter verkauften wohl keine). Jüngst ist in Athen ein Relief aus dem 6. Jh. v. Chr. gefunden worden, auf dem vornehme Herren einen Hund und eine K. aufeinanderhetzen. Aber noch Maler der hellenistischen Zeit, die K. darstellen wollten, konnten das nicht, sondern malten eine Art kleine Tiger. In Pompeii wurden keine K.-Knochen gefunden. Älteste Spuren (Knochenfunde) der von den Römern eingeführten Hausk. in Deutschland aus dem 4. Jh. n. Chr.

Kaufmann, von lat. *caupo* = Weinhändler, -wirt (→ Restaurant). Wenn die Germanen gerade aus der Bezeichnung dieses Händlers ihr Wort für K. überhaupt schufen, so beweist das, daß sie von den Römern hauptsächlich Wein kauften. – Kopenhagen = Hafen der *caupones,* Kaufmannsh., → Handel; Hermes. – Nach tiefem Verfall des Welthandels (→ Handel; Indien) im frühen Mittelalter wurde der Handel zunächst in Italien (→ Goldprägung) im späteren Mittelalter wieder ausgebaut und ging von dort u. a. nach Deutschland über. Aus dem ital. Handel stammen die vielen ital. Ausdrücke der deutschen K.-Spr. wie Agio, Aktie, Bankrott (→ Bankwesen); Kontokorrent, Kredit, Depositen, → Giro, junior, senior, Kasse, Konkurs, Kontor (→ Rechenbrett), kosten (lat. *constare*), mille, Preis (lat. *pretium*), Prokurist, Sozius. Alle diese Wörter gehen über das Ital. oder Franz. auf das Lat. zurück.

Kaukasus, ein Name dunkler Herkunft. Das Gebirge wurde zuerst durch Kolonisten bekannt, die sich schon im 6. Jh. v. Chr. an der Südwestseite des K. an der Schwarzmeerküste niederließen. Herodot bezeichnet ihn als das höchste Gebirge an der Nordgrenze des Perserreiches (I, 203 f; III, 97). Da man den K. früher für das östliche Ende der Welt hielt, übertrug man nach den Entdeckungen Alexanders d. Gr. den Namen auf den heutigen Hindukusch u. Himalaya, lokalisierte dort auch die Sage vom gefesselten → Prometheus. Genauere Kenntnisse gewannen erst die Römer, als Pompeius den König → Mithradates bis an den K. verfolgte, doch hat etwa Plinius (*n. h.* V, 98) noch recht unklare Vorstellungen von diesem Gebirge.

Kavallerie. Das Kriegswesen der Griechen kannte in homerischer Zeit noch keine Reiterei, sondern die Fürsten u. Edlen fuhren auf zweirädrigen → Streitwagen in den Kampf. Auch in der Blütezeit trat die K. völlig zurück; Sparta hatte zunächst nur die 300 Ritter der königlichen Leibwache und richtete erst Ende des 5. Jhs. eine K. ein, deren Leistungen aber immer unbedeutend blieben. Athen war zwar auf seine (in 10 *Phylai*, Schwadronen, gegliederten) 1000 Reiter, die die einzige stehende Truppe bildeten, sehr stolz (Darstellung auf dem Parthenonfries), aber sie kamen mehr bei glänzenden Staatsprozessionen als im Kriege zur Geltung, u. der Reiterdienst galt darum als ungefährlich. erst durch Philipp von Makedonien, um 350 v. Chr., wurde die zur Verfolgung des geschlagenen Gegners unentbehrliche K. geschaffen, die in Zukunft neben der schwerbewaffneten Phalanx selbständig ausgebildet und verwendet wurde; man bezog Pferde und Reiter mit Vorliebe aus dem Reiterland Thessalien. – Bei den Römern spielte die K. von Anfang an eine viel wichtigere Rolle. Zu jeder Legion gehörten 300 mit Lanze und langem Schwert bewaffnete Reiter, die in 10 Turmen (Schwadronen) zu je 3 Decurien (10 Mann) geordnet waren. Allmählich freilich wurde die einheimische K. immer mehr verdrängt, so daß in Caesars Heer nur noch Nichtrömer als Reiter dienten, besonders Germanen, Gallier, Spanier oder Numider. Neben dieser der Legion ständig zugewiesenen K. verfügte man noch über berittene Hilfstruppen befreundeter Länder, die im Winter jedesmal in die Heimat zurückkehrten. Die K. diente im wesentlichen zur Verfolgung und Aufklärung; in der Schlacht stand sie auf den beiden Flügeln der Infanterie, auf dem Marsche bildete sie mit den Leichtbewaffneten die Vorhut. → Kriegswesen.

Kegelschnitte. Daß sich die Griechen mit K. gern und sehr eindringend befaßten, war eine Nebenfolge des vielbehandelten „Delischen Problems", der Frage nach der Verdoppelung eines Würfels. Wie wichtig die Berechnung der K. einmal werden würde, konnte man zunächst nicht ahnen; obendrein muß man sich Kegel im mathematischen Sinne, da sie in der Natur nur als Schattenbilder von kreisrunden Gegenständen vorkommen, erst konstruieren. Aber die Gr. reizten eben die schwierigen Fragen der K.; → Wissenschaft. Mit K. im besonderen befaßten sich Menaichmos (4. Jh. v. Chr.), → Eukleides; Archimedes; Apollonios v. Perge.

Kekrops, nach der Legende erster König in Athen, halb Mensch, halb Schlange an Gestalt; er soll Schiedsrichter im Streit zwischen Poseidon und Athena um die Stadtgründung gewesen sein; sein Grab im → Erechtheion.

Keller, zur Aufbewahrung von Vorräten, besonders Speisen, in gr. und röm. Häusern seit sehr alter Zeit; oft mit einer Schicht Sand, um die → Amphoren hineinzustecken; ob im germanischen Haus vorhanden, ist strittig; in der jetzt üblichen Form jedenfalls von den Römern übernommen, wie das Wort K., Lehnwort nach lat. *cellarium,* beweist.

Kellnerin. Am 26. Jan. 8 v. Chr. verpflichtete sich Protarche, in der Bierkneipe der Frau Taphesies bis 25. Jan. 5 als K. zu dienen, und Frau T., der Pr. in dieser Zeit nicht zu kündigen, falls sie ihre Pflicht tue, sondern sie zu nähren, zu kleiden und zu bezahlen; Höhe des Lohns und Zahltage wurden festgesetzt; alles Geschirr, das sie zerbrach, wurde ihr vom Lohn abgezogen. Der auf einem Papyrusblatt gefundene Vertrag, jetzt in den Staatl. Museen in Berlin, ist mit allen seinen sehr zahlreichen Einzelbestimmungen juristisch einwandfrei und deswegen rechtsgeschichtlich wichtig, ebenso kulturgeschichtlich (→ Bier; Tägliches Leben).

Kelten, großes Volk, das sich selbst *Celtae* nannte (Caesar, *bellum Gallicum* I 1, 1; doch ist das Latinisierung des keltischen Wortes) und von den Griechen *Keltoi* oder *Galatai,* von den Römern *Galli* genannt wurde. Alle drei Namen sind identisch; Kelten ist die ursprüngliche Bezeichnung, Galater eine spätere Nebenform und Gallier eine Latinisierung. Heute nennt man (meist) Kelten das Gesamtvolk, die K. im späteren Frankreich Gallier, die kleinasiatischen K. Galater. – Die K. sind der Zweig der indoeurop. Völkerfamilie, der (wohl im Donautal aufwärts) weiter als andere Indoeuropäer nach Westen vordrang. Ihre Sitze lagen im 5. Jh. v. Chr. in Süddeutschland bis nach Österreich hinein, in Norddeutschland bis zum Harz u. der Weser, u. in Frankreich (Gallien). Um 400 begann, nachdem der Ozean erreicht war, die im speziellen Sinne sog. keltische Völkerwanderung. Die K. gingen nach Spanien (→ Keltiberer), England und nach Oberitalien, wo sie sich in der Poebene ansiedelten. Von dort zogen sie nach Mittelitalien, besiegten mehrmals die Etrusker u. zerstörten Rom (→ Allia); doch kamen die K. der Poebene später unter röm. Herrschaft. Von 300 an überfluteten K. den Balkan, wo sie sich unter den Thrakern und Illyrern festsetzten. Auch Griechenland wurde von ihnen bedroht, doch wurden sie bei den Thermopylen und bei Delphoi zur Umkehr gezwungen. Von dort gingen sie 277 v. Chr. nach Kleinasien. Sie siedelten sich auf dem wenig fruchtbaren Hochplateau im Innern an, das nach ihnen später Galatien hieß, und bedrohten von hier aus durch ihre Raubzüge die umliegenden Diadochenreiche. Im Kampf gegen sie erwarb sich das kleine Reich Pergamon besondere Verdienste. Attalos I. (241–197) verherrlichte seine Siege über sie durch Bauten (Zeusaltar, → Giganten) und Marmorstatuen in Pergamon und Athen (z. B. der Gallier und sein Weib; der sterbende G.). Ein politischer Zusammenschluß der über so weite Strecken hin verbreiteten K. hat stets gefehlt.

Die Kelten waren die Träger der sogen. La-Tène-Kultur (seit etwa 500 v. Chr.), einer Zeit bedeutenden Aufschwungs in Kunst und Technik, teilweise italisch-etruskisch beeinflußt. Sie wandten sich in Galatien früh dem Christentum zu (Brief des Apostels Paulus an die Galater). Im heutigen Frankreich erreichten sie durch die Berührung mit den Griechen in Marseille einen ziemlich hohen Bildungsstand. Hier wurden sie von Caesar 58–51 v. Chr. unterworfen. Seitdem nahmen diese K. überraschend schnell die röm. Kultur und Sprache an. Gallien wurde eine besonders blühende röm. Provinz mit schönen Städten (→ Nîmes usw.), wichtiger Industrie (Glas, Tuch) und bedeutender Gelehrsamkeit (→ Druiden; Universitäten). Bezeichnend ist, daß sich hier das röm. Weltreich am längsten gehalten hat; als Rom schon in der Hand der Germanen war, residierte in Gallien noch ein röm. Statthalter (Syagrius, erst 486 n. Chr. von den Franken verjagt). – → Gallien; Gallier. Nachkommen der antiken K. in der Gegenwart sind die Waliser (engl. Welsh, die Bewohner von Wales), das größte keltisch sprechende Volk; ferner die Iren und die Bretonen.

T. G. E. Powell, Die K., d. 1959; J. de Vries, Kelten u. Germanen, 1960; ders., Altkelt. Religion, 1961; J. Moreau, Die Welt der K., ^{3}1962; J. J. Hatt, K. u. Galloromanen, 1970; G. Herm, Die K., 1975; K. Spindler, D. frühen K., 1983; F. Schlette, Die K. zwischen Alesia u. Pergamon, ^{3}1985; B. Maier, Lex. der kelt. Religion u. Kultur, 1994.

Keltiberer, ein Mischvolk aus den in Spanien eingesessenen → Iberern und den um 400 v. Chr. dort eingewanderten → Kelten im Norden Spaniens. Sie spielten als Feinde u. später als Söldner der Karthager eine große Rolle. Nach der Eroberung Spaniens durch die Römer im 2. punischen Krieg erhoben sie sich häufig gegen die röm. Herrschaft. Die bedeutendste Empörung (143–133 v. Chr.) endete mit der Eroberung der Stadt Numantia durch den jüngeren Cornelius Scipio 133 v. Chr. Erst seit der Zeit des → Sertorius, 72 v. Chr., wurden sie völlig unterworfen. Auch → Numantia.

Kenotaph (gr. *kenotaphion* = leeres Grab) wurde solchen errichtet, deren Leiche man nicht bestatten konnte, z. B. im Meere Ertrunkenen.

Kentaur, gr. *kentauros,* Pferd mit menschlichem (männl. oder weibl.) Oberkörper. Wie die Griechen auf solche und ähnliche (→ Hippokampen) Fabelwesen verfallen sind und was das Wort K. bedeutet, ist unbekannt; wohl Anregung aus dem Orient; Mannstiere in Babylon; → Sphinx. Weniger wahrscheinlich waren die K. eine Schöpfung rein griech. Phantasie (Schreckgespenster der Bergwildnis). Die durch die Sage bekanntesten K.en sind Cheiron (Chiron), der Erzieher des → Achilleus, und Nessos (→ Herakles); die berühmteste K.-Sage ist die vom Kampf der K.en und → Lapithen, die im Westgiebel des Zeustempels im Olympia dargestellt war (jetzt im dortigen Museum). Die älteren K.-Darstellungen zeigen in primitiver Weise ein Pferd ohne Kopf mit einem Menschen verbunden. In der klassischen Zeit lösten die gr. Künstler die schwierige Aufgabe, den Übergang eines Menschenleibs in einen Pferdeleib naturgetreu wiederzugeben, geschickter. Zahlreiche Gemälde der Neuzeit stellen K.en dar (Rubens, Böcklin, Stuck, Corinth).

A. Isard, *Le centaur dans la légende et dans l'art,* Lyon 1938.

Kephisodotos, attischer Künstler des 4. Jhs. v. Chr., schuf eine → *Eirene* mit dem Plutoskinde; antike Kopie dieses Werkes in der Glyptothek in München.

ker (gr.), deutsch Ker, Seele eines Toten, die Unheil anrichtet (→ Seele), Todesgöttin, Tod.

Kerameikos (zu gr. *kerameus* = Töpfer), = Topfmarkt, Stadtteil um das → Dipylon und ein Mittelpunkt des städtischen Lebens im antiken Athen, einst von stattlichen Gebäuden umgeben, mit Statuen, z. B. des → Harmodios und Aristogeiton geschmückt.

Ergebn. d. Ausgrab., hg. Dt. Arch. Inst., XII 1939–80.

Keramik → Vasen.

Kerberos (lat. *Cerberus*), der vielköpfige, schlangenhaarige Hund, der das Tor der Unterwelt bewacht, von → Herakles gefesselt an die Oberwelt gebracht.

F. Kretschmar, Hundestammvater u. K., 1938.

Kerkyra, die bekannteste der Ionischen Inseln vor der W-Küste Griechenlands, heißt heute → Korfu.

Kikero. Cicero hieß ganz unzweifelhaft Kikero. Hätten die Griechen C. als Zizero gehört, so hätten sie, da sie in ihrem Alphabet den Buchstaben z hatten, nur mit Anwendung ihrer Betonungs- und Endungsregeln Zizeron geschrieben; sie schrieben aber Kikeron.

Kikonen, ein thrakischer Volksstamm, Hilfsvolk der Troer, wurden von → Odysseus überfallen, ihre Stadt geplündert, wobei es Verluste unter O.' Leuten gab. Erstes Abenteuer der Odyssee, jedoch ohne alle märchenhaften Züge.

Kilo von gr. *chilioi* = 1000; → Maße.

Kimbern (→ auch Kimmerier) ein germanischer Volksstamm in Holstein, Schleswig und Jütland. Durch Sturmfluten um 120 v. Chr. aus der Heimat getrieben, zogen die K. mit den Teutonen und Ambronen (aus Amrum?) nach Süden, um neue Sitze zu suchen. 113 v. Chr. schlugen sie die Römer, die durch die Körpergröße der K. und die Wildheit ihrer Angriffe verwirrt waren, bei

Noreia, wandten sich dann nach Gallien und Spanien und wurden bei dem Versuch, in Italien einzufallen, 101 bei Vercellae von → Marius geschlagen. Der Kimbernschrecken blieb den Römern lange in der Erinnerung; er wirkte noch auf Caesars Soldaten, als dieser Gallien eroberte und dort auf germanische Gegner (Ariovist) stieß.

L. Schmidt, Gesch. d. deutschen Stämme (Westgermanen), ²1938; B. Melin, D. Heimat der K., Uppsala 1960.

Kimmerier, ein mythisches Volk, das nach Homer in einem sonnenlosen Land des hohen Norden wohnte; daher bezeichneten die Griechen später mit diesem Namen die von Norden her kommenden → Kimbern. – Die historischen Kimmerier, ein thrak. Volksstamm, wanderten von Südrußland her im 8. Jh. v. Chr. über den Kaukasus nach Kleinasien ein u. drangen auf ihrem Eroberungszug nach Westen bis zu den griech. Kolonialstädten an der Ägäis-Küste vor, erlagen aber der lydischen Abwehr.

V. Cozzoli, *I Cimmeri,* Rom 1968.

Kimon, Sohn des → Miltiades, erbte dessen großes Vermögen und bezahlte die Summe, zu der der Vater verurteilt worden war (die verbreitete Überlieferung, wonach Vater und Sohn bis zur Zahlung der Schuld im Schuldgefängnis saßen, ist Sage). Nach den Perserkriegen leitete er mit → Aristeides als Konservativer die athenische Politik. Er kämpfte gegen die Perser an der thrakischen, karischen und lykischen Küste und besiegte sie 466 v. Chr. am Eurymedon. 461 wurde er verbannt, 457 zurückberufen und starb 449 im Lager vor Kition auf Kypros.

Kirche, gr. *kyriake* = Haus des Herrn. Das älteste erhaltene christl. Gotteshaus (244/5 n. Chr. entstanden) wurde in → Dura-Europos ausgegraben. → Basilica.

Kirchenväter *(patres ecclesiae).* „Väter“ nannte das christliche Volk schon im 2. Jh. seine Bischöfe. Auf die verstorbenen *„Patres“* berief man sich als auf die Zeugen christlicher Tradition. Erst vom 4. Jh. an gab man diesen Ehrentitel auch anderen von der Kirche als rechtgläubig anerkannten christlichen Schriftstellern der Antike. Die Sprache der K. war ursprünglich griechisch (→ *koine*), die im ganzen Morgenland gesprochen und in Italien, Afrika und Südgallien von den Gebildeten verstanden wurde. Um 200 wurde sie bei den K. an manchen Stellen, besonders in Syrien, schon von den Landessprachen abgelöst. Im Abendlande war vom 4. Jh. an das Lateinische ausnahmslos die Sprache der Väter. Während in den ersten Jh. ihre Sprache dem Volksidiom nahe blieb, machte sich seit dem Anfang des 4. Jhs. bemerkbar, daß Kirchenschriftsteller und Bischöfe aus dem Rhetorenstande kamen oder in den heidnischen Rhetorenschulen ihre Ausbildung bekommen hatten. In der Übertragung der christlichen Lehrausdrücke aus dem Griechischen ins Lateinische war Tertullianus bahnbrechend, man sieht in ihm geradezu einen christlichen Sprachschöpfer. Die auffälligste Erscheinung unter den lateinisch-christl. Sprachmeistern ist L. C. Firmianus Lactantius (gest. nach 317): Er war vom Kaiser Diocletianus als Lehrer der Rhetorik in die Residenz Nikomedeia berufen worden, ehe er 303 Christ wurde. Seine religionswissenschaftlichen Werke schrieb er in so elegantem klassischen Stil, daß er noch von den Humanisten als „der christl. Cicero“ bezeichnet wurde. Im allgemeinen haben die lateinischen Kirchenschriftsteller eine engere Fühlung mit der *lingua vulgaris* eingehalten, als die Grammatiker der Schultradition es erlaubten.

Die K. des ersten ausgehenden christl. Jhs., wegen ihres engen Verhältnisses zu den Aposteln apostolische Väter genannt (wie Clemens Romanus, der dritte Nachfolger Petri zu Rom, u. Ignatius, Bischof von Antiocheia, z. Z. des Kaisers Traian als Märtyrer gestorben), sind nicht anders hervorgetreten als die Apostel innerhalb der ihnen anvertrauten Gemeinden durch Sendschreiben und ähnl. Kundgebungen der oberhirtlichen Amtsgewalt.

Im zweiten christl. Jahrhundert begann die öffentliche und für die Umwelt sichtbarere Auseinandersetzung mit der außerchristlichen Ideenwelt. Der christl. Philosoph und Märtyrer Iustinus (gest. um 165) war der bedeutendste Apologet seines Jahrhunderts. Er besuchte in der Jugend die Schulen der Stoiker, Peripatetiker und Pythagoreer, studierte Platon und lernte dann die christl. Lehren kennen. Mit dem Pallium, dem gr. Philosophenmantel angetan, zog er als christl. Wanderlehrer umher und gründete in Rom eine Schule. Berühmt u. bis heute weiterlebend ist seine Lehre vom *Logos spermatikos,* nach der jeder Mensch, auch der das Evangelium von Christus nicht kennt, einen Keim der Wahrheit in sich trägt; so finde man z. B. bei Heraklit und Sokrates einen besonders bedeutenden Keim des christl. Logos. Ein viel gelesener Schriftsteller war Q. Septimius Florens Tertullianus (etwa 160 bis nach 220), nach Eusebios Jurist von Beruf, wohl in seiner Heimatstadt Karthago. Er trat 197 zur Kirche über, geriet aber bei seinem leidenschaftlich extremen Wesen nach einiger Zeit in das Fahrwasser der Montanisten (eine aus Phrygien stammende Sekte, die im Prophetischen das echte christliche Leben erkennen wollte und natürliche Werte, z. B. die Ehe, verwarf. Größte asketische Strenge war ihre Forderung). Seine Schriften sind apologetisch, sein Stil blendend und schlagfertig bis zum Sarkasmus. Viele seiner theolog. Fachausdrücke und seiner schlagwortartigen Lehrprägungen sind Allgemeinbesitz der Kirche geworden. Klemens v. Alexandreia, gest. vor 215, ging vor allem den Beziehungen zwischen Christentum und griech.-jüd. Philosophie nach; er war Haupt der alexandrin. theolog. Schule, an der die allegorische Interpretationsmethode zum Studium der hl. Schriften ausgebildet wurde. Sein Schüler und Nachfolger war Origenes (185–253); er entfaltete eine riesige schriftstellerische Tätigkeit: Man kann in ihm den Begründer der Bibelwissenschaft sehen. An der sog. *Hexapla,* dem in sechs Kolumnen in verschiedenen Schreibarten nebeneinander gestellten Text der → Septuaginta, arbeitete O. sein Leben lang; er verglich die Texte, um eine zuverlässige Erklärung der Schriften geben zu können. Er verfaßte dann → Scholien, Homilien und Kommentare. Cyprianus (Thascius Caecilius), 205 zu Karthago geboren, 246 getauft, dann Bischof dort, 258 in der Valerianischen Verfolgung enthauptet. Seine zahlreichen Schriften hatten eine ungeheure Verbreitung in der lateinisch sprechenden Welt. Wertvoll für die Zeitgeschichte ist die Cyprianische *Briefsammlung,* 81 Schriftstücke, davon 65 von Cyprian. Sie sind eine Quelle für die Kenntnis der frühchristlichen Verwaltung und des kirchlichen Rechts um die Mitte des 3. Jh. Er wurde mit Tertullian der Vater der latein. Kirchensprache.

Nach dem Toleranzedikt Constantins (313) nahm die kirchliche Literatur einen mächtigen Aufschwung. Athanasios von Alexandreia (gest. 373), „der Große“ genannt und „Vater der Orthodoxie“, hat seine einzigartige Bedeutung in der Entfaltung der kirchlichen Lehre, zu der ihm der Kampf mit dem → Arianismus, den er sein Leben lang führte, den Anlaß bot. Sein Schrifttum umfaßt das apologetische, exegetische, historische und besonders dogmatische Gebiet. Gregorios v. Nazianz (Kappadokien, 329– etwa 390) studierte in Kaisareia und Athen und wurde 381 Patriarch in Konstantinopel; er legte dieses Amt aber bald wieder nieder, um sich in N. der schriftstellerischen Arbeit zu widmen. Als vollendeter Meister der Rhetorik wurde er als der „christl. Demosthenes“ bezeichnet; er hinterließ 45 Reden und mehr als 240 Briefe. Der Rhetor Gregorios v. Nyssa (Kappadokien) wurde 371 zum Bischof geweiht; er bemühte sich als Philosoph und Theologe um die philosoph. Durchdringung der christl. Dogmen; er hinterließ zahlreiche dogmat. Schriften und Homilien. Johannes Chrysostomos (Goldmund), der größte Redner der morgenländischen Kirche (gest. 407 auf dem Transport ins Exil an der Ostküste des Schwarzen Meeres), stammte aus Antiocheia, der Hauptstadt des römischen Asiens. Als Prediger wurde er weltberühmt. Seit 397 war er Patriarch von Konstantinopel, zog sich dort die Feindschaft der Kaiserin Eudoxia, Gemahlin des Kaisers Arkadius, zu und wurde verbannt. Chrysostomos schuf für Jahrhunderte einen Typus des christlichen Predigers. Die orientalische Sitte, daß die Zuhörer auch bei Predigten ihren Beifall durch Klatschen und Rufen kundgaben, lehnte Chrysostomos ab. Seine Erklärung der Heiligen Schrift folgte den Grundsätzen der antiochenischen Schule (→ Erziehung). Eine große Anzahl von Homilien und Lehrschriften von ihm sind erhalten. Die Wende vom 4. zum 5. Jh. war die große Zeit der lateinischen K. des Westens: Hilarius v. Poitiers (gest. 367), um 350 Bischof seiner Heimatstadt, bekämpfte den → Arianismus zugunsten der Orthodoxie des Athanasios; er war auch der erste Hymnendichter des Abendlandes. → Ambrosius, 374–397 Bischof von Mailand, war als Seelsorger und als Prediger berühmt; er schrieb selbst eine Reihe von Hymnen. → Hieronymus, geb. um 347 zu Stridon in Dalmatien, gest. 420, war ein Polyhistor, der gelehrteste der

K., jedoch mehr rezeptives Genie, bedeutender Philologe, beherrschte Hebräisch und verstand Aramäisch, was bis dahin von einem Abendländer nicht gehört wurde. Er war so imstande, als *vir trilinguis* (Hebräisch, Griechisch, Latein) eine neue Übersetzung des Alten Testaments herzustellen. Papst Damasus übertrug ihm die Neuübersetzung der Hl. Schrift ins Lateinische. Diese Übersetzung wurde später *Vulgata* genannt und seit dem 7. Jh. in der lateinischen Kirche allgemein gebraucht. Er beherrschte die Literaturen beider Teile des Reiches und vermittelte den Lateinern durch viele Übersetzungen die Schriften der griechischen Kirche. Mit seiner Chronik setzte er das entsprechende Werk des → Eusebios fort. Sogar seine Briefe wurden im ganzen Abendland bekannt und viel gelesen. Die Humanisten haben Hieronymus wegen seiner Kenntnis der klassischen Literatur sehr hoch geschätzt. Von den Vätern dieses „Goldenen Zeitalters" ist → Augustinus der letzte und bedeutendste Lehrer der Kirche gewesen (354–430). Seine wichtigsten theolog. Werke entsprangen der lebhaften Auseinandersetzung mit verschiedenen geistigen Strömungen seiner Zeit; er war in einer Person Theologe, Geschichtsphilosoph, Prediger und Pädagoge, er war nicht zuletzt über 30 Jahre lang der treue Hirt seiner Gemeinde, der Bischof von Hippo Regius (bei Karthago). Annähernd 1000 Predigten sind überliefert, dazu Kommentare zu Evangelien und Psalmen. Sein Werk übte einen weitreichenden Einfluß über das Mittelalter hinaus bis in die Neuzeit aus (Augustinismus). – Auch → Cassiodorus; Boethius; Erziehung; Ökumenische Konzilien. – Die Wissenschaft, die sich mit den K. befaßt, heißt Patrologie oder Patristik.

W: J. P. Migne, *Patrologiae cursus completus, Series Latina,* 221 Bände, 1844–55, Suppl. seit 1958; *series Graeca,* 166 Bände, 1857–66; D. gr. Christl. Schriftsteller der ersten Jahrhunderte, hg. Preuß. Akad., heute Dt. Akad., über 100 Bände seit 1897; *Corpus Scriptorum Ecclesiasticorum Latinorum* (CSEL), bisher 88 Bände, Wien seit 1866; *Corpus Christianorum, series Latina* (CChrL), bisher 32 Bände, Turnholt seit 1953; Die apostol. Väter, hg. u. d. J. A. Fischer, IV seit 1963. – *Ü:* Bibl. der K. (BKV), O. Bardenhewer, neue Reihe seit 1911; Texte der K. (Ausw. nach Themen geordnet), A. Heilmann, H. Kraft, V 1963–66.

L: O. Bardenhewer, Gesch. d. altchristl. Lit., V ^{2}1913–32, neu 1962; A. Harnack, Gesch. d. altchristl. Lit., II ^{2}1958; H. Hagendahl, *Latin Fathers and the Classics,* Göteborg 1958; A. Dempf, Geistesgesch. d. altchristl. Kultur, 1964; H. Kraft, K.-Lexikon, 1966; ders., Einf. in die Patrologie, 1991; H. v. Campenhausen, Gr. K., ^{4}1967; ders., Lat. K., ^{4}1978; A. Hamann, Die K., d. 1967; A. Warkotsch, Antike Philosophie im Urteil der K., 1973; B. Altaner, Patrologie, ^{8}1978; U. Berner, Origenes, 1981.

Kirke, eine Tochter des Helios, Zauberin, lebte auf der Insel Aia, hielt den → Odysseus ein Jahr lang dort fest. – Zahlreiche Gemälde (Dossi, Caracci), Dramen (Calderon, Corneille), Opern (Purcell, Egk).

A. Stassinopoulos-Skiadas, Der K.-Mythos, 1962; B. Paetz, K. und Odysseus, 1970.

Kirsche wurde 76 v. Chr. von → Lucullus aus der griech. Stadt Kerasus in Kleinasien nach Italien gebracht. Von dort aus verbreitete sie sich in den übrigen europ. Ländern und ebenso ihr Name, der in allen modernen europ. Sprachen vom gr. *kerasion* abgeleitet ist.

kithara, auch *kitharis,* sicher vorgriech. Saiteninstrument (Darstellung in der kretischen Kunst des 2. Jahrts. v. Chr.; aus gleicher Zeit Schallkästen aus Elfenbein erhalten, jetzt im Museum in Herakleion auf Kreta), das die Griechen übernahmen, mit 7 oder 9 oder 11 Saiten, die mit einem *plektron* (Schlagstäbchen, aus Holz, Horn, Elfenbein, Metall oder Edelstein) geschlagen (nicht gerissen) wurden. – Kitharöde (gr. *kitharodos*), der Sänger, der sein Lied mit der k. begleitete. Er trug ein bis zur Erde reichendes Gewand und auf dem Kopf einen Kranz. Apollon ist wiederholt in dieser Tracht dargestellt worden (Statue in der Glyptothek in München) → Lyra; Musik.

J. W. Schottländer, Die K., 1933; M. Wegner, Musikgesch. in Bildern, 1963.

Klafter → Längenmaße.

Klassik, Klassizismus. Lat. *classis,* wohl von *calare* = (auf-)rufen, bedeutet also Ladung, Aufgebot, speziell zum Militär, dann auch die aufgebotene Mannschaft, das Heer und (vorwiegend) die Flotte. Das Adjektiv *classicus* bezeichnete zunächst einen Bürger der ersten Steuerklasse, aber früh auch schon etwas Vorbildhaftes, „Erstklassiges", bei Gellius z. B. einen mustergültigen Schriftsteller. Diese Idealisierung und bewußte Nachahmung bewunderter Vorbilder nennt man Klassizismus. Mit der Aufstellung von Listen mustergültiger Autoren hatten alexandrinische Gelehrte schon in hellenist. Zeit begonnen (→ Kanon); auch der → Attizismus war eine klassizist. Bewegung. Eine solche klassizist. Nachahmung ermöglichte eigentlich erst die klare Abgrenzung und genaue Definition des „Klassischen" und die Benennung einer als klassisch bezeichneten Periode der Kultur, etwa des Zeitalters des Perikles. So wurde Klassik zum Normbegriff, hergeleitet aus Vorstellungen von Harmonie, Gültigkeit und Vorbildhaftigkeit. – Während man seit der → Renaissance von Literatur und Kunst der griech.-röm. Antike als dem „klass. Altertum" sprach (vgl. klass. Sprachen, klass. Philologie), übertrug man den Klassik-Begriff später auch allgemein auf kulturelle Hochleistungen eines Volkes; damit wurde Klassik zum Epochenbegriff. – Die → Altertumswissenschaft hat sich von der Überbetonung des Klassisch-Vorbildhaften, die auf das klassizist. Griechenbild → Winckelmanns zurückging, nur unter Schwierigkeiten freizumachen versucht; auch für die klass. → Philologie ergaben sich aus der Gleichsetzung klassisch = normativ erhebliche Schwierigkeiten. → Wirkung der Antike.

W. Jaeger (Hg.), Das Problem des Klassischen und d. Antike, 1931, neu 1972; E. Langlotz, Ant. Kl. in heutiger Sicht, 1956; U. Hölscher, Die Chance des Unbehagens, 1965; K. Reinhardt, Die kl. Philologie u. d. Klassische (Vermächtnis d. Ant.), [2]1966; M. Fuhrmann, H. Tränkle, Wie klassisch ist die klass. Antike?, 1970; H. O. Burger (Hg.), Begriffsbestimmung d. Kl. u. des Klassischen, 1972.

Klaudios Ptolemaios oder Pt. Kl., um 150 n. Chr., aus Ptolemais in Ägypten, Mathematiker u. Astronom, der im Gegensatz zu → Aristarchos v. Samos das geozentrische Weltbild vertrat: Diese Ansicht legte er in seinem umfangreichen mathemat. Hauptwerk nieder, das nach der arab. Übersetzung meist als *„Almagest“* bezeichnet wird. Weitere Werke behandelten die Planetenbewegungen und die Einflüsse der Gestirne auf Klima, Umwelt und Psyche des Menschen; ferner ein Tabellenwerk *(Geographie),* in dem die Lage von etwa 8000 Orten nach Länge u. Breite (→ Fortschritt) verzeichnet ist; der Null-Meridian verläuft durch die Kanarischen Inseln; das behandelte Gebiet reicht von westeurop. Inseln bis nach Java/Sumatra (also 20 Grad westl. bis 110 Grad östl. Länge). Hier lesen wir die ältesten Erwähnungen der Friesen, Langobarden, Sachsen. → Sudeten; Kopernikus.

W: Hg. J. L. Heiberg, F. Boll, E. Boer, F. Lammert, 1898 ff. – *Ü:* K. Manitius, II ^{2}1963.

L: P. J. Fischer, *Cl. Ptolemaei Geographiae codex Urbinas Graecus* 82, III, 1932 (mit Karten). → Geographie.

Kleanthes v. Assos (Troas), gr. Philosoph des 4./3. Jh. v. Chr., Stoiker in Athen, Schüler Zenons v. Kition und dann auch Nachfolger als Schulhaupt, hinterließ 50 Schriften, von denen lediglich der Zeus-Hymnos erhalten ist; es war ein Versuch, philosophische Erkenntnisse mit dichterischen Mitteln darzustellen: Die Weltvernunft in Zeus' Gestalt. – Der Apostel Paulus zitierte den 4. Vers daraus auf der Akropolis (*Apostelgesch.* 17, 28). → Stoizismus; Selbstmord.

W: SVF. – *Ü:* U. v. Wilamowitz, Reden u. Vorträge, I ^{2}1966.

Kleidung. Zu Haus trug man im Altertum nur ein → Hemd, auf der Straße darüber ein großes Umschlagetuch *(himation; toga);* von Christi Geburt an die Toga nur bei feierlichen Gelegenheiten; schließlich darüber bei Kälte einen → Mantel. Vom Kaiser Augustus, dessen „angegriffener Körper weder starke Kälte noch große Hitze ohne Beschwerden zu ertragen vermochte“, erzählt Sueton (*Aug.* 82): „Im Winter schützte er sich durch vier übereinander getragene Tuniken und eine dicke Toga, dazu durch ein Unterhemd, ein wollenes Leibchen und durch Binden um Schenkel und Waden“. – Die antike Kl. war also der modernen gegenüber sehr einfach. Weiter unterschied sie sich prinzipiell von der heutigen dadurch, daß am Hemd oft nichts genäht war (es wurde mit Sicherheitsnadeln zusammengesteckt; Knöpfe gab es nicht), an den großen Umschlagetüchern nie etwas. Schließlich wich die Männerkl. von der Frauenkl. nicht so sehr ab wie heute. Die Mode war zunächst bei den einzelnen gr. Stämmen verschieden (dorische, ionische Kl.). Später wechselte sie auch nach dem Zeitgeschmack, aber nicht entfernt in dem Tempo wie heute; man konnte also nicht durch s. Kl. beweisen, man sei ein durchaus moderner Mensch. Bügelfalten waren unbekannt; doch wurden zeitweise Liegefalten für vornehm gehalten, die durch das Liegen der frisch gewaschenen Umschlagetücher in der Truhe entstanden. – Der Burnus der Araber ist im Prinzip, als großes Umschlagetuch, und mit seinem Faltenwurf in der Wirkung dasselbe wie die Toga. In Europa entspricht der Talar der Toga insofern, als er nicht, wie die moderne Männertracht, Ober- und Unterkörper getrennt bekleidet, sondern vom Hals bis zu den Knöcheln *(tali)* reicht. Der antike Ursprung des modernen Talars ergibt sich außer aus seiner Form und seinem Namen daraus, daß ihn Geistliche und Richter tragen, d. h. Vertreter einer antiken Religion (→ Christentum) und eines dem Ursprunge nach antiken Rechts (→ *Corpus iuris*). Insbesondere lebt die antike Tracht weiter in der liturgischen Kleidung der katholischen Geistlichkeit: *Albe,* d. i. *tunica alba,* ein leinenes, hemdartiges Gewand orientalischer Herkunft, jetzt liturgisches Untergewand. *Casula,* auch *Paenula,* ursprünglich in der Form des Radmantels als ein Wettermantel getragen, war im 4. Jh. Festgewand geworden und trat an die Stelle der unbequemen Toga; als liturgisches Obergewand (Meßgewand und Chormantel) hat sie dann noch eine reiche Geschichte. *Dalmatika,* eine als Obergewand getragene Tunika dalmatinischer Herkunft, in vornehmen Kreisen getragen; seit dem 4. Jh. liturgisches Gewand des Papstes, später der Diakone. *Manipel,* anfänglich ein Schweißtuch *(manipulus, mappula),* später Etikettetüchlein, das die Konsuln und andere höhere Beamte bei offiziellen Angelegenheiten in der Hand trugen, um damit z. B. das Zeichen zum Anfang der Zirkusspiele zu geben; seit konstantinischer Zeit ausgezeichnete liturgische Insignie, heute als solche ein Streifen, der bei der Messe vom Priester am linken Unterarm getragen wird. *Pallium,* entstanden wohl aus einem um die Schulter geworfenen Tuch, das im Abendland seit dem 6. Jh. als weißer wollener Streifen um Brust und Rücken geschlungen und so liturgisch ausgezeichnete Insignie wurde, im Orient heute in breiterer Form liturg. Auszeichnung der Bischöfe. *Stola,* liturg. Insignie, ein Streifen, den man um den Hals über die Brust herabhängend trägt; Ursprung dunkel. *Talar,* d. i. *vestis talaris,* lange, bis zu den Fußknöcheln *(tali)* herabhängende Tunika; die Farbe des T. war weiß, seit dem Mittelalter bunt, später hauptsächlich schwarz. → Hosen.

M. Bieber, Entwicklungsgesch. d. gr. Tracht, [2]1965; L. M. Wilson, *Ancient textiles from Egypt in the University of Michigan Collection,* 1933; dies., *The clothing of the Ancient Romans,* Baltimore 1938; H. Weber, Gr. Frauentrachten im 4. Jh., 1938; E. Abrahams, M. M. Evans, *Ancient Greek Dress,* Chicago 1964; S. Marinatos, Kleidung, Haar- u. Barttracht (Arch. Hom. 1), 1967; A. Pekridau-Gorecki, Die Mode im ant. Grld., 1989.

Kleinasien. Frühe Stadtkulturen bereits im 5. Jahrt. v. Chr., indoeurop. Einwanderungszüge seit dem 2. Jahrt., dabei beherrschende Stellung der → Hethiter bis zur Wanderung der → Seevölker. Teilreiche und Fürstentümer sonderten sich allmählich ab, wobei einzelne Städte Bedeutung erlangten, besonders im Westen: → Lydia; Phrygien; Troia. Der westliche Teil Kl.s wurde um 1000 v. Chr. von den Griechen besiedelt (→ Ephesos; Milet) und war seitdem bis 1922 kulturell rein gr. Land; politisch war es in verschiedenen Händen, im 6.–4. Jh. v. Chr. z. T. persisch, von 189 v. Chr. bis 395 n. Chr. röm., 395–1058 oström., d. h. wieder griech., seitdem türkisch. Im Altertum war es infolge seiner Fruchtbarkeit (letzter Rest: Smyrnafeigen), seiner Bodenschätze (aus Kl. stammt das → Eisen) und seines Handels (→ Handelswege) ein Prachtland ersten Ranges; von den → 7

Weltwundern standen 3 in Kl. Frühe Verbreitung des Christentums. Unter den seldschukischen Türken, seit 1058, große Plünderungen und Verwüstungen, aber auch schöne Bauten in seldschukischem Stile; seit dem Eindringen der osmanischen Türken immer größerer Verfall. Die in Kl. immer noch ansässigen Griechen wurden durch den Vertrag von Lausanne 1923 zur Auswanderung gezwungen. Die Umsiedlung von etwa 1,5 Mill. Menschen wurde in Europa kaum beachtet. Für die Altertumswissenschaft ist Kl. durch die Überfülle seiner (z. T. noch unerforschten), z. T. höchst prächtigen Ruinen und ganzer Ruinenstädte außerordentlich wichtig.

W. M. Ramsey, *The Historical Geography of Asia Minor,* Lond. 1890, neu Amsterd. 1962; K. Bittel, Grundzüge d. Früh- u. Vorgesch. Kl.s, ^{2}1950; A. Goetze, Kl., ^{2}1957; J. M. Cook, *The Greeks in Ionia and the East,* Lond. 1962; H. J. Müller, *Asia Minor* – Wiege Europas, d. 1963; B. Levick, *Roman Colonies in Southern Asia Minor,* Oxf. 1967; P. R. Franke, Kl. zur Römerzeit, 1968; D. Magie, *The Roman Rule in Asia Minor,* N. Y. 1975; H. Stierlin, Kleinasiat. Griechenland, 1986.

Kleinkunst → Kunst; Vasen.

Kleisthenes, aus vornehmem athenischem Geschlecht, wurde nach der Vertreibung der Peisistratiden Führer der Demokraten und setzte 508 v. Chr. eine Verfassungsreform durch, durch die der Einfluß des Adels auf die Volksversammlung und damit auf den Staat endgültig (Anfang schon bei → Solon) gebrochen wurde. Das erreichte er durch Aufhebung der 4 alten ionischen Geschlechterphylen. An ihre Stelle traten 10 neue örtliche Phylen, die er auf eine komplizierte Weise zusammensetzte. Er teilte das ganze Staatsgebiet in Demen (Gemeinden mit Selbstverwaltung) und vereinigte von ihnen zu 30 Trittyen. Je eine Trittye aus den 3 Hauptteilen des Landes: Stadt, Küste, Binnenland bestimmte er durchs Los zu einer Phyle. Da die Bevölkerung an der Küste und in der Stadt überwiegend demokratisch war, so konnten die Konservativen in dem agrarischen Binnenland leicht überstimmt werden. Er gründete auch den athenischen Rat neu; an Stelle des R. auf dem → Areopag, der zwar belassen wurde, aber seine Bedeutung verlor, trat der R. der 500 (→ Rat). Das Archontat und andere bisherige Ämter wurden zu reinen Ehrenämtern. Nach dieser Neuerung regierte also das Volk in der Volksversammlung sich selbst. Kl. wurde damit der Schöpfer der athenischen → Demokratie; Athens Verfassung.

Kleitos, Feldherr und Freund Alexanders d. Gr., dem er am Granikos das Leben rettete. Er wurde Satrap von Baktrien, verfeindete sich aber mit Al. wegen dessen Hinneigung zu orientalischen Sitten. Al. durchbohrte ihn nach einer scharfen Auseinandersetzung beim Gelage mit der Lanze, soll das aber sehr bereut und Kl. 3 Tage betrauert haben.

Klemens v. Alexandreia (2. Jh.), war einer der griech. → Kirchenväter.

Kleobis und Biton, Söhne der Kydippe, einer Priesterin der argeiischen Hera, zogen, als einst zu der Fahrt in das Heiligtum die Zugtiere fehlten, die Mutter auf ihrem Wagen dahin. Kydippe bat Hera, diese Tat kindlicher Liebe mit dem Schönsten zu belohnen, was es für die Menschen gebe; darauf versanken Kl. und B. in einen sanften Schlaf, aus dem sie nicht mehr erwachten. Die Argeier weihten die Statuen der beiden Brüder nach Delphoi (Herodot I 31). Diese hocharchaischen (→ archaisch) Werke, Schöpfungen des Polymedes von Argos, sind bei den französischen Ausgrabungen wiedergefunden worden u. befinden sich jetzt im Museum in Delphoi.

Kleomedes, gr. Philosoph und Astronom (1. Jh. n. Chr.?), Stoiker, stellte die „Kreisbewegung der Himmelskörper" dar und erklärte in dieser Schrift das kosmische System, Tages- und Jahreszeiten, auch die → Kugelgestalt der Erde usw. Das Buch war noch im MA weit verbreitet.

W: Hg. H. Ziegler, 1891 (mit lat. *Ü*). – *Ü:* A. Czwalina, 1927.

Kleomenes III., König von Sparta 235–219 v. Chr., setzte nach glücklichen Kämpfen mit → Aratos und dem achaiischen Bund die Reformen des → Agis fort, die eine Notwendigkeit für den Staat geworden waren. Er stürzte die Ephoren, verteilte das Land, das in der Hand von nur etwa 100 Familien war, an alle Bürger, stellte die lykurgische Verfassung wieder her und führte makedonische Bewaffnung ein. Auch die altspartanische Kriegstugend, Einfachheit und schlichte Sitte wurde neu belebt. Bei dem Versuch, Sparta die → Hegemonie in der Peloponnes zu gewinnen, traf er auf den achaiischen Bund, dessen Führer Aratos den Makedonen Antigonos Doson herbeirief. Dieser Koalition erlag Kl. 222 v. Chr. bei Sellasia. Er ging nach Ägypten, wo er sich 219 selbst tötete. Seine und des Agis Geschichte erzählte Plutarch in etwas romanhafter Darstellung.

Kleon, athenischer Politiker im peloponnesischen Krieg, kam als Ankläger des Anaxagoras und Perikles empor. 425 v. Chr. erzwang er die Übergabe der Spartaner auf der Insel Sphakteria. Er erhöhte den Tribut der Bundesgenossen. 422 fiel er vor Amphipolis. Sein Bild ist durch Thukydides berühmt geworden, der ihn zum Typus des → Demagogen, des nichtadligen Volksverführers macht (sein Vater war Gerbermeister). Diese absprechende, mißgünstige Kritik teilte Aristophanes in den *Acharnern* und besonders in den *Rittern.*

Kleopatra (gr. = die vom Vater Berühmte), Name mehrerer gr. Heroinen, weiterhin ein im makedonischen Königshause, dann bei den Diadochen beliebter Frauenname. Die bekannteste von diesen, Kl. VII., regierte seit 51 v. Chr. in Ägypten mit ihrem Bruder Ptolemaios XIII. zusammen, nach dessen Tode (47 v. Chr.) mit Ptolemaios XIV. als Königin. Sie gewann Caesar, der nach dem Tode des Pompeius (48) nach Alexandreia kam, für sich. Dem Liebesbund entsproß ein Sohn, Kaisarion. Nach Caesars Tod unterstützte sie die Caesarianer und lockte → Antonius an sich. Dieser vergaß alles in ihren Armen und schenkte ihr und ihren gemeinsamen Kindern ganze Provinzen. In der Schlacht bei → Aktium floh sie vorzeitig mit ihren Schiffen und verursachte dadurch die Niederlage des Antonius. Nach dessen Selbstmord suchte sie vergeblich Octavian zu gewinnen und tötete sich (durch Schlangenbiß?). Bei der Nachricht von ihrem Tod dichtete Horaz das berühmte *carm.* I, 37: *Nunc est bibendum.* Sie war eine durch Schönheit, Klugheit, Bildung und Herrschsucht ausgezeichnete Frau (Shakespeare, Shaw).

H. Volkmann, 1953; A. Weigall, Paris 1960; J. Becker, Das Bild der Kl. in d. gr. u. lat. Lit., 1966; J. Benoist-Méchin, d. 1966; J. Lindsay, d. 1972; M. Grant, d. 1977; S. Schoske, D. Wildung, 1989.

Klepsydra (gr.), „Wasserdiebin", zeigte mit dem wegfließenden Wasser den Ablauf der Redezeit an, war also eine → Uhr.

Kleruchien → Militärkolonien, die die Athener ausschickten, um wichtige strategische Punkte zu sichern und widerspenstige Bundesgenossen niederzuhalten. Die alten Bewohner des von den Kleruchen besetzten Gebiets wurden vertrieben und das Land in Güter (gr. *kleroi* = Lose; daher der Name = Losbesitzer) aufgeteilt. Die Kolonisten behielten ihr athenisches Bürgerrecht. Systematisch wurden Kl. nur in der Zeit des → attischen Seebundes angelegt.

Klient → Client.

kline, (gr.), Bett zum Ausruhen am Tage; ein Lager, auf dem man beim Essen lag → Mahlzeiten *[triclinium];* Matratze; Sänfte; später auch Krankenbett. Daher *klinike* = ärztliche Kunst, *klinikos* = Arzt, der die Kranken besucht.

Klio, gr. *Kleio,* → Musen.

Klotho, eine gr. Schicksalsgöttin; → Moira.

Klytaimestra (später auch Klytaimnestra), Tochter des Tyndareos und der → Leda, Gattin des → Agamemnon, rächte sich an diesem für die Opferung ihrer gemeinsamen Tochter → Iphigeneia, indem sie mit Hilfe des Aigisthos den von Troia heimkehrenden Gatten erschlug; Aigisthos übernahm auch offiziell neben Kl. die Herrschaft. Orestes, vorher von Elektra in Sicherheit gebracht, kehrte später zurück und ermordet die eigene Mutter, weil er den Vater rächen zu müssen glaubte. – Alle drei großen Tragiker haben sich an der Figur versucht, doch sie nie als Titelgestalt verwendet.

Knabenliebe → Päderastie.

Knidos, Hafenstadt an der SW-Spitze Kleinasiens, war bekannt durch eine frühe Ärzteschule, wie auch das gegenüberliegende → Kos; → Heilkunde.

Knos(s)os, antike Stadt auf Kreta, dicht neben der mittelalterlichen und heutigen Stadt, die früher Candia hieß, gr. aber mit dem antiken Namen wieder Herakleion heißt. Dort erforschte seit 1899 der Engländer Evans einen großartigen Palast, den des Minos, des sagenhaften Herrschers von Kn., aus dem 2. Jahrt. v. Chr., das älteste Werk einer wirklichen Hochkultur in Europa, mit zahlreichen Zimmern, Malereien (aber ohne große Skulpturen), Vorratsräumen, Ölpresse, Abort mit Wasserspülung, Lichtschächten, Höfen, Treppen (z. T. auch im oberen Stock noch zugänglich: 3 Geschosse mit 20000 qm Fläche). Die verwirrende Vielzahl großer und kleiner Räume auf mehreren Ebenen hat die Sage vom →

Labyrinth hervorgerufen. Solche Paläste, nicht viel weniger prächtig, gibt es auf Kreta mehrere, so in → Phaistos, Hagia Triada, Kato Zakros und Mallia. Alle Funde aus dem Minospalaste und von den übrigen antiken Stätten Kretas werden in Herakleion in dem Kretikon Museion aufbewahrt, das in seiner Bedeutung für diese Hochkultur einzigartig in der Welt ist.

A. J. Evans, *The Palace of Minos at K.*, London, IV, 1921–36, neu N. Y. 1964; J. D. S. Pendlebury, *Handbook to the Palace of Minos at K.*, London ²1974 f.; J. W. Graham, *The Palaces of Crete*, Princeton 1962; L. R. Palmer, *A new Guide to the Palace of Kn.*, Lond. 1969.

Kochbücher, Kochkunst (→ Kost). Auf den Gedanken eines Kochb. sind zuerst in der Welt die Griechen verfallen. Leider haben wir von ihren K. nur noch dürftige Bruchstücke; die alten Rezepte wurden wohl von der späteren verfeinerten Küche verschmäht und deswegen vergessen. Ein K. war sogar in Versen verfaßt und schloß sich im Anfang hübsch u. witzig an die *Odyssee* an. Deren 1. Vers lautet:

Nenne mir, Muse, den Mann, den vielgewandten, der sehr viel . . .

Daraus machte der K.-Dichter:

Nenne mir, Muse, die Speisen, die reichlich nährenden, recht viel!

Als die Römer im Anschluß an die gr. Literatur eine eigne entwickelten (→ Lat. Literat.), schrieb gleich zu Anfang Ennius „*Hedyphagetica*", etwa = „Gutesserei". Der Titel dieses Buchs ist gr., wie früher die eleganten Speisekarten bei uns französisch waren; man verwandte die Sprache des Volkes, dem man die vornehmere Küche verdankte. Unter den wenigen erhaltenen röm. Kochb. ist das bekannteste das nach dem Gourmet → Apicius benannte, aber später verfaßte K.

Die antike und spätere südliche Kochkunst wirkte auf den Norden, was man an den lat. Lehnwörtern im Deutschen, Engl. und Franz. zeigen kann: Viele Ausdrücke der Kochkunst (Küche, Küchengeräte, Gewürze, Edelobst usw.) verraten antike Herkunft. Nachgewiesen ist antiker Einfluß z. B. auf die Zubereitung des Fleisches von Kalb, Ochse, Schwein in der englischen Küche; denn diese Tiere heißen im Englischen mit deutschen (angelsächsischen) Namen *calf, ox, swine,* sobald sie aber auf den Tisch kommen *veal, beef, pork* = lat. *vitellus, bos, porcus.* → Küche.

L: B. Flower, E. Rosenbaum, A., *The Roman Cookery Book,* London 1958; M. u. G. Faltner, An d. Tafel d. Trimalchio, 1959 (mit Rezepten lat. u. d.); A. Lenard, Die röm. Küche, 1963.

Kodros, sagenhafter König von Athen, der im Kampf gegen die Dorier das Land durch seinen Opfertod (→ Decius) rettete und deswegen heroische Ehren erhielt (→ Heros). Nach seinem Tode sollen die Athener das Königtum abgeschafft haben. Diese Überlieferung ist auffällig; man wird die Monarchie doch gerade beibehalten, wenn ein König sich um das Vaterland so verdient gemacht hat!

Köln war ein alter Siedlungsplatz der Ubier, eines germanischen Stammes, der sich früh unter röm. Schutz gestellt hatte (vgl. das sog. Ubier-Monument, Quaderbau aus vorchristl. Zeit); durch Errichtung einer zentralen Kultstätte *(ara Ubiorum)* gewann der Ort frühzeitig Bedeutung, wurde strategisch auch für die Römer wichtig: Man legte im Jahre 9 n. Chr. zwei Legionen dort in Garnison. Die jüngere → Agrippina, Tochter des am Niederrhein kommandierenden → Germanicus, ließ als Kaiserin im Jahre 50 n. Chr. ihren Geburtsort durch die Errichtung einer Veteranenkolonie auszeichnen (Tacitus, *annales* XII, 27; *Germania* 28); die Ansiedlung erhielt dabei den Namen *Colonia Claudia Ara Agrippinensis,* wovon schließlich nur noch „Köln" geblieben ist. Die erste Stadtmauer war 4 km lang, hatte 9 Tore und 21 Türme; die Stadt war geometrisch angelegt (→ Lager) und bot Raum im 2. Jh. n. Chr. für etwa 50000 Bewohner. Hauptquelle des städtischen Reichtums war der gut ausgebaute Rheinhafen (K. war auch Hauptquartier der röm. Rheinflotte), daneben eine zeitweilig blühende Keramik- und Glasindustrie. Das Prätorium des Lagers, um 50 n. Chr. erbaut, war palastartig angelegt und wurde in der Folgezeit öfter vergrößert bis zum 4. Jh. unter Kaiser Konstantin; es wurde als Palast von fränk. Königen übernommen, in karoling. Zeit jedoch geplündert; die Reste dieses Prätoriums sind zwischen den Fundamenten des Rathauses in dessen Keller freigelegt. Das sog. Dionysos-Mosaik, 1941 entdeckt und jetzt im 1974 eröffneten Röm.-Germanischen Museum, war der Boden des Festsaales einer Kaufmannsvilla, etwa 10 m × 7 m mit 31 Einzeldarstellungen, zu der schätzungsweise 1,5 Mill. Steinchen verwendet wurden; es stellt mythologische Szenen um Dionysos dar, Nymphen, Faune, Mänaden (2. Jh. n. Chr.). – Seit dem 3. Jh. war K. Bischofssitz. Erstmalig 355, nach einer Rückeroberung endgültig um 450 fiel die Stadt in die Hände der Franken.

H. Schmitz, Stadt u. Imperium; K. in röm. Zeit, 1948; ders., *Colonia Claudia Ara Agrippinensis,* 1956; F. Fremersdorf, D. röm. Haus mit d. Dionysos-Mosaik, 1956; ders., D. Denkmäler d. röm. K., II [2]1963; P. la Baume, *Colonia Agrippinensis,* [3]1964; H. Signon, Die Römer in K., 1970.

König → Monarchie.

Kohle, gr. *anthrax,* lat. *carbo.* Man kannte im Altertum Braunk. (Lager bei Olympia, bei Aix in der Provence), ferner Holzk., Preßk. Weitaus am meisten verwendete man Holzk., und so noch im 12. Jh., als die deutschen Personennamen entstanden; daher die Häufigkeit des Namens Köhler.

koine (gr. = gemeinsame, nämlich Sprache) hieß die gr. Gemeinsprache, die sich im → Hellenismus über das ganze gr. Sprachgebiet bis weit nach Asien hinein ausbreitete. Ihre Grundlage war das Attische, wie es sich im 5. und 4. Jh. v. Chr. in der klassischen Zeit der gr. Literatur herausgebildet hatte. Doch wurde es in der k. stark mit ionischen Eigentümlichkeiten durchsetzt (→ Asianismus). Die k. verdrängte die gr. Dialekte, jedoch nur aus der Literatur; gesprochen wurden diese in den einzelnen Landschaften noch weiter (→ Schriftsprache). Die Entwicklung verlief also ähnlich wie im Deutschen (Schaffung einer einheitlichen Schriftsprache durch Luther für seine Bibelübersetzung; aber dadurch verschwanden die Dialekte nicht) und war auch religiös ähnlich wichtig; das

Christentum, dessen Aramäisch wenig verstanden worden wäre, konnte mit Schriften in der k. alle Völker der hellenischen Welt beeinflussen.

Koische Gewänder, aus → Kos, waren berühmte Erzeugnisse der dortigen Seidenindustrie und waren so dünn, daß sie unter dem Kleid die Körperformen deutlich zeigten. Sie wurden gern von → Hetären getragen.

Kokytos, ein Unterweltsfluß, der „Strom der Klagen"; → Hades.

Kolonien (→ Kleruchien). Schon ab 1100 v. Chr. besiedelten die Gr. Kleinasien; → Milet wurde dann seinerseits → Mutterstadt von 80 K. Die Hauptzeit der gr. Kolonisation war 750–550 v. Chr. Griech. K. finden sich vor allem in Kleinasien, an den Küsten des Schwarzen (→ Rußland) und Adriatischen Meers und in Unteritalien (→ Großgriechenland), vereinzelt in Ägypten (um 650 Naukratis), Libyen (um 630 Kyrene), Südfrankreich (um 600 Marseille), Spanien. Nach Alexander d. Gr. drangen die Griechen besonders in Ägypten, Syrien, Mesopotamien vor. Seit der Römerherrschaft (168 v. Chr.) ruhte die gr. Kolonisation. Die byzantinischen Gr. verloren große Teile früher kolonisierten Landes an die Völker des Islams. – Die ältere gr. Kolonisation, bis 550, verdrängte die Kultur der früheren Einwohner des besetzten Gebiets so gut wie völlig; so wurden z. B. Sizilien, Kyrene rein griechisch. In den seit Alexander besetzten Ländern bildeten die Gr. zwar die kulturelle und meist auch besitzende Oberschicht, aber neben der alten Bevölkerung, die ihre Eigenart mehr oder weniger beibehielt. In Südrußland, in Ägypten, Syrien, Mesopotamien wurde gr. Sprache und gr. Wesen später wieder verdrängt; ebenso in → Großgriechenland.

Römische K. (→ auch *ver sacrum*): Das uns geläufige Wort K. ist das lat. *colonia* (daher → Köln; → Deutsche Städte), zu *colonus* = Bauer; ihre K. waren eigentlich Ansiedlungen von Bauern in erobertem Gebiet. Die römischen Kolonien aus der älteren Zeit sind den attischen → Kleruchien vergleichbar. Sie dienten hauptsächlich militärischen Zwecken, der Niederhaltung der unterworfenen Gebiete. Die R. nahmen den besiegten Völkern gewöhnlich $^1/_3$ ihres Bodens ab. Dieser wurde an strategisch wichtigen Punkten an röm. Bürger (meist 300) vergeben, die in der nächsten Stadt als abgeschlossene Gemeinschaft mit eigenen Beamten und als dauernde Garnison in Feindesland lebten, für die militärische Sicherung des Landes (sie hießen daher „Schutzwehren des Reichs") sorgten und bei einem Aufstand das Rückgrat der röm. Verteidigung bildeten. Sie blieben röm. Vollbürger und konnten jederzeit in Rom ihre Bürgerrechte wieder aufnehmen. Im Gegensatz zu den Athenern haben die R. dies System mit großer Energie und politischem Weitblick ausgebaut und nicht nur Italien, sondern später auch die Provinzen mit einem Netz solcher K. überzogen. Durch dies Meisterstück röm. Politik wurde die dauernde Unterwerfung Italiens überhaupt erst möglich. Im 2. Jh. v. Chr., als die meisten Mittelmeerländer unterworfen waren, trat der militärische Zweck zurück. Die Gracchen machten die K. sozialen Aufgaben dienstbar. Sie und ihre Anhänger suchten proletarisierte Bürger der Hauptstadt in Italien und auch in den überseeischen Provinzen (z. B. auf dem Boden des zerstörten Karthago) anzusiedeln, um dadurch die Gefahren zu bannen, die dem Imperium durch die Masse verarmter und radikalisierter Bürger entstanden war. Gleichzeitig wollten sie von neuem einen gesunden, friedliebenden und staatsbejahenden Bauernstand schaffen. Diese Pläne scheiterten an dem Widerstand der regierenden Nobilität und der Abneigung der Plebejer gegen die anstrengende Landarbeit. Die Anlage der K. erhielt um etwa 100 v. Chr. neue Bedeutung, weil seit dieser Zeit die Feldherrn ihre ausgedienten Soldaten durch Landverteilung belohnten. Marius und besonders Sulla ließen sich ganze Landschaften des durch den Bürgerkrieg furchtbar verwüsteten Italiens übertragen. Die bisherigen Besitzer, also die italischen Bundesgenossen, wurden enteignet, die Güter neu parzelliert und an die Soldaten verteilt (z. B. Etrurien an Sullas Soldaten). Die harte Maßnahme stellte sich bald als verfehlt heraus. Die verbitterten, um Hab und Gut gebrachten früheren Besitzer zogen nach Rom und vermehrten dort die Masse der staatsgefährdenden Proletarier; die angesiedelten Soldaten verpraßten häufig ihr Gut und kehrten dann als Abenteurer zurück. Diesen Kreisen gehörten z. T. die Mitverschwörer → Catilinas an. Trotzdem haben auch später Caesar und Augustus (vgl. die Väter des Vergil und Horaz) ihre Soldaten auf diese Weise abgefunden. Seit Caesar solche K. auch in den überseeischen Provinzen, in Spanien, Gallien und Afrika, anlegen ließ, wurde die Romanisierung des westlichen Teiles des Reiches sehr gefördert. Zahlreiche Städte entstanden, die schon durch ihren Namen als K.gründungen einzelner Männer, besonders der Kaiser, erkennbar sind (z. B. mit Beinamen → *Augusta;* auch in Deutschland). Soweit sie an der Grenze lagen, dienten sie auch zu deren Schutz; im Notfalle konnte man die Veteranen wieder zu den Waffen rufen. Die oström. Kaiser siedelten auch ganze Germanenstämme als Grenzschutz an, so Valens die Westgoten 376 n. Chr. in Rumänien. Mit diesen freien K. hat das sog. Colonat der späteren Zeit nur mittelbar etwas zu tun. → Colonen.

H. Vittinghoff, Röm. Kolonisation u. Bürgerrechtspolitik unter Caesar u. Aug., 1951; J. M. Cook, *The Greeks in Ionia and the East,* Lond. 1962; A. J. Graham, *Colony and Mother City in Ancient Greece,* Manch. 1964; B. Levick, *Roman Colonies in Southern Asia Minor,* Oxf. 1967; E. T. Salmon, *Roman Colonization under the Republic,* Lond. 1969; J. Boardman, K. u. Handel der Griechen, d. ²1981; P. Faure, D. gr. Welt im Zeitalter der Kolonisation, 1981.

Kolonisatorische Tätigkeit. Im Gegensatz zu anderen Völkern, z. B. den Phoinikern, die im Ausland nur Handelsfaktoreien anlegten, um die Erzeugnisse des Landes einzukaufen und ihre Waren abzusetzen, denen aber jede engere Verbindung mit dem betreffenden Lande fern lag, haben die Gr. und R. eine intensive k. T. entwickelt.

Bei den Griechen scheint die

kulturelle Durchdringung der Gastvölker nicht durch einen bewußten Willen hervorgerufen zu sein. Der Gr. wollte nicht bekehren u. die Ureinwohner von der Höhe seiner Kultur überzeugen. Er suchte bei seinen Gründungen nur neuen ergiebigen Grund und Boden und lebte in der neuen Heimat abgeschlossen, nur seinen eigenen Angelegenheiten hingegeben. Es fehlte auch an einer Zentralstelle, von der aus eine kolonisatorische Tätigkeit hätte geleitet werden können. Vielmehr scheint lediglich die jahrhundertelange enge Berührung mit den Umwohnern in Ost und West auf diese einen solchen faszinierenden Einfluß ausgeübt zu haben, daß sie auch ohne Kulturpropaganda sich der fremden Kultur anschlossen. So wurde im 3. u. 2. Jh. v. Chr. das gesamte Mittelmeergebiet von den Säulen des Herkules bis weit nach Asien hinein hellenisch. Wie fern den Gr. systematische Hellenisierungsbestrebungen lagen, zeigt z. B. die Handlungsweise Alexanders d. Gr., der trotz aller Bevorzugung griech.-makedon. Wesens doch von Anfang an persische Adlige zur Verwaltung heranzog.

Der Sieg gr. Kultur in Europa wurde vervollständigt durch die k. T. der Römer. Anders als die Gr. haben die R. von Anfang an die Bedeutung politischer und kultureller Durchdringung unterworfener Völker erkannt. Zuerst in Italien, dann besonders in allen Ländern des Westens, in Afrika, Spanien, Frankreich und Deutschland, folgte dem r. Soldaten der r. Siedler, der durch seine kulturelle Pionierarbeit den Boden für das Reich sicherte. So stand bei den R. die Kolonisation im Zusammenhang mit der Staatspolitik; sie fand ihre eifrigsten und erfolgreichsten Förderer in den Beamten, besonders den Kaisern, die in großzügigster Weise ihre reichen Mittel zur Verfügung stellten. Die Erfolge dieser bewußten Kulturpropaganda waren sehr bedeutend. In Italien gelang es den R. schon in vorchristlicher Zeit, die stammverwandten Italiker, aber auch die hochkultivierten Etrusker so zu romanisieren, daß sie ihre heimische Eigenart, sogar ihre Sprache vergaßen, von der heute nur kümmerliche Reste erhalten sind. In der Kaiserzeit wurden Spanier, Gallier und Rumänen so restlos romanisiert, daß sie nicht nur die röm. Weltkultur, sondern auch die r. Sprache übernahmen und sich noch heute als romanische Völker fühlen. In Germanien freilich scheiterte die Romanisierung; die Germanen hielten zäh an ihrer Eigenart fest; → z. B. Germanische Religion.

Die gr. K. waren im 7.–5. Jh. dem Mutterlande vielfach kulturell überlegen: Entstehung des Epos und der Wissenschaft im eigentlichen Sinne zu Ionien, glänzende Entwicklung des dorischen Baustils, Entstehung der Rhetorik in Großgriechenland. Ähnliches gilt für Rom seit dem 1. Jh. n. Chr.; namhafte latein. Schriftsteller waren Spanier, weiterhin die bedeutendsten Kirchenschriftsteller Nordafrikaner. Dieser kulturelle Sieg der K. erklärt sich aus einer doppelten Auslese. An sich wagen es meist nur Tüchtige, sich im Ausland eine Existenz zu gründen; dort wiederholt sich, unter erschwerten Lebensbedingungen, die Auslese in verschärftem Maße.

Kolonos, niedriger Hügel bei Athen, rechts von der Fahrstraße nach dem Peiraieus, einst mit Ölbaumwald, jetzt kahl und steinig. Nach der Sage starb dort → Oidipus. Später wurde auf dem K. Sophokles geboren; durch dessen *Oidipus auf dem K.* erhielt die Stätte ihre klassische Berühmtheit. Heute trägt der Hügel zwei Denkmäler, die der Altertumsforscher O. Müller und Ch. Lenormant.

Kolossalfiguren → kolossos.

Kolosseum → Colosseum.

kolossos, nach der Endung *-ssos* ein vorgr. Wort, das wohl einem westkleinasiatischen Substrat des Griechischen entstammt (vgl. die Stadt Kolossai); bezeichnet erst in der spätantiken Literatur eine Kolossalfigur, während es z. B. bei → Herodot und in einer kyrenischen Inschrift für Figur überhaupt, auch kleine Wachspuppen, gebraucht ist (→ Statue). Die Bedeutung Kolossalfigur erlangte es erst durch den Koloß von Rhodos, eine 285 v. Chr. von Chares aus Lindos (auf Rhodos), einem Schüler des Lysipp, gegossene, 34 m hohe Bronzestatue des Helios am Hafen; eins der → 7 Weltwunder; stürzte infolge eines Erdbebens 227 v. Chr. um; die Trümmer lagen bis zum 7. Jh. n. Chr. am Boden, wurden dann verkauft, in 900 Kamellasten nach Syrien gebracht und dort eingeschmolzen. – Der Koloß Neros in Rom, der größte des Altertums, eine von Zenodoros gegossene, 36 m hohe Statue Neros als Sonnengott, aus vergoldeter Bronze; nur die dürftige Basis erhalten; → Colosseum. Von Zenodoros stammte ferner eine ebenfalls verschwundene Kolossalstatue des keltischen Gottes Mercurius Dumias auf dem Puy-de-Dome in Frankreich (Plin. *nat. hist.* 34, 45ff.). Überlebensgroßen Maßstab haben zunächst nur Götterbilder (→ Pheidias); in der späteren Kaiserzeit werden aber auch Kaiserbilder von kolossalen Maßen aufgestellt (z. B. → Augustus; Valentinian).

Kommagene, nördlichste Landschaft von Syrien am Übergang zum Taurus, reichte bis zum Euphrat; Hauptstadt Samosata. K. gehörte lange zum Seleukidenreich, wurde aber dann, noch in der Diadochenzeit, unter eingeborenen Fürsten selbständig. Aus dieser Zeit stammt das Grabdenkmal des Antiochos I. (69–34 v. Chr.) auf dem höchsten Berg, dem Nemrud-Dagh (in 2000 m Höhe). Das ganz großartige Monument (der Grabhügel hat 150 m im Durchmesser) zeigt in seinem plastischen Schmuck eine bemerkenswerte Mischung griech. und orientalischer Kunst. Seit 17 n. Chr. gehörte K. zum r. Reich. 114–116 n. Chr. errichteten die Athener einem K.er Philopappos das weithin sichtbare Grab, das jeder Besucher Athens kennt. Noch im 2. Jh. n. Chr. stellte K. der gr. Literatur einen in seiner Art so bedeutenden Schriftsteller wie → Lukian. – Später ging K. im Osmanenreich auf (→ Perser).

C. Humann, O. Puchstein, Reise in Kleinasien u. Nordsyrien, 1890; F. K. Dörner, R. Naumann, Forsch. in K., 1939; E. Norden, Antike Kunstprosa, ^{6}1961 (Text der Grabinschrift); F. K. Dörner, K., ^{3}1971.

Kommunismus im Altertum: Der K., den Aristophanes in den *Ekklesiazusen* V. 590ff. sehr drollig schildert („ich will, daß alles Gemeingut sei, daß jegliches allen gehöre, daß alle sich nähren von einem Besitz: nicht Dürftige geb' es und Reiche" usw.), beruhte nicht auf sozialistischen Theorien und noch weniger auf Klassenkampf, sondern auf einem alten Volksmärchen von einem Goldnen Zeitalter, einem Schlaraffenland; dem konservativen Aristophanes lag es fern, für wirklichen K. einzutreten. Der „K." Platons blieb Utopie; aber auch wenn er verwirklicht worden wäre, würde er keinen eigentlichen K. darstellen. Zwar sollte in Platons Idealstaat für die Wächter und Philosophen Güter- und Weibergemeinschaft bestehen; die Philosophen sollten alles, was sie brauchten, vom Staate erhalten. Aber für Platon war dieser K. nicht das erstrebte Endziel, das den Menschen das Glück auf Erden bringen solle, sondern nur Mittel zum Zweck. Die Philosophen sollten durch nichts von ihrem Amt abgelenkt, ihr Egoismus sollte getötet werden. Vor allem rechnete dieser angebliche K. Platons immer noch mit Bauern und Handwerkern, für die kein K. bestand, und mit einer völlig entrechteten Klasse, den Sklaven. Aus ähnlichen Gründen war der theoretische K. anderer Philosophen, besonders der Stoiker, kein K. im heutigen Sinne; ebensowenig der praktische K. in → Sparta, der ja nur ein K. einer numerisch sehr geringen Oberschicht war. Schließlich war die Gütergemeinschaft des Urchristentums alles andere als K. im modernen Sinne; sie entstand als eine soziale Maßregel zur Linderung der Not in einer Religion der Liebe. → Soziale Konflikte.

R. Pöhlmann, Gesch. d. sozialen Frage u. d. Sozialismus in d. ant. Welt, II ^{3}1925, neu 1984; F. Örtel, Klassenkampf, Sozialismus und organischer Staat im alten Griechenland, 1942; E. Gerfeldt, D. soziale Leben der Griechen und wir, 1960; N. Brockmeyer, Sozialgesch. d. Antike, 1972.

Komödie. Das Verdienst, die K. geschaffen zu haben, beanspruchten besonders die dorischen Stämme. Tatsächlich fanden sich in der Peloponnes und besonders in Sizilien und Unteritalien zahlreiche Bräuche, die mit der K. eine gewisse Ähnlichkeit hatten. Nach Aristoteles war der Kern der K. das Phalloslied und die „Aufzüge der Phallosträger, die den Vegetationszauber ausübend umherzogen" und dabei das zuschauende Publikum mit Spottversen überschütteten. Diese Herleitung und auch die wahrscheinliche Herkunft des Wortes K. (von → *komos,* also „Gesang beim nächtlichen Umzug") zeigen, daß hier genau wie bei der Tragödie der Chor und seine Gesänge am Anfang der Entwicklung steht. Aus solchen Wurzeln entwickelten sich die unteritalisch-griech. → Phlyakenposse, die sizilische K. (→ Epicharmos), der Mimos (→ Sophron) und schon im 4. Jh. v. Chr. der → Pantomimos.

Erst die attische K. wird für uns literarisch gut greifbar. Seit dem 6. Jh. v. Chr. wird durch Vasenbilder das Auftreten vermummter Chöre bezeugt, aber erst 486 werden regelmäßige Aufführungen begonnen. Der klassischen Zeit der K. gehörten Kratinos und Eupolis, vor allem als Hauptvertreter der älteren K. Aristophanes an. Seine Stücke bevorzugen ein phantastisches Milieu, wie man an den Namen und auch an den Chören erkennt, die nur manchmal als Menschen (Ritter, Greise), häufig als Tiere (Vögel, Frösche), sogar als Gegenstände (Wolken) auftraten. Vielleicht sollte diese drastische Komik der Kostümierung die Zuschauer von der Kritik ablenken, die an den bestehenden Zuständen Athens geübt wurde. Diese ist ebenso handfest wie reichlich, wenn sich Ar. mit den damals aktuellen Fragen der Literatur (z. B. denen der Tragödie in den *Fröschen*) und Philosophie (Sokrates in den *Wolken*), besonders aber der Politik beschäftigte (→ Kleon). Daneben finden sich, besonders in der → Parabase, Anspielungen auf bestimmte Personen, die an Deutlichkeit nichts zu wünschen übriglassen. Nur in einem blühenden demokratischen Staat war diese ältere K. möglich. Nach Aristophanes' Tod folgte die mittlere K., aber eigentlich nur in einer Übergangsperiode einer unter Euripides' Einfluß erfolgten Entwicklung und ohne besondere Meister. Die jüngere K., die man als bürgerliches Lustspiel bezeichnen kann, verzichtete auf alle politischen Anspielungen und erfand heitere Geschichten aus der wohlhabenden Gesellschaft Athens, in denen bestimmte typische Personen, der lebenslustige, leichtsinnige junge Herr, das schöne, unschuldige Mädchen, der verständnislose, polternde Vater, der pfiffige Sklave, die hilfsbereite Kupplerin usw. (→ Parasit) in immer neuen Verknüpfungen vorgeführt werden. Hauptvertreter dieser Gattung war Menandros. Umgearbeitet und übersetzt übten diese K. bei den Römern (→ Drama der R.), dann bei den Franzosen und Engländern immer wieder ihre unwiderstehliche Wirkung aus und tun das noch jetzt, auch bei vielen anderen Völkern in Übersetzungen von Stücken Molières und Shakespeares, bei uns auch in deutscher Übersetzung der menandrischen Originalstücke. (→ Menandros).

Aufgeführt wurden die K. an den großen Dionysien wie die Tragödien (März/April), aber auch noch an den Lenäen im Januar/Februar. Der Chor zählte 24 Personen, auch die Zahl der Schauspieler war größer als in der Trag. Eine Eigenart der älteren K. war die → Parabase. Das Kostüm war in der älteren K. sehr drastisch. Die Schauspieler hatten von den Phalloschören den langen, ledernen Phallos übernommen; ein großer Hängebauch und ein mächtiger Hinterer vollendete das unanständige Kostüm, der Text war reichlich mit deutlichsten Zoten gewürzt. Diese Derbheit fanden die feiner empfindenden Athener um 400 v. Chr. anstößig; der Phallos wurde aufgebunden und verschwand dann ganz, ebenso die Zoten. In der neueren K. unterschied sich der Schauspieler nur durch die Charaktermaske vom Zuschauer. Weitere Einzelheiten → Drama; Schauspieler, Chor.

W: Comicorum Graecorum Fragmenta, hg. G. Kaibel, 1899ff., [3]1975; *The fragments of Attic comedy,* hg. J. M. Edmonds, III, Leiden 1957–61 (mit engl.*Ü*).

L: H. Herter, Vom dionysischen Tanz zum komischen Spiel, 1947; M. Pohlenz, D. Entstehung d. att. K., 1949; G. E. Duckworth, *The Nature of Roman Comedy,* Princeton 1952; T. B. L. Webster, *Studies in the Later Greek Comedy,* 1953; K. Lever, *The art of Greek Comedy,* Lond. 1956; L. Breitholtz, Die dorische Farce, 1960; Die röm. K. (WdF), hg. E. Lefèvre, 1973. → Drama.

komos, ein gr. Wort, das wir nicht übersetzen können, weil bei uns der K. als gesellschaftliche Umgangsform fehlt und wir für fehlende Dinge und Sitten natürlich auch kein Wort haben. Der antike K. ist aus der Literatur, lebendiger aus zahlreichen Vasenbildern (am berühmtesten die K.-Schale in Würzburg, Universität) bekannt. Es war ein nächtlicher Umzug mehr oder weniger Angetrunkener durch die Stadt; dabei sang man, tanzte unter Musik, trank mitgenommenen Wein weiter, zog vor Liebchens Tür, um ihm ein Ständchen zu bringen, oder (Alkibiades in Platons *Symposion*) zu einem Freunde, wo es noch etwas zu trinken gab. Diese Sitte, bei Homer noch unbekannt, breitete sich in Griechenland mit dem Vordringen des → Dionysoskults aus und wurde durchaus gesellschafts-, ja hoffähig (unter Peisistratos in Athen); die K.-Darstellungen zeigen vornehme Komasten, auch ältere, gesetzte Herren; Bilder eines K. des niederen Volks sind sehr selten. Abgestorben ist der K. unter dem Einfluß des Christentums. Nur das Studententum bewahrte ihn. – Vom K. leitet man die Entstehung der → Komödie u. ihres Namens ab.

Konon, berühmter athenischer Feldherr im peloponnesischen Kriege, nach Alkibiades' Absetzung 407 v. Chr. Flottenkommandeur. Als Perserfreund führte er nach dem Ende des Krieges die persische Flotte gegen die Spartaner. Gest. 392 auf → Kypros.

Konstantinopel, uralte Stadt, ursprünglich Byzantion (→ Byzanz), seit 330 n. Chr. (→ Constantin d. Gr.) als K., d. h. Stadt *(polis)* des Konstantinos, Hauptstadt des röm., seit 395 des oström. Reichs (das „Zweite Rom"), mit den prächtigsten Bauten (→ Kaiserpaläste) und Kunstwerken, 1204 (4. Kreuzzug) von den Lateinern furchtbar geplündert, seitdem im Rückgange, auch in der Bewohnerzahl; seit 1453 im Besitz der Türken; trotz seiner überaus günstigen Lage zwischen zwei Erdteilen und zwei Meeren, der es seine antike Größe verdankte und die es als Zentrum geradezu prädestiniert, als Stadt ohne Bedeutung für Europa, erst spät Anschluß an die westliche Kultur. Von 330–1453 war K. das führende → Kulturzentrum (→ Hofzeremoniell). Wichtige Zeugen der gr.-röm. Zeit sind die Kunstwerke auf dem → Hippodrom, große → Zisternen, die → Wasserleitung des Kaisers Valens (noch in Betrieb) u. die → Stadtmauer; aus byzantin. Zeit die Hagia Sophia (→ Sophienkirche), aus dem Mittelalter die dreistöckige Ruine des Tekfur-Serail (12. Jh.). – Heute heißt K. „türkisch" Istanbul. Das ist aber auch griechisch, nämlich so wie Stambul = *is tan polin* = „in die Stadt".

A. M. Schneider, 1956; H. Hell, I., 1959; D. T. Rice, d. 1966; K. Bachteler (Hg.), I., 1967.

Kontor, lat. *computatorium,* → Rechenbrett; Kaufmann.

Konversationslexika sind aus sprachlichen Wörterbüchern der Griechen hervorgegangen. Diese verfaßten solche nicht für Fremdsprachen, sondern zur Erklärung veralteter Wörter bei älteren gr.

Autoren, gemäß den Bestrebungen des → Attizismus (gr. u. lat. Sprache, ihre Geschichte), auch mit dem Wunsche, diese Wörter zu neuem Leben zu erwecken. Allmählich fügte man ausführlichere Sacherklärungen hinzu; die → *Suda* ist ein richtiges L. des allgemeinen Wissens. – Merkwürdig lange hat es gedauert, bis man die Wörter eines L. rein alphabetisch ordnen lernte. Polydeukes (Pollux) in seinem gr., Isidor von Sevilla in seinem lat. L. ordnete sie nach Sachgruppen: Wörter der Bienenzucht, Bezeichnungen der Lebensalter usw. Dann ordnete ein lat. Lexikon des Paulus (→ Etymologie) die Wörter zwar nach dem ersten Buchstaben, aber nicht weiter (ab, ac, ad) alphabetisch, sondern innerhalb von A geht es mit au-, ad-, ar- lustig durcheinander. Man legte also keinen Wert auf schnelles Auffinden.

Konzerte fanden in Athen im Odeion statt, einem überdachten → Theater.

Konzil → ökumenische Konzilien.

Kopais-See in Boitien, in der Neuzeit trockengelegt, was man bereits im Altertum versucht hatte: → Emissar.

Kopenhagen → Kaufmann. K. besitzt eine der besten Antikensammlungen, die Glyptothèque Ny-Carlsberg.

Kopernikus verhalf dem heliozentrischen Weltsystem des → Aristarchos von Samos zu seinem Recht, das man ihm infolge eines verhängnisvollen Irrtums des → Klaudios Ptolemaios versagt hatte.

O. Th. Schulz, Entwicklung und Untergang d. Kopernikan. Weltsystems bei d. Alten, 1909; H. Schmauch, N. K., 1953; T. S. Kuhn, *The Copernican Revolution*, N. Y. 1957.

Kopfbedeckung trug man im Altertum gewöhnlich nicht, doch hatte man für Reisen einen breitkrempigen Hut, wohl mehr gegen Sonne als zum Schutz vor Niederschlägen; Bauern u. Hirten trugen eine Kappe aus Ziegenfell oder Leder, Frauen einen Schleier. Den Römern galt der runde Filzhut als Tracht des freien Mannes. Manche Wettermäntel besaßen eine Kapuze. Helme waren aus Erz oder Leder.

L: → Kleidung.

Kopien – Original. Bereits in hellenist. Zeit, z. B. in Pergamon, wurden berühmte ältere Werke aus kunstgeschichtlichem Interesse nachgebildet. Meist schlug bei diesen gr. K. immer das eigene Stilempfinden durch. Dagegen verlangten die Römer von den K. größte Stiltreue. Gute K. entstanden besonders in der Zeit des Augustus und Hadrian; im Badeort Baiae (→ Bäder) arbeitete eine Kopierwerkstatt. Weniger getreu waren die K., mit denen die Vornehmen ihre Paläste, Villen und Parks schmückten. Daher ist der Wert der K. sehr verschieden. Doch sind wir in der antiken Kunstgeschichte auf sie angewiesen. Denn Tausende antiker Statuen, die wir noch haben, sind zum allergrößten Teil K. Von gr. Großplastik der klass. und hellenist. Zeit sind nur wenige Originale erhalten: Poseidon (Athen), Wagenlenker (Delphoi), der Jüngling v. Antikythera (in Athen), die Nike des Paionios (Olympia) und die Nike von Samothrake (im Louvre, Paris), neuerdings die zwei bronzenen Krieger aus Riace (Kalabrien, 1972); angezweifelt wird der Hermes des Praxiteles (Olympia) und auch die Laokoon-Gruppe (Vatikan, Rom).

G. Lippold, Kopien u. Umbildungen gr. Statuen, 1923; H. Ladendorf, Antikenstudium u. Antikenkopie, [2]1958; M. Bieber, *Ancient Copies,* 1977; E. Paul, Gefälschte Antike, 1982; A. Busignan, Die Heroen v. Riace, d. [2]1982.

Korax aus Syrakus, gr. Rhetor des 5. Jh. v. Chr. (→ Beredsamkeit; Teisias) schrieb das erste Lehrbuch der Rhetorik und galt geradezu als „Erfinder" der rhetorischen Technik.

kore, gr., heißt Mädchen, bedeutet aber auch eine Mädchenstatue der → archaischen Kunstepoche. Die Athener nannten die von ihnen hoch verehrte → Persephone einfach K., „das M.".

G. M. A. Richter, *Korai,* Lond. 1968.

Koren(halle) → Erechtheion.

Korfu, alt- und neugr. Kerkyra, Insel im W. Griechenlands, von Korinth besiedelt. Der Artemistempel außerhalb der Stadt ist der bedeutendste der archaischen dor. Tempel; der Aufbau erstmals aus Stein; die Giebelskulpturen stammen aus dem Anfang des 6. Jh. v. Chr.

G. Rodenwaldt, Altdor. Bildwerke in K., 1938; ders., Korkyra, II 1939–40; R. Matton, *Corfou,* 1960.

Korinth. gr. *Korinthos,* alte Stadt mit vorgr. Namen, wegen ihrer günstigen Lage an dem → Handelsweg über den Isthmos eine der größten Handelsstädte des Altertums, bedeutend schon im 7. und 6. Jh. v. Chr., Mutterstadt von → Syrakus und Korfu, unter dem Tyrannen aus dem Geschlechte der Kypseliden (→ Kypselos) auch bedeutendes Kunstzentrum (→ Vasen); Hauptsitz des mit den Orientwaren dahin gelangten Aphroditedienstes, berüchtigt wegen teurer Preise für Fremde; 338 v. Chr. von Philipp von Makedonien zum Lohne für seine Neutralität zur Hauptstadt Griechenlands gemacht; rege Bautätigkeit als monumentaler Ausdruck des Bürgerstolzes; 146 v. Chr. von den Römern aus Konkurrenzneid zerstört (→ Mummius), von Caesar neu erbaut, bald wieder Prachtstadt, in der Paulus eine christliche Gemeinde gründete; i. J. 375 und 521 n. Chr. wurde K. durch Erdbeben zerstört; im Mittelalter unbedeutend, im Besitz der Venezianer, dann (bis 1821) der Türken; 1858 durch ein Erdbeben zerstört. Die Einwohner siedelten sich in der Nähe an; seitdem scheidet man Alt- (die Ruinenstadt) und Neukorinth. In Altkorinth sehr umfangreiche amerikan. Ausgrabungen. Zahlreiche Tempel, unter denen der aus der Mitte des 6. Jh. stammende bedeutende dor. Apollontempel über der Agora mit Monolith-Säulen, von denen 7 noch aufrecht stehen, und das berühmte Heiligtum der Aphrodite auf dem Akrokorinth genannten Felsen über der Stadt zu nennen sind, mehrere Theater, ein Odeion, viele Brunnen oder Wasseranlagen mit ausgedehntem Kanalnetz, mehrere Hallen und Läden, Märkte, Thermen, Basiliken, 2 antike, 1 altchristlicher Friedhof; altchristl. Bischofskirche; aber mit wenig Ausnahmen die Privathäuser unansehnlich; dies wichtig für das Bild einer antiken, reichen Stadt, die nach modernen Schätzungen mit rund 100000 Einwohnern nach Athen die zweitgrößte Stadt Griechenlands gewesen war.

Corinth, *Results of Excavations,* Cambridge, Mass. 1929ff.; R. Carpenter, O. Broneer, *A Guide to the Escavations of Ancient C.,* Athen 1960; J. G. O'Neill, *Ancient C.,* I 1960; W. Will, Korinthiaka, 1960.

koryphaios (gr.), zu *koryphe* = Scheitel, Gipfel; das Höchste, an der Spitze Stehende; also *k.* = Führer; besonders der des Chores (→ Choreg) im Drama. Unsere Form: die (statt der) Koryphäe ist wohl ein Beispiel falscher Singularbildung (vom Plural die Koryphäen).

Kos, Sporaden-Insel und gleichnamige Stadt vor der Südwestküste Kleinasiens. Sitz einer Ärzteschule. Asklepiosheiligtum nahe der Stadt. (→ Hippokrates). Monumentaler Ausbau der Kultstätte mit Tempeln und Liegehallen erst im 2. Jh. v. Chr. Das Heiligtum besaß → Asylie; daher wurde es zum bevorzugten Aufbewahrungsort für Geldvermögen auch von Nichtgriechen (→ Bank). Hübscher Mimiambos des → Herondas (nr. 4) „Die opfernden Frauen im Asklepiostempel"; neben Herondas fanden auch → Theokrit u. a. Dichter auf Kos ihren Wirkungskreis. → Heilkunde; Asklepios; koische Gewänder.

R. Herzog, H. Schazmann, Kos I 1932; K. Sudhoff, K. u. Knidos, 1927; N. Modona, *L'isola di Cos nell antichit class.,* Rom 1933; G. Susini, *Nuove Scoperte ...,* Bologna 1956.

Kosmas Indikopleustes (d. h. der Indienfahrer), ein ägypt. Kaufmann des 6. Jh. n. Chr., der später Mönch wurde, schrieb eine „Christl. Topographie", wobei er seine Erfahrungen auf weiten Reisen verarbeitete; er kannte und beschrieb u. a. Ostafrika, Arabien, vielleicht auch Ceylon und Indien. → Aithiopia.

W: W. Wolska-Conus, Paris 1968–70 (mit frz. *Ü*).

Kosmogonie, gr. Lehre von der Entstehung der Welt *(kosmos),* namentlich in Hesiods *Theogonie* (→ chaos) und in der Orphik (→ Orpheus). – Kosmologie, gr. Weltlehre, also die philosophische Betrachtung des Weltalls, im Altertum als ein Teil der → Metaphysik angesehen.

F. Lämmli, Vom Chaos z. Kosmos, Basel 1962; J. Kerschensteiner, K. (Quellenkrit. Unters. zu d. Vorsokratikern), 1962.

Kosmopolitismus. Schon in ihren → Kolonien hatten die Griechen gelernt, über die engen Mauern ihrer Heimatstadt hinauszublikken; sie sahen ein, daß fremde Menschen, mit denen sie im Ausland verkehrten und die sie zunächst als Barbaren bezeichnet hatten, dies ihrem Wesen nach durchaus nicht immer waren. Weiterhin fühlten sich besonders die auf ihre Vorurteilslosigkeit stolzen Philosophen (zuerst die Sophisten, die meist Wanderlehrer waren; weiterhin namentlich Isokrates) nicht mehr als Bürger *(polites)* ihrer Stadt, sondern als solche der ganzen Welt (*kosmos;* das Wort *kosmopolites* wird als Schöpfung des Diogenes angesehen; → Kyniker). Diese Entwicklung vollendete sich, als der Zug Alexanders d. Gr. den Blick der Griechen noch viel weiter über ihre bisherigen Grenzen hinaus ausgedehnt hatte; man bezeichnete seit dem → Hellenismus insonderheit Ausländer, die die gr. Bildung annahmen, nicht mehr als Barbaren, und der im Ausland ansässige Grieche fühlte sich dort nicht mehr aus seiner Vaterstadt entwurzelt. So schuf der K. die Möglichkeit eines gegenseitigen Duldens, ja Verstehens der Völker.

H. C. Baldry, *The unity of mankind in Greek thought,* Cambr. 1965.

Kosmos → Kosmogonie; Harmonie.

Kost. Die K. war bei den Griechen im allgemeinen recht einfach. Der einfache Mann aß hauptsächlich → Brot, dazu „Zukost"; Fleisch eigentlich nur als seinen Anteil am Opferfleisch. Natürlich gab es im gr. Altertum auch reiche Schlemmer (→ Kochbücher); ein Sybarit, der in Sparta die berüchtigte schwarze Suppe gekostet hatte, äußerte, nun begreife er es, warum die Spartaner so gern im Kriege stürben: sie wollten dieser K. entgehen! – Die Römer aßen mehr Fleisch, und Schweinefleisch so gern, daß es den zärtlichen Namen *caro suilla* = Schweinchenfleisch hatte; aber die Grundlage ihrer Ernährung war doch auch Brot. – Berüchtigt ist die Schlemmerei der Kaiserzeit, aber z. T. mit Unrecht. Daß der Luxus in der Ausstattung der Tafel den unseren weit übertraf (→ Silberfunde), war allerdings die Regel. Aber die „berühmten" Ragouts aus Pfauen- und Nachtigallenzungen und -gehirnen müssen schon deswegen eine Ausnahme gewesen sein, weil, auch mit Berücksichtigung der weit größeren Kaufkraft des antiken Geldes, sogar die reichsten antiken Römer nicht so unsinnig reich waren, wie manche Bücher und Filme uns glauben machen wollen. Schon gar nicht darf man sich auf die *cena Trimalchionis,* das Gastmahl des Trimalchio in Petronius' Roman, berufen; denn da wird parodierend und übertreibend das Mahl bei einem Neureichen geschildert (→ Luxus; es gibt nicht Schinken in Brotteig, sondern ein ganzes Schwein in Br.). Der Gebrauch von Brechmitteln nach der Mahlzeit war ein rein diätetisches, von den Ärzten empfohlenes Mittel wie bei uns früher Aderlaß und Purgieren.

Kothurn (gr. *kothornos*), der weiche, geschlossene Schaftstiefel der → Schauspieler in der Tragödie, der erst in hellenist. Zeit zum Stelzschuh wird.

Kottabos → Spiele.

Krankenhäuser spielten im Altertum nicht die Rolle wie heute. Der gr. Ausdruck *paionion* (nach dem Heilgotte Paian) ist selten; in Rom wird ein Kr., lat. *valetudinarium,* vor Chr. G. überhaupt nicht erwähnt. Die Kr. entwickelten sich beim Militär, wo es M.-Ärzte (→ Heilkunde) schon in alter Zeit, bei Homer, gab; in der Kaiserzeit hatte jede Garnison ihr Kr., eine große mehrere, mit M.-Ärzten und Pflegepersonal; das erste christliche Kr. gründete 380 n. Chr. eine vornehme Dame namens Fabiola.

Kranz, gr. *stephanos,* lat. *corona.* Die Griechen und Römer waren an sich keine Blumen- und Gartenfreunde (→ Garten). Um so mehr fällt auf, daß der Kr. im antiken Leben eine große Rolle spielte, eine weit größere als in der Gegenwart. Die Kr. der Symposiasten (d. h. der Teilnehmer an einem → Symposion) könnte man allenfalls noch als Analogon des heutigen Blumenschmucks einer Tafel auffassen. Aber auch in der athenischen Volksversammlung trugen die Sprecher einen Kr. Das ist sonderbar; man denke sich heutige Parlamentsredner bekränzt! Der Kr. oder auch nur ein Zweig (von Lorbeer, Myrte u. ä.) sollte Schaden abwehren; man dachte sich die in der Pflanze wirksame Vegetationskraft auf den Träger übergehend: der Kr. soll dem Sprecher zu einer guten Rede verhelfen, die Symposiasten vor schädlichen Einflüssen der genossenen Speisen und Getränke, der Totenkr. die Seele vor Unheil schützen. – Griechen und Römer verliehen Kr. aus wirklichen Blättern oder aus goldnen (solche mehrfach erhalten, weil den Geehrten mit ins Grab gegeben) als Auszeichnung, z. B. an siegreiche Rennfahrer (dafür später einen Palmenzweig), vor allem aber für militärische Verdienste, die *corona civica,* einen Eichenkr., an solche, die in der Schlacht einen Mitbürger *(civis)* vom Tode errettet haben, die *c. castrensis* dem, der zuerst in das feindliche Lager *(castra)* gedrungen war, die *c. muralis* dem, der zuerst die feindliche Mauer *(murus)* erstiegen hatte, u. a. – Aus diesen *coronae* entwickelte sich (wann?) nach Ausweis des Wortes die → Krone als Ehren-, dann → Amtsabzeichen des Königs. Die *c. spinea* = Dornenkrone Christi sollte diesen höhnisch als K. der Juden bezeichnen. – → Lorbeer *(poeta laureatus).*

K. Baus, D. K. in Antike u. Christentum, 1940.

Krates von Mallos, Philosoph und Grammatiker des 2. Jh. v. Chr., Stoiker, Bibliothekar und Lehrer in Pergamon, hielt besuchsweise auch Vorträge in Rom; er schrieb u. a. Kommentare zu den homerischen Gedichten und versuchte, in *Ilias* u. *Odyssee* bereits das stoische Weltbild nachzuweisen (die → Kugelgestalt der Erde); K. baute auch einen Globus. → Geographie.

W: H. J. Mette, 1936 und 1952.

Kratinos, gr. Komödiendichter des 5. Jh. v. Chr., war Gegner des Aristophanes, der ihn nicht besonders hoch einschätzte, den er aber in der Selbstironie *„Pytine"* = „Die Flasche" (man hatte ihm vorgeworfen, er sehe zu tief in sie hinein) noch 423, also als fast Hundertjähriger, besiegte. Von seinen 21 Stücken erhielten 9 den 1. Preis; viele seiner Stücke enthielten politische Kritik (so an Perikles, dem „Zwiebelkopf"), auch war K. ein Meister der Parodie (so auf Aischylos und Solon).

W: Comicorum Graecorum Fragm., hg. G. Kaibel, 1899, neu 1958; auch hg. J. Th. M. F. Pieters, Leiden 1946.

Kreditbriefe für reisende Kaufleute sind aus dem Altertum durch Papyri bekannt. → Giroverkehr.

Kreisel, altgr. Kinderspielzeug, im Gr. mit verschiedenen Namen (für verschiedene Abarten), bekannt aus Erwähnungen in der Literatur, dem Bild eines kreiselnden Mädchens, in Kindergräbern gefundenen Kr.; von den Römern übernommen, dann von uns (→ Spiele).

Kreisteilung → Sexagesimalsystem.

Kreon, Sohn des Menoikeus, Bruder der → Iokaste, übernahm nach → Oidipus die Herrschaft in Theben. Im Kampf der → Sieben gegen Theben sprach K. das Bestattungsverbot gegen den gefallenen Polyneikes aus, gegen das sich → Antigone widersetzte; K. ließ sie daraufhin lebendig einmauern; ihr Verlobter Haimon, K.s Sohn, teilt freiwillig Antigones Schicksal, Eurydike, K.s Gattin, begeht Selbstmord. – In Sophokles' *Antigone* ist K. der Gegenspieler der Titelgestalt.

Kreta, die größte gr. Insel im östl. Mittelmeer, gebirgig (bis 2500 m), doch in den Tälern mit üppiger Vegetation. Auf Kr. findet sich die älteste wirkliche Hochkultur Europas, aus dem 2. Jahrtaus. v. Chr. (→ Kret.-myken. K.). Sie ist vom Orient beeinflußt, aber an sich selbständig. Es war die eines geistig u. künstlerisch höchst begabten Volkes. (Palastbauten in → Knossos; Phaistos; ferner in Mallia und Kato Zakros). Ihre Aufdeckung hat die Wissenschaft der → Frühgeschichte Griechenl.'s auf einen ganz neuen Boden gestellt. K. ist später dorisch besiedelt worden, wohl im Zuge der Kolonisation von der Peloponnes her; Homer spricht von 100 Städten, also bestand es aus autonomen Stadtgemeinden, unter denen die beiden größten, Knossos u. Gortyn (→ Recht von G.) heftig rivalisierten. So bedeutend die Lage der Insel als Stützpunkt der ägäischen Handelslinien war, so wenig Anteil nahm sie am historischen Schicksal des Mutterlandes; auch kulturell spielt sie keine Rolle mehr. 68 wird sie von den Römern unterworfen. In der röm. Armee dienten Kreter als gute Bogenschützen. Im Mittelalter wechselten Byzantiner, Sarazenen u. Venezianer im Besitz der Insel, bis sie an die Türken fiel; erst 1913 wieder mit Griechenland vereinigt. → Labyrinth; Minotauros. – Im Altertum waren die Kr. verrufen; der vom Apostel Paulus zitierte Ausspruch (→ Trugschlüsse) wird dem → Epimenides zugeschrieben.

E. Kirsten, D. dorische Kr., 1942; G. T. Malteso, D. alte K., 1956; R. W. Hutchinseon, *Prehistoric Crete,* Lond. 1962; F. Matz, K. u. frühes Griechenl., [3]1965; L. v. Matt, Das antike K., d. 1967; N. Platon, Kr., d. Genf 1968; P. Faure, [3]1983; K. Gallas, Ursprung Europas, 1984.

Kretisch-mykenische Kultur ist eine geläufige Bezeichnung für die Hochkultur des 3. und 2. Jahrtausends v. Chr. im östlichen Mittelmeer. Genauer sollte man im Gesamtbild der ägäischen Kultur dieses Zeitraums die Kultur der Inselwelt (kykladische K.), die des gr. Festlandes (helladische K.) und die Kretas unterscheiden; letztere bezeichnet man mit A. Evans als die minoische K. (nach dem sagenhaften König → Minos). Sir A. Evans hat der Forschung durch seine Grabungen auf Kreta seit 1899 den Zugang zu dieser Kulturwelt erschlossen, wie vorher H. Schliemann die mykenische Welt (= späthelladische K.) ans Licht gehoben hatte. Beide Kulturkreise sind in vielen Zügen einander gerade entgegengesetzt, doch pflegt man wegen vielfacher Verflechtungen an dem Begriff k.-m. K. festzuhalten. Kreta gewinnt schon im 3. Jahrtausend große wirtschaftliche Bedeutung durch Beziehungen zu den meisten Ländern des östlichen Mittelmeeres, besonders zum ägyptischen Kulturbereich; im 2. Jahrtausend wird die Insel zum Kulturmittelpunkt der ganzen Inselwelt und Griechenlands. Träger dieser Kultur ist ein nicht-indoeuropäisches Volk; wir kennen seine Sprache nicht, die älteren Schriftarten sind noch nicht entziffert (→ Buchstabenschrift; Linear A). Alle Funde deuten auf eine erstaunliche Höhe der Zivilisation und Kultur. Die Herrscher wohnten in weiträumigen, großzügig angelegten Palästen, die völlig unbefestigt waren (→ Knossos; Phaistos). Nach einer Katastrophe um 1700 v. Chr. entstanden neue, schönere Paläste; deren gut erhaltene Wandmalereien geben uns einen guten Eindruck vom täglichen Leben, Spielen, Sport, Kult, Kleidung, Unterhaltung. Alles atmet friedlichen Reichtum, gestützt auf eine machtvolle Seeherrschaft. In der Gesellschaft spielte die Frau eine geachtete Rolle; für die Religion war die Verehrung des Stieres (→ Stierkult) und das Symbol der Doppelaxt charakteristisch (gr. *labrys* daher → Labyrinth = Haus der Doppeläxte?). Die Vasenmalerei gefällt besonders durch scharfe Naturbeobachtung und ausgeprägten Sinn für Ornamentik. Nach A. Evans unterscheidet man drei Stilepochen: früh-, mittel-, spät-minoisch; Blütezeit etwa 1700 bis 1400 v. Chr. (→ Zeittafel S. 832). Diese kret. Kulturblüte scheint allerdings von Naturkatastrophen heimgesucht worden zu sein: Starke Zerstörungen wurden offensichtlich um 1500 v. Chr. durch ein Erdbeben (→ Deukalionische Flut) hervorgerufen. Nach einer Epoche neuen Aufbaus verstärkte sich jedoch der Einfluß myken. Machthaber gerade in Knossos; die endgültige Zerstörung der Paläste um 1400 geht anscheinend wiederum auf Erd- oder Seebeben zurück.

Auf dem Festland hatte sich in der Folge der Einwanderung indoeuropäischer Stämme (→ Achaier) eine ganz andersartige Kultur entwickelt, nach ihrem Mittelpunkt die mykenische genannt. → Mykenai ist das beste Beispiel für die Kennzeichen dieser kriegerischen Welt: Burgen mit ungeheuren Mauern wurden aufgetürmt, eine stets verteidigungsbereite, wohlorganisierte Herrschaft errichtet mit einem Netz von Straßen und Brücken; Mittelpunkt ist der Sitz des Herrschers, dessen Thron im → Megaron seiner Burg steht. Besondere Bedeutung hat die Form der Bestattung in Schacht- oder Kuppelgräbern (→ Grab; Kuppelbauten); viele Goldfunde (Totenmasken, Schmuck) beweisen den materiellen Reichtum der mykenischen Könige. Diese Welt galt bereits dem Zeitalter Homers als Periode heroischer Größe; sie ist Schauplatz der homerischen Dichtung. Ihre Blütezeit hat diese Kultur zwischen 1400 u. 1200 v. Chr.; viele Anregungen hat sie von Kreta empfangen, konnte aber ihren politischen Einfluß mehr und mehr auf die Nordküste der Insel ausdehnen; die Paläste dort waren seit dem 15. Jh. offenbar die Residenzen der myken. Herren. Während die Insel von mehreren Naturkatastrophen heimgesucht wurde und schließlich nur noch ein unbedeutender Außenposten der myken. Herrschaft war, konnte diese ihren Machtbereich über das ganze östliche Mittelmeer ausdehnen: Handelsbeziehungen bestanden zu den → Hethitern, nach → Tell el Amarna, → Ugarit. Das jüngere kretische Schriftsystem wurde für die griech. Sprache adaptiert (→ Linear B) und ist für uns größtenteils lesbar. Kretischer Einfluß ist nun überall auf dem Festland spürbar (→ Löwentor); von der wohlorganisierten Feudalstruktur des Reiches haben wir viele Kenntnisse. Aus dieser Verschmelzung griech. und minoischer Elemente entstand die kulturelle Blütezeit Mykenais. Dieses Reich ging in den Stürmen der → Ägäischen Wanderung unter; die später nachdringenden → Dorier übernahmen so gut wie nichts von der zerstörten Kultur; direkte Nachwirkungen sind kaum feststellbar, aber Reminiszenzen an diese Heldenzeit leben in den homerischen Gedichten weiter. – Einige Einzelzüge der k.-m. K. leben dagegen deutlich in der europäischen Kultur weiter: Aus dem Gebiet der Bautechnik (→ Brücke, Kuppelbauten), aus dem → Stierkult (→ Böser Blick; Füllhorn; Stierkämpfe), aus der Sagenwelt (→ Leitfaden).

M. P. Nilsson, *Minoan-mycenaean Religion and its survival in Greek Religion,* Lund 1950; H. Biesantz, Kret.-myken. Kunst, 1963; J. T. Hawker, *Mycenaean Greece,* Boston 1963; F. Schachermeyr, D. minoische Kultur des alten Kreta, 1964; ders., Ägäis u. Orient, 1967; S. Hood, *The Minoans,* N. Y. 1974; W. Schiering, Funde auf Kr., 1976; G. Kehnscherper, Kr.-Mykene-Santorin, [6]1986; S. Marinatos, M. Hirmer, Kr., Thera u. d. mykenische Hellas, neu [3]1986.

Kreuz. Das K. als Mittel der Todesstrafe kam von den Skythen, Assyrern über die Perser zu den Puniern und Römern (nicht vor den Punischen Kriegen). Das jüdische Recht kannte die Kreuzigung nicht, sie wurde aber von den Römern oft über Juden verhängt, wie in der republikanischen und Kaiserzeit allgemein über freie Nichtrömer und Sklaven. Bei röm. Bürgern wurde sie kaum angewandt. Konstantin d. Gr. hat diese Todesstrafe abgeschafft. – Solange die Todesstrafe durch das K. in Brauch war, vermied der antike Christ die Darstellung. Man deutete es symbolisch durch das große gr. T. oder durch den Buchstaben Chi (das sog. Andreas K.) an. In der konstantinischen Zeit beginnt die offene Abbildung des K.es Christi, in lat. oder gr. Form, oft verziert mit Edelsteinen, Blumen. Die Häresie des Monophysitismus (der nur an eine, die gottmenschliche Natur Christi, glaubt) war Mitursache, daß die Christen, um die Leidensfähigkeit des Gottmenschen gegenüber der Irrlehre zu betonen, immer mehr dazu übergingen, den Gekreuzigten selbst darzustellen, (nachweisbar seit dem 5. Jh.), wobei sie jedoch vorwiegend den am K. über Tod u. Sünde siegenden Christus darstellten: Älteste Darstellung vielleicht an der Holztür von S. Sabina in Rom (Bibl. Szenen, 5. Jh.). Ausgangspunkt der Kreuzigungsdarstellung waren die Länder um Palästina, wo durch die Wiederauffindung des Kreuzes (der Überlieferung nach durch Helena, die Mutter Konstantins) die Verehrung des K.es sehr gewachsen war. → Spottkruzifix.

M. Buchberger, Kirchl. Handlexikon, X, neu 1930 ff.; K. Bauerreiss, Das Lebenszeichen, 1961; A. Grillmeier, Der Logos am K. (Zur christolog. Symbolik), 1956.

Kriegserklärung → Kriegsrecht.

Kriegsflotte → Flotte.

Kriegsgeschrei. Die Griechen stürmten mit dem Kampfruf *„alala, eleleu“*, etwa = „hurra“, in die Schlacht. Ein röm. Kr. ist nicht bekannt.

Kriegsgöttin, -gott, → Athena; Ares.

Kriegshäfen von Bedeutung waren für Griechenland der von Peiraieus, für Italien die von → Ravenna u. Misenum; → Flotte.

Kriegsrecht. Das ältere Kr. der Griech. und Röm. war hart. Das erklärt sich daraus, daß der Krieg als Gottesgericht galt; der Besiegte war demnach ein von den Göttern selbst gerichteter, fluchbeladener Mensch, dem man das Schlimmste zufügen durfte. Jedes Mitglied des feindlichen Staates und seiner Bundesgenossen war dem Kriegsgesetz verfallen, ebenso Kaufleute neutraler Staaten, die die Gegenpartei durch Zufuhr unterstützten. Einen Unterschied zwischen regulären Soldaten und friedlichen Bürgern kannte das antike Kr. nicht; Stand, Alter u. Geschlecht spielte keine Rolle. Auf dem Meere wurde alles ohne Unterschied gekapert. Jede List und Gewalt war bei der Kriegsführung erlaubt; nur ein geringer Ansatz zu humanerer Gestaltung des Kampfes war es, wenn man sich etwa verabredete, einander nicht das Trinkwasser abzuschneiden. Die gefangenen Gegner, ebenso die Einwohner einer erstürmten Stadt wurden getötet oder, soweit sie nicht Lösegeld aufzubringen vermochten, als → Sklaven verkauft; die nicht verkauften machte man zu Staatssklaven, die für öffentliche Arbeiten oder den aufreibenden Galeerendienst benutzt wurden. Wie die Gefangenen, so wurden auch die Gefallenen mit ihrer Habe Eigentum des Siegers; man beraubte sie ihrer Wertsachen, besonders der Rüstung, und ließ sie in älterer Zeit unbestattet liegen. Die Bitte um Waffenstillstand zur Bestattung der Toten wurde freilich fast nie abgeschlagen, der einzige Brauch, der neben der Unantastbarkeit der Heiligtümer und Gesandten allgemein völkerrechtlich anerkannt war; ferner bestattete bei Chaironeia der Sieger die gefallenen Freunde und Feinde in → Massengräbern. Die bewegliche Habe des Feindes wurde fortgeschleppt, alles andere, selbst die Fruchtbäume, in blinder Zerstörungswut vernichtet. Zwar begannen auch hierbei schon früh völkerrechtliche Bestrebungen, die jede überflüssige Härte zu vermeiden suchten, doch wurden sie kaum in die Praxis umgesetzt; besonders die Römer pflegten alles systematisch zu plündern und zu zerstören (vgl. das Schicksal von Syrakus, Karthago, Korinth), und nur bei sofortiger freiwilliger Übergabe begnügte man sich mit starker Kriegskontribution und Stellung von Geiseln. – Auf eine formelle Rechtfertigung des Krieges legte man stets großen Wert; die offizielle Kriegserklärung war durchweg mit einer religiösen symbolischen Handlung verknüpft, in der man die Götter als Zeugen und Rächer des erlittenen Unrechts anrief; → *fetiales*.

Kriegsschiffe → Flotte.

Kriegsursachen pflegt man in äußere und innere zu scheiden. Eine derartige Scheidung von Anlaß und Ursache geht auf Thukydides (I, 23) zurück; → Peloponnesischer Krieg.

Kriegswesen → die vorst. und außerdem folg. Einzelartikel: Artillerie; Belagerung; evocatio; Feldzeichen; Festungsbau; fetiales; Flotte; Heer; Heeresorganisation; Ianus; Infanterie; Kavallerie; Lager; Maultiere; Nachtwachen; Offiziere; Sambuca; Streitwagen; Taktik; Tiere; Triumph; Veteranen; Waffen.

H. Köchly, Gesch. d. gr. K., 1852; H. Köchly, W. Rüstow, Gr. Kriegsschriftsteller, II, 1853 ff.; J. Kromayer, Antike Schlachtfelder, IV, 1903 ff.; E. Daniels, D. antike K., 1910; H. Delbrück, Gesch. d. Kriegskunst, [3]1920, neu 1964; J. Kromayer, G. Veith, Heerwesen u. Kriegführung d. Gr. u. Römer, 1928, neu 1963; F. E. Adcock, *The Roman Art of War under the Republic,* London 1940; ders., *The Greek and the Macedonian Art of War,* Berkeley 1957; H. M. D. Parker, *The Roman legions,* Cambr. 1958; A. Snodgrass, *Early Greek armours and weapons,* Edinb. 1964; G. R. Watson, *The Roman Soldier,* Bristol 1969; G. Webster, *The Roman Imperial Army,* London. 1969.

Kritias, Platons Onkel, hocharistokratischer, reicher Athener, um 410 v. Chr. Er war vielseitig gebildet. Sophist und Dichter von Dramen und Elegien, von denen interessante Proben erhalten sind. Als Feind der Demokratie gehörte er 411 zum Rat der 400 und ließ Alkibiades zurückrufen. 404 war er der rücksichtsloseste unter den 30 Tyrannen, der in Athen ein wahres Schreckensregiment führte. Beim Sturz der 30 fiel er in Munichia.

W: FdV, II; ALGr.

Kroisos, der letzte König der → Lyder (560–546? v. Chr.), dessen Reichtum bei den Griech. (Herodot) sprichwörtlich war. Er war ein großer Griechenfreund (Geschenke in Delphoi; Säulen des Artemistempels in Ephesos; Reste von Basen davon mit Inschrift im Britischen Museum). Im Kriege gegen → Kyros (berühmtes zweideutiges Orakel aus Delphoi) unterlag er. Sein Schicksal erschütterte die Griechen sehr und gab Anlaß zu der popularphilosophischen Novelle, die bei Herodot I 86 erhalten ist: K. u. Solon; „niemand ist vor seinem Tode glücklich zu nennen" (→ nemo). – Eine bedeutsame Schöpfung aus der Zeit des Kr. hat bis heute ihre herrschende Stellung bewahrt, das Goldgeld (→ Goldprägung).

Krone als Zeichen der Macht: → Amtsabzeichen.

Kronide: Zeus als Sohn des → Kronos; auch → Titanen; Patronymikon.

Kronos (gr.), ein → Titan, Sohn des Uranos (Himmel) und der Gaia (Erde), überfiel seinen Vater und entmannte ihn, gewann so die Weltherrschaft; um seinerseits von der nächsten Generation nicht überwältigt zu werden, fraß er seine Kinder auf, nur Zeus wurde gerettet; dieser zwingt K. dann zum Verzicht. Diese Sage vom zweimaligen gewaltvollen Generationswechsel stammt aus oriental. Mythen des 2. Jahrt. v. Chr. – Kronides → Kronide. – In der Antike schon Verwechslung mit Chronos, dem Gott der Zeit (Goethe: „An Schwager Kronos").

K. Marot, K. u. die Titanen, 1932; H. Schwabl, D. gr. Theogonien u. d. Orient, 1960; U. v. Wilamowitz, K. u. die Titanen, [2]1964.

Kroton, gr. Stadt am Golf v. Tarent (→ Großgriechenland), etwa 710 v. Chr. von Achaiern gegründet, entwickelte sich zu einer mächtigen Stadt, die ihre Nachbarn rücksichtslos niederkämpfte (→ Sybaris). Der Philosoph → Pythagoras gründete in K. seine Sekte/Schule. Seit 194 v. Chr. röm. Militärkolonie ohne Bedeutung. Ausgrabungen: Tempelreste (Museum).

P. Larizza, *Crotone nella Magna Graecia,* 1934.

ktema es a-ei (gr.), „Besitz für immer"; so bezeichnet Thukydides I, 22 seine Geschichte des Peloponnesischen Krieges: Ein Werk von dauerndem Wert.

Ktesias, gr. Arzt aus Knidos, der um 400 v. Chr. hochgeehrt 17 Jahre am Hofe des Artaxerxes lebte. Seine Kenntnisse des Orients, die er sich durch den Verkehr mit dem persischen Hofe und das Studium der persischen Geschichtsbücher erworben hatte, legte er in seinen ionisch geschriebenen *Persika* (23 Bücher) nieder. Darin schilderte er die asiatische Geschichte in breitester Ausmalung. Er nahm es mit der Wahrheit nicht genau; erotische Novellen zeigen, daß er die Atmosphäre des königlichen Harems genau kannte. In einem zweiten Werk, *Indika,* gab Kt. die ersten Nachrichten über das Wunderland Indien (Auszug bei Photios erhalten). Seine unterhaltenden und spannenden Erzählungen wurden noch in der röm. Kaiserzeit gern gelesen. Erhalten ist nur ein Auszug daraus, aus dem 9. Jh. n. Chr.

W: Hg. u. franz. R. Henry, Paris 1947. – *Ü:* L. Albertus, 1836.

Ktesibios v. Alexandreia, gr. Mechaniker und Ingenieur des 3. (?) Jhs. v. Chr., Erfinder eines mit Druckluft betriebenen Katapults, einer sehr sinnreichen → Uhr, der → Orgel und vor allem einer Druckpumpe zur Verwendung als → Feuerspritze. Über alle diese Erfindungen berichtete Kt. in einer Schrift, aus der Vitruvius Auszüge überliefert.

A. G. Drachmann, Ktesibios, Philon u. Heron, 1948; ders., Große gr. Erfinder, 1967.

Ktesiphon, Hauptstadt der → Sassaniden am Tigris.

Küche → Kochbuch. Die Küche, bei Homer auch in Palästen noch fehlend, später von den Griechen eingerichtet, ging von ihnen zu den Römern und von diesen mit der lat. Bezeichnung *coquina* zu den heutigen Völkern Europas über: deutsch *K.,* ital. *cucina,* engl. *kitchen,* franz. *cuisine.*

Künstler → Handwerkl. Berufe.

Kugelgestalt der Erde. Die alte homerische Vorstellung, die Erde sei eine (vom *Okeanos* d. i. Ozean umflossene) flache Scheibe, findet sich noch bei Thales, wurde aber dann bald aufgegeben; nach Anaximandros ist die Erde ein Zylinder. Auf die K. d. E. kamen zuerst die → Eleaten, zunächst vielleicht aus theoretischen Erwägungen (→ Harmonie); aber bald fanden die Griechen die Gründe, mit denen man sie noch jetzt erweist (z. B. zuerst das Sichtbarwerden der Masten eines herankommenden Schiffs). Die Entdeckung der K. d. E. ermöglichte erst die → Entdekkung Amerikas. Eine Kugel in der Hand des Herrschers (zuerst der des Augustus auf einem Silberbecher von Boscoreale, → Silberfunde) ist ein Symbol seiner Herrschaft über die Erde (→ Amtsabzeichen).

Kulturübernahme. Bei kulturhistorischen Untersuchungen ist zu beachten, daß niemals eine Kultur sich gleichsam in einem abgeschlossenen Raum allein für sich entwickelt hat, ohne Einflüsse von außen erfahren zu haben. Bereits in der kretischen Kultur ist ägyptischer, in der mykenischen Kultur kretischer Einfluß nachzuweisen. Die altionische Wissenschaft, Kunst und Poesie hat Anregungen vom Orient empfangen, die griechische Religion nahm zu allen Zeiten ausländische Kulte auf, und Griechenland hat seine Kultur im ganzen römischen Reich, besonders nach Rom selbst und von Spanien bis nach Indien verbreitet; dann wurden die Römer die Vermittler antiken Kulturgutes an das abendländische Mittelalter. So sind auch wesentliche Teile und Grundlagen der modernen europäischen Kultur antiken Ursprungs. Diese K. braucht nicht immer eine ununterbrochene Weitergabe kultureller Errungenschaften von Generation zu Generation zu sein; oft waren solche in Vergessenheit geraten und wurden Jahrhunderte später erst wieder neu lebendig (→ Europäische Kultur). So war im Abendland während des Mittelalters z. B. die gesamte griech. Literatur so gut wie vergessen; von der gesamten griech. → Wissenschaft wußte man hier nur das, was in lateinisch geschriebenen dürftigen Handbüchern exzerpiert war. Neben dieser K., die bald als eine ununterbrochene Überlieferung, bald als ein Zurückgreifen über einen längeren Zeitraum des Vergessens sich darstellt, ist aber auch die Möglichkeit spontanen Entstehens der gleichen kulturellen Erscheinung bei verschiedenen Völkern und zu verschiedenen Zeiten unabhängig voneinander gegeben. Vor allem religiöse Erscheinungen, Sitten und Gebräuche kommen in Fülle in gleichen Formen bei verschiedenen Völkern vor, die voneinander ganz unabhängig sind (→ Völkerkunde), wo also eine K. nicht stattgefunden hat und trotzdem auffallende Übereinstimmung besteht; → auch Märchen. Die Wissenschaft spricht mit Recht von Elementar- und Völkergedanken, die immer wieder spontan auftauchen. → Deutsche Kultur und Antike.

Kulturzentren des griechisch-römischen Kulturkreises waren 1. Milet (Geburtsstätte der Philosophie und des wissenschaftl. Denkens; reichste Handelsstadt; 80 Kolonien). 2. Athen, seit etwa 510, endgültig seit den Siegen von Salamis und Plataiai 480 und 479, bis zur Niederlage von Chaironeia, 338 (von da an im wesentlichen nur Pflegestätte der Philosophie). 3. Alexandreia in Ägypten, seit 323–30 v. Chr. 4. Rom, von 30 v. Chr. bis 330 n. Chr. 5. Konstantinopel, von 330–1453; diese Stadt hatte also die Vormachtstellung am längsten inne.

Kunaxa → Xenophon.

Kunst der Antike. Man unterscheidet, bis zum Ende des Altertums 529 n. Chr. (→ Altert., seine Dauer), folgende Perioden:

A. Kretisch-mykenische K. bis etwa 1200 v. Chr.

B. Griechische Kunst:

1. Geometrische Frühzeit: 1000–700;
2. Archaik: 700–500;

3. Frühklassik: 500–450;
4. Hochklassik: 450–380;
5. Spätklassik: 380–330;
6. Hellenismus: 330–Chr. Geb.

C. Gr.-röm. Reichskunst; etwa von Chr. Geb. an; dabei die archaisierende K., → archaisch. Die in dieser Periode entstandene christliche K. stand nicht im Gegensatz zur röm. K., sondern entwickelte sich organisch aus ihr. – Die altchristliche Kunst war ein Ausschnitt aus der gleichzeitigen antiken K. und an deren Entwicklungskurven gebunden. Die ältesten Spuren, meist Wandmalereien und Sarkophagplastiken, waren inhaltlich weitgehend identisch mit der gleichzeitigen römischen Wandmalerei in Häusern, Gräbern usw. Dann traten bald nach 100 n. Chr. zuerst Stoffe aus dem Alten Testament auf, in der Folge auch neutestamentliche, aber immer wieder dieselben wenigen Motive, wie das des guten Hirten. Die Sarkophagplastik der ersten Jahrhunderte war inhaltlich dadurch bedingt, daß die Särge aus heidnischen Werkstätten stammten und daher entweder nur ganz neutralen Schmuck hatten (Hirtenszenen) oder den christlichen Charakter nur durch unauffällige Symbole andeuteten (Hirt, Schafe, Fisch, lesender Greis, Betender). In den nächsten Jahrhunderten findet man eine Vermehrung der Motive, aber seit dem 5. Jh. nimmt auch das Schematische zu. Der freie Kirchenbau seit Konstantin brachte neben der Ausbildung des Basilikenstiles auch der Malerei und der Mosaikkunst (Ravenna) in Form und Inhalt reichen Aufschwung. Im Abendland wurde durch die Folgen der Völkerwanderung und den Niedergang des röm. Reiches die Tradition christl. Kunstschaffens zwar nicht ganz unterbrochen, aber doch nur wenig weitergeführt, im Osten dagegen war die Entwicklung stetig, bis sie in einigen Ländern durch den Islam jäh unterbrochen wurde.

Die Durchdringung des antiken Lebens mit K. ist erstaunlich. Allüberall, auf Märkten, Straßen, in Gärten, Friedhöfen, Markthallen (!; → Constantinsbasilica), Sitzungssälen, Tempeln (→ Tempel-[schmuck]), Schulen, Wohnzimmern, Bädern umgab den antiken Menschen in unsagbarer Fülle künstlerische Architektur, Statuen, Gemälde (sogar auf dem Fußboden, → Mosaik). An Tisch- und Küchengerät, Lampen, Spiegeln, Kämmen, Sicherheitsnadeln (dafür Broschen), Schreibgerät (den Griffeln), vor allem an Möbeln fand sich viel mehr K. als heute. Die öffentliche Normaluhr Athens (→ Turm der Winde) war mit 8 Reliefs geschmückt. Dieses Erbe des Altertums blieb im Mittelalter bei Bucheinbänden (z. T. mit Edelsteinen) und in den Initialen der Handschriften erhalten; in der Renaissance lebte es besonders wieder auf. Selbst Gestelle für Retorten, Fernrohre, Globen waren künstlerisch verziert. → Kunstgewerbe; Spiegel. Das Nachwirken der a. K. ist sehr viel schwerer aufzudecken als das der antiken Kultur auf anderen Gebieten, weil zunächst die großen Unterschiede zwischen Einst u. Jetzt zu stark in die Augen fallen. Doch liegt dem gotischen Dom wie dem gr. Tempel der Wunsch zugrunde, etwas Überragendes zu bauen; die großen Dome in Deutschland und Frankreich stehen bezeichnenderweise auf altem Römergebiet: Mit dem → Steinbau übernahm der Norden auch den Wunsch nach baulicher Gestaltung. Die Blüte kirchlicher Malerei entstand auf dem Boden Italiens; die Ikonenmalerei ist aus dem griechischen Konstantinopel nach Rußland gelangt. Die Künstler der → Renaissance verhehlten ihre Bewunderung der antiken K. nicht und suchten ihren Anschluß an sie nicht zu vertuschen, auch wenn sie sich nicht sklavisch an Vorbilder hielten. Michelangelo hat die Laokoongruppe, die ihn und andere Künstler seiner Zeit stark beeinflußte, hoch gepriesen; die Grotesken in → Neros Goldenem Haus liegen in Raffaels Loggien in offensichtlicher Nachahmung vor; sie waren kurz vor der Ausmalung der L. entdeckt worden. Die Peterskirche sollte die antike Architektur (→ Constantinsbasilika) übertrumpfen, nicht aber durch Schaffung von etwas völlig Neuem beiseiteschieben. Schließlich ist durch die griechische K. der europäische Schönheitsbegriff wohl aufs stärkste beeinflußt worden. – → Goldelfenbein; Herculaneum (Herculanerinnen); Kopien; Kuppelbauten; Malerei; Polychromie; Naturgefühl; Säulenordnungen; dazu die einzelnen Künstler: Antenor, Apelles, Lysipp, Pheidias, Polyklet, Praxiteles.

J. Overbeck, D. antiken Schriftquellen z. Gesch. d. bildenden Künste bei d. Griechen, 1868, neu 1971; H. Brunn, Gesch. d. gr. Künstler, [2]1889; H. Bulle, D. schöne Mensch im Altert., [3]1922; H. Zucker, Das Verhältnis der Römer zur bildenden K. der Gr., 1950; W. Zschietzschmann, Kunstgesch. d. Gr. u. Römer, [2]1957; ders., K. der Etrusker, Röm. K., 1963; L. Curtius, Antike K., II [3]1959–69; F. W. Volbach, M. Hirmer, Frühchristl. K., 1958; K. Schefold, Griech. K. als relig. Phänomen, 1959; ders., Röm. K. als relig. Ph., 1964; F. v. d. Meer, Altchristl. K., 1960; G. Kaschnitz v. Weinberg, Röm. K., IV 1961–63; G. Hafner, Gesch. d. gr. K., 1962; T. Zacharias, Kl. K.gesch. d. ant. Welt, 1962; W. Kraiker, Hellas (K. der Griechen), 1963; J. Wiesner, Die K. des Alten Orients, 1963; P. Demargue, Die Geburt der gr. K., d. 1964; G. M. A. Richter, Handb. d. gr. K., d. [5]1965; J. Boardman u. a., Gr. K., d. 1966; A. Moortgat, Die K. des Alten Mesopotamien, 1967; A. Graber, Die K. des frühen Christentums, d. 1967; F. Chamoux, Die K. der Gr., d. 1967; T. Gerke, Spätantike u. frühes Christentum (K. der Welt), 1967; G. Picard, Die K. der Römer, d. 1968; H. v. Heintze, Röm. K., 1969; B. Schweitzer, Die geometr. K. Griechenlands, 1969; C. M. Havelock, Hellenist. K., 1971; E. Langlotz, Gr. K. in heutiger Sicht, 1973; H. A. Stützer, Röm. Kunstgeschichte, 1973; B. Andreae, Röm. K., [3]1982; ders., Die K. im alten Rom, 1989; W. Ekschmidt, K. und Kultur der Kykladen, II 1986; B. Holtzmann, Die K. im alten Grld., 1989; ders., Griech. K., 1990; O. J. Brendel, Was ist röm. K.? d. 1990. → Grab; Katakomben; Mosaik; Tempel, Wandmalerei; Baukunst; Plastik.

Kunstgeschichte im Altertum. Ein zusammenhängendes antikes Werk über K. gab es auffälligerweise nicht (→ Literaturgeschichte; des Künstlers Pasiteles verlorenes Buch *Berühmte Kunstwerke* [1. Jh. v. Chr.] war wohl keine eigentliche Kunstgeschichte). Wir haben daher nur vereinzelte Bemerkungen über antike Kunstwerke, sehr reichliche freilich in dem Reisehandbuch des → Pausanias und in einem Buch, wo man dergleichen heute nicht suchen würde, in der Naturkunde des Plinius, der in den Abschnitten über Steine und Metalle die berühmten Werke aus Marmor und Bronze bespricht und ihre Schöpfer nennt; einige schließlich in einer Rede Ciceros aus dem Prozeß gegen → Verres. Für die Archäologen des vorigen Jahrhunderts galt es nun, unter unserem Bestand antiker Kunstwerke (die meist namenlos auf uns gekommen sind) die herauszusuchen, die zu den literarischen Beschreibungen passen; → Apoxyomenos. Nachdem dieses Ziel im wesentlichen erreicht war (nicht immer leicht: → Lemnia), widmete man sich verstärkt der Interpretation der antiken Kunstwerke.

E. Grassi, Die Theorie des Schönen in d. Antike, 1962; W. Perpeet, Antike Aesthetik, 1961; Ästhetik d. Antike, hg. J. Krüger, 1964; H. Osborne, *Aesthetics and Art Theory,* N. Y. 1970.

Kunstgewerbe. Kleinkunst ist in der Antike vom 2. Jahrt. v. Chr. an aufs höchste entwickelt, namentlich in der Keramik (→ Vasen) und als Kleinplastik aus Ton (→ Tanagrafiguren) oder Bronze. Das Kunstgewerbe diente mit seinen Schöpfungen der Kunstfreude an sich, schuf aber auch, und zwar weit mehr als heute, Werke des täglichen Gebrauchs (→ Kunst).

H. Bossert, Gesch. d. K. aller Zeiten u. Völker, VI 1929–35; P. La Baume, Röm. K. zw. Chr. Geb. u. 400, 1964.

Kunsthandel und Kunstraub. Aus eroberten Städten brachten die Römer Massen von Kunstwerken nach Rom, z. B. 264 v. Chr. 2000 (?) etruskische Bronzestatuen aus Volsinii (dem heutigen Orvieto); griech. Werke zuerst 212 v. Chr. aus Syrakus, dann namentlich 146 v. Chr. aus Korinth. Nero nahm aus → Delphoi 500 Statuen einfach kraft seiner Macht als Kaiser weg. Weit mehr aber kauften die Römer → Kopien gr. Werke. Funde versunkener Schiffe zeigen, daß man Kunstwerke in ganzen Schiffsladungen verfrachtete (→ Peiraieus). Solche Schiffe fand man 1901 neben der gr. Insel Antikythera, 1907 bei Mahdia in Tunesien und noch öfter.

W. Fuchs, D. Schiffsfund von Mahdia, 1963; M. Pape, Gr. Kunstwerke aus Kriegsbeute ..., 1975; C. Ph. Bracken, Antikenjagd in Griechenland, 1977.

Kunstprosa wird die durch Gliederung, Verwendung von rhetorischen Figuren und Stilmitteln aller Art (→ Reim; Alliteration) bereicherte, ausgefeilte Form der Rede genannt, die sich abhebt sowohl von der Umgangssprache als auch von der durch die → Metrik gegliederten Sprache der Dichtung. Die dem Südländer angeborene Freude am geformten Stil und die rhythmisch-musikalische Volksveranlagung haben zur Herausbildung der K. beigetragen; die schulmäßige Anwendung des rhetorischen Kunstprinzips hat zuerst → Gorgias gelehrt; → auch Beredsamkeit.

E. Norden, Antike K., II [6]1961.

Kupfer. Für dieses Metall haben die alten Griechen kein Wort. Gr. *chalkos* und lat. *aes* bedeuten sowohl K. als auch (häufiger) → Bronze. K. wurde auf Kypros (Zypern) gefunden (daher *aes Cyprium* oft genannt; vgl. Plin. *n. h.* XXXXIV, 2; Schächte u. Gruben noch nachweisbar), auch auf Euboia (daher der Name der Stadt Chalkis), vor allem aber in Spanien, wo es schon die Phoiniker abbauten, verarbeiteten u. exportierten. K. wurde rein nur selten verwendet, da es zu weich ist. → Zinn; Münzen.

Kuppelbauten. Sehr berühmt ist das sog. Schatzhaus des Atreus, ein mächtiger Grabbau bei der Burg von Mykenai aus dem 2. Jahrt. v. Chr., einer der ältesten Monumentalbauten in Europa, ein sog. falscher oder unechter K. (wie bei den → Nuragen), bei dem die Steine nicht konisch zugehauen sind und nicht oben durch einen Schlußstein zusammengehalten werden; vielmehr ragen die Quadern der einzelnen Lagen nach oben hin immer mehr vor, bis sie sich oben ganz zusammenschließen. In den bienenkorbartigen Bau führt ein langer Gang, gr. *dromos*; weitere K.-Gräber in der Argolis u. Peloponnes, auch Attika. Dieser Typus ist nach dem Ausland gewandert und hat dort die myken. Kultur um Jahrhunderte u. -tausende überdauert; er findet sich vor allem in den skythischen Kurganen im Süden → Rußlands bis in hellenistische Zeit und (ohne *Dromos*) in den *trulli* bis heute (Wohnhäuser mit Spitzkegeldächern in Apulien). Die Griechen der klassischen Zeit haben jedoch weiterhin Bogen und Kuppel (vom Orient) nur sehr zögernd übernommen, Gewölbebau im → Hellenismus, Kuppelbau vielleicht noch später. – Glänzend ausgebildet haben beides die Römer, am erstaunlichsten im → Pantheon: K. mit fehlendem Schlußstein, ein Bauwunder. – Der vollendetste K. ist ein Werk des spätesten Altertums und der byzantinischen Griechen, die → Sophienkirche. Diese (sog. Pendentif-)Kuppel besteht aus lauter großen, unten spitz zulaufenden → Amphoren, deren Spitze schräg in die Mündung der nächsten Amphora gesteckt ist. So baute man lange die Kuppeln kleiner islamischer Heiligengräber; bei verfallenen sieht man überall kleine Tonröhren umherliegen, an einer Seite mit abgebrochener Spitze, an der anderen mit der abgebr. Spitze der nächsten Röhre, die im Mörtel festsitzt. – Fast alle Moscheen des Orients sind seit 1453, der Einnahme Konstantinopels durch die Türken, im Anschluß an die Sophienkirche als K. errichtet (vorher mit flachem Dach aus Säulen). – Der Spitzbogen liegt in den Kasematten der Festung → Tiryns vor, wurde aber ebenfalls von den Griechen der klassischen Zeit nicht übernommen.

F. Hart, Kunst u. Technik der Wölbung, 1965; M. Rumpler, *Le coupole dans l'architecture byzantine et musulmane,* Straßbg. 1956.

Kurorte → Bäder; Heilkunde.

Kuros (gr.), der junge Mann, auch die Jünglingsstatue der → archaischen Plastik Griechenlands, z. B. in München (Glyptothek).

E. Buschor, Frühgriech. Jünglinge, 1950; G. M. A. Richter, *Kouroi,* Lond. ³1970.

Kurvatur bei Tempelbauten: → Entasis.

Kybele → Cybele, auch als → Magna Mater verehrt.

Kykladen, gr. Inseln im ägäischen Meer, die in einem (mehr ideellen als rein lokalen) Kreise (gr. *kyklos)* die hl. Insel → Delos umgeben; die wichtigsten sind Naxos, → Melos; Thera; Paros (Marmorbrüche). – → Sporaden.

Kyklopen, Gestalten der gr. Sage mit einem kreisrunden Auge auf der Stirn (wörtl. 'Rundaugen'), nach Homer *(Odyssee IX)* ein rohes Riesenvolk, Menschenfresser, fast ohne jegliche Kultur. Später galten sie als Schmiede des Hephaistos und wurden deshalb im Ätna oder an anderen vulkanischen Stätten lokalisiert; auch schrieb man ihnen den Bau der → kyklopischen Mauern zu. Das → Satyrspiel des Euripides *Kyklops* dramatisiert die Geschichte von der Blendung des →

Polyphemos, der auch zu den K. gehörte.

kyklopische Mauern heißen, im Gegensatz zu M. aus Quadersteinen, zunächst die M. von → Tiryns, aus großen, z.T. riesigen, bis zu 3 m langen, 1 m dicken unbehauenen, aber mit äußerstem Geschick aneinander gepaßten Steinen. Man nennt sie so, weil Pausanias (II 16, 5) diese 20 m hohen, 8 m dicken M., deren Entstehung mit Menschenkräften man sich später gar nicht erklären konnte, als Werk der → Kyklopen bezeichnete. → Stadtmauern; Nuragen.

Kyme → Cumae.

Kyniker, gr. Philosophen einer von → Antisthenes begründeten Richtung. Sie waren die Proletarier unter den antiken Philosophen und in dieser Hinsicht echte Jünger von Antisthenes' Lehrer, Sokrates, der zuerst mit der Anschauung gebrochen hatte, die Bildung sei Sache nur der Reichen, die von ihrem Vermögen leben konnten. Die K. wollten keinen Beruf ausüben und kein Geld verdienen. Dadurch gerieten sie natürlich in Not, machten aber aus dieser eine Tugend. Ihr Ziel war Bedürfnislosigkeit und Freiheit von allen Belastungen des Besitzes, aber auch von allen Bindungen der Familie, des Staates, der Gesetze, Sitten und aller Tradition (→ Kosmopolitismus). Durch auffällige, ärmliche Kleidung suchten sie die Aufmerksamkeit der Masse auf sich zu lenken, um dann durch eine derbe Predigt, die sie von irgendeinem Eckstein hielten („Kapuziner des Altertums"; → Diatribe), auf sie einzuwirken; → Zurück zur Natur. Durch diese Derbheit ihres Gebarens kamen sie bei den ehrsamen Bürgern in den Ruf der Schamlosigkeit und Gemeinheit; daher unser zynisch. Eine große Anzahl von Anekdoten war über sie im Umlauf, besonders über → Diogenes, den bekanntesten K. Die Sekte hielt sich bis ins 4. Jh. n. Chr.; ihre Nachfolger sind in gewisser Weise die christlichen Bettelmönche. – → Dion von Prusa; Selbstmord.

F. Sayre, *The Greek Cynics,* Baltim. 1949; D. R. Dudley, *History of Cynicism,* Lond. 1937, neu Hildesh. 1967; P. Sloterdijk, Zur Kritik der zynischen Vernunft, 1983.

Kynoskephalai („Hundsköpfe"), Gebirgszug in Thessalien; dort besiegte → Flamininus den König → Philippos V. von Makedonien.

Kypria, Dichtung des *Epischen Kyklos* in 11 Büchern. Sie behandelte die dem troischen Krieg vorausgehenden Ereignisse: Urteil des Paris, Raub der → Helene, Versammlung des gr. Heeres in Aulis, Abfahrt, Zurücklassung des Philoktetes, Landung der Achaier vor Troia u. erste Kämpfe u. schloß mit einem Katalog der Bundesgenossen der Troer. Der Name K. ist nicht klar (Beziehungen zu → Kypros u. den Festen der Kypris = → Aphrodite ?). Von den K. sind nur dürftige Fragmente erhalten. Thassilo von Scheffer versuchte 1933, die verlorene Dichtung neuschaffend zu gestalten.

W: in der Homer-Ausgabe von T. W. Allen, Bd. V, Oxf. [2]1946. – *Ü:* Th. v. Scheffer, Die K., 1934 und 1947.

L: E. Bethe, Der Troische Sagenkreis, [2]1929, neu 1966.

Kypris, Kythereia, Beinamen der → Aphrodite.

Kypros, deutsch Zypern, → Zypresse. Nach den Funden schon im 3. Jahrt. v. Chr. bewohnt, wohl von Phoinikern; im 2. Jahrt. lebhafter Handel mit Ägypten und Palästina; myken. Geschäftsleute knüpften Handelsbeziehungen. Seit etwa 1300 v. Chr. drangen dorische Griechen auf K. ein und vermischten sich friedlich mit der einheimischen Bevölkerung; in ihren Städten hielt sich die Königsherrschaft auffallend lange. Ab 800 nahm der Einfluß der Phoiniker zu; seitdem und bis heute hat die Insel unter vielen fremden Herren gestanden, Phoinikern, Assyrern, Persern, Makedonen, Römern (seit 58 v. Chr.), Oströmern, d. h. Griechen, Richard Löwenherz, der Familie Lusignan, den Türken (seit 1571), den Engländern (1878 Pachtung, 1925 Kronkolonie); seit 1960 unabhängige Republik, von der sich der überwiegend türkisch-besiedelte Nordteil der Insel 1975 abgespalten hat. – Hauptgöttin im Altertum → Aphrodite. Blüte unter dem König Euagoras, 411–374. Der Apostel Paulus auf K., *Ap.-Gesch.* 13. Die Insel strotzt gemäß ihrer vieltausendjährigen Geschichte geradezu von Altertümern (in Gräbern).

P. di Cesnola, Cypern, d. 1879; K. L. Myres, *Handbook to the Cesnola Collection,* 1914; *The Swedish Cyprus Expedition* 1934–62; S. Casson, *Ancient Cyprus,* Lond. 1937; G. F. Hill, *A History of Cyprus,* Lond. IV 1940–52; V. Karageorghis, Zypern, 1969; ders., Salamis (Zypern), 1970; S. v. Reden, Die Insel der Aphrodite, 1969; H. G. Buchholz, V. Karageorghis, Altägäis u. Altkypros, 1971; F. G. Maier, Cypern, [2]1982.

Kypselos aus Korinth, Begründer der Tyrannis in Korinth, glänzender Herrscher um 650 v. Chr., förderte den Handel Korinths, gründete ein Kolonialreich, schmückte die Stadt mit prächtigen Bauten und schenkte kostbare Kunstwerke nach Olympia. Sein Nachfolger war → Periandros. – K. sollte als eben geborenes Kind von Korinthern, die auf Grund eines Orakels in ihm den zukünftigen Tyrannen sahen, ermordet werden, wurde aber dadurch gerettet, daß ihn seine Mutter in einer *kypsele,* einer runden Schachtel, versteckte; daher sein Name K. In Olympia zeigte man später jahrhundertelang eine rechteckige Lade (K.-Lade) als jene Schachtel, der K. seine Rettung verdankt habe. Die Lade war ein hochbedeutendes Kunstwerk etwa aus dem J. 600 v. Chr. mit Reliefiguren, die teils aus dem Holz herausgeschnitzt, teils aus Gold und Elfenbein aufgesetzt waren. Wir kennen sie aus einer genauen Beschreibung in dem Reisehandbuch des Pausanias (V 17, 3–19, 10) und können uns nach Werken des gleichen Kunststils, z. B. der Françoisvase (→ Malerei), eine Vorstellung davon machen.

Kyrenaiker, Schüler des → Aristippos; über Hegesias → Selbstmord.

Kyrene, Hauptstadt des Gebiets Kyrenaike. Die Sage berichtet, daß Apollon die Nymphe K. aus Thessalien entführt und an die Stelle der libyschen Küste gebracht habe, an der später die Stadt gegründet wurde. K. wurde wohl schon im 2. Jahrt. v. Chr. von Griechenland aus durch die Träger der → kret.-myk. Kultur besiedelt (der Name bedeutet vielleicht 'Quelle'; eine mächtige Qu. bildet den Lebensnerv der Stadt), von neuem seit 630 v. Chr. von der gr. Insel → Thera aus. Die Stadt wurde bald ungemein reich, da bei der Quelle viele Karawanenstraßen aus dem

Süden zusammenlaufen (so noch heute), auf denen die Produkte Afrikas nach Norden kamen, die dann die Kyrenaier weiter nach Griechenland verkauften. Von der Größe der Stadt zeugen die in den Felsen gehauenen Gräber. K. war die Geburtsstadt bedeutender Gelehrter und Dichter, so des Kallimachos, Eratosthenes, und Sitz einer Philosophenschule, der Kyrenaiker oder Hedoniker (→ Aristippos); auch frühes Christentum. Seit 322 v. Chr. zum ptolemaiischen Ägypten gehörig, seit 96 v. Chr. römisch, verlor die Kyrenaike ihren Wohlstand 117 n. Chr. durch einen furchtbaren Judenaufstand. Hadrian nahm sich des verwüsteten Landes an, und die Stadt K. besteht bis heute weiter, aber kümmerlich. Seit 1517 war die Kyrenaike türkisch; seit 1912 ital. Kolonie, ab 1951 ein Teil Libyens. Griech. Stadtzentrum mit Apollon-Tempel, Agora, Stadion, Nekropolen u. a. – Das Schloß Trianon bei Versailles ist aus Marmor errichtet, der aus den antiken Ruinen von Barke in der Kyrenaike stammt (→ auch Leptis).

G. Oliviero, *Scavi di Cirene*, Bergamo 1931; P. Romanelli, *La Cirenaica Romana*, 1943; F. Chamoux, *Cyrene ...*, 1953; S. Stucchi, *L'Agora di Cirene*, Rom 1965; R. G. Goodchild, K. und Apollonia, d. 1971. → Nordafrika.

Kyrie eleison („Herr, erbarme dich!"), alter gr. Gebetsruf. Das gr. Wort Kyrios, ursprünglich reserviert für Gottheiten, daher auch Gottesname in der → Septuaginta, analog dann auch auf Herrscher übertragen, auch auf den röm. Kaiser (lat. *dominus*). Dann im N. T. sowohl für Gottvater wie für Jesus. – Das K.e. aus der röm. Messe im MA. auch als Refrain gern gesungen (sog. *Leisen* oder *Kyrieleisen*; → Musik, christl.).

Kyros. Der ältere K., der erste selbständige König der Perser (558?–529 v. Chr.), besiegte Astyages von Medien, dessen Enkel er nach der offiziellen gr. Sage sein sollte, dann 546 v. Chr. → Kroisos, eroberte später Babylon, soll bis zum Iaxartes vorgedrungen sein und starb auf einem Zuge gegen die nomadisierenden Massageten (unter der Königin Tomyris) im Norden des Reichs. Er war ein gewaltiger Organisator. Sein Grab in Pasargadai ist erhalten und wird als Nationalheiligtum verehrt. – *Kyru paideia,* → Xenophon.
Der jüngere K. suchte als Satrap des westlichen Kleinasiens seinen schwachen Bruder, den Perserkönig Artaxerxes II. Mnemon (→ Perser), vom Throne zu stoßen. Er fiel v. Chr. bei Kunaxa in Babylonien; → Xenophon.

Kyru paideia → Xenophon; Roman.

Kythera, Insel an der Spitze Südgriechenlands, → Aphrodite. Gegenüber liegt Antikythera, → Kunsthandel; Log.

Labarum (sprachliche Herkunft unklar), Feldzeichen Konstantins d. Gr. (→ Constantinus), das nach seinem Sieg am Pons Milvius zur Kaiserstandarte und schließlich zur Reichsstandarte wurde. Das L., das röm. → Feldzeichen nachgebildet ist, bestand aus einem goldenen Kreuzstab, an dessen Querholz ein quadratisches purpurnes Tuch hing und dessen Längsschaft mit Kaisermedaillons besetzt und von einem

Kranz mit dem → Monogramm Christi gekrönt war.

R. Egger, Das L. (Sitz, B. Österr. Akad.), 1960.

labor omnia vincit, „Arbeit überwindet alles"; nach Vergil, *Georgica* I 145.

Labyrinth, gr. *labyrinthos,* (→ Minotauros), große Gebäude in Ägypten und in (oder bei) → Knossos. Nach der Sage fand man sich aus dem knossischen L. wegen der Vielverschlungenheit seiner Gänge nicht wieder heraus. Doch glückte dies → Theseus mit einem Knäuel Garn, den ihm Ariadne schenkte; er befestigte das eine Ende des Garns an der Tür, wickelte beim Vorwärtsgehen den Knäuel ab und fand sich dann an dem Faden zurück. Man sah demgemäß früher einen unterirdischen Steinbruch bei Kn. mit sehr unregelmäßigen Stollen als das L. an. Auf Münzen von Kn. und sogar im Minospalast selbst (also im 2. Jahrt. v. Chr.; Freske auf der Wand eines Korridors am Ostrande des Palastes) findet sich aber häufig der Grundriß eines völlig regelmäßigen quadratischen oder runden Baues, der im Innern keine Zimmer, sondern nur einen einzigen langen, immer rechtwinklig umbiegenden oder rundum weiterlaufenden Gang hat, so daß man auf kleinem Raume doch sehr lange gehen muß, bis man in das Innerste des Baus kommt. Dieser Grundriß soll sicher der des L. sein; denn ein Kind, das ihn in Pompeii in eine Wand geritzt hat, schrieb dazu: „L.! Hier wohnt der Minotaurus!" Die Knossier der historischen Zeit kannten also das L. nur aus der Sage, nicht aber als wirklichen Bau; denn sie wußten nicht, ob es quadratisch oder rund war. Diese Form des L. widerspricht jedoch der Sage vom Ariadnefaden; denn in dem erwähnten Gang kann man sich nicht verlaufen (Plinius, *n. h.* XXXVI 85). Gleiches gilt von dem von Evans aufgedeckten Palast in Kn., in dem man das L. erkennen wollte, weil seine Pfeiler öfter das eingemeißelte Bild einer Doppelaxt, *labrys,* aufweisen; aber auch der Grundriß dieses Palastes ist völlig regelmäßig. Ungelöste Rätsel gibt es ferner auf, wenn ein rundes L. sich auch in Italien auf dem Bild einer etruskischen Vase (aus Tragliatella, um 600 v. Chr.) findet und der Bau dort die Beischrift „Truia" (= Troia?) trägt; vor allem aber bleiben die im Norden erhaltenen L. rätselhaft, die sog. Troiaburgen, kreisrunde Steinsetzungen (auch Wälle aus Rasensoden oder aus dem Rasen ausgehobene Gänge), die von Süddeutschland (eine wohlerhaltene z.B. bei dem Dorfe Steigra, zwischen Freyburg a. d. Unstrut und Querfurt, deren Gänge 235 Schritt lang sind) bis nach Skandinavien, England und Island verbreitet sind; am bekanntesten ist die auf der schwedischen Insel Gotland, nördlich der Stadt Visby, mit 18 m Durchmesser. Gegen die Wanderung eines nordischen Grundrisses nach dem Süden, die natürlich auch zu erwägen ist, sprechen die Wörter L. u. Truia. *Labyrinthos* gehört sicher einer Mittelmeersprache an; *Truia* auf etruskischem Boden weist, da die Etrusker doch wohl aus Kleinasien kamen, auf das historische Troia. – Mangels einer sicheren Erklärung kann man annehmen, das bei den Römern öfter erwähnte, noch von Caesar erneuerte Troiaspiel *(lusus Troiae)* heiße nach einem L. namens Troia, etr. Truia, und sei eine Art Polonaise gewesen, ein Schreiten oder Reiten einer langen Reihe von Menschen aneinander vorbei, ein Spiel von offenbar sakralem Charakter und mit polit. Bedeutung. Ein solcher Tanz wird auch für Delos und Knossos bezeugt (Plutarch, *Theseus,* 21).

E. L. Krause, Die Troiaburgen Nordeuropas . . ., 1893; R. Eilmann, *Labyrinthos,* 1931; C. Diem, Das Trojan. Reiterspiel, 1942; K. Kerényi, L.-Studien, ²1950.

Lachesis, eine gr. Schicksalsgöttin; → Moira.

Lactantius, L. Caelius Firmianus (gest. nach 317), einer der lat. → Kirchenväter.

Läden für Kaufleute sind viele erhalten, so in Pompeii und in Rom; sehr gut, mit den steinernen Ladentischen, in Timgad in Algerien. Schaufenster fehlten; Die L. wurden abends mit Brettern verschlossen, deren Einsetzrillen man oft noch sieht. Die Einrichtung der L. kennen wir einigermaßen aus antiken Abbildungen, namentlich aus Reliefs, die vielleicht als Ladenschild gedient haben. Warenhaus: → Rom.

Laelius. Gaius L. zeichnete sich im 3. punischen Krieg als Offizier, später als Beamter (Consul 140 v. Chr.) aus; mit dem jüngeren → Scipio befreundet, der ihn wegen seiner Bildung und Beredsamkeit schätzte; besonders bekannt durch Ciceros Werk mit dem Doppeltitel: L., *über die Freundschaft.*

Längenmaße. Die antiken L. waren in ihren kleineren Einheiten von Teilen des menschlichen Körpers abgeleitet; damit waren sie praktischer als unsere, weil jeder die L. (ungefähr) bei sich trug, während wir uns bei „Meter“ an sich nichts denken können. Die wichtigsten sind folgende: griech. *daktylos,* lat. digitus, Finger, d.h. die Fingerbreite; gr. *pus,* lat. *pes,* Fuß, d. h. die Länge des menschlichen Fußes; griech. *pechys,* lat. *cubitus,* Elle, d. h. die Entfernung von der Spitze des Ellenbogens bis zu der des Mittelfingers; lat. *passus,* Doppelschritt; gr. *orgyia, Klafter,* d. h. die Entfernung zwischen den Spitzen der nach beiden Seiten ausgestreckten Arme; gr. *plethron,* 100 Fuß; gr. → *stadion,* 600 Fuß; die Länge der Rennbahn; lat. *mille passus,* 1000 Doppelschritt, eine röm. → „Meile“. – Das Verhältnis der einzelnen Maße untereinander steht fest (1 Klafter = 6 Fuß, 1 Doppelschritt = 5 Fuß, 1 Elle = $1^1/_2$ Fuß, 1 Fuß = 16 Fingerbreiten); die Umrechnung in heutiges Maß ist schwankend. → Tabelle S. 830.

Laertes, Vater des → Odysseus.

Lager (militärisch). Die Griechen der homerischen Gedichte haben am Strande vor Troia ein L. mit Mauern und palisadengeschütztem Graben, mit Straßen und Hütten. Bisher nahm man wohl meist an, der Dichter habe es nach dem Vorbild einer befestigten Stadt seiner Zeit geschildert. Aber das „Zelt“ des Achill war ein nordisches, aus Holz gebautes → Megaron, mit einem abgeschlossenen Hof, und den palisadengeschützten Wall finden wir im röm. L. der historischen Zeit und in den Burganlagen Heinrichs I. im Slavenland wieder. Es liegt also bei Homer gute idg. Tradition vor. In der histor. Zeit war das Lagerwesen wenig entwickelt. Man wählte, sofern nicht Einquartierung in Dörfern oder Städten in Frage kam, einen Platz zum Aufschlagen der Zelte, der durch seine natürliche Lage möglichst geschützt war, aber nicht besonders befestigt wurde; nur Wachen und Vorposten sicherten ihn. Zwischen den Zelten war ein freier Platz für Versammlungen der Truppen, vor dem L. ein Markt für Lebensmittel, da die Soldaten sich von ihrem Solde selbst beköstigten. – Das befestigte, geschlossene Feld-L. *(castra)* war eine eigentümliche Schöpfung römischer Kriegstechnik; man kannte Marsch-L. und bei längerem Aufenthalt, besonders für den Winter, Stand-L. Das röm. Heer blieb keine Nacht ohne ein durch Wall und Graben gesichertes L.; auch nach schwerem Kampf oder ermüdendem Tagesmarsch mußten die Legionäre unter Leitung der Centurionen die Schanzarbeit leisten. Die Verteilung des L., das oft quadratischen Grundriß hatte und von zwei rechtwinklig sich kreuzenden Hauptstraßen durchschnitten wurde (→ Stadtanlagen), war streng geregelt; hinter den Lederzelten der Truppen befand sich das Hauptquartier (→ *praetorium),* der Altar mit den → Feldzeichen, die Rednerbühne, von der der Feldherr zu den Soldaten sprach, und die Richtstätte. Größere Truppenteile mußten die Wachen und Vorposten an den Toren übernehmen. Für die stehenden Heere der Kaiserzeit, die zur Sicherung der Grenzen, z. B. der Rhein- und Donaugrenze, in festen Standquartieren blieben, wurde das L. zur Garnison. – Erhalten sind röm. L. vielfach: Marsch-L. (heute nur dem geschulten Auge in Bodenschwellungen, den Resten der ehemaligen Erdwälle, kenntlich); steinerne Stand.L., mit den Wohn-, Krankenhäusern, Bädern, Heiligtümern (→ Mithras) der Mannschaften, vor den Mauern mit Läden und Schenken *(canabae);* ein sehr großes L. z. B. in Xanten; das am besten erhaltene in Lambaesis in Algerien, mit äußerst stattlichem, relativ wenig zerstörtem Praetorium; die → Saalburg vermittelt ein Bild einer solchen Garnison; ein röm. L. wird seit seiner Erbauung bis heute ununterbrochen bewohnt, → Sinai-Halbinsel; in Linz a. d. Donau *(Lentia)* steht auf der Stelle des röm. Castrums noch heute die Kaserne; das Städtewesen nördlich der Alpen hat sich z. T. aus solchen röm. Stand-L. entwickelt, z. B. Xanten aus Castra Ulpia Traiana. – Das Wort *castra (-um;* Deminutiv *castellum)* findet man noch heute von England bis Arabien; das zeigt die Größe des alten röm. Weltreichs: In Deutschland: Kastel bei Mainz; Bernkastel a. d. Mosel. In Tirol: Kastelruth, d. i. *castellum ruptum* = zerstörtes Schloß. In England ungemein häufig; dieses Land an der äußersten Grenze des Reiches war also besonders durch L. gesichert, und aus diesen entwickelten sich die heutigen engl. Städte. In Spanien: Alcazar (das Wort c. wurde im Arabischen *Kasr* und wanderte in dieser Form, mit dem arab. Artikel *al,* wieder nach Westen); Kastilien, nach den Kastellen genannt, die die Goten dort nach röm. Vorbild erbauten.

H. v. Petrikovits, D. Fortleben röm. Städte an Rhein u. Donau, 1958; A. Johnson, Röm. Kastelle, 1987.

Laios, der Vater des → Oidipus, wurde durch ein Orakel gewarnt, einen Sohn zu zeugen, da dieser seinen Vater ermorden würde.

Lais war zu ihrer Zeit (4. Jh. v. Chr.) eine sehr bekannte → Hetäre.

Laistrygonen, ein Menschenfresser-Volk der griech. Sage, dem → Odysseus auf einem Schiff mit knapper Not entrann; die anderen 10 Schiffe wurden von den L. zertrümmert.

Lakedaimon, die langgestreckte, fruchtbare Landschaft der Peloponnes im Tale des Eurotas, am Fuße des oft schneebedeckten Taygetos; manchmal Name der Hauptstadt dieser Landschaft, die sonst gr. *Sparte* heißt. Die Einwohner hießen gr. *Lakedaimonioi* oder *Lakones,* ihr Land daher oft auch Lakonien; deswegen auch → „lakonisch". Die Herrenschicht nannte sich *Spartiatai,* → Dorier; Sparta; Mistra.

F. Kiechle, L. und Sparta, 1963; U. Häfner, D. Kunstschaffen Lakoniens in archaischer Zeit, 1965.

Lakonische Redeweise. Die Lakedaimonier (→ vor. Art.) waren wortkarg, wußten aber, wenn sie etwas sagten, den Nagel auf den Kopf zu treffen. Man erzählte sich zahlreiche Proben knapper, schlagender Aussprüche von Spartanern; Plutarch stellte bezeichnende in der Schrift *Apophthegmata Lakonika* („Lak. Ausspr.") zusammen. Noch mehr als die Schlagfertigkeit ist für die l. R. (ähnlich wie bei militärischen Kommandos) die Kürze charakteristisch; → Grab. Die kürzeste diplomatische Note, die je gewechselt wurde, ist lakonisch. Auf die Drohung eines Feindes „Wenn ich eure Stadt einnehme, werde ich sie völlig zerstören", antwortete Sparta: „Wenn".

Lambaesis (heute Lambèse), Stadt in Numidien, aus einem (Legions-) → Lager erwachsen, dessen Praetorium erhalten ist; mehrere andere Gebäude in Ruinen gut erkennbar.

Lamia, (gr.), die „Gefräßige", sprachlich und dem Wesen nach mit dem lat. *lemures* identisch, eine Schaden stiftende Seele (→ Seele), nach späterer Sage Geliebte des Zeus, von der eifersüchtigen Hera wahnsinnig gemacht, tötete ihre eigenen Kinder und raubte die andrer Mütter; daneben viele andre Sagen (Horaz, *ars poetica* 340).

Lampen → Beleuchtung.

Landkarte, gr. *geographikos pinax* = geograph. Tafel, lat. einfach *tabula* = Tafel. In Babylonien gab es Hausgrundrisse, Stadt-, Land-, Erdkarten schon in sehr alter Zeit. Die erste (?) griech. L. wurde um 550 von → Anaximandros geschaffen; seit hellenistischer Zeit waren L. Lehrmittel in den Schulen. In Rom Aufstellung einer Weltkarte von → Agrippa geplant, nach dessen Tode von Augustus durchgeführt. Die in jetzigen Geschichtsatlanten gegebenen L. nach Eratosthenes und Klaudios Ptolemaios sind nicht antik, sondern moderne Entwürfe nach den Schilderungen dieser antiken Geographen. Danach war das

Weltbild der antiken Menschen sehr unvollkommen; aber statt die Fehler dieser alten K. zu belächeln, muß man erwägen, daß es sich um erste Versuche handelt, die die Grundlage unserer Kartographie bilden. Von den antiken L. übernahmen wir die Gradeinteilung (→ Fortschritt) und die Nordorientierung. Daß N = „[hoch] oben“ gesetzt wurde, beruht vielleicht darauf, daß die Meere, die die Griechen befuhren, im N von hohen Bergen umsäumt sind, im S von dem flachen afrikanischen Strande; oder weil man sich nach dem Polarstern orientierte und zu ihm „hinauf“ sah. – Da wir von Jugend auf an L. mit Nordorientierung gewöhnt sind, sagen wir, ein Deutscher fahre nach Schweden hinauf, nach Sizilien hinunter. Wenn sich diese Ausdrucksweise schon bei Homer findet, so beweist das vielleicht, daß es ältere gr. L. (nach N orientierte) gab als die des → Anaximandros. – Die einzige erhaltene antike Weltk., jetzt in der Wiener Staatsbibliothek, heißt *tabula Peutingeriana* nach dem früheren Besitzer, dem Augsburger Konrad Peutinger (1465–1547); dieser war der erste Gelehrte in Deutschland, der Altertümer sammelte. Sie ist nicht eigentlich eine L., sondern eine Wegek., die so großzügig gezeichnet ist wie die Eisenbahnk. in unseren Kursbüchern, und bei der sich ferner die Verzerrung durch die antike Form der Buchrolle (die K. ist 4 m lang) erklärt. → Geographie.

K. Miller, Die P. Tafel, 1887, neu 1961; ders., *Itineraria Romana,* ^{2}1929, neu 1963; H. u. R. Kiepert, *Formae orbis Antiqui,* 1893–1914; A. u. M. Levi, *Itineraria picta,* Rom 1967; E. Weber, Komm. zur Tab. Peut., Graz 1976; O. A. W. Dilke, *Greek and Roman maps,* Lond. 1985.

Landwirtschaft. Bei den Griechen war die L. schon früh voll ausgebildet. Die Viehhaltung war schon bei Homer *(Odyssee)* sehr ausgedehnt. Rinder, Pferde, Ziegen, Schafe und Schweine wurden in großen Herden, z. T. auf besonderen Höfen, gezüchtet, die fern der Stadt an günstigen Stellen angelegt waren (Eumaios hat ca. 1000 Schweine in 12 Kofen, *Od.* XIV, 13ff.). Das Federvieh spielte eine geringe Rolle. Die Gans (der Name ist allgemein idg.) war am frühesten gezähmt, und Penelope besaß nach *Od.* XIX, 536ff. eine kleine Herde von 20 Gänsen, aber weniger des Nutzens, als des schönen Anblicks wegen. Das Haushuhn, ohne das heute kein Gutshof zu denken ist, wurde (aus Indien stammend und dort zuerst gezähmt) erst in der 2. Hälfte des 6. Jh. v. Chr. in Griechenland bekannt (erste Erwähnung bei Theognis, v. 863/64). Es wurde aber nicht wegen seiner Eier, sondern als Kampftier gehalten. Auch der Ackerbau stand früh auf beachtlicher Höhe. Der Pflug hatte schon in archaischer Zeit die Form unseres einfachen Bauernpfluges und wurde später bei den Römern verbessert. Man kannte die Düngung des Bodens durch Stall-, Brenn- und Saatdünger. Auch Melioration des Bodens und Gewinnung von Neuland durch Entwässerung war bekannt (Kopaissee in Boiotien). Die Zahl der komplizierteren landwirtschaftlichen Maschinen war freilich gering, da in den Sklaven billige Arbeitskräfte in großer Zahl vorhanden waren. Als einzige Maschine beschreibt Plinius *(n.h.* XVIII, 296) eine Mähmaschine. Auf dem so vorbereiteten Boden baute man die wichtigsten Kulturpflanzen: → Getreidearten. Zuerst war die Zweifelder-, seit dem 4. Jh. v. Chr. die Dreifelderwirtschaft üblich, erst in röm. Zeit ging man zum Fruchtwechsel über. Obwohl man nicht so intensiv wie heute in Deutschland arbeitete (der südliche Boden spendete seine Früchte auch in der Antike reichlich bei geringer Anstrengung), waren die Erträgnisse sehr beträchtlich. In Sizilien und Italien wird man wohl durchschnittlich das 10–20fache der Aussaat gewonnen haben; die Nachricht des Plinius, daß in Leontinoi das 100fache gewonnen wurde, mag entweder übertrieben sein oder eine Ausnahme gebildet haben. In Ägypten, Nordafrika und Babylon waren die Erträge entsprechend größer. Babylon brachte bei 2 Ernten im Jahr das 50–100fache je nach der Bodenbeschaffenheit, in der Provinz Afrika soll sogar unter Nero das 150fache der Aussaat geerntet worden sein. Auch andere fruchtbare Gegenden, wie Ägypten und Tripolis, brachten mehrere Ernten im Jahr. In der Oase Tapace auf dem Wege nach Leptis Magna wuchsen Palmen, Oliven, Feigen, Wein untereinander, in ihrem Schatten gediehen Getreide, Bohnen und Gemüse. Wein hatte sogar 2 Ernten. Plinius bemerkt bewundernd, daß dort immer etwas geerntet werde. Auch in Griechenland konnte man Weinreben und Ölbäume nebeneinander ziehen. In Italien gedieh Obst, Wein und Getreide auf dem gleichen Feld (so in manchen Gegenden noch heute). Mit fortschreitender landwirtschaftlicher Entwicklung wendete man sich vom Ackerbau ab und ging zur einträglicheren Gartenkultur über. In Griechenland wurde besonders Wein und Öl gebaut (Attika). Dafür wurden die weiten Ebenen an den Küsten des Schwarzen Meeres die Kornkammern des athenischen Volkes, deren Sicherung zu einer wichtigen Frage der attischen Außenpolitik wurde (→ Wirtschaft). Auch in Athen selbst trat im 5. Jh. v. Chr. an die Stelle der kleinbäuerlichen Wirtschaft der Großbetrieb mit Sklavenarbeit. Diese Entwicklung setzte sich im Hellenismus in verstärktem Maße fort. In dieser Zeit sind uns besonders die Verhältnisse in Ägypten bekannt, wo in großem Maße Getreide gebaut wurde. So erhielt Ptolemaios Philadelphos allein an Naturlieferungen jährl. 501000 hl Getreide. Die Römer aber zogen unter Augustus dreimal so viel (1740000 hl = 150000 Tonnen) jährlich heraus.

Bei den Römern war in der älteren Zeit der Zuschnitt der L. ähnlich wie bei den Griechen. Es herrschte der kleinbäuerliche Betrieb. Seit dem 3. Jh. v. Chr. aber entstanden ritterliche und senatorische Großbetriebe, die Latifundien, die mit Sklaven bewirtschaftet wurden. Die Vernichtung des Bauernstandes hatte für die Entwicklung des röm. Staates eine viel größere Bedeutung als in Griechenland. Die Plebs wurde zum unruhigen, städtischen Proletariat, und die Unzufriedenheit der italienischen Bundesgenossen führte zu schweren Bundesgenossenkriegen, die bis ins 1. Jh. v. Chr. dauerten. Aber durch diese politischen Schwierigkeiten, deren Grund den einsichtigen Politikern längst klar war, wurde die Entwicklung vom bäuerlichen Kleinbetrieb zum kapitalistisch geleiteten Großbetrieb nicht aufgehalten. Bei dieser Domänenwirtschaft knüpften die Römer an die Großbetriebe der Karthager in Nordafrika an, und so wurde auch unter ihnen Afrika das klassische Land dieser Wirtschaftsform. Damals trat eine weitgehende Spezialisierung ein. In Italien ging man zur nutzbringenderen Gartenkultur und Viehzucht über. Die Getreideversorgung übernahmen die speziellen Kornländer, zuerst bis zum 2. Jh. v. Chr. Campanien, dann Sizilien, Sardinien, seit Beginn der Kaiserzeit Ägypten und vor allem Nordafrika. Die Schäden, die Italien durch die Latifundien erlitt (Versumpfung weiter Gebiete, die dann durch die Malaria unbewohnbar wurden), wurden erkannt (Plin. *n.h.* XVIII, 7; *latifundia perdidere Italiam),* aber es gelang nicht, etwas Grundsätzliches dagegen zu unternehmen. Als durch die Wanderungen der Germanen den Römern die Hauptgetreideländer, besonders Nordafrika, verlorengingen, wurde von den Großgrundbesitzern das Weideland an Kleinpächter vergeben, die es wieder zu Ackerland machten (→ Colonen). Doch blieb deren Lage kläglich. Erst die Germanen setzten in manchen Gegenden ihre Stammesgenossen als freie Bauern an. In anderen Gebieten blieb das Ackerland in der Hand weniger großer Herren. Dieser Zustand erhielt sich durch das Mittelalter bis in die Neuzeit.

Die landwirtschaftl. Fachliteratur war bei der Wichtigkeit des Gebietes sowohl bei den Griechen wie bei den Römern ziemlich groß. Schon Hesiod hat in den *'Werken und Tagen'* das Leben eines kleinen u. mittleren Bauern geschildert. Später behandelten Xenophon, Aristoteles und Theophrastos landwirtsch. Fragen. In alexandrinischer Zeit entstand eine bedeutende Fachliteratur, die aber bis auf wenige Fragmente untergegangen ist. Noch intensiver als die Griechen interessierten sich die Römer für die L. Bei ihnen gehören Bauernregeln zu den ältesten Literaturresten. Unter den späteren Schriftstellern über L. sind besonders Cato und Varro zu nennen. Sogar von Dichtern wurden Fragen der L. behandelt (Columella; → Vergil). Empirisch gewonnene Regeln, Beobachtungen u. Wirtschaftsmethoden enthalten schließlich die in der Renaissance unter dem Titel *scriptores rei rusticae* zusammengestellten Autoren, die seitdem eine große Rolle gespielt haben. Mittelalterliche Abschriften dieser aus dem Altertum erhaltenen Handbücher für den praktischen Landmann finden sich in vielen Bibliotheken. Die Mönche, die diese Bücher abschrieben, taten das nicht aus philologischem Interesse für das Altertum, sondern um das darin Gelehrte für ihre Klostergüter u. -gärten nutzbar zu machen. Gleiches Interesse hatten die Käufer der nicht weniger als 63 gedruckten Ausgaben der *Scr. r. r.,* die von 1470–1655 erschienen.

W: scriptores rei rusticae, hg. J. G. Schneider, II 1794–97; hg. H. B. Ash u. a., Lond. III 1948–55 (m. engl. *Ü*).

L: O. Keller, D. antike Tierwelt, II, 1909–20, neu 1963; Hehn, Kulturpflanzen u. Haustiere in ihrem Übergang aus Asien nach Griechenland u. Italien sowie das übrige Europa, [8]1911, neu 1963; A.Hauger, Zur röm. L. u. Haustierzucht, 1921; M.

Schnebel, D. L. im hellenist. Ägypten, 1924; A. Hörnschemeyer, D. Pferdezucht im klass. Altert., 1929; F. Vincke, D. Rinderzucht im alten Italien, 1931; J. Hasebroek, Gr. Wirtschafts- u. Gesellschaftsgesch., 1931; O. Brendel, D. Schafzucht im alten Griechenland, 1933; H. Winkelstein, D. Schweinezucht im klass. Altert., 1933; K. Zeissig, D. Rinderzucht im alten Griechenland, 1934; F. Heichelheim, Wirtschaftsgesch. d. Altert., 1938; H. P. Kohns, Versorgungskrisen u. Hungerrevolten im spätantiken Rom, d. 1962; K. D. White, *Roman farming,* Lond. 1970; ders., *Country Life in classical times,* Lond. 1977; D. Flach, Röm. Agrargeschichte, 1991.

„Lange Mauern“, um 460–445 v. Chr. erbaut, verbanden Athen mit seinem Hafen Peiraieus, so daß also die Stadt, der Hafen u. der Raum zwischen den L. M. eine einzige große Festung bildeten u. der Zugang zum Hafen auch bei Belagerung gesichert war. In dem Raum zwischen den L. M. konnte im Krieg die ganze Bevölkerung Attikas unterkommen; sie wohnte dort während des peloponnesischen Kriegs im Sommer in Laubhütten oder Zelten. Nach der Niederlage Athens 404 v. Chr. mußten die L. M. niedergerissen werden. 393 v. Chr. stellte Konon sie wieder her.

lanx satura (lat.), eine mit verschiedenen Früchten *(satura)* gefüllte Schüssel oder Schale *(lanx)* bei Opfern, Festen und Speisen, auch eine mit Früchten gefüllte Pastete, dann schließlich auch eine Sammlung verschiedenartiger Gedichte, also etwa: Vermischte G. So erstmalig von → Ennius verwendet. Daraus ist später die kritische → Satire erwachsen.

Laokoon, Priester in Troia. Die Griechen, die Troia belagerten, versteckten ihre besten Helden in einem großen hölzernen Pferd und beredeten die Troer durch einen Griechen, der sich fangen ließ, eine Bresche in die Mauer zu schlagen, durch diese das Pferd in die Stadt zu ziehen (für die Tore war es zu hoch) und der Athena zu weihen. So kamen die Helden in die belagerte Stadt; das Heer folgte durch die Bresche nach. L. aber hatte die List der Griechen erkannt und die Troer vor dem Pferde gewarnt (→ Danaer[geschenk]). Da aber die Götter die Zerstörung Troias wünschten, töteten sie L. und seine zwei Söhne durch zwei Schlangen. – Berühmte Marmorgruppe, von drei rhodischen Künstlern im 1. Jh. vor Chr. geschaffen (Vergil dürfte sie gekannt haben), im Original erhalten (oder doch nur als → Kopie?), wohl einst im Palast des Titus, später im Bereich von Neros Goldenem Haus, dort am 14. Jan. 1506 wiedergefunden, jetzt im Vatikan, seit 1960 wieder in der nachweisbar ursprünglichen Gestalt. – Nach dieser Gruppe benannte Lessing sein Werk *„L. Über die Grenzen der Malerei u. Poesie“.* → Sperlonga.

H. Sichtermann, L., 1957; ders., 1964; M. Bieber, Detroit [2]1967; M. u. R. Hertl, 1968; A. Althaus, L., Stoff u. Form, 1968; B. Andreae, L. u. d. Gründung Roms, 1988.

Lapis niger = der schwarze Stein, auf dem Forum Romanum. An seiner Stelle, aber tiefer, stand ein uraltes Monument, das man als Grab des Romulus oder seines Pflegevaters Faustulus bezeichnete, mit einer Inschrift. Diese war wegen ihres altertümlichen Lateins schon um 30 v. Chr., zur Zeit des Dionysios von Halikarnassos, der das Denkmal vielleicht noch unversehrt sah, schwer verständlich; D. schreibt das Grab einmal dem Faustulus, einmal dem (Tullus) Hostilius zu; Bei einer Forumsregulierung unter Caesar und später unter Augustus wurde der ganze obere Teil des neuen Pflasters (→ Schichten) beseitigt und der untere, wohl wesentlich geringere Teil zugeschüttet. Er besteht aus 2 Postamenten, einem Block, einem runden Säulenstumpf und einem viereckigen Pfeiler mit dem unteren Reste der genannten Inschrift. Darüber legte man das neue Pflaster u. (später; 310 n. Chr.?), um die Stelle, die man im Gedächtnis behalten hatte, zu kennzeichnen, ein sich von dem umgebenden abhebendes schwarzes. Diesen 'Schw. St.' fand man im Mai 1899. Man beließ ihn in seinem Niveau, stützte ihn aber ab, um unter ihm graben zu können, u. fand die Reste des Monuments auf dem Niveau eines weit älteren Pflasters. Dieses ist der älteste in Rom erhaltene Bau, und die Inschrift gibt uns das älteste bekannte Latein. Weil der Pfeiler oben abgebrochen ist und die Schrift vertikal läuft, zudem noch schlangenförmig, ist der Text äußerst lückenhaft erhalten; anscheinend war der Ort als geheiligt bezeichnet worden; ob von einem König die Rede war, ist dagegen schon zweifelhaft. Das Denkmal muß nicht notwendig aus der Königszeit stammen; es könnte auch der *rex sacrorum* = Opferkönig der Republik gemeint sein; die Wissenschaft datiert die Inschrift heute auf das ausgehende 6. Jh. v. Chr.

E. Diehl, Altlat. Inschriften, 1930; J. Stroux (Philologus 86), 1930; F. Leifer, E. Goldmann, (Klio, Beiheft) 1932; R. E. A. Palmer, *The King and the Comitium,* Wiesb. 1969.

Lapithen, gr. *Lapithai* (= „Bergbewohner"?), sagenhaftes Volk in Thessalien, vielleicht doch ein historisches, aber schon in sehr alter Zeit untergegangenes Volk. Von ihm leiteten sich die thessalischen Adelsgeschlechter her; man stattete nun in der Sage die L. mit edlen Eigenschaften aus. Bei der Hochzeit des L. Peirithoos suchten die als Gäste geladenen Kentauren in der Trunkenheit die Weiber der L. zu rauben, wurden aber mit Hilfe Apollons von den L. überwältigt; Darstellung dieses Kampfes in Olympia. → Kentauren.

Lares waren die Schutzgötter des Gutshofes des röm. Bauern. An den Kreuzwegen *(compita),* wo mehrere Grundstücke zusammenstießen, hatten sie Kapellen; hier wurden ihnen an den *Compitalia,* ihrem Hauptfest, kleine Bilder und Wollballen entsprechend der Anzahl Freier und Sklaven des Anwesens geweiht. Später, zur Zeit der ausgebildeten → Latifundienwirtschaft, als der Gutsbesitzer in Rom wohnte, waren die *Compitalia* ein von den Sklaven begangenes Fest. Im Hause selbst wird der *Lar familiaris* verehrt. Er erscheint in den Bildern, die in den Hausschreinen aufgestellt wurden, als tanzender Jüngling mit hochgeschürztem Gewand, Stiefeln und Kränzen (Darstellungen in Pompeii häufig). Die *L. viales* und *permarini* gewährten den Reisenden glückliche Heimkehr. In der Kaiserzeit waren die L. auch die Schutzheiligen der römischen Stadtviertel.

E. Tabeling, *Mater Larum,* 1932.

Latein → Griech. u. lat. Sprache. Alle Sprachen verändern sich fortwährend nach vielfach noch unbekannten Gesetzen. Bei dem L. kommen unter anderem in Betracht: In Spanien, Portugal, Frankreich, Rumänien der Einfluß der vor dem Eindringen des L. dort gesprochenen Sprachen, womit sich die Verschiedenheit der jetzigen romanischen Spr. erklärt, die doch alle Abkömmlinge einer Sprache sind; für das L. im antiken Rom selbst der Einfluß der Zehntausende dort zusammenströmender Fremder, die das L. erst erlernen mußten. Der Einfluß der Fremden scheint so groß gewesen zu sein, daß sich das L. nach ihrer Sprechweise veränderte. → Vulgärlatein. – Deutsche lernen Lat. seit fast 2000 Jahren. Für Caesar kämpften bei Alesia germanische Söldner; Augustus hatte bis zur Schlacht im Teutoburger Walde eine germ. Leibwache. Arminius und andere Germanen konnten Lat., Tacitus, *Ann.* II 10; 13. Die in der Völkerwanderung in Italien, Frankreich, Spanien eingedrungenen Germanen lernten Lat., nicht die von ihnen unterworfenen Völker deutsch; deswegen spricht man jetzt in den genannten Ländern romanische Sprachen. Der Gote Iordanes schrieb 551 seine *Weltchronik* lateinisch, später Einhard das *Leben Karls d. Gr.,* Hrotsvitha ihre Dramen. In deutschen Schulen wird Lat. seit etwa 800 gelehrt, und zwar zunächst als Sprache der Kirche, aber auch als Sprache der Diplomatie, des Rechts, der Bürokratie; vor allem war L. die internationale Sprache der Wissenschaft. Dieses sog. Mittellatein (mittelalterliche Latein) war als Verkehrssprache aller Gebildeten in ganz Europa nicht nur ein geeignetes Kommunikationsmittel, sondern besaß reiche, schöpferische Lebenskraft; in der religiösen und profanen Welt entwickelte sich eine vielfältige Literatur: Geistliche (→ Hymnos) und weltliche Dichtung (→ Lyrik), Dramen (→ Hrotsvitha), Biographien (→ Legende; Martyrologium), Geschichtswerke, Chroniken und Gesetzes-Sammlungen, dazu die wissenschaftliche Literatur aller Fachrichtungen, voran der Theologie. Durch den → Ciceronianismus der Humanisten trat eine gewisse Erstarrung ein; in den Vordergrund rückten nun gelehrte Abhandlungen, Traktate, Pamphlete und Briefe; auch die gelehrte Dichtung blühte wieder auf. L. blieb weiterhin die Sprache der Diplomaten (letztes lat. Dokument: Friedensvertrag von 1648) und der Wissenschaftler (Leibniz, Newton, Linné, Euler, Gauß noch 1801!). Sogar die um 1650 gegründete *Leipziger Zeitung* erschien bis etwa 1765 zweisprachig, deutsch u. lat.! Diese Vormacht des Lat. schwand allmählich mit dem Erstarken des Nationalgefühls, auch in den europ. Kulturländern außerhalb Deutschlands. Noch jetzt aber sind wenigstens die Fachausdrücke der Wissenschaft, namentlich für grammatische Begriffe, Pflanzen-, Stern-, Tiernamen, bei allen Kulturvölkern lat., was das Verständnis fremdsprachiger wissenschaftlicher Werke sehr erleichtert. Auch für neue Begriffe und Dinge der Wissenschaft schafft man künstlich neue (gr.-)lat. Namen, die dann einheitlich in der Welt gelten. Aus gleichem Grunde erhalten sich in der Welt die lat. Monatsnamen und bei uns die zwar meist im Italienischen oder Französischen entstandenen, aber auf das Lat. zurückgehenden Wörter der Kaufmannssprache. (→ Kaufmann). Weltsprache blieb das Lat. innerhalb der röm.-kathol. Kirche. So war auch 1962–1965 das L. wieder offizielle Konzilssprache. Die Wiedererweckung des L. als internationaler Sprache der Wissenschaft oder auch als Verkehrssprache in supranationalen Gemeinschaften wird immer wieder ernsthaft angeregt; solche Pläne könnten durchaus erfolgversprechend sein, um so mehr, als sich keine der künstlichen Welthilfssprachen (Volapük, Esperanto, Interlingua) bisher hat durchsetzen können. Es gibt überdies eine ansehnliche neulat. Literatur, teils Originale, teils Übertragungen, sogar spielerischen Charakters, die zeigen kann, daß diese angeblich tote Sprache das geeignete Ausdrucksmedium auch für unsere Zeit sein könnte.

L: J. B. Hofmann, Lat. Umgangssprache, [3]1951; F. Altheim, Gesch. d. lat. Spr., 1951; O. Seel, Römertum u. Latinität, 1964; F. Stolz, A. Debrunner, W. P. Schmid, Gesch. d. lat. Spr., [4]1966; J. Marouzeau, Einf. ins L., d. 1966 = Das L., d. 1969; B. Snell, 9 Tage L., [7]1987; C. Vossen, Mutter L. u. ihre Töchter, 1968; W. Jäkel, Einf. in d. Lateinische, 1969; K. Langosch (Hg.), Mittellat. Dichtg., 1969; ders., Mittellatein u. Europa, 1990; F. Wolf, A. Pögl, Lat. u. Griech. im dt. Wortschatz, 1979; G. Radke, Archaisches L., 1981; A. Sellner, L. im Alltag, 1984; P. Burke, Küchenlatein, d. 1989; W. Eisenhut, D. lat. Sprache, [7]1991.

Lateinische Literatur. Eine eigentliche röm. L. entstand unter griech. Einfluß erst im 3. Jh. v. Chr.; ihre vornehmste Bedeutung liegt darin, daß sie die griech. L. und damit den gr. Geist nachbildend und umgestaltend ins Römerreich verpflanzte und so der westlichen Welt vermittelte. In früherer Zeit bestand neben dürftiger nationaler Poesie (Kultgesänge, Totenklage, Spottlieder im alteinheimischen Versmaß des Saturniers) eine Prosa, die meist praktischen Zwecken diente; vor allem primitive geschichtliche Aufzeichnungen der *Pontifices* und – als einflußreichstes Prosawerk der ältesten Zeit – die Fixierung des röm. Stadtrechts im Zwölftafelgesetz. Von einer organischen, aus nationalen Keimen ausgehenden Entwicklung der einzelnen literarischen Gattungen, wie wir sie bei den Griechen finden, kann in der r. L. keine Rede sein; schuld daran war nächst der mangelnden künstlerischen Begabung der Nation die große Wandlung, die in der Mitte des 3. Jhs. v. Chr. in Roms politischer Lage eintrat: Rom war zur Großmacht herangewachsen und begann, sich zur Weltmacht zu entwickeln; dabei mußte es sich der weit überlegenen Kultur seiner neuen Untertanen anpassen und tat dies auch in der L. Man unterscheidet in ihr drei Hauptepochen: die archaische Zeit (etwa 250–80 v. Chr.), die sogleich mit der Nachbildung gr. Dramen und Epen begann und deren Hauptvertreter der vielseitige Ennius und die Komödiendichter Plautus und Terenz waren; dann die klassische Periode (etwa 80 v. Chr. – 14. n. Chr.), in der zunächst infolge der politischen Stürme der untergehenden Republik die Prosa durch Cicero, Caesar, Sallust ihre höchste Blüte erreichte, während der langersehnte Frieden der augusteischen Monarchie in den Dichtungen von Vergil, Horaz, Properz, Tibull, Ovid die schönsten und reifsten Leistungen der röm. Poesie ermöglichte; schließlich die Kaiserzeit (seit 14 n. Chr.) mit ihrem genialen Epigonentum des ersten nachchristlichen Jhs., in dem neben der künstlerisch vollendeten Geschichtsschreibung des Tacitus bezeichnenderweise besonders die satirische Sittenschilderung durch Martial und Juvenal gepflegt wurde. In den nächsten Jh.en war die literarische Leistungsfähigkeit Roms erschöpft; die Stadt verlor in politischer wie in literarischer Beziehung ihre zentrale Stellung, und nur in den Provinzen fand sich eine gewisse Nachblüte. → Einzelartikel: Lyrik, Epos, Drama, Tragödie, Komödie, Satire, Lehrgedichte, Beredsamkeit, Geschichtsschreibung.

Das Mittelalter kannte im ganzen europäischen Westen neben den sich allmählich entwickelnden nationalen L.en eine die Nationen übergreifende lat. L., für die Wissenschaft, besonders für theologische Werke, aber auch für schöne L. Diese reichentwickelte mittellat. L. entfernte sich allmählich mehr und mehr von der klassischen Latinität und geriet deswegen in Mißachtung, ja z. T. in Vergessenheit. Langsam wird sie wie die mittelgriech. L. in Deutschland neu erschlossen und auch der Schule zugänglich gemacht. – Über die neulat. Literatur → vorigen Artikel.

Gr. Gröber, Übersicht über d. lat. Lit. v. d. Mitte d. 6. Jh. bis z. Mitte d. 14. Jh., 1893, ^{2}1974; M. Manitius, Gesch. d. lat. Lit. d. MA., III 1911–31, neu 1964–65; W. S. Teuffel, W. Kroll, F. Skutsch, Gesch. d. röm. Lit., III $^{6-7}$1913–20, neu 1965; M. Schanz, C. Hosius, G. Krüger, Gesch. d. röm. Lit., V $^{3-4}$1914–35, neu 1969–79; F. Leo, Gesch. d. röm. Lit., I 1913, neu 1967; W. Kroll, Stud. z. Verst. d. röm. Lit., ^{2}1936, neu 1969; F. I. E. Raby, *A History of Christian Latin Poetry, from the beginnings to the close of the Middle Ages,* Oxf. ^{2}1953; ders., *A History of Secular Latin Poetry in the Middle Ages,* Oxf. ^{2}1957; E. Norden, D. röm. Lit., ^{7}1994; E. Bickel, Lehrbuch d. Gesch. d. röm. Lit., ^{2}1961; K. Büchner, Stud. z. röm. L., VIII 1962–70; ders., Röm. Lit.gesch., ^{6}1994; O. Seel, Weltdichtung Roms, 1965; W. F. Bolton, *A history of Anglo-Latin Literature,* Princet. 1967; J. Fontaine, *La litterature latine chrétienne,* Paris 1970; M. Fuhrmann (Hg.), Röm. Lit., 1974; F. Brunhölzl, Gesch. d. lat. Lit. des MA., II 1975–92, M. v. Albrecht, Röm. Poesie, 1977; ders., Meister röm. Prosa, ^{2}1983; ders., Rom, Spiegel Europas, 1986; L. Bieler, Gesch. d. röm. Lit., II ^{4}1980; R. Senoner, Die röm. Lit., 1981; H. J. Glücklich, Lat. Lit., heute wirkend, bisher II 1987; M. v. Albrecht, Gesch. d. lat. Lit., 1992.

Lathe biosas (gr.), „Lebe zurückgezogen im Verborgenen!" Einer der Lebensratschläge des → Epikur.

Latifundien (lat., *latus* = breit, *fundus* = Grundstück). Großgrundbesitz entstand schon in der ersten republikanischen Zeit Roms (→ Gemeindeland), später auch in den eroberten Provinzen, besonders in Nordafrika. Reiche Herren dehnten den Landbesitz immer mehr aus u. rundeten ihn durch Ankauf kleiner Güter der wirtschaftlich Schwachen ab; hierdurch entstand das hauptstädtische Proletariat. Manche L. hatten die Größe von richtigen Fürstentümern; unter Nero besaßen sechs Herren die Hälfte der Provinz Afrika. Bestellt wurden die L. nicht von freien Bauern im Pachtverhältnis, sondern von Sklaven, deren große Zahl im 1. Jh. v. Chr. zu einer wirklichen Gefahr wurde (→ Sklavenkriege). In Italien gab man aber, da italisches Getreide mit dem billigeren ausländischen nicht konkurrieren konnte, später den →

Ackerbau auf den L. auf und verwandelte sie in Garten- und Weideland. Durch den Mangel an Pflege, vor allem aber späterhin durch Verarmung der Besitzer verödete und versumpfte (→ Malaria) dieses, sogar in unmittelbarer Umgebung Roms (die *Campagna di Roma;* → pomptinische Sümpfe). Als Italien seine überseeischen Besitzungen verloren hatte, mußte es mühsam zum Getreidebau zurückkehren, was aber nur unvollkommen gelang, da zur Entsumpfung der vernachlässigten Gebiete das Kapital fehlte. Trotzdem blieben große Teile Italiens bis ins 20. Jh. hinein in der Hand weniger Großgrundbesitzer. → Colonen.

Latiner, Bewohner von Latium, die sich durch ihre Sprache von den übrigen → Italikern unterschieden. Sie bebauten schon früh die an sich (aber → Latifundien) sehr fruchtbare latinische Ebene. Um 600 v. Chr. gerieten sie unter den Einfluß und die Herrschaft der → Etrusker. Mit dem Zusammenbruch der Etruskermacht in Campanien (Schlacht bei Cumae 474 v. Chr.) wurden sie wieder frei. Ihre Organisation war der → Latinerbund. Nach dem Latinerkrieg lösten 338 v. Chr. die Römer diesen auf und schlossen mit den einzelnen Städten Sonderverträge ab. Die Städte wurden bevorzugte Bundesgenossen mit gewissen Vorrechten, besonders für den Handel und Eheschließung; nach dem Grundsatz → *divide et impera* erhielten manche je nach ihrer Bedeutung und Anhänglichkeit noch weitere Vorrechte. Zahlreiche vornehme latinische Familien zogen nach Rom, wo sie als Vollbürger aufgenommen wurden. Seit den Reformversuchen der Gracchen erstrebten alle Latiner als Anhänger der Popularpartei das volle röm. Bürgerrecht, freilich ohne Erfolg. Dagegen wurde das latinische Bürgerrecht die Grundlage für das Recht der übrigen italischen Bundesgenossen (88 v. Chr.).

Latinerbund. Die italischen Stämme schlossen sich früh zu losen Städtebünden zusammen, z. B. in Umbrien, Campanien. Der bekannteste war der L., der 47 Gemeinden umfaßte und dessen Hauptort → Alba Longa, später Rom war. Die Hauptaufgabe des Bundes war gemeinsame Kriegsführung. Sakraler Mittelpunkt, wo die Bundesfeste (→ *Feriae Latinae*) und Bundesversammlungen stattfanden, war der *Mons Albanus,* jetzt *Monte Cavo,* der Gipfel des Albanergebirges, mit dem Tempel des → Iuppiter Latiaris. Auch nach der Auflösung des L. (→ Latiner) blieb der *M. C.* religiöses Zentrum; wenn ein röm. Feldherr die Erlaubnis zum Triumph in Rom nicht erhielt, konnte er einen Triumphzug nach dem *M. C.* unternehmen. Die Triumphalstraße ist noch heute begehbar.

K. J. Beloch, Der ital. Bund, 1880, neu 1964; A. Alföldi, D. frühe Rom u. die Latiner, d. 1977.

Latium, die Landschaft, in der Rom liegt und nach der die Sprache der Römer die lateinische heißt. Der Name rührt wohl von Latinos her, der nach griech. Tradition ein Sohn des Odysseus und der Kirke gewesen war; die röm. Überlieferung sah in Latinus den letzten König des autochthonen Latinervolkes, der seine Tochter

Lavinia dem ankommenden → Aineias zur Frau gab.

H. Kühner, L.-Land im Schatten Roms, 1967.

Latomien → Steinbruch.

Latona war der lat. Name der Göttin → Leto.

laudator temporis acti, „Lobredner der Vergangenheit", Horaz, *de arte poetica* 173; jetzt oft mit Nebensinn der Rückständigkeit.

Laurion, Bergwerksbezirk im Süden Attikas mit bedeutender Ausbeute an Silber; → Bergbau.

Leda, im griech. Mythos Gemahlin des Spartanerkönigs Tyndareos; von Zeus, der ihr in Gestalt eines Schwans nahte, gebar sie zwei Eier, aus denen nach freilich nicht einhelliger Überlieferung die → Dioskuren sowie → Helene hervorgingen; von Tyndareos Mutter der → Klytaimestra. – Mehrere Plastiken (darunter eine Kopie im Kapitol. Museum, Rom) und zahllose Gemälde mit L.-Darstellungen (Leonardo, Michelangelo, Correggio, Vasari, Tintoretto).

K. Kerényi, Die Geburt der Helena, 1945.

Legaten dienten im röm. Heer als Legionskommandeure, in der Diplomatie als Botschafter; → Offiziere.

Legende (*legenda,* lat. = zu Lesendes), Bildunterschrift und Erklärung. Im Mittelalter gab es für den gottesdienstlichen wie für den privaten Gebrauch den *liber legendarius,* eine Sammlung von Heiligenleben, aus der die *vita* des Heiligen an seinem Festtage verlesen wurde. Die *passiones* (Leidensgeschichten) der Märtyrer waren gesammelt in einem *liber passionarius.* Vorgänger dieser später zahlreicher werdenden Sammlungen waren im 4. und 5. Jh. die *acta et passiones martyrum* (Märtyrerakten). Da diese Legendarien einen erbaulichen Zweck hatten, trug man besonders für außerkultische Gelegenheiten ohne Prüfung des Wahrheitsgehaltes Geschichten wunderbaren Inhaltes zusammen, wenn nur ein religiöser Gedanke in ihnen ausgedrückt wurde. So wurde ein Typus von Geschichten gepflegt, in denen echte Erinnerung und Überlieferung mit oft sehr tiefsinniger Volksdichtung untrennbar verwoben war. → Martyrologium.

leges duodecim tabularum → Zwölftafelgesetz.

Legion → Heeresorganisation; Infanterie.

Lehrer, gr. *didaskalos*; lat. *magister, doctor, professor* (Berufsbezeichnung, nicht Titel), z. B. der Grammatik, der Rhetorik, der Philosophie. Die Elementarl. *(ludi magister)* waren oft Sklaven oder Freie niederen Standes; sie waren gesellschaftlich wenig geachtet und wurden gering bezahlt, seltener von der Stadt, öfter als Privatl. von den Eltern. Die höheren L. *(grammaticus, rhetor* oder *orator)* hatten in der Kaiserzeit oft beträchtliches Einkommen und eine angesehenere Stellung; z. T. waren sie staatlich angestellt. Über die Einzelheiten des Unterrichts wissen wir nur Unzusammenhängendes. Das (ziemlich hohe) Niveau des höheren U. bei der Schriftstellerlektüre ergibt sich aus den → Scholien. – Durch Horaz berühmt gewordden ist dessen „schlaglustiger" L. Orbilius. – → Schule.

Lehrgedichte. Im Altertum behandelte man viele ganz unpoetische Stoffe, die wir stets nur in Prosa darstellen (→ Kochbücher), zu Lehrzwecken in Gedichtform („didaktische Poesie"). Die Entstehung solcher L. geht auf sehr alte Zeit mit noch wenig entwickeltem Buchwesen zurück, in der man das Wissen mehr durch mündlichen Vortrag verbreitete; Poesie lernt sich viel leichter auswendig als Prosa, und durch den Versrhythmus ist der Text auch vor ungewollten oder gewollten Entstellungen besser geschützt. Bei den Griechen behandelte → Hesiod (→ Epos) in L. theologische Fragen *(Die Entstehung der Götter),* aber auch Regeln für den Landmann. Manche der älteren Philosophen, so Xenophanes, Parmenides, Empedokles legten ihre Ansichten in L. vor (man denke sich Kants Schriften in Gedichtform!). Besonders berühmt u. für die Nachwelt einflußreich wurde ein L. des → Aratos von Soloi (315–239 v. Chr.) über Astronomie, *Phainomena* = Erscheinungen (am Himmel); aus dessen Anfang (Vers 5) zitiert der Apostel Paulus die Worte „wir sind seines (d. h. Gottes) Geschlechts", *Ap.-Gesch.* 17, 28. Auch nach völliger Ausbildung des gr. Prosastils und des Schulbuchwesens behielt man aus rein praktischen Gründen, für Schulzwecke (so wie auch die Reimregeln der lat. Schulgrammatiken), das L. bei, und zwar bis in byzantinische Zeit; die Kinder lernten z. B. Geographie und Geschichte in L. Wegen der Dürftigkeit der Verse mit Recht berüchtigt, für die Schule aber wertvoll waren die *Chiliades* des Johannes Tzetzes (→ Schulbücher). – Auch von den Römern wurde das L. gern gepflegt, weil es ihrem nüchternen, aufs Praktische eingestellten Sinn besonders entsprach. Schon bei Ennius und Lucilius findet sich didaktische Poesie; die bedeutendsten L. der Römer sind das naturphilosophische Epos des → Lucrez und Vergils *Georgica,* ein L. über den Landbau. Auch Ovids Erklärung des Festkalenders durch einheimische Sagen *(Fasti)* gehört hierher, während seine Liebeskunst *(Ars amandi)* und ähnliche erotische Dichtungen eine Art parodistischen L. darstellen. Wie die gr., so behandelten die lat. L. die verschiedensten Themen: Landwirtschaft und Gartenbau, Sternkunde und Erdbeschreibung, Religion, Literatur, Grammatik, Rhetorik, Metrik und vieles andere. – Das berühmteste L. des Mittelalters ist das *Doctrinale* des Alexander de Villa Dei (Villedieu, um 1200). Noch die Neuzeit kennt solche belehrenden Dichtungen während der franz. Klassik (Racine, Boileau), der Aufklärungszeit (Dryden, Voltaire) und noch bis ins 18. Jh. hinein: In Deutschland A. v. Haller, *Die Alpen,* 1729; Ew. v. Kleist, *Der Frühling,* 1749. Im 19. Jh. verschwand das L. aus der Poesie, aber immerhin versuchte noch B. Brecht (der ja auch „Lehrstücke" schrieb), das Kommunistische Manifest in Hexameter umzudichten (Sinn u. Form, 9, 1957).

R. Eckart, Das L., 1910; H. Klepl, Lukrez u. Vergil in ihren L.en, 1940; K. Spitteler, Vom L., 1947.

Leichenfeier → Totenfeiern. Leichenrede, gr. *epitaphios* [*logos* oder *epainos* = Rede oder Lob] am Grabe, lat. *laudatio funebris*

= Grabrede. Die Athener nahmen oft alle in der Schlacht getöteten Bürger mit in die Heimat (Ausnahmen → Massengräber), wo dann die Gefallenen eines Jahres in einem Massengrab auf dem Staatsfriedhof vor dem → Dipylon beigesetzt wurden (Inschriften auf dem Wege nach dem Hain des *Akademos* gefunden, → Akademie). Der Tag der Beisetzung war nationaler Trauertag. Die ganze Bürgerschaft versammelte sich mit den Angehörigen der Gefallenen vor dem Tore. Den Glanzpunkt der Feier bildete die große L.-R., die dem bedeutendsten Politiker übertragen wurde. Berühmt ist die L.-Rede, die Thukydides in seinem Geschichtswerk den Perikles halten läßt u. in der dieser seine politischen Grundsätze rechtfertigt. Sie ist nicht historisch. Ihre bekannteste Stelle (II 40) schildert die athenische Republik der perikleischen Zeit richtig: „wir lieben das Schöne ohne Prunk u. philosophieren ohne Weichlichkeit" (d. h. ohne daß uns die wissenschaftliche Tätigkeit entnervt). → auch Demosthenes. Von gr. Leichenreden für Private ist nichts Wesentliches bekannt, umgekehrt bei den Römern nichts von staatlichen Leichenfeiern für Gefallene. Für Private hielt die L. in Rom ein naher Verwandter, meist der Sohn. Daß man das durchführen konnte, ist ein Beweis für die rednerische Durchbildung des ganzen Volks. – Priester sprachen bei antiken Leichenfeiern nicht.

Leichtbewaffnete → Infanterie.

Leinen, Linnen, gr. *linon,* lat. *linum.* Die Indogermanen kannten Flachs und L. schon in ihrer Urheimat; von dort brachten die Griechen, Römer u. Germanen die Kenntnis der Leinwand in ihre späteren Sitze mit; leinene Bettücher schon bei Homer.

Leitfaden. In der Bezeichnung eines Lehrbuchs als L. lebt der → Ariadnefaden (→ Labyrinth) weiter (→ kretisch-myk. Kultur).

Leiturgie, gr. *leiturgia* (wörtlich „Werk für das Volk"), im athenischen Staatsdienste jede Leistung des Bürgers an den Staat, besonders eine außerordentliche, zu der die Reichsten, die Pentakosiomedimnen (→ Solon. Verfassung), verpflichtet waren. Die wichtigste dieser Leiturgien war die Verpflichtung, ein Jahr für ein Gymnasium zu sorgen (Lehrergehälter, Öl zur Massage zu bezahlen, den Bau zu erhalten); für die Dionysien einen tragischen oder komischen Chor anzuwerben und einzustudieren; ein Kriegsschiff, das im Rohbau geliefert wurde, auszurüsten, zu bemannen, seetüchtig zu erhalten und zu kommandieren. In der guten Zeit Athens haben die Besitzenden diese schwere Pflicht im allgemeinen gern auf sich genommen; bei Steuerflucht (Verweigerung der L. wegen angeblicher Vermögensverluste) konnte der L.-Pflichtige durch *antidosis* (Vermögenstausch mit dem Nächstpflichtigen) bestraft werden; d. h. er übernahm dessen (nur angeblich größeres) Vermögen und die L. und mußte ihm (sein in Wahrheit größeres) überlassen. Später zeigt sich für uns namentlich in Ägypten, wo wir durch die Papyri die Verhältnisse besonders gut kennen, wie die L. die großen Vermögen ruinierten; man gab sich auch keine Mühe, solche zu erwerben, weil der Staat sie ja doch wieder wegnahm. Trotzdem lebte die Sitte als patriotische Anstandspflicht bei den Griechen noch bis in die jüngste Zeit (Stadion in Athen; Museum in Olympia).– L. als Kirchendienst kommt schon im N. T. vor; → Liturgie.

lekythos (gr.), kugelige oder langgestreckte Ölflasche mit ganz engem Hals. – Weißgrundige Lekythoi (Lekythen), aus rotem Ton mit Überzug von weißem Pfeifenton, darauf Malerei in ganz zarten Umrißlinien, gehören in guten Exemplaren zu den schönsten und künstlerisch wertvollsten Erzeugnissen der attischen Keramik des 5. Jhs. v. Chr. → Vasen.

Lemnia (gr.). Die Griechen behaupteten einhellig, Pheidias sei ihr größter Bildhauer, und sein schönstes Werk sei die Athena L., die so hieß, weil nach Lemnos übergesiedelte Athener sie um 450 auf der Akropolis gestiftet hatten. Man muß annehmen, diese schönste Schöpfung gr. Plastik sei im Altertum oft kopiert worden. Adolf Furtwängler wollte die Athena L. in einer Kopie der Staatl. Skulpturen-Slg. Dresden erkennen, deren Kopf sich noch einmal in Kopie im Museo Civico in Bologna befindet.

Lemuria, röm. Fest (9., 11., 13. Mai), an dem man durch verschiedene Riten die Totengeister und Gespenster *(lemures)* vom Hause fernzuhalten suchte.

Lenäen (gr. *Lenaia*), Fest d. Dionysos in Athen im Januar-Februar, an dem → Komödien aufgeführt wurden, seit etwa 440 v. Chr. aber auch → Tragödien (→ Drama). Die Erklärung des Namens ist umstritten. → Feste.

Leochares, gr. Bildhauer des 4. Jh. v. Chr., an der Ausschmükkung des → Mausoleums beteiligt, war vermutlich der Schöpfer eines → Ganymedes, der von Zeus' Adler geraubt wird (Kopie im Vatikan, Rom).

Leonidas, spartanischer König, der 480 v. Chr. mit 300 Spartanern und einigen Tausend Bundesgenossen die Thermopylen besetzte, um Xerxes den Zugang nach Mittelgriechenland zu verwehren. Durch günstige Stellung, bessere Bewaffnung der Griechen und durch deren Mut hielt er die Perser lange fest. Erst nach dem Verrat des → Ephialtes, der die Feinde über die Berge in den Rücken der Griechen führte, erlagen die 300 Spartaner und 700 Thespier (die anderen hatte L. entlassen) der Übermacht. – → Thermopylai.

E. Bradford, d. 1984.

Lepidus. Marcus Aemilius L. („der Nette"), röm. Staatsmann u. Feldherr des 1. Jhs. v. Chr., erbaute die Basilica Aemilia am Forum in Rom, die (410 n. Chr., bei Alarichs Einfall?) niederbrannte; die erhaltenen Reste künden trotz ihrer traurigen Zerstörung von einer einstigen Pracht. – Sein gleichnamiger Sohn schloß am 27. Nov. 43 mit Antonius und Octavian das → Triumvirat, blieb aber ohne Einfluß.

Leptis Magna, richtiger Lepcis, Stadt im nordafrikan. Tripolitanien, von Phoinikern um 600 v. Chr. gegründet; Vaterstadt des → Septimius Severus, von diesem mit Prachtbauten geschmückt (damals 70000 Einwohner!); unter der Herrschaft der Vandalen (seit 455) zurückgegangen, noch mehr, nach kurzem Glanz unter Iustinian, unter der der Byzantiner (seit 533); nach dem Einfalle der Araber (643/644) bald elendes Dorf zwischen den verfallenden Monumentalbauten; diese seit dem 16. Jh. in großem Maßstab als Steinbruch benutzt (die Kirchen S. Giovanni auf Malta, St. Germain-des-Pres in Paris und das Schloß Windsor in England mit Steinen aus L. erbaut); ähnlich Barke (→ Kyrene); die Ruinen (Forum, Theater, Thermen, Hafen) vom Wüstensand bedeckt, seit 1921 freigelegt.

M. B. Apolloni-Ghetti, *Il foro e la basilica severiana di L. M.,* Rom 1936; R. Bianchi-Bandinelli u. a., Rom 1963; M. Floriani Squarciapino, L. M., Basel 1966.

Lesbia, eigentlich Clodia, die Schwester des aus Ciceros Reden bekannten, berüchtigten Volkstribunen P. Clodius Pulcher, eine blendend schöne, feingebildete, aber sittenlose Frau, begeisterte den jungen → Catull zu seinen zartesten u. überschwenglichsten Liebesliedern. Catull nannte sie L. in Erinnerungen an die Lesbierin Sappho, als deren geistiges Ebenbild sie ihm erschien.

Lesbos, eine vor der kleinasiat. Küste liegende, dank mildem Klima sehr fruchtbare Insel, auf der sich schon frühzeitig eine hohe Adelskultur entwickelte; → Alkaios; Pittakos; Sappho.

Lesche (Les-che, gr.), Haus oder Halle für öffentl. Veranstaltungen; berühmt die L. der Knidier in Delphoi, die → Polygnotos ausgemalt hat.

Lesen. Wer es sich im Altertum leisten konnte, ließ sich von einem Sklaven vorlesen. Wer aber selbst las, tat es laut, so wie man auch laut schrieb. Leises L. u. Schreiben wird erwähnt, blieb aber Ausnahme. Der antike Brauch vererbte sich z. T. auf das Mittelalter, vereinzelt sogar noch bis in die Renaissance. Das laute L. hatte einen doppelten Grund. Der Gebildete konnte damit auch die rhetorischen Feinheiten und Klangschönheiten des Textes genießen (darüber Nietzsche, *Jenseits von Gut u. Böse* 247). Der Ungebildete wollte sich das L. erleichtern, wie denn noch jetzt Kinder, die lesen lernen, laut lesen und einfache Leute das Gelesene leise vor sich hinlispeln. Der zweite Grund wird der bestimmendere gewesen sein; infolge Fehlens der → Worttrennung, der → Interpunktion, der Sperrungen u. Schlagzeilen war im Altertum das L. viel schwerer als heute.

lethe (gr.), das Vergessen; L., ein Gewässer in der Unterwelt, aus dem die Toten tranken. Der Trunk löschte in ihnen die Erinnerung an die Ereignisse im irdischen Leben, vor allem an dessen Freuden; deswegen galt das Weiterleben der Seele im Hades als unerquicklich und stumpfsinnig.

Leto (gr., lat. *Latona*), von Zeus Mutter des Zwillingspaares Apollon und Artemis, das sie auf der dadurch heilig gewordenen Insel → Delos gebar; → Niobe.

Leuchttürme. Der L. heißt gr. *pharos,* mittelgr. *phanari* (zu *phainesthai* = scheinen; daher deutsch Fanal = Feuerzeichen). Erstmalig die Griechen kamen auf die Idee, Seeleuten durch L. den Weg zu zeigen; doch wissen wir von den L. im Peiraieus und in Munichia, aus der Zeit des Perikles, nichts Genaues. Der älteste wirklich bekannte L. der Welt wurde um 280 v. Chr. auf der Insel Pharos bei Alexandreia errichtet und nach ihr benannt; angebliche Höhe etwa 113 m; über Zweifel an derartigen Angaben → Athoskanal (der noch im 17. Jh. aufrecht stehende Leuchtturm Caligulas in Boulogne-sur-Mer war sicher 200 Fuß hoch). Architekt Sostratos von Knidos. Der Turm stürzte im 14. Jh. bei einem Erdbeben ein; die erhaltenen Reste sind heute in einem Fort verbaut. Bekannt ist er namentlich durch eine Beschreibung des Arabers Edrisi aus dem Jahre 1153. Dieser L. ist das Vorbild sämtlicher L. der Welt. Der L. von Ostia war ein gigantischer Quaderbau mit 4 Stockwerken, jedes mit kleinerem Durchmesser, 3 quadratisch, das oberste rund. Der röm. L. in La Coruna (früher Brigantium, NW-Ecke Spaniens), um 100 n. Chr. errichtet, ist bis heute ununterbrochen in Betrieb. – Die Frage, wie viele Namen die Liste der Wärter dieses L., wenn sie vom Altertum her erhalten wäre, wohl aufweisen würde, wird gewöhnlich falsch beantwortet; man schätzt, weil es sich ja um rund 2000 Jahre handelt, auf sehr viele Namen. Da ein Mensch, im Altertum wie heute, von seiner Anstellung bis zur Aufgabe des Amts rund 40 Jahre, vom 25. bis zum 65., im Dienst ist, so ergibt sich, daß die Liste rund 50 Namen aufweisen würde. Das ist deswegen so ungemein lehrreich, weil es zeigt, wie nahe uns die angeblich so „alte“ Zeit des Römertums steht. Eine der Bedingungen für richtiges Verständnis des Altertums ist das „Nähegefühl“! – Der Pharos trug auf einem viereckigen Unterbau einen achteckigen Mittelbau und darauf die runde Laterne. Diese Eigentümlichkeit der Anordnung lebt heute in zahllosen Kirchtürmen des gesamten Europas weiter; auf dem viereckigen Kirchturm steht die achteckige Glokkenstube. – Den Kirchturm selbst leitet man nicht vom Ph. ab; die Turmfassade ist entweder aus der Porticusvilla mit Ecktürmen entwickelt (→ Haus) oder wie das Minarett in Syrien entstanden und über Frankreich, wo sie schon in der Merowingerzeit vorliegt, in das übrige Europa gelangt. → Turm.

L. A. Veitmeyer, Leuchtfeuer u. Leuchtapparate, 1900; H. Thiersch, Pharos, 1909.

Leukas, eine der Ionischen Inseln.

Leukippos, gr. Philosoph des 5. Jh. v. Chr., Begründer der → Atomistik, gründete in Abdera eine Philosophenschule; er wurde von seinem Schüler → Demokritos so in Schatten gestellt, daß man (mit Unrecht) seine Existenz sogar ganz geleugnet hat. Zwei Schriften sind von L. bezeugt, aber der Anteil der beiden Denker an der Entstehung dieses neuen philosophischen Systems ist nicht mehr genau zu scheiden.

W: FdV II.
L: C. Bailey, *The Greek atomists ...,* Oxf. 1928; V. E. Alfieri, *Gli Atomisti,* Bari 1936.

Leukothea, die frühere Königin → Ino, jetzt eine hilfreiche Seegottheit, warf dem → Odysseus den rettenden Schleier zu, als er in Seenot war.

Leuktra, Ort in Boiotien; dort schlug → Epameinondas 371 v. Chr. die Spartaner.

Liber und *Libera,* altrömische Gottheiten, die die vegetative Fruchtbarkeit repräsentierten. Sie wurden mit Dionysos und Persephone identifiziert (→ Ceres). So wurde L. zum Weingott, als den ihn Plautus nur noch kennt, während die alte Bedeutung zurücktritt.

A. Bruhl, *Liber Pater,* Paris 1953.

Libitina. Ursprünglich wohl eine Ortsgottheit, war L. dann aus uns unbekannten Gründen die Göttin der Bestattung. Das römische Bestattungswesen hatte in ihrem Hain seinen Sitz. Die spätere Gleichsetzung der L. mit Venus beruht auf einer Ausdeutung des Namens.

libra, das röm. Pfund (→ Unze). Das Wort lebt weiter in unserer Abkürzung für Pfund ℔ = lb, in der englischen für Pfund Sterling £ (→ d; Maße) u. in dem italienischen Münznamen Lira. Aus einem anderen lat. Worte für Pfund, *pondo* (eigentlich „ein Pf. an Gewicht") ist unser deutsches Wort *Pfund* abgeleitet; → Gewichte; Tabelle S. 830.

Libyen, gr. *Libye,* bei Herodot der gr. Name für Afrika, später nur noch für → Nordafrika.

Lictoren (lat. *lictores;* Grundbedeutung unsicher), Diener aus dem Freigelassenenstand, die den Consuln und anderen hohen röm. Beamten und den Vestalen voraufgingen und Platz machten. Sie trugen → *fasces* über der linken Schulter. Ihre Zahl war je nach der Würde ihres Herrn verschieden; die Consuln hatten 12, die Kaiser seit Domitian sogar 24 L.

Liebesdichtung der Griechen: → besonders Sappho (ferner 5. und 12. Buch der *Anthologia Palatina;* → Anthologie); der Römer: → Catull, Horaz, Tibull, Sulpicia, Properz, Ovid.

Ligurer, vor-indoeurop. Volk, einstmals in Spanien u. S-Frankreich wohnend, von den Kelten im 5. Jh. v. Chr. nach Oberitalien abgedrängt („Ligurische Alpen").

Limes, *limes* (lat.), Querweg, Rain, Grenzlinie zwischen Äckern; im staatlichen Leben die an der Grenze laufende geschützte Militärstraße. Augustus und Tiberius suchten Grenzen auf, die durch Flüsse und Meere gesichert waren (z. B. Versuch des Drusus, die Elbe zu erreichen). Als diese Versuche fehlschlugen, begann Domitian 84 n. Chr. den Bau künstlicher Grenzen in Obergermanien (→ Traian), nördlich der Donau und in England. Die Gr. wurde durch die Grenzstraße angegeben; diese führte auf einem Wall, vor dem ein Graben lief, in möglichst gerader Richtung über Berge und Täler, ohne Rücksicht auf Geländeschwierigkeiten. Häufig war sie noch durch Palisaden, in Rätien (Süddeutschland) sogar durch eine Steinmauer gesichert. Der germanische L. beginnt am → Rhein südlich von Bonn, zwischen Hönningen und Rheinbrohl, und führt südöstlich über den Taunus, so daß er die fruchtbare Wetterau mit einschließt, an den Main; dann geht er südlich durch Württemberg und weiter östlich durch Bayern nach der Donau, die er bei Hienheim südwestlich von Regensburg erreicht. Mit anderen Worten: der L. brachte den Südwesten Deutschlands, fast ganz Baden und große Teile von Hessen, Württemberg und Bayern in den Besitz der Römer (→ Decumatland). Der Wall ist weithin bis heute erhalten. Das Volk nennt ihn Pfahlgraben oder auch „Teufelswall"; man konnte sich später nicht denken, ein solches Werk stamme von Menschenhänden; in einem andern Namen, „Heidenmauer", hat sich die Erinnerung an die Erbauer bewahrt. Ähnliche Anlagen finden sich in Britannien (→ Pictenwall), in den Donauprovinzen, in der Dobrudscha und im Orient. – Nur wenige Kilometer hinter dieser Demarkationslinie lagen die Soldaten, die an der Grenze Wache hielten, den Handel kontrollierten und an den wenigen Durchlässen den Verkehr regelten, in Erdkastellen, die später in Stein ausgebaut wurden (→ Saalburg). Von dort aus waren Posten vorgetrieben, die in Holz-, später in Steintürmen unmittelbar am L. untergebracht waren. Die Römer haben in Obergermanien bis gegen 260, in Rätien bis gegen 400 n. Chr. diesen Wall behauptet und damit die Ruhe und Sicherheit des Hinterlandes gewahrt, das z. T. eine gewisse Blüte erreichte. – Informative Museen: Saalburg (Taunus) und in Aalen (Baden-W.).

D. Obergermanische L. d. Römerreiches (ORL), 1894ff.; D. röm. L. in Österreich (RLÖ), 1900ff.; Saalburg-Jahrbücher, hg. H. Schönberger, 1910ff.; L.-Forschungen, hg. H. v. Petrikovits, W. Schleiermacher, 1959ff.; G. Macdonald, *The Roman Wall in Scotland*, [2]1934; A. Poidebard, *La Trace de Rome dans le désert de Syrie*, Paris 1934; ders. u. R. Mouterde, *Le Limes de Chalcis*, II, 1945; D. Baatz, H. Riediger, Römer u. Germanen am L., 1966; W. Schleiermacher, D. röm. L. in Deutschl., [3]1967; S. Robertson, *The Antonine Wall*, 1973; D. Baatz, D. röm. L., [2]1975; M. Kandler, H. Vetters, Der röm. L. in Österreich, Wien 1986; D. Planck, W. Beck, Der L. in SW-Deutschl., [2]1987; Der röm. Limes in Deutschland, hg. RGK, 1992.

Linear A und B, Schriftsysteme der minoischen Kultur. Auf die kretische Hieroglyphenschrift folgte im 17. Jh. v. Chr. ein Linear A genanntes Schriftsystem (noch nicht entziffert), das seinerseits im 15. Jh. abgelöst wurde vom sog. Linear B. Während sich das erstere nur auf Kreta nachweisen läßt, war Linear B auch auf dem gr. Festland verbreitet u. ist also vom mykenischen Kulturgebiet übernommen worden (→ Pylos). B ist eine griech. Sprache. Dem engl. Architekten M. Ventris gelang 1952 die Entzifferung. Die aufgefundenen Tontafeln enthalten zum übergroßen Teil Inventare, Rechnungen, Quittungen der fürstlichen Höfe und Güter (→ Kataloge; Buchstabenschrift).

J. Chadwick, J. T. Killen, *The Pylos Tablets*, 1958; J. Chadwick, Linear B, d. 1959; L. R. Palmer, J. Boardman, *On the Knossos Tablets*, Oxf. 1963; A. Heubeck, Aus der Welt der frühgr. Lineartafeln, 1966; W. Ekschmitt, Die Kontroverse um Linear B., 1969; St. Hiller, O. Panagl, Die frühgr. Texte aus myken. Zeit, [2]1986.

List. Zu richtigerer Beurteilung der Mittelmeervölker von einst und jetzt muß man wissen, daß sich eine Wertschätzung der Ehrlichkeit erst allmählich entwickelt hat. Einer primitiveren Auffassung dagegen imponiert L. wegen der Geschicklichkeit, die dazu gehört. Bei einer berühmten griech. Schönheitskonkurrenz suchten die Bewerberinnen den Richter ganz offen zu bestechen (→ Eris). In der *Odyssee* will der „listenreiche" Odysseus zuerst Athena, später Eumaios nicht sagen, wer er ist, und lügt beiden eine lange Geschichte vor, aber nicht beiden dieselbe, sondern jedesmal eine andere; die Hörer des Epos freuten sich über das Spiel der Phantasie. In Sparta war als Übung für den Krieg jungen Leuten auch Diebstahl von Lebensmitteln erlaubt; nur durften sie sich dabei nicht ertappen lassen. Es gab sogar einen Gott und Beschützer der Betrüger und Diebe, Hermes; die „listenspinnende" wird Aphrodite genannt in einem der schönsten Sappho-Gedichte. – In der Ethik auch der großen gr. Philosophen spielt die Ehrlichkeit keine gar zu große Rolle. Als durchaus erlaubt gilt bei allen Völkern die durch das Völkerrecht nie verbotene Kriegslist (z. B. Xenophon, *Anabasis* I 3; 4, 13–17 u. ö.). – Als erste, soweit wir wissen, erzogen die antiken Perser schon ihre Kinder zur Wahrhaftigkeit. Der röm. Geschichte fehlten Gestalten wie → Themistokles, dessen zweideutige Politik hart an Landesverrat grenzte. Eine vertiefte Auffassung der Ehrlichkeit brachte aber erst das Christentum. – Den heutigen Mittelmeervölkern ist noch jetzt die antike Auffassung von L. nicht fremd, und zwar aus Freude an der dazu gehörigen Geschicklichkeit. Solche L. gilt als Zeichen der Intelligenz, ganz besonders im Handel. Daß es sich hier im allgemeinen nicht um Betrugsabsichten handelt, ergibt sich daraus, daß oft genug langes Feilschen und Handeln im nächsten Augenblick durch großzügigste Gastfreundschaft wieder wettgemacht wird.

J. Gaitanides, Umgang mit Völkern 2 (Griechen), [4]1969.

Literatur. Die Römer schrieben *littera* = Buchstabe, *litteratura* stets mit *tt.* Die Schreibung nur mit *t* geht auf eine Ableitung von *litum* (zu *linere* = aufstreichen, beschreiben) zurück, die längst als irrig erkannt ist.

Literaturgeschichte → Gr., Lat. Literatur; Kirchenväter. – Sonderbarerweise fehlten im Altertum zusammenhängende Werke über die Geschichte der antiken Literatur für gelehrte Zwecke; ähnlich für Ästhetik und Kunstgeschichte. Nur das X. Buch von → Quintilians *Institutio oratoria* („Redeschule") gibt eine L.; aber eine für einen besonderen Zweck, nicht um ihrer selbst willen verfaßt. Das ist um so auffälliger, als man viele Methoden, mit denen noch die moderne L. arbeitet, im großen ganzen schon im Altertum ausgebildet hatte.

G. M. A. Grube, *The Greek and Roman Critics,* Lond. 1965.

Liturgie → Leiturgie. Bei den Christen (schon im N. T.) wurde und wird noch heute L. im weiteren Sinne für Verrichtungen, Zeremonien und Texte jedes gemeindlichen Gottesdienstes genommen. Im engeren Sinne ist es der offizielle, von der Kirche allgemein befohlene und in streng geregelten Formen verlaufende Gottesdienst.

Livia Drusilla, aus dem plebeischen Geschlecht der Livier, war in erster Ehe mit Tiberius Claudius Nero verheiratet und Mutter des älteren Drusus und des späteren Kaisers Tiberius. Als Gemahlin des Augustus wußte die kluge, ehrgeizige Frau ihren Einfluß auf die Politik zu sichern. Beim Tode des Aug. erhielt sie den Titel → Augusta. Dieser machte sie zur Mitregentin des Tiberius, der aber ihren Ehrgeiz zu zügeln wußte. Tacitus, *Ann.* I, 10: „Schwer lastete sie auf dem Staate als Mutter, schwer als Stiefmutter auf dem Kaiserhause." Sie starb 29 n. Chr. Trotz aller Undurchsichtigkeit ihres Charakters und vieler zweifelhafter Machenschaften, die man ihr zugunsten ihrer Söhne nachsagte, war sie eine ganz bedeutende Frau; Porträts (in der Ny-Carlsberg-Glyptothek in Kopenhagen; neuerdings im Röm.-German. Museum in Köln) zeigen sie als ernst, herb, wortkarg. Das sog. Haus der L., wahrscheinlich die Wohnung des Kaisers Augustus, liegt auf dem → Palatinus noch sichtbar erhalten.

G. Ferrero, D. Frauen d. Caesaren, 1912; E. Kornemann, Große Frauen d. Altert., 1947; W. H. Gross, Iulia Augusta, 1962.

Livius Andronicus kam als Kriegsgefangener aus seiner gr. Heimatstadt Tarent nach Rom und begründete hier um 240 v. Chr. die röm. Kunstliteratur nach gr. Muster, indem er für die praktischen Bedürfnisse der Schule (→ Schulbücher) und des Theaters Homers *Odyssee* in lat. → Saturnier übertrug und gr. Dramen nachbildete. Der künstlerische Wert seiner Werke, von denen nur dürftige Fragmente überliefert sind, war gering; aber darin, daß er die Übersetzung fremder Literatur anbahnte u. damit das Tor öffnete, durch das die röm. Dichter zu schöpferischer Nachbildung und schließlich zu selbständiger Produktion vorgeschritten sind, liegt seine Bedeutung für die Weltliteratur. Mit der Konstituierung eines Collegiums von Dichtern und Schauspielern mit einem Klublokal auf dem Aventin trat die Literatur nun auch gesellschaftlich in Rom erstmals in Erscheinung.

W: Dramen: *Comicorum Rom. fragmenta,* hg. O. Ribbeck, [3]1898; *Odyssee: Fragmenta Poetarum Latinorum,* hg. W. Morel, 1927.

Livius. Titus L., der Historiker, 59 v. Chr. bis 17 n. Chr., geboren in Patavium (Padua), lebte später, mit Kaiser Augustus befreundet, in Rom, wo er in einem Riesenwerk von 142 Büchern die gesamte röm. Geschichte behandelte. Er begann mit der Gründung Roms (daher der Titel *ab urbe condita;* → *a. u. c.*) u. endete mit dem Tode des ält. Drusus (9 v. Chr.); wahrscheinlich hinderte ihn der Tod am Abschluß seiner monumentalen Leistung. Erhalten sind außer Bruchstücken und Inhaltsangaben nur 35 Bücher, die die Zeit bis zum 3. Samniterkrieg im Jahre 293 v. Chr. (1.–10. Buch), und vom 2. punischen Krieg bis zur Unterwerfung Makedoniens 219–167 v. Chr. (21.–45. Buch), umfassen; besonders wertvoll und aufschlußreich ist die ausführliche Schilderung des hannibalischen Krieges im 21.–30. Buch. L. war kein methodisch geschulter Historiker im modernen Sinne. Es kam ihm weniger auf wissenschaftliche Erforschung der Wahrheit und auf kritische Sichtung der Quellen an (er benutzte die jüngeren → Annalisten, ferner für den gr. Osten → Polybios), sondern er bot eine künstlerische, den Stilforderungen seiner Zeit entsprechende Darstellung des überlieferten Stoffes (doch → Geschichtsschreibung). Von einer sinnvollen Weltordnung überzeugt, wollte er die Mächte aufzeigen, denen Rom seinen Aufstieg verdankt. So zeigt das Werk mit seiner Verherrlichung alten Römersinns und alter Römertugend dieselbe romantisch-idealisierende Auffassung der Vergangenheit, denselben sittlich-religiösen Geist wie die gleichzeitig entstandene Aeneis Vergils; so wurde es ein vollgültiges Dokument der Bestrebungen augusteischer Kultur und galt während des ganzen Altertums als die Krone der röm. Geschichtsschreibung. – Wie von manchen der antiken großen Römer das Wohnhaus (→ Horazens Sabinum), so ist von L. der Grabstein erhalten:

T · LIVIVS · C · F ·
SIBI · ET · SVIS

„Titus Livius, Sohn des Gaius, für sich und die Seinen" ‚in L.' Geburtsstadt Padua, wo er auch starb; im Museo Civico (H. Dessau, *Inscriptiones Latinae selectae* Nr. 2919).

W: Buch 1–30, hg. R. S. Conway, C. F. Walters, S. K. Johnson, Oxf. 1914–35, neu 1955 u. 65; Buch 31–45, hg. W. Weißenborn, H. J. Müller, W. Heraeus, ^{3}1959; hg. u. komm. Weißenborn, H. J. Müller, X $^{4-13}$1965–80; hg. u. d. J. Feix, H. J. Hillen, XI $^{1-4}$1983–91; *Periochae,* hg. O. Roßbach, 1910, neu 1973. – *Ü:* K. Heusinger, O. Güthling, ^{2}1925–28; H. Gärtner (nur Bd. I), 1968.

L: H. Taine, *Essai sur Tite Live,* Paris ^{8}1910; W. Aly, L. u. Ennius, 1936; H. Hoch, D. Darstellung der polit. Sendung Roms bei L., 1951; W. Hoffmann, L. u. d. röm. Geschichtsschreibung, 1954; P. G. Walsh, *Livy, his historical aims and methods,* Cambr. 1961; E. Burck, D. Erzählkunst d. T. L., ^{2}1964; ders.; (Hg.), Wege zu L., ^{3}1987; G. Wille, Der Aufbau . . ., Amsterd. 1973.

Löffel → Gabeln.

Löwentor, der Haupteingang der Burg von → Mykenai, mit einem Relief über dem Türsturz, das zwei wappenartig rechts und links von einer Säule gruppierte Löwen (Löwinnen ?) zeigt, aus dem 13. Jh. vor Chr. und damit nach dem Steinkreis von Stonehenge bei Salisbury in England der älteste in Europa vorhandene Monumentalbau und zugleich einer der mächtigsten und imposantesten. Der Türsturz besteht aus einem einzigen Block von 5 m Länge, $2^1/_2$ m Tiefe, 1 m Höhe. Um ihn zu entlasten, stellte der Baumeister auf ihn die Reliefplatte, die 3 m hoch, unten 3, 66 m breit, aber nicht $2^1/_2$ m, sondern „nur" 61 cm tief ist. Eine so gewichtige Steinplatte war also für den Baumeister des L. eine Entlastungsplatte! – Der Künstler hat das Katzenartige der Tiere sehr gut wiedergegeben, die hochaufgerichtet zu beiden Seiten der Säule stehen; ihre Köpfe freilich fehlen, sie waren aus anderem Material angefügt. Hatte die Darstellung eine sakrale Bedeutung? – Das L. war nie verschüttet; Pausanias beschreibt es, und danach war die Lage Mykenais, anders als die → Troias, immer bekannt.

Log zum Messen der Geschwindigkeit eines Schiffs. Auf dem Meeresgrunde bei Antikythera fand man neben Kunstwerken (→ Kunsthandel) auch die Ausstattung des versunkenen Schiffs, das sie getragen hatte, z. B. das Geschirr, und ein kleines Bronzegerät mit ganz feinen, ineinander greifenden Zahnrädern und -rädchen genau in der Art und Größe wie in unseren Taschenuhren, mit einer gr. Aufschrift, die leider sehr verstümmelt ist; man erklärt es als L. oder wohl richtiger als *Astrolabos,* Apparat zum Bestimmen der Höhe der Gestirne; jetzt im Nationalmuseum in Athen, im Bronzesaal.

Logik, von gr. → *logos,* das hier nicht „Wort", sondern „Verstand" bedeutet, ist die von den Griechen geschaffene und bis ins kleinste durchgebildete Wissenschaft von den Gesetzen unseres Denkens. Die Welt verstandesmäßig aufzubauen und mit Hilfe der L. zu ihrem Sinn vorzudringen, haben zuerst die → Eleaten versucht. Seitdem wurden die Gesetze des Denkens in Lehrsätze gefaßt und immer mehr durchgebildet. Platon und andere Schüler des Sokrates haben sich dabei besonders hervorgetan. Der eigentliche Schöpfer der L. war jedoch → Aristoteles, der größte Systematiker der Griechen. Die Lehre von den Schlüssen ist sein ureigenstes Werk. Seine logischen Schriften wurden später als *Organon,* d. h. „Werkzeug" (des Denkens) zusammengefaßt und von den Schülern ergänzt. Das Buch hat in der Philosophie eine ungeheure Wirkung gehabt. Es wurde am Ende des Altertums ins Lat. übersetzt und war für den europäischen Westen das philosophische Lehrbuch des Mittelalters. → Trugschlüsse.

J. M. Bochenski, *Ancient Formal Logic,* Amsterdam 1951; E. Kapp, D. Ursprung der L. bei den Griechen, 1965; M. Frede, Die stoische L., 1974.

Logographen. Schreiber von *logoi* = Geschichten, Novellen, Fabeln. Sie waren im 7. u. 6. Jh. v. Chr. in Ionien die Nachfolger der epischen Sänger und erzählten zunächst dem Bürgerpublikum in Prosa, aber mit den epischen Kunstmitteln der Konzentration, Steigerung, Peripetie, Rahmenerzählung usw. Geschichten von fremden Königen und Fürsten, von Abenteuern und fremden Ländern. Als die geschriebene Prosa in Ionien aufkam, schrieben sie ihre bis dahin mündlich überlieferten Erzählungen auf; daher ihr Name. Man bezeichnet als L. dieser Gattung die ältesten ion. Geschichtsschreiber bis auf Herodot, der nicht mitgerechnet wird, obwohl er nach Geburt und Stil ihnen verwandt ist. Die Hauptvertreter dieser L. sind Hekataios und Hellanikos (→ Einzelartikel). Sie schrieben im ionischen Dialekt; in ihren Schriften waren Geographie und Geschichtsforschung noch verbunden. – Nach der Eroberung Ioniens durch die Perser kamen zahlreiche L. nach dem Mutterland. Hier fanden sie mit ihren Erzählungen keine Gegenliebe; sie wendeten sich daher dem Redeschreiben (*logoi* = Reden) zu, das im prozeßlustigen Athen sehr einträglich war (→ Rechtsanwalt); diese zweite Gruppe von L. schrieb also gegen Bestellung und Bezahlung Gerichtsreden für eine Prozeßpartei, wozu neben einigen jurist. Kenntnissen psychologische und rhetorische Fertigkeiten gehörten. Der bekannteste dieser L. war → Lysias. – In der allgemeinsten Bedeutung des Wortes war L. später einfach ein Prosa-Schriftsteller.

Logos (gr., zu *legein* = sagen) hat im Laufe der griech. Geistesentwicklung sehr verschiedene Bedeutungen angenommen, die aber alle mit der Grundbedeutung zusammenhängen. Ursprünglich bedeutete es das gesprochene Wort, später den Satz im grammatischen Sinne. In dieser Bedeutung spielte es bei den Grammatikern eine Rolle (→ Grammatik). Von dort wurde der Begriff von den Philosophen übernommen, als diese es unternahmen, das im Wort liegende Urteil zu erkennen. Schon bei Platon (*Soph.* 261 Cff.) ist denken = Urteil abgeben. Aus diesem Streben entwickelte sich die → Logik. Nach Aristoteles ist L. „die Kunstform, die sich bloß der Rede bedient, sei es der gebundenen (Poesie), sei es der ungebundenen (Prosa)". Auch die Sprechpartien des Dramas heißen im Gegensatz zu den Chören *logoi.* In der Prosa spielte der Ausdruck besonders bei den frühesten Historikern eine Rolle (→ Logographen). Auch in der Philosophie hießen die Dialoge *Sokratikoi logoi.* Später bezeichnete man die kunstvollen Reden der Rhetoren als L., und es gab 3 Arten, → Beredsamkeit. In der Mathematik verstand man unter L. das Verhältnis, daher „analog" = in demselben Verhältnis. In der Philosophie bedeutete L. das im Weltall, dem Makrokosmos, und im Mikrokosmos des Menschen liegende Prinzip. Der Schöpfer dieser Anschauungen war Herakleitos (→ Heraklit), der lehrte, daß die Gesetze, die sich im Denken der Menschen äußern, die gleichen sind wie die, denen das Weltall im ewigfließenden Werden unterliegt. Er sprach auch vom göttlichen L., der die Welt regiert. Im Anschluß an Herakleitos haben Parmenides und die Stoiker die Lehre vom L. weiterentwickelt. Vor allem aber spielte der L. eine große Rolle in der religiös-philosophischen Literatur, in der „er zur metaphysischen Ausdeutung mythologischer Gestalten oder religiöser Begriffe sowohl der griech. (Plutarch, neupythagoreische und neuplatonische Literatur), als auch der jüdischen (Philon) und der christlichen Theologie dient" (→ Philosophie; Stoizismus; Philon; Plotin). Aus dieser Quelle wurde auch die christliche L.lehre gespeist, die besonders bei dem Apostel Paulus uns entgegentritt. Auf diesem Boden erwuchs das Evangelium nach Johannes (I, 1: „Im Anfang war das Wort"). Der L. ist hier die im Kosmos wirkende Kraft Gottes auf der einen, der Träger der Offenbarung auf der anderen Seite, der Mittler zwischen Gott und Welt und zwischen Gott und Mensch (*Joh.* 1, 1–14; 4, 42).

A. Aall, Der L., Gesch. seiner Entwicklung in d. gr. Philosophie, II, 1896ff.; W. Nestle, Vom Mythos zum L., ²1948, neu 1986.

London, im Altertum *Londinium,*→ England.

Longos, gr. Romanautor des 2. Jh. n. Chr., wohl aus Lesbos stammend, war Verfasser des bukolischen Romans *Daphnis und Chloe,* dessen Schauplatz die Insel ist; das liebevoll und kunstreich geschilderte Hirtenleben dort bildet den Hintergrund, vor dem sich das Schicksal zweier junger Menschen abspielt, die ihre Zuneigung zueinander entdeckt haben. L.' Kunst besteht darin, daß hinter der Maske schlichter Naivität in Wahrheit höchste Raffinesse und Frivolität verborgen wird; gerade diese kunstvolle Darstellung naivkindlicher Erotik fand zu allen Zeiten viele Bewunderer

(Goethe an Eckermann am 20. 3. 1831). → Bukolische Poesie.

W: Hg. M. D. Reeve, ^{3}1994; hg. O. Schönberger, ^{4}1988 (mit *Ü*). – *Ü:* E. R. Lehmann, 1959; A. Mauersberger, 1982 u. 1986.

Lorbeer. *Lor-* aus lat. *laurus* = L. Wir übernahmen vom Süden den L. als Gewürz und, nach antikem Brauche, den L.-Kranz als Siegerkr. (→ Triumph). In manchen Ländern wird, im Anschluß an antike → Agone in der Dichtkunst, der beste Dichter seiner Zeit zum *poeta laureatus* ernannt; zuerst wohl in der Renaissance, z. B. Petrarca, Ulrich v. Hutten; später z. B. Tennyson, der Verfasser von *Enoch Arden.*

Lotos, Lotophagen. Griech. *lotos,* eine Pflanze; Fremdwort aus dem Semitischen; die Grundbedeutung ist unbekannt. Odysseus kam auf seinen Irrfahrten in das Land der Lotophagen, d. h. „Lotosesser", von Menschen, die L. aßen, eine „Blumenspeise" (*Odyssee* IX 84). Diese schmeckte so gut, daß die, die sie gekostet hatten, nicht mehr in die Heimat zurückkehren wollten. Nach der „homerischen Geographie" lag das Land der Lotophagen in Nordafrika. Dort hat man seit dem Altertum L. zu finden gesucht. Alle diese Untersuchungen waren müßig; der homerische L. ist eine Märchenpflanze und -speise. Später hat man den homerischen Namen auf verschiedene Pflanzen übertragen, Rhamnus lotus, Zizyphus lotus, die arabisch Jujuba genannte; ihre Früchte sind keineswegs besonders wohlschmeckend.

Lucanus. Marcus Annaeus L., 39–65 n. Chr., röm. Schriftsteller, von dessen zahlreichen Werken nur ein Epos über den Bürgerkrieg zwischen Pompeius und Caesar *(de bello civili)* erhalten ist, nach dem Kernstück, der Schilderung der Schlacht bei Pharsalos, meist *Pharsalia* genannt. Die Wahl des Stoffes ist ein bemerkenswertes Symptom für das Wiedererwachen des republikanischen Gedankens in der Literatur der Kaiserzeit; der Dichter nimmt entschieden für Pompeius Partei und vertritt die stoische Opposition gegen die Monarchie. Trotz des hochtrabenden Pathos, der langatmigen Schilderungen und gelehrten Exkurse ist das Gedicht eine beachtliche poetische Leistung, deren eigentümliche Züge von barocker Sprachkunst u. Manierismus zeugen; der fast expressionistische Stil ist nicht ganz frei von Schwulst und Übertreibungen. Das Werk wurde im Altertum u. Mittelalter, vor allem wegen seines barocken Stils und seiner historischen Vorzüge, allgemein geschätzt und viel gelesen.

W: Hg. D. Shackleton Bailey, 1988; hg. u. d. G. Luck, ^{2}1989. – *Ü:* I. Buch, F. Hölderlin; F. H. Bothe, 1856.

L: W. Fischli, Studien zum Fortleben der Ph. des L., Luzern 1943–44; L. (WdF), hg. W. Rutz, 1971; W. D. Lebek, L.s *Pharsalia,* 1976.

Lucilius. Gaius L., ca. 180–102 v. Chr., schuf unter dem Einfluß griech. Anregungen eine neue Literaturgattung, der er den von Ennius eingeführten Namen → Satire gab. Er prägte dieser Gattung den Stempel des Spottes und der Polemik auf und wurde so der Schöpfer der S. als besonderer literarischer Kunstform. L. stammte aus einer wohlhabenden Familie und lebte als Freund des jüngeren Scipio Africanus und

Laelius in Rom; seine unabhängige Stellung ermöglichte es ihm, das politische, gesellige und literarische Leben seiner Zeit mit unerhörtem Freimut und treffendem Witz zu kritisieren. Stoffe und Motive lagen für L. sozusagen auf der Straße: Senatssitzung, Gladiatorenkämpfe, Ehegesetze, Philosophen, Fabeln, Tagespolitik, Prozesse, und immer wieder die Literatur. Gesellschaftskritik mit einem nüchternen Sinn für Tatsachen. Auf die äußere Form legte er freilich wenig Wert; seine Verse waren rasch und flüchtig hingeworfen, so daß sein größter Nachfolger, Horaz, der seinen sprühenden Geist bewundernd anerkennt, ihn mit Recht wegen der saloppen Schreibweise tadelt. Von den 30 Büchern S. des L. ist bis auf etwa 1400 Fragmente alles verloren, „wohl der größte Verlust, der den Besitz der Nachwelt an röm. Literatur getroffen hat" (Leo).

W: Hg. u. komm. F. Marx, 1904–05, neu 1963; hg. W. Krenkel, 1970 (mit *Ü*). – *Ü:* H. Düntzer, 1846; → Satire.

L: M. P. Piwonka, L. u. Kallimachos, 1949; → Satire.

Lucretia, Gemalin des Tarquinius Collatinus, wurde der Sage nach von Sextus Tarquinius entehrt und tötete sich selbst. Dies wurde der Anlaß zum Sturze des Königtums. L. war als Muster einer treuen Gattin eine beliebte Figur der röm Sage.

Lucrez. Titus Lucretius Carus, ca. 97–55 v. Chr., einer der größten Dichter Roms, schrieb ein philosophisches Lehrgedicht „Das Wesen des Weltalls" (*de rerum natura*), das unvollendet blieb und von Cicero herausgegeben wurde, nachdem der Dichter seinem Leben in geistiger Umnachtung selbst ein Ende gemacht hatte. Das Werk enthält eine Darstellung der rein mechanischen, in Demokrits Atomlehre begründeten Welterklärung seines vergötterten Meisters Epikur und sucht darüber aufzuklären, daß alles in der Welt nach ewigen Gesetzen entsteht und vergeht, daß es keine Einwirkung durch übernatürliche Mächte und kein Fortleben nach dem Tode gibt und somit die Menschheit erlöst werden muß von Götterfurcht und Todesgrauen. In streng gegliedertem Aufbau behandelte L. die Atomlehre, die Seelen- und Wahrnehmungslehre, Kosmologie und Meteorologie. Voll innerster Überzeugung und in altertümlich feierlicher Sprache behandelt L. den nüchternen philosophischen Stoff; oft ringt er mit dem Ausdruck; aber – wie Goethe als sachkundiger Beurteiler hervorhebt – „sein hohes, tüchtig-sinnliches Anschauungsvermögen" und „eine lebendige Einbildungskraft, die das Angeschaute bis in die unschaubaren Tiefen der Natur verfolgt", verhelfen ihm zur Herrschaft über den spröden Gegenstand und zu poetischer Wirkung. In seiner Zeit blieb L. vereinsamt, aber schon der nächsten Generation galt er als Klassiker; daß er den modernen Völkern die Kenntnis der griech. materialistischen Welterklärung vermittelt hat, gibt ihm weltgeschichtliche Bedeutung. – Unter Goethes Anteilnahme entstand die Übersetzung von K. L. von Knebel, vgl. Goethes Briefe an Kn. vom 14. II. 1821 u. 27. II. 1830.

W: Hg. u. d. H. Diels, 1923f., neu 1993; hg. u. komm. C. Bailey, Oxf., III, 1947; hg. u. d. K. Büchner, 1973. – *Ü:* Von d. Natur d. Dinge, K. L. von Knebel, 1831, neu 1960.

L: O. Regenbogen, 1932 (= Kl.-Schr. 1961); K. G. Sallmann, Die Natur bei L., 1959; W. Schmid, Probleme der L.deutung, 1970; W. Richter, Textstudien zu L., 1974.

Lucullus. Lucius Licinius Luc., röm. Optimat, kämpfte 74–71 v. Chr. gegen → Mithradates und richtete nach der Schlacht bei Kabeira 71 in Pontus und Kleinasien eine geordnete Finanzverwaltung ein, was für damalige Verhältnisse ebenso etwas Außergewöhnliches war wie seine Milde gegen die Provinzialen. 69 schlug er Tigranes bei Tigranocerta. Auf Drängen der ihm feindlichen Ritter wurde er 67 durch Pompeius ersetzt und durfte erst 63 triumphieren; er starb 56. – Sein Reichtum war sprichwortlich, seine Feinschmeckerei (→ Kirsche) ist es noch jetzt. Er besaß eine vorzügliche gr. Bildung; seine Paläste und Gärten waren mit Kunstwerken geschmückt. – B. Brecht, Das Verhör bzw. die Verurteilung des L., 1951.
J. van Ooteghem, Brüssel 1959.

lucus a non lucendo, „der Wald heißt *lucus,* weil es darin nicht hell ist *(non lucet)*", Quintilian, *de institutione oratoria* I 6, 34, ein Musterbeispiel jener berüchtigten antiken → Etymologie, die ein Wort von seinem Gegenteil herleitet; ähnlich *canis a non canendo,* „der Hund (heißt so), weil er nicht singt".

ludi (lat.) = Spiele: Rennen, im Circus; dramatische Aufführungen, im Theater, seit 240 v. Chr. (→ Drama); erstes steinernes Theater in Rom aber erst 55 v. Chr.; Gladiatorenkämpfe, Tierhetzen, im → Amphitheater. – *ludus* = Elementarschule.

Lukianos aus Samosata in → Kommagene, etwa 120–180 n. Chr. Trotz seiner Armut studierte er Philosophie u. Rhetorik u. wurde Wanderredner (mit glänzenden Einnahmen); auf den Vortragsreisen kam er (→ Reisen) bis zum Atlantischen Ozean. Dann lebte er längere Zeit in Athen als Schriftsteller; im Alter bekleidete er einen bescheidenen Posten in der ägyptischen Verwaltung. Aus der Zeit seiner Vortragsreisen sind rhetorische Prunkstücke, Übungsreden und Deklamationen erhalten. Seiner witzigen, geistreichen, aber auch scharfen Feder lag besonders die Kritik; er erneuerte die menippeische → Satire. Diese Dialoge, die der mittleren Periode seiner schriftstellerischen Tätigkeit angehören (um 160 n. Chr.), sind seine besten Schriften: *Menippos als Flieger, Nekyomanteia, Zeus als tragischer Held, der widerlegte Zeus, die Götterversammlung, Totengespräche, Fischer, Hahn, Zweimal angeklagt* usw. Im Alter schrieb er Parodien auf die damals beliebte romanartige Erzählungsliteratur: Den *Lügenfreund* (Goethe entnahm ihm den Stoff zum *Zauberlehrling*), die *Wahre Geschichte* und *Lukios oder der Esel* (letzteres aber wohl unecht). In all diesen zahlreichen, oft in leichter, gefälliger Gesprächsform verfaßten Schriften verspottet er mit treffendem Witz die Gebrechen u. Verkehrtheiten der Zeit, vor allem die Hohlheit der philosophischen Theorien, den Mystizismus u. religiösen Aberglauben im absterbenden Heidentum mit seiner Mythen- und Fabelwelt, seinen Opferfesten, Symbolen und Zeremonien.

Sicher war L. einer der witzigsten u. geistreichsten Schriftsteller der Kaiserzeit. Der gr. Stil, den sich der gelehrige Asiat angeeignet hatte, fließt mit wunderbarer Leichtigkeit u. funkelt von zahllosen Reminiszenzen aus der klassischen Periode der Hellenen. Darum wurde L. zu allen Zeiten viel gelesen u. bewundert, vor allem aber wegen seiner Religionsspötterei, z. B. in den *Göttergesprächen,* in der Aufklärung im 18. Jh.

W: Hg. C. Jacobitz, IV, 1836–41, neu 1966; Hauptwerke, hg. u. d. K. Mras, ^{2}1981. – *Ü:* Chr. M. Wieland, 1788–89, auch neu III 1971; E. Ermatinger, K. Hönn, 1948.

L: R. Helm, L. u. Menippos, 1906; E. Neef, L.' Verhältnis zu den Philosophenschulen, 1940; J. Schwartz, Biographie de L. de S., Brüssel 1965.

Lukrez → Lucrez.

Luna, die röm. Mondgöttin, gleichgesetzt mit → Selene.

Lupen, Brillen, ein Rätsel der Altertumswissenschaft. Feinheiten der antiken, oft winzigen Werke der → Steinschneidekunst können wir ohne L. nicht betrachten; man möchte schwören, daß sie ohne L. natürlich noch weniger entstanden sein können. Daß man durch ein konvexes Glas (oder Kurzsichtige durch ein konkaves) besser sieht, muß man doch gelegentlich beobachtet haben (Glasschliff war bekannt). Daß Brillen und L. in der antiken Literatur nicht erwähnt werden, ist allein noch kein Gegenbeweis.

Lupercalia, gefeiert am 15. Februar, waren ein altes röm. Hirtenfest. Die *Luperci* (*lupus* = Wolf, *arcere* = abwehren, „Wolfabwehrer"?) töteten an diesem Festtage einen Hund (an Stelle eines Wolfes?) und umliefen nur mit einem Ziegenfell bekleidet den → Palatin, der den ältesten Teil der Stadt bildete. Der Ritus stammt aus einer Zeit, als es noch galt, die in den Ställen der Palatinsiedlung untergebrachten Herden vor Wölfen zu schützen. Während des Laufs teilten die *Luperci* mit Riemen, die aus dem Fell geopferter Ziegen gefertigt waren, Schläge aus, die Frauen Fruchtbarkeit bringen sollten. → Parilia.

C. Ulf, D. röm. Lupercalienfest, 1982.

lupus in fabula, „(wie) der Wolf in der Fabel", d. h. wenn man von ihm spricht, ist er schon da (Terenz, *Adelphi* 537).

Lust (gr. *hedone*) erklärte → Aristippos als Ziel des Lebens. Auch im System → Epikurs spielte sie eine große Rolle. Im Gegensatz dazu betonte Platon die Pflichten gegen die Allgemeinheit als Hauptaufgabe des Menschen; die individuelle Glückseligkeit als Ziel des menschlichen Daseins anzusetzen, lehnte er ab.

lustrum (lat.), ein Sühneopfer, besonders das, womit die Steuereinschätzung der röm. Bürger (→ census) abgeschlossen wurde. Da diese u. folglich auch das *l.* alle 5 Jahre stattfand, bedeutet dann *l.* auch einen solchen Zeitraum, besonders bei Dichtern; diese sagen, da die lat. Zahlen von 30 ab schwer oder nicht in den daktylischen Vers passen, statt 30 Jahre lieber *sex lustra.*

Luxus. Vom Reichtum antiker Menschen vermitteln Romane und Filme oft ein schiefes Bild. Besonders waren die Griechen, natürlich mit Ausnahmen (vor allem die Diadochenkönige), immer relativ arm, namentlich gegenüber den Persern. Der reiche Herodes Attikos (101–178 n. Chr.) schenkte zwar der Stadt Athen ein ganzes Theater u. das Stadion, das Millionen kostete (→ auch Olympia); aber das war eine Ausnahme. In Rom, wo die Steuern der ganzen Welt zusammenflossen, die Römer selbst aber seit 168 v. Chr. überhaupt keine Steuern zahlten, war der Reichtum u. auch der L. allerdings größer, namentlich der Bauluxus (vergoldete Dachziegel; → z. B. Constantinsbasilica) und der der Lebenshaltung, weniger der in der → Kost; doch sollten auch hier satirisch-übertreibende Schilderungen (z. B. Petron) nicht verallgemeinert werden.

LXX, = 70, Abkürzung für die → *Septuaginta.*

Lydia. Lydien, die Mitte der kleinasiatischen Westküste mit den Tälern des Hermos und Maiandros, wo im Altertum wichtige → Handelswege aus Innerasien und Mesopotamien das Meer erreichten. Die Lyder (gr. *Lydoi*), die den → Karern verwandt waren, nahmen frühzeitig gr. Kultur an. Ihre Hauptstadt war das (687 v. Chr. von Gyges gegründete?) Sardeis; Ausgrabungen dort ergaben einigen Aufschluß über die lyd. Sprache. Später dehnte sich das lyd. Reich im NO bis zum Halys aus; auch gr. Küstenstädte fielen ihm zu. Unter → Kroisos unterlag es um 546 v. Chr. den Persern. Später teilte es die Geschicke des gesamten → Kleinasien. Die Lyder waren wegen ihres Reichtums bekannt (→ Kroisos; Geld). Er stammte aus dem lydischen Flusse Paktolos, der Gold führt (→ Midas), und vom Orienthandel. – Der Frauenname (Horaz *Oden* I 8; 13; 25; III 9; *Ap.-Gesch. 16,* 14) bedeutet einfach „Lyderin“ und war ursprünglich wohl nur Sklavinnenname.

A. Heubeck, *Lydiaka,* 1959; R. Gusmani, Lyd. Wörterbuch, 1964.

Lykeion, der hl. Hain des Apollon Lykeios im Nordosten (?) Athens, Stätte der peripatetischen Schule, → Aristoteles. – Lyzeum = Mädchenschule (hingegen Gymnasium = Knabenschule).

Lykien, Landschaft im südwestl. Kleinasien, Bewohner anscheinend Indoeuropäer. Das Land gehörte den Persern, dann den Syrern, zu Rhodos, ab 43. n. Chr. zum röm Reich; die lykische Sprache ist noch nicht erschlossen.

Lykophron v. Chalkis, gr. Dichter des 3. Jh. v. Chr., in Alexandreia am Museion tätig, schrieb dort ein Lexikon über die gr. Komödie; als Tragiker erlangte L. besonderen Ruhm und wurde in den → Kanon der Tragiker aufgenommen. Von alledem ist nichts erhalten, doch ist die *Alexandra* überliefert, eine Dichtung in 1474 Trimetern über die troische Königstochter A., die sonst Kassandra heißt: Anscheinend eine literarische Studie voller Ungereimtheiten, die schon antike Kommentatoren zu erklären vergeblich bemüht waren. Der Text ist mit mytholog. Ballast überladen bis zur Unverständlichkeit. → Epos.

W: TGF; *Alexandra:* Hg. C. v. Holzinger (mit Komm. u. *Ü*), 1895, neu 1973; E. Scheer, II 1881–1908, neu 1958.

Lykurgos, sagenhafter König v. Thrakien, Gegner des Weingenusses, (→ Dionysos), hieb Weinstöcke mit dem Beile um. Zur Strafe machte ihn Dionysos wahnsinnig; im Wahn sah er seine eigenen Beine für Weinstöcke an und hackte sie sich ab. Nach anderer Sage jagte er Dionysos ins Meer u. wurde dafür geblendet.

Lykurgos, der Spartaner. Nach der antiken Tradition stammte → Spartas Verfassung von L., einem Spartiaten aus königlicher Familie, der (wann?) durch die Entartung der spartanischen Sitte zu seinem patriotischen Werk angeregt und von den Mitbürgern zum Gesetzgeber berufen wurde. Die Anregung für seine Reform soll aus Kreta stammen, wo hervorragende Gesetze bestanden (→ Recht von Gortyn); dort soll L. auch gestorben sein. Seine dankbaren Mitbürger ehrten ihn durch einen Tempel und Kult. Die moderne Forschung hat die Geschichtlichkeit des L. bestritten u. ihn für einen Lichtgott erklärt, der zum menschlichen Gesetzgeber geworden sei. – Die spartan. Verfassung dürfte allmählich in der Zeit vom 8. bis zum 6. Jh. v. Chr. entstanden sein.

V. Ehrenberg, Der Gesetzgeber von Sparta, 1926; G. L. Huxley, *Early Sparta,* Lond. 1962.

Lykurgos, der Athener, bedeutender Politiker, einer der → Zehn attischen Redner, Mitglied der Patriotenpartei und Feind Alexanders d. Gr. Durch seine besonnene und ehrliche Politik erwarb er sich größte Verdienst. Berühmt war seine Verwaltung der athenischen Finanzen (338–337 v. Chr.). Das steinerne Dionysostheater am Südabhang der Akropolis, das, wenn auch mit röm. Umbauten, heute noch erhalten ist, stammt von ihm. Er ließ auch die Werke der Tragiker sammeln und ihre Statuen im Theater aufstellen. Das dankbare Volk zeichnete ihn oft durch Verleihung von Ehrenkränzen aus. Von den 15 Reden, die man im Altertum von ihm besaß, ist nur die gegen Leokrates erhalten, in der er diesen wegen Hochverrats anklagte, weil er bei Chaironeia geflohen war.

W: Hg. F. Blass, 1899.
Ü: O. Güthling, ²1928.

Lyra, (gr.), deutsch Leier, der Sage nach von Hermes erfunden, bestand aus einer Schidkrötenschale als Schallkasten, an der zwei Hörner befestigt waren; von einem Steg zwischen diesen liefen die Saiten zum Schallkasten. Die L. war in Griechenland das übliche Hausinstrument der Gebildeten, mit dem man Solo- oder Chorgesang begleitete. Unterricht im L.-Spiel gehörte zur Jugenderziehung. Diese Musik muß für unsere Begriffe dünn und armselig geklungen haben. Besonders beliebt war das Lied mit L.-Begleitung bei den Aiolern auf den Inseln vor Kleinasien. → Lyrik; Kithara; Musik.

Lyrik. Heute bedeutet lyrisches Gedicht ein Lied, das persönlichem Gefühl Ausdruck verleiht. Das Wort L. stammt von der → Lyra und bezeichnet also Lieder, die von diesem Instrument begleitet wurden: Einzel- oder Chorlieder (melische [von gr. *melos* = Lied] u. chorische Poesie). Weder → Elegie noch → Iambus zählten in der Antike zur L. Wir rechnen heute zur gr. L.

alles, was nicht Epos und Drama ist. – Der Ursprung der gr. Lyrik wird in Kultgesängen, aber auch Arbeits- und Volksliedern zu suchen sein; von letzteren haben wir noch geringe Reste, die sogar heute noch lebendig sind (z. B. das Schwalbenlied). Die uns vorliegenden Gedichte zeigen, daß der Schritt vom Volkslied zum Kunstlied längst getan ist; es ist Vollendung, deren Vorstufen im Dunkeln liegen (vgl. Homer!). Die Schönheit der gr. L. beruht auf der großen Zahl und reizvollen Variabilität, aber auch der Kunstmäßigkeit der Versmaße. Das Begleitinstrument (außer der ursprünglichen Lyra auch die Flöte) übernahm hauptsächlich das Vorspiel und die Zwischenspiele; allenfalls begleitete es die Stimme unisono oder in Oktaven. Von dieser musikalischen Begleitung sind nur wenige Proben erhalten (→ Musik). Nach der Zahl der Vortragenden unterschied man Monodien (Einzelgesänge) und Chöre oder Dithyramben. Bei den Monodien unterscheidet man melische Poesie, die zur Lyra gesungen wurde, die Elegie, die die Flöte begleitete, ferner Iambus und Epigramm, die zum Lesen oder Vortrag, nicht für den Gesang bestimmt waren (→ Einzelartikel). Die Vorliebe einzelner gr. Stämme für besondere Arten der L. ist unverkennbar. Der Dorier bevorzugte das Chorlied, das viele Sänger zu einer Einheit zusammenschloß. Der individualistische Ioner liebte den der Umgangssprache am nächsten stehenden Iambus, der häufig zum Schmähgedicht verwendet wurde. Die aiolischen Dichter schätzten das Melos, in dem sie ihre tiefen Herzensergüsse in kunstvollen Verskombinationen ausströmen ließen. Doch auch dem heiteren, etwas leichtsinnigen Temperament der Ioner sagte diese Form zu. Elegie und Epigramm mit ihrer Verwendbarkeit für die verschiedensten Stoffe und Inhalte wurden von allen Stämmen gepflegt. Der Grieche hat immer eine Vorliebe für L. gehabt. Es gehörte zur Bildung, daß man beim Symposion ein Lied zur Lyra vortragen konnte. Die große Periode der gr. L. war das 7. und 6. Jh. v. Chr.; damals lebten Alkaios, Sappho, Anakreon und andre Dichter, die die unerreichten Vorbilder der späteren L. wurden. Um die Zeit der Perserkriege wandte sich der schöpferische Genius von der L. ab; in der Tragödie war durch Verschmelzung von Iambus u. Chorlied eine neue Literaturgattung entstanden. Doch hat dann wieder der Hellenismus die L. rege u. mit Erfolg gepflegt. Diese lyrischen Gedichte sind fast sämtlich verloren; doch → „Mädchens Klage“.

W: Anthologia Lyrica Graeca, hg. E. Diehl, VI ³1942–52, I–III neu 1954–64; *Anthologia Graeca,* hg. u. d. H. Beckby, IV ²1964; Gr. Lyriker, hg. u. d. H. Rüdiger ²1968; *Poetae Melici Graeci,* hg. D. L. Page. Oxf. 1962; Gr. L., hg. u. d. G. Wirth, 1963. – Ü: E. Geibel, Klass. Liederbuch, 1875 u. öfter; E. Mörike, 1840, neu 1960; M. Hausmann, Das Erwachen, 1949; Gr. L., K. Preisendanz, neu 1959; Gr. L. E. Staiger, 1951; Liebesdichtung d. Gr. u. R., gr., lat. u. d. H. Gasse, 1963; Gr. L., W. Marg. 1964; Lyrik d. Antike in klass. Nachdichtg. hg. H. Greiner-Mai, M. Wolter, 1968.

L: B. Snell, D. Entdeckung d. Geistes, ³1955; H. Fraenkel, Dichtung u. Philosophie d. frühen Griechentums, ²1962; C. M. Bowra, *Greek Lyric Poetry,* Lond. ²1961.

Der Römer hatte als nüchterner Tatmensch kein rechtes Verständnis für subjektive Gefühlsdichtung; darum gibt es in der röm. Literatur nur wenige wirkliche Lyriker. Der erste und größte von ihnen, wohl der einzige im modernen Sinne, war Catull, dessen naive, aus unmittelbarstem Empfinden strömende Herzensergießungen unerreicht blieben. In augusteischer Zeit sind es dann neben dem Odendichter Horaz besonders die Elegiker Tibull u. Properz, die ihre Gedanken und Gefühle in ihrer Dichtung aussprechen. Geläuterter Kunstgeschmack u. virtuose Formvollendung vermag freilich nicht über einen gewissen Mangel an natürlichem Empfinden und an Ursprünglichkeit hinwegzutäuschen. Erst das Christentum schuf in seiner lat. Hymnendichtung wieder eine an volkstümliches Empfinden anknüpfende L.; ihr glänzendster Vertreter war der Mailänder Bischof Ambrosius (gest. 397 n. Chr.). Die antike L. hat die Kenner der alten Sprachen zwar immer entzückt; wirklich beeinflußt und befruchtet hat sie aber die späteren Völker weit weniger als andre antike Dichtungsgattungen, namentlich das Drama. So entwickelte sich die deutsche, italienische usw. L. von der antiken ziemlich unabhängig. – Die Griechen pflegten im Mittelalter namentlich das Kirchenlied; Hauptvertreter Romanos (um 500?), der größte Dichter der byzantin. Zeit überhaupt. Daneben erhielt sich bis in die Neuzeit immer das schlichte Volkslied.

– Im latein. Westen entwickelte sich eine wirkliche latein. L. des Mittelalters, die man lange mit Unrecht („Mönchslatein“) unterschätzt hat. Ihre oft ganz köstlichen, meisterhaften Schöpfungen sind jetzt zugänglich. Diese herrliche Poesie ist mit dem Absterben des Mönchslateins (→ Gr. u. lat. Sprache) eingegangen. An ihre Stelle trat eine gelehrte lat. L., die von der antiken L. abhängig war. Sie wurde noch um 1870 in deutschen Gelehrtenschulen eifrig gepflegt und brachte es oft zu erstaunlich virtuoser Beherrschung der antiken Formen. → Latein.

W: Carmina Burana, hg. u. d. B. K. Volkmann, 1987; Vagantendichtung, hg. u. d. K. Langosch, 1963; D. Lieder d. Archipoeta, hg. u. d. K. Langosch, 1965; Antike L., hg. u. d. W. Eisenhut, 1970.

Ü: E. Geibel, Klass. Liederbuch, 1875; Carm. Bur., L. Laistner, 1879, neu E. Brost, [5]1974.

L: E. Howald, V. Wesen d. lat. Dichtung, 1948; K. O. Conrady, Lat. Dichtungstradition u. dt. Lyrik des 17. Jh.s, 1962; W. Fechter, Lat. Dichtkunst und dt. MA., 1964; K. Langosch (Hg.), Mittellat. Dichtung, 1969; G. Williams, *The Nature of Latin Poetry,* Lond. 1970; P. Klopsch, Einf. in d. Dichtungslehren des lat. MA., 1980.

Lysandros, spartanischer Feldherr und geschickter Diplomat am Ende des peloponnesischen Krieges. Er vermittelte ein Bündnis zwischen Sparta und Persien und besiegte die Athener 406 bei Notion, 405 bei Aigos Potamoi. Dann rückte er vor den → Peiraieus und erzwang die Übergabe Athens. Als Führer der spartanischen Extremisten setzte er harte Friedensbedingungen für Athen durch und bildete überall in Griechenland oligarchische Regierungen. Als Befreier von dem Elend des peloponnesischen Kriegs wurde er zunächst wirklich vergöttert (→ Vergottung), mußte aber, als sein System bald danach zusammenbrach (Verjagung der 30 Tyrannen aus Athen), in die Verbannung gehen. Nach seiner Rückberufung fiel er 395 bei Haliartos gegen die Boioter.

D. Lotze, L. und der pelop. Krieg, 1964.

Lysias, berühmter attischer Redner und → Logograph. Er war nicht Vollathener, sondern → Metök. Sein Vater besaß eine Schildfabrik. Um 445 v. Chr. geb., studierte L. zuerst Rhetorik bei → Teisias, übernahm aber dann mit seinem Bruder die Fabrik. Durch die 30 Tyrannen verloren sie fast ihr ganzes Vermögen; der Bruder kam um. Seit der Rückkehr der Demokraten 403 lebte L. in Athen von seinen Einkünften als Logograph. Vor Gericht ist er nur einmal aufgetreten, als er Eratosthenes, den Mörder seines Bruders, anklagte. Seine anderen Reden hat er für andere auf Bestellg. geschrieben. Er genoß als Logograph einen großen Ruf, denn er verstand es, den Charakter seiner Klienten so darzustellen, daß sie auf die Richter einen sympathischen Eindruck machten. Die Schlichtheit, Einfachheit und Klarheit seiner Sprache und Darstellung werden mit Recht gerühmt. Im Altertum kannte man 233 Reden von ihm; 35 sind erhalten, darunter auch zwei offizielle Reden zu politischen Anlässen, eine Totengedenkrede (sog. *epitaphios*) und eine Festrede in Olympia (→ *panegyrikos*). Die Gerichtsreden vermitteln uns interessante Aufschlüsse über Straf- und Privatprozesse jener Zeit, z. B. die Rede gegen Eratosthenes, die die schurkischen Gewalttaten des Mannes anschaulich schildert, ferner die Rede, in der ein Krüppel sehr witzig und gerissen um Fürsorgeunterstützung kämpft, und die R. gegen die Korngroßhändler und ihre Getreidespekulationen. – L. galt späteren Zeiten als Musterautor und Hauptvertreter des sog. Schlichten Stils und einer besonders „reinen" attischen Sprache.

W: Th. Thalheim, [2]1913; C. Hude, Oxf. [2]1952. – *Ü:* A. Falk, 1843; F. Baur, [4]1884. *L:* F. Ferckel, L. u. Athen, 1937; U. E. Paoli, Die Geschichte der Neaira, d. 1953. → Beredsamkeit.

Lysikrates. Das Denkmal des L. (eines im übrigen unbekannten und nur durch dieses Monument berühmt gewordenen Atheners) in Athen ist das einzig erhaltene Monument der antiken Dreifußstraße (→ Dreifuß), ein entzückender Bau, einer der ältesten mit korinthischen Säulen (→ Säulenordnungen), nach der Inschrift im Jahre 335/334 errichtet. Der Relieffries, in der Art des Praxiteles, zeigt (leider z. T. sehr beschädigt), wie Dionysos etruskische Seeräuber, die ihn geraubt hatten und als Sklaven verkaufen wollten, in Delphine verwandelt. Den Dreifuß, den das Monument trug, hatte L. für einen Dithyrambensieg erhalten.

Lysippos, Hofkünstler Alexanders d. Gr., der sich in Bronze nur von ihm porträtieren ließ. Er war sehr fleißig. Vom Honorar für jedes Werk legte er ein Goldstück in eine Sparbüchse, und nach seinem Tode fand sein Erbe darin deren 1500. Nach einer anderen Nachricht starb er freilich im Elend, weil er sich an der Vollendung eines einzigen Werks nicht genug tun konnte. Beide Überlieferungen deuten aber darauf hin, daß er nur für seine Kunst lebte. Hauptwerk der → Apoxyomenos (Kopie im Vatikan; Kopien nach L. sind wohl auch der Herakles Farnese in Neapel, der Herakles Epitrapezios im Brit. Museum, London). L. vertrat eine andere Auffassung über die Proportionen des menschlichen Körpers als Polykleitos; dessen Statuen entsprechen gewissermaßen mehr der gedrungenen, wuchtigeren dorischen, die des L. mehr der schlankeren, eleganteren ionischen Säule; also in der Plastik eine ähnliche Entwicklung wie in der Architektur. Ein weiteres Merkmal seiner nackten Männerstatuen ist, daß sie nicht mehr kräftig dastehen, sondern sich auf den Beinen hin und her zu wiegen scheinen; bei ihm ist alles leichter, elastischer, die Körper gestreckter, der Kopf kleiner. Sein Hauptverdienst aber ist, daß er den Statuen, die früher nur hoch und breit waren, als dritte Dimension die Tiefe hinzufügte; sie strecken die Arme oder Beine vor (Betender Knabe in den Staatsmuseen in Berlin; Ausruhender Hermes im Museo Nazionale in Neapel, beide nicht von ihm selbst, aber aus seiner Schule). Der Neapler Hermes ist damit die Darstellung eines mit Arbeit überlasteten Gottes, der nervös ist und nur einen Augenblick ausruht. L.s Alexanderporträts stellten die große körperliche Schönheit und die geistige Art des Königs vor Augen. – → Hercules.

F. P. Johnson, Edinb. 1928; P. Moreno, Lisippo, Bari I 1974.

Lyzeum → Lykeion.

Machtmensch, Übermensch. Nach der Ansicht mancher ist der Typus des M. mit der Sophistik, also in der 2. Hälfte des 5. Jhs. v. Chr. entstanden. Durch die neue Lehre seien die Griechen von der Abhängigkeit entbunden worden, in der sie sich bisher dem Staate gegenüber gefühlt hatten; nach dem *homo-mensura*-Satze des → Protagoras habe nicht mehr der Staat das Tun und Lassen jedes einzelnen bestimmt, sondern dieser selbst. Gegenüber dieser Auffassung ist zu betonen, daß die Geschichte M.en zu allen Zeiten kennt, auch vor der Sophistik, in Griechenland z. B. die Tyrannis, Pausanias, Themistokles (→ Einzelartikel). Die Sophistik hat also den M. nicht geschaffen; sie schien nur mit dem *homo-mensura*-Satz sein Handeln philosophisch zu rechtfertigen. Durch diesen wurde auch theoretisch der M. möglich, der zunächst den Interessen des Staates nicht mehr diente, darüber hinaus aber sie sogar den seinen unterordnete, dienstbar machte und sie für seine persönlichen Vorteile ausbeutete. Wenngleich wir diese Theorie nirgends (insonderheit von keinem Sophisten; künstlerisch gestaltet in der Person des Eteokles in den *Phoinissen* des Euripides) ausgesprochen und philosophisch begründet finden, so war sie doch vorhanden, wie sich aus ihrer praktischen Verwirklichung ergibt. Diese lernen wir aus den Schilderungen ihres scharfen Gegners Platon (im *Gorgias* und im *Staat*) kennen (obwohl Pl. sicher nicht ganz objektiv war); außerhalb aus ihrer Wirkung auf den jungathenischen Adel, namentlich Alkibiades. Pl. vertrat im Gegensatz zu der Theorie des M. das alte Adelsideal (→ Paideia), das er philosophisch begründete und vertiefte. Er fand für seine Anschauung die kurze Formel (in den *Gesetzen*): „der Philosoph Diener der Gesetze“ (mit „Philosophen" sind die philosophischen Staatsmänner gemeint, die in Platons Idealstaat an dessen Spitze stehen sollten). Damit beeinflußte er die Nachwelt. Antigonos Gonatas (283–239 v. Chr.) bezeichnete sein Königsamt als „ruhmvollen Dienst", so wie sich Friedrich d. Gr. den „ersten Diener" des Staates nannte. Ähnliche Gesichtspunkte berichtet Sueton (*Tiberius* c. 29) vom Kaiser Tiberius: „Ich habe es jetzt und auch sonst oft, versammelte Väter, ausgesprochen: ein guter und auf das Gemeinwohl bedachter Führer, dem ihr so große und so unbegrenzte Machtvollkommenheit verliehen habt, hat die Pflicht, dem Senat ein treuer Diener zu sein, in vielen Fällen auch der gesamten Bürgerschaft und häufig sogar einzelnen Personen." Dagegen hat Nietzsche seinen Übermenschen in bewußtem Anschluß an den sophistischen M. entwickelt.

G. Heintzeler, D. Bild des Tyrannen bei Platon, 1927; J. Barion, Macht u. Recht, 1947; F. Heinimann, Nomos u. Physis, [5]1986.

Maecenas. Gaius Cilnius M., gest. 8 v. Chr., ein feingebildeter röm. Ritter aus vornehmem etruskischem Geschlecht, vertrauter Freund und Berater des Kaisers Augustus. Er verstand es, mit sicherem Blick junge literarische Talente aufzuspüren und einen Kreis erlesener Geister um sich zu versammeln; neben Vergil, Properz und anderen Dichtern gehörte vor allem Horaz zu seinen Freunden, dem er ein Landgut in den Sabinerbergen (→ Horazens *Sabinum*) schenkte und so ein sorgenfreies Leben verschaffte. Durch diese freigebige Förderung der Literaten hat er seinen Namen unsterblich gemacht; noch heute bezeichnet man einen Freund und Förderer der Kunst als Mäzen.

V. Gardthausen, Augustus u. s. Zeit, 1891–1917, neu 1964; J. Eberle, M. der Etrusker, 1955; J. M. André, *Mécène,* Paris 1967.

„Mädchens Klage", eine der Perlen der griech. Lyrik, auf einem Papyrus des 2. Jhs. v. Chr. gefunden, von einem unbekannten Verfasser: ein Lied, in dem ein von dem Geliebten verstoßenes Mädchen, das von dem Ungetreuen nicht lassen kann, in schlichten Worten, aber in erregten Versmaßen, z. T. bitterlich aufschluchzenden → Dochmien leidenschaftlich klagt.

W: ALGr II, [2]1942. *Ü:* F. Jacoby, D. gr. Moderne, 1924; A. Körte, P. Händel, Hellenist. Dichtung, [2]1960, S. 304 f.

Mänaden, gr. *mainades,* die „Rasenden", hießen die Dionysosverehrerinnen; → Bakchai.

Märchen. Der M. erzählende Mund des griech. Volkes ist für uns verstummt. Wir kennen aber noch manches aus seinem reichen M.-schatz durch die antike Literatur, wo uns M. und M.motive in literarischer Bearbeitung begegnen, ferner auch aus den M. des heutigen griech. Volkes, in denen sich viele antike M.stoffe erhalten haben. Die ersten M. finden wir im Homerischen Epos, so in der *Ilias* (III 3ff.) die Geschichte vom Kampf der Kraniche mit den Pygmäen, den Däumlingen; mehr in der *Odyssee,* wo uns die Hexe (Kirke) begegnet, die alle zu ihr kommenden Fremden in Tiere verwandelt, der einäugige Riese (Polyphemos), der geblendet wird und sich täuschen läßt, da sein Gegner sich unter dem Namen „Niemand" vorstellte, u.

a. m. Viele M. und M.-motive finden sich dann bei → Herodot und in der späteren Literatur. Vergleicht man die gr. M. mit dem M.schatze anderer Völker, so kann man eine weitgehende Übereinstimmung sowohl im Bestand an ganzen M. als auch an einzelnen M.motiven feststellen. Wie ungeheuer weit die Verbreitung einzelner M. ist, kann man an den Kinder- und Hausm. d. Brüder Grimm ersehen.

B. Schmidt, Griech. M., Sagen u. Volkslieder, 1877, neu 1978; E. Stemplinger, Antike Motive im deutschen M., 1924; W. R. Halliday, *Indo-European Folktales and Greek Legend,* 1953; J. Th. Kakridis, Die alten Hellenen im neugriech. Volksglauben, 1967; W. Aly, Volksmärchen, Sage u. Novelle bei Herodot, [2]1969.

Märtyrerakten, *acta* oder *gesta martyrum,* Berichte, nicht selten amtliche Protokolle römischer Gerichtsschreiber *(notarii)* über Prozeß, Verurteilung, Hinrichtung der altchristl. Märtyrer. Die Christengemeinden verschafften sich vielfach den Text der amtlichen Gerichtsakten über Verhör und Verurteilung der M. und versahen sie mit einer Einleitung und einem Schlußbericht über die Hinrichtung. Dazu kamen manchmal noch Berichte von Augenzeugen u. legendarische Stücke, wie sie die meisten Akten über römische Märtyrer enthalten. Tendenziöse Fälschungen, die z. B. von Häretikern stammen, sind meist leicht erkennbar. Die echten antiken M. sind oft kulturgeschichtlich sehr interessant. Sie gehörten zur Volksliteratur des christlichen Altertums. → Legende; Martyrologium.

Ü: Lat. Märtyrerakten, d. A. Schwerd, 1960.

Magier (persisch), bei den Medern u. Persern Priester des Zarathustra und angesehene Mitglieder einer herrschenden Priesterklasse; auch die „Drei Weisen aus dem Morgenlande“ aus der Bibel heißen gr. *magoi.* Später Sammelbezeichnung für Wahrsager, Astrologen, Traumdeuter, Scharlatane und sogar Gaukler; → Zauber.

Magistrat. *magistratus* hieß in Rom jedes durch Volkswahl übertragene Staatsamt und sein Inhaber. – Die Machtbefugnis *(potestas)* war durch „Annuität“, „Kollegialität“ und Verantwortlichkeit vor der Volksversammlung beschränkt, (→ Demokratie). Die Ämter schieden sich nach dem Rang in 2 Gruppen: zu den höheren gehörten die in den Centuriatcomitien gewählten Consuln, Praetoren und Censoren, zu den niederen die in den Tributcomitien gewählten Quaestoren, Aedilen u. a. Außerdem gab es Beamte, zu denen anfangs nur Patrizier vom ganzen Volk gewählt wurden, und andere, die den besonderen Zwecken der Plebs dienten (Volkstribunen) und die diese allein wählte. Ein nur in Notzeiten verwaltetes Amt war die Diktatur *(→ dictator).* – Alle M. waren durch besondere → Amtsabzeichen kenntlich. Danach teilten sie sich in → curulische und nichtcurulische M. Die c. M. (Consuln, Praetoren, Censoren, curul. Aedilen) hatten als Amtsabzeichen die *sella curulis;* die nichtcurulischen M. waren Quaestoren, pleb. Aedilen, Volkstribunen; die Volkstribunen saßen im Dienst auf einer Bank, dem *subsellium.* Andere Abzeichen der höheren M. waren die → Lictoren mit den Fasces; bei den patrizischen M. die *toga praetexta,* die T. mit breitem Purpurstreif, der die M. von weither kenntlich machte. – Für manche Ämter war eine besondere untere Altersgrenze vorgeschrieben; → Ämterlaufbahn. – Wiederwahl zum gleichen Amt war ungewöhnlich und beim Consulat erst nach einer längeren Reihe von Jahren möglich. Das lag im Wesen der Demokratie; die Ämter sollten möglichst vielen offenstehen, der einzelne aber nicht durch längeren Besitz der Amtsgewalt zu mächtig werden. Erst in den schweren Zeiten des Niedergangs der Republik, im 1. Jh. v. Chr., kam Kontinuierung vor; Marius war siebenmal Consul (z. T. hintereinander wegen der Kimberngefahr); nur einige Kaiser haben das Consulat noch häufiger verwaltet. – Übernahme eines Amtes war nominell Recht und Pflicht jedes röm. Bürgers. In der Praxis freilich war die mit der Quaestur beginnende und zum Consulat führende Ämterfolge den senatorischen Familien vorbehalten, die eifersüchtig darüber wachten, daß kein → *homo novus* ihnen ihr Privileg streitig machte. Ferner widersprachen der demokratischen Forderung, jedes Amt solle jedem Staatsbürger zugänglich sein, in der Praxis die Kosten der Spiele, die die Inhaber mancher Ämter geben mußten. Das Geld dazu besaßen nur Mitglieder reicher Familien; oder waren diese verarmt, so lieh man es ihnen, wenn auch gegen gute Zinsen, in der sicheren Voraussicht, die adligen Standesgenossen des Schuldners würden dessen Ämterlaufbahn schon durchdrücken, und in einem Amt im Ausland (den Provinzen) werde das Geld schon wieder einkommen. Einem armen Teufel aus dem niederen Volke, ohne Aussichten auf Wahlsiege, hätten die (ebenfalls der → Nobilität angehören) Großbankiers einen solchen Kredit nie gewährt. Auch deswegen hatte Rom keine wahre Demokratie. – Die niederen Beamten, z. B. Kanzlei-B. (→ Horaz), wurden besoldet. Die höheren Ämter waren in der Republik Ehren-Ä., die dem Inhaber z. T. noch hohe Kosten aufbürdeten; doch hielten sich die Beamten oft genug in den Provinzen durch Erpressungen schadlos. In der Kaiserzeit erhielten auch hohe B. Gehalt (nach Suet. *Claud.* 24 erhielt ein Procurator 200000 Sesterzen jährlich; → Fiscus; Post).

Th. Mommsen, Röm. Staatsrecht, III, 1871–1888, neu 1952–63; U. Kahrstedt, Unters. zur Magistratur in Athen, 1936; T. R. S. Broughton, *The Magistrates of the Roman Republic* (Liste aller Beamten bis z. Jahre 31 v. Chr.), II N. Y. 1951–52, neu 1960; O. Hirschfeld, Die kaiserl. Verwaltungsbeamten, ²1963; E. Meyer, Röm. Staat u. Staatsgedanke, ³1964.

Magna Graecia → Großgriechenland.

Magna Mater, eine kleinasiatische *Göttin* namens (gr.) *Kybele,* oft nur *Magna mater* = Große Mutter genannt. Ursprünglich war sie ein → Fetisch, ein Meteorstein in der kleinasiatischen Stadt Pessinus. Dann wurde sie menschlich gedacht, als Mutter alles Lebens; die vielbrüstige ephesische → Artemis ist wohl ursprüngl. dieselbe Göttin. 204 v. Chr. holten die Römer in der Not des 2. Punischen Kriegs den Stein aus Pessinus nach Rom.

Magnet. Der Magneteisenstein hat im Gr. auch schon seinen oder vielmehr viele Namen, von denen *magnetis* bis heute erhalten blieb. Was dieses Wort bedeutet, wußten freilich die Griechen selbst nicht; bei ihrer Lust zu fabulieren erfanden sie einen Hirten Magnes, dessen Schuhnägel und Stockspitze am Boden hängenblieben, als er über solchen Stein schritt (→ Echo). Über die magnetische Kraft haben die gr. Gelehrten viel nachgedacht, so schon Thales, der dem M. wie dem → Bernstein eine Art Seele zuschrieb.

Mahlzeiten. Die ältesten Griechen (bei Homer) saßen beim Essen, wenn sie am Morgen u. gegen Abend ihre zwei üblichen M. einnahmen. Später bürgerte sich vom Orient her in Griechenland und von da in Rom die Sitte ein, daß Männer bei Tische liegen (Frauen u. Kinder saßen stets; → *kline*), obwohl dies unbequem ist, wie jeder Kranke weiß, der im Bett ißt. [Auch Jesus lag bei Tische, *Ev. nach Matth.* 9, 10; 26, 20; Luthers Übersetzung und Leonardos Abendmahl führen irre.] Gewöhnlich verwandte man 3 Klinen, die so um den Tisch gestellt waren:  (lat. *triclinium*); an der offenen Seite trat die Bedienung heran. Auf jeder Kline lagen 3 Personen; Varro forderte, die Zahl der gemeinsam Speisenden solle im allgemeinen nicht kleiner sein als die der Grazien [3] und nicht größer als die der Musen [9]; bei großen Gastmählern wurden viele Triklinien nebeneinander aufgestellt. In Pompeii sind viele gemauerte Tr. gefunden worden; man legte Polster auf die harten Steine. Die Tische waren meist ungedeckt; die Römer legten Wert auf Platten aus kostbarstem Holze oder Marmor, nicht auf teure Tischtücher (→ Teppich). Die irdenen Eßteller der röm. Kaiserzeit sahen rot aus, → Terra sigillata. Die Römer der Kaiserzeit verwandten Löffel oft, → Gabeln jedoch selten. Man aß also im wesentlichen mit den Fingern. Deswegen spielte das → Mundtuch eine wichtige Rolle, aber mehr zum Abwischen der Hände als des Mundes. Fettig gewordene Finger wischte man auch an Brotstückchen, die man dann den Hunden vorwarf. Speisereste (Fischgräten, Nußschalten u. ä.) warf man einfach unter den Tisch. So erklären sich auch die „Brosamen, die von des Reichen Tische fallen“. Auch die Römer lagen meist bei Tisch, während die einfache Bevölkerung saß; morgens und abends schlichte M., gegen Abend oft ausgedehnte Haupt-M. Durchaus nicht alltäglich war der Luxus, den man mit Tischgeschirr, kunstvoll bemaltem tönernem oder kostbarem silbernem, trieb, in der Kaiserzeit auch mit der Ausstattung der Speisezimmer. Während des Essens hörten die Griechen gern Musik (Flöte). Hatte man Gäste, so ließ man zwischen den Gängen Gaukler, Tänzerinnen u. a. auftreten. → Kost.

G. Bruns, Küchenwesen u. M. *(Archaeolog. Homerica)*, 1970.

Maia, eine Bergnymphe, von Zeus Mutter des Hermes, den sie auf dem arkadischen Gebirge Kyllene gebar.

Maiandros (gr., d. Mäander), Fluß in → Lydien, der sein Bett fortwährend mit Geröll ausfüllt (→ Milet), sich dann ein anderes sucht und infolgedessen einen sehr gewundenen Lauf hat; deswegen heißt in der Kunst die Zierleiste so, heute auch Grec-Kante (= griechische K.) genannt.

Mainz war ein keltischer Ort, der seinen latinisierten Namen *Mogontiacum* von einem kelt. Gott (Mogon?) herleitet. M. Agrippa, 39–38 v. Chr. Statthalter in Gallien, wird wohl auch in dieser Gegend mit seinem Heer operiert haben; von diesem Datum leitete M. die Berechtigung zur 1962 begangenen 2000-Jahr-Feier her (→ dagegen Trier). Die ersten sicheren Nachrichten stammen aus dem Jahre 13 v. Chr.; damals hat → Drusus den strategisch wichtigen Punkt an der Mainmündung zum Ausgangspunkt seiner Eroberungszüge in das innere Germanien gemacht und ein festes Lager ausbauen lassen, neben dem eine Zivilsiedlung gewachsen ist. Im 1. Jh. n. Chr. wurde M. die stärkste Garnison der Rheinlinie und Sitz des Oberbefehlshabers von *Germania superior* (→ Rhein); das auf dem gegenüberliegenden Ufer als Brückenkopf dienende Kastell (heute M.-Kastel) war mit dem Hauptlager durch eine Holzbrücke verbunden. An den „Gründer“ Drusus erinnert der „Drusus-Stein“ (auch Eigelstein genannt), ein zylindrischer Turm, quaderverkleidet, kegelförmig bekrönt) heute als Torso besteigbar, Grabstein für Drusus (nach Eutropius, VII, 13), der allerdings nicht dort, sondern in Rom bestattet wurde. Das frühe Holzkastell wurde später von einem Steinbau abgelöst; vom Wachstum der Stadt zeugen Spuren von Säulenhallen, Triumphbögen, eines Theaters, einer 5 km langen Wasserleitung, deren Pfeiler z. T. erhalten sind. Der Warenbedarf der dort stationierten Truppen förderte ein rasches wirtschaftliches Aufblühen der Stadt. Mit der Festigung des → Limes unter Kaiser Domitian wurde M. zur Provinzmetropole, blieb Versorgungszentrum, Verwaltungsmittelpunkt und Sitz des Oberkommandos. Im 3. Jh. wurde M. befestigt (Mauerabschnitt mit Toranlage freigelegt) und mit dem auf dem Ostufer gelegenen Kastell durch eine Brücke verbunden. Seit der Mitte des 4. Jh. war die Stadt Bischofssitz, vielleicht auch dadurch konnte M. trotz mehrfacher Plünderung durch die Alemannen seine Bedeutung bis in die Karolingerzeit hinein bewahren. – Die Funde aus röm. Zeit, gesammelt im Röm.-German. Zentralmuseum, vermitteln ein anschauliches Bild vom Leben im röm.-german. Grenzgebiet.

E. Schmidt, D. Kastell bei M., ORL 1915; G. Behrens, D. frühchristl. u. merowing. M., 1950; ders., Zur Topographie d. röm. M., 1951; Handbuch d. hist. Stätten Deutschlands, V., hg. L. Petry, 1959; K. H. Esser, *Moguntiacum* (Bonner Jb.), 1972.

Makedonien, nordgr. Landschaft, nach Süden von Thessalien durch den Olymp abgegrenzt, Thrakien und den Donauländern benachbart; die Bewohner wurden im Altertum als Barbaren bezeichnet; ihre Herkunft u. ihre Sprache unklar; wir besitzen wenige Aufzeichnungen in maked. Sprache. Wegen der Fruchtbarkeit u. Großräumigkeit seiner Hochebenen entwickelte sich Großgrundbesitz, aber keine städtische Kultur; eine Ausnahme bilden gr. Kolonien an der Küste, besonders an der Chalkidike. Die Auseinandersetzung der Bewohner des inneren Landes und denen der Küstengebiete bestimmte zum guten Teil das Schicksal des Volkes. Etwa im 7. Jh. v. Chr. gewann das Fürstengeschlecht der Argeaden eine königliche Stellung, die aber nicht unangefochten blieb; die staatliche Konsolidierung gelang erst im 5. Jh.; von da an bemühten sich einige Könige um Festigung des Staatsgefüges u. Verbindung zur Hellenischen Welt: Archelaos (413–399) berief Künstler und Dichter an den Hof (Euripides). Seitdem wurde Ausdehnung nach dem Süden, vor allem Gewinnung der reichen thrakischen Küste (Goldbergwerke) mit den athenischen Kolonialstädten das Ziel der makedonischen Politik. Unter → Philipp (359–336 v. Chr.), besonders unter → Alexander d. Gr. traten die Makedonen an die Spitze der damaligen Welt, aber nur vorübergehend und auch damals ohne eigene kulturelle Leistungen. – Neue Funde seit 1977 aus den Fürstengräbern von Vergina (Philippsgrab). → Diadochen; Perseus; Röm. Geschichte.

O. Hoffmann, D. Makedonen, ihre Sprache u. ihr Volkstum, 1906; F. Geyer, M. bis zur Thronbesteigung Philipps II., 1930; P. Cloché, *Histoire de la Macédoine . . .*, Paris 1960; M. Errington, Gesch. M.s, d. 1986.

Makkabäer. Die M., auch Hasmonäer genannt, jüdisches Priestergeschlecht, kämpften 167 v. Chr. gegen die → Seleukiden, die den Juden die griechische Lebensweise und hellenist. Kultur aufzwingen wollten, z. B. durch Errichtung von Gymnasien in den Städten (Luther: Spielhäuser). Judas Makkabäus (Makkabi = Hammer) fiel zwar 160, aber das ihm folgende Priestergeschlecht der Hasmonäer machte Israel wieder zu einem selbständigen Staat u. herrschte über ihn bis 37 v. Chr. Diese Priesterfürsten tendierten jedoch selbst zu einer Synthese zwischen dem jüd. Glauben u. der hellenist. Kultur; sie schlossen ferner ein Bündnis mit den Römern u. knüpften Kontakte zu Sparta. Die beiden M.-Bücher des Alten Testaments sind wichtige Quellen für diese Vorgänge. Im Zuge römischer Interventionen setze Pompeius 63 v. Chr. den von seinem Bruder Aristobulos vertriebenen M. Hyrkanos I. als Hohenpriester und tributpflichtigen Herrscher ein. Auf Hyrkanos II. folgte der Edomiter → Herodes I.

E. Bickermann, Die M., 1935; ders., Der Gott der M., 1937; V. Tscherikover, *Hellenistic Civilisation and the Jews,* Philad. 1961.

Makkaronische Poesie, nach dem *Carmen macaronicum* („Gedicht auf die Maccheroni") des Paduaners Tifi degli Odasi (gest. 1488) genannt, spaßhafte lat. Verse, in die Wörter aus der Muttersprache des Dichters, aber mit lat. Endung, eingestreut sind, etwa wie: *Nachtwaechteri veniunt cum spiessibus atque laternis.*

H. Weis, *Bella Bulla,* [5]1969; J. Dahl, Maccaronisches Poetikum, 1962.

Malaria, die furchtbare Gefahr der Mittelmeerländer, ein Fieber, das die blühendsten Gegenden, so z. B. die Umgebung von Rom und viele andre völlig verödete. Der Name bedeutet „schlechte Luft", d. h. Sumpfluft; aber nicht durch diese entsteht M., sondern durch die in den Sümpfen gedeihenden Anophelesmücken (gr.

anopheles = nutzlos; schädlich), in denen die M.-Parasiten leben, die sie beim Stich auf den Menschen übertragen.

W. H. S. Jones, *M. and Greek History,* 1909; A. Celli, Die M. in ihrer Bedeutung für die Geschichte Roms und der röm. Camp., 1929.

Malerei. Material: Auf Holztafeln (gr. *pinakes,* → Pinakothek) oder Leinwand. Solche Bilder schätzten die Alten höher als Plastiken; man bezahlte Werke berühmter Maler teurer als Statuen. Bei der Vergänglichkeit des Holzes und der Leinwand ist nichts davon erhalten außer den Mumienporträts. – Auf Stein, wobei oft in der enkaustischen Technik die mit Wachs verschmolzenen Farben heiß aufgetragen und vermalt wurden, vor allem auf Marmor, z. B. die Knöchelspielerinnen (→ Spiele) im Museum in Neapel; – In → Mosaik zu Tausenden erhalten. – Wandm. in Fresko-Technik auf den Wänden der Zimmer, → Wandm.; Katakomben. – Auf Geschirr, → Vasen; zu Zehntausenden erhalten, weil die Vasen oft in die Gräber mitgegeben wurden, wo sie bis zu deren Auffindung meist unzerbrochen standen; Hauptstück die François-vase, attisches Werk des 6. Jh. v. Chr., Töpferei des Ergotimos, Bemalung von Kleitias (→ archaisch). – Glasm., nicht im Sinne unserer Kirchenfenster, sondern z. B. durch Schliff; durch Überziehen eines blauen Glasgefäßes mit einem weißen Überfang und dessen Ausschleifen so, daß dann weiße Figuren auf blauem Grunde stehen (Portland-Vase). – Eine Übersicht über die Entwicklung der antiken M. kann kaum gegeben werden, weil insonderheit von den Werken der großen Meister nichts erhalten ist. → Polygnotos; Apelles; Apollodoros; Nikias; Zeuxis; Polychromie; Vasen; Porträtkunst.

P. Hermann, R. Herbig, Denkmäler d. M. d. Altert., 1907ff.; E. Pfuhl, M. u. Zeichnung d. Griechen, III 1923; K. Kübler, Altatt. M., 1950; K. Schefold, Pompejan. M., 1952; A. Rumpf, M. u. Zeichnung (Hdb. d. Arch., IV), 1953; A. Maiuri, *Peinture Romaine,* Genf 1953; H. Leisinger M. d. Etrusker, 1954; W. Kraiker, D. M. d. Griechen, 1958; M. Borda, *La pittura romana,* Mail. 1958; M. Robertson, Griech. M., d. 1959; R. Seider, Röm. M., 1968.

Malta, gr. *Melite,* lat. *Melitu,* hat bedeutende prähistorische Reste, die dort so gut erhalten sind wie sonst kaum; dazu beachtliche röm. Reste; phoinikische Kolonie, dann karthagisch, seit 218 v. Chr. römisch, mit erheblichem Anteil an griechischen Bevölkerungsgruppen. Die Landessprache, der Besiedlung im Altertum u. der Neuzeit entsprechend, ein Gemisch aus Griechisch, Arabisch, Italienisch u. wohl auch älteren Bestandteilen (phoinikisch?).

A. Mayr, D. Insel M. im Altert., 1909; W. Arntz, M., [2]1941; J. D. Evans, d. 1963; J. v. Freeden, M. u. die Baukunst seiner Megalith-Tempel, 1993.

Mamertiner. Der Tyrann Agathokles von Syrakus hielt für seine ehrgeizigen Pläne ein großes Heer meist aus italischen (samnitischen und campanischen) Söldnern. Nach seinem Tode (289) bemächtigten sich die campanischen Söldner, die sich nach dem latinischen Kriegsgott Mamers nannten, der Stadt Messana in Sizilien (heute Messina). Sie errichteten einen Räuberstaat, der die ganze Insel beunruhigte. Erst → Hieron II. konnte sie besiegen (265 v. Chr.?). Die bedrängten M. riefen die Römer nach Sizilien; daraus entstand der 1. → Punische Krieg.

Manes hießen in Rom die Geister der Verstorbenen. Seit dem Ende der Republik erscheint auf Grabsteinen vor dem Namen des verstorbenen die Formel *Dis Manibus sacrum* (den Totengöttern geweiht; abgekürzt: DM).
W. F. Otto, Die Manen, ³1962.

Manilius, Marcus (sogar der Name ist unsicher!), röm. Astronom und Dichter des 1. Jh. n. Chr., wird als Verfasser eines astron. Lehrgedichtes bezeichnet, das dem Kaiser Tiberius gewidmet war: Himmelsbeschreibung, astronom. Grundbegriffe, Horoskope, Tierkreiszeichen und Einwirkungen der Gestirne, alles mit großer Überzeugungskraft vorgetragen (in Hexametern), → Astrologie. Astronomie.
W: Hg. u. komm. A. E. Housman, Lond. V 1903–30, neu Hildesh. 1972.
Ü: J. Merkel (nur I), 1857.

Manipel → Heeresorganisation; Kleidung.

Manlius → Marcus M. Capitolinus hieß C. [als Retter des Capitols (→ Gans) oder], weil er auf dem Capitol wohnte. – Titus M. Torquatus hieß T. nach einem Halsring, *torques,* einem beliebten Schmuck vornehmer Kelten, den er 387 (367?) v. Chr. einem besiegten Gallier abgenommen hatte und als Siegeszeichen trug.

Mantel. Dafür gibt es mehrere griech. und mehr als ein Dutzend lat., z. T. dem Griech. entlehnte Wörter, die verschiedene M.-Arten bezeichnen, z. B. den Reisem. (mit Kapuze), Soldaten-, Feldherrnm., Winterm. (davon 2 Arten, auf einer oder auf beiden Seiten zottig). Im lebendigen Gebrauch erhielt sich von diesen lat. Namen bis heute *mantellum.* Warum gerade dieses zwar schon bei Plautus vorkommende, aber im Altertum sehr seltene, wohl ursprünglich spanische Wort später siegreich blieb (auch im Ital., Franz., Span.), ist wohl unerklärt. → Kleidung.

Mantik, gr. *mantike,* die Kunst des *mantis,* → Orakel.

Mantineia im östl. Arkadien mit heute noch gut erhaltenen Stadtmauern; dort schlug → Epameinondas 362 eine aus Spartanern und Athenern bestehende Armee.

manus manum lavat, „eine Hand wäscht die andere“, lat. Sprichwort, zitiert bei Seneca, *Apocolocyntosis* 9; Petronius 45.

Mappe von lat. *mappa* = → Mundtuch.

Marathon, „Fenchelfeld“, kleine Strandebene in Attika, gegenüber von Euboia, wo am 12. Sept. 490 v. Chr. die Athener unter → Miltiades die Perser unter Datis und Artaphernes schlugen. Den Verlauf der Schlacht schildert Herodot, dem man jetzt, gegenüber früheren Zweifeln, wieder glaubt, abgesehen von dem Angriff der schwerbewaffneten Athener nach einem Laufschritt über eine Strecke von 1½ km, der eine physische Unmöglichkeit ist. Ein Läufer brachte den Bürgern in Athen die Siegesnachricht; er durcheilte die 40 km lange Strecke (Marathonlauf), brach aber am Ziel tot zusammen. [Ein antiker Beleg für den Ausruf: *nenikekamen* = „Wir sind Sieger!“ findet sich nicht.]

Die Athener begruben die Toten auf dem Schlachtfeld in einem noch erhaltenen → Massengrab.

K. P. Kontorlis, *The battle of M. and the recent archaeological discoveries* . . . , Athen [2]1973.

Marbod, König der → Markomannen, der um 8 v. Chr. sein Volk aus dem Maingebiet nach dem von den → Boiern verlassenen Böhmen führte. Er gründete dort ein großes Reich mit einem mächtigen ostgermanischen Völkerbund. Bei den Kämpfen des Arminius gegen die Römer (9 n. Chr.) nahm er eine abwartende Haltung ein. Deshalb kam es zum Krieg zwischen ihm und A., in dem sein Reich zerfiel. Er wurde vertrieben, floh zu den Römern und lebte noch 22 Jahre in Ravenna.

Marcellus. Marcus Claudius M. richtete nach der offiziellen Tradition, die vielleicht ausgeschmückt ist, nach der Schlacht bei Cannae 216 v. Chr. die verzweifelte Stimmung der Römer wieder auf; daher Beiname: Schwert Roms. 213 belagerte er Syrakus, das nach dem Tode → Hierons zu Hannibal abgefallen war. Trotz tapferer Gegenwehr (→ Archimedes) nahm er die Stadt 212 ein, die unter Mord und Plünderung furchtbar litt; → Kunst(handel), -raub. Biographie Plutarchs.

Marcellus Empiricus aus Bordeaux, ein hoher kaiserl. Beamter um 400 n. Chr., schrieb als Laie ein Rezeptbuch für den privaten Gebrauch, eine Sammlung von 2500 Rezepten mit viel Magie und Quacksalberei. → Heilkunde.

W: Hg. E. Liechtenhan u. a., II [2]1968 (mit Ü).

Marcus Aurelius. M. Annius Verus, als Kaiser M. Aurelius Antonius (→ Antonine), aus altem plebeischen Geschlecht, 121 n. Chr. in Rom geb., vortrefflich erzogen und von Hadrian bevorzugt, der den von ihm adoptierten Antoninus Pius veranlaßte, M. A. und Verus als Nachfolger zu adoptieren. 161–80 Kaiser, ein „Weiser auf dem Thron", vereinigte er Liebe und Sinn für Bildung und Wissenschaft mit stoischer Sittenstrenge und altröm. Einfachheit. Selbst unter den Waffen und in der Vielgeschäftigkeit seines bewegten Staats- und Kriegslebens fand er Muße und Sammlung zur Abfassung eines Buches voll philosophischer Selbstbetrachtungen, der Schrift *An sich selbst;* in Aphorismenform und in griech. Sprache schrieb er darin die Gedanken auf, die ihm die stoische Philosophie als Trost und Hilfe bot. Gegen eigene Neigung, nur aus Pflichttreue, führte er während des größten Teils seiner Regierung Kriege. 162–65 kämpfte er gegen die Parther in Mesopotamien; 166–75 und 177–80 hatte er schwere Kämpfe gegen die Markomannen, Quaden und Iazygen in Böhmen und Österreich zu bestehen. Einzelheiten dieser Kriegszüge sind unbekannt; nur unvollkommenen werden wir durch die Bilderstreifen der Marcussäule (→ Ehrensäulen) unterrichtet. Diese Kriege waren noch nicht beendet, als M. A. 180 (in Wien oder in Sirmium) starb. → Faustina. – Zahlreiche Bildnisse erhalten; am berühmtesten die Reiterstatue auf dem Capitolplatz in Rom, eine der wenigen antiken Statuen, die niemals unter der

Erde lag, da sie als Statue Konstantins angesehen und daher geschont wurde. 1538 versetzte Michelangelo sie von der Lateransbasilika auf das Capitol (jetzt Kopie).

W: Hg. H. Schenkl, 1913, neu 1969; hg. u. d. R. Nickel, 1990. – *Ü:* Selbstbetrachtungen, W. Capelle, [12]1973; A. Wittstock, [2]1969. *L:* U. v. Wilamowitz, Kaiser Marcus, 1931; W. Görlitz, M. A., [2]1954; A. Birley, d. 1968; E. Knauer, D. Reiterstandbild des Kaisers M. A., 1968; J. H. Oliver, Princeton 1970; D. Bervig, M. A. und die Christen, 1970; R. Klein (Hg.), 1979; U. Schall, M. A., 1991.

Marcus Curtius, Römer, stürzte sich nach der offiziellen Tradition 362 v. Chr. auf Grund eines Orakels zur Versöhnung der Götter in voller Rüstung in einen Erdspalt, der sich auf dem Forum geöffnet hatte und sich über dem Opfer sofort schloß. Die Stelle hieß später *lacus Curtius.*

Mardonios, ein pers. Feldherr, führte im Auftrag des → Dareios den Feldzug 492 v. Chr. gegen Griechenland (→ Athos); er fiel 479 bei Plataiai.

Margites → Homerische Dichtung 4.

Maria. Der Name ist hebr. und auch da, wo er sich in Rom schon früh findet (*Römerbrief* 16, 6), dorthin aus dem Orient gelangt.

Marienverehrung. Der M.-Kult entwickelte sich erst seit dem Oekumen. Konzil von Nicaea und blühte seit dem 6. Jh. besonders im Osten, wo M. als thronende Gottesmutter hochverehrt wurde. Im Abendland fand er nur langsam Eingang. Im Osten verfaßte man zuerst das *Protoevangelium Jacobi* und das *Evang. de nativitate Mariae,* in denen die Jugend, Herkunft und der Tod der M. beschrieben war. Aber diese Evang. fanden nicht die allgemeine Anerkennung. Dagegen gelangten die M.-Hymnen und -Legenden, wenn auch erst spät, vom Osten nach dem Abendland. Die Legenden wurden Anfang des 12. Jh. gesammelt. Die gleiche Entwicklung zeigen die M.-Bilder. Das älteste Bild der Madonna gehört, wie die frühesten Darstellungen christl. Kunst überhaupt, erst dem 3. Jh. an und ist in den Priscillakatakomben in Rom erhalten. Dann finden sich vereinzelt Darstellungen von Mariae Verkündigung, seit dem 4. Jh. wird auch Christi Geburt dargestellt. Im 5. Jh. (Konzil v. Ephesus, 431) beginnt der Siegeszug des M.Bildes in der Kunst. Zuerst erscheint sie in der byzantin. Malerei als thronende Gottesmutter. Die abendländ. Kunst folgte nur zögernd, bis man im 13. Jh. im Westen vom Zeremonialbild abkam und M. als menschliche Mutter darstellte. Seitdem gehörte M. mit dem Kinde mehrere Jh. zu den beliebtesten Themen der ital. und deutschen Maler.

W. Delius, Gesch. d. M., 1962.

Marius. Gaius M., 156 v. Chr. geb., stammte aus einem Bauerngeschlecht bei Arpinum. Er focht zuerst als Soldat tapfer in Spanien. In Rom heiratete er Caesars Tante Iulia. Im iugurthinischen Krieg tat er sich als Legat hervor und wurde als Kandidat der Volkspartei für 107 zum Consul gewählt, um die optimatische Mißwirtschaft im iug. Kr. zu beseitigen; über seine Erfolge → Iugurtha. Im Kriege gegen die Kimbern und Teutonen war er 104–101 Consul und reorganisierte das röm. Heer. Seitdem gab es nur noch Berufssoldaten, zu denen nur röm. Bürger aus Italien herangezogen wurden. Seine Einteilung und Organisation der Legionen in Centurien usw. blieb von da an bis in die Kaiserzeit, → Heeresorganisation. Er besiegte die Teutonen bei Aquae Sextiae 102, die Kimbern 101 bei Vercellae und wurde deswegen als 3. Gründer Roms begrüßt (der 2. war → Camillus). 100 war er zum 6. Mal Consul. Sein Versuch, eine politische Rolle zu spielen, mißlang. Er zerfiel mit beiden Parteien, dem Senat und der Volkspartei. Der Senat spielte gegen ihn Sulla aus. M. mußte 88 vor diesem fliehen und wurde geächtet und gefangen. Den kimbrischen Sklaven, der ihn töten sollte, schreckte er durch seine drohende Stimme zurück. Er floh nach Afrika. Als Sulla 87 in den Krieg gegen Mithradates gezogen war, kehrte M. nach Rom zurück und rächte sich an seinen Feinden. 86 wurde er zum 7. Mal Consul, starb aber schon am 13. Januar. → Maultiere (Marianische M.).

W. Schur, D. Zeitalter d. M. u. Sulla, 1942, neu 1968; J. van Ooteghem, Brüssel 1964; A. Passerini, *Studi su C. M.*, Mailand 1971.

Mark Anton → Antonius.

Mark Aurel → Marcus Aurelius.

Markianos v. Herakleia, gr. Geograph zwischen den 3. u. 5. Jh. n. Chr., gab außer Kurzfassungen fremder Werke auch eines aus eigener Feder heraus, eine Beschreibung des „äußeren Meeres“, wovon Teile über den Indischen und den Atlantischen Ozean erhalten sind. → China.

W: Geographi Graeci Minores, hg. C. Müller, Paris, Bd. I 1855, neu 1965.

Markomannen, german. Stamm, von Caesar zu den Sueben gerechnet. Unter → Marbod wurden die M. in Böhmen (→ Boier) ein großes selbständiges Volk. Unter → Marcus Aurelius stießen sie mit den Römern zusammen. Nachdem sie über 500 Jahre Böhmen behauptet hatten, wanderten sie nach Bayern; vielleich sind die heutigen Bayern ihre Nachkommen und hießen Baiuvarii nach dem Lande, das die M. bisher bewohnt hatten, Boiohaemum.

Markthalle → Basilica; Constantinsbasilica; Platz.

marmor Parium, eine gr., 264/263 v. Chr. verfaßte Chronik der politischen und Kulturgeschichte Griechenlands von der → Frühgeschichte bis zur Abfassungszeit 264 v. Chr., für Schulzwecke auf Marmor geschrieben, also eine Art steinerne Schulwandtafel, auf Paros gefunden, danach *der parische M.* genannt, mit genauen Jahresangaben (→ Jahreszählungen), eine der wichtigsten Quellen zur Kenntnis antiker Chronologie. Ein Fragment, bereits 1627 entdeckt, befindet sich in Oxford, ein anderes auf Paros im Museum.

W: FGrH; F. Jacoby, Das M. P., 1904.

Marmorverkleidung der Wände war in der röm. Kaiserzeit in öffentlichen Gebäuden üblich, auch in vornehmen Privathäusern zu finden, z. T. ließ man sich aber auch die Wände von Stubenmalern „marmorieren“.

Mars (Auch *Mavors, Mamers, Marmar*), uralter gemeinitalischer Gott; die Römer nannten sich selbst „Söhne des M.“, den sie für den Vater des Romulus und des Remus hielten. Im Lied der → Arvalbrüder wird M. zum Schutz der Gemeinde angerufen und scheint als Vegetationsgott verehrt worden zu sein, der das Wachstum von Vieh und Feldfrucht fördern sollte. – Der erste Monat des Jahres, das im Frühling beginnt, ist nach ihm benannt, da nun die Kriegszüge beginnen. Auch die anläßlich des → *ver sacrum* ausziehende Jungmannschaft ist ihm geweiht. M. wird so zum Kriegsgott, während → Quirinus zurücktritt. Dem M. heilige Lanzen und Schilde wurden in der Regia auf dem → Forum aufbewahrt. Als Priesterschaft sind dem M. neben einem → Flamen die → Salier zugeordnet. Eine alte Kultstätte hatte M. in einem Altar auf dem Campus Martius, dem Marsfeld. Dies umfaßte das Gebiet im Tiberbogen nördl. des → Capitols u. diente als Exerzierplatz (seit der Kaiserzeit allmählich überbaut). Hier versammelte sich die *contio,* die → Volksversammlung, die ursprüngl. gleich der Heeresversammlung war. Hier entsühnte auch der → Censor die Bürgerschaft alle fünf Jahre durch das Lustrum (→ *suovetaurilia*). An der *Via Appia,* ebenfalls außerhalb des → Pomeriums, lag ein Tempel des M. Augustus weihte dem *M. Ultor* (d. i. Rächer), im J. 2 v. Chr. auf dem von ihm erbauten Forum einen Tempel, in dem M. zusammen mit → Venus verehrt wurde. Die Kultgemeinschaft beruht auf dem Vorbild des griech. Mythos, der → Ares, mit dem M. seit dem 3. Jh. v. Chr. gleichgesetzt wird, mit Aphrodite verbindet. Dem M. geweiht waren auch die Feste, die im März und Oktober den Auszug und die Heimkehr des Heeres bezeichneten.

G. Hermansen, Studien über den italischen Mars, Kopenhagen 1940; G. Dumézil, *Jupiter, M., Quirinus,* Paris 1941; U. W. Scholz, Stud. zum M.-Kult u. M.-Mythos, 1970.

Marseille, griech. *Massalia,* lat. *Massilia,* um 600 v. Chr. von → Phokaia (Mutterstadt) aus gegründet, berühmt durch einen einzigen großen Sohn der Stadt, → Pytheas; im Altertum wichtig als Vermittlerin griech. Geistesguts an Gallien (→ Schweiz); allezeit durch Handel bedeutend; geringe antike Reste.

Marsyas, Name mehrerer Flüsse und eines sagenberühmten Daimons, der in Kelainai in Phrygien (Kleinasien; heute Diner) verehrt wurde. Athena hatte die Flöte erfunden, aber sie weggeworfen und verflucht, weil das Fl.-Blasen das Gesicht entstelle. M. nahm die Fl. auf, übte sich im Fl.-Spiel, gewann darin eine solche Fertigkeit, daß er im Musizieren dem Apollon überlegen zu sein glaubte, und forderte diesen zu einem musikalischen Wettstreit auf. Aber er unterlag und wurde für seine Überhebung schwer bestraft; Apollon ließ ihm bei dem Schilfsee Aulokrene [man deutete diesen Namen als „Flötenquelle“] in der Nähe von Kelainai bei lebendigem Leibe die Haut abziehen; diese wurde in einer Grotte bei K. neben der Quelle des Flusses M. aufgehängt, wo sie lange gezeigt wurde. – Eine berühmte Gruppe Myrons, auf der Akropolis von Athen, stellte Athena dar, die die Flöte weggeworfen hatte, und M., der sie findet (Kopie in Frankfurt, Liebieghaus). Eine andere Gruppe

(Praxiteles-Werkstatt?) zeigte Apollon sitzend, M. blasend, daneben einen am Boden hockenden Skythen, der für die grausame Arbeit ein Messer schleift. Hellenist. Gruppen dieser Art wurden wegen ihrer anatomischen Genauigkeit sehr bewundert. Viele antike Kopien erhalten. Eine Plastik mit einer M.-Darstellung schuf auch Michelangelo; zahlreiche Gemälde mit der gleichen Szene von Vasari, Tintoretto, Caracci, Rubens, Tiepolo u. a. (→ Flöte; Midas).

Martial. Marcus Valerius Martialis, ca. 40–102 n. Chr., Epigrammatiker, wurde in Spanien geboren, führte lange Jahre in Rom als Bettelpoet und Klient vornehmer Leute ein kümmerliches Leben und kehrte schließlich in die Heimat zurück, wo ihm eine reiche Gönnerin ein Landgut schenkte. Er verfaßte 15 Bücher → Epigramme, kleine, meist polemisch-satirische Gedichte, in denen er, gleichsam „eine wandelnde Skandalchronik", die röm. Welt u. Gesellschaft in all ihrer inneren Unwahrheit u. Lasterhaftigkeit schonungslos schildert; immer geistreich und originell, versteht er mit wenig Worten in fein geschliffenen Versen zu überraschen und boshafte Wahrheiten zu sagen. Das bunte Leben der Hauptstadt wird da sichtbar, treffend gezeichnete Menschenbilder aller Stände zeugen von der sicheren Hand des Dichters, der aus Rücksicht allerdings zur Benutzung von Decknamen gezwungen war. Viele dieser kurzen Kunstwerke sind echte Epigramme, die nur aus einem Distichon bestehen, scheinbar spielerisch hingeworfen, meist sehr pointiert abgeschlossen. Für die Epigrammdichtung der Nachwelt erlangte M. maßgebende Bedeutung; deutsche Epigrammatiker wie Logau und Lessing verdanken ihm eine Fülle von Anregungen. Goethe und Schiller entlehnten ihm sogar den Titel ihrer → Xenien; s. Lessings scharfsinnige Beurteilung des röm. Dichters in seinen Anmerkungen über das Epigramm.

W: Hg. W. Heraeus, 1925; hg. u. komm. L. Friedländer, II 1886, neu 1961. – *Ü:* R. Helm, 1957; H. C. Schnur (Ausw.), 1966. *L:* J. W. Duff, *M.*, Cambr., 1929; H. A. Gärtner (Festschr. O. Regenbogen), 1956.

Martyrologium, ein für den liturgischen Gebrauch, zum Vorlesen beim Gottesdienste bestimmtes Verzeichnis von Märtyrern und Bekennern. In der Mitte des 5. Jh. wurde das erste große altchristl. M. zusammengestellt. Es enthielt nach den Kalendertagen geordnet, beginnend mit Weihnachten, die Namen der Heiligen der einzelnen Tage mit Angabe der Stadt, wo sich ihr Grab befand oder wo sie verehrt wurden (vgl. die *Fasti* des → Ovid). Dies M. wurde später mannigfach erweitert. Spätere M. enthielten geschichtliche und legendäre Nachrichten zu den einzelnen Heiligenleben oder waren auch für die besonderen Bedürfnisse eines Landes oder Ordens verfaßt. Ein offizielles *M. Romanum* für den kirchl. Gebrauch wurde dann im Auftrage von Gregor XIII. unter Mitarbeit von Baronius bearbeitet. → Legende; Märtyrerakten.

Maschinen. Eine der Ursachen, die in der Neuzeit zur Erfindung u. Verwendung von M. führten, war die Notwendigkeit, die menschliche Arbeitskraft verhältnismäßig hoch zu bezahlen. Da die Sklavenarbeit billig war, verwendete das Altertum wenig M., vereinzelt eine Mähmaschine. Sehr merkwürdig war die Erfindung von Musikmaschinen, der automatisch zwitschernden Vögel (→ Heron), vor allem der → Orgel. Antike Werke über M.-Bau sind selten (→ Vitruvius) und nicht umfangreich, am ausführlichsten solche über Kriegs-(Belagerungs-, Wurf-)M.; → Artillerie. So wissen wir auch wenig über antike Hebem., können diese jedoch nach dem beurteilen, was man mit ihnen leistete. Bewältigung geradezu unglaublicher Steinlasten findet sich schon in Ägypten; von dort übernahm das gr.-röm. Altertum diese Kenntnisse. Die zwei Memnonskolosse bestehen je aus einem Stein von 15 m Höhe und 720 t Gewicht, die 200 km stromaufwärts an ihren jetzigen Standort gebracht und dort aufgerichtet wurden; in der röm. Kaiserzeit sind in einem Tempel in → Baalbeck, dem sog. Trilithon (= Dreistein), 3 Steine von 3×4 ×19 (!) m auf eine 7 m hohe Grundlage gehoben und dort verbaut; → Obelisken. Die Hebemaschine hieß gr. *geranos,* lat. *grus* = Kranich; davon leitet sich das Wort „Kran" her. – Im Mittelalter verfiel die antike Technik; in der Renaissance wurde sie aus antiken u. z. T. arabischen Werken zu neuem Leben erweckt. An ihren antiken Ursprung sollte immer das Wort M. selbst erinnern, das vom gr. *mechane* (daher Mechaniker) über lat. *machina* und franz. *machine* zu uns gelangte. – → Automaten; Mechanik; Technik.

F. M. Feldhaus, Die M. im Leben der Völker, 1954.

Masinissa, König von Ostnumidien, Rivale des Königs Syphax. Da dieser im 2. punischen Krieg den Karthagern treu blieb, trat M. auf die Seite der Römer und erhielt von ihnen im Frieden 201 den größten Teil von → Numidien.

Masken → Schauspieler.

Maße → Flächen-, Hohl-, Längenm.; Gewichte; Münzen. – Viele Namen deutscher M. gehen auf gr. u. lat. Bezeichnungen zurück. Die Germanen haben natürlich naheliegende M. wie die Durchschnittslänge eines Schritts, eines Steinwurfs u. ä. gekannt; eigentliche objektive M. aber, die vor dem Mittelalter nicht erwähnt werden, übernahmen sie erst von den Römern. „Die Breite des Hercynischen Waldes beträgt 9 Tagereisen; anders kann man das nicht angeben, denn Wegemaße kennen sie nicht", Caesar, *bellum Gallicum* VI 25, 1. Mit den M. übernahm man deren Namen, so → Meile; Pfund, lat. *pondus;* Zentner, lat. *centenarius* = 100malig; Liter, gr. *litra* (urspr. Gewicht, wie lat. → *libra;* erst später Hohlm.); Gramm, gr. *gramma;* Gran (kleines Apothekergewicht), lat. *granum* = Korn. In anderen Fällen sind nicht die M. selbst antik, aber ihre mit Verwendung antiker Wörter geschaffenen Namen, z. B. Ar von franz. *are,* zu lat. *area* = Fläche; Meter franz. *mètre,* von gr. *metron* = Maß. Vor allem gilt das von den in der → Französ. Revolution von 1789 neu geschaffenen Dezimalmaßen, die jetzt fast international gelten. Man beachte, daß dabei in Zusammensetzungen die griech. Zahlen (deka- = 10, hekt, = 100, Kilo- [von gr. *chilioi*] = 1000) multiplizieren, die lat. (dezi-, zenti-, milli-) dividieren: Kilometer = 1000 m, Millimeter = $^1/_{1000}$ m.

Massengräber, gr. *polyandria* = „[Grab] für viele Männer". Die bei Marathon 490 v. Chr. gefallenen Griechen und bei Chaironeia 338 v. Chr. gefallenen Gr. u. Makedonen wurden im M. gemeinsam beigesetzt. Der Grabhügel bei → Marathon ist besteigbar; von der Hohe uberblickt man gut das Schlachtfeld. Gebeine, Waffenreste und (spärliche) Totenbeigaben ruhen in zwei Glassärgen mit schlichten und um so ergreifenderen Aufschriften im Nationalmuseum in Athen. – Über der Bestattungsstelle von → Chaironeia erhebt sich heute wieder das Löwendenkmal; Funde aus den Gräbern sind im dortigen Museum geborgen. – Bei den → Thermopylen hingegen sind bis heute keine Gräber gefunden worden, nur viele Pfeilspitzen, doch befindet sich am Schlachtort ein Denkmal.

Materialismus in der antiken Philosophie → Atomistik; Lucrez.

Mathematik, gr. *mathematike,* zu *mathema* = Gelerntes, Wissen. Wenn die Griechen M. als Wissen schlechthin bezeichneten, so beweist das, wie hoch sie sie schätzten. Und doch muß ihnen auch schon die elementarste M. schwergefallen sein, da die antiken Zahlzeichen (→ Zahlenschreibung) für die vier Grundrechnungsarten sehr unpraktisch sind; man mußte sehr viel im Kopfe (oder auf dem → Rechenbrett) rechnen. Mit höherer M. beschäftigte sich schon → Thales. Viele große Philosophen des Altertums waren bedeutende M.er (→ Pythagoras); Platon beherrschte das gesamte math. Wissen seiner Zeit. Sein Freund und Mitforscher Eudoxos von Knidos hatte um die Entwicklung der M. besondere Verdienste: Er erstellte eine neue Proportionenlehre, entwickelte die Exhaustionsmethode u. bot eine Lösung für die damals vieldiskutierte Frage der Verdoppelung des Würfels. Der schöpferischste M.er war → Archimedes; der durch sein Lehrbuch einflußreichste → Eukleides; durch besondere Gleichungen bekannt ist Diophantos (3. Jh. n. Chr., er schrieb zuerst die Unbekannte mit einem Buchstaben [jetzt x]; entscheidender Einfluß auf Fermat). Noch am Ausgang des Altertums war die M.erin → Hypatia berühmt. Die M. begeisterte sogar zu Dichtungen; das XIV. Buch der Palatinischen → Anthologie enthält eine Reihe mathematischer Aufgaben in Versen. Im allgemeinen ist die traditionelle Schulmathematik, bis zur Infinitesimalrechnung einschließlich, von den Griechen des Altertums gefunden worden und von ihnen zu uns gelangt (Ausnahme z. B. die Logarithmen). Daher stammen die vielen griech. Ausdrücke der M.: Arithmetik, Geometrie, Stereometrie, Hypotenuse, Kathete, Parallelogramm, Rhombus, Rhomboid. Alle diese Wörter wurden im Lat. Fremdwörter und gelangten aus dem Lat. zu uns. Die lat. math. Ausdrücke wie dividieren, multiplizieren sind, wie die grammatischen, Übersetzungen der gr.

Fachausdrücke. Man sprach früher in der Schule auch im M.-Unterricht lateinisch: →Minuszeichen; Summe. Erst in der Neuzeit kam man über die antiken gr. Ergebnisse in der M. hinaus. Auch → pi.

W: Selections illustrating the History of Greek Mathematics, hg. I. Thomas, II London 1951.

L: J. L. Heiberg, Gesch. d. M. u. Naturw. im Altert., 1925, neu 1961; O. Becker, Zur Gesch. d. gr. M., 1965; ders., D. math. Denken der Antike, ²1966; H. Wussing, M. in d. Antike, ²1965; G. Hoppe, M. u. Astronomie im klass. Altert., ²1966; B. L. van der Waerden, Erwachende Wissenschaft, d. ²1966; E. T. Bell, Die gr. M.er, d. 1967; A. Szabo, Anfänge der gr. M., 1969.

Matratzen, Sofas, Chaises longues, im Altertum sehr verbreitet (→ *kline*), von den Germanen abgelehnt, dagegen von den Arabern übernommen, das gr. *stroma* als arab. *matrah* = Lager, die gr. *kline* als ar. *sufa* = Ruhebank. Später übernahmen wir beides, und nun aus dem Orient. Auch das Kanapee ist südlichen Ursprungs; → Mücke.

Matriarchat (gr.), die Vorherrschaft der → Frau, das sog. Mutterrecht einer frühen Kulturepoche.

Matrikel (von lat. *matricula, matercula* = Mütterchen ?), eine Liste im → Staatsarchiv.

Maultiere (lat. *muli*) wurden im Altertum schon seit homerischer Zeit neben dem Pferd wegen ihrer größeren Geschicklichkeit und Ausdauer gern als Zugtiere verwendet, besonders beim → Troß zur Beförderung des Gepäcks; *muliones,* Sklaven als Maultiertreiber. Bis heute spielt das M. im italien. Militär namentlich für Gebirgsartillerie eine sehr wichtige Rolle; es ist teurer als ein → Pferd, aber auch leistungsfähiger. – „Marianische M.“ *(muli Mariani)* nannte der Soldatenwitz die von den Soldaten auf der r. Schulter getragenen, am oberen Ende gabelförmig geteilten Stangen, die statt eines Tornisters zum Transport des persönlichen Gepäcks dienten; diese Einrichtung stammte von Marius (um 100 v. Chr.) und scheint sich nach Darstellungen auf der Traianssäule (→ Ehrensäulen) bis in die Kaiserzeit erhalten zu haben. (Nach anderer Auffassung hießen nicht die Tragstangen, sondern die damit und mit den Waffen schwer belasteten Legionäre *m. M.*) – → Troß.

F. Stolle, Der röm. Legionär u. sein Gepäck, 1914.

Mauretanien, der westliche Teil von → Nordafrika, mit phoinik. und karthag. Bevölkerungsgruppen, ein Königreich mit der Hauptstadt → Caesarea und mit leidlicher Selbständigkeit bis 40 n. Chr.; seitdem zweigeteilt als röm. Provinzen. Ab 427 schlossen die Mauren sich den Vandalen an, nach 708 kam ihr Land in die Hände der Araber.

Mausoleum (gr. Maussoleion), prunkvolles, mächtiges Grab, das Maussolos (Schreibung und Betonung des Namens verschieden; auch Maus(s)ollos, -los), der fast unabhängige persische Satrap von Karien, in Halikarnassos, der von ihm neugegründeten Hauptstadt, begann und das seine Gattin Artemisia (gest. 351 v. Chr.) vollendete. Es wurde von den Architekten Satyros und Pytheos erbaut und von den größten gr. Künstlern der Zeit Skopas, Bryaxis, Leochares u. a. ausgeschmückt. Der Bau wurde im Altertum viel bewundert (→ Sieben Weltwunder), und schon bei den Römern hießen ähnliche Grabbauten M. (in Rom der des Augustus und der Hadrians, die Engelsburg; → Dalmatien). Bedeutende Reste des M. im Brit. Museum in London; in → Halikarnassos wurde nur der Standort ermittelt (Schmuckfragmente dort gefunden). Die Rekonstruktionen, die man versucht hat, sind unsicher (Sockelbau, darauf Grabkammer, von Säulen umgeben, von einem Stufendach gekrönt).

E. Buschor, Maussolos u. Alexander, 1950; F. Krischen, Weltwunder der Baukunst ..., 1956; K. Jeppersen u. a., *The Maussoleion at H.*, II 1981–86; S. Hornblower, *Mausolus*, 1982.

Maxentius. Marcus Aurelius M., Sohn des Maximianus, der von → Diocletian zum Augustus von Mailand bestimmt war, 306 n. Chr. Gegenkaiser gegen Constantin. Er wurde in Italien, Spanien und Afrika anerkannt und suchte zuerst den Ausgleich mit C., erklärte ihm aber dann den Krieg. 312 wurde er bei *Saxa Rubra* (Rote Felsen an der Milvischen Brücke) im Norden von Rom geschlagen (→ *in hoc signo v.*) und ertrank auf der Flucht im Tiber. – → Constantinsbasilica.

maxima debetur puero reverentia, „die höchste Achtung schulden wir dem Kinde“, Ausspruch Iuvenals, *Satiren* XIV 47, der den Eltern einschärft, sich vor ihren Kindern zu beherrschen, da die Jugend schlechte Beispiele leicht nachahmt.

Maximaltarif des Kaisers → Diokletian: → Höchstpreise.

Maximianus, Illyrer niederer Herkunft aus Sirmium (Mitrovitza a. d. Save), wurde als tapferer Soldat von Diokletian 285 n. Chr. zum Caesar und 286 zum Augustus gemacht. Er regierte zuerst in Gallien, seit 293 in Italien, Spanien und Afrika. 305 entsagte er mit Diokletian zusammen der Regierung, übernahm sie jedoch in den Wirren der folgenden Jahre noch zweimal wieder (306, 307). Er wurde 310 zum Selbstmord gezwungen.

Maximinus Thrax. Gaius Iulius M. Thr., ein ungebildeter Thraker, aber tüchtiger Offizier, begann seine Laufbahn als Soldat und hatte keine senatorischen Ämter verwaltet, als er 235 von den Soldaten in Germanien auf den Thron erhoben wurde (→ Soldatenkaiser). Er kam nicht nach Rom, sondern kämpfte am Rhein und an der Donau. Wegen Härte und Grausamkeit von den Soldaten 238 ermordet.

Mazedonien → Makedonien.

Mechanik (von gr. *mechane* = Maschine) war bereits in der Zeit der Entstehung mit der Mathematik aufs engste verknüpft. Schon die ersten systematischen Mathematiker des Altertums, die Pythagoreer, wandten ihre math. Kenntnisse auf die M. an. Ein Pythagoreer, Archytas von Tarent, galt als der Begründer der theoretischen M. Größeres Interesse gewann diese Wissenschaft erst in der hellenistischen Zeit, als die höheren Ansprüche der Menschen eine Steigerung der menschlichen Kräfte verlangten. Vor allem stellte die Kriegstechnik große Anforderungen an die M. Schon Alexander hatte in seinem Heere Mechaniker, die durch ihre Maschinen die stürmenden Soldaten wirksam unterstützten (erstmalig bei der Belagerung von Tyros). Die von ihm erprobten Belagerungsmittel (Wälle mit Türmen, Laufgängen und Schutzdächern aus Holz) waren seitdem bei den Stadtbelagerungen üblich. In der Folgezeit vielfache Vervollkommnung, vor allem durch → Archimedes, den Verteidiger von Syrakus. Dazu kam noch die Ausbildung einer leistungsfähigen → Artillerie. Von den Römern wurden die Kriegsmaschinen übernommen. Sie sind besonders bekannt aus Caesars *bellum Gallicum* und von der Traianssäule, wo sogar leichte Artillerie die fechtende Truppe unterstützt. Im übrigen fehlte der M. die große, praktische Aufgabe, die in der Gegenwart zu einer großartigen Entwicklung der Technik geführt hat; es fehlte auch der Zwang, mangelnde menschliche Arbeitskräfte zu ersetzen (bezeichnend: Sueton, *Vespasian* 18). Zwar verwendete man die Kenntnis der M. und des Luftdrucks zu allerlei nützlichen Apparaten, z. B. konstruierte man eine Wasseruhr, einen Taxameter und Weihwasserautomaten, auch eine Mähmaschine wurde erfunden, im allgemeinen aber baute man allerlei Spielereien, die sehr hübsch ausgedacht und präzis konstruiert waren und die den Bedürfnissen einer raffinierten Zivilisation entsprachen (→ Ktesibios; Heron). Wichtiger als diese Konstruktionstätigkeit war, daß Archimedes die Gesetze der M. auch wissenschaftl. studierte, aus dem Experiment durch math. Berechnung das Gesetz ableitete und eine „rationelle M." entwickelte, indem er sich mit den Gesetzen der (Hydro-)Statik befaßte. → Maschine; Technik.

Medeia (gr., lat. Medea), Tochter des Königs Aietes von Kolchis, verliebte sich in → Iason, der mit den → Argonauten gekommen war, um das Goldene Vlies zu rauben. M. half ihm dabei, mußte daher auch mit Iason nach Griechenland fliehen; mit ihrer Hilfe konnte sich Iason an Pelias rächen. Aus einer zunächst glücklichen Ehe gingen 2 Söhne hervor. Als Iason sie jedoch verstoßen wollte, um eine Königstochter aus Korinth zu heiraten, nahm M. grausame Rache: Sie tötet nicht nur die Rivalin, sondern auch die eigenen Kinder, entflieht auf einem von geflügelten Drachen gezogenen Wagen. – Ursprünglich dürfte M. eine Zauberin oder hexenähnliche Gestalt gewesen sein. Euripides hat in seiner *M.* die interessante psycholog. Studie einer beleidigten und verzweifelten Frauenseele unternommen; sein Drama hat viele Spätere beeinflußt (Corneille, Klinger, Grillparzer, H. H. Jahnn, R. Jeffers, J. Anouilh; auch Opern). Kopie einer Figurengruppe im Lateran, Rom; Wandmalereien aus Pompeii jetzt im Nat.-Mus., Neapel; zahlreiche Gemälde (Delacroix, Feuerbach).

A. Block, M.-Dramen in der Welt-Lit., 1958; W. H. Friedrich, M.s Rache, 1960; M. (Dramentexte von Euripides bis Braun), hg. J. Schondorff, 1963; G. Treichl, Das M.-Motiv in d. frz. Lit., 1963.

medimnos (gr.), ein Scheffel; → Hohlmaße.

Medizin. Schon das lat. Wort *medicina* hat die doppelte Bedeutung Heilmittel, Wissenschaft des Arztes (→ Heilkunde).

Medusa → Gorgo; Perseus.

Meergottheiten. Hauptgott →

Poseidon; Nebengötter Amphitrite, die → Nereiden, Tritonen, Proteus und andere.

Mefitis, ein ital. Göttin, die vor allem in vulkanischen und sumpfigen Gegenden verehrt wurde; Heiligtum in Rom auf dem Esquilin. Sie repräsentierte die der Erde entströmenden Dämpfe.

Megara, Stadt am Saronischen Golf auf dem Wege von Athen nach Korinth, einflußreicher Handelsplatz, dessen dorische Bevölkerung führend an der Gründung von Kolonien an allen Küsten der Ägäis beteiligt war. M. war, ähnlich wie die nahegelegene Insel → Aigina, ein ernstzunehmender Handelskonkurrent für Athen (→ Salamis); eine Handelssperre gegen M. war einer der Anlässe zum Peloponnesischen Krieg.

K. Hanell, Megar. Studien, 1934.

Megaron, der rechteckige Haustyp mit Giebeldach, der wahrscheinlich als ägäische Schöpfung anzusprechen ist und sich in Griechenland schon im 3. Jahrtausend v. Chr. findet. Durch Funde vom gr. Festland, von Kreta u. Kleinasien lernten wir das M. als Grundtyp des mykenischen Palastbaus kennen; Homers Beschreibungen (z. B. der Halle des Phaiakenkönigs im VI. Gesang der *Odyssee*) passen dazu genau. Eigentlich „große Halle“; sie besaß in Mykenai eine lichte Weite von 12 mal 13 m; ein runder Herd steht etwa in der Mitte, der Hochsitz des Fürsten an einer Seite. In das M. trat man durch eine offene Vorhalle. – Aus diesem Haustyp leitet sich der Grundriß des gr. Tempels ab (mit Ausnahme der bis heute unerklärten *Tholoi* = Rundtempel). → Haus; Tempel.

Megasthenes, gr. Geograph des 4./3. Jh. v. Chr., unternahm für König Seleukos I. eine Gesandtschaftsreise zum indischen König Sandrakottos (Tschandragupta) und schrieb darauf eine Geschichte Indiens (Fragmente).

W: FGrH.

Meile, von lat. *milia passuum,* dem Plural zu *mille passus* = 1000 Doppelschritt (eine röm. M. = ca. $1^1/_2$ km); → Längenmaße; passus. – Meilensteine, eine Erfindung der Perser (→ Parasang, Post), von den Griechen nicht übernommen (in Athen stand aber seit Hipparchos auf dem Markt ein Altar der Zwölf Götter mit den Entfernungen nach den wichtigsten Orten des In- und Auslandes, z. B. nach Olympia), von den Römern an allen Straßen gesetzt, sind aus der Römerzeit zahlreich erhalten und geben wertvolle Auskunft über das antike Straßennetz. Allein in Italien sind über 500 erhalten, und viele davon wurden an ihrer einstigen Stelle gefunden. Der älteste erhaltene europäische Meilenstein wurde um 250 v. Chr. von den Aedilen P. Claudius A(ppii filius) u. C. Furius (damals noch Fourius geschrieben) an der Via Appia gesetzt u. 1872 in dem Posthause in Mesa in den Pontinischen Sümpfen wiedergefunden (H. Dessau, *Inscriptiones Latinae Selectae* Nr. 5801). Später wird das Wegmaß Meile u. der ganze Kunststraßenbau (→ Straßen) von uns übernommen. – Die nicht seltenen Ortsnamen Quint(o), Quart(o), Terz(o) bezeichnen Orte am 5., 4., 3. M., so Quint bei Trier; solche Benennungen entstanden auch noch im frühen Mittelalter (Quinten, Quarten, Unter- und Oberterzen längs des Walensees in der Schweiz). – Auf dem Forum Romanum der Goldne M., *milliarium aureum,* der 20 v. Chr. errichtet wurde und alle von Rom ausgehenden Straßen angab; Reste erhalten. Der Name ist wörtlich zu verstehen; dieser M. war tatsächlich mit vergoldeter Bronze überzogen. → Post; Reisen.

H. U. Instinsky, Inschriften an röm. Straßen, (NBA) 1942.

Meleagros. Bei M.' Geburt wurde seiner Mutter Althaia geweissagt, das Kind werde so lange leben, bis ein im Feuer liegendes Holz verbrannt sei. A. nahm das Holz vom Herde weg u. bewahrte es sorgsam. Später erlegte M. einen Eber, der die Umgebung der Stadt Kalydon verwüstet hatte, schenkte das Fell einer tapferen Teilnehmerin an der Jagd, der Atalante, in die er verliebt war, erschlug seine 2 Oheime, die aus Neid dem Mädchen die Ehrengabe nicht gönnten, und wurde darauf von seiner Mutter, der der Verlust ihrer Brüder naheging, dadurch getötet, daß sie das erwähnte Holz verbrannte. Nach frühen magischen Vorstellungen konnte die Lebenskraft eines Menschen an einen Gegenstand geknüpft werden; dieses alte Märchenmotiv wurde später von dem Motiv des Mutterfluches überdeckt. – Die Geschichte wird in vielen Versionen noch heute im gr. Volk erzählt.

J. Th. Kakridis, Die alten Hellenen im neugriech. Volksglauben, 1967.

Meleagros v. Gadara (Syrien), gr. Dichter des 2./1. Jh. v. Chr., schrieb nicht nur selbst zahlreiche Gedichte, vorwiegend Epigramme, sondern sammelte solche auch von 47 Dichtern in einem „Kranz" (gr. *stephanos*), der Grundstock zur Anthologia Palatina wurde (→ Anthologie).

Melos, eine der → Kykladen-Inseln, auf der 1820 eine hellenist. Statue der → Aphrodite gefunden wurde, die sog. Venus v. Milo, heute im Louvre in Paris.

Melpomene, eine der → Musen.

memento mori, „Gedenke des Todes"; nicht antik; Wahlspruch des Kartäuserordens.

Memnon, Sohn der Eos, König der Aithiopier, kam im troischen Kriege den Troern zu Hilfe und wurde von Achilleus getötet. Als die Griechen unter den Ptolemaiern in Ägypten heimisch wurden, glaubten sie dort Spuren M.s zu finden und bezeichneten z. B. die Stadt Abydos als seine Residenz und eine von zwei Kolossalstatuen des Pharao Amenophis III. vor dem jetzt verschwundenen Totentempel des Königs im ägyptischen Theben als sein Bild; offenbar faßte man den Totenkult für den König als K. für M. auf. – Die Kolosse (nicht Säulen) sind als technische Leistungen bewundernswert (→ Maschinen). Der nördliche, als M. bezeichnete, war besonders berühmt, weil er, durch ein Erdbeben des Jahres 27 v. Chr. beschädigt, bei Sonnenaufgang „tönte"; man faßte das in poetischer Weise als Gruß M.s an seine Mutter auf. – An dem Koloß haben sich ungezählte antike Touristen in gr. und lat. Sprache, in Prosa und in Versen, verewigt. Kaiser Hadrian, der den K. 130 n. Chr. besuchte und den Klang an einem Morgen dreimal hörte, hat das durch eine Hofdichterin Balbilla feiern lassen, deren Verse eingemeißelt wurden. Diese Inschriften vermitteln uns ein lehrreiches Bild antiken Reiselebens. Septimus Severus hat den nördl. Koloß 199 n. Chr. restaurieren lassen; seitdem tönte er nicht mehr.

A. Wiedemann, Die M.-Kolosse, 1917.

Memoiren (gr. *hypomnemata,* lat. *commentarii*) → Autobiographie.

Menandros, der Hauptvertreter der neueren attischen → Komödie, geb. etwa 342 v. Chr., stammte aus einer wohlhabenden athenischen Familie. Er war Urathener und hat die Stadt trotz verlockender Einladungen nie verlassen, sondern lebte mit der → Hetäre Glykera in seiner vornehmen Villa im Peiraieus; gest. 293 v. Chr. Nur mit 8 seiner 105 Stücke errang er einen Sieg. Desto größer war seine Wirkung auf die Nachwelt. Den Römern wurde er durch Plautus und Terenz bekannt, die ihn übersetzten oder mehrere seiner Stücke zu einem Stück zusammenarbeiteten („kontaminierten"). Meist in dieser Gestalt kannten wir seine Komödien *(Eunuch, Adelphoe, Heautontimorumenos, Andria).* Umfangreiche Bruchstücke seiner Werke sind auf ägyptischen Papyri zutage gekommen, die uns ein anschaulicheres Bild der vornehmen Urbanität, des gelassenen Humors, der feinen und sicheren Charakterzeichnung und der geschmeidigen Sprache geben. Nachdem aus den 1905 gefundenen Papyri das *Schiedsgericht* zu großen Teilen vorlag, kennen wir inzwischen eine ganz erhaltene Komödie, den *Menschenfeind,* seit seiner Veröffentlichung auch schon mehrfach mit Erfolg aufgeführt. M.s Stücke benutzen die traditionellen typischen Figuren der Komödie und vermitteln uns ein buntes Bild des Lebens; „das Beste ihrer Wirkung kommt aus der versöhnlichen Milde dieses hellsichtigen Beobachters und seinem echten Glauben an die Möglichkeit des Guten im Menschen"; über allem steht „unverrückbar das Bild edler Menschlichkeit" (Lesky). M.s Komödien, vor allem in ihren lat. Umformungen und Nachdichtungen, haben die Entwicklung des bürgerlichen Lustspiels entscheidend beeinflußt (Shakespeare, Molière). – Viele M.-Verse waren als Sprichworte im Umlauf (→ *homo sum*); ein solcher Vers ist auch das Motto über Goethes *Dichtung* und *Wahrheit.* – Bronzekopie einer Statue in Kopenhagen.

W: M., *Reliquiae,* hg. A. Körte, ³1957ff.; *Schiedsgericht,* hg. komm. u. d. U. v. Wilamowitz, ⁴1974; *Dyskolos,* hg. H. J. Mette, ²1961; hg. u. d. M. Treu, 1960; Sentenzen, hg. S. Jaekel, 1964. – *Ü:* A. Körte, 1947, neu 1962; O. Vicenzi, W. Schadewaldt, 1963; *Dyskolos,* B. Wyss, 1961; K. u. U. Treu, 1975.

L: A. Körte, D. Menschen M.s, 1937; T. B. L. Webster, *Studies in Menandros,* Manch. ²1960; F. Zucker, M.' Dyskolos als Zeugnis seiner Epoche, 1965; N. Holzberg, M., Unters. zur dramat. Technik, 1974.

Menelaos, wie Agamemnon ein Sohn des Atreus, König von Sparta, war mit → Helene verheiratet, deretwegen der → Troische Krieg ausbrach (→ Eris). Vor Troia trug M. einen Zweikampf mit seinem Rivalen Paris aus. Nach Troias Fall freilich versöhnte sich M. mit Helene, sie reisten vereint wieder heim. Nach einer anderen Version sei M. auf der Heimfahrt erst nach Ägypten verschlagen worden.

Menenius Agrippa, aus altpatrizischem Geschlecht, Consul 503 v. Chr., spielte eine besondere Rolle, als die Plebejer im Ständekampf Rom verlassen hatten (1. *secessio plebis,* 494 v. Chr.). Er soll sie durch die Fabel vom Magen und den Gliedern (die altorientalisches Erzählergut darstellt, → Fabel) zur Rückkehr überredet haben.

Menippos v. Gadara (Syrien), gr. Philosoph und Schriftsteller des 3. Jh. v. Chr., ein Kyniker, wählte zur Verbreitung seiner philos. Gedanken eine damals neue Mischform aus Prosa und Poesie (in verschiedenen Metren), die später sog. *satura Menippea,* die Menippeische → Satire, eine Literaturform, die von Lukianos, Varro und sogar Boethius nachgeahmt wurde und die bis in die Neuzeit hinein weiterlebte (franz.: Satire Ménipée).

W: C. Wachsmuth, *Corpusculum poeseos epicae Graecae ludibundae,* Bd. II, 1885.

Menschenopfer sollten entweder einem vornehmen Toten im Jenseits Frauen u. Diener verschaffen, oder man glaubte, ein der Gesamtheit drohendes Unheil dadurch ablenken zu können, daß man es auf einen Einzelnen (oder auf ein Tier, z. B. den „Sündenbock") lud und diesen preisgab; so ist auch die Selbstopferung von Menschen zu erklären; → z. B. Kodros. Bei Homer sind M. noch unbedenklich; Achilleus schlachtet 12 gefangene Troer am Grabe seines Freundes Patroklos. Üblich waren M. bei Griechen, Karthagern, Germanen, Römern (dort noch 216 v. Chr.), wurden jedoch später infolge zunehmender Humanität sehr selten und verschwanden dann ganz; wo religiöser Konservativismus sie durchaus forderte, wurden sie durch eine symbolische Handlung ersetzt; → z. B. *ver sacrum*; in der Sage wurden sie beseitigt, → Iphigeneia. Auch → Decius.

F. Schwenn, M. bei Griech. u. Röm., 1915, neu 1966; E. Mogk, Das M. bei den Germanen, 1909.

mens sana in corpore sano, „ein gesunder Verstand in einem gesunden Körper"; oft mißverstandenes Zitat aus Iuvenal, *Satiren* X 356. Die Satire handelt von der Torheit und Verderblichkeit der Gebete und Wünsche, die die Menschen an die Götter zu richten pflegen; nach zahlreichen Beispielen törichter Wünsche schließt sie mit der Mahnung: man überlasse den Göttern selbst, uns das wahrhaft Ersprießliche zu gewähren, und bitte sie nur um körperliche Gesundheit und gesunden Menschenverstand *(orandum est, ut sit mens sana in corpore sano).* Daß nur in einem gesunden Körper ein gesunder Verstand möglich sei, hat Iuvenal nie gesagt und noch weniger, man brauche sich nur einen ges. K. zu verschaffen, der ges. V. stelle sich dann von selbst ein.

Mentor ist in der *Odyssee* (2. Buch ff.) der ältere Freund des Telemachos. In seiner Gestalt begleitet Athene den nach Pylos u. Sparta reisenden jungen Prinzen der damaligen Sitte gemäß. M. (Athene) gibt dem Telemachos zahlreiche Ratschläge und Lehren in neuen schwierigen Lagen. Wir erleben also die langsame Erziehung u. vorsichtige Leitung eines jungen Adligen der damaligen Zeit. Diese Stellen haben eine stark pädagogische Tendenz, sie sind eine Parallele zu den Partien der Ilias, wo von den Beziehungen des Achilleus zu Phoinix die Rede ist. Während aber Achilleus auf die Lehren seines Freundes nicht achtet, ist Telemachos gefügig und steht am Ende der Fahrt als selbstbewußter junger Mann vor uns, der den zurückkehrenden Vater sehr wirksam bei seinem Kampf gegen die Freier unterstützen kann. Der Name des M. als des vorbildlichen Schützers u. Erziehers ist besonders durch Fénelons *Aventures de Télémaque* (1699) bekannt geworden.

Mercurius, römischer Gott des Handels, in dem wohl ältere *dei Lucrii* und andere göttliche Wesenheiten, die den Gewinn darstellten, unter dem Einfluß des griech. Hermesbildes Gestalt gewonnen haben. Sein Heiligtum lag in Rom am Circus Maximus.

Messalina. Valeria M., 3. Gemahlin des Kaisers Claudius, Mutter des Britannicus und der Octavia, eine berüchtigte Dame der röm. Kaisergeschichte, begünstigte und beseitigte Personen des Hofes je nach ihrer Laune. Trotz ihrer Ehe feierte sie 48 n. Chr. ein öffentliches Vermählungsfest mit einem vornehmen jungen Mann. Wegen ihrer fast unglaublichen Ausschweifungen, über die ausführlich u. a. Iuvenal VI 116 ff. und namentlich Plinius, *n. h.* X 172 berichten, ließ sie Cl. hinrichten.

Messalla. Marcus Valerius M. Corvinus, gest. ca. 13. n. Chr., bedeutender Feldherr und Staatsmann, von Augustus hochgeschätzt, war ähnlich wie → Maecenas Mittelpunkt eines literarischen Kreises in Rom; besonders Tibull erfreute sich seiner Gunst.

Messe, Missa, lat. = Entlassung. Von der Entlassung am Schluß des Gottesdienstes mit dem Ruf des Diakons: „Ite, missa est", „Geht, es ist die Entlassung", bekam die ganze Feier den Namen Missa, Messe. Da man in Deutschland an den bedeutenden Festen des Jahres (Hochfeste und Patronatsfeste) vom Lande in die Stadt zur M. kam und außerdem dort auch die Gerichtstage abgehalten wurden, benutzte man diese Gelegenheit, um dort seine Produkte umzuhandeln. Von daher bekam M. die Bedeutung Jahrmarkt. Die Frankfurter Herbstm. liegt seit alters her an dem Tage, an dem der Apostel Bartholomaeus, der Patron der Stadt, von dem eine Reliquie im dortigen Dome ruht, von der Kirche gefeiert wird. „Kirmes" ist die M. am jährlichen Gedächtnistag der Kirchweihe. Von Franken aus verbreitete sich der Name M. zur Bezeichnung größerer Jahrmärkte über ganz Europa.

Messenien, Beckenebene im Südosten der Peloponnes, im Westen von der Küste des ion. Meeres, im Osten vom Taygetos begrenzt, eine der wenigen sehr fruchtbaren gr. Landschaften, mit Kornfeldern, Öl- u. Obstbäumen ein einziger Garten. Von der Stadt Messene, die am Fuße des die Landschaft beherrschenden Berges Ithome (800 m) lag, sind Reste ausgegraben worden, so der Mauerring, Tempel, ein Rathaus, Propyläen, ein Theater. Um den Besitz dieser reichen Landschaft führten die Spartaner die „messenischen Kriege" um 740 und 660–640 v. Chr., weil ihr eigenes Land übervölkert war. Die Überlieferung über beide Kriege ist sagenhaft sehr stark ausgeschmückt. Im 1. Krieg wurde in etwa 20jährigem, schwerem Ringen, in dem als Nationalheld der Messenier Aristodemos hervortrat, M. von den Spartanern erobert. Empört über deren Härte erhoben sich die Messenier von neuem. Durch die Heldentaten des Aristomenes hatten sie anfangs große Vorteile, bis die entmutigten Spartaner durch die Lieder des → Tyrtaios angefeuert wurden und die Messenier besiegten. Diese wurden wieder unterworfen; die Tatkräftigen wanderten nach Unteritalien aus, wo sie Zankle (oder Messana, jetzt Messina) neu gründeten. Seitdem bestand zwischen beiden Völkern ein tödlicher Haß; die Messenier benutzten jede Gelegenheit (z. B. den Peloponnesischen Krieg), um von Sparta abzufallen, freilich ohne dauernden Erfolg. – Peloponnesischer Bund.

F. Kiechle, Messen. Studien, 1959; E. Meyer, M. u. d. Stadt Messene, 1978.

Metaphysik, in der Philosophie die Wissenschaft vom Übersinnlichen, nicht mehr mit den Mitteln unserer Erfahrung und Beobachtung, sondern nur durch Nachdenken (Spekulation) Erkennbaren; z. B. von der Unsterblichkeit; den letzten Gründen alles Seins. Der Name ist ursprünglich rein äußerlich gewählt; die Peripatetiker scheinen Aristoteles' Schriften über derartige Themen nach (gr. *meta*) denen über die Natur *(physika)* eingereiht zu haben. Aristoteles selbst nannte die M. stets die „erste Philosophie", und für Spätantike und MA war sie stets die Grundwissenschaft von den letzten Bestimmungen und Bedingungen alles Seienden und von den Gesetzen der Wirklichkeit. Ihre Teildisziplinen sind die Ontologie (Lehre vom → Sein und dem Seienden), die → Kosmologie und die Anthropologie (Lehre vom Menschen).

J. Stenzel, D. M. d. Altert., 1934, neu 1971; A. Dempf, M. des MA., 1930; H. J. Krämer, Der Ursprung der Geist.-M., 1964.

Metapont, gr. Stadt am Golf von Tarent, wie ähnliche Siedlungen Unteritaliens (→ Paestum, Sybaris u. das nahe bei M. liegende → Herakleia) eine griech. Gründung des 7. Jh. v. Chr., war zeitweilig Sitz der → Pythagoreer; auch das Grab des Pythagoras war dort. Die Stadt hatte zeitweilig 20000 Einwohner; drei große Tempelanlagen sind aufgedeckt, im Zentrum eine → Agora mit Versammlungshaus (später als Theater umgebaut). M. wurde im 2. pun. Krieg von den Einwohnern verlassen.

Metöken (gr. *Metoikoi*) hießen in Athen und anderen gr. Städten die Zugewanderten im Gegensatz zu den Vollbürgern. Sie hatten keine politischen Rechte und mußten sich vor Gericht einen Bürger als Vertreter wählen. Zu Steuern wurden sie herangezogen. Meist waren sie Handel- und Gewerbetreibende und kamen häufig zu Vermögen und angesehener Stellung (→ Lysias).

Metopen, Triglyphen. *metope* = Raum zwischen 2 *opai,* Löchern zur Aufnahme der Balkenköpfe; Platte, die diesen Raum bedeckt (verkleidet); *triglyphos* = Dreischlitz. M. sind viereckige Platten mit Relief, unter der Traufrinne dorischer Tempel (→ Säulenordnungen); die Reliefs stellen religiöse (z. B. die hl. Hochzeit des Zeus und der Hera) oder meist Szenen der Sage (→ Elgin Marbles) dar. Die Köpfe der Steinbalken beiderseits der M. erhielten 3 senkrechte Einbuchtungen („Schlitze“), die man blau (→ Polychromie) ausmalte. Schon die Benennung solcher Aufbauteile des gr. → Tempels („Gebälk“) stärkt die These vom anfangs üblichen Holzbau.

H. Kähler, D. gr. M.-Bild, 1949; F. Brommer, Die M. des Parthenon, II 1967.

Metrik, Verslehre, Lehre von den *metra* – Versmaßen. Die antiken gr. und lat. Verse sind prinzipiell anders gebaut als die modernen. Wir ordnen die Wörter im Vers nach der Betonung. In antiken Versen dagegen weicht der Versiktus ganz von der Betonung in Prosa ab. Vielmehr werden die Wörter im Vers nach der Quantität, d. h. nach der Länge (–) und Kürze (◡) der Silben geordnet (quantitierendes Prinzip). Durch verschiedene Anordnung der Längen und Kürzen entstehen verschiedene Versfüße. Die bekanntesten sind

Iambus	◡ –	→ unter den einzelnen Wörtern.
Trochaeus	– ◡	
Daktylus	– ◡ ◡	
Choriambus	– ◡ ◡ –	
Anapäst	◡ ◡ –	
Ionicus	◡ ◡ – –	
Dochmius	◡ – – ◡ –	

Durch Aneinanderreihung der einzelnen Versfüße entsteht dann der Vers. → Reim; Saturnier; Versbau.

U. v. Wilamowitz, Griech. Verskunst, 1921, ^{4}1984; P. Maas, Gr. M., ^{2}1929; B. Snell, Gr. M., ^{4}1982; F. Crusius, H. Rubenbauer, Röm. M., ^{7}1963; D. Korzeniewski, Gr. M., ^{3}1991; H. Drexler, Einf. in d. röm. M., ^{5}1993.

metropolis → Mutterstadt.

Midas, sagenhafter König von Phrygien, dem sich nach seinem törichten Wunsche auf Dionysos’ Geheiß alles, was er berührte, in Gold verwandelte; vom drohenden Hungertode – denn auch die Speisen wurden in seinem Munde zu Gold – befreite ihn erst ein Bad im Flusse Paktolos, der seitdem Gold mit sich führte. Als bei einem musikalischen Wettstreit zwischen Apollon und Pan der Preis Apollon zuerkannt wurde, tadelte Midas dies Urteil; zur Strafe ließ ihm der Gott Eselsohren wachsen. → Binsenwahrheit. – Hintergrund dieser Sagen: es soll erklärt werden, daß ein Fluß Gold führt; → Echo. Die Griechen wußten, ihre Musik stamme aus Kleinasien. Das ertrug das Nationalgefühl schwer; mindestens mußte ihre weiterentwikkelte Musik besser sein als die kleinasiatische, und wenn ein dummer Asiat darüber anders urteilte, wurde er von einem Griechengotte dafür bestraft. Außerdem sollte die Geschichte die Herkunft der hohen phrygischen Mütze erklären. → Marsyas.

Milesische Geschichten *(Milesiaka),* das antike Dekameron, eine Sammlung in Milet spielender G., die ein im übrigen unbekannter Schriftsteller Aristeides im 2. oder Anfang des 1. Jhs. v. Chr. herausgab; erotische Novellen, die bald sehr beliebt wurden. Von ihrer Art geben die äußerst pikanten Erzählungen bei Petron u. Apuleius Vorstellung.

Miletos, Stadt im südlichen Kleinasien, als mykenische Siedlung schon für das 2. Jahrt. v. Chr. nachweisbar, wurde im 11. Jh. v. Chr. von Griechen besiedelt; bald Haupthafen für Export asiatischer Produkte nach dem Westen; eigene bedeutende Industrie, besonders Weberei. Älteste griech. Münzstätte, wohl schon zur Zeit des Gyges (→ Geld; *elektron*). Hochblüte unter dem Tyrannen Thrasybulos, Ende des 7. Jhs., der die verschiedenen Wappen der wechselnden Magistrate auf den Münzen durch den liegenden Löwen ersetzte, der hinfort bis in römische Zeit das Wappen der Stadt auf den Münzen blieb; ungemein volkreich, so daß M. etwa 80 Kolonien gründen konnte. Im 6. Jh. Geburtsstätte der Wissenschaft, → Thales. 494 v. den Persern zerstört. Neuaufbau rechtwinklig: Gymnasium, Thermen, Stadion, Theater; eine Prachtstraße, Marktplätze. Der Städteplaner Hippodamos (→ Stadtanlagen) war Milesier. Seit 78 v. Chr. römisch. Von der ungemeinen Pracht der milesischen Bauten kann man seit 1929 im Berliner Pergamonmuseum durch das dort wiederaufgerichtete Markttor von M. eine anschauliche Vorstellung gewinnen. Noch in seldschukischer Zeit wichtiger Hafen mit ital. Konsul und Verbindung mit Venedig; dann Versandung des Hafens durch den Fluß Maiandros, der auch das Meer vor M. auf eine Strecke von 9 km ausgefüllt hat. Bedeutende dt. Ausgrabungen schon seit 1899, die heute vorwiegend den älteren Siedlungsresten aus dem 2. Jahrt. gelten („Alt-Milet").

Th. Wiegand u. a., M. Ergebnisse der Ausgrabungen, II 1889–1914, neu 1967; E. Bethe, 1000 Jahre altgr. Lebens, 1933; C. Weikkert, Grabungen in M., 1938; G. Kleiner, Alt-Milet, 1966; ders., Die Ruinen von M., 1968; ders., Das röm. M., 1970; V. M. Strokka (Hg.), Das Markttor von M., 1981.

Militärärzte gab es in amtl. Stellungen erst seit Augustus (→ Krankenhäuser), doch war nach Homer auch schon vor Troia ein Arzt im gr. Heer tätig. → Asklepios; Troß.

Militärkolonien. Mit M. hielt man im Altertum manchmal einen besiegten Gegner in dauernder Abhängigkeit. In geringerem Umfang haben die Athener dies Mittel angewendet, als sie den Seebund zu einem Reich umgestalteten (→ Kleruchien). Zu einem ganz überlegten System bauten die Römer die M. aus; → Kolonien.

Militärtribunen (Gegensatz: Volks- → Tribun), Stabs- → Offiziere der röm. Armee, die im Stab einer Legion dienten.

Million, „großes Mille", → Zahlennamen.

Milon v. Kroton, berühmter gr. Athlet, 6. Jh. v. Chr., mehrfacher Sieger in Olympia und Held zahlreicher Anekdoten.

Milo. Titus Annius M., aus Lanuvium, wurde als Volkstribun 57 v. Chr. vom Senat zum Gegner des Clodius (→ Claudier) ausersehen, der mit seiner Bande von Gladiatoren und anderen Bewaffneten die Stadt und die Landstraßen beherrschte. Er warb seinerseits eine Bande, setzte die Rückberufung Ciceros durch (57) und erschlug am 20. Jan. 52 Clodius in einer richtigen Schlacht bei Bovillae (heute Le Frattocchie). Deswegen wurde er angeklagt und trotz der Verteidigung durch Cicero (Rede *pro Milone)* verurteilt. Er ging ins Exil nach Massilia.

Miltiades, athenischer Adliger, Zeitgenosse des Peisistratos, ging in die thrakische Chersonnes und gründete dort als Fürst eine Herrschaft. Er war 560 v. Chr. Sieger auf dem Viergespann in Olympia gewesen.

Miltiades, der Neffe und Erbe des vorigen in der Herrschaft, war einer der gr. Fürsten, die als pers. Vasallen 514 v. Chr. Dareios' Donaubrücke beschützten, zu deren Abbruch er geraten haben soll. Vor dem Perserzug gegen Griechenland floh er nach Athen, wo er zur Kriegspartei gehörte. 490 war er Stratege. Nach der antiken Überlieferung griff er als solcher gegen den Willen der 9 anderen Strategen an dem Tage, an dem er selbst den Oberbefehl hatte (→ Strategen), die in Attika gelandeten Perser bei → Marathon an u. besiegte sie. Dann eilte M. nach Athen und rettete die Stadt vor der Überrumpelung durch die Perser, die um Sunion herumfuhren. Er wurde hoch geehrt (Bild in der Stoa poikile), später jedoch zu den Kosten des Feldzugs verurteilt (!); nicht lange darauf starb er an den Folgen einer Wunde. Sein Helm wurde 1953 in Olympia gefunden. → Kimon.

H. Berve, 1937; F. Kinzl, Miltiades-Forschungen, 1968.

mimesis (gr.), die Nachahmung, im besonderen Sinn die N. der Natur und die nachahmende Darstellung der gesamten Realität: Dieser m.-Begriff kennzeichnete die antike Auffassung vom Verhältnis der Kunst zur Wirklichkeit. Auf m. gründete sich auch die Dichtung, besonders das Drama, so behauptete Aristoteles, und führte damit diesen Grundbegriff in seine → Poetik ein; *ut pictura poesis* (lat.) = wie die Malerei, so auch die Dichtung, so formulierte der Dichter → Horaz denselben Grundsatz *(ars poetica* 361). Mit diesen Vorstellungen setzte sich Lessing in seinem *Laokoon* (oder über die Grenzen der Malerei und Dichtung) ausführlich und kritisch auseinander. Kritisch, wenn auch aus anderen Gründen, hatte bereits Platon *(Politeia* X) den m.-Begriff benutzt, um die Künste allesamt in einen Bereich zu verweisen, der noch unterhalb der → Erscheinungswelt lag; daraus ergab sich seine abwertende Verurteilung jeder Kunst. – „Moderne" Vorstellung vom Wesen und von den Möglichkeiten der Kunst, gekennzeichnet etwa durch Begriffe wie Phantasie, Kreativität, Enthusiasmus, → Inspiration und → Ekstase, haben sich im Altertum nur ansatzweise entwickelt, aber doch gerade wiederum bei Platon (im *Symposion* und im *Phaidros)* und bei Plotinos.

G. Kleiner, Die Inspiration des Dichters, 1949; H. Koller, M. in der Antike, 1954; C. M. Bowra, *Inspiration and Poetry,* Lond. 1955; G. Soerbom, *M. and Art,* Stockh. 1966; E. Auerbach, M., Dargestellte Wirklichkeit in d. abendl. Lit., ^{4}1967.

Mimiamben, Bilder aus dem täglichen Leben in Iamben; → mimos; Herondas.

Mimnermos aus Kolophon, um 600 v. Chr., schrieb Elegien, in denen er voll Weltschmerz die Kürze des Lebens beklagt; seine erotischen Dichtungen haben auf die röm. Elegiker eingewirkt. Bruchstücke erhalten; sie scheinen allerdings mit den Klagegedichten nur eine Seite des vielseitigen Schaffens zu zeigen; M. war sehr ausdrucksgewandt. → Elegie.

W: ALGr.. fasc. I; → Lyrik.

mimos (gr.), eine Art der sizilischen Komödie, die in kleinen Szenen mit größter Lebendigkeit typische Ereignisse des Alltagslebens darstellte. Der Schöpfer und klassische Vertreter des M. war → Sophron. Der M. blieb auch später in Sizilien beliebt. Die Mimiamben des → Herondas gehen auf den M. zurück; → Theokrit übertrug dessen Art auf das Idyll. – → Drama.

H. Reich, D. M., 1903, neu 1974; H. Wiemken, Der gr. M., 1972.

Mine, gr. *mna* (Lehnwort aus dem Semitischen), Gewicht, Rechnungseinheit im Geldverkehr (= 100 → Drachmen). Geprägt wurden im Altertum M. nie. → Tab. S. 830. → Münzen.

Minerva war in der ihrem Wesen nach ursprünglich griech., aber über Etrurien übernommenen Trias Iuppiter, Iuno und M. die Stadtgöttin (→ Athena). In dieser Eigenschaft trat sie bald hinter Iuppiter zurück. Der Haupttempel ihres Kultes lag auf dem → Aventin, dem Wohnquartier der Plebs. Sie galt als Schützerin der Handwerker und Lehrer. Die Tage vom 19.–23. März, die Quinquatrus, die der M. geweiht waren, wurden von Handwerkern und Schülern begangen. Als Schutzgottheit der Ärzte (→ Heilkunst) hatte sie auf dem Esquilin unter dem Namen *M. Medica* ein Heiligtum. Wie in Griechenland die Jungfrau Maria den Kult weiblicher Gottheiten und insbesondere der Athena (→ Akropolis) ablöste, so auch in Italien; so steht in Rom die Kirche S. Maria sopra Minerva über einem Heiligtum der M.

minima non curat praetor (lat.) = 'um Kleinigkeiten kümmert sich der Praetor nicht'; Quelle unbekannt.

Minoische Kultur, moderne Bezeichnung für eine Periode der ägäischen Kultur, nämlich die der Insel → Kreta (auch → kretisch-mykenische K.) im Gegensatz zur kykladischen K. (der gr. Inselwelt) und zur → helladischen K. des Festlandes. → Zeittafel S. 832.

Minos, nach der Sage Sohn des Zeus und der Europa, mächtiger Herrscher auf Kreta (in → Knossos wohnhaft). Von Poseidon wegen Opferbetrugs bestraft, so daß seine Gemahlin Pasiphae den → Minotaurus gebar; für diesen ließ M. das → Labyrinth erbauen. Die Sage von → Theseus enthält die historische Erinnerung an M.' Seeherrschaft über die Ägäis (→ minoische Kultur). Zuletzt soll M. in Sizilien getötet und auch begraben worden sein. Wegen seiner gerechten Gesetzgebung wurde er in die Unterwelt versetzt, wo er mit Aiakos u. Rhadamanthys das Totenrichteramt versieht.

Minotauros, gr. Fabelwesen im → Labyrinth auf Kreta, ein Mensch mit einem Stierkopf, von dem Athener Theseus erschlagen. Der Name ist aus dem des → *Minos* und aus gr. *tauros* = Stier zusammengesetzt. Daß dem M. athenische Kinder zum Fraße dargebracht werden mußten, würde besagen, daß der historische König Minos einst mit seiner Seemacht die ganze Ägäis beherrschte, also auch aus Athen

Tribut erhielt. → Ariadne; Theseus.

L. Cottrell, *The Bull of Minos,* Lond. 1954.

Minuszeichen – u. Pluszeichen + sind die nachlässig geschriebenen Anfangsbuchstaben *m* und *p* von *minus* = weniger und *plus* = mehr. Die lat. Bezeichnung stammt aus der Zeit, als in der Schule auch im Mathematikunterricht lat. gesprochen wurde.

Minute → Uhr.

Mirabilia Romae (lat.), die 'Wunder Roms', Titel eines → Reisehandbuches aus dem 12. Jh.

Missa → Messe.

Mistra(s), an Stelle des verfallenen Sparta 1248 etwas weiter westlich, am Abhang des Taygetos von fränkischen Kreuzfahrern gegründet, aber schon bald in griech. Besitz, seit 1349 Sitz des byzantinischen Statthalters; eine Stätte, an der sich byzant. Kultur gegen jede Bedrohung rein erhalten hat; erst 1834 hat man die Siedlung aus der sicheren, aber unbequemen Hanglage in das Flußtal zurückverlegt; Neu-Sparta wurde wieder erbaut. M., die verlassene Stadt, zeigt nur wenig zerstörte, frei zugängliche mittelalterliche Klöster, Kirchen und Häuser mit prächtigen Wandmalereien, 'eine der wunderbarsten Ruinenstädte Europas' (Baedeker). – Goethe *(Faust II,* Helena-Episode) hat M. sicher nicht gekannt.

M. Soteriu, M., Athen, 1936; R. Hauschild, M. – Die Faustburg Goethes, 1963.

Mithradates VI. Eupator (oder Mithrid.; der Name bedeutet: „Geschenk des Mithras"), der gefährlichste Gegner der Römer im Osten, entstammte einer persischen Familie, die durch die Diadochen in Kappadokien am Schwarzen Meer zur Herrschaft kam. 132 v. Chr. in Sinope geb., wurde er nach persischer Überlieferung, aber unter hellenischem Einfluß erzogen. 120, noch unter Aufsicht der Mutter, kam der schöne, reichbegabte junge Mann zur Regierung. Als er (seit etwa 112) selbständig regieren konnte, breitete er seine Herrschaft systematisch am Schwarzen Meere aus und eroberte dann die Länder Kleinasiens. Dabei stieß er mit den Römern zusammen, gegen die er sich durch ein Bündnis mit → Tigranes sicherte. Der Kampf gegen sie begann mit dem sog. Blutbad von Ephesos: auf seinen in Ephesos erlassenen Befehl wurden 88 v. Chr. an einem Tag alle Italiker in Kleinasien (80 000) ermordet. Er setzte nach Griechenland über, das ihn freudig begrüßte. Sein Feldherr Archelaos wurde aber 86 bei Chaironeia geschlagen. Im Frieden 85 gab M. Kleinasien heraus. Später eroberte er es wieder, wurde aber von → Lucullus eingeschlossen und floh 71 zu Tigranes. 69 kehrte er in sein Reich zurück und schlug 67 die Römer bei Zela. Von Pompeius 66 besiegt, gab er den Kampf nicht auf und plante sogar einen Zug nach Italien. Als sich 63 sein Sohn Pharnakes gegen ihn empörte, verzweifelte er; er wollte sich vergiften und ließ sich, da das Gift nicht wirkte, von einem Kelten niederstechen. Seine Härte und Grausamkeit hatte ihn seinen Untertanen entfremdet. Sein Sohn erhielt die Länder in der Krim unter röm. Oberhoheit zurück.

Th. Reinach, M. Eu., d. v. Goetz, 1895; A. L. Duggan, *King of Pontus,* N. Y. 1959.

Mithras, persischer Lichtgott mit wehrhaften Zügen, „unbesiegt" (lat. invictus), daher bei Soldaten sehr beliebt, die seinen Kult im röm. Reich verbreiteten. Man findet ihn besonders an den Reichsgrenzen, wo viel Militär lag; aber auch im Innern des Reiches gab es viele Mithräen (Kultstätten des M.), meist Höhlen oder höhlenähnliche Bauwerke; der Gottesdienst fand also in geschlossenen Räumen statt, nicht wie sonst in der Antike im Freien (→ Altar). Der Gott wurde dargestellt bei der Tötung eines weißen Stieres; Reliefs dieser Art standen in jedem Heiligtum. Vieles am M.-Kult war dem christl. Kult ähnlich; es gab eine Art Taufe, ein Abendmahl, ferner ein Einweihungs-Ritual für M.-Anhänger in sieben aufsteigenden Stufen, die Befreiung der Seele symbolisierend; ein Totengericht, Auferstehung und Unsterblichkeit der Seele gehörten zum M.-Glauben; über Einzelheiten der Geheimlehre gibt es wenig Klarheit, außer den Bildwerken auch kaum Schriften. Während das → Christentum die gr.-röm. Religion verhältnismäßig leicht überwand, hatte es mit der M.-Religion einen schweren Kampf zu bestehen. Man gewann die M.-Verehrer, indem man den Geburtstag des M., den 25. Dezember, als Christi G. übernahm. Wo man sie nicht gewann, brauchte man auch Gewalt und zerstörte die Mithräen. Von der Macht des M.-Kults zeugt noch jetzt der Umstand, daß nicht der jüdische Sabbat unser hl. Wochentag ist, sondern der ehemals dem Sonnengott M. geheiligte Sonntag. – In Deutschland gibt es viele Mithräen, so auf der → Saalburg.

F. Cumont, Die Mysterien des M., ³1923, neu 1991; A. Dieterich, Eine M.-Liturgie, ³1923, neu 1966; G. Gehrich, K. Latte, Die Mysterien des M., ⁴1963; M. J. Vermaseren, 1965; ders., D. Kult des M. in Germanien, 1974; A. Schütze, M.-Mysterien u. Urchristentum, ³1972; G. Ristow, M. im röm. Köln, 1974; J. R. Hinnels, *Mithraic Studies,* Manch. II 1975; M. Clauss, Mithras, 1990.

Mithridates → Mithradates.

Mnemotechnik, die Kunst (gr. *techne),* sich ein gutes Gedächtnis (gr. *mneme)* zu verschaffen, und zwar durch viel Auswendiglernen, durch Gedächtnisstützen u. ä., wurde im Altertum viel geübt. Daß es in der Antike Menschen gab, die den ganzen Homer (*Ilias* 15696, *Odyssee* 12112 Zeilen) auswendig konnten, ist nicht zu bezweifeln, denn auch heute noch tragen Rezitatoren mit besonderer Begabung ganze Dramen ohne Souffleur aus dem Gedächtnis vor; inwieweit im Altertum die Mn. mithalf, ist unbekannt. Für die Kenntnis der → Frühgeschichte ist die Beobachtung wichtig, daß das Gedächtnis des Menschen um so schwächer wird, je mehr er durch Schrift und Druck reichlich und billig Gedächtnisstützen erhält. Die ganze, weitschichtige Lehre der → Druiden war nicht schriftlich niedergelegt, sondern wurde nur auswendig gelernt.

H. Blum, Die antike M., 1964.

modius (lat.), ein Scheffel; → Hohlmaße.

Möbel. In der antiken gr. und röm. Wohnung standen im allgemeinen Bett, Liege, Truhe, Tisch und Sessel wie in einer heutigen Wohnung, doch war der →

Schrank selten, und sonderbarerweise fehlte völlig der Schreibtisch. Vereinzelt wird ein Spieltisch (mit Spielbrett auf der Platte) erwähnt. Vom Stil antiker M., von Wandlungen im Geschmack, können wir wenig sagen, da Holzm. (mit wenigen Ausnahmen in Herculaneum) nicht erhalten sind. Von den Bronzem. sind namentlich zusammenklappbare Dreifüße wichtig; sie sind praktisch und oft elegant verziert. Bronzen oder sogar silbern waren auch öfter die Füße der Bettstellen (vereinzelt erhalten) oder das ganze Bettgestell. Die erhaltenen M. aus Marmor, besonders Tische und Kandelaber, sind Prunkm. und gestatten kein Urteil über den Durchschnittshausrat. – Die Empire-M. (Franz. Revolution) ahmen den Stil antiker M., soweit man sie damals aus pompeianischen Funden kannte, so gut wie möglich, aber nicht getreu nach. - Im germanischen Haus kannte man nach dem Zeugnis des Tacitus → Tische. Deutschen Ursprungs sind die Wörter Bank, Bett (schon althochd.), Schrank (erst mittelhochd.). Stühle fehlten. Aus dem Süden übernommen haben wir verschiedene Liege.-M.: → Matratze.

G. M. A. Richter, *The furniture of the Greeks, Etruscans and Romans,* Lond. 1966; H. Kyrieleis, Throne und Klinen (Sitz- u. Liegemöbel), 1969.

Mörtel, dasselbe Wort wie Mörser, zerstoßene Steine, die man unter den Kalk mischte. Guter altröm. M. ist, wie Sprengungen gelehrt haben, fester als Stein; → Ziegel.

Moira, plur. *Moirai* (gr.), lat. *Parca* oder *Fata,* plur. *Parcae, Fatae;* deutsch Moira, Moiren, Parzen, Feen. Gr. *moira* heißt Anteil. M. war Schicksalsgöttin, die den Lebensanteil bestimmte. Später wurden es drei: *Klotho,* die den Lebensfaden spinnt, *Lachesis,* die ihn erhält und bewahrt, *Atropos,* die Unabwendbare, die ihn durchschneidet. Bei Homer ist die M. z. T. stärker als die übrigen Götter, die sich ihr unterwerfen müssen; sie werden vielfach als ältere Schicksalsgottheiten angesehen, die von den olymp. Göttern verdrängt wurden; allerdings leben die M. noch im Volksglauben der Neugriechen. – Die röm. *Parca* war zunächst eine Geburtsgöttin (wofür die M. ebenfalls galten; zu lat. *parere* = gebären); später wurde sie der M. gleichgesetzt und wie diese verdreifacht. → Schicksal.

W. C. Greene, M., *Fate, Good and Evil in Greek Thought,* Cambr. Mass., 1944; P. C. B. Pistorio, *Fato e divinità . . .,* Palermo 1954; B. C. Dietrich, *Death, Fate and the Gods,* Lond. 1965.

Momos, in der gr. Religion und Sage der personifizierte Tadel oder auch die neidische Tadelsucht, von Hesiod als einer der Söhne der Nacht bezeichnet.

Monarchie. Wie die Wörter Aristo-, Demo-, Ochlokratie, Oligarchie ist das Wort M. griechisch (*mon-archia* = Alleinherrschaft). – König: gr. *basileus,* unerklärt; lat. *rex* = Leiter; dieses Wort liegt auch im indischen *Radscha,* im deutschen *-rich* (Erich) und *reich* vor; deutsch *König,* verwandt mit gr. *genos* = Geschlecht: „ein Mann von Geschlecht“, d. h. von vornehmer Abkunft; → Caesar als Berufsbezeichnung; → Kaiser. Das deutsche Wort *Kaiser* und das russ. *Zar* sind aus dem Namen Caesar hervorgegangen.

Die Überlieferung, die in der Frühgeschichte Griechenlands (z. B. → Kodros) und Roms (→ 7 Könige Roms) Könige kennt, wird für Griechenland durch die Burgen des 2. Jahrt. v. Chr., wie die in Mykenai und Tiryns, bestätigt, die nur von mächtigen Alleinherrschern errichtet sein können; ferner durch den Rest des Königtums, der in den späteren Opferkönigen vorliegt. In der Frühzeit stand an der Spitze des feudalistisch-gegliederten Gemeinwesens der *Anax* (eigentlich *Wanax* mit → Digamma), zugleich König u. Priester; sein Herrschersitz ist auch Kultzentrum. Den Titel *Basileus* trugen damals kleinere Landesherren. Die gr. Könige waren jedoch bald nicht mehr absolut. Die *Ilias* kennt neben dem K. eine (freilich selten einberufene) Heeresversammlung. In der *Odyssee* stehen neben dem König der Phaiaken, Alkinoos, 12 andere K., die sogar denselben Titel wie Alkinoos haben; dieser ist also nur *primus inter pares*. Nach röm. Überlieferung begründete schon Romulus den Senat. Um 1000 v. Chr. mußten die gr. Könige dem Adel weichen (→ Kodros), angeblich 510 v. Chr. die röm.; über die Berechtigung dieser Jahresangabe → Röm. Geschichte. In dem konservativen Sparta blieb das K. erhalten; doch war die Macht der Könige durch die sog. Kollegialität (→ Demokratie) und durch andre Bestimmungen (→ Spartas Verfassung) stark beschränkt. Das demokratische Athen wählte jährlich einen → *archon basileus*. Diesem und seiner Gattin oblagen gottesdienstliche Pflichten; man fürchtete wohl, die Götter zu beleidigen, wenn man anders als durch Könige mit ihnen verkehrte. Ebenso in Rom: *rex, regina sacrorum* = Opferkönig(in). Die an die Stelle der gr. Königsherrschaft getretene Adelsherrschaft, die Aristokratie (gr. *aristoi* = die besten, *kratein* = herrschen) oder Oligarchie (gr. *oligoi* = wenige, *archein* = herrschen), mußte ihrerseits allmählich der Demokratie (gr. *demos* = Volk) weichen. In den wilden Kämpfen zwischen Adel u. Volk bemächtigte sich in vielen gr. Städten vorübergehend ein einzelner der Gewalt. Auch späterhin warfen sich Männer zum Tyrannen auf, besonders auf Sizilien. → Tyrannis. Im → Hellenismus herrschten wieder Könige, und zwar nunmehr nach orientalischem Vorbild absolut.

Das römische Kaiserreich, seit 31 v. Chr. war zunächst Prinzipat; die Regierung wahrte die Formen der Republik, war aber tatsächlich eine M.; seit Aurelian (270–275) und besonders seit Diocletian (284–305) Dominat, absolute Monarchie. Genaueres → Kaisertum.

Die Griechen des Altertums waren nie geneigt, sich einem Monarchen zu unterwerfen. In Homers *Ilias* II 204 muß Odysseus scheltend mahnen: „nimmer Gedeihen bringt Vielherrschaft; nur einer sei Herrscher, einer nur Fürst!“ Die Griechen der klassischen Zeit waren eingefleischte Feinde der M. Beliebte Könige wie Euagoras (→ Kypros) waren ganz selten. Es gab besondere Gesetze zum Schutze der Freiheit (→ *ostrakismos*). Inwieweit die Griechen ihre demokratische Gesinnung auch dann noch bewahrten, als die Schäden der extremen Demokratie offensichtlich wurden, ist strittig. Sicherlich sahen wegen der Mängel der Demokratie im 4. Jh. Männer wie Platon und vor allem Isokrates im Königtum ihr Ideal; aber doch auch nur unter besonderen Voraussetzungen; und es ist fraglich, ob wir aus ihren Schriften die Ansicht vereinzelter Weitschauender oder die allgemeine Volksstimmung kennenlernen. Wahrscheinlich wurde die M., als die Diadochen sie dem Volke aufzwangen, von der Masse nicht begrüßt, sondern nur ertragen, weil sie mit dem Ende der politischen Kämpfe und ihrer Grausamkeit eine wirkliche Besserung brachte, weil die Monarchen liebgewordene äußere republikanische Formen beließen, und schließlich durch die → Vergottung. Unter der Herrschaft der röm. Kaiser freilich waren die Griechen gut monarchisch, ja unterwürfiger als die Römer selbst; so führten sie eher als diese den Kaiserkult ein, sie waren klug genug, um einzusehen, daß ein Widerstand des griech. Volkes gegen die Weltmacht Rom zwecklos war.

Die Römer waren disziplinierter als die Griechen und eher zum Gehorsam geneigt, aber auch nur zu einem freiwillig geleisteten. Einem einzelnen unterwarfen sie sich ebenfalls ungern, nur in Fällen der Not und nur auf kurze Zeit (→ dictator); im übrigen waren auch sie mit der Kollegialität und Annuität (→ Demokratie) ihrer Beamten Republikaner; „jemanden königlich behandeln" bedeutet, ihn „grausam, tyrannisch b.". Als im 1. Jh. v. Chr., in der Zeit der Auflösung der Republik, große Feldherren und Politiker wie Marius, Sulla, Pompeius beinahe unumschränkte Macht erhielten, war man monarchischer Staatsform allerdings bedrohlich nahe; doch erst Caesar gelang der Griff nach der Alleinherrschaft. Aber der Senat lehnte den Antrag auf Verleihung der Königswürde ab, bei den ganz unbestreitbaren Verdiensten Caesars ein Zeichen, wie verhaßt der Titel war. Wenige Monate nach Übertragung des Rechts, Münzen mit seinem Bilde zu prägen – einem der wichtigsten Königsrechte – wurde Caesar ermordet. Über die Gründe, warum seit Augustus das Volk die Kaiserherrschaft duldete, → Kaisertum; der Adel war im 1. Jh. n. Chr. meist noch oppositionell-republikanisch, verzichtete auf hohe Ämter, leistete in gewissen Grenzen vorsichtigen Widerstand oder zog sich aus der Politik zurück. Wenngleich diese kleine, ohnmächtige republikanische Gruppe keine Erfolge hatte, blieb doch noch im Mittelalter der republ. Gedanke in Italien sehr lebendig.

G. v. Martitz, D. M. als Staatsform 1903; G. Widengren, Das Königtum, II 1956.

Monatslängen in der heute gültigen Zahl der Tage, 28 (29), 30 oder 31 sind die des iulianischen → Kalenders und gehen also auf das Jahr 45 v. Chr. zurück. Vorher hatte z. B. der Februar 24, der April 29 Tage.

Monatsnamen. Die M. sind in allen europäischen Hauptsprachen einheitlich und zwar latein., weil der jetzt gültige → Kalender lat. Ursprungs ist; gegenüber dem Wirrsal der vorcaesarischen K. und gegenüber dem → Mondjahr war die caesarische K.-Reform so vorteilhaft, daß die Welt sie (und damit die M.) einfach übernahm. → Kalender; Fremdwörter. – Die Grundbedeutung der M. ist oft unsicher. *Ianuarius* nach → Ianus, dem Gott des Eingangs u. Anfangs. *Februarius* = Reinigungsmonat? *Martius* nach Mars, als Monat des Kriegsbeginns (im Winter ruhte der Krieg)? *Aprilis* unerklärt. *Maius* nach einer ital. Gottheit des Wachstums? *Iunius* wohl nach Iuno. *Iulius, Augustus,* zu Ehren Iulius Caesars (Geburtsmonat; umbenannt 44 v. Chr.) und des Kaisers Augustus (Aug. bekleidete nach Suet., *Aug.* 31 und anderen am 19. Sext. 43 sein 1. Consulat; umbenannt 8 v. Chr.). Diese Monate hießen vorher *Quinctilis, Sextilis;* ihre Namen waren wie *September-December* nach den lat. Ordinalzahlen 5.–10. gebildet, obwohl sie den 7.–12. Monat bezeichnen. Diese M. stammen noch aus der Zeit, in der das Jahr mit dem 1. März begann (→ Januar).

Mond → Selene.

Mondjahr. Das Jahr war im Altertum zunächst ein M. von 355 Tagen, die antiken Monate also kürzer als die heutigen (→ Monatslängen). Dadurch entstand eine Differenz gegen den Sonnenlauf, die nach gar nicht zu langer Zeit ganz beträchtlich geworden wäre (einfacher ausgedrückt: es dauert dann gar nicht sehr lange, bis Weihnachten in die Sommerferien fällt). Die Griechen glichen dies durch Schaltmonate aus, so daß nach einer gewissen Ordnung manche Jahre 13 Monate hatten; die Römer durch Jahre verschiedener Länge so, daß in einem 4jährigen Zyklus das 1. Jahr 355, das 2. 378, das 3. 355 und das 4. 377 Tage hatte. Das Elend wurde durch die iulianische Reform des → Kalenders beseitigt; seitdem kommt man mit Schalttagen aus.

Monogramm Christi, noch jetzt an und in Kirchen zu sehen, besteht aus dem gr. Buchstaben X = ch und P = r, den Anfangsbuchstaben des Namens Christus. Constantinus d.Gr. ließ dieses Symbol auf seinen Feldzeichen anbringen (→ *in hoc signo;* labarum), allerdings in deutlicher Anlehnung an das strahlenförmige Zeichen des Sonnengottes *(sol invictus),* dessen Kult der Kaiser sehr gefördert hatte. Erst später ist das Symbol ein beliebter Bestandteil der christl. Buchstabensymbolik geworden (→ auch *ichthys*).

Monopol. Gr. *monopolia* = Alleinhandel, *monopolion* Recht des A. Mit M. meint man meist ein Staats-M. Solche fehlten in den gr. Republiken; sie hätten das Recht des Bürgers, den Handel zu treiben, den er wollte, beschränkt; ferner verteuert jedes M. die Ware zum Nutzen eines Einzelnen und auf Kosten der anderen, namentlich des kleinen Mannes, was die Republik nicht wünscht. Dagegen blühten die M. unter den Diadochen und sind besonders in Ägypten gut kenntlich. Dort hatte der Staat oder vielmehr, weil Ägypten eine absolute Monarchie war, der König persönlich das M. für Öl, Papier u. v. a., und wurde dadurch als größter Unternehmer des Landes und durch die hohen Steuern reich. → Purpur.

Monotheismus → Polytheismus.

Monte Cassino, Kloster in Italien, gegründet durch → Benedikt von Nursia 529, im Jahre der Auflösung der → Akademie, auf einem Berge an Stelle eines Apollotempels (an der Bahnlinie Rom-Neapel). Oft zerstört (zuletzt im 2. Weltkrieg), erst teilweise wieder aufgebaut. Das Archiv des Klosters ist weltberühmt durch Handschriften und Urkunden.

Monte Testaccio. Die Ausdehnung des Handels im alten Rom bezeugt der M. T. = Scherbenberg im Süden der Stadt am Tiber, der im Laufe von fast 200 Jahren entstanden und bis zur Höhe von 35 m und zu einem Umfang von 850 m angewachsen ist; er besteht nur aus Scherben antiker Tongefäße (für Wein, Öl u. a.).

Monumentum Ancyranum, ein vom Kaiser Augustus selbst verfaßter Rechenschaftsbericht, der an seinem Mausoleum auf dem Marsfeld in Rom angebracht und in vielen Abschriften und Übersetzungen in das Griechische über das ganze Imperium verbreitet war; *M. A.* benannt, weil die zuerst bekanntgewordene und auch vollständigste Abschrift sich an der Marmorwand der Vorhalle des Augustus- und Romatempels in Ankyra (später Angora, jetzt türk. Ankara) in Kleinasien befindet; besser jetzt meist als *„Res gestae divi Augusti“* = „Taten des verewigten A.“ bezeichnet. Die zweisprachige (lat. und gr.) Inschrift ist ein ungemein wichtiges Dokument für die Persönlichkeit des A., der sich hier in seiner schlichten Größe offenbart; in knappster Sachlichkeit und in einer grade durch das Fehlen allen Pomps überaus würdevollen Sprache werden seine Taten, Aufwendungen, Ehrungen während seines 57jährigen Wirkens verzeichnet. Die Kopie dieser „Königin der Inschriften“ in Ankyra wurde schon 1555 durch eine Gesandtschaft Kaiser Ferdinands I. entdeckt, konnte aber erst im 19. Jh. genau erforscht und veröffentlicht werden; inzwischen hat man neue Bruchstücke in Antiocheia (lat.), Apollonia in Pisidien (griech.) gefunden, die wertvolle Ergänzungen brachten.

W: Hg. Th. Mommsen, ^{2}1883, neu 1970; lat., gr. u. d. F. Gottanka, ^{3}1945; lat. u. gr. H. Volkmann, ^{3}1969; hg. u. d. E. Weber, ^{5}1989; – *Ü:* M. Schuster, D. Tatenbericht d. Kaisers Aug., 1940.

L: E. Kornemann, Mausoleum u. Tatenbericht d. Aug., 1921; W. Weber, Princeps, 1936; M. Schede, H. Schultz, Ankara u. Aug., 1937 (mit Übers. und Abb.).

mors certa, hora incerta, „der Tod ist gewiß, seine Stunde ungewiß“; lat. Inschrift an der Leipziger Rathausuhr.

Mosaik, gr. *museion,* lat. *(opus) musivum,* d.h. einfach Kunstwerk, das „unter dem Schutz der Musen“ steht so wie das „Museum“ und die „Musik“, eine Kunstgattung des Orients, die aber schon vor dessen Erschließung durch Alexander d. Gr. den Griechen (→ Olynthos), später den Römern zugänglich wurde: Bilder auf dem Fußboden, später auch an den Wänden, aus Flußkieseln, mühsam hergestellten kleinen (etwa 5 × 5 mm) Würfeln aus buntem Marmor oder Glas, ja aus Halbedelstein. Damit brachte man oft wunderbare Bilder zustande. – Hauptfundländer für antike M. sind Südfrankreich, besonders aber Nordafrika, wo manche Häuser in allen Hauptzimmern große M.en haben. Bedeutende antike M.en diesseits der Alpen sind das 1941 gefundene Dionysos-M. in Köln u. das Musen-M. von Trier (1942); auf dem in Nennig bei Trier ist u. a. eine Orgel dargestellt (→ Privathäuser); das berühmteste ist die → Alexanderschlacht; auch → Piazza Armerina. Die schönen M.en in SS. Cosma e Damiano in Rom, 526–530 n. Chr. und die etwa gleichzeitigen in Ravenna erweisen das Dogma vom Verfall der spätantiken Kunst als Irrlehre. Die M. der Sophienkirche in Konstantinopel wurden von der türkischen Übertünchung befreit. Später verfiel die M.-Kunst, aber nicht völlig; 1743 wurde im Vatikan eine päpstliche M.-Fabrik begründet, die noch besteht. Im Orient sieht man noch moderne einfache M.en aus gelben und schwarzen Kieseln, mit geometrischen Mustern.

J. Wilpert, D. röm. M.en u. Malereien, IV[3] 1924; H. P. L. Orange, P. J. Nordhagen, M. von d. Antike bis z. MA., 1960;W. Oakeshott, Die M.en von Rom, 1967; K. Parlasca, Die röm. M.en in Deutschland, 1970.

Moschos v. Syrakus, gr. Grammatiker und Dichter des 2. Jh. v. Chr., ein Vertreter der → Bukolischen Dichtung, war der Verfasser eines Epyllions *(Europe)* und anderer graziöser Kleindichtungen.

W: Hg. u. komm. W. Bühler, 1960 (mit *Ü:*).

Mosel, lat. *Mosella.* Vom Leben im Moseltal, dieser reichsten Provinzlandschaft nördlich der Alpen, haben wir durch Literatur und Archäologie gute Vorstellungen. Auf dem Fluß herrschte im Gegensatz zum Rhein lebhafte Schiffahrt, meist im Treidelverkehr; Weinbau wurde betrieben, Tuchhandel war ansässig, das Land wurde in Domänenwirtschaft bebaut (Getreide, Flachs, Obst und Gemüse); große Villen und Gutshöfe (etwa 80 ausgegraben) bestimmten das Gesicht der Landschaft; sie lagen vorzugsweise am Südhang, viele hatten Glasfenster, Heizungsanlagen, Wasserleitungen, Fußbodenmosaiken, Bäder. Eine von Kaiser Konstantin angelegte Festung war Neumagen (→ Noviomagus); in zahlreichen Ortsnamen entdeckt man noch den einstigen röm. Namen (→ Deutsche Städtenamen). Anschauliche Schilderungen des täglichen Lebens vermitteln Grabsteine, Reliefs und Steinplastiken, darunter die bekannte Schulszene, die Pachtzahlung, das Weinschiff (Trierer Landesmuseum, vor allem die Igeler Säule). Eine liebenswürdige Schilderung einer Moselfahrt gibt → Ausonius.

P. Steiner, Röm. Landhäuser im Trierer Bezirk, 1923; H. Dragendorff, D. Grabmal v. Igel, 1924; J. Steinhausen, Archäolog. Siedlungskunde d. Trierer Landes, 1936; → Ausonius.

mos maiorum = Sitte der Vorfahren. Der bestimmte Begriff, den man mit m. m. verbindet, fehlte bei den Griechen; im röm. Leben spielte er lange eine entscheidende Rolle. Man hatte in Rom eine Abneigung gegen schriftliche Fixierung staatlicher Verhältnisse und begnügte sich mit wenigen fundamentalen Gesetzen. Die Herrschaft des Senates, die geschäftliche Praxis bei der Erledigung der Staatsgeschäfte waren nur durch den m. m. geregelt. Auch die Rechtsprechung beruhte in der besten Zeit Roms in der Hauptsache darauf; die Kenntnis des Rechts erbte sich in den senatorischen Familien vom Vater auf den Sohn fort. So fehlte in Rom etwas, das unserer Verfassung und dem Bürgerlichen Gesetzbuch entsprach (das → *Corpus iuris* erst ganz spät). Dieser Mangel gab aber den röm. Einrichtungen große Beweglichkeit, durch die man sie neuen Verhältnissen und Aufgaben sehr leicht anpassen konnte (ähnlich heute in England).

H. Volkmann, M.m. als Grundzug d. Augusteischen Prinzipats, (NBA) 1942.

Mucius Scaevola (Linkhand). Nach der Sage versuchte Mucius Cordus 508 v. Chr., den etruskischen König Porsenna, der Rom belagerte, zu töten. Er wurde ergriffen, hielt seine Rechte über ein brennendes Feuerbecken und ließ die Hand verbrennen; daher Sc. genannt(?). In Bewunderung solchen Muts soll Porsenna die Belagerung aufgehoben haben. Die Erzählung ist ein schönes Beispiel der Sagenentlehnung; sie wird ganz gleichartig von Themistokles' Bruder Agesilaos aus der Zeit der Perserkriege überliefert (Plutarch, *Parallelen 2)*. Auf M. Sc. übertragen(?), weil man Sc. von *scaevus* = links ableitete; aber wahrscheinlich gehört der Name nicht dazu, sondern ist etruskisch → Cloelia.

Mücke, gr. *konops, lat, culex*. Gegen die M.-Plage (→ Malaria) übernahmen schon die Griechen von den Ägyptern (Herodot II 95) das noch heute in Malariagegenden übliche M.-Netz um die Betten aus ganz feinem, engmaschigem Stoff, gr. *konopeion*. Daher stammte das früher auch in Deutschland verwendete, über das Franz. zu uns gekommene Wort Kanapee (→ Matratze).

Mühle, gr. *myle,* lat. *mola* = „Zermalmerin" (zum Mahlen); schon in prähistorischer Zeit, bei den Griechen noch bei Homer, die Handm., ein breiter Stein, auf dem Sklavinnen das Getreide mit einem Handstein zerquetschen; später bei Gr. und Röm. und noch jetzt im Orient häufig die Drehm., bei der ein Tier, das rund um die M. läuft, an einem Göpel den oberen M.-Stein über dem festen unteren dreht; der untere Stein trichterförmig eingetieft, der obere nach unten hin konisch; der Bäcker war zugleich Müller, daher viele solcher M. in den Bäckereien in Pompeii erhalten; viele röm. M.–Steinbrüche bekannt; Stampfm., lat. *pistrinum,* für Getreide, von Tieren oder Sklaven betrieben; Wasser-M., die in Rom vom Wasserüberschuß der Aquaeducte angetrieben wurden, beschreibt schon Vitruvius (X, 5). Unbekannt waren im Altertum die Tretm. und die Windm. – Die germanische M. hieß *quirn* und war eine Handm. (engl. heute *quern*). Später übernahmen die Deutschen die röm. Wasserm. und deren Namen, den sie auf alle Arten M. übertrugen. Der Name Müller ist ein vom Lat. abgeleiteter Name, latein. *molinarius,* althochd. *mulinari*; die deutsche Form des Namens Müller lautet Querner, Kerner, Körner. – → Spiele.

Münzen. Die M. heißt gr. *nomisma* = das gesetzmäßige (Zahlungsmittel); daher Numismatik; lat. *nummus,* was wohl dasselbe bedeutet (wahrscheinlich Lehnwort aus dem Griech.), oder *moneta* (→ Iuno Moneta); danach in den modernen Sprachen Lehnwort. Über Entstehung des Geldes auf Kreta und in Kleinasien → Geld. Die wichtigsten attischen Münzeinheiten waren Talent, Mine (beide nur Rechnungsm., nie ausgeprägt), Drachme, Obolos. Diese von Solon um 600 v. Chr. in Athen eingeführte Währung erlangte bei der politischen und merkantilen Bedeutung der Stadt bald allgemeine Geltung. Als Münzmetall diente (außer dem → *elektron)* Gold, zunächst nur sehr selten, häufiger nach dem Vorbild des persischen → Dareikos, in hellenistischer Zeit (→ Goldprägung); im allgemeinen → Silber, das die Athener im Lauriongebirge (→ Bergbau) reichlich fanden. Auch die Oboloi, ja sogar die $^1/_2$, $^1/_3$ O. waren aus Silber; daneben für Scheidemünzen auch Bronze *(chalkos;* die M.: *chalkus,* einfach = „der bronzene"). Im Gegensatz zur Moderne wurden antike M. vom Bild, nicht von der Aufschrift oder der Zahl bestimmt. Aufschriften sind selten vollständig, sondern geben den Prägeort meist mit dem abgekürzten Genetiv des Volksnamens an (z. B. Athe = Prägung der Athener). Münzbilder waren zunächst einfach, z. B. Löwe, Hirsch, Widder, Ziege, Pferd, Pegasos, Biene, Stier, Weinkrug *(Amphora)* u. a.; diese M. sind, wie im Falle Milets, die Wappen der Oligarchen, die die Ämter zur Verwaltung der Staatsmünze innehatten. M. dieser Art finden sich in ostgr. Städten noch im 5. Jh. Es sind die Wappen der jährlich wechselnden Münzmeister, die schließlich von der Vorderseite auf die Rückseite der Münze rücken, um die Vorderseite dem Bild der Stadtgottheit oder ihrem Symbol zu überlassen. Die Stadtgottheit auf M. ist seit Peisistratos üblich, der die Stadtgöttin Athena (Vorderseite) und die ihr heilige Eule (Rückseite) statt der Wappenbilder der Adeligen aus der Zeit der Oligarchie auf die Münze setzte. Seit hellenist. Zeit, wieder im Anschluß an den → Dareikos, ersetzt das Bild des Herrschers das der Gottheit (→ Vergottung). So zuerst Alexander d. Gr. auf M. seiner Münzstätte Babylon, die für den Umlauf im Osten bestimmt waren; der auf ihnen abgebildete Herakles zeigt vielleicht die porträtähnlichen Züge Alexanders. Die → Diadochen setzen das Bild des göttlichen Alexander auf ihre M.; der Epigone → Demetrios Poliorketes erscheint 295 vor Chr. als erster mit eigenem Porträt auf dem Münzbild. Von → Philippos V. von Makedonien sind wieder Münzporträts erhalten. Anders im Osten, wo die Vergottung des Herrschers ihren Ursprung hatte. Die Diadochen setzten ihre Porträts auf die M. Die Römer übernahmen den Brauch. T. Q. Flamininus, der Besieger Philipps V. von Makedonien, setzt als erster sein Porträt auf M. (bezeichnenderweise eine Prägung gr. Städte zu seinen Ehren). Caesars Porträt erscheint als erstes zu Lebzeiten des Dargestellten auf M. Roms. Über das Vorbild byzantin. Kaisermünzen übernahm das Mittelalter das Herrscherbild auf M. – Aber nicht nur in der Sache, auch in formaler Hinsicht läßt sich das moderne M. oft auf antike Vorbilder zurückführen: so ist die Britannia engl. Pennystücke letztlich eine Nachbildung der Athena auf M. des Lysimachos v.

Thrakien. Ebenso ist die „Marianne“ franz. Briefmarken vom Arethusakopf syrakusan. M. abgeleitet (Bilder der Briefmarken haben heute eine ähnl. Funktion wie die der antiken M.).

Von etwa 600 v. Chr. an sind die gr. M. rund, und die M. der Welt haben diese altgriech. Form bis heute beibehalten (selbstverständlich ist sie nicht; röm. M. noch lange später oblong). Die M. wurden in der Münzstätte auf einem Prägestock, auf den der Rohling gelegt wurde, durch einen Hammerschlag auf den Stempel (*charakter,* mit dem eingegrabenen Bild der Rückseite) geprägt. Antike M. haben daher zwar nicht die Regelmäßigkeit moderner M., doch sind sie lebendiger und weit weniger stereotyp; diese lebendige Schönheit vieler antiker Münzbilder ist bis heute unübertroffen.

In Rom diente lange das Vieh als Wertmesser (→ Geld). Erst um 450 v. Chr., als in Griechenland – bezeichnend für den Unterschied der kulturellen Zustände – schon längst geprägte Silberdrachmen kursierten, wurde Geldwirtschaft eingeführt, aber zunächst noch sehr beschränkt. Es waren in ganz Mittelitalien im Umlauf das *aes rude,* Kupferbarren verschiedener Form und unterschiedl. Gewichtes, und später *aes signatum,* Kupferbarren mit bestimmten Bildern (Pegasos u. a.) in Relief. Die ältesten eigentl. M. Roms waren gegossen; ein unförmiges, schweres Kupfergeld (*aes grave* = „schwere Bronze“), dessen Einheit, der As, ein Pfund = 273 g wog. Sie wurden wohl im J. 289 v. Chr. durch die *triumviri monetales,* die neuerrichtete Münzbehörde, eingeführt. Älteste röm. Silberprägung, aber noch nicht in Rom selbst, sondern in Capua, und noch nicht für den Gebrauch in Rom, seit 335 v. Chr. (→ Italiker). Im J. 269 v. Chr. ging auch Rom selbst zur Silberwährung über und prägte zuerst ein Didrachmon und später, wohl gegen Ende des 3. Jhs., als kleinste Silbermünze den → Sesterz, als übliche Münzeinheit den → Denar, welcher der griech. → Drachme entsprach. Bald wurden auch vereinzelt Goldmünzen ausgegeben, bis in der Kaiserzeit die Goldwährung allgemein wurde; die Goldstücke im Wert von 25 Denaren, trugen stets das Bild des Kaisers oder von Mitgliedern der kaiserlichen Familie, während die alten Kupfermünzen den Kopf des Ianus oder eines anderen Gottes u. einen Schiffsbug, die Silbermünzen oft die Dioskuren Castor u. Pollux u. auf der Rückseite ein Zwei– od. Viergespann zeigten. Durch die Kaiserporträts auf den röm. M. ist der Nachwelt eine Serie aller Kaiserbildnisse erhalten geblieben, teils in idealisierter Gestaltung, teils auch in realistischer Abbildung. Die dazugehörige Aufschrift (die sog. Legende) gibt Namen und Titulatur des Kaisers in Abkürzungen wieder, wie sie auch auf → Inschriften erscheinen. Die Rückseite zeigt oft Personifikationen von Glück, Tapferkeit, Sieg. Später wurden auch die Prägestätten durch Abkürzungen angegeben.

Bei den Germanen kursierten röm. Münzen (Tacitus, *Germania* 5) oder → Hacksilber; eigne Münzprägung der G. zuerst auf ital. Boden, → Goldprägung.

Seit Alexander d. Gr. prägte man M. bei besonderen Anlässen, wie

Siegen, Regierungsantritten, oder zu Propagandazwecken. Solche Gedenk-M. und Medaillen sind ein besonders wichtiges Hilfsmittel historischer Forschung. Die Sitte hat sich bis heute erhalten.
Die Unterteilung der wichtigeren antiken Münzsysteme ist völlig sicher; z. B. 1 Talent = 60 Minen, 1 Mine = 100 Drachmen, 1 Drachme = 6 Obolen; oder z. B. bei den Römern 1 *aureus* (d. h. Goldstück, zuerst von Caesar geprägt) = 25 Denare = 100 Sesterzien. → *as; denarius;* Sesterz. Im Durchschnitt war das Normalgewicht der attischen Drachme nach Prüfung vieler Stücke: 4,37 g in der ältesten Münzperiode (594–527 v. Chr.); dann 4,28 g; zuletzt (196–87 v. Chr.) 4,14 bis 4,08 g. Die Münznamen sind vielfach eigentlich Gewichtsnamen; →Gewichte. Das stammt aus der Zeit vor der Münzprägung, als man das Wertmetall noch abwog.
Die Kaufkraft des antiken Geldes mußte um so größer sein, je weniger Edelmetall man besaß. Über sie haben wir genauere Angaben. Unter Solon (594 v. Chr.) kostete 1 Scheffel (52 l) Getreide (wohl Weizen) 1 Drachme, 1 Stier 5 Drachmen. Die Spesen für den Besuch der Volksversammlung (→ Athens Verfassung) sollten den kleinen Erwerbstätigen den Tagesverdienst ersetzen, der ihnen durch die Teilnahme an der Volksversammlung entgangen war. Sie betrugen zuerst (seit 508 v. Chr.?) 1 Obolos, später 2, seit 394 v. Chr. 3 Obolen = $^1/_2$ Drachme. Natürlich stellte es das Existenzminimum dar. Die 10000 Söldner des Kyros erhielten monatlich 1 und nach einer Meuterei $1^1/_2$ Dareikos (ein D. etwa = 20 Drachmen; Xenophon, *Anabasis* I 3, 21). Das war aber, obwohl sie sich davon beköstigen mußten, sehr viel; denn nur um des Geldgewinns willen, nicht aus Patriotismus zogen diese Männer in die weite Ferne. Doch bleiben alle Umrechnungen dieser Art fragwürdig, da antiker und heutiger Lebenshaltungsindex nicht miteinander verglichen werden können, so daß die Kaufkraft des antiken Geldes sich nur mangelhaft bestimmen läßt. – Die Münzverschlechterung in Athen am Ende des pelopon. Krieges, in hellenist. Zeit (Ptolem. Reich) und in der späteren röm. Kaiserzeit war durch Zeiten politischer und wirtschaftlicher Not bedingt. (→ Inflation.)
Die Griechen trugen kleine M. vielfach nicht in einem Geldbeutel, sondern im Munde bei sich (vgl. Apuleius VI 18 und → *obolos*). Der Charonsgroschen (→ Charon) wurde dem Toten immer in den Mund gelegt, nicht in die geschlossene Hand. In Heilquellen warf man nach erfolgter Heilung zum Dank M. und andre Kostbarkeiten, z. B. silberne Reisebecher; so sind z. B. in den Heilthermen von Vicarello Tausende antiker M. gefunden worden. Auch nach Erreichung der Paßhöhe opferte man M.; auf dem Iulierpaß fand man bisher über 200 röm. Kupferm. Dann sind wohl auch die vielen Kupferm., die man in Höhlen findet, dort von solchen gespendet worden, die in der Höhle bei einem Unwetter Schutz fanden. – Wer Rom verläßt, fährt an der Fontana Trevi vorüber, wirft e. Soldo hinein u. kehrt nach altem Aberglauben einmal n. Rom zurück.

Die großen Sammelpublikationen: *Sylloge Nummorum Graecorum,* hg. British Academy London, V 1931–51, dazu eine dänische (1942–65), eine deutsche (1957–66) u. eine amerikan. Reihe (1961–62). *Corpus Nummorum,* hg. Preuß. Akademie Berlin, nur 1898–1935. Die Fundmünzen der röm. Zeit in Deutschl., hg. H. Gebhart, H. Kraft, bisher 4 Abteilungen, seit 1960.
Th. Mommsen, Gesch. d. Röm. Münzwesens, 1860, neu 1956; B. V. Head, *Historia nummorum,* Oxf. ^{2}1911, neu Lond. 1963; O. Viedebantt, Antike Gewichtsnamen u. Münzfüße, 1923; H. Mattingly, E. A. Sydenham, *The Roman Imperial Coinage,* Lond. 1923–51; E. Böhringer, Die M. von Syrakus, 1929; K. Lange, Herrscherköpfe des Altertums im M.bild ihrer Zeit, 1938; J. M. C. Toynbee, *Roman medaillons,* N. Y. 1944; H. A. Cahn, Gr. M. archaischer Zeit, 1947; ders., Frühhellenist. M.kunst, 1948; E. Gabrici, *La tecnica delle monete antiche,* Rom 1951; E. A. Sydenham, *The Coinage of the Roman Rep.,* Lond. 1952; C. Seltman, *Greek coins,* Lond. ^{2}1955; M. u. L. Lanckoronski, Mythen u. M., 1958; P. La Baume, Kelt. M., 1960; H. Mattingly, *Roman Coins,* Lond. ^{2}1960; R. Göbl, Einf. in d. M.kunde der röm. Kaiserz., ^{2}1960; P. R. Franke, Röm. Kaiserporträts im M.bild, 1961; C. G. Starr, *Athenian Coinage,* Oxf. 1970; K. Christ, Antike Numismatik, ^{3}1991; P. D. Whitting, M. von Byzanz, d. 1973; M. H. Crawford, *Roman Republican Coinage,* Cambr. II 1974; R. Löbl, Antike Numismatik, 1978.

mulier taceat in ecclesia: „Die → Frau hat in der Kirche zu schweigen."

multum, non multa, „viel (d. h. gründlich), nicht vielerlei" (soll man lesen), rät der jüngere Plinius (*Epistulae* VII 9, 15) zur Bildung des Stiles.

mulus Marianus, das Marianische → Maultier, d. h. das M. des → Marius, ein Spitzname für die röm. Legionäre, die Waffen u. Gepäck selbst tragen mußten.

Mummius. Lucius M., aus plebeischem Geschlecht, plünderte und zerstörte als röm. Consul 146 v. Chr. Korinth; Raub oder Vernichtung vieler Kunstwerke. Die Römer ehrten ihn durch einen Triumph und den Beinamen Achaïcus, d. h. Sieger über Achaïa (= Griechenland).

Mundtuch, gr. *cheiromaktron* = Handwischer, lat. *mappa* (punisches, also semitisches Wort) = Tuch; wichtig bei der antiken → Mahlzeit. In Rom brachte jeder Gast seine *m.* mit, und manche wickelten auch Speisen hinein, die sie mit nach Hause nahmen. – Mittelalt. *mappa mundi* = Weltkarte; daher franz. *mappemonde; engl. map* = Landkarte; dtsch. Mappe: Umschlag für Landkarten; für Akten, Bücher.

Municipium (lat.), Gemeinde in Italien oder in den Provinzen, die zwar autonom war, deren Bürger jedoch verpflichtet waren, bestimmte polit. Aufgaben (lat. *munera*) zu übernehmen *(capere),* z. B. im Kriegsfalle Hilfstruppen zu stellen. Diese Bürger besaßen teils volles, teils nur ein eingeschränktes Bürgerrecht (kein Stimmrecht in der röm. Volksversammlung); eine Gleichstellung erkämpften sich die Italiker bis zum Jahre 89 v. Chr. Durch Caesar wurde für alle diese Gemeinden eine einheitliche Munizipalverfassung eingeführt, die von späteren Kaisern auch an Städte und Kolonien verliehen wurden; diese Maßnahmen förderten die angestrebte Zivilisierung und Romanisierung der westlichen Reichsteile. → colonia.

H. Rudolph, Stadt u. Staat im röm. Italien, 1935, neu 1965; A. N. Sherwin-White, *The Roman Citizenship,* Oxf. ^{2}1973; E. Manni, *Per la storia dei municipii ...,* Rom 1947; F. H. Vittinghoff, Röm. Kolonisation u. Bürgerrechtspolitik ..., 1951.

Musaios, legendärer Sänger von Weihe-, Sühne- und anderen religiösen Liedern, der häufig mit Orpheus zusammen genannt wird und sein Schüler gewesen sein soll.

Musaios Grammatikos, gr. Dichter des 5./6. Jh. n. Chr., dessen Lebensumstände unbekannt sind, schrieb ein → Epyllion von der tragischen Liebe zwischen → *Hero und Leander;* der Stoff war bereits älterer Herkunft, die Darstellung ist wirkungsvoll, der Stil sehr geziert, gelegentlich schwülstig. Das Motiv der getrennten Liebenden lebte in mancherlei Gestalt weiter, von Ovid über H. Sachs und Marlowe zu Schiller und Grillparzer (*Des Meeres u. der Liebe Wellen,* 1831).

W: Hg. E. Livrea, P. Eleuteri, 1982. – *Ü:* Chr. v. Stolberg, 1782, neu 1959.

Musen. Die Grundbedeutung des gr. Worts *Musa* ist unklar: „Bergfrau", weil auf dem Gebirge Piëria in Thrakien verehrt? Ursprünglich nur eine, später neun Musen. Sie waren Töchter des Zeus, wohnten auf dem Olympos, erfreuten die Götter durch ihren Gesang, schützten Sänger und Dichter und später überhaupt Kunst und Wissenschaft. Ihre Namen zählt Hesiodos, *Theogonia* 77/79 auf. Später wies man den einzelnen M. bestimmte Gebiete der Kunst und Wissenschaft zu, aber nicht einheitlich; die Angaben schwanken. Im allgemeinen war *Erato* M. der Poesie, besonders der erotischen, auch der erotischen Musik; *Euterpe* M. des Flötenspiels und der tragischen Chöre; *Kalliope* M. der Poesie, besonders der epischen, und der Philosophie u. Rhetorik; *Kleio* (lat. *Clio*) M. der Geschichtswissenschaft (gr. *kleos* = Ruhm); *Melpomene* M. des Gesangs (gr. *melpein* = singen); *Polyhymnia* M. des Lyraspiels (eig. die Hymnenreiche); *Terpsichore* M. des Tanzes (eig. die Tanzfrohe); *Thaleia* M. der Komödie; *Urania* M. der Astronomie (gr. *uranos* = Himmel). Apollon und die ihn umgebenden M., auch einzelne M., sind oft dargestellt (z. B. Trier, Fußboden-M.), gern auf großflächigen Deckengemälden (Raffael, Lotto, Tintoretto, Poussin, Tiepolo, Böcklin). – Benennung der 9 Teile eines Werks nach den 9 M. (Goethe, *Hermann u. Dorothea*) → Herodot.

W. F. Otto, Die M. [4]1971; P. Boyancé, *Le culte des Muses,* Paris 1937; E. Barmeyer, 1968.

Museum, gr. *museion,* das unter dem Schutz der Musen Stehende. Wissenschaftliches Forschungsinstitut, das berühmteste in Alexandreia, von den ersten Ptolemaiern gegründet bzw. erweitert, mit riesiger Bibliothek, botanischem, zoologischem Garten, anatomischem, astronomischem Institut usw. Es war keine eigentliche Universität; die etwa 100 Gelehrten des M., die übrigens sehr hohes Gehalt bezogen, sollten nur nach Herzenslust forschen können und hatten keinen (oder nur einen kleinen?) Lehrauftrag.

M. in unserem Sinne gab es in der klassischen Zeit des gr. Altertums nicht. Bilder der gleichen Art, etwa Landschaften, Stillleben, oder verschiedene Werke, aber solche derselben Richtung oder Periode, etwa Niederländer, ein Dutzend archaische Apollonstatuen zum Zwecke des Kunststudiums auszustellen, hätte dem antiken Kunstempfinden nicht entsprochen. Vor allem brauchte man, wenn man den Bürgern Kunst darbieten wollte, dafür kein Haus zu bauen und Kunstwerke hinzustellen; → Kunst war ja überall da, und zwar lebendig, während K. im M. immer etwas Unlebendiges hat. In hellenistischer Zeit entwickelten sich aber einige große Heiligtümer, das Heraion auf Samos und das in Olympia, zu Skulpturenmuseen. In Sikyon gründete man um 300 v. Chr. eine Gemäldegalerie mit Werken einheimischer Maler, die dann auch von Kunstgelehrten studiert wurden. Der aus Horazens Ode *Integer vitae* bekannte Marokkaner Iuba hat in seiner Residenz Caesarea Jol, heute Cherchel in Algerien, Kopien berühmter Werke verschiedener Zeiten, z. B. ägyptischer, pheidiasischer, offenbar aus kunstgeschichtlichem Interesse gesammelt und dadurch seinen Palast und seine Gärten zu einer Art M. gemacht; von diesen Plastiken ist viel erhalten. – Keine dieser Sammlungen wird jedoch im Altertum mit dem Namen M. bezeichnet.

P. Gauckler, *Museé de Cherchel,* Paris 1895; M. Durry, *M. de Ch.,* Paris 1924.

Musik. In Europa ist M. schon im 2. Jahrt. v. Chr. nachweisbar, und zwar auf griech. Boden (Terracottafiguren von Kitharaspielern). Die griechische M. wurde stark von kleinasiatischer, namentlich phrygischer und lydischer M. beeinflußt (→ Marsyas; Midas; die *Kithara* hieß auch *asias,* weil sie in Lydien erfunden worden sein sollte). Die Griechen liebten die M. sehr und schrieben ihr, wie zahlreiche Sagen zeigen (→ Arion; Orpheus), eine große magische Kraft zu. Man musizierte zum Vergnügen, verwandte M. aber auch zu medizinischen und pädagogischen Zwecken. Die Geschichte der antiken M. ist eng mit der antiken Literaturgeschichte verbunden; die großen griech. Dichter waren oft auch bedeutende Komponisten. Daher ist es sehr bedauerlich, daß die antike gr. M. bis auf kümmerliche Reste verloren ist. Immerhin ist der Verlust nicht so groß, wie wenn bei einem modernen Lied oder einer Oper die M. verloren und nur der Text überliefert wäre. Denn die antike M. legte den Hauptwert nicht auf die Melodie, sondern auf die klare, eindringliche Wiedergabe des Versrhythmus, der im Text erhalten ist. Der Gesang war mehr rezitierend-rhythmisierend als melodisch. Er wurde durch ein Instrument begleitet. Diese Begleitung war das für moderne Ohren Fremdartigste an der antiken M. Es gab kein polyphones Orchester in unserem Sinn; nur ein oder mehrere gleichartige Instrumente übernahmen die Begleitung. An Blasinstrumenten gab es: Aulos (→ Flöte) u. → Syrinx; an Saiteninstrumenten: → Kithara u. → Lyra, auch Phorminx genannt. Das Instrument folgte der Stimme im gleichen Ton, höchstens in der Oktave, oder es umspielte die Singstimme, gab also eine Art melodischer Variation. Die Grundlagen der M., die Tonleitern, waren den unseren sehr ähnlich; sie bestanden aus einer Folge von fünf ganzen u. zwei halben Tönen, die man zu Oktaven zusammenschloß. Durch verschiedene Anordnungen d. Halbtöne innerhalb der Oktave ergaben sich mehrere Tonarten, deren wichtigste die dorische, phrygische und lydische waren. Diesen Tonarten schrieben die Griechen (wie auch wir bei Dur und Moll) einen verschiedenen Charakter zu. Die dorische war ernst und würdig, sie sollte auch den Charakter festigen; die lydische war die Tonart der Klage, während die phrygische bis zur Ekstase aufreizen konnte. Auch die Instrumente sollten ähnliche Wirkungen haben und die Saiteninstrumente mehr zur dorischen, die Flöte wegen ihres aufreizenden Tones zur phrygischen Tonart passen. Platon wollte deshalb in seinem Idealstaat zu Erziehungszwecken nur bestimmte Tonarten zulassen, andere völlig ausschließen. Diese Tonartensysteme wurden ausgebildet, als im 8. Jh. v. Chr. die phrygische Flötenmusik in Griechenland eindrang. Später ist der Geschmack nicht immer der gleiche geblieben. In der älteren M. muß bei den Liedern, aber auch in der Solomusik, ein fester strophischer Bau beliebt gewesen sein, bei dem die gleichen Rhythmensysteme immer wiederkehrten. Den Höhepunkt erreichte diese M. in den lyrischen Sololiedern der Aioler (→ Sappho; Alkaios; Anakreon) und in den Chorliedern der Dorier (→ Alkman), bei denen im 7. Jh. Sparta die Hauptpflegestätte der M. war. Auch in den Chorliedern des Aischylos und Sophokles findet sich noch diese ältere M. In dieser Periode fügte sich die M. in das ganze Werk ein und blieb Dienerin des Ganzen. Bei → Euripides dagegen bemerken wir die Wirkungen einer neuen M., die, zweifellos unter sophistischem Einfluß, Wort und M. von den alten Bindungen befreite; das rein Musikalische drängte sich virtuosenhaft hervor. „Die neue M. liebte die Modulation im allerweitesten Sinne; sie wechselte Tonarten, Geschlechter und Rhythmen nach Belieben und ließ der Virtuosität in Gesang, Begleitung und Vortrag den weitesten Spielraum" (Lübker). Damit war die fruchtbringende Entwicklung der gr. M. zu Ende; die folgende Zeit behielt die neue M. bei, die Ausübung ging an Berufsmusiker über, die ihre Kunst zu immer größerer Virtuosität steigerten. – Die Musiktheorie der Griechen begann mit → Pythagoras, eine eigene Musikwissenschaft jedoch datiert erst vom 4. Jh. v. Chr. (Aristoxenos v. Tarent mit einer Harmonielehre; der Mathematiker → Eukleides mit einer Elementarlehre), reicht aber bis zu Handbüchern des 5. und 6. Jh. n. Chr. (→ Boethius; Cassiodorus; Isidorus v. Sevilla). – →Notenschrift.

Die Römer pflegten M. und → Gesang insoweit, als sie gr. Kultur übernahmen, doch hatte sich im sakralen Bereich (→ carmen; Lieder der Arvalbrüder und der Salier) und auf dem Theater eine durchaus eigenständige M. schon vorher entwickelt (Bühnenmusik: → cantica). Mit M.begleitung wurden auch die Gladiatoren angefeuert (→ Orgel). – Die christliche M. der 1. Jhh. war in ihrer Form der antiken heidnischen gleich. Man liebte aber nicht die Instrumentalm., die durch ihre weltliche Verwendung (Circus) entweiht war, sondern pflegte den einstimmigen Gesang in gehobenem Rezitativ ohne Begleitung, das sich innerhalb weniger Töne bewegte, wie es heute noch in der Liturgie üblich ist. Texte waren hauptsächlich die Psalmen. Allmählich entstanden christliche → Hymnen, an deren Ausbildung der Orient, vor allem die mystischen Sekten Syriens und Kleinasiens hervorragenden Anteil hatten. Dadurch wurde auch der Vortrag komplizierter; Sologesänge des Bischofs und des Priesters wechselten mit Gemeindegesang u. dem Vortrag von Sängerchören, die in besonderen Schulen kunstmäßig ausgebildet waren. Es entstanden verschiedene Gottesdienstordnungen (→ Liturgie). Besonders wichtig für das Abendland wurde die Tätigkeit des Ambrosius von Mailand (gest. 397). Auf ihn geht die älteste Sammlung christl. Hymnen zurück. Die Melodien sind nicht überliefert, sie waren aber sicher einfach und monoton. Die verwendeten Rhythmen und Versmaße sind antik, z. B. sapphische u. asklepiadeïsche Strophen. Doch sind die Verse nicht quantitierend (nach der Quantität der Silben), sondern akzentuierend (nach dem Wortakzent) gebaut. Von entscheidendem Einfluß für die gesamte spätere Entwicklung der abendländischen M. war die Gregorianische Reform der Kirchenm., so benannt nach Papst Gregor d. Gr. (590–604); damals sammelte man die Hymnen und Choräle, die noch heute im kathol. Gottesdienst gesungen werden, und förderte die Singschulen, die überall entstanden. Durch die Einbeziehung der M. in den Kanon der → Sieben freien Künste und damit in den Bildungskanon wurde auch hier die Brücke von der Spätantike zum Mittelalter geschlagen. Neben der Kirchenm. blühte das Volkslied auf. Nach Tacitus hatten schon die Germanen Heldenlieder gekannt. Diese Sitte war noch unter Karl d. Gr. lebendig (Rolandlied), trat aber dann unter kirchlichem Einfluß zurück. Dagegen wurde das kirchliche Volkslied, die Leise (→ *Kyrie eleison*), beliebt, die bei verschiedenen kirchlichen Gelegenheiten gesungen wurde.

W: Musici Scriptores Graeci, hg. C. von Jan, 1895–99, neu 1962; E. Pöhlmann, Gr. M.fragmente, 1960; ders., H. Hunger, Neue gr. M.fragmente (Wiener Stud. 75), 1962.
L: R. P. Winnington-Ingram, *Mode in Ancient Greek music,* 1936, neu 1968; O. J. Gombosi, Die Tonarten u. Stimmungen der antiken M., Kopenh. 1939, neu 1950; M. Wegner, Das M.-Leben der Gr., 1949; T. Georgiades, Der gr. Rhythmus, 1949; ders., M. u. Rhythmus bei d. Gr., 1958; H. Husmann, Grundl. d. ant. u. oriental. M.kultur, 1961, L. Richter, Zur Wissenschaftslehre von der M. bei Platon u. Aristot., 1961; B. Aign, Die Gesch. der M.instrumente des äg. Raumes ..., 1963; H. Koller, M. u. Dichtung im alten Griechenl., 1963; W. D. Anderson, *Ethos and Education in Greek music,* Cambr. Mass. 1966; C. Sachs, Die M. der alten Welt, d. 1968; A. Neubecker, Altgriech. M., 1977; G. Wille, Einf. in d. röm. M.leben, 1977; A. Riethmüller, F. Zaminer (Hg.), Musik im Altert. (N. Hdb. der Musikwiss.), 1989.

Muttergottheiten → Isis; Magna Mater; Germanische Religion.

Mutterrecht → Frau.

Mutterstadt, gr. *metropolis,* hieß eine Stadt, die Kolonien ausgesandt hat; diese standen zur M. weniger in einem rechtlichen Abhängigkeits- als in einem Pietätsverhältnis. – Im Sinne unseres Wortes Metropole = Hauptstadt kommt das gr. *metr.* im Altertum nicht vor.

Mykale, kleinasiat. Vorgebirge, der Insel → Samos gegenüber; 479 v. Chr. wurde hier die pers. Flotte von den Griechen besiegt.

Mykenai, Stadt u. Burg in der peloponnes. Landschaft Argolis; sie gab der Kultur des 2. Jahrtausends v. Chr. auf dem gr. Festland ihren Namen, da in M. die bedeutendsten Reste dieser Kultur gefunden worden sind; man hat sie meist im Zusammenhang mit der Kultur der Insel Kreta als → kretisch-mykenische K. bezeichnet, sollte sie jedoch besser neben der kykladischen (Inselwelt) und der → minoischen K. als die besondere K. des gr. Festlandes betrachten. In diesem Betrachtungszusammenhang erweist sich diese mykenische Periode als gleichzusetzen mit der Spät-Helladischen Periode (→ Helladisch; wahrscheinlicher Zeitansatz: 1600–1100 v. Chr.). Nach der Sage, die sich aber immer mehr als Niederschlag historischer Ereignisse darstellt (→ Frühgeschichte), von Perseus gegründet. Dessen Nachkommen, die Perseiden, verloren M. an die Pelopiden. Unter diesen Hochblüte, besonders unter Agamemnon, der wohl sicher eine historische Person war, → troischer Krieg. Homers Angabe, M. sei „goldreich“ gewesen, hat sich bestätigt; Schliemann fand in den Schachtgräbern (16. Jh. v. Chr.) der Burg bei 19 Leichen 13½ kg Edelmetall, meist Gold. Nach der dorischen Wanderung (→ Dorier) war M. im Besitz der Herakleiden, Nachkommen der Perseiden. Im 1. Jahrt. v. Chr. war es eine kleine Stadt; 80 Bürger fielen 480 bei Thermopylai, 200 kämpften 479 bei Plataiai mit. 468 wurde es von den Argeiern zerstört. – Die aus riesigen Quadern errichteten Mauern der Burg sind wohl im 14. Jh. entstanden (→ Löwentor). Zentrum des Palastes war das → Megaron, dem ein Hof vorgelagert war. Reste von Wandgemälden aus dem Palast haben sich erhalten. Die gewaltigen Kuppelgräber (besterhaltenes: sog. Schatzhaus des Atreus), die außerhalb der Burg liegen, gehören dem 13. Jh. an (→ Kuppelbauten); daneben sind seit 1952 weitere 25 Gräber entdeckt worden, von denen die ältesten einfache Hockergräber sind, die bis ins 17. Jh. zurückreichen. Die große Zahl der Kuppelgräber (9) und zahlreiche Kammergräber (ohne Kuppel) zeugen für die Bedeutung M.s im Griechenland der zweiten Hälfte des 2. Jahrtausends. – Von der am Fuße der Burg liegenden Siedlung sind seit 1950 die Reste mehrerer Privathäuser freigelegt worden; sie stammen aus dem 14. und 13. Jh. Eines davon gehörte einem Ölhändler, wie 30 gefundene Kannen verrieten (mit Tonstöpseln verschlossen u. versiegelt); daneben standen 11 große Pithoi (→ Faß) an die Wand gelehnt. Zahlreiche andere Funde lassen den gehobenen Lebensstil der Bewohner erkennen. Kurz vor 1200 v. Chr. wurde die Stadt, etwa 1150 die Burg zerstört (→ Zeittafel S. 832). – Alle Funde, darunter die von Schliemann entdeckten Kostbarkeiten, bewahrt das Archäologische National-Museum in Athen. → Kretisch-mykenische Kultur.

H. Schliemann, M. 1878, neu 1991; G. Karo, Die Schachtgräber v. M., 1930; A. J. Wace, *Mycenae,* Princeton 1949; G. Mylonas, *Ancient M.,* Lond. 1957; ders., *Mycenae and the Mycenean Age,* Princeton 1966; ders., *Mycenae's last centuries of greatness,* Sydney 1968; P. Alin, Das Ende der myken. Fundstätten, 1962; J. T. Hawker, *Mycenaean Greece,* Boston 1963; J. Chadwick, D. myken. Welt, d. 1976.

Myron, attischer Bronzegießer

um 460 v. Chr., der zuerst die Darstellung heftiger körperlicher u. tiefer seelischer Bewegung versuchte. Hauptwerke: Diskobolos, d. h. Diskuswerfer (Kopien in mehreren Museen, z. B. Thermen-M. in Rom) und die Athena-Marsyas-Gruppe; eine Kopie der Athena, die die Flöte verflucht hat, steht im Frankfurter Liebieg-Haus, eine des zurückweichenden → Marsyas im Lateran in Rom. Nachrichten über weitere Werke sind nicht ganz klar: Kolossalgruppe (Zeus, Athena u. Herakles) in Samos; verschiedene Herakles-Statuen. Berühmt waren M.s Tierdarstellungen, von denen nichts erhalten ist.

H. Klöter, M. im Lichte neuerer Forschungen, 1934; P. E. Arias, *Mirone,* Florenz 1940.

Mys, Erzbildhauer, der den Reliefschmuck (Kampf der Lapithen u. Kentauren) auf dem Schild verfertigt hatte, den die kolossale Athena Promachos des Pheidias trug; Entwürfe des Malers Parrhasios dienten ihm als Vorlage.

Mysia, Landschaft im nordwestl. Kleinasien; dort gründete 280 v. Chr. Philhetairos sein Reich von → Pergamon. Unter den Römern nach 133 v. Chr. Teil der Provinz Asia, später eigene prokonsularische Provinz.

Mysterien, Geheimkulte, waren in Griechenland seit der Welle der → Mystik im 6. Jh. v. Chr. heimisch. Sie stammten z. T. nicht aus Griechenland selbst; die älteren waren aus Thrakien (→ Orpheus) oder aus Kleinasien (Phrygien) eingewandert. Die bedeutendsten waren die Eleusinischen M. in Attika, der Dionysoskult und die orphische Sekte in Unteritalien. An den Gottesdiensten, den *orgia,* durften nur die Eingeweihten teilnehmen, die die Reinigung *(katharsis)* erlangt hatten. Im Mittelpunkt standen Gottheiten (Demeter und Kore; Dionysos) oder ein Heiland (Orpheus). Diese hochverehrten Wesen nahmen den Eingeweihten die Furcht vor dem Tode und gaben ihnen die Gewißheit eines ewigen Lebens in Freude und Glück. Z. T. waren sie Unterweltsgottheiten *(Kore),* oder sie waren in den Hades hinabgestiegen und hatten durch ihre Rückkehr die Möglichkeit einer Auferstehung von den Toten bewiesen (Orpheus). Diese Hoffnungen waren, da in der → homerischen Religion derartiges völlig fehlte, starke Anziehungsmittel für alle Bevölkerungsschichten. Viele Gebildete, so u. a. später auch römische Kaiser wie Augustus und Mark Aurel, ließen sich auch von der hohen Ethik, die der Gott von seinen Gläubigen verlangte, und der Jenseitshoffnung, die er gab, zum Eintritt bewegen. Daneben aber zog der bunte, mit großer Aufmachung vor sich gehende Gottesdienst die einfachen Kreise an. So gehörte die Masse des athenischen Volkes den eleusinischen M. an und zog jährlich in großer Prozession auf der hl. Straße zu dem Heiligtum in → Eleusis. Nach dem Peloponnes. Krieg drangen neue asiatische M. in Griechenland ein, insbesondere der Kult des Adonis, des Attis, der Kybele, der Isis und des Mithras. Diese Kulte kamen auch früh nach Rom und gewannen in der Kaiserzeit solche Bedeutung, daß neben ihnen alle früheren Götterkulte verblaßten. Dem Christentum, das mit den gr. M.

durch seine Verheißungen in Konkurrenz trat, gelang es erst nach schwerem Kampf, die M., besonders den Mithraskult, zu verdrängen. – Obwohl in vielen Jahrhunderten des Altertums ungezählte Tausende in die M., speziell die eleusinischen, eingeweiht worden sind, hat doch keiner die Geheimnisse des Kultes ausgeplaudert; über Einzelheiten sind wir also nicht unterrichtet.

F. Burger, Antike M., 1924; O. Kern, Die gr. M. d. klass. Zeit, 1927; R. Reitzenstein, Die hellenist. M.-Religionen, ^{3}1927, neu 1980; W. F. Otto, D. Sinn d. eleusin. M., 1939; S. Eitrem, *Eleusinia,* Oslo 1940; M. P. Nilsson, Die eleusin. Religion, 1942; W. E. Peuckert, Geheimkulte, 1951; H. Nötzel, Christus u. Dionysos, 1960; J. Leipoldt, Von den M. zur Kirche, 1961; R. Merkelbach, Roman u. M. in der Antike, 1962; K. Kerényi, D. M. von Eleusis, 1962; W. Burkert, Antike M., ^{2}1991.

Mysterienvilla bei Pompeii, enthält die großartigsten Gemälde, die aus dem Altertum erhalten sind, gemalt etwa 60 v. Chr. Dargestellt ist eine Mysterienfeier; eine genaue Deutung der einzelnen Figuren und Handlungen gelingt aber nicht, weil wir von den antiken M. zu wenig wissen. → Wandmalerei.

P. Marconi, *Il fregio dionisiaco della villa dei Misteri,* Bergamo 1938 (d. Berlin, o. J.); A. Maiuri, *La villa dei Misteri,* Rom ^{2}1947; R. Herbig, Neue Beobachtungen am Fries d. M., 1958.

Mystik, v. gr. *myein* = die Augen schließen, weil der Mystiker seine leiblichen und geistigen Augen für die Dinge der Sinnenwelt und die Logik des Verstandes schließt, sich unvorstellbaren und unfaßbaren Gewalten anvertraut und sich in Rausch, Ekstase und religiösem Wahnsinn dem höchsten Wesen verbunden glaubt. Solche Strömungen sind immer nur in bestimmten Zeiten der Entwicklung eines Volkes möglich. Die Griechen, die große Vorliebe für den Logos, für Klarheit, Übersichtlichkeit u. Harmonie hatten, tauchten nur zweimal, am Anfang und am Ende ihrer Entwicklung im Altertum, in der M. unter, und dies unter fremdem Einfluß; nicht zu Unrecht hat Rohde die M. einen fremden Tropfen im gr. Blute genannt.

Als im 6. Jh. v. Chr. die ritterliche, diesseitige Poesie, das Epos, abklang und in den Kämpfen zwischen Adel und Bürgern die unteren Schichten des Volkes heraufdrängten, die wohl nie an die lebensvollen diesseitigen Götter Homers wirklich geglaubt, sondern geheimnisvolle und finstere unterirdische Mächte verehrt hatten, entstand aus der allgemeinen Unzufriedenheit und Sehnsucht die M. Damals drangen aus Thrakien und Kleinasien (Phrygien) schwärmerische Kulte ein, die mit Leidenschaft die Menschenseele hineinrissen in das Rauschen der Natur, in ihre Wandlungen und Wiedergeburten. Sibyllen und Mainaden, Zauberinnen u. Wahrsager gab es damals in großer Zahl in Griechenland. Der gr. Geist überwand diesen Taumel verhältnismäßig schnell, doch blieben zahlreiche Mysterien als Reste dieser Periode zurück. Seit → Poseidonios gewannen diese mystischen Strömungen in immer steigendem Maße Einfluß auch auf die Philosophie, und seit der Mitte der 3. Jhs. n. Chr. überwog im Neuplatonismus oder Neupythagoreismus die mystische Schau die spekulative Philosophie. Überall ahnte man hinter den Dingen einen geheimnisvollen Kern. Die Systeme des Pythagoras u. Platon wurden umgedeutet; aber auch in der Volksreligion und den Mythen aller Völker wurde ein tiefer Sinn gesucht. In dieser Buntheit verlor sich alle Deutlichkeit der Begriffe. Alle Anschauungen vereinigten sich zu einer einzigen, großen mystischen Schau. Apollonios von Tyana und Plotinos waren die bedeutendsten unter diesen letzten Philosophen der Antike; sie haben auf das Christentum einen maßgebenden Einfluß ausgeübt. – → hermetisch; Mysterien, -villa; Orpheus; Zahlenmystik.

H. Dörries, Zur Gesch. d. M., 1925.

Mythographie, die Sammlung und Sichtung mythologischer Stoffe, schließlich die Zusammenfassung der gesamten mytholog. Überlieferung, wurde in Ansätzen schon sehr früh begonnen: → Hekataios, ferner Pherekydes von Athen und Hellanikos v. Mytilene (beide im 6. und 5. Jh. v. Chr.) mit Büchern über Götter und Heroen, oft nach Generationen geordnet, später auch als Stoffsammlungen für dramatische Bearbeitungen gedacht, so z. B. Asklepiades v. Tragilos (4. Jh. v. Chr.). Daraus entstanden regelrechte Handbücher wie die sog. *Bibliothek des Apollodoros,* ein Sammelwerk des 1. Jh. n. Chr., und die *Fabulae* des Hyginus aus dem 2. Jh. Drei weitere solcher Sammlungen sind sogar aus dem frühen MA erhalten *(Mythographi Vaticani,* 6.–10. Jh.).

W: Mythographi Graeci, hg. R. Wagner u. a., III 1896–1902, neu 1965; *Scriptores rerum mythicarum Latinarum,* hg. G. H. Bode, II 1834. – *Ü:* Gr. Sagen, L. Rüegg, L. Mader, 1963.

Mythologie ist die wissenschaftl. Beschäftigung mit dem → Mythos, seine Erforschung u. Deutung; in der Antike ansatzweise (→ Mythographie), gründlicher in der Neuzeit seit der Romantik (Creuzer, Schelling), auch unter Heranziehung der Völkerkunde u. der Tiefenpsychologie.

L: W. H. Roscher, Ausf. Lex. der gr. u. röm. M., 1884–1937, neu 1965; C. G. Jung, Einf. in das Wesen der M., [4]1951; R. v. Ranke-Graves, Gr. M., 1960; J. de Vries, Forschungsgesch. d. M., 1961; K. Kerényi, Die M. der Griechen, II [3]1964; F. Pfister, Götter- u. Heldensagen der Gr., [2]1970; H. Hunger, Lex. d. gr. u. röm. M., [5]1975; M. Grant (Hg.), Lex. d. ant. Mythen u. Gestalten, 1976; E. Tripp, Reclams Lex. d. ant. M., d. [3]1981; G. S. Kirk, Griech. Mythen, d. 1982; D. Coenen, Gr. u. röm. M., [5]1990; T. Graf, Gr. M., 1987; H. J. Rose, Gr. M., d. [7]1988; O. Holzapfel, Lex. d. abendländ. M., 1993.

Mythos, gr., bedeutet einfach „Wort" (doch → Logos), dann speziell Sage, namentlich Götter- u. Heldensagen, Sammlung aller über Götter u. Heroen umlaufenden, überlieferten u. erfundenen Erzählungen von Begebenheiten u. allen näheren Umständen; allmählich erwuchs daraus ein vollständiges genealogisches System, in das alle Götter wie zu einer großen Familie zusammengeschlossen u. mit ihrem jeweiligen Wirkungsbereich eingeordnet wurden; es erweiterte sich endlich zu einer großen, Götter- u. Menschenwelt umschließenden Darstellung des Kosmos. Der M. war zu Homers u. Hesiods Zeiten schon vielfältig ausgebildet; wieviel Erzählgut aus dem alt-orientalischen u. dem kretisch-mykenischen Kulturbereich in die griech. Welt hineinfloß u. eingeschmolzen wurde, kann nicht mehr sicher entschieden werden. Erfindungsgeist u. Erzählphantasie der Griechen, auch lokale Sondertraditionen formten den Stoff unablässig weiter; zur Bewahrung u. Sichtung des Überlie-

ferten entstand ein eigener mythographischer Literaturzweig.
Im M. sind Ur-Erfahrungen eines Volkes aufbewahrt, meist in symbolischer Verhüllung, vermischt mit religiösen Deutungsversuchen; auch frühe geschichtliche Begebenheiten sind in ihm eingeschlossen u. nur sehr schwer wieder aus dem M. herauslösbar (→ Frühgeschichte). So ist im M., „ein sehr großer Schatz an menschlicher Erfahrung aufgehoben" (Dörrie), an dem die Griechen trotz früher Kritik (→ Xenophanes) unerschütterlich festhielten. Damit erklärt sich vor allem die Bedeutung des M. für die gr. Literatur: Die dichterische Formung des Helden-M. vollzog sich außer im Epos u. in der Chorlyrik hauptsächlich in der → Tragödie, doch auch Elegie u. hellenist. Liebesdichtung liebten mythische Einkleidung; bei den Römern konnte Vergil die röm. Geschichte zu einem einzigen großen nationalen M. umformen.
Der gr. M. und der in ihm aufbewahrte Erfahrungsschatz hat bis zum heutigen Tage nichts von seiner Wirkungskraft eingebüßt; zahlreiche mythische Figuren besitzen für uns noch dieselbe exemplarische oder symbolische Bedeutung, die sie für die antiken Menschen hatten, und fordern als „Modell-Gestalten" zu immer neuer dichterischer oder bildnerischer Gestaltung heraus; allein das zeitgenössische Theater ist dafür ein offenkundiger Beweis.

L: E. Bethe, Märchen, Sagen, Mythen, [3]1922; L. Radermacher, M. u. Sage bei den Griechen, [3]1942, neu 1968; E. Howald, Der M. als Dichtung, 1951; E. Grassi, Kunst u. M., 1956; J. Wiesner, Olympos (Götter, Mythen, Stätten in Hellas), 1960; W. F. Otto, M. u. Welt, 1963; H. Rahner, Gr. Mythen in christl. Deutung, [3]1966; M. Fuhrmann (Hg.), Terror u. Spiel (M.rezeption), 1971; H. Dörrie, Der M. u. seine Funktion in d. ant. Philosophie, 1972; W. Pannenberg, Christentum u. M., 1972; L. Kolakowski, Die Gegenwärtigkeit des M., [2]1974; K. Kerényi (Hg.), Die Eröffnung des Zugangs zum M., 1976.

Nabel der Erde. Viele Völker, so die Chinesen, erklärten, ihr Land liege in der Mitte der Erde. Die Griechen betrachteten als diese Delphoi und einen dortigen Stein als den ganz genauen Mittelpunkt, den *omphalos* (= Nabel) der Erde. Heute erklärt man diesen Stein, da er Opfer bekam (er wurde mit Öl begossen), als einen alten → Fetisch, an den man die Sage vom N. d. E. geknüpft habe, als man den Fetischdienst nicht mehr verstand. In Rom war der *umbilicus urbis Romae* = N. der Stadt R., von dem ein Rest noch auf dem Forum steht, der ideelle Mittelpunkt der Stadt.

W. H. Roscher, *Omphalos,* 1913, neu 1972; H. V. Hermann, *Omphalos,* 1959.

Nabis, spartan. Tyrann (207 bis 192 v. Chr.), dehnte mit einem Söldnerheer Spartas Macht über einen großen Teil der Peloponnes aus; seine Herrschaft stützte sich auf die niederen Schichten, die er durch soziale Reformen begünstigte, und auf die → Heloten, denen er das Bürgerrecht gab. 195 zwangen ihn die Römer unter Flamininus, von seiner ehrgeizigen Politik Abstand zu nehmen; 192 wurde er von den Aitolern ermordet.

Nachtwachen. Im militärischen Postendienst wurde die Nacht in N. eingeteilt; bei den Griechen in drei: bis Mitternacht, bis zum Morgengrauen, bis zum Aufbruch; bei den Römern in vier, die von Sonnenuntergang bis

-aufgang dauerten, also je nach der Jahreszeit verschieden lang waren; im allgemeinen rechnete man sie zu etwa drei Stunden, von 6 Uhr abends bis 6 Uhr früh. – Der lat. Ausdruck für N., *vigiliae,* wurde von der katholischen Kirche übernommen; hier bedeutet er nächtliches Gebet, zu dem die Mönche aufstehen und sich in der Klosterkirche versammeln mußten; den Vorabend oder Vortag eines hohen Festes.

Naevius. Gnaeus N., Latiner aus Campanien, gest. um 201 v. Chr., „der erste Römer, der es verdient, ein Dichter zu heißen, und allem Anschein nach eines der merkwürdigsten und bedeutendsten Talente in der röm. Literatur überhaupt" (Mommsen). Er schrieb nach gr. Vorbild Dramen, besonders Komödien, in denen er mit aristophanischem Freimut vornehme Männer seiner Zeit verspottete; dies für den röm. Polizeistaat unerhörte Wagnis mußte er mit Gefängnis und Verbannung büßen; er starb als Verbannter in Utica in Nordafrika. Sein größtes Verdienst war, daß er den Römern eine Literatur nationalen Inhalts gab; er schuf das historische Schauspiel (*fabula praetexta;* so u. a. ein Stück *Romulus*), in dem er sich vom gr. Mythos freimachte und die Gründungssage Roms oder sogar die aktuelle Zeitgeschichte behandelte, und das nationale Epos in → Saturniern, *„bellum Punicum"*, ein chronikartiges Gedicht über den 1. Punischen Krieg, in dem er selbst mitgekämpft hatte; also statt des üblichen heroischen Heldengesangs eine poetische Verherrlichung der jüngsten, selbsterlebten Vergangenheit. Seine Werke sind uns nur in Fragmenten erhalten.

W: Hg. E. V. Marmorale, Florenz ²1950. *L:* S. Mariotti, *Il Bellum Poenicum e l'arte di Naevio,* 1955; M. Barchiesi, *Nevio epico,* Padua 1962.

Nagelschuhe, lat. *caligae clavatae,* völlig in der Weise unserer Gebirgsstiefel benagelt, sieht man im Museum der Saalburg; es gibt auch antike Schuhe, die statt mit rundköpfigen Nägeln mit Steigeisen beschlagen sind.

Nahrung → Brot; Kochbuch; Kost.

Naiaden hießen die → Nymphen, die nach gr. Vorstellung in Quellen lebten.

Namatianus, Claudius Rutilius, Gallier, kaiserlicher Hofmeister *(magister officiorum)* und Stadtpräfekt Roms seit 414 n. Chr. 417 reiste er von Rom in seine von den Westgoten (→ Goten) verwüstete südgallische Heimat. Darüber verfaßte er ein Gedicht in elegischem Versmaß *(De reditu suo),* das zur Hälfte erhalten ist (Küstenfahrt von Rom bis Luna). Ein mit allerlei Exkursen aufgelockerter, höchst poetischer Reisebericht, aus dem ein kräftiger Romglaube hervorleuchtet.

W: Hg., komm. u. d. E. Doblhofer, II 1972–77. – *Ü:* A. v. Reumont, 1872.

Namen → Eigennamen.

Namenszauber. Nach weitverbreitetem Glauben kann man mit Kenntnis eines Namens einen Zauber auf dessen Träger ausüben, z. B. einen Menschen verfluchen, einen Gott oder Geist zitieren und sich dienstbar machen (Brüder Grimm, Märchen: Rumpelstilzchen). Dieser Glaube stammt aus dem Altertum (*Römerbr.* 10, 13; dort steht nicht:

„wer den Herrn", sondern: „wer den Namen des Herrn anruft"). Er führte z. T. zu einer Geheimhaltung des Gottesnamens, dessen Kenntnis z. B. dem Feinde die → *evocatio* ermöglicht hätte.

Narbonensis (ergänze: Gallia), die heutige → Provence.

Narcissus, Freigelassener des Kaisers Claudius, besaß als Minister der Kanzlei *(ab epistulis)* großen Einfluß in Rom. Er ließ z. B. Messalina hinrichten. Schließlich wurde er von Agrippina getötet. Seine Laufbahn war bezeichnend für die veränderte politische Lage in Rom, wo unter den Kaisern nicht mehr die alteingesessenen Familien, sondern Emporkömmlinge, oft recht dunkler Herkunft, die Geschicke des Staates maßgebend beeinflußten.

Narkissos, der schöne Sohn des Flußgottes Kephissos, verschmähte die Liebe der Bergnymphe (→ Echo) und wurde deshalb von der beleidigten Liebesgöttin durch unstillbare Selbstliebe bestraft; als er sich zum Trinken über eine Quelle bückte, verliebte er sich in sein eigenes Bild und verzehrte sich vor Gram, weil ihm der Gegenstand seiner Sehnsucht ewig unerreichbar blieb. Die nach ihm genannte weiße Blume gilt als Sinnbild kalter, herzloser Schönheit. Nach ihm benannte S. Freud den Narzißmus.

J. v. Luney, Narcissus, Amsterd. 1955; S. Freud (Ges. Werke 10), [3]1963; L. Vinge, *The N.-Theme in Western Europe Literature,* Lund 1967.

Narses, Armenier, Eunuch am Hofe des → Iustinian, war zuerst in hohen Hofämtern tätig und wurde 551 n. Chr. Feldherr in Italien gegen die Ostgoten. Er schlug Totila bei Tadine und besiegte Teja in Campanien. Dann war er Statthalter (Exarch) in Italien, bis er von Iustinian 567 abgesetzt wurde.

Nationalspiele der Griechen wurden nicht „Spiele" genannt, sondern → *agon* oder nur „die Olympischen", „Pythischen" usw., ohne Zusatz. Die 4 großen gr. N. waren 1. die *Olympia,* → ol. Spiele; 2. die *Pythia,* zu Ehren des Apollon Pythios in Delphoi; 3. die *Isthmia,* „auf Korinthos' Landesenge" (Schiller, *Kraniche des Ib.*); 4. die *Nemeia,* in Nemea in der Argolis. Daneben zahllose lokale Sp., oft nach einem Gott, später auch nach verdienten Männern genannt. In Rom, → *ludi.* 86 n. Chr. gründete der Kaiser Domitian die *Capitolia* (oder den *agon Capitolinus*) für sportliche und geistige Wettkämpfe, als direktes Gegenstück zu den Olympia; sie erlangten aber nie deren Bedeutung.

naturalia non sunt turpia. In der Tragödie *Hypsipyle* sagt Euripides, Leben und Sterben, Geborenwerden und Vergehen seien Naturvorgänge; deswegen solle man über den Tod nicht trauern: „denn nichts Naturgewolltes ist für die Menschen furchtbar." Das Drama ist verloren; die erwähnte Stelle aber blieb in mehreren Zitaten bei späteren Schriftstellern erhalten, weil sie einigen Trost zu bieten schien. Insonderheit der genannte Vers wurde geflügeltes Wort, erhielt aber, aus dem Zusammenhang gerissen, später eine neue Fassung und damit einen ganz anderen Sinn: „nichts Naturgewolltes ist für die Menschen schimpflich" (sündig); so überliefert den Vers um 400 n. Chr. → Stobaios in seinem *„Florilegium“* 29, 56. Das übersetzte ein Unbekannter mit *n. n. s. t.* ins Latein. Die neue Fassung, die jedoch eine alte Anschauung der Griechen vertritt, entstand wohl im Kampfe gegen die Lehre, Natürliches sei sündig; man suchte die alte Ansicht mit der Autorität des Euripides zu decken.

Naturforschung wurde schon von den Ionern eifrig betrieben. Ihre zahlreichen Einzelergebnisse wurden gesammelt in den Periegesen der Geographen und den Werken der Naturphilosophen. Die klassische Periode der N. als einer empirischen Wissenschaft war unter Aristoteles, der besonders die Zoologie bearbeitete. Er hat das meiste selbst beobachtet und untersucht, daneben aber auch die vorhandene Literatur und die Aussagen von Fischern und Jägern benutzt. Er hat auch Tiere zergliedert und den anatomischen Befund aufgezeichnet. Aristoteles versuchte auch eine Einteilung der Tierwelt nach Merkmalen (Bluttiere, Blutlose), er schrieb über Zeugung und Fortpflanzung und eine Tiergeschichte. Diese Ergebnisse sind um so erstaunlicher, als er ohne moderne Hilfsmittel, besonders ohne Mikroskop, gearbeitet hat. Das grundlegende Werk für die Botanik lieferte sein Schüler Theophrast, der schon das wissenschaftliche Material des Alexanderzuges benutzte. Sehr erfolgreich arbeitete man vor allem im Museion (→ Museum) in Alexandreia. Die bisherigen, namentlich gr. Ergebnisse der N. faßt der ältere → Plinius in seiner populären *Naturkunde* (nicht: Naturgeschichte) zusammen. Dieses Buch hat bis ins 19. Jh. hinein als Lehrbuch gedient: Um 1830 gab es auch in den höheren Schulen keinen naturwissenschaftlichen Unterricht, sondern man las im Lateinunt. Plinius. Dessen 1840–1853 erschienene Übersetzung von Külb ist durchaus noch für Leser bestimmt, die sich naturwissenschaftlich bilden wollen; K. warnt in Anmerkungen, wenn Plinius etwas Falsches sagt. Infolge des stürmischen Fortschritts unserer N. in den letzten Jahrzehnten wird leicht übersehen, auf welcher Grundlage diese beruht. → Wissenschaft.

F. Strunz, Naturbetrachtung u. Naturerkenntnis im Altert., 1904, neu 1971; E. Schrödinger, Die Natur u. d. Griechen, d. 1956; E. Hunger, Von Demokrit bis Heisenberg (Quellen u. Betrachtungen z. naturw. Erkenntnis), [3]1963; W. Theiler, Zur Gesch. der teleolog. Naturbetrachtung bis auf Aristoteles, [2]1965; A. Stückelberger, Einf. in d. antiken Naturwissenschaften, 1988.

Naturgefühl. Der Grieche betrachtete seine Umwelt, vom Standpunkt des eigenen Ich aus, als den großen Lebenszusammenhang, in dessen Mittelpunkt der Mensch steht. Gefühlsmäßige Beziehungen traten dabei erst andeutungsweise auf; ein gr. (oder lat.) Synonym für „Landschaft“ gibt es nicht. Den Stimmungsgehalt einer Landschaft erfaßte schon Sappho, aber stets stand der Mensch im Mittelpunkt, die L. blieb meist Hintergrund oder Beiwerk. Einen besonderen Reiz scheint allerdings die idyllische Hirtenlandschaft ausgeübt zu haben, wie zahlreiche Stellen der → bukolischen Poesie u. Beispiele der →Wandmalerei zeigen; dabei spielen Vorstellungen vom Goldenen

Zeitalter u. die Natursehnsucht der Großstadtmenschen eine wichtige Rolle (→ Arkadien; Zurück zur Natur). Solche Wünsche ließen in der hellenist. Zeit viele Darstellungen von schauerlichen oder idyllischen Ideallandschaften entstehen. – Die Römer besaßen ein eigenes N., das freilich vorwiegend vom praktischen Nutzen bestimmt war; sie betrachteten die Landschaft vom Standpunkt des Bauern, des Ingenieurs, des Strategen (aufschlußreich Caesars Ortsschilderungen im *bellum Gallicum*). Hier überwog das Streben des Menschen, die Natur durch die Technik zu gestalten u. zu beherrschen (→ Brücken; Straßen; Wasserleitungen). Einen Sinn für die heroische Landschaft (etwa der Alpen) besaß d. Antike überhaupt nicht, u. bei der Beurteilung Germaniens durch die Römer darf der Blickpunkt des Südländers nie außer acht gelassen werden.

L: A. Biese, D. Entw. d. N. bei d. Gr. u. R., 1882 ff.; G. Highet, Röm. Arkadien (Dichter u. ihre Landschaft), d. 1964.

Naturphilosophie → Ionische N.

Naturrecht nennt man das im menschlichen Wesen begründete Recht, das von Zeit und Umwelt unabhängig ist, im Gegensatz zu dem staatlich gesetzten positiven Recht, das geschichtlichen Veränderungen unterliegt. Dieser Gegensatz wurde bereits im Altertum beobachtet und herausgearbeitet mit allen Konsequenzen: Mehrere Sophisten des 5. Jhs. v. Chr. stellten die natürliche Form menschlichen Zusammenlebens derjenigen gegenüber, die durch Gesetz, Sitte, Konvention und Brauchtum geprägt worden ist. Diese Gegenüberstellung ergab Folgerungen in zwei sich lebhaft bekämpfende Richtungen: Eine Gruppe von Denkern forderte die Verwirklichung der Gesetze der Natur, also Freiheit und soziale Gleichheit aller Menschen (Schiller in der Ode an die Freude: „Deine Zauber binden wieder, was die Mode [Konvention, Gesetz] streng geteilt"); → Antiphon, der Sophist; Hippias. Eine andere Gruppe von Sophisten sah demgegenüber in Sitte, Brauchtum und Gesetz nur lästige Fesseln, die eine starke Persönlichkeit auf dem Wege zur Selbstentfaltung kraftvoll abstreift (→ Alkibiades; Kritias; Machtmensch). – Zwei bedeutende Darstellungen dieses Konfliktes zwischen Naturrecht und positivem Recht (gr. *physis-nomos*) finden sich in der Literatur: Bei Sophokles kämpft Antigone auf der Seite der unwandelbaren göttlichen Gesetze gegen menschliche Willkür, indem sie gegen Kreons Verbot die Bestattung ihres Bruders symbolisch vollzieht. Bei Thukydides (Melierdialog, V, 84 ff.) stellen die athenischen Gesandten die Macht des Stärkeren schonungslos als das ihm von der Natur verliehene Recht hin. In beiden Beispielen ist die Aktualität der sophistischen Diskussionen deutlich greifbar.

F. Heinimann, *Nomos u. Physis,* Basel 1945, neu ^{5}1987; F. Flückiger, Gesch. d. N. im Altert. u. frühen MA., 1954; C. ten Holder, D. Meliergespräch, 1956; M. Gigante, *Nomos Basileus,* Neapel 1956; L. Strauss, N. u. Geschichte, d. 1956; J. Ritter, N. bei Aristoteles, 1961; H. Welzel, N. u. materielle Gerechtigkeit, ^{4}1962.

Naukratis, Handelsniederlassung von Milet im Nildelta, etwa Mitte des 7. Jh. v. Chr. gegründet. Im 6. Jh. verlieh der Pharao Amasis der Kolonie das Handelsmonopol; sie verlor durch die Gründung von Alexandreia an Bedeutung und verfiel in röm. Zeit.

Naupaktos, Stadt und Hafen der ozolischen Lokrer, beherrschte den Eingang zum Golf von Korinth.

Nausikaa (die „Schiffsberühmte“), Tochter des Königs der → Phaiaken, betreute den schiffbrüchigen Odysseus, vermochte jedoch seine Liebe nicht zu erlangen. – Goethe, *N.* (Fragment).

navigare necesse est, vivere non est necesse, „Seefahrt ist notwendig, leben ist nicht notwendig“; Inschrift am Portal des Lloyd-Hauses in Bremen, dort im Sinne von „Seefahrt ist not!“ gemeint. Doch hatte der Satz ursprünglich nicht diesen allg. Sinn. Nach Plutarch (*Pomp.* 50) soll nämlich Pompeius, als Matrosen, eines Sturmes wegen um ihr Leben besorgt, nicht ausfahren wollten, mit diesen Worten als erster an Bord des Schiffes gesprungen sein und dadurch die Mannschaft zur Abfahrt bewogen haben.

Naxos, die größte Insel der → Kykladen, von Ioniern besiedelt, Handelszentrum seit dem 7. Jh. v. Chr., schon damals Sitz einer berühmten Bildhauerschule. Machtentfaltung unter dem Tyrannen Lygdamis (538–524), der von Peisistratos unterstützt wurde; 490 von den Persern zerstört. Nach den Perserkriegen gehörte N. dem att. Seebund an. Die Insel war wegen ihres Weines berühmt, daher wurde Dionysos dort besonders verehrt; sein archaischer Tempel (6. Jh. v. Chr.) wurde 1986 freigelegt.

E. Curtius, 1846; Th. Saucius, 1914; Ch. Zervos, *L'art des Cyclades,* Paris 1957.

Neapolis. Diese Stadt, die als eine der schönstgelegenen der Welt mit Recht berühmt ist, trägt (wie Karthago) den ganz prosaischen Namen „Neustadt“. Die auch *Parthenope* genannte Stadt wurde um 600 v. Chr. von Kyme aus gegründet; 327 von Samniten erobert, seit 290 in röm. Hand, aber nur langsam romanisiert. N. blieb bis in die Kaiserzeit hinein blühende Handelsstadt und beliebter Aufenthaltsort reicher Römer. Auf den Höhen mit der unbeschreiblichen Aussicht einst, so wie heute, vornehme Villen, besonders der Pausilypos (heute Posilipo) Villa des reichen Vedius Pollio; das gr. Wort entspricht als Villenname etwa dem franz. Sanssouci. Grab → Vergils. Reste aus dem Altertum werden fortwährend gefunden. In der Neuzeit lange die volkreichste und in Wissenschaft, Kunstpflege, Humanität führende Stadt Italiens.

M. Napoli, *Napoli greco-romana,* 1959; P. Gunn, d. 1964.

Nearchos (um 360–314 v. Chr.), Jugendfreund Alexanders d. Gr., ist besonders bekannt geworden als Begleiter des Königs auf dem indischen Zug. Er führte die Flotte auf dem Weg vom Indus zum Euphrat, während Alexander mit dem Landheer marschierte. Sein durch → Arrianos überlieferter Fahrtbericht wurde sehr wichtig für den neuerschlossenen Seeweg von Mesopotamien nach Indien. N. blieb auch nach Alexanders Tod Admiral. (→ Periplus).

W: FGrH. - *Ü:* Antike Entdeckerfahrten, O. Seel, 1961.

L: R. Güngerich, D. Küstenbeschreibungen in der gr. Literatur, 1950.

Nekropolis (gr.), „Totenstadt", → Grab.

Nektar → Ambrosia.

Nekyia, gr. = Totenopfer, Totenfest; geläufig als Untertitel für den 11. Gesang der homerischen Odyssee, aber auch für den 6. Gesang von Vergils Aeneis, jeweils im Sinne einer Hadesfahrt des Helden zur Beschwörung der dort weilenden Seelen. Ähnliche Sagen und Legenden muß es einst in großer Zahl gegeben haben, so etwa um Herakles' Abstieg zum Raub des Höllenhundes Kerberos oder auch um Orpheus' Befreiungsversuch seiner Gattin Eurydike.

W: Vergil, Aeneis, VI. Gesang, hg., d. u. komm. E. Norden, [5]1963.

Nemea, ein Tal der Argolis südl. von Korinth mit einem Heiligtum des Zeus. Hier fanden alle 2 Jahre Spiele statt unter Beteiligung vor allem der Bevölkerung der Peloponnes: Leichtathletik, Wagenrennen, später musische Wettkämpfe. Sehenswerte Reste in schöner Landschaft. → Nationalspiele.

B. H. Hill, *The temple of Zeus at Nemea,* Princeton 1967.

Nemesis, von gr. *nemesis* = das Zuteilen (des Gebührenden): Göttin (noch nicht bei Homer) der ausgleichenden und strafenden Gerechtigkeit, die für Frevel und besonders für Übermut die gerechte Strafe zuteilt. → Hybris.

Nemisee, Kratersee in den Albaner Bergen bei Rom; auf seinem Grund lagen zwei antike Luxusschiffe (Besitzer unbekannt; Caligula?), die man oft, aber vergebens, zu heben versuchte. Dies gelang 1928–1931, da man den See durch das antike → Emissar auspumpen ließ. Die antike, prächtige Ausstattung der Schiffe war schon im Altertum weggeholt worden. Die gehobenen Schiffe sind 1944 den Kriegshandlungen zum Opfer gefallen.

nemo ante mortem beatus, „niemand ist vor seinem Tode glücklich", lat. Sprichwort nach Ovid, *Metam.* III 136f.; geht auf die Worte zurück; die Solon zu → Kroisos gesagt haben soll, als dieser ihn nach dem glücklichsten Menschen fragte (Herodot I 30ff.; Arrian, *Anabasis* VII 16,7).

Neoptolemos, auch Pyrrhos genannt, Sohn des Achilleus u. der Deidameia, mußte von Odysseus nach Troia gebracht werden, da nach einer Weissagung nur durch seine Hilfe die Stadt erobert werden konnte (Tragödie von Sophokles: *Philoktetes*).

Neoteriker = Neuerer nannten sich jüngere Dichter des 1. Jhs. v. Chr., die sich in gemeinsamer Abkehr von älterer röm. Dichtung und in Begeisterung für griech. Dichtung zusammenschlossen. So entstand ein Kreis junger röm. Poeten, die in der Nachfolge hellenistisch-alexandrinischer Dichtkunst ihr Ziel sahen und in ihrer Opposition gegen traditionelle röm. Dichtung zugleich eine neue Lyrik subjektiver, individualistischer Prägung ins Leben riefen; ihr bedeutendster Vertreter: → Catull.

J. K. Newman, *Augustus and the New Poetry,* Brüssel 1967.

Nepos. Cornelius N., ca. 100–25 v. Chr., verfaßte in Rom zu Ciceros Zeit historische Werke, u. a. eine allgemeine Chronik und eine umfangreiche Biographiensammlung „Berühmte Männer“ *(de viris illustribus),* in der er r. und nichtr. Könige, Heerführer, Staatsmänner, Redner, Dichter usw. einander gegenüberstellte (→ Plutarch). Erhalten sind nur das Buch von den nichtröm. Feldherrn und die Lebensbeschreibungen seines Freundes Atticus und des alten Cato. N. bietet nicht Resultate eigener historischer Forschung, sondern er erzählt schlicht und volkstümlich, streut Anekdoten ein und zieht mit Lob und Tadel Lehren für die Gegenwart. Trotz mancher Mängel zeigt sich besonders an der Atticus-Vita eine vorbildliche humanitas des N.; auch wurde das Buch wegen seiner leicht faßlichen Darstellung viel gelesen.

W: Hg. C. Halm, A. Fleckeisen, [3]1939; hg. u. d. H. Färber, 1952.

Neptunus, altröm. Gott des nassen Elementes, dem am 23. Juli die *Neptunalia* mit volksfestartigem Charakter gefeiert wurden. Offenbar sollte damit der Dürre des Hochsommers gewehrt werden. Später wurde N. mit Poseidon identifiziert.

H. Krahe, 1952.

ne quid nimis, „nichts zu viel“, halte Maß; Übersetzung eines gr., meist Solon zugeschriebenen Wortes bei Terenz, *Andria* 61. Wichtigster Grundsatz der gr. Ethik und Ästhetik. Er predigt nicht Lauheit, sondern größte Lebenstüchtigkeit und höchste Schönheit durch Warnen vor Übertreibung und → Hybris und Empfehlen von Eurhythmia, Harmonie und → Sophrosyne. Von den Römern infolge anderer Charakterveranlagung trivialisiert.

Nereiden, gr. *Nereïdes,* Töchter des → Nereus, niedere Meeresgöttinnen, eine geschwätzig plaudernde Schar von 50 schönen Schwestern, Personifikation des plätschernden Meeres. Wir kennen die Namen aller 50 oder vielmehr, da die erhaltenen N.-Listen sehr verschieden sind, 77 N. Keine einzelne N. hatte einen besonderen Kult; sie erscheinen immer nur gemeinsam. Die einzigen, die hervortreten, sind Thetis, die Mutter des Achilleus; sie war auch die einzige, die die Schwestern verließ und heiratete; ferner Galateia (→ Kyklopen). Wie beliebt die N. trotz ihres niederen Rangs bei den Griechen waren, die ja enge Beziehungen zum Meer hatten und haben, sieht man daraus, daß sie sehr häufig in der Kunst dargestellt wurden; noch heute leben sie als holde Feen im Bewußtsein der Griechen.

F. Fischer, N. u. Okeaniden, 1934; A. Rumpf, Die Meerwesen auf den ant. Sarkophagreliefs, 1939.

Nereus, Gott des Wassers, besonders des Meeres, Vater der Nereiden, wird mit anderen Meergöttern (→ Proteus) als „Meergreis“ bezeichnet. N., der die Gabe der Weissagung besitzt, wird von Herakles mit Gewalt gezwungen, ihm seinen Rat für das Hesperiden-Abenteuer zu geben. → Nereiden.

Nero war als Beiname in der Claudischen Familie üblich (sabinisch = tapfer, entschlossen). Der Kaiser N. hieß vor der Thronbesteigung Lucius Domitius, als Kaiser N. Claudius Drusus Germanicus Caesar. 37 n. Chr. als Sohn des Gaius Domitius Ahenobarbus und der jüngeren → Agrippina, der Urenkelin des

Augustus, geb., von → Seneca erzogen, wurde er nach Claudius' Tod von den Prätorianern auf Betreiben seiner Mutter 54 als Kaiser ausgerufen. Die ersten fünf Jahre regierte er unter der Leitung Senecas und des Gardepräfekten Burrus sehr maßvoll. Dann wurde er von dem Besitz der absoluten Macht berauscht und entwickelte sich zum Despoten. Britannicus starb durch Gift, seine Mutter ließ er ermorden, Seneca und viele andere wurden zum Selbstmord gezwungen (→ Lucan) oder hingerichtet. Die durch sinnlose Verschwendung zerrütteten Finanzen wurden nur durch Konfiskationen saniert. Der Kaiser hatte den Ehrgeiz, als Rennfahrer, Schauspieler und Sänger bewundert zu werden. Er unternahm eine Kunstreise nach Griechenland, wo er öffentlich auftrat. Bei dem furchtbaren Brand Roms 64, den er wahrscheinlich selbst angelegt hat und der sechs Tage lang die Stadt verwüstete, soll er von dem Dache seines Palastes herab den Brand Troias besungen haben. Um den Verdacht der Brandstiftung von sich abzulenken, begann er die Verfolgungen der Christen, die er in seinen Gärten als „lebende Fackeln" verwendete. Auf der Brandstätte baute er in größtem Ausmaß und mit dem größten Prunk das goldene Haus. In den Provinzen wurde unter ihm viel Tüchtiges geleistet; in Armenien, Germanien, Britannien gelang es, die Ehre des röm. Volkes zu verteidigen. Die Unzufriedenheit mit dem Treiben in Rom entstand zuerst in den Provinzen und griff in die Hauptstadt über. 68 wurde Galba in Spanien als Kaiser ausgerufen. In Rom kam es zum Aufstand. N. floh und tötete sich 68 n. Chr. („Was für eine Virtuose stirbt in mir!"). Er war der letzte Sproß des iulisch-claudischen Hauses. – Das Colosseum bot Raum für etwa 50000 Menschen. Es steht auf dem Grund und Boden von Neros „Goldenem Haus", das aber zehnmal soviel Boden bedeckte wie das doch schon riesige C.! Nero hatte darin Bäder mit fließendem Meerwasser und solchem der Albulaquelle; das Meer ist von Rom 25 km, die Albula 20 km entfernt; das Wasser floß in Leitungen in den Palast. Dieser wurde nach Neros Tode 68 zum großen Teil wieder zerstört. Neben dem Colosseum sind aber noch viele große Räume des G. H. erhalten, die Traian in die von ihm dort errichteten Thermen einbezogen hat. Das Volk nannte diese (bei der Wiederauffindung um 1500 unterirdischen) Räume „Grotten"; da ihre Malereien von der bis dahin üblichen kirchlichen Malerei völlig abwichen, bedeutet „grottesk" („wie in den Grotten") soviel wie „seltsam". Falsche Schreibung grotesk nach dem Franz.

G. Walter, N., Zürich 1956; A. Boethius, *The Golden House of N.*, Ann Arbor 1960; G. Ch. Picard, *Augustus et Nero*, Paris 1962; E. Radius, *La vita di N.*, Mail. 1963; J. Bishop, Lond. 1964; B. H. Warmington, *N.*, Lond. 1969; M. Grant, d. 1978.

Nerva. Marcus Cocceius N., aus alter plebeischer Familie, deren Mitglieder schon in republikanischer Zeit Ämter verwaltet hatten, geb. 30 (?) n. Chr., schlug die Ämterlaufbahn ein und war Senator, als er nach Domitians Tod 96 zum Kaiser erhoben wurde. Er war ein milder, würdiger Charakter und heilte die Wunden, die

dem Staat durch Domitian geschlagen waren. Besonders bemerkenswert war eine große Stiftung, die sog. Alimentationen, die für die Versorgung armer Bürgerkinder in Italien große Summen bewilligte. Er adoptierte Traian; gest. 98. Seine Regierung wurde als der Beginn einer neuen Zeit gepriesen.
A. Gerzetti, 1950; M. Wegner, Die Flavier, 1966.

Nessos war der Kentaur, der Herakles' Gattin Deianeira nachstellte; → Herakles tötete ihn dafür, starb aber selbst an der Vergiftung durch N.' Blut, das Deianeira als Liebeszauber hatte benutzen wollen.

Nestor, König von Pylos (Messenien), war der älteste und erfahrenste unter den gr. Königen, die am Troischen Krieg teilnahmen; er war der sprichwörtliche Ratgeber. Sein Palast in → Pylos ist ausgegraben.

Neumagen → Noviomagus.

Neuplatonismus → Akademie; Hypatia; Iulianus; Mystik; Philosophie; Plotinos; Stoizismus (mittlere Stoa).

Neupythagoreismus → Mystik.

Nicht mitzuhassen, mitzulieben bin ich da. So spricht Antigone (in dem gleichnamigen Drama des Sophokles, V. 523) bei dem Konflikt, ob sie einem harten Gesetze des Königs gehorchen oder dem Naturgebot geschwisterlicher Liebe folgen soll – eins der schönsten und edelsten Worte des Altertums.

Nikandros aus Kolophon schrieb um die Mitte des 2. Jh. v. Chr. zwei Lehrgedichte, über Heilmittel gegen Tierbisse und Gifte; er folgte damit der literarischen Mode, durch poetische Bearbeitung seltener Themen Aufmerksamkeit zu erregen.
W: Hg. A. S. F. Gow, A. F. Scholfield, Cambr. 1953 (mit engl. *Ü*).

Nike (gr. Sieg), die Siegesgöttin (noch nicht bei Homer; zuerst bei Hesiod), oft beflügelt weil sie vom Olymp herabkommt, wo Zeus als Schlachtenlenker den Sieg verleiht; auch N. *apteros* („unbeflügelte N.") oder Athena N. Diese hat auf der Akropolis von Athen, auf einer Bastion rechts vom Aufgang, noch vor den Propyläen, ein ungefähr 430 v. Chr. erbautes Tempelchen, das die Türken zerstörten. Aus den geringen verbliebenen Resten konnte man die Maße der Quadern erkennen und fand nach Vertreibung der Türken die anderen Steine des Tempelchens wieder. Mit diesen konnten es 1835–1836 die Deutschen Roß und Schaubert und der Däne Hansen wieder aufbauen. So schön wie das Tempelchen als Bau, so schön sind die Niken auf den Reliefs der Balustrade der Bastion. Andre bekannte N.-Darstellungen sind die von → Samothrake, im Louvre in Paris; die N. in Brescia; die berühmteste ist die bei den deutschen Ausgrabungen in Olympia gefundene N. des Paionios, jetzt im Museum in O., 420 v. Chr. als Siegesdenkmal von den Messeniern und Naupaktiern errichtet. P. hat das Problem, eine in der Luft schwebende Göttin darzustellen, meisterhaft gelöst: er gab ihr riesige Flügel; der eine Fuß steht frei in der Luft, der andre neben einem aus einer Wolke hervorschießenden Adler; daß die Göttin herabfliegt, wird durch das sich im Winde nach oben bauschende Gewand verdeutlicht. Dazu stand die ganze Gestalt hoch oben auf einer hohen Säule. – Gegenüber der so schön dargestellten gr. N. ist die lat. *Victoria* mehr eine Abstraktion.

M. A. Berlingcourt, *N. as a Coin Type,* 1962; T. Hölscher, *Victoria Romana . . .,* 1967; C. Isler-Kerényi, 1969.

Nikias, athenischer Politiker, Redner und Feldherr, Führer der Konservativen im Peloponnesischen Kriege, drängte zum Vergleich mit Sparta; der Frieden von 421 v. Chr. hieß nach ihm. 415 war er mit Alkibiades und Lamachos Führer der sizilischen Expedition. Nach anfänglichen Erfolgen kapitulierte er 413 und wurde in der Gefangenschaft hingerichtet. Er war zu bedächtig und abergläubisch, aber sonst ein sehr rechtschaffener, ehrenwerter Mann.

Nikias, athenischer Maler des 4. Jh. v. Chr. Nach antiker Überlieferung hat Praxiteles gesagt, er schätze diejenigen seiner Figuren am meisten, die N. bemalt habe (→ Polychromie). Seine berühmten Bilder *Io* und *Andromache* sind uns von pompeianischen Nachbildungen her bekannt.

B. Neutsch, Der Maler N. von Athen, 1940.

Nikomachische Ethik, das Hauptwerk des Aristoteles über E., wohl von seinem Sohne Nikomachos herausgegeben. *Eudemische E.,* unter Benutzung einer Vorlesungsnachschrift u. der *N. E.* von A.' Schüler Eudemos verfaßt. *„Große E.“,* lat. *Magna Moralia,* ein Auszug aus der N. und der Eu. E., der in A.' Schule hergestellt wurde; trotz des geringeren Umfangs „groß“ genannt, weil er die Hauptsachen enthalten sollte. → Aristoteles.

Nil. Seine Quellen suchte eine von Nero ausgesandte Expedition (→ Geographie) vergebens. – Die Frage nach dem Grund der Nilschwellungen hat die antiken Gelehrten schon früh u. intensiv beschäftigt. Thales nahm an, die im Ägäischen Meer alljährlich auftretenden, äußerst heftigen Nordostwinde hinderten das Nilwasser, in das Mittelmeer zu fließen. Anaxagoras bezeichnete als Grund die sommerliche Schneeschmelze in Abessinien, hatte also im 5. Jh. v. Chr. bereits die richtige Erklärung gefunden.

Nîmes, lat. *Nemausus,* ein wichtiger Ort der Provinz Gallia Narbonensis, berühmt durch den Pont du Gard, eine dreigeschossige Brücke von 49 m Höhe u. 277 m Länge, über die eine → Wasserleitung in die Stadt lief. In der Stadt ein Tempel, der die schlichte Vornehmheit augusteischer Architektur zeigt: Auf dem für einen röm. Tempel charakteristischen Podium, zu dem eine breite Freitreppe hinaufführt, erhebt sich mit sechssäuliger Front die sog. *Maison Carrée,* erbaut wohl kurz vor Christi Geburt.

Niobe, Tochter des kleinasiatischen Königs Tantalos, heiratete Amphion, den König der gr. Stadt Theben, rühmte sich der → Leto gegenüber, die nur 2 Kinder hatte, ihres Kinderreichtums (die Zahl der Niobiden, d. h. Kinder der N., wird verschieden angegeben, je 6, 7, 10 Knaben und Mädchen). Daraufhin wurden alle ihre Kinder von Apollon und Artemis erschossen. N. selbst aber von den Göttern in Stein verwandelt und in ihre kleinasiatische Heimat zurückversetzt. Das in den gewachsenen Felsen gehauene 9 m hohe Bild einer sitzenden Frau bei Magnesia am Sipylos galt den Gr. als das Bild der N.; es ist aber wohl das Bildnis einer hethitischen Gottheit; Zeit unbestimmbar, wohl 2. Jahrt. v. Chr. – Von der Tragödie *„N."* des Aischylos sind einige Fragmente erhalten. Poetische Schilderung der Sage bei Ovid, *Metamorphosen* VI 146–312. Die Erschießung der Niobiden wurde im 4. Jh (von Praxiteles oder Skopas?) in einer berühmten Gruppe dargestellt, die in antiken Kopien erhalten ist; jetzt in den Uffizien in Florenz. Die schönste sterbende Niobide ist die im Thermen-Museum in Rom, noch aus dem 5. Jh. v. Chr.

E. Buschor, Zwei Niobidenmeister, 1938; K. Kerényi, N., 1949; R. M. Cook, *N.*, Cambr. 1964.

N. N. Diese Bezeichnung eines Unbekannten bedeutet nicht, wie meist erklärt wird: *nomen nescio* (den Namen weiß ich nicht), sondern sie stammt aus dem röm. Rechtsunterricht; vgl. z. B. Gaius, *Institutionen* IV 34. Man pflegte in fingierten Prozessen den Kläger mit A. A. = *Aulus Agerius,* den Beklagten mit N. N. = *Numerius Negidius* zu bezeichnen, eine Wortspielerei, die ausdrücken soll: der Mann mit dem Geldtopf *(olla),* der den Prozeß führt *([rem]agit),* und der Mann, der zu zahlen *(numerare)* sich weigert *(negat).*

Nobilität *(nobilitas),* der Adel in Rom, teilte sich in 3 Gruppen: 1. den Geburtsadel, aus den alten patrizischen Geschlechtern, 2. den Beamtenadel, der sich seit dem Ständekampf aus den aufsteigenden plebeischen Familien ergänzte und der den röm. Staat in seiner Glanzzeit regierte. Er reservierte für sich die hohen Ämter, indem er der Volksversammlung nur Mitglieder aus seinen Reihen zur Wahl präsentierte und nur ehemalige Beamte in den Senat zuließ. Neue Männer *(→ homo novus)* wurden nur selten und unter Zwang aufgenommen. Die Herrschaft dieses Adels war lange ein Vorteil für Rom. Von 500–150 v. Chr. war im Innern Frieden; nach außen machte der röm. Staat außerordentliche Fortschritte. Entsagungsvolle Hingabe an den Staat, bedingungslose Pflichttreue und hoher persönlicher Mut zeichneten den Beamtenadel aus. Daneben waren unnötige Härte gegen politische Gegner (→ *populares*) u. Habgier seine Schattenseiten. Diese Schwächen traten gegen Ende des 2. Jhs. v. Chr. immer mehr hervor und steigerten die sozialen und wirtschaftlichen Gegensätze ins Unerträgliche. Im Bürgerkrieg entartete die Nobilität. Sulla war ihr letzter großer Vertreter; die jüngere Generation (Pompeius, Caesar) suchte im Parteigetriebe den persönlichen Ehrgeiz zu befriedigen. Viele andere Mitglieder der N. waren völlig verkommen (Catilina). Leichtsinn, Zügellosigkeit, Gesinnungslosigkeit, rücksichtsloser Egoismus stellten den Bestand des Staates mehrmals in Frage. Die Unfähigkeit des Senates, der Verworfenheit in den eigenen Reihen Herr zu werden und die Krise des Staates zu meistern, führte zur Alleinherrschaft, zum Prinzipat. Der Beamtenadel zog sich nunmehr grollend vom

Staatsleben zurück. Die Zahl der alten Familien war durch die Bürgerkriege ohnehin stark zurückgegangen. Die Gesellschaft der Kaiserzeit zeigt ganz neue Namen. – 3. Geldadel, in Rom *equites* = Ritter genannt. Nach der Sage wählte schon Romulus aus den vermögendsten und angesehensten Grundbesitzern 300 Ritter. Die Zahl wurde später verzehnfacht. Jedes Glied der senatorischen Familien, das nicht die → Ämterlaufbahn einschlug, trat damit in den Ritterstand über. (Allerdings kam das selten vor, z. B. bei dem Sohne des Zamasiegers Scipio, offenbar wegen Krankheit. Sonst genügte die Übernahme eines curulischen Amts zur Aufnahme in den Senat und damit Verbleib i. d. Nobilität.) Die Ritter dienten im Heer als Reiter ohne Sold, erhielten aber Pferd und dessen Fütterung vom Staat. Unwürdiges Leben führte zur Ausstoßung, was äußerlich durch die Wegnahme des Ritterpferdes ausgedrückt wurde. Besondere Bedeutung erhielt die Ritterschaft seit dem Ständekampf, als in Rom durch glückliche Expansion im Osten und Westen viele Leute namentlich als Großkaufleute und Bankiers reich wurden. Auch damals entschied für den Eintritt in diesen Adel nicht das Geschlecht, sondern das Vermögen. Der Geldadel Roms spielte neben dem Beamtenadel bald eine bedeutende gesellschaftliche und politische Rolle. Obwohl beide Gruppen nach Stellung (die Senatoren durften keinen Handel treiben) und meist auch nach Herkunft scharf geschieden waren, bestanden doch zwischen ihnen sonst enge Beziehungen. Allmählich wurde der Einfluß der Wirtschaft auf die Politik immer größer; seit etwa 150 v. Chr. überwog er, wie die Zerstörung Karthagos und Korinths, der Handelskonkurrenten Roms, zeigt. Weiterhin betrieben die Ritter die Einverleibung der reichen Länder im Osten, um weitere Ausbeutungsobjekte zu gewinnen. Sittliche Entartung, Härte und Habgier machten sich auch in diesen Kreisen breit; aus ihren Reihen stammten die Steuerpächter *(→ publicanus),* die aus den Provinzen so viel wie möglich herauspreßten. Endlich beherrschten die Ritter das gesamte Bankwesen; ungeheure Vermögen konzentrierten sich in wenigen Händen. – Die Mitglieder beider Stände waren schon von weitem an der Kleidung kenntlich; die Senatoren trugen einen breiten *(latus clavus),* die Ritter einen schmalen Purpurstreifen *(angustus clavus)* an der Tunica; → Amtsabzeichen. – Das engl. Snob soll aus *s(ine) nob(ilitate)* = ohne Adel entstanden sein.

M. Gelzer, Die röm. Nobilität, 1912 (= kl. Schr. I 1962); F. Münzer, Röm. Adelsparteien u. Adelsfamilien, [2]1963; R. Till, *Res publica,* Zürich 1976.

noli me tangere, „rühre mich nicht an“, lat. Übersetzung der Worte des auferstandenen Jesus an Maria, *Ev. nach Joh.* 20, 17.

noli turbare circulos meos, „störe mir meine Kreise nicht“, rief nach der röm. Überlieferung → Archimedes dem röm. Soldaten zu, der bei der Eroberung von Syrakus 212 v Chr. in den stillen Garten eindrang, in dem A. über neuen Erfindungen grübelte; er hatte seine geometrischen Figuren in den Sand gezeichnet. Der

Soldat stach ihn jedoch nieder. → Professorenwitze.

nomen et omen, „Name und (zugleich) Vorbedeutung“, d. h. im Namen zeigt sich das Wesen dessen, der ihn trägt (nach Plautus, *Persa* 625, wo eine Hetäre *Lucris* = „Verdienerin“ heißt). → Namenszauber.

Nomenclator, Sklave, der seinen vornehmen Herrn begleitete und ihm die Namen der ihm begegnenden Bekannten zuzuflüstern hatte, falls der Herr sich ihrer nicht mehr erinnern konnte.

nomina sunt odiosa, „Namen sind verhaßt“, d. h. Nennung von N. ist oft heikel. Der Gedanke ist von Cicero, *Rede für Roscius Amerinus* 16, 47 (und von Ovid, *Heroides* 13, 54) ausgesprochen; von wem die uns geläufige Formulierung *n. s. o.* stammt, ist unbekannt.

Nonen, der 5. bzw. (im März, Mai, Juli, Oktober) der 7. Tag des Monats im röm. Kalender.

Nonius Marcellus aus Numidien verfaßte Anfang des 4. Jhs. n. Chr. eine Sammlung seltener Wörter *(De compendiosa doctrina),* in der uns zahlreiche Zitate archaischer lat. Schriftsteller erhalten sind.

W: Hg. W. M. Lindsay, 1903, neu 1964.

non liquet, „es ist nicht klar“, im röm. Gerichtsverfahren das auf Täfelchen abgegebene Urteil bei Stimmenthaltung; abgekürzt N L.

Nonnos v. Panopolis (Ägypten), gr. Dichter des 5. Jh. n. Chr., war der Verfasser des letzten großen → Epos der Antike, das mit einem mytholog. Stoff etwa den Umfang der beiden (!) homerischen Gedichte errreichte: *Dionysiaka,* also die Taten des Gottes Dionysos, die ganze Lebensgeschichte mit allen Kämpfen und dem Siegeszug bis nach Indien, ein Werk von kolossalischen Dimensionen und einer Stimmung, die einem einzigen großen Rausch nahekommt. Dagegen ist die Metrik peinlich streng gehandhabt und formal sehr gekünstelt; gerade deswegen hat das Werk aber auch viele Bewunderer gefunden.

W: Hg. A. Ludwich, II 1909–11; R. D. Keydell, II 1959. – *Ü:* Th. v. Scheffer, [2]1955.

non olet, „es riecht nicht“, sprichwörtlich für: es ist nicht anrüchig, es ist nichts dabei. Titus warf Vespasian die Steuer auf den (übel riechenden) Urin (→ Bedürfnisanstalten) als eine unkaiserliche Erwerbsquelle vor. Aber V. hielt ihm ein Geldstück aus dem ersten Ertrag dieser Steuer an die Nase und fragte ihn, ob dieses übel rieche. Sueton, *Vespasian* 23.

non plus ultra, „nicht mehr darüber hinaus“, sprichwörtlich zur Bezeichnung des Höchsten, Unübertrefflichen; lat. Übersetzung einer Wendung aus Pindars 3. Nemeischer Ode (21).

non scholae, sed vitae discimus, „nicht für die Schule, sondern für das Leben lernen wir“, nach Seneca, *Epistulae* 106, 12, wo das Wort aus Tadel gegen den damaligen Studienbetrieb in umgekehrter Fassung steht: „wir lernen (ja nur) für die Sch., nicht für das L.!“ – Der Römer Seneca begriff also von seinem Utilitaritätsstandpunkt aus den Satz nicht, den der Grieche Aristoteles in seiner *Politik* VIII 3, 2 für die Pädagogik aufgestellt hatte: „immer nur nach dem Nützlichen zu fragen, ziemt sich gar nicht für großzügige und freie Menschen".

Nordafrika, zuerst von Griechen (→ Kyrene; Kolonien; Libyen) u. Phoinikern (→ Karthago) kolonisiert, war in der röm. Kaiserzeit vor allem durch intensive Bodenpflege und Bewässerung eins der fruchtbarsten (Horaz, *Od.* I 1, 10) und reichsten Länder des Reichs, mit zahlreichen blühenden Städten mit großen Bädern, Bibliotheken, Theatern, auf dem Lande prächtigen Villen; auch geistig sehr rege (Kirchenschriftsteller). Es verfiel seit der Herrschaft der Vandalen (429–534), die dort in dem neuen Reichtum spurlos untergingen, noch mehr unter den Arabern (→ z. B. Leptis). Infolge sehr zahlreicher Ruinen und mit seinen reichen Museen für die Altertumswissenschaft höchst wichtig → Timgad; Tripolitanien; Kyrene.

B. H. Warmington, *The North African Provinces,* Cambr. 1954, neu 1971; G. Charles-Picard, N. u. d. Römer, 1962; L. Teutsch, D. röm. Städtewesen in N., 1962; H. Bräuner, Rom in Libyen, 1963; H. J. Diesner, D. Untergang d. röm. Herrschaft in N., 1964; E. Kirsten, Nordafrikan. Städtebilder, ²1966; D. Fushöller, Tunesien u. Ostalgerien in d. Römerzeit, 1979.

Noricum, röm. Provinz zwischen Donau, Inn und Save. Bekannt wegen seines Eisenreichtums; bewohnt von Kelten und Illyrern. Sie wurden etwa 10 v. Chr. von den Römern unterworfen. Verwaltungsmittelpunkt war die heute ausgegrabene Stadt auf dem Magdalensberg in Kärnten. Im 6. Jh. von Baiuwaren, Avaren u. Slaven besetzt. → Oesterreich.

R. Egger, Führer durch d. Ausgrab. u. d. Museum auf dem Magdalensberg, ¹⁰1964; G. Alföldi, Lond. 1974.

Normaluhr → Turm der Winde; Uhr.

Notenschrift. Die hervorragende Erfindung, Töne schriftlich zu fixieren, wurde in Mesopotamien gemacht; es gibt schon Noten in Keilschrift. Die Griechen besaßen 2 N., eine für den Gesang, eine für Instrumente. Die Noten wurden durch besondere, zu diesem Zweck verstümmelte Buchstaben bezeichnet. Da der Gr. keinen Wert auf die Tonhöhe legte, die bei uns durch den Kammerton fixiert ist, brauchte er nur das Verhältnis der Töne innerhalb der einen Normaltonleiter, die von A bis O ging, anzugeben. Das ergab eine sehr einfache, leicht einprägbare N. Die erhaltenen gr. Noten, z. B. zu delphischen und drei → Hymnen des Mesomedes aus dem 2. Jh. n Chr., findet man mit Umschrift in moderne N. bei:

Musici Scriptores Graeci, hg. C. von Jan, 1895–99, neu 1962. → Musik.

Notizbücher → Diptychon.

Novellen in unserem Sinne, d. h. selbständige Prosadichtungen kleineren Umfangs, hat es bei den Griechen erst spät gegeben. Zwar erwachte bei ihnen die Lust am Fabulieren schon sehr früh; insonderheit bei den Ionern, denen der reiche Strom asiatischer Märchen, Fabeln und Geschichten zufloß. Daraus entwickelte sich aber die N. zunächst noch nicht als selbständige Literaturgattung; vielmehr wurde sie ein wichtiger Bestandteil der Götter- und Heldensage, besonders aber der Geschichtswerke. Hier unterbrach sie den Gang der Handlung in episodenhafter Weise und entzückt zwar nicht den wahrheitsuchenden Historiker, wohl aber den Laien, der nicht nur Belehrung, sondern auch Unterhaltung wünscht. Zu einer besonderen Kunst in der Komposition fesselnder und reizender N. brachten es immer wieder Ioner, die überhaupt seit Homer die Erzählerkunst mit allen Raffinements am besten beherrschten. Berühmt sind die N. in Herodots Geschichtswerk (Arion; Kroisos; Meisterdieb). In hellenistischer Zeit gehörte die N. durch das Überwiegen des ionischen Einflusses zu den notwendigsten Bestandteilen eines historischen Werkes. Erst damals machte sich die N. auch selbständig, und zwar mit erotischen Geschichten, von denen die → Milesischen G. die bekanntesten sind. – Das Wort *novella* (zu ergänzen *fabula* = neue Geschichte) ist in der Frührenaissance in Italien entstanden. → Roman; *Corpus iuris.*

O. Weinreich, Fabel, Aretalogie, N. 1930; Q. Cataudella, *La novella greca,* Neapel 1957; S. Trenkner, *The Greek novel,* Cambr. 1958; E. Rohde, Der gr. Roman u. s. Vorläufer, [4]1960.

Noviomagus. Name mehrerer Siedlungen im kelt.-germ. Raum: 1. N. Treverorum, heute Neumagen an d. Mosel, bekannt durch zahlreiche Funde aus röm. Zeit (jetzt im Landesmuseum, Trier). – 2. N. Nemetum, das heutige Speyer (augusteisches Kastell). – 3. N. Batavorum, heute Nymegen (Nijmegen). Weitere gleichnamige Städte: Das heutige Lisieux; Noyon (Oise).

F. Sprater, D. Pfalz unter d. Römern, 1929f.; W. v. Massow, D. Grabmäler von Neumagen, 1932; M. P. M. Daniees, *Noviomagus,* Nijmegen 1955.

Numantia, Hauptstadt der → Keltiberer in Spanien, war als Volksburg auf einem steilen Felsriegel im Tal des oberen Duero angelegt (beim heutigen Dorf Garray in Altkastilien). Es spielte in dem Aufstand der Spanier gegen die Römer 143–133 v. Chr. eine große Rolle. Nach schweren Niederlagen (der Consul Mancinus wurde 137 zur Kapitulation gezwungen) wurde der Krieg durch Publius Cornelius Scipio für Rom entschieden, der 133 N. einnahm. Scipio schloß die Stadt durch eine 9 km lange Mauer ein und hungerte so ihre Bewohner aus. Deutsche Ausgrabungen; ein Teil der Funde im Röm.-german. Zentralmuseum in Mainz.

A. Schulten, N., D. Ergebnisse d. Ausgrabungen, IV, 1914–1931; ders., Gesch. v. N., 1933; F. Behn, N. u. s. Funde, 1931; H. Simon, Roms Kriege in Spanien, 1962.

Numa Pompilius, ein Sabiner, der 2. König Roms, der Sage nach ein Friedensfürst, der durch Weisheit und Frömmigkeit das Ansehen des röm. Staates steigerte. Auf ihn sollen die Einrichtungen der Religion und des Kultus (Priesterkollegien) zurückgehen, vor allem die Verehrung des → Ianus. Ein kleiner Eichenwald südlich von Rom, neben der Via Appia, heißt *Bosco sacro* = hl. Wald, weil hier die Nymphe Egeria N. P. beraten haben soll; daneben die sog. Grotte der E., ein → Nymphaeum.

Numidien, das Hinterland von Karthago, eigentlich „das Land der (lat.) *Numidae,* (gr.) *Nomades*“, welches die gr. u. lat. Wiedergaben des einheimischen Volksnamens waren. – Die Numider, die einen großen Teil des karthagischen Heeres stellten, nahmen karthagische Kultur an, doch wurden sie nur z. T. Freunde der Karthager. Nach der Zerstörung Karthagos unterwarfen sie sich auch den Römern nicht unbedingt; Massinissa vereinigte die beiden Hauptstämme zu einem Reich (201 v. Chr.). Ihm folgte sein Sohn Micipsa und diesem Iugurtha. Dieser wagte 111–105 v. Chr. den Römern zu trotzen. Später war N. röm. Provinz; es gelangte in der Kaiserzeit zu großem Reichtum und zu einer führenden Stellung in der Literatur. Diese Blüte wurde 439 durch den Vandaleneinfall zerstört. – Die Tuaregs der Sahara verwenden, obwohl sie seit über 1000 Jahren unter arabischem Einfluß stehen, noch jetzt eine Abart der altnumidischen, aus der altkarthagischen hergeleiteten Schrift. → Lambaesis.

Ch. Saumagne, *La Numidie et Rome,* Paris 1966; H. Horn, C. Rüger, Die Numider, 1979.

Numismatik → Münzen.

Numitor war der Großvater des → Romulus.

Nuragen (Nuraghen, ital.), Steinbauten der Bronze- und Eisenzeit auf der Insel Sardinien, sind in der Art eines Turms (Durchmesser 10–36, Höhe 12–20 m) aus mächtigen Blöcken erbaut und haben meist im Innern zwei übereinanderliegende, durch eine Treppe verbundene Räume. Die N. dienten als Herrensitze und im Kriegsfalle als Fluchtburgen. Mehrere tausend erhalten. Ähnliche Bauten auf den Balearen (sogen. Talayots). Das falsche Gewölbe mancher N. geht offenbar auf Anregungen aus dem ägäischen Raum zurück (→ Kuppelbauten).

G. Lilliu, *I Nuraghi,* Cagliari 1962.

Nymphaeum, den Nymphen geweihtes Quellhaus oder monumentale Brunnenanlage, oft mit bühnenartiger Fassade von mehreren Stockwerken mit Nischen und Säulenstellungen, in denen Statuen von Gottheiten, namentlich Wassergottheiten, standen. N. dienten mit Laufbrunnen und großen Bassins der Wasserversorgung der Städte (→ Wasserleitung). N. sind in kleinasiatischen Städten, auch Kleinstädten, in imponierenden Ruinen erhalten; das prächtigste, in Milet, ist aus den Trümmern rekonstruierbar. Das bedeutendste N. Roms, das Septizodium am Palatin, als monumentaler Abschluß der Via Appia von Septimius Severus (193–211) errichtet, Reste 1589 unter Papst Sixtus V. abgebrochen.

E. Petersen, N. u. Septizonien, 1887; Ch. Hülsen, D. N. v. Milet, 1919; Th Dombart, D. palatin. Septizonium, 1922.

Nymphen (gr. *nymphe,* Braut, junge Frau), Töchter des Zeus, niedere Naturgottheiten, Darstellungen der Naturkraft in Bäumen (Dryaden), Quellen (Naiaden), Meer (→ Nereiden), Wiesen, Bergen (Oreaden, → Narkissos), Grotten, wo sie wohnend gedacht wurden; oft im Gefolge des Dionysos oder der Artemis. Sich ihnen zu nähern, war für Menschen oft gefährlich (→ Hylas). Darstellungen von N., oft mit → Satyrn zusammen, auf vielen Gemälden (Rubens, Watteau, Böcklin, Corot, Renoir).

Obelisken. Der uns geläufige Name für diese im Altertum nur in Ägypten geschaffenen, haushohen, aus einem Stück bestehenden, oben spitzen Steinbalken ist gr. Volkswitz u. bedeutet „Bratspießchen“ (gr. *obeliskos*); ursprünglich ein die Gottheit symbolisierender Steinfetisch. Dann (in Ägypten) Symbol des Sonnengottes. Die Römer brachten die 13 O., die heute in Rom stehen (dazu einen nach Konstantinopel), um der Merkwürdigkeit willen herüber; über Transport → Schiffsbau.

C. d'Onofrio, *Gli obelisci di Roma,* Rom 1967; E. Dondelinger, 1977; E. Batta, 1986.

obolos gr. Gewicht, Silbermünze; 6 Obolen = 1 Drachme. Über das Wort *o.* → Geld; → Tabelle S. 830.

Obst. Die Idg. kannten in ihrer Urheimat den Apfelbaum als Kulturpflanze. Alles andre O. lernten sie erst im Süden kennen. (Homer kennt schon Apfel, Birne, Feige.) Von da kam es zu uns und mit ihm die südl. Namen, gr. Kirsche, Quitte, Pfirsich, lat. Birne, Pflaume, Aprikose; Mirabellen und Reineclauden kamen zu uns über Frankreich. An diesem Beispiel läßt sich besonders schön zeigen, warum Fremd- (heutige Lehn-)wörter bei uns eindrangen. O. benannten wir gr.-lat., weil wir für die fremden Früchte, als sie zu uns kamen, überhaupt keine Namen hatten; man bezeichnete sie so, wie die Fremden, die sie brachten. Oder gab es schon ähnliches O., z. B. Holzbirnen, so benannte man nun die durch Pfropfen veredelte Birne lat.; denn auch das Pfropfen lernten wir aus dem Süden, und das Wort dafür ist lat.; → okulieren; pfropfen.

V. Hehn, Kulturpflanzen u. Haustiere in ihrem Übergang aus Asien nach Griechenlad u. Italien sowie in d. übrige Europa, 1911, neu 1963.

Ochlokratie, „Herrschaft des Pöbels", die extreme Demokratie zur Zeit Platons (der aber das Wort O. noch nicht kennt), eine Herrschaft der Armen, der Masse, über die Reichen. → Staatsformen.

Octavia, Schwester des Kaisers Augustus, war aus polit. Gründen mit Marcus Antonius verheiratet worden, wurde von diesem aber entlassen; sie lebte zurückgezogen in Rom. Der Porticus der O. in Rom ist der von Kaiser Septimius Severus restaurierte Überrest eines Gebäudes, das Augustus seiner Schwester gewidmet hatte.

Octavianus (C. Iulius Caesar O.), Name des späteren Kaisers → Augustus nach seiner Adoption durch Caesar als Erinnerung an seine Herkunft aus der gens Octavia, der Familie der Octavier.

Ode (gr.), Gesang, Lied; so nannten die Griechen alle zur Instrumentalbegleitung vorgetragenen Lieder einschließlich der Chorgesänge, die feste Bestandteile der Tragödie bildeten. Die Dichtungen von Alkaios, Sappho, Alkman wurden O. genannt, fälschlicherweise auch die des Horaz, der sie selbst als *carmina* bezeichnet (= Lieder, die freilich nicht mehr gesungen, sondern rezitiert wurden). Für die O. hatten sich feste strophische Versmaße herausgebildet. → Epode; Strophe.

Odeion → Theater.

oderint, dum metuant, „mögen sie (mich) hassen, wenn sie (mich) nur fürchten"; Worte von Agamemnons Vater Atreus in einer Tragödie des Accius; bei den Römern oft zitiert (Cicero, *Philippica* I 14, 34 und sonst); nach Sueton, *Caligula* 30 Wahlspruch dieses Kaisers.

Odyssee → Homerische Dichtung 2.

Odysseus (lat. *Ulixes*), König von → Ithake, Sohne des Laertes, Gemahl der Penelope, Vater des Telemachos. Durch List und Tapferkeit einer der berühmtesten Helden im → troischen Krieg, an dem er sich mit 12 Schiffen beteiligte; auf seinen Rat wurde das hölzerne Pferd erbaut, das die Einnahme Troias endlich ermöglichte (→ Laokoon). Bei seiner zehnjährigen Heimfahrt von Troia (→ *Odyssee*) erlebte er viele Abenteuer: Kampf gegen die Kikonen; gefährlicher Aufenthalt bei den → Lotophagen; der einäugige Riese Polyphemos auf der Insel der → Kyklopen fraß sechs Leute des O.; dieser konnte ihm mit dem Reste seiner Gefährten nur dadurch entgehen, daß er ihn überlistete und blendete; der Windgott Aiolos (lat. Aeolus; daher Äolsharfe) gab ihm alle widrigen Winde in einen Sack verschlossen mit, den die Gefährten aus Neugier öffneten, als die ersehnte Heimat schon in der Ferne auftauchte; der hierdurch entstandene Sturm trieb die Schiffe wieder aufs hohe Meer; die riesigen Laistrygonen zertrümmerten elf Schiffe und fraßen die Mannschaft; mit dem letzten Schiffe kam O. zur Zauberin Kirke, die die Hälfte seiner Gefährten in Schweine verwandelte, aber mit Hilfe eines von Hermes geschenkten Krautes von O. gezwungen wurde, den Zauber wieder zu lösen. Auf ihren Rat stieg O. in die Unterwelt hinab (→ *Nekyia*), wo er den Seher Teiresias über die Heimkehr befragte und die Schatten seiner Mutter und alter Kampfgenossen sah. An den → Seirenen, die durch ihren zauberhaften Gesang die Schiffer ins Verderben lockten, kam er ungefährdet vorüber; die (später in der Meerenge von Messina lokalisierte) Durchfahrt zwischen den Meerungeheuern Skylla und Charybdis kostete ihn den Verlust von sechs Gefährten; die übrigen schlachteten auf der Insel Trinakria heilige Rinder des Sonnengottes und wurden dafür vom Blitz erschlagen. Acht Jahre hielt die schöne Nymphe → Kalypso O. fest, die ihn zum Gemahl begehrte; bei der Weiterfahrt auf selbstgezimmertem Floß zertrümmerte Poseidon aus Zorn über die Blendung seines Sohnes Polyphemos das Fahrzeug, und nur mit Hilfe der Meergöttin Leukothea rettete sich O. zur Insel der → Phaiaken, wo ihn die Prinzessin Nausikaa als hilflosen Schiffbrüchigen am Strande fand und zu ihrem Vater Alkinoos führte. Die Phaiaken brachten ihn endlich in die Heimat; in Bettlergestalt betrat er unerkannt sein Haus und tötete mit Hilfe seines Sohnes und des treuen Sauhirten Eumaios die zahlreichen Freier, die seine treue Gattin Penelope bedrängten und sein Gut verpraßten; dann erst konnte er sich nach zwanzigjähriger Abwesenheit der Heimkehr freuen. Nach einer späteren Sage wurde er von seinem und Kirkes Sohn Telegonos getötet. – Die O.-Erzählungen haben einen doppelten Hintergrund. Es sind z. T. Märchen, die sich bei vielen Völkern finden (z. B. die Polyphemsage in Grimms Märchen 191 a *Vom Räuber und seinen Söhnen)*, besonders Schiffermärchen von Seeleuten, die in unheimliche

Zauberländer gelangen, oder die nach der Rückkehr die Gattin untreu oder in Treue des Gemahls harrend finden (Tennyson, *Enoch Arden*); diese Märchen haben die Griechen an die Person des O. angeschlossen. Weil es sich nur um Märchen handelt, ist die (immer wieder versuchte) Lokalisierung der einzelnen Abenteuer völlig aussichtslos; man kann höchstens fragen und z. T. ermitteln, wo sich der (die) Dichter die Szenen dachte(n) (die Lotophagen in Nordafrika, Kalypso auf einer der Liparischen Inseln, die Phaiaken in Kalabrien?). Über das Märchenhafte hinaus war jedoch O. vielleicht eine historische Person. Denn manches, was von ihm erzählt wird, ist durch die Erfordernisse der Dichtung keineswegs bedingt, so sein erstes Abenteuer, der Kampf mit den Kikonen, wobei jedes Märchenhafte fehlt, oder seine (ganz rätselhafte, aber in der *Odyssee* als selbstverständlich vorausgesetzte) Königsherrschaft bei Lebzeiten seines Vaters Laertes. Jedoch wird man die *Odyssee* nun nicht gleich zum Felde historischer Forschungen machen können. – Eine Dramatisierung des Polyphemos-Abenteuers durch Euripides ist erhalten, das Satyrspiel *Kyklops*. Die Weltliteratur kennt zahlreiche Werke um O., sowohl Dramen und Epen als auch Balladen, Romane und Erzählungen, auch Opern-Libretti. Zahllose O.-Darstellungen gibt es in der bildenden Kunst, von der attischen Vasenmalerei des 5. Jh. v. Chr. (Beispiele im Brit. Museum, London, und in den Staatl. Museen, Berlin) bis zu Picasso. → Sperlonga.

R. B. Matzig, O. (Stud. zu antiken Stoffen ...), 1949; W. B. Stanford, *The Ulysses-Theme,* Oxf. [2]1963; E. Bradford, Reisen mit Homer, d. 1964 und 1967; H. H. und A. Wolf, Der Weg des O., 1968; M. I. Finley, Die Welt des O., d. 1968; F. Brommer, 1983; B. Andreae, 1982. → Homerische Werke, 2.

Ödipus → Oidipus.

Ökumenische Konzilien, (lat.) *concilia* = Beratungen (von Theologen) der (gr.) *oikumene* = bewohnten (Erde). Als K. bezeichnet man die Zusammenkünfte der Träger der kirchlichen Regierungsgewalt zur autoritativen Beschlußfassung über Fragen des Glaubens und der Sitte. Der Urtypus eines solchen K. ist Apostelgeschichte 15 erwähnt. Es fanden im Altertum neben vielen territorialen Synoden und Provinzialkonzilien vier ökum. K. statt. Das erste 325 in Nikaia (lat. *Nicaea, concilium Nicaenum*), 381 in Konstantinopel, 431 in Ephesus, 451 in Kalchedon (lat. *Chalcedon*). In Nicaea, wohin das Konzil durch Kaiser Konstantin unter Zustimmung des Papstes Silvester berufen wurde, kamen 318 Bischöfe aus allen Gebieten der antiken Welt zusammen (→ Arianismus). Es wurde die Gottheit des Sohnes definiert. In Konstantinopel kam es zum feierlichen Bekenntnis der Gottheit des Geistes. Das K. von Ephesus fand unter Papst Coelestin und Kaiser Theodosius II. statt, 210 Bischöfe waren anwesend, und es wurde gegenüber der nestorianischen Haeresie die personale Einheit Christi erklärt. Im K. von Kalchedon, das unter Papst Leo dem Großen und Kaiser Marcian stattfand, waren 520 Bischöfe anwesend. Es wurde die Unversehrtheit der göttlichen und menschlichen Natur in Christus als Lehre der Kirche definiert. Nicht unwichtig sind die ö. K. für unsere Kenntnis des Reiseverkehrs im Altertum. Tatsächlich kamen zu den ö. K. Geistliche aus allen Teilen der alten Welt zusammen, in Nikaia (Namenlisten der Teilnehmer sind in vielen Sprachen, gr., lat., koptisch, syrisch, arabisch, armenisch, erhalten) aus d. ganzen Orient, ganz Nordafrika, auch dem westlichen, aus Italien (nur 2), Frankreich (nur 1), dem Gotenland (nur 1; noch keiner aus England); für viele war es eine lange Reise. So große Kongresse hörten mit dem Ende des Altertums auf. Internationale Kongresse wurden erst im 19. Jh., mit Entwicklung der Eisenbahn und Dampfschiffe, wieder üblich.

Patrum Nicaenorum nomina, hg. H. Gelzer, J. Hilgenfeld, O. Cuntz, 1898; K. Stürmer, Konzilien u. ökumen. Kirchenversammlungen, 1962; H. Jedin, Kl. Konzil-Gesch., [7]1966; G. Alberigo (Hg.), Gesch. der Konzilien, d. 1993.

Öl, gr. *elaion,* lat. (Fremdwort aus dem Gr.) *oleum,* spielte im Altertum eine große Rolle für die Beleuchtung und in der Körperpflege (bei der Massage); vor allem aber, und so bis heute im Süden, in der Nahrung; es ersetzte früher durchaus und ersetzt noch jetzt vielfach die Butter.

Österreich, in westlichen Teilen seines früheren Bestands im Altertum Besitz der Römer, daher voll von röm. Resten; so gleich vor den Toren Wiens Carnuntum (bei Petronell), eine Grenzfestung an der Donau mit einem Triumphbogen, dem sog. „Heidentor". Viele öst. Städte bestanden schon in röm. Zeit, z. B. Wien (→ Marcus Aurelius), Linz a. d. D. (→ Lager), Wels (Ovilaba), Salzburg, Klagenfurt. Wichtige Ausgrabungen auf dem Magdalensberg, wo sich der Verwaltungsmittelpunkt der Provinz → Noricum befand; dort sind an Gebäuderesten sogar Wandmalereien, angeblich aus augusteischer Zeit, entdeckt worden.

E. Swoboda, Carnuntum, [4]1964; G. Schreiber, ... den Funden nach zu schließen (Ö. in röm. Zeit), [2]1965; A. Obermayr, Römerstadt Carnuntum, 1967; K. Spindler, Magdalensberg 1–5, 1971–77; A. Neumann, Vindobona, 1972; G. Winkler, Die Römer in Oberösterr., 1975; A. Lippert (Hg.), Archäologie-Führer Ö., 1985.

Ofenheizung spielte im Altertum u. spielte heute im „sonnigen" Süden eine viel geringere Rolle als bei uns. Im Altertum heizte die kretische Kultur die Zimmer überhaupt nicht, die mykenische mit offenem Herdfeuer. Die Griechen der klassischen Zeit hatten Bade-, Back-, Brenn-, Schmelz-, Schmiede-, aber keine Zimmer-Ö., die Römer desgl.; außerdem besaßen diese aber auch kleine, tragbare Herde mit Holzkohlenfeuer, über dem man sich die Hände wärmte. All dies noch heute. Vor allem heizten die Römer jedoch mit → Hypokausten. Die Germanen waren nach Seneca, *de ira* I 11 3, außerordentlich abgehärtet und hatten „keine Zufluchtsstätten gegen die beständige Kälte"; nach Tacitus, *Germania* 16, wohnten sie im Winter in unterirdischen Räumen, die sie mit Dünger bedeckten. Wir übernahmen die Heizung der Römer bzw. Italiener, wie zahlreiche Fremd- und Lehnwörter zeigen (Kamin, Kemenate usw.).

O. Krell, Altröm. Heizungen, 1901.

Offiziere. An der Spitze des griechischen Heerwesens stand (wenigstens in Athen, von dessen O.

wir allein genauere Kenntnis haben) ursprünglich der Polemarchos (= Kriegsherr), der dritte der neun jährlich gewählten leitenden Staatsbeamten (Archonten); in klassischer Zeit führten größere Truppenverbände die Strategen (Heerführer, kommandierende Generäle), ein Kollegium von 10 Mitgliedern, die (bezeichnend für die demokratische Verfassung) zunächst alle gleichberechtigt waren, später aber von einem Oberfeldherrn geleitet wurden; ihnen zur Seite standen als Führer von Regimentern (gr. *taxeis*) die Taxiarchen (Obersten) und von Kompanien (gr. *lochoi*) die Lochagen (Hauptleute); die Reiterei wurde von zwei Hipparchen (Reiterobersten) u. zehn Phylarchen (Rittmeistern) kommandiert; der Befehl zur See stand wie der zu Lande den Strategen zu. Unteroffiziere führten kleinere Abteilungen. Die Disziplin im griech. Heer war weniger straff als in einem heutigen. Auch im Sold zeigt sich, wie wenig der demokratische Grieche den scharfen Begriff des militärischen Vorgesetzten kannte: der Hauptmann erhielt nur den doppelten, der General den vierfachen Sold des Gemeinen. – Das Heer der Römer befehligten die Consuln oder ihre Stellvertreter → Praetoren, Proconsuln, Propraetoren; in alter Zeit bei besonderer Notlage ein → Dictator. Nach siegreicher Schlacht wurde der Feldherr, *dux* (daher der venezianische *doge*), von seinen Truppen zum *imperator* ausgerufen; nach glücklich beendetem Kriege konnte ihm vom Senat der →Triumph bewilligt werden. Seinen Stab bildeten die höheren O., die zunächst nicht an bestimmte Truppenteile gebunden waren: die Legaten (Generäle) standen dem Feldherrn als Beirat zur Seite u. führten größere Kommandos; seit Augustus befehligten sie regelmäßig eine Legion u. deren Hilfstruppen; der Quaestor besorgte vor allem die finanziellen Geschäfte (Soldzahlung, Verpflegung, Verwertung der Beute), konnte aber auch vom Feldherrn mit einem Kommando oder mit seiner Stellvertretung betraut werden; die Militärtribunen (*tribuni militum,* Stabsoffiziere) führten ursprünglich abwechselnd die Legion, mußten aber später, da es meist junge, unerfahrene Adlige waren, hinter den Legaten zurücktreten u. sich mit kleineren Kommandos oder sonstigen militärischen Aufgaben begnügen. Die Reiterei und die bundesgenössischen Hilfstruppen standen unter Praefekten, die im Range wohl den Militärtribunen gleichkamen. Neben diesen höheren O., die alle dem Senatoren- oder Ritterstand angehörten und nie als Gemeine gedient hatten, standen die Centurionen, die aus der Truppe selbst hervorgingen und nicht in Offiziersstellen aufrücken konnten; sie befehligten eine Kompanie (*centuria,* „Hundertschaft“, die unterste Einheit der röm. Infanterie), so daß es in jeder Legion 60 gab. – In der Kaiserzeit war der Kaiser selbst oberster Kriegsherr, der die O. ernannte; seit Konstantin (gest. 337) wurden Marschälle *(magistri militum)* zu Befehlshabern der Truppen ernannt. – Durch ein reich ausgebildetes System von Strafen wußte der Offizier die für den Römer selbstverständliche, äußerst strenge Disziplin zu wahren: schon die Schläge mit dem Rebstock der Centurionen waren gefürchtet; schwerere Vergehen sühnte man mit Soldabzug, Urlaubsverweigerung, Verlängerung der Dienstzeit, Degradation, Ausstoßung aus dem Soldatenstand oder Todesstrafe; bei Meuterei wurde die Truppe dezimiert, d. h. jeder zehnte Mann hingerichtet. – Im neugriech. Heere verwendet man die antiken, uns aus Xenophon bekannten O.-Bezeichnungen. – Lat. *legatus* bedeutet auch „Gesandter"; daher „Legationsrat".

A. v. Domaszewski, Die Rangordnung des röm. Heeres, [2]1967.

Ogygia, die Insel der → Kalypso, wird neuerdings mit einer der Liparischen Inseln identifiziert.

Oidipus, Ururenkel des → Kadmos, Sohn des thebanischen Königs Laïos und der Iokaste, wurde wegen des Orakelspruches, er werde einst seinen Vater töten, gleich nach der Geburt im Gebirge ausgesetzt, u. zwar mit durchbohrten Füßen. Ein Hirt fand ihn u. brachte ihn zum König Polybos von Korinth, der ihn wegen seiner geschwollenen Füße Oi., d. h. „Schwellfuß", nannte u. ihn als eigenen Sohn erzog. Als Oi. selbst das Orakel bekam, er werde den Vater töten und die Mutter heiraten, mied er die neue Heimat, um seinen vermeintlichen Eltern, Polybos und dessen Gattin, fern zu sein. Auf der Reise in einen zufälligen Streit geraten, erschlug er ahnungslos seinen Vater Laios. Darauf löste er das Rätsel der → Sphinx und befreite dadurch Theben von diesem Ungeheuer; zur Belohnung bekam er die Hand seiner unerkannten Mutter Iokaste u. die Königswürde von Theben. Unter seiner Herrschaft wurde die Stadt von einer Pest befallen; das Orakel in Delphi verkündete, diese werde weichen, wenn der Mörder des Laïos bestraft sei. Als man nach diesem fahndete, kam die (von dem Seher Teiresias längst erkannte) Wahrheit an den Tag. Der verzweifelte Oi. blendete sich selbst, um seine Schande zu sühnen; lange irrte er unter Führung seiner treuen Tochter Antigone in der Fremde umher u. fand schließlich im Hain der Eumeniden auf dem attischen Hügel → Kolonos ein friedliches Ende. Berühmte Tragödien des Sophokles: *König Oi.* und *Oi. auf Kolonos;* die erstere gilt als klass. Musterfall eines analytischem Dramas (Schiller: „Tragische Analysis"). Seitdem gibt es zahlreiche dramat. Gestaltungsversuche (Seneca; H. Sachs; Corneille, Voltaire; Hofmannsthal, Cocteau, Gide), wie denn überhaupt Oid. eine der großen, allgemein bekannten Symbolgestalten des antiken Mythos geworden ist, den sich auch die Psychoanalyse zur Kennfigur gewählt hat. – Die Überlieferung über Oi. galt bisher nur als Sage. Märchenhaftes findet man in Einzelzügen: Schicksalsorakel; Aussetzung u. Rettung; Lösung des Rätsels; die Gestalt der Sphinx. Im Altertum glaubte man die Nachkommen des Oi. bis ins 5. Jh. v. Chr. hinab zu kennen (→ Kadmos).

C. Robert, II 1915; L. Deubner, O.-Probleme, 1942; F. Dirlmeier, Der Mythos vom König Oid., [2]1964; P. W. Scheiner, Oid.-Stoffe u. Oid.-Motive in der dt. Lit., 1964.

Oikumene, gr. die bewohnte (Erde), genauer die bewohnbaren

Gebiete der Erde im Unterschied zu den aus klimatischen Gründen unbewohnbaren Teilen. Diese Unterscheidung und damit die Einteilung der Erde in Zonen stammt von ionischen Geographen und wird von Herodot schon vorausgesetzt; der Begriff erweiterte sich später von der bewohnbaren zur zivilisierten Welt, erhielt dazu noch eine besondere christliche Bedeutung: Oik. als die von Menschen gleicher Natur bewohnte, daher der christl. Verkündigung unterstellte Welt (vgl. Lukas 2,1). → Ökumenische Konzilien.

J. Kaerst, Die antike Idee der Oik . . ., 1903.

Oite, (gr., lat. *Oeta*), Berg in Mittelgriechenland, auf dem sich → Herakles verbrennen ließ.

Okeanos, gr. lat. *Oceanus,* Gott des Meeres, ein Titan, Sohn des Uranos und der Gaia, d. h. des Himmels und der Erde; ferner ein die Erde umgebender Weltstrom, dann im Gegensatz zum Mittelländischen Meer das äußere, große Weltmeer, das die im frühesten Altertum als Scheibe gedachte (→ Kugelgestalt) Erde umgebe, der Ozean.

Oktavian → Octavianus; Augustus.

okulieren, von lat. *oculus* = Auge, d. i. Knospe; → Obst.

Oligarchie (gr.), „Herrschaft der Wenigen“, also einiger Familien des Adels, einer Clique oder einer Interessengruppe: → Staatsformen.

Olymp, gr. *Olympos,* Berg in Nordgriechenland, 2918 m hoch, Als Götterberg (→Gott) ist der O. einer der bekanntesten Berge Europas; sonst war er lange einer der unbekanntesten, denn er war bis 1913 im Besitz der Türken. Unter griech. Herrschaft trigonometrisch aufgenommen; am 12. Sept. 1927 Besteigung durch 25 Touristen, auf dem Gipfel Einweihung des Griech. Alpenklubs.

O. M. Colettis, Die Bergwelt Griechenlands, 1963.

Olympia, keine Stadt der Peloponnes, sondern ein hl., nur von Priestern bewohnter Bezirk und ein Sportplatz. Spuren menschlicher Besiedlung reichen ins frühe 2. Jt. zurück; der älteste Kult galt offenbar → Pelops; Wettspiele zu seinen Ehren waren wohl der Ursprung der Spiele, als deren Ahnherr Herakles galt. Seit 776 v. Chr. wurden fortlaufend die Namen der Sieger aufgezeichnet. (→ Jahreszählung). Im Laufe der Jahrhunderte wurde die Stätte mit den herrlichsten Kunstwerken förmlich übersät. Gegen die Einfälle der Goten, Avaren, Slawen, von 267 n. Chr. an, wurde der Bezirk zur Festung ausgebaut, die aber durch ein Erdbeben, einen Erdrutsch vom nahen Kronoshügel und durch Überschwemmung des nahen Flusses Kladeos zerstört wurde u. die man verfallen ließ, als Kaiser Theodosius I. die Feier der Spiele 394 verboten hatte. Allmählich bedeckte der Kladeos die Ruinen mit einer 3–5 m hohen Sandschicht. 1875–1881 gruben auf Anregung von E. Curtius Deutsche sie unter der Bedingung aus, daß alle Funde in Griechenland blieben. Als die Grabungen 800000 M. gekostet hatten, wurden sie abgebrochen, obwohl sie unfertig waren; seit 1937 wurden sie besonders im Stadion bis zur Gegenwart fortgesetzt; so konnte man beispielsweise die

Werkstatt des →Pheidias entdecken (ein Becher mit seinem Namen im Museum!). Die wichtigsten gefundenen Gebäude sind der Zeustempel, der Heratempel (der älteste aller bekannten gr. Tempel), eine Turnhalle (Palaistra) für Übungen vor den Spielen, das Leonidaion (ein Gästehaus), zahlreiche *thesauroi* (→ Schatzhaus), ein interessanter Rundbau (das Philippeion), endlich der monumentale Abschluß einer Wasserleitung, die Herodes Attikos auf eigene Kosten baute. An Kunstwerken fand man als wichtigstes den Hermes des Praxiteles, vielleicht ein Originalwerk, ferner die →Nike des Paionios u. viel von den gewaltigen Skulpturen des Zeustempels. Diese Werke stehen jetzt im Museum in O., das der Grieche Syngros seinem Vaterlande geschenkt hat (→ Leiturgie). Von den zahllosen Siegerstatuen fand man nur die Basen; schon die Römer haben viele weggeholt; die verbliebenen Bronzestatuen hat man später eingeschmolzen, die marmornen zu Kalk verbrannt. – Im antiken O. gab es nur ein Hotel, das Leonidaion, für Ehrengäste; die übrigen Besucher der Spiele schliefen im Freien; die Spiele fanden im Sommer statt.

E. Curtius, F. Adler, W. Dörpfeld, O., Ergebnisse der Ausgrabungen, V, 1890–97, neu Amsterd. 1966; H. Weber, E. Kunze u. a., Berichte über d. Ausgr. in O., bisher X 1936–81; Olymp. Forschungen, hg. Dt. Arch. Inst., XVI 1944–84; E. Kunze, Neue Meisterwerke gr. Kunst aus O., 1948; U. Jantzen, O. in d. Antike, 1960; J. Liegle, D. Drees, 1967; A. Mallwitz, 1972; ders. (Hg.), D. Funde aus O., 1980; H. V. Herrmann (Hg.), D. O.-Skulpturen, 1987.

Olympiade, gr. *olympias,* Zeitraum von 4 Jahren, zwischen zwei → olympischen Spielen; → Jahreszählungen. Die 1. gezählte O. begann 776 v. Chr.

Olympias, Mutter Alexanders d. Großen.

Olympische Spiele. Über die älteste Zeit ist fast nichts bekannt; 776 v. Chr. ist nicht, wie oft gesagt wird, das 1. Jahr der o. Sp. überhaupt, sondern von diesem Jahre an wurden die Sieger aufgezeichnet; über die Olympiadenära → Jahreszählung; 394 n. Chr. wurden die o. Spiele abgeschafft; seit 1896 werden sie auf Betreiben des franz. Barons de Coubertin erneut gefeiert, und zwar als bewußte Wiedererwekkung der antiken, aber nicht in Olympia, sondern in wechselnden Ländern, 1896 zu Ehren Griechenlands, des Mutterlandes der o. Sp., im → Stadion in Athen, dann weiter, wie im Altertum, alle 4 Jahre. – Allmähliche Ausgestaltung: von 776 v. Chr. an Wettlauf. Seit 720 kämpfte man ganz nackt; → Orsippos. Seit 708 *Pentathlon* (→ Sport). Seit 680 Wagenrennen (mit Viergespann) u. Pferderennen. 540 die erste Siegerstatue (aus Holz) aufgestellt. Seit 520 Wettlauf in voller Rüstung. – Als Kämpfer waren nur freie, unbescholtene Griechen, später auch Makedonen, dann Römer zugelassen; als Zuschauer auch Barbaren, ferner Mädchen und die Priesterin eines beim Stadion gelegenen Tempels; Frauen war der Zutritt bei Todesstrafe verboten. 10 Monate Vorübung, davon mindestens 1 Monat in Olympia selbst. Eid im Rathause, sich den ol. Kampfregeln zu unterwerfen; bei Bruch des Eids sehr hohe

Geldstrafen. Preis nur ein Ölzweig; aber das war höchste Ehre, auch für die Familie des Siegers; dieser durfte seine Statue in O. aufstellen, nach drei Siegen porträtähnlich, wurde zu Hause festlich empfangen, speiste fortan im Rathaus (→ Prytanen) und zahlte oft auch keine Steuern mehr. Aber schon lange vor 394 war das Ansehen des Siegs gesunken.

L. Deubner, Kult u. Spiel im alten O., 1936; K. Meuli, D. Ursprung d. o. Sp. (Antike 17), 1941; L. Drees, D. Ursprung d. olymp. Spiele, 1962; C. Diem, Olympiaden (Eine Gesch. d. Sports), 1964; L. Moretti, *Olympionikai*, Rom 1957; H. Buhmann, Der Sieg in O., ^{2}1975; M. I. Finley, Die ol. Sp. d. Antike, d. 1976; H. Bengtson, D. ol. Sp. in d. Antike, ^{3}1984.

Olynthos, Stadt auf der thrakischen Chalkidike. Als Philipp v. Makedonien seit 351 v. Chr. O. bedrängte, hielt Demosthenes seine berühmten olynthischen Reden, allerdings ohne Erfolg; 348 wurde O. von Philipp zerstört. Die seit 1931 von der amerikanischen John Hopkins University betriebenen Ausgrabungen zeigen uns die Reste einer Stadt der eigentlich klassischen Zeit, des 5./4. Jhs. v. Chr. Sie beweisen, „daß die Gr. der klassischen Zeit bereits eine Höhe der städtischen Kultur erreicht hatten, die in vielen Beziehungen den modernen Leistungen des Städte- und Wohnungsbaues nahekommt und daß ihre Häuser in technischer wie in künstlerischer Hinsicht mit größter Vollkommenheit ausgestattet waren“ (Robinson). Viele Errungenschaften, die man bisher für hellenistisch hielt, finden sich schon hier. Die Häuser (die modernen Viertel waren im Hippodamischen System angelegt, → Stadtanlagen) hatten oft Peristyl, 8–13 Räume im Erdgeschoß und 3 oder 4 im 1. Stock, der durch eine Holztreppe in der Ecke des Peristyls zu erreichen war. Die großen Zimmer schmückten Mosaiken aus bunten Kieseln mit bildlichen Darstellungen. Die Wände waren mit feinem Stucküberzug versehen und farbig getönt. Besonders beliebt scheint Rot gewesen zu sein. Die Möbel waren aus Holz. Zusammen mit zahlreichen Vasen, Bronzen und Terrakotten machten sie die Wohnungen behaglich und wohnlich.

D. M. Robinson, *Excavations at Olynthus*, XIV, 1929 ff; M. Gude, *A history of Ol.*, 1933.

Omen, plur. *omina*, → Vorzeichen.

omnia mecum porto mea, „alles trage ich bei mir, was ich besitze“; Ausspruch des gr. Weisen (→ 7 Weise) Bias von Priene, als er ohne Habe aus seiner Vaterstadt fliehen mußte, zitiert in Ciceros *Paradoxa* I 1, 8.

Onomatopöie. Mit gr. *onomatopoiia* = Namenmachung bezeichnet Plutarch speziell Schaffung von Wörtern, die einen Schall nachahmen, wie Kikeriki, Kuckuck, Piffpaff; gr. z. B. *brekekekex koax* (Aristophanes, *Frösche*), lat. *quamvis sint sub aqua* usw., deutsch: Lautmalerei.

H. Hilmer, Schallnachahmung, Wortschöpfung u. Bedeutungwandel, 1914; H. Wissemann, Unters. z. O., 1954.

Ontologischer Gottesbeweis → Xenophanes; Gott.

Opfer waren Gaben, die man den Göttern bei vielerlei Gelegenheiten und in vielen verschiedenen Formen darbrachte, um sie günstig zu stimmen: → Menschen-

O., Tier-O. → *suovetaurilia.* Vor dem Tode O. eines Hahns an Asklepios, wie es Sokrates wünschte; der Hahn als Erwekkervogel (zum Leben im Jenseits). Hekatombe (gr.), O. von 100 Rindern; dann überhaupt ein großes, feierliches O. Bei Homer werden den Göttern die mit Fett umwickelten Schenkelstücke verbrannt; das übrige Fleisch verspeiste man. Unter den öfter als O. dargebrachten „Eingeweiden" sind Herz, Lunge, Leber zu verstehen. Unblutige O., z. B. Kuchen, Früchte; Getränke, → Seele. – Unter den vielfachen O.-Bräuchen ist der bemerkenswerteste, daß dem zu opfernden Menschen oder Tier das Stirnhaar abgeschnitten wurde; → Haartracht. – O.-König, → Monarchie.

P. Stengel, O.-Bräuche der Gr., 1910; F. Schwenn, Gebet u. O., 1927; E. O. James, *Origins of sacrifice,* Lond. 1937; K. R. Yerkes, *Sacrifice in Greek and Roman religion,* 1952; W. Burkert, *Homo necans,* 1972.

Optimaten *(optimates)* nannten sich in Rom die extrem-konservativen Mitglieder der Senatspartei, die den Einfluß des Senates gegen die Popularen zu verteidigen suchten und sich damit für die besten Bürger *(optimi cives)* hielten. Diese Männer traten erst in den politischen Wirren des 2. (Gracchische Bewegung) und des 1. Jhs. v. Chr. (Marius-Sulla) hervor, als das Senatsregiment durch die neue demokratische Volksbewegung (→ *populares*) bedroht war, die nach griech. Muster die Volksversammlung zum Träger der Staatssouveränität machen wollte. Die O. haben den Kampf durch ihre extreme Stellung ungemein verschärft; durch ihre Lynchjustiz verschuldeten sie das Scheitern der Gracchischen Reformen und die Vergiftung der politischen Atmosphäre in der Zeit des Marius und Sulla. – →Nobilität.

ora et labora, „bete und arbeite", lat. Sprichwort; Wahlspruch der Benediktinermönche.

Orakel. Gr. *manteion,* zu *mantis,* der Ort, wo O. gegeben werden; *chresmos,* zu *chre* = „Notwendigkeit", das dort erteilte O. Im Lat. *oraculum* = „Sprechstätte"; besonders „die, wo ein Gott spricht"; dann „das, was der Gott sagt". Seher: gr. *mantis* = der Wahnsinnige; man traute und traut noch jetzt bei vielen Völkern den Wahnsinnigen besondere prophetische Fähigkeiten zu; auf Grund derselben Anschauung lat. *vates* = der Besessene (verwandt mit deutsch „Wut"), auch = Dichter (→ Inspiration). Das uns aus der Bibel geläufige Wort Prophet ist nicht hebräisch, sondern ebenfalls gr., *prophetes* = Verkünder, Vorhersager. → *Pythia.* Der Wunsch, in Notfällen eine direkte Auskunft von einem Gott, besonders für die Zukunft, zu erlangen, ist uralt. Ausgebildet wurde das O.-Wesen wohl zuerst in Mesopotamien (→ Ammon); jedenfalls hat das orientalische O.-Wesen das gr.-röm. stark beeinflußt, das röm. auch durch Vermittlung der Etrusker. Man verfiel auf die sonderbarsten Mittel, sich O. zu verschaffen. Die wichtigsten waren Beobachtung und Ausdeutung von Träumen, bes. beim Schlaf im Tempel, des Pferdewieherns (Perser; Germanen), des Rauschens von Baumlaub (in Dodone), der Vögel (→ Augures), krankhafter Veränderungen von Tiereingeweiden (→ *haruspex*), auffälliger Naturerscheinungen. Man erhielt O. an bestimmten O.-Stätten, deren es außer den meistbekannten, → Delphoi (Pythia), → Didyma und → Dodone noch andere gab; unter ihnen errang das delphische O. seit dem 8. Jh. v. Chr. durch rationale u. praktische Weisungen hohe Autorität über den griech. Raum hinaus. Die delphische Priesterschaft wirkte damit stark auf Religion, Moral u. Politik ein. Natürlich saßen auch Wahrsager auf dem Markt und betrieben das Weissagen als kümmerliches Geschäft. Zweifel an der Wahrheit der O. finden sich sehr früh schon in der *Ilias* (XII 243; auch → augures); um 100 n. Chr. schrieb Plutarch, der selbst in Delphoi Priester war, *Über den Rückgang der O.* Offiziell hat das Christentum die O. beseitigt. Im Volk leben sie aber noch durchaus (z. B. Kuckucksruf, Kartenlegen, Kaffeesatz-O.).

M. Delcourt, *L'oracle de Delphes,* 1955; R. Flacelière, *Devins et oracles Grecs,* Paris 1961; H. W. Parke, *The Oracle of Zeus,* Oxf. 1967; ders., *Greek Oracles,* Lond. 1967; ders., *Oracles of Apollo in Asia Minor,* Lond. 1985; ders., D. E. W. Wormell, *The Delphic Oracle,* II 1956.

Orbilius Pupillus, L., aus Benevent, röm. Grammatiker des 1. Jh. vor Chr., war Lehrer des Dichters Horaz und nach dessen Aussage „schlaglustig" (*Epistula* II, 1, 70).

orchestra, runder, später halbrunder Tanzplatz des Chors im gr. Theater (mit Altar in der Mitte?) vor der Bühne; in röm. Zeit mit Sitzplätzen für angesehene Theaterbesucher; nie im Altertum Platz einer Musikkapelle.

Orchomenos, gr. Stadt am → Kopais-See, eine Siedlung der Minyer und ehemals sehr bedeutend, wie Funde aus neolith. und frühhelladischer Zeit beweisen. 1881 entdeckte Schliemann dort ein Kuppelgrab von ähnlicher Größe wie das sog. Schatzhaus des Atreus in → Mykenai. In historischer Zeit unterlag O. dem aufstrebenden Theben.

H. Bulle, E. Kunze (Bayer. Akad.) 1909, 1931, 1934.

Orcus, der Herr des Totenreiches, später dem Pluto und damit dem → Hades gleichgesetzt; auch Bezeichnung für die Unterwelt.

Orden und Auszeichnungen. Die Griechen des Altertums kannten keine O., weder in der Demokratie noch in den Königreichen der Diadochen, die in dieser und anderer Beziehung den Schein der Demokratie zu wahren versuchten. Denn O. heben den Ausgezeichneten über die anderen hinaus; das widerspricht der demokratischen Gleichheit. Immerhin zeichnete man bei den Griechen besonders verdiente Bürger durch Verleihung eines goldenen Kranzes (→ Demosthenes) aus, besonders verdiente Fremde durch die *proxenia* = Staatsgastfreundschaft. Die Römer verliehen Auszeichnungen schon in der rep. Zeit, → Kränze, Mauer- u. Bürgerkronen (für Ersteigung der feindlichen Mauer, Errettung eines Bürgers), in der Kaiserzeit an Soldaten auch große, mit einem Reliefbild geschmückte Scheiben, *phalerae,* die man wie unsere O. auf der Brust trug. Sie sind von vielen Soldatengrabsteinen bekannt, auf denen der Tote in Uniform und mit seinen O. dargestellt ist. – Das deutsche Wort O. gehört zu lat. *ordo* = Ordnung, Regel u. bedeutet Vereinigung von Geistlichen oder Rittern, die sich einer festen Regel unterwerfen; Abzeichen, das die Zugehörigkeit zu einem O. bekundete; ehrendes Abz. überhaupt. – Von den O. sind die → Amtsabzeichen zu scheiden, die man nach Niederlegung des Amts wieder abgeben mußte.

Oreaden waren → Nymphen, die auf Bergen wohnten (→ Echo; Narkissos).

Oreibasios v. Pergamon, gr. Arzt des 4. Jh. n. Chr., Leibarzt des Kaisers Julianus, begleitete den Kaiser auf seinen Feldzügen und schrieb u. a. Erinnerungen an die Germanenkriege; wichtiger ist sein Abriß der gesamten → Heilkunde, in dem er die Lehren aller bedeutenden gr. Ärzte zusammenfaßte. Mit diesem Werk und einem Rezeptbuch wurde O. der einflußreichste Vermittler seiner Wissenschaft für Spätantike und Mittelalter.

W: Hg. H. Raeder *(CMG),* V 1926–33, neu Amsterd. 1964.

Orestes, Sohn des Agamemnon u. der Klytaimestra, wurde bei der Ermordung seines Vaters von seiner Schwester Elektra gerettet u. in Sicherheit gebracht; erwachsen u. heimgekehrt vollzog er an der eigenen Mutter u. an deren Verführer Aigisthos die Blutrache. Wegen dieser grauenvollen Tat wurde er von den → Erinyen verfolgt u. irrte, dem Wahnsinn nahe, von Ort zu Ort, stets von seinem treuen Freund Pylades begleitet. Heilung u. Lösung von dem auf seinem Geschlecht liegenden Fluch brachte ihm eine Fahrt ins Land der Taurer, von wo er auf Apollons Geheiß ein Bild der Göttin Artemis nach Griechenland entführte. Als Priesterin im Artemistempel fand er dort seine längst totgeglaubte Schwester → Iphigeneia wieder, die mit ihm in die Heimat zurückkehrte. – Die *Oresteia* des → Aischylos ist die einzige erhaltene tragische Trilogie der griech. Literatur.

organon (gr.) = Werkzeug, Instrument; → Orgel; Aristoteles.

Orgel. Die Musik mit Doppelflöten muß in den riesigen antiken Theatern recht dünn geklungen haben. Im 3. (?) Jh. v. Chr. erfand jedoch → Ktesibios die O., deren Prinzip man am besten mit „Flötenblasmaschine“ klarmachen kann; sie ermöglicht es, riesige Flöten (Pfeifen) statt mit Lungenkraft maschinell zu blasen. Die Luft strömte in die Pfeifen ursprünglich aus einem Kasten, aus dem sie durch einfließendes Wasser verdrängt wurde, seit dem späteren Altertum aber aus Blasebälgen. Man verwandte die O. ursprünglich bei Gladiatorenspielen (→ Mosaik), früh aber auch in der christlichen Kirche. Geändert hat sich an ihr seit dem Altertum im Prinzip nichts; über Bau und Technik geben Beschreibungen und Funde recht guten Aufschluß; eine rekonstruierte O. (Fundstücke aus Aquincum) im Röm.-German. Zentralmuseum in Mainz. Der Name O. ist in allen modernen

Sprachen von ihrem altgriech. abgeleitet, von → *organon* (so, wie wir manchmal ein Klavier einfach „Instrument" nennen).

C. Sachs, Hdb. d. Musikinstrumentenkunde, [2]1932; J. Perrot, *L'orgue de ses origines hellénistiques* ..., Paris 1965; W. Walcker-Mayer, Die röm. O. v. Aquincum, 1970.

Orgien (gr. *orgia*) hießen schon bei dem Dichter des homerischen Hymnos auf Demeter die heiligen, geistlichen Schauspiele des eleusinischen Kultes, auch *Dromena* (gr. Handlungen, verwandt mit → Drama) genannt. Hier wurde wohl die Geschichte des Raubes der Proserpina von Mysten dargestellt. Sie fanden zuerst im Freien, seit der letzten Hälfte des 7. Jh. v. Chr. im Mysteriensaal statt. In ihnen vollzog sich wohl an sich nichts Geheimnisvolles. Das geschah in dem Gottesdienst, in dem die berühmte Mysterienkiste mit ihrem Inhalt den Geweihten vom Priester gezeigt wurde. Es waren wohl die Symbole der Fruchtbarkeit, darunter sicher eine Nachbildung des Mutterschoßes. Das Wort O. wurde auch auf diese hl. Handlungen übertragen und später bezeichnete man den Gottesdienst zahlreicher Kulte als O. In ihrem harten Kampf gegen die große Macht der Mysterien gaben die christlichen Schriftsteller die Geheimnisse der O. der Öffentlichkeit preis und bezeichneten sie als unsittlich. Daher der heutige Sinn des Wortes.

Orient. Die heutigen Lebensverhältnisse im O. sind für unsere Kenntnisse des Altertums besonders wichtig, weil dort viele Geräte und Gebräuche, die wir für das Altertum nur aus Büchern kennen, noch anzutreffen sind und uns ein lebendigeres Bild antiken Lebens vermitteln; ferner erklärt sich uns manches, was uns im Altertum primitiv erscheint, im O., wenn man es noch im wirklichen Leben sieht, als berechtigt, weil es durch die südlichen Verhältnisse bedingt ist. Das homerische Händewaschen vor der Mahlzeit, wobei das Wasser aus einer Kanne auf die über eine Schale gehaltenen Hände gegossen wird, kann man sich zu Haus wohl vorstellen; aber im O. erlebt man das wirklich noch. Das Griechische sagte für „einen Fluß (auf einer Brücke) überschreiten": („in einer Furt) durchschreiten". Daß daraus nicht mangelnde Kenntnis des → Brückenbaus zu erschließen ist, sieht man an der Natur der oft riesig breiten, aber wasserarmen südlichen Flüsse u. z. B. daran, daß für die Autostraßen auf Rhodos keine Brücken gebaut, sondern die Furten asphaltiert wurden. Weitere Beispiele, die jeder O.-Reisende um eigene Erfahrungen vermehren kann: → Bedürfnisanstalt; Gabeln; Grußformen *(proskynesis);* Schlauch; Taschen; Uhr.

Origenes (185–253), einer der gr. → Kirchenväter.

Orpheus, Orphik(er). Die Orphik war eine Geheimlehre (→ Mysterien), wohl der Kult eines alten thrakischen Gottes Orpheus; die Orphiker, eine Kultgemeinschaft, die einsame, eigne Pfade wandelte; sicher unrichtig nahm man im Altertum mehrere Träger des Namens Orpheus an, z. B. die → die Suda sieben. Die Lehre breitete sich von Thrakien her seit dem 7./6. Jh. v. Chr. in der gr. Welt aus, in Griechenland, Kleinasien, Großgriechenland; vielleicht dort, wo sie den Pythagoras stark beeinflußte (dessen Unsterblichkeitslehre und Speisegebote sind orphisch), wurde sie von orphischen Theologen in ein System gebracht. Später wurde sie durch den jüngeren, ebenfalls thrakischen Dionysoskult umgestaltet; dabei wurde sie ungleich wilder und ekstatischer, gewann aber gerade dadurch sehr an werbender Kraft. Sie enthielt eine vollständige Lehre über die Entstehung der Götter (Theogonie) und der Welt (Kosmogonie), über eine periodische Welterneuerung, vor allem eine Erlösungslehre (Goldplättchen aus Gräbern in der Umgebung Krotons [→ Pythagoras] mit Hexametern, die den Toten belehren, wie er von den Mächten des Hades Erlösung erlangen kann). Eine feste Kultstätte gab es für die Orphik nicht; das begünstigte ihre Ausbreitung. Eine umfangreiche orphische Literatur gab es seit dem 7. Jh. v. Chr. bis ins spätere Altertum; das Erhaltene stammt zumeist aus dem 2. Jh. n. Chr., zum Beispiel die *Argonautika,* ein (poetisch dürres) Gedicht über die Teilnahme des Orpheus an der Fahrt der → Argonauten, *Lithika,* ein Gedicht über die magische Kraft der Steine (gr. *lithoi;* man sah Orpheus auch als Erfinder der Magie an), ferner Orakelsprüche und eine Sammlung von 87 Hymnen auf verschiedene Götter (das sog. Orphische Hymnen-Buch), offenbar ein liturgisches Kultbuch einer Gemeinde. – Beliebt und weit verbreitet waren Orpheus-Darstellungen; daß sie nicht nur als rein künstlerische Bilder des sagenhaften Sängers Orpheus, sondern als fromme Denkmäler des Orpheuskultes aufzufassen sind, beweisen ihre Parallelen in den Katakomben; vor allem ist der „Gute Hirte“ orphisch. – In der Sage wurde Orpheus zu einem berühmten Sänger, durch dessen Lieder selbst Bäume, Felsen und wilde Tiere bezaubert wurden. Als seine junge Gattin Eurydike an einem Schlangenbiß starb, holte er sie mit Erlaubnis des Gottes Hades, den er durch seine Klagelieder zu rühren verstand, aus der Unterwelt zurück; da er sich aber gegen das Verbot nach ihr umsah, wurde ihm Eu. wieder genommen. Dieser Moment der erneuten Trennung der Liebenden ist auf einem schönen antiken Marmorrelief des 5. Jhs. v. Chr. dargestellt; berühmteste Kopie im Museo Nazionale in Neapel. Später soll O. von Mänaden zerrissen worden sein, nach einer Version auf Befehl des Dionysos, dem O. keine Verehrung erweisen wollte; Aischylos stellte diesen Tod in seinen *Bassaroi* dar (in neuer Form: *Die Bassariden,* Oper von H. W. Henze, 1966). Der legendäre Sänger O. war Gegenstand zahlloser Gemälde (von Bellini bis Corinth), Dramen (von Calderon bis Anouilh), Opern (von Monteverdi über Gluck bis Milhaud), sogar des Films (Cocteau, 1950).

W: Fragmenta Orphicorum, hg. O. Kern, 1922, neu 1972; hg. G. Herrmann, 1805, neu 1971; Hymnen, hg. G. Quandt, 4 1973. – *Ü:* Hymnen, J. O. Plaßmann, 1928.

L: O. Kern, Orpheus, 1920; W. K. C. Guthrie, *Orpheus and the Greek Religion,* London 2 1952; R. Böhme, O., 1953; R. Kabel, O. in der dt. Dichtung der Gegenw., 1965; W. H. Schuchardt, Das O.-Relief, 1964.

Orsippos, ein Grieche des 8. Jhs. v. Chr., verlor im Wettlauf bei der 15. Olympiade (720 v. Chr.) den Lendenschurz und lief ganz nackt weiter; von da an kämpften die Wettläufer in Olympia, seit etwa 450 v. Chr. (Thukydides I 6,5) alle Sportsleute überhaupt völlig nackt. Den Griechen muß dieses Ereignis sehr bedeutsam vorgekommen sein; man erwähnte es auf einem Denkmal des O., und als dieses nach über 1000 Jahren zerfiel, erneuerte man die Inschrift. Daraus ergibt sich wohl, daß es sich nicht nur um eine praktische Frage des Turnbetriebs handelte, sondern um eine prinzipielle, die nach Nacktheit und Sittlichkeit überhaupt. Die zweite Inschrift befindet sich jetzt im Louvre in Paris (bei G. Kaibel, *Epigrammata Graeca,* 1878, Nr. 843). – In Olympia fanden sich freilich Statuetten bereits des 9.–8. Jhs. v. Chr., Weihungen von Siegern, die sich nackt, d. h. so, wie sie gekämpft hatten, darstellen ließen.

Orthographiereformen. Bei der beständigen Veränderung, der alle Sprachen unterliegen, machten sich auch im Altertum O. nötig. Die wichtigste ist die athenische von 403 v. Chr. unter dem Archon Eukleides. Sie gab den Buchstaben H auf, weil man h, wie schon vorher in Ionien, nun auch in Attika nicht mehr sprechen konnte, und schied bei E und O zwischen ĕ, ē, ŏ, ō. Für ĕ schrieb man weiter E; für ē verwandte man das freigewordene H. Bis 402 v. Chr. schrieb man HEBE (= *hebe*), nachher aber HBH. – Für uns ist diese O. sehr wichtig, weil man daran (im allgemeinen) sofort erkennt, ob eine Inschrift vor oder nach 403 v. Chr. verfaßt ist. – Von den röm. O. ist wichtig die Einführung der gr. Buchstaben x, y, z, auf die man ursprünglich, bei Annahme des gr. Alphabetes, verzichtet hatte; als später übernommene Buchstaben stehen diese drei nicht mehr an der Stelle, die sie im gr. Alphabet innehaben, sondern am Ende des lat. Alphabets. Andre O. drangen nicht durch, so der Versuch, neben i ein j zu schaffen, und die Vorschläge des Kaisers Claudius, z. B. Ⅎ (ein umgekehrtes F, für das konsonantische V, zum Unterschied von U).

Ostern. Das v. Christentum übernommene Osterfest ist mit dem Pfingstfest das einzige, dem ein zeitlich entsprechendes Fest bei d. Juden vorausging: *pesach,* gr.-lat. *pascha,* bei den Juden Fest der Erinnerung an die Verschonung der israelitischen Erstgeburt in Ägypten und die Rettung Israels aus der ägyptischen Knechtschaft. In diese Jahreszeit aber fiel Tod u. Auferstehung des Herrn (Ende März oder Anfang April nach sicherer Überlieferung). In Rom und im übrigen Abendland wurde das Fest stets am Sonntag gefeiert, und zwar an dem Sonntag, der auf den ersten Vollmond nach dem Frühlingsaequinoctium fiel oder folgte. In der Provinz Asien hielt man es jedoch mit Berufung auf die mündliche Überlieferung des Apostels Johannes am Todestage des Herrn selbst (14. Nisan der Juden). Schon im Jahre 155 wurde eine einheitliche Festlegung des Osterfestes versucht. Aber der „Osterfeststreit" zog sich noch bis ins 5. Jh. hin.

W. Huber, Passa und O., 1968. → Kalender.

Ostia (= „Gemünd“), Hafenstadt Roms, an der Tibermündung, angeblich im 7. Jh. v. Chr. gegründet (→ Ancus Marcius), anscheinend aber erst Ende des 4. Jh., wurde beim Aufstieg Roms eine bedeutende Stadt (in der Augustinus’ Mutter Monica verschied, *Confessiones* IX 8, 17), verfiel aber im Mittelalter mit dem Rückgang Roms und weil der Hafen durch die Anschwemmungen des Tibers versandete (der Strand ist jetzt 4 km weiter vorgeschoben); später wurde es wegen Malaria ganz verlassen (→ Paestum) und ist in sich selbst zusammengestürzt. Seit 1909 wurde O. ausgegraben und entwickelte sich immer mehr zu einem zweiten Pompeii: Regelmäßig angelegte Großstadt mit Mauerring, Forum, Theater, Tempeln, einer Synagoge; ferner Handelshöfe, Lagerhäuser, Speicher, Magazine, eine Feuerwehrkaserne. Während man aber in Pompeii die villenartigen Häuser bewundert, sieht man hier auch, in welchen Quartieren die armen Leute hausten. Neben vornehmen Villen und einstöckigen Privathäusern gibt es in O. Wohnblöcke mit 4–5stöckigen Mietskasernen; so wie diese Wohnviertel sind auch die im antiken Rom zu denken (→ Fenster; Haus). Es gab auch einen See- u. einen Fluß-Hafen.

L. Paschetto, O., *Colonia Romana,* 1912; J. Carcopino, O., Paris 1929; H. Schaal, O., d. Welthafen Roms, 1957; *Scavi di O.,* Rom IV 1954–62; R. Calza, E. Nash, Florenz 1959; R. Meiggs, *Roman O.,* Oxf. [2]1973.

Ostrakismos, „Scherbengericht“, durch ein Gesetz des Kleisthenes (um 500 v. Chr.) zum Schutze der athenischen Verfassung eingeführt. Mißliebige Bürger, die wegen ihres politischen Einflusses die demokratische Gleichheit gefährdeten oder gar im Verdachte standen, die Tyrannis zu erstreben, konnten durch eine Volksversammlung zu zehnjähriger Landesverweisung verurteilt werden, die aber nicht als ehrenrührig galt und nicht mit Einbuße der bürgerlichen Rechte oder des Vermögens verbunden war. Bei der Abstimmung mußten mindestens 6000 Stimmberechtigte zugegen sein; der Name dessen, der verwiesen werden sollte, wurde auf Tonscherben (gr. → *ostrakon*) geritzt oder geschrieben. – Themistokles benutzte den O., um seinen konservativen Gegner Aristeides zu beseitigen und freie Bahn für seine fortschrittliche Flottenpolitik zu gewinnen. Später sind noch viele Politiker durch O. entfernt worden (etwa 20 Fälle sind bekannt, darunter auch Themistokles selbst). 417 v. Chr. wurde der O. abgeschafft. – Ostraka sind in großer Zahl gefunden worden, auch solche mit berühmten Namen (Themistokles, Aristeides, Perikles); bei neueren Grabungen am → Kerameikos wurden Tausende von Scherben im Bauschutt entdeckt. Schöne Beispiele im Agora-Museum, Athen.

J. Carcopino, *L’ Ostracisme athénien,* Paris [2]1935; R. Thomsen, *The Origin of Ostracism,* Kopenhagen 1972.

ostrakon = Muschelschale, Steinsplitter, namentlich Topfscherbe. Papier war nicht ganz billig (→ Bedürfnisanstalten), auch nicht in Ägypten, seinem Ursprungslande (→ Beschreibstoffe), weil es Staatsmonopol war; deswegen verwandte man auch weiße Kalksteinsplitter, vornehmlich aber Topfscherben als Beschreibstoffe, z. B. als Stimmzettel (→ *ostrakismos),* für Notizen, Quittungen. Solche Ostraka sind zu Tausenden erhalten, fast alle in Ägypten, und geben gute Einblicke in das antike Alltagsleben; ein von dem besten Kenner der O., U. Wilcken, dem 1. Herausgeber dieses Buches zu Ehren „Ostr. Lamer" getauftes O., stellt uns gr. Vereinswesen sehr lebendig vor Augen (Mitteis-Wilcken, Papyruskunde I 2 S. 140 Nr. 110 A).

U. Wilcken, Gr. Ostraka aus Ägypten u. Nubien, 1899; L. Mitteis, U. Wilcken, Grundzüge u. Chrestomathie der Papyruskunde, IV, 1912.

o tempora, o mores („o Zeiten, o Sitten"), welch' entartete Zeit! Cicero, *Reden gegen Catilina* I 1, 2 und sonst.

Otho. Marcus Salvius O., aus einem röm. Geschlecht, das erst seit dem Ende der republikanischen Zeit bekannt ist, 32 n. Chr. geb., Freund Neros. Nach dessen Tod stürzte er, gestützt auf die Garde, den 1. Thronprätendenten → Galba. Von Vitellius, dem Prätendenten der rheinischen Legionen, bei Cremona besiegt, tötete er sich 69. Biographie bei Plutarch und Sueton.

otium cum dignitate, „Muße mit Würde", eine ehrenvolle Muße, Ruhe u. Frieden unter Wahrung der persönlichen Freiheit und des Ansehens: erstrebenswertes Ziel des Staatsbürgers nach Cicero, *de oratore* I 1, 1 u. sonst, z. B. *epistulae ad familiares* I 9, 21, wo er selbst sagt, daß er diese Redensart sehr häufig anwendet.

Ovation (von lat. *ovatio,* der Jubel), der kleine → Triumph.

Ovid. Publius Ovidius Naso (→ Eigennamen), 43 v. Chr. – ca. 18 n. Chr., „der eigentlich moderne Dichter seiner Zeit, der Dichter des weltstädtischen Rom" (Leo), lebte nach kurzer Tätigkeit im Staatsdienst ganz seinen dichterischen Neigungen, bis den beliebten und verwöhnten Großstadtmenschen 8 n. Chr. ein vernichtender Schicksalsschlag traf: er wurde vom Kaiser Augustus aus nicht genau bekannten Gründen nach Tomi (Konstanza am Schwarzen Meere) verbannt (→ Strafen), wo er nach 10 Jahren einsam starb. (In Konstanza Denkmal für O.) – O. war der geborene Dichter, dessen virtuose Formgewandtheit unerreicht blieb. Er erklärt von sich: „wenn ich etwas zu schreiben versuchte, so wurde allemal gleich ein Vers daraus", und formuliert das sehr geschickt *et quod temptabam scribere, versus erat* (Tristia IV 10, 26); diese Worte sind an sich (fast) reine Prosa und doch metrisch ein tadelloser Pentameter. In seiner Jugend schrieb er Gedichte erotischen Inhalts: Liebeselegien *(Amores),* in denen er spielerisch tändelnd überkommene Motive behandelt, ohne echte Leidenschaft zu verraten; fingierte Liebesbriefe *(Heroides* oder *Epistulae)* von berühmten Frauen der Heroenzeit an ihre Geliebten, und als Meisterwerk seiner erotischen Jugendpoesie die „Liebeskunst" *(Ars amatoria),* in der er mit feiner psychologischer Beobachtung u. raffinierter Sachkenntnis alle Künste der Verführung schildert. Das Gegenstück dazu sind die Heilmittel gegen die Liebe *(remedia amoris);* sogar über Kosmetik hat O. gedichtet *(medicamina faciei).* Auf der Höhe des Lebens wandte sich O. in seinen bedeutendsten Werken der Sagenschilderung zu: die *Metamorphoseis* („Verwandlungen“) bieten einen unterhaltsamen Zyklus zahlloser Verwandlungssagen von der Entstehung der Welt bis zur Verwandlung Caesars in ein Gestirn; die → *Fasti,* ein kühn entworfener poetischer Festkalender, der nur zur Hälfte vollendet wurde, beschreiben Ursprung und Feier der röm. Feste und erzählen die Sagen und geschichtlichen Erinnerungen, die sich an bestimmte Gedenktage knüpfen. Ovids weiteres Schaffen wurde durch das Unglück der Verbannung entscheidend beeinflußt; in der Fremde schrieb er elegische Klagelieder *(Tristia)* und „Briefe aus dem Pontus“ *(Epistulae ex Ponto),* die das trübselige Leben der Verbannung, das rauhe Land und seine Bewohner schildern und immer wieder um Erleichterung seines Loses bitten, ohne daß er das Ziel seiner Sehnsucht erreichte. In einer langen Elegie (*Tristia* IV 10) hat er selbst sein Leben und Dichten dargestellt. Seine getischen Gedichte sind leider nicht erhalten, nur fragmentarisch sein Lehrgedicht über den Fischfang. – O. wurde von seinen Zeitgenossen sehr geschätzt, auch noch, als nach der Verbannung seine Werke aus allen öffentlichen Bibliotheken entfernt wurden (*et in toto plurimus orbe legor* „ich bin der Meistgelesene in der ganzen Welt“, *Tristia* IV 10, 128). Dann trat er zeitweilig hinter Vergil zurück. Aber seit dem 12. Jh. wurde er wieder in den Schulen studiert; die erste deutsche Übersetzung der Metamorphosen stammt von Albrecht v. Halberstadt (1210); die Lektüre dieses Werkes diente der Einführung in die gr. Sagenwelt. Die Wertschätzung O.s hat sich bis heute erhalten.

W: Gesamtausgabe von R. Merkel u. a., III 1915–32. – *Amores,* hg. u. d. W. Marg, R. Harder, [7]1992; *Heroides,* hg. H. Dörrie, 1971; *Ars,* hg. F. Burger, [11]1969; hg. u. d. N. Holzberg, [3]1991; *Remedia u. Medicamina,* hg. F. W. Lenz, [2]1970; Met., hg. u. d. E. Rösch, [13]1992; Komm. F. Bömer, II 1969ff.; *Fasti,* hg. u. d. (komm.) F. Bömer, II 1957–58; *Tristia, Epist. ex Ponto,* hg. u. d. W. Willige, [2]1990. – *Ü:* Gesamtausgabe L. Huchthausen, II 1968. – Heilmittel, Gesichtspflege, J. Eberle, 1959; D. erot. Dichtungen, V. v. Marnitz, [2]1967; Metam. Th. v. Scheffer, 1948; Fasti W. Gerlach, 1960.

L: F. Munari, O. im MA., 1960; W. Stroh, O. im Urteil der Nachwelt, 1969; H. Fraenkel, d. 1970; H. Frösch, 1976; M. v. Albrecht, E. Zinn (Hg.), [2]1982; T. Eggers, 1984.

Ozean → Okeanos.

Päan → Paian.

Päderastie (gr. *paiderastia*), Freundschaft und Liebe zwischen Männern und Knaben, wurde im Altertum mehr oder weniger geduldet. In manchen Staaten wurde sie erzieherischen und militärischen Zwecken dienstbar gemacht und war daher sogar staatlich organisiert; so namentlich bei den Doriern. Der Ältere war für die körperliche Ausbildung und sittliche Führung des Jüngeren verantwortlich; in der Schlacht stand der Liebende neben dem Geliebten, und beide verteidigten einander; z. B. in der berühmten hl. Schar in Theben. Mit der Wechselbeziehung von Vorbild und Nachahmung konnte diese Form von „Knabenliebe“ hilfreich für die Persönlichkeitsbildung des Jüngeren sein.

W. Kroll, Freundschaft u. Knabenliebe, 1924; H. Licht, Sittengesch. Griechenlands, neu 1959; J. Marcadé, *Eros kalos*, Geneva 1962; K. J. Dover, Homosexualität in d. gr. Antike, d. 1983.

Paestum, gr. *Poseidonia,* von Griechen wohl im 7. Jh. vor Chr. gegründete Stadt in Lukanien (Unteritalien), um 400 v. Chr. von den Lukanern erobert, nach 273 latinische, später röm. Kolonie. Im 9. Jh. n. Chr. wegen der Malariagefahr u. aus Furcht vor den Sarazenen verlassen (→ Ostia), wurde von den Umwohnern als Steinbruch benutzt, so daß die antiken Häuser fast alle verschwanden. Aber es stehen noch die eindrucksvollen Mauern, 4,5 km lang, und drei Tempel; von ihnen darf die sog. Basilika, um 550 v. Chr. errichtet, neuerdings als Heratempel erkannt, als besterhaltenes Beispiel für frühen dorischen Tempelbau gelten. Die beiden anderen, der Hera-Tempel II (früher sog. Poseidon-Tempel) und der Athena-Tempel (früher sog. Ceres–T.) stammen aus dem 5. Jh. v. Chr. Außerdem hat man noch andere Gebäude freigelegt, deren Charakter nicht eindeutig geklärt worden ist (Tempel, Schatzhäuser?); zahlreiche Weihegaben deuten auf den Kult der Hera. – In P. begegnet der von Norden Kommende zum ersten Male großer griech. Baukunst. Reichhaltiges Museum. → Wandmalerei.

F. Krauss, P., Die gr. Tempel, ^{2}1943; C. Lamb, L. Curtius, D. Tempel v. P., 1951; P. C. Sestieri, Rom ^{5}1960; Tempel von P. (hg. Dt. Arch. Inst.), 1978.

Paian (lat. *paean*), ein Hymnos zu Ehren Apollons, der vor allem nach siegreicher Schlacht (Homer, *Ilias* 1, 473) gesungen wurde. Unter Pindars Werken war ein Buch den P. gewidmet, von denen sich Fragmente gefunden haben. Später wurden auch zu Ehren anderer Götter (z. B. Zeus; Xenophon, *An.* III, 2, 9) und sogar zu Ehren von vergötterten Menschen P. gesungen (Lysander; Plutarch, *Lys.* 18); p. bedeutet dann etwa „Choral".

paideia = (gr.) Erziehung, Bildung. Speziell bezeichnet man jetzt mit P. die alte griech. E., wie sie vor der Sophistik besonders im athenischen Adel lebte. Ihr Ziel war, dem Staat körperlich und geistig durchgebildete Bürger zu stellen, die in jeder Situation ihren Mann stehen konnten. Die körperliche E. war auf den künftigen Waffendienst zugeschnitten und sollte den Körper durch den Sport allseitig durchtrainieren. Dadurch wurde der schöne *(kalos)* Körper herangebildet, den wir in den Athletengestalten der gr. Plastik noch heute bewundern. Die geistige E. ging nach einem notwendigen Unterricht im Lesen, Schreiben und Rechnen im praktischen Leben vor sich; durch persönlichen Verkehr mit den Erwachsenen lernte der junge Mensch das im Staat, in Kunst, Literatur u. Wissenschaft Wichtige, vor allem die Kunst der freien Rede, ohne die in diesem Volk der Öffentlichkeit ein politisches Wirken unmöglich war. Er wurde dadurch gut, *agathos*. Der adlige Bildungsideal war also der *kalokagathos* oder *kalos kagathos* (*–k–* = *kai* = und), der körperlich und geistig tüchtige Mensch, der nun seine Kräfte dem Staat u. der Öffentlichkeit zur Verfügung zu stellen hatte. Er besaß die → „Tugend"; deren Hauptteile waren Tapferkeit, Gerechtigkeit, Frömmigkeit, besonders → *sophrosyne*. An diesen aristokratischen Anschauungen hat die Demokratie in Athen nichts geändert. Perikles plante sogar, die P. allen Athenern, auch den Handwerkern, zu erschließen; freilich hatte er damit keinen bleibenden Erfolg. Auch die Sophisten haben an diesem Ideal nicht gerüttelt; durch besondere Kurse wollten sie sogar die P., namentlich die rhetorische Ausbildung, besser u. gründlicher vermitteln. Die Philosophen, vor allem die Schüler des Sokrates (Platon), haben durch gründliche Untersuchungen die P. wissenschaftlich und ethisch unterbaut und vertieft. Erst in hellenistischer Zeit, als die Polis ihre Bedeutung verloren hatte, trat an die Stelle der P., die dem Staat diente, die Bildung, die allein auf die Zwecke des Individuums hinzielte. – Vom Begriff der p. haben auch die Römer ihre Bildungsvorstellungen abgeleitet (→ Humanität). – Von den modernen Sprachen kann eine einzige das Wort *kalokagathos* mit einem Wort annähernd wiedergeben, das Englische: *gentleman*.

W. Jaeger, *Paideia*, III 1933–47, neu 1973. → Erziehung.

Paionios, gr. Bildhauer des 5. Jh. v. Chr., war der Schöpfer der in Olympia aufgefundenen → Nike.

Paläographie heißt die Lehre von den alten Schriftarten, besonders denen der Griechen und Römer. → Buchstabenschrift.

Palästina (hebr. *Kenaan*, gr. *Palaistine*, was als „Philisterland" gedeutet wird), nachweisbar seit der Altsteinzeit besiedelt (Jericho: 7. Jt. v. Chr.!), eroberten sich zwischen 1250 und 1000 v. Chr. die aus Ägypten kommenden Israeliten, deren Reich sich freilich teilte (Süden Juda, Norden Israel); dadurch wurden die Teile mehrfach von feindlichen Nachbarn erobert, der nördliche endlich von den Assyrern vernichtet. Das Land stand seit 539 unter persischer, seit 332 unter griechischer (seleukidischer) Herrschaft, war von 165–63 v. Chr. unter den Makkabäern frei, von 63 an römisch (→ Jerusalem), seit 395 n. Chr. griechisch (oström.), seit 635 arabisch, seit 1516 türkisch, von 1917–1948 englisches Mandatsland, seitdem unabhängiger Staat Israel. Die nahezu 1000 Jahre der gr.–röm. Herrschaft haben in P., das immer ein relativ unbedeutendes Land blieb, geringere Spuren hinterlassen, als man erwartet. Doch sind z. B. die Ruinen von Gerasa (Dscherasch) im Ostjordanland sehr eindrucksvoll, u. eine Reise durch P. ist schon darum sehr lehrreich, weil sie die Verbundenheit der jüd. Kultur mit der westlichen (→ Makkabäer) zeigt. Ausgrabungen bringen immer wieder neue Ergebnisse, auch Zufallsfunde wie die sensationelle Entdeckung der jüd. Schriftrollen bei Qumran 1947. Auch → Juden.

Bildatlas zur Bibel, hg. L. H. Grollenberg [3]1959; H. Bardtke, Qumran-Probleme, 1963; M. Noth, Gesch. Israels, [5]1963; ders., Die Welt des A. T., [4]1962; K. Kenyon, Archäologie im Hl. Land, 1967; E. L. Ehrlich, Gesch. Israels, [2]1968; Y. Aharoni, D. Land d. Bibel, 1984; F. Volkmar, Einf. in d. bibl. Archäologie, 1985; M. Clauss, Gesch. Israels, 1986.

Palais, Palast → Kaiserpaläste.

Palaistra, lat. *palaestra*, Ringplatz, Kampfplatz, allgemein eine Sportstätte, meist von Säulenhallen u. Nebengebäuden umgeben, oft an Badeanlagen (→ Bäder; *gymnasion*) angeschlossen.

Palatinus oder *mons P.,* auch einfach *Palatium* genannt, der älteste bewohnte Teil Roms, noch jetzt mit sehr alten Bauresten (u. a. Spuren einer frühen Hirtensiedlung mit Rundhäusern), später der vornehmste Stadtteil, heute unbewohnt, mit den riesigen Ruinen der → Kaiserpaläste (Thronsaal 45 m lang, 32 m breit; das Mittelschiff der Peterskirche 26 m breit), die jedoch zerstört sind; am besten erhalten der kaiserliche Garten in Form einer Rennbahn, im Haus der Livia, der Gattin des Kaisers Augustus, das wahrscheinlich das Haus des Kaisers selbst war, gute Malereien; vieles ist noch unaufgedeckt und liegt unter Gärten. – Von vielen Stellen schöne Aussicht auf Rom und Umgebung.

H. v. Hülsen, Forum und P., 1926; B. Tamm, *Auditorium u. Palatium,* Lund 1963; G. Wataghin Cantino, *La Domus Augustana,* Turin 1966.

Pales, altröm. Gottheit; P. war Schützerin der Herden wie ihr Beiname *Matuta* (zu *maturus* = reif, tauglich) und die Beziehungen der Göttin zu den → Parilia nahelegen.

Palimpsest, gr. *palimpsestos,* eine Pergamenthandschrift, deren Text entbehrlich war und deswegen mit dem Schwamm abgewaschen oder mit dem Radiermesser mühsam beseitigt wurde, damit man das teure Pergament (→ Beschreibstoffe) neu verwenden konnte. Auf nachlässig abgewaschenen P. ist die frühere Schrift manchmal noch für die photographische Platte sichtbar; auf radierten erkennt man sie, weil auf den Stellen der Buchstaben das Pergament dünn geworden ist. Der berühmteste P., in der Biblioteca Capitolare in Verona, enthält unter einem späteren Text die nur auf diese Art erhaltenen Institutionen des Gaius (→ Rechtswissenschaft). Ein P. der Vaticana enthält Ciceros Buch *De re publica.*

P. R. Kögel, Die P.-Photographie, 1920; O. Plasberg, Cicero, 1926.

Palladion (gr.), Bild der bewaffneten Schutzgottheit einer Stadt. Der Glaube an die Existenz einer solchen stammt wohl schon aus sehr alter Zeit. Bilder des Raubes des troischen P. durch Odysseus und Diomedes zeigen, daß sich die Griechen ein P. als ganz altertümliches, steifes Schnitzbild dachten. Das P. Roms stand im Vestatempel; man durfte es nicht sehen; wann es zerstört worden ist, ist unbekannt. Der Glaube an eine Schutzgottheit einer Stadt lebt bis heute weiter; an Stelle des Gottes trat ein christlicher Heiliger, so der hl. Marcus in Venedig.

Pallas, der (bisher unerklärte) gr. Beiname der Göttin → Athena.

Pallas, zuerst Sklave in Rom, dann Freigelassener, wurde allmächtiger Finanzminister des Kaisers Claudius. Durch seinen Ehrgeiz und sein riesiges Vermögen spielte er lange Zeit eine große Rolle in der Gesellschaft und Politik des Imperiums. 62 n. Chr. wurde er getötet. Er und → Narcissus sind die hervorragendsten Repräsentanten der ehrgeizigen, nach oben drängenden, hochbegabten Verwaltungsbeamten, die im Auftrage der Kaiser die zahlreichen neuen Aufgaben der Hofhaltung, Steuer- und Finanzverwaltung in Rom und im Reich erledigten und in scharfen Gegensatz zu den alten bevorrechtigten Schichten traten.

Palmyra, Stadt in der syrischen Wüste, besonders durch ihre Königin → Zenobia bekannt, war zeitweilig Hauptstadt eines Staates zwischen Rotem Meer u. Taurus-Gebirge; wirtschaftliche Blüte als Umschlagplatz im Karawanenhandel. Die relativ gut erhaltenen Ruinen zeigen, wie eine reiche Provinzstadt des Altertums aussah, und gestattet gewisse Rückschlüsse auf das Aussehen antiker Großstädte, zumal solcher des Nahen Ostens. Die über 1 km lange Hauptstraße war beiderseits zum Schutz gegen die Sonne mit Säulenhallen überdeckt (→ Säulenstraßen). 375 Säulen standen auf jeder Seite, 150 stehen noch. Der 32 n. Chr. geweihte Haupttempel war einheimischen Göttern, der Dreiheit Bel, Jartibol und Aglibol gewidmet und auch im Stil syrischer Heiligtümer angelegt; aber der Architekt hat sich bemüht, ihm nach Möglichkeit auch das äußere Aussehen eines griech. Tempels zu geben. Sein Flächenraum mit Peribolos war mit 40 000 qm siebenmal so groß wie der des Kölner Doms. Nach Zenobias Niederlage wurde P. 273 n. Chr. von den Römern geplündert, war später noch Legionslager, seit 634 dann in der Hand der Araber.

Th. Wiegand, II 1932; A. Champdor, *Les ruines de P.*, Paris 1953; J. Starcky, Paris 1952; K. Michalowski, d. 1968; A. Sadurska, *Palmyre,* 1977.

Pan (Name unerklärt) ist ein uralter arkadischer Gott aus einer Zeit, in der bei Göttern das Tierische das Menschliche noch überwog (→ Tierkult); er hatte Ziegenbeine u. liebte Ziegen (Darstellung im Museo Nazionale in Neapel). Die Griechen machten ihn zu einem Sohne der Herdengottes Hermes. Unter seinem Schutz standen das Kleinvieh, die Hirten und Jäger. Er blies gern Flöte und neckte und verfolgte die Nymphen, da er, wie Ziegenböcke, sehr lüstern war. Menschen flößte er in der Mittagsstille (in der gr. Sommermittagshitze auf dem Lande ist es totenstill, weil Mensch und Tier schlafen) durch plötzliche Laute den panischen Schrecken ein und soll dies in der Schlacht bei Marathon den Persern gegenüber getan haben, weswegen Attika seinen Kult einführte. Da gr. *pan* „all" bedeutet, machte man P. später zu einer Art Allgott. Plutarch, *Der Rückgang der Orakel* 17, erzählt, die Reisenden auf einem Schiffe hätten von den Paxoiinseln den Ruf gehört: der große P. ist tot, eine Kunde, die mit großem Stöhnen aufgenommen worden sei; der Kaiser Tiberius habe sogar den Steuermann des Schiffs nach Rom kommen und sich von ihm den Hergang berichten lassen. Da unter Tiberius (14–37) Christus lebte, hat man vermutet, der Tod des gr. P. symbolisiere den Untergang des Heidentums. Aber das Ganze ist nur ein Schiffermärchen; zu Plutarchs Zeit konnte man den Sieg des Christentums noch nicht ahnen. Später gab es, vor allem in der bildenden Kunst, häufig Verwechslungen zwischen P., den Faunen und den Satyrn (→ Faunus; Satyr). Zahlreiche Darstellungen auf Gemälden (Rubens, Brueghel, Feuerbach, Böcklin).

W. Mannhardt, Antike Wald- u. Feldkulte, II, ²1904f.; R. Herbig, P., der griech. Bocksgott, 1949; W. Walter, Pans Wiederkehr, 1980.

Panaitios, berühmter Stoiker, ca. 185–110 v. Chr., der hauptsächlich in seiner Heimat Rhodos lehrte und einen großen Schülerkreis um sich sammelte. Besonders wichtig war sein Einfluß auf die röm. Aristokratie, die er für den Stoizismus gewann; viele vornehme Römer kamen eigens nach Rhodos, um ihn zu hören. Er ging auch nach Rom und verkehrte dort mit dem Karthagozerstörer Publius Cornelius Scipio. Von seinen Schriften ist wenig überliefert, sein Wirken eröffnete die Epoche der sog. Mittleren Stoa; ihr Kennzeichen ist eine mehr praxisbezogene Ethik. P.' Schrift Vom pflichtgemäßen Handeln war Vorbild für Ciceros Werk *De officiis.*

W: Fragmenta, hg. M. van Straaten, Leiden ²1962. – *Ü:* M. Pohlenz, Stoa u. Stoiker, ²1964.

L: L. Labowsky, D. Ethik des P., 1934; G. Picht, Der Grundlagen der Ethik des P., 1942; → Stoizismus.

Panathenaia (Panathenäen), Hauptfest aller Athener, zu Ehren der Athena, alle 4 Jahre, in jedem 3. Olympiadenjahre, gefeiert, allmählich immer mehr ausgestaltet; Wettreiten, -turnen, –musizieren; Opfer; Prozession, die der Athena im Erechtheion ein neues Kleid brachte, das zu weben und zu sticken eine Ehre für vornehme junge Mädchen der Stadt war. Diese Prozession (→ Pomp) und die Überreichung des Kleids und andrer Geschenke ist am Parthenonfries (→ *Elgin Marbles*) dargestellt u. daneben die Olympischen Götter, die zusehen, wie ihre Athena geehrt wird. → Peisistratos.

E. Buschor, Der Parthenonfries, 1961; S. Piblis, P., Athen 1970.

Pandora (gr.), die „Allbeschenkte“, weil sie von allen Göttern mit verführerischen Gaben ausgerüstet worden war, wurde von ihnen mit einer Büchse, die Jammer und Leid enthielt, als erste Frau auf die Erde geschickt. Dort nahm sie Epimetheus, trotz aller Ermahnungen seines Bruders Prometheus, zur Frau; P. öffnete ihre Büchse und brachte dadurch das Unglück in die Welt, nur die Hoffnung blieb bei ihr. Die sprichwörtliche Büchse war übrigens ein → Faß (gr. *pithos*). – Zahlreiche Gemäldedarstellungen (u. a. Rubens), auch Hauptfigur in Dramen (Agricola, Wieland, Goethe, Kotzebue).

O. Lendle, D. P.-Sage bei Hesiod, 1957; D. u. E. Panofsky, *Pandora's box,* Lond. 1956; G. Vogel, Der Mythos von P., 1972.

panegyrikos war in Griechenland eine Rede in einer Festversammlung (*panegyris* = „Allversammlung“), z. B. in Delphoi, Olympia oder Athen. Der Sache nach konnten nur allgemeine Themen, die die Gesamtheit der Griechen interessierten, zur Sprache kommen. Dazu eigneten sich am besten Verherrlichungen irgendwelcher Eigenschaften der Zuhörer (daher unser „panegyrisch“); vor allem Redner, die ihre Kunst zeigen wollten, wählten solche Anlässe zum Reden. Bekannt sind panegyrische Reden von Gorgias (*Olympikos* und *Pythikos,* in Delphoi), von Lysias *(Olympiakos)* und Isokrates *(Panathenaikos, Panegyrikos).* – Von späteren panegyrischen Reden ist die bekannteste der *Panegyricus* des jüngeren Plinius auf Traian, eine offizielle Dankrede für die Ernennung zum Consul.

W: XII panegyrici Latini, hg. E. Galletier, Paris III 1949–55 (m. franz. *Ü);* hg. R. A. B. Mynors, Oxf. 1964.

panem et circenses, „Brot und Circusspiele"; mit diesen schon früher allgemein gebrauchten Worten faßt Iuvenal X 81 die Wünsche zusammen, die das Volk zu seiner Zeit bewegten; während es einst die höchsten politischen Ehren zu vergeben hatte, begnügt es sich jetzt, in der Kaiserzeit, mit dem Verlangen nach Spenden und prächtigen Schauspielen. → gladiator.

Pankration, ein „Allkampf" aus Ringen und Boxen, → Sport.

Pannonien, röm. Provinz, das westl. Ungarn sowie Teile von → Oesterreich (Burgenland) und Jugoslawien umfassend, war erst nach langem Widerstand ins röm. Reich 8. n. Chr. eingegliedert worden, wurde dann durch zahlreiche Koloniegründungen systematisch romanisiert, seit 103 in zwei Provinzen unterteilt. Verwaltungshauptstädte waren Carnuntum und Aquincum (dort interessante Ausgrabungen und ein reichbestücktes Museum). Die Einfälle der Sarmaten und schließlich die der Hunnen bereiteten der röm. Herrschaft im 5. Jh. ein Ende.

A. Alföldi, Der Untergang der Römerherrschaft in P., 1924–26; E. B. Thomas, Röm. Villen in P., Budapest 1964; A. Dobó, Die Verwaltung der röm. Provinz P. . . ., Amst. 1968; A. Mocsy, *Pannonia and Upper Moesia,* Lond. 1974.

panta rhei → Alles fließt.

Pantheismus → Polytheismus.

Pantheon, Tempel „aller Götter", der am besten erhaltene antike T. Roms. Das P. wurde 27 v. Chr. von Marcus → Agrippa erbaut, brannte jedoch 110 infolge eines Blitzschlags nieder. Etwa 118–125 errichtete Hadrian den bis heute erhaltenen Bau. – Dem Architekten (sein Name ist unbekannt) glückte eins der künstlerisch und technisch vollendetsten Werke der Baukunst. Der Baugedanke des P. weicht von dem der griech. Tempel völlig ab. Die Fassade ist ganz schlicht und tritt fast völlig zurück (freilich war die heutige Ziegelfassade im Altertum mit Marmorplatten verkleidet); die ganze Kunst ist vielmehr auf den Innenraum konzentriert, der durch die Einfachheit und Harmonie der Proportionen wirkt. Auf einem zylindrischen Unterbau ruht als Kuppel eine vollkommene Halbkugel von der Höhe des Unterbaues; man könnte sie also in diesen hineinlegen. Der Durchmesser und die Höhe des Baues sind einander gleich. Die Wände sind nur unaufdringlich gegliedert, die Flächen des Unterbaues durch 7 Nischen, die Wölbung durch Kassetten. So entstand ein Raum von unerhörter Geschlossenheit, Feierlichkeit und Majestät. Diese wird noch erhöht durch das Licht, das voll von oben her durch eine runde Öffnung mit fast 9 m Durchmesser in der Mitte der Kuppel hereinströmt. Mit dieser Öffnung stellt das P. auch technisch eine Leistung allerersten Ranges dar; obwohl die Kuppel scheinbar wenig stabil gebaut ist, blieb sie unversehrt bis heute (der eindringende Regen fließt unten auf dem Marmorfußboden ab). – Seit dem Ende des

Heidentums stand der Bau leer. Im Anfang des 7. Jhs. ging er in päpstlichen Besitz über und wurde eine Stätte des christlichen Kultus, seit 609 die Kirche *S. Maria ad Martyres,* zum Gedächtnis an die Märtyrer, später und bis jetzt *S. Maria Rotonda* („die runde"). 663 raubte Kaiser Constans II. die vergoldeten Bronzeziegel des Dachs, die er nach Konstantinopel brachte; 1632 ließ Papst Urban VIII., aus der Familie der Barberini, die Bronzebalken des Dachstuhls der Vorhalle wegnehmen und daraus 80 Kanonen gießen; *quod non fecerunt barbari, fecerunt Barberini",* „was die Barbaren nicht getan haben, taten die Barberini". Aber viel von der antiken Pracht ist erhalten, namentlich die Marmorverkleidung der Wände; auch die mit Bronze beschlagene Tür ist antik (→ Schlüssel). Völlig gewahrt aber blieb vor allem die Majestät und Monumentalität des Bauwerks als eines erhabenen künstlerischen Ganzen. Man hat dort den deutlichsten Eindruck von der Baukraft und –hoheit der Antike und vermag sich dann auf Grund dessen andre, mehr zerstörte antike Bauwerke, so die → Constantinsbasilica, besser zu rekonstruieren.

R. Vighi, *Il Pantheon,* Rom 1959; H. Kähler, Das P. in Rom, 1965.

pantomimos (lat. *pantomimus),* Schauspieler, der eine Handlung vollständig nachahmt, und zwar in einer kleinen oder sogar größeren Szene ohne gesprochenes Wort, nur durch → Tanz und → Gesten; nach anderer Erklärung = Hauptschauspieler; ein Stück, das in dieser Weise aufgeführt wurde. Über die Entstehung dieser Stücke ist nichts Sicheres bekannt. Sie finden sich schon im 4. Jh. v. Chr.; Xenophon läßt am Schluß des *Symposion* einen syrakusischen Tanzmeister auftreten, der zum Ergötzen der Gäste einen P. „Dionysos und Ariadne" durch einen schönen Knaben und ein solches Mädchen aufführt. Zu größerer Bedeutung gelangte der P. in Rom, wo man zwischen die Tänze des (der) Pantomimen verbindende Texte einschob. Für diese niedere und niederste Kunst dienten die zahlreichen, prächtigen Theater der Kaiserzeit, bis Iustinianus 526 den P. wegen seiner Unanständigkeit verbot. → Mimos.

O. Weinreich, Epigramm u. P., 1948; V Rotolo, *Il pantomimo,* Palermo 1957.

Panyassis v. Halikarnassos, gr. Dichter des 5. Jh. v. Chr., ein Oheim des → Herodotos, war einer der frühesten Vertreter des historischen Epos; er schrieb über Gründungen ionischer Kolonien in Kleinasien, aber auch ein mytholog. Epos über → Herakles.

W: Epicorum Graecorum Fragmenta, hg. G. Kinkel, 1877.

Papagei, gr. *(p)sittakos;* daher lat. *psittacus* und deutsch Sittich. P. wurden im Altertum gehalten, von Reichen in silbernen Käfigen; auch sprechende. Ovid hat *amores* II, 6 eine Elegie auf den Tod des P. seiner Geliebten geschrieben.

Papier → Beschreibstoffe; Papyros.

Papst → pontifex.

Papyros, Nilschilf, einst in Ägypten zu allen möglichen Zwecken verwendet, z. B. zur Herstellung leichter Kähne, vor allem zu der des Papiers. Jetzt in Ägypten ausgestorben, am Anapo noch frei wachsend (→ Beschreibstoffe). – Im 19. Jh. bemerkten Europäer in Ägypten, daß die dortigen Fellachen eifrig nach antikem Papier suchten und es als Dünger verwendeten. Man kaufte es ihnen ab, seit einigen Jahrzehnten systematisch. Dies Papier sind die wissenschaftlich sogenannten Papyri. Sie enthalten Texte in allen den Sprachen, die in Ägypten seit ältester Zeit bis zum Aufkommen des Lumpenpapiers gesprochen wurden, ägyptische, koptische, griech.-latein. (→ Ägypten), arabische seit etwa 640 n. Chr. Uns interessieren hier die gr.–lat. Papyri. Ganze Bücher sind selten erhalten; manchmal ganze Körbe voll Akten. Diese belasteten im Laufe der Zeit die Kanzleien, wurden aber nicht vernichtet, sondern in Körben in die Wüste gestellt, wo sie der Sand bedeckte. Die Kenntnis der Papyri hat die Altertumswissenschaft erheblich bereichert, aber vor allem umgestaltet. Man fand verlorene Autoren bzw. Schriften wieder (Aristoteles, *Staat der Athener;* Bakchylides; Herondas; Hypereides; Kallimachos; Menandros; Timotheos, Die Perser; Favorinus). Umgestaltet wurde die klassische Philologie durch die Papyri insofern, als diese der sog. Konjekturalkritik den Boden fast völlig entzogen. Früher nahm man an, in die antiken Texte hätten sich bei dem beständigen Abschreiben im Laufe der Jahrtausende immer mehr Fehler eingeschlichen. Deren Aufspüren und Beseitigung durch „Konjekturen", d. h. Vermutungen dessen, was einst dagestanden habe, galt als eine der vornehmsten Aufgaben der Altphilologen, der man sehr viel Zeit opferte. Die Papyri zeigten jedoch, daß die Überlieferung der Texte weit besser ist, als man geglaubt hatte. Statt des Suchens nach Fehlern wandte man sich nunmehr wieder dem Inhalt und der Schönheit der antiken Schriftwerke zu. Weitaus der größte Gewinn jedoch aus den Papyri ist der, daß uns durch ihren Inhalt das Altertum in größere Lebensnähe gerückt wurde (→ Altertumswissenschaft). Die meisten Universitätsbibliotheken Deutschlands, Englands, Italiens, Frankreichs, der Schweiz und einige der USA besitzen antike P. durch Kauf in Ägypten oder eigene Grabungen dort. Eine Hauptfundstätte von P. ist das gr. Dorf Oxyrhynchos im Fajum. Aus vielen übereinandergeleimten P.–Makulaturblättern fertigte man Pappe und aus dieser namentlich Särge an, die so wenig verfaulten wie der Papyrus (→ Beschreibstoffe) oder die Leichen, die ja mumifiziert waren. Man löst heute die Lagen von Blättern wieder voneinander und gewinnt so die antike Makulatur, meist nur Fetzen, aber oft sehr wertvolle, nämlich auch interessante Urkunden staatlicher und privater Art: → Kellnerin; Post. Die ältesten Funde stammen aus dem 3. Jahrt. v. Chr., jüngere Fundstücke reichen bis ins 10. Jh. n. Chr. Die Papyrologie (oder P.–Kunde) hat sich innerhalb der Altertumswissenschaft zu einer eigenen Disziplin entwickelt.

L. Mitteis, U. Wilcken, Grundzüge u. Chrestomathie der P.-Kunde, IV 1910–12, neu 1963; K. Preisendanz, P.-Funde u. P.-Forschung, 1933; ders., P.-Kunde, [2]1950; N. Lewis, *L'industrie du papyrus dans l'Egypte grécoromaine,* Paris 1934; J. G. Winter, *Life and Letters in the Papyri,* Ann Arbor [2]1953; R. Cavenaile, *Corpus papyrorum Latino-*

rum, 1958; R. A. Pack, *The Greek and Latin literary Texts* (Bibliographie), Ann Arbor, ²1965; H. Thierfelder, Unbekannte antike Welt (Eine Darst. nach P.-Urkunden), 1963; R. Seider, Paläographie der gr. Papyri, seit 1967; E. G. Turner, *Greek papyri,* Oxf. 1968; W. Schubart, Einf. in d. P.-Kunde, ²1980; H. A. Ruprecht, Einf. in die gr. Papyruskunde, 1994.

Parabase, gr. *parabasis,* das Danebentreten, ein wichtiger Teil der älteren Komödie, das Chorlied nach dem 1. Epeisodion, in dem der Chor mit abgenommener Maske sich ans Publikum wandte (eig. neben das P. trat; daher der Name), um im Namen des Dichters die Absichten zu erklären, die er mit dem Stück verfolgte, ihn gegen Anfechtungen zu verteidigen, ja auch mit Namen genannte Personen direkt anzugreifen. Damit wurde die P. das Hauptmittel der politischen und sozialen Satire. Sie war nur in einem machtvollen demokratischen Staat, dem Athen des 5. Jhs. v. Chr., denkbar u. fehlt in der neuen attischen Komödie. – → Anapäst.

Paradies, ein persisches Wort, = runde Einfassung, von da in den europäischen Sprachen Fremdwort, gr. *paradeisos;* es bedeutet: großer Park persischer Reicher, mit Jagdtieren; ohne solche wurde die kunstvolle Anlage von Parks von den Diadochen übernommen und gelangte von diesen zu den Römern, später zu den Franzosen und Engländern; → Garten; (seit den → Septuaginta) die sagenhafte älteste Wohnstätte der Menschen.

Paragraphenzeichen § (Abkürzung einer ägyptischen Hieroglyphe?). Die Griechen verwendeten auch einen waagrechten Strich als P.; um 600 n. Chr., bei Isidor von Sevilla, erscheint ⌈ als P. Das Wort Paragraph ist gr.: die *paragraphos* = daneben geschriebene (Linie).

Parasang, gr. *parasanges,* aus dem Persischen stammend, bezeichnet eine Wegstunde (doch → Uhr) eines rüstigen Fußgängers, also etwa $5^1/_2$ – 6 km. Das uns namentlich aus Xenophons Anabasis bekannte Wegmaß wird in Persien als *Farsang* noch heute benutzt (= 6,72 km).

Parasit, gr., „bei andern essend“, Schmarotzer, Possenreißer, der gegen freie Kost die Gäste unterhielt; stehende Figur der neuen Komödie.

Parca, altröm. Geburtsgöttin (zu *parere* = gebären); als Dreiheit aufgefaßt *(Parzen).* Die P. wurden mit den griech. *Moirai* (→ *Moira*) gleichgesetzt und als Geburtsgöttinnen von *Iuno Lucina* verdrängt.

Parentalia, röm. Fest, das den *divi parentum,* den Toten der Familie galt. Es wurde neun Tage lang vom 13. bis zum 21. Februar gefeiert. An Gräbern und Wegen legte man als Opfer Brot, Wein, Salz und Kränze nieder.

Parfüm. Als Wohlgerüche benutzte man im wesentlichen (→ Bernstein) Weihrauch; daher stammt das Wort P. (lat. *fumus* = Rauch; „Durchräucherung“); pflanzliche, an Öl gebundene Flüssigkeiten oder mit Zusätzen gebundene Salben wurden nach dem Sport zur Massage verwendet, dienten auch zur Parfümierung des Haares. P. in unserem Sinne, nämlich an Alkohol gebundene Gerüche, gab es im Altertum nicht; reinen A. haben erst die Araber des Mittelalters hergestellt. Zur Aufbewahrung der Öle und Salben dienten zierlich gestaltete Gefäße aus Ton, wertvollere aus Alabaster oder Glas.

P. Faure, Magie der Düfte, d. 1990.

Parilia, altröm. Hirtenfest; sie wurden am 21. April begangen. Man reinigte die Ställe und sprang durch Strohfeuer, durch die man auch die Herden trieb. In spätrepublikan. Zeit sah man den 21. April als den Gründungstag Roms an (Cic. *div.* 2, 98).

Paris, auch Alexandros genannt, war Sohn des Troerkönigs Priamos und der Hekabe; ihn wählten die Göttinnen Hera, Athena u. Aphrodite zum Schiedsrichter ihres Schönheitswettbewerbs (→ Eris); alle drei suchten dabei P. zu bestechen. Er entschied zugunsten von Aphrodite, die ihm dafür die schönste Frau der Erde versprochen hatte, → Helene, Gattin des Spartanerkönigs Menelaos. Mit Hilfe der Göttin konnte P. sie aus Sparta entführen; daraus entwickelte sich der → Troische Krieg, in dem P. keine allzu heldenhafte Rolle neben seinem Bruder Hektor spielte; doch tötete er Achilleus durch seinen Pfeilschuß. P. selbst starb, von einem vergifteten Pfeil des Philoktetes getroffen. – P. in der Rolle des Schiedsrichters beim Wettbewerb der Göttinnen ist eine der beliebtesten Szenen der europ. Kunst, bes. der Malerei.

C. Clairmont, Das Parisurteil in d. ant. Kunst, 1952; J. Raab, Zu d. Darst. des P.-Urteils in d. gr. Kunst, 1972.

Paris, lat. *Lutetia Parisiorum,* d. h. *L.,* die Stadt des keltischen Stammes der *Parisii,* schon in Caesars *Bellum Gallicum* nicht unwichtig, ebenso später (→ Iulianus), aber im Altertum noch nicht Hauptstadt Frankreichs. Reste aus dem Altertum gering, weil die antiken Bauten bei der Weiterentwicklung der Stadt vernichtet wurden.

Parische Chronik → marmor Parium.

Parmenides aus Elea, Schüler des Xenophanes und der eigentliche Vollender der Lehre der → Eleaten, um 500 v. Chr. verfaßte ein Lehrgedicht *Die Natur,* das durch nüchternen Rationalismus zum abstrakten Begriff vorzudringen suchte. Er unterschied zwischen wirklicher Welt u. Scheinwelt. In der wirkl. W. herrsche das Denken, der Begriff. Das Sein sei unentstanden, unvergänglich, unteilbar, vergleichbar der Masse einer wohlgerundeten Kugel. In dieser Welt gebe es kein Werden und Vergehen und auch keine Vergangenheit und Zukunft, sondern nur Gegenwart (Gegensatz: → Heraklit). Das Seiende war für P. nicht nur ein theoretischer Begriff, sondern geradezu stofflich–gegenständlich. Dagegen erlebt der Mensch seine Umwelt immer wieder als dauernden Prozeß von Wandel und Veränderung, als eine Welt der trügerischen Meinung (gr. *doxa)*. Welchen Anteil diese *doxa* an der Wahrheit hat, in welchem Verhältnis also die Scheinwelt zur wirklichen Welt steht, war schon Diskussionsstoff für die eleat. Philosophenschule (→ Zenon v. Elea). Sowohl die → Atomistik als auch die Lehren des → Empedokles sind sozusagen Gegenentwürfe zu P.' Lehre; sein Verhältnis zu Heraklit ist bis heute ungeklärt. – Eine Marmorbüste des P.

wurde 1966 bei Ausgrabungen in Elea gefunden.

W: Hg., komm. u. d. E. Heitsch, ²1991; auch FdV, 1.
L: O. Gigon, D. Ursprung d. gr. Philosophie, 1945; W. Jaeger, D. Theologie d. frühen gr. Denker, 1953; K. Reinhardt, P., ²1959; H. Fraenkel, Dichtung u. Philosophie d. frühen Griechentums, ²1962.

Parmenion, Feldherr Philipps und Alexanders d. Gr., der gemäßigte unter den Generalen. An der Spitze der 1. Verschwörung der Makedonen gegen Al. 330 v. Chr. stand Philotas, P.s Sohn, der hingerichtet wurde. Weil Al. die Rache des Vaters fürchete, ließ er auch diesen ermorden.

Parnaß, gr. *Parnassos,* ca. 2500 m hoher Gebirgszug in Mittelgriechenland, bei Delphoi, mit der korykischen Grotte, wo im Altertum wilde bakchische Feste gefeiert wurden; dem Apollon und den Musen geweiht.

par nobile fratrum, „ein edles Brüderpaar" (ironisch: ein bekanntes, berüchtigtes B.); Horaz *Satiren* II 3, 243.

Parodie, ursprünglich gr. Fachausdruck der Musik (Entstellung und Verzerrung einer Melodie), in der Literatur die verzerrende Nachahmung eines Werkes oder einzelner Teile mit Neigung zu Spott oder Kritik; von den Griechen schon früh geübt, vorzugsweise an Homer. Als „Erfinder" der P. galt → Hipponax; berühmte Beispiele unbekannter Verfasser sind der *Margites* und die *Batrachomyomachia* (→ Homerische Dichtung 4 und 5). Parodierend arbeitete gern die gr. Komödie, während Epigramme oft parodistische Literaturkritik für Kenner enthielten. Bei den Römern waren Meister der P. → Horaz (vor allem *Satire* II, 3) und → Petron. – Die P., auch im MA. verbreitet (Vagantendichtung), lebte in der Humanistenzeit wieder auf. – → Travestie.

J. W. Goethe, Über die P. bei den Alten, 1824; H. Kleinknecht, Die Gebets-P. in d. Antike, 1937; P. Lehmann, Die P. im MA., ²1963.

Parodos, (gr.) = Vorbeizug, im att. Drama das Auftrittslied des Chores beim Einzug in die Orchestra (→ *exodos; stasimon*).

Parole. Bei den Griechen wurde vor Beginn der Schlacht vom Feldherrn oft eine P. (gr. *synthemu)* als glückverheißendes und ermutigendes Feldgeschrei ausgegeben; so vor der Schlacht bei Kunaxa (410 v. Chr.): „Zeus Retter und Sieg!" – Bei den Römern gab der Feldherr im Lager für die Nacht eine P. *(tessera)* an die Offiziere aus, die von diesen durch ihre Ordonnanz den Truppen bekanntgemacht wurde.

Paros, eine Insel aus der Gruppe der → Kykladen, seit ältesten Zeiten besiedelt und wichtiger Handelsplatz, besonders reich geworden durch die Ausfuhr von Marmor, der seit dem 6. Jh. v. Chr. dort abgebaut wurde, teilweise sogar unterirdisch (→ Bergbau). Geburtsstätte des Dichters Archilochos; Fundort des sog. → *marmor Parium.*

Parthenon (Jungfrauentempel, von gr. *parthenos,* Jungfrau), hieß der Tempel der jungfräulichen Göttin Athene auf der → Akropolis. Er wurde in den Jahren 447–438 von den Architekten

Iktinos und Kallikrates erbaut und stellt in Bauausführung und der Vollendung seines plastischen Schmucks den schon im Altertum bewunderten Höhepunkt der gr. Kunst dar. Ungewöhnlich ist der Grundriß: dorisch, 8 Säulen in der Front; hinter der Cella, dem Hekatompedon, befindet sich, von der Rückhalle, dem Opisthodomos, zugänglich, noch zusätzlich ein quadratischer Raum, der eigentliche Parthenon, dessen Decke zwei ionische Säulen trugen; in ihm wurde der Staatsschatz aufbewahrt. Ungewöhnlich ist für einen dorischen Tempel auch der reiche Skulpturenschmuck. 92 reliefierte Metopen schmücken außen den Tempel, ein 160 m langer Fries läuft im Innern unterhalb des Gebälkes um die Cellamauer. Beide Giebel waren mit rundplastischen Figuren geschmückt; im Ostgiebel, von dem eine Reihe Figuren erhalten sind, war die Geburt der Athene, im fast völlig zerstörten Westgiebel der Streit der Göttin mit Poseidon um den Besitz Attikas dargestellt (zu rekonstruieren nach Zeichnungen von Reisenden des 17. Jh.). Hier wie im Fries, der den Festzug der → *Panathenaia* wiedergibt, und in den Metopen mit Kentauren–, Giganten– und Amazonenkämpfen stammt der Entwurf von einem Künstler, → Pheidias; die Ausführung aber lag in der Hand verschiedener Bildhauer. Das Kultbild, die Athena Parthenos, schuf Pheidias. – Spätestens wurde im 6. Jh. n. Chr. der P. in eine der Muttergottes geweihte Kirche umgebaut und so vor der Zerstörung bewahrt. Weitere Schicksale → Akropolis.

M. Collignon, *Le Parthénon,* Paris [2]1926; G. Rodenwaldt, W. Hege, Akropolis, [2]1958; F. Brommer, D. Giebel d. P., 1959; ders., Die P.-Skulpturen, [2]1982; ders., Die Metopen des P., II 1967; E. Buschor, Der P.-Fries, 1961; R. Carpenter, Die Erbauer des P., d. 1970.

Parther, iranisches Reitervolk, fiel unter Arsakes I. um 250 v. Chr. von den Seleukiden ab und behauptete 500 Jahre unter den Arsakiden seine Selbständigkeit. Die P. kämpften mit Glück gegen die Seleukiden, dann seit dem 1. Jh. v. Chr. gegen die Römer. Lucullus richtete nichts gegen sie aus (69 v. Chr.), Pompeius gab ihnen Gebiete bis zum Euphrat preis, und Crassus fiel gegen sie 53 v. Chr. bei Carrhae. Die in dieser Schlacht verlorenen Feldzeichen bekam Augustus 20 v. Chr. durch friedliche Verhandlungen zurück. Traian, Marcus Aurelius und Septimius Severus hatten mit den P. schwere, wechselvolle Kämpfe zu bestehen. Artabanus V. (213–224) erlag d. Neupersischen Reich (→ Sasaniden).

N. C. A. Debevoise, *Political history of Parthia,* Chicago 1938; R. Ghirshman, Iran. Parther u. Sasaniden, d. 1962; K. H. Ziegler, Die Bez. zwischen Rom u. d. Partherreich, 1964; M. A. R. Collegde, *The Parthians,* Lond. 1967; ders., *Parthian art,* Lond. 1977; K. Schippmann, Grundz. d. parth. Gesch., 1980.

parturient montes, nascetur ridiculus mus, „Gebirge wollen gebären, u. nur ein winzig Mäuslein wird zur Welt gebracht"; Horaz in der *Ars poetica (Episteln* II, 3, 139) von einem Dichter, der Großartiges verspricht und wenig hält. Übersetzung eines alten griech. Sprichworts (Diogenian 8, 75).

Parzen → Moira.

Pasiphae, Gattin des Kreterkönigs Minos und Mutter des → Minotauros, anscheinend die Tiergestalt einer Göttin (→ Tierkult).

passus = Schritt; ein röm. → Längenmaß; *mille passus* → Meile.

Patrizier *(patricii)* nannten sich die Angehörigen der ältesten röm. Adelsfamilien. Die Entstehung und die Grundbedeutung des Namens P. war schon im Altertum unbekannt („die einen Vater hatten", d. h. einen angesehenen, den sie mit Stolz nannten?). In der ältesten Zeit besaßen einige wenige Geschlechter (Mommsen, Römische Forschungen I 122f. stellte 50–60 Namen zusammen; von diesen Geschlechtern bestanden in der letzten Zeit der Republik noch ungefähr 14 mit etwa 30 Familien) die gesamte politische Macht durch Zugehörigkeit zum Senat u. Verwaltung des Consulats. Seit dem → Ständekampf teilten sie sie mit den reichen alten plebeischen Geschlechtern. Sie bildeten mit ihnen den neuen Beamtenadel, die → Nobilität, hielten sich aber auch damals als höchste Gesellschaft Roms von den anderen fern (Von den 200 Konsuln der Zeit zwischen 232 und 133 v. Chr. stammten 159 aus nur 26 Familien!). Seit dem 1. Jh. v. Chr. starben die p. Geschlechter aus. Neue P. zu ernennen wurde Caesar und Augustus durch Gesetz gestattet; Vespasian tat es als Censor. Seit Constantin wurde *patricius* als Titel durch den Kaiser verliehen. 476 erhielt Odoaker von Ostrom den Titel *p.* Das Wort P. hatte einen solchen Klang, daß man noch in der Gegenwart die alteingesessenen reichen Familien deutscher Städte als P.-F. bezeichnet.

Patroklos, Sohn des Menoitios aus Thessalien, war der ältere Freund des → Achilleus (das fast sprichwörtliche Freundespaar der Antike, schon auf gr. Vasen des 5. Jh. v. Chr. gern abgebildet). Während Achilleus im Zorn verharrte, griff P. mit seiner Erlaubnis und in seiner Rüstung in den Kampf gegen die Troer ein und wurde von Hektor getötet; Achilleus nahm furchtbare Rache.

R. v. Scheliha, 1943.

Patrologie. Geschichte der altchristl. Literatur, unter theolog. Gesichtspunkten (die Bestimmung des *Patres* der Kirche ist eine theologische). Der Name *Patristik* wird eher für die eigentlich dogmengeschichtliche Behandlung dieser Zeitepoche reserviert. → Kirchenväter.

B. Altaner, P., [7]1966; H. Kraft, Einf. in die P., 1991.

patronus (lat.), in der röm. Frühzeit das Mitglied einer patrizischen Familie als Herr seiner → Clienten. Dies Verhältnis war ursprünglich das eines Herrn gegen Untergebene; seit etwa 400 v. Chr. aber nur mehr ein Vertrauensverhältnis, das dem P. den Schutz seines Clienten vor Gericht zur Pflicht machte. Daher in der klassischen Zeit (Cicero) ganz allgemein = Vertreter vor Gericht, Verteidiger. Unterworfene Provinzen, Städte usw. übertrugen einem röm. Senator das Amt eines P., das gewöhnlich in der Familie erblich blieb. Der P. hatte die Provinz zu schützen, ihre

Gesandtschaften in Rom zu beherbergen, ihre Wünsche im Senat vorzubringen, zu unterstützen, usw. (z. B. Allobrogergesandtschaft in Ciceros 3. *Catilinarischer Rede*). – Das Wort P. wurde bei Protestanten Schimpfwort („frecher, sauberer P.") aus Abneigung gegen die Inhaber kirchlicher Patronatsrechte.

Patronymikon, ein nach dem Namen (gr. *onoma*) des Vaters (gr. *pater*) gebildeter Name, gr. meist mit –ides: *Kronides, Peleïdes,* der Kronide, Peleïde, Sohn des Kronos, Peleus. Das P. stellt bei Homer eine Art Adelsprädikat dar; Odysseus wird mit *Laërtiades,* d. h. Sohn des Laërtes, angeredet, was besagen soll: Sohn eines Vaters, den du mit Ehren nennen kannst. Doch wurde das nicht weiter ausgebildet, weil der Adel hinter dem Volk zurücktreten mußte (→ Demokratie); die Nennung des Vaternamens im Genetiv (→ Eigennamen) diente anderen, rein praktischen Zwekken. – Im Lat. fehlen Patronymika. – In manchen modernen Sprachen spiegelt sich im P. die Entwicklung des Einzelnamens zum Familiennamen wider, namentlich in den skandinavischen; der Sohn eines hervorragenden Peter, Nicolaus hieß Petersen (Persson), Nielssen. Im Deutschen wurden solche P. oft mit der lat. Genetivendung gebildet: Martini, Sohn eines Martinus; Michaelis, S. e. Michael. Im Russischen ist die entsprechende Endung *-witsch (owitsch-jewitsch),* z. B. Dimitrijewitsch, Sohn des Dimitrij (Demetrios); im Griech. *-pulos,* z. B. Keramopulos, S. des Töpfers.

Paulus, der Apostel, um Chr. Geb. in Tarsos in Kilikien als Sohn jüdischer Eltern geb., die das röm. Bürgerrecht (→ *civis Romanus sum)* besaßen; wohl von Kindheit an doppelnamig (hebr. Schaul, d. h. der Erwählte, lat. *Paulus,* d. h. Klein; → Isidor), in jüdischer Frömmigkeit, aber doppelsprachig (aramäisch u. griechisch) erzogen, der Sprache nach eher Grieche (las das alte Testament in der Übersetzung der → *Septuaginta*), aber ohne Bildung in einer griech. Grammatiker- und Rhetorenschule (gleichwohl zitiert er, wenn auch ungenau, den Aratos, → Lehrgedichte); wurde aus einem fanatischen Gegner ein ebensolcher Anhänger des neuen Glaubens; für diesen als Märtyrer in Rom (zwischen 64 und 68) gestorben. Hauptwirksamkeit durch Reisen und Briefe. Die Briefe, deren Echtheit heute bis auf wenige nicht mehr umstritten ist, waren nicht für die Öffentlichkeit geschriebene Literatur, sondern Zeugnisse unmittelbarer und lebensnaher Anrede an die Gemeinden und an einzelne. Der Briefwechsel zwischen P. und Seneca wohl erst im 3. Jh. verfaßt.

J. Holzner, P. [23]1953; J. N. Sevenster, P. u. Seneca, 1961; M. Pohlenz, P. u. die Stoa, 1949, neu 1964; B. Rigaux, P. u. s. Briefe, d. 1964; G. Faber, Auf d. Spuren des P., 1968; G. Bornkamm, 1969; E. Bradford, Die Reisen d. Ap. P., d. 1974 u. 1979.

Pausanias war nach dem Tode des → Leonidas für dessen unmündigen Sohn Führer der spartanischen Politik. Er siegte 479 v. Chr. bei → Plataiai, machte sich aber durch sein hochfahrendes Wesen verhaßt, indem er auf das Siegesdenkmal (→ Schlangensäule) nur sein Lob setzte. Später erweckte er den Verdacht, im

Verein mit den Persern ganz Griechenland unterwerfen zu wollen. Er wurde von der Flotte, die er bei Byzanz befehligte, abberufen. Durch einen Boten, den er an den Perserkönig abschicken wollte, kam sein Hochverrat an den Tag. P. flüchtete 468 in den Tempel der *Athena Chalkioikos* „A. im Bronzehaus"; spärliche Reste jetzt aufgedeckt) in Sparta, wo er von den Spartanern eingeschlossen wurde; man ließ ihn dort verhungern.

Pausanias, König von Sparta 408–394 v. Chr., Enkel des vorigen, führte am Ende des Peloponnesischen Krieges die Operationen gegen Athen. Als Verfechter einer gemäßigten Politik trat er gegen Lysandros auf, der als Führer der Extremisten die blutige Herrschaft der 30 Tyrannen in Athen stützte. Nach deren Sturz ließ P. die gemäßigte Demokratie wieder zu. Er starb in der Verbannung.

Pausanias, Schriftsteller des 2. Jhs. n. Chr., der nach langen Reisen eine Periëgesis (d. h. Reisebeschreibung) in 10 Büchern verfaßte. In diesem Führer durch Griechenland finden sich viele nützliche und wissenswerte Angaben und Erzählungen, die unsere Kenntnis der antiken Religion, Geschichte und Landeskunde, besonders aber der antiken Kunst sehr erweitert haben. Wenn er auch nicht immer zuverlässig ist, so sind doch seine Schilderungen der großen antiken Kunststätten höchst wertvoll, also besonders seine Beschreibung von Attika (Buch 1), Elis mit Olympia (5–6) und Phokis mit Delphoi (10). Die von P. gewählte Reiseroute entspricht der heute noch üblichen eines modernen Reisenden. → Reisehandbücher.

W: Hg. F. Spiro, 1903, neu 1959–67; hg. u. engl. W. H. S. Jones, H. A. Ormerod, London V, 1931–35. – *Ü:* E. Meyer, III [3]1986–88. *L:* Ch. Habicht, 1985.

Pegasos, (von gr. *pege* = Quelle?), ein (meist) geflügeltes Roß, entstanden aus dem Rumpf der Medusa (→ Perseus), schuf durch einen Hufschlag die Quellen *Hippu krene* = Roßquell auf dem Helikon und die *Peirene* bei Korinth, trug Bellerophon im Kampfe gegen die → Chimaira; als Sternbild verkörpert P. auch den Blitz und Donner des Zeus; erst in der Neuzeit Dichterroß, da der Helikon den Musen heilig.

N. Yalouris, 1987.

Peiraieus, lat. *Piraeus,* der größte Hafen Athens, von Themistokles angelegt; bald höchste Blüte, einer der ersten oder der erste Hafen der Zeit; die Hafenstadt um 440 von Hippodamos (→ Stadtanlagen) umgebaut; mit Athen durch die → Langen Mauern verbunden; von Sulla 86 v. Chr. zerstört; später wieder aufgebaut, aber nie wieder im alten Wohlstand; nach 1456 so maßlos verkommen, daß die Hafen„stadt" nur aus ein paar Hütten bestand und der alte Name P. vergessen war; seit 1835 in stetigem Aufschwung, heute mit rund 500000 Einw. die zweitgrößte Stadt Griechenlands und der wichtigste Hafen des Landes. – Im Jahre 1959 wurden bei Bauarbeiten am Hafen aufsehenerregende Funde gemacht, deren wichtigster eine Bronze-Statue der Athene war; möglicherweise kann sie mit der von Plinius (*n. h.* XXXIV, 74) beschriebenen Figur identifiziert werden (dort zum Export gelagert oder vor einer Plünderung versteckt; heute im Arch. Mus. Piräus).

M. Paraskevaides, Ein wiederentdeckter Kunstraub der Antike? (P.–Funde 1959), 1966; C. T. Panagos, *Le Pirée*, Paris 1968.

Peisistratos, vornehmer altadliger Athener, der sich zuerst im Kampf um die Insel Salamis auszeichnete. In den Ständekämpfen, die auch nach der Gesetzgebung Solons fortdauerten, besetzte er 560 v. Chr. als Führer der extremen Demokraten, der Diakrier, die Burg und wurde → Tyrann. Zweimal vertrieben, konnte er wieder zurückkehren und regierte bis zu seinem Tod 528. Er war ein sehr weitschauender, kluger Herrscher. Die solonischen Gesetze ließ er bestehen und unterstützte besonders den handeltreibenden Mittelstand und die unteren Schichten. Durch die Beziehungen zu den Tyrannen auf den Inseln und in Kleinasien legte er den Grund zu der späteren Handelsmacht Athens. Ebenso wichtig war seine Unterstützung der Religion, Kunst und Dichtung. Er richtete die → Panathenäen und die großen → Dionysien ein, an denen die Theateraufführungen stattfanden. Auch die Aufzeichnung der homerischen Gedichte wird ihm zugeschrieben. Durch ionische Künstler, die er nach Athen zog, schmückte er die Stadt mit Bauten und Kunstwerken; der Vorläufer des Parthenons, das *Hekatompedon* = 100-Fuß-Tempel, und die älteste Wasserleitung Athens, die *Enneakrunos* = 9-Röhren-Brunnen, stammten von ihm. So begründete er die spätere überragende Stellung Athens auf allen Gebieten der Wirtschaft, Kunst und Wissenschaft. → Tyrannis.

Pelasger, bei Homer in Thessalien, nach den späteren gr. Autoren ein allgemein über Griechenland verbreitetes Volk; anscheinend jedenfalls ein Sammelname für vorgriech. Bevölkerungsgruppen. Ein altes Mauerstück auf der Akropolis von Athen heißt heute noch „Pelasg. Mauer".

Peleus, König von Phthia (Thessalien), errang sich die Nereide Thetis zur Gemahlin; bei der Hochzeit erregte → Eris den verhängnisvollen Streit der Göttinnen. P.' Sohn ist → Achilleus. – Abbildung der Hochzeitsfeier auf der berühmten → François-Vase.

R. K. Davis, *P. and Thetis*, Oxf. 1924.

Pelopidas, vornehmer Thebaner, der vor der spartanischen Besatzung auf der Kadmeia und den von ihr eingesetzten Oligarchen nach Athen flüchtete u. von dort aus 379 v. Chr. Theben befreite; mit Epameinondas zusammen die Seele und Hauptstütze der → Hegemonie Thebens. Er führte hauptsächlich Krieg gegen die nördlichen Nachbarn der Thebaner und fiel 364 gegen die Makedonen.

Peloponnes (gr. *Peloponnesos*) = Südgriechenland. Der Name P. bedeutet „Pelops(halb)insel"; → Pelops.

Peloponnesischer Bund. Nach dem 2. messenischen Krieg (→ Messenien) verzichteten die Spartaner auf Unterwerfung weiterer Landschaften. Sie begnügten sich, mit den Nachbarstaaten Bündnisse abzuschließen, auf Grund deren sie im Krieg die Führung übernahmen und die Stärke der Streitkräfte bestimmten, die jeder Staat zu dem spartanischen Heer stellen mußte. Ferner führten sie den Vorsitz im Bundesrat, in dem alle Bundesmitglieder vertreten waren. Dem Bund gehörten alle peloponnesischen Staaten außer Argos und Achaia an. Auf diese Weise besaßen die Spartaner die Hegemonie nicht nur in der Peloponnes; ihr Einfluß reichte weiter, da sie über die stärkste Militärmacht Griechenlands verfügten. Freilich gelang es ihnen wegen des Aufstiegs Athens nicht, ganz Griechenland unter ihrer Führung zu einigen. Der → peloponnesische Krieg schwächte die Kraft des Bundes so, daß er bald darauf auseinanderbrach (371; → Leuktra).

Peloponnesischer Krieg zwischen Athen und Sparta, 431–404 v. Chr., nach Dauer und verwüstender Wirkung der 30jährige Krieg der Antike (alle Gegner, auch die Sieger, hatten nur Schaden), zerfällt eigentlich in zwei Kriege: Der sog. Archidamische Krieg (431–21) u. der Dekeleische Kr. (413–404). Seit aber →Thukydides beide Teile als eine Einheit behandelte, sind ihm alle antiken und modernen Historiker darin gefolgt. In der Darstellung des 1. Teils sind wir ganz von Thukydides abhängig; die Ereignisse seit 411 schildert Xenophon. Thukydides schied (zum 1. Male) zwischen wirklichem Kriegsgrund und äußerem Anlaß. Der Kriegsgrund war die Rivalität zwischen Sparta und Athen und ihr geheimer Kampf um die →Hegemonie in Griechenland, äußere Anlässe waren die Streitfälle um Kerkyra (Korfu) und Potidaia sowie die gegen → Megara verhängte Handelssperre. Die ersten Jahre brachten infolge der vorsichtigen Strategie des Perikles keine Entscheidung. 429 starb Perikles an der Pest. Seine Nachfolger waren ihm nicht ebenbürtig. 425 wurden 120 Spartaner auf der Insel Sphakteria von Kleon gefangen; über die Bedeutung dieses Verlustes → Sparta. 424 nahm Brasidas Amphipolis in Thrakien ein. Die allgemeine Kriegsmüdigkeit führte zum Frieden des Nikias (421). Die Zeit bis 413 war ein fauler Friede; die Gegner beobachteten sich argwöhnisch und rüsteten. 415 begann Athen aus wirtschaftlichen und politischen Gründen (Erweiterung des Seebundes nach dem Westen) die → sizilische Expedition, die 413 mit der Vernichtung des glänzenden Expeditionsheeres endete. Sparta hatte Syrakus durch Gylippos und Truppen unterstützt. Inzwischen war durch die spartanische Besetzung der athenischen Festung Dekeleia (3 Meilen vor Athen) der direkte Krieg wieder ausgebrochen. Unter dem Eindruck der sizilischen Niederlage brach in Athen 411 die Demokratie zusammen; eine gemäßigte Aristokratie (nur 5000 Bürger hatten das volle Bürgerrecht, die Regierung führte ein Rat der 400) wurde eingesetzt. Doch trat diese neue Regierung noch im gleichen Jahre zurück, da die Flotte vor Samos unter Thrasybulos sich gegen sie erklärte. Alkibiades, der seit dem → Hermokopidenprozeß in der Verbannung gelebt hatte, kehrte zurück. Seine erneute Verbannung nach den ersten Mißerfolgen (gegen Lysandros 405) und das völlig ungerechte Urteil im Arginusenprozeß (→ Sokrates) zeigte die zunehmende Nervosität der Athener. Die letzte athenische Flotte erlag dem Lysandros bei → Aigos Potamoi 405. Athen mußte sich 404 ergeben und erhielt die Regierung der 30 Tyrannen, an der Spitze → Kritias. Es wurde aller Besitzungen beraubt, die → Langen Mauern wurden geschleift, die Flotte bis auf 12 Schiffe ausgeliefert. Die Spartaner waren die Herren Griechenlands. Aber auch sie waren so geschwächt, daß im Grund das Jahr 404 das Ende der gr. Selbständigkeit bedeutet; es fehlte nur ein Eroberer, der sich der leichten Beute bemächtigte; → Philippos von Makedonien.

B. W. Henderson, *The great war between Athens and Sparta,* Lond. 1927; H. Brauer, die Kriegsschuldfrage . . ., 1933.

Pelops, Sohn des → Tantalos, kam nach Elis in Griechenland. Der König von E., Oinomaos, hatte ein Orakel erhalten, er werde durch einen Freier seiner Tochter Hippodameia sterben. Da er Pferde besaß, die schneller als der Wind liefen, forderte er jeden Bewerber um die Hand Hippodameias zur Wettfahrt auf und gewährte ihm eine Vorgabe; holte er ihn dann ein, so erstach er ihn von hinten mit einer Lanze. Aber P. ließ auf Hippodameias Rat in den Rennwagen des Königs an den Naben statt der Metallnägel wächserne setzen. Als die Achsen sich erhitzten, schmolz das Wachs, die Räder fielen ab, und P. gewann H. und Elis. Später wurden die Pelopiden in → Mykenai sehr mächtig. – Historischer Kern der Sage: Brautraub und Heirat eines kleinasiatischen Prinzen in Griechenland, was nach unserer jetzigen Kennntnis im 2. Jahrt. v. Chr. durchaus möglich war (→ Niobe). – Darstellung am Ostgiebel des Zeustempels in Olympia (jetzt Museum).

Peltasten → Infanterie.

Penaten → Di Penates.

Penelope, Gemahlin des → Odysseus, dem sie während seiner zwanzigjährigen Abwesenheit die Treue hielt, obgleich sie von vielen Freiern umworben und zur Heirat gedrängt wurde; ihr Name war schon im Altertum sprichwörtlich für edle Gattentreue, ihre Gestalt wurde häufig auf Gemälden, aber auch auf der Opernbühne dargestellt (Scarlatti, Cimarosa, Fauré, Liebermann).

R. u. M. Alain-Peyrefitte, *Le mythe de Pénélope,* Paris 1949.

Pentakosiomedimnen → Solonische Verfassung.

Pentameter, gr. *pentametros,* = „Fünfmaß“, bezeichnet an sich jeden Vers von 5 Füßen (→ Metrik), gewöhnlich aber einen Vers aus $2^1/_2 + 2^1/_2$ → Daktylen, der ganz selten allein, meist mit vorausgehendem daktylischem → Hexameter erscheint; → Distichon.

pentathlon (gr.), Fünfkampf, nämlich Weitsprung, Wettlauf, Speer- und Diskuswurf, Ringen; → Sport.

Pentekontaetie (gr.), Zeit von 50 Jahren, d. h. 480–430 v. Chr., zwischen den Perserkriegen und dem peloponnesischen Krieg, Glanzzeit Athens unter Perikles. Der Begriff ist von → Thukydides gebildet, der am Anfang seiner Geschichte des Pelop. Kr. die P. kurz beschrieb.

Penthesileia, Tochter des Ares, Königin der → Amazonen, kam mit ihren Gefährtinnen den Troern zu Hilfe und kämpfte gegen die Griechen; sie fiel von der Hand des → Achilleus, der sich in die Sterbende verliebte. Ihre Gestalt wurde gern schon auf Vasenbildern des 5./4. Jh. v. Chr. abgebildet, ihr Schicksal von H. v. Kleist frei nachgestaltet (*Penthesilea,* 1808).

Pentheus, König von Theben, Enkel des Kadmos, beobachtete, was Männern verboten war, die Feier der → Bakchen, wurde entdeckt, von den B. im Rausche für ein Tier gehalten und von ihnen, darunter seiner eigenen Mutter Agaue, zerrissen. Sein Schicksal ist in Euripides' Drama *Die Bakchen* dargestellt, v. H. W. Henze in seiner Oper *Die Bassariden* 1966 wieder aufgegriffen.
L. Curtius, P., 1929.

per aspera ad astra, „über rauhe (Pfade steigt man empor) zu den Sternen", durch Nacht zum Licht; lat. Sprichwort unbekannten Ursprungs; es ist wohl im Anschluß an verschiedene Stellen antiker Autoren geschaffen worden, die den Gedanken ähnlich aussprechen.

Pergament → Beschreibstoffe.

Pergamon, in der Landschaft Mysia, ursprüngl. kleine befestigte Ansiedlung auf einem Berge mit gemischter Bevölkerung (Xenoph. *An.* 7, 8, 8). In den Diadochenkämpfen fiel die Stadt an Lysimachos von Thrakien, der in dem stark befestigten P. seinen Staatsschatz aufbewahrte. Der Kommandant der Festung, Philhetairos, aber ging zu Seleukos, dem König von Syrien, über und machte sich nach dessen Tode, um 280 v. Chr., zum Herrscher eines eigenen Reiches. Unter seinen Nachfolgern, von denen Attalos I. den Königstitel annahm, ist vor allem Eumenes II. zu nennen, unter dem das Reich die größte Ausdehnung gewann und die Stadt mit den prächtigsten Bauten geschmückt wurde. Unter ihm wurde auch die berühmte Bibliothek gegründet. Attalos III. vermachte sein Reich 133 testamentarisch den Römern. P. wurde Hauptstadt der röm. Provinz Asia. – Die dt. Grabungen seit 1878 haben uns in P. eine bedeutende hellenist. Stadt kennen gelehrt, von der durch die Gunst der Umstände (Lage am terrassierten Berghang) verhältnismäßig ansehnliche Ruinen sich erhalten haben. Auf der obersten Terrasse befanden sich neben Magazinen und Truppenunterkünften die unter verschiedenen Herrschern erbauten und prächtig ausgeschmückten Paläste; etwas unterhalb lag der Tempel des Traianus und der des Caracalla sowie der Athena-Bezirk, der ebenfalls einen kleinen Tempel barg. Den Bezirk um diese Tempel grenzte Eumenes II. im Norden und Osten mit Säulenhallen *(Stoa)* ab. Hieran schlossen sich im Norden die Räume oder → Bibliothek (etwa 200000 Rollen!) an. Statuarische Gruppen besiegter Gallier, die Attalos I. zur Erinnerung seines Sieges aufgestellt hatte, bildeten die Mitte des Athenabezirkes. Gleichfalls von Eumenes zur Verherrlichung seines Galliersieges errichtet, war der berühmte Zeusaltar, den die *Offenbar. Joh.* 2, 13 als „Satans Stuhl" (→ Altar) bezeichnet. Der kolossale Bau (36 mal 34 m) hatte am Sockel umlaufend einen Reliefries mit überlebensgroßen, von barockem Pathos erfüllten Figuren sich bekämpfender Götter und Giganten (heute im Berliner Pergamon-Museum), der die Überwindung der Gallier durch Eumenes versinnbildlichen sollte. Ein Theater am Hang unterhalb des Athenabezirkes und ein Demeterheiligtum, ein Markt mit weiteren Tempeln und 3 Gymnasien befanden sich auf der unteren Terrasse. In der Ebene befand sich ein weiterer Markt und die Bauten der röm. Stadt (Theater, Amphitheater) und schließlich außerhalb des Stadtgebietes das Asklepieion, das sich aus bescheidenen Anfängen im 4. Jh. im 2. Jh. n. Chr. zu einem monumentalen Komplex mit Liegehallen, Tempel, Badehaus und Theater entwickelt hatte; eine 18 m breite Prachtstraße mit beiderseitigen Säulenhallen führte zu diesem Kur-Zentrum. P. war damals ein bedeutender Kurort wie auch Vaterstadt eines der berühmtesten Ärzte des Altertums, des Galenos (→ Heilkunde). – Früh fand das Christentum in P. Eingang. 716 wurde die Stadt von den Arabern zerstört. Von den Byzantinern z. T. wiederaufgebaut und befestigt (die Friesplatten des Zeusaltars wurden 873 aus der byzant. Festigungsmauer geborgen). → Wasserleitung.

Altertümer v. P., hg. Dt. Arch. Inst. Berlin, bisher 15 Bände, 1885 ff.; Th. Wiegand, Ausgrabungen in P., 1927; O. Deubner, D. Asklepieion v. P., 1938; H. Kähler, D. große Fries v. P., 1948; ders., P., 1949; E. Rohde, D. Altar v. P., 1961; E. M. Schmidt, Der große Altar zu P., 1961; C. Humann, Der P.-Altar, hg. E. Schulte, 1963; V. E. Hansen, *The Attalids of P.*, Lond. [2]1971; E. Simon, P. u. Hesiod, 1975; H. J. Schalles, Der P.-Altar, 1986.

Periandros erbte von seinem Vater Kypselos die Tyrannis in Korinth und regierte 627–585 (?) v. Chr. (doch → Kypselos); unter ihm erlangte Korinth seine größte wirtschaftliche und politische Macht in der archaischen Zeit, die auch zur Gründung von Kolonien führte. P. ist wohl der mächtigste gr. Herrscher seiner Zeit gewesen. Wie die meisten Tyrannen liebte er Kunst und Wissenschaft und wurde sogar zu den → Sieben Weisen gerechnet; bekannt ist seine Freundschaft mit Arion. Als Herrscher war er sehr mißtrauisch und führte, gestützt auf eine starke Söldnerschar, ein hartes Regiment. Seine Herrschaft vererbte er seinem Neffen Psammetichos, der 582 vertrieben wurde.

Perikles, aus dem alten athenischen Adelsgeschlecht der Alkmaioniden, kurz nach 495 v. Chr. geb., Großneffe des → Kleisthenes, führte 462 mit Ephialtes wichtige demokratische Neuerungen durch: Bezahlung für Staatsämter, die auch dem ärmsten Bürger deren Übernahme ermöglichte, Aufhebung der politischen Rechte des Areopags. Diese Neuerungen bedeuteten den Sieg der demokratischen Idee in Athen. Seit 450 wurde P. als Führer der dem. Partei ohne eigentliches Amt (seit 443 bekleidete er das an sich unwichtige Amt eines Strategen) der Leiter der athenischen Politik. Er verlegte 450 den Bundesschatz (→ Attischer Seebund) von Delos nach Athen und verwendete die Gelder auch für athenische Zwecke, besonders zum glänzenden Ausbau der Burg, die nicht mehr Festung, sondern Nationalheiligtum sein sollte; → Akropolis. In der Politik wollte er den attischen Seebund durch strenge Bestrafung aufsässiger Bundesgenossen und Ablösung der Schiffsgestellung durch Geldbeiträge in einen athenischen Bundesstaat umwandeln. Dazu suchte er mit Sparta Frieden, den er 445 auf 30 Jahre, eine damals unerhörte Dauer, abschloß. In diese Zeit fällt auch die Anregung des P., einen Nationalkongreß aller gr. Staaten nach Athen zu berufen, um in gemeinsamer Arbeit die von den Persern zerstörten Tempel wieder aufzubauen. Das eigentliche Ziel des Kongresses, die Befriedung Griechenlands, scheiterte an der Weigerung Spartas. Ferner erstrebte P. die Festigung des athenischen Einflusses durch Koloniegründung in Amphipolis und → Thurioi. Mit der gleichen Umsicht und Vorsicht traf er die Maßnahmen zu der unvermeidlichen Auseinandersetzung mit Sparta, die 431 begann. Zunächst ging er einer Entscheidung aus dem Wege; er nahm die Bevölkerung Attikas zwischen den → Langen Mauern auf und schädigte die Spartaner durch die Kriegsflotte. Während der Pest 430 wagten sich die ersten Ankläger an ihn heran. Man belangte seine Umgebung (Anaxagoras, Pheidias, Aspasia); er selbst wurde wegen Unterschlagung öffentlicher Gelder verurteilt (→ Kleon). Obwohl er bald rehabilitiert wurde, war seine Lebenskraft gebrochen. Er starb 429 an der Pest. – Seit Thukydides in seiner Geschichte uns die Größe des Mannes geschildert hat, gehört ihm die bewundernde Liebe der Nachwelt. Man nennt die Glanzzeit Athens das perikleische Zeitalter. Handel und Gewerbe erreichten unter ihm die höchste Blüte. Kunst (Akropolis; Pheidias), Literatur (Tragödie) und Wissenschaft (Anaxagoras; Sophistik) nahmen einen nie geahnten Aufschwung. Man sah nicht umsonst schon im Altertum (→ Attizismus) diese Zeit als die klassische Periode gr. Kultur an und ahmte sie nach. Auch politisch besaß Athen unter dem genialen Staatsmann eine ansehnliche Machtfülle. Die Beiträge der ehemaligen Bundesgenossen verschafften den athenischen Handwerkern durch die Bauten namentlich auf der Akropolis, aber auch im Peiraieus (→ Stadtanlagen) lohnende Beschäftigung, die Bezahlung der Staatsämter gab vielen anderen den Lebensunterhalt. Athen war damals, wie Thukydides es glänzend formuliert hat, offiziell eine Demokratie, in Wirklichkeit stand es „unter der Führung des ersten Mannes“ (II, 65, 9). – Eine Porträtbüste von Kresilas (Kopie u. a. in den Vatikan. Museen, Rom u. im Pergamon-Museum, Berlin) zeigt P. mit dem Helm, den er gern trug, weil er wegen seiner eigentümlichen Kopfform der „Zwiebelkopf“ genannt wurde.

P. Cloché, *Le Siècle de P.,* Paris 1949; V. Ehrenberg, Sophokles u. P., 1956; K. Dienelt, D. Friedenspolitik d. P., 1958; F. Schachermeyr, 1969; ders., Geistesgesch. d. perikl. Zeit, 1971; J. Schwarze, Die Beurteilung des P. durch die att. Komödie . . ., 1971; C. M. Bowra, *Periclean Athens,* Lond. 1971; G. Wirth (Hg.), P. u. s. Zeit, 1979; D. Kagan, P., d. 1992; Ch. Schubert, 1994.

Periöken (gr. *perioikoi*), die „Umwohnenden“, die Kleinbauern, Handwerker und Händler in Sparta und anderen Staaten, deren Entstehung als Klasse im Staat nicht ganz geklärt ist. Sie waren Bürger minderen Rechts.

Vielleicht sind die ältesten P. die Urbewohner von Sparta, das schon vor der dorischen Wanderung eine bedeutende Stadt war (Menelaos).

Peripatetiker (genannt nach dem *peripatos,* einem gedeckten Wandelgang in einem Gymnasion), die Schüler des → Aristoteles, der dort seine Diskussionen mit Schülern und Anhängern offenbar gern im Auf- und Abwandeln führte (gr. *peripatein;* die →Philosophenschulen pflegten entweder nach dem Namen des Gründers oder dem Ort ihrer Zusammenkünfte benannt zu werden). Wie bei ihrem Meister, so zeigte sich auch bei den Schülern mehr der Zug nach wissenschaftlicher Einzelforschung als nach reiner Philosophie. In Naturwissenschaft, Geschichte und Literatur haben sie wertvolle Untersuchungen geliefert. Die bedeutendsten waren → Theophrastos; Aristoxenos von Tarent, Verfasser einer berühmten Musiktheorie; Dikaiarchos, Verf. der ersten gr. Kulturgeschichte (verloren). Schon im 3. Jh. v. Chr. ging die Schule zurück. Erst als man im 1. Jh. n. Chr. die → Bibliothek des Aristoteles wieder auffand, lebte sie in zahlreichen Aristoteles-Kommentatoren auf.

W: F. Wehrli, D. Schule d. Aristoteles, X 1967–69.

L: Grayoff, *Aristotle and his school,* Lond. 1974.

Periplus (gr.), die „Umfahrt“, ein Schiffstagebuch oder Fahrtbericht, der bei wiederholter Reise als Orientierungshilfe dienen konnte. Da antike Seerouten aus Sicherheitsgründen in der Regel an den Küsten entlang führten, haben solche Berichte meist die Form von Küstenbeschreibungen, zählen Städte, Häfen u. Landungsmöglichkeiten auf, geben Entfernungen oft in Tagesfahrten an. Eine der ältesten Beschreibungen verfaßte im 6. Jh. v. Chr. Skylax v. Karyanda, von dem wohl → Hekataios u. → Herodot ihre Nachrichten über den Nahen Osten übernahmen. Die Züge Alexanders d. Gr. verschafften solchen Berichten neues Material; ein Beispiel ist das Fahrttagebuch des → Nearchos. Von Reisen in den Atlant. Ozean berichtete → Pytheas, über eine Expedition an der afrikan. Küste → Hanno. Auch über → Reisen und → Handelswege bis nach → Indien u. → China informieren uns solche Periploi häufig. – → Schiffahrt.

Ü: Antike Entdeckerfahrten (2 Reiseberichte) hg. O. Seel, 1961.

L: R. Güngerich, D. Küstenbeschreibung in d. gr. Lit., 1950.

Peristyl(haus), gr. *peristylon,* lat. *peristylium.* Der Kern des P. war ein Garten, meist mit Wasserbassin, oder ein gepflasterter Hof, der auf mehreren oder allen vier Seiten von einer Säulenhalle umgeben war. Auf diese öffneten sich die Zimmertüren, und die Zimmer erhielten von daher Licht und Luft. Fenster nach der Straße hin fehlten (wie noch heute bei jedem arabischen Dorfhaus), oder sie waren winzig. Das gr. P. bedeutet eine Weiterentwicklung d. → Megaronhauses. Hauptsache war die Möglichkeit, sich in den Säulenhallen in frischer Luft, aber vor der Sonne geschützt, aufzuhalten. – In Italien hat man das P. an das einheimische Atriumhaus (→ *atrium*) angegliedert, so in Pompeii. Doch entwickelte sich daneben auch das heute übliche Haus, das sein Gesicht nicht, wie das P., nach innen, sondern nach der Straße zukehrt; → Fenster; Haus.

Persephone oder **-phoneia,** die lat. Form lautet *Proserpina;* bei Homer Gattin des Hades, Herrscherin über Frauen in der Unterwelt; später Tochter der → Demeter, war von Hades in die Unterwelt entführt worden und wurde von ihrer Mutter lange gesucht; endlich wurde vertraglich vereinbart, daß P. ein Drittel des Jahres in der Unterwelt bei Hades, die andere Zeit auf dem Olymp verbringt. P. wurde neben ihrer Mutter ebenfalls als Vegetationsgöttin verehrt und von den Athenern freundschaftlich einfach „das Mädchen" genannt (→ kore). – Der Raub der P. ist ein gern verwandtes Motiv der europ. Malerei (Brueghel, Rembrandt, Rubens), aber auch vieler Dramen, Gedichte und Operntextbücher (Monteverdi, Saint-Saens).

H. Anton, Der Raub der Proserpina, 1967; G. Zuntz, *Persephone,* Oxf. 1971.

Persepolis, pers. *Parsakarta,* d. h. Perserburg, Nebenresidenz der Achaimeniden; das dortige Schloß 331 v. Chr. von Alexander d. Gr. zur Rache für die Zerstörung Athens (480 v. Chr.) verbrannt; Ruinen → Perser.

E. Schmidt, Chicago II 1953–57; H. Luschey, Die Erforschung von P., 1970.

Perser. Idg., streitbares, im Reiten und Bogenschießen geübtes Bergvolk, seit der Wanderung aus der idg. Urheimat in dem Bergland östlich des Tigris. Die große Geschichte des Volkes begann mit → Kyros. Dessen Sohn Kambyses eroberte Ägypten; das war, bei der großen Entfernung der beiden Länder, eine militärische Leistung allerersten Ranges. Nach einem kurzen Interregnum gewann der 1. Achaimenide, → Dareios, den Thron, der die innere Organisation des Riesenreiches durchführte. Er und sein Sohn Xerxes kämpften ohne Erfolg gegen die Griechen. Andrerseits führten auch die gr. Angriffskriege gegen die P. (→ attischer Seebund) zunächst zu keinem Ergebnis. Vielmehr bewirkten Ohnmacht und Geldmangel der gr. Staaten, daß der pers. Einfluß in Griechenland zunahm; dessen Höhepunkt bildete der Friede des Antalkidas (386 v. Chr.). Gleichzeitig hatte das P.-Reich schwache Herrscher; die Macht besaßen die Satrapen. In Griechenland erscholl der Ruf nach dem Krieg gegen den Nationalfeind, den Alexander schließlich unternahm; er eroberte das P.-Reich. Doch erstand es in gewisser Weise im Diadochenreich des Seleukos mit gr. Einschlag von neuem. Für die nächsten Jahrhunderte traten die P. zurück; sie wurden z. T. hellenisiert. Erst im 3. Jh. n. Chr. entstand wieder ein selbständiges P.-Reich under den → Sasaniden (→ Parther). – Die Kriege zwischen Griechen des Mutterlandes und Persern wurden durch die Hilfe, die Athener und Eretrier den ionischen Griechen im Ionischen Aufstand schickten, und durch → Hippias hervorgerufen. Der innere Grund war das Streben der P.-Könige nach Ausbreitung ihres Reiches. Die Hauptkämpfe, die gegen Dareios und Xerxes, schildert → Herodot. Dareios schickte 492 v. Chr. eine Flotte unter Mardonios, die am → Athos scheiterte.

Auch der Perserzug von 490 mißglückte (→ Marathon). Nach dem Tod des Dareios (485) zog sein Sohn Xerxes nach großartigen Vorbereitungen (Verträge mit Thrakien, Makedonien, Thessalien und vielen griech. Staaten; Verpflegungslager auf dem Wege; → Athoskanal) mit der gesamten persischen Streitmacht (Heer u. Flotte) an der Küste des Ägäischen Meeres entlang nach Griechenland. Der Versuch des Leonidas, die →Thermopylen zu sperren, mißlang; Leonidas fiel. Die Athener mußten ihre Stadt aufgeben, die zerstört wurde („Perserschutt" → Akropolis); die Frauen und Kinder wurden nach Salamis und Aigina gebracht, die Männer verteidigten sich hinter „hölzernen Mauern", mit der Kriegsflotte, die Themistokles in den letzten Jahren hatte bauen lassen. Nach den anfänglichen Erfolgen der Perser entschied 480 v. Chr. die Seeschlacht bei der Insel Salamis, 479 die Landschlacht bei Plataiai für die Griechen. Seitdem gaben die Perser den Angriffskrieg auf; Athen und Sparta gingen aggressiv vor; erster Sieg bei Mykale in Kleinasien 479 v. Chr. Hauptsiege der Griechen waren die Doppelsiege (zu Wasser und zu Lande) am Eurymedon in Kleinasien 466 und bei Salamis auf Kypros 449; diese Schlacht bei Salamis beendigte die P.-Kr. – In der Kunst schufen die P., wenngleich in starker Abhängigkeit von Mesopotamien, dann von Griechenland, Bedeutendes und Monumentales. Ganz erstaunliche Reste vom Thronsaal des Artaxerxes Mnemon, von 404 v. Chr., sieht man im Louvre in Paris. Eindrucksvoll sind die großen Felsreliefs. Die P. glätteten ganze Felswände und schmückten sie mit Reliefs, die aus dem gewachsenen Felsen herausgearbeitet wurden; daneben eingemeißelte Inschriften erläutern ihren Inhalt. Das bekannteste dieser Reliefs zeigt Dareios I. (521–485 v. Chr.), wie er über Gaumata und andere triumphiert; es findet sich in Bisutun an einer uralten, im 1. Weltkrieg auch von deutschen Truppen begangenen Heerstraße. Die Ruinen in → Persepolis werden als die großartigsten geschildert, die es aus dem Altertum überhaupt gibt. Auf die europ. Kultur haben die P. besonders als die ersten Blumenzüchter (→ Garten; Paradies) gewirkt; ihre Blumenfreude übertrugen sie auch auf die Muster ihrer Teppiche. Weiter kamen das Haushuhn, der → Pfirsich und die → Taube zu uns aus Persien. Ihre Sitte, den Herrscher auf Münzen abzubilden (→ Dareikos), ging auf die Münzen der Diadochen, dann der röm. Kaiser über und hat sich in den Monarchien bis heute erhalten (→ Münzbilder). Auf einem Gebiete waren die P. sogar äußerst fortschrittlich: → Post.

H. H. v. d. Osten, D. Welt d. Perser, [5]1965; R. Ghirshman, Iran, Perser u. Sasaniden, 1962; ders., Iran, Protoiranier, Meder u. Achämeniden, 1964; E. Porada, Alt-Iran, 1962; A. Godard, D. Kunst des Iran, 1963; A. U. Pope, *Persian Architecture,* Lond. 1965; A. Bausani, Die Perser, d. 1965; W. Kierdorf, Erlebnis u. Darstellung der Perserkriege, 1966; E. Herzfeld, *The Persian Empire,* Wiesb. 1968; G. Walser, Hellas u. Iran 1984.

Perseus, Sohn der → Danae und mit ihr zusammen in einem Kasten auf dem Meer ausgesetzt, wurde gerettet; der Kasten wurde nämlich auf die gr. Insel Seriphos gespült, deren König Polydektes D. und P. aufnahm und die schöne D. zu heiraten wünschte. Diese lehnte jahrelang ab und wurde von P., als er herangewachsen war, in ihrem Widerstande unterstützt. Deswegen wünschte Polydektes dessen Tod und sandte ihn auf ein gefahrvolles Unternehmen; P. sollte ihm den Kopf der Gorgo Medusa bringen, dessen Anblicke alle, die ihn ansahen, versteinerte. Mit Hilfe der Götter konnte sich P. dieses Kopfes jedoch bemächtigen. Auf der Rückkehr sah er an der äthiopischen Küste die schöne Andromeda an einen Felsen gekettet; sie sollte von ihren Eltern einem Seeungetüm geopfert werden. P. tötete dieses, rettete A. und vermählte sich mit ihr. Auf Seriphos versteinerte er Polydektes und dessen Gefolge. Das Haupt der G. M. schenkte er dann Athena, die es auf ihrem Brustpanzer (→ Ägis) anbrachte. In Argos tötete P. den Akrisios unabsichtlich durch einen Diskoswurf. P. wurde durch Gebietstausch Herrscher von Tiryns und Gründer von → Mykenai. – In der P.-Sage ist der historische Kern durch märchenhafte Elemente (Flügelschuhe, Tarnkappe, die ihm die Götter für die Fahrt zur Gorgo überlassen) besonders stark überwuchert. Besonders die Befreiung der Andromeda, eine ebenfalls typische Märchenszene, wurde sehr häufig in der bildenden Kunst dargestellt: Vasenbilder schon aus dem 7.–4. Jh. v. Chr., Plastiken (hellenist. Relief im Kapitolin. Museum, Rom; ferner Cellini, Canova), Wandmalereien in Pompeii (National-Mus., Neapel), Gemälde (Vasari, Tintoretto, Rubens, Rembrandt, Tiepolo). Auch Dramen (H. Sachs, Corneille) und Opern (Lully).

J. M. Woodward, Cambr. 1937; E. Langlotz, 1951; K. Schauenburg, P. in der Kunst d. Altertm., 1960.

Perseus, der Makedone, Sohn des Königs → Philippos V., seit 178 v. Chr. König in Mak. Wie sein Vater war er ein Feind der Römer, die damals nach dem Osten übergriffen. Als unternehmender Mann mit großem Ehrgeiz erstrebte er die Hegemonie in Griechenland. Die Römer beschlossen daher seinen Untergang (Krieg 171–168 v. Chr.). In der Schlacht bei Pydna (168) wurde er von Lucius Aemilius Paullus geschlagen. Er ergab sich, wurde in Rom im Triumph mitgeführt und starb in röm. Haft.

Persius. Aules P. Flaccus, 34–62 n. Chr., schrieb nach dem Vorbild von Lucilius und Horaz sechs *Satiren,* die uns erhalten sind. Nur die erste, die vom Geschmack der Dichter und des Publikums seiner Zeit handelt, ist eine wirkliche Satire; die übrigen sind Abhandlungen über allgemeine sittliche Fragen vom Standpunkte der stoischen Moral, aus Büchern geschöpfte Schulweisheit, die im Tone trockenlehrhafter Strenge schulmeisterlich dozierend vorgetragen wird. Die Sprache ist geschraubt und überladen, der natürliche Ausdruck wird geflissentlich vermieden und durch gesuchte Archaismen und kunstvolle Andeutungen ersetzt. Gerade um dieses manierierten Stiles willen wurde P. von seinen Zeitgenossen aufs höchste gepriesen, während man im Mittelalter seine Satiren wegen ihres ethischen Gehaltes schätzte; so gehörte er trotz der

Mängel, die seine Lektüre für uns heute so schwierig machen, einst zu den meistgelesenen röm. Schriftstellern. Aber ein gelehrter Humanist, der sich über seine Geschraubtheit ärgerte, warf ihn mit Worten, die seitdem als Verdammungsurteil manierierten Stils fast sprichwörtlich geworden sind, in die Ecke: *si non vis intellegi, non debes legi* = wenn du nicht verstanden werden willst, brauchst du auch nicht gelesen zu werden!

W: Hg. W. V. Clausen, Oxf. 1959, hg. u. d. O. Seel, [2]1974.

Perücke, griech. *phenake,* zu *phenax* = Betrüger, Lügner; latein. *crines empti* = gekauftes Haar; die Römer ließen sich in ihrem Realismus auch so porträtieren (→ Porträt). → Haartracht.

pes = Fuß, → Längenmaße.

Petra, die alte Hauptstadt des Nabatäerreichs in Arabien, das unter Traian 106 n. Chr. zur römischen Provinz Arabia wurde, seit dem Ende des Altertums verlassen, dadurch vor Zerstörung bewahrt. Die Ausgrabungen zeigen, welche unbeschreiblichen, ja fast unglaublichen Reste aus dem Altertum sie birgt, besonders Felsgräber mit Prachtfassaden, die aus dem Felsen herausgearbeitet sind.

K. E. Wilken, P., die Königin der Karawanenstädte, 1967; H. J. Kellner, Die Nabatäer, 1970; M. Lindner, P. u. d. Königreich der Nabatäer, [4]1983; ders., P. – Neue Ausgrab. u. Entdeckungen, 1986.

Petrarca, Francesco, geb. 1304 in Arezzo, gest. 1374 bei Padua, Jurist, Philologe, geistlicher Würdenträger, von Kaiser Karl IV. in den Pfalzgrafenstand erhoben; der „Vater des Humanismus", dem wir die Wiedererschließung der im frühen Mittelalter fast vergessenen klassischen Literatur verdanken; → Philologie; Renaissance.

W: Nationalausgabe, Florenz 1926ff. – *Ü:* Auswahl H. W. Eppelsheimer, 1956.

L: E. H. Wilkins, *Life of P.*, Chic. 1961. → Humanismus.

Petronius Arbiter, Gaius, röm. Politiker, der elegante und feingebildete Hofmarschall Neros, der für Fragen des Geschmacks und des Luxus zuständig war, wurde vom Kaiser Nero 66 n. Chr. wegen (angeblicher ?) Teilnahme an einer Verschwörung zum Selbstmord gezwungen. Sein großer, in Bruchstücken erhaltener Zeit- und Sittenroman (Saturae oder Satiricon) ist eine der genialsten Schöpfungen der röm. Literatur. Er schildert in der Form der Icherzählung die Reiseabenteuer eines übel berüchtigten jungen Menschen und dreier ihm ebenbürtiger Kumpane, die, wie Odysseus vom Zorn des Poseidon, vom Zorn des Fruchtbarkeitsgotts → Priapos in der Welt umhergetrieben werden; dabei ergeben sich höchst anschauliche, mit derbem Realismus und feinster Menschenkenntnis gezeichnete Bilder aus dem Leben der röm. Kaiserzeit, wertvoll auch durch die sprachliche Meisterschaft, mit der die Unterhaltungen der ungebildeten Spießbürger wiedergegeben sind. – Das Kernstück dieses Schelmenromans ist das berühmte „Gastmahl des Trimalchio" *(cena Trimalchionis),* in dem das kleinstädtisch protzenhafte Wesen eines reichen Emporkömmlings mit übersprudelnder Komik geschildert wird. Seiner Form nach ist der Roman eine Menippeische →

Satire; in die Prosaerzählung sind poetische Stücke eingestreut, durch die meist bestimmte Geschmacksrichtungen verspottet wurden (Die „Eroberung Troias“, eine Bildbeschreibung; der „Bürgerkrieg“, ein hexametr. Gedicht, jedenfalls eine Parodie auf das Werk des → Lucanus). – Der Roman stellt eine sehr ergötzliche Lektüre dar, ist aber auch für die Wissenschaft sehr wichtig, namentlich für die Sprachwissenschaft; in den Gesprächen der meisten Personen des bunten Geschehens haben wir einen der ältesten Belege jenes Lateins, das die Mutter der roman. Sprachen wurde. Nicht dagegen darf man ihn, obwohl das bisweilen gutgläubig geschieht, in allen Einzelheiten als kulturhistorische Quelle auswerten; → Luxus. Tacitus schildert voll Hochachtung P.' Ende.

W: Hg. F. Bücheler, W. Heraeus, [8]1963; K. Müller, 1961; ders. u. W. Ehlers,[3]1983 (mit *Ü*). – *Ü:* W. Heinse, 1773, neu 1987; C. Fischer, 1963; H. C. Schnur, 1968.

L: A. Stefenelli, Die Volkssprache im Werk des P., 1962; O. Raith, P. – Ein Epikureer, 1963; C. Stöcker, Humor bei P., 1969; H. v. Thiel, Leiden 1971; H. Petersmann, 1977.

Peutingersche Tafel → Landkarten.

Pfeifen zum Rauchen. Griechen und Römer haben nie geraucht, wohl aber irgendwelche, wohl orientalische Hilfsvölker im röm. Heere in Germanien, aus kurzen Pfeifen, die ganz den unsrigen gleichen, oft unter dem Pfeifenkopf mit einem Knöpfchen zum besseren Festhalten, oft mit Dekkel in einem Scharnier. Solche Pf. sind in einwandfrei röm. Schichten gefunden worden, viele in der Schweiz; lehrreiche Beispiele im Museum in Avenches (→ Schweiz). Die Pfeifenköpfe sind auffällig klein; man vermutet, es sei ein schwer berauschendes Hanfprodukt in geringen Mengen geraucht worden; Berauschung durch Hanf (Haschisch) war den Skythen bekannt.

Pferd. Das Pf. wird in Kleinasien seit Beginn des 2. Jahrt. v. Chr., im mykenischen Kulturkreis seit dem 16. Jh. dargestellt. Pf. und Wagen dienten für Jagd, Festzug und Krieg, nicht für Lasten. Bei Homer (23. B. der *Ilias)* bereits Rennsport mit Preisen, Rennwetten etc.; auch → Kavallerie, Streitwagen, Olympische Spiele, Hippodrom. In der Landwirtschaft, als Zug- u. Reittier, trat und tritt im Süden das Pf. vielfach hinter dem → Maultier und dem → Esel zurück. Nach der Sage Einführung des Pf. in Attika durch Poseidon → Athena. – Besitz eines Pf. galt als Zeichen des Reichtums bzw. Adels; daher Reiter = Ritter = Adeliger; → *equites.* – Die german. Pf. waren nach mehreren antiken Zeugnissen klein und unansehnlich; wohl wie die polnisch–russ. Panjepf., die jedoch Hitze und Kälte, Durst und Hunger viel eher ertragen als edlere Pf. Auf Einführung solcher aus dem Süden mag es zurückgehen, daß unser Wort Pf. ursprünglich Fremdwort war; es stammt von mittellat. *paraveredus* = Beipf. und dies von gr. *para* = bei, keltisch *veredus* = Pf. an der *reda,* dem Reisewagen. Die Sitte der Germanen, Pf. zu opfern und Teile des Opferfleischs zu verzehren, hat die christliche Kirche so erfolgreich bekämpft, daß auch heute noch

Pf.–Fleisch im allgemeinen nicht gegessen wird.

A. Hörnschemeyer, Die Pf.-Zucht im klass. Altert., 1929; H. A. Potratz, Das Pf. in d. Frühzeit, 1938; P. Vigneron, *Le cheval dans l'antiquité* . . ., Nancy 1968.

Pfingsten, von gr. *pentekoste,* der 50. (Tag nach → Ostern).

Pfirsich heißt nach dem Ursprungsland, Persien, gr. *Persikon,* lat. *Persicum* = persischer (Apfel).

pfropfen, sehr alte Entlehnung (der Sache und des Worts) aus dem lat. *propagare* = fortpflanzen, wozu auch Propaganda gehört; → Obst.

Pfund (Gewicht; Münze), → libra.

Phäaken → Phaiaken.

Phaedrus, ein Sklave des Kaisers Augustus, der ihm später die Freiheit schenkte, schrieb um 40 n. Chr. poetische Fabeln und führte damit eine neue, selbständige Gattung der Dichtkunst in Rom ein. Zunächst schloß er sich eng an die Tierfabel des → Aisopos an; dann mischte er allerhand Anekdoten und Schwänke ein, wobei er sich auch satirische Anspielungen auf Zeitverhältnisse erlaubte. Die Kürze und Schlichtheit des Ausdrucks entspricht dem Wesen echter Fabeldichtung; eine lehrhafte Tendenz fehlt fast nie. Sein erhaltener Nachlaß umfaßt etwa 150 Fabeln in gewandten iambischen Versen; sie wurden im Mittelalter, teilweise in Prosabearbeitungen, viel gelesen; Lessing befaßte sich in seiner Fabel-Abhandlung 1759 auch mit Ph.

W: Hg. u. franz. A. Brenot, Paris ²1961; B. E. Perry, Lond. 1965; hg. u. d. O. Schönberger, F. F. Rückert, 1975. – *Ü:* J. Werner, 1961.

Phaethon (gr., der „Leuchtende"), Sohn des Sonnengottes Helios, erbat sich von diesem die Erlaubnis, den Sonnenwagen einen Tag lang zu lenken. Da er zu schwach war, die feurigen Sonnenrosse zu zügeln, kam er der Erde zu nahe und steckte sie z. T. in Brand, und die Menschen wurden z. T. schwarzgebrannt; in höchster Not wurde er von Zeus mit einem Blitz erschlagen und stürzte in einen Strom, an dessen Ufer ihn freundliche Flußnymphen begruben; aus deren Tränen entstand der → Bernstein (→ Echo). Ovid, *Metamorphosen* I 747–II 366; Fragmente einer Tragödie von Euripides. – Der Mythos gehört zu den Sternsagen; der Sturz des Ph. ist auf zahlreichen Gemälden dargestellt worden (Tintoretto, Carracci, Tiepolo), auch in Dramen (Calderon, Goethes Rekonstruktionsversuch des Euripides) und Opern (Lully, Scarlatti, Graun).

R. Vivier, *Frères du ciel,* Brüssel 1962.

Phaiaken, gr. *Phaiakes,* lat. *Phaeaces,* märchenhaftes Seefahrervolk (→ Odysseus), schwerlich mit mythologischem Hintergrund („graue" Männer, Todesgötter); eher Parallelen zu den Schlaraffen oder den „Heinzelmännchen" und Erfindung des Dichters; auf einer Insel in unbekannter Lage, oft auf Kerkyra (→ Korfu) wohnhaft gedacht, neuerdings auch in Kalabrien. Bei den Ph. fand Odysseus gastliche Aufnahme; sie brachten ihn in seine Heimat. Dafür verwandelte der zornige Poseidon das Schiff in einen Stein (Böcklins Gemälde: Die Toteninsel).

W. Mattes, Odysseus bei d. Ph., 1958.

Phaidra, Tochter des Kreterkönigs Minos, war die zweite Gattin des → Theseus und verliebte sich in ihren Stiefsohn → Hippolytos; der wies sie ab. Sie verleumdete ihn daraufhin bei seinem Vater und verursachte seinen Tod, begeht darauf Selbstmord. Das alte Potiphar-Motiv aus dem A. T. taucht hier auf. Sophokles schrieb eine *Ph.,* Euripides einen *Hippolytos,* über Seneca gelangt der Stoff zu vielen weiteren Bearbeitern (Racine-Schiller, d'Annunzio, B. Brentano; Opern von Rameau, Gluck).

W. Fauth, Hippolytos u. Ph., 1959.

Phaistos, Stadt im südl. → Kreta, mit bedeutendem Palast aus dem 2. Jahrt. v. Chr.; ein ähnlicher nicht weit davon, in Hagia Triada. → kretisch-myk. Kultur; Knossos.

Phalanx (gr.), die Kampfformation der gr. Infanterie, eng geschlossen und mehrere Reihen tief gestaffelt, mit geballter Stoßkraft vorgehend; → Taktik.

Phalaris aus Akragas, im 6. Jh. v. Chr. Tyrann seiner Vaterstadt; im Kampfe gegen die Karthager wohl Führer der sizilischen Griechen. Er war wegen seiner Grausamkeit berüchtigt; schon Pindar erwähnt den hohlen bronzenen Stier, in den er Gefangene sperrte, deren Geschrei in dem glühend gemachten Tier das Gebrüll des Stiers nachahmte (Pind. *Pyth.* I, 185). 554 v. Chr. wurde er gestürzt.

phalerae (gr.-lat.), Pferdeschmuckplatten, als → Orden verliehen.

Pharos, Insel vor Alexandreia, auf der einer der berühmtesten → Leuchttürme des Altertums stand.

Pheidias, der größte Plastiker der Griechen, den auch das spätere Altertum als den größten aller Bildhauer wertete (Quintil. *inst. or.* 10, 9). Lebensschicksale ziemlich unbekannt; in Athen Anfang des 5. Jh. v. Chr. geboren, als Künstler des athenischen Weihgeschenkes für Marathon in Delphoi schon unter Kimon tätig, 447–438 Leiter der plastischen Ausschmückung des Parthenons (Plut. *Perikl.* 13), der Veruntreuung von Elfenbein oder Gold angeklagt, wohl von politischen Gegnern (Aristoph. *pax* 605; → Perikles); gestorben gegen 430. Seine Werkstatt ist in → Olympia entdeckt worden. Werke in Bronze, Marmor, Goldelfenbein; keines direkt erhalten, manche in guten, manche in kleinen, ungetreuen antiken Nachbildungen. Hauptwerke: der Zeus im Zeustempel in Olympia (eines der → Sieben Weltwunder); die Athena Parthenos im Haupttempel der Akropolis in Athen; die Athena Promachos (= Vorkämpferin) auf der Akropolis, aber im Freien, aus Bronze, Gesamthöhe mit Sockel etwa 15 m, ihr vergoldeter Helmbusch und ihre Lanzenspitze vom Meere aus (von Sunion her?) sichtbar. Aus Nachbildungen sind zu erschließen ein Apollon (Kassel) und die Athena → Lemnia; Entwurf und Teilgestaltung der Parthenon-Giebel und -Friesfiguren. Die *Athena Parthenos* ist das älteste für uns faßbare seiner Werke (Marmorkopie im Pergamon-Museum, Berlin).

A. Hekler, 1924; H. Schrader, 1924; E. Buschor, Ph., d. Mensch, 1948; E. Langlotz, Ph.-Probleme, 1948; ders., Ph. u. der Parthenonfries, 1965; J. Liegle, D. Zeus d. Ph., 1952; F. Brommer, Athena Parthenos, 1957; B. Schlörb, Unters. zur Bildhauergeneration nach Ph., 1964.

Pheidon, König v. Argos im 7. Jh. v. Chr., soll wirtschaftliche Neuerungen eingeführt haben: → Geld.

Philemon und Baukis, altes Ehepaar der gr. Sage, dessen treue Liebe und Frömmigkeit Ovid in einem schönen Stück seiner *Metamorphosen* (VIII 611–724) schildert. Trotz ihrer Armut nahmen sie Zeus und Hermes, die zur Prüfung der Menschen auf die Erde gekommen waren und nirgends Obdach fanden, mit treuherziger Gastfreundschaft auf; dafür wurden sie allein von einer großen Überschwemmung verschont und schließlich auf ihre Bitte um gleichzeitigen Tod von Zeus in eine Eiche u. eine Linde verwandelt. Goethe, *Faust, II. Teil.* Zahlreiche Gemälde (Elsheimer, Rubens, Rembrandt).

M. Beller, Ph. u. B. in d. europ. Lit., 1967.

Philinos v. Kos, gr. Arzt des 3. Jh. v. Chr., wandte sich unter dem Einfluß des Skeptizismus von der medizin. Theorie ab; er legte großen Wert auf Beobachtung und Erfahrung und wurde der Begründer der sog. Schule der Empiriker (→ Heilkunde). Sein Hauptgebiet war die Pharmakologie.

W in: K. Deichgräber, Die gr. Empirikerschule, 1930, neu 1965.

Philippi (gr. *Philippoi*), gr. Stadt im östl. Makedonien; dort siegten 42 v. Chr. Octavianus und Antonius über die Caesarmörder Brutus und Cassius. Schon früh gab es in Ph. eine christl. Gemeinde; Ruinen von profanen und christl. Gebäuden.

P. Collart, *Philippes,* Paris 1937; P. Lemerle, *Ph. et...*, Paris 1945.

Philippika, sprichwörtlich für eine kräftige Strafrede. Cicero nannte seine Reden gegen Antonius „Philippische" *(orationes Philippicae)* in Erinnerung an die leidenschaftlichen Reden des Demosthenes gegen → Philippos von Makedonien.

Philippos II. von Makedonien, 359–336 v. Chr. Als jüngster Sohn des Königs Amyntas war er zunächst nicht für den Thron bestimmt. Entscheidend war für ihn der Aufenthalt als Geisel in Theben (368–365), wo er die militärischen Neuerungen des Epameinondas (schiefe Schlachtordnung) kennenlernte. 359 kam er als Vormund eines Neffen zur Regierung. Er reorganisierte zuerst das mak. Heer (neue Bewaffnung, Einrichtung der geschlossenen Phalanx; → Taktik). Seit 357 eroberte er die metallreiche Küste Thrakiens (Amphipolis, Pydna, Potidaia). Die so gewonnenen Reichtümer verwendete er skrupellos zur Bestechung, um Einfluß in den Städten der Gegner zu gewinnen („ein goldbeladener Esel nimmt die steilste Festung ein"). Seit 353 setzte er sich in Thessalien fest und zerstörte 348 → Olynthos. 346 griff er in Mittelgriechenland ein, wozu der Heilige Krieg gegen die Phoker Gelegenheit gab. Seit 339 zog er nach Siegen über die Skythen gegen die vereinigten Thebaner und Athener und besiegte sie 338 bei → Chaironeia. Statt die gr. Stadtstaaten durch harte Behandlung zur Verzweiflung zu treiben, gründete er auf der Nationalversammlung in Korinth den gr. Bund, zu dessen Oberfeldherrn er gewählt wurde. Während der Vorbereitungen zum Nationalkrieg gegen die → Perser wurde er 336 ermordet

(→ Alexander d. Gr.). Bewundernswert war seine politische Befähigung, die Folgerichtigkeit seiner Handlungen, aber auch die Mäßigung, mit der er die besiegten Gegner schonte.

F. Hampl, D. König v. Makedonien, 1934; F. R. Wüst, Philipp II u. Griechenland, 1938; D. Kienast, 1973.

Philippos V. von Makedonien, 221–179 v. Chr., Oberhaupt des Hellenischen Bundes, kämpfte mehrere Jahre erfolgreich gegen Aitoler und Spartaner; als er aber von der röm. Niederlage bei → Cannae erfuhr, verbündete er sich 215 mit Hannibal zum gemeinsamen Kampf gegen Rom (1. makedon. Krieg 215–205), den er mit gewissen Erfolgen abschloß. Erst in einem weiteren (2. makedon.) Krieg wurde er 197 bei Kynoskephalai von → Flamininus besiegt und verlor Einfluß und Besitzungen; er starb 179; Nachfolger war sein Sohn → Perseus.

F. W. Walbank, *Philip V. of Macedon*, Cambr. 1940, neu Lond. 1967.

Philippus Arabs, ein Semit aus Arabien, wurde nach dem Tode Gordians Kaiser (244–249). Unter ihm begannen die ständigen Usurpationen der Generale und die Einfälle der Grenzvölker, das Unglück des Reiches. Von mehreren Gegenkaisern siegte Decius, durch den P. geschlagen und getötet wurde. – Unter Ph. A. wurde 248 das 1000jährige Jubiläum Roms gefeiert (→ Geburtstag). Porträtkopf Konservatorenpalast in Rom.

Philodemos v. Gadara, gr. Dichter u. Philosoph des 2./1. Jh. v. Chr., ein Epikureer, gründete in Neapel eine Schule, zu deren Schülern auch der Dichter Vergil gehörte. Ph.' philosophische Werke, zumeist zitatenreiche Fleißarbeiten aus vielerlei Gebieten, liegen zum großen Teil noch im Original vor; es handelt sich um die Schriftrollen einer Bibliothek in → Herculaneum, die noch keineswegs alle gerettet und ediert wurden.

Philoktetes, in der griech. Sage Freund des Herakles, berühmter Bogenschütze, Erbe von Herakles' Bogen und Pfeilen. Auf dem Zug gegen Troia wurde er von einer Schlange gebissen und wegen des üblen Geruchs der eiternden Wunde von den Griechen auf der Insel Lemnos zuruckgelassen. Doch holte man ihn später in das Lager von Troia, weil nach einem Orakel Tr. ohne seine Hilfe nicht genommen werden konnte; seine Wunde wurde geheilt. Diese Sage ist von Aischylos, Sophokles und Euripides behandelt; erhalten das Drama *Ph.* von Sophokles.

I. M. Linforth, *Ph., The play and the man*, Los Ang. 1956.

Philolaos v. Kroton (Unteritalien), gr. Philosoph des 5./4. Jh. v. Chr., ein Pythagoreer, soll als erster ein Buch mit Lehren seines Meisters verfaßt haben; die erhaltenen Fragmente sind kosmologischer Art.

W: FdV, I.
L: E. Frank, Plato u. d. sog. Pythagoreer, [2]1962.

Philologie, gr. *philologia,* bedeutet eigentlich Liebe zum Wort, zur Unterhaltung; meist zur Gelehrsamkeit, besonders zu Sprach-, Kulturwissenschaft. Ph. in unserem Sinne fehlte bei den vorgriech. Völkern und ist eine spezifische Schöpfung der Griechen, von denen sie, ebenso wie ihr Name, zu den modernen Völkern überging; der erste, der sich als Philologen bezeichnete, war der Grieche Eratosthenes. Die Gr. haben sich mit ihrer Sprache schon früh beschäftigt; → Etymologie; Grammatik. Wirkliche Ph. bildete sich im Museion (→ Museum) in Alexandreia aus. Dort mußten die Bibliothekare öfter aus Stil und Inhalt die Verfasser von Büchern bestimmen, die infolge des häufig eingetretenen Verlustes des Titelblatts (des ersten Blatts der Buchrolle) namenlos waren, ferner die Lebensschicksale der Verfasser, die Abfassungszeit; sie schrieben die Geschichte einzelner Literaturgattungen, suchten unechte Werke als solche zu erweisen u. in alten Büchern seltene Wörter zu erklären (→ Glosse). Darüber hinaus wurde die Ph. schon in hellenistischer Zeit aus einer bloßen Wort- und Literatur–Ph. zur Kulturkunde. Man untersuchte z. B., warum die homerischen Helden nur in der Not Fisch aßen, der bei den späteren Griechen eine sehr beliebte Speise war (→ Homerische Frage); inwieweit man das nur als Hilfswissenschaft für literarische Echtheitsfragen tat oder schon völlig im Sinne unserer heutigen Kulturkunde, ist strittig; für die zweite Ansicht spricht wohl z. B. Suetons Buch *Spiele der Griechen.* Große gr. Philologen des Altertums waren Zenodotos, 325–260; Kallimachos, 310–240; Eratosthenes, 275–195; Aristophanes, 257–180, der schöpferischste und vielseitigste; → Aristarchos; bei den Römern → Varro. Im Mittelalter nicht unbeachtliche Ph. (Homerkommentar des → Eustathios) im Ostreich, die wenigstens erhielt, was man früher geschaffen hatte; und nicht einmal im Westreich ging sie ganz unter (→ Konversationslexika). Isidor von Sevilla schrieb um 600 *Etymologiae,* unter Karl d. Gr. machte der Diakon Paulus einen Auszug aus dem phil. Werke des Festus (3. Jh. n. Chr.?), das seinerseits einer aus dem des Verrius Flaccus (1. Jh. n. Chr.) war; aber Werke wie die *Scriptores rei rusticae* (→ Ackerbau) oder das → Kochbuch des Apicius wurden nicht aus phil., sondern aus sachlichem Interesse abgeschrieben.

Neuer Aufschwung durch den Humanismus (→ Petrarca). Nun erfolgreiche Suche nach bekannten antiken Schriften, die unbeachtet in irgendeiner Bibliothek gelegen hatten (die Kunde von einem solchen neuen Fund berauschte die damalige Welt geradezu); Forschung an → Inschriften; durch Einbeziehung der antiken Rechtswissenschaft, Medizin, Mathematik usw., vor allem aber durch praktische Auswertung des Gefundenen (→ Altertumswissenschaft) wurde die Ph. aus einer Literatur- zu einer Kulturwissenschaft. In der Folgezeit trat neben die Kultur-Ph. als drittes für die Entwicklung wichtiges Element die rein formale gelehrte Ph. Sie leistete die trockene Kleinarbeit in der Beschaffung guter Texte, in der Einzelerklärung, Wortforschung u. a.; freilich drohte sie in ihrer Nüchternheit öfters die wahre Ph., die Erfassung des gesamten Altertums zu ersticken. Ausgebildet wurde sie in Frankreich und Holland; in Deutschland drang sie zuerst an den Universitäten Göttingen (Gottlob Heyne, 1729–

1812) und Halle (Fr. A. Wolf, → Homerische Frage) ein. Da sich gleichzeitig Lessing, Schiller, Goethe, Herder, Voß um ein besseres inneres Verständnis der Antike bemühten, wurde seit etwa 1800 Deutschland in der Ph. das führende Land der Welt (→ z. B. Inschriften). Weiterhin Ausbau und Vertiefung im 19. Jh. durch die Sprachwissenschaft (→ Etymologie; Indogermanen) u. die → Papyri. Die alte oder klassische Ph. wurde nun mit ihren jahrhundertelang aufs feinste ausgebildeten Methoden Mutter der Germanistik und der neueren Ph. (für Englisch und die romanischen Sprachen) und weiterhin der indischen, ägyptischen u. a. Ph. Andererseits verengte sich die Aufgabe einer umfassenden Altertumswissenschaft durch die grammatisch-kritischen u. historisch-antiquarischen Forschungen der Altphilologen, die in einseitiger Selbstbeschränkung verharrten und sich nur zögernd oder gar nicht den modernen, namentlich durch die Archäologie bedingten Wandlungen der → Altertumswissenschaft anschlossen und in der Ph. immer noch nur Literaturwissenschaft statt eine solche von antiker Kultur überhaupt sahen: Die Verengung auf eine Studierstubenwissenschaft. Eine Wendung wollte im ersten Drittel unseres Jahrhunderts W. Jaeger bringen mit dem Versuch, einen neuen, von der griech. → *paideia* hergeleiteten Bildungsbegriff zu propagieren (sog. Dritter Humanismus). In Wirklichkeit geriet die Ph. mit dieser „Re-Idealisierung" (M. Fuhrmann) in eine tiefere Isolation, verlor auch den Kontakt zu den anderen Philologien und zur Literaturwissenschaft; sie muß sich zudem in jüngster Zeit mit der modernen Sprachwissenschaft, der Linguistik, auseinandersetzen. Diskussionen um die Gewinnung eines neuen Selbstverständnisses der Altphilologen und um eine Neuordnung des Ph.-Studiums sind seit Jahren in lebhaftem Gange. Der allgemeine Rückgang des altsprachl. Unterrichts an den europ. Schulen, in dem manche das Ende einer „bürgerlichen" Bildungsepoche sehen wollen, kontrastiert in auffallender Weise mit einer verstärkten Hinwendung zum Altertum, das sich bei weiten Kreisen in ausgeprägten Interessen an bestimmten Teilgebieten zeigt: Philosophie und Mythos, Kunst und Archäologie, Literatur, besonders Theater. Hier dürften neue Wirkungsmöglichkeiten für die Ph. und für die → Altertumswissenschaft insgesamt liegen.

W. Kroll, Gesch. d. klass. Ph., [2]1919; U. v. Wilamowitz, Gesch. d. klass. Ph., [3]1927; M. Fuhrmann, Die Antike u. ihre Vermittler, 1969; A. Henschke, U. Muhlack, Einf. in d. Gesch. d. klass. Ph., 1972; R. Pfeiffer, Gesch. d. kl. Ph., [2]1978; ders., Die kl. Ph., 1982; G. Jäger, Einf. in die klass. Ph., [2]1980.

Philomela, sagenhafte athenische Königstocher, wurde von Tereus, dem Gemahl ihrer Schwester Prokne, entehrt; da ihr Tereus die Zunge ausgeschnitten hatte, verriet sie das Geheimnis, indem sie es mit Purpurfäden in ein weißes Gewand einstickte, das sie der Schwester sandte. Prokne setzte dem Gemahl aus Rache den eigenen Sohn Itys zum Mahle vor; als Tereus die Frauen verfolgte, wurde auf ihr Flehen Ph. von den Göttern in eine Nachtigall (nach andrer Überlieferung eine Schwalbe), Prokne in eine Schwalbe (Nachtigall) und Tereus in einen Wiedehopf verwandelt.

Philon, berühmtes Mitglied der jüdischen Gemeinde in Alexandreia, etwa 25 v. Chr. bis 50 n. Chr. Von seinem Leben ist wenig bekannt; 40 n. Chr. war er Führer einer jüdischen Gesandtschaft an Caligula, die sich über eine Judenverfolgung in Alexandreia beschwerte; darüber berichtet er in einem z. T. erhaltenen Werk. In seinen Schriften versuchte er eine Verbindung zwischen der gr. Philosophie (besonders der des Pythagoras, Platons und der Stoiker) und der religiösen Weisheit des Alten Testamentes. Obgleich er ganz hellenisiert war (→ *Septuaginta;* seine Muttersprache war das Griechische) und hellenische Bildung und Philosophie genau kannte, blieb er doch ein selbstbewußter Jude und suchte durch allegorische Interpretation und weitausholende Exegese die Geschichten und Anschauungen des Alten Testaments dem gr. Denken anzugleichen und verständlich zu machen. Dabei wollte er eine Brücke zwischen Griechentum und Judentum, zwischen Philosophie und Religion schlagen. Besonders bemerkenswert sind seine Anleihen bei der gr. Mystik. Von ihr hat er den göttlichen Logos, der alle Teile der Welt durchdringe, so daß alle Dinge an ihm teilhaben und in ihm als dem Raum enthalten seien, und die Ekstase, die mystische Schau der Weltzusammenhänge, übernommen. Durch diese Anschauungen hat er auf das Judentum seiner Zeit, besonders aber auf das ungefähr gleichzeitig entstandene Christentum entscheidenden Einfluß ausgeübt und hat so in dem weitgespannten Prozeß des griech.-jüd. Synkretismus eine bedeutende Rolle gespielt.

W: Hg. L. Cohn, P. Wendland, S. Reiter, VII, 1896–1930, neu 1962; hg. u. engl. F. H. Colson, G. H. Whitaker, London XII, 1929–53. – *Ü:* L. Cohn, I. Heinemann, VII ^{2}1962–64.

L: I. Heinemann, Ph.s gr. u. jüd. Bildung, 1932, neu 1962; M. Pohlenz, Ph. v. Alexandreia, 1942; J. Daniélou, Paris 1958.

Philon v. Byzanz, gr. Mechaniker des 3. Jh. v. Chr., aus dessen größerem Lehrbuch der Mechanik der Teil über den Geschützbau im Original erhalten ist; andere Teile in arab. Übersetzungen oder Auszügen. Ph. beschrieb zahlreiche Apparate, darunter ein → Automaten-Theater; auf ihn geht die Erfindung eines automat. Waschbeckens zurück, das → Heron weiterentwickelte. → Technik.

W: Hg. R. Schoene, 1893.

L: A. G. Drachmann, Ktesibios, Ph. u. Heron, 1948.

Philopoimen, um 253 v. Chr. in Megalopolis in Arkadien geb., stammte aus einer der edelsten Familien. Er spielte in den Kämpfen des achaiischen Bundes gegen Sparta eine entscheidende Rolle, zuerst durch die Befreiung seiner Heimatstadt von → Kleomenes. Als Feldherr des Bundes besiegte er die Spartaner mehrere Male. 183 wurde er gefangen und durch Gift hingerichtet, in dem gleichen Jahr, in dem auch Hannibal und Scipio starben; → ach. Bund. – Der Name Ph. bedeutet „Hirtenfreund"; über

Sehnsucht der Zeit Ph.s nach Landleben → bukolische Poesie.

R. M. Errington, *Philopoemen*, Oxf. 1969.

Philosophengesandtschaft. 155 v. Chr. schickten die Athener drei Philosophen, Kritolaos, Karneades und Diogenes, als Gesandte nach Rom. Diese benutzten ihren dortigen Aufenthalt zu Vorträgen, durch die sie unauslöschlichen Eindruck auf die römische Jugend machten. In immer steigendem Maße drang von da an die gr. Bildung in Rom ein, und es wurde bald üblich, daß die röm. jungen Leute der vornehmsten Familien längere Zeit zum Studium nach dem griech. Osten, nach Athen und Rhodos, gingen. Zwar widersetzten sich im Anfang die altröm. Kreise diesem Einfluß, in dem sie eine Gefahr für das röm. Wesen sahen. Marcus Porcius Cato setzte die Ausweisung der Philosophen und die Schließung der Rhetorenschulen durch, aber ohne dauernden Erfolg. So verstärkte die Philosopheng. die um 240 v. Chr. mit dem Eindringen der gr. Literatur in Rom begonnene Hellenisierung der röm. Bildung, die Rom erst befähigte, die Mittlerrolle zwischen der gr. Kultur und den Völkern des nördlichen und westlichen Europa zu übernehmen.

Philosophenschulen gaben der antiken wissenschaftlichen Forschung der vorchristlichen Zeit (→ Universitäten) ihr eigenartiges Gepräge. Die ältesten Ph. waren die der → Eleaten, Pythagoreer und Atomisten. Besondere Bedeutung hatten infolge ausgeprägter Eigenart ihrer Ph., ihrer Lebensweise und Gottesdienste die → Pythagoreer. Vielleicht nach ihrem Vorbild hat Platon die → Akademie gegründet, die ein religiöser Verein war; in einem Garten vor der Stadt lebten die Jünger wie die Mönche eines Klosters bei gemeinsamer Forscherarbeit zusammen. Auch die übrigen Ph. der älteren Zeit, die der Peripatetiker, Stoiker, Epikureer, Kyniker (→ Einzelartikel), hatten ihren bestimmten Versammlungsort und heißen z. T. danach, nach dem Peripatos (→ Aristoteles; Peripatetiker), der Stoa poikile, dem Kynosarges (?); die Epik. hießen auch „Philosophen im Garten“. Erst im Hellenismus, als sich die Griechen über die ganze damalige Welt zerstreuten, wurden diese persönlichen, lokalen Zusammenschlüsse zersprengt. Trotzdem blieb Athen der Mittelpunkt des philosophischen Lebens und behielt seine Ph.

Philosophie. Nach antiker Überlieferung (Diogenes Laert., *Prooem.* VIII 12) nannte sich zuerst Pythagoras *philosophos* = Weisheitsliebender, -sucher. Das Wort steht im Gegensatz zu *sophos* = Weiser (→ Sieben W.) und weiterhin zu *sophistes* = Weisheitslehrer. Besonders klar wird sein Sinn durch Sokrates' Spruch → „ich weiß, daß ich nichts weiß“. Der hiermit ausgedrückte Skeptizismus entsprang wohl dem Zwiespalt in Sokrates' Brust, dem die innere Stimme sagte, es müsse ewige Werte geben, die aber die Vernunft, der er allein folgte, nicht entdecken konnte. Statt des Ziels also blieb nur der Weg zu diesem Ziel als Aufgabe des wahrhaft Gebildeten übrig.

Ansätze zur Ph. gab es schon bei den Orientalen. Doch waren sie mit den religiösen Vorstellungen so eng verwachsen, daß eine Trennung von der Religion kaum möglich ist. Wirkliche, voraussetzungslose Ph. ist eine Schöpfung der Griechen, im engeren Sinne der ionischen Griechen. Das „Staunen“ (gr. *thaumazein*) war laut Aristoteles der Anfang aller Philosophie. Die ältesten griech. Philosophen wählten sich eine der schwersten Aufgaben, die Frage nach Entstehung der Welt aus einem einzigen Urstoff; → ionische Naturph. (etwa 600–450 v. Chr.). Schauplätze der älteren ph. Tätigkeit waren im Osten die von Ionern besiedelte Westküste Kleinasiens, im Westen Unteritalien und Sizilien, im Norden Abdera an der thrakischen Küste. Auf dieser Entwicklungsstufe des gr. Geisteslebens kannte man noch keine Einzelwissenschaften: doch finden sich bei den ion. Naturphilosophen viele Gedanken aus Gebieten, die später systematisch bearbeitet und entweder zu wichtigen Hilfswissenschaften der Ph. wurden oder sich selbständig weiterentwickelten. Um 450 v. Chr. wandte sich das Interesse dem denkenden Subjekt zu; es entstand die Sophistik, die den Menschen in den Mittelpunkt ihrer Untersuchungen stellte und Erkenntnistheorie u. Ethik ausbildete. Sie entwickelte sich schnell zu Relativismus, Subjektivismus u. Skeptizismus; aber Sokrates und seine nächsten Schüler, besonders Platon, suchten durch wissenschaftliche Studien objektive Werte zu finden, die der Ethik wieder eine positive Grundlage gaben. Damals verdrängte auch der Name Ph. das bisher übliche *sophia.* Durch Sokrates nahm die Ph. einen großen Aufschwung in Athen, das von jetzt ab für fast 1000 Jahre ihre Hauptpflegestätte wurde. Es entstanden eine Reihe von → Ph.-Schulen, die jede von anderer Seite her die großen Probleme angriffen. Indem sie teilweise auch die Forschungsgebiete der vorsokratischen Ph. betraten und deren Ergebnisse verwerteten, stellten diese Schulen mehrere, Metaphysik, Kosmologie und Naturlehre, Ethik und Erkenntnistheorie umfassende Systeme auf, die später weiter entwickelt und modifiziert wurden. Daran änderte auch der → Hellenismus nichts, nur daß sich die Schulen mehr dem praktischen Leben zuwandten und das Hauptgewicht auf die innere Beglückung des Menschen legten, die durch die richtige Lebensauffassung und -führung gewonnen werden kann. Seit dem 2. Jh. v. Chr. widmeten sich die Philosophen wieder mehr den gelehrten Studien. Doch verloren die Systeme nun ihr Sondergepräge; → Eklektizismus. Zu gleicher Zeit wurde die Ph. auch in Rom heimisch, besonders der Stoizismus u. Epikureismus. In der Kaiserzeit hatte sie bis in die höchsten Kreise (Seneca; Marcus Aurelius) zahlreiche ernsthafte Anhänger. Neben der gelehrten Tätigkeit wuchs in dieser Periode die Vorliebe für mystisch religiöse Spekulation; schon → Poseidonios hatte geglaubt, eine innige Verbindung zwischen religiöser → Mystik und philosophischem Denken aufzeigen zu können. Aus einer engeren Verschmelzung dieser beiden noch so heterogenen Geistesrichtungen entstand im 2. Jh. n. Chr. der Neuplatonismus, dessen Vertreter zwar Platons Nachfolger sein wollten, aber in der Praxis ein neues selbständiges System errichteten. Es hat alle Schulen im wesentlichen absorbiert und Jahrhunderte hindurch die ph. Entwicklung allein beherrscht. Mit dem Heidentum erlag auch die gr. Ph. dem Christentum nach langem Kampfe. Aber mit der Niederlage war die Wirksamkeit der Ph. nicht vorbei. Sie durchdrang und befruchtete die christliche Spekulation. Im Mittelalter beherrschte die Logik des Aristoteles das scholastische Denken (→ Scholastik). Seit der Renaissance gewannen die anderen ph. Systeme, besonders das Platons, Einfluß auf die abendländische Philos. und haben ihn bis auf den heutigen Tag behalten; daneben hat der antike Materialismus eine besondere Bedeutung erlangt.

W: → Einzelne Autoren; Vorsokratiker. – *Ü:* W. Nestle, D. gr. Philosophen: I Vorsokratiker, ⁴1956; II Sokratiker 1922; III–IV Nachsokratiker, 1923. Antike Geisteswelt (Eine Sammlung klass. Texte), hg. W. Rüegg, ²1964 und II 1967.

L: K. Vorländer, E. Metzke, Gesch. d. Ph., I ⁹1949, neu mit Quellentexten 1963; E. Hoffmann, Die gr. Ph. bis Platon, 1951; W. Jaeger, Die Theologie der frühen gr. Denker, 1953 u. 1964; B. Snell, Die Entdeckung des Geistes, ⁶1986; O. Gigon, Grundprobleme der gr. Ph., 1959; ders., Der Ursprung d. gr. Ph., ²1968; ders., Studien zur antiken Ph., 1972; ders., D. ant. Phil. als Maßstab u. Realität, 1977; W. Kranz, Die gr. Ph., ⁵1962 und 1971; W. K. Guthrie, Die gr. Philosophen von Thales bis Aristot., d. ³1963; F. Wehrli, Hauptrichtungen des gr. Denkens, 1964; W. Bröcker, Die Gesch. d. Ph. vor Sokrates, 1965; H. Fraenkel, Wege u. Formen frühgr. Denkens, ³1968; ders., Dichtung u. Ph. d. frühen Griechentums, ³1976; I. Opelt, Gr. Ph. bei den Arabern, 1970; W. Capelle, Die gr. Ph., II ³1971; A. A. Lang, *Hellenistic Philosophy,* Lond. 1974; G. Maurach (Hg.), Röm. Phil., 1976; ders., Gesch. der röm. Phil., 1989; C. F. Geyer, Einf. in die Phil. der Antike, ³1992; J. P. Vernant, D. Entstehung d. gr. Denkens, d. 1982; L. de Crescenzo, Gesch. d. gr. Phil., d. 1988.

Philostratos, Name mehrerer miteinander verwandter Schriftsteller des 2./3. Jh. n. Chr. aus Lemnos; die unter ihren Namen überlieferten Schriften sind nur schwer bestimmten Namensträgern zuzuweisen: Mit Sicherheit war Ph. II. (etwa 160 bis 244 n. Chr.) der Verfasser der Sophisten-Biographien und einer Lebensbeschreibung des Wundertäters → Apollonios v. Tyana. Wahrscheinlich schrieb dieser Ph. II. auch die *Eikones* („Bilder"; → Schulbücher), Beschreibungen von Bildern (einer Galerie in Neapel ?) in der Form von Schulvorträgen. Eine ähnliche Vortrags-Serie, zur Unterscheidung „Jüngere *Eikones*" genannt, stammt von Ph. IV., dem Enkel des Ph. II. Die ältere Sammlung behandelte Goethe 1818 in einem Aufsatz, den er für eine geplante Ausstellung schrieb; M. v. Schwind wollte 1839–44 die Bildergalerie des Ph. bei der Ausmalung der Kunsthalle in Karlsruhe nachahmen.

W: Gesamtausgabe von K. L. Kayser, Zürich II, 1844–53, Leipzig 1870–71, neu 1964. – Apoll.-Biogr. hg. u. d. V. Mumprecht 1983. – Beide Eikones: Hg. O. Schönberger, 1968 (mit *Ü* und Abb.).

Phineus, in der gr. Sage blinder König in einem Land am Schwarzen Meer. Seine Speisen raubten oder besudelten die → Harpyien; nach einer anderen Sagenversion wurde er wegen eines Frevels von den → Argonauten geblendet und getötet.

Phlyaken (gr. *phlyakes),* italische Possen, bei denen Schauspieler in komischem Kostüm (→ Komödie) und mit grotesk verzerrten Masken stark travestierte Heroen- und Göttergestalten oder Figuren des Alltagslebens auf die Bühne brachten. Ihre Szenen waren ein beliebter Stoff der Vasenmaler in Unteritalien, die uns diese spaßigen Tröpfe in einer großen Zahl komischer, z. T. in ihrer Bedeutung noch nicht erkannter Szenen vorführen. Rund 190 Vasen zumeist des 4. Jh. v. Chr. geben damit Hinweise auf die Stücke, von denen literarisch so gut wie nichts erhalten ist (Ausnahme: Rhinton v. Syrakus um 300 v. Chr. mit 9 Titeln und wenigen Fragmenten).

W: Comicorum Graecorum Fragmenta, hg. G. Kaibel, I 1899, neu 1958.

Phoebus → Phoibos.

Phönix, gr. *phoinix,* ein prächtiger arabischer Vogel, der sich alle 500 Jahre einmal in Heliopolis in Ägypten gezeigt haben soll. Dort mag er eine religiös–symbolische Bedeutung gehabt haben wie so viele andre von den Ägyptern heilig gehaltene Tiere. Aber schon Herodot war zu aufgeklärt, um zu glauben, was man ihm davon erzählte (II 73); auch Tacitus (*Annalen* VI 28) zweifelt anläßlich eines unter Tiberius in Ägypten erschienenen Ph., weil dessen Vorgänger nicht vor 500, sondern vor weniger als 250 Jahren gesehen worden sei. In der altchristl. Kunst erscheint der Ph. als Symbolgestalt der Auferstehung und des ewigen Lebens.

M. Walla, Der Vogel Ph. in d. antiken Lit., 1969.

Phönizier → Phoiniker

Phoibos, lat. Phoebus, Beiname des gr. Gottes → Apollon, Bedeutung noch immer umstritten: Der Lichte oder der Reine oder der Furchtbare.

Phoiniker, gr. *Phoinikes,* Name = Bezeichnung nach der Farbe des von dort exportierten → Purpurs; gr. *phoinos* = rot), lat. *Phoenices* oder *Poeni;* adiect. *Punicus* („punische“ Kriege). Die Ph., ein semitisches Volk in Syrien, dessen Blüte in die Zeit von 1200–900 v. Chr. fällt, waren kühne See- u. tüchtige Kaufleute und vermittelten dem Westen orientalische Kultur (→ Baumwolle; Glas; Purpur). Umsegelung Afrikas durch Ph., auf Befehl des Pharao Necho (609–595 v. Chr.), vom → Suezkanal aus südwärts, zurück durch die Straße von Gibraltar, in etwa $2^1/_2$ Jahren, Herod. IV 42. Fahrten nach Britannien → Handelswege. Kriegerisch waren sie im allgemeinen nicht (doch → Hannibal) und erweiterten deshalb ihr enges Land (zwischen Meer und Libanon) nicht durch Eroberung von Nachbarländern, sondern sie zogen auf Schiffen in die Ferne. Im 2. Jahrt. v. Chr. kamen sie nach Griechenland, angeblich unter Führung des Kadmos (der vielleicht eine historische Person ist; → Frühgeschichte). Die gr. Kultur wurde schon durch die Annahme der phoinikischen → Buchstabenschrift stark beeinflußt. Nach dem Ende der kretischen Macht wurden die Ph. das erste See- und Handelsvolk im Mittelmeer und beherrschten dieses von Syrien (dort Hauptstädte Tyros und Sidon) bis Spanien (→ Tartessos). Doch kolonisierten sie die fremden Länder meist nicht, sondern legten nur

Faktoreien an; daher findet man von ihnen wenig Spuren. Seit dem 8. Jh. v. Chr. verloren sie ihre Stellung zur See an die Griechen, in ihrem Mutterland an die Assyrier (unter deren König Sargon, 722–705 v. Chr.), weswegen man dieses nicht Phoinikien, sondern Syrien, eine Abkürzung von Assyrien, nennt. Noch unter persischer Herrschaft waren jedoch ihre Städte bedeutende Handelszentren und stellten die Hauptkontingente zur persischen Kriegsflotte. Die Zerstörung von Tyros durch Alexander d. Gr. 332 v. Chr. vernichtete ihre Macht im Mutterland. Seitdem lag ihr Schwerpunkt in ihrer Kolonie Karthago. Nach dessen Zerstörung durch die Römer 146 v. Chr. verschwanden sie aus der Geschichte.

G. Contenau, *La Civilisation Phénicienne,* Paris ^{3}1959; D. Baramki, d. 1965; S. Moscati, Die Ph., d. 1966; G. Herm, Die Ph., 1973 → Karthago; Nordafrika.

Phokaia, nördlichste der ionischen Städte an der westkleinasiatischen Küste. Bedeutende Handelsstadt, die erste, die im Handel mit den Phoinikern rivalisierte. Zahlreiche Kolonien wurden von Ph. gegründet; die bedeutendsten Massilia (heute Marseille) in Südfrankreich und Elea in Italien. Eine der frühesten gr. Münzstätten (Ende des 7. Jh.).

C. Roebuck, *Ionian trade and colonization,* N. Y. 1959.

Phokion, athenischer Feldherr und Politiker im 4. Jh. v. Chr. Seine eigentliche Tätigkeit begann seit der Schlacht bei Chaironeia. Durch sein Ansehen und sein geschicktes Verhandeln gelang es ihm, Athen mehre Male zu retten. 318 wurde er jedoch gestürzt und als Gegner der extremen Demokratie hingerichtet.

Phokis, die westlich an Boiotien sich anschließende, sich am Golf von Korinth hinziehende Landschaft, deren Mittelpunkt das Parnaß–Massiv bildet; seine Bevölkerung wohnte großenteils in verstreuten Hirtendörfern. Die Gegend gewann durch das aufblühende Heiligtum in Delphoi rasch an Bedeutung (→ Amphiktionen).

Phokylides v. Milet, gr. Dichter des 6. Jh. v. Chr., schrieb Sinnsprüche u. Lebensregeln, zumeist in Hexametern. Ein unter seinem Namen stehendes Lehrgedicht ist eine Fälschung des 1. Jh. n. Chr.

W: ALGr.

Phorminx, Sonderart der → Lyra.

Phrixos und **Helle,** zwei Königskinder, entrannen ihrer bösen Stiefmutter durch die Flucht auf einem Widder mit goldner Wolle, den ihnen ihre eigentliche Mutter, eine Göttin, geschenkt hatte. Sie flogen auf ihm durch die Luft. Über dem Meer (→ Hellespont) fiel H. herab und ertrank. Phr. gelangte ans Ostende des Schwarzen Meeres, nach Kolchis, und opferte dort den Widder; das goldne Vlies wurde in einem hl. Hain aufgehängt. → Argonauten. – Der durch Philipp d. Guten von Burgund am 1. 1. 1430 gegründete und später von den Habsburgern nach Spanien u. Österreich übertragene Orden des Gold. Vlieses bekam diesen Namen, weil sein Gründer einen Kreuzzug nach Syrien plante u.

sich seine Kreuzfahrer als Argonauten dachte.

Phrygien, Landschaft im nördl. Kleinasien. Die Phryger besetzten sie, von Thrakien herüberwandernd, im 13. Jh. v. Chr., erlagen aber im 7. Jh. den anstürmenden → Kimmeriern. Seit 546 unter pers. Herrschaft, von Alexander d. Gr. 333 erobert (→ Gord. Knoten), seit 116 Teil der röm. Provinz Asia. – Phryg. Einflüsse sind in der gr. → Musik zu finden (→ Flöte; Marsyas; auch → Midas).

Phryne war eine der bekanntesten → Hetären Athens.

Phrynichos, der bedeutendste Tragödiendichter vor Aischylos, wenig älter als dieser. Neben zahlreichen mythologischen Stoffen behandelte er zweimal Themen aus der zeitgenössischen Geschichte, dem Perserkrieg; z. B. *Milets Einnahme.* Sein berühmtestes Stück waren die 476 v. Chr. aufgeführten *Phoinissen,* mit demselben Stoff, den 472 Ai. in seinen *Persern* bot: Der Seesieg bei Salamis u. seine erschütternden Rückwirkungen auf das Perserreich.

W: *Tragicorum Graecorum fragmenta,* hg. A. Nauck, [2]1889.

Phylen, gr. *phylai,* Unterabteilungen der gr. Gemeinden. Sie waren in der ältesten Zeit verwandtschaftl. zusammengesetzt; zu jeder Ph. gehörte eine Anzahl Bruderschaften (Phratrien, gr. *phratriai),* zu jeder Phr. eine Reihe Familien. Die Phr. und die Ph. waren Kultgemeinschaften, in die jeder Vollbürger hineingeboren wurde. Sie hatten eigene Beamte und eigene Feste. Die religiöse Grundlage des Bürgerrechts erschwerte die Aufnahme Fremder in die Bürgerschaft. Die Bedeutung der Ph. für das politische Leben war, besonders in Athen bis in die Zeit des Kleisthenes, sehr groß; in ihnen hatte der Adel die Oberhand. Deswegen zerschlug der Begründer der attischen Demokratie, → Kleisthenes, diese alte Organisation (508 v. Chr.). Er setzte an die Stelle der 4 alten Geschlechterph. 10 geographische Ph. (Bezirke). Deren Gemeinden hingen jedoch geographisch nicht zusammen, sondern die G. jeder einzelnen Ph. lagen in verschiedenen Teilen Attikas, an der Küste, in der Stadt und im Binnenland. Damit löste Kl. gleichzeitig die bisherigen drei politischen Parteien auf, die sich nach den Wohnplätzen und den sich daraus ergebenden Interessen gebildet hatten. (Bewohner der Küste, der Ebene, des Gebirges; Aristoteles, *Staat d. Athener* 13.)

Physik, gr. *physike* = Naturkunde; die ältesten (ionischen u. eleatischen) Naturphilosophen hießen Physiker, gr. *physikoi.* So speziell wie bei uns wurde das griech. Wort Ph. nicht gebraucht; *physiologos* bedeutet „Naturforscher“. – Die auf die → Ionischen Naturphilosophen folgende Epoche beherrschte Aristoteles mit seiner achtbändigen *Physik;* in diesem Werk nahm die Untersuchung der Ursachen einen breiten Raum ein. Die Wirkung dieses und anderer aristotelischer Werke reichte bis in die Neuzeit hinein; in der Auseinandersetzung mit Aristoteles entwickelte sich die moderne Ph.

Die Ph. des nach-aristotelischen Altertums erreichte ihre Höchstleistungen auf dem Gebiet der → Mechanik. → Naturforschung.

F. Solmsen, *Aristotle's System of the Physical world,* Ithaca 1960; S. Sambursky, D. physikal. Weltbild der Antike, 1965.

π **pi.** Mit Hilfe der Zahl ermittelt man die Peripherie (gr. *periphereia)* des Kreises. Obwohl früher in den Schulen im Mathematikunterricht lat. gesprochen wurde, schreibt man gr. π und sagt *pi* (zuerst der Engländer William Jones 1706; eingebürgert aber erst durch Euler) als Ehrung des Griechen, der sie errechnete, Archimedes. Dieser bestimmte sie, indem er sich den Kreis als 96-Eck dachte, als zwischen $3^1/_7$ und $3^{10}/_{71}$ liegend, d. h. mit einem Fehler von $^1/_{479}$, nach unserer Schreibung als zwischen 3,141 und 3,142 liegend.

Piazza Armerina, kleine Stadt nördl. von Gela auf Sizilien, wo (von Maximianus oder Maxentius?) ein kaiserlicher Sommerpalast errichtet wurde, der etwa 3500 qm bebauter Fläche umfaßte. Dort sind Fußbodenmosaiken von einzigartiger Schönheit freigelegt worden; die Motive stammen aus der Mythologie u. dem Alltagsleben (Opfer, Gastmahl, Jagd, Sport).

G. V. Gentili, *P. A.,* Rom 1954; ders., *La villa Erculia di Piazza Armerina,* Mailand 1959; G. Daltrop, Die Jagdmosaiken der röm. Villa bei P. A., 1969; H. Kähler, Die Villa des Maxentius bei P. A., 1973.

Pictenwall, von → Agricola gegen die Caledonier od. Picten in Schottland angelegt, von Antoninus Pius nach Art des → Limes ausgebaut; er verlief vom Firth of Forth bis zum F. of Clyde.

G. Macdonald, *The Roman Wall in Scotland,* ²1934; A. S. Robertson, *The Antonine Wall,* Glasgow ²1973; → Limes.

Pinakothek, von gr. *pinakes* = Gemälde, *theke* = Aufbewahrungsort (→ Glyptothek). Die P. im linken Flügel der → Propyläen auf der → Akropolis in Athen war kein Museum in unserem Sinne, sondern der Aufbewahrungsort für Weihungen an Athena, die man wegen der Vergänglichkeit der Farben nicht im Freien aufstellen konnte. Alle diese Bilder sind heute verschwunden; der Bau selbst ist ziemlich gut erhalten. Nach dieser P. sind die Alte und Neue P. in München benannt.

Pincius *(mons),* ital. Monte Pincio, im Norden Roms am Rande der Stadt, hieß ursprünglich *collis hortulorum* = Gärtchenhügel, weil sich hier vornehme Römer Parks mit Villen anlegten (→ Sallusts Haus); erst seit dem späten Altertum m. P. nach einem Palaste der vornehmen *Pincii.*

Pindaros, etwa 518–446 v. Chr., geboren in Theben, war im Mannesalter Zeuge der Perserkriege, die ihn jedoch nicht so beeinflußten wie den Aischylos und Simonides; er suchte sogar die Neutralitätspolitik Thebens zu rechtfertigen. Trotzdem wurde er wegen seiner Dichtungen von den Griechen hoch geehrt, u. a. von den Athenern mit einer Gabe von 10000 Drachmen, und galt wie Simonides als gr. Nationaldichter. Als Dichter und Chormeister schrieb P. auf Bestellung und gegen Honorar seine Auftragswerke: Hymnen u. Dithyramben, Prozessionslieder, Kult-, Preis- und Tanz-Gesänge; erhalten haben sich vom Gesamtwerk lediglich 4 Bücher Siegeslieder, *Epinikien,* die nach den Orten der Nationalspiele in *olympische, py-*

thische, nemeische und *isthmische* eingeteilt werden; es waren Chorlieder, die bei dem feierlichen Einzug des Siegers in seine Vaterstadt von Altersgenossen gesungen wurden. Für jedes dieser Lieder (einzige Ausnahme: *Isthm.* 3 u. 4) erfand der Dichter, offenbar einem Brauche folgend, eine neue Melodie und somit auch neue metrische Formen. Trotz dieser großen Mannigfaltigkeit in Ton und Versmaß, deren Verhältnis zu der übrigen musikalischen Gestaltung des Liedes nicht mehr feststellbar ist, sind doch alle Gedichte von einem einheitlichen Kunstwillen getragen. P. bevorzugt die schweren, majestätischen Rhythmen. Der dadurch erzeugten feierlich-ernsten, erhabenen Stimmung entspricht der strenge Aufbau der Lieder aus Strophe, Antistrophe und Epodos. In der Mitte des Gedichts steht meist ein Mythos, den P. mit Vorliebe der Heroengeschichte des Landes entnahm, um dadurch den Stolz der Hörer auf die Ruhmestaten der Vergangenheit lebendig zu erhalten. Diese erzählenden Teile sind der Glanzpunkt der Lieder. Hier weiß er mit mächtigem Schwung der Phantasie die Einzelsituation stimmungsvoll auszugestalten. Dazu paßt auch die Tiefe der Gedanken. Er selbst verglich sich in stolzem Selbstgefühl dem hochfliegenden Adler, der geringschätzig von seiner Höhe auf die mühsam erlernte Kunst kreischender Raben herabschaut. Mit frommem Sinn hielt er fest an dem Glauben und an der Sitte der Väter. Mit dem Ernst seiner Lebensauffassung verbindet sich der sprachliche Ausdruck, der sich im Reichtum und in der Großartigkeit der Bilder zeigt. Er dichtete nicht in seinem Heimatdialekt, sondern benutzte den dorisierenden Kunstdialekt der Chorlyrik. Trotz der außerordentlichen Schwierigkeiten, die sich daraus für das Verständnis seiner Lieder ergeben, verdankt er es besonders dem sittlichen Ernst und seinem Begeisterung erweckenden Vortrag, daß er im Altertum und in der Neuzeit hoch gefeiert worden ist. – Über die Echtheit einer 1650 aufgefundenen musikal. Notation besteht bis heute keine Klarheit. – Neben der „horazischen Ode“ ist die Form der „pindarischen Ode“ in Europa immer lebendig geblieben, doch eröffnete erst F. Hölderlin durch seine Übersetzungen auch wieder einen direkten Weg zu P. – → Bakchylides; Tägliches Leben.

W: Hg. B. Snell, H. Maehler, II [5]1971; hg. u. d. O. Werner, [3]1968; hg. u. d. D. Bremer, 1992. – *Ü:* F. Hölderlin (Ausw.); F. Dornseiff, [2]1965; L. Wolde 1942, neu 1958.

L: U. v. Wilamowitz, [2]1966; W. Schadewaldt, D. Aufbau d. pindarischen Epinikien, [2]1966; H. Gundert, P. u. sein Dichterberuf, 1935; C. M. Bowra, Oxf. 1964; P. und Bakchylides (WdF) hg. W. M. Calder, 1971.

Piräus → Peiraieus.

Pisistratus → Peisistratos.

Pittakos von Mytilene auf Lesbos zeichnete sich im Kampf gegen Athen aus und wurde von seinen dankbaren Mitbürgern um 620 v. Chr. zum Schlichter in den Kämpfen zwischen Adel und Volk (Aisymneten) gewählt. Er führte sein Amt sehr gut und gilt als der glänzendste Vertreter der Aisymneten (→ 7 Weise). Einige Adlige mußten unter seiner Herrschaft das Land verlassen, darunter wohl Sappho und Alkaios. Als der Staat geordnet war, trat er freiwillig zurück. Die

Blüte von Lesbos im 7. und 6. Jh. v. Chr. war sein Werk.

Plagiat, zu lat. *plagium* = Menschenraub, bei uns = Diebstahl geistigen und künstlerischen Eigentums. Der antike Schriftsteller wurde weder durch das geltende Recht noch durch die gute Sitte vor Pl.en aus seinen Werken geschützt; → Verlagsbuchhändler. Pl.e in der antiken Plastik: namentlich die archaistische (→ archaisch) Kunst suchte den möglichst engen Anschluß an die archaische keineswegs zu verhüllen. Doch sind diese beiden Arten des Pl.s nicht direkt vergleichbar; das literarische war doch mehr oder weniger Diebstahl, das künstlerische eher Wiedererweckung aus Bewunderung früherer Art. Über den geistigen Diebstahl von Motiven bei Dichtern, von Gedanken, Thesen und Theorien bei Denkern gab es im Altertum schon viele Klagen und gegenseitige Vorwürfe, vor allem bei konkurrierenden → Philosophenschulen.

H. Peter, Wahrheit u. Kunst, Geschichtsschreibung u. Pl. im klass. Altert., 1911; E. Stemplinger, D. P. in d. gr. Literatur, 1912; W. Speyer, Die lit. Fälschungen im heidn. u. christl. Altert., 1971.

Plastik. Das gr. Wort *plastike* heißt im allgemeinen „Bildnerei", meint aber, wie heute das Wort Pl., schon im Altertum speziell Rund- und Reliefbildnerei. Die Schöpfungen der Pl. hatten ihren Ursprung wohl im Kult (Tempelschmuck, Götterstatuen, Weihestandbilder und -reliefs); später trat der Bedarf an Grab-Skulptur hinzu. Einen besonderen Raum nahm die → Porträt-Kunst ein, Bildnisse von Herrschern, Politikern, Künstlern, Philosophen (Statuen oder auch nur Büsten) sind sehr zahlreich, allerdings meist nur in Kopien erhalten. Eine Sonderentwicklung nahm das historisch-erzählende Relief, das bereits von oriental. Herrschern bevorzugt, von den Griechen übernommen und von den Römern mit besonderem Sinn für realistische Darstellung weiter gepflegt worden ist. – Über die bekanntesten Künstler → Alkamenes, Bryaxis, Kephisodotos, Leochares, Lysippos, Myron, Paionios, Pheidias, Polykleitos, Praxiteles, Skopas; hier soll nur eine Übersicht über ihre Arbeitsweise gegeben werden: Man arbeitete in ältester Zeit in Holz und Elfenbein, nichts erhalten; in Ton (→ Tanagrafiguren; Terrakotta), namentlich für Klein-, aber auch Großplastik (in Etrurien Statuen bis 7 m hoch aus einem Stück); bei der Unvergänglichkeit gebrannten Tons in Unmassen erhalten, von den geringsten bis zu den feinsten Stücken; in Stein, besonders Marmor. Obwohl man weit über 1000 Jahre lang antike Marmorstatuen zum Brennen von Marmorkalk verwandte, sind noch viele Tausende erhalten; in Bronze. Bronzepl. war im Altertum höher geschätzt als Marmorpl. Antike Bronzestatuen wurden im metallarmen Mittelalter wegen des Metallwerts ohne Rücksicht eingeschmolzen; doch sind durch günstige Zufälle einige erhalten, z. B. die beiden bronzenen Krieger von Riace (Kalabrien, 1972 im Meer gefunden). – Bronze-Kleinplastik sehr zahlreich; in Gold u. Elfenbein, → Goldelf.; alle verloren.

K. Schefold, Gr. Pl., 1949; G. Lippold, Die gr. Pl., 1950; E. Homann-Wedeking, Die Anfänge der gr. Groß-Pl. 1950; C. Blümel, Gr. Bildhauer an d. Arbeit, [4]1953; L. Alscher, Gr. Plastik, IV 1954–82; E. Buschor, Die Pl. d. Griechen, [2]1958 u. 1981; W. H. Schuchardt, Epochen der gr. Pl., 1959; U. Hausmann, Gr. Weihereliefs, 1960; D. E. Strong, *Roman Imperial Sculpture,* Lond. 1961; B. Andreae, Ant. Pl., 1974; R. Lullies, M. Hirmer, Gr. Pl., [4]1979; G. Busignani, Die Heroen v. Riace, d. [2]1982; J. Boardman, Gr. Pl., II d. 1987; W. Fuchs, J. Floren, Die gr. Pl., III 1987ff.; W. Martini, Die archaische Pl. der Griechen, 1990.

Plataiai, „Plateaustadt" (→ Platz), alte Stadt in Boiotien, bei der die Griechen 479 v. Chr. die Perser entscheidend besiegten (→ Pausanias; Schlangensäule); die Plataier zeichneten sich in der Schlacht besonders aus und erhielten den Tapferkeitspreis. Jetzt in Ruinen.

Platon (lat. *Plato*), geb. Mai 427 v. Chr., entstammte einer altadligen Familie in Athen; sein Onkel war Kritias, das Haupt der 30 Tyrannen. Er erhielt eine vorzügliche Bildung, wandte sich zuerst der Dichtung zu und schrieb Epigramme, Dithyramben und Tragödien. Seit der Bekanntschaft mit Sokrates widmete er sich ganz der Philosophie. Die politischen Umwälzungen in Athen und die Hinrichtung des Sokrates durch die Demokraten entfremdeten ihn jeder politischen Betätigung. Nach Sokrates' Tod (399 v. Chr.) verließ er Athen und ging nach Megara, Unteritalien und Syrakus, an den Hof Dionysios' I., vielleicht auch nach Ägypten und Kyrene. Nach 387 gründete er in Athen die → Akademie, eine Philosophenschule, die aus ganz Griechenland starken Zulauf hatte. Seine Lehrtätigkeit unterbrachen zwei weitere Reisen nach Syrakus an den Hof Dionysios' II., wo er hoffte, seine Staatstheorien verwirklichen zu können. Sie endeten, wie die erste Reise, mit Enttäuschungen. Seitdem lehrte Pl. unentgeltlich bis zu seinem Tod; er starb 347 in Athen.

Seine philosophische schriftstellerische Tätigkeit begann nicht vor Sokrates' Ende und reichte bis zu seinem Tod. Alle seine Prosawerke sind erhalten, daneben Unechtes. Sie sind fast alle in Dialogform (→ Sophron) abgefaßt; außer in den *Gesetzen* ist in ihnen Sokrates Hauptperson. In die Sokratische Periode fallen die Schriften, die P. noch ganz im Banne des Sokrates zeigen, teils die der Verteidigung des Meisters dienenden Dialoge, teils solche, die der Begriffserörterung einzelner Tugenden dienen: Die *Apologie* (Verteidigungsrede des Sokrates vor Gericht), *Kriton* (Sokrates im Gefängnis: Gehorsam gegen die Gesetze), *Euthyphron* (über Frömmigkeit), *Laches* (Tapferkeit), *Charmides* (Besonnenheit), *Lysis* (Freundschaft). Mit dem *Protagoras* (über die Lehrbarkeit der Tugend) beginnt die grundsätzliche Auseinandersetzung mit den Sophisten, die im *Gorgias* mit dem Kampf gegen die Rhetorik fortgesetzt wird; in diese Zeit gehören noch *Kratylos* (Sprachwissenschaftl. Fragen), *Euthydemos* (sophistische Eristik) und *Menon* (die Lehre von der Wiedererinnerung). In der reifsten Periode platonischen Schaffens entstanden: das *Symposion* (über den → Eros), *Phaidon* (über die Unsterblichkeit, mit dem ergreifenden Bericht über Sokrates' Tod), der Staat (*Politeia,* der Idealstaat), *Phaidros* (das Streben nach der Welt der Ideen = Eros), außerdem

Theaitetos und *Parmenides* (komplizierte Gespräche über Mathematik und Dialektik, auch die → Ideenlehre). Aus P.s Spätzeit stammen umfangreiche Dialoge, die seine Lehren weiter ausführen: *Politikos* und *Sophistes* (Idealbilder eines Staatsmannes bzw. eines Sophisten), *Philebos* (Lust und Erkenntnis), *Timaios* und der unvollendete *Kritias* (kosmolog. Theorien, beide später viel gelesen und oft ausgedeutet), schließlich die *Nomoi* (Gesetze, ein neuer Staatsentwurf). – Aus diesen Schriften läßt sich keine völlig zusammenhängende Lehre herausarbeiten; P.s. Anschauungen haben sich im Laufe seines Lebens geändert. Außerdem hat er anscheinend (7. Brief, 341 C) die eigentlichen Kernpunkte seiner Lehre überhaupt nicht in die schriftl. Darstellung einbezogen; P. verfolgte, wie man heute vermutet, die schriftl. angedeuteten Zusammenhänge in den Lehrgesprächen sehr viel weiter. Ein gemeinsames Charakteristikum aller seiner Schriften liegt jedoch in Pl.s scharfem Gegensatz zu den Sophisten, die sich bewußt auf die Erscheinungswelt beschränkten und durch Relativierung aller Gesetze und Normen viele Zeitgenossen verunsicherten. P. dagegen suchte zu einer sicheren Grundlage unseres Denkens vorzudringen; er setzte darin den Versuch des Sokrates fort, der über das Nichtwissen nicht hinausgekommen war. Dieses Fundament glaubte er in den Ideen zu finden. Die Ideenlehre, die er besonders im *Staat* ausführlich behandelt, ist das Kernstück seiner Erkenntnistheorie u. Ethik. Er verstand unter Ideen (gr. *ideai*) die ewigen, unveränderlichen Urformen aller Dinge der uns umgebenden, mit den Sinnen wahrgenommenen Welt, der „Erscheinungswelt" der Geschöpfe, der Gegenstände, aber auch der abstrakten Begriffe wie der Tugend u. des Guten. Die Ideen führen nach ihm ein reales Dasein in einer ewigen, unveränderlichen Welt. Aus ihnen ist die Erscheinungswelt durch Nachahmung entstanden. Diese ist, da sie aus unvollkommener Materie gebildet ist, mangelhaft, eine minderwertige Welt des Scheins gegenüber jener vollkommenen Welt des Seins (→ Höhlengleichnis). Da es Ideen auch von den ethischen Begriffen gibt, so ist die → Tugend nicht in das Belieben jedes einzelnen gestellt, nicht relativ, sondern absolut u. ewig. Jeder Mensch hat die Ideen vor seiner Geburt, als seine Seele den Göttern im All folgte (Seelenwanderung; → Seele), zu schauen versucht (Mythos im *Phaidros*). Nach der Verbannung in den unvollkommenen Leib hat die Seele alles vergessen (→ *soma sema* = der Leib [ist] das Grab [der Seele]); durch das Denken und philosophische Streben wachsen ihr aber die verlorenen Flügel wieder, und sie kommt dem Jenseits näher. Jedes errungene Wissen ist ein Stück Wiedererinnerung *(anamnesis)*. So ist der Verstand das wichtigste Werkzeug des Menschen, um die Vollkommenheit zu erlangen. Pl. war in dieser Beziehung Rationalist wie Sokrates. Je mehr der Mensch Wissen erwirbt, desto näher kommt er der Erlösung aus dem „Rad der Geburten" (→ Pythagoras), an das seine Seele durch ihre Wanderung durch menschliche und tierische Leiber gebunden ist. Erkenntnis und Erziehung sind Aufgaben auch des Staates, der Pl. besonders interessierte und den er in zwei großen Werken *(Staat, Gesetze)* behandelt hat. Da die Tugend, d. h. die Glückseligkeit der Bürger durch den Staat zur Herrschaft gelangen sollte, verwarf Pl. die sophistische Theorie des → Machtmenschen, den er uns im *Gorgias* und im *Staat* gezeichnet hat. Der wahre Regent ist der „Diener der Gesetze", und da wahres Wissen nur der Philosoph besitzt, sind nur Philosophen die gegebenen Herrscher. Neben diesen Stand treten die Wächter *(phylakes)*, die später zu Philosophen aufrücken können und wie diese kein Privateigentum und keine Familien besitzen; vielmehr werden sie vom Staat mit allem Nötigen versehen. Ihre Frauen und Kinder gehören ihnen gemeinsam, damit sie nicht durch private Familieninteressen abgelenkt werden, sondern ihre ganze Kraft ihrer Aufgabe widmen können (→ Kommunismus). Der unterste Stand, Arbeiter, Bauern, Handwerker, erarbeitet die materielle Grundlage dieses Gemeinwesens. Diese Verteilung der Aufgaben resultiert aus der Ungleichheit der Menschen; das alle Stände umschlingende Band ist die (freilich genau abgestufte) Gerechtigkeit im Staate. – Diese Philosophie ist in vielen Stücken nicht original; heraklitische und besonders pythagoreische Gedanken sind aufgenommen. Aber alle diese Teile fügen sich trotz mancher Widersprüche und Unklarheiten zu einem grandiosen Bau zusammen, den uns Pl. meist durch sorgfältige begriffliche Beweisführung vorlegt. Nur manchmal versagt dies Mittel sokratischer Unterweisungskunst. Dann greift Pl. zum Mythos. Dabei kommt der Dichter Pl. zu Worte, der in poetischer Einkleidung und mystischer Schau gerade die tiefsten Gedanken seines Systems in faszinierender Bildhaftigkeit und Klarheit darzustellen weiß (die Naturschilderung im *Phaidros* und vor allem das ergreifende Bild von Sokrates' Tod im *Phaidon*). – Über einen Versuch, den *Staat* zu verwirklichen, und über Weiterleben und Weiterbildung der platonischen Lehre → Plotinos. Die Akademie existierte als fest organisierte „Genossenschaft" noch fast ein Jahrtausend.

W: Gesamtausgabe: J. Burnet, Oxf. V, [2]1905–15, neu 1924 u. ö.; M. Croiset u. a., Paris XIII 1920–64 (mit frz. *Ü*). Gesamtwerk hg. u. d. G. Eigler u. a., VIII 1970–[2]1990. – *Ü:* Gesamtausgabe: F. Schleiermacher, 1804–10, neu 1957–59; O. Apelt, VII 1951 ff., neu 1988; G. Rufener, VIII 1960–[2]1986; Hauptwerke, W. Nestle, [8]1973; Staat A. Horneffer, [10]1982, Briefe H. Weinstock, [2]1954.

L: J. Kerschensteiner, Pl. u. d. Orient, 1945; E. Hoffmann, Zürich 1950; ders., Platonismus u. christl. Phil., Zürich 1960; O. Gigon, P., Bibliograph. Einf. in d. Studium d. Philosophie 12, 1950; H. Gauss, Handkommentar zu d. Dialogen P.s, III, 1952–60; K. Popper, Der Zauber Pl.s, 1957; U. v. Wilamowitz, I [5]1959, II [2]1962; P. Friedländer, III [3]1960; E. Frank, P. u. d. sog. Pythagoreer, [2]1962; J. Pieper, Begeisterung u. göttl. Wahn, 1962; ders., Über d. platon. Mythen, 1965; W. Bröcker, P.s Gespräche, [2]1967; K. Gaiser, Pl.s ungeschriebene Lehre, [2]1968; G. Martin, P., 1969; E. A. Wyller, Der späte P., 1970; J. Wippern (Hg.), D. Problem der ungeschr. Lehre Pl.s, 1972; G. Krüger, Einsicht u. Leidenschaft, [4]1973; K. Bornmann, 1973; G. Martin, Pl.s Ideenlehre 1973; H. Perls, Lex. d. platon. Begriffe, 1973; D. Roloff, Platonische Ironie, 1975; Th. A. Szlezak, Pl. u. d. Schriftlichkeit der Philos., 1985; H. Dörrie, Der Platonismus der Antike, II 1987–1990; E. Heitsch, Wege zu Pl., 1992; Th. A. Szlezak, Platon lesen, 1993.

Platonische Liebe. Bei Platon bedeutet → Eros: Drang nach philosophischer Erkenntnis, Liebe zur Weisheit, Streben nach Unsterblichkeit durch körperliche und geistige Zeugungskraft. Diesen Eros mißverstehend nannte man pl. L. eine Liebe ohne Sinnlichkeit.

Platz, von gr. *plateia* (→ *Plataiai*) = breite (Straße); lat. *platea* = Straße; breiter Pl., Hof; daher auch engl., franz. *place,* ital. *piazza.* – Das Wort Marktplatz drang mit dem südlichen Handelswesen (→ Kaufmann) im Norden ein; von lat. *mercatus* (it. *mercato,* engl. *market,* franz. *marché*).

Plautus. Titus Maccius Pl., ca. 254–184 v. Chr., der bedeutendste röm. Komödiendichter, von dem 21 Komödien überliefert sind, die ältesten vollständig erhaltenen Werke der röm. Literatur. Die Nachrichten über sein vielbewegtes Leben sind wenig glaubwürdig; jedenfalls kam er aus seiner umbrischen Heimat in jungen Jahren nach Rom, wo er wohl als Schauspieler (oder Bühnenarbeiter?) die Neigungen des niederen Volkes gründlich kennenlernte und einen sicheren Blick für Bühnenwirksamkeit bekam. Er bildete die Meister der neuen attischen → Komödie, die damals die gr. Bühne beherrschte, frei nach und paßte sie dem Geschmack seines einfachen Publikums an, das mehr drastische Handlung und Situationskomik als dramatische Kunst verlangte. Dabei dichtete er ganze Szenen seiner Vorlagen um und arbeitete unbekümmert mehrere Stücke ineinander („Kontamination"); durch die → *cantica* gab er seinen Lustspielen einen völlig neuen, operettenartigen Charakter. Diese verloren an Feinheit in Aufbau und Charakterzeichnung, gewannen aber an urwüchsiger Kraft und derber Komik, zumal da auch die volkstümliche, mit schöpferischer Originalität behandelte Sprache die reichsten Wirkungen erzielte. Neben dem Charakterlustspiel und der Verwechslungskomödie findet sich das Intrigenstück, das Rührstück und die Parodie der Tragödie; im Mittelpunkt der Handlung steht natürlich meist die Liebe. Am bekanntesten sind folgende Stükke: *Amphitruo* (die einzige Mythentravestie), *Aulularia* (die Topfkomödie), *Captivi* (die Gefangenen), *Menaechmi* (die Zwillinge), *Mercator* (der Kaufmann), *Miles gloriosus* (der Bramarbas), *Mostellaria* (die Gespensterkomödie), *Pseudolus* (Der Schwindler, nach dem Träger d. Hauptr., einem Sklaven, benannt), *Rudens* (das Schiffstau), *Trinummus* (das Dreigroschenstück, Verwicklungen um einen Schatz). Plautus' Wirkung reicht über Mittelalter und Renaissance bis in die neuste Zeit; Shakespeare *(Komödie der Irrungen; Falstaff),* Molière *(Amphitryon, L'Avare),* Holberg, Gryphius, Lessing, H. v. Kleist und viele andere Lustspieldichter nahmen sich Pl. zum Muster, der so zum einflußreichen Vermittler zwischen der gr. Komödie und dem klassischen Lustspiel der Weltliteratur wurde.

W: Hg. W. M. Lindsay, Oxf. II, 1903ff.; hg. F. Leo, II ^{2}1958. – *Ü:* C. Bardt, 1903–11; W. Binder, W. Hofmann, II 1963; E. R. Leander (Ausw.), 1959.
L: F. Leo, Plautin. Forschungen, ^{2}1912; neu 1966; E. Fraenkel, Plautinisches im P., 1922; G. Jachmann, Plautinisches u. Attisches, 1931; G. Norwood, *P. and Terence,* N. Y. 1963; N. Zagagi, *Tradition and Originality in Pl.,* 1980.

Plebiszit, lat. *plebi scitum,* der auf Antrag der Volkstribunen gefaßte Beschluß einer Versammlung der Plebs (sog. *concilium plebis*) in Rom. Als Kampfmittel der revolutionären Plebs gegen die Patrizier entstanden, war er ursprünglich nur für die Plebs bindend, aber schon vom 5. Jh. v. Chr. an für das ganze Volk. Allmählich wurden auch allgemeine Angelegenheiten durch Pl. geregelt. Seit 287 v. Chr. war ein Gesetz der Centuriatscomitien u. ein Pl. in ihrer Bedeutung nicht mehr verschieden; die Mehrzahl der Gesetze wurden seitdem im *concilium plebis* beschlossen. → Volksversammlung.

Plebs (lat.), die Masse der röm. Bürger, die Plebejer, im Gegensatz zu dem Adel, den → Patriziern, und den ihnen ursprünglich untertanen → Clienten. Ihre Struktur und Entwicklung bis ins 3. Jh. v. Chr., d. h. in der wichtigsten Zeit ihrer politischen Betätigung, ist fast unbekannt; die röm. Erzählungen darüber (→ Ancus Marcius) sind nur in großen Zügen zu gebrauchen. – Die Pl. bestand anfangs wohl hauptsächlich aus Kleinbauern, Kaufleuten, Handwerkern. Sie hatte das Hauptkontingent zum Heer zu stellen, besaß aber nicht das volle Bürgerrecht (vor allem kein passives Wahlrecht). Mit wachsender Bedeutung der Bürgerschaft durch Handel und Handwerk erwachte das Selbstbewußtsein der Pl. gegen den Stolz der Patrizier. Im Ständekampf errang sie bis 300 v. Chr. schrittweise die politische und auch gesellschaftliche Gleichberechtigung mit diesen. Seitdem spaltete sie sich. Die Armen waren durch 12-Tafel-Gesetz, Schuldenerleichterung, → Volkstribunen zum Schutz gegen Willkürakte der Beamten hinreichend befriedigt und zogen sich vom politischen Leben zurück. Die vornehmen pl. Familien dagegen organisierten sich als Geschlechter und bildeten zusammen mit den Patriziern die → Nobilität, den Beamtenadel. Von 300–150 v. Chr. herrschte sozialer Friede; wie es scheint, stand die Pl. nicht in Opposition gegen den Senat. – Erst seit 150, als sich infolge der Einfuhr billigen Auslandgetreides der italische Akkerbau nicht mehr lohnte, ging der ital. Bauer nach Rom und sank zum verwöhnten, arbeitsscheuen Proletarier herab, der sich von der Nobilität versorgen ließ (→ *panem et circenses*). Die Ungleichheit des Besitzes führte zur Verschärfung der wirtschaftlichen und sozialen Gegensätze und zu schweren Kämpfen zwischen der Nobilität (= patrizische u. plebeische Geschlechter) und den Proletariern (= → *populares*). Der Senat erwies sich als unfähig, die soziale Frage zu lösen. – Das Kaisertum stellte den Frieden wieder her. Die Not des Proletariats blieb aber nach wie vor das schwerste Problem in Rom, das auch durch die großen Finanzmittel der Kaiser nur scheinbar gelöst wurde. Reiche Getreidespenden und Fürsorge für die Kinderreichen, Witwen und Waisen bannten nur das größte Elend. Die Not wurde in der späteren Kaiserzeit immer schlimmer (→ Colonen). In diesen Bevölkerungsschichten fand das Christentum zuerst Eingang.

D. Binder, Die Pl., 1909; J. Gage, *Les classes sociales* . . ., 1964.

Pleiaden, in der gr. Sage die 7 Töchter des Atlas, vom Jäger Orion verfolgt und von Zeus zur Rettung als → Sternbilder an den Himmel versetzt (das Siebengestirn). Ihre Beobachtung war für Bauern und Seeleute wichtig. – Eine Siebenergruppe (gr. *pleias*) berühmter Persönlichkeiten konnte danach so bezeichnet werden (z. B. die Pleias der gr. Tragiker u. a.).

plektron, das Schlagstäbchen, mit dem die Saiten der → Kithara angerissen wurden.

plethron, gr. → Längenmaße.

Plinius der Ältere. Gaius Pl. Secundus, 23–79 n. Chr., ein tüchtiger röm. Offizier und Verwaltungsbeamter, zuletzt Flottenkommandant in Misenum, der zugleich mit den vielseitigsten Studien und Sammlungen beschäftigt war und eine umfassende literarische Tätigkeit entfaltete; beim Vesuvausbruch des Jahres 79 n. Chr. kam er als Opfer seines Forschungsdranges um und wurde so einer der ersten Märtyrer der Wissenschaft (→ Plinius der Jüngere, dessen Bericht freilich Kantorowicz in den *Therapeutischen Berichten* 1931, Heft 2, vom medizinischen Standpunkt so erklärt, daß der Tod durch Herzschlag infolge weit vorgeschrittener Herzverkalkung, ohne ursächlichen Zusammenhang mit dem Untergang Pompeiis, erfolgt sei). Von seinen Arbeiten auf dem Gebiete des Kriegswesens, der Geschichte, Grammatik, Rhetorik und der Naturwissenschaften ist nur seine „Naturkunde" *(naturalis historia)* erhalten, ein gewaltiges Sammelwerk in 37 Büchern, das über das eigentliche Thema hinaus eine Darstellung der philosophischen Theorien über die Natur gibt: Beschreibung des Universums, speziell der Erde, Länder- und Völkerkunde, Anthropologie, Zoologie und Botanik; Mineralogie und Metallurgie, hierbei auch die Verarbeitungsmöglichkeiten, also auch Malerei und Plastik. Mit diesen kunstgeschichtlichen Notizen und mit der Einbeziehung anderer Randgebiete wurde das Riesenwerk beinahe eine Enzyklopädie der allgemeinen Bildung. Der Stoff ist meist ohne selbständiges Urteil, aus einer großen Zahl von Werken exzerpiert (→ Stenographie); aber trotz seiner Unwissenschaftlichkeit galt dieses „Studierlampenbuch" dem späteren Altertum und dem ganzen Mittelalter, ja noch lange bis in die Neuzeit als Autorität; es hat seine Bedeutung für die Geschichte der Wissenschaft, besonders der → Naturforschung nicht eingebüßt. – Damit ist aber die *nat. hist.* noch nicht völlig erledigt. Sie bleibt eine der Hauptgrundlagen für unsere Kenntnis antiker Kunst und Geographie. Vor allem vermittelt sie dem Kulturgeschichtsforscher eine Fülle von Erkenntnissen (→ z. B. Telegraphie). Es gilt also, die *nat. hist.* als Quelle für die Geschichte der Wissenschaften gewissermaßen neu zu entdekken. – Von seinen verlorenen Werken hat die Schilderung der Römerkriege in Deutschland *(bella Germaniae)* als eine der wichtigsten Quellen von Tacitus' *Germania* für uns besondere Bedeutung.

W: Hg. L. Jan, C. Mayhoff, 1892–1909, neu 1985–87; Naturkunde, hg. u. d. R. König, G. Winkler, seit 1973. – *Ü:* C. F. L. Strack, III 1853–55, neu 1968.
L: A. Borst, Das Buch der Naturgeschichte, 1994.

Plinius der Jüngere. Gaius Pl. Caecilius Secundus, 62 – ca. 113 n. Chr., Neffe und Adoptivsohn des vorigen; geschätzter Anwalt und angesehener Staatsmann, der seine Ämterlaufbahn im Jahre 100 mit dem Consulat (→ *panegyrikos*) krönte und später als kaiserlicher Statthalter die Provinz Bithynien verwaltete. Seinen Ruhm verdankt er der Sammlung seiner *Briefe,* die von vornherein für die Veröffentlichung bestimmt und dementsprechend sorgfältig stilisiert waren, freilich auch die „liebenswürdige Mittelmäßigkeit" ihres Verfassers zeigen. Diese typischen Kunstbriefe behandeln wie kleine literarische Essays sehr verschiedene Gebiete und geben so ein Spiegelbild von bunter Mannigfaltigkeit, dem wir die Kenntnis des geistigen und gesellschaftlichen Lebens jener Zeit verdanken. Wohl die Krone der ganzen Sammlung bilden die beiden Briefe, in denen Pl. den Vesuvausbruch und den dabei erfolgten Tod des älteren Plinius schildert, die einzige Beschreibung dieses verhängnisvollen Ereignisses, die uns erhalten ist (VI 16; 20); ferner ist uns ein Brief über den Leseeifer und die Arbeitsweise des älteren Pl. besonders wichtig (III 5). Ein unschätzbares historisches Dokument ist sein Briefwechsel mit Traian aus der Zeit seiner bithynischen Statthalterschaft, dem auch die knappen, treffsicheren Antworten des Kaiser beigefügt sind, wirkliche Briefe, die wohl erst aus dem Nachlaß des Pl. herausgegeben wurden und über die Persönlichkeit des Herrschers wertvollen Aufschluß geben; am berühmtesten die beiden Briefe über die Behandlung der Christen (X 96; 97).

W: Hg. M. Schuster, R. Hanslick, [3]1958; hg. u. d. H. Kasten, [6]1990; Briefe an Trajan, M. Giebel, 1985. – *Ü:* A. Lambert, 1969.
L: H. P. Bütler, Die geistige Welt des Jg. Pl., 1970.

Plotinos, etwa 205–270 n. Chr., geb. in Lykon Polis in Ägypten, studierte in Alexandreia Philosophie unter Ammonios Sakkas, dem Begründer des Neuplatonismus; aber die Systeme seiner Zeit befriedigten ihn nicht. Der Versuch, im Gefolge des Kaisers Gordianus die Philosophie der Inder und Perser kennenzulernen, scheiterte, da G. in Mesopotamien ermordet wurde. Pl. ging 244 nach Rom und sammelte einen großen Kreis von Schülern um sich; auch zu Kaiser Gallienus und seiner Gemahlin hatte er enge Beziehungen. Aber die Pläne, durch eine Philosophenstadt in Campanien, eine Verwirklichung von Platons *Staat,* das röm. Volk sittlich zu erneuern, wurden durch die Ermordung des Kaisers vereitelt. Pl. nannte sich Platoniker, doch arbeitete er sehr selbständig mit den Elementen der platon. Philosophie weiter, vereinigte die Ideenlehre mit Lehren anderer Herkunft, vor allem mit einem neuartigen Erlösungsgedanken: Für ihn bildete Philosophie nur den „unteren Weg", der die Seele zur Höhe führte, wo der „obere Weg" erst einsetzte. Dieser war der Aufschwung der Seele zu mystischer Schau in der durch Selbstbesinnung auf das reine Denken erreichten Ekstase. Durch sie erreichte der Mensch die Vereinigung mit dem Ur-Einen und dem Guten. Dieses Ur-Eine ist Gottvater. Er denkt die Ideen, nach denen der Kosmos gestaltet wird; er erzeugt die Seele, die aus der Materie nach dem Urbild der Ideen die körperliche Welt formt und gestaltet. Die Dreiheit Gottvater, Gottmutter und Gottsohn (Weltseele und Kosmos), die in vielen mystischen Systemen eine Rolle spielt, hat auf das Christentum eine große Wirkung ausgeübt. – Pl. hat das ernste, dem Gottsuchen gewidmete Leben zu verwirklichen gesucht; mit seinen ungewöhnlichen Gaben des Geistes und durch die ekstatische Vereinigung mit dem Ur-Einen genoß er den Ruf eines höheren Wesens. Er wurde der eigentliche Neugründer des Neuplatonismus, denn er entnahm die Grundlagen seiner Lehren Platon, den er aber in mehrfacher Weise fortbildete. Sein System war das letzte wirklich bedeutende des augehenden Altertums. Herausgabe von 54 Schriften Pl.s in 6 *Enneaden* (Abteilungen von je 9) durch seinen Schüler Porphyrios, der auch Pl.s Leben beschrieb.

W: Hg. u. frz. E. Bréhier, VI Paris 1924–38, ^{2}1954ff.; hg. P. Henry, H. R. Schwyzer, Brüssel V 1951–73; hg. u. d. R. Harder, W. Theiler, R. Beutler, V 1956–70. – *Ü:* R. Harder, V, 1930–37.

L: W. Theiler, D. Vorbereitung d. Neuplatonismus, 1930, neu 1964; H. Fischer, Die Aktualität P.s, 1956; E. Bréhier, *La philosophie de Pl.,* Paris ^{2}1961; K. H. Volkmann-Schluck, Pl. als Exeget der Ontologie Platons, ^{3}1966; V. Schubert, 1973; H. Dörrie, *Platonica minora,* 1974.

Pluszeichen +, → Minuszeichen.

Plutarchos (dtsch. meist Plutarch), um 46 n. Chr. in Chaironeia geb., genoß in Athen eine sorgfältige wissenschaftl. Ausbildung und lebte dann meist in der Heimat. Als Gesandter seiner Vaterstadt ging er nach Rom, wo er mit Traian bekannt wurde. Nach reicher schriftstellerischer Tätigkeit gest. um 120 n. Chr. – Sein bekanntestes Werk sind die *Parallelen Lebensbeschreibungen,* von denen 46 erhalten sind. Gemäß dem kosmopolitischen Zeitgeschmack ist jedesmal ein Römer mit einem Griechen zusammengestellt, um die Gleichwertigkeit beider Völker zu zeigen (→ Nepos). Vereinigt sind Männer, die nach Bestrebungen und Leistungen einander ähnelten, z. B. Theseus (als Gründer Athens) mit Romulus, Demosthenes mit Cicero, die Sozialreformer Agis und Kleomenes mit den beiden Gracchen; freilich ist die Parallele manchmal etwas äußerlich. Den Historiker enttäuschen die Viten. Pl. will unterhalten und belehren, Vorbilder und Beispiele aus der „Rüstkammer der Geschichte" hervorziehen; nach dem Vorbild der peripatet. Tradition beschreibt er nicht nur Großtaten, sondern auch Gewohnheiten und Alltagsverhalten seiner Helden, um die Einzelzüge des Menschenbildes voll erfassen zu können. Tatsächlich verfügte Pl. über eine beachtliche Gabe der Charakterzeichnung. – Außer den P. L. verfaßte Pl. eine große Anzahl populär-philosophischer Aufsätze *(Ethika)* die heute meist unter dem lat. Titel *Moralia* zusammengefaßt sind und seine weite Belesenheit zeigen. Sie behandeln alle möglichen Fragen des sittlichen und überhaupt des menschlichen Lebens, z. B. *Kinderzucht, Rückgang der Orakel, Isis und Osiris, Widersprüche in der stoischen Lehre, Gesundheits-*

pflege, Vorschriften für die Ehe (einem neuvermählten Paar gewidmet), *Warnung vor dem Borgen, Geldliebe, Anleitung zu politischer Tätigkeit* und vieles andere. – Als Philosoph war P. Eklektiker (→ Eklektizismus). Mehr als den Philosophen schätzt man an ihm den Biographen. Wegen seiner liebenswürdigen, leichtbelehrenden Art wurde Pl. im Altertum wie in der Neuzeit sehr geschätzt; er war Lieblingsschriftsteller vieler großer Männer (Friedrichs d. Gr., Napoleons, Nietzsches). Auf die moderne Weltgeschichte hatte er Einfluß; die franz. Revolution stützte sich auf seine Biographien antiker Sozialrevolutionäre.

W: Biogr.: Hg. C. Lindskog, K. Ziegler, IV 1914–39, auch III 2–41964–73. *Moralia:* Hg. G. N. Bernardakis, VII 1888–96; hg. C. Hubert, W. Nachstädt u. a., seit 1925. – *Ü:* W. Ax, Röm. Heldenleben, 61959; K. Ziegler, W. Wuhrmann, Große Griechen u. Römer, VI, 1–21955–80; K. Ziegler, Religionsphilosoph. Schr., 1952; Von der Ruhe d. Gemütes, B. Snell, 1948; *Moralia:* O. Apelt, III 1925–27.

L: A. Weizsäcker, Unters. über P.s biograph. Technik, 1931; C. Theander, Pl. u. d. Geschichte, Lund 1951; K. Ziegler, Pl. (RE-Sonderdr.) 21964; R. H. Barrow, *Pl. and his times,* Lond. 1967; D. Babut, *Pl. et le stoicisme,* 1969.

Pluto(n) (gr., der Reiche; → Plutos), ursprünglich der Gott der in der Erde ruhenden Reichtümer, später dem → Hades gleichgesetzt.

Plutos (gr. = Reichtum), Gott des R., zunächst des Ackersegens, als solcher ursprünglich identisch mit Pluto(n), → Hades; Kephisodotos; Füllhorn.

Pnyx, Hügel in Athen, an dem eine Terrasse von 120×65 m künstlich hergestellt ist (auf der einen Seite der Fels abgearbeitet, auf der anderen Stützmauern; → Rednerbühne in Spuren kenntlich); hier, also im Freien, tagten bis zur Errichtung der Steinsitze im Dionysostheater i. 4. Jh. v. Chr. die Volksversammlungen. Jetzt unbebaut; schöne Aussicht.

Poetik, gr. *poietike* (*techne*), die Dichtkunst, jetzt die theoretische Lehre vom Wesen und von den Formen der Dichtung, von Aristoteles begründet, dessen *Poetik* in Teilen erhalten ist; die Schrift enthält u. a. die vieldiskutierte Definition der → Tragödie (auch → *mimesis*) und die Theorie von der → Katharsis. Obwohl sich bereits Sophisten (z. B. Protagoras) und Platon (z. B. im *Staat*) mit den Mitteln und Wirkungen der Dichtung befaßt hatten, gab es doch auffallend wenig Spezialschriften zu diesem Thema. Den Pisonenbrief des → Horaz bezeichnet man seit Quintilian mit dem Sondertitel *ars poetica;* diese Epistel trägt die Züge einer poetisch-rhetorischen Einführungsschrift und behandelt Fragen des Aufbaus und der Einheit einer Komposition, auch solche des sprachlichen Ausdrucks, wobei der Begriff der „Angemessenheit“ des Stils eine wichtige Rolle spielt. Wohl im 1. Jh. n. Chr. verfaßte ein unbekannter Autor (oft als Pseudo-Longinus bezeichnet) eine stilkritische Untersuchung *Über das Erhabene (peri hypsus),* mit der er auf eine verlorene Schrift gleichen Titels von Caecilius v. Kale Akte, einem sizil. Rhetor, antwortete; dazu gab dieser Unbekannte eine Zusammenfassung der antiken Stiltheorie mit vielen Beispielen aus der klass. Literatur; gleichzeitig wird ein Niedergang und eine bedauerliche Entwicklung zum Epigonentum festgestellt und als Abhilfe eine Rückkehr zu den großen Vorbildern der → Klassik empfohlen. – Alle drei Werke wurden seit dem Humanismus viel gelesen und diskutiert: Die franz. Übersetzung der Schrift *Vom Erhabenen* durch N. Boileau (1674) löste in Frankreich den literarisch-ästhetischen Streit aus, der unter dem Titel *querelle des anciens et des modernes* (um die Beurteilung Homers) ausgefochten wurde. Die erste deutsche Poetik schrieb M. Opitz 1624, ihm folgten Gottsched, Bodmer, Breitinger, dann Lessing (*Lit.-Briefe, Laokoon*). Im 20. Jh. entwickelte B. Brecht die Theorie von einer nicht-aristotelischen Dramatik und erarbeitete damit einen Gegenentwurf zum aristotelischen Regelschema, von dem das europ. Theater bis zum heutigen Tag beeinflußt wird.

W. Steidle, Stud. zur Ars poetica des Horaz, 1939, neu 1967; J. W. H. Atkins, *Literary Criticism in Antiquity,* Lond. II ²1952; M. Kommerell, Lessing u. Aristoteles, ³1960; C. O. Brink, *Horace on Poetry,* Cambr. 1963; G. M. A. Grube, *The Greek and Roman Critics,* Lond. 1965; E. Staiger, Grundbegr. der P., ⁸1968; F. Solmsen, Ursprünge u. Methoden der aristotel. P., d. 1968; M. Fuhrmann, Die Dichtungstheorie der Antike, ²1992; P. Klopsch, Einf. in d. Dichtungslehren d. lat. MA., 1980. – Schrift *Vom Erhabenen,* hg. u. d. R. Brandt, ²1983.

polenta (lat.), im Altertum Gräupchen (aus Gerste); sehr viel, auch als Brotersatz, gegessen; in Italien lange ein dickes Mus aus Mais- oder Kastanienmehl, allmählich vom Weizenbrot verdrängt. Ähnlich lat. *puls,* Brei aus Spelt- oder Bohnenmehl, mit Wasser eß- oder trinkbar. → Brot; Getreidearten.

Poliorketiker nennt man die Schriftsteller, die sich mit der Poliorketik befaßten, also mit der Technik der → Belagerung und mit dem → Festungsbau.

Polis (gr.). Für die Beurteilung der gr. Geschichte und des gr. Staatsdenkens ist es ungemein wichtig zu bedenken, daß es keine Flächenstaaten gab, etwa Attika mit der Hauptstadt Athen und daneben kleineren Städten und Dörfern, sondern nur Stadtstaaten, d. h. im wesentlichen nur je eine Stadt *(polis)* mit dem sie umgebenden Land. Dieses galt aber politisch nichts und konnte z. B. keine Abgeordneten in die Hauptstadt entsenden; sondern die Landleute mußten, wenn sie ihre politischen Rechte ausüben wollten, persönlich in der Stadt erscheinen. Daher gab es auch kein gr. Wort für „Bürger"; das Wort *polites,* das wir so übersetzen, heißt „Städter". – Die Kleinheit der Verhältnisse machte die antike P. sehr übersichtlich, so daß alle Bürger, auch die weniger gebildeten, an der Verwaltung teilhaben konnten. Diese Vorliebe für kleine Verhältnisse war eine Eigenart des gr. Volkscharakters (→ Harmonie). Platon forderte in seinem Idealstaat sogar eine beschränkte Höchstzahl von Bürgern (5040, wozu noch die Familienmitglieder kamen). Niemals gab es die Einrichtung einer Volksvertretung durch Abgeordnete. – Makedonien, demgegenüber ein „Flächenstaat", nahm eine entsprechende Sonderentwicklung, die das Land nie über die → Monarchie hinausführte. – Zum Städtebau: → Stadtanlagen.

B. Knauss, Staat u. Mensch in Hellas,

[2]1949; V. Ehrenberg, P. u. Imperium, 1965; ders., D. Staat d. Griechen, [2]1965; E. Kirsten, Die gr. P. als hist.-geogr. Problem . . ., 1956; K. W. Welwei, Die gr. P., 1983.

Politische Kämpfe waren in den griechischen Republiken heftig. Schon der → Ostrakismos war eine große Härte. Aber jahrhundertelang mußte man bei den p. K. in den gr. Städten fürchten, von der Gegenpartei sogar erschlagen zu werden. Die Römer waren in den p. K. lange Zeit viel maßvoller und disziplinierter und sahen im pol. Gegner doch immer noch den Römer; aber die Bürgerkriege des 1. Jh.s v. Chr. waren ebenfalls grausam, in ihren Folgen auch für Nichtbeteiligte infolge der Landkonfiskationen (→ Kolonien). Beendigt wurde diese Gefahr für Leben und Besitz bei den Griechen in den monarchischen Diadochenstaaten, in Rom erst durch den Kaiser Augustus, und dies erklärt es, warum man sich mit der verhaßten → Monarchie schließlich abfand.

M. I. Finley, D. polit. Leben in d. ant. Welt, d. 1986.

Polizei trat im antiken Leben relativ wenig hervor. Das mag mit den demokratischen Tendenzen zusammenhängen, die man der äußeren Form nach auch nach dem Untergang der → Demokratie aufrechterhielt. In Athen hießen die Polizisten *toxotai* = Bogenschützen oder *Skythai* = *Skythen* (→ Volksversammlung). Im Latein (→ Ädil) gibt es gar kein spezielles Wort für Schutzmann. Unser Wort P. stammt erst vom mittelalt. *policia* = Staatsverfassung, -gewalt. Augustus setzte eine P., die *Cohortes urbanae,* ein, die unter dem Kommando des Stadtpräfekten *(praefectus urbi)* stand.

Pollio. Gaius Asinius P., gest. 5 n. Chr., unter Caesar und Antonius als Staatsmann und Offizier hervorragend; auch als Redner, Tragödiendichter und Geschichtsschreiber der Bürgerkriege bedeutend. Von seinen Werken ist nichts erhalten. Am stärksten wirkte er in der augusteischen Zeit als Kunstkritiker und Förderer begabter Dichter, besonders des jungen Vergil; er begründete die erste öffentliche Bibliothek in Rom und führte die → Rezitationen ein. → Farnesischer Stier.

W: HRR.

L: J. André, *La vie et l'oeuvre d'A. P.,* Paris 1949.

Pollux (oder Polydeukes) und Kastor, die beiden → Dioskuren.

Polybios, ca. 201 v. Chr. in Megalopolis als Sohn vornehmer Eltern geb., widmete sich nach sorgfältiger Erziehung dem Staatsdienst und war in hohen militärischen und politischen Ämtern tätig. 166 v. Chr. mußte er unter den 1000 vornehmen Geiseln des achaiischen Bundes nach Rom gehen. Der 16jährige Aufenthalt dort wurde für sein Leben entscheidend. Durch die Freundschaft mit dem jüngeren Scipio erlangte er größere Freiheit; er machte große Reisen in Italien, Sizilien, Gallien und Spanien. Dabei lernte er die Größe des röm. Reiches kennen und bewundern. Er begleitete Scipio auf seinen Kriegszügen, sah 146 den Brand Karthagos und versuchte nach der Zerstörung Korinths das Unglück Griechenlands zu lindern. Er starb 120 durch Sturz vom Pferd. Sein wichtigstes Werk ist die *Weltgeschichte* in 40 Büchern, die nach einer Einleitung (Buch 1 u. 2: Zusammenfassung der Ereignisse seit dem 1. Punischen Kriege) eine allgemeine Zeitgeschichte (221–144) gibt. Sie zeigt, wie die verschiedenen Staaten unter die Herrschaft der Römer kamen und welche Eigenschaften und Kräfte die Römer zu ihrer Weltherrschaft befähigten. P. schrieb nicht wie die meisten seiner Vorgänger als Rhetor, der in den historischen Ereignissen einen Stoff auch für seine stilistischen Künste sucht, sondern als Staatsmann und Soldat. Sein Stil ist frei von wirklicher Rhetorik; Norden hat ihn als die „in die schriftstellerische Sphäre gehobene Sprache der Kanzleien" bezeichnet. Thukydides war sein Vorbild, da er allein nach der Wahrheit suchte und durch seine Darstellung die Nachgeborenen belehren wollte. Überall wollte er die großen politischen Entwicklungen zeigen und die Gründe der Ereignisse aufdecken. Eine solche Darstellung, die die Begebenheiten nicht rein zeitlich (→ Annalisten), sondern nach ihrem inneren Zusammenhang ordnet, nennt man pragmatische Geschichtsschreibung. P. meint damit nicht nur die Darlegung von Fakten, sondern auch die Aufdeckung von Gründen und Hintergründen, die Kenntnis der polit. und gesellschaftl. Verhältnisse in den Ländern, ja sogar die Berücksichtigung der Wechselfälle des Schicksals. Alle diese Einsichten ergeben sich freilich nur bei großräumiger Betrachtung des hist. Geschehens, also auf universalhistorischer Grundlage. Daher hat P. auch die Verfassungen der beteiligten Staaten geschildert, besonders die röm., die bisher noch nicht dargestellt war (VI. Buch). Erhalten sind die ersten 5 Bücher und große Exzerpte.

W: Hg. Th. Büttner-Wobst, 1889–1904, neu 1985–87; hg. u. engl. W. R. Paton, London VI, 1922–27, neu 1954; Kommentar F. W. Walbank, Oxf. 1957–67. – *Ü:* H. Drexler, II ^{2}1978f.

L: M. Gelzer, D. Arbeitsweise d. P., 1956; G. A. Lehmann, Unters. zur hist. Glaubwürdigkeit des P., 1967; E. Graeber, D. Lehre v. d. Mischverfassung bei P., 1968; F. W. Walbank, Lond. 1972; K. Stiewe, N. Holzberg (Hg.), 1982.

Polychromie (gr., nicht antikes Wort), bunte Bemalung antiker Tempel (→ Metopen) und Statuen. Bei den Ausgrabungen fand man früher an vielen Tempelresten und Statuen Farbspuren, putzte sie aber ab, weil man annahm, sie seien durch Liegen des Steins in der Erde neben Mineral oder Metall entstanden. Genauere Beobachtungen ergaben, daß antike Architektur und Plastik bunt waren, z. T. sehr lebhaft; der Fund sehr farbenfroher Mädchenstatuen auf der Akropolis Athens, und des → Alexandersarkophags beseitigte jeden Zweifel.

H. Phleps, Die farbige Architektur bei den Römern und im MA., 1930; P. Reuterswärd, Stud. z. P. der Plastik, Stockh. II 1958–60.

Polydeukes (auch Pollux genannt) und Kastor, die beiden → Dioskuren.

Polygnotos von Thasos, der erste große gr. Maler. Er malte u. a. um 450 v. Chr. die *Stoa poikile* in Athen aus (Bild der Eroberung Troias), in Delphoi die → Lesche der Knidier (Bilder vom zerstörten Troia und von Odysseus in der Unterwelt); die letzteren hat → Pausanias in Delphoi besichtigt und ausführlich beschrieben.

Danach müssen sich P.' Bilder nicht nur durch Ausdruck und Gebärden, sondern auch durch räumliche Gruppierung der Gestalten und durch perspektivische Tiefendarstellung ausgezeichnet haben. Man kannte P. zunächst nur aus antiken Beschreibungen seiner Bilder und danach auch aus Vasenbildern, doch scheint festzustehen, daß P. der eigentliche Schöpfer jener (in Worten freilich schwer darstellbaren) Schönheit war, die uns in der gr. Kunst des 5. Jhs. v. Chr., auch in der Plastik, lieb und teuer ist; sogar Pheidias war wohl von P. stark beeinflußt. – Fr. und Joh. Riepenhausen versuchten 1803, die Gemälde des P. in der → Lesche zu Delphoi nach der Beschreibung des Pausanias zu rekonstruieren; dagegen Goethe, Jenaer Literatur-Zeitung 1805. Zweite Rekonstruktion der Brüder Riep., 1826. → Malerei.

E. Löwy, II 1929; C. Weickert, 1950.

Polyhymnia → Polymnia.

Polykleitos (gr., deutsch oft Polyklet), neben Pheidias der größte gr. Plastiker des 5. Jhs. v. Chr. Er schuf auch Theorien über die Gesetze seiner Kunst und verfaßte ein Buch *„Kanon"* (→ Harmonie; Kanon) über die Proportionen des menschlichen Körpers (→ Lysippos). Hauptwerke: die goldelfenbeinerne Hera im Heraion (Heratempel), dem Nationalheiligtum der Landschaft Argolis (nicht in der Stadt Argos selbst), untergegangen, im wesentlichen nur aus Bildern antiker Münzen bekannt; ferner, meist aus Bronze, im Original ebenfalls nicht erhalten, sondern nur in antiken Kopien in Marmor, eine verwundete Amazone, vor allem aber Statuen jugendlicher Sieger: ein *Doryphoros,* d. h. Speerträger, gleichfalls *„kanon"* genannt; diese Statue verkörperte die Lehren der genannten Schrift; unter den vielen antiken Nachbildungen die beste im Museo Nazionale in Neapel. Daß diese Statue der D. des P. sei, erkannte 1863 der Berliner Archäologe K. Friederichs, und dies wurde einer der Marksteine und Fixpunkte der Archäologie (→ Apoxyomenos). Danach gelang es 1871, auch den *Diadumenos* des P., d. h. einen Jüngling, der sich die Siegerbinde um das Haupt legt, wiederzufinden (nicht Apollon; London, Brit. Mus.; Athen, National-Mus.; Torso in Basel, Antiken-Mus.). Durch Schriftquellen können P. noch zugewiesen werden: Ein Hermes und ein Herakles, ferner noch zwei Knabengestalten. Nach Plinius (*n. h.* 34, 19) erzielte eine seiner Statuen den Preis von 100 Talenten.

P. E. Arias, *Policleto,* Flor. 1964; A. Linfert, Von P. zu Lysipp, 1966; C. Vermeulen, 1969; D. Arnold, Die P.-Nachfolge, 1969; Th. Lorenz, P., 1972; H. v. Steuben, Der Kanon des P., 1973.

Polykrates aus Samos benutzte die Unzufriedenheit des Volkes mit der Adelsherrschaft, um die Macht an sich zu reißen, und regierte als Tyrann ca. 538–522 v. Chr. Er war der Typus eines kleinasiatischen Tyrannen mit despotischen Eigenschaften, aber auch Zügen eines philosophischen Weisen: Energisch, herrsch- und prunksüchtig, aber auch wie viele Tyrannen ein Freund von Kunst und Wissenschaft; ferner baute er mit Hilfe eines (heute wieder begehbaren)

→ Tunnels eine Wasserleitung und umgab die Stadt mit Mauern. Er sicherte sich durch ein Bündnis mit Amasis, dem König von Ägypten (Sage vom Ring des P. bei Herodot), verriet aber dessen Nachfolger an Kambyses. Bald darauf wurde er von der Persern auf das Festland gelockt und jämmerlich hingerichtet. – Ausführliche Darstellung bei Herodot (III).

Polymnia, die → Muse des ernsten, von Instrumenten begleiteten Gesanges. Ihr Name ist gr.: die Liederreiche, und lautete ursprünglich Polyhymnia. Doch kommt er so nur im Lat. vor; die Griechen, die frühzeitig das h verloren, sagten immer Polymnia.

Polyneikes und Eteokles waren die Söhne des → Oidipus; auch → Antigone; Sieben gegen Theben.

Polyphemos, ein Kyklop, einäugiger Riese, Sohn des Poseidon, bewohnte abseits von anderen Kyklopen eine Höhle, in der ihn → Odysseus besuchte; von ihm wurde P. betrunken gemacht und geblendet. Deswegen verfolgte Poseidon den Odysseus, zornig über die Mißhandlung seines Sohnes (Homer, *Odysseia;* auch ein Satyrspiel *Kyklops* des Euripides). Eine hellenist. Sagenversion erzählt die eifersüchtige Liebe des P. zur Nereide → Galateia, deren Liebhaber Akis von dem wütenden Kyklopen getötet wird. – Künstlerische Darstellung der Blendung schon auf Vasen des 7. Jh. v. Chr. (Rom, Konservatorenpalast), später gern auf Gemälden (Rubens, Böcklin); Plastik: → Sperlonga; auch Rodin.

B. Fellmann, D. ant. Darstellungen des P.-Abenteuers, 1972.

Polytheismus, die Lehre, es gebe viele Götter. Henotheismus (gr.): es gibt viele Götter; aber einer ist der wahre, starke, nämlich Jahwe; die Lehre der Juden leugnet die Existenz anderer Götter nicht, sondern verbietet nur ihre Verehrung. Monotheismus (gr.): es gibt überhaupt nur einen Gott; Lehre der Christen u. Mohammedaner. Pantheismus (gr.): dieser eine Gott ist nicht persönlich zu denken, sondern das Weltall ist Gott: Lehre der → Eleaten, Spinozas, Haeckels; man hat sie mit Recht als einen höflichen → Atheismus bezeichnet.

Pomerium, lat., sakral-rechtliche Bezeichnung für die Stadtgrenze, später für das Stadtgebiet Roms.

Pomona, uralte röm. Göttin der Baumfrucht. Ihr Kult, der in spätrepublikanischer Zeit bereits vergessen war, scheint ursprünglich größere Bedeutung gehabt zu haben.

Pomp (= Pracht; pompös): gr. *pompe* = Sendung, besonders an die Götter in Form einer Prozession, eines Festzugs, z. B. bei Begräbnissen und Hochzeiten; an den → Panathenaia versammelten sich die Zugteilnehmer im Hof des „Pompeion“ am → Dipylon (Deutsche Ausgrabungen). – Lat. *pompa* bedeutet Gefolge und Geleit, z. B. die Flurprozessionen und Bittgänge um die Stadt, aber auch die Umzüge bei Triumphen u. Begräbnisfeierlichkeiten und die Einzüge der Gladiatoren in den Circus Maximus bei festlichen Großveranstaltungen. An die Prachtentfaltung bei diesen Gelegenheiten erinnert unser Wort „Pomp“.

Pompeii, Stadt bei Neapel, wohl im 7. Jh. v. Chr. gegründet, ursprünglich oskisch, dann nacheinander etruskisch, samnitisch, seit 89 römisch, wurde am 5. Februar 62 n. Chr. durch ein Erdbeben zum großen Teil zerstört, wieder erbaut, am 24. Aug. 79 durch einen Vesuvausbruch völlig vernichtet; von den etwa 20000 Bewohnern kamen etwa 2000 um. Die Überlebenden zogen aber dann sofort aus den mit einer dicken Schicht Asche und Bimsstein bedeckten, aber im Inneren unversehrten Häusern alle Kostbarkeiten hervor; man grub Schächte in die Tiefe, drang von da aus seitlich in ein Haus u. von dort durch Löcher, die man in die Hausmauern schlug, in andre Häuser (→ Silberfunde). Noch sehr lange nach der Verschüttung wurden auch kostbare Marmorstücke u. -platten heraufgeholt. Dann wurde die Stätte als Feld und Weinberg bebaut. 1748 Zufallsfunde, einige Nachgrabungen; in größerem Stile seit 1825, systematisch seit 1860; seitdem sind etwa zwei Drittel des Stadtgebietes freigelegt u. gesichert. Beständige Verbesserung der Grabungs-, Konservierungs-, Ergänzungsmethoden; → Vettierhaus. Das Stadtgebiet (rund 63 ha) wurde zur besseren Übersicht in 9 Regionen, diese wiederum in Blocks unterteilt; außerhalb dieses von einer Mauer umgebenen Gebietes, deswegen von eiligen Reisenden leider oft übersehen, die → Mysterienvilla: Dort großartige Beispiele für die berühmte „Pompejanische“ → Wandmalerei, die man kunstgeschichtlich in 4 Phasen zu unterteilen pflegt: 1. sog. Inkrustations-Stil (plastisch-vorspringender Wandverputz, noch in samnit. Zeit); 2. Architektur-Stil (illusionist.-malerische Wiedergabe von Architekturen, republikan. Zeit); 3. Kandelaber-Stil (durch kandelaberartige Säulen gekennzeichnete Architekturen, augusteische Zeit); 4. Illusions- oder Phantasie-Stil (phantastische, barocke Architekturgebilde, neronische Zeit). Unterscheidungsmerkmale sind also die verschiedenartigen Versuche, Wandflächen zu gliedern, größere Flächen optisch aufzulösen, Schein-Durchblicke zu eröffnen, räumliche Tiefe vorzutäuschen, auch echte Figurenbilder in die Flächen einzuordnen. – Kleinere Funde aus den Häusern im Lokalmuseum in P.; alle wichtigeren im Museo Nazionale in Neapel. → Plinius d. Ä. – Die Aufdeckung P.s hat unsere Kenntnis antiken Lebens und antiker Kunst ungemein erweitert, vor allem aber verlebendigt (Schillers Gedicht *P. u. Herculaneum,* 1796). Freilich führte sie in Einzelheiten auch irre, so in der Ansicht, das pompeianische Haus zeige den Typus des antiken röm. Hauses überhaupt (→ Ostia; Haus; Privathaus). Aber das verschlägt wenig gegenüber dem Gesamteindruck: Antikes Wesen, das man früher nur aus Büchern kannte, steht in P. greifbar, lebendig vor uns. Wohl nirgends empfindet man das für Beurteilung und rechtes Verständnis des Altertums so wichtige „Nähegefühl“ so wie in P. Freilich sieht man nichts Großes, Erhabenes oder Pompöses; aber es umfängt uns der Zauber einer antiken, kleinen Landstadt mit der für eine solche doch erstaunlichen Pracht, und auch dem Laien wird es leicht, sich die Ruinen als einen belebten Wohnplatz vorzustellen.

Pompejan. Wandinschriften, hg. u. d. H. Geist, [2]1960; dasselbe, hg. u. d. W. Krenkel, 1963. – K. Schefold, Vergessenes P., 1962; E. C. C. Corti, Untergang u. Auferstehung von P. u. Herculaneum, d. [8]1964; W. F. Jashemski, P., Herculaneum u. Stabiae, 1965; W. Leppmann, P., Eine Stadt in Lit. u. Leben, 1966; H. Eschebach, Die städtebauliche Entw. des antiken P., 1970; Th. Kraus u. a., Lebendiges P., 1973; R. Etienne, P., Das Leben in einer antiken Stadt, d. 1974; Neue Forschungen in P., hg. B. Andreae u. a., 1975; V. M. Strocka, Häuser in P., 1984; M. Grant, d. [2]1986; E. Brettschneider, Pompeji wiederentdeckt, 1993.

Pompeius. Gnaeus P., 106 v. Chr. als Sohn vornehmer Eltern (sein Vater war 89 v. Chr. Consul) in Picenum geboren, kämpfte schon als junger Mann im Auftrag Sullas gegen die Marianer und erzwang, erst 25 Jahre alt, obwohl er nicht Magistrat war, 81 den Triumph; das Heer und Sulla begrüßten ihn als Magnus (der Große; der Beiname wurde in der Familie erblich). Nach Sullas Tod trat er weiter für die Vorherrschaft der Optimaten ein. Er kämpfte gegen → Lepidus in Italien und zog gegen → Sertorius nach Spanien. Mit Crassus zusammen erzwang er für 70 das Consulat. 67 säuberte er das Meer in drei Monaten von den Seeräubern. Anfang 66 ging er als Nachfolger des Lucullus nach Asien, beendigte mühelos den Krieg gegen → Mithradates und Tigranes und ordnete die Verhältnisse in Asien im röm. Sinne. Der Senat wurde durch diese großartigen Erfolge mißtrauisch, befürchtete eine Alleinherrschaft des P. und genehmigte, als dieser sein Heer 61 vorzeitig in Brundisium entlassen hatte, seine Anordnungen nicht. Verärgert schloß P. 60 mit Caesar und Crassus ein politisches Abkommen privater Natur (Dreibund, fälschlicherweise noch immer → Triumvirat genannt). Bei dessen Erneuerung in Luc(c)a (bei Pisa) 56 erhielt er das Consulat für 55 und die Statthalterschaft in Spanien. Wegen steigender Anarchie in Rom wurde P. für das Jahr 52 zum *consul sine collega* (alleinigen K.) gewählt und benutzte seine außerordentlichen Vollmachten, um seine führende Stellung in der röm. Politik weiter auszubauen. Dies brachte ihn in schärferen Gegensatz zu Caesar, der endlich von Gallien her heranrückte. Vom Senat zum Oberbefehlshaber bestimmt, mußte P. Italien verlassen, ging nach Griechenland und wurde bei Pharsalos 48 geschlagen. Auf der Flucht wurde er bei der Landung in Ägypten ermordet. Er war ein tüchtiger Feldherr, in der Politik aber ohne Blick für die Realitäten und Caesar dadurch klar unterlegen. – Biographie von Plutarch.

E. Meyer, Caesars Monarchie u. das Prinzipat des P., [3]1922, neu 1963; J. van Ooteghem, P. ..., 1954; M. Gelzer, [2]1959.

Pompeius, Sextus, jüngster Sohn des Vorigen, schloß sich nach seines Vaters Ermordung den Caesargegnern an, leistete dann aber, vom Senat zum Flottenkommandanten ernannt, auch den Triumvirn Widerstand und wurde erst nach langen polit. und militär. Auseinandersetzungen 36 v. Chr. bei Mylae von → Agrippa geschlagen, 35 in Milet hingerichtet.

Pomponius Atticus → Atticus.

Pomponius Mela, röm. Geograph des 1. Jh. n. Chr. aus Spanien, schrieb einen Abriß der → Geographie, eine Länderbeschreibung *(chorographia)* der Oikumene, weitgehend allerdings auf die Küstengegenden beschränkt; wenige Informationen über das Landesinnere.

W: Hg. u. d. K. Brodersen, 1994. – *Ü:* H. Philipp, 1912.

Pomptinische (pontin.) **Sümpfe,** südlich von Rom. Trockenlegung seit dem Altertum immer wieder versucht, im 20. Jahrhundert mit Abwehr der Malariagefahr (→ Malaria) und mit reichem Gewinn an Ackerland durchgeführt. – → Via Appia.

pons sublicius = Pfahlbrücke, die älteste → Brücke in Rom, die die Stadt auf dem l. Tiberufer mit der Vorstadt → Ianiculum auf dem r. verband. → *pontifex.*

Pont du Gard, ein 49 m hoher, zweigeschossiger Brückenbau aus dem 1. Jh. v. Chr., über den eine etwa 50 km lange Wasserleitung über das Gardon-Tal hinweg zur Versorgung der Garnisonstadt → Nîmes gelegt wurde, eine technische Meisterleistung röm. Ingenieure.

E. Esperandieu, *Le P. d. G.,* Paris 1934.

pontes longi (lat. = „lange Brükken"), Knüppeldamm oder Bohlenweg über Moorgründe von der oberen Lippe und Ems nach dem Rhein; bekannt durch die schweren Rückzugsgefechte des Germanicus gegen die nachdrängenden Cherusker unter Arminius (15 n. Chr.).

pontifex. Etymologie und Entstehung des Namens unbekannt. Die Erklärung Varros (V, 83) als Brückenbauer ist unwahrscheinlich. In hist. Zeit waren sie Priester. An diesem Bedeutungswandel hat man lange Anstoß genommen. Aber ähnliches findet sich oft: *gr. teichopoios,* in Milet, = Mauerbauer, später Finanzbeamter; lat. *quaestor* = Untersuchungsrichter, sp. Finanzbeamter; *aedilis* = Tempelherr, sp. Polizeibeamter; *notarius* = Stenograph, heute Jurist mit staatlicher Vollmacht. Die *p.* waren nicht Priester besonderer Götter (→ flamen), sondern hatten die Aufsicht über Religion und Kultus überhaupt; in älterer Zeit führten sie auch die → *annales pontificum.* Die Zahl 4 wurde später auf 9, dann auf 16 erhöht; in weiterem Sinne rechnete man zum *collegium pontificum* auch den *rex sacrorum* (→ Monarchie), die *flamines* und die *vestales.* Vorsteher des *c. p.* war der *p. maximus* = Oberp.; sein Amtshaus war die *regia* auf dem Forum Romanum, das alte Wohnhaus der Könige. – Die Amtsbezeichnung *p. m.* trugen noch die ersten christl. Kaiser; erst Gratianus legte 379 den Titel ab; seitdem ging die Würde an die Päpste über, die die Buchstaben P. M. ihrem Namen beifügten; daher P. M. an vielen, von Päpsten errichteten Gebäuden, namentlich in Rom.

Pontos, der am Schwarzen Meer (→ Pontos Euxeinos) gelegene Teil von Kappadokien, der im 1. Jh. v. Chr. dem → Mithradates gehörte.

Pontos Euxeinos, gr., lat. *Pontus Euxinus,* Bezeichnung d. Schwarzen Meers, heißt wörtlich: das gastfreundliche Meer. In älterer Zeit lautete der Name nach Plinius P. *Axeinos,* das ungastliche M. (wegen der feindlichen Küstenstämme). Sehr wahrscheinlich ist aber das axeinos gr. Volksetymologie nach dem iranisch-avestischen a-xsaena = schwarz, das die gr. Seefahrer bei den Skythen oder Sarmaten gehört haben können. Warum wir heute wieder Schw. M. und nicht Euxinisches M. oder Pontus sagen, ist unbekannt. Analoge Namen hat das Meer auch bei Türken, Griechen, Russen und Italienern, die das Schw. M. vom Weißen (Mittelländ.) scheiden. Der spätere Name wird gewöhnlich als → Euphemismus erklärt. Doch kann er auch wörtlich zu verstehen sein; an den Ufern des P. Eu. waren so viele Griechenstädte entstanden, daß sich die Griechen dort allerdings wie zu Haus fühlen konnten. – Die bekanntesten dieser Städte sind am Südufer Trapezus (Gr. Kaiserreich 1204 bis 1462), Sinope (→ Diogenes), Kerasus (→ Kirsche); am Nordufer Olbia, das inzwischen ausgegrabene „russische Pompeii", am Westufer → Tomis. Auch → Rußland; Skythen.

C. M. Danoff, P. E. (RE-Sonderdr.), 1962.

Poppaea Sabina war in 2. Ehe mit → Otho verheiratet, wurde Geliebte Neros und verleitete ihn zum Mord an seiner Mutter Agrippina und seiner Gemahlin Octavia. 62 wurde sie seine Gattin und starb 65 an einem Fußtritt, den ihr Nero versetzt hatte.

populares (deutsch etwa: Männer des Volkes; Gegensatz: → Optimates) heißen bei Cicero und anderen die Anhänger der politischen Bewegung in Rom, die der Not der hauptstädtischen Proletarier (→ plebs) abzuhelfen suchten, da diese Menge der Besitzlosen seit dem 2. Jh. v. Chr. zu einer Gefahr für den Staat wurde. Die Führer, zuerst meist ideal denkende Adlige (am bekanntesten die Gracchen), wollten die Mißstimmung der Prol. durch ihre Ansiedlung auf → Gemeindeland bekämpfen. Nach dem Scheitern dieser Versuche kam es zum → Bürgerkrieg, in dem die P. gegen die Machtstellung des Senates überhaupt vorgingen; viele von ihnen verfolgten dabei jedoch private politische Ziele und Zwecke. Die bedeutendsten Führer der P. waren → Marius und → Caesar. Dieser wuchs aber über die Partei hinaus und suchte eine persönliche Machtstellung zu erlangen. Der Senat erwies sich durch seine Kurzsichtigkeit u. Habgier nicht imstande, das Problem zu lösen. Erst die Kaiser stellten den sozialen Frieden wieder her.

J. Martin, Die Popularen in d. Gesch. d. späten Rep., 1965.

Porphyrios, geb. 234 n. Chr. in Tyros, gest. etwa 304 in Rom, ein Schriftsteller aus der Schule → Plotins; er gab dessen Werke heraus, schrieb eine P.-Biographie und führte wohl auch die Schule in Rom weiter. Von zahlreichen Kommentaren zu den Werken Platons und Aristoteles' ist erhalten die Einführung in die aristotel. Logik *(Eisagoge).* Ein Buch „Gegen die Christen" ist verloren. – → Vegetarismus.

W: Hg. A. Nauck, ²1886, neu 1963; Plotin-Biogr. in der Plotin-Ausgabe von R. Harder, W. Marg, Bd. 5c, ²1958 (mit *Ü*).
L: J. Bidez, *La vie de P.*, Gent 1913, neu 1964; W. Theiler, P. u. Augustin, 1933.

Porsenna, etruskischer König von Clusium (Chiusi), unterstützte nach der röm. Tradition den vertriebenen Tarquinius gegen die junge röm. Republik. Doch wurde er durch röm. Heldenmut (→ Horatius Cocles; Mucius Scaevola; Cloelia) bewogen, die Belagerung aufzugeben. Nach einer anderen Überlieferung eroberte er Rom und demütigte es. Sein wahrhaft imposantes Grab in Chiusi wird von Varro bei Plinius, *n. h.* XXXVI 91–93 beschrieben.

F. Messerschmidt, D. Grabmal d. P., (NBA) 1942.

Portikus (lat. *porticus*), die Säulenhalle, entweder als selbständiger Bau (→ Stoa) oder als Anbau eines → Hauses.

Portland-Vase, berühmte Amphora der augusteischen Zeit: Blaues Glasgefäß mit weißem Glasüberzug, aus dem reicher Bildschmuck herausgeschnitten ist. Brit. Museum, London. → Malerei.

E. Simon, Die P., 1957; D. E. L. Haynes, *The P.,* Lond. 1964.

Porträt. Die allerälteste (reifarchaische, → archaisch) gr. Kunst und noch die archaische des 6. Jhs. v. Chr. konnte und wollte im allgemeinen keine Porträts herstellen, sondern nur die typischen Hauptformen erfassen. Sogar noch das 5. Jh. idealisierte durch Beschränkung auf das Wesentliche; so ist der berühmte Perikles des Kresilas (Rom, Vatican) mehr ein Idealporträt eines Feldherrn (Ausnahme: Bilder des Sokrates, der typisch häßlich war). Im 4. Jh. schuf → Lysippos zahlreiche Bildnisstatuen (u. a. mehrere von Alexander d. Gr.), doch versuchten gr. Bildhauer stets, die dargestellte Persönlichkeit in ihrer ganzen Gestalt und in möglichst typischer Haltung zu erfassen (Politiker stehen in Rednerhaltung, Philosophen sitzen nachdenklich usw.). – Die Römer porträtierten von Anfang an genau (→ *ius imaginum*), scharf, ja rücksichtslos, mit allen Häßlichkeiten (Warzen, abstehenden Ohren, Glatzen), dabei aber auch mit scharfer Charakterisierung des Dargestellten. Mit realistischer Schärfe bemühten sich röm. Künstler um Ausprägung gesellschaftlicher Grundtypen: Kaiserbildnis, Patrizier, Grundbesitzer und Landadel, Bürger. Der Realismus wurde gemildert durch das Ideal des jeweiligen Standes, dem der Abgebildete zugerechnet werden wollte oder sollte.

R. West, Röm. P.-Plastik, II 1933–41; J. de Wit, Spätröm. Bildnis-Malerei, 1938; K. Lange, Herrscherköpfe d. Altert., 1938; M. Wegner, D. röm. Herrscherbild, 1939; K. Schefold, D. Bildnisse d. antiken Dichter, Redner u. Denker, 1943; B. Schweitzer, D. Bildniskunst d. röm. Rep., 1948; G. M. A. Richter, *Roman Portraits,* N. Y. 1948; dies., *The Portraits of the Greek,* III Lond. 1965; E. Buschor, D. Porträt, 1960; ders., D. hellenist. Bildnis, [2]1971; Th. Lorenz, Galerien von gr. Philosophen- u. Dichterbildnissen bei d. Römern, 1965; K. Parlasca, Mumienporträts, 1966; H. Keller, Das Nachleben des ant. Bildnisses von d. Karolingerzeit bis z. Gegenw., 1970; D. Metzler, P. u. Gesellschaft, 1971; H. v. Heintze (Hg.), Röm. P.s, 1974; M. Bergmann, Stud. zum röm. P. d. 3. Jh. n. Chr., 1977; K. Fittschen (Hg.), Griech. P.s, 1988.

Portunus, ursprünglich Gott der Haustür (altlat. *portus*), später Gott des Tiberhafens, wo er einen Tempel hatte. An den am 17. August gefeierten *Portunalia* warf man die Türschlüssel ins Feuer, um sie gegen Unheil gefeit zu machen.

Poseidon (lat. → *Neptunus*), im Griech. auch in vielen anderen Formen des Namens; der Gott des Meeres. Was das Wort bedeutet („Gatte der Erde"), ist höchst unsicher. Den Griechen galt P. als Sohn des Kronos und der Rhea, Bruder des Zeus, Hades und der Hera, Gemahl der Amphitrite, Vater des Kyklopen Polyphemos und anderer Riesen (Orion, Antaios, Busiris, Skiron); zu seinem Gefolge gehören die → Nereiden. Er verlieh glückliche Fahrt oder sandte Stürme, See- und Erdbeben. Sein Haar und Bart wurde dunkelblau gedacht, wie die Farbe des Mittelländischen und Schwarzen Meeres. Abzeichen eine Harpune (→ Dreizack); hl. Tier das Pferd, dessen Gebrauch er in Attika eingeführt haben sollte (→ Athena); P. war also keineswegs immer der Meeresgott, sondern scheint zunächst ein alter Fruchtbarkeitsgott gewesen zu sein, der selbst Pferdegestalt besaß, später als Gott der Pferdezucht verehrt wurde (zu seinen Ehren Pferderennen in Korinth); der Dreizack läßt sogar auf eine Rivalität zum Wettergott Zeus schließen. Erst die seefahrenden Ioner machten P. zum Meeresgott und seinen Dreizack zum Symbol des Fischfangs. – Kunstdarstellungen: P. mit Athena im Streit um Attika, im Westgiebel des Parthenons, jetzt in London (→ Elgin Marbles); Bronzestatue in Athen (Original); Hochzeitszug des P. und der Amphitrite (röm. Relief in der Glyptothek in München); zahlreiche Brunnenfiguren.

F. Schachermeyr, 1950.

Poseidonia → Paestum.

Poseidonios aus Apameia in Syrien, etwa 135–51 v. Chr., berühmter Philosoph, Naturforscher und der letzte große altgr. Historiker; einer der universalen Denker des Altertums, der in glücklichster Weise Philosophie mit den Einzelwissenschaften verband; auch als Forschungsreisender bedeutend. Er fand in Rhodos eine zweite Heimat; dort besuchten und hörten ihn viele vornehme Römer, darunter auch Cicero. Besonders wichtig war sein Einfluß auf Rom, wo er sich mehrmals aufhielt. Von seinen historischen, philosophischen und naturwissenschaftlichen Werken sind leider nur Fragmente erhalten. Als Historiker setzte er Polybios fort (52 Bücher), behandelte die Jahre 144–85, also Roms Durchbruch zur Weltmacht. Als Philosoph gehörte er der mittleren Stoa an; er verschaffte der Mystik und Mantik Eingang in den Stoizismus seines Lehrers Panaitios. P. sah den Kosmos als Gesamtgefüge, in dem viele Spannungskräfte wirksam sind, nicht nur solche physikalischer Art, sondern auch „Sympathie", der lebendige Zusammenhalt aller disparaten Kräfte. – Seine Wirkung auf die spätere Zeit, vor allem auf die röm. Philosophie der Kaiserzeit, war ganz außerordentlich; Cicero und Seneca sind von ihm abhängig. [→ Stoizismus (mittlere Stoa).] Für uns Deutsche ist er interessant, weil ihm als erstem Südländer der Unterschied zwischen Germanen und Kelten aufgegangen ist, die man bis dahin als Einheit behandelt hatte.

W: Hg. u. komm. W. Theiler, II 1981ff.; FGrH. – *Ü* in: M. Pohlenz, Stoa u. Stoiker, [2]1964.

L: K. Reinhardt, 1921, neu 1976; ders., P. v. A. (RE-Sonderdr.), 1954; ders., Kosmos u.

Sympathie, 1926, neu 1972; P. Pfligersdorffer, Stud. z. P., 1959; M. Untersteiner, Brescia 1970; J. Malitz, Die Historien des P., 1983.

Post. Die P. ist, nach babylonischem Vorbild (?), Erfindung der Perser, und zwar als Staatsp. zur Verbindung des Herrschers mit den Satrapen in dem riesigen, sich zeitweilig vom Ostende Persiens über Mesopotamien und Palästina bis zum 1. Nilkatarakt erstreckenden Reich. Nach ihrem Namen *a(n)gareion,* zu pers. *ang* = gehen (→ Engel), war sie zuerst Botenp.; später Pferdep.; in Stationen standen stets frische Pferde bereit, so daß man (oder ein neuer P.-Bote, dem man die Briefe übergab) sofort weiterreiten oder -fahren konnte. Dieses Grundprinzip der P. erhielt sich bis zur Einführung der Eisenbahnen. Über Meilensteine an den persischen P.-Straßen → Parasang. In Griechenland bildete sich infolge der Kleinstaaterei keine P. aus. In Ägypten übernahmen die Ptolemaier (seit 323 v. Chr.) die persische P., von ihnen die Römer seit Augustus für das ganze röm. Reich. Die röm. P. hieß *cursus publicus* = „der staatliche Lauf". Ein zweiter antiker (im Volksmund gebräuchlicher?) Name ist aus dem Italienischen *(poste)* und Französischen (*postes;* beide Wörter Plural) zu erschließen, *positae* (zu ergänzen: *stationes* od. *mansiones*) eigentlich die (fest)gelegten (Stationen); dieses Wort, „Post", erhielt sich in fast allen europäischen Sprachen bis heute, so wie die Einrichtung der P. als solche. Die röm. Staatsp. beförderte Briefe der Regierung und als Personenp. Beamte, und zwar ohne Entgelt; der Staat nahm also von ihr nichts ein. Für die Straßen, Bau und Erhaltung der Stationen, Stellung der Pferde, Gehälter der P.-Beamten mußten die Anwohner der Straßen und die Bewohner der Städte, durch die diese führten, sorgen, ohne als Private einen Vorteil davon zu haben; darüber wurde viel geklagt. Tatsächlich gab es im Altertum keine öffentliche Beförderungsmöglichkeit für private Sendungen; bei allem sehr regen Briefverkehr war man auf private Initiative u. auf Gelegenheitsverkehr angewiesen. Im Mittelalter bestand der röm. cursus publicus im Ostreich bis zum Falle Konstantinopels 1453; im Westen verfiel die röm. Reichsp. bis auf kümmerliche Reste wie die sog. Metzgerp.; man gab Briefe den Fleischern mit, die zum Vieheinkauf über Land fuhren. In der Renaissance wurde die antike P. von dem Mailänder Adelsgeschlecht der della Torre e Tasso wieder eingerichtet, zuerst zwischen Oberitalien und Tirol, später mit Linien über das ganze hl. röm. Reich deutscher Nation. Ein deutscher Zweig der Familie sind die jedem Briefmarkensammler bekannten Thurn und Taxis (ital. *torre* = Turm; *thurn,* frühere Form dieses Wortes).

Als Beispiel für die Leistungen der P. im Altertum sei Ägypten angeführt; dort gab und gibt es nach der Natur des Landes im wesentlichen nur eine Nord-Süd- und eine S.-N.-Post. Ungefähr aus dem Jahre 255 v. Chr. hat sich zufällig ein Blatt aus einem ägypt. P.-Buche mit Eintragungen des Aus- und Eingangs eingeschriebener Eilbriefe erhalten. Es zeigt, daß auf diesem P.-Amt täglich um 6 Uhr eine S.-N.-P., um 12 Uhr eine N.-S.-P., um 18 Uhr eine N.-S.- und eine S.-N.-P. eintrafen; Beförderung der Eilbriefe also auch mit Nachtdienst. Nach einem Papyrus von 111 v. Chr. hatte damals das P.-Amt in Oxyrhynchos im Fayum 44 Briefträger und 1 Kamelreiter für Eilbriefe (Mitteis-Wilcken, Papyruskunde I 2, Nr. 435–438).

H. v. Stephan, Verkehrswesen im Altert., [3]1869; E. E. Hudemann, Gesch. d. röm. P.wesens d. Kaiserzeit, [2]1878; E. J. Holmberg, Z. Gesch. d. cursus publicus, Uppsala, 1933.

post festum, „nach dem Fest", d. h. zu spät kommen, wenn alles vorüber ist; lat. nach einem gr. Sprichwort, das am Anfang von Platons Dialog *Gorgias* steht.

Präfekten (lat. *praefecti*), ursprünglich die Vertreter der hohen röm. Beamten (bes. der Praetoren; der *praefectus urbi* Vertr. eines abwesenden Consuls), erhielten unter Augustus selbständige Posten in der kaiserlichen Verwaltung. Sie bildeten zusammen mit den Legaten den Kern der kaiserlichen Beamtenschaft, der die Verwaltung des Staats immer mehr und schließlich vollkommen zufiel. Eine besonders gehobene Stellung unter ihnen hatte der *pr. urbi* inne, der Polizeipr. von Rom, der als Befehlshaber der *cohortes urbanae* (Stadtpolizei) Ruhe und Sicherheit aufrechterhielt, Verkehr, Theater, Vereine und Marktpreise beaufsichtigte und in einem gewissen Umkreis der Stadt die Jurisdiktion ausübte. Der andere wichtige, zeitweise als Vertreter des Kaisers fast allmächtige Pr. war der *pr. praetorio* (→ Gardepr.). Eine bedeutende Stellung hatte auch der *pr. Aegypti* inne. → Offiziere.

A. v. Domaszewski, D. Rangordnung d. röm. Heeres, 1908; L. L. Howe, *The Praetorian Prefect from Commodus to Diocletian,* 1942; A. Stein, Die Pr. in d. röm. Kaiserzeit, 1950; A. Chastagnol, *La prefecture urbaine a Rome,* 1960.

Praetor, in der ältesten Zeit der röm. Republik Amtsbezeichnung der 2 höchsten Beamten des Staates, die später Consuln hießen; *prae-itor* = Herzog. Seit 367 v. Chr. waren die 2 Pr. hohe Gerichtsbeamte, die vom Volk auf 1 Jahr gewählt wurden, der *pr. urbanus* = Stadtpr. für Prozesse zwischen Römern, der *pr. peregrinus* = Fremdenpr. für solche zwischen Fremden, die sich in Rom aufhielten (oder zwischen einem solchen und einem Römer). Später stieg ihre Zahl auf 18. In der senatorischen → Ämterlaufbahn war Pr. die 3. Stufe. Die ehemaligen Pr. wurden Statthalter in den Provinzen (→ proconsul). → *praetorium;* prätorisches Recht; *minima* etc.

T. Mommsen, Röm. Staatsrecht, III, [3]1887 f.; II. Band.

Prätorianer, die Garde der röm. Kaiser. Schon im 1. Jh. v. Chr. hatte jeder röm. Feldherr eine auserlesene Schutztruppe, die neben dem Feldherrnzelt (→ *praetorium*) lagerte (ähnlich Caesars 10. Legion). Auch Zivilbeamte schützten sich durch besondere Abteilungen, die sie aus Clienten zusammensetzten, z. B. Clodius und Milo durch besondere Banden. Augustus organisierte schon als Triumvir eine solche Garde und baute sie als Kaiser 2 v. Chr. mit 9 Cohorten unter 2 *praefecti praetorio* (→ Gardepräfekt) aus. Nur 3 Cohorten lagen in Rom; die übrigen waren auf die Orte Italiens verteilt, wo der Kaiser sich länger aufzuhalten pflegte. Ihre Zahl wurde von Vitellius auf 16 vermehrt, von Vespasian wieder auf 9 reduziert. In Rom ist ihre Kaserne erhalten, die *castra praetoria.* Die Pr. waren auserlesene Leute aus Italien, später auch aus den völlig romanisierten Provinzen. Als kaiserliche Garde hatten sie eine bevorzugte Stellung, erhielten hohen Sold und hatten eine prunkvolle Rüstung mit viel Gold und hohem Federbusch. Oft spielten sie eine verhängnisvolle Rolle; sie griffen bei Thronwechseln ein, z. B. bei der Erhebung des Claudius und Nero auf den Thron, und ihre Gunst mußte oft mit hohen Geschenken erkauft werden. Konstantin d. Gr. löste 312 die Garde auf, die Präfekten wurden Zivilbeamte.

M. Durry, *Les Cohortes prétoriennes,* Paris 1938, neu 1968; A. Passerini, *Le coorti pretorie,* Rom 1939.

Prätorisches Recht (lat. *ius praetorium*). Der röm. → Praetor hatte als höchster Gerichtsbeamter das bestehende Recht auszuführen, konnte aber auch als Gerichtsherr, der das souveräne röm. Volk vertrat, nach freiem richterlichem Ermessen selbständig Recht schaffen. Dies geschah durch das bei seinem Amtsantritt erlassene Edikt, in dem er die Grundsätze öffentlich bekannt machte, die er bei seiner Rechtsprechung zu befolgen gedachte. Diese allgemein verbindlichen Verfügungen, die immer nur ein Jahr gültig waren und vom Praetor des nächsten Jahres nach Bedarf geändert oder ergänzt werden konnten, entwickelten sich allmählich zu einem festen pr. R., das in den Erfahrungen der Vergangenheit und zugleich in der lebendigen Gegenwart wurzelte und so neben dem Gesetzes- und Gewohnheitsrecht zu einer erheblichen Macht im Rechtsleben wurde. Die Hauptbedeutung dieses pr. Ediktes, das Mommsen als eins der vollkommensten Erzeugnisse der röm. Republik bezeichnet, bestand in der allmählichen Ausgestaltung des röm. → Rechts. Erst die neue Verfassung der Kaiserzeit macht die fernere pr. Rechtserzeugung unmöglich. Kaiser Hadrian ließ um 130 n. Chr. durch den großen Juristen Salvius Iulianus die Edikte der Praetoren abschließend sammeln und bearbeiten; nur dies neue, endgültig festgestellte „Hadrianische Edikt" durfte in Zukunft vom Magistrat publiziert werden. → Recht.

W: D. Edictum perpetuum, hg. O. Lenel, [3]1927, neu 1956.

praetorium, Hauptquartier im röm. → Lager, nach der ursprünglichen Bedeutung des Wortes → *praetor* benannt, das Qu. des Höchstkommandierenden, die Kommandantur. Im Marschlager war es ein Zelt, im Standlager ein Steinbau. Das am besten erhaltene Pr., im Lager der *legio III. Augusta* in Lambaesis *(Lambese)* in Algerien, zeigt noch als Ruine die Pracht solcher Bauten. In → Köln sind die Reste des pr. im Keller des Rathauses freigelegt und zugänglich.

pragmatische Geschichtsschreibung → Polybios.

Praxiteles, gr. Bildhauer des 4. Jh. v. Chr., stammte aus einer Bildhauerfamilie, arbeitete in Erz und Marmor. Die Kunst dieses Jahrhunderts war von der Sophistik beeinflußt, die Götterglauben und Frömmigkeit stark unterminiert hatte. Waren also die Götterbilder des 5. Jahrhs. noch erhaben, hehr, so stellen die des 4. Jhs., vornehmlich die des Pr., einfach Menschen dar, freilich sehr schöne, aber Menschen. Der in Olympia gefundene Hermes (an dessen Originalität allerdings immer wieder Zweifel erhoben werden) ruht unterwegs aus und spielt mit seinem kleinen Brüderchen Dionysos. Der *Apollon Sauroktonos* = Eidechsentöter zeigt den Gott in einem sehr grausamen Spiel altgr. Kinder; er will eine huschende Eidechse aufspießen. Der „einschenkende Satyr" (Kopie in Dresden) stellt sich als eleganter Jüngling dar (von einem „angelehnten Satyr" stehen zwei Kopien in der Glyptothek in München). Das berühmteste Werk des Pr., die Aphrodite von Knidos, ist, abgesehen vom Kopf, nur in weniger guten Kopien überliefert. Auch sie war dem Sinne nach keine „Göttin" mehr, sondern Frau, sehr schön, dazu schamhaft, im natürlichen Sinne des Weibes; aber doch auch ihrer Schönheit froh; antike Epigramme über die Statue legen ihr die bewundernde Frage in den Mund: „Wo hat mich denn Pr. nackt gesehen?" (Kopien des Apollon u. der Aphrodite in den Vatikan. Museen, Rom). Mehrere Eros-Statuen sind an den Kopien nicht mehr zu identifizieren; die Kopie der Aphrodite v. Arles (im Louvre in Paris) gibt jedenfalls ein Werk des Pr. wieder. Ein originales Werk hingegen scheint der Knabe aus der Bucht von Marathon zu sein (Nat.-Museum, Athen), die sog. Musenbasis von Mantineia (die Basis einer Statuengruppe) gilt nur als Werkstattarbeit. Pr. zog zur Bemalung seiner Statuen (→ Polychromie) stets den Maler → Nikias hinzu. – Gerühmt wurde an den Werken die meisterhafte Oberflächenbehandlung des Steins und der Ausdruck seelischer Empfindungen; gerade dies ist jedoch an Kopien nicht mehr nachzuprüfen.

W. Klein, 1898; G. E. Rizzo, *Prassitele,* Mailand 1932; C. Blümel, Der Hermes eines Pr., 1948; Th. Kraus, Die Aphrodite v. Knidos, 1957; P. Gercke, Satyrn des Pr., 1968.

Priamos, König von → Troia, Gemahl der → Hekabe, Vater von 50 Söhnen und 50 Töchtern, darunter Hektor, Paris, Kassandra; alle Söhne verlor Pr. im Troischen Krieg, er selbst wurde von Achilleus' Sohn Neoptolemos getötet. Dieser Tod schon auf Vasen des 6. Jh. v. Chr. dargestellt (Würzburg).

Priapeia (oder lat. *carmina Priapea*), Gedichte auf → Priapos.

Priapos, Fruchtbarkeitsgott, Sohn des Dionysos und der Aphrodite, ursprünglich in der gr. Stadt Lampsakos in Kleinasien, dann in der ganzen gr.-röm. Welt vor allem als Beschützer von Gärten und Weinbergen verehrt. Sein oftmals rohes und kunstloses, aus Holz geschnitztes Bild diente auch als Vogelscheuche. Charakteristisch für P. war ein oft überdimensionaler Phallos. – *Priape(i)a,* Sammlung lat. Gedichte auf Pr. mit erotischem, ja obszönem Inhalt, im 1. Jh. n. Chr. zusammengestellt. Vgl. auch Horat. *sat.* 1, 8; Tibull. 1, 4.

W: Enthalten in: Petronius hg. F. Bücheler, W. Heräus, [6]1922. – *Ü:* A. v. Bernus, 1905. *L:* H. Herter, *De Priapo,* 1932; M. Coulon, *La poésie priapique,* Paris 1932; V. Buchheit, Studien z. corpus Priapeorum, 1962.

Priene, alte, in Westkleinasien in d. Maiandros-Ebene gelegene

Stadt. Wegen fortschreitender Versumpfung des Flußtales um 350–334 v. Chr. an den Abhang des Mykale-Gebirges verlegt, wo sie auf regelmäßigem Grundriß mit rechtwinklig sich kreuzenden Straßen neuerbaut wurde (→ Hippodamos; Stadtanlagen). P. war eine relativ kleine Stadt (4000–5000 Einwohner) ohne größere polit. Bedeutung. Es wurde durch die deutschen Grabungen gänzlich freigelegt: diese Grabungen bieten einen einzigartigen Einblick in den Aufbau und das Leben einer hellenist. Stadt. Die Agora, von der Hauptstraße tangiert, bildet den Mittelpunkt der Stadt; ein Zeustempel, der ion. Tempel der Athena Polias des Pytheos, der schon in der Antike als beispielhaft galt, das Rathaus, das Prytaneion liegen an oder in der Nähe der Agora. Außerdem befanden sich innerhalb des Stadtgebietes noch 2 Gymnasien, 1 Stadion, 1 Theater. Zahreiche schöne → Privathäuser, von denen meist vier zu einem Block (lat. *insula*) zusammengefaßt sind; eine Wasserleitung mit Brunnen und Kläranlage.

Th. Wiegand, H. Schrader, 1904; A. v. Gerkan, D. Theater v. P., 1921; ders., Gr. Städteanlagen, 1924; M. Schede, D. Ruinen v. P., [2]1964; H. Berve, G. Gruben, Gr. Tempel u. Heiligtümer, 1961.

Priester(in), gr. *hiereus, hiereia,* zu *hieros* = heilig; lat. masc. und fem. *sacerdos;* das deutsche Wort Pr. von gr. *presbyteros* = der Ältere. – Im allgemeinen spielten die antiken Pr. keine so große Rolle wie in den oriental. Religionen: sie bildeten keinen gesonderten Stand oder Kaste. Bei den Griechen wurden häufig die priesterlichen Funktionen von den Magistraten und Beamten ausgeübt. Hauptaufgaben der P. waren neben der Besorgung der → Opfer die Fürsorge für den Tempel, das Kultbild, den Tempelbesitz (→ Bankwesen); z. T. auch ärztliche Hilfe (→ Heilkunde). Über die Einnahmen wissen wir wenig: Opfergebühr in Geld; die Felle der Opfertiere, die der Pr. an Gerber weiterverkaufte; Anteile am Opferfleisch u. -kuchen; freie Wohnung beim Tempel; Steuerfreiheit. Aber der Beruf muß sich gelohnt haben, kaum allein durch das mit der Priesterwürde verbundene Ansehen; denn in Ionien wurden, wenigstens in hellenist. Zeit, die Priesterämter an den Meistbietenden verkauft, eine Maßnahme, durch die der Staat seine Ausgaben für den Unterhalt des Kultes zu vermindern suchte. Reiche Leute kauften als Pr. die Opfertiere von sich aus und bewirteten bei religiösen Festen die Festteilnehmer. Manche Priestertümer waren seit alters in einer Familie erblich (Eumolpiden in Eleusis). In Athen war eine besonders angesehene Persönlichkeit der Pr. des Dionysos Eleuthereus; er hatte den besten Platz im Dionysostheater, und sein schöner, reliefgeschmückter Marmorstuhl steht noch an Ort und Stelle. Auch an anderen Orten hatten P. bevorzugte Plätze im Theater. – In Rom, wo die Priesterämter fast alle lebenslänglich waren, genossen die P. bestimmte Privilegien, wie z. B. Dispens vom Kriegsdienst. In Rom waren ursprünglich Magistrat und Priesteramt auch nicht in einer Person vereinbar. Die Priesterschaft bildete einzelne Kollegien und Genossenschaften

(→ *Augures; Flamen; Haruspex; Pontifex; Salii*). – Priesterinnen gab es schon seit ältester Zeit: Iphigeneia bei den Taurern; besonders hochgeachtet die Herapriesterinnen in Argos (→ Jahreszählungen; Pythia; Vestalen). Auf bildlichen Darstellungen ist der gr. Priester durch den ungegürteten, bis auf die Füße fallenden Chiton und die Priesterin durch den großen Tempelschlüssel, den sie in der Hand hält, gekennzeichnet. Zur Kleidung der röm. P. → die einzelnen Priesterschaften.

P. Stengel, D. gr. Kultusaltertümer, ³1920; R. Gotowski, *Les prêtres et les prêtresses dans l'art créto-mycénien et grec, Wilna, 1936;* G. J. Szemler, *The Priests of the Roman Republic,* Brüssel 1972. → *Religionen im Altertum.*

princeps. Das lat. *pr.* bedeutet eigentlich „der bei der Verteilung der Beute zuerst nimmt" oder „der die erste Stelle einnimmt". Von Augustus bis Diocletianus war *pr.* Kaisertitel, → Kaisertum. – Der *pr. senatus* (→ Senat) leitete nicht die Sitzungen, sondern sprach in der Debatte zuerst und gab als erster seine Stimme ab. – Die Bedeutung des Wortes Prinz, Fürstensohn, geht wohl darauf zurück, daß die kaiserlichen Pr. in Rom *principes iuventutis* waren (deutsch etwa: Ehrenführer der röm. Jugend). Die *Iuventus* war ein von Augustus organisierter Jugendbund mit dem Ziel, durch militärische Übungen eine körperlich und geistig starke Generation heranzubilden.

principiis obsta, „widerstehe den Anfängen", vernichte das Übel im Keime; Ovid, *remedia amoris* („Mittel gegen die Liebe") 91.

Prinzipat (principatus) → Kaisertum.

Priscianus lehrte um 500 n. Chr. in Konstantinopel lat. Sprache. Seine große, 18 Bücher umfassende Grammatik *(institutiones grammaticae)* stellt das vollständigste und beste lat. Lehrbuch dar, das uns erhalten ist; als viel benutztes Schulbuch gehörte es zu den meistgelesenen Werken des Mittelalters und war in zahllosen Handschriften verbreitet.

W: Grammatici Latini, hg. H. Keil, VIII, 1855 ff.; III Band.

Privathäuser der klassischen gr. Zeit, des 5./4. Jhs., sind in → Olynthos sehr gut erhalten: Aus Luftziegeln erbaut, waren sie geräumig (durchschnittlich 17 m Straßenfront und etwa 3 Zimmer tief), mit einem Obergeschoß versehen und behaglich, teilweise sogar prachtvoll eingerichtet. Im Rahmen der → Stadtanlagen des Hippodamos v. Milet gab es auch ein Einheitshaus mit drei Typen verschiedener Größe (Kassope in NW-Griechenland; auch → Peiraieus). Von hellenistischer Zeit an kennen wir sehr schöne solide Pr. namentlich auf Delos und in Priene; in Italien viele namentlich aus der Kaiserzeit (→ Horazens *Sabinum;* Pompeii), reiche und prächtige vor allem in Nordafrika (→ Mosaik). – In antiken Pr. findet man neben großen, stattlichen Räumen oft befremdlich enge. Man muß bedenken, daß man wesentlich im → Peristyl, d. h. an freier Luft lebte, bei Regenwetter unter dem Säulendach des P. Gemütlicher als die modernen waren die pompeianischen Pr. insofern, als man dort wirklich „zu Hause" war und „seine Ruhe hatte"; diese Pr. kehrten ihr Gesicht nach innen, nicht nach der Straße zu. Aber der Typus der pomp. Pr. war nicht der des röm. Hauses überhaupt: Literarische Quellen berichten von mehrstöckigen Mietskasernen *(insulae)* in Rom, wie man sie in Pompeii nie gefunden hat. Aber die Ausgrabungen zeigten besonders in → Ostia, daß es, abgesehen von Armut und Reichtum des Bauherrn, an sich verschiedene Haustypen gab (→ Fenster); anders baute sich der Römer in Deutschland, anders in Nordafrika an. Auf deutschem Boden sind eindrucksvoll die Villen bei Wittlich, in Otrang, Nennig und in Welschbillig (alle im Moselland), letztere mit einem Teich, der mit Hermen umsäumt war; diese jetzt im Landesmuseum in Trier. – → Haus; Bedürfnisanstalten; Wasserleitung; Möbel; Steinbau.

G. Kropatschek, D. röm. Landhaus in Deutschld., (Ber. d. Röm. Germ. Kommission) 1910f.; P. Steiner, Röm. Landhäuser im Trierer Bezirk, 1923; W. Höpfner u. a., Haus u. Stadt im klass. Griechenland, 1986; H. Mielsch, Die röm. Villa, 1987; E. Brödner, Wohnen in der Antike, 1989; F. Reutti (Hg.), Die röm. Villa, 1990.

Probus. Marcus Aurelius Pr., Pannonier von Geburt, röm. Kaiser 276–282 n. Chr., versuchte die Ordnung im Reiche wiederherzustellen und siedelte die eingedrungenen Germanenstämme an den Grenzen des Reiches als Schutz an. → Wein[bau].

Proconsul, Propraetor. Der ehemalige Consul hieß an sich *consularis,* jedoch in der späteren Zeit der Republik und in der Kaiserzeit, als auf vielen Kriegsschauplätzen zugleich gekämpft wurde und man viele Statthalter der Provinzen brauchte, auch *pro consule, proconsul* = „für den C." insofern er einen solchen als Feldherr oder Statthalter mit der Amtsgewalt eines C. vertrat. Ähnlich *pro praetore, propraetor* = „für den Praetor", ehemaliger Praetor; noch in der Kaiserzeit Statthalter einer → Provinz, ohne militärisches Kommando; Amtsdauer gewöhnlich ein Jahr.

procuratores, Vertrauensmänner im allgemeinen, die im Auftrage ihres Herrn Geschäfte erledigten. Häufig wurden dazu Freigelassene benutzt. Besondere Bedeutung gewannen die Pr. der Kaiser, die vielfach als Verwaltungsbeamte verwendet wurden, in der Steuerverwaltung, für die Domänen, Bauten, Bergwerke, Wasserversorgung, Spiele usw. Schon Augustus stellte neben den Freigelassenen, die nur untergeordnete, wenn auch einflußreiche Posten erhielten, Angehörige des Ritterstandes als Pr. an. Daraus entwickelte sich mit der Zeit ein kaiserliches Beamtentum. Das Wort pr. lebt noch bei uns auf dem Weg über das Ital.: „Prokurist" = einst ein hoher Beamter der Republik Venedig. → Kaufmann.

H. G. Pflaum, *Les procurateurs équestres . . .,* 1950; ders., *Les carrières procuratiennes,* 1960.

Prodigium → Vorzeichen.

Prodikos von Keos, berühmter → Sophist, der in Athen zahlreiche Anhänger hatte; als seine Schüler gelten Euripides und Isokrates. In seiner Lehre scheint die Behandlung der Sprache eine wichtige Rolle gespielt zu haben (Synonymik). Eines seiner Werke, ein Lesebuch moralischen Inhalts, enthielt den *Herakles am Scheideweg,* den uns Xenophon,

Memorabilien II 1, 21–34, allerdings in einer Bearbeitung, mitteilt.
W: FdV, II
L: H. Maier, 1913.

pro domo, „für sein Haus", Titel einer Rede Ciceros (eigentlich: *oratio de domo sua ad pontifices*), die er 57 v. Chr. nach der Rückkehr aus der Verbannung hielt, als sein Haus auf Veranlassung seines Todfeindes Clodius niedergerissen und an dessen Stelle ein Tempel geweiht war; das Priesterkollegium (der *pontifices*) erklärte auf Grund der Rede den Weihungsakt für nichtig und verfügte die von Cicero geforderte Zurückgabe seines Grundbesitzes. „*pro domo* reden" bedeutet infolgedessen: in eigener Sache, zu eigenem Vorteil reden (oft mit dem Nebensinn einer nicht ganz objektiven, sondern im eigenen Interesse gefärbten Darstellung).

Professorenwitze. Auch das Altertum kannte den (angeblich) „zerstreuten" (in Wahrheit den in seine Forschung völlig vertieften) Gelehrten. So soll schon Thales bei Beobachtungen der Sterne in einen Brunnen gefallen sein. Den Gelehrten Didymos nannte man *bibliolathas* = Büchervergesser; er habe bei der Fülle seiner angeblich 3500 Schriften vergessen, was er darin geschrieben habe (und also manches Buch zweimal verfaßt). Besonders bekannte Pr. sind die über → *heureka* und → *noli turbare c. m.,* bezeichnenderweise beide um → Archimedes: Gerade er war aber durchaus kein weltfremder, in seine Gedanken versunkener Gelehrter, sondern ein der Praxis zugewandter Erfinder und Techniker, der auch im Dienst seiner Gemeinde tätig war. So kann man diese Pr. als frühe Beispiele alteingewurzelter Vorurteile gegen wissenschaftliche Arbeit ansehen, auch als Anzeichen für den Zwiespalt zwischen → Theorie und Praxis.

Proklos, gr. Philosoph des 5. Jh. n. Chr., studierte in Athen und leitete dort selbst später als Lehrer die → Akademie; als Nachfolger (Beiname: Diadochos) Platons baute er durch Kommentare und Interpretationen das platon. System weiter aus, schrieb zusammenfassende Darstellungen der Physik und der Theologie und zahlreiche Einzelschriften, auch Dichtungen.
W: Hg. V. Cousin, Paris [2]1864, neu Hildesh. 1961.

Prokne, athen. Königstochter, war mit dem thrakischen König Tereus verheiratet, an dem sie grausame Rache nahm, als er ihre Schwester → Philomela entehrt hatte. Als Tereus wiederum Rache an P. nehmen wollte, wurde sie von Zeus in eine Nachtigall verwandelt.

Prokopios aus → Caesarea in Palästina, Jurist und Rhetor in Konstantinopel, seit 527 n. Chr. Beirat → Belisars, den er auf allen Feldzügen begleitete. Er schrieb *Historiai,* eine Schilderung von Iustinians Perser-, Vandalen- und Ostgotenkrieg; *Anekdota,* lat. *Arcana Historia* = Geheimgeschichte, nämlich viel Hofklatsch über die kaiserliche Familie; ferner *Peri ktismaton,* lat. *De aedificiis* = Die Bauten [Iustinians], ein für die Kunstgeschichte sehr wichtiges Buch. Als Historiker ist er bedeutend, ebenso als Schriftsteller mit seinem klaren, gut lesbaren Griechisch, aber wenig sympathisch als Mensch. Während er in dem Werke über die Bauten Iustinian als milden Herrscher lobt, häuft er in den Anekdota auf ihn, auf die Kaiserin Theodora, z. T. auch auf Belisar und dessen Gattin alle nur erdenklichen Schmähungen. Die Schriften sind kulturgeschichtlich sehr lehrreich; für unsere Kenntnis der Völkerwanderungszeit und unserer germ. Vorfahren ist die Kriegsgeschichte unschätzbar. – Auf die *Anekdota* geht wohl unser Sinn des Wortes *Anekdote:* „noch nicht herausgegeben, daher neu und besonders fesselnd" und das Geschlecht des Worts zurück.

W: Hg. J. Haury, 1905–13, neu hg. G. Wirth, II 1962–64; hg. u. d. O. Veh, V $^{1-3}$1971–81. – *Ü:* Vandalen- u. Gotenkriege, D. Coste, ^{3}1922; *Anekdota:* E. Fuchs, 1944.
L: O. Veh, Z. Geschichtsschreibung u. Weltauffassung d. P. v. C., III 1951–53; B. Rubin (RE-Sonderdr.), 1954.

Prokopios von Gaza (Palästina), gr. Rhetor des 5./6. Jh. n. Chr., ein Christ, schrieb zu Lehrzwekken Deklamationen und Beschreibungen, darunter die einer → Uhr; P. war wegen seines Stils berühmt.

W: Hg. A. Garzya, R. J. Loenerz, 1963; Uhr: H. Diels (Abh. Berlin 7), 1917.

Prokrustes (auch Damastes oder Polypemon genannt), ein Riese, hauste an der Straße Athen-Korinth, fing sich Wanderer, legte sie auf sein Bett und marterte sie durch Ziehen und Strecken so lange, bis sie in sein Riesenbett hineinpaßten (daher das sog. Prokrustes-Bett). → Theseus tötete P. mit dessen eigenem Hammer.

proletarius, zu *proles* = Nachkommenschaft. Cicero, *De re publica* II, 40: Leute, die nicht mehr als 1500 As hatten oder überhaupt nichts außer ihrer Person in die Steuerliste eintragen konnten, bezeichnete er (der röm. König Servius Tullius) als Proletarier, so daß von ihnen offenbar nur eine *proles* für den Staat zu erwarten war. Damit bildeten diese Menschen eine minderberechtigte Klasse von Bürgern, nicht dienstverpflichtet, fast ohne jeden polit. Einfluß. Erst seit → Marius stand ihnen der Militärdienst als „Berufsweg" offen.

Prolog, gr. *prologos,* „Vorspruch" des Dramas, in dem eine oder mehrere Personen in den Stoff einführen.

Prometheus, der „Vorbedacht", der „Vorsorgliche" (im Gegensatz zu seinem Bruder *Epimetheus,* dem „Nachbedacht"), Sohn des Titanen Iapetos, auch selbst als → Titan bezeichnet, stahl den Göttern das Feuer und schenkte es den Menschen, deren höhere Kultur er dadurch ermöglichte. Zeus fürchtete, die Menschheit werde hierdurch zu übermütig, und schickte ihr nunmehr das Unglück (Mühe, Krankheit, Sorgen, Krieg; → Pandora). Pr. wurde zur Strafe an einen Felsen im Kaukasus gefesselt; ein Adler fraß täglich an seiner Leber, die immer wieder nachwuchs. Schließlich wurde er von Herakles befreit. Damit erwies sich Pr. als Wohltäter der Menschen, ja er wurde vielfach sogar als Schöpfer der Menschheit angesehen (so noch Goethe in seinem Gedicht *Pr.*); für seine Hilfe wurde er von den Menschen als Kulturbringer verehrt (Pr. in Athen Schutzpatron der Handwerker), von Zeus dagegen bestraft wegen Störung der alten

Rechtsordnung, die auf der Gewaltherrschaft des Zeus beruhte: Aischylos hatte diesen Stoff in einer Trilogie verarbeitet; weitere Darstellungen in der europ. Literatur sehr häufig (Dramen, Epen, Gedichte, Opern). Der gefesselte, Feuer stehlende, befreite Pr. als Gegenstand vieler künstlerischer Darstellungen aller Zeiten (Gemälde z. B. von Tizian, Rubens, Feuerbach, Böcklin, Kokoschka). – → Zeitalter.

K. Kerényi, 1946, neu 1962; L. Séchan, *Le mythe de Prométhée*, Paris 1951; R. Trousson, *Le thème de Pr. dans la littérature européenne*, Genf II 1964.

Properz. Sextus Propertius, ca. 46–15 v. Chr., neben Tibull der bedeutendste Vertreter röm. Elegiendichtung, stammte aus einer angesehenen Familie Umbriens und lebte in Rom seinen dichterischen Neigungen. Schon in jungen Jahren machte er durch den sensationellen Erfolg seines ersten, der Geliebten Cynthia gewidmeten Elegienbuches → Maecenas auf sich aufmerksam, dessen literarischem Freundeskreis er künftig angehörte. Diese Liebe zu C. erfüllte sein Leben und seine Dichtung; verzehrende Glut der Leidenschaft und starkes, den ganzen Menschen ergreifendes Empfinden kennzeichnet seine Lieder, die in unendlicher Variierung allen Gefühlen vom höchsten Glück bis zum tiefsten Schmerz lebendigen Ausdruck geben und Amors Allmacht immer neu besingen. Später, als sein Verhältnis zu C. gelöst war, wandte er sich nach den Wünschen des Kaisers und des Maecenas patriotischen Stoffen der röm. Sage und Geschichte zu. Nach dem Vorbild hellenistischer Dichter veranschaulicht er sein Erleben durch gelehrte mythologische Parallelen, die oft nur angedeutet sind u. vielfach entlegenen Sagenkreisen entstammen, so daß er nur von gelehrten Lesern verstanden wird. Auch seine eigenwillige Sprache gestattet keinen leichten Genuß, weil er die Worte gern in gesuchter Knappheit zusammendrängt und durch rasche Gedankensprünge den Zusammenhang verdeckt. Aber immer wieder fesselt die Kraft der Sprache und Empfindung, die Fülle der Motive und der Reichtum der Phantasie, man begreift es, wenn Goethe sagt, die Lektüre des Pr. habe „eine Erschütterung in seiner Natur hervorgebracht" und ihn zu seinen Römischen Elegien begeistert. – Die berühmteste Elegie des Pr. (IV, 11) nennt man die „Königin der E.en". In ihr spricht aus dem Grab eine Cornelia zu ihrem noch lebenden Gatten Paulus. – Übersetzung von Goethes Freund Knebel, an der G. selbst teilnahm, 1798.

W: Hg. M. Schuster, F. Dornseiff, ²1958; hg. P. Fedeli, 1984; hg. u. d. G. Luck, 1990; hg. u. d. R. Helm, ⁴1986. – *Ü:* W. Willige, ²1960; F. Dietrich, 1958.

L: W. Wimmel, Kallimachos in Rom, 1960; E. Lefèvre, *Propertius ludibundus,* 1966; P. (WdF), hg. W. Eisenhut, 1975.

Prophetes (gr.), der Verkünder; → Orakel.

Propraetor → Proconsul.

Propyläen, gr. *propylaion,* meist im Plur. *propylaia,* ein „Vorbau [beiderseits] vor dem Tore." Die Entstehung dieser von Dörpfeld in Troia schon um 2200 v. Chr. nachgewiesenen Torbauten wird durch noch heute in Griechenland zu findende hölzerne Hoftore mit Satteldach klar; dieses ist, um seitliche Regenstürme abzuwehren, manchmal so breit, daß es beiderseits durch Pfosten gestützt werden muß. Die berühmtesten Pr. sind die prachtvollen am Tore der Akropolis von Athen, 437–432 von dem Architekten Mnesikles aufgeführt, ganz von pentelischem Marmor, im Laufe der Zeit sehr zerstört (1645 der ganze Mittelbau durch eine Pulverexplosion). Jetzt wieder aufgerichtet, soweit es die vorhandenen Trümmer und sichere Ergänzungsmöglichkeiten gestatteten; alle späteren Einbauten sorgsam beseitigt, 1875 auch der auf älteren Bildern noch sichtbare Frankenturm. Auch rein technisch eine bewundernswerte Leistung (Länge der steineren Deckbalken). Im Grundriß nicht regelmäßig, weil der ursprüngliche Bauplan infolge (namentlich priesterlicher?) Opposition gegen Perikles nicht durchgeführt werden konnte. Im Nordflügel die → Pinakothek. – Die Pr. in München stellen kein „Vortor" dar, sondern einfach einen monumentalen Eingang zu dem Platz zwischen Glyptothek und Pinakothek. Von den athenischen Pr. geben sie trotz ihrer Monumentalität keine Vorstellung; ebensowenig das Brandenburger Tor in Berlin, obwohl sich dessen Schöpfer Langhans an Motive der athenischen Pr. anschloß.

R. Bohn, Die Pr. der Akropolis zu Athen, 1882; J. A. Bundgaard, Mnesikles, Kopenh. 1957.

Proserpina, lat Umformung für gr. → Persephone.

Proskriptionen, von lat. *proscribere* = aufschreiben, ächten, wurden von Sulla 82–79 v. Chr. zur Vernichtung seiner politischen Gegner, der → Popularen und Marianer, verhängt. Die Namen der Geächteten wurden öffentlich bekanntgegeben; jeder konnte sie töten, ohne daß ein Rechtsmittel *(provocatio)* möglich war oder auch nur ein ordentliches Gerichtsverfahren angewendet wurde. Viele Reiche wurden nur deswegen denunziert, weil ein Freund oder Günstling des Diktators sich ihrer Güter bemächtigen wollte. Bei den Güterversteigerungen wurden unermeßliche Reichtümer zusammengerafft (→ Crassus). Mommsen (Strafrecht, 938) nennt die Pr. mit Recht ein Schreckenswort. – Über die Pr. des → Triumvirats 43 v. Chr. → Augustus.

proskynesis, die devoteste aller Gruß- (und Gebets)formen, mit der jeder den persischen Großkönig begrüßen mußte (→ Grußform). Die freiheitsstolzen Griechen, die als Gesandte an den persischen Hof kamen, haben die pr. fast stets (z. B. Herod. VII 136) verweigert und sich nur dazu entschlossen, wenn sie persische Hilfe ganz dringend brauchten. Als Alexander d. Gr. die *pr.* an seinem Hofe einführte, wurde er dadurch bei Griechen und Makedonen sehr unbeliebt. Im *Evang. nach Matth.* 2, 2 sagen die Weisen aus dem Morgenlande: „Wir haben seinen Stern gesehen und sind gekommen, um ihn mit *pr.* anzubeten". Christus selbst betet so, *Matth.* 26, 39.

G. Walser, Audienz beim pers. Großkönig, 1965.

Proszenium, im gr. → Theater *proskenion,* lat. *proscenium,* die Vorderwand der *skene,* des Bühnengebäudes; also von diesem aus in der Richtung auf den Zuschauerraum gedacht.

Protagoras aus Abdera in Thrakien, mit Gorgias der berühmteste → Sophist des 5. Jhs. v. Chr., Zeitgenosse des Perikles und Sokrates, mit denen er bei wiederholten Besuchen in Athen verkehrt hat. Er reiste in Griechenland umher und hielt gegen ein hohes Honorar Vorträge über Redekunst, Rechtswissenschaft und Ethik. In der Redekunst galten seine Studien besonders der Sprachrichtigkeit (→ Grammatik). Als Philosoph leugnete er, wenn auch nicht mit klaren Worten, das Dasein der Götter; „ob es G. gibt und wie sie sind, kann ich nicht sagen". Verständlicherweise wurde P. in Athen wegen → Asebie verfolgt, entzog sich einem Prozeß aber durch die Flucht. Angeblich auf der Seereise nach Sizilien kam er ums Leben, seine Schriften wurden in Athen öffentlich verbrannt. – Sein wichtigster Satz, durch den er am bekanntesten geworden ist, war der homo-mensura-S. = lat. *omnium rerum homo mensura est,* „der Mensch ist das Maß aller Dinge". Damit begann er seine Schrift *Kataballontes,* „Die Niederwerfenden" (nämlich Worte, die den Gegner niederringen). Dieser provokative Satz war zunächst wohl nur auf die Erkenntniskritik gerichtet; Platon bezeugt diese Deutung eines erkenntnistheoretischen Relativismus. Doch enthielt der Satz auch Ansatzpunkte zur Ausweitung auf das Gebiet der Ethik; dann stand der Weg zu einem schrankenlosen Individualismus offen. Kaum von P., über den auch Platon nichts Ehrenrühriges sagen konnte, wohl aber von seinen Schülern ist der Satz so ausgedeutet worden, daß nun alle ethischen Werte relativ seien; dieser ethische Relativismus und Subjektivismus hat in den höheren Kreisen Athens (Alkibiades; → Machtmensch) bös gewirkt, aber bald auch scharfe Opposition hervorgerufen. → Sophisten.

W: Fragmente hg. A. Capizzi, Flor. 1955; auch FdV, II.
L: E. Bux, P.-Studien, 1947; S. Zeppi, Flor. 1961; L. Bodin, *Lire le Prot.*, Paris 1975.

Proteus, ein dem Poseidon untergebener wahrsagender Meergreis, dem → Nereus ähnlich, aber mit der Gabe der Verwandlungsfähigkeit ausgestattet (daher sprichwörtlich: eine Pr.-Gestalt). Er lebte in der Nähe von Ägypten, wo er die Robben Amphitrites weidete. Seine Tochter Eidothea (= wissende Göttin) half dem Menelaos, als er auf der Rückkehr von Troia umherirrte, so daß er den Pr. überwältigen konnte, obwohl dieser sich ihm durch mehrfache Verwandlung zu entziehen versuchte. Eine spätere Version machte Pr. zu einem König von Ägypten, der dem Paris die Helene abnahm und sie nach Troias Fall dem Menelaos zurückgab. – Goethe verwendete die Gestalt wegen ihrer Verwandlungskunst (im *Faust,* II 2).

Provence. *Provincia Narbonensis* (nach der Hauptstadt *Narbo* = Narbonne), oder *Gallia bracata* = das „behoste" (→ Hosen) Gallien, im Unterschied zu Oberitalien, der Poebene, *Gallia togata,* dem togatragenden G., ein schmaler Streifen an der Küste des südlichen Frankreichs, der von den Alpen nach Spanien reichte und einen Landweg von Italien nach Spanien bildete. Die

Pr. wurde im allobrogisch-arvernischen Krieg (125–121 v. Chr.) den Galliern abgenommen und schnell romanisiert. Schon unter Augustus und noch Jahrhunderte später war sie eine blühende Provinz mit bedeutender Industrie und Bautätigkeit. Zahlreiche, sehenswerte Römerreste namentlich in → Nîmes *(Nemausus)* und Orange *(Arausio)*. → Gallien.

Provinzen, die Teile des röm. Reiches außerhalb Italiens. Die Grundbedeutung des Wortes *provincia* ist wohl: „übertragener Geschäftsbereich". Die erste Pr. war Sizilien (seit Ende des 1. Punischen Krieges, 241 v. Chr.). Im 2. und 1. Jh. v. Chr. wuchs die Zahl der Pr. beständig; am Ende der republikanischen Zeit waren es mehr als 30. Ihre Statthalter waren → Proconsuln oder Prätoren. Deren an sich einjähriges Amt wurde für besondere Zwecke oft auf mehrere Jahre befristet (Caesar in Gallien 58–50 v. Chr.). In republikanischer Zeit wurde es meist zu unrechtmäßiger Bereicherung benutzt. So hat Caesar in Gallien aus der Beute ein riesiges Vermögen erworben; am bekanntesten ist der Skandal des Verres, der Sizilien so schamlos plünderte, daß ihn selbst die hauptstädtische Nobilität fallen ließ (Anklage Ciceros); → publicanus. Geordnete Verhältnisse traten in den Pr. erst in der Kaiserzeit ein; die Pr. blühten nun schnell auf (→ Provence). Augustus teilte 27 v. Chr. die Pr. in kaiserliche und senatorische. Der Kaiser behielt für sich Ägypten, die Kornkammer Roms, und die Randpr. (im ganzen 22), in denen die Heere in seinem Auftrage für den Schutz des Reiches sorgten; er ernannte die Statthalter (kaiserliche Legaten mit praetorischem oder consularischem Rang, also mit militärischem Kommando). Die 12 Binnenpr., in denen kein Militär stand, wurden vom Senat verwaltet, der wie früher Propraetoren und Proconsuln dorthin schickte. – → Kolonien.

T. Mommsen, D. Provinzen d. Röm. Reiches, 1909; G. H. Stevenson, *Roman Provincial Administration,* Oxf. ²1959; W. Dahlheim, Gewalt u. Herrschaft, 1970.

provocatio. → Prozeß. – In Rom wurde im J. 300 v. Chr. den → Consuln die letzte Entscheidung über die Todesstrafe gegen Bürger in der Stadt genommen und durch die *pr. ad populum* (Berufung an das Volk) den Centuriatcomitien (→ Volksversammlungen) übertragen; deswegen trugen die Lictoren der Consuln in der Stadt die *fasces* ohne Beil (im Feld behielt der Consul die gesamte Gerichtsbarkeit und die *fasces* mit Beil). In der Praxis scheint damit die Todesstrafe gegen Bürger in der Stadt fast abgeschafft worden zu sein; → Exil. In der Kaiserzeit stand das Recht, ein Todesurteil zu ändern, nur dem Kaiser zu. Der Verurteilte mußte seine Sache selbst führen, und zwar in Rom.

Prozeß. In Athen lag die Rechtsprechung seit der Entwicklung der Demokratie zum größten Teil in der Hand des souveränen Volkes, dessen durchs Los bestimmte, später durch freiwillige Meldung gewonnene Vertreter in einem Volksgericht (gr. *heliaia,* die Versammlung) ohne juristische Vorbildung nach freiem Rechtsempfinden urteilten; es gab also keinen Berufsrichterstand, sondern nur Schöffen. Zunächst wurden jährlich 6000 Bürger (500 und 100 Ersatzleute aus jeder der zehn Phylen) als Richter ausgelost; deren große Zahl erklärt sich aus dem demokratischen Wunsche, allen Anteil an der Rechtsprechung zu geben, und sollte außerdem die Bestechung der Richter erschweren. Die Richter amtierten in 10 Sektionen zu je 500; seit Perikles wurde ihre Tätigkeit vergütet (→ Richter). Die Verhandlung verlief einfach; auch der komplizierteste Prozeß dauerte nur einen Tag. Das attische Recht kannte weder Staatsanwalt noch Verteidiger; die Parteien führten ihre Sache selbst vor den Laienrichtern und Zeugen (doch → Rechtsanwälte). Nacheinander erhielten Ankläger und Angeklagter das Wort; die Zeit der Reden war festgesetzt (→ Uhr). Dann berieten die Richter; in geheimer Abstimmung wurde zuerst die Schuldfrage entschieden, dann über das Strafmaß abgestimmt (→ Strafen); Stimmenmehrheit entschied. Vor dieser zweiten Abstimmung mußte auch der Angeklagte selbst eine Strafe beantragen. (Über den entsprechenden Antrag im Prozeß des Sokrates → Prytanen.) Berufung gegen das Urteil des Volksgerichts war unmöglich. Die prinzipiellen Fehler dieser Gerichtsbarkeit liegen auf der Hand. Der kleine Mann war mit Begeisterung Richter; war er doch damit Herr über Vermögen und Leben auch der Reichen (Aristophanes, *Wespen*). Diese wurden oft vom Parteistandpunkt aus verurteilt. Das Urteil nach bloßem Empfinden nutzte der Beklagte oft dahin aus, daß er von Frau und Kindern, die er mitbringen durfte, eine Rührszene aufführen ließ (→ auch Hetären [Phryne]). Gewissenlose Denunzianten (→ Sykophanten) erschwerten durch Drohungen mit Prozessen besonders den Reichen das Leben. Andere Nachteile ergaben sich durch die Vorliebe der Griechen für den → Agon; zu einem solchen wurde die Gerichtsverhandlung, statt Wahrheit und Recht zu suchen. Die Vorliebe für Rhetorik bedingte es, daß der rednerisch Geschicktere oft über den Ungewandten siegte. – Über den röm. Prozeß → Rechtsprechung.

J. H. Lipsius, D. att. Recht u. Rechtsverfahren, III 1905–15, neu 1967.

Prozession → Pomp.

Prügelstrafe → Strafen.

Prusias, König von Bithynien (ca. 230–182 v. Chr.), gewährte dem von den Römern verfolgten → Hannibal Unterkunft. Als eine röm. Gesandtschaft unter Titus Quinctius → Flamininus dessen Auslieferung verlangte, wagte Pr. nicht, ihn zu schützen. Die Römer umstellten H. in seiner einsamen Burg; er nahm Gift, als er die Ausgänge besetzt fand.

Prytanen (gr. *prytaneis,* Vorsteher), in Athen wie auch in anderen Städten der geschäftsführende Ausschuß des Rates der 500. Er bestand aus 50 Mitgliedern, die aus ein und derselben Phyle stammten und jedesmal nur 35–36 Tage (1/10 Mondjahr) lang die laufenden Staatsgeschäfte erledigten; durch das Los wurde auch der täglich wechselnde Vorsitz in diesem Ausschuß geregelt. Die große Zahl der Pr. und die ganz auffällig kurze Dauer ihrer Amtszeit erklärt sich aus dem demokratischen Wunsche, möglichst viele an der Regierung zu beteiligen. Die Pr. mußten immer im Rathaus *(prytaneion)* anwesend sein; sie wurden daher auf Staatskosten verpflegt. An ihrer Tafel speisten auch die auswärtigen Gesandten und die Ehrenbürger, z. B. die Olympiasieger, in Athen jahrhundertelang die Nachkommen des → Harmodios und Aristogeiton. Die Speisung im Prytaneion war für Nicht-Pr. eine hohe Auszeichnung (daher bedeutete der Antrag des verurteilten → Sokrates [→ Prozeß], sie ihm zu bewilligen, in den Augen der Athener eine starke Herausforderung). Am Ende ihrer Amtszeit mußten die Pr. in der Volksversammlung Rechenschaft ablegen. → Rat.

psyche, gr. = → Seele; Eros.

Ptolemaios, -er. Der namentlich bei den Makedonen häufige und uns besonders durch die Ptolemaier in Ägypten (323–30 v. Chr.) geläufige Name Ptolemaios bedeutet „kriegerisch" (woher „Polemik").
Der bekannteste ist Pt. I. Lagu (d. h. „Sohn des Lagos" = Hasen) oder Soter (→ Heiland), Gründer des ägypt. Pt.-Reichs, der 323–283 v. Chr. regierte; vorher Leibwächter und Freund Alexanders d. Gr.; nach dessen Tod ließ er sich die Satrapie Ägypten übertragen und gewann → Kyrene dazu. Er war ein außerordentlich kluger Politiker und hatte wohl als erster unter den Diadochen die Absicht, sich ein kleines selbständiges Reich zu gründen, wozu er das schwer angreifbare Ägypten wählte. In dessen Besitz blieb er im allgemeinen unangefochten. 305 nahm er mit anderen Diadochen den Königstitel an. Mit seiner Führung der Herrschaft wies er seinen Nachfolgern die Wege. Alexandreia wurde der Mittelpunkt der gr. Kultur in Äg. besonders durch die Gründung des Museions (→ Museum). Er zog Gelehrte, Künstler und Dichter an seinen Hof und schrieb selbst eine Geschichte Alexanders d. Gr. Über den von ihm künstlich neu geschaffenen Reichsgott → Sarapis. Unter den Diadochen war er der genialste und erfolgreichste. Seine Nachfolger, die alle den gleichen Namen Pt. hatten, mit einem Beinamen: *Euergetes* (Wohltäter), *Philadelphos* (Liebhaber seiner Schwester; → Ehe) u. a., setzten die Traditionen fort, obwohl sie nicht alle tüchtige Herrscher waren. Auch unter ihnen blieben die Griechen, die überall verstreut im Lande lebten, die Hauptträger des neuen, mächtig aufblühenden Kultur- und Industrielebens. Doch nahm man immer mehr Rücksicht auf die am Überlieferten streng festhaltenden Ägypter. So entstand eine eigenartige Mischkultur, die wir durch die reichen Papyrusfunde kennenlernen. In seiner Abgeschlossenheit, umgeben von Wüsten und Meer, hat Äg. eine verhältnismäßig ruhige Entwicklung gehabt. Unter Pt. V. *Epiphanes,* d. h. dem leibhaftig als Gott auf Erden erschienenen (→ Epiphaniasfest), 205–180 v. Chr., griffen die Römer in die inneren Geschicke Ägyptens ein, energisch seit Caesar (→ Kleopatra). Nach der Schlacht bei Actium wurde Äg. 30 v. Chr. röm. Provinz.
W: FGrH.

L: H. Strasburger, Pt. und Alexander, 1934; E. Kornemann, D. Alexandergeschichte d. Königs P., 1935; T. C. Skeat, *The reigns of the Ptolemies*, München ²1954; H. J. Wolff, Das Justizwesen d. Ptolemaier, 1962; J. Seibert, Unters. zur Gesch. d. Ptol. I., 1969; G. Hölbl, Gesch. d. Ptolemäerreiches, 1994. → Ägypten.

Ptolemaios, Klaudios → Klaudios Pt., gr. Mathematiker u. Astronom.

publicanus, röm. Ritter, d. h. Mitglied des Geldadels (→ Nobilität), der dem Staat bestimmte Aufgaben abnahm, z. B. Ausführung öffentlicher Bauten, Eintreibung der Steuern in den Provinzen. Er erhielt dann für den fertigen Bau eine bestimmte Summe bzw. er lieferte statt des Steuerertrags eine solche an den Staat ab; in beiden Fällen waren diese Zahlungen vorher vereinbart. Natürlich suchte nun der P. (oder bei Objekten, die ein großes Kapital erforderten, eine Gesellschaft von Publicani, *societas publicanorum*) zu verdienen, indem er den Bau durch Lohndrükkung und ähnliche Mittel billiger herstellte bzw. durch schamlose Erpressung mehr Steuern eintrieb, als nach der Abmachung an den Staat zu zahlen waren. Ebenso natürlich merkte das der Staat; aber man behielt dieses Verfahren „im Submissionswege" bei (so auch in Athen die Verpachtung der Silberbergwerke in Laurion), meist aber wohl aus der Erkenntnis des Werts der Privatinitiative; jedenfalls duldete man es stillschweigend, daß die Publicani immer reicher wurden. Ferner war der Staat nun der Einzelausführung der Bauten und der Steuereinziehung überhoben und konnte vor allem von vornherein bestimmte Summen in seinen Haushalt einsetzen, war jedoch frei vom Risiko; kam schließlich der Bau teurer als der Voranschlag oder fiel der Steuerertrag z. B. infolge von Mißwachs geringer aus, so hatte der P. den Schaden, nicht der Staat. Doch war im allgemeinen namentlich die Steuereinziehung für die P. höchst ergiebig. Sie preßten aus den Provinzen so viel als möglich heraus, wobei ihnen der Statthalter der Provinz seine Organe zur Verfügung stellte. Dadurch wurde die röm. Herrschaft sehr verhaßt; → Zoll. Beschwerden in Rom waren meist erfolglos, da die Geldaristokratie gerechte Untersuchungen gegen P. hintertrieb. Erst die Kaiser besserten die Verhältnisse; Tiberius entzog den P. die Erhebung der Grund- und der Vermögenssteuer; seit dem 3. Jh. war dieses Pachtwesen fast ganz abgeschafft.

M. Rostovtzeff, Gesch. d. Staatspacht in d. röm. Kaiserzeit bis Diokletian, 1902.

Publilius Syrus, ein Sklave, eigentlich nur S. = „Syrer", dann P. S. nach dem Namen des Herrn, der ihn freiließ, aus Antiocheia in Syrien, hervorragender röm. Mimendichter (→ Mimos) des 1. Jhs. v. Chr.; keines seiner sehr erfolgreichen Stücke ist rekonstruierbar, selbst die Titel sind höchst unklar. In einer uns erhaltenen Sammlung von etwa 700 einzeiligen Versen aus seinen Stücken, die populäre Lebensweisheit enthalten (→ *bis dat*), geht das meiste auf ihn zurück; die Sprüche gingen schon bei seinen Lebzeiten als geflügelte Worte um und wurden kurz nach seinem Tode gesammelt und für Haus- u. Schulgebrauch tradiert.

W: Hg. O. Friedrich, 1880, neu 1964; hg. u. d. H. Beckby, 1969.

Punier (*Poeni;* über die Namensform → Phoiniker) nannten die Römer die mit den Phoinikern verwandten Karthager, ein Mischvolk aus semitischen Phoinikern und hamitischen Libyern (→ Karthago). Sie galten ihnen als verschlagen und treulos. Ob diese Vorwürfe richtig waren, können wir nicht beurteilen, da wir im wesentlichen nur röm. Berichte über die P., nicht auch punische über die Römer haben. Jedoch blieb *Punica fides* („punische Treue") als „Treulosigkeit" sprichwörtlich.

L: → Karthago.

Punische Kriege. Seit dem Tarentiner Krieg (282–272 v. Chr.) wurden die Römer direkte Handelskonkurrenten der Karthager (→ Punier), mit denen sie früher, zuerst wohl im 6. Jh., Handelsverträge geschlossen hatten. Der Kampf ging im 1. P. Kr. (264 bis 241) zunächst um den Besitz von Sizilien. Die R. bauten damals zuerst eine Kriegsflotte und besiegten die K. in mehreren Seeschlachten (bei Mylae 260, Ecnomus 256, den aegatischen Inseln 241). Sizilien wurde die erste röm. Provinz. Im 2. P. Kr. (218–201) erlitten die R. durch Hannibal in Italien schwere Niederlagen (am Ticinus 218, am Trasimenischen See 217, bei → Cannae 216). Die Entscheidung fiel schließlich auf Nebenkriegsschauplätzen: in Sizilien nahm Marcus Claudius Marcellus 212 Syracus; Publius Cornelius Scipio eroberte Spanien 211–206 und setzte 205 nach Afrika über; dort schlug er Hannibal 202 bei Zama. Der Friedensvertrag vernichtete die karthagische Herrschaft im westlichen Mittelmeer. Als Karthago trotzdem als Handelsstadt wieder aufblühte, zerstörten die Römer im 3. P. Kr. (149–146) die politisch wehrlose, aber wirtschaftlich sehr unbequeme Konkurrentin; → *ceterum censeo;* Hannibal.

L: W. Hoffmann, Livius u. d. 2. pun. Krieg, 1942; J. Vogt (Hg.), Rom u. Karthago, 1943; A. Heuss, Der 1. pun. Krieg u. d. Problem d. röm. Imperialismus, [3]1970; T. A. Dorey, *Rome against Carthage,* Lond. 1971. → Hannibal; Karthago.

Purpur, gr. *porphyra,* lat. (Fremdwort) *purpura,* Farbstoff aus dem Saft der P.-Schnecke, für Gewandfärberei. Die P.-Fabrikation ist wohl von den → Phoinikern erfunden worden. Jedenfalls war Syrien lange ihr Zentrum; später stellte man P. her, wo sich sonst P.-Schnecken fanden. Der aus dem Schneckensaft gewonnene Farbstoff mußte durch heiße Dämpfe auf $^1/_{16}$ eingedickt werden. Trotzdem betrieb man die Fabrikation im großen und dickte z. B. 8000 Pfund Schneckensaft auf 500 Pf. P. ein. Daher war guter P. enorm teuer (Preise für die verschiedenen Sorten im *Edictum Diocletiani* 24). Hauptabnehmer war der röm. Staat, für → Amtsabzeichen. Ziemlich genau beschreibt → Plinius d. Ä. (in der *naturalis historia*) die P.-Produktion. Wohl um Mißbrauch des P. zu verhindern, behielt sich später der Staat die Alleinherstellung vor und machte wohl auch ein Geheimnis daraus. Darüber scheint dann allmählich die Kenntnis der Herstellung bei den früheren Privatfabrikanten verlorengegangen zu sein; die um 300 n. Chr. in Tyros gegründete P.-Fabrik wurde von den Sarazenen, eine andere, in Konstantinopel, von den Türken zerstört. Seitdem ist das Rezept endgültig verschollen. Welche Mittelmeerschnecke die P.-Schn. war, wissen wir ganz genau; denn bei Sidon in Syrien liegt am Strande ein mehrere 100 m langer, 25 m breiter, mehrere Meter hoher Haufen von Häusern dieser Schn., auch bei Tarent. Wir haben auch vereinzelte Angaben über die Gewinnung des P. und die Färbung der Wolle damit; aber es gelingt nicht, die Farbe herzustellen. Antiker P. hatte verschiedene Nuancen, von rötlich über violett und blauschwarz bis schwarz. Am häufigsten war wohl rötlich-violett; danach die Mäntel der Kardinäle (→ Amtsabzeichen). – Erhalten hat sich antiker P. in dem berühmten *codex argenteus* des Ulfilas in Uppsala; dessen Pergament ist mit P. gefärbt. Heute wird P. chemisch hergestellt.

E. Wunderlich, Die Bed. d. roten Farbe im Kult d. Gr. u. Römer, 1925; M. Reinhold, *The History of Purple as a Statussymbol in Antiquity*, Brüssel 1970.

Pygmäen, gr. *Pygmaioi* = faustgroße (Menschen; „Däumlinge"), nach anderen antiken Nachrichten 3 Spannen oder auch 1 Elle groß; nach den meisten Angaben in Afrika, nach anderen auch anderswo wohnhaft, sind nicht, wie man früher annahm, Geschöpfe der gr. Phantasie, sondern schon die Griechen des 5. Jhs. v. Chr. kannten die Zwergvölker Afrikas, aber nur unbestimmt. Über ähnliche Kenntnis Afrikas in sehr alter Zeit → Kamerun; Periplus.

Pygmalion, mythischer Künstler, formte aus Elfenbein die Gestalt eines Weibes und verliebte sich in sein eigenes Werk; Aphrodite erweckte auf sein Bitten das schöne Bild zum Leben. Ovid, *Metamorphosen* X 243–297 und andere literarische Bearbeitungen dieses Stoffes in ernster und heiterer Form: Dramen und Gedichte, auch Opern (Rameau, Cherubini); nach der Komödie von G. B. Shaw auch das Musical *My Fair Lady* von F. Loewe.

H. Dörrie, P., 1974.

Pylades, Freund und Begleiter des → Orestes, mit dem zusammen er eines der klass. Freundespaare bildet; P. heiratete später Elektra.

Pylos, laut Homer Herrschersitz des Königs Nestor. Nachdem schon Dörpfeld 1907 in der westl. Peloponnes diesen Palast gesucht hatte, haben Archäologen seit 1939 dort an der Bucht v. Navarino bei Ano Englianos einen mykenischen Palast freigelegt, der den Burgen von Mykenai u. Tiryns vergleichbar ist: Palast mit Thronsaal, in der Nähe Kuppelgräber. Wichtigster Fund war ein Archiv mit etwa 1200 Tontafeln und Bruchstücken, die mit → Linear B beschriftet sind; bei der Zerstörung des Palastes um 1200 v. Chr. sind diese Tafeln im Feuer gebrannt worden und so erhalten geblieben (→ Kataloge).

E. L. Bennett jr., *The Pylos Tablets*, Princeton 1955; C. W. Blegen, M. Rawson, *The palace of Nestor at P.*, Princeton III 1966–73.

Pyramide (gr. Form eines ägypt. Wortes), Bezeichnung für ein Pharaonengrab in der uns bekannten Bauform, die Herodot im 2. Buch seines Werkes genau beschreibt. Die beiden gewaltigsten P. bei Memphis, diejenige des Cheops (Höhe 146 m) und die des Chephren, wurden zu den → Sieben Weltwundern des Altertums gerechnet. – Als Kuriosität einer damals herrschenden Mode: Die P. des Cestius an der Porta Ostiensis in Rom.

J. E. S. Edwards, Die äg. P.n, d. 1967; K. Mendelssohn, Das Rätsel der P.n, 1974; R. Stadelmann, Die ägypt. P.n, [2]1993.

Pyramos und Thisbe, mythisches Liebespaar, dessen heimliches Glück und tragisches Ende Ovid, *Metamorphosen* IV 55 ff., erzählt. Die beiden Nachbarskinder aus Babylon konnten wegen des Verbots ihrer Eltern nicht zueinanderkommen; als sie sich einst deshalb draußen vor der Stadt verabredet hatten, tötete sich P. in dem Glauben, die Geliebte sei von einem Löwen zerrissen worden, worauf sich auch Th. erstach. Mehrere Gemälde zeigen die Szene (Wandgemälde in Pompeii; Cranach d. Ä., Tintoretto), mehrfach ist sie auch dramatisiert worden: possenhafte Behandlung des Stoffes in Shakespeares *Sommernachtstraum* und im *Peter Squenz* von Andreas Gryphius; Opernfassungen von Gluck, Hasse u. a.

G. A. van Es, *Pyramus en Thisbe,* Zwolle 1965; F. Schmidt-von Mühlenfels, P. u. Th., (Rezeptionstypen. . .), 1972.

Pyrrhon v. Elis, gr. Philosoph etwa 360–270 v. Chr., galt als Gründer der philosoph. → Skeptiker-Schule und war berühmt wegen seiner sprichwörtlichen Seelenruhe. Diese fand er durch Verzicht auf jedes Urteil und jede Meinung und in strikter Zurückhaltung. P.s Lehren zeichnete sein Schüler → Timon v. Phleius auf.

A. Goedeckemeyer, Gesch. d. gr. Skeptizismus, 1905; L. Robin, *P. et le scepticisme grec,* Paris 1944.

Pyrrhos von Epeiros (→ *Epirus*), König der Molosser in E. 306–272 v. Chr., durch Olympias, die Mutter Alexanders d. Gr., eine epeirotische Prinzessin, mit dem makedonischen Königshaus verwandt. Als Schwiegersohn Ptolemaios' I. wurde er in die Wirren des makedonischen Reiches hineingezogen. Vorübergehend eroberte er sogar Makedonien. Dann folgte er einem Hilferuf der Tarentiner gegen die Römer nach Italien mit einem großen Söldnerheer. Er glaubte als ein zweiter Alexander im Westen leicht ein großes Reich erobern zu können, besiegte die Römer aber nur mit großer Anstrengung bei Herakleia (280) und Ausculum (279; „Pyrrhussieg", d. h. ein Sieg mit großen Verlusten). Dann verteidigte er in Sizilien die dortigen Griechen gegen die Karthager. Nach glänzenden Erfolgen scheiterte der Friedensschluß mit Karthago an seinen überspannten Forderungen. Nach seiner Rückkehr nach Italien schlugen ihn die Römer bei Beneventum (275). Er kehrte nach Griechenland zurück und fiel nach wechselvollen Kämpfen. P. kämpfte sein Leben lang mit wechselndem Glück um ein großes Reich, um am Ende als Abenteurer zu sterben. – P. schrieb Memoiren und ein Werk über Taktik; er hatte erstmalig in seinen Kriegen Kampf-Elefanten eingesetzt, die er aus Indien bezogen hatte. – Biographie von Plutarchos.

U. v. Hassel, 1947; P. Lévêque, Paris 1957; P. Garonfalias, Lond. 1979.

Pythagoras, gr. Philosoph, Mathematiker und Physiker, aus Samos, um 570–500 v. Chr., Zeitgenosse des Polykrates, übersiedelte aus unbekannten Gründen nach → Kroton (h. Cotrone) in Unteritalien und gründete dort die verbreitetste Sekte Unteritaliens, die der → Pythagoreer. Das Zentralerlebnis des P. war die elementare Gewalt der Musik, die den Gottesdiensten, aber auch dem philosophischen Denken zugrunde gelegt wurde. Er erkannte die mathematischen Grundlagen der Musik im Verhältnis der Saitenlänge und Tonhöhe: die Tonhöhe ist bei gleicher Spannung umgekehrt proportional der Länge der Saiten. Ferner wurde er der Begründer der wissenschaftlichen Mathematik; auf ihn führt die Tradition den pythagoreischen Lehrsatz zurück. In eigenartigem Gegensatz zu dieser verstandesklaren, wissenschaftlichen Arbeit stand seine sonderbare mystische Spielerei mit Zahlen (→ Zahlenmystik) und der Musik. Jede Zahl von 1 bis 10 sollte eine besondere Eigenschaft des Weltalls darstellen; deren wichtigste, die ersten vier, seien in der hl. Zehnzahl enthalten, die die Harmonie des Kosmos repräsentiere ($1+2+3+4 = 10$). Auch die einfachen Gesetze der Musik wollte P. im Weltall wiederfinden. Die 10 Weltkörper des Fixsternhimmels (Zentralfeuer, 2 Erden, Sonne, Mond, 5 Planeten) sollten sich umeinander drehen und dabei tönen; die Töne sollten sich in ihren Verhältnissen wie die Saiten der Lyra verhalten. Diese wundervolle Sphärenharmonie vernehmen wir nach seiner Ansicht nur nicht, weil unser Ohr abgestumpft ist. Auch die Seelenwanderung (→ Seele) spielte bei P. eine große Rolle; er glaubte in orphischer Weise (→ Orphik) die Menschen ins „Rad der Geburten" gebannt. Außer in Menschen sollten die Seelen auch in Tiere und Pflanzen hinabsteigen, bis sie wieder in den Luftraum zurückkehrten. Daher auch seine Diätvorschriften (→ Orphik; Vegetarismus; das Bohnenverbot ist unerklärt); man soll nicht Tiere verspeisen, da in ihnen die Seele eines Menschen geweilt haben kann. So verband sich bei seiner Lehre streng wissenschaftliche Untersuchung mit eigenartig mystischer Spekulation. – Wieviel von diesen Lehren schon auf P. selbst zurückgeht, läßt sich nicht mehr erkennen; denn die wissenschaftlichen Ergebnisse der Anhänger wurden Eigentum der Sekte, erhielten aber ihre letzte Autorität dadurch, daß sie dem Meister in den Mund gelegt wurden (→ *autos epha*). Schriften hat P. nicht hinterlassen; die ihm in den Mund gelegten sog. „Goldenen Worte" stammen aus dem 4. Jh. n. Chr. – Die Lehre hat bei allen Griechen, nicht nur bei den direkten Anhängern, großen Einfluß gehabt. Mathematik und Seelenwanderung spielten seitdem im philosophischen Denken eine große Rolle; besonders Platon verdankt pythagoreischen Anschauungen viele Anregung. Auch in der Musikwissenschaft und Medizin wirkten die Gedanken des P. und seiner Schule nach. Sogar der Versuch → Polyklets, einen Kanon des menschlichen Körpers zu finden, wird durch P. angeregt sein.

W: I Pitagorici (Fragmente), hg. T. Cardini, Flor. III 1958–64; auch FdV, I; Goldene Worte: ALGr.

L: K. v. Fritz, *Pythagorean politics in Southern Italy,* N. Y. 1940; E. Bindel, P., 1962; K. Kerényi, P. u. Orpheus, [3]1950; W. Burkert, Weisheit u. Wissenschaft, 1962; J. A. Philipp, *P. and Early Pythagoreanism,*

Toronto 1966; C. J. de Vogel, *P. and Early Pythagoreanisme,* 1966. → Mathematik; Seele.

Pythagoreer, die Anhänger des → Pythagoras. Der Sekte gehörten auch Frauen an. Durch besondere Kleidung, besondere Eßsitten und Lebensgewohnheiten hoben sie sich von der übrigen Bevölkerung ab und bildeten fast einen Staat im Staate; auch durch ihren streng sittlichen Lebenswandel fielen sie auf. In ihren Gottesdiensten, mit denen sie die aufgehende Sonne begrüßten, spielte die Musik eine große Rolle. Sie lebten wissenschaftlicher Betätigung; die Ergebnisse wurden meist dem Meister zugeschrieben. Durch ihre exklusive, aristokratisch-konservative politische Einstellung machten sie sich so verhaßt, daß sie (mit Pythagoras selbst?) um 500 v. Chr. in einem Hause beim Gottesdienst eingeschlossen und verbrannt wurden. Seitdem gab es nur noch einzelne P.; seit der 1. Hälfte des 4. Jhs. v. Chr. ist die Sekte erloschen. Erst im 1. Jh. v. Chr. lebte sie im Neupythagoreismus wieder auf. Der Neuplatoniker → Iamblichos v. Chalkis (3./4. Jh. n. Chr.) zeichnete noch einmal die gesamte pythagor. Lehre auf.

W: Iamblichos: Pythagoras (Legende, Lehre, Lebensgestaltung), hg. u. d. M. v. Albrecht, 1963.

L: E. Frank, Platon u. d. sog. Pythagoreer, ²1962.

Pytheas von Massalia (Marseille), griech. Entdeckungsreisender um 325 v. Chr., Erforscher des europäischen Nordens; dieser war vor ihm zwar Handelsschiffern schon lange bekannt (→ England), aber nicht der Wissenschaft. P. kam sicher bis zu den Shetland- und Orkneyinseln (das von P. genannte „Thule" = Island oder Norwegen?) und schrieb ein Buch *Der Ozean.* Dieses ist nicht erhalten, weil man seinen Angaben vielfach nicht glaubte; sie scheinen aber, soweit wir nach den bei anderen Schriftstellern davon überlieferten Resten urteilen können, ganz zuverlässig gewesen zu sein. → Periplus.

W: H. J. Mette, P., (Kl. Texte 173), 1952. – *Ü:* Über d. Weltmeer, D. Stichtenoth, 1959. *L:* R. Güngerich, D. Küstenbeschreibungen in d. gr. Lit., 1950.

Pytheos, berühmter Archtitekt des 4. Jhs.; Erbauer des → Mausoleums von Halikarnass und des ion. Athenatempels in → Priene, der als der kanonische ion. Tempel galt.

Pythia (Erklärung unsicher, Pythios war der Beiname des Apollon, der den Python-Drachen getötet hatte), Apollon-Prophetin beim Orakel in → Delphoi. Nach antiker Tradition befand sich im Tempel ein Erdspalt, dem betäubende Dämpfe entströmten. Darüber stand ein Dreifuß, auf dem die P. saß, wenn sie → Orakel erteilte. Die Dämpfe versetzten sie in eine Art Rausch; in diesem gab sie die Orakel; der neben ihr stehende Priester *(Prophetes)* wiederholte die Anworten in feierlicher Form (Verse?), wodurch sie den Charakter einer offiziellen Verkündigung erhielten. (Der Fragende erhielt die Auskunft bis zum 4. Jh. v. Chr. in Versen.) Antike Darstellungen, z. B. auf Vasen, zeigen die P. auf dem Dreifuß sitzend bei der Orakelerteilung; nach Euripides' *Ion* 513 scheinen die Orakelsuchenden den Dreifuß, also auch die P. auf ihm gesehen zu haben. Der von der antiken Tradition erwähnte

Spalt hat sich bei den französischen Ausgrabungen nicht gefunden.

H. Berve, D. delphische Orakel, 1949; P. Amandry, *La mantique apollinienne à Delphes,* Paris 1950.

Pythia, die Pythien → Nationalspiele.

qu. Die Griechen schrieben in älterer Zeit K vor a, e, i, dagegen ϙ vor o, u, z. B. *ϙΟΡΙΝΘΟΣ (Qorinthos),* und müssen also da einen Unterschied der Aussprache gehört haben. Das ϙ hieß *koppa* und stand im Alphabet zwischen p und r. Die Römer übernahmen es mit schräg eingelegtem statt senkrecht angefügtem Strich: Q und schrieben es mit einem folgenden u, das sie wie w sprachen: *antiquus = antikwus.*

quadriga, das Viergespann. Die 4 Pferde wurden nebeneinander gespannt. Auf Quadrigen fuhren außer den Rennfahrern im Circus bei festlichen Gelegenheiten die Kaiser. Bronzene, oft vergoldete Bilder eines Kaisers auf bronzener (vergoldeter) Qu. standen auf den Triumphbogen (→ Bogen). Vier solcher Bronzepferde sind erhalten, → Hippodrom. Moderne Quadriga z. B. auf dem Brandenburger Tor in Berlin, mit Victoria, von Schadow.

G. Hafner, Viergespanne in Vorderansicht, 1938.

quaestor, die unterste Stufe der röm. → Magistrate, die der → Nobilität vorbehalten waren. Als Q. begann der Sohn der senatorischen Familien nicht vor dem 28. (später dem 31.) Jahr (→ Ämterlaufbahn) seine politische Tätigkeit, deren Ziele das Consulat und der lebenslängliche Senatssitz waren. Ursprünglich *qu. parricidii* („Spürer des Mordes" = Untersuchungsrichter in Mordsachen), waren die Q. später Finanz- u. Archivbeamte in verschiedenen Verwaltungszweigen, besonders im Heer als Vorstand der Kriegskasse; → Offiziere.

quidquid id est, timeo Danaos, et dona ferentes, „was es auch sein mag, ich fürchte die Danaer (= Griechen), selbst dann, wenn sie Geschenke bringen" (Schiller: Die Griechen fürchte ich, und doppelt, wenn sie schenken); Warnungsruf → Laokoons beim Anblick des hölzernen Pferds, Vergil, *Aeneis* II 49. Daher sprichwörtlich → „Danaergeschenk".

Quintilian. Marcus Fabius Quintilianus, ca. 35–95 n. Chr., aus Spanien, wirkte jahrzehntelang in angesehenster Stellung als Lehrer der Beredsamkeit in Rom. Im Alter faßte er seine Erfahrungen in einem Werke über die „Erziehung zum Redner" *(de institutione oratoria)* zusammen, in dem er auf Cicero als den Klassiker der Sprache und des Stils zurückweist und dessen Bildungsideal wieder zur Geltung zu bringen sucht; darüber hinaus ist das Werk auch eine pädagog. Anleitung zur Erziehung, weil es Kindheit und Schulalter einbezog. Die Einzelabschnitte behandeln Stoffmuster und Disposition, Stil, Ausdruck und Vortrag, Bildung und Charakter eines guten Redners. Besonders interessant ist das 10. Buch mit einer feinabgewogenen kritischen Würdigung der röm. Literatur, soweit sie für die Lektüre des künftigen Redners in Betracht kommt. Als typischer Klassizist neigte Q. verständlicherweise etwas einseitig zur Überbewertung formaler Gesichtspunkte und war auf sein Stilvorbild Cicero „festgelegt", aber er erreichte doch eigenen Rang und galt seinerseits selbst als Stilmuster für Spätere. Der Originaltext wurde von Poggio entdeckt und von den Humanisten (Erasmus, auch Luther) gründlich studiert. (→ Ciceronianismus).

W: Hg. L. Radermacher, V. Buchheit, II [4–6]1971; H. Rahn, II [2]1988 (mit *Ü*). – *Ü:* C. Bossler, F. Bauer, 1863–64.
L: G. Kennedy, N. Y. 1969; O. Seel, 1977; E. Zundel, Clavis Quintilianea, 1989.

Quintus Smyrnaeus (d. h. aus Smyrna), gr. Dichter wahrscheinlich des 4. Jh. n. Chr., schrieb ein → Epos in 14 Büchern als Fortsetzung von Homers Ilias (daher gern als *Posthomerica* bezeichnet; er schloß damit auch die stoffliche Lücke bis zur Odyssee): Die Ereignisse um Penthesileia und Memnon, Achilleus' Tod, Einnahme Troias und Rückkehr der Griechen. P. benutzte dafür mythograph. Handbücher.
W: Hg. A. Zimmermann, 1891; F. Vian, Paris III 1963–69 (mit franz. *Ü*). – *Ü:* J. J. Donner, 1866–67.

Quirinalis *(mons),* einer der → 7 Hügel Roms, → Quirinus; heute mit dem kgl. Palaste; auch Monte Cavallo = Pferdeberg genannt; dort stehen seit 1589 zwei 5,6 m hohe Rossebändiger, einst vor den Thermen des Constantinus, die ebenfalls auf dem Q. lagen, inschriftlich als *opus Fidiae, o. Praxitelis* bezeichnet. Sie sind gute Kopien der sich an klassischen Vorbildern orientierenden Kunstrichtung der Mitte des 4. Jhs. n. Chr. Die Deutung der Künstlernamen ist zweifelhaft.

Quirinus, ursprüngl. Ortsgottheit des Quirinal und der auf ihm siedelnden Gemeinde. Q. war eine kriegerische Gottheit. Nach dem Zusammenschluß der Gemeinden auf dem → Quirinalis und dem → Palatinus (→ Rom) verlor der Gott seine Bedeutung (→ Mars). Später wurde er mit → Romulus identifiziert.
G. Dumézil, *Jupiter, Mars, Q.,* Paris 1941.

quirites, Bezeichnung des röm. Volks. Der Name hängt wohl mit → Quirinus zusammen; andre Erklärungen des Worts sind unsicherer. In der Zeit Caesars u. Ciceros war qu. der Ehrentitel der röm. Bürger in der Volksversammlung.

quot homines, tot sententiae, „wie viel (Menschen =) Köpfe, so viel Sinne" (Terenz, *Phormio* 454). In gleicher Bedeutung: *quot capita, tot sensus.*

quo usque tandem. . . , „wie lange noch . . . ?", Beginn von Ciceros 1. *Rede gegen Catilina,* wo er ihn entrüstet anfährt: Catilina! Wie lange willst du denn eigentlich noch unsre Geduld mißbrauchen?

quo vadis? (lat.). Als nach der Legende der Apostel Petrus, vor dem Martertode aus Rom fliehend, auf der Via Appia Christus traf, soll er ihn gefragt haben: *„Domine, quo vadis?* (Herr, wohin gehst du?). Auf die Antwort *„venio Romam iterum crucifigi"* (ich komme nach Rom, um ein zweites Mal gekreuzigt zu werden) kehrte Petrus beschämt um und erlitt bald darauf sein Martyrium. An der Stelle der Begegnung steht heute die kleine Kirche *Domine quo vadis*. Vgl. den Roman v. H. Sienkiewicz, *Quo vadis?*

Radioaktivität steht heute auch im Dienste der → Archäologie u. Geschichtswissenschaft. Nach neueren Forschungen ist der in den Geweben der Pflanzen vorhandene Kohlenstoff teilweise radioaktiv. Die Radioaktivität dieses Kohlenstoffes (C 14) verringert sich mit der Zeit; mit Hilfe dieser sog. Zerfallszeit kann man bei Holz und anderen pflanzlichen Resten, auch Knochen aus früheren Zeiten, Altersbestimmungen bis zu einem Zeitraum von 40000 Jahren vornehmen. Radiographie ist auch sonst nützlich: Röntgenaufnahmen u. Elektronenradiographie zur Materialprüfung, Computertomographie für Särge u. Mumien, Radarmessungen bei der Erkundung von Fundplätzen.

A. Ducrocq, Atomwissenschaft u. Urgeschichte, d. 1957; F. Zeuner, *Dating the Past,* London [4]1962; W. F. Libby, Altersbestimmung mit der C 14-Methode, d. 1968.

Raetien, Alpenlandschaft (Zentral-A. und südl. A.-Täler), röm. Provinz seit der Eroberung durch Drusus und Tiberius im Jahre 15 v. Chr., mit dem ganzen Alpenvorland zusammen von einem kaiserl. Prokurator verwaltet: Bregenz, Kempten, → Regensburg; Legionslager in Augsburg (Augusta Vindelicorum). Die heutigen Bewohner der südl. Alpentäler bewahren noch eine dem Lateinischen sehr nahe Sprache: Rätoromanisch (dabei auch Ladinisch als Landschaftsdialekt) ist durch Volksabstimmung zur 4. Landessprache der Schweiz geworden.

R. Heuberger, R. im Altert. u. Früh-MA., 1932, neu 1972; L. Voit, *Raetia Latina* (Textauswahl), 1959; G. Gottlieb, Das röm. Augsburg, [2]1985; Kulturkommission Arge Alp (Hg.), Die Räter, 1992.

Rätsel, bei den Griechen *(ainigma)* seit alter Zeit beliebt, nicht nur als Wettspiel in Gesellschaft beim → Symposion, sondern auch als „Denksport“ in ernsterer Form zur Schulung in der → Dialektik. Früh auch schon in der Literatur: Das R., das die Sphinx dem → Oidipus stellte; die R.-Fragen im Wettkampf zwischen Homer und Hesiod. R.-Sammlungen bildeten einen Literatur-Nebenzweig (Plutarchos, Athenaios). Das R. wurde auch von den Römern aus Griechenland übernommen *(aenigma);* daher noch jetzt in den roman. Sprachen griech. benannt (ital. *enimma,* franz. *énigme*). Das R.-Buch des Symphosius zählt zu den späten Werken der röm. Literatur im 5. Jh. n. Chr.

K. Ohlert, R. u. Gesellschaftsspiele d. alten Griechen, [2]1912, neu 1979.

Rahmenerzählung, ein antikes, oft kunstvoll verwendetes Mittel der Schriftsteller, um Spannung zu erzielen. Sie schachteln zwei Geschichten ineinander. Diese Erzählertechnik scheint in Ionien ausgebildet (oder aus dem Orient übernommen) zu sein, wo das Epos und die prosaische Märchenerzählung blühten. Schon Homer verwendet in der *Odyssee*

(→ Homer. Dichtung 2) die R., um die Hörer nicht durch ein Hintereinander von Abenteuern zu ermüden. Bewußt nachgeahmt wurde das Kunstmittel von Vergil in seiner *Aeneis*. Bei deren Beginn ist Aeneas auf seiner Fahrt von Troia nach Italien schon bis Sizilien gekommen und wird von da nach Karthago verschlagen; dort erzählt er Dido den Fall Troias und seine Irrfahrten bis zur Ankunft in Karthago. Weitere Beispiele: im Roman (Apuleius); im Orient *(1001 Nacht)*.

Rasieren → Barttracht; Haartracht. – Rasiermesser hat Schliemann schon in Troia gefunden. Oft sind antike R. halbmondförmig, mit der Schneide an der größeren gewölbten Außenseite. – Unsere Redensart „auf des Messers Schneide" ist antik (Homer, *Ilias* X 173; Theogn. 557) und meint ein R.

Rat, gr. *bule*. Der älteste R. in Athen war ein R. aus ehemaligen Beamten; → Areopag. Dieser wurde 508 v. Chr. von → Kleisthenes durch den R. der 500 ersetzt, einen aus der Gesamtzahl der Bürger ausgelosten R. (50 aus jeder Phyle). Er hatte die Beschlüsse der Volksversammlung vorzuberaten; doch konnten seine Anträge in der Volkversammlung umgestaltet werden. Durch die → Prytanen führte der R. die laufenden Geschäfte. Nur vorübergehend, infolge der Revolutionen von 411 und 404–403 v. Chr., trat an seine Stelle der R. der 400, der sich durch Zuwahl ergänzte. – Heute heißt *b.* das Parlament in Athen. – → Rathaus; Spartas Verfassung; Senat.

P. J. Rhodes, *The Athenian Boule*, Oxf. 1972.

Rathaus hieß gr. *prytaneion* nach den dort amtierenden → Prytanen, oder *buleuterion* nach dem dort tagenden → Rat. Dort stand der Staatsherd (in Athen im benachbarten älteren Rundbau, der sog. Tholos). Über Speisung im *pr.* → Prytanen. – R. in Rom, → *curia*. Dort fehlte die Staatsküche (→ Vesta).

F. Krischen u. a., Antike Rathäuser, 1941.

Raub der Sabinerinnen, Sage aus der röm. Urzeit. Da es im ältesten Rom an Frauen fehlte, ließ Romulus bei einem Festspiel die als Gäste anwesenden S. rauben. Als das Sabinerheer zur Rache heranzog, trennten die Frauen unter Führung der Gemahlin des Romulus die Kämpfer und söhnten sie aus. Seitdem regierte Romulus zusammen mit dem Sabinerkönig Titus Tatius. Wiedergabe der Sage bei Livius I, 9.

Rauchen → Pfeifen.

Ravenna, Stadt einst am adriatischen Meere, jetzt durch Verschiebung der Küste nach Osten nicht mehr an dieser gelegen. In der röm. Kaiserzeit einer der Hauptkriegshäfen (→ Flotte), besondere Blüte seit 404 n. Chr. als Residenz des Honorius, dann des → Theoderich. Starke Beeinflussung durch byzantinische Kultur, besonders byz. Kunst. Weltbekannt durch die byz. Mosaiken mit Darstellungen aus dem Leben Iustinians und Theodoras in der Kirche San Vitale; andere in San Apollinare Nuovo.

M. Langewiesche, R., Die Stadt der Völkerwanderung, 1964; G. Bovini, Die Kirchen von R., d. ^{2}1965; ders., Die Mosaiken von R., d. ^{4}1972; F. W. Deichmann, R., Hauptstadt des spätantiken Abendlandes, II 1969–74.

Rea Silvia, Mutter des → Romulus, wurde, weil sie das Eheverbot der Vestalen übertreten hatte, zum Tode verurteilt, jedoch gerettet und vermählte sich mit dem Flußgott Tiber. → Amulius. – Namensform auch *Rhea S.*

Rechenbrett. Als Rechenmaschine verwandte man ein R., eine steinerne Tafel mit den Einern, Zehnern usw. des → Dezimalsystems in Reihen, wodurch man sich Addieren und Multiplizieren erleichterte. Statt der antiken Namen des R., gr. *abax, abakion* wurde im Mittelalter für das R. und den Raum, in dem es stand, lat. *computatorium* üblich. Daraus wurde franz. *comptoir,* im Deutschen Kontor. → *abacus;* Kaufmann; Scheck.

F. Kretzschmer, Technik u. Handwerk im Imp. Rom., 1958.

Recht. Die besonderen Verhältnisse in Griechenland, wo auf verhältnismäßig engem Raum viele Menschen wohnten, bedingten, daß sich in den Stadtstaaten früh Rechtsnormen herausbildeten, die für das Verhalten der Bürger bei bestimmten Gelegenheiten feste Grundsätze aufstellten (dagegen → Naturrecht). Dieses Gewohnheitsr. war natürlich je nach der Regierungsform verschieden, denn es war auf die Interessen der regierenden Schicht zugeschnitten und leitete seine Hauptgrundsätze aus den staatlichen und gesellschaftlichen Anschauungen der führenden Klasse her. Daher änderte sich bei Verfassungsänderungen nicht nur das Staats-, sondern auch das Privatr. Das älteste gr. R. war offenbar aristokratisch-oligarchisch, denn der Adel hat überall, soweit wir sehen, die staatliche Organisation und Konzentration durchgeführt. Bei ihrem wirtschaftlichen Erstarken erzwangen besonders in den Handelsstädten die unteren Schichten zuerst die schriftliche Fixierung des R. Das geschah in vielen Staaten Griechenlands durch Aisymneten oder Gesetzgeber im Laufe des 7. Jh. Da dies R. auf der starken Autorität des Staates aufgebaut war, der durch seine Organe die Macht des Staates gegen die Bürger durchsetzen sollte, empfand man es z. B. in Athen später als hart und sagte, die Gesetze des → Drakon seien mit Blut geschrieben. Mit der wachsenden Bedeutung der demokratisch gesinnten Schichten und der Demokratisierung der Verfassung gewann besonders in Athen, dessen Verhältnisse wir am besten kennen, die demokratische Lebensform auch Einfluß auf das R.leben. Durch Kleisthenes, besonders aber durch Perikles wurde das athenische R. entschlossen im Sinne der Demokratie umgestaltet und der Einfluß der früheren aristokratischen Rechtseinrichtungen zurückgedrängt. Ganz beseitigt wurden sie freilich nie. Den gleichen engen Zusammenhang zwischen Verfassung und Rechtsleben können wir auch in den anderen Staaten erkennen, so daß in Gr. eine bunte Fülle von verschiedenen Rechtsnormen bestand, die in entscheidenden Punkten voneinander abwichen. Diese Verfassungen, die die Grundgesetze enthielten und die allgemeine Richtung der Staatsfunktionen angaben, wurden in der Öffentlichkeit aufgestellt, so daß jeder Bürger sich jederzeit orientieren konnte (die Solonische auf Pfeilern). Durch die gesetzgebenden Körperschaften wurden im Laufe der Zeit Ausführungsbestimmungen oder Ergänzungen hinzugefügt, die entweder als Gesetze oder als einfache Volksbeschlüsse bezeichnet und oft ebenfalls auf Stein öffentlich aufgestellt wurden. Eigenartigerweise hat sich der Grieche, der sonst für theoretisch-wissenschaftliche Vertiefung des Lebens so viel Sinn hatte, für das R. nur in der Praxis interessiert und eine R.wissenschaft nicht entwickelt. Daher ist auch die Überlieferung des gr. R. sehr mangelhaft.

Die Römer, das größte rechtbildende Volk der Welt, haben ihr R. aus einem engbegrenzten nationalen Bürgerrecht *(ius civile)* zu einem kosmopolitischen Menschenrecht *(ius gentium)* ausgestaltet, die Rechtsbegriffe auf den klarsten Ausdruck gebracht und schließlich dem Ganzen auch literarisch einen glänzenden Abschluß gegeben; so wurde Rom zur „stolzen Gesetzgeberin aller Nationen" (Herder). Die Gesetzgebung wurde zunächst vom Volke und seinen erwählten Beamten ausgeübt; später war sie Vorrecht der Kaiser. Das älteste röm. R., ein mit religiösen Elementen durchsetztes, von den Priestern bewahrtes Gewohnheitsrecht, beruhte auf rigorosem Formalismus, war starr dem Vorbild der röm. Familie nachgebildet und auf die kleine Gemeinde der Bürger zugeschnitten. Dieses Gewohnheitsrecht wurde um 450 v. Chr. durch schriftliche Fixierung (im → Zwölftafelgesetz) der Willkür des rechtsprechenden Magistrats entzogen. Wachsender Kontakt mit anderen Staaten, wirtschaftliche und politische Beziehungen zu ihnen, später das Wachstum der eigenen Macht und die Entstehung eines Reichsgebietes brachten rechtliche Veränderungen mit sich: Schriftliche Verträge und ihre Verwendung zwischen Bürgern und Fremden treten in den Vordergrund; die Notwendigkeit zwischenstaatlicher Beziehungen, Begegnungen mit Menschen, die einen anderen R.-Status hatten, schließlich die auftauchenden Unterschiede verschiedener R.-Systeme erforderten dauernde Weiterarbeit am R. Dabei ging man stets vom praktischen Fall aus, indem man Einzelentscheidungen zum Vorbild nahm für die Formulierung allgemeingültiger Gesetze. Diese geschichtliche Entwicklung endete im → *corpus iuris*. Drei Mächte waren dabei wirksam: die Amtstätigkeit der Praetoren, die als souveräne Gerichtsherren ein dem fortschreitenden Verkehr und der Billigkeit entsprechendes → „Praetorische Recht" schufen; die röm. → Rechtswissenschaft, die im 2. und 3. Jh. n. Chr. ihre höchsten Triumphe feierte; schließlich die kaiserliche Gesetzgebung, die durch ihre Verfügungen die röm. Rechtsentwicklung vollendete und sie im *corpus iuris* abschließend zusammenfaßte. – Das Rechtsleben dürfte das Gebiet sein, auf dem die modernen Kulturvölker noch am unmittelbarsten unter dem Bann der Römer stehen.

Griechenland: E. Wolf, Gr. Rechtsdenken, IV 1950–70; J. W. Jones, *The Law and Legal Theory of the Greeks,* Oxf. 1956; H. J. Wolf, Beitr. zur Rechtsgesch. Altgriechenlands . . ., 1961; A. R. W. Harrison, *The Law of Athens,* Oxf. 1968; E. Berneker (Hg.), Zur gr. R.-Gesch., 1968; D. M. MacDowell, *The law in classic Athens,* Lond. 1978. – Rom: R. Sohm, Institutionen d. röm. R., hg. L. Wenger, [17]1949; L. Wenger, D. Quellen d. röm. R., 1953. – F. Wieacker, Vom röm. R.,

²1961; ders., R. u. Gesellschaft in d. Spätantike, 1964; P. Koschacker, Europa u. d. röm. R., ⁴1966; F. Bernhoeft, Staat u. Recht d. frühen Königszeit, 1968; M. Kaser, Röm. R.-Gesch., ²1968; R. v. Ihering, Der Geist des röm. R., ⁹⁻¹⁰1968; G. Dulckeit, Röm. R.-Gesch., ⁵1970; B. Schmidlin, Die röm. R.-Regeln, 1970; A. Söllner, Röm. R.-Gesch., 1971; W. Kunkel, Röm. R.-Gesch., ⁸1978; M. Bretone, Gesch. d. röm. R.s, d. 1992; D. Liebs, Röm. R., ⁴1993. → Rechtsprechung; Rechtswissenschaft.

Recht von → Gortyn. Auf Kreta wurde 1884 das berühmte R. v. G. gefunden (ein Teil im Louvre, Paris), eine große Inschrift auf 12 Quadersteinen eines Gebäudes, nach den Buchstabenformen im 5. Jh. v. Chr. niedergeschrieben, inhaltlich gewiß wesentlich älter. Es stellt eine Kodifikation des alten Stadtrechts von G. dar und enthält Bestimmungen über Familien-, Erb-, Vermögensrecht u. a. Dies steinerne Gesetzbuch ist ein höchst wertvolles Dokument für die frühe Ausbildung von R. und Rechtspflege in Griechenland. – Die Art seiner Aufzeichnung auf einer Steinwand erscheint uns zunächst primitiv. Aber sie war recht praktisch; so war das geltende R. jedem zugänglich. Für die Geschichte der Volksbildung ist diese (kostspielige) Art der Niederschrift deswegen lehrreich, weil sie voraussetzt, daß wenigstens der größere Teil der Bürger lesen konnte → Zwölftafelgesetz.

WÜ: J. Kohler, E. Ziebarth, D. Stadtrecht v. G., 1912; hg. u. komm. R. F. Willetts, Berlin 1967 (mit engl. *Ü*).

Rechtsanwälte in unserem Sinne gab es in Griechenland, besonders in Athen nicht; jeder Bürger war verpflichtet, seine Sache vor Gericht selbst zu führen. Bei der weiten Verbreitung rhetorischer Bildung waren auch weitere Kreise in der Lage, eine nach Inhalt und Form gute Rede zu halten. Da aber die Richter in ihren Ansprüchen an eine solche verwöhnt waren und oft nicht nach gründlicher Abwägung des Tatbestandes, sondern nach dem äußeren Eindrucke der Rede urteilten (→ Prozeß), war der Sprachgewandte im Vorteil. Die Ungebildeten suchten daher die Hilfe der rhetorisch Geschulten und ließen sich von ihnen die Reden schreiben, die sie auswendig lernten (→ Logographen). Im prozeßlustigen Athen kam jeder Bürger leicht in die Verlegenheit, vor Gericht erscheinen zu müssen. Daher machten sich geschickte Männer, besonders Nichtbürger (Metöken; → Lysias), die als solche die angesehenere Staatslaufbahn nicht einschlagen konnten, aus dem Redenschreiben für den Zivilprozeß einen einträglichen Beruf. Die Kosten waren hoch (bis 20% des Prozeßwertes). Da diese R. gegebenenfalls auch den Prozeßgegnern die Rede schrieben, waren sie in Athen wenig geachtet; das Wort für R., → Logograph, war ein Schimpfwort. Der R. selbst nannte sich *rhetor,* was einfach „Redner" bedeutet. In Staatsprozessen und in politisch wichtigen Zivilprozessen traten die Politiker als Advokaten auf. – Auch in Rom gab es keine eigentlichen R., sondern die jungen Patrizier, die die Ämterlaufbahn einschlagen wollten, übernahmen gern die Verteidigung von → Clienten oder Freunden, um sich dadurch für ihre spätere Laufbahn Anhänger zu schaffen. In großen Prozessen traten ebenfalls die Politiker auf; besonders Cicero.

F. Wieacker, Cicero als Advokat, 1965; H. J. Wolf, Demosthenes als Advokat, 1968. – → Rechtsprechung.

Rechtsprechung (Verfahrensrecht). Über die griechische R. sind wir nur mangelhaft unterrichtet. Am besten kennen wir sie aus Athen, wo sie offenbar auch am vollkommensten von allen gr. Staaten durchgebildet war. Hier lassen sich zwei einander durchkreuzende entgegengesetzte Tendenzen der R. beobachten. Der älteren aristokratischen Zeit gehört das Streben an, durch Stärkung der Macht des Beamten und durch Schaffung des Areopags als eines überzeitlichen, von den Zufälligkeiten der Einzelpersönlichkeiten unabhängigen, staatlichen Kontrollorgans einen autoritären Staat zu schaffen. In dieser Zeit lassen sich auch die Ansätze zu einer Strafjustiz feststellen. Besonders der → Areopag, der aus den verdientesten und bewährtesten ehemaligen Beamten zusammengesetzt war, erweiterte seine Kompetenzen in dieser Richtung. Er hatte nicht nur die Aufgabe, die Gesetze zu wahren, sondern vereinigte nach Aristoteles in sich die gesamte Strafgewalt. Noch durch Solon erhielt er das Recht, Gesetzesübertretungen (zum mindesten bei Beamten) mit Geldstrafen zu ahnden, ohne den Grund der Bestrafung anzugeben. Weiter überwachte er das Erwerbsleben der Bürger und konnte gegen Arbeitsscheue vorgehen. Auch nach der Schlacht von Salamis führte er noch 17 Jahre lang ein straffes Regiment. Diese Ansätze zu einer Strafjustiz wurden aber durch die fortschreitende Demokratisierung, vor allem durch die Reformen des Ephialtes (→ Perikles) zerstört, der die R. im allgemeinen auf den Rat, die Volksversammlung und vor allem auf die Geschworenengerichte übertrug, dem Areopag nur die Blutgerichte ließ und die Rechtskraft seiner Sprüche von der Bestätigung durch die Geschworenen abhängig machte. Auch die richterliche Gewalt der Beamten wurde eingeschränkt. Sie leiteten nur noch als Vorsitzende die Prozesse, die in ihrem Geschäftsbereich anhängig gemacht wurden, hatten aber keinerlei eigene Initiative. Damit wurde das Volk souverän auch in der R. Gleichzeitig beseitigte man die Unterschiede zwischen Straf- und Zivilprozeß und damit den Strafprozeß überhaupt. Es gab nur noch eine Form der Gerichtsverhandlung, die dem Zivilpr. glich. Dagegen unterschied man nach dem Klageobjekt öffentliche und private Klagen. Diese praktische Abschaffung der Strafjustiz durch die Demokratie kam vor allem durch die äußere Form der Gerichtsverhandlung zum Ausdruck. Die Anklage mußten bei Privatklagen die Geschädigten selbst, bei Morden die nächsten Verwandten erheben, bei öffentlichen war jeder Bürger als gewissermaßen Mitgeschädigter dazu berechtigt. Sehr häufig (bei Privatklagen wohl immer) trat zunächst ein Schiedsrichter auf; sogar bei Mord konnte sich der Täter durch Versöhnung mit den Anverwandten der Strafverfolgung entziehen. Erst wenn eine Einigung nicht zustande kam, trat das Geschworenengericht als eine Art Berufungsinstanz zusammen. Gegen sein Urteil war eine weitere Berufung nicht möglich. Auch die Geschworenen (die Heliasten, seit Solon; → Prozeß) urteilten bald in privaten, bald in öffentlichen Prozessen, je nach dem Auftrag, den sie am Morgen erhielten. Nur der leitende Beamte als Vorsitzender und der Ort der Verhandlung wechselten. Die Verhandlung selbst hieß *Agon,* war also ein Wettkampf, bei dem die Parteien die Richter mit allen Mitteln, selbst sehr bedenklichen, für sich zu gewinnen suchten. Das Suchen nach der absoluten Wahrheit des Tatbestandes trat für unser Rechtsgefühl eigentümlich stark zurück. Auch die Geschworenen fühlten sich im Grunde nicht als Richter in unserem Sinne, sondern als Schiedsrichter, die einem interessanten Wettkampf zusahen. Das zeigte besonders die Art der Urteilsfindung. Der Strafantrag hieß *Timema,* Schätzung (d. h. des entstandenen Schadens). Er wurde, auch im öffentlichen Prozeß, nicht nur vom Kläger, sondern ebenso vom Angeklagten eingebracht. Das Gericht hatte nur die Wahl zwischen diesen beiden Vorschlägen und konnte nicht von sich aus einen anderen Spruch fällen. Die Strafe war entweder, wie meist in öffentlichen Prozessen, durch Gesetz vorgeschrieben, oder sie wurde zwischen den Parteien ausgehandelt. Oft bestand sie in Geldbuße, die in Privatsachen ganz dem Kläger zufiel, in öffentlichen Prozessen war häufig die Todesstrafe vorgesehen, die der Kläger dann beantragte. Auch in diesem Falle stellte der Angeklagte seinen Gegenantrag (Sokrates beantragte Speisung im Prytaneion). Doch wurde den Verurteilten oft die Möglichkeit zu freiwilliger Verbannung gegeben. Bei der Art der Urteilsfindung u. Bestrafung zeigt sich der Unterschied zwischen antiker und moderner Prozeßauffassung am deutlichsten. Man sah aber in der schiedsrichterlichen Tätigkeit der Zivilprozesse und nicht im Strafen die Hauptaufgabe der Gerichte und betrachtete die gesamte Rechtsprechung vom Standpunkt der Parteien (daher *Agon*) und nicht vom Richter aus. Aus diesem Grunde hat sich auch in Athen keine Rechtswissenschaft entwickeln können, und es gab keine großen Richter, wohl aber zahlreiche, geschickte Sachwalter (→ Rechtsanwälte), die es mit großer Kunst verstanden, die Interessen ihrer Mandanten im *Agon* der Parteien zu vertreten. In den übrigen gr. Staaten herrschte die gleiche Einschätzung des Richters als des Schiedsrichters der streitenden Parteien vor, doch war die Systematisierung der Rechtspflege nicht in der gleichen Weise ausgebildet. Hier mußten häufig Sondergerichte berufen werden, und es kam nicht selten vor, daß nicht nur für öffentliche Streitfälle, sondern auch zur Schlichtung und Aburteilung zivilrechtlicher Streitigkeiten einzelne Bürger aus anderen Staaten als Richter erbeten werden mußten.

In Rom war im Gegensatz zu einem großen Teil Griechenlands der Gedanke des autoritativen Staates von Anfang an stark entwickelt. Wie in der Familie der *pater familias,* besaßen im Staate die Beamten *cum imperio* nicht nur eine große Machtbefugnis, sondern auch eine ausgedehnte Strafgewalt. Daher spielte der Strafgedanke in der röm. Republik eine große Rolle, und schon früh war die Trennung in Kriminal- und Zivilsachen scharf durchgeführt. Auch der Gedanke der gerechten Strafe und die genaue Feststellung des wirklichen Tatbestandes traten in den Mittelpunkt der Untersuchung. Unter diesem Zwang entstand das materielle römische → Recht und die römische → Rechtswissenschaft.

Im Strafrecht lassen sich gewisse Entwicklungsphasen recht gut unterscheiden: Auf die älteste Periode, vom Prinzip privater Rache bestimmt, folgte der Grundsatz öffentlicher Schlichtung zwischen dem Beleidigten und dem Beleidiger. Beide Perioden stehen im Zwölftafelgesetz noch nebeneinander: Das Recht persönlicher Rache und die von der Gemeinde oder deren Vertreter verhängte Buße. Schließlich reißt der Staat die Behandlung nicht nur der Vergehen gegen die Allgemeinheit an sich, sondern auch der Verletzung privater Interessen und privaten Eigentums. Staatliche Intervention wurde allmählich zur Regel. – In Strafprozessen stand in ältesten Zeiten die R. dem höchsten Beamten *cum imperio* zu. Doch hatte er volle Strafgewalt nur im Kriege, in der Stadt allein bei Belagerungszustand. Sonst war sein Strafrecht durch die Berufung an das Volk (→ *provocatio*) beschränkt (durch die *lex Valeria* vom Jahre 300 v. Chr.). Seit Mitte des 2. Jhs. v. Chr. (zuerst 149) wurde diese Gerichtsbarkeit der Magistrate und Volksversammlungen durch stehende Geschworenengerichte *(quaestiones perpetuae)* ersetzt. Sie bestanden zuerst aus Senatoren, von 122–80 v. Chr. aus Rittern, seit 70 v. Chr. aus Senatoren und Rittern. Für jeden Prozeß wurden nach den Gesetzen Sullas aus einer vom Praetor am Anfang seines Amtsjahres aufgestellten Liste *(album iudicum)* 30–40 bestimmt. Die Geschworenen waren also angesehene und rechtskundige Bürger, nicht, wie in Athen, durchs Los bestimmte Männer aus dem ganzen Volk. Den Parteien stand ein gewisses Ablehnungsrecht zu. Unter dem Vorsitz eines → Praetors sprachen die G. Recht in allen Kapitalprozessen, vor allem bei Mord und politischen Verbrechen (*de repetundis,* Erpressung in den Provinzen, *de ambitu,* Amtserschleichung, *de peculatu,* Unterschlagung öffentlicher Gelder, *De maiestate,* Staatshoheit, *de falso,* Betrug, *de vi,* Gewalt). Auch in Rom kannte man kein amtliches Eingreifen des Staates bei Verbrechen. Selbst schwere Verbrechen wurden nur bei Anklage verfolgt, zu deren Erhebung jeder Bürger das Recht hatte; im Interesse der Gesamtheit übte man, wie in Athen, dieses Recht auch aus. Die Verhandlung fand öffentlich auf dem Marktplatz statt. Dem Angeklagten standen *patroni* (→ Rechtsanwälte) als Verteidiger zur Seite. Abgestimmt wurde mit Täfelchen (→ *non liquet*). Erkannt wurde bei Bürgern häufig auf Geldstrafen. Bei Verurteilung zum Tode wurde dem Verbrecher meist Gelegenheit gegeben, freiwillig in die Verbannung zu gehen. Eine endgültige Regelung des Verfahrensrechts, die auch für die Kaiserzeit in Geltung blieb, erfolgte durch die *leges Iuliae iudiciorum publicorum et privatorum* des Kaisers Augustus vom Jahre 17

v. Chr., bis Kaiser Marcus Aurelius diese R. den Praetoren nahm. Schon vorher stand dem Kaiser das Recht zu, jeden Prozeß durch seinen Spruch zu entscheiden, auch konnte er ein gesprochenes Urteil abändern. An die Stelle der *provocatio ad populum* trat die Berufung an den Kaiser, doch mußte der betreffende Bürger seine Sache persönlich in Rom führen (Apostel Paulus).

Die Zivilgerichtsbarkeit lag zuerst in den Händen des Consuls, seit 367 v. Chr. bei den → Praetoren, die also in späterer Zeit „die Herren über die gesamte Gerichtsbarkeit in Rom" waren. Anfangs saß der Praetor *pro tribunali* auf seiner *sella curulis* und hielt Sitzung, die nur an bestimmten Tagen stattfinden durfte (*dies fasti,* Spruchtage). Die eigentliche Urteilsfindung war nicht seine Sache, sie oblag einem Geschworenen *(iudex* oder *arbiter),* über den sich die Parteien einigten und der den Streit schlichtete. Seit der Mitte des 2. Jhs. v. Chr. trat an die Stelle einer solchen *legis actio* der sog. Formularprozeß. Hier wurde dem Richter (oder mehreren Geschworenen) vom Praetor die Klage zugestellt mit einer schriftlichen Anweisung *(formula),* die den Gegenstand des Streites enthielt, aber auch die Grundsätze, nach denen er entschieden werden müsse: Die schriftliche Formel der Behörde ersetzte von nun an den Spruch des eingesetzten Richters. Diokletian schaffte diese Geschworenen ab, übertrug die Gerichtsbarkeit in Rom vom Praetor auf den Stadtpräfekten, in den Provinzen auf die praefecti praetorio und *vicarii.* Seitdem ging die R. immer mehr an die juristisch geschulten oder mit juristischen Beisitzern versehenen Magistrate über, und das Richteramt wurde zu einer Staatsbehörde, die der Kaiser berief. Die Parteien hatten keinen Einfluß auf ihre Wahl. So lief die Entwicklung des röm. Rechts also hinaus auf „übergroße Freiheit des Richters gegenüber den Parteien und große Abhängigkeit des Richters von oben infolge der spätröm. Kabinettjustiz" (Leonhard); die demokratischen Einrichtungen der R. verschwanden allmählich. – → *corpus iuris.*

W: De Romanorum iure – Röm. Privatrecht, hg. u. d. E. Scharr, 1960.

L: Th. Mommsen, Röm. Strafrecht, 1899, neu 1955; J. H. Lipsius, D. attische Recht u. Rechtsverfahren, 1905–15; H. Weber, Att. Prozeßrecht, 1908; E. Weiss, Griech. Privatr., 1923; P. Jörs, W. Kunkel, L. Wenger, Röm. Privatrecht, ^{3}1949; H. Krause, Kaiserrecht u. Rezeption, 1952; E. Rabel, Grundzüge d. röm. Privatrechts, ^{2}1955; J. Bleicken, Senatsgericht u. Kaisergericht, 1962; E. Seidl, Röm. Privatrecht, 1963; M. Kaser, Das röm. Privatr., II ^{2}1971–75. → Recht.

Rechtswissenschaft. Rechtsgelehrte, denen die Pflege des Rechts innere Lebensaufgabe war und die im Sinne der römischen Jurisprudenz aus den einzelnen Rechtsfällen allgemeingültige Normen entwickelten und ein System des juristischen Denkens aufstellten, hat es im antiken Griechenland nie gegeben. Philosophische Erörterungen über das Recht, besonders das Staatsrecht, die seit der Sophistenzeit üblich wurden und in den Staatslehren von Platon, Aristoteles u. a. vorliegen, sind wohl wertvolle theoretische Leistungen, aber noch keine positive R. – Die Römer waren durch ihren nüchternen, praktischen Verstand und ihre logische Begabung wie kein zweites Volk für die R.

geeignet. Schon früh übte sich ihr juristischer Scharfsinn an der Auslegung und Weiterbildung des → Zwölftafelgesetzes; seitdem im 3. Jh. v. Chr. die Archive öffentlich zugängig waren, erteilten erfahrene Männer öffentliche Rechtsbescheide *(responsa);* durch solche Gutachten wurde die Rechtskenntnis immer mehr Bestandteil der nationalen Bildung; um 100 v. Chr. schrieb Mucius Scaevola ein grundlegendes Werk über das bürgerliche Recht, in dem zum ersten Male das Recht systematisch behandelt und damit eine eigentliche R. begründet wurde. Die Kaiser haben vor allem durch ihre Tätigkeit auf dem Gebiet der Verwaltung und Rechtsprechung die R. sehr gefördert: Die angesehensten Juristen der augusteischen Zeit waren Marcus Antistius Labeo und Gaius Ateius Capito; der wissenschaftliche Gegensatz dieser beiden setzte sich in ihren Schülern Sabinus (unter Tiberius) und Proculus (unter Nero) fort und führte zur Gründung der ersten fest organisierten Rechtsschulen der Sabinianer und Proculianer, deren Kampf erst durch die Klassiker des 2. Jhs. n. Chr. überwunden wurde. Die Blüte der römischen R. lag in dem Jahrhundert von etwa 120–230; nach → Salvius Iulianus, der das prätorische Recht endgültig sammelte und redigierte, und nach → Gaius, dessen Institutiones vorbildlich für alle künftigen jurist. Lehrbücher wurden, folgte als berühmtester röm. Jurist Papinianus (um 200) und seine beiden Schüler → Ulpianus und → Iulius Paulus, die, von der Praxis ausgehend, aus zahllosen einzelnen Fällen allgemeingültige Rechtsbegriffe und feste Normen ableiteten. Aufgabe der folgenden Jahrhunderte blieb die Sammlung und Bearbeitung des gewaltigen Stoffes. In späteren Zeiten lag das Schwergewicht jurist. Forschung in der östl. Reichshälfte, z. B. an den Schulen von Beirut und Konstantinopel, wo es z. T. schon geordnete Studiengänge mit Prüfungen und Berufsapprobation gab. Dagegen existierte im Westen des Reiches eine solche durchlaufende Schultradition nicht; hier galten die von verschiedenen german. Stämmen geschaffenen Rechtskodifikationen (die der Westgoten, Burgunder, Langobarden), an die Stelle des klass. Kunstrechts trat das sog. Vulgarrecht, also eine Abkehr von der Fachwissenschaft und ein Absinken der jurist. Bildung auf eine scheinbar zeitgemäße Rechtspraxis. Um so überraschender erscheint der neue Aufschwung der R., der in Italien im 11. Jh. eintrat, ausgelöst durch die Wiederentdeckung der lange verschollenen Digesten; Rechtsschulen blühten jetzt auch im Westen auf, so in Bologna, Ravenna, Pavia, aber auch in Autun, Coimbra (→ Universitäten). Über die sog. Rezeption: → *corpus iuris.* – Von den Werken der klass. Juristen sind außer zahlreichen im *c. i.* aufgenommenen Exzerpten besonders Gaius' Institutionen und Bruchstücke aus Paulus und Ulpianus erhalten.

W: Iurisprudentiae anteiustinianae reliquiae, hg. P. E. Huschke, E. Seckel, B. Kübler, III [6]1908–1927; *Fontes iuris Romani antiqui,* hg. C. G. Bruns, [7]1909, neu 1958; *Textes de droit Romaine,* hg. P. F. Girard, Paris [7]1967; *Fontes iuris Romani,* hg. S. Riccobono u. a., Flor. III [2]1940–43; *Palingenesia Iuris civilis* (Fragment-Sammlung), hg. O. Lenel, II 1887–89, neu 1962; *Leges publicae populi Romani,* hg. G. Rotondi, Mail. 1912, neu Hildesh. 1962.

L: A. Pernice, M. Antistius Labeo, III 1879–1900, neu 1963; O. Lenel, Das Sabinus-System, 1892; E. Costa, *Papiniano,* Bologna IV 1894–99; F. Schulz, Prinzipien des röm. Rechts, 1934, neu 1954; ders., Gesch. der röm. R., d. 1961; L. Wenger, Die Quellen des röm. Rechts, 1953; W. Kunkel, Herkunft u. soziale Stellung der röm. Juristen, ²1967; E. Schrage (Hg.), D. röm. R. im MA., 1987; D. Liebs, Lat. Rechtsregeln u. Rechtssprichwörter (l. u. d.), ⁵1991.

Redekunst → Beredsamkeit; zehn attische Redner.

Rednerbühne, -pult. Man sprach im Altertum von einem erhöhten Platz aus, der im Feld, wenn der Feldherr zu den Truppen sprechen wollte, schnell aus Erde und Rasen hergestellt wurde; aber stets frei, nie hinter einem Rednerpult, auf das man ein Blatt hätte legen können; das hätten die Hörer nie geduldet; nur einzelne röm. Kaiser lasen ihre Reden ab. → Gesten; Pnyx; *rostra.*

Regensburg. Die Umgebung R.s war schon in paläolithischer Zeit bewohnt. Später erbauten die Römer südl. von R., westl. von Kumpfmühl ein Kastell, das vielleicht nach einer nahen keltischen Siedlung, *Radas pona* oder *Ratisbona,* benannt wurde; dieser Name hat sich für das heutige R. in den roman. Sprachen erhalten u. ist als *Ratabuna* sogar bis ins Indische gelangt. Die Markomannen verbrannten das Kastell. Als sie über die Donau zurückgedrängt worden waren, wurde zum besseren Schutz der Grenze von Marcus Aurelius und Commodus 179 n. Chr. ein steinernes Legionslager, das heutige R., erbaut. Die Römer nannten es nach dem Flusse *Reganum,* heute Regen, *Regina Castra;* die Baiuvaren übersetzten den Namen mit *Reganespurc.* R. war bis zum Ende der Römerherrschaft Garnison der legio III. *Italica concors.* Nach dem Jahre 430, also später als andere Römerstätten, fiel es in die Hände der Germanen, der Thüringer und der Alemannen. Diese zerstörten die kampflos preisgegebene Stadt nicht; freilich flohen die wohlhabenderen Einwohner und die Beamten nach Italien, aber röm. Handwerker und Landleute blieben zurück. Dann machten die Baiuvaren R. zum Hauptsitz ihrer Herzöge, der Agilolfinger, die wohl in den damals noch erhaltenen Römerbauten wohnten. Von der Pracht der steinernen Stadt berichtet um 770 begeistert Arbeo im Leben des hl. Emmeram, des Apostels der Bayern. Zwar ist die röm. Stadt später verfallen, doch erkennt man im Plan der Altstadt den Grundriß des Legionslagers unschwer wieder; interessante Funde sind unter dem Niedermünster erhalten.

R. Freytag, Radaspona u. Castra Regina, 1949; L. Schwab, R. 1950; K. Schwarz, Die Ausgrab. im Niedermünster zu R., 1971.

Regulus. Atilius R., Consul im 1. Punischen Krieg, der mit einem röm. Heer nach Afrika übersetzte. Nach anfänglichen Erfolgen wurde er 255 v. Chr. gefangen. Als er wegen Friedensverhandlungen nach Rom geschickt wurde, widerriet er nach der Sage dem Frieden und kehrte nach Karthago zurück. Dort soll er für seine vaterländische Gesinnung aufs grausamste zu Tode gefoltert worden sein. Horaz preist (*Oden* III 5) R. als den vorbildlichen röm. Patrioten.

Reim. Auf die Wirkung des R. hat zuerst → Gorgias hingewiesen, der ihn als Klangmittel in der → Kunstprosa benutzte; in der

Poesie, etwa zur Versgliederung, spielt er aber im Altertum gar keine Rolle; erst die christl. Hymnendichtung bedient sich der Binnen- und Endreime.

Reisehandbücher. Die ältesten gr. Prosawerke, mit dem Titel *Periegesis* = Landreise oder *Periplus* = Seereise (in *peri* liegt der Begriff „Rundreise“), waren keine eigentlichen R., sondern Reisebeschreibungen. Bei der großen Ausdehnung des → Reisens schon im frühsten Altertum ist es verwunderlich, daß wirkliche R. erst spät erscheinen und daß im Gr. ein eigentliches Wort dafür fehlt; lat. *itinerarium* = Wegebuch (zu *iter* = Weg). Die antiken R. sind für unsere Kenntnis der antiken Geographie außerordentlich wertvoll. Das für uns wichtigste R. ist das des → Pausanias. Aus gleicher Zeit, dem 2. Jh. n. Chr., stammt die einzige erhaltene Karte eines antiken R., die *Tabula Peutingeriana* (→ Landkarten). Das *Itinerarium Antonini Augusti* aus der Zeit des Kaisers Caracalla und etwa um 300 n. Chr. neu bearbeitet, ein fast vollständiges Verzeichnis der Straßen und Schiffahrtslinien des römischen Reichs, ist eine Art antikes Reichskursbuch. In vieler Beziehung lehrreich sind Beschreibungen von Pilgerfahrten der Christen, so das *Itinerarium Burdigalense* (oder *Hierosolymitanum*), das eine solche Reise im Jahre 333 von Bordeaux nach Jerusalem schildert (daher auch der Titel) und ausführliche Angaben über Entfernungen und Raststätten, aber auch über Sehenswürdigkeiten enthält; ähnlich die Reisebeschreibung einer (spanischen!) Nonne, die von Aquitanien ins Heilige Land reiste und besonders ausführlich die heiligen Stätten und die dort gefeierten Gottesdienste beschreibt (*peregrinatio Aetheriae* [oder *Egeriae*] *ad loca sancta,* um das Jahr 400). Schon früh gab es auch R. für den Besuch der hl. Stätten in Rom; das erste, *Notitia regionum Urbis XIV* = Kenntnis der 14 Regionen „der“ Stadt, wurde gegen Ende des 4. Jh. n. Chr. verfaßt. Bei der Wichtigkeit der Ewigen Stadt, nach deren Besuch die Menschen sich immer sehnten, wurden diese R. immer wieder abgeschrieben; von der *Notitia* haben wir Handschriften aus dem 9., 10. und 15. Jh. Freilich sind sie entsetzlich dürr und enthalten nur Namen; aber es blieb doch dadurch die Kenntnis dessen, was ein R. ist, einigermaßen erhalten. Wenig besser sind die *Mirabilia Romae* = Wunder Roms, um 1150; sie dienen aber schon nicht mehr nur frommen Bedürfnissen, sondern künden mit ehrlicher Begeisterung von der Größe Roms: „die Mauer der Stadt Rom hat 361 Türme, 49 Kastelle, 6 900 Bastionen“; „Tore hat sie, ohne in Trastévere, 12, Pförtchen 5.“ Von ihnen nun spinnt sich der Faden zu den seit der Erfindung des Buchdrucks erschienenen gedruckten R., so die *Informacion for pylgrymes unto the holy londe,* die 1498 von Wynkyn de Worde in Westminster, 1515–1524 von demselben in London gedruckt wurde, die *Pilgerfahrt des Bruders Felix Faber ins Hl. Land* (Ulm 1556), der *Mercurius Italicus* von Pflaumern (1625), und so fort bis zu den großen Reiseschriftstellern der beginnenden Neuzeit (J. G. Forster, A. v. Humboldt, A. v. Chamisso). Die Überlieferung im Abfassen von R. ist also von Pausanias bis Baedeker nie ganz unterbrochen worden.

W: Antike Reisehandbücher: *Itineraria Romana,* hg. O. Cuntz, 1929. – *Peregrin. Egeriae:* Hg. O. Prinz, [5]1960; hg. u. d. K. Vretska, 1958. *Notitia:* Hg. O. Seeck, 1876, neu 1962. – *Itineraria Hierosolymitica saeculi* IV – VIII, hg. P. Geyer, 1898.
Ü: Peregrin. Eg.: H. Dausend, 1933.
L: A. Elter, Itinerar-Studien, 1908.

Reisen. Von der Ausdehnung des antiken R.-Verkehrs hat man sich früher irrige Vorstellungen gemacht; in der Allgemeinheit herrschen diese noch jetzt. Für das 2. Jahrt. v. Chr. lehrten erstmalig die Tell-el-Amarna-Tafeln, ein Briefwechsel ägyptischer Pharaonen mit dem Ausland, daß die antiken Völker „nicht nebeneinander, sondern miteinander gelebt haben" (Ebers). Heute wissen wir, daß die Griechen schon um 650 v. Chr. in Ä. eine Kolonie, Naukratis, gründeten. Die R. → Herodots, im 5. Jh. v. Chr., müssen den Neid heutiger Archäologen wecken, d. h. solcher, die ihr Beruf am ehesten in das östliche Mittelmeer und in den Orient führt. Ein Germane am Kreuz Christi (Geibel, *Tod des Tiberius*) ist an sich sehr wohl denkbar. Aber namentlich seitdem die röm. Kaiserzeit der Welt im großen und ganzen den Frieden gebracht hatte, haben sehr viele Menschen als Beamte, Kaufleute, zu Studienzwecken und zum Vergnügen erstaunliche Reisen unternommen. Bei der Belagerung Jerusalems, 70 n. Chr., wurden Truppen verwandt, die von ihren österreichischen Garnisonen an der Donau dorthin marschiert waren. Lukian kam auf seinen R. von → Kommagene bis an den Atlantischen Ozean. In Hierapolis in Phrygien bezeugt der Fabrikant Flavios Zeuxis auf seinem Grabstein, er sei 72mal geschäftlich in Italien gewesen. Das waren aber nicht etwa seltene Ausnahmen. Die Pharaonengräber in Ägypten sind voll von Kritzeleien antiker Touristen. Im Rheinland und an der Mosel haben wir eine ganze Reihe von Grabsteinen antiker Orientalen, die als Soldaten oder Kaufleute dorthin gekommen waren. Noch das späte Altertum kannte internationale Theologenkongresse (→ Ökumen. Konzilien). – In Städten mit Sehenswürdigkeiten gab es Fremdenführer (→ Troia), ferner eine reich entwickelte Industrie in Reiseandenken (in Athen z. B. Nachbildungen der *Athena Parthenos;* vgl. auch *Ap.-Gesch.* 19, 24). Merkwürdig sind vier silberne Reisebecher (jetzt im Museum der Villa di Papa Giulio in Rom) in Form von Meilensteinen, von Kurgästen, die von Gades in Spanien in die Thermen von Vicarello in Italien gereist waren; auf ihnen sind die Namen und Entfernungen der Tagesstationen von Gades bis Rom (1841 Tausend Schritt) angegeben; die Fremden haben die Becher nach erfolgter Heilung in den See geworfen (→ Münzen in der Quelle). → Periplus; Post. Die Ausdehnung der antiken R. wird aus verschiedenen Gründen verkannt. Wir haben das Laufen verlernt. Daß Seume 1802 von Grimma in Sachsen nach Syrakus zu Fuß ging, fiel auf. Von Paderborn nach Bagdad würde heute keiner marschieren; aber Gesandte Haruns al Raschid an Karl

d. Gr. liefen von B. nach P. (der Elefant Abd ul Abbas stapfte auch mit), und dann gingen sie wieder nach Haus. Unser Reiseverkehr hat sich gegenüber dem Altertum durchaus nicht proportional zur Verbesserung der Reisemittel entwickelt. Gegenüber dem Altertum mit seinen ganz geringen Verkehrsmitteln reisen wir wenig.

G. Lefranc, *Les grands voyages de l'antiquité,* Paris 1933; M. Cary, E. H. Warmington, Die Entdeckungen der Antike, d. 1966; L. Casson, Reisen in d. alten Welt, d. 1976.

Reißzeug. Im röm.-germ. Zentralmuseum in Mainz überrascht ein antikes R., weil es völlig den heutigen gleicht (→ Fortschritt). Unser Wort Zirkel ist lat. *(circulus).*

Reiterei → Kavallerie; Pferd; Sport; Xenophon.

Reiteroberst *(magister equitum).* Der → Dictator, ursprünglich der Führer des Fußheeres *(magister peditum),* ernannte von sich aus einen *m. e.,* der ursprünglich wohl tatsächlich Führer der Kavallerie war, später aber der erste Gehilfe des Dictators ohne eigene Befehlsgewalt wurde.

Religionen im Altertum. In Griechenland findet sich in vorhistorischer Zeit eine Religion, die sich von der späteren sehr scharf unterscheidet. In der vormykenischen Inselkultur und besonders der myken. Periode herrschte ein ausgesprochener Seelenkult (→ Seele), der durch die kostbaren Gräberfunde u. prachtvollen Grabbauten hinlänglich gesichert ist. Daneben gab es Fetischismus. Rohe, unbehauene Feldsteine waren an manchen Orten Gegenstand göttlicher Verehrung, auch Bäume wurden als Wohnsitze der Götter verehrt. Bis in historische Zeit hatten sich auch zahlreiche Überbleibsel des Theriomorphismus erhalten. Apollon wurde gewiß einmal in einigen Gegenden als Delphin in anderen als Bock oder Wolf, Poseidon als Roß oder Stier, Artemis als Bärin, Demeter als Stute, Dionysos als Bock verehrt. Auch in Strömen, Wolken und Winden sah der primitive Mensch in Griechenland göttliche Wesen, die mit menschlichen Gefühlen, Leidenschaften und Gedanken ausgestattet wurden. Vor allem aber stand der Mensch damals unter dem Eindruck unheimlicher Mächte, die ihn als Dämonen in allen Lebenslagen bedrohten und gegen die er sich durch Zaubermittel schützen oder die er durch besondere Mittel (Tänze, Vermummungen) täuschen, verjagen oder vernichten mußte. Noch in späterer Zeit spielte der Orgiasmus (→ Orgien) eine große Rolle im Kultus des thrakischen Orpheus und der kleinasiatischen Großen Mutter. Unter den Dämonen nahmen eine besondere Stellung die chthonischen Gottheiten ein, die in der Erdtiefe hausten, dort die Toten empfingen und von hier aus Pflanzen, Tieren und selbst Menschen die Lebenskraft spendeten.

Von diesen primitiven religiösen Zuständen finden sich bei Homer, der uns als erster eine genaue Kenntnis der religiösen Anschauungen in Griechenland vermittelt, nur geringe Reste. Die Unzahl der Götter ist durch eine kleine Zahl anthropomorpher Götter ersetzt. Wenn wir auch in dieser homerischen Religion die Anschauungen der aufgeklärten ritterlichen Gesellschaft sehen müssen, die wir nicht verallgemeinern dürfen, so müssen wir doch einen ähnlichen Bruch zwischen den vorgeschichtlichen und historischen Ansichten auch im übrigen Griechenland voraussetzen. Auch hier vollzog sich ein ähnlicher Wandel. Die zahllosen Götter wurden entweder mit den olympischen Göttern verbunden, die dadurch zahlreiche Beinamen erhielten, oder sie sanken zu Heroen herab, die nur in ihrer Heimat eine untergeordnete Rolle spielten. Vor allem aber wurden sie vollkommen vermenschlicht, zu menschlichen Individuen, von denen jeder sein besonderes Aussehen und einen besonderen Wirkungskreis, eine Art Beruf hatte. In dem Familienstaat der Götter, an dessen Spitze Zeus als Hausvater und Hera als Mutter stehen, sind alle olympischen Götter entweder durch Abstammung oder durch Ehe fest miteinander verbunden. Auf diese Weise ist in das vorgeschichtliche Gewimmel Einheit und Ordnung gebracht.

Diese beiden Hauptströmungen blieben zu allen Zeiten nebeneinander bestehen: die eine uralt u. volkstümlich, mit ihrem Stein-, Baum- und Tierkult, ihrem Geister- und Dämonenglauben, Zauberei und Orgiasmus, Menschenopfern und religiöser Prostitution, die andere mit ihren rationalistischen, humanen und ästhetischen Vorstellungen. Ganz offensichtlich war die zweite die stärkere, jedenfalls tritt sie in der Literatur und Kunst besonders stark hervor. Doch war daneben auch die andere Richtung kräftig, so daß manche ihrer Anschauungen noch heute im Volke fortleben. Bei Homer fällt gewöhnlich stark ins Auge, daß der Dichter seine Götter nicht als hehre, fehlerlose Wesen darstellt, sondern ihnen menschliche Leidenschaften u. bedenkliche Schwächen zuschreibt. Diese „Frivolität" der hom. Religiosität, die bereits im 5. Jh. zu scharfer Kritik herausforderte und die Denker zu einer Fortbildung der Gottesvorstellungen anregte, darf nicht darüber hinwegtäuschen, daß Homer von einer tiefen Religiosität durchdrungen ist. Bei Beginn und Ende jeder Handlung betet der hom. Held zu seinen Göttern, von denen alles, auch der geringfügigste Gedanke kommt, und in deren Händen das Schicksal liegt.

Dieser starke Glaube lockerte sich wohl allmählich in Ionien, aber im Mutterland blieb er noch lange lebendig. Vor allem waren die großen Künstler des 5. Jhs. völlig von der überragenden Hilfe der Götter überzeugt. Die Götter waren es, die Griechenland von der Gewalt der Perser gerettet hatten. Für Aischylos waren sie die Garanten des Rechts, deren Hilfe für die guten Menschen gewiß ist. Freilich darf der Mensch nicht über sein Maß hinaus, sonst verfällt er der → *Hybris* und wird furchtbar gestraft. An diesem Glauben änderte auch die Folgezeit lange nichts Wesentliches, obwohl sich seit dem 5. Jh. an die olympischen Götter viel Problematik knüpfte. Auch die Aufklärung sah eine ihrer wichtigsten Aufgaben darin, die religiösen Anschauungen v. den allzu menschlichen Vorstellungen zu reinigen und die Idee des Göttlichen lauter und erhaben herauszuarbeiten. Die Aufgabe, die Religion zu reinigen, übernahm auch Sokrates und die Philosophie, die in der Folgezeit für die Masse der Gebildeten als Ersatz für die hom. Religion die Grundlage in Glaube und Ethik wurde. Seit dieser Zeit behielt man die Namen der Götter bei, um durch Allegorie und Interpretation der alten Geschichten das klarzumachen, was man jetzt glaubte.

Im Volk gewannen andere Anschauungen, vor allem die Mysterienreligion, dann die ausländischen, besonders die orientalischen Kulte, viele Anhänger. Trotz der Gefahr der Überfremdung lebte die hom. R. über 1000 Jahre; noch Hadrian (117–138 n. Chr.) erbaute in Athen das überaus prächtige Olympieion. Auch nach der Anerkennung des Christentums 313 und der Schließung der Akademie 529 hielt sich die h. R. in abgelegenen Tälern der Peloponnes bis ins Mittelalter, und einzelne Göttergestalten leben zwar nicht mehr in der Religion, aber doch in der Phantasie noch der heutigen Griechen. – Die h. R. drang in das Innere von Kleinasien und in andere Teile der von den Gr. kolonisierten Welt (z. B. in Kyrene), vor allem aber in Italien ein. (→ z. B. Saturnus, Saturnalia). Die alte Verehrung der → *di indigetes* lebte freilich inoffiziell bis lange nach Chr. Geburt. Außerdem besaß der Römer zu allen Zeiten ein wesentlich nüchternes Verhältnis zu seinen Göttern. Er beobachtete sorgfältig ihre Weisungen durch Vogelschau (→ Augures), Haruspizin (→ *haruspex; omen),* suchte sie durch Opfer und Feste zu besänftigen und ihren Willen zu erfüllen, um auf diese Weise ihre Hilfe für sich und den Staat zu gewinnen und zu erhalten (→ *do ut des*). Aus diesem Grunde war der Römer, der im allgemeinen für die völlige Freiheit in der rel. Betätigung war, in der Verehrung der Staatsgötter empfindlich und sah in der Verrichtung der Opfer für *Iuppiter Optimus Maximus* auf dem Kapitol eine selbstverständliche politische Pflicht. An seine Stelle traten in der Kaiserzeit weitgehend die Götter des Kaiserhauses, unter Augustus die Laren des Kaisers und Venus, die Stammutter des Geschlechts. Später genossen die Kaiser selbst göttliche Verehrung (→ Vergottung). Ihre Vernachlässigung war Hochverrat, daher die Christenverfolgungen.

Die antike R. gab dem religiös tiefer Veranlagten keine Tröstungen im Diesseits durch Beichte und Sündenvergebungen, und keine für das Jenseits (→ Hades). Beides verhießen die orientalischen R., die seit alter Zeit nach Griechenland übergegriffen hatten (Iuppiter → Ammon) und dies immer mehr taten. Sie gewannen um so leichter und um so mehr Boden, als sie sich z. T. mit den gr. orphischen Kulten (→ Orphik) und gr. → Mysterien deckten; schließlich ergriff die mystische Bewegung auch die Philosophie; → Plotinos. Die wichtigsten orientalischen Kulte waren die Isis- und die Mithrasverehrung; alle diese erlagen dem Christentum. – Diese religiösen Vorgänge beeinflußten von Griechenland aus Italien, das schon seit 200 v. Chr. von orientalischen Religionen in erheblichem Maß beeinflußt wurde.

Während die gr. Kultur in unserem geistigen, ja sogar in unserem materiellen Sein noch intensiv lebt, ist also die homer. R. dem Christentum erlegen und heute tot. Ihre Götter starben, als man aufhörte, an sie zu glauben. „Die gr. Götter sind gestorben an der Philosophie, aber haben weitergelebt in der Kunst“ (Snell). Mit dem → Christentum siegte über philosophisches Denken und über mystische Schau der Glaube (→ *credo*). Doch wurden im Chr. Philosophie und Mystik nicht völlig überwunden. Das Chr. stellt also ein Erbe aus dem Altertum dar, in dem sich Glaube, Philosophie und Mystik mischen. Und zwar ist dieses Erbe das gewichtigste, das uns die Antike hinterlassen hat; noch weit mehr als mit einer ihrer Staatsformen und mit dem röm. Recht hält sie uns mit dem Christentum in ihrem Bann. – → Germanische Religion.

G. Wissowa, R. u. Kultus d. Römer, ²1912, neu 1971; E. Stemplinger, Antiker Volksglaube, 1922, neu 1948; M. P. Nilsson, Gr. Glaube, 1950; ders., Gesch. d. gr. R., I ³1967; K. Kerényi, D. antike R., ²1952; ders., D. R. der Gr. u. R., 1963; F. Altheim, Röm. R.-Gesch., II ²1956; U. v. Wilamowitz, D. Glaube d. Hellenen, II ³1959; C. Koch, *Religio,* 1960; W. F. Otto, D. Götter Griechenlands, ⁵1961; O. Kern, Die R. der Griechen, III ²1963; G. Radke, Die Götter Altitaliens, 1965; K. Latte, Röm. R.-Gesch., ²1967; E. Simon, Die Götter der Griechen, 1969; J. Ferguson, *The religions of the Roman empire,* Lond. 1970; R. Muth, Einf. in die gr. u. röm. Rel., 1988; F. Cumont, Die oriental. R.en im röm. Heidentum, ⁹1989; L. Bruit Zaidman, P. Schmidt Pantel, Die Rel. der Griechen, d. 1994.

Remus, Bruder des → Romulus, von den Griechen immer Rhomos genannt.

Renaissance (franz.; ital. *rinascimento*) = Wiedergeburt, nämlich der Menschheit durch Wiedergeburt des Menschen der Antike. Der Gedanke der R. erscheint zuerst in einer Dichtung Alcuins (am Hofe Karls d. Gr.), der sagt: *laetusque renascitur orbis* „und zu ihrer Freude wird die Welt wiedergeboren“. Im übrigen kennen weder Goethe noch Winckelmann, selbst Ranke in seinen vor 1855 geschriebenen Werken das Wort und den Begriff der R. Er kam erst durch Jacob Burckhardt auf.

Die R. des 14./16. Jhs., die Wiedergeburt nicht etwa nur der antiken schönen Literatur und Kunst, sondern die der antiken Kultur überhaupt, ihrer Wissenschaft, besonders der Medizin und der Jurisprudenz, ihrer Technik, des Bank-, Kaufmanns-, Postwesens u. ä., entstand in Italien, griff aber auch auf andere Länder über. Ein bestimmtes Jahr als Anfangsjahr der R. kann man nicht angeben; die mittelalterliche Kultur wich der R.-Kultur allmählich. Das Ziel der R. war eine wirkliche Wiederherstellung der antiken Kultur als solcher, oder doch des antiken Kulturniveaus, das im frühen Mittelalter auf das tiefste gesunken war. Dieses Ziel wurde von der R. fast erreicht. Dabei verbot sich ein allzu enger Anschluß an die Kultur des Altertums schon durch das hohe Selbstgefühl der Menschen der R. (das uns in ihren Porträts allenthalben entgegentritt); am liebsten hätte man die antike Kultur sogar noch übertroffen, und z. T. gelang es auch; Bramante türmte in St. Peter in Rom die beiden größten Gebäude der antiken Stadt, die Maxentiusbasilica und das Pantheon, übereinander; Columbus und seine Nachfolger führten einen im Altertum nur theoretisch durchgedachten Plan, den einer Fahrt

nach Indien mittels einer Westfahrt wirklich aus (→ Entdeckung Amerikas). In anderen Fällen (→ Kunst) lehnte man sich mehr oder weniger an das antike Vorbild an; wiederum in anderen bedeutet die R. einfach die Wiederherstellung des antiken Zustandes, so in der Heilkunde, der Rechtswissenschaft. – Die gelehrte Erforschung des Altertums in der R. bezeichnete man als Humanismus (lat. *humanus* = menschlich; → Petrarca), weil man erst durch diese Studien zu einem wahren, freien Menschen werde. In der Tat setzten der H. und die auf ihm wesentlich mitberuhende R. an Stelle der mittelalterlichen, namentlich kirchlichen Gebundenheit die antike, von den → Sophisten begründete Freiheit des Einzelmenschen. Im → Humanismus lag allerdings auch eine Unfreiheit, eine allzu begeisterte Verherrlichung des antiken Vorbilds vor (→ Ciceronianismus).
Auf dem Weg in andre Länder gelangten H. und R. zunächst nach Frankreich und von dort zu uns. Daher bezeichnen wir die Bewegung mit dem franz. Namen. – Als karolingische, ottonische R. werden geistige Bewegungen unter Karl d. Gr. (768–814) und Otto I. d. Gr. (936–973) bezeichnet, weil es sich auch bei ihnen um einen Anschluß an die antike Kultur handelt; jedoch ist diese Begriffsübertragung wegen der Verschiedenheit der Epochen nicht unangefochten geblieben.

K. Burdach, Reformation-R.-Humanismus, ²1926, neu 1978; H. Naumann, Karoling. u. otton. R., 1927; A. v. Salis, Antike u. R., Zürich 1947; G. Voigt, Die Wiederbelebung des class. Alterthums, hg. M. Lehnerdt, II ⁴1960; S. Dresden, Humanismus u. R., 1968; J. Huizinga, Herbst d. MA., ¹¹1975; J. Burckhardt, D. Kultur d. R. in Italien, ¹⁰1976.

Rennen, vor allem solche vierspänniger Wagen (→ *quadriga*) spielten im Altert. und im ganzen byzantinischen Mittelalter eine sehr viel größere Rolle als heute; → Hippodrom; *circus.* Pferde laufen lassen konnten nur Reiche; → Eigennamen. Doch war das Interesse des gesamten Publikums sehr groß. Von Wetten ist jedoch nichts bekannt. – Die Rennbahn (→ *stadion*) war trotz des Namens (→ *circus*) stets langgestreckt, an der (schmalen) Ablaufseite gradlinig, an der gegenüberliegenden bogenförmig abgeschlossen und in der Mitte durch eine den Längsseiten parallele Schranke (*spina,* eig. „Rückgrat") in zwei Laufbahnen, für die Hin- und die Rückfahrt, geschieden. Beide Bahnen wurden bei jedem Rennen mehrmals durchmessen. Die gefährlichsten Stellen waren die durch je eine Spitzsäule bezeichneten Enden der Schranke. Da es galt, diese auf dem kürzesten Wege zu umfahren, also möglichst knapp an der Säule vorbei, stießen die Wagen oft mit ihr oder mit anderen Wagen zusammen, was bei der rasenden Fahrt Stürze und dann ein wildes Durcheinander von Wagentrümmern, Menschen- und Pferdeleibern ergab. Der lat. Name der Spitzsäule, *meta,* bedeutet eigentlich „kegel-, pyramidenförmige Figur" und liegt in unserem Worte „(Kartoffel-, Rüben-)Miete" vor. – Die Rennfahrer trugen die Zügel um den Leib geschlungen und in ihrem Verband ein haarscharfes Messer, um sie nach einem Sturze durchschneiden zu können. Siegreiche R. wurden geradezu vergöttert. Doch waren die R. an sich Leute niederen Standes; daß Nero und andere als Herrenreiter oder -fahrer auftraten, wurde ihnen von der vornehmen Gesellschaft verargt. – Über Rennklubs, die Vereinigungen der „grünen“ und „blauen“ Rennfahrer und ihrer Anhänger, → Hippodrom. – Eine so intensive Volkssache, wie im Altertum und noch im Mittelalter in Konstantinopel, ist das R. noch in England.

A. Cameron, *Circus factions,* Oxf. 1976.

Repetundenprozeß. Nach Ansicht der meisten Mitglieder der röm. Nobilität waren die Provinzen zur rücksichtslosesten Ausbeutung da (→ *publicanus*). Die proconsularischen und proprätorischen Statthalter scheuten vor keiner Bedrückung und Rechtsverdrehung zurück, um sich zu bereichern. Von der regierenden Schicht wurden sie gedeckt. Erst seit 149 v. Chr. erlaubte ein Gesetz (die *lex Calpurnia* des Lucius Calpurnius Piso Frugi), Statthalter, die sich durch Erpressung verhaßt gemacht hatten, *de repetundis (pecuniis)* = wegen zurückzufordernder (Gelder) zu belangen. Freilich hatte diese Maßregel nur geringe Bedeutung; die Beschwerden wurden meist nicht beachtet, oder die Beamten wurden nur zum Schein mit geringen Geldstrafen belegt. Es gehörten schon so himmelschreiende Bedrückungen dazu wie die des Verres in Sizilien, und ein so geschickter Vertreter der Anklage wie Cicero, daß es gelang, die Verurteilung durchzusetzen.

Republik. Im Gegensatz zur *res privata* = der „eigenen Sache“, d. h. dem Hauswesen und Privatvermögen, bezeichnete bei den Römern *res publica* ursprünglich die „öffentliche Sache“, den Teil des menschl. Daseins, der der Gemeinschaft gehört. Aus dieser allgemeinen entwickelte sich die spezielle Bedeutung „Staatswesen“. Mit einer klugen Verteilung der Rechte und Pflichten auf die verschiedenen Schichten und Stände des Volkes haben die Römer in ihrer R. eine ganz eigenartige Staatsform geschaffen, die in der Folgezeit immer wieder zum Vorbild für ähnliche Schöpfungen gedient hat. Sie entspricht nicht der gr. → Demokratie, sondern stellt eine Mischung aus den drei reinen Verfassungstypen: Monarchie, Aristokratie, Demokratie dar, die die Griechen theoretisch herausgearbeitet haben; eine solche Mischung spielt in der gr. Staatstheorie seit dem Ende des 5. Jh. v. Chr. eine große Rolle. Schon Polybios (VI. Buch) ordnete die röm. Verfassung so ein und sah hierin das Geheimnis des politischen Erfolges der Römer. Tatsächlich liegt in der Teilung der Gewalten und in ihrer Verteilung auf Beamte, Senat und Volksversammlung, d. h. in der Beteiligung aller Volksschichten an der Regierung (jedoch in verschiedenem Umfang, statt der griech. völligen Souveränität des Volks), ein großer Vorteil der röm. Verfassung. Freilich war die Dreiteilung in der Zeit des Polybios nicht viel mehr als eine Fiktion. Beamte und Volksversammlung hatten damals nur wenig wirklichen Einfluß auf die Geschicke des Staates; in Wirklichkeit herrschte in der Glanzzeit der röm. R. der Senat. Die röm. R. war also damals eine Aristokratie. → *homo novus.* – Das eigentliche Geheimnis ihres Erfolges lag außer in der Verfassung besonders in der Staatsgesinnung, vor allem der herrschenden Schichten, die die *res publica* über die *res privata* stellten und von dem Bürger Mitarbeit am Staat, freudige Übernahme von Verantwortung und Gefahr und Opferwilligkeit für das Gemeinwesen verlangten (→ Regulus). Als die frühere Staatsgesinnung im 2. Jh. v. Chr. durch persönlichen Ehrgeiz und Egoismus untergraben und auch bei der Masse der röm. Bürger das Gefühl für Mannhaftigkeit u. Staatstreue, *virtus* und *pietas,* gesunken war, wurde auch der republikanische Staat zur leeren Form und durch eine andere, die → Monarchie, ersetzt.

W: → Polybios, VI. Buch; *Res publica,* hg. u. d. R. Till, 1976.

L: R. Heinze, Von d. Ursachen d. Größe Roms, [3]1925; R. Werner, Der Beginn d. röm. R., 1963; W. Suerbaum, Vom antiken zum frühmittelalterl. Staatsbegriff, [2]1970; J. Bleicken, Staatl. Ordnung u. Freiheit in d. röm. R., 1972; ders., Gesch. d. röm. R., 1980; ders., D. Verfassung der röm. R., [4]1985; I. König, Der röm. Staat I (Rep.), 1992; K. Christ, Krise u. Untergang der röm. Rep., [3]1993; D. Flach (Hg.), Die Gesetze der röm. Rep., 1994.

Res gestae divi Augusti → Monumentum Ancyranum.

res severa verum gaudium, „wahre Freude ist eine ernste Sache" (Seneca, *Epistulae morales* 23, 4). Dieses Wort wird oft mißverstanden, weil das Subjekt *(verum gaudium)* an zweiter Stelle steht. Es heißt nicht: nur eine ernst betriebene S. gewährt wahre Fr. Seneca spricht über das Wesen wahrer Fr. und wie man sie finden kann: „Darum bemühe dich vor allem, mein Lucilius: lerne dich freuen! Glaube mir, wahre Freude ist eine ernste Sache."

Restaurants und → Hotels fehlten im Altertum. Es gab nur kleine Schenken für Wein und Bier, z. B. in Ägypten (→ Kellnerin); ferner Küchen, aus denen man warmes Essen nach Haus holte (viele in Pompeii erhalten). Die Kneipe heißt lat. *caupona,* → Kaufmann, oder *taberna (Ap.-Gesch.* 28, 15 „3 Kneipen"; Zabern im Elsaß, Gräfin von Savérn; *caupona ad ursum* = Zum Bären). „Das syrische Schenkmädchen" *(Copa),* ein hübsches Gedicht mit realistischer Schilderung eines Schankbetriebes, ist sicher nicht von Vergil. – Noch lange bis in die Neuzeit fehlten R. – Das erste wirkliche R. im heutigen Sinne schuf Boulanger 1765 in der Rue des Poulles in Paris. Über den Eingang schrieb er, gemäß dem damaligen Religionsspott, in lat. Sprache ein leicht abgeändertes Wort Jesu: „Kommet her zu mir alle, die ihr am Magen leidet, und ich werde euch erquicken" *(et ego restaurabo vos);* daher stammt der Name R.

W: Appendix Vergiliana, hg. R. Ellis, C. Hardie, Oxf. 1954. – Ü: Latinische Gärten, hg. K. Preisendanz, 1938; auch bei E. Geibel, Class. Liederbuch, 1875 u. ö.

Reuchlin → Humanismus.

rex, lat. = König, → Monarchie.

Rezitationen. Zu Beginn der röm. Kaiserzeit führte → Pollio die Sitte ein, literarische Werke vor ihrer Veröffentlichung durch den Buchhandel einem künstlerisch interessierten Zuhörerkreis vorzulesen. Diese R. fanden zunächst vor geladenen Freunden im Hause des Autors oder seines Gönners statt, später in aller Öffentlichkeit im Theater oder auf dem Forum, in Tempeln, Gärten oder Bädern. Der gute Zweck, aus der kritischen Beurteilung des Publikums für die letzte Durchfeilung des Werkes Nutzen zu ziehen, ging allmählich verloren; ein anspruchsvoller Dilettantismus machte sich breit und ließ die R. zur Landplage werden, denn unzählige Dichterlinge benutzten diese bequeme Art der Darbietung zu eitler Selbstbespiegelung (Iuvenal, Anfang der 1. *Satire*). So hat diese Sitte der R., die sich durch Jahrhunderte erhielt, nicht wenig zu der zunehmenden literarischen Verflachung in der röm. Kaiserzeit beigetragen. – Es gab Institute zur Vermietung von Bänken für die Hörer, Stühlen für Ehrengäste, des Hochsitzes für den Vortragenden (Iuvenal VII 45/7; Tacitus, *Dialogus* 9).

rh. Die Griechen und Germanen sprachen das *r* am Wortanfang mit einem *h;* → die nächsten Artikel und deutsch Hrotsvitha, Hruodland, Rhein. Im Neugr. und im Ital. wird das *h* nicht mehr gesprochen und geschrieben, desgleichen meist im Deutschen: Roland; Ausnahme: Rhein, Rhön.

Rhabarber, gr. das barbarische rha, d. h. Pflanze *rha* vom Ausland, von der Rha = Wolga (Volksetym.). Rapuntika, Rapünzchen, lat. *ra ponticum,* Pflanze *ra* aus dem Lande Pontos südl. vom Schwarzen Meer. Beide Pflanzen sind zwar sehr verschieden; aber daß verschiedene den gleichen Namen tragen, findet sich auch sonst: Rhododendron heißt „Rosenbaum", ist aber keiner; gr. *hyakinthos* war nicht unsere Hyazinthe.

Rhadamanthys, sagenhafter König auf Kreta, Schöpfer der kretischen Gesetze; wegen seiner Gerechtigkeit nach seinem Tode mit → Minos und Aiakos zum Richter in der Unterwelt bestellt.

Rhapsoden, die spätere Art der gr. → Sänger und Vortragenden der Epen. Noch im 4. Jh. v. Chr. waren ihre Vorführungen bei Festveranstaltungen des gr. Volkes, z. B. in Olympia, in Athen bei den Panathenäen, beliebt. Platon führt uns einen solchen Rh. in seinem *Ion* vor. – Der Name *rhapsodos* gehört, obwohl die Rh. beim Vortrage einen Stab in der Hand hielten, nicht zu gr. *rhabdos* = Stab, sonder zu *rhaptein* = reihen, nähen; „einer, der Lieder näht", d. h. kunstreich erfindet und aneinanderreiht.

W. Schadewaldt, Von Homers Welt u. Werk, [4]1966.

Rheia (Rhea), Gemahlin des Kronos, Mutter des Zeus, Poseidon, Hades und der Hera, auch mit der oriental. Göttermutter Kybele gleichgesetzt (→ Magna Mater). – Rh. Silvia → Rea.

Rhein, gr. *Rhenos,* lat. *Rhenus* (→ Deutsche Flußnamen), seit der Eroberung Galliens durch Caesar (58–50 v. Chr.) Grenze des röm. Reiches. Caesar überschritt ihn bei Neuwied zweimal, 55 und 53 v. Chr. zur Abschrekkung der Germanen; die von seinen Pionieren in 10 Tagen errichtete Holzbrücke beschreibt er (*bell. Gall.* IV, 17) so genau, daß ihre Nachbildung möglich ist: Gespreizte Joche, mit Streckbalken verbunden. – Längs des Rh.s waren im 1. Jh. n. Chr. 8 Legionen als Grenzwachen stationiert, in zwei Kommandos eingeteilt: Mainz war Hauptquartier von *Germania superior,* Köln von *G. inferior.* Seit Kaiser Domitian (81–96 n. Chr.) von der Quelle bis über Neuwied hinaus beide Ufer röm.; seit etwa 260 (Aufgabe des → Limes) wieder röm. Reichsgrenze, als solche 406 aufgegeben. Viel friedlicher Handelsverkehr über den Rh., merkwürdig wenig auf ihm (→ Brücken).

K. Saatmann, E. Jüngst, P. Thielscher, Caesars Rheinbrücke, 1939; F. Kretschmer, Technik u. Handwerk im Imp. Rom., 1958; P. La Baume, D. Römer am Rhein, ²1964; H. v. Petrikovits, D. röm. Rheinland, 1960; O. Doppelfeld, Der Rh. u. d. Römer, 1970; W. Böcking, Die Römer am Niederrhein, 1974; A. u. R. Schmid, Die Römer an Rh. u. Main, ³1980.

Rhetorik → Beredsamkeit.

Rhodos (gr. = Roseninsel ?, Name wohl vorgriechisch), schon früh besiedelte Insel an der SW-Küste Kleinasiens mit gleichnamiger Stadt Rh. war und ist in einer für die gr. Inseln ganz ungewöhnlichen Weise wasser- und waldreich und fruchtbar und exportierte schon in alter Zeit seine Produkte besonders nach dem nahen Ägypten; im 6. Jh. v. Chr. schenkte der auch mit Polykrates befreundete Pharao Amasis der lindischen Athena einen Panzer. Mit seiner Schiffahrt bildete Rh. das → Seerecht aus. Besonders wichtig wurde die Insel, seit die in Dörfern verstreuten Bewohner 407 v. Chr. durch Zusammensiedlung an einem Hafen die Stadt Rh. schufen (→ Stadtanlagen); wie die alten rechtwinkligen Straßen verlaufen noch die jetzige Basar- und Ritterstraße. Die größte Blüte von Rh. fällt in die hellenistische Zeit, in der es die wichtigste Handelsstadt des östlichen Mittelmeers wurde. Umgeben von Königreichen war es der einzige gr. Stadtstaat von Bedeutung, der von allen umworben wurde. Die Stadt war Sitz einer bedeutenden Künstlerschule, die mächtige, pathetische Werke hervorbrachte: Laokoon, Farnesischer Stier, Koloß von Rh., eines der → Sieben Weltwunder (→ Einzelartikel; als Maler besonders Protogenes berühmt), und die Hauptpflegestätte des sog. → Asianismus; zu dessen Studium kamen viele vornehme röm. junge Leute, z. B. Cicero und Caesar, nach Rh. Die klugen Kaufleute auf Rh. merkten sehr früh die kommende Bedeutung Roms und suchten Anschluß an die neue Weltmacht. Als aber die Römer nach dem makedonischen Kriege (171–168 v. Chr.) die Hilfe der reichen Handelsstadt nicht mehr brauchten, wurde Rh. unter nichtigen Vorwänden seiner auswärtigen Besitzungen beraubt (166). Im Freihafen Delos, wo fortan die Römer ihre Sklavenmärkte abhielten, erhielt es einen sehr empfindlichen Konkurrenten. – 1309 kam Rh. in den Besitz der Johanniter, die dort die heute besterhaltene mittelalterliche Festung erbauten; 1523 wurde es türkisch, 1912 italienisch, 1947 wieder griechisch; wie → Kypros blieb es aber dem Charakter nach immer griechisch. Seit 1912 wurde die Stadt von allen späteren Einbauten und Entstellungen befreit und ist jetzt ein Schmuckstück mit aller seiner Schönheit und seinem Zauber. Die für die Altertumswissenschaft wichtigste Stadt auf Rh. ist Lindos mit der am Meer gelegenen Akropolis und dem Tempel der Athena Lindia (dänische Ausgrabungen).

A. Maiuri, *Rodi,* Mail. 1923; C. Blinkenberg. Lindos, III 1931–60; Chr. Karusos, Rhodos, Athen 1949; H. H. Schmitt, Rom u. Rh., 1957; M. Riemenschneider, Ruhmreiches Rh., 1973.

Richter → Prozeß. – Zur Entschädigung der zahlreichen, in den Volksgerichten Athens tätigen Bürger führte Perikles 462 v. Chr. den Richtersold ein. Dieser betrug zunächst wohl 1 oder 2 *Oboloi* für jede Sitzung und wurde 425 v. Chr. von dem Demagogen Kleon auf 3 Obolen erhöht; diese Summe reichte bei dem damaligen Geldwert als Existenzminimum für den täglichen Unterhalt einer Familie etwa aus. Die unerfreuliche Folge war, daß sich die niederen Volksklassen zum Richterdienst drängten, den sie als Quelle des täglichen Erwerbs ausnutzten, während sich die tätigen und tüchtigen Bürger davon fernhielten. Die Zahlung des R. wurde als Stütze der Demokratie angesehen, da dadurch auch die ärmsten Bürger Richter werden konnten.

ridentem dicere verum: Mit dieser Formulierung beschreibt Horaz, was er mit seinen → Satiren wollte, nämlich „lächelnd die Wahrheit sagen“.

Ringe → Fingerringe.

Ritter in Rom → Nobilität.

Römer, Glas für Rheinwein. Abhängigkeit des Namens, der Form und der Farbe (meist grün) vom röm. Weinbau und von röm. Glasindustrie im Rheinlande ist sicher, im einzelnen aber trotz vieler Deutungsversuche noch nicht klar.

Römische Geschichte. Die Königszeit (→ 7 Könige Roms) gehört fast völlig der Sage an. Sie ist von hellenistischen Historikern und röm. → Annalisten des 2. und 1. Jhs. v. Chr. mit novellistischen Zügen ausgeschmückt, die z. T. ad hoc erfunden, häufig aber gr. und orientalischen Sagenstoffen nachgebildet sind. Die Sage kennt 7 Könige, die im Charakter genau unterschieden werden. Über die wirklichen historischen Vorgänge (→ Frühgeschichte) läßt sich nur wenig sagen. Es war die Zeit, in der kulturell der röm. Stadtstaat von den Nachbarn, besonders den Etruskern, vieles übernahm, die Zeit des inneren Wachsens, in der die Grundlagen der späteren Größe gelegt wurden, obwohl die Römer sich nur mit den nächsten Nachbarn herumschlugen. Sie endete mit der Vertreibung des letzten etruskischen Königs 510 (?), als die etruskische Herrschaft in Campanien zusammenbrach (die Zahl 510 wird wahrscheinlich nach Analogie der Vertreibung der Tyrannen in Athen, der Peisistratiden, genannt). Die Zeit der Republik (510?–31 v. Chr.) stand unter dem überwiegenden Einfluß des Adels. Sie war aber innen- wie außenpolitisch nicht einheitlich. Das wichtigste innenpolitische Ereignis der älteren röm. Geschichte war der Ständekampf zwischen den Patriziern und Plebejern, der über ein Jahrhundert den Bestand des Staates gefährdete und erst mit der völligen juristischen und politischen (nicht aber gesellschaftlichen) Gleichberechtigung beider Stände endete. Nach dem Gewohnheitsrecht herrschten anfangs die Patrizier durch das Consulat, seit dem Ständekampf die aus patrizischen und plebeischen Geschlechtern neuentstandene Nobilität durch den Senat; eine Demokratie nach gr. Muster hat es in Rom nie gegeben. Außenpolitisch entwickelte sich während der Republik Rom vom Stadtstaat zum italischen Einheitsstaat, dann unter Schwierigkeiten zum Weltreich (dieser Übergang gelang eigentlich erst der Kaiserzeit). Durch die Unterwerfung der italischen Stämme (besonders der Samniter) und gr. Städte (zuletzt Tarent) war Italien um 270 v. Chr. unter röm. Herrschaft geeint. Dann gingen die Römer nach Sizilien hinüber und vernichteten in den 3 → Punischen Kriegen Karthago, die bisherige Handelsmacht des westlichen Mittelmeers (146 v. Chr. zerstört). Seit 200 griffen sie auch im östlichen Mittelmeer ein und zertrümmerten die Diadochenreiche, besonders Makedonien und Syrien. Seit 146 v. Chr. (Zerstörung Korinths) gehörte ihnen ganz Griechenland. Wegen der großen kriegerischen Erfolge gilt manchen die Zeit bis 146 v. Chr. als der politische Höhepunkt des röm. Reiches und daher als die Blütezeit des antiken Roms. In dieser Zeit zwischen dem 2. und 3. Punischen Krieg vollzog sich auch die innere und äußere Angleichung an die gr. Weltkultur. Im Kreise hellenistisch gebildeter Adliger pflegte man die gr. Kunst und Wissenschaft, gr. Philosophie und Literatur wurde in Rom heimisch, sogar in militärischer Beziehung wurde Hannibal der Führer zu hellenistischer Kriegskunst. Gleichzeitig erwachte in den Römern das Bedürfnis nach einer eigenen literarischen und künstlerischen Produktion (→ Lat. Lit.). Rom wurde seit etwa 200 immer mehr zu einer hellenistischen Stadt, die sich nur wenig von den übrigen Zentren gr. Kultur unterschied. – Die innere Entwicklung des Reiches hatte mit dem äußeren Wachstum nicht Schritt gehalten. Die Rechte waren auf einen sehr kleinen Kreis beschränkt geblieben; nur Vollrömer besaßen das Vollbürgerrecht. Die Bundesgenossen verlangten immer stürmischer Anteil an der Regierung und an der riesigen Beute der Kriege, die sie mit gewinnen halfen. Die gewaltigen Sklavenscharen bildeten eine ständige Bedrohung der Besitzer. Nach vergeblichen friedlichen Reformversuchen (Gracchen), die an der Habgier und Hartnäckigkeit der Nobilität scheiterten, kam es zum → Bürgerkrieg, der fast 100 Jahre den röm. Staat in seinen Grundfesten erschütterte. In diesem Kampf zerfiel die regierende Nobilität; gegen das Ende traten immer mehr einzelne Individuen mit ihren Sonderwünschen auf (Pompeius, Caesar) und bereiteten die Kaiserzeit vor.

Unter sorgfältiger Beobachtung der röm. Tradition wurde von Augustus die Monarchie durch Vereinigung mehrerer wichtiger Ämter in einer Hand, der des Kaisers, geschaffen. Augustus herrschte fast unumschränkt, da er durch Herstellung von Ruhe und Ordnung in der Hauptstadt und besonders in den Provinzen das Vertrauen des Volkes besaß. Kriege wurden nur noch an den Grenzen geführt (in Germanien; in Asien gegen die Parther). Die größte Ausdehnung hatte das Reich (→ *Imperium Romanum*) unter Traian, der Kappadokien, Mesopotamien und Assyrien dazu eroberte; es erstreckte sich nun von Portugal und Marokko bis über den Euphrat und Tigris an die Grenze des Partherreichs, von der Schottlands bis tief in die Sahara hinein, in Ägypten noch über den 1. Nilkatarakt hinaus. Im 2. Jh. n. Chr. zeigten sich Verfallserscheinungen, das Hereinströmen der Provinzialen und das Überwiegen des Einflusses der Soldaten, die aus den wenig kultivierten Grenzprovinzen stammten. Aber das Reich stand meist unter gerechten, geistig hochstehenden Herrschern; es genoß im Inneren Frieden und blühenden Wohlstand. So war wohl das 1. und 2. Jh. die wirkliche kulturelle und wirtschaftliche Blütezeit Roms und für das röm. Reich die glücklichste, die dieses überhaupt sah. – Im 3. Jh. gingen im Wirtschaftsleben, in der sozialen Struktur und in der politischen Gestaltung des Reiches tiefgreifende Veränderungen vor. Die Weltwirtschaft wurde durch die ewigen Kämpfe zerrüttet, die Reichsgewalt erlahmte, zahlreiche Provinzen machten sich selbständig. Die röm. Bildung schwand dahin, auch die alten Götter verblaßten. Dafür gewannen orientalische und orientalisierende Kulte immer mehr Anhänger. Nur eine rücksichtslose Zentralgewalt konnte aller dieser Nöte Herr werden. Diese Folgerung zogen die Heerführer und Beamten, die zum großen Teil dem bäuerlichen Stamm der → Illyrer angehörten. Sie waren zuerst unter Alexander Severus als Gardetruppe in Rom aufgetaucht und hatten seitdem eine immer größere Rolle gespielt. Seit 249 (→ Decius) kamen sie auf den Kaiserthron, den sie bis etwa zur Teilung des Reiches innehatten (erst Theodosius war Spanier). Über Änderungen der Regierungsform seit dem 2. Jh. n. Chr. → Röm. Verfassung. Staatliche Kontrolle, straffe Organisation und gesetzlicher Zwang wurden überall durchgeführt. Auch die Wirtschaft wurde in den Staatsorganismus eingespannt. Zu diesem Zweck wurde die Freiheit des einzelnen aufgehoben (→ Aurelian). Die Stadt → Rom trat immer mehr zurück. Aus diesen Änderungen im Reiche zog → Diocletian die Konsequenz durch Neuordnung der Verwaltung. Wenn auch unbeabsichtigt, leiteten seine Maßnahmen ins Mittelalter hinüber; Hauptsymptome waren Beseitigung der Machtstellung Roms als Reichshauptstadt (Konstantinopel, das „Zweite Rom"), Teilung des Reiches in Ost- und Westreich, Absolutismus. Unter Constantin (313 bis 337) wurde das Christentum staatlich anerkannt (313). Durch die Völkerwanderung der von Hunnen aufgescheuchten Germanenstämme wurde 375 das Westreich zerstört.

Das röm. Weltreich ist nicht am Ende des Altertums untergegangen. Rechtlich (theoretisch) hat das Imp. Rom. bis in die Neuzeit bestanden: Das Westreich zerfiel 476 unter dem Ansturm der Germanen; an seine Stelle traten germanische Königreiche. Aber es wurde 800 von Karl d. Gr. neu begründet, und zwar völlig in der alten Form, als wirkliches Imperium Romanum; nur daß der Kaiser kein Römer war, sondern ein Franke (so wie schon lange früher, 244–249, ein Araber, Philippus, an seiner Spitze gestanden hatte). Das hl. römische Reich deutscher Nation hat bis zum 6. August 1806 bestanden. – Das Ostreich konnte sich politisch in griech. Besitz, aber rechtlich ebenfalls durchaus als Imperium Romanum, bis zum 29. Mai 1453, dem Falle Konstantinopels, behaupten. Theoretisch bestand es jedoch in der alten Form weiter; die Griechen, die die Herrschaft der Moslims rechtlich nicht anerkannten, übertrugen die Oberhoheit über ihr Land einem Volke, das von ihnen den gr.-orthodoxen Glauben angenommen hatte, den Russen. Daher „Zar", d. h. Caesar (→ C. als Berufsbez.), u. die Ansprüche Rußlands auf Konstantinopel (Moskau, das „Dritte Rom"). Dieses fiktive oström. Reich brach erst 1917 mit dem Sturz des Zarentums zusammen.

Th. Mommsen, Röm. Gesch., III 1854–56, V 1885, [5]1993; H. Dessau, Gesch. d. röm. Kaiserzeit, II 1924–30; K. J. Beloch, Röm. Gesch. bis z. Beginn d. pun. Kriege, 1926, neu 1969; F. Schneider, Rom und Romgedanke im MA., 1926, neu 1969; F. Altheim, Epochen der röm. Gesch., 1934–35; ders., Röm. Gesch., IV [1–2]1956–62; H. E. Stier, Roms Aufstieg z. Weltmacht, 1957; H. Schaeder, Moskau, das dritte Rom, [2]1957; R. Syme, Die röm. Revolution, d. 1957 und 1962; H. Temporini (Hg.), Aufstieg u. Niedergang der röm. Welt, seit 1962; J. Vogt, Der Niedergang Roms, 1965; S. Lauffer, Röm. Gesch., [2]1968; H. Bengtson, Grundriß der röm. Gesch. mit Quellenkunde, II [2]1970; ders., Röm. Gesch., [6]1988; E. Kornemann, Röm. Gesch., II [7]1977; H. Dieter, R. Günther, Röm. Gesch. bis 476, 1978; K. Christ, Röm. Gesch., [4]1990; ders., Der Untergang d. röm. Reiches, [2]1986; H. Volkmann, Grundzüge der röm. Gesch., [8]1982; A. Heuss, Röm. Gesch., [5]1983; W. Dahlheim, Gesch. d. röm. Kaiserzeit, 1984; H. Bellen, Grundzüge der röm. Gesch., 1994.

Römische Literatur → Latein. Lit.

Römisches Recht → *corpus iuris;* Recht; Rechtsanwälte; Rechtswissenschaft; Seerecht.

Römische Verfassung. Im Altertum lösten in Rom drei Verfassungsformen einander ab: Königtum (753?–510? v. Chr.), → Republik, mit Vorherrschaft der Aristokratie im Senat (510?–31 v. Chr.; keine → Demokratie), Monarchie (31 v. Chr. – 476 n. Chr.); diese in verschiedenen Formen, zunächst als Prinzipat (der Kaiser nur *princeps civium,* → Kaisertum), dann als Dominat (seit dem 2. Jh. n. Chr.; der K. wirklicher *dominus* = Herr), schließlich als absolute M. (seit Diocletian, 284–305); → Röm. Geschichte.

J. Marquardt, Röm. Staatsverwaltung, III 1881ff., neu 1957; H. Rudolph, Stadt u. Staat im röm. Italien, 1935; V. Pöschl, Röm. Staat u. gr. Staatsdenken, 1936; U. v. Lübtow, D. röm. Volk, 1955; R. Heinze, V. Geist d. Römertums, [3]1960, neu 1972; R. H. Barrow, D. Römer, 1960; E. Meyer, Röm. Staat u. Staatsgedanke, [3]1964; F. E. Adcock, Röm. Staatskunst, [2]1967.

Röm.-germanische Forschung. Die Römer wurden aus dem inneren Norddeutschland schon 9 n. Chr. vertrieben und haben dort nur geringe Spuren hinterlassen, → Aliso. Weit zahlreicher sind die Reste ihres Aufenthalts in Südwestdeutschland, wo sie sich bis etwa 260 n. Chr. (→ Limes), und links des Rheins und südlich der Donau, wo sie sich bis gegen 400 n. Chr. behaupteten. Der Erforschung dieser Reste und der german. Kultur diente besonders die Errichtung der „Römisch-Germanischen Kommission“ in Frankfurt/Main (1901). Bedeutende Museen für r.-g. Funde sind das Zentralmuseum in Mainz, die Landesmuseen in Trier und Bonn, das M. auf der → Saalburg, das R.-G. M. in Köln, die M. in Aalen, Augsburg, Regensburg u. München. Die r.-g. F. erstreckt sich nicht nur auf röm. Kunstwerke und Bauten, sondern auf jeden, auch den unscheinbarsten Rest des Altertums, z. B. auf Geräte, Schuhe; sie trägt dadurch zu unserer Kenntnis des antiken Alltagslebens sehr viel bei und wird damit auch für den Laien sehr anziehend.

Röm.-german. Forschungen, hg. v. d. Röm.-Germ. Kommission, 1928ff. – G. Rodenwald, Neue deutsche Ausgrabungen, 1930; Neue Ausgrabungen in Deutschland, hg. W. Kramer, 1958; R. Pörtner, Mit d. Fahrstuhl in d. Römerzeit, 1959; ders., D. Erben Roms, 1964; W. Böcking, Die Römer am Niederrhein, 1974; C.-M. Ternes, Die R. an Rhein u. Mosel, ³1975; ders., Röm. Deutschland, 1986; R. Günther, Die Römer an Rhein u. Donau, 1975; H. J. Kellner, Die Römer in Bayern, ⁴1978; A. u. R. Schmid, Die Römer an Rhein u. Main, ³1980; D. Baatz (Hg.), Die Römer in Hessen, 1982; P. Filtzinger (Hg.), Die Römer in Baden-W., ³1986; H. G. Horn (Hg.), Die Römer in NRW, 1987; H. Cüppers (Hg.), Die Römer in Rheinl.-Pfalz, 1991.

Römisch-irische Bäder → Bäder.

Rom, lat. und ital. stets *Roma.* Der Name etruskisch (wohl „Stromstadt“; → Romulus). Lange vor 753 gegründet (dieses Datum wurde von → Varro errechnet; auch → Geburtstag), vielmehr wurden etwa seit dem 10. Jh. v. Chr. von den Latinern die ältesten Siedlungen auf dem Palatin angelegt; die *casa Romuli,* das Haus, in dem Romulus gelebt haben soll, wurde bis zum 4. Jh. n. Chr. dort gezeigt, und neue Ausgrabungen haben Spuren eines Hüttendorfes erbracht (Pfostenlöcher von Rundhäusern). Das Forum damals noch nicht bewohnt, sondern Friedhof. Ursprünglich Bauerndorf, dann Stadt auf → 7 Hügeln, unter verschiedenen Verfassungsformen in einer bisher einzigartigen Entwicklung schließlich Herrin eines Weltreichs (→ Röm. Geschichte; Röm. Verfassung); seit dem Mittelalter und bis heute unbestrittene Herrin der röm.-kath. Welt. Im Altertum Ausgestaltung der Stadt mit einer Pracht, wie sie seither und bis heute keine Stadt der Welt wieder gesehen hat (schon unter Augustus war R. aus einer „Ziegelstadt zur Marmorstadt“ geworden). 271–276, unter den Kaisern Aurelianus und Probus, mit der z. T. noch jetzt stehenden, gewaltigen Mauer umgeben. 330 empfindlich durch die Verlegung der Residenz von Rom nach Konstantinopel geschädigt. 410 Plünderung durch Alarich, dann noch weitere: 455 durch Geiserich, 472 durch Rikimer, 546 und 549 durch Totila, 552 durch Narses; bei der durch die Vandalen 455 wurde der kaiserliche Schatz, dabei die 70 n. Chr. in Jerusalem geraubten Kleinodien, der 7armige Leuchter usw. (→ Bogen), geraubt und nach Karthago gebracht; bei der Belagerung durch Vitigis 537 wurden von den Goten die 11 Wasserleitungen zerstört, wodurch die Stadt auf das empfindlichste getroffen wurde. Nach den Gründen hat man vielfach gefragt: Aus manchen Nachrichten spätantiker Autoren schließt man auf blinde Zerstörungswut („Vandalismus“)

der Germanen in der Völkerwanderung, die die Pracht Roms und andrer Städte Italiens vernichtet habe. Diese Ansicht ist falsch. Die Germanen wollten sich in Italien ansiedeln, hatten also keinen Grund, die Städte zu verwüsten. Neben den Kriegsschäden ist vielmehr die Zerstörung z. T. auf das Christentum zurückzuführen, z. B. die der antiken Tempel u. Götterbilder. Einen schweren Schlag erlitt Rom auch durch die unsicheren politischen Verhältnisse, die zur Reichsteilung und Verlegung der Residenzen von Rom nach den Grenzen führten (→ Diocletian). Im Zusammenhang damit verarmte die alte Reichshauptstadt durch Auswanderung und Rückgang der Bevölkerung. Die sterbende Stadt wurde bald nach Beginn des 4. Jh. zugunsten Konstantinopels geplündert, zahllose Kostbarkeiten (allein 3785 Bronzestatuen) wurden weggeschleppt. Die wenigen dort verbliebenen armen Bewohner konnten nichts für die Erhaltung tun. Als 663 Kaiser Constans II. von Konstantinopel nach Rom kam, war dies eine verfallene Stadt; deswegen hielt er sich für berechtigt, die vergoldeten Bronzeziegel des → Pantheons mit nach Konstantinopel zu nehmen; dort konnten die Ziegel ihren Zweck tun, den Prachtbau einer Weltstadt zu zieren, in Rom nicht mehr. Als wohl 801 unter Papst Leo III. bei einem furchtbaren Erdbeben ein ganzer Säulenwald umstürzte, mußte man ihn einfach liegen lassen; so, wie sie gestürzt sind, reihenweise nebeneinander, fand man 1931 die Säulen bei Ausgrabungen am Traiansforum wieder. Das wenige Geld, das man besaß, benutzte man dazu, einige antike Tempel in Kirchen zu verwandeln und christlich zu schmücken (z. B. Ss. Cosma e Damiano) oder das beim Mangel an Käufern längst verfallene Warenhaus am Traiansforum in ein Kloster (die Verkaufsstände in Zellen) umzubauen. Im Mittelalter hieß das Capitol „Ziegenberg“, das Forum bis in die Neuzeit „Kuhfeld“. Allmähliche Erneuerung kam erst durch die Päpste, in großartigem Aufschwung in der Renaissance; weiter seit 1870, als Rom Hauptstadt des Königreiches Italien wurde. Heute ist R. eine Riesenstadt von 3 Millionen Einwohnern. (→ Volkszählungen im Altertum.)

Geschichte: F. Gregorovius, D. Gesch. d. Stadt im MA., VIII 1859–72, in III 1953–57; W. Rehm, D. Untergang Roms im abendländ. Denken, 1930, neu 1987; ders., Die europ. R.-Dichtung, [2]1960; H. Müller-Karpe, Vom Anfang Roms, 1959; ders., Zur Stadtwerdung Roms, 1962; A. Alföldi, *Early Rome and the Latins,* Ann Arbor 1965; H. Nauer, 1300 Jahre Rom, 1967; H. Strasburger, Zur Sage von der Gründung Roms, 1968; R. M. Ogilvie, D. frühe R. u. d. Etrusker, d. 1972 u. 1984; R. Krautheimer, R. – Schicksal einer Stadt (312–1308), 1987; B. Schimmelpfennig, L. Schmugge (Hg.), Rom im hohen MA., 1992. – Topographie: E. Nash, Bildlexikon zur Topographie des antiken R., II 1961–62; W. Helbig, Führer d. d. öff. Sammlungen klass. Altertümer in R., IV [4]1963–66; L. Curtius, A. Nawrath, Das antike R., [5]1970; B. Bandinelli, R., II d. 1970–71; F. Coarelli, R. – ein archäolog. Führer, d. 1975; H. v. Hülsen, Röm. Funde, [2]1986; C. Pavia, C. M. Carpano, Unter d. Straßen v. R., d. 1986. – *Roma aeterna,* hg. u. d. B. Kytzler, 1972 u. 1984; Reise-Textbuch R., hg. F. P. Waiblinger, 1986; C. Neumeister, Das ant. R. (hist. Stadtführer), 1991.

Roman. Romanhafte Behandlung literarischer Stoffe findet sich seit dem 4. Jh. v. Chr. (bei Platon, der → Atlantis-R.; → Xenophon, *Kyru paideia;* Reise-R., mit aufklärerischer Tendenz des → Euhemeros; *Alexander-R.,*

→ Kallisthenes). Eigentliche R. tauchen aber erst später auf. Der älteste, nur durch zwei Bruchstücke bekannte, der *Ninos-R.*, über die Liebe des Assyrerkönigs Ninos scheint aus dem 2. Jh. v. Chr. zu stammen; der älteste vollständig erhaltene und am besten komponierte ist der R. des → Chariton (1. Jh. n. Chr.), mit feiner Charakterisierung des Helden auf gewisser psychologischer Grundlage. Aus dem 2. Jh. (n. Chr.) stammt der Liebesroman von Leukippe und Kleitophon, den Achilleus Tatios schrieb; dies Werk beeinflußte → Heliodoros v. Emesa; sehr beliebt war der Hirten-R. des → Longos. Im 3. Jh. n. Chr. erhielt auch der sog. *Alexander-R.* seine Gestalt, wobei Briefe u. Berichte mit einer romanhaften Geschichte → Alexanders d. Gr. zusammengearbeitet wurden. Am bekanntesten ist der R. *Lucius oder der Esel* (Schicksale des in einen E. verwandelten L.), der in einer irrig dem Lukian zugeschriebenen gr. und in einer lat. Bearbeitung in Apuleius' *Metamorphosen* (→ Eros) vorliegt. Alle diese R.e handeln meist von Entführung und Trennung zweier Liebender, die sich nach aufregenden Abenteuern oft durch unglaubliche Fügungen wiederfinden; phantastische Schilderungen fremder Länder, Völker und Sitten nehmen daher einen breiten Raum ein. Manche dieser Romane lieferten auch Anlässe zu allegorischer Deutung (Weg der Seele durch Gefahr zur Rettung). – Das Niveau dieser R.e war nicht sehr hoch, sie bildeten die Unterhaltungslektüre für wenig anspruchsvolle Leser, waren aber, wie die zahlreichen, auf Papyrus gefundenen Bruchstücke beweisen, sehr beliebt. Wesentlich besser ist trotz seiner erotischen Derbheiten der satirische Reise-R. des → Petronius, das Werk eines wirklich geistvollen Mannes. Am Ende des Altertums, im 5. oder 6. Jh. n. Chr., entstand die lat. Fassung des *Troia-R.* (angeblicher Verfasser: Dares v. Phrygien), der auf Augenzeugenberichten beruhen sollte; dieser R. bot die Grundlage für mehrere mittelalterliche Nachdichtungen in span., ital. u. dt. Sprache, bis durch die Wiederentdeckung der Homerischen Dichtungen im 15. Jh. das Interesse an diesem R. nachließ. – Der R. wurde vom Christentum übernommen und auch in der byzantinischen Literatur gepflegt. Von dort gelangte er nach Frankreich und von da (erst im 17. Jh.) zu uns.

Ü: Sämtl. Liebes- u. Abenteuerromane der Antike, d. B. Kytzler, II 1983.

L: E. Schwartz, Fünf Vorträge zum gr. Roman, [2]1943; E. Rohde, Der gr. R. u. seine Vorläufer, [4]1961; F. Altheim, R. u. Dekadenz, 1951; R. Helm, D. antike R., [2]1956; P. Grimal, *Romans grecs et latins,* Paris 1958; O. Weinreich, Der gr. Liebes-R., 1962; R. Merkelbach, R. u. Mysterium in d. Antike, 1962; B. E. Perry, *The Ancient Romances,* Berkeley 1967; T. Hägg, *Narrative Technique in ancient Greek Romances,* Stockh. 1971; K. Kerényi, Der antike R., 1971; ders., Die gr. oriental. R.-Literatur in religionsgeschichtl. Beleuchtung, [3]1973; H. Hunger, Antiker u. byzantin. R., 1980; N. Holzberg, Der antike R., 1986; H. Kuch (Hg.), Der antike R., 1989.

Romulus, der sagenhafte Gründer Roms. Der Name bezeichnet den Ahnherrn einer *gens* (Familie) *Romulia* oder *Romilia,* die in Rom in der Tat nachzuweisen ist; die etrusk. Form *rumla, rumlna* liegt wohl auch in dem Wort Roma (→ Rom) vor. – R. galt als Sohn des Mars und der → Rea Silvia, der Tochter Numitors, des Königs von Alba Longa. Numitor war von seinem Bruder Amulius vom Thron gestoßen und seine Tochter zur Vestalin (→ Vesta) geweiht worden, da sie als solche nicht heiraten durfte; so sollte die Geburt eines Thronerben verhütet werden. R. S. gebar aber dem Mars Zwillinge, R. und Remus, die von Amulius auf dem reißenden Tiber in einem Kasten (→ Kypselos) ausgesetzt wurden. Dieser blieb an der Stelle des späteren Roms an einem Feigenbaum hängen. Die Kinder wurden durch eine → Wölfin gesäugt und später von einem Hirten erzogen. Als sie erwachsen waren, setzten sie ihren Großvater Numitor wieder als König ein. Bei der Gründung Roms (nach der Tradition im Jahre 753 v. Chr.) erschlug R. den Bruder und regierte danach als kriegerischer König die schnell aufblühende Stadt. Die Einrichtung des Staates mit Senat und Volksversammlung, Patriziern und Plebejern wurde ihm zugeschrieben. Frauen verschaffte er den Bürgern durch den → Raub der Sabinerinnen. Am Ende seines Lebens fuhr er in einem feurigen Wagen gen Himmel und wurde als Quirinus göttlich verehrt.

Griechische Sagen (→ Aineias; Troischer Krieg) wurden erfolgreich, wenn auch unter chronolog. Schwierigkeiten, mit römischen Sagen gekoppelt. Nach modernen Forschungen ist die Stadt aus mehreren Siedlungen zusammengewachsen (→ Rom). Aber sagengeschichtlich ist die Erzählung interessant. Zahlreiche Motive sind anderswo beliebt und kehren besonders im Orient häufig wieder, z. B. Aussetzung und wunderbare Errettung, Ernährung durch die Milch eines Tiers als Zeichen göttlicher Abkunft, Himmelfahrt. Wann und in welchen Etappen die Sage entstanden ist, wissen wir nicht. Jedenfalls haben die Griechen an ihrer Ausbildung bedeutenden Anteil gehabt. – Das Grab des R. → Lapis niger.

A. Alföldi, Die trojan. Urahnen der Römer, Basel 1957; ders., *Early Rome and the Latins,* Ann Arbor 1965; P. de Francisci, *Primordia civitatis,* Rom 1959; E. Gjerstad, *Legends and Facts* . . ., 1962; P. Romanelli, *Certezze e ipotesi* . . ., 1965.

rostra, Rednerbühne auf dem Forum Romanum, in republikanischer Zeit erbaut; Neubau durch Augustus; *r.,* d. h. „die → Schiffschnäbel“ genannt, weil mit solchen von erbeuteten feindlichen Schiffen geschmückt, seit Augustus mit denen von der Flotte der Kleopatra. Von diesen augusteischen *r.* sieht man noch beträchtliche Reste des Unterbaus, 29 m lang, 10 m tief; die *r.* waren so groß, weil sie, wenn der Kaiser sprach, auch dessen Gefolge mit aufnahmen. → *suovetaurilia.*

Roswitha → Hrotsvitha; rh.

Rotfigurige Vasen → Schwarzfig. Vasen.

Roxane, Tochter eines baktrischen Fürsten, wurde von → Alexander d. Gr. geheiratet, nach dessen Tod durch → Kassandros ermordet.

Rubico(n) → Caesar; *alea.* Wo der R. zu suchen ist, weiß man ungefähr; aber es ist ungewiß, welches der zahlreichen Flüßchen der dortigen Gegend einst diesen Namen trug. Im 15. Jh. haben die Städte Rimini und Cesena sogar um die Ehre, den berühmten Fluß auf ihrem Gebiet zu besitzen, einen Prozeß geführt. Offenbar war der R. der heutige *Fiumicino,* den die Via Aemilia auf einer dreiteiligen antiken Brücke und der jetzige Reisende bei der Fahrt von Bologna nach Rimini zwischen km 90, Gambettola, und km 97, Savignano, auf einer Eisenbahnbrücke überschreitet. 1932 hat man dem Fiumicino offiziell den Namen *Rubicone* wiedergegeben und diesen an allen Brücken anschreiben lassen.

Ruinenstädte. Antike Ruinen sind relativ gut erhalten, wenn die späteren Bewohner der Stadt verarmten und zur Beseitigung des baufällig Gewordenen und zu Neubauten keine Mittel hatten (→ Palmyra); wenig oder gar nicht in Städten, die zu allen Zeiten blühten, so Damaskus, Marseille.

Rußland. Die Ukraine wurde im Altertum bis an die Schwarzmeerküste heran von seßhaften, ackerbauenden → Skythen bewohnt, die durch Getreidehandel mit den Griechen reich wurden; ihre Hügelgräber enthalten oft überraschende Schätze. Unter den Küstenstädten, die seit dem 7. Jh. v. Chr. von den Griechen als → Kolonien am Schwarzen Meer (→ Pontos Euxeinos) gegründet wurden, war (von West nach Ost) Olbia an der Mündung des Borysthenes (Dnjepr) die reichste, Pantikapaion (h. Kertsch) die bedeutendste Stadt; wichtige Handelspunkte waren Eupatoria u. Chersonesos (auf der Halbinsel Krim), ferner Phanagoreia. Handelsprodukte waren Getreide, Fische, Keramik und Textilien, auch Glaswaren, nicht zuletzt Sklaven. → Sarmaten.

E. H. Minns, *Scythians and Greeks,* Cambridge 1913; M. Ebert, Südrußland im Altertum, 1921; M. Rostovtzeff, Skythien u. d. Bosporus, I, 1931; J. A. H. Potratz, Die Skythen in Südrußland, 1963; A. Wasowicz, *Olbia pontique,* Paris 1975; St. M. Burstau, *Outpost of Hellenism,* Berkel. 1976; J. Winogradow, Olbia, d. 1981.

Saalburg, Limeskastell (→ *limes*) im Taunus nördlich von Homburg v. d. Höhe. An dieser Stelle überschritt die Straße, die von der Furt über den Main (Frankfurt) in gerader Richtung nördlich über den Taunus in das Chattenland führte, den Limes, dessen Verlauf noch recht gut im Wald hinter dem Kastell erkennbar ist. Die S. wurde gegen Ende des 1. Jhs. n. Chr. zuerst als Erdkastell angelegt und unter Antoninus Pius, dessen (moderne) Statue heute am Eingang steht, mit steinernen Außenmauern ausgebaut. In diesem Zustand hat sie sich in Friedens- und Kriegszeiten etwa 2 Jahrhunderte bewährt. Vor dem Kastell entstand an der Straße eine bürgerliche Siedlung, wo die Kaufleute ihre Läden, die Soldaten ihre Wohnungen, ihre Friedhöfe und ein Mithraeum (→ Mithras) hatten. Spätestens um 260 n. Chr. wurde die S. aufgegeben und verfiel. Auf Veranlassung Wilhelms II. wurde sie 1898–1907 ausgegraben und in der letzten Gestalt wieder aufgebaut. Reicher Fundbestand im Museum. – Der antike Name der S. ist unbekannt, die Entstehung des modernen ist nicht sicher erklärbar. – Die Absicht war, den Besuchern die wirkliche Anschauung eines röm. Dauerlagers in Germanien zu bieten. Freilich sind die gewonnenen Erkenntnisse nicht zu verallgemeinern; die S. war ein Grenzkastell in weiter Entfernung von der Zivilisation der Hauptstadt.

L. Jacobi, D. Römerkastell S., II, 1897; H. Jacobi, D. Kastell S. (ORL), 1937; H. Schönberger, Führer durch das Römerkastell S., [23]1966; D. Baatz, Das Limeskastell S., [8]1984; Saalburg-Jahrbücher, Mainz 1–40, 1910–84.

Sabiner, unter den → Italikern der Stamm, der am Tiberufer seit dem 10. Jh. v. Chr. Viehzucht trieb; dort wurden die Bewohner der jungen Siedlung Rom ihre Nachbarn: → Raub der Sabinerinnen.

Sabinum → Horazens S.

Sänfte, gr. *diphros,* lat. *sella gestatoria* (Tragstuhl), gr. *kline,* lat. *lectica* (Tragbett). Die S. ist im Orient sehr alt und kam verhältnismäßig spät nach Europa; der erste Europäer, der unseres Wissens sich in einer S. tragen ließ, war Demosthenes, der als angesehener → „Rechtsanwalt" und Politiker auf elegantes Auftreten Wert legte. Noch später, erst um 40 v. Chr., kam sie nach Rom; erst von etwa 60 n. Chr. an wurde sie dort häufiger, aber immer nur bei Reichen, namentlich bei Mitgliedern des Hofs. Man trieb mit S. Luxus, wie wir jetzt mit Autos; erhaltene S.-Teile sind von Silber; die 4 oder 6 Sklaven, die die S. trugen, nahm man von ein und derselben Nation und Farbe (so wie elegante Equipagen früher bei uns nur mit Schimmeln oder nur mit Rappen bespannt wurden), schwarzhaarige Neger, blonde Germanen, und kleidete sie in gleichmäßige Livrée. Eine S. zu halten war also recht kostspielig; deswegen breitete sich ihr Gebrauch bei den ärmeren Griechen nie so aus wie in Rom. Das Weiterleben der antiken S. läßt sich durch das Mittelalter bis in die Neuzeit verfolgen. Man hat es jetzt schon ganz vergessen, daß es in Leipzig noch bis gegen 1875 S. gab und in Dresden noch viel länger ein Kgl. Chaisenträgercorps; Damen ließen sich zu Hofbällen tragen, weil das Toilette und Frisur weniger verderbe als die stoßenden Wagen. An hohen Kirchenfesten wurde der Papst früher nach St. Peter in Rom in einer S. getragen.

Sänger, gr. *aoidoi.* Man beachte den Vokalreichtum dieses Wortes, der onomatopoetisch (→ Onomatopöie) den Klang des Gesangs nachahmt; → Seirenen. – Berufsmäßige S. kennt schon Homer. Als die Griechen nach Kleinasien ausgewandert waren, bildete sich dort bei den Aiolern u. den Ionern ein zu einer Zunft zusammengeschlossener S.-Stand aus, der besonders bei dem reichen Adel sehr geschätzt wurde. Die S. zogen bei den Vornehmen von Hof zu Hof und trugen zum Mahl in der Halle oder bei großen Festen ihre Lieder vor (so wie Phemios und Demodokos in der *Odyssee*). Die Entlohnung mag in Speise, Unterkunft und Gaben bestanden haben. Das Repertoire war sehr ausgedehnt. Die S. beherrschten alle Phasen des troischen Krieges, der offenbar früh das Hauptthema ihrer Lieder wurde, auch die Vorgeschichte des Krieges und die Heimfahrten der Helden, ferner mutterländische Sagen, die um

Oidipus und den Zug der 7 gegen Theben, und kleinasiatische Stoffe, die Sagen um Bellerophon. Nach dem Wunsch ihrer Auftraggeber konnten sie an jeder beliebigen Stelle beginnen und nach einem Anruf der Muse jede gewünschte Episode, besonders die Heldentaten eines Ahnen des Gastgebers, vortragen, wie denn im Laufe der Zeit die berühmten Geschlechter Wert darauf legten, daß ihre Vorfahren unter den Helden der Vorzeit mit genannt wurden (diese Tendenz noch in Pindars Epinikien). Solche kürzere Einzellieder wurden von den Sängern je nach Bedarf in der Kunstsprache (→ Homer) und dem besonderen Kunstvers (→ Hexameter) neu gedichtet. Diese weitgereisten Männer beherrschten aber nicht bloß die Sagenstoffe; sie waren auch die Gebildetsten ihrer Zeit. Daher finden sich in ihren Gedichten Gedanken aller Art, über Religion, Philosophie, Wissenschaft u. Kunst, vor allem viele Lebensweisheiten. Die ionischen S. waren, wie das diesem Stamme besonders eignete, scharfe Beobachter der Menschen und schilderten diese in den verschiedensten Situationen mit unnachahmlicher Plastik; manche Szenen, z. B. Hektors Abschied, sind deutliche Vorläufer der Lyrik. – In alter Zeit wurden die Lieder gesungen, später aber in einer Art Rezitation mit halbsingender Stimme vorgetragen (deswegen *epos* = Wort, Rede genannt). Der S. stand beim Vortrag und hielt einen Stab (→ Rhapsoden). – Der S.-Stand diente einer hochkultivierten, ritterlichen Gesellschaft, deren Lebenselement Kampf und Abenteuer waren und die besonderes Interesse für Ahnen und Geschlechtertradition hatte. Als diese Schicht von der bürgerlichen Gesellschaft verdrängt wurde, fanden die S. mit ihren Stoffen nicht mehr das gleiche Interesse, und das Epos ging im 7. Jh. v. Chr. zurück. Viele Sagen erhielten sich nur als Stoff, der später von der Tragödie neu gestaltet wurde. Andre (epischer Kyklos, thebanische Sagen) blieben zwar in der epischen Dichtung erhalten, traten aber mehr oder weniger zurück. Nur *Ilias* u. *Odyssee* (→ Homerische Dichtung 1; 2) behielten ihre Bedeutung und Beliebtheit, weil ein überragender Dichter, Homer, der sicher auch Sänger gewesen ist, aus diesen Episoden abgeschlossene Werke geschaffen hatte. → Sänger.

W. Schadewaldt, Von Homers Welt u. Werk, [4]1966.

Säule. In der überwiegenden Mehrzahl der Fälle ein architektonisches, tragendes Glied, schon vorgriechisch (→ S.-Ordnungen), gr. *kion* (Fremdwort, ungewiß, aus welcher Sprache), *stylos* (die „aufrecht Stehende"); lat. *columna* (die „Ragende"). Ein solches Bauglied kann durch eine menschliche Figur ersetzt werden (→ Karyatiden; → Erechtheion), oder die unterste Trommel kann mit Reliefbildern verziert werden (= *columna caelata;* ein schönes Beispiel vom Artemis-Tempel in Ephesos im Britischen Museum in London); manchmal wird auch der ganze S.-schaft in einem schräglaufenden Band mit Reliefs verziert (→ Ehrensäulen). Solche S.-Arten sind jedoch selten, auch solche, die freistehend eine Statue tragen (→ Ehren-S.; Giganten-S.; Nike des Paionios.

Im allgemeinen standen antike Statuen auf sehr niedrigen Basen). – Überhaupt nicht als Träger dienten die *metae* der *spina,* → Rennen; die Meilensteine (→ Meile), die meist S.-förmig waren. → Entasis; Kannelierung; die folgenden Artikel.

Säulenbauten, gr. *stoa,* lat. *porticus* = Säulenhalle. Nach ihrer Bauart (→ *stoa*) bietet eine *porticus* Aufenthalt in frischer Luft, aber im Schatten. Damit versteht man den Sinn der antiken → Peristylhäuser und der kretischen Paläste, andrerseits den Grund, warum sich Peristylhäuser und Säulenbau bei uns nicht einbürgerten; unser Klima verlangt für den größten Teil des Jahres geschlossene Räume. – Die Säulenhallen vor den Türen der antiken Tempel erklären sich daraus, daß die einfachste Form des Tempelgrundrisses (→ Tempel), der Antentempel, eine direkte Nachahmung des älteren gr. Wohnhauses war; dessen offene luftige Vorhalle hatte den oben dargelegten praktischen Zweck. Die Säulenstellungen um den ganzen Tempel herum, und zwar so nahe an der Wand, daß zwischen dieser und den Säulen nur ein schmaler Raum, nicht eine Halle zum eigentlichen Aufenthalt entsteht, verfolgen nicht praktische Ziele, sondern sind um der monumentalen Wirkung willen angebracht. Mit ihnen haften namentlich die dorischen (→ Säulenordnungen) Tempel fest, schwer und wuchtig an der Erde. Der Säulenbau lebt durchaus noch in Italien, „wo alles hehr und luftig" (Jacob Burckhardt). In Griechenland, seinem Mutterland, starb er unter der Türkenherrschaft ab, wurde aber seit 1860 zu neuem Leben erweckt; schöne, imposante Beispiele das Akademiegebäude und die Universität in der Universitätsstraße in Athen. Nach dem Norden gelangte er mit dem dreischiffigen Kirchenbaustil (→ Basilica) und wurde dort außerdem in Zeiten, in denen man im Altertum sein Vorbild sah, an antikisierenden Bauten verwendet.

Säulenordnungen. Die mykenischen steinernen Säulen des 2. Jahrt. v. Chr. verjüngen sich nach unten wie die Holzpfähle, deren Spitze in die Erde gesteckt wird. Die bezeichnendsten Stücke sind die Säulen im Treppenhaus in → Knossos und die Halbsäulen vom sog. Atreusschatzhaus (→ Kuppelbauten); diese jetzt im British Museum in London. Die ältesten griech. Säulen waren hölzern, wurden aber nicht in die Erde gesteckt, wo das untere Ende verfault wäre, sondern jede stand auf einem Stein. Sehr bald schuf man die ganze Säule aus Stein, oft aus Marmor. Antike Säulen sind zu vielen Tausenden erhalten, in den Trümmern antiker Bauten oder in neuer Verwendung, so namentlich in den Kirchen Roms. Man unterscheidet in der Hauptsache drei Arten, Säulen dorischer, ionischer und korinthischer Ordnung. Diese Bezeichnungen sind antik; sie besagen vielleicht, diese O. seien von Doriern, Ioniern, Korinthern erfunden, aber durchaus nicht, sie seien von ihnen ausschließlich oder doch vorzugsweise verwendet worden. Auch über die Entstehung der einzelnen O. und namentlich über ihre Herleitung von Säulen des Orients weiß man trotz vieler Untersuchungen nichts Sicheres. Die dorische Ordnung ist eine Schöpfung des 7. Jhs. v. Chr. und findet sich zuerst auf dorischem Stammesgebiet (Korinth), die ionische stammt aus dem 6. Jh.; die korinthische tritt später hinzu. Die dorische Säule ist schwer und wuchtig; sie steht einfach auf dem Fußboden (der obersten Tempelstufe); ihr Kapitell ist einfach. Alle älteren Tempel in Sizilien, die in Paestum und noch das sog. Theseion und der Parthenon in Athen sind dorisch. Die ionische S. ist schlanker und gefälliger; sie steht auf einer Basis mit doppeltem Wulst; das Kapitell trägt zwei Voluten, Windungen wie die eines Schneckenhauses. Ein schönes Beispiel ion. S. bietet das Niketempelchen auf der Akropolis in Athen. Die korinthische S. ist reich, elegant und herrscht deswegen in der Kaiserzeit vor. Sie steht ebenfalls auf einer Basis; das Kapitell ist mit Akanthos-Blättern überkleidet (= distelartige Staude aus der Gattung Bärenklau). – In römischer Zeit erscheint, zuerst am Titusbogen (→ Bogen), die Säule mit Komposit- (d. h. zusammengesetztem) Kapitell, einer Verbindung des ion. mit dem kor. Kap. – → Baukunst; Ehrensäulen; Entasis; Kannelierung; Polychromie; Tempel(grundrisse). – Säulen der antiken Ordnungen werden jetzt selten verwendet; schon das Mittelalter schuf namentlich andere Formen der Kapitelle.

W. Andreae, Die jon. Säule, 1933; E. Forssmann, Dorisch, jonisch, korinthisch, 1961; H. H. Büsing, Die gr. Halbsäule, 1970; R. Chitham, Die S.ordnungen der Antike ..., d. 1987.

Säulenstraßen. Die Straßen einer antiken Stadt waren zuerst meist winklig und eng und boten Schatten, aber geringe Verkehrsmöglichkeit. Das Umgekehrte gilt von den hippodamischen Str. (→ Stadtanlagen). Daneben kannte das Altertum einen dritten Str.-Typus, der beide Vorteile, Schutz vor der Sonne, aber die Möglichkeit freien Verkehrs bot, die S., indem die Fußwege der Hauptstraßen beiderseits des Fahrwegs mit Säulenhallen überdeckt waren. Nötigenfalls spannte man gegen die Sonne zwischen die Säulen noch Tücher. Besonders gute Beispiele solcher S. bieten → Ephesos (die Arkadiane), → Timgad, ein geradezu überwältigendes → Palmyra; die S. in sehr vielen anderen antiken Städten sind verschwunden (vor allem im Osten: Gerasa, Apamea, Philadelphia, Antiocheia, Nicomedeia, Bosra; im Westen außer Rom besonders in Spalato der Diokletianspalast, aber auch der *Cardo maximus* in Trier). – Heute zeigen die engen, winkligen Straßen Venedigs und der Altstadt Tunis den einen, die Str. Turins den zweiten antiken Str.-Typus. Den dritten, praktischsten hat man nur in einem einzigen Falle, in Bologna, beibehalten, ein wenig auch in den „Lauben" in Bozen. Nachgeahmt wurde er in älteren Straßen europ. Städte, namentlich am Marktplatz. – → *stoa*.

Saguntum, iberische Stadt südlich des Ebro, bei Murviedro (d. i. *murus vetus* = Alte Mauer), heute wieder *Sagunto.* Als sie von Hannibal 218 v. Chr. nach achtmonatiger Belagerung eingenommen wurde, behaupteten die Römer (kaum mit Recht), infolge eines Bundesgenossenverhältnisses zu ihrem Schutze verpflichtet zu sein, und erklärten den Karthagern den (2. Punischen) Krieg. In der späteren Zeit war S. ein gewerbefleißiges Municipium. Heute bedeutende Ruinen.

L: W. Kolbe, Die Kriegsschuldfrage von 218 v. Chr. Geb., 1934.

Saiteninstrumente. Bei den Griechen → *Kithara; Lyra; Phorminx; Sambuca;* eine weitere Abart war das von Horaz, *Oden* I 1, 34 genannte *Barbiton.* Mit dem *Plektron (→ kithara)* geschlagen. Ihr Ton war nur schwach (→ Musik). Sie waren beliebter als die Blas-I., → Flöte; Syrinx. – Die Römer hatten keine eignen S., sondern übernahmen die griech. und als Fremdwörter deren Namen *(barbiton, cithara, lyra, sambuca).* – Streichinstrumente fehlen im ganzen Altertum.

C. Sachs, Reallexikon der Musikinstrumente, 1913, neu 1962; → Musik.

sakrosankt, v. lat. *sacer* = einem Gotte geweiht, heilig, und *sanctus* = durch religiöse Weihe unverletzlich gemacht, also = unantastbar. S. waren nach altem Völkerrecht die Gesandten; in Rom ferner, zum Schutz vor der Willkür des Adels, die 10 Volkstribunen.

Salamis. Gebirgige Insel vor der Küste Attikas, 17 km lang, 93 qkm groß. Für Athen und Megara war der Besitz von S. wegen seiner Lage vor den Häfen dieser Städte gleich begehrenswert; nach langen Kämpfen eroberten die Athener die Insel um 600 v. Chr. 480 v. Chr. schlugen in der Meerenge zwischen S. und dem Festland die Griechen mit ihren beweglichen, kleinen Schiffen die großen Schlachtschiffe der Perser (→ Themistokles). – Ein zweites S. auf Kypros, → Flotte.

Salii, die Salier, in Rom Priester des Mars, mit blutrotem Gewand, metallenem Brustschutz, Schwert, Helm, Schild; eigentlich „Springer“ nach einem Kulttanz; über diesen und über ihr Kultlied → *carmen.*

Sallust. Gaius Sallustius Crispus, 86–35 v. Chr., der erste kunstmäßige Geschichtsschreiber der Römer. Als er nach einem vielbewegten Leben durch Caesars Tod zu politischer Untätigkeit genötigt wurde, legte er auf dem Monte Pincio die berühmten „Sallustischen Gärten“ *(horti Sallustiani)* an u. widmete sich hier in seinem Palast (→ Sallusts Haus) historischen Studien. Die beiden erhaltenen Monographien über die Verschwörung Catilinas (*Coniuratio Catilinae,* 63 v. Chr.) und den Iugurthinischen Krieg (*Bellum Iugurthinum,* 111–105 v. Chr.) sind echte Geschichtswerke, nicht etwa nur politische Tendenzschriften, die das Geschehene in eine bestimmte, Sallusts demokratischem Standpunkt entsprechende Beleuchtung rücken sollen. Sie sind mit der Absicht verfaßt, die Verderbtheit der politischen Zustände in Rom seit Ende der Punischen Kriege, namentlich in den Kreisen der Nobilität, darzustellen und die Notwendigkeit zu zeigen, daß endlich ein Mann den Staat neu ordne; aber wie einst Marius versagt hatte, so wurde S. schließlich auch von Caesar enttäuscht, dem er zweimal in noch erhaltenen Briefen seinen klugen Rat anbot. Die

Stoffe, die er sich zur Darstellung gewählt hatte, waren besonders geeignet, die innere Fäulnis der röm. Aristokratie eindringlich vor Augen zu führen. Das Meisterwerk Sallusts, die *Historiae,* behandelte zusammenhängend die Zeitgeschichte von Sullas Tod bis zu Pompeius' Machtentfaltung (78–67 v. Chr.); außer Bruchstücken sind nur einige Reden und Briefe daraus erhalten, die den Verfasser auf dem Gipfel seiner Kunst zeigen. Mit seinen Schriften glaubte S., eine politische Aufgabe zu erfüllen, und beanspruchte für den Historiker dieselbe Stellung wie für den Staatsmann. Über alle Ursachen-Forschung hinaus wollte S. nicht nur Fakten und Daten sammeln, sondern eine Zeitepoche, deren katastrophale Umwälzungen er selbst miterlebt hatte, in allen Dimensionen schildern und die Verantwortlichkeiten zeigen; er wollte Bewunderung für Tugend, Abscheu vor dem Laster wecken und damit Maßstäbe für künftiges Handeln setzen. – Stilistisch bedeutet er in seiner prägnanten, gedankenreichen Kürze und altertümlichen Sprache den größten Gegensatz zu seinem Zeitgenossen Cicero. Tacitus, der ihn den „glänzendsten röm. Historiker" nennt, hat seinen Stil an ihm gebildet, und auch auf Mittelalter und Neuzeit hat S. tiefgehend gewirkt; Nietzsche wie auch Hofmannsthal wurden von dem Stilisten S. fasziniert.

W: Gesamtausgaben: A. Ahlberg, A. Kurfess, ³1968; hg. u. d. W. Eisenhut, J. Lindauer, ²1994. Invektiven und Briefe: hg., d. u. komm. K. Vretska, II 1961. Einzelausgaben: Cat.: J. Lindauer, 1964; K. Büchner, 1972 (beide mit *Ü*); Briefe: Hg., komm. u. d. K. Büchner, 1975; *Historiae:* Hg. u. d. O. Leggewie, 1975. – *Ü:* D. Jahrhundert d. Revolution, H. Weinstock, ³1955; C. Woyte, ²1961. Gesamt-W. A. Lambert, 1978.
L: W. Steidle, S.s histor. Monographien, 1958; D. C. Earl, *The Political Thought of S.*, Cambr. 1961; K. Büchner, S.-Interpret., 1967; ders., S., ²1982; R. Syme, d. 1975; H. Drexler, D. Catil. Verschw., 1976; V. Pöschl (Hg.), ²1981; Chr. Neumeister, D. Gesch.auffassung ..., 1983.

Sallusts Haus (→ Horazens Sabinum). Durch die *Porta Salaria* drangen im Jahre 410 die Goten in Rom ein; dabei ging das anliegende Viertel in Flammen auf, darunter das Haus des S. Etwa 100 Jahre später sah und erwähnte der Geschichtsschreiber Prokopios seine Trümmer. Diese sind bis heute erhalten. Die späteren Zubauten sind jetzt abgerissen, die beträchtlichen antiken Räume in mehreren Stockwerken sind zugänglich. Sie liegen auf Piazza Sallustiana.

Salvius Iulianus, röm Jurist des 2. Jh. n. Chr. aus Afrika, Konsul 148, führte im Auftrag des Kaisers Hadrian die abschließende Redaktion der Jurisdiktions-Edikte durch (sog. *edictum praetorium;* → prätorisches Recht). Seine eigenen Werke: Digesten, Kommentare.

W: Edictum: Hg. O. Lenel, ³1927, neu 1956.
L: A. Guarino, *Salv. Iul.,* 1946; E. Bund, Unters. zur Methode I.s, 1965.

Salz, gr. *hals,* lat. *sal,* wird seit prähistorischen Zeiten auf verschiedene Arten gewonnen: Aus Salzseen und in Lagunen, die durch Dünen- und Haffbildung vom Meer abgetrennt waren; so schon von Herodot in Ägypten beobachtet; am Toten Meer, aber auch bei Megara, an der Insel

Leukas, bei Syrakus und am Strande von Ostia (dort noch im 15. Jh.!). Salzlager wurden in Katalonien (Spanien) seit dem 3. Jh. v. Chr. im Tagebau abgebaut, in der Gegend von Hallstatt (Name als Hinweis; vgl. Halle u. andere Namen) auch unter Tage seit der Bronzezeit (Steinsalz). Schließlich wurde seit der Latène-Zeit (etwa 100 v. Chr.) Sole (salzhaltiges Wasser aus natürlichen Quellen) auf offenen Sudherden oder in Töpfen verdampft und damit das eingedickte S. gewonnen, ein von Kelten vielfach auch an salzarmen Quellen betriebenes Verfahren, das auch Germanen übernommen hatten. Nach einem Bericht bei Tacitus haben Chatten und Hermunduren um den Besitz eines salzreichen Flusses (die Werra?) gekämpft. – Wichtig war das Salz für den Handel (Salzstraßen: Via Salaria von Ostia ins Sabinergebiet; Porta Salaria in Rom) und für den Staat durch S.-Steuer, öfter auch durch S.-Monopole. *Salarium* = die tägliche S.-Ration des Soldaten, auch des Beamten, später in Geld ausgezahlt; daher Salär. → *cum grano salis.*

V. Hehn, Das S., 1873, neu 1964; K. Stegen, Von alten S.-Straßen, 1954; A. Trapp, Vom S., 1955; J. F. Bergier, Die Geschichte vom S., d. 1989.

sambuca, ein asiatisches Wort, im Gr. *(sambyke)* und Lat. *(sambuca)* Fremdwort; ein dreieckiges Saiteninstrument; dann ein ähnlich gestaltetes Belagerungwerkzeug, eine Fallbrücke, mit der man vom Belagerungsturm aus die feindliche Mauer zu erreichen suchte, → Artillerie. Marcellus verwandte die S. bei der Belagerung von Syrakus; vgl. Schiller, *Archimedes und der Schüler*.

Samniten, italischer Volksstamm des umbrisch-oskischen Sprachzweiges (→ Italiker), bewohnten als Rinderhirten das Gebirge nördlich von Campanien; dann gewannen sie durch friedliche Besiedelung schrittweise Campanien selbst. Dabei stießen sie mit den nach Süden vordringenden Römern zusammen. Sie waren die tapfersten unter den italischen Gegnern Roms, die ihnen in zahlreichen Kriegen gegenübertraten (343–341, 328–304, 298–290 v. Chr.). Um 290 wurden sie definitiv unterworfen; ihr Land wurde durch zahlreiche → Militärkolonien für Rom gesichert. Doch blieben sie bis in die Zeit Sullas Gegner der Römer und benutzten jede Gelegenheit zum Abfall. In der Schlacht am Collinischen Tor bei Rom 82 v. Chr. wurden die letzten Reste des Stammes vernichtet.

E. T. Salmon, *Samnium and the Samnites,* Cambr. 1967.

Samos, vor der westkleinasiatischen Küste gelegene Insel mit gleichnamiger Hauptstadt; gehört zur Gruppe der Sporaden-Inseln. Der Name ist wohl vorgriechisch. Die von Ionern besiedelte Insel betrieb schon im 8. Jh. v. Chr. einen ausgedehnten Seehandel. Koloniegründung → Samothrake und Handelsniederlassungen in Ägypten (→ Naukratis). Die Namen des → Pythagoras, der Anfang des 6. Jhs. in S. geboren wurde, und die der samischen Architekten und Bildhauer Rhoikos und Theodoros, von denen Rhoikos auch als Erfinder der Bronzebildnerei genannt wird, zeugen für die kulturelle Blüte der Insel im 6. Jh., besonders für ihre Glanzzeit unter dem Tyrannen → Polykrates,

538–522 v. Chr. Später war die Insel Mitglied des → Attischen Seebundes, wurde aber wegen Streitigkeiten von Perikles erobert und unterworfen. Nach häufigem Herrschaftswechsel seit 129 v. Chr. römisch, im MA. unter byzantinischem und genuesischem Einfluß, seit 1453 unter türkischer Herrschaft, erst seit 1912 wieder griechisch. – Eindrucksvolles Zeugnis der Baukunst ist das von den dt. Ausgrabungen aufgedeckte Heraheiligtum in der Nähe der Stadt. Ein monumentaler Altar (36 m breit, 7 m hoch) und der Tempel der Hera sind die Hauptbauten. Das Anfang des 8. Jhs. errichtete Heraion ist der früheste bekannte gr. Tempel. Der älteste ion. Tempel überhaupt ist der 3. Neubau des Heraions, der auf verändertem Grundriß und in riesigen Ausmaßen (52×105 m) mit insgesamt 104 Säulen von ca. 18 m Höhe durch Rhoikos und Theodoros um 560 v. Chr. errichtet wurde. Unter Polykrates endlich wurde der inzwischen zerstörte alte Bau durch einen neuen ersetzt; er wurde nie vollendet. Zahlreiche Weihgeschenke (Statuen, Bronzekessel), von denen sich viele schöne Stücke und Fragmente bei den Grabungen fanden, zierten das Heiligtum, darunter Kolossalstatuen des Zeus, der Hera und der Athena von Myron. Eine Jünglingsstatue des 6. Jh. v. Chr., 4,80 m hoch, 2,5 to schwer, steht jetzt wiederaufgerichtet im Museum. – Die Stadt S. lag an der Stelle des heutigen Tigani. Gut erhaltene Stadtmauer wohl aus frühhellenist. Zeit. Die berühmte → Wasserleitung des Eupalinos, eine technische Meisterleistung aus der Zeit des Polykrates, ist noch in ihrem ca. 1 km langen Tunnel durch den Ampelosberg erhalten und wieder begehbar (deutsche Ausgrabungen).

E. Buschor, Altsam. Standbilder, V 1934–61; O. Reuther, D. Heratempel v. S., 1957; H. Walter, Das gr. Heiligtum Heraion v. Samos, 1965; R. Tölle, Die antike Stadt S., 1969.

Samothrake (= „das thrakische Samos"). Rauhe Insel mit 1800 m hohen Bergen vor der thrak. Küste und der Einfahrt zu den Dardanellen gelegen, mit einem Hafen. Im 2. Jahrt. von Thrakern bewohnt. Später von Lesbos aus besiedelt. Samothrak. Schiffe kämpften in den Perserkriegen in der pers. Flotte. Später gehörte S. dem → attischen Seebund an. Um 340 v. Chr. Teil des makedon. Reiches. Seit 168 v. Chr. römisch. In der Nische eines Brunnenhauses wurde die berühmte Nike von S. gefunden (heute im Louvre, Paris), ein Werk rhodischer Künstler, etwa um 190 v. Chr. geschaffen und ursprünglich am Vorderteil eines Schiffes angebracht.

K. Lehmann, *Samothrace,* bisher IV, N. Y. 1958–64; H. Ehrhardt, S., 1985; H. Knell, Die Nike von S., 1995.

Sandale hieß griech. zunächst *pedilon* = Füßling oder *hypodema* = das Untergebundene. Im 6. Jh. taucht dafür das persische *sandal,* gr. *sandalon* auf, vermutlich für eine elegantere Art. Lat. *sandalium* oder *solea;* daher deutsch Sohle. → Stiefel; Socken.

Santorin, der heutige Name der Insel → Thera.

sapere aude, „wage es, weise zu sein"; dies Wort des Horaz (*Episteln* I 2, 40) sagt in unübertrefflicher Kürze, daß man nur durch eigene Arbeit die wahre Lebensweisheit finden kann, daß es also dabei wie bei jedem andern schweren Werk auf den ersten energischen Entschluß ankommt. – Wahlspruch der Fürstenschule St. Afra in Meißen, deren berühmtester Schüler Lessing war.

sapienti sat! „Für den Verständigen genügt es!" (Plautus, *Persa* 729; Terenz, *Phormio* 541).

Sappho oder wie sie sich selbst in ihrem aiol. Dialekt nannte, *Psappho,* größte gr. Lyrikerin, im Altertum als 10. Muse bezeichnet, aus altadligem Geschlecht auf Lesbos um 600 v. Chr. lebend, Zeitgenossin des → Alkaios, den sie sicher gekannt hat. Erhalten haben sich von ihren Gedichten nur 1 vollständiges Lied und zahlreiche umfangreichere und kleinere Bruchstücke, die bis in jüngste Zeit noch durch ägypt. Papyri vermehrt wurden. Genaue Daten über ihr Leben haben wir nicht. Um 600 jedoch scheint sie, wohl weil sie oder die Familie, der sie angehörte, in die polit. Wirren der Insel verstrickt war (→ Pittakos; Alkaios), nach Sizilien geflohen zu sein. Andre antike Nachrichten über ihre Lebensschicksale sind spätere Erfindung (so die Liebe zu Phaon, der Sturz vom Leukadischen Fels; ebenso wohl Alkaios' Werbung um ihre Hand). Weniges läßt sich aus den Gedichten trotz der fragmentarischen Überlieferung erschließen oder bestätigen. Danach war sie verheiratet, hatte eine Tochter und einen Bruder (einen anderen Bruder nennt die Überlieferung). In ihrer Heimat scheint S. einen Kreis junger Mädchen um sich gesammelt zu haben, der in gewisser Weise das Pendant zur Feudalherren-Gesellschaft bildete, die aus den polit. Liedern des → Alkaios bekannt ist. In S.s Mädchenkreis wurden Musik und Tanz, wohl jede Form kultivierter Geselligkeit gepflegt. Mehrfach preist S. in ihren Liedern die Schönheit junger Mädchen, die ihr nahestanden; schwärmerische Verse beschwören die den Freundinnen gemeinsame Gefühlswelt von Freude, Spiel, Liebe und Abschied. Der Inhalt ihrer Lieder ist fast durchweg persönlicher Art: Gefühle, Empfindungen, Erfahrungen, die S. in einfachen, klaren Gedanken und in ausgewogener, knapper und treffsicherer Sprache oft in überlegenem Abstand zu sich selbst mitteilt. Wenig Mythologisches erscheint in ihren Gedichten und auch dies offenbar nur zur Illustration persönlicher Dinge. Daneben finden sich in größerem Umfang Fragmente aus Epithalamien (Hochzeitslieder). S.s aiolischer Dialekt ist gekennzeichnet durch Klangspiele und Musikalität, aber doch im ganzen eher schlicht; die Sprache besitzt Einfachheit und doch Grazie. – Röm. Dichter, besonders Catull, haben Gedichte S.s nachgeahmt (Catulls 51. Gedicht ist eine ziemlich genaue Paraphrase eines sapphischen, das 62. Gedicht lehnt sich an S. an; → Hochzeit). Eine komplizierte Liedstrophe hieß nach ihr die Sapphische (von Horaz häufig verwendet).

W: Poetarum Lesbiorum fragmenta, hg. E. Lobel, D. Page, Oxf. 1955, neu 1963; hg. u. d. E. Staiger, 1957; hg. u. d. M. Treu, [8]1991.
Ü: M. Hausmann, Das Erwachen, 1948; H. Rupé, 1944.

L: H. Rüdiger, Gesch. d. deutschen S.-Übersetzungen, 1934; W. Schadewaldt, 1950; P. Page, *S. and Alcaeus,* Oxf., 1955; D.

M. Robinson, *S. and her influence,* N. Y. 1963; H. v. Heintze, Das Bildnis der S., 1966; H. Saake, Zur Kunst S.s, 1971; ders., S.-Stud., 1972; L. Rissmann, *Love as war,* Königst. 1983; D. Meyerhoff, Traditioneller Stoff u. individuelle Gestaltung, 1984.

Sarapis (Serapis). Der Name ist eine Vereinigung der ägypt. Götternamen Osiris und Apis, mit welchen der heilige Stier von Memphis bezeichnet wurde; in menschlicher Gestalt und mit Zügen des griech. Zeus versehen, erhob ihn Ptolemaios I. offiziell zum Gott des von ihm in Ägypten gegründeten Reichs. S. sollte eine von Griechen und Ägyptern gleichermaßen verehrte Gottheit sein und somit ein Reichskult als einigendes Element für die sich auf zwei wesensverschiedene Völker gründende Reichsgründung geschaffen werden. Doch ist der Versuch nicht geglückt. In S. überwogen mehr die Wesenszüge einer hellenist. Allgottheit. Der Kult des S. verbreitete sich über die ganze hellenist. Staatenwelt. Die Christen befehdeten den S. Kult heftig; das Serapeion in Alexandreia wurde 391 mitsamt der → Bibliothek von dem Patriarchen Theophilos zerstört.

F. Cumont, D. oriental. Religionen im röm. Heidentum, [3]1931; W. Hornbostel, S., Leiden 1973.

Sardeis, Hauptstadt des alten Königreiches → Lydia, seit etwa 700 v. Chr. Sitz der lydischen Könige, nach der Eroberung durch die Perser 547 Sitz eines pers. Satrapen; im ionischen Aufstand 499 von den Griechen zerstört (Vergeltung der Perser: Die Zerstörung von → Miletos). Nach der Seleukidenherrschaft fiel S. 190 an → Pergamon, wurde 133 römisch. Nach einem Erdbeben im Jahre 17 n. Chr. Wiederaufbau mit kaiserl. Hilfe. – Amerikan. Ausgrabungen seit 1910; bedeutendste Überreste sind die Ruinen des seleukidischen Artemis-Tempels, dessen gigantischer Entwurf nie ganz ausgeführt werden konnte.

H. Butler u. a., *Sardis,* II Leiden 1916–32; G. M. A. Hanfmann, S. u. Lydien, 1960; ders., *Letters from S.,* Cambr./Mass. 1972.

Sarg → Sarkophag.

Sarkophag = Steinsarg; der Name bedeutet eigentlich „Fleischesser" (gr. *sarkophagos*). Man glaubte, Särge aus einem bei Assos in Kleinasien vorkommenden Stein hätten die Eigenschaft, das Fleisch der Leiche schnell zu verzehren; von solchen Särgen wurde der Name auf Steinsärge überhaupt und dann auch auf Holzsärge übertragen. Die Bestattung im S. ist eine aufwendigere Form der Erdbestattung. Großformatige, reichverzierte S. wurden nicht in die Erde gebettet, sondern oberirdisch oder in Mausoleen aufgestellt. S. aus Ton oder Stein sind schon aus minoischer Zeit bekannt, z. T. reich bemalt, in Hagia Triada mit Kultszenen; sie haben Truhen- oder Wannenform. In historischer Zeit finden sich S. verbreitet zuerst in Ionien, dann in Großgriechenland; hier finden sich wie auch in Südrußland Holz-S., teilweise mit stuckartigem Reliefschmuck. Die schönsten dieser Stein-S. finden sich im Osten (→ Alexander-S.). In Italien bestatteten die Etrusker in S., bemalt und reliefverziert aus Ton oder Stein; die Römer kannten zunächst diese Bestattungsart nicht, nur einzelne vornehme Familien wie die Cornelier (→ Scipio) verwendeten sie. – Die Herkunft dieser Bestattungsweise sieht man in religiösen Motiven (Weiterleben der Seele nach dem Tode). Gegen Ende des 1. Jhs. v. Chr. setzt dann, wohl durch diese religiösen Vorstellungen veranlaßt, die Bestattung in S. in größerem Umfang ein; die Verzierungen der S. tragen vielfach mythologische, auf das Fortleben der Seele bezogene Motive. Christliche S. zuerst aus dem 3. Jh. mit Darstellungen von Jonas, Noe, der Taufe Christi u. anderen biblischen Szenen. – Das Wort „Sarg" ist von S. abgeleitet. → Grab.

C. Robert, G. Rodenwaldt, F. Matz, D. antiken S.-Reliefs, VII 1890–1966; J. Wilpert, *Sarcofagi Christiani antichi,* Rom V 1929–36; F. Gerke, D. christl. S. der vorkonstantinischen Zeit, 1940; R. Herbig, Die jünger-etruskischen Stein-S., 1952; H. Wiegartz, Kleinasiat. Säulen-S., 1965; B. Andrae, Stud. zur röm. Grabkunst, 1963; Th. Klauser, Frühchristl. S. in Bild u. Wort, 1966; Repertorium christl. antiker S., hg. F. W. Deichmann, bisher I 1967; G. Koch u. a., Röm. S.e, 1982; D. Stützinger, D. frühchristl. S.reliefs aus Rom, 1982; G. Koch, S.e der röm. Kaiserzeit, 1993.

Sarmaten, von Herodot Sauromaten genannt, ein Nomadenvolk iranischer Abstammung in Südrußland, nicht ungefährliche Nachbarn der griech. Kolonien an der nördl. Schwarzmeerküste. Später beunruhigten sie durch häufige Einfälle mehrere röm. Kaiser. – Auch → Rußland; Skythen.

Sas(s)aniden, Herrscherhaus des Neupersischen Reiches, das 227 n. Chr. mit Artaxerxes, einem Abkömmling der Achaimeniden, im Kampfe gegen die → Parther zur Regierung gelangte; nach einem (mythischen?) Ahnherrn Sasan genannt. Die Römer und die Byzantiner haben in 400 Jahren häufig mit den S. gekämpft. Der Krieg des Severus Alexander gegen sie war wenig glücklich; Valerian wurde von ihnen gefangen, und Iulian fiel gegen sie. Das Reich bestand kraftvoll, bis es 642 von den Arabern unter Omar (634–644) vernichtet wurde; der letzte S., Jezdegerd III., floh und wurde 651 ermordet. Hauptstadt des S.-Reichs war Ktesiphon am Tigris, heute mit erstaunlichen Ruinen, die zeigen, daß diese Stadt, die als Vorstadt von Seleukeia am Tigris entstanden war, schließlich Konstantinopel an Größe und Pracht übertraf. Sie war ein wertvolles Bindeglied zwischen den alten und neueren Kulturen des Zweistromlandes, ein „lehrreiches Beispiel für den fortdauernden Kulturzusammenhang trotz der tiefsten völkischen und religiösen Wandlungen". Am erstaunlichsten ist noch heute die halbzerstörte, ungeheure Bogenwölbung, die den Thronsaal des Königspalastes überspannte, einer der größten Bogenbauten der Welt.

Th. Nöldeke, Gesch. d. Perser u. Araber zur Zeit des S., 1879; F. Altheim, R. Stiehl, Ein asiatischer Staat (Betrachtungen zum Feudalismus der S. u. ihrer Nachbarn), 1954; R. Ghirshman, Iran – Parther u. S., 1962; K. Schippmann, Grundzüge der Gesch. des sas. Reiches, 1990.

Satire. Der Name S. stammt von den Römern; *satura (poesis)* bedeutet bei Ennius, der wohl diese Bezeichnung prägte, zunächst nichts als „Vermischte Gedichte", ebenso wie *lanx satura* eine mit verschiedenen Opfergaben gefüllte Schüssel und *lex satura* einen Antrag, der verschiedene Gesetzesvorschläge zusammenfaßt. Mit den gr. Satyrn hat diese Dichtung nichts zu tun; die Schreibung „Satyre" ist falsch. Die Römer behaupteten nicht mit Unrecht, außer dem Namen auch die Dichtungsgattung der S. geschaffen zu haben. Gewiß gab es in der gr. Dichtung schon seit alter Zeit Beispiele satirischer Gestaltung; zum ersten Male in der bekannten Thersitesszene bei Homer (*Ilias* II 211 ff.), die sich gegen verächtliches Demagogentum wendet, dann bei Aristophanes, in der neuen attischen Komödie, bei den Kynikern Bion von Borysthenes, Menippos von Gadara u. a. Aber erst der Römer → Lucilius (180–102 v. Chr.) hat – natürlich nicht ohne gr. Einfluß (Horaz, *Satiren* I 4, 6) – die literarische Kunstform der S. ausgeprägt, wie wir sie aus Horaz, Persius und Iuvenal kennen; er gab der S. die polemische Tendenz, die sie seitdem beibehalten hat, und bevorzugte immer mehr den Hexameter, der das ihr eigene Versmaß bleiben sollte. Bei ihrer angeborenen Neigung zu scharfer Beobachtung und derbem Spott leisteten die Römer in der S., wo sie diese Anlage betätigen konnten, ihr Bestes. Ihre Blüte erreichte die S. durch Horaz, der es in graziösen Plaudereien *(sermones)* am feinsten verstand, „lächelnd die Wahrheit zu sagen" (Sat. I 1, 24); schärfer wird die S. bei Persius, der schulmeisterlich doziert, und besonders bei Iuvenal, der sich voll Erbitterung über die Zustände seiner Zeit entrüstet (*Sat.* I 79). – Daneben gab es in Rom noch eine andere Art satirischer Dichtung, die sich in der Form die aus Prosa und Versen gemischten S. des gr. Kynikers Menippos von Gadara (3. Jh. v. Chr.), die sog. *saturae Menippeae,* zum Vorbild nahm; wir kennen sie am besten aus den Resten von Varros *saturae Men.,* aus Senecas *Apocolocyntosis* und aus Petronius' „Gastmahl". Satir. Sittenschilderung findet sich schließlich auch in der Epigrammdichtung, besonders bei Martial.

Ü: Röm. Satiren (Ausw.), O. Weinreich, 1949, neu 1962; W. Krenkel, 1970, neu 1983. *L:* R. Helm, Lukian u. Menipp, 1906; I. Opelt, Vom Spott der Römer, 1967; Die röm. S. (WdF), hg. D. Korżeniewski, 1970; U. Knoche, Die röm. S., [4]1982; J. Adamietz (Hg.)., Die röm. S., 1986.

Satrapen, persische Beamte, die die höchste administrative, richterliche und militärische Gewalt in den Provinzen innehatten. Sie hatten fast die Stellung von Vizekönigen, besonders in der späteren Zeit, als die Macht der Zentralgewalt unter schwachen Königen gering war. Kontrolliert wurden sie durch Beamte, die die „Augen" und „Ohren des Königs" hießen. Die Einrichtung dieser Verwaltung ging auf Dareios zurück, der 20 Satrapien schuf.

Saturnalia, Fest des Gottes → Saturnus, am 17. Dez., später mehr-, bis 7tägig gefeiert, 217 v. Chr. nach griech. Ritus umgestaltet. Am 17. Dez. Opfer vor dem Tempel des Saturnus, allgemeines Mahl auf Staatskosten. Gerichte, Schulen und Sklaven hatten an den S. 1 Tag, später 3, 4, zuletzt 7 Tage Ferien; die Sklaven hatten Narrenfreiheit und aßen gemeinsam mit ihren Herren. Zu Haus zechte man und würfelte um Geld, was außerhalb der S. verboten war. Die frohe Geselligkeit wurde durch einen *Saturnalicius princeps* = Saturnalienfürsten (→ Symposion) geleitet. An einigen Tagen der S. fand ein Markt statt, auf dem man Geschenke (→ Xenien) einkaufte. Beides, der Markt und die

Geschenke, hießen *sigillaria,* d. h. kl. Tonfiguren. U. a. schenkte man auch Kerzen. Man gratulierte sich gegenseitig mit *Io S.* oder *Bona S.* = hurrah, S.! Gute S.! Das Datum des Festes nach der Winteraussaat, die Gemeinsamkeit von Herren und Knechten, und die Kerzen deuten darauf hin, daß es sich bei den S. um ein altes bäuerliches Winterfest handelte. Später wurden die S. verschoben und mit dem Neujahrsfest verbunden; so leben sie bis heute in Frankreich in den Geschenken am Neujahrstage, *étrennes;* dies ist das altlat. Wort für Neujahrsgeschenk, *strena.*

Saturnier, das alte nationalröm. Versmaß, z. B. *virum mihi, Camena, insece versutum.* Der S. findet sich aber auch bei anderen Völkern, z. B. deutsch *in disen hohen eren troumte Kriemhilde,* engl. *the queen was in her parlor eating bread and honey.* Von den Römern wurde er aufgegeben, als sie die gr. Verse übernahmen. → Metrik; Livius Andronicus; Naevius.

Saturnius, Saturnia, bei röm. Dichtern = Iuppiter, Iuno, weil sie als Kinder des → Saturnus gedacht wurden.

Saturnus ist ein alter Gott, den die Römer anscheinend von den Etruskern übernommen haben; er erscheint bereits im ältesten röm. → Kalender. Wohl noch im 5. Jh. erhielt S. einen Tempel auf dem → Forum, dessen Podium das → *aerarium,* d. i. die Staatskasse, barg. Die heute noch aufrecht stehenden Säulen rühren von einer Wiederherstellung wohl des 4. Jh. n. Chr. her. Vielleicht war S. ein alter Bauerngott (die Deutung als Saatgott bietet allerdings sprachliche Schwierigkeiten). Seit dem 3. Jh. v. Chr. wird S. mit Kronos gleichgesetzt und im J. 217 v. Chr. sein Kult nach griech. Ritus umgestaltet. Im Anschluß an den griech. Mythos wird S. auch als alter König von Latium angesehen, unter dem ein goldenes Zeitalter geherrscht habe. → Saturnalia.

J. Albrecht, S., Seine Gestalt in Sage u. Kult, 1943; M. Leglay, *S. Africain,* Paris 1966.

Satyr (der; plur. die Satyrn), gr. *satyros.* Die Grundbedeutung dieses Worts ist unklar; abgeleitet davon → Satyrspiel; dagegen hat die röm. Satire und der Gott Saturnus mit den S. absolut nichts zu tun. S. waren übermütige Wesen im Gefolge des Dionysos, die immer lustigen Unfug trieben, Mischfiguren aus Pferd und Mensch mit tierischen Ohren, zottiger Behaarung des Körpers, Schwanz, Hufen, Hörnern (→ Tierkult), ausgesprochener Geilheit. Fast alle indogerm. Völker kennen solche Waldgeister und Vegetationsdämonen. Sie in mimischen Tänzen nachahmen und ihre Maske tragen, heißt, sich die Segenskräfte, die sie bergen, verschaffen. Bei den S. trat das Tierische mit der Zeit immer mehr zurück; sie erhielten Menschenbeine, das Schwänzchen ward kleiner, desgl. die Ohren und Hörner; statt des Tierischen überwog das Neckische, Schalkhafte. Sehr viele hübsche Kunstdarstellungen; eine der beliebtesten Statuen des Altertums ist ein ausruhender Satyr (Ende des 4. Jh. v. Chr.), in vielen Wiederholungen erhalten, so in München in der Glyptothek; zahlreiche Gemälde aus allen Jahrhunderten (von Altdorfer über Rubens bis zu Matisse).

F. Brommer, *Satyroi,* 1937.

Satyrspiel. Das S. hat seine Herkunft aus den volkstümlichen Tänzen und Verkleidungen am besten bewahrt. In der Peloponnes entstanden, wohl im 5. Jh. v. Chr. nach Athen verpflanzt; dort erhielt es seine Stelle in den Dionysischen Festspielen: als Schlußspiel einer tragischen → Tetralogie, in dem der Chor traditionell aus → Satyrn bestand. Der Stoff war wie in der Tragödie die Heldensage, doch bevorzugte man Helden, die humoristische Behandlung vertrugen. Besonders beliebt war Herakles. Das S. war ein heiteres, mythologisches Marchenspiel, dessen Hauptreiz das Phantastische bildete. Durch den Chor der Satyrn, die ausgelassen zwischen den ernsten Helden umhertanzten und -sprangen, wurde die lastende, schwere Stimmung der voraufgegangenen drei Tragödien behoben. Auf einer Vase im Museo Nazionale in Neapel („Satyrspielvase") ist die letzte Vorbereitung zum S. in Gegenwart des Dionysos dargestellt. Von jedem der drei großen Tragiker ist je ein S. erhalten: Die *Netzzieher* des Aischylos, die *Spürhunde* von Sophokles und der *Kyklops* von Euripides. → Drama; Komödie; Tragödie.

W: Satyrographorum Graecorum Reliquiae, hg. V. Steffen, [2]1956. – *Ü:* Gr. Satyrspiele, d. O. Werner, 1970.

L: E. Buschor, Satyrtänze u. frühes Drama, 1943; P. Guggisberg, Das S., Zürich 1947; F. Brommer, S.e (Bilder gr. Vasen), [2]1959; D. F. Sutton, *The Greek Satyr Play,* Meisenheim 1980; B. Seidensticker (Hg.), Das S., 1989.

S. C., Abkürzung für (lat.) *senatus consultum* „Beschluß des [röm.] Senats." – *S. C. ultimum → videant consules*

Schäferpoesie → Bukolische P.

Schaltjahr → Kalender; Mondjahr.

Schatzhaus, gr. → *thesauros;* lat. *thesaurus;* franz. *trésor,* daher deutsch Tresor. In Olympia und Delphoi hatten die einzelnen gr. Städte Sch. zur Aufnahme ihrer Weihgeschenke an den olympischen Zeus und den pythischen Apollon; viele erhalten; am schönsten das Sch. der Athener in Delphoi. Wirkliche Tresors, zur Aufnahme von Geld, fanden sich in einem Tempel in Kyrene und im Asklepieion auf Kos. Sie hatten mehrere Schlösser, deren Schlüssel offenbar in den Händen verschiedener Personen waren; nur wenn diese gleichzeitig aufschlossen, konnte der Tresor geöffnet werden. – Das sog. Sch. des Atreus ist kein Sch., sondern ein Grab; → Kuppelbauten.

Schauspieler. Die gr. Tragödie entstand dadurch, daß → Thespis dem singenden und tanzenden Chor einen Sch. gegenüberstellte, der den Prolog sprach und auf Fragen des Chorführers anwortete; so erklärt man wenigstens das griechische Wort für Sch., *hypokrites,* das „Antworter" bedeutet. Von Aischylos wurde die Zahl der Sch. auf zwei, von Sophokles auf drei erhöht. Wohl traten in vielen Dramen mehr als drei Personen auf, aber ihre Rollen mußten so verteilt sein, daß ein Sch. hintereinander die mehrerer Personen übernehmen konnte; gleichzeitig erschienen auf der Bühne meist zwei, nie mehr als drei Sch. Dadurch erhielt das antike Drama eine gewisse Gebundenheit. Nach der Wichtigkeit ihrer Rollen hießen die drei

Sch. *prot-, deuter-, tritagonistes,* 1., 2., 3. Spieler. Frauenrollen wurden stets von Männern gegeben. Ursprünglich war der Dichter zugleich Komponist der Chorlieder, Regisseur, und trat auch selbst als Sch. auf; so noch Aischylos. Erst Sophokles brach mit dieser Sitte. Seitdem waren die Sch. (vom Staat besoldete) Berufskünstler, die ihre Rollen nach ihrem Können übertragen bekamen. Daneben gab es für stumme Rollen noch Statisten, in einfacher Kleidung. Das Kostüm der Sch. war in der Tragödie, wie antike Bilder von Aufführungen lehren, sehr prunkvoll und bunt. Männer und Frauen trugen ein bis zu den Füßen reichendes schweres Schleppkleid in grellen Farben, das mit verschiedenen Mustern, Streifen, Mäandern, dem sog. laufenden Hund usw. geschmückt war. Vor dem Gesicht trug der Sch. eine Maske, die vor Augen und Mund große Öffnungen hatte. Die Charakterzüge der einzelnen Rollen waren auf den Masken in groben Zügen angegeben, doch so allgemein, daß man bei den erhaltenen M. nicht sagen kann, welche typische Person gemeint ist. Dies wurde erst deutlich durch das Attribut, das jede Person in der Hand hielt: Szepter, Schwert, Pfeil und Bogen usw. Um den Sch. größer zu machen, hatte er auf der Maske einen hohen Haaraufsatz und trug weiche Schaftstiefel (Kothurn, griech. *kothornos*). Dies von Aischylos eingeführte Kostüm hat die Tragödie immer, auch in der röm. Zeit, beibehalten. Es ermöglichte nur in geringem Maße das, was wir als Schauspielkunst bezeichnen; durch die Maske war die Mimik unmöglich. Vielleicht wurde die M. aus religiösen Gründen benutzt (wie das ganze Theaterspiel Gottesdienst für Dionysos war) und beibehalten, weil man bei der Größe antiker Theater das Mienenspiel doch nur schwer sehen konnte; Verstärkung der Stimme des Sch. durch die M. ist unwahrscheinlich. – In der Komödie war das Kostüm einfacher, in der älteren K. und im → Satyrspiel z. T. nach unseren Begriffen höchst unanständig *(phallos)*. Der Kothurn fehlte; Masken trugen die Sch. auch hier. – Für die Sch. der Römer gilt infolge der Abhängigkeit des röm. Theaters von dem gr. im wesentlichen das Gesagte. Der Sch. hieß *histrio,* das wohl sicher ein etruskisches Wort ist; später *artifex* (Virtuose). – Schon im 5. Jh. v. Chr. gab es in Athen Sch.-Wettkämpfe (→ Agon) mit Preisverteilung und Abfassung von Siegerlisten. Schauspielerische Stile wurden lebhaft diskutiert. Sch. galten mehr als die Dichter. Wer dagegen in Rom öffentlich auf einer Bühne auftrat, verlor damit die bürgerlichen Ehrenrechte. Lange Zeit konnten die Beamten jeden Sch. jederzeit und überall, seit Augustus nur noch im Bereiche des Theaters züchtigen. Derselbe Kaiser verbannte einen Sch. namens Pylades, weil er auf einen Zuschauer, der ihn auspfiff, mit dem Finger gezeigt hatte. Diese Mißachtung des Sch.-Berufs hat merkwürdig lange, bis ins vorige Jh., angehalten. Sie verhinderte aber im Altertum in der Praxis nicht, daß die Hof-Sch. und Hofsänger sehr einflußreich waren und sich der Gunst der Damen erfreuten.

E. Petersen, D. att. Tragödie als Bild u.

Bühnen-Kunst, 1915; A. Müller, D. attische Bühnenwesen, 1916; M. Bieber, D. Denkmäler zum Theaterwesen im Altert., 1920; dies., *The History of the Greek and Roman Theatre*, Princeton 1961; A. Lesky, *Hypokrites*, Florenz 1955; M. Herrmann, D. Entsteh. d. berufsmäßigen Schauspielkunst im Altert., 1962.

Scheck → Giroverkehr. Das Wort Sch. ist dasselbe wie Schach (persisch *schah* = König) und geht auf schachbrettartig angelegte → Rechenbretter zurück, hat also (inhaltlich) den gleichen Ursprung wie → Kontor.

Scherbengericht → Ostrakismos.

Scheren, im Altertum seit ältester Zeit stets vorhanden, meist in einer von der heutigen abweichenden, aber auch in der heutigen Form. → Barttracht; Haartracht. Schafen wurde allerdings die Wolle z. T. auch ausgerupft.

Schichten bei Ausgrabungen. Der Boden einer Stadt erhöht sich allmählich von selbst, ganz besonders aber dann, wenn eine Stadt oder ein Stadtteil im Kriege verödete, verbrannte oder wegen Malariagefahr verlassen wurde; dann bilden die einstürzenden Gebäude über dem Pflasterniveau eine Schuttschicht, die beträchtlich hoch sein kann und z. B. auf dem Forum Romanum bis 13 m betrug. In dieser Schicht stecken unversehrt die Kellermauern und, bei genügender Höhe der Schicht, auch die Mauern des Erd-, ja des 1. Obergeschosses der zerstörten Gebäude; sie wurden durch den sie deckenden Schutt vor der Vernichtung geschützt. Wurde dann die Stätte, manchmal erst nach Jahrhunderten, neu besiedelt, so beseitigten die neuen Bewohner die Schicht nicht, sondern bauten sich auf ihr an. Auf diese Weise stecken, was wenig bekannt ist, das antike Rom, Athen, Trier, Köln und viele andre antike Städte unter der modernen Stadt. Man könnte im Prinzip jede dieser alten Städte genauso ausgraben wie Olympia, Delphoi u. a. Das ist nur deswegen unmöglich, weil Aufkauf und Abbruch der modernen Stadt viel zu teuer wäre (in Olympia stand auf der Schuttschicht nichts, in Delphoi nur ein ärmliches Dorf; immerhin wurden in Rom und Herculaneum für Ausgrabungen ganze Straßenzüge enteignet). An manchen Stätten wiederholte sich Besiedelung, Einsturz mit Schichtenbildung und Neubesiedelung mehrere Male (→ Troia). Bei den Ausgrabungen hebt man die einzelnen Schichten, die durch verschiedene Färbung und Zusammensetzung des Erdreichs, bei großen Bränden durch eine zwischen den Schichten liegende Aschenschicht und ähnliches kenntlich sind, sorgfältig nacheinander ab und gewinnt dadurch wertvolle Handhaben für die Datierung der einzelnen Schichten und der in ihnen lagernden Fundstücke; sind diese aber nach anderen Funden ihrerseits datierbar, so datieren sie umgekehrt die Schicht, in der sie lagen. Bei der Abhebung gehen die oberen Schichten natürlich zugrunde. Das kann man dann durchführen, wenn sie einer sonst genügend bekannten Kulturperiode, z. B. der röm., byzantinischen, entstammen. Kompliziert wird aber die Aufgabe, wenn die Schichten älter und gleich wichtig sind. Dann muß man die eine hier, die andere dort erhalten und das Verdeckte durch Schlüsse aus dem aus gleicher Periode anderweit Aufgedeckten zu ermitteln suchen. All dies und vieles andere ist als wissenschaftliche Methode der Ausgrabungen von W. Dörpfeld begründet worden.

L. C. Woolley, Mit Hacke u. Spaten, d. [3]1951; M. M. Wheeler, Moderne Archäologie, d. 1960. → Archäologie.

Schicksal konnten sich die Griechen anfänglich nicht anders als unter dem Bilde des „Anteils" vorstellen, der jedem Sterblichen zugemessen wird (→ Moira; Dämon); diese Ansicht rückte die Moira in die Nähe des Todesgottes. Da jeder Mensch seinen ihm zugemessenen Anteil hatte, kannten die älteren Griechen keinen allgemeinen Sch.-Begriff; vorherrschend war die Furcht vor der Macht der Götter u. das Bewußtsein der eigenen Schwäche (Homer, Hesiod, Archilochos). Allerdings konnte der Mensch „über das Sch. hinaus" sein Leben bestimmen (→ Hybris) u. trug damit eine eigene Verantwortung. Unter dem Einfluß der Philosophie nahm die Vorstellung vom Sch. immer mehr deterministischen Charakter an: Die planvoll angelegte Weltordnung (gr. *Kosmos;* → Harmonie), deren Garant Zeus war, schloß auch das Sch. des Individuums in sich ein. Spannungen zwischen schicksalhafter Notwendigkeit u. menschlicher Willensfreiheit gaben vielfach Stoffe für die → Tragödie ab. Sokrates wollte die Menschen zu eigener Verantwortlichkeit u. Selbstbestimmung hinleiten (→ daimonion). Unter den philosoph. Schulen hielten vor allem die Stoiker an einer unverrückbaren Weltordnung fest (gr. *Heimarmene;* → Stoizismus), in die jedoch die freie Willensentscheidung des Menschen so eingebettet war, daß der starre Fatalismus orientalischer Völker niemals in das griech. Denken Zugang fand. Dagegen verbreitete sich seit der hellenist. Zeit der Kult der → Tyche; diese Göttin wurde zur Personifikation des launischen, unberechenbaren Sch.; ihre Macht zeigen zahlreiche Beispiele aus Geschichtsschreibung u. Komödie.

Die griech. Vorstellung von der Moira fand in Rom Eingang in der Gestalt der Parca, die wiederum mit dem → Fatum gleichgesetzt wurde (alle auch im Plural: *Parcae,* die Parzen; *Fata,* auch weiblich *Fatae,* woraus unsere Feen entstanden). Doch gab es in Rom daneben den (anscheinend sehr alten) Kult der → Fortuna, die der gr. Göttin Tyche gleichgesetzt wurde.

B. C. Dietrich, *Death, Fate and the Gods,* Lond. 1965.

Schienen waren bekannt a) für Brüche; Arm-, Beinsch.; b) als Teil der Rüstung; Beinsch. (→ Waffen); c) als Geleise für normalspur. Wagen (→ Straßen).

Schiffahrt. Flußsch. kannten und kennen die Griechen so gut wie nicht, weil ihnen schiffbare Flüsse fehlen. Die Römer betrieben Flußsch. auf dem Tiber, namentlich auf der allerdings kurzen Strecke von Ostia bis Rom, aber auch auf der Donau, den großen spanischen und französischen Flüssen (weniger auf dem Rhein); schließlich auf Fl., auf denen wir heute an Sch. nicht denken, so auf der Enz in Württemberg; auch mit Überwindung natürlicher Schwierigkeiten, so auf dem oberen Tiber (→ Schleusen). – Auf dem Meer westlich von Syrien findet sich die älteste Seesch. der Erde auf zwei Linien:

westwärts über Kypros, Rhodos, Griechenland, andrerseits längs der Küste von Syrien, Palästina, Ägypten und ganz Nordafrika bis über Gibraltar hinaus. – Die antike Seesch. ruhte stets im Winter (Horaz, *Oden* I 4, 2). Über ihre Intensität sind keine Zahlen überliefert; doch können wir uns aus → Schiffsbau und → Reisen im Altertum ein Bild davon machen. – → Flotte; Periplus.

A. Köster, D. antike Seewesen, 1923, neu 1969; ders., Schiffs- u. Handelsverkehr d. östl. Mittelmeers im 3. u. 2. Jahrt. v. Chr., 1924; E. Zechlin, Maritime Weltgeschichte, Altert. u. MA., 1949; G. A. Rost, Seewesen u. Seehandel in d. Antike, Amsterd. 1968; T. Heydenreich, Lob u. Tadel der Seefahrt. Das Nachleben eines antiken Themas in d. roman. Literaturen, 1970; L. Casson, *Ships and Seamanship in the Ancient World,* Princeton 1971; Seewesen (Archaeologia Homerica I G), 1974; O. Höckmann, Antike Seefahrt, 1985.

Schiffsbau. Die Abbildungen antiker Schiffe im Reisebüro in → Ostia wirken ziemlich klein, aber das Schiff, mit dem der Apostel Paulus nach Italien reiste, trug 276 Menschen, *Ap.-Gesch.* 27, 37. Am wichtigsten sind die antiken Schiffe, deren Leistungen wir an dem Transport der riesigen, jetzt in Rom befindlichen → Obelisken noch kontrollieren können; diese 30-m-Kolosse sind auch heute sehr schwer zu befördern. Der Obelisk auf der Piazza del Popolo kam auf einem Schiff mit 35 000 Hektolitern Weizen und 1200 Reisenden (T. Mommsen, *Chron. min.* I 145). Die Ladefähigkeit dürfte in der Regel bei 100–250 to, für Großtransporter allerdings bei 1200–1300 to gelegen haben, in Ausnahmefällen bis zu 3000 to. Ein vor Zypern gesunkenes Transportschiff wurde 1967 gefunden, später gehoben (→ Unterwasserarchäologie); das 1982 nachgebaute Schiff bewies 1986 seine Seetüchtigkeit. Reste von fünf Schiffen des 4. Jh. n. Chr. wurden 1981 in Mainz gefunden u. werden konserviert (meist Ruderschiffe, Spitzgatt-Fahrzeuge, Länge bis 21 m, geeignet für Fracht und Personen). Besonderes leistete man im Kriegsschiffbau (→ Flotte; Triere).

B. Landström, Das Schiff, 1961; ders., Segelschiffe, 1970; C. Torr, *Ancient Ships,* Chic. [2]1964; J. Hausen, Schiffsbau in d. Antike, 1979; G. Rupprecht (Hg.), Die Mainzer Römerschiffe, 1982; A. Göttlicher, D. Schiffe der Antike, 1985.

Schiffsnamen. Die Sitte, Schiffen einen N. zu geben, ist antik. Zwischen Alexandreia u. Rom verkehrte im 2. Jh. n. Chr. regelmäßig der Weizentransporter „Isis“ (Lukian, *Navigium* 5).

K. Schmidt, Die N. der attischen Kriegssch., 1931.

Schiffsschnabel, gr. *embolon* = das Hineingetriebene, lat. *rostrum* = das Nagende, war nicht das (meist mit einer Figur gezierte) Vorderteil des Schiffs, sondern ein spitzer Stachel unter Wasser, mit dem man andre Schiffe rammte und leck machte; → Seeschlachten; *rostra.*

Schildkröte, gr. *chelys, chelone,* Grundbedeutung unbekannt, lat. *testudo,* „das Tier mit der Schale“; verwandt franz. *tête* = Hirnschale, Kopf. Sch. leben in Griechenland und Kleinasien in etwa 40 cm großen Exemplaren. Man fängt sie nicht für die Küche, weil Sch.-Suppe nicht gegessen wird (ebenso im Altertum); aber als beliebtes Haustier zum Wegfangen von Asseln, Schaben u. ä.; ferner wegen des Panzers. Die röm. Kaiserzeit trieb großen Luxus mit Schildpatt; man belegte damit Wände, Türpfosten, Betten, Speisesofas, Wiegen. In der Musik: der Schallkasten der Lyra war eine Sch.-Schale. Beim Heer: Sch. hieß die Form des Angriffs auf eine feindl. Stadtmauer, wobei die Soldaten die Schilde eng aneinander über den Kopf hielten, um sich gegen Würfe und Geschosse der Belagerten zu decken.

Schirm, gr. *skiadeion, skias,* zu *skia* = Schatten; lat. *umbrella, umbraculum,* zu *umbra* = Schatten; noch jetzt ital. *ombrello;* also immer Sonnensch. Ein Wort für Regensch. fehlte und fehlt im Ital.; bei Regen ging man lieber nicht aus. Aphrodite im Parthenonfries sitzt unter einem Sch. Nach den Abbildungen sahen sie ganz so aus wie unsere.

Schlafwagen, lat. *carruca dormitoria,* schon im 1. Jh. v. Chr. bekannt. Über die Einrichtung wissen wir nichts; wir kennen nur die Bezeichnung *c. d.* bei dem Juristen Scaevola, *Digesten* 34, 2, 13. Antike Reisewagen sehen auf erhaltenen Abbildungen ziemlich plump aus. Aber sie müssen weich und ohne zu stoßen gefahren sein, denn man konnte darin während der Fahrt schreiben (→ Stenographie).

Schlange. Gr. *drakon,* eigentl. „der (scharf) Blickende". Lat. *serpens,* „die sich Ringelnde". – Die Schl. im Altertum oft Haustier wie das Wiesel, zur Vertilgung der Mäuse (→ Katzen). Die Kinder spielten mit ihnen; Damen kühlten damit im Sommer Hals und Busen; Abscheu gegen Schl. erst später (auch durch die Geschichte von Eva). – Giftschl. im Kriege werden vereinzelt erwähnt; man warf mit G. gefüllte tönerne Töpfe unter die Feinde; Nepos, *Hannibal* II; Darstellung auf dem Fries des Pergamener Altars. – Schl. als Gott, → Tierkult.

E. Küster, Die Schl. in gr. Kunst und Religion, 1913; J. A. Oliver, *Snakes in Fact and Fiction,* N. Y. 1959.

Schlangensäule, von den Griechen in Delphoi nach der Schlacht von Plataiai 479 v. Chr. zum Andenken an den Sieg errichtet, von Herodot IX 81 erwähnt, zu $^2/_3$ erhalten. Diese ehrwürdigen Reste sind die des ältesten in Europa bekannten → Siegesdenkmals. Auf einer runden marmornen Basis stand eine bronzene Säule, die aus drei umeinander gewickelten Schlangenleibern gebildet ist, eine unnatürliche Absonderlichkeit, die sich sonst in der gr. Kunst nicht findet. Die Schlangen bogen oben die Hälse und Köpfe zurück; auf den Köpfen standen die drei Beine eines goldnen → Dreifußes. Von dem Denkmal ist die Basis an Ort und Stelle in Delphoi erhalten. Die Schl. wurde in unbekannter Zeit als Schmuck und ehrwürdiges Denkmal in den → Hippodrom in Konstantinopel gebracht und steht noch dort; heute 5,35 m hoch; die Schwanzspitzen unten und die Köpfe fehlen; aber türkische alte Abbildungen in der Bibliothek des Serails zeigen die

Köpfe noch. – Eine Aufschrift auf den Schlangenleibern kündete den Ruhm des Siegers von Plataiai, Pausanias (→ *Anthologia Palatina* VI 197). Das duldeten jedoch die demokratischen Griechen nicht; sie beseitigten sie und gravierten die Namen der Städte ein, die bei Plataiai siegten; diese Namen stehen noch da, sind aber nur mit größter Mühe leserlich. Der Dreifuß wurde (wohl beim 4. Kreuzzug von den Lateinern 1204 gestohlen und) eingeschmolzen.

Excavations in the Hippodrome of Constantinople, British Academy, 1928.

Schlauch. Neben Fässern (→ Faß) verwandte und verwendet man im Süden für Flüssigkeiten „Schläuche". Es sind abgezogene Schaf-, Ziegen-, Hammel-, sogar Ochsenhäute, die wieder zusammengenäht sind bis auf ein Bein, das nur zugebunden wird und als Ein- und Ausguß dient. Im heutigen Griechenland werden sie seltener, im Orient sind sie noch üblich. Die Nähte sind mit Harz gedichtet.

Schleier, gr. *kalyptra* = Verhüller(in), lat. *velamen,* desgl.; Brautschl., bei den Griechen nicht bekannt, bei den Römern *flammeum* = flammenartig, d. h. feuerrot, weil rot die Begierde des Mannes reizt; bei uns weiß als Zeichen der Reinheit. Im ganzen war der Schl. bei gr. und röm. Frauen sehr wenig üblich, obwohl man weiße Hautfarbe der Frauen schätzte; das *kredemnon* bei Homer war kein Schl. sondern ein Kopftuch; einen Trauer-, Witwenschl. kennt das Altertum überhaupt nicht. Vielmehr war und ist der Schl. im Orient verbreitet.

Schleppkleider der Frauen erwähnt Homer; das Altertum nach ihm verwandte sie fast nie (→ Schauspieler).

Schleuderer, also leichtbewaffnete Soldaten, die mit einer Schleuder Steine werfen konnten, waren ein Bestandteil der → Infanterie.

Schleusen. Zur Entwässerung → *cloaca max.* – Für die Schiffahrt: „Der Tiber ist zuerst unbedeutend und kann, so wie die in ihn mündenden Flüsse Tinia und Clanis, nur dadurch schiffbar gemacht werden, daß man sein Wasser in Teiche zusammenleitet und dann wieder losläßt. Zu diesem Einsammeln sind neun Tage nötig, wenn nicht Regen hilft", Plinius, *nat. hist.* III 53. Nach dem weiteren Texte dienten diese Schl. allerdings nur für Holzflößerei. Schl. in einem Kanal, der eine Höhendifferenz von $17^3/_4$ m überwinden sollte, erwähnt Plinius, *Epist. ad Traianum* 41.

Schliemann, Heinrich, geb. 1822 in Neu-Buckow in Mecklenburg, glänzend begabt, namentlich mit fabelhaftem Talent, fremde Sprachen zu lernen (er sprach und schrieb schließlich 18 Spr.), wurde nach dürftiger Jugend als Kaufmann sehr reich, zog sich schon 1863 als Multimillionär vom Geschäft zurück und widmete sich seinen Neigungen. Er studierte Archäologie und grub auf eigene Kosten Troia aus, später die Burgen von Mykenai und Tiryns. Damit erschloß er der Altertumswissenschaft ein ganz neues Gebiet, die bis dahin völlig unbekannte Kultur des 2. Jahrt. v. Chr. Zugleich verschaffte er der deutschen Archäologie zunächst wenigstens im Ausland eine besonders angesehene Stellung. Gestorben 1890; in Athen begraben. Die Funde von Mykene u. Tiryns im Nationalmuseum, Athen.

W: Ithake, der Peloponnes u. Troia, 1869, [5]1984, neu 1989; Mykenai, 1878, neu 1991; Ergebnisse meiner neuesten Ausgr. auf der Baustelle von Troia. . . ., 1884; Briefwechsel, II 1958, Selbstbiographie, [11]1979, beide hg. E. Meyer.

L: E. Meyer, H. S., Kaufmann u. Forscher, 1969; L. Deuel, H. Schl., 1979; H. Döhl, H. Schl., Mythos u. Ärgernis, 1981; M. Siebler, Troja-Homer-Schliemann, 1990.

Schloß, a) Verschluß, b) Palast des Herrschers: → Schlüssel.

Schlüssel, gr. *klevis,* (→ Digamma), dann *kleis,* danach im Lat. Fremdwort *clavis.* Die Erfindung und Ausbildung des Schl., eines uns selbstverständlich dünkenden Geräts, ist den Menschen sehr schwergefallen. Sie wird den Griechen verdankt. Vor 1000 v. Chr. fehlen Schl. noch. In der Literatur werden Schl. zuerst in der Odyssee erwähnt (Bogenkammer im Palast des Odysseus). Der älteste erhaltene Schl. ist der des Artemistempels von Lusoi in Arkadien, aus Bronze, nach dem Charakter der Buchstaben einer eingravierten Inschrift aus dem 6. Jh. v. Chr.; jetzt im Fine Arts Museum in Boston. Diese Sch. waren sehr unförmig, etwa $^1/_2$ m lang; beim Tragen schulterte man sie. Jüngere Schl. dieser Art, sog. keltische Schl., fanden sich in Frankreich, England und der Schweiz. Trotz ihrer unpraktischen Gestalt lösen sie das Prinzip des Schlosses: durch ein Loch in die Tür oder einem Kasten eingeführt, schieben sie drinnen einen Riegel vor- und rückwärts. Allmählich hat man dann im Altertum den Schl. immer kleiner gestaltet und weiter ausgebildet, bis zu den ganz kleinen in der Art unserer Geldschrank- und Tresorschl. Da die antiken Kleider keine → Taschen hatten, hat man oft Schl. verloren; deswegen werden sie oft gefunden, auf der → Saalburg allein über 300. Sehr lehrreiche Nachbildungen antiker Schlösser im Saalburgmuseum. – Die Germanen kannten Verschlüsse mit Riegeln; Schl. und Schlösser schufen sie sich unter röm. Einfluß. Man verwandte die Schlösser zunächst wohl nur an prächtigen Gebäuden. Das beweist der Doppelsinn des Wortes Schloß: a) Gerät zum Schließen, b) Königspalast; nach dem winzigen Gerät nannte man also den ganzen Bau. – Es gibt antike Türen, deren Schlösser noch jetzt, d. h. ununterbrochen seit nun mehr als 1500 Jahren, ihren Dienst tun, die des Pantheons und die des Tempels am Forum Romanum, den der Kaiser Maxentius zum Andenken an seinen 309 n. Chr. gestorbenen Sohn Romulus errichtete und der dadurch erhalten blieb, daß Papst Felix IV. (526–530) ihn in die Kirche SS. Cosma e Damiano einbezog.

H. Diels, Antike Technik, [3]1924.

Schmucksachen → Goldschmiedekunst.

Schnecken wurden im Altertum gern gegessen. Um 50 v. Chr. erfand Fulvius Lippinus die künstliche Schn.-Zucht; → Tierzucht. Noch jetzt ißt man Schn. und züchtet sie auch auf altem Römergebiet, in Baden, Frankreich (Weinbergschn., *escargots*), in Italien auch die Gartenschn.: Römererbe!

Scholastik. Lat. *scholasticus* hieß schon bei Quintilian der Student der Beredsamkeit, bei anderen auch der Lehrer, der Professor. Eine besondere Bedeutung erhielt das Wort im Mittelalter. Als *sch.* bezeichnete man die Geistlichen, die auf den geistlichen Schulen an den Schätzen antiken Wissens, besonders an der Dialektik des Aristoteles herangebildet waren. Die Sch. war daher eine eigenartige schulmäßige Reproduktion, Weiterbildung und Synthese des Gedankengutes antiker, besonders griech. Philosophie. Während in der Väterzeit (→ Kirchenväter) christliche Philosophie und Theologie nicht unterschieden ineinanderliefen, wurde von den Scholastikern das philosophische Denken in seiner Eigenart gegenüber der Theologie erkannt und von dieser immer klarer unterschieden. Die Dom- und Klosterschulen hatten aus dem antiken Schulbetrieb das Trivium und Quadrivium der sieben freien Künste übernommen, deren Lehrer Scholastiker genannt wurden. Dieser Name wurde dann auch auf die Lehrer der sich daran schließenden Philosophie und Theologie übertragen, da auch diese Disziplinen schulmäßig betrieben wurden. Die stets ihren inneren Zusammenhang und ihre äußere unliterarische Form der Schule wahrende Denkbewegung, die man heute wissenschaftliche Sch. nennt, kann man von der ersten Hälfte des 11. Jhs. an (Schule von Chartres) bis etwa 1340 datieren. Anfangs waren die Quellen so vielgestaltig, daß im Laufe der Entwicklung scholastischen Denkens alle bedeutenderen griechischen Systeme zu Wort kamen und ihren Einfluß ausübten. Man verhielt sich in der Regel nur traditionalistisch, d. h. lernte aus dem, was man aus der Antike bekam. In der Hauptsache waren mehrere Schriften des Aristoteles, Porphyrios und Boëthius bekannt. Von Platon benutzte man außer dem *Timaios* in der Übersetzung Ciceros nur Fragmente, im übrigen stützte man sich auf den Neuplatonismus mancher Kirchenväter, wie Augustinus, Pseudo-Dionysius, Gregor von Nyssa. Um 1200 wurde auf dem Wege über die Araber die Metaphysik, Psychologie, Ethik und Politik des Aristoteles in den Schulen bekannt. Aus dem Arabischen und aus dem Griech. wurden fast gleichzeitig die Werke ins Lateinische übersetzt. Vor allem war es Thomas v. Aquin (1225 bis 1274), der „Fürst der Scholastik“, der den monotheistischen Charakter aristotelischen Denkens erkannte und dieses nun besonders in seiner großen theologischen und der philosophischen Summe *(Summa theologica, Summa contra gentiles)* unter Beibehaltung spezifisch platonischer Momente in das christliche Gedankengut einschmolz. Um diese neue Synthese entbrannte ein durch die ganze Zeit der Sch. geführter heftiger Kampf der Schulen untereinander, in dem sich aber der Thomismus durchsetzte. Die klare thomistische Scheidung von Glauben und Wissen, der thomistische Realismus und die zentrale thomistische Lehre von Materie und Form sind aristotelischer Herkunft. Alle diese Lehren sind auch in der zweiten scholastischen Hochblüte des 16.–17. Jhs. und in der Neuscholastik des 20. Jhs. der Leitfaden scholastischer Philosophie geblieben.

W. Thomas v. Aquino: Summe d. Theologie, hg. u. d. H. Christmann, 1934ff. – *Ü:* J. Bernhart, II, ^{3}1954, neu III 1985.
L: J. Pieper, Sch., 1960.

Scholien, antike Erklärungen zu den Schriftstellern. Die Grundbedeutung des zuerst bei Cicero auftauchenden gr. Wortes *scholion* (NB. nicht mit → *skolion* zu verwechseln!) ist unsicher; a) zu *schole = Muße,* besonders solche zu gelehrter Arbeit, dann diese selbst; danach also: gelehrte Erklärung; oder b) zu *schole* in dem Sinne, den das Wort später erhielt, → „Schule"; also für die Schule bestimmte E. Dies ist wahrscheinlicher. Denn die antiken, von Gelehrten und für Gelehrte geschriebenen Kommentare, z. B. die des → Aristarchos zu Homer, hießen *hypomnemata,* nicht *sch.;* ferner sind die Sch. nach ihrem Inhalt oft ersichtlich für reifere Schüler, nicht für Fachleute bestimmt. Ein Urteil über die Sch. müßte von didaktischen Erwägungen ausgehen; es würde relativ günstig lauten. Bisher sind freilich die Sch. nur von Gelehrten mit Rücksicht auf ihren Nutzen für die gelehrte Arbeit beurteilt worden, und von diesem Standpunkt aus mit Recht meist unfreundlich; „Scholiastenweisheit" ist kein Lob. Denn die Sch. bringen viel aus dem Zusammenhang Gerissenes, viel Scheingelehrsamkeit, oft auch einander Widersprechendes. Indessen ist zu beachten, daß der antike Schulunterricht bei der Schriftstellererklärung doch wohl mündlich mehr bot, und daß die Sch. nur eine Gedächtnisstütze waren; daher auch ihre oft ganz knappe Fassung. – Trotz ihrer Verachtung der Sch. kann die Altertumswissenschaft diese nicht entbehren; sie ersetzen die verlorenen umfangreichen Werke der antiken Gelehrten und bieten, alles zusammengerechnet, doch einen sehr wesentlichen Teil dessen, was wir vom Altertum wissen. Besonders wichtige Sch. sind die zu Pindar (für Mythologie), Homer, Aristophanes, unter denen zu lat. Schriftstellern besonders Servius' Kommentar zu Vergil. – → Schulbücher.

Schrank. Ein gr. Wort für Schr. fehlt. Lat. *armarium,* zu *arma,* was aber hier nicht „Waffen", sondern überhaupt „Geräte" bedeutet; daher franz. *armoire.* Ein solches Möbelstück, wohl zur Aufbewahrung kultischer Gegenstände, hat sich in Herculaneum erhalten; jedoch spielte der Schr. nach den seltenen Erwähnungen in der Literatur durchaus nicht die Rolle des heutigen Bücher-, Geld-, Geschirr-, Kleider-, Wäscheschr. Vielmehr bewahrte man Geräte, Geld, Wäsche in Truhen auf, gr. *kiste,* lat. *scrinium;* dieses Wort, das ursprünglich „runde Kapsel" bedeutet, kam in den Norden: deutsch *Schrein;* engl. *shrine;* franz. *écrin* = Schmuckkästchen.

schreiben. Griech. *graphein* ist sprachlich mit dem deutschen *kerben* identisch (Schreiben auf Wachs → Diptychon). Auch lat. *scribere* bedeutet „ritzen"; daher deutsch *schreiben,* ital. *scrivere,* franz. *écrire;* dagegen engl. *write* = „ritzen". Die ältesten erhaltenen griech. Inschriften, auf dem Unterschenkel eines der Kolosse von Abu Simbel in Nubien von gr. Söldnern im Dienste Psammetichs II. von Ägypten, etwa von 590 v. Chr., zeigen, daß diese einfachen Soldaten schr. konnten (manche freilich ungelenk und mit Fehlern). Nach Ausweis der Papyri gab es in Ägypten allerdings auch viele *agrammatoi* = des Schr. Unkundige. Die älteste lat. Inschrift → Lapis niger.

Schreibfeder (→ Beschreibstoffe). Auf Papier schrieb man mit → Tinte, und zwar a) fast stets mit einer Rohrf., gr. *kalamos*. Dieses Wort, das als Fremdwort in das Lat. *(calamus)* und in das Altindische *(kalamah)* überging, ist sprachlich mit dem deutschen *Halm* identisch. Das Rohr war federförmig zugeschnitten wie noch unsere F., mit oder ohne Spalt; b) seltener mit einer Metallf.; bei Köln und auch sonst sind einige Stücke gefunden, der Federhalter mit der F. aus einem Stück, also Übertragung der Rohrf. in Bronze; gr. und lat. Name unbekannt; dann hießen erst im 15. Jh. zwei gr. Schriftsteller, Demetrios und Laonikos, mit Beinamen *Chalkondyles,* statt Chalkokondyles, was nach Ausweis des neugr. *kondylion* = Metallf. einen Schriftsteller bedeutet, der mit einer bronzenen F. schreibt; Stahlf. erst seit etwa 1840; c) Gänsef., lat. *penna* („Vogelfeder"; daher im 16. Jh. *pennale* = Federbüchse; dann P. = Gymnasium), zuerst um 600 bezeugt; d) liniiert wurde mit Blei (daher Bleistift, was für den Graphitst. beibehalten wurde) oder mit Mennig (von lat. *minium* = Zinnober, daher auch „Miniatur", ferner „Rubrik", zu lat. *ruber* = rot). – Auf Wachs (→ Diptychon) schrieb man mit gr. *graphis,* lat. → *stilus*.

Schreibgerät → Beschreibstoffe; Diptychon; Schreibfeder; *stilus;* Tinte.

Schrift → Buchstabenschrift.

Schriftsprache, Dialekt. In der gesprochenen Sprache verwandte jeder kleine gr. Stamm, ja jede Stadt einen eignen D. In der Hauptsache zerfielen die gr. D. in drei große Gruppen, den ionischen, dorischen und aiolischen D. Diese wichen z. T. sehr voneinander ab, doch konnten sich alle Gr. untereinander verstehen; die attische Tragödie ist in attisch-ionischem D. geschrieben, ein wichtiger Teil jedoch, die Chorlieder, in (einer Art) dorischem, den also die Attiker verstanden. Noch heute zerfällt das Gr. in D.; von ihnen steht der tsakonische in Sparta seinem antiken Vorfahren, dem lakonischen, am nächsten. Als Schriftsprache dienten zunächst ebenfalls die D., so der aiolische für die Dichtungen Sapphos; seit dem 5. Jh. v. Chr. vornehmlich das Attische, seit dem Hellenismus die → *koine,* die jedoch das Attische nicht völlig verdrängte (→ Attizismus). – Über das heutige Griechisch → Griech. Sprache.

Wie das Griechische, so zerfiel auch die italische Sprache, wenngleich sie (abgesehen vom Etruskischen) an sich einheitlich indogerm. war, in untereinander z. T. sehr stark abweichende D. der einzelnen Stämme (→ Italiker). Diese wurden mit der politischen Vormacht Roms alle durch den Dialekt Latiums, das Latein, verdrängt. Doch zerfiel später dieses seinerseits in D., das italische L. und das der einzelnen Provinzen, deren L. von der Sprache der Ureinwohner der Provinz beeinflußt wurde. Aus diesen Dialekten entstanden später die einzelnen romanischen Sprachen. In diesen wiederholte sich die Spaltung in D.; z. B. weicht das Norditalienische vom Sizilianischen und wohl noch stärker das Französisch der Normandie von dem der Provence ab. Dem Latein am nächsten stehen die rätoromanischen Dialektgruppen in der Schweiz. – → Gr. und lat. Sprache.

A. Thumb, Hdb. d. gr. D., II [2]1932–59; E. Vetter, Hdb. d. ital. D., 1953; G. Bottiglione, *Manuale dei dial. Ital.,* 1954; C. D. Buck, *The Greek Dialects,* Chic. 1955; F. Bechtel, Die gr. Dialekte, III [2]1963; G. Nagy, *Greek Dialects,* Cambr./Mass. 1970; R. Schmitt, Einf. in d. gr. Dial., [2]1991.

Schuhwerk → Nagelschuhe; Sandale; Stiefel.

Schulbücher. Vor dem Aufkommen eigentlicher Sch. und später neben ihnen benutzten die Griechen die Gedichte Homers, bei deren Erläuterung man Religion, gute Sitte, Sprachliches, Geschichte, Geographie lehrte. Bei den Römern dienten zu gleichem Zweck zuerst die → Zwölftafelgesetze, dann die *Odusia* des → Livius Andronicus. Später (seit wann?) verfaßte man eigentliche Sch., a) kommentierte Schriftstellerausgaben → Scholien; b) knappe Zusammenfassungen des Wichtigsten auf einem Wissensgebiet, z. B. geographische, metrische, mythologische Sch.; → Epitome. Antike Sch. sind, weil in großer Auflage hergestellt, sehr zahlreich erhalten, namentlich rhetorische (die sog. *progymnasmata,* d. h. „Vorübungen“; → Beredsamkeit). Viele von der Wissenschaft (an sich nicht mit Unrecht) als dürre Kompendien verachtete antike Werke rücken in ein ganz anderes Licht, wenn man sie als Sch. betrachtet und statt vom fachwissenschaftlichen vom pädagogischen Standpunkt aus beurteilt (→ auch *marmor Parium*). Hierzu gehören z. B. die *Eikones* = „Bilder“ der beiden → Philostratoi. Wir lehren etwa in Quarta Aufsätze machen, die ein Bild beschreiben; solche Musteraufsätze mit scharfer, knapper Hervorhebung des Wichtigen sind die *Eikones*. Bestimmte Zahlen und Regeln prägen wir noch jetzt in Merkversen ein; dann lernt sich dergleichen leichter. Es wäre sehr falsch, solche Verse zu verwerfen, weil ihnen die Poesie fehle. Ebenso beurteile man die erhaltenen antiken versifizierten Sch. über Geographie und die sehr originellen *Chiliades* des Griechen Iohannes Tzetzes aus dem 12. Jh. Sie enthalten sehr viel Wissenswertes, das sich so leicht lernt. → Lehrgedichte.

W: Tzetzes, *Chiliades,* hg. Th. Kiessling, 1826, neu 1963. *Geographi Graeci minores,* hg. C. Müller, III 1855–61, neu 1965.

Schule, Schulwesen. Das gr. Wort *schole* bedeutet a) Muße, freie Zeit, Ausruhen; b) die der Wissenschaft gewidmete freie Zeit; c) Raum, in dem gelehrt wird, Schule; d) Vorlesung; e) Kollegheft. Das lat. *schola* bedeutet a) Bank im Bad zum Ausruhen vor dem Bade; b) Schule; c) Anhängerschaft eines Lehrers; d) Galerie mit Kunstwerken für gelehrte Zusammenkünfte; e) Versammlungsort auch anderer Körperschaften; f) eine Körperschaft.

Die äußerst schwierige ägyptische Hieroglyphen- und babylonisch-assyr. Keilschrift wurde natürlich in Sch. gelehrt; doch unterrichtete man dort nur spätere Priester und Beamte. Sch. für die Allgemeinheit haben zuerst die Griechen errichtet, etwa seit dem 6. Jh. v. Chr. Diese Sch. waren Privat- oder städtische, später auch staal. Schulen. Die traditionelle → Erziehung in Griechenland umfaßte Unterricht in Sport, in Musik und Schreiben-Lesen. Erst seit der Sophistik schloß sich an die Elementarausbildung das sog. Epheben-Gymnasion, ein Unterricht durch besser qualifizierte Lehrer, der vor allem Klassikertexte zur rhetorisch-philosophischen Bildung benutzte. Dieser Bildung folgte meist ein vertiefendes rhetorisches Praktikum bei einem Sophisten oder Rhetor, oder ein philosophisches „Studium“ in einer der verschiedenen → Philosophenschulen (→ Universitäten). – Auch in Rom besuchten die Jungen zuerst die Elementarschule (beim ludi magister), später eine höhere Schule beim grammaticus (vorwiegend lat. und gr. Grammatik, seit Augustus auch Lektüre röm. „Klassiker“), endlich die Rhetorenschule. – Viel Neues über das Schulwesen lehrten Inschriften: über Schulräume, Schülerverbindungen, Direktoren u. Lehrer, Unterricht, Examina, Schulferien (in Athen ein Marathonfest, ein Salamisfest, dabei Ausflug aller Schulen nach Salamis); gute Einblicke geben auch antike Schultafeln (Wachs-, nicht Schiefert.), eine mit einer Strafarbeit, oder Blätter von Schulbüchern aus Papyrus; so über methodischen Fortschritt vom Leichten zum Schweren; Anleitung zum Aufsatzschreiben. Fremdsprachl. Unterricht, außer Griech. für Römer, fehlte völlig. → Erziehung; Gymnasion, Marmor Parium; Scholien; Schulbücher.

Das Weiterleben der gr. Sch. ersieht man schon daraus, daß alle modernen Kulturvölker die Sch. mit dem gr. Worte *sch.* bezeichnen: engl. *school,* skandinav. *skole,* ital. *scuola,* span. *escuela,* franz. *école* usw.

E. Ziebarth, Aus den gr. Schulen (Text-Slg.), ²1913; ders., Aus dem gr. Schulwesen, ²1914; P. Wolf, Vom Schulwesen d. Spätantike, 1952; H. Beckby, Aus d. gr. Schulwesen, ²1953; M. P. Nilsson, D. hellenist. Sch., 1955; H. I. Marrou, Gesch. d. Erziehung im klass. Altert., d. 1957; → Erziehung.

Schuster, bleib bei deinem Leisten → Apelles.

Schwaben → Sueben.

Schwarze Suppe, Hauptspeise der spartanischen Pheiditien (→ Syssition), aus Blut (Fleisch?) und Gewürzen. Die übrigen Griechen hatten einen ehrfürchtigen Abscheu davor.

Schwarzfigurige (sf.) und rotfigurige (rf.) Vasen. Die älteren gr. Vasenmaler malten auf den gelben oder roten Ton der Vase völlig schwarze Figuren und Ornamente (Silhouetten), in die die Innenzeichnung dann mit einem spitzen Instrument eingeritzt wurde (→ Amasis; Andokides; Exekias; archaisch; Malerei). Seit etwa 535 v. Chr. begann eine neue Richtung, zuerst in Athen. Diese umriß die Konturen der Figuren und Ornamente, gab die Innenzeichnungen mit feinem Pinsel und färbte den ganzen übrigen Körper des Gefäßes mit einer Art Firnis glänzend schwarz; aus der schwarzen Fläche treten nun die roten Figuren hervor. In der Übergangszeit versuchte man bei Trinkschalen, die innen und außen bemalt sind, manchmal die neue rf. Technik an der einen Seite, während man die andre noch sf. bemalte. Eine Zeitlang liefen die beiden Techniken nebeneinander her; im Laufe des 5. Jhs. wurde in Athen die sf. Malerei von der rf. völlig verdrängt. Nach der Art der Malerei kann man die Zeit einer Vase auf den ersten Blick im großen und ganzen, nach feineren stilistischen Unterschieden dann noch weit genauer bestimmen. Das ist dann weiter wichtig für die Zeitbestimmung von → Schichten. → Vasen.

G. M. A. Richter, *Attic Red-figured Vases,* New Haven ²1958; J. D. Beazley, *Attic Black-figured Vase-Painters,* Oxf. 1956; ders., *Attic Red-figured Vase-Painters,* III Oxf. ²1963; ders., *The development of Attic black figure,* Berkeley 1951; P. E. Arias, *A history of Greek Vase painting,* Lond. 1962; J. Boardman, *Athenian Redfigured Vases,* 1975.

Schweiz, nach den → Helvetiern lat. Helvetia genannt, war lange Römergebiet. Colonia Raurica wurde (wie Lyon in Frankreich) im 1. Jh. v. Chr. von dem Römer Munatius Plancus gegründet (an seinem Denkmal im Basler Rathaus, von 1580, ist die lat. Inschrift von seinem Grabmal in Gaeta in Italien wiederholt); später Augusta Raurica genannt, daher heute Augst (→ Silberfunde); dort ein gut erhaltenes Theater. Besuchenswerte Römerstädte der Schweiz sind ferner Aventicum, heute Avenches, im Altertum die reiche Hauptstadt des Landes, heute stilles Landstädtchen, mit beträchtlichen röm. Ruinen und kleinem, aber wichtigem Museum; Vindonissa (heute Windisch, neben der Habsburg), mit Amphitheater; Funde im Museum in Brugg/Aare; auch Zürich (Turicum).

E. Meyer, D. S. im Altertum, Bern 1946; F. Stähelin, D. S. in röm. Zeit, ³1948; R. Fellmann, Die Schw. zur Römerzeit, Basel 1957; Briefwechsel des L. Munatius Plancus m. Cicero, hg. G. Walser, Basel 1957 (mit Abb. des Grabmals u. der Inschrift); Th. Mommsen, Die Schw. in röm. Zeit, ³1973; W. Drack, R. Fellmann, Die Römer in d. Schweiz, 1988.

Scipio (d. h. „der Stab"; „der Lange"; verwandt griechisch *skeptron* = Szepter, Stab; wahrscheinlich wohl Beiname großer, hagerer Menschen). Die Scipionen waren die bekannteste Familie des cornelischen Geschlechts (→ Cornelier). Bedeutende Sc. des 3. u. 2. Jhs. v. Chr. haben durch kriegerische Erfolge Roms Weltstellung begründet und durch ihren kulturellen Fortschrittswillen die Römer befähigt, diese Weltgeltung durch Jahrhunderte zu behaupten. Im Gegensatz zu Männern wie dem älteren → Cato machten sie sich zuerst von römischer Voreingenommenheit frei und schlossen sich griechischer Bildung an. So konnten die Römer, die bisher im wesentlichen ein Bauern- und Soldatenvolk gewesen waren, mit dem auf seine alte Kultur mit Recht stolzen Orient in Wettbewerb treten. – Das Erbbegräbnis der Sc. an der via Appia ist erhalten und zugänglich. Der dort gefundene Sarkophag eines sonst weniger bekannten Lucius Cornelius Sc. Barbatus, der 298 v. Chr. Consul war, jetzt im Vatikan, gilt als eins der ältesten erhaltenen Beispiele röm. Kunst unter griech.-campanischem Einfluß. Seine in roter Farbe ausgemalte Inschrift, in → Saturniern, ist eine der ältesten bekannten lat. Sie ist jedoch erst etwa 100 Jahre nach dem Tode des Barbatus verfaßt, als die Sc. besonders berühmt geworden waren.

Publius Cornelius Sc. Africanus maior (d. h. der ältere), Sohn des 218 v. Chr. von Hannibal am Ticinus geschlagenen Cornelius Sc. Der Sohn kämpfte dort mit und soll dem Vater das Leben gerettet haben. 211 wurde er etwa 24jährig mit proconsularischer Gewalt nach Spanien geschickt, wo sein Vater und Onkel in unglücklichen Kämpfen gefallen waren. Er eroberte Spanien mit Neukarthago, konnte aber den Abmarsch Hasdrubals nach Italien nicht hindern. 205 ging er als Consul nach Sizilien und von dort 204 nach Afrika, 202 besiegte er Hannibal, der 203 aus Italien zurückgekehrt war, bei Zama und erhielt den Beinamen Africanus. Seitdem herrschte er in Rom wie ein König. Auch ohne eigentliches Amt besaß er einen politischen Einfluß, wie vor ihm noch kein Römer. Anekdote und Legende begannen schon zu seinen Lebzeiten seine Person zu umspinnen. An ihm wurde eine sich abzeichnende Entwicklung zum ersten Male erkennbar: er ist der erste Römer, der als markante Persönlichkeit vor uns steht, während die früheren mehr Typen des röm. Mannesideals waren. Weiter zeigte sich bei ihm zuerst, daß eine solche überragende Persönlichkeit die engen Schranken kollegialer Regierungsgewalt zu sprengen drohte. Dadurch wurde Sc. seinen Zeitgenossen unbequem. Eine Opposition klagte ihn an, Beute aus dem Krieg gegen Antiochos unterschlagen zu haben. Grollend zog er sich zurück und starb 183 auf seinem Landgut in Liternum.

Publius Cornelius Sc. Aemilianus Africanus minor (d. h. der jüngere) Numantinus, zweiter Sohn des → Aemilius Paullus, wurde von Cornelius Sc. adoptiert, dem ältesten Sohn des Zamasiegers, der wegen Gebrechlichkeit zurückgezogen lebte (→ Nobilität). Geb. 185 v. Chr. kämpfte er schon 168 in der Schlacht bei Pydna unter dem Oberbefehl des Vaters. Seine bedeutendsten Jugendeindrücke gewann er durch den Umgang mit → Polybios. Dieser hochgebildete Grieche, ein Feldherr, Staatsmann und Historiker, führte ihn in die gr. Bildung ein. Er begleitete ihn auf Reisen und Feldzügen, z. B. nach Afrika, wohin Sc. 147 als Consul ging, um Karthago direkt anzugreifen. 146 wurde Karthago nach hartem Kampf erobert und zerstört (→ Einst wird kommen der Tag); auch dieser Sc. erhielt den Beinamen *Africanus.* 134 wieder Consul, ging er nach Spanien und belagerte Numantia. Er umschloß es mit großen, jetzt ausgegrabenen Verschanzungen, bis die ausgehungerte Stadt sich 133 ergab; danach erhielt Sc. den Beinamen *Numantinus.* 129 wurde er, noch nicht 56 Jahre alt, tot aufgefunden; man sprach von Mord. Sein Bild hat Polybios mit großer Liebe gezeichnet (XXXII 8–16). Sc. war ein großer Freund gr. Bildung. Um ihn sammelten sich die fortschrittlichsten Köpfe der Nobilität, denen die gr. Denkart Lebenselement wurde. In diesem Kreis verkehrten auch Lucilius; Terenz; ferner die Griechen → Polybios u. → Panaitios. Dabei bildete sich eine neue Führungsschicht mit weitgehend neuartigen Wertvorstellungen aus, doch ist die kulturausstrahlende Wirkung des Scipionenkreises später von Cicero etwas verklärend überzeichnet worden.

W. Schur, Sc. Afr., 1927; J. Kaerst, *Sc. Aemil.*, die Stoa u. d. Prinzipat, 1929; K. Bilz, D. Politik d. P. Corn. Sc. Aemilianus, 1935; P. Grimal, *Le siècle des Scipiones*, Paris 1953; H. Strasburger, Der Scipionenkreis, 1966; A. E. Astin, *Scipio Aemilianus*, Oxf. 1967; H. H. Scullard, *Sc. Afr., soldier and politician*, 1970; V. Saladino, Der Sarkophag des L. Corn. Sc. Barbatus, 1970.

secessio. Die s. *plebis* = Auszug der Plebs war im → Ständekampf das letzte Mittel der Plebs gegen die Übergriffe der Patrizier; die Plebejer lösten durch den Auszug den Staatsverband mit den Patriziern auf. Dadurch wurde der Bestand des röm. Staates in Frage gestellt. Dreimal angeblich (494, 449, 287 v. Chr.) wandten die Plebejer dies Mittel an; doch ist die Erzählung stark durch Sage und spätere Ausschmückung nach Analogie der Bürgerkriege des 2. u. 1. Jhs. v. Chr. entstellt. Die Plebejer setzten ihre Forderungen mit dem Druckmittel der S. durch. In der 1. S. erzwangen sie die Wahl der Volkstribunen, in der 2. den Sturz der Decemvirn, in der 3. die Verbindlichkeit der Beschlüsse ihrer Versammlungen für das ganze Volk. Die 1. S. war ein wirklicher Auszug, nämlich *in montem sacrum*, „auf den hl. Berg", der 4$^1/_2$ km von Rom entfernt auf dem r. Ufer des Anio liegt.

secundum naturam vivere (lat.) → Zurück zur Natur.

Seebäder → Bäder.

Seebund → Attischer Seebund.

Seedarlehen. Kapitäne von Handelsschiffen kauften mit geliehenem Kapital in der Heimat Ware, verkauften sie in überseeischen Häfen, erwarben von dem Erlös Auslandsware und setzten diese in der Heimat ab. Von der doppelten Einnahme, aus zwei Verkäufen, zahlten sie das S. mit 20 bis 30% Zinsen zurück; der Rest verblieb ihnen. Solche S. wurden sehr gern gegeben und genommen. Bei dem Risiko für den Geldgeber (Schiffbruch, Seeräuberei, Betrug des Kapitäns) war der Zinsfuß nicht zu hoch; andrerseits waren die Zinsen, da im Winter die Schiffahrt ruhte und das S. nur für einen Sommer galt, bei geglückter Spekulation binnen 6 Monaten verdient. Ein vollständiger S.-Vertrag ist in Demosthenes' *35. Rede, gegen Lakritos*, erhalten. Er veranschaulicht diesen Zweig des antiken Handels sehr lebendig. Vor allem zeigt er, daß die Kreditwirtschaft antiken Ursprungs ist (→ Handel). Wie der Vertrag mit einer → Kellnerin vermittelte er mit seinen alle denkbaren Möglichkeiten berücksichtigenden Einzelbestimmungen ein gutes Bild gr. Rechts.

Seefahrt → Schiffahrt.

Seekrieg → Seeschlacht; Flotte.

Seele, gr. *psyche* = Hauch, lat. *anima* = Wind, verwandt mit gr. *anemos* = Wind (Anemone = Windröschen).

Der Glaube an die Unsterblichkeit der S. ist in Griechenland uralt. Schon in myk. Zeit ist das Fortleben der S. im Grabe selbstverständlich. Die oft sehr großen und kostbaren Gräber (Kuppelgräber) sind die Wohnungen der S. und den Häusern der Lebenden nachgeahmt. Geräte und Besitz werden den Toten mitgegeben. Durch reichliche Totenopfer wurden die Bedürfnisse der S. befriedigt. Dieser Glaube blieb bei den Griechen der historischen Zeit lebendig, auch wenn bei Homer nur Reste des alten Seelenkults erkennbar sind. Man dachte sich die S. als Vogel oder als Mischwesen zwischen Vogel und Mensch, als Seelenvogel. In griech. Gräbern finden sich vielfach kleine menschenköpfige Vögel aus Terrakotta, oder sie sind auf Grabsteinen und sonst dargestellt.

Als Sitz der S. im lebenden Körper vermutete man a) das Zwerchfell (gr. *phren*). Ein Mensch mit gesundem (gr. *so-*) Zw., also gesunder S. heißt *sophron;* daher→ *sophrosyne* („Gesundzwerchfelligkeit"). Vielleicht verwechselte man das Zw. mit dem Herzen, weil man annahm, es schütze das H.; b) das Blut; ein Mensch, dessen Bl. entströmt, d. h. dessen S. entflieht, stirbt; c) den Atem; ein Toter atmet nicht mehr. Diese Vorstellung wurde herrschend; nach ihr ist im Gr. und Lat. die S. benannt; in Thüringen öffnet man im Sterbezimmer das Fenster, damit die S. hinausfliegen kann.

S. von Toten konnten nach antiker Ansicht auch in andere Lebewesen übergehen: Die Lehre von der Seelenwanderung entstand wohl in Indien u. kam von dort nach Griechenland, wurde auch von gr. Philosophen vertreten, so von den Orphikern, Pythagoras, Platon (→ *soma sema*) u. den Neuplatonikern. Diese Lehre verschwand mit dem Christentum, auch aus dem Volksbewußtsein, obwohl sich dort andere derartige asiatische Lehren zäh zu halten pflegten (→ Astrologie; Orakel; Vegetarismus). Allgemein verbreitet aber war die Ansicht, die S. der Toten gingen in die Unterwelt (→ Hades) ein; als Sitz der S. besonders guter Menschen nahm man das Elysium an, nach christl. Vorstellung den Himmel.

Wenn die S. nach dem Tode eines Menschen noch irgendwo weiterlebte, so hatte sie auch Bedürfnisse eines Lebenden, vor allem das Verlangen nach Speise und Trank. Wurden diese Bedürfnisse nicht befriedigt, so dachte man die S., solange man noch ihr Verweilen auf Erden annahm, als umherflatternd und schadenstiftend; sie sollten den Alpdruck Schlafender hervorrufen, vor allem aber den Menschen Blut aussaugen (→ Lamia; Seirenen). Auf solchen Blutverlust führte man plötzliche Erkrankung und plötzlichen Tod kurz vorher noch ganz Gesunder zurück. Mit Aufkommen der Hades- und Himmelslehre gab man den Glauben an die Schaden stiftende S. offiziell ganz auf; im Volk lebt er aber noch durchaus in der Furcht vor Gespenstern. Die S. der Verstorbenen suchte man nach Möglichkeit gnädig zu stimmen, durch Ehrung (→ Heros; Manen), besonders durch dauerhafte Anlage und wohnliche Ausstattung des Grabs und durch Speisung. Man gab dem toten Mann seinen Siegelring, seine Waffen, in den Kurganen Südrußlands auch Pferde und Sklaven, der Frau Kleider und Schmuck, einem gr. Dorfschullehrer in Ägypten sein Lieblingsbuch, den Timotheos (→ Papyros), Kindern ihre Bälle, Püppchen (im Brit. Mus., Greek and Roman Life Room; Kinderklappern in german. Gräbern) mit. Nicht wenige antike Gräber haben oben ein Steinsieb, darunter eine Röhre bis zur Leiche; man goß gr. *choai,* lat. *inferiae* hinab, Honig, Wein und Wasser (Aischylos' Drama *Choephoroi,* d. h. Grabesspenderinnen). – Die Griechen haben den Zwiespalt zwischen der Ansicht, die Seelen seien im Hades, und dem Wunsche, mit ihnen zu verkehren, durch die Lehre vereinigt, im Frühlingsmonat *anthesterion,* in dem die Blumen (gr. *anthe*) wieder aufleben, kämen auch die Seelen herauf; man feierte die Anthesteria als ein Totenfest (große Schwierigkeiten, die dieses Fest der Forschung im einzelnen bietet, werden hier übergangen). Der 2. und Hauptfesttag hieß *Choes;* da waren die Seelen oben. Man bewirtete sie, hatte aber vor ihnen Angst, die man durch Scherze zu betäuben versuchte; die Tempel blieben geschlossen; am Abend rief man den Vers: „Hinaus, ihr Seelen: Schluß der Anthesteria!" Dieser Choentag lebt bei uns noch zwiefach: a) burlesk, als → Karneval; denn man zog bei diesem Fest kostümiert durch die Stadt und trieb Spaß; staatliches Wetttrinken auf Trompetensignal; wer seine Kanne zuerst geleert hatte, erhielt einen Schlauch Wein, einen Efeukranz und auch wohl ein gefälliges Mädchen; sich davon zurückzuhalten galt als prüde; b) ernst, als Allerseelenfest, nicht mehr beim Aufsprießen der Blumen, sondern im Herbst bei ihrem Absterben gefeiert, daher auch ohne die Karnevalsfröhlichkeit.

Die Unsterblichkeit der Seele wurde später vielfach geleugnet; diese Anschauung geht auf griechische Denker zurück, etwa auf → Panaitios. Sie war aber unter den gebildeten Römern der Kaiserzeit bis zum Sieg des Christentums weit verbreitet.

Die ägyptischen Apisstiere u. Katzen, deren S. man als unsterblich dachte und die man, damit die S. einen Wohnsitz habe, mumifizierte, waren nach dem Volksglauben keine Tiere, sondern Götter. Im allgemeinen (Ausnahme: Aristoteles, *De partibus animalium* I 19, 10 p. 641 a 28) nahm man aber im Altertum und bis heute Vorhandensein einer S. im Tier nicht an. – → Magnet.

W. F. Otto, D. Manen, [3]1962; W. Stettner, D. Seelenwanderung b. Gr. u. R., 1934; G. Carus, Psyche, [2]1941; E. Rohde, Psyche, [2]1898, neu 1991; H. S. Long, *Study of the doctrine of metempsychosis in Greece,* Princeton 1948.

Seeräuber (gr. *peirates* = Abenteurer; lat. Fremdwort *pirata*) hat es im ganzen Altertum gegeben; schon die *Odyssee* (III 73) kennt Seeraub als Gewerbe. In der späteren Zeit gab es ein besonderes Kaperrecht, das staatlich legitimiert war. Phoiniker, Tyrsener und Karer, später die westgr. Stämme, die Aitoler und Akarnanen, waren gefürchtete S. (→ Lysikrates). Die Handelsstaaten, besonders Athen, schützten sich durch Flotten und Verträge gegen sie. Erschreckend nahm die Plage seit der Auflösung der Flotte des Mithradates 84 v. Chr. überhand. S. plünderten die Inseln und organisierten einen „schwimmenden Freistaat". Die Frauen und Kinder brachten sie in Felsenburgen an der kleinasiatischen Küste. Sie machten z. T. mit den röm. Statthaltern gemeinsame Sache und veranstalteten direkte Menschenjagden; die

Gefangenen wurden als Sklaven verkauft (Caesar freilich, den auf einer Reise nach Asien S. gefangen hatten, trat ihnen so herrisch gegenüber, daß sie ihm nichts anzutun wagten). Als S. sogar Italien bedrohten, vernichtete sie 67 v. Chr. Pompeius. In der Kaiserzeit diente die kleine Kriegsflotte, welche die Kaiser hielten, zum Schutze gegen die S. und zur Sicherung der Getreidezufuhr. Beim Herannahen der S. rief man die Flotte telegraphisch herbei; das antike → Telegraphenwesen wurde gerade wegen der S.-Gefahr besonders gut ausgebildet. Im Mittelalter setzten die Araber die antiken Gepflogenheiten fort, und noch zu Goethes und Seumes Zeit war man, wenn man von Neapel nach Sizilien fuhr, nicht sicher, ob man in Palermo oder auf dem Sklavenmarkt in Tunis landen werde.

E. Ziebarth, Beiträge zur Geschichte des Seeraubs und Seehandels im alten Griechenland, 1929; G. A. Rost, Vom Seewesen u. Seehandel in d. Antike, Amsterdam 1968; H. Pohl, Die röm. Republik u. die Piraterie, 1993.

Seerecht. In ältester Zeit war von einem S. nicht die geringste Spur vorhanden; Seehandel und Seeraub gehörten zusammen (→ Seeräuber). Ausgebildet wurde das S. auf Rhodos. Von dort ging die Grundidee einer gerechten Verteilung der Schäden, die ein Schiff oder seine Ladung auf der Fahrt getroffen haben (Havarie), als *lex Rhodia de iactu* ins röm. Recht über; → Recht.

Seeschlacht, gr. *naumachia,* lat. *pugna navalis* = Schiffsschl. Die älteste bekannte gr. S. wurde nach der Überlieferung von den Herakleiden bei der Rückkehr aus der Verbannung den Pelopiden von Mykenai geliefert; nach unserer jetzigen Kenntnis der Kultur des 2. Jahrt. v. Chr. haben wir wenig Grund, das zu bezweifeln und als Sage zu betrachten. Die griech. Geschichte kennt besonders im 5. Jh. v. Chr. wichtige S.en; → Salamis; peloponnesischer Krieg. Die Römer lieferten große S.en im 1. → Punischen Krieg; eine wichtige S. war die bei → Aktion 31. v. Chr. Später besaß die röm. → Flotte keine rechte Bedeutung mehr, denn es war kein ernsthafter Gegner mehr da. Als dann seetüchtige Germanen ihre Züge im Mittelmeer begannen, konnte man ihnen nicht entgegentreten. Auch gegen die Sarazenen, die jahrhundertelang Italien aufs schwerste bedrohten (überall an der Küste noch jetzt die Sarazenentürme), konnte man keine eigentlichen S. liefern. Die großen S. fallen erst in die Neuzeit: 1571 Lepanto, 1798 Abukir, 1805 Trafalgar usw.

Bei den Griechen bestand die gr. S. hauptsächlich in geschicktem Manövrieren, in dem die Athener bei ihrer entwickelten Seetechnik Meister waren; man machte das feindliche Fahrzeug dadurch leck oder kampfunfähig, daß man ihm einen eisenbeschlagenen Rammsporn (→ *rostra*) in die Flanke bohrte oder im raschen Vorbeifahren die Ruder zerschmetterte. – Die Römer erreichten die feindlichen Schiffe auf Enterbrücken und lieferten auf Deck eine Landschlacht; zuerst 260 v. Chr. in der S. bei Mylae; das deutsche Wort „entern“ vom franz. *entrer,* lat. *intrare* = eintreten. Auch → Siphon.

S. W. Roskill, Der Seekrieg im Wandel der Zeiten, 1964.

Seevölker. So bezeichneten ägypt. Quellen eine Völkergruppe, die im 13. Jh. v. Chr., aus der Gegend des Schwarzen Meeres herkommend, zu Land u. zur See in den ägäischen Raum eindrang und sowohl nach Griechenland als auch durch Kleinasien bis nach Syrien, Palästina und Ägypten vorstieß. Zu den S. gehörten die Philister, die Danauna (→ Danaer) u. andere nicht recht identifizierbare Völker. Im Zuge dieser sog. Großen oder Ägäischen Wanderung u. der durch sie ausgelösten Völkerbewegungen wurde → Troia belagert, das Reich der → Hethiter zerstört, → Ugarit vernichtet, → Palästina erobert; der Angriff auf Ägypten konnte um 1190 v. Chr. durch Ramses III. abgewehrt werden. Im griech. Mutterland fielen den S. die myken. Burgen u. Siedlungen zum Opfer (→ Kret.-myk. Kultur). Im ganzen bewirkten die S. also tiefgreifende Veränderungen im ägäischen Raum. Allerdings konnten sie ihre Eroberungen nicht lange halten und assimilierten sich vielfach mit den einheimischen Völkern; in Griechenland erlagen sie den nachdringenden → Doriern. Durch diese Wanderungen, in die auch zahlreiche schon ansässige Stämme hineingerissen wurden, erhielt die Völkerkarte Griechenlands ihr endgültiges Aussehen (→ Griech. Geschichte); die Erinnerung an diese unruhigen Zeiten spiegelt sich in den Sagen vom Argonautenzug u. der Belagerung Troias.

L: F. Schachermeyr, D. ältesten Kulturen Griechenlands, 1955; ders., Die ägäische Frühzeit, Innsbr. 1961; ders., D. äg. Neolithikum, Lund 1964; V. R. Desborough, *The last Mycenaeans and their Successors,* Oxf. 1964; F. Matz, Kreta u. frühes Griechentum, [3]1965; R. D. Barnett, *The Sea-Peoples,* 1969; A. M. Snodgrass, *The Dark Age of Greece,* Edinb. 1971; A. Strobel, Der spätbronzezeitl. S.-Sturm, 1976.

Segesta, gr. *Egesta,* gr. Stadt im Inneren Siziliens, bekannt durch eine List im peloponnesischen Kriege (Thukydides VI 46); von Vandalen und Sarazenen so verwüstet, daß im Mittelalter sogar der Name vergessen war; bis heute nicht wieder bewohnt; berühmt durch die Ruinen eines → Theaters aus hellenistischer Zeit, mit herrlicher Aussicht, und vor allem eines Tempels (unfertig).

D. Mertens, Der Tempel v. S., 1975.

Segestes, Fürst der Cherusker, aus Gegnerschaft gegen Arminius römerfreundlich; A. hatte S.' Tochter Thusnelda geraubt. Von Arminius belagert, wurde S. von Germanicus befreit. Er lebte bis zu seinem Tode in Gallien.

segnen, lat. *signare,* das Zeichen *(signum)* (des Kreuzes) über jem. machen.

Seher → Orakel.

Seian. Lucius Aelius Seianus, Sohn des röm. Ritters Lucius Seius Strabo, später von Gaius Aelius Gallus adoptiert (daher der Name), war Offizier in hohen Stellungen. Unter Tiberius war er → Gardepräfekt. Als solcher herrschte er lange Zeit allmächtig in Rom, besonders nachdem Tiberius sich nach Capri zurückgezogen hatte. Man sagte ihm nach, er strebe nach dem Thron; jedenfalls versuchte er, in die kaiserliche Familie einzuheiraten. Tiberius schlug aber den Wunsch ab und ließ S., durch Verwandte gewarnt, plötzlich verhaften und 31 n. Chr. hinrichten.

Seide, als verarbeitete S. gr. *serikon,* lat. *sericum* = „das Serische“, nach der Herkunft von den Serern = Chinesen, im griech.-röm. Altertum in den Mittelmeerländern nie erzeugt, sondern nur in China gekauft, zuerst im Handel von Volk zu Volk vóm Osten nach Westen, dann auf einem großen Seidenmarkt nördlich des Himalaya, wo sich die westlichen Kaufleute mit den chinesischen trafen, schließlich in direktem Verkehr zwischen Rom und → China vom Westen nach Osten. Verwendung für Kleider, Decken, Kissen, Vorhänge. Unter Iustinianus (527–565) sollen Mönche, die nach Ch. gewandert waren, von dort heimlich Eier von Seidenraupen (gr. *seres*) nach Europa gebracht haben (Prokop, *bell. Goth.* IV, 17); seitdem gab es S.-Produktion auch in den Mittelmeerländern.

Seife war dem gr.-röm. Altertum unbekannt. Als Ersatz der S. hatte man gewisse Erdarten. Diese konnten auch wohlriechend gemacht werden, z. B. mit Lilienduft.

Sein (das Seiende und das Nicht-Seiende), wichtiger Begriff der gr. Philosophie. Die ionischen Naturphilosophen (→ Naturforschung) suchten alle Materie der Welt auf einen einzigen Urstoff zurückzuführen, aus dem sich die Vielheit der Erscheinungen, Festes, Flüssiges, Luftförmiges, entwickelt habe; → Elemente. Die → Eleaten hielten die mit unseren Sinnen wahrnehmbare Welt nur für eine „W. der Erscheinungen“, des Scheins, und nahmen daneben eine unveränderliche, ewige Welt des Seins an. Gemäß der Stellung zum S. gab es zwei Hauptrichtungen der gr. Philosophie. Die eine (Eleaten, Platon) legte den Hauptwert auf die metaphysische Welt des S., während Aristoteles, Aristippos, Epikur ihre Aufmerksamkeit nur der → Erscheinungswelt zuwendeten.

N. Hartmann, Platos Logik des Seins, [2]1965.

Seirenen, Sirenen (gr. *seirenes*). Mädchen mit Vogelleib auf einer Insel im Meer lockten Seefahrer durch süßen Gesang an, sogen ihnen aber dann das Blut aus; ihre Insel war voll von Häuten und Knochen Toter. Der Gesang, mit dem sie Odysseus lockten, beginnt: *deur ag ion, polyain Odyseu, mega kydos Achaion.* Der Vers hat 21 Vokale gegenüber 16 Konsonanten; der Vokalreichtum (→ Sänger) malt den süßen Klang. – Die S. sind nicht nur lockende und gefährliche Meerdämonen, sondern stehen auch alten Todesdämonen nahe (→ Harpyien; Lamia) und wurden deshalb häufig auf Gräbern und Sarkophagen abgebildet (sog. Harpyienmonument von Xanthos; dies und ein rotfig. Vasenbild mit S. im Brit. Museum, London). Das Odysseus-Abenteuer mit den S. ist häufig gemalt, von H. Sachs sogar dramatisiert worden (1557).

E. Buschor, Die Musen des Jenseits, 1944.

seisachtheia (gr., „Abschüttelung der Lasten“), die kühnste Reform → Solons. Da sie eine einmalige Maßnahme war, wurde sie nicht in dessen Gesetze aufgenommen. Deswegen wußte man schon im 4. Jh. v. Chr. nicht mehr genau, worin sie bestanden hatte.

Sicher wurde durch die S. die Schuldsklaverei abgeschafft. Bisher hatte ein Gläubiger das Recht gehabt, den nicht zahlenden Schuldner zu verkaufen. Das wurde verboten, und alle auf diese Weise in die Sklaverei Geratenen wurden frei. Unsicher bleibt, in welchem Umfang sonst noch Schulden niedergeschlagen wurden. Ein antiker Forscher des 4. Jhs. v. Chr., Androtion, und noch moderne Gelehrte erklärten diesen Teil der S. nur als Entlastung, als Ermäßigung der Hypothekenschulden um 27 % durch Einführung des minderwertigeren euboiischen Talents statt des bisher in Athen gültigen aiginetischen; d. h. für ein geliehenes aig. T. brauchte nur ein eub. T. zurückgezahlt zu werden. Nach andrer, heute für richtig gehaltener Ansicht war die S. viel radikaler, ein völliger Erlaß aller Hypothekenschulden, ohne jede Entschädigung der Gläubiger. Da diese meist Adlige und die Schuldner meist Leute aus dem Volke waren, so wurde Solon, nach Aristoteles, *Staat der Athener,* durch die S. zum Volksbefreier. – Angeblich liehen sich drei Freunde Solons, die von seinem Plane wußten, vor der S. viel Geld und kauften davon große Güter. Durch die S. wurden sie ungemein reich; denn die Güter konnten sie, da sie rechtlich gekauft und bezahlt waren, behalten, das geliehene Geld dagegen brauchten sie nicht zurückzuzahlen. Aristoteles erklärt jedoch diese Geschichte, wohl mit Recht, nur als Verleumdung einiger Parteifreunde Solons durch die Aristokratie, die ja durch die S. schwer geschädigt und verärgert wurde. Entstand aber durch die S. eine solche Erregung, daß diese Verleumdung überhaupt aufkommen und geglaubt werden konnte, so spricht das wohl für die radikale Reform.

Sekunde → Uhr.

Selbstmord. Außer den üblichen Arten des S. durch Erdolchen (Nero), Vergiften, Erhängen (Iokaste), Öffnen der Pulsadern, kannte das Altertum S. durch das Schwert in einer Form, die Bilder vom S. des Aias darstellen; man grub das Schwert mit dem Knauf fest in die Erde und stürzte sich mit der Brust hinein (→ Antonius). Einen geradezu heroischen Willen setzt der für Isokrates und besonders im späteren Altertum oft bezeugte S. durch Verweigerung der Nahrungsaufnahme voraus, → z. B. Agrippina die Ältere. – S. galt nicht als entehrend, namentlich bei Krankheit, in hohem Alter, bei drohender Schande, bei Einnahme der Stadt durch Feinde; → Eratosthenes soll 195 v. Chr. achtzigjährig wegen drohender Erblindung den freiwilligen Hungertod gestorben sein. In Massalia (Marseille) erhielt man, wenn man dem Stadtrat seinen Wunsch zu sterben ausreichend begründet hatte, Gift auf Kosten der Stadt. Der Kynismus u. die Stoa rechtfertigen im Gegensatz zu Platon den S. philosophisch; Zenon u. Kleanthes und eine Reihe andrer Stoiker, z. B. Silius Italicus, sind freiwillig gestorben. Der kyrenaische Philosoph Hegesias, um 300 v. Chr., mit dem Beinamen *Peisithanatos* = „der zum Tode überredet“, empfahl den S. auf Grund seiner pessimistischen Lebensauffassung; seine Vorträge wurden in Ägypten verboten, weil sich viele Zuhörer das

Leben nahmen. – Verrufserklärung des S. als Eingriff in den Willen Gottes, der das Leben schenkt und es nach seinem Entschlusse beendet, durch das Christentum.

K. A. Geiger, Der S. im klass. Altert., 1888; R. Hirzel, Der S., 1908, neu 1967.

Selene (gr., l. *Luna*), die Mondgöttin. Beide (nicht miteinander verwandte) Wörter bedeuten eigentlich „die Glänzende“; *luna* gehört zu *Licht.* – Der Mond spielte im Aberglauben, wonach er irdische Vorgänge beeinflußt, und im Zauber (reizendes Beispiel: Theokrit: Die *Zauberinnen,* d. v. Mörike) eine sehr große Rolle, eine sehr geringe dagegen in der Religion; S. wurde mit → Hekate gleichgesetzt.

Seleukiden, die Nachfolger des → Seleukos, die in Asien ein großes Reich vom Hellespont bis zum Indus schufen und bis 64 v. Chr. behaupteten. Sie hatten in Asien großen kulturellen Einfluß; über 40 Städte wurden von ihnen angelegt (darunter etwa 12 mit dem Namen *Seleukeia*), durch die gr. Kultur und Sprache und hellenisches Wesen im Orient befestigt wurden. Politisch hatte das S.-Reich das Schicksal aller asiatischen Diadochenreiche; nach kurzer herrlicher Blüte unter der Herrschaft großer Persönlichkeiten versank es in die orientalische Weichlichkeit und Korruption, so daß es (64 v. Chr.) eine leichte Beute der röm. Eroberer wurde. Der letzte große König war Antiochos III. (223–187), der mit den Römern kämpfte. Von da an nahm die Macht des Reiches beständig ab; Pompeius konnte es kampflos in eine röm. Provinz verwandeln. Nach der politischen Macht schwand mit dem Eindringen des Islams auch der gr.-röm. Kultureinfluß mehr und mehr; glänzende Ruinen des Altertums stehen aber noch immer an zahlreichen Orten des Nahen Ostens: Hauptstadt → Antiocheia; Seleukeia am Tigris, am Orontes, in Kilikien u. a.

A. Bouché-Leclercq, *Histoire des Séleucides,* II, Paris 1913–14, neu Brüssel 1963; E. R. Bevan, *The house of Seleucus,* N. Y. II 1966.

Seleukos (lat. Seleucus), vornehmer Makedone, Feldherr Alexanders d. Gr., der aber erst im indischen Feldzug hervortrat. Er erhielt nach dem Tode des Königs 323 v. Chr. die Satrapie Babylonien, die er trotz mancher Mißerfolge behauptete. 305 nahm er den Königstitel an und eroberte Syrien und die Länder am mittleren Euphrat. 281 gewann er auch Kleinasien und schuf so ein großes Reich, das mit geringen Ausnahmen (Pergamon, Indien) die asiatischen Eroberungen Alexanders umfaßte. Er wurde 280 ermordet. → Seleukiden.

Selinus, um 628 v. Chr. gegründete gr. Stadt Siziliens, 409 v. Chr. von den Karthagern zerstört, später neu besiedelt, 250 v. Chr. von den Römern zerstört, dann nur ein kleines Dorf, heute unbewohnt, mit 7 z. T. gewaltigen Tempeln (der größte, Tempel G, 110 m lang und 50 m breit), meist aus dem 6. und 5. Jh. v. Chr., die einen noch weit großartigeren Anblick geboten haben müssen als die T. in Paestum, bis ein Erdbeben zwischen dem 5. und 8. Jh. n. Chr. sie umwarf; jetzt liegen die Quadern und Säulentrommeln in gigantischen Haufen da; einige Säulen (Tempel C) wurden 1925 wieder aufgerichtet,

1954 auch der Tempel E aus den Trümmern wieder aufgebaut (ein Hera-T.). Überall wächst Sellerie, die Wappenpflanze der Stadt, die ihr auch den Namen gab. Berühmte, z. T. hocharchaische → Metopen aus S. befinden sich im Museum in Palermo. – Höchst sehenswert und lehrreich sind die Steinbrüche von S., heute *Cave di Campobello* genannt, wo die Arbeit 409 plötzlich unterbrochen wurde. Man sieht verschiedene Stadien der Herauslösung der Säulentrommeln, die $2^1/_2$ bis 4 m lang sind und einen Durchmesser von $3–3^1/_2$ m (!) haben.
M. Santangelo, Selinus, d. Rom 1953.

sella curulis → Amtsabzeichen; Magistrat.

Semele, Tochter des Thebanerkönigs Kadmos und der Harmonia, von Zeus geliebt und, als er sich ihr auf ihren Wunsch hin zeigte, vom Blitzstrahl getroffen und verbrannt. Aus der Verbindung ging → Dionysos hervor.

Semiramis, sagenhafte babylon. Königin; → 7 Weltwunder.

Semo Sancus Dius Fidius, röm. Schwurgottheit, deren Tempel auf dem Quirinal lag. Ursprünglich waren S. S. und D. F. wohl zwei getrennte Gottheiten, von denen die letztere die verselbständigte Funktion Iuppiters als Schwurgottheit gewesen zu sein scheint.

Semonides von Samos (oder Amorgos, weil er auf dieser kleinen Insel wohnte) schrieb im 6. Jh. v. Chr. Elegien und Iamben. Von diesen ist vor allem ein Spottgedicht auf die Frauen erhalten, in dem er die einzelnen Frauen je nach ihrem Charakter zu Abkömmlingen von passenden Tieren macht.
W: ALGr. *fasc.* 3, [3]1952.

semper aliquid haeret, „es bleibt immer etwas hängen", geht nach Büchmanns Vermutung auf eine Stelle bei Plutarch, *Die Unterscheidung des Schmeichlers vom Freunde* 24 zurück; das zuerst wohl von Francis Bacon zitierte Sprichwort lautet im ganzen: *audacter calumniare, s. a. h.,* „verleumde nur dreist, etwas bl. i. h."

Senar → Iambus.

Senat, *senatus,* von *senex* = Greis, eine der drei Körperschaften (Beamte, S., Volksversammlung), die sich in Rom in die Regierungsgewalt teilten. Ursprünglich aus *patres,* den Ältesten der patrizischen Familie, bestehend, hatte er nach der röm. Tradition schon unter den Königen beratende Stimme. Die geschichtliche Bedeutung des S. begann erst in der Republik, als die eigentliche Regierungsgewalt z. T. auf S. und Volk überging. Hauptaufgaben des S. waren nach Polybios: Oberaufsicht über das Staatseigentum und die Finanzen, Leitung der auswärtigen Angelegenheiten und wesentlicher Einfluß auf Krieg, Frieden und Bündnisse; durch das *senatus consultum ultimum* (→ S. C.; *videant consules*) konnte der S. den Ausnahmezustand erklären. Da die auswärtigen Angelegenheiten in der röm. Politik immer breiteren Raum einnahmen, die verwickelten ausländischen Verhältnisse aber nur schwer für die Volksversammlung zu übersehen waren, stieg der Einfluß des S. auch gegenüber dieser; in der Glanzzeit der röm. Republik (3.

u. 2. Jh. vor Chr.) bevormundete der S. die Volksversammlung durch Vorberatung aller Anträge. Ohne S. C. konnte kein Beschluß der Volksversammlung Gesetzeskraft erlangen; dieses Übergewicht des S. spricht sich schon in der Reihenfolge der Wörter in der Formel → SPQR aus. Durch dies Gewohnheitsrecht war im 2. Jh. der S. in Wirklichkeit der Herrscher Roms; Beamte und Volksversammlung waren nur Instrumente seines Willens. Die etwa 600 Mitglieder des S. setzten sich seit dem Ende des → Ständekampfs außer aus Patriziern auch aus Plebejern zusammen. Sie wurden von den Censoren aus der Zahl der ehemaligen Quaestoren, Aedilen, Praetoren und Consuln ausgewählt. Ihr Rang war nach dem bekleideten Amt verschieden. Unter den ältesten, erfahrensten wählte der Consul bei Amtsantritt den → *princeps senatus,* den Führer des S., für das laufende Jahr. So waren fast nur Mitglieder des im Ständekampf entstandenen Beamtenadels, der → Nobilität, im S. vertreten; er war also das Mittel, durch das die Nobilität in Rom und in der Welt herrschte. Abzeichen der Senatoren waren ein großer, goldener Ring, der breite Purpurstreif *(latus clavus)* an der Tunica und rotlederne Schuhe. Der S. konnte sich nicht selbst berufen und eine Tagesordnung aufstellen. Das war Sache der hohen Beamten, besonders der Consuln, die sich aber einem Wunsche des S. nicht entziehen konnten und dann auch die Sitzungen leiteten (→ *princeps*). Versammlungsort war die → Curia am Forum oder ein Tempel, z. B. der des *Iuppiter Capitolinus, Iuppiter Stator* oder der *Concordia.* Die Türen des Sitzungssaales standen offen, weil in den Tempeln → Fenster fehlten; die Sitzungen waren also quasi öffentlich.

In der Kaiserzeit blieb der S. bestehen, da die Monarchie die äußeren Formen der Republik bewahrte, und behielt auch gewisse Rechte (→ Provinzen); doch verlor er immer mehr an Bedeutung (→ Kaisertum). – Immerhin hat er sich, *mutatis mutandis,* bis in die Gegenwart erhalten a) in der Stadt Rom, → SPQR; b) im Königreich Italien als Ober-, Herrenhaus, dessen Mitglieder *senatori del Regno* hießen; ähnlich in vielen anderen Staaten der Welt; c) in der röm.-kath. Kirche; die Kardinäle sind *senatori della Chiesa;* d) akademischer S. deutscher Universitäten.

K. Schneider, Die Zusammensetzung des röm. S. . . ., 1942; J. Bleicken, Senatsgericht u. Kaisergericht, 1962; W. Eck, Senatoren von Vespasian bis Hadrian, 1970; R. J. A. Talbart, *The senate of imperial Rome,* Princet. 1984.

Seneca der Ältere. Lucius Annaeus S., geboren etwa 55 v. Chr. in Corduba (Cordova) in Spanien, Vater des Philosophen S., gest. 39 n. Chr. Er lebte in Rom und schrieb ein teilweise erhaltenes Werk über die gekünstelten und phrasenhaften Redeübungen, die damals in den Rhetorenschulen gepflegt wurden (*controversiae* = Rechtsfälle, und *suasoriae* = Ratschläge); das Buch bildet mit seinen persönlichen Erinnerungen einen wertvollen Beitrag zum Verständnis des Lebens und der literarischen Tätigkeit jener Zeit.

W: Hg. A. Kießling, ²1967; hg. u. franz. H. Bornecque, II, Paris 1932.

Seneca der Jüngere. Lucius Annaeus S., ca 4. v. Chr. – 65 n. Chr., Sohn des vorigen, ebenfalls in Corduba geboren, nach wechselvollen Schicksalen zum Erzieher des jungen Nero berufen, war in dessen ersten Regierungsjahren tatsächlicher Leiter des röm. Reiches, fiel aber bald in Ungnade und mußte sich wegen angeblicher Teilnahme an einer Verschwörung selbst den Tod geben. Sein Charakter ist vielumstritten; zweifellos stand sein Leben nicht immer im Einklang mit der Lehre, die er in seinen Schriften vertrat. Er war die hervorragendste literarische Persönlichkeit seiner Zeit; ein überaus vielseitiger Schriftsteller mit geistvoller Darstellung und überraschend knappem, sentenzenreichem Stil. Der Schwerpunkt seiner literarischen Tätigkeit lag in Werken der praktischen Moralphilosophie, der Erziehung zu edler Menschlichkeit u. Herausbildung einer neuen Ethik, die auf die Nachwelt den größten Einfluß hatte. Seine Lehre gründet sich im wesentlichen auf die gemilderte stoische Philosophie (→ Stoizismus), die sich mit der christlichen Weltanschauung so eng berührte, daß man lange S. selbst für einen heimlichen Christen hielt; → Paulus. Zahlreiche Abhandlungen *(dialogi)* über einzelne Gebiete der Ethik sind erhalten, z. B. *Der Zorn, Die Milde, Die Vorsehung, Wohltaten, Die Kürze des Lebens, Das Lebensglück* u. a.; daneben als reifste Frucht seiner Lebensanschauung 124 moralphilosophische Briefe an einen Freund Lucilius *(epistulae morales);* von vornherein zur Publikation bestimmt, stellen sie Lehrschriften an ein ideales Leserpublikum dar und enthalten die Summe von S.s philosophischen Erkenntnissen. Seine *Naturwissenschaftlichen Untersuchungen (naturales quaestiones)* wurden bis tief ins Mittelalter als Lehrbuch der Physik verwendet und sind für uns bei aller sachlichen Unzulänglichkeit kulturhistorisch höchst wichtig für die Kenntnis des Altertums auf diesen Gebieten. – Auch als Dichter hat S. nachhaltig gewirkt. Er schrieb 9 Tragödien, die dem Zeitgeschmack entsprechend die grausigsten Stoffe der gr. Sage behandeln, wie *Medea, Oedipus, Thyestes, Phaedra, Agamemnon,* zweimal *Hercules* u. a.; Lesedramen voll pathetischer Deklamationen u. spitzfindiger Dialoge, die weit hinter ihren gr. Vorbildern zurückbleiben. „S. erstrebt auch nicht die → *Katharsis,* sondern eine Art moralischer Schockwirkung.“ (Bieler) Nicht die alte gr. Tragödie, sondern die des S. wurde Vorbild für das klassische Drama der Franzosen und Italiener, hat auch auf das elisabethan. Theater stark eingewirkt. Die wohl mit Unrecht unter seinem Namen überlieferte Tragödie *Octavia,* die das tragische Geschick der verstoßenen und hingerichteten Gemahlin Neros behandelt, ist als einziges Beispiel einer *fabula praetexta* (→ Drama der Römer) besonders interessant. – Schließlich verfaßte Seneca die *Apocolocyntosis,* eine sehr witzige und dabei von glühendem Haß erfüllte Satire auf Tod, Himmel- und Höllenfahrt des eben ermordeten Kaisers Claudius; der Titel (wörtlich „Verkürbissung“, nach *apotheosis* „Vergötterung“ gebildet) enthält den Vorwurf der Einfältigkeit, da der Kürbis als Symbol der Dummheit galt. Wir besitzen in dieser Schrift S.s das beste erhaltene Beispiel einer sog. Menippeischen → Satire.

W: Tragoediae, hg. F. Leo, 1878–79, neu 1963; hg. u. d. Th. Thomann, II 1969–79; Milde, Wohltaten: hg. C. Hosius, ²1914; *Philos. Schr.,* hg. u. d. Rosenbach, V ²⁻³1980–87; Kürze des Lebens: H. Dahlmann, 1949; Standhaftigkeit: W. Klei, Utrecht 1950; Zorn: P. Grimal, Paris 1963; Glücksel. Leben: ders., Paris 1969; Milde: K. Büchner, 1970 (mit *Ü*). *Epist. mor.:* Hg. u. d. F. Loretto, R. Rauthe, bisher VI 1977–88; *nat. quaest.:* hg. P. Oltramare, II Paris 1929; Apocol.: hg. C. F. Russo, Florenz 1948; hg. u. d. W. Schöne, 1957. – *Ü:* Philos. Schr.: O. Apelt, IV 1923–24, neu 1993; Briefe: E. Glaser-Gerhard, II ²1967.
L: J. N. Sevenster, Paulus u. S., 1961; C. Wanke, S., Lucan, Corneille, 1964; H. Cancik, Unters. zu S.s ep. morales, 1967; W. Trillitzsch, S. i. lit. Urteil d. Antike, 1971; H. Lefevre (Hg.), S.s Trag., 1972; W. Barner, Produktive Rezeption, 1973; J. Dingel, S. u. d. Dichtung, 1974; G. Maurach (Hg.), Briefe, 1970; ders. (Hg.), S. als Philos., ²1987; ders., S., 1991; V. Sorensen, (Biogr.), d. ²1985; J. Brandt, Argumentat. Struktur in S.s Trag., 1986; P. Veyne, Weisheit-Altruismus (Einf. in d. Philos. S.s), d. 1993.

Sentenzen → Gnome.

Septimius Severus, Lucius, 146 n. Chr. in Lepcis (→ Leptis), einer phoinik. Siedlung an der großen Syrte, geb., war in hohen Beamtenstellungen in Sardinien, Afrika, Syrien und zuletzt in Pannonien tätig. Nach Commodus' Tod wurde er von den Legionen der Provinzen 193 zum Kaiser ausgerufen. Vom Senat anerkannt, herrschte er 193–211. Er war ein kühner, entschlossener Krieger, besiegte die verschiedenen Gegenkaiser u. kämpfte in England, Ägypten und besonders glücklich gegen die Parther (197/199). Im Inneren führte er eine gute Regierung. Unterstützt durch die großen Juristen seiner Zeit, besonders Papinianus, sorgte er für eine gute Rechtspflege. Er starb in Eboracum (York) in England. Von seiner Herrlichkeit zeugte lange das Septizonium in Rom (→ Nymphäum) u. zeugt noch jetzt der dortige Severusbogen. Bei der Besitzergreifung Tripolitaniens haben die Italiener großartige Bauten von ihm in Lepcis aufgedeckt. Bemerkenswert ist, daß er einer zwar röm., aber, wie es scheint, dem Römertum entfremdeten Familie entstammte; seine Schwester, die ihn in Rom besuchte, konnte so wenig Latein, daß er sich ihrer schämte und sie nach Hause schickte.

A. Calderini, *I Severi,* Bol. 1949; R. Brilliant, *The arch of S. S.,* Rom 1967; A. Birley, *S. S.,* Lond. 1971; D. Söchting, Die Porträts des S. S., 1972.

Septuaginta, das Alte Testament der Bibel in griech. Sprache. Die im hellenistischen Ägypten ansässigen Juden waren dort so heimisch geworden, daß sie ihre Muttersprache vergaßen und nur noch griech. sprachen. Sie ließen sich ihre hl. Bücher, zuerst den wichtigsten Teil, die Thora, dann allmählich die anderen ins Gr. übersetzen. Das ist wahrscheinlicher als die antike Angabe, König *Ptolemaios Philadelphos* (285–247) habe die Übersetzung für die Bibliothek des Museions (→ Museum) herstellen lassen. Die Übersetzung wurde für die griech. Welt wichtig; durch sie lernte diese die jüdische Religion kennen; das schuf eine der Grundlagen für die Annahme des Christentums in der griech. gebildeten Welt. Als freilich die Christen die S. als den 1. Teil ihres hl. Buches, als das Alte Testament, erklärten, sagten sich die palästinensischen Juden von der gr. Fassung los. – Der Name S. bedeutet „70" und geht auf die Legende zurück, die Übersetzung sei von

72 Männern in 72 Tagen verfaßt worden; nach späterer Überlieferung sollten diese unabhängig voneinander gearbeitet, aber 72 wörtlich gleichlautende Texte niedergeschrieben haben!

W: LXX, hg. R. Homes, J. Parsons, Oxf. V 1798–1827; hg. H. B. Swete, Cambr. III 3-41907–12; (kleine Ausgabe) hg. A. Rahlfs, 71962.

L: E. Würthwein, Der Text des A. T. 1952; P. de Lagarde, S.-Studien, II 1891–92.

Serapion v. Alexandreia, gr. Arzt des 2. Jh. v. Chr., hielt Beobachtung und Experiment für die wichtigste ärztliche Tätigkeit; er begründete die medizin. Empirikerschule; → Heilkunde.

K. Deichgräber, Die gr. Empirikerschule, 1930, neu 1965.

Serapis, -peion → Sarapis.

Sertorius, Quintus, um 123 v. Chr. in Nursia im Sabinerlande geb., ein durch Disziplin, Wagemut u. Intelligenz ausgezeichneter Parteifreund des Marius, gewann als Praetor in Spanien 83 v. Chr. die Bevölkerung durch Güte und Gerechtigkeit und entfachte einen Aufstand gegen die Senatsherrschaft. Unterstützt von den Resten der Marianer, dann auch von denen des Heeres des → Lepidus, kämpfte er lange mit viel Geschick und Glück, selbst gegen Pompeius, wurde aber 72 von Verschwörern unter seiner nächsten Umgebung ermordet; danach brach der Aufstand schnell zusammen.

A. Schulten, 1926.

Servianische Mauer; serv. Verfassung → Servius Tullius.

Servius Tullius, der 6. röm. König und nach antiker Tradition der Sohn einer Freigelassenen. Über seinen Tod → Tarquinius Superbus. Auf ihn führt man die servianische Mauer und die serv. Verfassung zurück. Die servianische Mauer, richtiger der s. Wall, war die älteste Befestigung Roms, die die Stadt bis in die Tage Sullas schützte; → Tarquinius Priscus. Die Archäologen legen ihren Bau in die Zeit nach der Gallierkatastrophe (4. Jh. v. Chr.). Ihre Reste werden gehütet und auch den dringendsten Notwendigkeiten des modernen Verkehrs nicht geopfert. Am Hauptbahnhof ein großes, 12 m hohes Stück der mächtigen Stützmauer für die Erdanschüttung; der Wall war hier 15 m hoch und 30 m breit; ein 30 m langer, 10 m hoher Rest am Aventin.

Die servianische Verfassung war eine Neuordnung des röm. Heeres, aber mit staatspolitischem Charakter. Zur Bürgerversammlung *(comitia curiata)* waren anfangs nur die Patrizier zugelassen; die s. V. gab auch den wehrpflichtigen Plebejern politische Rechte. Das Heer zerfiel in *centuriae* (*centum* = 100); nach Centurien aufgestellt stimmte nun auch das Volk in der Volksversammlung ab *(comitia centuriata),* der die Gesetzgebung und die Wahl der Beamten zufiel. Die Cent. wurden nach der Vermögenseinschätzung (→ *census*) der einzelnen Bürger (sog. timokratisches System, wie unter → Solon; Timokr.) zusammengestellt und in 5 größeren Gruppen *(classes)* vereinigt, die der Reichen, mit mindestens 20 Morgen (5 ha) Landbesitz („Vollhufner"): 18 Ritter-C.; die des Mittelstandes (15 Morgen): 80 C. schwerbewaffneter Infanterie; die der Ärmeren, in verschiedenen Abstufungen nach dem Besitz (3/4-,

$^1/_2$-, $^1/_4$-Hufner mit 10, 5, 2 Morgen; nicht gerechnet wurden die Proletarier ohne Besitz), zusammen 95 C. – Diese s. V. war insofern revolutionär, als sie das ausschließliche Recht der Patrizier aufhob und die Plebejer in die entscheidenden ersten beiden Gruppen aufnahm. Deswegen soll sie auch nach der Sage das grausige Ende des S. T. veranlaßt haben. Andererseits ging sie im Umsturz nicht zu weit, denn es wurde einseitig der Grundbesitz berücksichtigt, und die Besitzenden hatten mit 18+80 = 98 Stimmen immer das Übergewicht über die 95 Stimmen der Ärmeren. Die wirkliche Entstehungszeit der s. V. und viele Einzelfragen sind ungeklärt (wahrscheinlich 5. Jh.).

Sesterz, seit dem Übergang von der röm. Kupfer- zur Silberwährung, um 250 v. Chr., an Stelle des damals geltenden kupfernen → As die gebräuchliche Münzeinheit, eine Silbermünze zu $2^1/_2$ As; später sank das As schließlich auf $^1/_4$ des S. Der Name *sestertius,* nämlich *nummus* = Münze, statt *semis tertius,* bedeutet „[2 As +] der dritte *(tertius)* halb *(semis)*"; ebenso die Abkürzung für S., IIS, später HS, 2 (II) $^1/_2$ *(s = semis).* → *denarius;* Münzen.

Severus Alexander. Marcus Aurelius S. A. stammte wie sein Vetter → Elagabal aus Emesa und kam 222 als 13jähriger nach dessen Ermordung auf den röm. Kaiserthron (222–235). Von guten Lehrern unterrichtet, von Mutter (Mamaea) und Großmutter (Iulia Maesa) geleitet, führte er eine gute Regierung. Den Haupteinfluß hatte der Gardepräfekt Ulpianus. Handel und Landwirtschaft wurden unterstützt, für Ärmere wurde durch Spenden und Darlehen gesorgt. Dem Reich drohten Gefahren von Norden (Germanen) und Osten (Sassaniden). Gegen die Sassaniden kämpfte der Kaiser ohne große Erfolge. Als er den Frieden von den Germanen mit Geld zu erkaufen suchte, erhoben die erbitterten Legionen Maximinus Thrax als Gegenkaiser, der S. 235 ermorden ließ.

Sexagesimalsystem rechnet mit der Einheit 60 (lat. *sexagesimus* = der 60.) und streitet, solange wir menschliches Rechnen kennen, d. h. seit babylonischer Zeit, mit dem → Dezimalsystem und dessen größerer Einheit 100. Es ist z. T. praktischer, weil 60, obwohl kleiner als 100, durch mehr Zahlen teilbar ist. Deswegen hat es sich mit seinem Untersystem, dem Duodezimals., bis heute erhalten: Dutzend (über franz. *douzaine* zu lat. *duodecim* = 12); Gros = 12 × 12, „großes" Dutzend (ähnlich Million; → Zahlennamen). Das Dezimals. siegte, als man das verschiebbare Komma einführte.

Sibylle. Die Grundbedeutung des Wortes, gr. und lat. *Sibylla* = Prophetin, ist unerklärt; es ist wohl orientalisch. Man unterschied später eine cumäische S. *(Amalthea),* eine erythräische *(Herophile),* eine marpessische (ebenfalls *Herophile*), eine samische *(Phyto),* eine tiburtinische u. a.; Varro kennt bereits 10 (Lact. *div. inst.* 1,6 8ff.). Diese S.n kündeten die Zukunft auch ohne besondere Befragung (Gegensatz: → Pythia); sie wurden sehr alt (angeblich 1000 Jahre) und genossen hohes Ansehen. Sibyllinische Orakelsprüche wurden vielfach gesammelt; davon sind nur geringe Reste vorhanden. – Sibyllinische Bücher wurden auch in Rom auf dem Kapitol aufbewahrt und von einem Priesterkollegium betreut; diese Bücher wurden in Rom noch gegen 400 n. Chr. offiziell in Notzeiten befragt; dann wurden sie von Stilicho vernichtet. Die Sammlung enthielt Vorschriften für Opfer u. Riten, durch die sich der Mensch des Schutzes bestimmter Gottheiten versichern konnte; eine eigene Behörde (→ *decemviri)* hatte sie in Verwahrung. Unter ihrem Einfluß sind mehrere griech. Gottheiten nach Rom übertragen worden (→ Apollon; Aesculapius; Magna Mater). – Die erhaltenen sibyll. Bücher sind ein jüdisch-christliches Produkt: In ihnen bestätigt angeblich eine heidnische, gr. Sibylle die Religion u. Geschichte der Juden. Sie entstanden zwischen dem 2. Jh. v. Chr. und dem 2. Jh. n. Chr. u. wurden als *Corpus* wohl erst im 5. Jh. n. Chr. zusammengestellt. Die S. beschäftigten die Phantasie auch des Mittelalters, ja der Neuzeit. Die Propheten und S. Michelangelos in der Sixtinischen Kapelle des Vatikans sollen die Hoffnung auf Erlösung darstellen.

W: Oracula Sibyllina, hg. C. Alexander, Paris II 1841–56. Jüd.-christl. Sammlung: Hg. J. Geffcken, 1902; Sibyll. Weissagungen, hg. u. d. A. Kurfess, 1951. – *Ü:* J. H. Friedlieb, 1852.

L: H. Diels, Sibyllin. Bücher, 1890; K. Schultess, Die Sib. B. in Rom, 1895; T. Zielinski, *La sibylle,* Paris 1924; W. Hoffmann, Wandel u. Herkunft der Sib. Bücher, 1933; H. Jeanmarie, La sibylle . . ., Paris 1939.

Sichel bzw. S.-Wagen → Streitwagen.

sic transit gloria mundi, „so vergeht die Herrlichkeit der Welt“; wird in Rom bei der Krönungsfeier des Papstes ausgerufen, während zum Hinweis auf die Vergänglichkeit aller irdischen Pracht dreimal eine Flocke Werg verbrannt wird.

Sieben galt als hl. Zahl (→ Zahlenmystik), nicht wegen der Unteilbarkeit, denn die ebenfalls unteilbare 11 war nie hl. Zahl, sondern wohl wegen der 7 angeblich das Geschick bestimmenden Planeten (→ Astrologie). Wegen des Charakters der 7 sprach man von 7 Weisen, Weltwundern u. a., obwohl man deren mehr kannte; s. die folgenden Art. – Bei den Germanen hatte die 7 zunächst keine besondere Bedeutung, sondern erlangte sie erst unter kirchlichem Einfluß (7 Sakramente).

Siebenarmiger Leuchter kam mit den anderen Kostbarkeiten der Beute bei der Eroberung Jerusalems (70 n. Chr.; → Bogen) in den Friedenstempel in Rom (Iosephus, *Judenkrieg* VII 161), 455, nach Roms Plünderung durch die Vandalen nach Karthago, nach Besiegung der Vandalen durch → Belisar 534 nach Konstantinopel, dann als Geschenk Iustinians (527–565) wieder nach Jerusalem an die dortigen Christen (Prokopios, *Vandalenkrieg* II 9) und ist seitdem verschollen.

7 freie Künste, lat. *septem artes liberales,* die im späten Altertum (→ Enzyklopädie) zum Bildungskanon zusammengefaßt wurden. Sie gliederten sich in das niedere Trivium (= Dreiweg, → trivial) aus Grammatik, Rhetorik u. Dialektik; ferner das Quadrivium (= Vierweg, für Fortgeschrittene) aus Arithmetik, Geometrie,

Astronomie u. Musik. → Cassiodor; Gramm-loquitur.

7 Geburtsstädte Homers. Mehr als 7 Städte stritten sich um die Ehre, die G. H.s zu sein. Wegen des Charakters der 7 (→ Sieben) faßte man aber nur 7 in einen Hexameter zusammen: Smyrna, Chios, Kolophon, Ithake, Pylos, Argos, Athenai. Die übergangenen Städte, die sich ärgerten, änderten den Vers um: Kyme, Smyrna, Chios, Kolophon, Pylos, Argos, Athenai (*Anthologia Palatina* XVI 297/298) o. ähnlich.

7 gegen Theben, Titel eines Dramas des → Aischylos. Sieben Helden wollten zugunsten des Polyneikes (→ Antigone) Eteokles aus Th. vertreiben, unterlagen jedoch; es waren außer Polyneikes: Adrastos, Kapaneus, Tydeus, Parthenopaios, Mekisteus und der Seher → Amphiaraos. Den Söhnen, dieser Sieben, den Epigonen („Nachfolgern"), gelang die Einnahme der Stadt.

7 Hügel Roms. 1. *mons* (= Berg) *Palatinus,* 2. *m. Capitolinus,* 3. *m. Aventinus.* 4. *m. Caelius.* 5. *m. Esquilinus.* 6. *collis* (= Hügel) *Viminalis.* 7. *c. Quirinalis.* – Der *m. Pincius,* das *Ianiculum* und der *m. Vaticanus* gehörten nicht zur antiken Stadt. – Die 7 H. bestimmen das Stadtbild Roms nicht mehr. Die Unterschiede im Niveau wurden schon im Altertum ausgeglichen und die Höhen abgeplattet (→ Traiansforum); manche Niederungen haben sich aufgehöht.

7 Könige Roms. Nach der Gründung Roms, 753 v. Chr., wurde die Stadt bis 510 v. Chr. (über die Glaubwürdigkeit dieser Zahlen → Röm. Geschichte) laut der im Altertum offiziellen Tradition von 7 K. beherrscht: Romulus, Numa Pompilius, Tullus Hostilius, Ancus Marcius, Tarquinius Priscus, Servius Tullius, Tarquinius Superbus. Z. T. sind unter ihnen Herrscher fremder Stämme zu erkennen: Numa war Sabiner, die drei letzten waren Etrusker. Der röm. Nationalstolz hat sie alle zu echten Römern gemacht. Diese Fremdherrschaften sind aber sicher gute historische Überlieferung, sonst ist das meiste Sage. Zweifelhaft ist sogar die Siebenzahl (→ Sieben). Auch die Charaktere der einzelnen K. sind von der Sage gebildet. Meist wechselt ein kriegerischer und ein friedlicher K. ab. Näheres → Einzelartikel über die obengenannten Könige.

7 Weise, Männer des praktischen Lebens, besonders bedeutende Staatsmänner aus der vorphilosophischen Periode der griech. Geistesentwicklung, denen man Sinnsprüche (→ Gnomen) beilegte, die in kurzer prägnanter Form praktische Lebensweisheiten darboten. Stets werden unter den 7 W. → Thales, Bias von Priene (→ *omnia mea*), → Pittakos von Mytilene, → Solon genannt; daneben → Periandros, → Epimenides, der Skythe → Anacharsis, Cheilon (→ *de mortuis;* Erkenne dich) und viele andre; → Sieben.

W: B. Snell, Leben u. Meinungen der 7 W., gr., l., d., [4]1971.

7 Weltwunder.

Babels Backsteinmauern sah ich,
drauf der Wagen Räder rollen,
Staunt an des Alpheios Ufern an
den Zeus, den hoheitsvollen.
Auch die Hängegärten konnt'
ich, den Koloß in Rhodos sehen

Und der großen, mühevollen Pyramiden steile Höhen;
Selbst Maussolos' riesig Grabmal. Aber seit in diesen Tagen
Ich Dianas Dom gesehen in die Himmelswolken ragen,
Scheint mir alles andre kleinlich. Aus des Äthers Höhen nieder
Blickt des Sonnengottes Auge auf kein gleiches Bauwerk wieder.

(Antipatros, *Anthologia Palatina* IX 58; d. von Stowasser). Damit sind folgende W. gemeint: Die Stadtmauern von → Babylon (schon von Herodot beschrieben); die Zeusstatue des → Pheidias in Olympia; die hängenden Gärten der Semiramis, ebenfalls in Babylon; der Koloß von Rhodos (→ kolossos); die → Pyramiden bei Memphis in Ägypten (ebenfalls von Herodot beschrieben); das → Mausoleum in Halikarnassos; Dianas Dom = der Artemistempel in → Ephesos. Andere Schriftsteller aber geben unter den 7 W. auch andre Bauten an, so z. B. den → Pharos bei Alexandreia, das → Colosseum in Rom u. a. Es handelt sich also durchweg um Bau- oder Kunstwerke, die durch Größe oder auch durch eine besondere Technik das Erstaunen der Mitwelt hervorgerufen haben. → Sieben.

A. Müller, R. Ammon, Die 7 W., 1966; Th. Dombart, Die 7 W. des Altertums, 1967; M. David, Weltwunder der Antike, 1968; P. A. Clayton, Die 7 W., d. 1990; W. Ekschmidt, Die sieben W., [8]1993.

Siegel, griech. *sphragis,* Grundbedeutung unklar; in der kret. Kultur hatte jeder wohlhabende Mensch ein S.; sie werden daher in großer Anzahl gefunden, teils als Bestandteile von S.-Ringen, teils als zylindrische Roll-S. Es handelt sich dabei oft um zwar kleine, aber sehr bewundernswerte Kunstwerke. Später wurden die S. in der ganzen gr. u. röm. Welt (lat. *signum* = Zeichen; *sigillum* = kleines Z.) allgemein üblich. Sie sind zu Tausenden erhalten, aus Metall, Halb- oder Edelstein, oft Kunstwerke höchster Art. Von da kam die Sache und der Name zu uns. → Steinschneidekunst.

J. Diehl, *Sphragis,* 1938; H. U. Instinsky, Das S. des Kaisers Augustus, 1962; Corpus der minoischen und mykenischen S., hg. F. Matz, seit 1964; A. Moortgat, Vorderasiat. Roll-S., [2]1966; F. Matz, Kretisch-myken. S., 1974; P. Yule, *Early Cretan Seals,* 1981.

Siegesdenkmäler. Die Sieger errichteten auf dem Schlachtfelde ein (gr.) *tropaion* (zu gr. *trepein* = wenden, in die Flucht schlagen; lat. *tropaeum,* daher dtsch. Trophäe), einen Holzpfahl, den man mit erbeuteten Waffen behängte, oder in Heiligtümern dauerhaftere S.; → Schlangensäule; Nike (des Paionios); die Römer → Ehrensäulen und → Bogen. – Anderer Art sind die Statuen, die Sieger in den athletischen Wettkämpfen zu ihrer Erinnerung setzen durften, in ihrer Heimatgemeinde oder am Ort des Sieges, so in Olympia seit dem 6. Jh. v. Chr. in Holz, Stein oder (meist) in Bronze. Aus einer noch größeren Zahl solcher Siegerstatuen beschrieb → Pausanias noch 187 Exemplare.

W: W. Heyde, *Olympic Victor Monuments . . .,* Washington 1921.

Siegeslied → Epinikion; Pindaros.

Siesta, Mittagsruhe in der 6. (lat. *sexta*) Stunde. Eine ältere Stundenzählung, die in Italien noch zu Goethes Zeit (*Ital. Reise,* Anhang, Über das Stundenmaß der It.), in Rom noch um 1850 galt, begann den Tag (→ Tagesbeginn) nicht mit Mitternacht, sondern zählte 12 täglich in der Länge wechselnde Stunden von Sonnenaufgang bis -untergang und wieder 12 St. bis -aufgang. Danach ist die Mittagsstunde die 6. → Uhr.

Silber, gr. *argyros,* lat. *argentum,* zwar früh bekannt, aber schwerer zu gewinnen als Gold u. daher lange diesem vorgezogen. Die Phoiniker sollen, wie die anderen Metalle, auch das S. in Umlauf gebracht haben; allmählich wurde es auch als Münzmetall verwendet. S.-Vorkommen in Laurion (→ Bergbau) u. vor allem in Spanien, woher die Römer es in Mengen bezogen u. ihren Luxusbedarf deckten: Statuetten, massive Geräte u. Gefäße (→ Silberfunde), auch Platten u. Beschläge an Möbeln. Als Schmuck bevorzugte man Gold, lediglich die silbernen *phalerae* (→ Orden) u. das Pferdegeschirr bildeten Ausnahmen.

Silberfunde, d. h. Funde antiken Tafelsilbers. Die bekanntesten sind 1. der Hildesheimer S., am 17. Okt. 1868 am Galgenberg bei H. gemacht, 70 Teile aus dem 1. Jh. n. Chr., ausgezeichnet schönes, in manchen Stücken sehr modern anmutendes Tischgerät, heute im Antikenmuseum, Berlin. Es dürfte sich, als Sammlung von qualitativ ganz verschiedenen Stücken, um Handelsware eines Kaufmanns gehandelt haben. 2. S. von Berthouville in Frankreich vom 21. März 1830, jetzt in der Bibliothèque Nationale in Paris. 3. S. von Boscoreale in einem Landhaus am Hang des Vesuv, 1896 gefunden, aus 109 Teilen bestehend, jetzt im Louvre. 4. Eine Silberschale, 1920 in Dänemark gefunden, mit Aufschrift d. Künstlers u. d. Besitzers, jetzt im Nat.-Museum Kopenhagen. 5. S. in der Casa del Menandro vom 5. Dez. 1930, ein Service für vier Personen aus 115 Teilen, jetzt im Nat.-Mus. in Neapel. 6. Noch einmal nördl. der Alpen in Augst (= *Augusta Raurica;* → Schweiz) 1962, ein vielleicht aus kaiserlichem Besitz (Constantius II.?) stammendes Tafelsilber. – Bei dem 1950 in Straubing entdeckten Fund handelt es sich um Bronzeschmuck (Paradeschmuck für Pferd u. Reiter; Figuren). 1982–86 auch in Bulgarien reiche S. von teilweise vergoldeten Gefäßen aus dem Besitz thrakischer Fürsten des 4. Jh. v. Chr. – S. im Bereich von Pompeii u. Herculaneum sind verhältnismäßig selten, da die Flüchtlinge das Wertvollste mit sich trugen, andererseits auch die Geretteten häufig zurückkehrten, um unter der Asche nach Wertgegenständen zu suchen.

A. Maiuri, *La Casa de Menandro ed il suo tesoro di argentaria,* Rom 1932; R. Laur-Behart, Der spätröm. Silberschatz aus Kaiseraugst, 1963; U. Gehrig, Hildesh. S., 1967; K. Lindemann, Der Hildesh. S., 1967; B. Nikolov (British Museum), 1986.

Silberne Latinität. Unter Schriftstellern der s. L. versteht man die der röm. Literatur im Jahrhundert nach Augustus' Tode, also bis etwa 120 n. Chr. Die Zeit der höchsten Blüte in Prosa und Poesie war vorüber; an Stelle des Schlichten und Natürlichen trat das Gesuchte und Gekünstelte, das gewollt „Moderne"; man gefiel sich in zugespitzten Sentenzen und blendenden Wortspielen in poetischen oder altertümlichen

Wendungen; kurze, zerhackte Sätze traten oft an die Stelle der klassischen Perioden. Die bedeutendsten Prosaschriftsteller dieser Zeit waren Seneca und Tacitus, die größten Dichter Petron, Iuvenal, Martial, alle drei bezeichnenderweise Satiriker.

E. Norden, Die antike Kunstprosa, [6]1961.

Silen, gr. *S(e)ilenos,* lat. *Silenus,* wohl der „Stumpfnasige". Silene, ältere → Satyrn, mit stumpfer Nase, dicken, wulstigen Lippen, Glatze, tierischem, lüsternem Ausdruck. In der Einzahl ist der S. der Anführer der Satyrn, auch der Erzieher des jungen → Dionysos. Gern dargestellt: Der trunkene S. (Rubens, van Dyck, Corot, Feuerbach).

Silius Italicus, Dichter und Politiker, 68 n. Chr. Consul, starb 101 nach einem kultivierten Leben, das er als angesehener Konsular auf schönen Gütern verbracht hatte. Er schrieb 17 Bücher *Punica,* ein konservatives, etwas eintönig-ernstes Epos über den Hannibalischen Krieg, inhaltlich an Livius orientiert und → Vergil als Vorbild so weit nacheifernd, daß nahezu jede große Szene des V. ihre Entsprechung bei S. I. gefunden hat. Der Gesamteindruck ist daher der des Epigonentums.

W: Hg. J. Delz, 1987; J. D. Duff, Lond. II [4]1961 (m. engl. *Ü*). – *Ü:* F. H. Bothe, 1855–57.

L: M. v. Albrecht, S. I., Amsterd. 1964.

Silvanus, „Der im Walde *(silva)* wohnt"; altröm. Gott des Waldes und der Viehweide. Daneben wird er als Schutzgottheit ländlicher Örtlichkeiten verehrt. Den Opfern, bei denen Spelt, Speck, Fleisch und Wein dargebracht wurden, mußten die Frauen fernbleiben. S. hatte keinen Staatskult; er war vor allem beim Volke beliebt. → Faunus.

Silvester, „Waldmann" Name des Papstes S., des Freundes Constantins, nach dem der 31. XII. benannt wurde.

Simonides von Keos, berühmter lyrischer Dichter, 556–468 v. Chr., zur Zeit der Perserkriege auf dem Gipfel seines Ruhmes; Oheim des → Bakchylides; lebte viel in Athen und hat die großen Zeiten dieser Stadt noch unter den Peisistratiden, in den Perserkriegen u. der folgenden Friedenszeit erlebt, zu Aristeides u. Themistokles Beziehungen gepflogen, weilte aber auch eine Zeitlang an den Herrscherhöfen von Syrakus und Agrigent. Unter seinen Liedern finden sich die meisten Arten der chorischen Gesänge, vor allem Siegeslieder u. Dithyramben, ferner Skolien, Elegien und Epigramme. Die schönsten seiner erhaltenen Gedichte sind das Fragment des → Enkomions für die Thermopylenkämpfer und der *Threnos* (Klagelied) *der Danae* (→ Perseus); sie gehören mit → *Mädchens Klage* zu den kostbarsten Perlen der gr. Literatur. Er galt als der größte Epigrammatiker Griechenlands, was leider dazu geführt hat, daß viel Fremdes ihm ebenfalls zugeschrieben wurde; nicht ganz sicher ist seine Verfasserschaft bei dem berühmten Thermopylenepigramm.

W: Hg. (mit Bakchylides) O. Werner, 1969 (mit Ü); auch ALGr. – *Ü:* E. Geibel, Kl. Liederb., 1875.

L: U. v. Wilamowitz, Sappho u. S., [2]1966; B. Gentili, Rom 1959.

Sinaihalbinsel gehörte im Altertum zu Arabien. Der moderne Name beruht auf der koptischen Mönchstradition, die den Djebel

Mosa (Mosesberg) als den israelitischen Gesetzgebungsberg Sinai (hebr. der Zackige oder Berg der Wüste Sin) bezeichnete. – Das *Sinaikloster* ist ein römisches Kastell (→ Lager), das Kaiser Iustinian 530 zum Schutze der umwohnenden Einsiedler und Wüstenheiligen errichten ließ. Da es fortifikatorisch falsch angelegt war (man kann die Verteidiger von den nahen Bergen beschießen), ließ I. den Architekten köpfen, und man verwandelte später die Festung in ein Kloster. Dabei und seither wurde das Innere baulich verändert; aber die hohe Mauer (lange ohne Tür; man wurde früher mit einer Winde hochgezogen) ist noch die iustinianische; das Kloster ist noch heute im Besitz griech.-orthodoxer Mönche. Hier fand v. Tischendorf 1844 die älteste bekannte Bibelhandschrift, den sog. *codex Sinaiticus*. 43 Blätter kamen in die Universitäts-Bibliothek in Leipzig; der 1859 entdeckte Hauptteil der Handschrift nach Petersburg. 1933 wurde er an das Brit. Museum in London verkauft.

sine ira et studio, „ohne Haß und Gunst“, berühmte Objektivitätsversicherung in der Einleitung von Tacitus' *Annales,* I 1.

Sintflut bei den Griechen → Deukalionische Flut.

Siphon. Dieses rein gr. Wort bedeutet 1. Heber (Saugheber). 2. → Feuerspritze. 3. In einem kriegsgeschichtl. Buch des byzantin. Kaisers Leon VI. (des Weisen, 886–912) ist von „gr. Feuer“ die Rede, das man durch ein Rohr („syphon“) auf die feindl. Schiffe abschoß, um diese in Brand zu stecken (ein Vorläufer dieser Röhren schon 424 v. Chr., Thukydides IV 100). Mit dem salpeterhaltigen Brandsatz und anderen brennbaren Materialien (Teer, Öle, Schwefel) war also das gr. Feuer eine Art Schießpulver und der S. eine Art Kanone.

Sirenen → Seirenen; Odysseus.

Sisyphos, angeblich Gründer und erster König von Korinth, war so schlau, daß er sogar die Götter und den Tod überlistete. Zur Strafe sollte er in der Unterwelt einen schweren Marmorblock einen Berg hinaufwälzen. Das gelang ihm aber nie; denn jedesmal unter dem Gipfel „hurtig mit Donnergepolter entrollte der tückische Marmor“ (Homer, *Odyssee* XI 598, in der Übersetzung von J. H. Voß). Diese „Sisyphos-Arbeit“ ist als ewig vergebliche Mühe sprichwörtlich geworden; alle drei großen gr. Tragiker gestalteten sein Schicksal. S. ging als Symbolfigur auch in die moderne Philosophie ein.

A. Camus, Der Mythos von S., d. 1950 und 1959.

si tacuisses, philosophus mansisses (lat.), „wenn du geschwiegen hättest, so wärest du ein Philosoph geblieben“, d. h. so hättest du dir keine Blöße gegeben; nach Boethius *„Trost der Philosophie“* II 7.

si vis pacem, para bellum (lat.), „wenn du den Frieden willst, so rüste zum Kriege“, in dieser Form nirgends überliefert; der Gedanke schon bei Platon, *Gesetze* VIII 829 A und sonst oft ausgesprochen, z. B. Cornelius Nepos, *Epaminondas* 5, 4; Livius VI 18, 7; unserer Fassung am ähnlichsten die bei dem Kriegsschriftsteller Vegetius (4. Jh. n. Chr.), III. Buch, Vorwort.

Siwa, Oase und Kultstätte des → Ammon.

Sizilien → Großgriechenland.

Sizilische Expedition. Die Eroberung Siziliens (→ Ackerbau) war eine Lieblingsidee der athenischen Patrioten. 415 v. Chr. setzte Alkibiades die Aussendung einer Flotte durch; die Führung übernahmen er, Nikias und Lamachos. Der Hermenfrevel (→ Hermokopiden) in der Nacht vor der Abfahrt war ein schlechtes Omen. Die Gegner des Alkibiades hetzten in seiner Abwesenheit das Volk gegen ihn auf; er wurde zurückgeholt, floh aber nach Sparta. Die Expedition hatte zuerst großen Erfolg. Syrakus wurde zu Wasser und zu Lande eingeschlossen; die Stadt war zur Übergabe bereit. Da schickte Sparta seinen Feldherrn Gylippos mit Truppen zur Hilfe. Die Einschließungsmauer wurde durchbrochen, und Lamachos fiel. Die Athener sandten ihrerseits Demosthenes mit einem neuen Heer. Trotz ihrer Übermacht wurden sie geschlagen; sie zogen Sept. 413 ab, wurden aber am Assinaros getötet oder gefangen. Die Feldherren wurden hingerichtet, die Gefangenen in die → Steinbrüche gebracht, wo Tausende jämmerlich umkamen. Das war der härteste Schicksalsschlag, der Athen im Peloponnesischen Krieg traf und seinen Ausgang mitentschied. Klassische Schilderung der s. E. im VI. und VII. Buch des Thukydides.

Skene (gr.), das Bühnengebäude im griechischen → Theater, lat. *scena* (Fremdwort).

Skeptiker, *von gr. skeptesthai* = (forschend) betrachten, überlegen, nannten sich die gr. Philosophen, die beim Überlegen stehen blieben, da sie glaubten, der Mensch könne sichere Urteile über die Welt nicht abgeben. Sie bewiesen diesen Relativismus, der auf die Sophisten zurückging, indem sie die Systeme der Philosophen einander gegenüberstellten und die Widersprüche aufdeckten; daher Skepsis = Zweifelsucht, Negation. Gefährlich zu werden drohte diese durch die moralische Indifferenz und Passivität in ethischen Fragen, die man daraus ableiten konnte. Eine wirkliche Gefahr für die antike Welt hat jedoch die Skepsis nicht bedeutet. Denn kein Skeptiker, auch nicht die bekanntesten, → Pyrrhon v. Elis (etwa 360–270 v. Chr.) u. Timon v. Phlius (etwa 320–230 v. Chr.), wurde wirklich einflußreich; die Allgemeinheit zog aus ihren theoretischen Erwägungen, auch aus den richtigen, nicht die praktischen Konsequenzen (ähnlich wie bei der Sophistik, → Sophisten).

R. Richter, Der Skeptizismus, I 1904; A. Goedeckemeyer, Gesch. d. gr. Skeptizismus, 1905; M. M. Patrick, *The Greek Sceptic,* N. Y.–Oxf. 1929; V. Brochard, *Les Sceptiques grecs,* Paris [2]1932, neu 1959; M. dal Pra, *Lo scetticismo greco,* Mail. 1950.

Skizze, von gr. *s-chedion* = aus dem Stegreif; daher lat. (Fremdwort) *schedium* = Gedicht aus dem St.; danach ital. schizzo, deutsch *Sk.,* engl. sketch = Zeichnung aus dem St.

Sklaven waren Menschen ohne personale Rechte, als Arbeitskräfte Eigentum des Staates oder eines Privatmannes (→ auch Hierodulen). Sie wurden entweder als S. geboren oder waren durch Kriegsgefangenschaft und regelrechte S.-jägerei zu diesem Schicksal gekommen, manchmal verkauften auch Väter ihre freien Kinder. Beim S.-handel hing der Preis vom Angebot ab (die Nachfrage war wohl immer sehr groß) und dieses namentlich von erfolgreichen Kriegen und Skl.-Jagden (→ Seeräuber). Seit der Festsetzung der Römer in Griechenland und im Orient wurde der Skl.-H. in großzügigster Weise organisiert; bei jedem röm. Heer befanden sich *mangones,* Skl.-Händler en gros. Auf Delos, dem Zentrum dieses Handels im östlichen Mittelmeer, betrug der Tagesumsatz oft viele Tausende (Strabon XIV 668). Nach der Schlacht von Pydna (168 v. Chr.) wurden die Einwohner von 70 Städten in Epeiros als Skl. verkauft. Aber auch abgesehen von solchen Massenangeboten war der Preis, außer für besonders ausgebildete Skl., z. B. für gute Köche, tüchtige Kaufleute, gering. Nur ganz arme Leute hatten gar keine Skl., sonst im allgemeinen auch einfache Familien mehrere. Reiche Römer besaßen Hunderte oder Tausende; unter Iulianus Apostata (361–363) hatte der kaiserliche Hof 1000 Köche, 1000 Barbiere, noch mehr Kellner. In den älteren gr. Zeit unterschieden sich die Skl. von den Freien durch die → Haartracht; später und in Rom höchstens durch einfachere Tr., aber nicht prinzipiell. Ein Vorschlag, eine solche Scheidung einzuführen, wurde in Rom abgelehnt, weil dann die Skl. ihre Überzahl erkennen und über die Freien herfallen würden. An sich konnte man also einen armen Freien von einem Skl. nicht unterscheiden. – Aus dem Auslande stammenden Sklaven beließ man Namen selten; meist gab man ihnen einen gr. oder röm., oder man nannte sie einfach nach der Herkunft: Thraker, Lyder (→ Lydia), Brygos (Bryger, Volk in Kleinasien), Afer (= Afrikaner; → Terenz); in d. Zeit, die die Barbaren noch verachtete, geschah dies wohl auch, um den Skl. an seine Herkunft zu erinnern. So ist namentlich Barbara zu erklären; man nannte eine Sklavin verächtlich nur „Barbarin". – Freigelassene erhielten dazu noch den Familiennamen des Herrn, der sie freiließ, z. B. Livius Andronicus, Terentius Afer; → Cornelier.

In Griechenland wurden seit Homers Zeiten S. in Haus und Hof angestellt, bisweilen in Vertrauensstellungen mit gewisser Selbständigkeit (→ Eumaios, der Schweinehirt des Odysseus, der freilich der Herkunft nach ein Königssohn war; sein Schicksal, von Homer in der *Od.* XV, 400 ff. erzählt, ist höchst aufschlußreich). Im 5. Jh. v. Chr. waren die üblichen Beschäftigungen neben Hausarbeit, wozu oft auch Erziehung und Unterricht der Kinder zählte: In Werkstätten u. Industriebetrieben, als Feuerwehr u. Polizei im Gemeindedienst, als Köche, Ärzte, Lehrer, Musiker. Tempel u. Kultstätten standen den S. offen, nicht Theater u. Sportanlagen.

Die Römer deckten ihren S.-bedarf meist aus Kriegsgefangenen; so strömten mit dem Wachsen des Reiches alle Nationalitäten nach Italien. Hier überwiegt der

Einsatz von S. auf den → Latifundien; die Anweisungen des älteren → Cato zur Behandlung von S. zeigen die damals primitiven Lebensbedingungen u. die rücksichtslose Ausnutzung der Arbeitskraft. Nüchternes Zweckdenken führte im Lauf der Zeit dazu, daß sich die Arbeitsbedingungen der Land-S. dem Leben eines Freien nahezu anglichen; oft bearbeiteten dann abhängige Pächter ihr Stück Land weitgehend selbständig.

Über die Behandlung der S. läßt sich kein rasches Urteil fällen: Die anfängliche Rechtslage, nach der ein Herr wie mit Sachbesitz nach Belieben schalten (u. ihn also töten) konnte, wich bald einem Zustand, der gewisse Schutzmaßnahmen auch für die S. enthielt: Verbot von Grausamkeiten, Asylrecht, Zwang zum Verkauf in andere Hände. Gefürchtet bei S. war Zwangsarbeit in Mühlen oder andere Strafen wie der Verkauf in eine Gladiatorenschule. Größerer Grausamkeit gegen S. begegnen wir manchmal bei reichen Römern; als Folge solcher Willkür → Sklavenkriege. Zweifellos brachten schon die Arbeitsbedingungen schwere Härten mit sich (z. B. im Bergbau), das Los anderer S. war weniger hart, namentlich der im Hause geborenen u. mit Kindern aufgewachsenen S. (l. *vernae*); daher die manchmal rührende Treue der S. zu ihren Herren. In der gr. u. röm. Komödie sind die S. keck u. verüben tolle Streiche, oft zugunsten der jungen Herren mit Überlistung des gestrengen Herrn Papa. Das hätte man nicht auf die Bühne bringen können, wenn es der Wirklichkeit zu sehr widersprach. S. erhielten außer Kost u. Wohnung eine Bezahlung, die zwar gering war, aber nach gewisser Zeit doch genügte, daß sie sich freikaufen u. ein eigenes kleines Geschäft begründen konnten. Gut veranlagte S. ließ der Herr manchmal ausbilden.

S. wurden frei durch Willenserklärungen ihrer Herren, blieben aber ihren Herren weiter verbunden als → Clienten, oft auch als Pächter oder „Gesellen“ in der Werkstatt. Dem Freigelassenen haftete, falls er nur etwas leistete, sein früherer Stand nicht als Makel an: Männer wie Livius Andronicus, Terenz, Epiktet konnten einen angesehenen Namen erwerben, Horaz, Sohn eines Fr., erfreute sich kaiserlicher Freundschaft. In der Kaiserzeit konnten geschickte u. ergebene Freigelassene oft bis in höchste Stellungen der kaiserlichen Verwaltung aufrücken u. brachten es vielfach zum Millionär, selten aber zu einer gesellschaftlich geachteten Stellung.

Die Einrichtung der Sklaverei war im Altertum kein Gegenstand des Nachdenkens, blieb aber durchaus nicht ganz unangefochten. Unter den Sophisten des 5. Jh. v. Chr. erhoben einige die Forderungen des → Naturrechts, Freie u. S. müßten, da alle Menschen gleich seien, auch gleichgestellt werden (→ Antiphon der Sophist; Hippias). Blieb dies vorerst ohne Echo, so bezeugen zahlreiche Stellen der neuen Komödie die sich ausbreitende Idee von der naturgegebenen Gemeinschaft aller Menschen; sittliche Freiheit trotz rechtlicher Unfreiheit sah man auch im S. Dann verhalf später der auf praktische Lebensführung abgestellte →

Stoizismus u. das erstarkende Christentum zu humaner S.-gesetzgebung und -behandlung. Zur Abschaffung der Sklaverei hat im Altertum nie jemand Anstrengungen unternommen; auch das Christentum dachte nicht an solch revolutionäre Veränderung der Gesellschaftsstruktur (Paulus, *Epheserbrief* 6, 5–9). Den Kampf gegen die Sklaverei unternahm erst das 18. Jh. – Seitdem die wirtschaftlichen Grundlagen der antiken Kultur gründlicher erforscht werden, ist auch die Sklaverei häufig Gegenstand historischer Forschungen.

W. W. Buckland, *The Roman Law of slavery,* Cambr. 1908, neu N. Y. 1969; W. L. Westermann, *The slave system of Greek and Roman Antiquity,* Philad. 1955; S. Lauffer, Die Bergwerkssklaven von Laureion, II 1955–56; F. Bömer, Unters. über die Religion d. S. in Grld. u. Rom, IV Abh. Akad. Mainz 1957–64; R. Günther, Sklaverei, Wirtsch. u. Ständekampf im älteren Rom, 1957; H. Volkmann, D. Massenversklavungen d. Einwohner eroberter Städte in d. hellenist.-röm. Zeit, 1961; J. A. Lencman, Die Sklaverei im myken. u. homer. Griechenl., d. 1966; H. Chantraine, Freigelassene u. Sklaven im Dienst der röm. Kaiser, 1967; F. Kiechle, Sklavenarbeit u. techn. Fortschritt im röm. Reich, 1969; E. M. Staerman, Die Blütezeit der Sklavenwirtschaft in der röm. Rep., d. 1969; H. Gülzow, Christentum u. Sklaverei in den ersten 3 Jahrh., 1970; J. Vogt, Bibliogr. zur antiken Sklaverei, 1971; ders. Sklaverei u. Humanität, [2]1972; T. V. Blavatskaja u. a., Die Sklaverei in den hellenist. Staaten vom 3.–1. Jh. v. Chr., d. 1972; H. Klees, Herren u. S., 1975; M. I. Finley, Die Sklaverei in d. Antike, d. 1981; K. W. Weeber, Sklaverei im Altert., 1983; N. Brockmeyer, Antike Sklaverei, [2]1987; W. Eck, J. Heinrichs, Sklaven u. Freigelassene in d. Gesch. d. röm. Kaiserzeit, 1993.

Sklavenkriege. Die Sklaven bildeten, als ihre Zahl übergroß geworden war, eine Gefahr für den röm. Staat, besonders da sich unter ihnen intelligente befanden, die in einem Aufstand die Führung übernehmen konnten, und da die → Gladiatoren bewaffnet und im Gebrauch der Waffen auch bewandert waren. Nach einem 1. Skl., 135–132 v. Chr. auf Sizilien, wurde besonders der 2., 73–71 v. Chr., für Italien gefährlich, solange ihn der kühne Thraker Spartacus führte. Dieser war vielleicht ein Mitglied eines königlichen Geschlechts und durch ein Mißgeschick, wie es damals viele traf, zum Sklaven und Gladiatoren geworden. 73 entfloh er aus der Sklaverei und sammelte die großen Sklavenscharen von den → Latifundien und aus den Gladiatorenkasernen um sich. Binnen kurzem hatte er ein großes Heer beisammen und besetzte den Vesuv. Er schlug zahlreiche gegen ihn gesandte Heere und drang bis zum Fuß der Alpen vor, wo sich ihm die Gallier anschlossen; vielleicht wollte er ursprünglich die Sklaven in seine thrakische Heimat führen. Aber bald verlor er die siegestrunkenen Barbaren aus der Hand. Nach Süditalien zurückgekehrt, wurde er 71 bei Petelia (heute Strongoli; nahe bei Kroton) von dem Praetor → Crassus geschlagen und fiel. Seine Sklaven wurden unter Martern getötet. Der Aufstand dauerte noch eine Zeitlang in Sizilien fort, war aber dort weniger gefährlich, da ein Führer mit den Fähigkeiten des Spartacus fehlte. – Die Skl. wiederholten sich nicht, weil die Sklaven bald milder behandelt wurden.

Das Andenken an Spartacus lebt in der Literatur, aber auch in den politischen Kämpfen der Gegenwart weiter; u. a. F. Grillparzer, *Sp.* (Fragment 1810); R. Voß, *Die Patrizierin* (Drama 1881); A. Koestler, *Die Gladiatoren* (Roman 1940). Karl Liebknecht (gest. 1919) nannte sich mit einem Decknamen Spartakus; nach ihm bezeichneten sich seine Anhänger als Spartakisten.

J. Muszkat-Muszkowski, Spartacus. Eine Stoffgeschichte, 1909; O. Ollivier, Spartacus, d. 1949; A. V. Mischulin, Spartacus, d. 1952; P. Oliva, Spartakus, Prag 1954; J. P. Brisson, Spartacus, Paris 1959; J. Vogt, Die Struktur der antiken S., 1957; W. Raith, Sp., 1981; W. Z. Rubinsohn, Die großen Sklavenaufstände der Antike, 1993.

skolion (gr.), Trinklied beim Gelage, Kommerslied. Häufig ging bei diesem ein Myrtenzweig um; jeder, der ihn erhielt, mußte ein Lied vortragen, wobei er den Zweig in der Hand trug (→ Kranz). Die Skolien hatten verschiedene metrische Formen, besonders aber eine nur für sie verwandte, die die unten gegebene Übersetzung einigermaßen nachzuahmen sucht. Schon im 5. Jh. v. Chr. wurden die damals beliebten Sk. zu einer Art Kommersbuch vereinigt, aus dem ein Auszug bei Athenaios XV 694/695 erhalten ist. Berühmte Sk. auf → Harmodios und Aristogeiton hatten für den demokratischen Athener die Bedeutung der heutigen Nationalhymne: Schmücken will ich das Schwert mit der Myrte Ranken, / wie Harmodios einst und Aristogeiton, / da sie den Tyrannen / schlugen, da der Athener / Gleicher Rechte Genosse ward. (Fr. Hölderlin).

W: ALGr; *Poetae Melici Graeci,* hg. D. L. Page, Oxf. 1962. – *Ü:* E. Geibel, Klass. Liederb., 1875. *L:* R. Reitzenstein, Epigramm u. Sk., 1893.

Skopas, neben Praxiteles und Lysippos der berühmteste Plastiker und Architekt des 4. Jhs. v. Chr. Köpfe der Giebelstatuen eines von ihm errichteten und ausgeschmückten Tempels der Athene in Tegea in Arkadien zeigen, daß er ernster, pathetischer war als der mehr liebliche Praxiteles. Auf Sk. gehen zurück: der Meleagros, die rasende Mainade (Dresden), der sog. Pothos („Liebessehnsucht", eine Jünglingsstatue, Rom, Kapitolin. Museum, möglicherweise ein Apollon Kitharodos, ferner der sog. Herakles Lansdowne, alle nur aus Kopien zu erschließen. Laut Plinius-Notiz soll Sk. auch am Skulpturenschmuck des → Mausoleum beteiligt gewesen sein.

K. A. Neugebauer, Studien über S., 1913; P. E. Arias, *S., Rom* 1952; A. Steward, *Skopas of Paros,* 1977.

Skylax v. Karyanda (Karien), gr. Seefahrer und Geograph des 6. Jh. v. Chr., fuhr zum Arab. Meerbusen und damit anscheinend erstmalig um Arabien herum; aus seinem Fahrtbericht übernahmen Spätere viele Informationen. → Periplus.

W: FGrH.
L: R. Güngerich. Die Küstenbeschreibung in d. gr. Lit., 1950.

Skylla, Charybdis, zwei Meerungeheuer der gr. Sage, die gemeinsam eine Meerenge (die von Messina?) sperren: Ch. mit einem Riesenrachen, Sk. mit sechs Köpfen schnappend, rauben dem durchfahrenden → Odysseus sechs Gefährten. – Später sprichwörtlich für eine doppelte Gefahr, in der man auf jeden Fall einem Übel verfällt.

Skythen, teils Nomaden, teils Ackerbauer, wohnten seit dem 8. Jh. v. Chr. in den Steppen Süd-Rußlands am Schwarzen Meer; ihr Gebiet reichte von der Donau bis zum Don, die Ausdehnung nach Norden ist unklar.

Gegen die Perser unter → Dareios wehrten sich die Sk. erfolgreich, mit den am Schwarzen Meer in zahlreichen → Kolonien ansässigen Griechen trieben sie Handel, kauften Kleider, Schmuck, Waffen, die man den Toten in ihre Hügel-Gräber (Kurgane) mitgab; dort findet man sie heute bei Ausgrabungen, sofern diese Gräber wegen des Reichtums an Edelmetallen nicht von Räubern geplündert wurden. – Über die Sk. berichtet Herodot (IV) sehr ausführlich. Im ausgehenden 4. Jh. v. Chr. erlagen sie den andrängenden → Sarmaten. → Rußland.

M. Rostovtzeff, Skythien u. d. Bosporus, I 1931, II 1993; T. T. Rice, Die Sk., d. 1957; J. A. H. Potratz, Die Sk. in Südrußland, 1963; M. Artamonow, Goldschatz der Sk., Prag d. 1968; A. Michajlovic, Die skyth. Kurgane, Küsnacht 1974; M. Vickers, *Scythian Treasures* ..., 1979.

Smyrna (heute Izmir), einst bedeutende Hafenstadt an der kleinasiat. Küste, seit dem 9. Jh. v. Chr. von aiolischen Griechen besiedelt und eine reiche Siedlung, die allerdings um 600 von den Lydern erobert und zerstört wurde; in hellenist. Zeit an anderer Stelle wieder neugegründet (am heutigen Platz), erlangte S. bald wieder polit. und wirtschaftl. Bedeutung. Vielleicht Geburtsort Homers.

C. J. Cadoux, *Ancient S.*, Oxf. 1938.

socii, zusammenfassender Begriff für die → Bundesgenossen des röm. Staates.

Socken (und Strümpfe) trug man nicht, obwohl das Wort Socke antik ist; es stammt aus dem Orient (→ Sandale), heißt im Lat. *soccus,* bezeichnet aber da einen leichten, niedrigen Schuh.

Söldner → Heer.

Sofa → Matratze.

Sokrates, geb. 469 v. Chr., † 399 in Athen. Sein Vater Sophroniskos war Bildhauer, seine Mutter Phainarete → Hebamme; er selbst hatte das Bildhauerhandwerk gelernt. Die Handwerker kümmerten sich sonst um Bildung und Philosophie nicht (→ paideia). S. gab aber seinen Beruf auf und widmete sich der Philosophie (→ Banause; Xanthippe). Er lebte daher in großer Armut. Seine Lehrer sind unbekannt. Seine äußeren Lebensschicksale waren sehr einfach. Im peloponnesischen Krieg kämpfte er in drei Schlachten mit; in der bei Poteidaia rettete er Alkibiades das Leben. Er war auch → Prytan und behauptete als solcher in dem Prozeß, in dem die Athener die 406 v. Chr. bei den Arginusen (Inseln bei Lesbos) siegreichen Feldherren auf eine haltlose Beschuldigung hin zum Tode verurteilten, seine Selbständigkeit. 399 wurde er wegen angeblicher Gefährdung der Jugend und wegen Gottlosigkeit (→ Asebie) angeklagt und zum Tode verurteilt. Seine Verteidigungsrede *(Apologie)* lesen wir bei Platon und Xenophon; beide sind nicht authentisch. Er trank 399 v. Chr. standhaft den Schierlingsbecher; s. Tod schildert ergreifend Platon am Ende des *Phaidon.*
Über seine Lehre ist nicht völlige Klarheit zu gewinnen, da er selbst nichts geschrieben hat und die zwei Gewährsmänner, Platon und Xenophon, in vieler Beziehung voneinander abweichen (→ Xenophon [*Apomnemoneumata*]); Platon benutzt die Person des S. oft, um eigene Ansichten auszusprechen. Sicher war in S.

ein großer Zwiespalt vorhanden. Es lag ein gut Stück von einem Sophisten in ihm. Er war Rationalist und hielt an sich den Verstand für den wirklichen Führer des Menschen. Wie den Sophisten war ihm die Tugend ein Wissen, d. h. lehrbar. Auch die dialektische Methode, welche die Sophisten zu einer unfehlbaren Waffe ausgebildet hatten, handhabte er so geschickt wie diese selbst. Andererseits lehnte er die Freude der Sophisten an bloßem glänzenden dialektischen Spiel und vor allem ihren ethischen Nihilismus ab. Der Instinkt sagte ihm, es gebe ethische Werte; zum mindesten hielt ihn eine innere Stimme, das → *Daimonion,* von zweifelhaften Handlungen ab. Mit dem Verstand fand er aber keine Grundlage für diese Werte. Daher kam sein Skeptizismus gegen das menschliche Wissen. Er glaubte, nur Gott könne ein wirkliches Wissen besitzen, der Mensch aber nur „wissen, daß er nichts wisse". Da ihn, den Nichtwisser, der Gott in Delphoi für den weisesten aller Menschen erklärt hatte (der Sinn des Orakels ist nicht klar), ging er bei allen Athenern umher, um den Spruch zu widerlegen und den Weiseren zu finden. Von alltäglichen Dingen ausgehend, fragte er sie aus und ging den Antworten durch Weiterfragen auf den Grund, indem er durch Parallelen aus anderen Gebieten in aller Bescheidenheit (→ Ironie) auf höchstmöglicher Klarheit bestand und lieber einen ergebnislosen Abbruch in Kauf nahm (die fruchtbare aporia = Ratlosigkeit als Chance zum Neubeginn). Wie schon für Pythagoras war für ihn nicht *sophia,* das Wissen, das Ziel der Menschen, sondern nur Liebe zur Weisheit, *philosophia.* Er faßte seine Lehrtätigkeit als Gottesdienst auf, oder als Hebammenkunst (gr. *maieutike*), wie er in Anspielung an den Beruf seiner Mutter sagte. So verband sich in dem seltsamen Mann nüchternster Rationalismus mit tiefer Religiosität. Schon früh wurde er angegriffen; er muß also bald Aufsehen erregt haben. Aristophanes benutzt 423 in den *Wolken* seine häßliche Gestalt, um die Sophistik lächerlich zu machen. Die reiche, bildungshungrige Jugend Athens (Alkibiades) lief jedoch dem ärmlich gekleideten Proletarier nach. Nach seinem Prozeß vereitelte er alle Versuche der Freunde, ihn aus dem Gefängnis zu retten. Er wollte durch seinen Tod zeigen, daß man den Gesetzen unbedingt gehorchen müsse, auch wenn sie unrecht angewandt würden. Nach seinem Tod setzte ein Streit der Meinungen für und gegen S. ein. Alle folgenden Denker nannten sich mit Stolz seine Schüler (→ Sokratiker); alle bekannten Philosophenschulen sahen in ihm ihren geistigen Vater. Mit ihm war die naturphilosoph. Epoche beendet u. abgelöst durch eine anthropologische Philosophie; Cicero (*Tusc.* V, 10) sagt, S. habe die Phil. vom Himmel herabgerufen, unter den Menschen heimisch gemacht u. den Zwang herbeigeführt, über Gut u. Böse nachzudenken. – Zahlreiche Porträtkopien: Kopf im Nat.-Museum in Neapel nach dem Werk eines Zeitgenossen (Silanion?), Kopf im Nat.-Museum in Rom (nach Lysippos?), Büste im Vatikan, Rom, Statuette im Brit. Museum, London.

M. Alsberg, Der Prozeß des S., [2]1933; O. Gigon, 1947; R. Guardini, Der Tod des S., [4]1956; H. Kuhn, [2]1959; B. Waldenfels, Das sokrat. Fragen, 1961; G. Martin, 1967; G. Nebel, 1969; J. Ferguson, Lond. 1970; L. Strauss, *Xenophons Socrates,* Ithaca 1972; K. Döring, *Exemplum Socratis,* 1979; J. Irmscher, 1982; A. Patzer (Hg.), D. histor. S., 1987; E. Martens, Die Sache des S., 1992.

Sokratiker nennt man die Schüler des Sokrates, die seine Gedanken weitertrugen und fortentwickelten, später ihrerseits oft zu Gründern und Häuptern neuer philosophischer Richtungen und Schulen wurden: → Antisthenes; Kyniker; Aristippos; Kyrenaiker; Platon; Akademie. Sie alle benutzten auch dieselbe literarische Darstellungsart, nämlich den „sokratischen Dialog", der bald eine feste literarische Form erhielt.

W: → Einzelne Autoren. – *Ü:* W. Nestle, Die gr. Philosophen, II Sokratiker, 1922, III–IV Nachsokratiker, 1923.
L: J. Humbert, *Socrate et les Petits Socratiques,* Paris 1967.

Sol, der röm. Sonnengott; → Helios.

Soldat, spätlat. *solidatus,* der als Stütze des Throns mit vollwertigen Goldstücken (→ solidus) Bezahlte; daher ital. *soldato,* das über franz. *soldat* zu uns gelangte. → Kriegswesen.

Soldatenkaiser nennt man die röm. Kaiser von (rund) 193–284, da in dieser Zeit die Soldaten auf die Erhebung eines Mannes zum K. einen entscheidenden Einfluß ausübten und da die K. während ihrer Regierung auf die gute Laune der S. den größten Wert legen mußten. Schon vor 193 hatten hauptsächlich die → Prätorianer ihre Macht betont; seit Septimius Severus (193–211) griffen auch die Legionen der Grenzprovinzen ein, deren Soldaten vielfach aus den Bewohnern der ferneren Provinzen (Germanien, Dalmatien, Afrika, Asien) stammten. Sie erhoben tatkräftige, aber oft ungebildete Männer auf den Thron, so Maximinus Thrax (235–238). (Ausnahme → Septimius Severus; Aurelianus).

F. Altheim, Die S., 1939.

solidus, im späten Altertum ein nach seiner Vollwertigkeit benanntes „solides" Goldstück, aber später immer mehr entwertet und damit eins der lehrreichsten Beispiele der Münzverschlechterung; vgl. ital. *soldo,* frz. *sou;* daher Sold, → Soldat.

Solon, geb. um 640 v. Chr., athenischer Aristokrat aus dem Geschlecht der Medontiden, dem die alten angestammten Könige Athens angehört hatten. Verarmt, als Kaufmann weit umhergekommen, betätigte er sich auch als Dichter; seine Hauptgattung war die Elegie. Mit seiner Dichtung griff er in die Politik ein u. versuchte, Wege zur Behebung sozialen Elends, Gerechtigkeit u. Versöhnung zu zeigen in den schweren inneren Streitigkeiten zwischen Adel und Volk, die nach der drakontischen Gesetzesaufzeichnung nicht beigelegt waren. Zum Archon gewählt, beseitigte er in seiner Gesetzgebung (→ nächsten Artikel; 594 v. Chr.) die Schuldknechtschaft und schuf die Grundlagen für eine neue Wirtschafts- und Sozialordnung. Den Interessen der Reichen sollte eine → Timokratie, denen der Armen die → *Seisachtheia* dienen. So gab S. jeder Partei etwas, aber er befriedigte keine. Die Besitzenden wurden durch die Verluste, die ihnen die *Seisachtheia* auferlegte, schwer verärgert; den Armen erschien die Gesetzgebung zu wenig demokratisch. S. verteidigte sich gegen die Angriffe in Dichtungen, deren Hauptverse noch erhalten sind. Schließlich soll er wieder auf Reisen gegangen sein, nachdem er sich hatte versprechen lassen, man werde 10 Jahre seine Gesetze nicht ändern. Nach seiner Rückkehr lebte er zurückgezogen in Athen; er starb um 561. Er wurde wegen seiner Leistung unter die → 7 Weisen gerechnet. Seine Verfassung bestand auch unter Peisistratos weiter und wurde erst durch → Kleisthenes im radikal demokratischen Sinne abgeändert.

W: Dichtungen, hg. u. d. E. Preime, ³1945; auch ALGr. – Gesetze: Hg. E. Ruschenbusch, 1966.

L: H. Gundert (NBA), 1942; K. Hönn, 1948; H. Hommel, 1964; G. Ferrara, *La politica die Solone,* Neapel 1964; A. Martina, *Solone,* Rom 1968.

Solonische Verfassung, die erste wirkliche V. Athens. Über ihren Gesamtcharakter und ihr doppeltes Ziel, zwei Parteien zu dienen, → Solon. Die Interessen der Reichen wurden durch deren Bevorzugung bei Verteilung der politischen Rechte vertreten. S. teilte die Bürgerschaft nach dem Einkommen in 4 Klassen. Dieses wurde in altertümlicher Weise auf landwirtschaftlicher Grundlage, nach Scheffeln, angegeben, noch nicht nach dem Kapital, in Drachmen; doch gab es später sicher eine Umrechnungsmöglichkeit. Die 4 Klassen waren die der Pentakosiomedimnen, d. h. 500-Scheffler, mit so viel oder mehr Ertrag an Getreide bzw. einer entsprechenden Menge Wein oder Öl; der Ritter, mit 300 Scheffeln; der Zeugiten, Bauern mit nur 1 Gespann und mit 200 Sch. Mindestertrag, und der Theten, die weniger als 200 Sch. ernteten. Gemäß dem Einkommen waren die Rechte und Pflichten abgestuft. Den Pentakosiomedimnen waren die höchsten Ämter reserviert, vor allem das Archontat und ein Sitz im Areopag. Dafür hatten sie als besondere Last die → Leiturgien und im Kriege Dienst in der (teueren) Kavallerie. Den Rittern, die ebenfalls als Kavalleristen, und den Zeugiten, die als Hopliten dienten, standen die niederen Ämter offen. Die Theten konnten kein Amt übernehmen, sondern hatten nur das aktive Wahlrecht; sie dienten als Leichtbewaffnete. – Die → *Seisachtheia* und die Bestimmung, daß an der Volksversammlung alle Bürger teilnehmen durften, wahrte die Interessen der Armen.

soma sema (gr.) = „der Körper (ist) das Grab (der Seele)“, Urteil Platons über die Bedeutung des Diesseits für den Menschen (z. B. *Gorgias* 493 A). Platon verachtete die mit den Sinnen wahrnehmbare Welt (→ „Erscheinungswelt“) als mangelhaft und hielt daher den Aufenthalt der unsterblichen Seele in einem vergänglichen Körper für eine Strafe. Aber auch durch den Tod des Körpers wird nach seiner Lehre (wie schon nach der orphischen und pythagoreischen) die Seele nicht aus dem Grab befreit, sondern nach der Lehre von der Seelenwanderung (→ Seele) müsse sie in einen neuen Körper, ein neues Grab übergehen („Rad der Geburten“; → Pythagoras); davon könne sich jeder Mensch jedoch durch das Streben nach der Tugend erlösen.

Sonne → *Helios*. Sonnenfinsternisse: → Thales.

Sonntag → Wochentagsnamen. S.-Ruhe kannten Griechen und Römer im Altertum nicht. Die Römer hatten religiöse *dies festi* = Festtage und politische *dies nefasti* = unheilige T., an denen deswegen das öffentliche Leben ruhte; aber diese kehrten nicht so regelmäßig wieder wie der S. Der antike berufstätige Mensch hatte also keinen Ruhetag. Die S.-Ruhe ist jüdischen Ursprungs. Zwar feiern die Juden nicht den S., sondern den Sabbat (von Freitag abend bis Sonnabend abend). Aber die Sitte, in jeder Woche je einen Tag der Religion zu überlassen und von Geschäften freizuhalten, ist doch durch sie in das Christentum und in unsere Kulturwelt gekommen. An Stelle des Sabbats wurde der S. als religiöser und bürgerlicher Feiertag von Kaiser Constantin durch einen Erlaß 321 n. Chr. eingeführt.

Sophienkirche in Konstantinopel (→ Kuppelbauten) ist nicht nach der hl. Sophia benannt, sondern nach der hl. Weisheit (gr. *sophia*) Gottes, gr. *Hagia Sophia*. Kaiser Iustinian (527–565) wollte mit der S. einen Bau errichten, der alle früheren an Schönheit und Pracht (nicht an Größe) übertreffe, und hat das, angeblich mit einem Aufwand von 360 Zentnern Gold, auch erreicht. Die S. war mit unerhörter Pracht ausgestattet; der Hochaltar u. a. war aus Edelmetall und Edelsteinen. Dieser Schmuck wurde 1204 von den Lateinern, der Rest 1453 von den Türken geraubt; diese übertünchten auch noch die Mosaiken an den Wänden. Seit 1453 ist die S. Moschee. Äußerlich sieht sie unscheinbar aus, das Innere ist weit imponierender und eindrucksvoller als das der Peterskirche in Rom. Während man dort erst das Schiff durchschreiten muß, bis man unter die Kuppel kommt, tritt man in der S. sofort unter diese. Die Baukonzeption beruht gerade auf der Vereinigung von Längsbau (→ Basilica) und Zentralbau (Kuppelbau), der sog. Kuppelbasilika. Seit 1934 ist die S. ihres Charakters als Moschee entkleidet und in ein Museum für byzantinische und islamische Kunst umgestaltet.

A. M. Schneider, Die H. S. zu Konstant., 1939; H. Kähler, Die H. S., 1967; H. Jantzen, Die H. S. 1967.

Sophisten, eine Gruppe griech. Philosophen in der 2. Häfte des 5. Jhs. v. Chr., von denen eine bedeutsame geistige Bewegung, die Sophistik, ausging. Das Wort *sophistes* bedeutet „Weisemacher". Es bezieht sich auf den praktischen Beruf der S. Als Bezeichnung für „Lehrer" ist es an sich anspruchsvoll und war es um so mehr, als sich schon Pythagoras nicht mehr als *sophos*, „weise", bezeichnet hatte; → Philosophie. Die bedeutendsten S. waren Protagoras, Gorgias, Prodikos, Hippias (→ Einzelartikel); daneben gab es viele weniger hervorragende.

Die S. traten zuerst als Lehrer namentlich der reiferen Jugend auf; sie betrieben den Unterricht berufsmäßig, als Wanderlehrer, gegen hohe Bezahlung; die von ihnen vermittelte Bildung wurde also nur Wohlhabenden zugänglich. Lehrgegenstände waren Philosophie, Literatur, Kunst, Grammatik, Mathematik und Astronomie, vor allem aber staatliche Dinge, wozu Verfassung und Staatsverwaltung, Kriegsführung, aber auch Ethik und vor allem die Redekunst gehörten. Auf allen diesen Gebieten besaßen die S. bedeutende Kenntnisse und machten überall Spezialstudien (→ Sprache); besonders → Grammatik, Staats-, Bürgerkunde und Rhetorik wurden von ihnen bevorzugt und ausgebaut. Damit förderten sie zugleich die Spezialisierung der Einzelwissenschaften. Das durchaus auf das Praktische gerichtete Lehrziel war, den Schüler zu einem im Staats- und Privatleben tüchtigen Manne zu machen, der auch äußerlich in seiner Stadt Ansehen genieße. Erlangen sollte er dieses außer durch seine gute Allgemeinbildung besonders durch rhetorische Schulung, die ihn befähigte, in der Volksversammlung Führer seiner Mitbürger zu sein. Als Lehrer junger begüteter Leute, die lernen sollten, einmal in der Öffentlichkeit eine Rolle zu spielen, traten die S. selbst sehr vornehm und anspruchsvoll auf.

Darüber hinaus beeinflußten die S. das Geistesleben der Gebildeten durch eine eigene philosophische Lehre. Die bisherige ionische und unteritalische Naturphilosophie (→ ion. Nat.; Eleaten) war durch vielfache Lösungsversuche zu einem gewissen Abschluß gelangt, ohne daß man jedoch eine befriedigende Erklärung der Welt gefunden hatte. Daher wandten sich die S. von diesem Forschungsgebiet, von der Natur, ab und dem denkenden Menschen zu, dessen Bedeutung durch den Kampf der Systeme erkannt worden war. Protagoras, der bedeutendste S., fand für die Beschränkung des menschlichen Denkens die prägnante Formel im *homo-mensura*-Satz, der besagt, es gebe keine absolute Wahrheit; → Protagoras. Der Satz wurde von Sokrates und seinem Kreise, namentlich von Platon, heftig befehdet; mit diesem Kampfe verquickte man einen solchen gegen das äußere Auftreten der S. und gegen die Bezahlung. Die philosophischen Lehren der S. wurden übrigens nicht, wie die der früheren Philosophen, um der reinen Spekulation und Theorie willen aufgestellt, sondern sollten, wie der sophistische Unterricht, der politisch-sozialen Praxis dienen. „Die große Tendenz der sophistischen Bewegung war, eine Reform des politisch-sozialen Lebens im Sinne eines vernünftigen Fortschritts heraufzuführen" (Maier).

Eine völlig gerechte Bewertung der S. ist für uns deswegen schwer, weil von den Schriften der S. sehr wenig erhalten ist, von ihrem Hauptgegner Platon sehr viel; auch → Aristophanes richtete seinen Spott auf den sophistischen Lehrbetrieb. Zum Beispiel bekämpfte man die rhetorischen Künste u. Kunststückchen der S. und brachte sie in Verruf. Daher stammt die bis heute verbreitete verächtliche Bedeutung des Wortes S.; eine „sophistische Beweisführung" ist eine spitzfindige, rechtsverdreherische B. Aber die S. haben die Ausbildung der Rhetorik sehr gefördert.

Gefahren der Sophistik, gegen die sich Sokrates und die Seinen wandten, waren unleugbar vorhanden. Wenn es nach dem *homo-mensura*-Satze keine absolute Wahrheit gab, so gab es auch keine absolute, für alle verbindliche Ethik. Mit großer Schnelligkeit und einer beinahe erschrekkenden Konsequenz wurden aus dieser Ansicht die letzten Folgerungen gezogen; das Individuum, das Subjekt wurde der Mittelpunkt und der persönliche Ehrgeiz der alleinige Maßstab für alle Werte. Der Verstand beseitigte die bisherigen Bindungen des Einzelmenschen in Religion, Staat und Gesellschaft. So war die Folge dieser Aufklärung der Individualismus, Subjektivismus, Relativismus. Die einzige „ethische“ Richtschnur war nunmehr der Egoismus: erlaubt ist, war mir nützt. Ein ethischer Nihilismus drohte. → Machtmenschen hatte es in Griechenland immer gegeben; aber solche Naturen glaubten nun, die philosophische Legitimierung für ihr Tun und Lassen gefunden zu haben. In den Volksversammlungen u. Gerichtsverhandlungen zeigte sich als besonders gefährlich die durch den rhetorischen Unterricht der S. vermittelte Fähigkeit, „die schwache Rede zur starken zu machen“; die S. lehrten ihre Schüler, über jedes Thema pro und contra zu reden, wodurch man auch dem Unrecht zum Siege verhelfen konnte.

Diese Gefahren waren um so größer, als die S., namentlich in Athen, großen Erfolg hatten; die ganze junge Generation, besonders der Adel, lief ihnen zu; manche Einleitungen zu platonischen Dialogen geben uns einen Begriff davon. – Nicht mehr zu entscheiden sind jedoch die Fragen, inwieweit Platon das angerichtete Unheil zu schwarz malte und ob man dies nicht auf Grund seiner Schilderungen bis in die Gegenwart tut. Ein Mann wie Thukydides hätte Platon nachdenklich machen müssen und muß uns warnen, Pl. zu sehr zu folgen; Th. dachte durchaus in der kühlen, rationalistischen Weise der S. und war kein frommer Mensch (im landläufigen Sinne), aber alles andere als ein ethischer Nihilist.

Die frühere völlige Verurteilung der Sophistik, wonach sie schließlich an allem Unglück Griechenlands schuld sein sollte (→ Demokratie; Machtmensch), ist heute überwunden. Unbestritten sind die Verdienste der S. um die Hebung der gr. Jugendbildung, wenn auch zunächst nur für die vornehme Jugend, ebenso die für den Ausbau der Einzelwissenschaften. Der Geist der S. wirkt sogar in einigen Philosophenschulen, die Sokrates als Ahnherrn verehrten, ist aber auch bei Kynikern, Kyrenaikern, Epikureern sehr deutlich zu spüren. Als Mittel der rhetorischen Jugendbildung bestand die Sophistik weiter und erlebte in der Kaiserzeit sogar eine neue Blüte („zweite Sophistik“), wenigstens nach den hohen Ehren, die man ihren Vertretern erwies, und nach dem großen Einfluß, den diese S. erlangten; nach den Leistungen freilich war die zweite Sophistik ihrer Vorgängerin im 5. Jh. v. Chr. nicht gleichwertig. → Skeptiker; Tyrannis.

W: Sofisti, hg., ital. u. komm. M. Untersteiner, Florenz IV 1954–62; auch FdV II.
Ü: → Vorsokratiker.
L: H. Gomperz, Sophistik u. Rhetorik,

1912, neu 1965; W. Nestle, Vom Mythos zum Logos, [2]1941, neu 1986; ders., Gr. Geistesgesch., [2]1956; M. Untersteiner, *I sofisti,* Mail. II [2]1967; W. K. C. Guthrie, *The sophists,* Cambr. 1971; C. J. Classen (Hg.), Sophistik, 1976.

Sophokles, der zweite klassische Tragiker Athens, 497–406 v. Chr. (→ *Kolonos*). Als Jugendlicher führte er bei der Siegesfeier nach der Schlacht bei Salamis 480 den Knabenchor an. Er entstammte einer wohlhabenden Familie (sein Vater besaß eine Waffenfabrik) und hat stets in guten Verhältnissen gelebt. Äußerlich und innerlich war er der Typus des vornehmen athenischen Bürgers seiner Zeit, des *kalos kagathos* (→ *paideia).* Auch die Harmonie und die Liebenswürdigkeit seines Charakters verschafften ihm die Sympathie seiner Mitbürger; daher wurde er sogar in hohe Ämter berufen und war 441/0 gemeinsam mit Perikles Stratege. 468 siegte er als Tragiker zum 1. Male; nach Aischylos' Fortgang aus Athen war er der Liebling des Volkes und errang im ganzen 18 städtische Siege. Schon als junger Mann hat er der Tragödie durch Hinzufügen des 3. Schauspielers (den nach seinem Vorbild dann auch Aischylos noch verwendete) und durch Verstärkung des Chores von 12 und 15 Mitglieder neue Möglichkeiten erschlossen. Hochgeehrt starb er 90jährig in Athen. – Statuenkopie in Rom (Vatikan), hergeleitet von einer Statue des 4. Jh. v. Chr. im Dionysostheater in Athen. – Von den 123 Stücken, die er geschrieben hat, sind 114 Titel bekannt. Erhalten sind nur 7 Stücke. Der *Aias* schildert den Wahnsinn des Helden, der seine Feinde (Odysseus) zu erschlagen glaubt, aber statt ihrer Widder mordet und, als er zu klarem Verstand erwacht, sich tötet. *Antigone* stellt das Schicksal der hochherzigen Tochter des Oidipus dar, die dem Geheiß des Königs entgegen ihren Bruder Polyneikes bestattet (→ Nicht mitzuhassen usw.; Naturrecht); hier vollzieht sich der tödliche Streit zweier Menschen, die bedingungslos auf ihren entgegengesetzten Positionen beharren. Auch der *Elektra* liegt das Thema zugrunde, wie weit stille Mädchenart durch schweres Schicksal gebracht werden kann. Das Stück ist den *Choephoren* des Aischylos sehr ähnlich; es behandelt das Zusammentreffen zwischen Elektra und Orestes am Grabe Agamemnons und den Tod Klytaimestras. Der *Oidipus tyrannos* schildert die Katastrophe des großen Königs; → Oid. In diesem Stück, dessen tiefste Wirkung auf der spannenden Gestaltung des (den Hörern an sich bekannten) Verlaufs der Handlung beruht, hat S. das Vorbild der sog. Schicksalstragödie geschaffen, das kein Späterer je übertroffen hat („Tragische Analysis", so Schiller an Goethe über die Dramaturgie des *Oid. tyr.).* Die *Trachinierinnen* (Mädchen aus Trachis, der Stadt in Thessalien, aus denen der Chor besteht) stellen die Rückkehr des Herakles von seinem letzten Kriegszug und seinen Tod durch das mit dem vergifteten Blut des Nessos getränkte Hemd dar; das Spiel von einem Menschen, der göttl. Hinweise und Orakel nicht versteht. Der *Philoktetes* behandelt die Überführung dieses Helden (→ Phil.) von Lemnos nach Troia durch Odysseus und Neoptolemos, ein Intrigenspiel um die

Bewährungsprobe eines jungen Mannes zwischen Solidarität und Ehrgeiz, Wahrheitsliebe und Menschlichkeit andererseits. – Der *Oidipus auf Kolonos* endlich, S.' letztes Stück, behandelt Entsühnung des Oid. und seine Erhebung zum Heros, verwendet dabei eine attische Lokalsage: Der geschlagene Mensch ist zugleich der auserwählte. – Zu diesen 7 Stücken trat 1912 ein wichtiger Papyrusfund, 400 Verse (d. h. etwa die Hälfte des Stücks) aus dem Satyrspiel *Ichneutai,* „die Spürhunde"; später noch Teile des *Inachos;* → Satyrspiel. – In seinen Tragödien schloß sich S. meist eng an die Sagenstoffe an. Er sah seine Aufgabe darin, die Vorgänge aus den Charakteren der Helden zu entwickeln und verständlich zu machen. Dadurch wurde seine Tragödie zur Charaktertragödie, die er zur Vollendung brachte und in der er später nie überboten worden ist. Gleiche Ehrfurcht vor dem Überlieferten zeigte auch seine Religiosität: S. kannte die Bedrohung des Menschen und schildert ihn in seinem tiefsten Leid, dessen Bewußtmachung im Sinn einer heilenden Prüfung er als eine Hauptaufgabe ansah. – Seine Sprache zeigt edelste Stilisierung, die man mit Recht mit der der Werke des Pheidias verglichen hat; sie erhob das schöne Maß, die rechte Mitte zwischen den Extremen, zum Kunstprinzip. Seit Melanchthon Vorlesungen über S. gehalten hatte, begannen seit dem 16. Jh. Aufführungen der Dramen; bedeutende Übersetzungen von M. Opitz (Antigone 1636), Chr. v. Stolberg (1787) und endlich Hölderlin (Oid. tyr., Antig. 1804).

W: Tragödien, hg. A. C. Pearson, Oxf. [3]1955; hg. u. frz. A. Dain, P. Mazon, III Paris 1955–60; hg. u. d. W. Willige, K. Bayer, [2]1985; Fragmente: hg. A. C. Pearson, III Cambr. 1917. – Antig.: Hg. u. d. K. Reinhardt, [6]1982; Oid. tyr.: Hg. u. d. K. A. Pfeiff, 1969. – *Ü:* F. Hölderlin (Oid., Ant., Aias), 1804; E. Staiger, 1944; E. Buschor, W. Schadewaldt, 1968; H. Weinstock, [5]1984.

L: W. Schadewaldt, S. u. Athen, 1935; K. Reinhardt, [3]1947; H. Weinstock, [3]1948; F. Prader, Schiller u. S., 1954; V. Ehrenberg, S. u. Perikles, 1956; H. D. F. Kitto, S., *Dramatist and Philosopher,* Lond. 1958; G. M. Kirkwood, *A Study of Soph. Drama,* N. Y. [2]1967; T. B. L. Webster, *An introduction to S.,* Lond. [2]1969; W. Bröcker, Der Gott des S., 1971; F. Egermann, Vom att. Menschenbild . . ., 1975; R. W. Burton, *The chorus . . .,* Oxf. 1980; B. Knox u. a., Gent 1982; H. Diller (Hg.), [2]1986.

Sophron, Dichter aus Syrakus, um 430 v. Chr. (→ Mimos), hat auf die späteren Dichter vielfach gewirkt. Herondas benutzte in den Mimiamben häufig die gleichen Situationen und Szenen; Theokrits Idyllen sind zum Teil Mimen; Platon erhielt einen so großen Eindruck von S., daß er seine Dialogkunst an ihm entwikkelte.

W: Comicorum Graecorum Fragmenta, hg. G. Kaibel, I, 1899.

sophrosyne, gr. (→ Seele; eigentlich „Gesundheit d. Zwerchfells"). S. bezeichnet als innere Eigenschaft die von den gebildeten Griechen erstrebte Fähigkeit, den rechten Mittelweg zu halten, z. B. zwischen Strenge und schlaffer Nachgiebigkeit, Genuß und Askese, Verschwendung und Geiz; dem entspricht im äußeren Auftreten ein edler Anstand, der Mittelweg zwischen abweisender Kälte und plumper Vertraulichkeit. Lat. → *aurea mediocritas* oder etwa lat. *gravitas* = Würde.

Soranos v. Ephesos, gr. Arzt des 2. Jh. n. Chr., war Anhänger der Methodikerschule (→ Heilkunde) und als Gynäkologe berühmt

(→ Hebamme). Über Frauenkrankheiten schrieb er ein vielbeachtetes und oft überarbeitetes Spezialwerk. Andere Schriften: Über akute u. chron. Krankheiten, über berühmte Ärzte, über Verbände (mit Abbildungen).

W in: *CMG*, Bd. IV.

Sosigenes v. Alexandria, gr. Astronom, wurde von → Caesar zur Reform des → Kalenders herangezogen.

Soziale Konflikte hat es auch im Altertum gegeben, seitdem eine durch rechtliche u. politische Normen geordnete Gesellschaft existierte, also seit der von Homer geschilderten Feudalgesellschaft. Nach deren Auflösung hörte man von Hesiod die ersten Klagen der kleinen Leute über wirtschaftliche und andere Benachteiligungen, die u. a. durch Rechtskodifizierungen (→ Drakon) gemildert werden sollten, sich in Wahrheit aber bis auf → Solons Zeit verschlimmerten; dessen Versuch, die Gesellschaftsordnung an die Einkommensverteilung zu binden, führte zu einem bedingten sozialen Ausgleich (→ Solons Verfassung; Timokratie). Perikles verhinderte durch energische Schritte in Richtung Wohlfahrtsstaat, daß durch Benachteiligung der Unterschicht etwa S. K. ausbrachen (→ Demokratie; Athens Verfassung); der Zusammenbruch der Poliswelt jedoch ließ auch die Mittelschicht wirtschaftlich absinken und ein neues Proletariat entstehen. Im Gegensatz zu den Diadochenreichen (mit ihrer relativ fortschrittlichen Sozialpolitik) herrschte in Griechenland weiterhin wirtschaftliche und soziale Not. – In Rom erwuchsen s. K. früh aus der rechtlichen und polit. Benachteiligung der → Plebs, die in jahrzehntelangen → Ständekämpfen den → Patriziern die Gleichberechtigung abtrotzte (→ secessio; Servius Tullius). Nach den großen außenpolitischen Auseinandersetzungen brachen S. K. erneut in großer Schärfe auf, als die → Gracchen ihre Pläne vorlegten, die dem Verelendungsprozeß des röm. Proletariats steuern sollten. Soziale Hintergründe lassen sich unschwer in den Auseinandersetzungen zwischen Marius u. Sulla und Caesar u. Pompeius erkennen: Versorgung der ehemaligen Soldaten, die Zusammenballung von → Latifundien, Landflucht und Anziehungskraft der Großstädte, die wirtschaftliche Übermacht der → Nobilität, die Frage der Bürgerrechtsverleihung an Bundesgenossen, die Kapitalkonzentration bei den Senatorenfamilien und Rittern. Viele dieser Probleme konnte Augustus durch sozialen Ausgleich und andere geschickte Maßnahmen lösen, und in der Politik einiger weitsichtiger Kaiser finden sich ähnliche Tendenzen (→ constitutio Antoniniana), doch hat sich letzten Endes der militärisch-bürokratische Zwangsstaat durchgesetzt (→ Diokletian), weil der sich ansammelnde soziale Konfliktstoff nicht mehr anders ausgeräumt werden konnte. – Die gesamte Sozialgeschichte des Altertums wird zudem durchweg beeinflußt durch die Sklaverei, die in allen diesen sozialen Auseinandersetzungen eine Rolle gewissermaßen als konstanter Faktor spielte (→ Sklaven; Sklavenkriege). → Kommunismus.

F. Örtel, Klassenkampf, Sozialismus u. organischer Staat im alten Griechenland, 1942; E. Gerfeldt, Das soz. Leben der Griechen und wir, 1960; W. Seyfarth, Soz. Fragen der spätröm. Kaiserzeit, 1963; J. Gagé, *Les classes sociales dans l'Empire Romain,* Paris 1964; P. A. Brunt, *Social conflicts in the Roman Rep.,* Lond. 1971; N. Brockmeyer, Sozialgesch. d. Antike, 1972; Soz. Probleme im Hellenismus u. im röm. Reich, hg. P. Olivia u. a., Prag 1973; Ch. Meier, *Res publica amissa,* ²1980; J. Seibert, D. polit. Flüchtlinge u. Verbannten in d. griech. Gesch., II 1979; W. Will, Der röm. Mob, 1991.

Spanien → *Hispania.*

Sparta (gr. *Sparte,* der Name ist unerklärt), Stadt in der fruchtbaren, auf drei Seiten von hohen Gebirgen umschlossenen Eurotasebene, bei Homer Residenz des Menelaos, wurde im Anschluß an die → Dorische Wanderung etwa 1000 v. Chr. von den Spartiaten, nur wenigen tausend waffenfähigen Männern, besiedelt. Deren Zahl schmolz im Laufe der Jahrhunderte sehr zusammen; → Spartiaten. Die unterworfenen früheren Bewohner (→ Heloten) und die wenigen Zugewanderten (→ Perioken) hatten keinen Anteil an der Regierung; als Entgelt für den politischen Schutz mußten die Perioken mit ins Feld ziehen. Aus Furcht vor der großen Zahl der Unterdrückten war das Leben ganz auf das Militärische eingestellt; der Erwerb spielte keine Rolle. Die Güter gehörten dem Staat und waren den Spartiaten nur zugeteilt; aus ihnen wirtschafteten die Heloten das Nötigste, z. B. den Beitrag für die gemeinsamen Mahlzeiten, heraus. Es gab Eisengeld, von dem man nur schwer ein größeres Kapital hätte ansammeln können und das im Ausland nicht genommen wurde. Das Familienleben wurde vernachlässigt. Die Männer wohnten als Zeltgemeinschaften in besonderen Häusern. Sie aßen gemeinsam (→ Syssition; Schwarze Suppe) und übten sich täglich in den Verbänden, in denen sie in den Krieg zogen. Sp. war also eine große Kaserne, in der straffer Soldatengeist bewußt großgezogen und erhalten wurde; der Spartaner hatte einen ganz besonderen Lebensstil (→ Tyrtaios; lakonische Redeweise). Auch die Jugenderziehung war ganz auf den Krieg zugeschnitten. Abhärtung durch Waffendienst und Sport und durch Ertragen körperlichen Schmerzes wurde von frühester Kindheit, oft grausam (Auspeitschung der Jungen am Feste der Artemis), geübt. Die Einrichtung dieser Lebenshaltung schrieben die Spartaner dem → Lykurgos zu. Aus Selbsterhaltungstrieb hielten sie lange an ihr fest und waren somit der konservativste Stamm in Griechenland. Das gab ihnen ihre militärische Stärke, da sie im Innern keine politischen Spannungen hatten, die besonders Athen immer schwächten. Im Gegensatz zu dem übrigen Griechenland trieben sie schon früh Machtpolitik nach außen, auf die sie ihr Hauptaugenmerk richteten. Im 8./7. Jh. v. Chr. eroberten sie → Messenien und gründeten den → peloponnesischen Bund. Die Festspiele in Olympia und das Orakel in Delphoi gehörten in ihre Machtsphäre. Bis zu den → Perserkriegen waren sie führend in Griechenland; → Hegemonie. Im peloponnesischen Krieg (431–404 v. Chr.) gelang es ihnen, das aufstrebende Athen, die liberale Handelsmacht, niederzuringen. Doch wurde durch diesen Krieg auch Sp. so geschwächt, daß es Anlehnung an das Perserreich suchen mußte, um seine Hegemonie in Griechenland aufrechtzuerhalten. Trotzdem erlag es 371 v. Chr. bei Leuktra den Thebanern. In hellenistischer Zeit spielte es nur noch eine klägliche Rolle. – Weitere Schicksale bis zur Gegenwart → Mistra. Heute ist Sp. eine freundliche, saubere Kleinstadt. – Kulturell hat Sp. relativ wenig geleistet. Im 7./6. Jh. v. Chr. wurde noch die Kunst (Chorgesang, -tanz; → Alkman) gepflegt. Aber in bewußter Einseitigkeit und Einstellung nur auf den Krieg wandten sich die Spartaner von der Kunst mehr und mehr ab; das gr. Geistesleben haben sie nicht beeinflußt. – → Spartas Verfassung.

H. Berve, Sp., 1937, neu 1945; G. L. Huxley, *Early Sparta,* Lond. 1962; F. Kiechle, Lakonien u. Sp., 1963; W. G. Forrest, *A history of Sp.,* Lond. 1968; E. Rawson, *The Spartan Tradition in European thought,* Oxf. 1969; P. Oliva, *Sparta and her social problems,* Amsterd. 1971; P. Carledge, Sparta und Lakonien, Lond. 1974; J. T. Hooker, d. 1982; M. Clauss, 1983; K. Christ (Hg.), 1986; M. Lavrencic, Spartan. Küche, 1993; St. Link, Der Kosmos Sparta, 1994.

Spartacus → Sklavenkriege.

Spartas Verfassung stammte nach der antiken Tradition von → Lykurgos. Sie war sehr eigenartig, weil sie die drei Grundtypen einer V., Demokratie, Aristokratie und Monarchie, miteinander verschmolz. Die Staatsgewalt lag in der Hand der über 30 Jahre alten Spartiaten, die in der Volksversammlung *(apella)* zusammentraten. Diese wählte die Ephoren und die Mitglieder des Rats; ferner faßte sie die für den Staat entscheidenden Beschlüsse. Eine Volksversammlung konnte nur stattfinden, wenn die Ephoren sie beriefen. Ferner konnte sie nur über Gegenstände beraten, die die Könige und der Rat schon vorberaten hatten, und durfte nach der Beratung deren Vorschläge nur en bloc annehmen oder ablehnen, nicht aber ändern. Die Ausübung der Regierungsgewalt lag bei den zwei Königen (→ Monarchie). Das Königtum war in den zwei Geschlechtern der Agiaden und Eurypontiden erblich; d. Könige herrschten auf Lebenszeit. Aber auch sie waren nicht souverän. Eine Art demokratischer Beschränkung lag schon in ihrer Zweizahl (→ Demokratie). Im Kriege waren sie unumschränkte Feldherren, im Frieden aber nur oberste Richter und Priester und hatten im übrigen mehr Ehre als Macht. Diese wurde weiter durch die 5 Ephoren, *ephoroi,* d. h. „Aufseher", eingeschränkt; seit etwa 550 v. Chr. hatten sie die eigentliche Macht im Staate, und zwischen ihnen und den Königen bestand immer ein stiller Machtkampf; sie wagten es sogar, die Könige zur Verantwortung zu ziehen. Ihnen unterstand die Aufsicht über die Bürgersitte, die öffentliche Erziehung und die Amtsführung der Beamten, ferner Zivilgerichtsbarkeit, Marktpolizei, die Sorge für die öffentliche Sicherheit und das Wohl des Staats. Die dritte Regierungsgewalt war die *gerusia,* der Rat der *gerontes* = Greise. Auch diese Körperschaft von 28 über 60 Jahre alten, auf Lebenszeit gewählten Männern stellte eine Beschränkung der königlichen Gewalt dar. Sie hatte richterliche Befugnisse, vor allem aber das Recht, die Volksbeschlüsse vorzuberaten und, wie es scheint, die Möglichkeit, gefaßte Beschlüsse zu verwerfen. Die Macht der G.

war aber auch ihrerseits eingeschränkt, weil der Vorsitz immer den Königen zufiel; vor allem aber, weil auch die G. ohne Berufung durch die Ephoren nicht zusammentreten konnte. Es beschränkte also immer die eine Macht die andre. Wegen dieser zwar absonderlichen, aber klug durchdachten Mischung sahen im Altertum manche in dieser V. den Grund für die Blüte Spartas; Platons Idealstaat schloß sich z. T. an den spartanischen an. → Staatstheorien (Aristoteles); Xenophon.

Spartiaten hießen die Mitglieder der spartanischen Volksgemeinde, die sich in der Eurotasebene in einem offenen Feldlager niedergelassen hatten, aus dem sich die Stadt Sparta entwickelte. Mit einem eigenen, vielfach bewunderten, manchmal auch bespöttelten Lebensstil (→ Sparta) fielen sie unter allen Griechen sofort auf. Ihre Zahl betrug nur wenige tausend Mann: 8000 im Jahre 479 v. Chr. Schon der Verlust von 300 Sp. bei Thermopylai und von 120 auf Sphakteria (480; 425 v. Chr.) war also empfindlich. Zu Aristoteles' Zeit gab es kaum noch 1000 (*Politika* II 1270 a), im 3. Jh. nur noch 700 Sp. (Plutarch, *Agis* 5).

Sperlonga (von lat. *spelunca* = Höhle, Grotte), kleiner Küstenort in Latium, an dem sich eine Villa des Tiberius befand. Dort wurden 1957 in einer Grotte unter dem Meeresspiegel Teile von absichtlich zerschlagenen Skulpturen geborgen, die ihn mühseliger Arbeit zusammengesetzt wurden. Man fand mehrere Statuengruppen, so Polyphemos, Skylla (Kopie einer Gruppe in Rhodos?), das geraubte Palladion, Odysseus mit der Leiche des Achilleus, auch die Argo und Ganymedes, also meist Werke nach homerischen Schilderungen, die Ähnlichkeiten mit der bekannten Laokoongruppe aufweisen; die Signaturen der drei Schöpfer jener Gruppe tauchen auch in Sp. auf. Dazu kommt ein in der Höhle aufgefundenes Gedicht eines Faustinus über die Aufstellung der Kunstwerke. Rekonstruktionen sind im Gang, doch viele Einzelheiten sind noch ungeklärt. Die Funde sind im dortigen Museum, ein Abguß der Polyphem-Gruppe in den Sammlungen der Univ. Bochum.

H. Sichtermann (in: Gymnasium 73, 3/4, 1966); R. Hampe, Sp. und Vergil, 1972; B. Conticello, B. Andreae, Die Skulpturen von Sp., 1974; H. Riemann, Sp.-Probleme, 1980; B. Andreae, Odysseus, 1982.

Speusippos, Platons Neffe und Nachfolger in der Leitung der Akademie (347–399 v. Chr.). Seine Forschungen über gleichartige Erscheinungen *(Homoia)* der Tier- und Pflanzenwelt entsprachen mehr dem Geist des Aristoteles als dem Platons. → Akademie; Atheismus.

W: Fragmente hg. P. Lang, 1911.

Sphärenharmonie → Pythagoras.

Sphinx (gr., Mehrzahl Sphingen), in Ägypten Löwe mit Männerkopf, in Griechenland Löwin mit Frauenoberleib und -kopf, also eines der Ungeheuer der gr. Sage, dessen Gestalt aus dem ägypt. Orient übernommen wurde. → Oidipus. Darstellungen im Museum in Delphoi (6. Jh. v. Chr.) und auf frühen Vasenbildern.

U. Schweitzer, Löwe und Sph. im alten Ägypten, 1948; S. Hassan, *The Sphinx*, Kairo 1949.

Spiegel, gr. *katoptron;* lat. *speculum,* daher das deutsche Wort Sp. Aus poliertem Metall, → Bronze oder Silber, schon in mykenischer Zeit, rund mit Elfenbeingriff als Handsp., rund mit plastischem Gestell (oft Aphrodite) als Standsp.; Klappsp.: die polierte Platte liegt in einem metallenen Etui, das mit Relief oder eingravierten Zeichnungen geschmückt ist; oder die Innenseite dieses Etuis ist poliert. Solche Sp. wurden besonders in Etrurien hergestellt und sind manchmal entzükkende Kunstwerke. Da man Frauen Sp. mit ins Grab gab, sind sie in Mengen erhalten. Gläserne Sp., mit Bleiunterlage und Metalleinfassung, nur klein, weil man größere Glasscheiben nicht herstellen konnte, wohl als Taschensp. benutzt.

E. Gerhard, Etrusk. Sp., V 1843–97, neu 1974; I. Mayer-Prokop, Die grav. etrusk. Griff-Sp., 1967; P. Oberländer, Gr. Handspiegel, 1967.

Spiele der Kinder waren den modernen sehr ähnlich. Ebenso wie heute gab es Strickziehen, Verstecken, Huckepack u. v. a. Daneben hatten die Kinder wie schon im alten Orient u. Ägypten mannigfaches Spielzeug (noch heute dasselbe gr. Wort wie bei Homer: *athyrmata; Ilias,* XV 363): Puppen (aus Terrakotta oder Holz mit beweglichen Gliedern), Bälle, Soldaten (aus Ton oder Lehm, von Demosthenes erwähnt), Kreisel, Steckenpferde, Papierdrachen, ein an einer Gabel laufendes Rad, Reifen, kleines Geschirr, Wäglein zum Ziehen, Schaukel, Wippe u. Spiele verschiedener Art mit *astragaloi* (= Schafsknöchel) oder Nüssen. Die Kenntnis davon vermitteln uns erhaltene Spielsachen und vor allem die Vasenbilder. Gleiche Spielsachen und Spiele fanden sich auch bei den Römern. – Erwachsene trieben Ballspiele (Nausikaa, Fangball am Strand) in Gruppen oder im Dreieck auf vorgezeichneten Spielfeldern, daneben viele Gesellschaftsspiele: Neben → Rätselspielen gab es schon früh (Homer, *Od.* I, 107) Brett- und Würfelspiele mit Steinen *(pessoi)* oder Würfeln *(astragaloi).* Die Darstellung brettspielender Helden vor Troia war ein beliebter Vorwurf der attischen schwarzfigurigen → Vasenmalerei. Zahlreiche Spielsachen haben sich erhalten, z. B. im Museum in Avenches, S.-Felder auf den Stufen des Parthenon und der Basilica Iulia in Rom, von den Spielern in den Stein geritzt. Diese Spielfelder zeigen, daß es viele Arten solcher S. gab: Felder, Kreise, Buchstabenfelder. Ebenso haben wir zahlreiche S.steine aus Stein, Glas und Knochen. Die Regeln solcher S. sind uns allerdings meist unbekannt, da literarische Nachrichten, die uns die S. erläutern könnten, fast durchweg fehlen; Suetons Schriften über die S. bei Römern u. Griechen sind verlorengegangen. Von modernen S. läßt sich Mühle auf die Antike zurückführen. Ein beliebtes gr. Gesellschafts-s. war der *Kottabos,* den man bei Symposien spielte: Dabei gab es verschiedene Formen; man mußte meist, auf dem Lager liegend, einen Weinrest aus der Trinkschale so schleudern, daß eine auf einem Ständer befestigte oder auf einem Becken schwimmende Schale getroffen wurde. Dies wie auch ein Fingerspiel, dem Moraspiel der Italiener entsprechend, das auch in Rom bekannt war, findet sich auch auf gr. Vasenbildern dargestellt. → *agon; gladiator; ludi;* Amphitheater; Sport; Nationalspiele.

K. Ohlert, Rätsel- u. Gesellsch.-Sp. d. alten Griechenland, [2]1912; E. Wegner, D. Ballspiel d. Römer, 1938; G. Rohlfs, Antikes Knöchelspiel im einstigen Großgriechenland, 1963; E. Schmidt, Spielzeug u. Spiele der Kinder im klass. Altertum, 1971; D. Illmer, Rhythmomachia, 1987; J. M. André, Griech. Feste, röm. Spiele, d. 1994.

Spina, großer Handelshafen der Etrusker an der Adria nahe der Pomündung; einst eine große Pfahlbausiedlung (ein antikes Venedig), später durch einen Kanal mit der Küste verbunden, als durch die Flußmündung sich das Meer zurückzog. Schon 1922 stieß man bei Bauarbeiten auf zahlreiche Gräber, deren Beigaben vielfach aus attischer Keramik bestanden. Seit 1953 wurde nach planmäßigem Suchen (Luftbildaufnahmen, → Athoskanal) zu der vorhandenen Nekropole auch die Stadt der Lebenden in ihren Resten entdeckt. Die reichen Funde, in Ferrara zu besichtigen, spiegeln die wirtschaftl. Bedeutung und den Reichtum dieser Hafenstadt deutlich wider.

P. E. Arias, N. Alfieri u. a., *Sp.*, d. 1958; S. Aurigemma, *Il Museo nazionale archeologico di Ferrara,* 1957; ders., *Scavi di Sp.,* Rom II 1960–65.

Spolia heißen die dem getöteten Feinde abgenommenen Waffen. Tötete ein röm. Heerführer seinen Gegner im Einzelkampf, so wurden die erbeuteten Waffen als *S. opima* bezeichnet. Man weihte sie im Tempel des → Iuppiter Feretrius. Die von einem Unterführer oder Soldaten gewonnenen Waffen hießen *S. secunda* und *tertia* und wurden → Mars bzw. → Ianus oder → Quirinus geweiht. – In der modernen Archäologensprache heißen Spolien die in spät- und nachantiken Bauten wiederverwendeten Bauelemente (Säulen, Kapitelle u. a.) antiker Bauwerke.

Sporaden, die „Verstreuten“, die griech. Inseln im ägäischen Meer, die nicht, wie die → Kykladen, „im Kreis“ liegen, sondern verstreut; die wichtigsten, von S nach N, sind: → Rhodos, Kos (→ Heilkunde), Samos, Chios, Lesbos (→ Sappho; Hauptstadt Mytilene), Lemnos (→ Lemnia), Samothrake, Thasos. – Die moderne Geographie kennt andere Einteilungen: Nördl. Sp., nord- und ost-ägäische Inseln, südliche Sp. (= Dodekanes).

Sport. Das Wort, mittellat. *disportus* = „Auseinandertragen“, „Zerstreuung“, kam zu uns erst spät aus dem Englischen. Die kultische Herkunft des Sp. läßt sich bei Griechen, Etruskern und Römern in Bild und Schrift noch gut nachweisen: Bei Totenfeiern wurden Wagenrennen, Läufe und Kämpfe aller Arten ausgetragen. Im Alltag kannten die Griechen Ballspiele, Schwimmen, Tanz, Jagd, Rudern, Fechten. Besonders beliebt war der Fünfkampf *(pentathlon),* wozu Weitsprung, Wettlauf, Speer- und Diskuswurf sowie Ringen gehörte. Man betrieb auch das Boxen und den sog. Allkampf *(pankration),* in dem es darauf ankam, den Gegner niederzuringen und dann durch Faustschläge kampfunfähig zu machen. Die vornehmste Sportart war der Rennsport, meist auf dem Rennwagen

mit Viergespann (→ circus; Hippodrom; quadriga; Rennen; Wagen). Verschiedene Sp.-Arten bei den → Nationalspielen.
Der griech. Sp. war zunächst also Sache des Adels; die von → Pindaros besungenen Sieger waren vornehme Herren, die Zeit und Geld für das Training besaßen; dort spielte man auch → Hockey. Später wurden in Athen gymnastische und musische Ausbildung gleichwertige Bestandteile der → Erziehung (→ Agon; Gymnasion; Palaistra). In Sparta stand vormilitärische Ertüchtigung im Vordergrund; in Athen betätigten sich freie Bürger bei gymnastischen Übungen und Wettkämpfen. Gegen übermäßige Begeisterung für Sportgrößen protestierte schon im 6. Jh. v. Chr. → Xenophanes v. Kolophon: „Denn besser als Männer- und Rossekraft ist doch unsere Weisheit." Die Wertschätzung und Belohnung von Siegern ließ jedoch ein Berufsathletentum entstehen, dessen Vertreter bald die Spiele in Olympia und anderswo beherrschten.
Bei den Römern diente Sp. zunächst der militärischen Ausbildung: Laufen, Reiten, Schwimmen, Springen mit und ohne Waffen; Ballspiel zur Erholung. Den Spielen der Römer fehlte der agonistische (Wettkampf)-Charakter, den die Griechen so bevorzugten. Bei öffentlichen Spielen in Rom dominierten Tierhetzen, Wagenrennen und Gladiatorenkämpfe, die von Berufsathleten oder von ausgebildeten Sklaven ausgeführt wurden und viel Begeisterung bei den Massen fanden; auch Boxen war sehr beliebt.
Das Christentum hatte Vorbehalte nicht so sehr gegen Gymnastik und Athletik als vielmehr gegen das Wettkampfprinzip und besonders gegen die Gladiatorenkämpfe; die großen Spiele lehnten Christen ab wegen der diesen zugrundeliegenden „heidnischen" Kulte.

Ü: Lukian, Leibesübungen im alten Athen, d. E. Steindl, 1963.
L: B. Schröder, Sp. im Altertum, 1927; E. N. Gardiner, *Athletics in the ancient world,* Oxf. 1930, neu 1967; K. Huber, Theorie der gymnast. Erziehung bei d. Römern, 1934; L. Englert, Die Gymnastik und Agonistik der Griechen, Rom II 1942; H. A. Harris, *Sp. in Greece and Rome,* Lond. 1972; J. Jüthner, Die athlet. Leibesübungen der Griechen, hg. F. Brein, II 1965–68; I. Weiler, Der Sp. bei den Völkern der alten Welt, [2]1988; M. B. Poliakoff, Kampfsport in d. Antike, d. 1989.

Spottkruzifix, Wandzeichnung eines gekreuzigten eselsköpfigen Mannes, der laut Beischrift als Gott gedacht ist, aus dem Paedagogium auf dem Palatin, aus nicht bestimmbarer Zeit, jetzt im Antiquarium del Palatino in Rom. Deutung unsicher.

SPQR = *senatus populusque Romanus* = Senat und Volk Roms. Der nach der Tradition von Romulus schon 753 v. Chr. begründete röm. S. bestand auch in der Monarchie seit Augustus weiter (→ Kaisertum), später und bis heute als Stadtrat Roms; → Staatsarchiv. Mit ihm erhielt sich auch die ehrwürdige Formel SPQR; man sieht sie heute allenthalben in Rom an städtischem Eigentum.

Sprache. Die gr. Sophisten und Platon haben erwogen, ob die menschliche Sprache von Natur oder als menschliche Erfindung da sei; ob also der Mensch von Anfang an habe sprechen können, so wie ein junges Entlein schwimmen kann. Die „ägyptische“ Forschung hierüber, von der Herodot II 2 berichtet, ist deswegen wichtig, weil hier zum 1. Male Verwendung des Experiments in der Wissenschaft vorliegt (lernt ein Kind sprechen, wenn es ohne Berührung mit sprechenden Menschen aufwächst?); weil der Hohenstaufe Friedrich II. und Jakob IV. von Schottland das Experiment wiederholen ließen.

O. Jespersen, Die Spr., ihre Natur, Entw. u. Entstehung, 1925.

Springender Punkt (lat. das *punctum saliens*) ist der im angebrüteten Ei zuerst entstehende Teil des werdenden Vogels, sein Herz; er erscheint „als blutroter Punkt, der hüpft und sich bewegt wie ein beseeltes Wesen“. Das fand Aristoteles, *Tierkunde* VI 3. Die moderne Naturwissenschaft konnte seine Beobachtung nur bestätigen und auf die Embryonalentwicklung auch der Säuger ausdehnen.

„Staat der Athener“ (gr. *Politeia Athenaion;* richtiger „Verfassung der A.“) heißt die Schrift eines unbekannten Verfassers aus dem Anfang des peloponnesischen Krieges (etwa 430 v. Chr.), die unter die Schriften Xenophons gekommen ist. Sie steht auf dem aristokratischen Standpunkt und weist nach, die athenische Demokratie sei ganz konsequent aufgebaut, so daß der Adel von ihr nichts zu erwarten habe. Durch die mit leidenschaftlichem Temperament geschriebene Broschüre lernen wir die überhitzte politische Atmosphäre in Athen kennen, die zu den Kämpfen zwischen Aristokraten und Demokraten (Revolutionen von 411 und 404) führte. Es gab noch eine Reihe ähnlicher Propagandaschriften, die aber bis auf Xenophons *Staat der Spartaner* verloren sind. – Eine Schrift des Aristoteles, in der die 11 Verfassungen Athens von der ältesten mythischen an freilich nicht unparteiisch geschildert sind, ist der einzige erhaltene Teil eines Riesenwerks, in dem A. die Verfassungen von 158 gr. Staaten darstellte (→ Staatstheorien). Die Schrift kam 1891 auf Papyrus zutage in einem Exemplar, das einem armen Gelehrten gehört haben wird; er hat sie sich auf die Rückseite alter Rechnungen aus den Jahren 78/79 n. Chr. abgeschrieben.

W: Pseudo-Xenophon, hg., d. u. komm. E. Kalinka, 1913, neu 1967; Aristoteles, Staat der Ath., hg. H. Oppermann, 1928, neu 1968. – *Ü:* Aristoteles: P. Dams, 1970.
L: K. I. Gelzer, D. Schrift vom St. d. Ath., 1937.

Staatsanwalt → Prozeß.

Staatsarchiv, gr. *archeion,* lat. *archivum* = Gebäude der *arche,* der Regierung. Das St. in Athen befand sich in einem Tempel der „Großen Mutter“ (→ *Magna Mater*), der *Metroon* = Mutter hieß; daher auch die sonderbare heutige Bezeichnung der Liste von Studenten als Matrikel, lat. *matricula* = Mütterchen? Reste des M. haben die Amerikaner bei den neuen Ausgrabungen auf der → Agora in Athen gefunden. Das St. in Rom war im Tabularium. Dieses 78 v. Chr. errichtete, gewaltige Gebäude ist heute das am besten erhaltene antike am Forum Romanum.

Staatsformen. 1. → Monarchie, Herrschaft eines Einzelnen. Dieser herrscht absolut, d. h. nur nach eignem Willen, und wird vom Volke als der von Gott

eingesetzte Herrscher anerkannt; so im Orient; nach diesem Vorbild in den Diadochenreichen; im röm. Reich erst spät, seit → Diocletian; oder er herrscht absolut gegen den Willen des Volks, dem er seine Herrschaft aufzwingt; so die gr. → Tyrannen.
2. Oligarchie (wörtl. „Herrschaft weniger"); Herrschaft einer bevorrechteten Klasse, des Adels, und zwar eines Geburts- (→ Aristokratie) oder eines Geldadels (→ Timokratie). Eine klare Unterscheidung von Aristokratie und Timokratie ist für manche Perioden nicht möglich; in der älteren gr. Zeit war der Geburtsadel mit den Reichen identisch. Dagegen trat in Rom erst im Laufe der Zeit neben den reichen oder auch verarmten Geburtsadel der allmählich entstandene Geldadel der Plebejer; → Nobilität. –
3. Demokratie, H. des Volks, in der Republik. Dabei ist das Volk a) doch bis zu einem gewissen Grade vom Adel abhängig; so in Rom 510? - 31 v. Chr.; b) oder völlig souverän; so in Athen 508–338 v. Chr. – Die → Ochlokratie ist nur eine Erscheinungsform der reinen Demokratie, keine selbständige Staatsform. – → Staatstheorie.

Staatskasse Athens wurde im hintersten Raume des Parthenons auf der Akropolis, die Roms in dem Saturnustempel auf dem Forum Romanum (→ Saturnus) aufbewahrt (Tempel dienten als Banken, → Bankwesen).

Staatsmonopol → Monopol.

Staatstheorie. Das Nachdenken über den Staat setzte bei den Griechen sehr früh ein („nimmer Gedeihen bringt Vielherrschaft; nur einer sei Herrscher", Homer, *Ilias* II 204). Die wissenschaftliche Untersuchung über St. begannen die → Sophisten, die die leitenden Gedanken der einzelnen Systeme herausarbeiteten. In diese Sphäre gehört z. B. die Schrift vom → *Staat der Athener*. Sie entwickelten auch den Gegensatz zwischen Natur- und historischem Recht (→ Naturrecht). Der bedeutendste Vertreter der St. der älteren Zeit war Platon. In der Kritik der bestehenden Verfassungen ging er von der Parallele mit den menschlichen Charakteren aus und lehrte auch eine gewisse Aufeinanderfolge der Verfassungen, insofern aus der Aristokratie, der besten und dauerhaftesten Verfassung, durch Verfall die Timokratie, dann die Oligarchie, die Demokratie und schließlich die Tyrannis entstehen (Kreislauf der Verfassungen). Es ist aber bei ihm die Kenntnis der 3 Haupttypen Monarchie, Aristokratie, Demokratie schon vorauszusetzen, obwohl er nach der ganzen Art seiner Schriften nirgends systematisch über sie gehandelt hat. Das hat erst Aristoteles getan, der jeden Verfassungstyp noch in eine gute und schlechte Form teilte. Platons Hauptaugenmerk war auf den Idealstaat gerichtet. Er schrieb die erste Staatsutopie (*Politeia* = Verfassung; dazu *Nomoi* = Gesetze). Im Gegensatz zu den vorwiegend theoretischen Arbeiten Platons ging Aristoteles von der Erfahrung aus. Er stellte in einem Riesenwerk die 158 bestehenden Staatsverfassungen (→

Staat der Athener) zusammen und faßte die Eigenart jeder einzelnen durch Untersuchung ihrer historischen Entwicklung noch schärfer. Für die beste Verfassung hielt er je nach dem Volkscharakter bald die eine, bald eine andere, für die absolut beste eine Art gemischte V. (→ Spartas Verf.), in der sich demokratische u. aristokratische Züge verbinden. Diese Ansicht gewann in der Folgezeit immer mehr Anhänger. Panaitios und Polybios (im VI. Buch seines Geschichtswerks) glaubten, eine solche V. in der römischen zu finden; von ihnen war Cicero in der Schrift *De re publica* = Der Staat abhängig (dazu *De legibus* = Gesetze; über die praktische Verwirklichung des Idealstaats).

G. Busolt, H. Swoboda, Gr. Staatskunde, II 1920–26, neu 1960; V. Pöschl, Röm. Staat u. gr. Staatsdenken bei Cicero, 1936, neu 1990; K. v. Fritz, *The Theory of the Mixed Constitution,* N. Y. 1954; G. Möbus, D. polit. Theorien v. d. Antike b. z. Renaissance, 1961; V. Ehrenberg, Von d. Grundformen griech. Staatsordnung, 1961; ders., D. Staat d. Gr., ²1965; H. Patzer, Die Entstehung der wissenschaftl. Politik bei den Griechen, 1966; H. Haffter, Röm. Politik u. röm. Politiker, 1967; F. E. Adcock, Röm. Staatskunst, d. ²1967; P. Steinmetz (Hg.), Politeia u. Res publica, 1969; P. Weber-Schäfer (Hg.), D. polit. Denken der Gr., 1969; ders., Einf. in d. antike polit. Theorie, II ²1992; W. Suerbaum, Vom antiken zum frühmittelalterl. Staatsbegriff, ²1970; St. Otto (Hg.), Die Antike im Umbruch, 1974; R. Klein (Hg.), D. Staatsdenken der Römer, ³1980; W. Nippel, Mischverfassungstheorie u. Verfassungsrealität . . ., 1980; R. Herzog, Staaten der Frühzeit, 1988; N. D. F. de Coulanges, Der antike Staat, 1988; E. Meyer, Einf. in d. antike Staatskunde, ⁵1990; ders., Röm. Staat u. Staatsgedanke, ⁶1992.

Stabiae, Kurort in Campanien, beim Vesuvausbruch 79. n. Chr. mit anderen Städten verschüttet. → Bäder; Vesuv.

K. Schefold, Das neue Museum von Castellamare di St., Bern 1959; O. Elia, *Pitture di St.,* Neapel 1957.

Stadion, (gr.) bezeichnet eine „feste Strecke", ein Maß, besonders für einen Kurzstreckenlauf über etwa 180 m, dann einen Bau für solche Läufe, eine Rennbahn, auch für andern Sport. Dieser Name wurde dann, weil seine Länge jedem geläufig war, auch als Längenmaß verwendet, 600 Fuß = ca. 180 m. Als Wegemaß war das St. sehr praktisch, unpraktisch war, daß es verschiedene gr. Stadien gab; sie schwanken in der Länge zwischen 165 m (pythisches St.) und 210 m (ion. St.). – Das prächtigste St. Europas ist das in Athen, um 330 v. Chr. errichtet, um 140 n. Chr. auf Kosten des Herodes Attikos umgebaut, der die Schranken und Sitze aus weißem pentelischen Marmor errichten ließ; zum Dank wurde er im St. bestattet. Später, nach dem Untergang des antiken Sports, wurde dieser Marmor anderweitig verwendet; erhalten blieb nur der kahle Unterbau der langgestreckten Anlage. 1896–1906 errichtete der Grieche Awerof den Oberbau neu, aber mit genauem Anschluß an das Erhaltene, wieder aus pentelischem Marmor, mit Platz für über 50 000 Zuschauer. Relativ gut erhalten ist das antike St. in Delphoi, für 7000 Zuschauer. Wohl das größte gr. St. war das in Ephesos mit 76 000 Plätzen. Das wichtigste antike St., das in Olympia (192,27 m), ist von den Deutschen ausgegraben. → Circus; Hippodrom; Leiturgie.

W. Zschietzschmann, Wettkampf- u. Übungsstätten in Griechenl., 1960–61; A. Hönle, A. Henze, Röm. Amphitheater u. Stadien, 1984.

Stadtanlagen gab es im Vorderen Orient schon im ausgehenden Neolithikum: Chatal-Hüyük (Anatolien, 7. Jt. v. Chr.), Jericho (7. Jt.), beide von Mauern umgeben. Hattusa, die Hauptstadt der → Hethiter, hatte zur Blütezeit eine Längsausdehnung von rund 2 km; → Ugarit war planmäßig angelegt mit rechtwinklig sich schneidenden Straßen. Die Hauptstraßen waren meist nicht nach den Himmelsrichtungen orientiert, sondern so, daß sie von kühlenden Winden, die in Mesopotamien regelmäßig in bestimmter Richtung wehen, durchlüftet werden konnten. Nach diesem System wurde auch das 494 v. Chr. zerstörte → Milet wieder aufgebaut, und zwar aus hygienischen Gründen: Es lag im Mäandertal, wo die → Malaria herrschte; die Hauptstraßen der neuen Stadt waren jedoch dem Seewind zugänglich. Nach dem neuen Gesichtspunkt erbaute unter Perikles der Stadtplaner Hippodamos v. Milet auch den → Peiraieus neu, ferner 444 v. Chr. → Thurioi, 407 → Rhodos (→ auch Olynthos; Priene). Auch später noch blieb man dem „hippodamischen System" treu, auch außerhalb Griechenlands (→ Alexandreia; Numantia). In Italien finden sich schon in der sog. Terramarekultur des 2. Jahrt. v. Chr. Pfahldörfer mit rechtwinkligem Straßennetz, ferner bei den Etruskern solche Städte. Die Römer verwandten regelmäßige Straßennetze zuerst in den militärischen Lagern, in denen es ja im Falle eines feindlichen Angriffs besonders auf Übersichtlichkeit und gute Verkehrsmöglichkeit ankommt; die Lagerstraßen waren parallel und schnitten sich rechtwinklig. Häufig entwickelten sich solche Lager als Dauer-, Stand-L. *(castra stativa)* zu Städten. Dann wurden die Erdwälle zu Mauern, die Lederzelte zu Häusern; die Straßenanlage jedoch blieb; sicherlich auch unter dem Einfluß der hippodamischen Städte, die die Römer seit hellenistischer Zeit kennenlernten; der Nutzen solcher Stadtanlagen mußte ihnen sofort klarwerden, an der Langweiligkeit und Poesielosigkeit nahmen sie keinen Anstoß. Das beste Beispiel einer solchen regelmäßigen röm. Stadt ist Turin; ferner war das röm. Trier „hippodamisch", Verona, Florenz und viele andere.

Die Germanen kannten zur Zeit des Tacitus keine Städte; dies und die unregelmäßige Anlage ihrer Siedlungen bezeugt Tacitus, *Germania* 16. Nach Vertreibung der Römer setzten sie sich in deren Städten auf germanischem Boden fest, z. B. in Trier, Köln, Regensburg, Augsburg, und erbauten nach deren Vorbild seit etwa 800 n. Chr. (→ Steinbau) weitere Städte. Doch änderte sich der Stadtplan; die älteren deutschen Städte, in West- und Süddeutschland, sind unregelmäßig, ihre Straßen krumm und winklig (und dadurch poesievoller), z. B. Aachen, Münster. In Nord- und Ostdeutschland, in dem sog. Koloniallande östlich der Saale und Elbe, entstanden seit etwa 1000 n. Chr. mehr als 300 regelmäßige, „hippodamische" Städte, desgl. in Böhmen unter den Przemysliden und wohl unter dem Einfluß der Deutschritter etwa 100. Alle diese Städte sind in einer bestimmten Größe, mit einem Durchmesser von 500–600 m, nach einem festen

Plan mit regelmäßigen, sich manchmal nicht mathematisch genau, aber im Prinzip rechtwinklig schneidenden Straßen angelegt. – → Platz; Säulenstraßen; Stadtviertel.

A. v. Gerkan, Gr. Stadtanlagen, 1924; F. Krischen, D. gr. Stadt, 1938; A. H. M. Jones, *The Greek city,* Oxf. 1940; H. Rudolph, Stadt u. Staat im röm. Italien, 1935, neu 1965; F. Castagnoli, *Orthogonal Town Planning in Antiquity,* 1971; F. Kolb, Die Stadt im Altert., 1984; W. Höpfner u. a., Haus u. Stadt im klass. Griechenl., 1986; Th. Lorenz, Röm. Städte, 1987; W. Hoepfner, E. Schwandner, Haus u. Stadt im klass. Griechenland, 1994.

Stadtanleihen. Aus drei in Boiotien gefundenen Urkunden über St. ergab sich, daß man diese nicht zur allgemeinen Zeichnung ausschrieb; die Stadt borgte vielmehr von einer Nachbarschaft oder einem einzelnen reichen Bürger oder Fremden. Die Schuldverschreibungen wurden auf Steinplatten geschrieben und blieben so erhalten. Die Zinsen betrugen $8^1/_3$ %, 10 %, 12 %.

Stadtmauern. Man kennt den Reiz alter Städte, deren St. noch erhalten sind. Viel öfter als bei uns kann man diesen Reiz im Süden (→ Erythrai), namentlich in Italien, genießen. Volterra z. B. betritt man durch ein Tor, das seit mehr als 2000 Jahren den Zugang zur Stadt vermittelt. Von der St. des antiken Athen ist nur das Stück am → Dipylon erhalten, von der älteren Roms die unter Servius genannten Reste, fast völlig dagegen die gigantische (→ Reisehandbücher) Aureliansmauer. Diese wurde 271–276 n. Chr. von den Kaisern Aurelianus und Probus errichtet und sollte noch am 20. Sept. 1870 die Stadt schützen, was freilich nicht mehr gelang (bei Porta Pia eine Bresche). In Syrakus schloß Dionysios I. 402–365 v. Chr. die vier Stadtteile Achradine, Tyche, Neapolis, Epipolai mit einer aus Quadern errichteten St. von 27 km Länge nach N und S zu ab, die auf einer Strecke von 17 km noch erhalten ist; 5½ km der Nordmauer sollen 60 000 Arbeiter mit 6000 Joch Ochsen in 20 Tagen erbaut haben. Die St. von Konstantinopel von insgesamt etwa 20 km Länge waren 11 m hoch und hatten 96 Türme; sie schlossen die Stadt nach der Landseite und zur See hin ab. Sie sind in großen Teilen noch heute erhalten, Theodosius II. hatte ihren Bau beginnen lassen. – 1967 wurde die sehr alte St. von Herakleia am Golf v. Tarent freigelegt (aus ungebrannten Tonziegeln).

J. Richmond, *The City-Walls of Imperial Rome,* Oxf. 1935; R. L. Scranton, *Greek walls,* Cambr./Mass. 1941; F. Krischen, D. Stadtmauern v. Pompei, 1941; F. G. Maier, Griech. Mauerbauinschriften, II 1959–61; A. Wokalek, Gr. Stadtbefestigungen, 1973.

Stadttore → Stadtmauern; Dipylon; Reisehandbücher.

Stadtviertel. Es liegt nicht im Wesen einer Stadtanlage, daß sie gerade in vier Teile zerfallen müßte (→ *Tribus*); nur bei den „hippodamischen" Städten ergibt sich eine solche Teilung von selbst, wenn die Stadt rechteckigen (oder ovalen) Grundriß hat und die beiden Hauptstraßen (*cardo* und *decumanus*) von Mitte zu Mitte der 4 Seiten des Rechtecks (Ovals) verlaufen. – → Stadtanlagen.

Ständekampf, moderne Bezeichnung des Kampfs der Patrizier und Plebejer in Rom um die Macht im Staat, etwa 500–300 v. Chr. Die aus Handwerkern, Kaufleuten, besonders aber Kleinbauern zusammengesetzte Plebs besaß ursprünglich nicht das volle Bürgerrecht; namentlich das passive Wahlrecht war den Patriziern reserviert. Dagegen hatten die Plebejer im Krieg die Hauptlast zu tragen. Mit wachsendem Reichtum erstarkte das Selbstbewußtsein der Plebs gegenüber dem Stolz der patrizischen Geschlechter. In langen Kämpfen zwischen den beiden Parteien erzwang die Plebs nach und nach die politische und z. T. gesellschaftliche Gleichberechtigung mit den Patriziern. Einzelheiten des Kampfs sind sehr unsicher, da die röm. Geschichte dieser Frühzeit im 2. und 1. Jh. v. Chr. nach den politischen und sozialen Verhältnissen dieser Zeit ergänzt ist. Die wichtigsten Phasen sind: 494 v. Chr. erreichte die Plebs nach der 1. → *secessio plebis* das Recht, Volkstribunen, Schutzbeamte mit außerordentlichen Rechten, zu wählen; dazu kamen eigene Versammlungen (→ Volksversammlung) der Plebs, deren Beschlüsse in der Folgezeit für das ganze Volk bindend wurden. 486 erhielt die Pl. durch ein Ackergesetz Anteil am Gemeindeland. 451 legte das Zwölftafelgesetz eine Rechtsnorm fest. 448 wurde die Blutgerichtsbarkeit von den Beamten auf das Volk übertragen. 367 bestimmten die *leges Liciniae Sextiae,* daß immer ein Consul Plebejer sein mußte. 287 wurden die Kämpfe mit der Gleichstellung der beiden Stände endgültig abgeschlossen. Der St. endete also mit dem vollen Sieg der Pl., deren beide Teile befriedigt wurden. Die reichen, vornehmen Familien unter ihnen widmeten sich nun der Ämterlaufbahn und bildeten zusammen mit den Patriziern den neuen Beamtenadel, die Nobilität. Die armen Pl. erhielten Anteil am Gemeindeland und durch Zwölftafelgesetz, Volkstribunen, eigene Versammlungen und *provocatio ad populum* (Berufung an das Volk in Prozessen) Schutz gegen die Willkür der Beamten. Sie überließen der Nobilität die Staatsregierung. Seit etwa 300 herrschte bis 150 v. Chr. innerer Friede in Rom. Wiederbeginn der Kämpfe → Bürgerkrieg.

E. Meyer, Der Ursprung des Tribunats (Kl. Schr., 1924); H. Strasburger, *concordia ordinum,* 1931, neu 1956.

Stahl. Härtung des Eisens vermittels kalten Wassers, Blut, Öl, Harn, die sämtlich „Härtungskohlenstoff" abgeben, war schon in vorgriechischer Zeit bekannt. Im Gr. und Lat. wird aber St. meist nur als Eisen (gr. *sideros,* lat. *ferrum*) bezeichnet.

Star (Augenkrankheit). Staroperationen schon seit dem Altertum. Ein reichverziertes Arztbesteck für Staroperation im Röm.-German. Museum in Köln.

stasimon, gr. = „Standlied", Lied des → Chores in der Tragödie, das die Akte, die Epeisodia, trennte. Es behandelte meist Fragen, die sich auf das eben auf der Bühne Erlebte bezogen, bei Euripides und besonders in der Komödie auch persönliche des Dichters. Den sonderbaren Namen „Standlied" erklärt man als Gegensatz zur *parodos* (→ Tragödie), dem Einzugslied des Chors, weil der Chor beim Vortrag der Stasima seinen Stand in der Orchestra schon eingenommen hatte.

Statisten → Schauspieler.

Statius. Publius Papinius St., ca. 40–96 n. Chr., neben Martial der begabteste röm. Dichter seiner Zeit. Eine Sammlung rasch hingeworfener, meist auf Bestellung geschaffener Gelegenheitsgedichte vermischten Inhalts, mit dem Titel *Silvae* (eigentlich „Vorräte", also Sammlung), zeigt am besten sein glänzendes Formtalent und bietet mit interessanten Zeitbildern eine wertvolle Ergänzung zur knappen Sittenschilderung Martials. Daneben wagte sich St. an große epische Stoffe: die *Thebais,* die weitschweifig den thebanischen Sagenkreis behandelt, ein Typus schwülstiger Ependichtung, geschaffen im nachahmenden Wetteifer mit der Aeneis des Vergil; die unvollendete *Achilleis* mit der Erzählung von Achilleus' Jugend läßt wenigstens erkennen, daß die Titelfigur als tragische Gestalt angelegt werden sollte. – Die beiden Epen wurden bis ins MA. hinein gern gelesen (Dante: *Purgatorio* 21).

W: Hg. A. Klotz, ^{2}1973; Silvae: hg. A. Marastoni, ^{2}1970; Achill.: hg. u. komm. A. W. Dilke, Cambr. 1954. – *Ü: Silvae,* R. Sebicht, 1902; *Thebais,* A. Imhof, 1885–89.
L: H. Cancik, Unters. zur lyr. Kunst des St., 1965; D. Vessey, *St. and the Thebaid,* Cambr. 1973.

Statue von lat. *statua* = Standbild. Der Begriff umfaßt das eigentl. St., die stehende, rundplastische Figur, wie auch das Sitzbild. Gr. Bezeichnungen sind *andrias* (Mannsbild), in derselben Bedeutung → *Kolossos.* Auch *agalma* kann ein St. bezeichnen, ebenso wie *eikon;* letzteres, wenn es sich um ein Bildnis handelt (→ Porträt).

Steinbau. Die sog. megalithischen Denkmäler (griech. *megas* = groß, *lithos* = Stein) liegen außerhalb unseres Rahmens und werden hier nur insoweit besprochen, als sie für das spätere klassische Altertum und Germanien wichtig sind. Die prähistorischen Menschen kannten am Ende der Jungsteinzeit und in der Bronzezeit eine Technik, auch riesige Steinlasten zu befördern und sogar zu heben. Die ältesten Beispiele sind jetzt wohl die Kolossalstatuen vom Tell el Halaf (= Guzana) in Mesopotamien; damit ist aber noch lange nicht gesagt, daß dort die Ursprungsstätte dieser erstaunlichen Technik liegt. Diese verbreitete sich über weite Gebiete; in Avebury in der engl. Grafschaft Wilts nahe Marlborough, in Stonehenge, in Carnac im franz. Arrondissement Lorient, Dép. Morbihan, steht der Reisende mit ebensolchem Staunen wie vor den „Obelisken" in Aksum (→ Aithiopien) und ähnlichen Monumenten in Palästina und sogar Indien. Diese Technik findet sich auch oft in Germanien und Skandinavien; unsere „Hünengräber" sind „megalithische" Denkmäler; in den Mittelmeerländern blieb sie lange erhalten (→ Löwentor; kyklopische Mauern; Selinus; → Maschinen).
In späterer (historischer) Zeit findet sich St. in Ägypten in höchst imposanten Werken, den Pyramiden, in Griechenland in ebenfalls erstaunlichen → kyklopischen und Quaderbauten im 2. Jahrt. v. Chr., auf Kreta, in Mykenai, Tiryns; in Italien seit dem

1. Jahrt. v. Chr.; in Deutschland als Fundamentbau seit dem 1. Jh. v. Chr., als wirklicher St. erst seit dem 8. Jh. n. Chr. unter röm. Einfluß. Kalk als Bindemittel haben die Germanen früh bei den Römern kennengelernt, ebenso den St. Aber sie hingen lange zäh an ihrer Eigenart (→ Stadtanlagen).

Steinbruch, gr. *latomia,* zu *las* = Stein, *tom-* = schneiden (vgl. Anatom); die lehrreichsten antiken bei → Selinus, die bekanntesten in Syrakus. Diese dienten auch als Gefängnis; es sind etwa 40 m tiefe Löcher mit senkrechten Wänden, aus denen niemand entrinnen konnte. (→ Sizilische Expedition).

Steinschneidekunst, die Kunst, in (meist) Halbedelsteine (oder Edelsteine) Bilder zu schneiden, und zwar vertieft (Gemmen; so meist für Siegelringsteine) oder erhaben (Kameen; so für Steine, die zum Schmuck an Geräte, z. B. Becher, angesetzt wurden). Die St. ist uralt. Sie entstand im Orient (Ägypten, Mesopotamien), blühte in Europa schon im 2. Jahrt. v. Chr. auf Kreta, dann im ganzen gr.-röm. Altertum, ging im frühen Mittelalter fast unter, wurde von der Renaissance zu neuem Leben erweckt; → Siegel. Man verdankt antiker und moderner St. viele Tausende feinster und köstlichster Kunstwerke, die jetzt viel zu wenig beachtet werden. Außer durch den Kunstwert an sich sind die antiken geschnittenen Steine kunstgeschichtlich durch den äußerst mannigfachen Inhalt der geschnittenen Bilder wichtig, die Szenen der Mythologie, des täglichen Lebens, Götter, berühmte Menschen, Kunstwerke und vieles andre darstellen.

A. Furtwängler, D. antiken Gemmen, III 1900, neu 1964–65; G. Lippold, Gemmen u. Kameen d. Altert. u. d. Neuzeit, 1922; D. Ohly, Gr. Gemmen, 1957; F. Matz, H. Biesantz, Corpus d. minoischen u. myken. Siegel, seit 1965; M. L. Vollenweider, Die St. u. ihre Künstler in spätrepublikan. u. august. Zeit, 1966; J. Boardman, *Archaic Greek gems,* Lond. 1968; G. M. A. Richter, *Engraved gems of the Greeks and the Etruscans,* Lond. II 1968ff.; W. Oberleitner, Geschnittene Steine, 1986.

Stele (gr.), die Säule, meist das Denkmal auf einem → Grab.

Stenographie (gr. *tachygraphia* = Schnellschrift; lat. *notae* = Zeichen; lat. *notarius* = Stenograph lebt noch in unserem „Notar"; das Wort St. ist modern und bedeutet nicht Kurz-, sondern Engschrift) ist antiken Ursprungs. Die Frage, ob Griechen oder Römer sie erfunden haben, ist viel umstritten. Die erste datierbare stenographische Aufnahme einer Rede durch Stenographen war die einer Senatsrede Catos am 5. Dezember 63 v. Chr. Zeugnisse über Verwendung der St. im Altertum haben wir viele; → Epiktet. Der ältere Plinius hatte, wenn er sich vorlesen ließ, immer (sogar auf Reisen) auch einen Stenographen neben sich, der über Interessantes aus dem Vorgelesenen Notizen machte; diese stellte er dann zu Zettelkatalogen zusammen, deren einer ihm als Grundlage für seine *Naturalis historia* diente. Die St. erhielt sich wegen ihres praktischen Nutzens im frühen Mittelalter bis gegen 800. Dann kam sie außer Übung, wurde aber nie ganz vergessen. Wiedererweckt wurde die St. durch den Parlamentarismus, weil dieser eine genaue Aufnahme parlamentarischer Reden braucht, zuerst im

Lande des ältesten modernen Parlaments, in England. Wirklichen Erfolg hatte zuerst das von Gabelsberger geschaffene System. → Tiro.

C. Wessely, Ein System altgr. Tachygraphie, 1895; A. Mentz, Gesch. u. Systeme d. antiken Tachygraphie, 1907; ders., Antike St., 1927; ders., Ein Schülerheft mit altgr. Kurzschr., 9 Wachstafeln etc., 1940; ders., Die Tironischen Noten, 1944; H. Boge, Gr. Tachygraphie u. Tiron. Noten, 1973.

Stentor, in Homers *Ilias* ein Herold, der so laut rufen konnte wie 50 andre; nur einmal (V 785/786) erwähnt; aber danach die „St.-Stimme" sprichwörtlich.

Sternbilder. Auf den Gedanken, zwecks besserer Orientierung am nächtlichen Himmel besonders leuchtende Sterne oder Sterngruppen durch gedachte Linien zu verbinden, die dann, freilich mit starker Phantasie, ein „Bildchen", namentlich ein Tierbild ergeben, sind verschiedene Völker gekommen, besonders die Babylonier und (von diesen abhängig?) die Griechen. Solche Bilder hießen griech. u. a. *phainomena* = Erscheinungen oder *zodia* = Tier[bild]chen; daher *zodiakos kyklos,* Tierkreis, durch den die Ekliptik läuft, der Reihe nach in den Hexametern: *Sunt: aries, taurus, gemini, cancer, leo, virgo, Libraque, scorpio, arcutenens, caper, amphora, pisces.* Es sind: Widder, Stier, Zwillinge, Krebs, Löwe, Jungfrau, Waage, Skorpion, Schütze, Steinbock, Wassermann, Fische. Die meisten griech. Bezeichnungen der Bilder sind bis heute erhalten geblieben, so die schon bei Homer erwähnten *arktos-hamaxa,* d. h. Bär-Wagen, *pleiades, hyades;* die lat. sind untergegangen, z. B. *septem triones* = die sieben Dreschochsen (= gr. *arktos*), wonach die Römer die Nordrichtung bestimmten. Die Erklärung der Namen ist vielfach unsicher.

F. Boll, Sphaira, 1903, neu 1967; W. Schadewaldt, Die Sternsagen d. Griechen, 1956; R. Gleadow, *The Origin of Zodiac,* N. Y. 1965; H. G. Gundel, Zodiakos, 1972 u. 1992.

Stesichoros, Chordichter aus dem sizilischen Matauros, um 640 bis 555 v. Chr., lebte meist in Himera (daher Himeraier genannt). In seinen Chorliedern bevorzugte er Stoffe der Heldensage und wurde damit der Begründer der Heldenballade. Als er erblindete, führte er dies auf die Rache von Menelaos' Gattin Helene zurück, die er in einem Gedicht angegriffen hatte; er widmete ihr einen Widerruf *(Palinodie)* und soll dadurch das Augenlicht wiedererlangt haben. Vor allem trat er für die Weiterentwicklung und Modernisierung der gr. Sagen ein. Zum ersten Male bei ihm findet sich der später in der Dichtung vielgefeierte Hirt Daphnis (→ bukolische Poesie) und das Romeo-Iulia-Motiv. In seiner Sprache mischte er ionische Elemente mit dem dorischen Dialekt.

W in: *Poetae Melici Graeci,* hg. D. L. Page, Oxf. 1962.

Steuern bezahlte man nicht in Athen, sondern jeder Bürger bekam aus den Erträgnissen des Silberbergbaus (→ Bergbau) in Laurion jährlich noch etwas herausgezahlt, bis Themistokles diese Gelder zum Bau einer Kriegsflotte verwandte; in Rom: → *census.* Die St. wurden von den Provinzen aufgebracht *(tributum):* Abgaben vom Ernteertrag, Hafenzölle, Erbschaftssteuer, Grund- und Boden-Abgaben, Umsatzsteuer beim (einträglichen) Sklavenhandel und bei

Auktionen, daneben auch viele Sondersteuern.

C. Nicolet, *Tributum*, 1976.

Steuerpächter → *publicanus.*

Stichomythie, eine eigenartige Behandlung des Dialogs im antiken Drama, wobei die Auftretenden abwechselnd nur je einen Vers, d. h. nur eine Zeile (gr. *stichos*), machmal sogar nur je einen halben Vers sprechen (gr. *-mythia* = das Sprechen). Damit besaßen die gr. Dramatiker für die pathetischen Stellen ein Mittel, das die Dramatik der Szene sehr erhöht. Denn die Gleichmäßigkeit der Verteilung wirkt nicht etwa ermüdend; im Gegenteil steigert das Aufeinanderprallen der gleichlangen Antworten mit ihren prägnant zugespitzten Sentenzen die Aufgeregtheit der Situation ungemein.

B. Seidensticker, Die St. (in: W. Jens, Die Bauformen der gr. Tragödie, 1971).

Stiefel. Man ging im Altertum viel barfuß oder trug → Sandalen, mindestens vom 6. Jh. v. Chr. an aber auch vielfach St., in der Stadt, auf der Reise, Jagd, im Heer (→ Caligula), auf der Bühne (→ Kothurn). → Nagelschuhe.

Stiel, Stil, Stilett → *stilus.*

Stierkämpfe. Die → kretisch-myken. Kultur, die einen ausgeprägten → Stierkult hatte, stellte gern St. bildlich dar. Der Kämpfer packt einen laufenden Stier bei den Hörnern und springt über ihn weg; oder er wird, wenn das nicht glückt, vom Stier gepackt und hochgeworfen. Ob diese Stierspringer freie Leute waren, die die Sprünge als Sport, oder berufsmäßige Athleten, die sie gegen Entgelt der Zuschauer ausübten, wissen wir nicht.

Stierkult (→ Tierkult) gab es in Ägypten (→ Apis) und auf Kreta (→ Minotaurus; Füllhorn; Böser Blick).

Stilicho. Flavius St., ein Germane, der unter → Theodosius zu den höchsten Staatsämtern aufrückte und Schwiegersohn des Kaisers und Schwiegervater des Kaisers Honorius wurde. Nach Theodosius' Tod war er als Heermeister des jungen, unfähigen Honorius tatsächlich Regent des Westreiches. Er führte erfolgreiche Kriege in Illyrien und Afrika, bekämpfte Alarich in Griechenland und Italien, wurde aber 408 in Ravenna ermordet. S. verteidigte als romanisierter Germane das Reich gegen die Germanen jenseits der Grenze, ohne bei den Römern Dank und Anerkennung zu finden.

E. Nischer-Falkenhof, 1947.

stilus (lat.) bedeutet: spitzes Holz, im Kriege als eine Art Fußangel, in der Landwirtschaft zum Auflockern des Bodens verwendet; Pflanzen-, Blumenstiel; den Griffel für Schrift auf → Diptycha, auf einer Seite spitz, zum Eingraben in das Wachs, am anderen Ende rund, um das Geschriebene wieder wegzuwischen und das Wachs zu glätten; Abfassung; Ausdrucksweise; Schreibart; Sprache. – Das gleiche Wort liegt im Deutschen als Stiel und Stil vor; der Unterschied der Schreibung ist willkürlich. – Caesar wurde mit Schreibgriffeln erstochen.

Stimmsteine, -täfelchen. Stimmzettel wurden im Altertum bei Abstimmungen und Wahlen nie verwendet, sondern Steinchen; gr. *psephos,* die man in verschiedene Urnen, oder schwarze und weiße St., die man in dieselbe Urne legte; Scherben von Tongefäßen, gr. → *ostrakon,* in die man sein Urteil einritzte; bei den Römern Täfelchen, lat. *suffragium* (daher franz., engl. *suffrage*). Die röm. Richter verwandten *S.* mit den Buchstaben A oder C oder NL. Abkürzungen von *absolvo* = ich spreche frei, *condemno* = ich verurteile; → *non liquet.*

stoa (gr., lat. *porticus*), eine Halle wie die Loggia dei Lanzi in Florenz und die ihr nachgebildete Feldherrnhalle in München mit 1 Längswand, davor Pfeiler oder Säulen (→ Säulenbauten), darüber ein Dach; ein Raum zum Aufenthalt im Freien, aber im Schatten; als einzelne Bauten, oder in der ganzen Länge einer Straße, → Säulenstraßen. Mehrere solcher Hallen umgeben die Agora von Athen, z. B. die Stoa des Attalos: Diese Stiftung des Königs Attalos II. von → Pergamon ist von den Amerikanern originalgetreu wiederaufgebaut u. als Museum eingerichtet worden. Ebenfalls an der Agora stand die *Stoa poikile,* die bunte Halle, um 450 v. Chr. errichtet, „bunt", weil mit Bildern an der Wand (→ Amazonen); seit etwas nach 310 v. Chr. Sitz der nach ihr genannten Stoiker. „Die Stoa" bedeutet oft auch: die stoische Schule, der → Stoizismus.

J. D. Coulton, *The Architectural Development of the Greek Stoa,* 1976.

Stobaios, eigentlich Johannes, nach seiner Heimatstadt Stoboi in Makedonien „der Stobaier" genannt, um 400 n. Chr. oder später, stellte für den Unterricht seines Sohnes Septimius über 500 Auszüge aus Schriften philosophischen Inhalts zusammen. Diese Sammlung mit dem Titel *Anthologion* ist (nicht ganz vollständig) erhalten und für unsere Kenntnis der gr. Philosophie sehr wichtig. Bemerkenswert ist, daß St., obwohl er im 5. Jh. schrieb, nirgends christliche Schriftsteller zitiert. → *naturalia.*

W: Hg. C. Wachsmuth, O. Hense, V ^{3}1974.

Störe mir meine Kreise nicht → *noli turbare;* Professorenwitze.

Stoffe, aus Schafwolle, die seit alters in Griechenland und Italien zu St. verwebt wurde; → Leinen, desgl.; → Baumwolle, genauer den Griechen erst seit Alexanders Zug nach Indien bekannt, den Römern erst etwa seit 190 v. Chr.; fraglich aber, ob von den Gr. und Römern des Altertums selbst in größerem Umfang (wie jetzt in Griechenland und in Ägypten) angebaut; noch in arabischer Zeit Bezug feinen Bauwollstoffs aus Mossul am Tigris: Musselin; → Seide, im Altertum stets importiert. – Antike Stoffe, besonders aus dem späteren Altertum, sind namentlich in Ägypten erhalten geblieben.

L. M. Wilson, *Ancient Textiles from Egypt in the University of Michigan Collection,* 1933.

Stoizismus ist aus dem → Kynismus erwachsen, mit dessen Lehre er manches gemeinsam hatte. Die Schule wurde nach 310 v. Chr. in der → Stoa poikile in Athen von dem jüngeren Zenon von Kition auf Kypros gegründet, der auch die Hauptlehren so ausbildete, wie sie später erhalten blieben. Die bedeutendsten Stoiker der ersten Zeit (ältere Stoia) waren → Kleanthes von Assos in Mysien (geb. 330) und → Chrysippos von Soloi in Kilikien (geb. etwa 280); es ist auffällig, daß sich in der älteren Stoa wenig gebürtige Griechen finden. In Zenons Lehre stand unter den drei Teilen, in die man die Philosophie zerlegte (Logik, Physik, Ethik), die Ethik an der Spitze, Naturerklärung und Logik ganz in ihrem Dienst. Wie für Epikur, so war auch für Zenon die Glückseligkeit das Ziel des menschlichen Lebens. Doch fand er das Glück nicht wie jener in einem möglichst passiven, von äußeren Einflüssen unabhängigen Leben, sondern in der Tugend; als solche aber und als die Grundlage des Sittlichen faßte er ein tatkräftiges Eingreifen in das Geschehen der Außenwelt auf. Diese Überzeugung gewann Zenon aus seiner Betrachtung der Welt. Denn auch im Weltall, im Makrokosmos, dessen vernunftgemäßer Aufbau für ihn feststand, gebe es zwei Prinzipien: das Wirkende und das Leidende, Gott und Materie, Kraft und Stoff. Er meinte, von einem denkenden und schöpferischen Gott sei durch die Vorsehung alles zum Besten eingerichtet, und die Welt sei schön und zweckmäßig. Aus dem Urfeuer entstanden nach ihm bei der Weltschöpfung die vier Elemente, von denen Wasser und Erde vorwiegend leidend (Stoff), Luft und Feuer vorwiegend wirkend (Kraft) seien. Diese Welt werde nach einer gewissen Weltperiode durch einen Brand zerstört werden, aber aus dem göttlichen Feuer neu entstehen. Diesen notwendigen Weltbrand nannte er das Verhängnis (*heimarmene,* lat. *fatum*), das von der göttlichen Vorsehung nicht zu trennen sei. Die menschliche Seele sei ein Ausfluß oder Teil des Göttlichen. So wie dieses in der Natur wirke, so sei Wirken, Handeln, Tätigkeit Ziel und Zweck des Menschen, sofern dieser naturgemäß (→ Zurück zur Natur) lebe. Die menschliche Tugend, deren Hauptteile Gerechtigkeit, Einsicht, Tapferkeit, Besonnenheit seien, zeige sich in der vollkommenen Pflichterfüllung im Dienste der Menschheit. – Die Stoiker befreiten sich von vielen Vorurteilen des Volks und der Gesellschaft. In ihrem Denken umfaßten sie die ganze Welt; ihre Liebe galt nicht einer kleinen Gruppe Menschen, wie der Familie, den Freunden, sondern der gesamten Menschheit ohne Unterschied des Volkstums, der Religion, des Standes. Auch im Sklaven sahen sie den Menschen und, als Kosmopoliten, auch im Barbaren; ihrer nahmen sie sich freundlich an. So ist die antike Humanitätsidee auf dem Boden des St. erwachsen. – Diese Anschauungen haben den Stoikern viele Sympathien verschafft. Vor allem gewann ihnen ihre Ethik die Anhängerschaft der röm. Vornehmen, die im Staatsdienst ihre Lebensaufgabe erblickten. Deren Wünschen kam besonders die mittlere Stoa entgegen, die im 2. und 1. Jh. v. Chr. entstand; Hauptvertreter → Panaitios und → Poseidonios. Diese gaben wichtige Anschauungen des stoischen Dogmatismus auf; dafür drangen platonisch-aristotelische Anschauungen in das System ein. Außer diesem Eklektizismus ist die intensive Beschäftigung auf vielen Gebieten der Fachwissenschaft für die mittlere Stoa kennzeichnend. Poseidonios hat ferner eine religiös-mystische Richtung des philosophischen Denkens begründet. Durch Verbindung des stoischen Monismus mit dem platonischen Dualismus wurde Poseidonios der Vorläufer des → Neuplatonismus. – Auch in der Kaiserzeit (jüngere Stoa) blieb der St. die Lieblingsphilosophie der vornehmen röm. Kreise. Damals gewann das Wort stoisch die heutige Bedeutung („stoische Ruhe"), die der heroischen Ergebung in die *heimarmene,* das Schicksal (→ *apatheia*). Unter dem Zwang der politischen Verhältnisse trat in der Kaiserzeit die politische Betätigung der Stoiker zurück; nur Bevorzugten, wie Seneca und Marcus Aurelius, war sie noch beschieden. Dabei wurde mehr die Milde, Gerechtigkeit gegen die Mitmenschen, die heitere Ruhe gegenüber Schicksalsschlägen betont, mit der der Stoiker auch wie ein König in freier Selbstentscheidung seinem Leben ein Ende setzen konnte (→ Selbstmord). So ist der St. bis in die spätere Zeit im wesentlichen sich selbst treu geblieben. – Wegen mancher Beziehungen zwischen St. und Christentum hielt man Seneca für einen heimlichen Christen; → Paulus.

W: Stoicorum veterum fragmenta, hg. H. v. Arnim, IV 1921–23, neu 1968. – *Ü:* M. Pohlenz, Stoa u. Stoiker, [2]1964.
L: P. Barth, A. Goedeckemeyer, D. Stoa, [6]1946; M. Pohlenz, Paulus u. d. Stoa, 1949; ders., Die Stoa, II [5–6]1980–84; M. Frede, Die stoische Logik, 1974.

Strabon („der Schieler"; → Eigennamen), berühmter gr. Geograph, etwa 64 v. Chr. – 19 n. Chr. Sein Hauptwerk war eine Erdkunde (Titel: *Geographika*); Str. wollte damit eine Beschreibung der gesamten Oikumene geben. Von den beschriebenen Ländern kannte er verhältnismäßig wenig aus eigener Anschauung, aber alle darüber vorhandene gute geographische Literatur. Sein Buch ist daher zuverlässig und für uns sogar unschätzbar. Daß man sich um Chr. G. in Rom daraus z. B. über die Elbe *(Albis),* die Saale *(Salas),* über Borkum (*Burchanis* oder *Byrchanis;* lat. *Burchana* oder *Fabaria* = Bohneninsel) unterrichten konnte, ist wichtig für die Geschichte der geographischen Bildung. In das Geographische flocht er vielfache Belehrungen über Geschichte, Mathematik, Medizin usw. ein; das Werk sollte nicht lediglich Einzelwissen vermitteln, sondern eine philosophische Anschauung (auf stoischer Grundlage).

W: Geographie, hg. W. Aly u. a., II 1968 bis 71 (mit *Ü* und Karten). – *Ü:* A. Forbiger, II 1856–62.

Strafen (vor Gericht). In der älteren Gesetzgebung der Griechen war Todesstr. (in Athen durch Vergiften mit Schierling; in Sparta durch Sturz in einen Abgrund) noch sehr häufig; später wurde in Athen von Areopag oder Volk oft das Begnadigungsrecht ausgeübt. Verbannung war gewöhnlich mit Einziehung des Vermögens verbunden (doch → *ostrakismos*). Gefängnisstr. war verhältnismäßig selten (→ Gefängnis; Steinbrüche; Kimon), sehr verbreitet waren dagegen Vermögensstr. und der bei uns nur als Zusatzstr. auftretende Verlust der bürgerl. Ehrenrechte (griech. *atimia*). Die Prügelstr. wurde meist nur gegen Sklaven angewendet. – In Rom wurden zunächst nur Geldstr. oder die Todesstr. verhängt; an deren Stelle trat vielfach Ächtung, die den Verurteilten friedlos machte und mit Einziehung seines Vermögens verbunden war. Todesstr. meist durch Enthauptung, in alter Zeit auch durch Sturz von Tarpeischen Felsen; Kreuzigung nur bei Sklaven und Fremden. Oft entzog sich der Angeklagte, der seine Sache verlorengab, der Verurteilung und Str. durch freiwillige Verbannung (*exilium;* → Exil), die später auch als selbständige Str. üblich wurde; eine mildere Form der Verbannung war die *relegatio,* d. h. Ausweisung aus Rom und Internierung an einem bestimmten Ort, die nicht, wie das Exil, auch Verlust der bürgerlichen Rechte zur Folge hatte; diese Str. erlitt z. B. Ovid. Gefängnisstrafe *(carcer)* war in republikanischer Zeit unbekannt und wurde erst später dauernd oder auf Zeit verhängt. Die Kaiserzeit brachte eine wesentliche Verschärfung der Strafen, wie die *deportatio,* d. h. Transport nach einer Insel oder Wüstenoase, Verurteilung zu Bergwerksarbeit *(ad metalla),* zu Gladiatorenkämpfen *(ad ludum gladiatorium),* zum Tod durch wilde Tiere im Circus *(ad bestias).* Bei Zuerkennung dieser Strafen unterschied man – wie ein Jurist des 3. Jhs., Iulius Paulus (*sententiae* 5, 25, 1), berichtet – nach dem Stande der Verurteilten, ob es Vornehme, einfache Leute oder ehemalige Sklaven waren.

Strafprozeß → Prozeß.

Straßen. Die ältesten Str. finden sich in Europa im 2. Jahrt. v. Chr. (→ kret.-myken. Kultur); gepflasterte Stadtstr. in Gurnia auf Kreta; Landstr. in einem großartigen Str.-Netz in der Argolis, mit Str. für Reittiere, aber auch für Wagen; große Steigungen sind teilweise durch Umgehungen überwunden, Senkungen durch gemauerte Viadukte. Den Stadtstr. in Griechenland fehlte in älterer Zeit das Pflaster, oder es war durch eine Art Chaussierung ersetzt. Auf Landstr. finden sich öfter in den Felsen gemeißelte Geleise, woraus sich eine Normalspurbreite für Wagen ergibt, ein- oder zweigleisig, mit Weichen; solche Geleise z. B. bei Syrakus in der Nähe des Theaters. Bei den Römern, z. B. in Pompeii, sind Gehsteige vorhanden, das Pflaster ist mäßig; besser ist es in Timgad; dagegen auf dem Forum Romanum im Verhältnis zu der sonstigen übergroßen Pracht des Platzes ganz auffällig schlecht. Straßenschilder wie auch Str.-beleuchtung kannte das Altertum nicht. Einige heutige Str. Roms verlaufen noch im Zuge der antiken, → Via; eine trägt auch noch den alten Namen; → Flaminius. Die röm. Landstr. waren eine bewunderswerte Leistung. Sie waren chaussiert oder gepflastert. Ihr Hauptmerkmal ist möglichst gradliniger Verlauf, über Niederungen auf Dämmen. Die „Königin der Str.“ war die → Via Appia. Das großartige, sich über das ganze riesige Reich erstreckende Str.-Netz ermöglichte eine Schnelligkeit und Ausdehnung der Verschiebung von Truppen u. der → Reisen, die wir oft unterschätzen: Um Chr. Geb. hatte dieses Str.-Netz eine Gesamtlänge von rund 290000 km, davon etwa 90000 km gepflasterte Hauptstraßen. Deshalb legte z. B. die kaiserliche Post am Tage 200 km zurück; von Mainz nach Köln brauchte man einen Tag, von Mainz nach Rom 10 Tage. – Von 24000 km italienischer Staatsstraßen liegen heute noch etwa 12 000 km auf antikem Unterbau. Einzelheiten → Via. – Im Mittelalter hatte man keine ausgebauten Straßen wie die Römer; Straße ist Lehnwort im Deutschen. Bis weit in die Neuzeit beständige Klagen über schlechten Zustand der Landstr. Allmähliche Besserung auf Grund der nach antikem Vorbild wiederentwickelten → Post. Napoleon I. erkannte zuerst den Wert der alten Römerstr. und ließ nach ihrem Vorbild Landstr. bauen, auch in Deutschland.

H. U. Instinsky, Inschriften an röm. Straßen, (NDA) 1942; J. N. v. Sadowski, Die Handelsstraßen d. Gr. u. Römer, Amsterd. 1962; G. Walser, Die röm. Str. in d. Schweiz, Bern 1967; V. W. v. Hagen, Alle Str. führen nach Rom, d. 1968; Th. Pekáry, Unters. zu d. röm. Reichsstraßen, 1968; R. Chevalier, *Les Voies romaines,* Paris 1972; H. C. Schneider, Altstraßenforschung, 1982; H. Schreiber, Auf Römerstraßen durch Europa, 1991.

Straßenleben im Altertum. Man kannte sicherlich so viel Geschrei, ja Gebrüll (namentlich der fliegenden Händler) auf den Straßen wie heute im Süden; über Lärm in der antiken Großstadt wird viel geklagt (→ bukolische Poesie). Trotzdem kann er nach unseren Begriffen nicht sehr groß gewesen sein, weil der Wagenverkehr fehlte; dieser war in Rom am Tage überhaupt verboten und nur ausnahmsweise gestattet, so den Kaiserinnen und Vestalen. Also war das Str. völlig ungefährlich. Dies und das Klima ermöglichte es den Südländern, auf der Straße zu leben, was sie bis heute tun.

Straßennamen kennen wir bei den Griechen der klassischen Zeit aus → Thurioi: die Haupt- und auch die Nebenstraßen waren nach Göttern und Heroen benannt; in Rom z. B. die Breite Str. (der heutige Corso), die Heilige Str. (am Forum Romanum), Sichelmacherstr. (→ Handel), Flaminiusstr., → Flam.

Strategen, gr. = Feldherrn. Seit Kleisthenes (508 v. Chr.) wurde in Athen jedes Jahr je ein Mann aus jeder der 10 Phylen als Str. bestimmt. Die Zehn hatten den Oberbefehl über das athenische Heer, aber täglich nur je einer; sie wechselten miteinander ab; so 490 v. Chr. vor der Schlacht bei Marathon. Diese demokratische Maßnahme machte jedoch eine einheitliche, energische, zielbewußte Kriegsführung unmöglich. Deswegen führte später ein Strateg den Oberbefehl über die anderen neun. → Offiziere.

H. Bengtson, Die Strategie in d. hellenist. Zeit (Ein Beitrag zum antiken Staatsrecht), III [2]1964.

Strategie (gr. *strategia,* Feldherrnkunst) im modernen Sinne existierte bei den G r i e c h e n in der älteren Zeit noch nicht, da die Bürgerheere zu klein, die Entfernungen von der Heimat zu gering und die Feldzüge zu kurz waren (1 Sommer). Erst im 5. Jh. v. Chr., als die Kriege auch auf entlegeneren Schauplätzen mit unbekanntem, schwierigem Gelände geführt wurden, entstand bei den Gr. eine höhere Taktik und St. Die ersten Erfahrungen sammelten sie in den Kämpfen gegen die Perser, die Reiter und Leichtbewaffnete den schwerbewaffneten Hopliten entgegenstellten. Perikles operierte im peloponnesischen Krieg nach einem wohlerwogenen Plan. Er wollte durch Einsetzen überlegener Kräfte an entscheidenden Punkten u. durch Ausnutzen der Schwächen des Feindes diesen zum Frieden zwingen, ohne sich selbst wesentlich der Gefahr auszusetzen (Ermattungsst.) Die gleiche Kampfesweise verwendeten im weiteren Verlauf des Krieges auch die Spartaner (Gylippos auf dem Chersonnes, später Besetzung von Dekeleia). Weiter entwickelt wurde die St. durch Epameinondas, den großen Feldherrn der Thebaner, in dessen Schlachten der Wunsch erkennbar wird, den Gegner zu vernichten, wenn auch im allgemeinen die beschränkten Machtmittel des thebanischen Staates eine Verfolgung bis zur Vernichtung des geschlagenen Gegners unmöglich machten. Ebenso wies sein Versuch, durch einen schnellen Aufmarsch die Rüstungen der Feinde zu stören und ihre Vereinigung zu verhindern, in die Zukunft. Seine Neuerungen wurden von Philipp v. Mak. aufgenommen, für dessen Kriegführung vor allem die vorsichtige Vorbereitung, das zähe, planmäßige Vorrücken, die geschickte Ausnutzung der Schwächen des Feindes und die zielbewußte, oft skrupellose Verwendung aller verfügbaren Kräfte bezeichnend war. Auf den Erfahrungen des Vaters baute Alexander d. Gr. seinen großen Perserfeldzug auf. Er wurde der schöpferischste Stratege der Gr. Die Haupteigentümlichkeiten seiner St. waren umsichtige Vorbereitung und überlegte Sicherung des Vormarsches (Eroberung der kleinasiatischen Küste, besonders der bedeutenden Städte und strategischen Stützpunkte. Lange Zeit brachte er mit der Belagerung von Milet, Halikarnaß und Tyros und ebenso mit der Sicherung von Ägypten zu), rücksichtslose Durchführung des Angriffs und die Absicht, den Gegner auf jeden Fall zu vernichten (Niederwerfungsstr.). Dabei setzte er auch sein eigenes Leben rückhaltlos aufs Spiel. Etwas Neues waren dabei die anstrengenden Verfolgungsmärsche, mit denen er ein neues Sammeln des geschlagenen Feindes zu verhindern suchte. Diese Kampfesweise führte in der 2. Hälfte des Krieges zur Aufstellung von fliegenden Kolonnen, die in rastlosen Eilmärschen die Gegner bis ans Ende des Reiches hetzten.

Bei den Römern war die Niederwerfung des Feindes seit alters das Ziel der Kriegskunst. Doch sind auch sie lange mit einer einfachen Taktik, ohne St. ausgekommen. Dagegen suchten sie den Feind nicht nur mit militärischen, sondern auch mit politischen und wirtschaftlichen Mitteln zu vernichten. Straßen und Kolonien sicherten das unterworfene Land. Rücksichtslose Ausnutzung der politischen und wirtschaftlichen Überlegenheit verhalf ihnen sogar nach militärischen Mißerfolgen zum endlichen Sieg. Eine eigentliche St. haben sie erst auf Grund der Erfahrungen des 2. Punischen Krieges im 2. Jh. v. Chr. entwickelt, wo griechisch gebildete Männer, wie die Scipionen und Aemilier, die hellenistische Kriegswissenschaft und Hannibals Kriegskunst studierten und auf röm. Verhältnisse übertrugen. Man lernte die Ausnutzung des Geländes und das Überwinden seiner Schwierigkeiten sowie das Operieren auf eine günstige Gelegenheit hin, bei der man alle vorhandenen Truppengattungen vorteilhaft verwenden konnte. Spezifisch römisch wurde die Anlehnung der strategischen Maßnahmen an die befestigten

Lager, die als Schutz bei plötzlichen Angriffen und Rückhalt für die Schlacht benutzt, und die Heerstraßen und Verkehrswege, die zum Vormarsch des Heeres und Nachbringen des Proviants verwendet wurden. Daneben beruhte die Überlegenheit des röm. Heeres „auf dem Heeresorganismus als Ganzem, der es gestattete, sehr große Massen auf einem Punkte zusammenzubringen, ordnungsmäßig zu bewegen, zu verpflegen und zusammenzuhalten" (Delbrück). Diese Grundprinzipien haben die verschiedenen röm. Feldherrn in verschiedener Weise gehandhabt. So legte Pompeius mehr Wert auf die vorsichtige, auf Sicherung gegen Rückschläge bedachte Kriegführung, während der gr. gebildete Lucullus seine Siege durch seine alle Hindernisse überwindende strategische Kühnheit mit ungenügenden und schwierigen Truppen errang. Den Höhepunkt röm. St. erreichte Caesar mit seiner souveränen Beherrschung aller strategischen Möglichkeiten seiner Zeit. Er konnte nicht nur mit der größten Vorsicht den Kampf vorbereiten (z. B. gegen die Helvetier und Ariovist), sondern auch mit unerhörter Kühnheit eine Entscheidung erzwingen (Übergang über die verschneiten Cevennen im Arverneraufstand, Überfahrt über das Adriatische Meer im Winter), mit größter Härte aus seinen Soldaten das Letzte herausholen. In der Kaiserzeit machte die röm. St. keine nennenswerten Fortschritte. Seit die Grenzen durch *limites* geschützt wurden und die Truppen hinter ihnen gleichmäßig verteilt lagen, bestand die strategische Kunst hauptsächlich darin, die Truppen hinter dieser Linie mit Hilfe der Straßen so hin- und herzuschieben, daß sie immer zur rechten Zeit am gefährdeten Ort bereitstanden. Mit dem Abnehmen der Kraft des Reiches schwand auch immer mehr der Wille, den Gegner zu vernichten; das röm. Reich geriet ganz in die Verteidigung.

H. Bengtson, Die Str. in d. hellenist. Zeit, II 1937–44.

Streitwagen. Das Pferd ist ein relativ junges Haustier. Seine erstmalige Verwendung im Krieg schrieb man früher den Assyriern, jetzt mit größerem Recht den Hethitern des 2. Jahrt. v. Chr. in Kleinasien zu. Beide Völker verwandten das Pf. als Reit-, besonders aber als Zugtier vor dem Str.; sie verdankten dieser neuen Waffe für einige Jahrhunderte ihre Vorherrschaft. In der Geschichte der Kriegführung stellte der Str. die erste Etappe auf dem Weg dar, der vom Kampf von Mann gegen Mann zur Verwendung andrer Mittel führte; in hellenistischer Zeit der Einsatz der Kriegselefanten. – Noch im 2. Jahrt. v. Chr. ging der Str., wie mykenische Bildwerke zeigen, nach Griechenland über. Bei Homer spielt er eine wichtige Rolle, aber in andrer Weise als im Orient. Die Führer der Griechen fuhren auf diesen leichten, zweirädrigen Wagen nicht mehr in die Reihen der Feinde und kämpften (schossen) nicht von ihnen herab. Daß der Gebrauch der Str. auch bei den Griechen ursprünglich so gedacht gewesen war, ergibt sich daraus, daß auf jedem Wagen neben dem Kämpfer ein Wagenlenker stand; der

Kämpfer sollte die Hände frei haben. Aber bei Homer fuhren die beiden nur bis an den Feind; dann sprang der Fürst herab und kämpfte zu Fuß; nach der Entscheidung diente der Wagen zur Verfolgung oder zur Flucht. Um seinen Feind Hektor zu schänden, schleifte Achilles dessen Leichnam hinter dem Str. im Staub; beim Leichenzug fuhren Str. zu Ehren des Toten voran (so auf Dipylonvasen, → Vasen; bei Homer, *Ilias* XXIII 128 ff.). – Mit dem Auftreten geschlossener Schlachtlinien, bei denen weniger die persönliche Tapferkeit der Führer als ihr strategisches Geschick zur Geltung kam, verschwand der Str. aus der Schlacht; in historischer Zeit wurde er bei den Griechen und Römern nur noch bei Wettfahrten in der Rennbahn und im Triumphzug verwendet. Länger hielt er sich bei den Persern in der besonderen Art des Sichelwagens, mit gekrümmten Schwertern an den Naben nach rechts und links und zur Verletzung der zu Boden Gestürzten an der Achse nach unten, noch mit der ursprünglichen Bestimmung, in die Feinde hineinzufahren; so in der Schlacht bei Kunaxa; Beschreibung bei Diodor XVII 53, 2. Eine interessante Mischung beider Kampfesarten, des Verwirrens der feindlichen Front durch Hineinfahren und Speerwerfen vom Wagen aus, dann ein Kampf zu Fuß, während der Str. außerhalb der Front für eventuelle Flucht des Besitzers bereitstand, lernte Caesar in England kennen, *bell. Gall.* IV 33; diese Stelle ist wohl die letzte, die Verwendung der Str. in der Schlacht bezeugt.

strigilis (lat.), der Schaber, ein Gerät, mit dem sich z. B. der Ringer nach dem Kampf Schweiß, Öl und Staub von der Haut abschabt; → Apoxyomenos.

Strophe (gr., = Wendung), ursprünglich wohl die Wendung des in der Tragödie singenden und tanzenden Chores, dann das Lied dieses Chores, in seinen gegliederten Teilen: S., Antistrophe, → Epode. So diente die S. als metrisch in sich geschlossener, wiederkehrender Teil zur Gliederung des Liedes; je nach dem metrischen Aufbau unterschied man nach den Erfindern alkäische, sapphische, asklepiadeische u. a. S.n. Diese S.-Systeme hat Horaz wieder aufgegriffen, sie sind aber auch in der deutschen Dichtung aller Zeiten vielfach zu finden, so bei Klopstock, Hölty, Hölderlin und bis in die Gegenwart hinein. – → Versbau.

K. E. Bohnenkamp, Die horazische Str., 1972.

Strümpfe → Socken.

Stühle im Altertum, einfache Hocker; mit Rücken- und Armlehne, gr. *thronos.* Diese St. waren ebenso bequem wie elegant; man sehe den Grabstein der Hegeso auf dem → Dipylonfriedhof. Im german. Haushalt fehlten St. → Möbel.

H. Kyrieleis, Throne u. Klinen, 1969.

Stundenzählung im Altertum → Siesta; Uhr.

Styx, das „Wasser des Grauens", einer der Flüsse in der Unterwelt; → Hades.

Suda ist nicht, wie man früher dachte, der Verfasser, sondern der Name eines Konversationslexikons aus dem 10. Jh. n. Chr., für uns letztes Sammelbecken antiker Literatur, leider nicht sehr zuverlässig.

W: Hg. A. Adler, V, 1928–38, neu 1967 bis 71.

Sudeten, bei → Klaudios Ptolemaios das sächsische Erzgebirge; der Name irrig später auf die Gebirge östlich davon übertragen.

Sueben, germanische Stammesgruppe, deren Grenzen in der antiken Literatur verschieden angegeben werden. Zu ihnen wurden die Hermunduren, Alemannen, Markomannen, Quaden und andre Stämme gerechnet. Nach Caesar, der *bellum Gallicum* IV 1–3 ihre Tapferkeit und ihre Lebensweise schildert, sollen sie aus ihren 100 Gauen jährlich je 1000 Mann in den Krieg geschickt haben. Unter ihrem König Ariovist setzten sie sich im Elsaß fest; dort besiegte Caesar A. 58 v. Chr. (*b. G.* I). Seit der augusteischen Zeit löste sich der Stammesverband allmählich auf. Aber ihren Namen gibt es bis heute: die Schwaben.

Sueton. Gaius Suetonius Tranquillus, ca. 70–140 n. Chr., vorübergehend Geheimsekretär des Kaisers Hadrian, ein Philologe mit umfassender Gelehrsamkeit, schrieb neben vielen heute verlorenen Werken über Literatur- und Kulturgeschichte, Biographien der zwölf Kaiser von Iulius Caesar bis Domitian *(de vita Caesarum),* die fast vollständig auf uns gekommen sind, und „Berühmte Männer" *(de viris illustribus),* woraus sich nur die Lebensbeschreibungen einzelner Dichter wie des Terenz und Horaz erhalten haben. Diese Werke zeichnen sich durch ihr schlichtes, leicht lesbares Lat. aus. Von S. sind die Geschichtsschreiber der → Historia Augusta und im MA. noch → Einhard beeinflußt. Der Historiker tadelt an Sueton die Ansammlung von Anekdoten ohne kritische Sichtung und ihre mechanische Anordnung nach einem bestimmten Schema. Aber vielleicht dürfen diese Biographien, ähnlich wie das → *marmor Parium*, nicht oder wenigstens nicht nur mit den Augen des Fachgelehrten gelesen werden. Sie sind für ein sehr breites Publikum bestimmt, das sich weniger für die politischen Haupt- und Staatsaktionen und gar ihre Hintergründe, sondern mehr für kleine persönliche Züge aus dem Leben und dem Charakter der Geschilderten interessiert. In der Tat erfahren wir aus manchen Anekdoten bei Sueton doch nicht Unwichtiges. Abgesehen davon sind sie uns unentbehrlich, weil eine bessere Überlieferung fehlt. Die Tatsache, daß diese Art biographischer Literatur allerdings für viele Jahrhunderte maßgebende Richtschnur geworden ist, kennzeichnet einen Verfall der → Geschichtsschreibung; scheinbare Faktizität, aber in Wahrheit ein Versinken in Einzelheiten und Kleinigkeiten.

W: de vita Caesarum, hg. M. Ihm, 1908; neu 1978; *de gramm. et rhet.*, hg. G. Brugnoli, Leipzig [3]1972. – *Ü:* Caesarenleben: A. Lambert, 1955; M. Heinemann, [7]1986; Gesamtwerk: A. Stahr, W. Krenkel, 1965.
L: W. Steidle, S. u. d. antike Biographie, [2]1963; B. Mouchowa, Stud. zu. d. Kaiserbiogr., 1968; E. Cizek, *Structure et Idéologie,* 1977.

Suezkanal. Von dem Pharao Necho (609–594) in großem Maßstab begonnen; von dem Perserkönig Dareios I. (521–486), der auch Herr über Ägypten war, vollendet; bei Vollendung des Riesenwerks am Ufer Denksteine aufgestellt, deren Reste mehrfach noch erhalten sind; von Herodot II 158 gut beschrieben; nach den erhaltenen Resten 45 m breit, 5–5,5 m tief, die ziemlich steilen Böschungen noch heute z. T. mit Quadern vermauert; Länge in der Luftlinie 1000 Stadien = 180 km, mit den Krümmungen mehr; Fahrtdauer 4 Tage. Ausbesserungsarbeiten unter den Ptolemaiern (nach früherer Ansicht erst von diesen vollendet; Dareios habe, worauf allerdings Inschriften zu weisen schienen, den Bau so wie Necho aufgegeben), Traian (98–117), noch unter den Arabern, die diesen jedoch nicht gewachsen waren. Über seine Benutzung im Altertum ist freilich wenig bekannt. Der zeitweise sehr lebhafte Handelsverkehr Ägyptens mit der Somaliküste (Weihrauchland Punt) und später mit Indien ging nicht durch den S., sondern nilaufwärts nach Koptos (Kuft) und dann durch die Wüste nach den Hafenstädten *Myos hormos* (= Miesmuschelhafen; Ruinen wohl bei Abu Schar) und Berenike am Roten Meer. Seit dem 8. Jh. ist der S.-K. verfallen. Vielfache Neubaupläne, so von Leibniz; energisch unter Napoleon I., dessen Ingenieur Lepère (wie Diodor I 33) aber annahm, der Spiegel des Roten Meeres liege höher als derjenige des Mittelländischen. Deswegen und da man auf → Schleusen nicht verfiel, unterblieb der Neubau, der erst 1859–1869 von Ferdinand de Lesseps durchgeführt wurde, in anderem Verlauf als der antike Kanal. → Athos; Isthmos.

Suffeten (semitisch Richter), die zwei führenden Beamten in Karthago, die auf ein Jahr gewählt wurden; in der antiken Literatur häufig mit den röm. Consuln verglichen.

Suidas hielt man früher für den Verfasser eines Lexikons; es handelt sich aber um den Namen des Werkes: → *Suda.*

Sulla. Lucius Cornelius Sulla, aus dem patrizischen Geschlecht der Cornelier, geb. 138 v. Chr., zeichnete sich zuerst 107 als Quaestor des Marius im Iugurthinischen Krieg in Afrika aus, indem er durch eine abenteuerliche Fahrt zu Bocchus von Mauretanien, dem Schwiegervater Iugurthas, dessen Auslieferung erreichte. Er kämpfte, z. T. unter Marius, gegen die Kimbern und Teutonen und wurde 97 Praetor und dann Propraetor in Cilicien. Vom Senat wurde er als Gegenspieler gegen Marius ausersehen, der als Führer der Popularen der Nobilität sehr unangenehm war. Zum Kampf zwischen beiden kam es, seit S. den Oberbefehl gegen → Mithradates erhielt, den Marius erstrebte und nach S.s Abzug sich durch Volksbeschluß übertragen ließ. S. kehrte zurück und vertrieb und ächtete seine Gegner; Marius entkam mit Not nach Afrika. Dann besiegte S. Mithradates in Griechenland und Asien. Nach der Rückkehr nach Rom rächte er sich 83 furchtbar an den Marianern. 4700 Bürger wurden proskribiert (→ Proskriptionen), ihre Güter versteigert; unter den Bundesgenossen wurden ganze Stämme (Etrusker,

Samniter) fast ausgerottet. Das Ackerland erhielten die Legionen. S. wurde Dictator ohne zeitliche Befristung. Durch Gesetze sicherte er 81 (?) die bisher nur durch Herkommen festgelegte Herrschaft des Senates; Tribunat und Volksversammlung wurden bedeutungslos gemacht. 79 legte er die Diktatur nieder und zog sich auf sein Landgut zurück, wo er 78 starb. – S. war in gr. Literatur und Wissenschaft gebildet, aber zügellos im Genuß. Besonders unerhört war seine Mordlust, mit der er kaltblütig Tausende seiner Gegner abschlachten ließ. Er pochte auf sein Glück und nannte sich selbst nach seiner Rückkehr aus Asien Felix, der Glückliche. Über keinen Römer gehen die Urteile der Nachwelt so auseinander wie über ihn.

J. Carcopino, *Sylla,* Paris [2]1957; W. Schur, D. Zeitalter des Marius u. S., 1942, neu 1968; H. Berve, Gestaltende Kräfte der Antike, 1949, neu 1966; H. Volkmann, S.s Marsch auf Rom, 1958, neu 1969; B. Wosnik, Unters. zur Gesch. S.s, 1963; E. Badian, *L. S.,* Sydney 1970.

Sulpicia. In der Elegiensammlung Tibulls (III, 13–18) stehen Gedichte der jungen, vornehmen Römerin S., einer Nichte des angesehenen, mit Augustus befreundeten Staatsmannes Messala; sechs kurze Briefchen über ihre Liebe zu Cerinthus, in der Form unbeholfen, aber voll Naivität und echter Leidenschaft; das einzige, was wir an Frauenpoesie in der röm. Literatur besitzen. Vorausgeschickt sind fünf weitere Elegien (III, 8–12), in denen ein unbekannter Dichter mit reifer Kunst dieses Liebesverhältnis feiert. – Eine andere S. aus dem 1. Jh. n. Chr., Gattin des Calenus, war Dichterin und schrieb Liebesgedichte; nicht von dieser S. stammt jedoch die sog. S.-Satire, ein lat. Gedicht in 70 Hexametern, das die Tyrannei des Kaisers Domitianus beklagt; diese Satire entstand in viel späterer Zeit (Spätantike?).

W: Elegien: → Tibull. Satire: Hg. I. Lana, Turin 1949 und in Epigrammata Bobiensia, hg. W. Speyer, 1963.

Summe; summa summarum. *summa* (lat.; zu ergänzen *linea?*) heißt „die oberste (Linie)". Es bekam die Bedeutung S. wohl, weil man beim Addieren die Zahlen zwar wie wir untereinander, die S. aber nicht darunter, sondern darüber schrieb.

summum ius summa iniuria, „das höchste Recht ist das höchste Unrecht", d. h. wenn man das Recht auf die Spitze treibt, wird es zum größten Unrecht. Von Cicero, *de officiis* I 10, 33 als ein schon abgedroschenes Sprichwort zitiert; wohl nach Terenz, *Heautontimorumenos* 796: *ius summum saepe summa est malitia,* „das höchste R. ist oft die höchste Bosheit."

Sunion → Kap Sunion.

suovetaurilia, lat., Opfer der drei für die menschliche Ernährung wichtigsten Tiere *sus, ovis, taurus,* Schwein, Schaf, Stier; besonders das feierliche Staatsopfer beim → *census* auf dem campus Martius. Darstellungen der S. auf einer Marmorschranke der → *rostra* auf dem Forum Romanum (einem der sog. *Anaglypha Traiani*).

suum cuique, „jedem das Seine", bei Cicero *de officiis* I 5, 15 und sonst; Teilstück aus der griechischen, von Rom übernommenen Definition der Gerechtigkeit (vgl. Cicero, *de finibus* V 23, 67: *iustitia in suo cuique tribuendo cernitur* = die Gerechtigkeit zeigt sich darin, daß man jedem das Seine gibt); auch im → *Corpus iuris* zitiert. Wahlspruch Friedrichs I. von Preußen und Devise des Schwarzen Adlerordens.

Sybaris, gr. Stadt in Unteritalien (→ Großgriechenland), 720 v. Chr. gegründet, 510 von den benachbarten Krotoniaten zerstört. In S. zuerst Pflege feiner Küche (→ Kost); deswegen Sybarit = Schlemmer. – Erfolgreiche Ausgrabungen sind seit 1961 im Gang und scheinen 1968 die bis dahin unbekannte Lage der Stadt ermittelt zu haben.

Sykophanten hießen seit dem 5. Jh. v. Chr., zuerst in Athen, Erpresser, die mit falschen Beschuldigungen angesehene Bürger vor Gericht zu ziehen drohten, wenn nicht durch hohe Geldsummen ihr Schweigen erkauft werde. Da in Athen der Ausgang jedes Prozesses zweifelhaft war, ließen sich die meisten einschüchtern und zahlten. Manche Vornehme bezahlten lieber einen Gegensykophanten, der sie gegen alle Angriffe schützen mußte. – Das Wort S. heißt eigentlich „Feigenanzeiger"; Herkunft nicht ganz klar.

symposiarchos → Symposion; Saturnalia.

symposion (gr.) bedeutet „Zusammentrinken", das entsprechende lat. *convivium* „Zusammenleben", Geselligkeit. „Gastmahl" wird dem Wortsinn von *s.* zu wenig gerecht; dieser betont nicht den Schmaus (→ *syssition*), sondern das Trinken, und zwar das gesellige. Man traf sich im Altertum selten nur zu gemeinsamem Trunk, sondern zu einem Mahl; nach diesem blieb man zum Trunk zusammen (→ Kranz). Hierfür wurde ein *symposiarchos,* lat. *magister bibendi,* „Zechmeister", gewählt. Dieser bestimmte, ob scharf oder mäßig getrunken werden, wer ein Lied (→ *skolion*) vortragen sollte u. ä. Für die Unterhaltung sorgten, z. B. laut Xenophons *S.,* gemietete Leute, besonders Flötenspielerinnen, auch Tänzerinnen, Varietékünstler und -innen und Pantomimendarsteller; oder man bestritt die Unterhaltung durch Gesang u. Gespräch selbst; unter Gelehrten wurde wohl auch ein Thema gestellt, worüber jeder Symposiast eine Rede halten mußte. Platon schildert ein S., bei dem zahlreiche Athener, darunter Sokrates und Aristophanes, zur Nachfeier eines Tragödiensiegs des Dichters Agathon in dessen Haus vereint sind. Das Thema der Gespräche ist die Liebe; Platon legt darin seine Auffassung des Eros (→ platonische Liebe) dar. Xenophons S. zeigt Sokrates zwar auch mit einer ernsthaften Rede über irdische und himmlische Liebe, aber auch als heiteren Tischgenossen. Diese beiden Schriften erhoben das S. zur literarischen Kunstform, die dann oft nachgeahmt wurde, so von Aristoteles (*S. oder die Trunkenheit,* mit viel kulturgeschichtlichen Angaben über S.-Gebräuche und über die Alkoholfrage), Epikur, Menippos, Plutarch. In → Athenaios' *Deipnosophistai* =

„Gelehrte beim Mahl" liegt freilich nur eine ganz äußerliche Einkleidung vor, die den Vortrag riesiger Gelehrsamkeit etwas genießbarer machen soll.

W: Platon: Hg. u. d. F. Boll, [7]1980; Xenophon: Hg. G. J. Woldinga, Hilversum 1938–39. – *Ü:* Platon: K. Hildebrandt, 1934; Xenophon: Chr. M. Wieland, 1801 u. ö.; G. P. Landmann, 1957.
L: J. Martin, 1931, neu N. Y. 1968.

Synagoge (gr.), das Sammeln, die Versammlungsstätte, vor allem die der → Juden, die dort Gottesdienst u. Unterricht abhielten. Besonders das spätere Diaspora-Judentum besaß in jeder Stadt eine S. als Zentrum der Kultgemeinde.

Syrakus, gr. *Syrakusai,* vielleicht „Sumpfstadt", lat. *Syracusae,* im 8. Jh. v. Chr. von Griechen gegründet, rasch aufgeblüht; Ziel der → Sizilischen Expedition; unter klugen, kunstsinnigen Herrschern, besonders den Tyrannen Dionysios I. (405–367) und Agathokles (317–289) und unter dem Könige Hieron II. (270–215) zu einer der größten aller griech. (→ Großstädte) und zur schönsten aller Städte des Altertums überhaupt herangewachsen; auch geistig führend (→ Dion; Archimedes; Theokritos); 212 v. Chr. von den Römern erobert und der schönsten Kunstwerke beraubt; seit 878 arabisch, seit 1085 normannisch, dann unter wechselnden Herren (Pisanern, Genuesen, Anjous, Bourbonen); 1693 von einem Erdbeben, 1729 durch eine Pest heimgesucht. Jedoch seit 1865 wieder Provinzhauptstadt. Die ganze Stadt ist übersät mit antiken Bauten: Athenatempel, in dem schon Cicero weilte, seit dem 7. Jh. n. Chr. und bis heute der Dom; Diana(?)tempel; die → Stadtmauer, zwei große Wasserleitungen, Amphitheater, Theater, das größte griech., gut erhalten, ein Altar von 200 m Länge, $22^1/_2$ m Breite, 10 m Höhe für gleichzeitiges Opfer von 450 Stieren (jährlich einmal), die Latomien (→ Steinbruch), Gräber, das Fort Euryalos (→ Festungsbau) Katakomben, sehr viel größer als die röm.; Quelle Arethusa; reiches archäologisches Museum.

K. Fabricius, D. antike S., 1932, neu 1963; M. Guido, Lond. [2]1961; M. P. Loicq-Berger, Brüssel 1967; H. P. Drögemüller, 1969.

Syrien, ursprünglich Aram (aramäisch die Muttersprache Christi), seit der assyrischen Herrschaft Assyria, abgekürzt *Syria;* → Phoiniker; Damaskus. Das kleine Land, das sich seiner Angreifer nicht erwehren konnte, war stets ein Ziel der Raubgier fremder Mächte. 539 kam das Land durch Kyros in den Besitz der Perser, 321 in den des → Seleukos u. der Seleukiden; 64–63 wurde es durch Pompeius röm., 395 n. Chr. oström.; seit Omar (634–644) arabisch; seit 969 war es in den Händen der ägyptischen Fatimiden, seit Selim I. (1515–1517) der Türken, seit dem Ende des 1. Weltkriegs der Franzosen; seit 1944 selbständig. – Bedeutende antike Städte: Berytos, jetzt Beirut, Damaskus, Antiocheia am Orontes, Baalbek, vor allem Palmyra.

A. T. Olmstead, *History of Palestine and Syria,* N. Y.–Lond. 1931; H. Th. Bossert, Alt-S., 1951; P. K. Hitti, *History of Syria,* Lond. [3]1957; H. Klengel, Gesch. u. Kultur Alt-S.s, 1967; ders., S. zwischen Alexander u. Mohammed, 1987; E. Wirth, S., eine geogr. Landeskunde, 1971.

Syrinx (gr.), wörtlich = Rohr; Pans- oder Hirtenflöte, aus Rohrpfeifen verschiedener Länge, die nebeneinander nach der Größe angeordnet sind und durch ein Querband zusammengehalten werden. Die S. findet sich seit sehr alter Zeit auf der ganzen Erde, bei den Griechen, Germanen, in China, in Mexiko und Peru vor dem Eindringen der Spanier. → Musik.

syssition (gr.), Zusammenspeisen (→ *sýmposion*), gemeinschaftliches Mahl; gemeinschaftlicher Speisesaal. – Speziell nannten die Griechen die Zelt- und Speisegenossenschaften in Sparta und auf Kreta so, die dort *pheiditia* hießen. Diese verbanden gewöhnlich 15 Genossen nach freier Wahl und gegenseitiger Neigung zu gemeinsamer Lebensführung. Die Speisen und Getränke wurden durch Naturalbeiträge der Teilnehmer beschafft, die in Sparta die Heloten in die Stadt lieferten. Die Mahlzeiten waren sehr einfach (daher der Name, zu *pheidesthai* = sparen): → Schwarze Suppe; dazu Gerstenbrot und Wein. Die Ph. wurden von den Griechen wegen ihrer Einfachheit als Grundlage der spartanischen kriegerischen Tüchtigkeit viel gerühmt.

tabula Peutingeriana → Landkarten.

tabularium → Staatsarchiv.

Tacitus. Cornelius T., ca. 55–120 n. Chr., der letzte Klassiker der röm. Literatur und größte Geschichtsschreiber Roms. Er stammte aus vornehmer Familie, genoß die übliche Ausbildung zum Redner und bekleidete hohe Staatsämter (97 Consul; später Proconsul der Provinz Asien). Erst nach dem Tode des Kaisers Domitian (gest. 96), dessen Tyrannenherrschaft er in verbittertem Schweigen ertrug, begann er, historische Arbeiten zu veröffentlichen. Zuerst erschienen drei kleine Schriften. Der *Dialogus de oratoribus* („Dialog über die Redner") behandelt das vielerörterte Thema vom Verfall der → Beredsamkeit, den er in der politischen Entwicklung des Kaiserreichs begründet sieht. Die Lobrede *de vita et moribus Agricolae* („Leben und Charakter des Agricola") gibt eine mit warmer persönlicher Teilnahme geschriebene Biographie seines Schwiegervaters, der Britannien erobert hatte; „das Bild eines Römers von altem Schlag auf dem Hintergrund einer geistig u. sittlich verfallenden Zeit" (Bieler). – Die *Germania* ist das für uns Deutsche wichtigste Werk des T. Sie schildert die Herkunft, Sitten u. Gebräuche der Germanen und bespricht dann die einzelnen Völkerschaften in ihrer Eigenart; nicht eine politische oder moralische Tendenzschrift, die den entarteten Zeitgenossen, wie man früher behauptete, als Sittenspiegel dienen sollte, sondern eine aus den Vorarbeiten zu seinen Geschichtswerken hervorgegangene geographisch-ethnographische Studie, die eine Fülle von interessanten Einzelheiten zu einer sorgfältig stilisierten Kulturschilderung des unverdorbenen, kraftvollen Naturvolks zusammenfügt. (→ Barbaren; Kosmopolitismus). Daß T. allerdings bestimmte Grundwerte wie Mannhaftigkeit und Freiheitsdrang, die er am eigenen Volk wohl vermißte, an diesem feindlichen Volk zu entdecken glaubte, verleiht dieser Schrift eine besondere Bedeutung. – Auf der Höhe seines reifen Könnens als charaktervollster röm. Historiker steht T. in seinen beiden großen Geschichtswerken, die die Zeit vom Tode des Augustus bis zur Ermordung Domitians (14–96 n. Chr.) behandeln. Zunächst bearbeitete er die selbst erlebte Zeit (69–96) in den *Historiae*, die bis auf die Darstellung der ersten beiden Jahre verloren sind; dann in den *Annales* die Zeit *ab excessu divi Augusti* („vom Tode des verewigten Augustus", wie der ursprüngliche Titel lautet) bis auf Neros Tod (14–68); auch dieses Werk ist nur lückenhaft erhalten. T. ist weniger selbständiger Geschichtsforscher in modernem Sinne als souveräner Künstler, der seine persönliche Auffassung der Ereignisse mit großer, an Shakespeares Königsdramen erinnernder Gestaltungskraft darzustellen weiß; ein vornehmer Aristokrat, der die Ideale der entschwundenen republikanischen Zeit noch im Herzen trägt und bei allem Verständnis für die Notwendigkeit der Monarchie, die allein eine starke Zentralgewalt zu verbürgen schien, eben die Träger dieser Gewalt, also die Kaiser, zu Hauptgestalten seiner Darstellung machte; T. wurde zum Historiker der frühen Kaiserzeit, die Phänomenologie der Macht wurde sein Thema. Die Hauptvertreter dieser Monarchie sind in einer Reihe faszinierender Porträts festgehalten, bisweilen überscharf charakterisiert (→ Tiberius), doch hielt T. sein eigenes Urteil meist sorgfältig zurück hinter der Darlegung der Widersprüchlichkeiten seiner Zeit. Ein deutlicher Zug von Pessimismus ist oft spürbar. – T. war ein glänzender Stilist, der in dem würdevollen Ernst seiner wortkargen, gedankenreichen Sprache den individuellsten Stil der röm. Literatur geschaffen hat. → sine ira et studio.

W: Gesamtwerk: Hg. C. Halm, G. Andresen, E. Köstermann, II ^{2}1965–^{3}1970; Ann.: Hg. u. d. E. Heller, ^{2}1992; komm. E. Köstermann, IV 1963–68; Hist.: Hg. u. d. J. Borst, ^{5}1994, komm. H. Heubner, V 1963–82; Germ.: Hg. J. Lindauer, 1967 (mit *Ü*); hg. u. komm. R. Much, ^{3}1967; Dial.: Hg. u. d. H. Volkmer, ^{3}1979; Agr.: Hg. u. d. R. Till, ^{4}1984. – *Ü:* Ann.: A. Horneffer, ^{3}1963; Hist.: W. Sontheimer, ^{2}1968; Agr. Germ. Dial.: K. Büchner, ^{3}1985.

L: J. Vogt, D. Gesch.schr. d. T., 1957; R. Syme, II Oxf. 1958; H. Heubner, Sprache u. Stil bei T., 1964; R. Häussler, T. u. d. hist. Bewußtsein, 1965; H. Drexler, ^{2}1970; D. Flach, T. in d. Tradition der ant. Gesch.schr., 1973; U. Rademacher, D. Bildkunst des T., 1975; B. R. Voss, D. pointierte Stil d. T., ^{2}1980; R. Martin, 1981; G. Wille, D. Aufbau d. Werke d. T., Amsterd. 1983; V. Pöschl (Hg.), ^{2}1986.

Tägliches Leben. Nach weitverbreiteter Ansicht füllten die Menschen der Antike ihren Tag mit Körperpflege, Sport, ein wenig Verwaltung ihres Vermögens, viel Politik oder doch Kannegießerei, die Gebildeten auch mit Literatur und Philosophieren aus und waren, da sie all das ohne Zwang und je nach ihrem Geschmack taten, im ganzen vornehme Müßiggänger. Auf die Frage, woher sie denn das Geld zu einer solchen Lebensführung erhielten, hört man stereotyp die erstaunte Antwort: „Sie hatten doch ihre Sklaven." Dagegen kann nicht ausdrücklich genug festgestellt werden, daß diese Auffassung falsch ist und daß, abgerechnet das moderne Hetztempo, die Verhältnisse genauso wie bei uns lagen. D. h.: die Kinder und die Lehrer gingen früh in die Schule, die Hausfrau an ihre häusliche Arbeit und der weitaus größte Teil der Männer an ihre Berufsarbeit. Alle diese tätigen Menschen betrachteten sich auch nicht etwa als → Banausen im verächtlichen Sinne. „Arbeit ist des Bürgers Zierde" ist nicht ein Gedanke erst Schillers; schon → Hesiod sprach sich ganz ähnlich aus. Gewiß mögen zu verschiedenen Zeiten die Bürger einzelner Städte großenteils als Rentner, wenn auch nur als Kleinr., gelebt haben. Aber nicht einmal Pompeii, das anscheinend eine Art Pensionopolis war, war von täglicher Arbeit und geschäftlichen Sorgen frei. Daß man früher in dieser Hinsicht ein ganz falsches Bild vom Altertum entwarf, ist längst als irrig erkannt (→ Inschriften; Papyros); besonders die Idealisierung des Griechentums war ein folgenschwerer Irrtum (→ Winckelmann). Die Menschen des Altertums waren also in der überwiegenden Mehrzahl nicht vornehme Müßiggänger, sondern „Banausen"; dies aber eben nicht in dem verächtlichen Nebensinn! Auch die Verachtung des Kaufmannsstands fand sich wesentlich nur beim Adel, in Rom nur beim höheren. Die Auffassung der antiken Verhältnisse, die sich die Menschen des Altertums nur wegen des Vorhandenseins der Sklaven von einem Einkommen ohne eigene Arbeit lebend denkt, ist in dieser Form irrig; andererseits sollte nicht übersehen werden, was der sogenannte „Historische Materialismus" mit den Begriffen Ausbeutung und Sklavenhaltergesellschaft bezeichnet, womit auf das Eigentum des Sklavenhalters sowohl an den Produktionsmitteln als auch an den unmittelbaren Produzenten (d. h. den Sklaven) hingewiesen wird. Diese Betrachtungsweise ist nach wie vor ein Denkansatz unter mehreren anderen zur historischen Beurteilung der antiken Wirtschaft, Gesellschaft und Kultur.

Ü: Martial, Iuvenal, Röm. Alltagsleben, d. R. Helm, 1963.

L: J. Marquardt, D. Privatleben d. Römer, ²1886, neu 1980; E. Bethe, Tausend Jahre altgriech. Lebens, 1933; J. Carcopino, D. Alltagsleben im Alten Rom, 1950; ders., Rom – Leben u. Kultur in d. Kaiserstadt, ⁴1992; R. Sannwald, Marx u. d. Antike, 1957; U. E. Paoli, Das Leben i. a. Rom, ²1961; E. C. Welskopf, Probleme der Muße im alten Hellas, 1962; H. Thierfelder, Unbekannte antike Welt, 1963; G. Ürögdi, Die Zustände im Alten Rom, d. 1969; H. Blanck, Einf. in d. Privatleben d. Gr. u. Römer, 1976; Ph. Ariès, G. Duby, Gesch. d. privaten Lebens, I, d. 1989.

Tagesbeginn. Es liegt am nächsten, den Tag mit Sonnenaufgang oder, da dieser wechselt, etwa 6 Uhr früh zu beginnen. Die Juden beginnen ihn mit Sonnenuntergang; → Sonntag; die antiken Römer jedoch für sakrale und rechtliche Handlungen um Mitternacht (Macrobius, *Saturnalia* I 2, 19ff.). Diese Sitte ist aus dem Auspicienwesen entstanden. Die Ausp. fanden in der Nacht vor dem Ereignis statt, um dessentwillen sie angestellt wurden. Man mußte aber genau bestimmen, wieweit man in der Nacht zurückgehen durfte. Als natürliche Grenze lag Mitternacht nahe. Von den Römern ging die Einrichtung in unser Rechtsleben über (wichtig z. B. für die Bestimmung eines Geburts- oder Todestags). Eine andere, freilich sehr fragliche Erklärung des Tagesbeginns um Mitternacht ist die Annahme, daß der altröm. Bauer wirklich so früh aufstand; Caesar brach laut seinem *Gallischen Krieg* zum Marsch meist erstaunlich zeitig auf. Zweck bei Bauern und Soldaten war die Vermeidung der südlichen Mittagshitze im Sommer. Auch bei uns lagen früher die täglichen Beschäftigungen viel eher als jetzt; im 16. Jh. Schulbeginn im Sommer früh 5, im Winter 6 Uhr.

Taktik. Die griechische T. der historischen Zeit war fast ganz auf Verwendung der schweren Infanterie aufgebaut, die in einer großen, geschlossenen Masse mit einer regelmäßigen Tiefe von 8 Mann *(phalanx)* zum einheitlichen Frontalangriff aufgestellt wurde; die Bedeutung der leichten Fußtruppen *(peltastai)* und Reiter, die außerhalb dieser geschlossenen Linie standen, wurde zunächst gering geschätzt. Erst Epameinondas versuchte eine Verwertung aller Truppengattungen; seine „schiefe Schlachtreihe“ mit ihrem künstlich verstärkten linken Offensivflügel, die den Spartanern bei Leuktra 371 v. Chr. eine katastrophale Niederlage brachte, bedeutete eine Epoche in der Kriegskunst. Weiter ausgebildet wurde diese neue T. durch Philipp und Alexander d. Gr. in der berühmten makedon. Phalanx, der bis zu 16 Mann tiefen, festgeschlossenen Masse der Schwerbewaffneten, die (wenigstens in den ersten Gliedern) mit der $5^1/_2$, unter späteren Königen sogar $6^1/_4$ m langen Stoßlanze (gr. *sarisa*) ausgerüstet waren; dazu kam eine bisher nicht erreichte Verwendung von Leichtbewaffneten und glänzend geschulter Reiterei in organischer Verbindung aller Waffengattungen, die das makedonische Heer lange Zeit unüberwindlich machte, bis es schließlich der beweglicheren Angriffsweise der Römer unterliegen mußte. Zur Ergänzung der Kavallerie gebrauchte man seit Ende des 4. Jhs. v. Chr. die gefürchteten Kriegselefanten, die sich besonders gegen Leichtbewaffnete und Reiterei bewährten. Die römische Taktik war schon in alter Zeit von der geschlossenen Legionsphalanx zu einer gelockerten Aufstellung in drei verschieden bewaffneten Treffen *(hastati, principes, triarii)* übergegangen; auch hier bildete die schwere Infanterie den Kern der Streitmacht. Man kämpfte in selbständigen Unterabteilungen und vermied so die Mängel der schwerfälligeren griech. Kampfesweise; zunächst war der Manipel (→ Heeresorganisation) die übliche taktische Einheit, seit Marius (um 100 v. Chr.) an dessen Stelle die stärkere und widerstandsfähigere Cohorte, ein aus drei Manipeln gebildeter Körper. Eine bedeutsame Änderung in der röm. T. führte Scipio Africanus ein, der in der Schlacht bei Zama (202 v. Chr.; nach Hannibals bei Cannae erprobtem Manöver?) die röm. Infanterie in drei Treffen operieren ließ, von denen das zweite und dritte im gegebenen Moment zur Verlängerung der eigenen Front und Umfassung des Gegners in die Schlacht eingriff. Nachdem man so gelernt hatte, die Kräfte zu verteilen und Reserven für die Entscheidung aufzusparen, ist die doppelte oder dreifache Gefechtsstellung in Verbindung mit der Cohortengliederung zur Grundlage der röm. Kriegskunst geworden. In der Kaiserzeit trat dann die Schlachtenpraxis zurück, und das röm. Heer wurde immer mehr auf die bloße Defensive eingestellt. – → Kriegswesen; Strategie.

Talar → Kleidung.

Talent, gr. *talanton,* lat. *talentum,* bei Homer Waage; Goldbarren (→ Geld); nachhomerisch Gewicht, Rechnungseinheit im Geldverkehr (= 60 → Minen); → Tabelle S. 830; die moderne Bedeutung „Begabung, Geistesanlage" entwickelte sich aus *talentum* = anvertrautes Gut, *Ev. nach Matth.* 25, 15 (Luther ungenau: Zentner; die *Vulgata: talenta*).

Tanagrafiguren. Kleine Tier- und Menschenfiguren aus Ton, → Terrakotten, hat man im ganzen Altertum gebildet, als Weihungen an die Götter, Grabbeigaben, als Zimmerschmuck u. Kinderspielzeug, meist grobe, billige Ware, aber oft auch entzückend feine Stücke. Bei der Unvergänglichkeit des Tons sind sie zu Tausenden erhalten. Sie alle T. zu nennen, ist irrig. Wirkliche T. sind nur die seit etwa 1870 zahlreich in den Gräbern der gr. Stadt Tanagra zutage gekommenen und die anderwärts nach Hohlformen aus T. gefertigten. Da sie sehr schön sind (z. T. 4. Jh. v. Chr., Art des Praxiteles; meist hellenistisch) und so zahlreich gefunden wurden, daß sich ein großer Handel damit entwickeln konnte, wurde das Sammeln von T. große Mode.

R. Kekulé v. Stradonitz, Gr. Tonfiguren aus Tanagra, 1878; ders., D. antiken Terrakotten, 1880ff.; A. Köster, D. gr. T., 1926; G. Kleiner, T., 1942, neu 1984; E. Paul, T., 1962.

tandem vicisti, Galilaee (endlich hast du gesiegt, Galiläer), angeblich die letzten Worte des Kaisers → Iulianus Apostata. Ammianus Marcellinus, der die letzte Stunde des Kaisers ausführlich beschreibt (XXV 3), kennt den Ausspruch nicht.

Tantalos, König in Kleinasien, den Göttern befreundet, schlachtete im Übermut seinen Sohn → Pelops, ließ ihn als Speise zubereiten und setzte diese den Göttern vor; er wollte prüfen, ob sie allwissend seien. Die Götter setzten den unglücklichen P. wieder zusammen und belebten ihn neu. T. mußte in der Unterwelt ewig hungern und dürsten. Er stand bis zum Kinn in einem See, und über ihm hingen die herrlichsten Früchte. Aber diese wichen vor seinen Händen und das Wasser vor seinem Munde zurück („T.-Qualen"). – Tantaliden, Kinder des T., außer Pelops noch → Niobe.

Tanz. Bei den Griechen war der T., *orchesis, choreia* (→ Chor), zu allen Zeiten beliebt, als rhythmisch-schöne Bewegung zum Vergnügen der Tänzer, aber auch der Zuschauer; aus überschäumender Lebenskraft, die Bewegung verlangt (→ Komos); als Waffent. der Männer; vor allem im Kultus des Dionysos, T. des dramatischen Chors in der *orchestra* (→ Chor) bei Aufführungen von Tragödien, Komödien und

Satyrspielen. Nie umfaßte man sich beim T. und drehte sich umeinander; sondern in den seltenen Fällen, in denen ein Paar tanzte, schritt man aufeinander zu und voneinander weg. Meist schritten aber die Geschlechter, junge und ältere Männer, auch Greise, junge Mädchen, Frauen, getrennt im Reigen; so noch jetzt in gr. Dörfern. T.-Schritte und T.-Rhythmus ergaben sich dabei aus dem Vers-Rhythmus des dazu gesungenen Liedes (daher wohl auch der Vers-„Fuß“; → Metrik). Begleitinstrumente waren Lyra und Kithara, der Aulos, aber auch Schlaginstrumente wie Kastagnetten (gr. *krotala*), Becken (*kymbala,* daher Zymbeln) und Tambourin *(tympanon).* Ganz unbekannt war im Altertum der Ball als gesellschaftliche Veranstaltung [doch stammt das Wort Ball von griech. *ballizein,* lat. *ballare* = tanzen]. Kunstwerke zeigen namentlich Tänzerinnnen in den graziösesten Bewegungen und mit herrlichem Faltenwurf der Gewänder. – Die Römer kannten T. nur im Kult → *carmen;* ferner als Vorführung bezahlter Tänzer u. Tänzerinnen; nicht als eigenen T. Das sagt knapp und deutlich Cicero, *pro Murena* 6, 13; „Keiner tanzt nüchtern, außer wenn er den Verstand verloren hat.“

F. Wege, Der Tanz in der Antike, 1926; E. Buschor, Satyrtänze u. frühes Drama, 1943; H. Herter, Vom dionysischen Tanz zum komischen Spiel, 1947; Th. Georgiades, Musik u. Rhythmus bei d. Gr., 1958; L. B. Lawler, *The Dance in Ancient Greece,* 1964; G. Prudhommeau, *La danse grecque antique,* II 1965.

Taormina, gr. *Tauromenion,* Stadt an der Ostküste Siziliens, 396 v. Chr. gegründet, berühmt durch sein Theater und durch die Aussicht von dessen Höhe, eine der herrlichsten in ganz Italien.

Tarent, gr. *Taras,* lat. *Tarentum,* 706 v. Chr. von Spartanern gegründet, berühmt durch Schafzucht, Wollweberei, Purpurfabrikation und -färberei (→ Purpur), Töpferei; bald die reichste und mächtigste Stadt → Großgriechenlands (auch → Archytas). Zum Tarentin. Krieg 282–272 → Pyrrhos v. Epeiros. Im 2. Punischen Kriege auf Hannibals Seite, 209 v. Chr. von den Römern unter Fabius Maximus erobert und geplündert. Zwar 123 v. Chr. als *colonia* neu konstituiert, aber seitdem hat es an Bedeutung verloren (→ Brundisium); 927 n. Chr. von den Sarazenen zerstört, 967 von Ostrom (Konstantinopel) durch Nikephoros Phokas neu erbaut. Die Stadt ging im Mittelalter so zurück, daß nur die Akropolis (jetzt *Città,* d. h. Stadt) bewohnt blieb; dort Straßen, die kaum mehr als 1 m breit sind. Seit 1869 mächtiger Aufschwung in der *Città Nuova,* d. h. Neustadt, auf dem Gebiet des alten T.; Nat.-Museum mit wichtigen unteritalischen Funden.

P. Wuilleumier, Paris 1939.

Tarpeia, ein Mädchen aus der Zeit des Romulus, ermöglichte nach der Sage den Sabinern, die Rom belagerten, den Zugang zur Burg. Sie wurde von den Sabinern durch Schilde erschlagen, die diese auf sie warfen. Ihr Name hängt zusammen mit dem SO-Abhang des → Capitols, der *saxum Tarpeium,* der Tarpeische Fels, hieß u. noch heute so heißt; von dort stürzte man auch noch später Verbrecher herab.

G. Dumézil, Paris [6]1947; U. Hetzner, Andromeda u. T., 1963.

Tarquinii, heute Tarquinia, bedeutende Stadt Etruriens; aus ihr stammte das Königsgeschlecht der Tarquinier. Berühmt durch die dort aufgedeckten Kammergräber mit den künstlerisch besonders wertvollen Grabmalereien, die uns ein reiches, beinahe einmaliges Anschauungsmaterial für etrusk. und überhaupt antike Malerei bieten. Im 6. Jh. v. Chr. unterlagen diese Maler einem starken griech. Einfluß, ionische Künstler werden in Etrurien gewirkt haben, auch Einwirkungen attischer Zeichnungen sind spürbar. Einzelne Gräber (Grab der Stiere, der Leoparden, des Baron Kester) zeigen überragendes Können, reifen Kunstverstand in einem schwelgerischen Farbenrausch und unerhörter Ausdruckskraft.

P. Romanelli, *T.*, Rom 1951; M. Moretti, L. v. Matt, Etrusk. Malerei in T., 1974.

Tarquinius Collatinus. Lucius T. C., d. h. aus Collatia, einer kleinen sabinischen Niederlassung, Gatte der → Lucretia, stand bei dem Sturz des Königtums auf seiten der Republikaner und wurde mit Brutus zusammen 510 (?) v. Chr. Consul. Doch mußte er, angeblich wegen seines verhaßten Namens T. (→ die beiden nächsten Art.), sein Amt niederlegen und ging in die freiwillige Verbannung.

Tarquinius Priscus, d. h. der Alte, der 5. König von Rom, wanderte nach der antiken Überlieferung aus dem etruskischen Tarquinii nach Rom und wurde dort von Ancus Marcius zum Vormund seiner Söhne eingesetzt. Als König brachte er etruskisches Wesen nach Rom; der Circus maximus, die *cloaca maxima,* die Stadtmauer (von seinem Nachfolger Servius Tullius vollendet, daher Serviuswall genannt), der Tempel des Iuppiter auf dem Capitol sollten auf ihn zurückgehen. → den nächsten Art.

Tarquinius Superbus, d. h. T. der Stolze, der letzte (7.) König von Rom, nach der älteren Tradition Sohn des Tarquinius Priscus. Er kam als einziger König der Römer durch Gewalt auf den Thron. Vermählt war er mit der Tochter des Servius Tullius, Tullia, die ihn aufhetzte, ihren Vater zu töten. Seine Regierung wurde als sehr herrisch hingestellt. Der Grund seines Sturzes war der Frevel seines Sohnes an → Lucretia, der Gemahlin seines Vetters Tarquinius Collatinus. Die Römer vertrieben auf Veranlassung des Iunius Brutus die Tarquinier. Diese gingen nach Caere und versuchten mehrmals nach Rom zurückzukehren, was jedoch mißlang. Schließlich fanden sie eine Zuflucht in → Cumae. Die Römer richteten nach ihrer Vertreibung (510 v. Chr.?) die Republik ein. – In dieser Überlieferung steckt ein historisch. Kern (→ Frühgeschichte). Sicher ist nur, daß im 6. Jh. v. Chr. etruskische Adlige in Rom herrschten und dort etruskisches Wesen einführten (→ T. Priscus).

R. M. Ogilvie, D. frühe Rom u. d. Etrusker, d. 1983.

Tartaros (gr.), Raum noch unter der Unterwelt, in den die → Kroniden die → Titanen einsperrten.

Tartessos, Stadt und Landschaft im Mündungsgebiet des Baetis (Guadalquivir) an der Westküste Spaniens, bis heute nicht genau zu lokalisieren; es wird meist gleichgesetzt mit dem im Alten Testament erwähnten Tharsis (oder Tharschisch), einem Handelsplatz, auf dem phoinikische Händler aus Tyros Silber und Zinn umschlugen, diesen Handel monopolisierten und vor allem den Griechen verschlossen, die erst vom 7. Jh. v. Chr. an dieses Gebiet auch für ihren Handel erschließen konnten. Etwa 500 v. Chr. verschwand T., von Karthagern oder von Kelten zerstört. → Gades.

A. Schulten, ²1950.

Taschen in den Kleidern fehlten sonderbarerweise im Altertum. Man trug zwar Geld, bei sich, ferner Schlüssel, ein Notizbuch (→ *diptychon*) mit *stilus,* im späten Altertum oft ein T.-Messer, seltener ein T.-Tuch, einen T.-Spiegel (→ Sp.), sehr selten eine T.-Uhr (→ Uhr). Aber das Geld trug man in einem Beutel und diesen und die anderen Gegenstände in einer Falte, einem Bausch (gr. *kolpos,* lat. *sinus*) des Gewandes.

Taschenuhr → Uhr.

Taube. Bei Homer nur *peleia* = „die (dunkel-)graue“: die Felsent.; die Haust. kam, wie das Haushuhn, aus dem Orient nach Griechenland, aber wie das Huhn zunächst nicht als eßbarer Vogel. Vielmehr waren die T., weil sie sich küssen (schnäbeln), im Orient der Liebesgöttin Istar, danach bei den Griechen und Römern der Aphrodite (Venus) heilig. Die Perser, die 492 v. Chr. am Athos scheiterten, hatten solche Istart. bei sich und ließen sie beim Untergang ihrer Schiffe fliegen. Das sind die ersten Haust., die nach Europa gekommen sind; die Griechen nannten sie nach Istar *per-ister-a.* Bald als Speise beliebt. Bei den Römern war *palumbus* = „die Graue“, die wilde T.; *columba* = „die Blaube“ (→ Tierkult). → columbarium. – Die Verwendung von Brief-T. in Europa ist nicht, wie manche lehren, sehr jungen Datums und zu uns aus dem Orient gelangt. Vielmehr findet sich die Br.-T. als *peristeros angellon* („meldende T.“) schon im 5. Jh. v. Chr. bei dem gr. Komiker Pherekrates, lat. als *columba internuntia* in Plinius' *nat. hist.* X, 110.

D. Lorentz, Die T. im Altert., 1886; H. Fischl, Die Brieft. im Altert. u. MA., 1909; F. Sühling, Die T. als relig. Symbol, 1930.

Tauroi, lat. Tauri, die Bewohner der Taurischen Chersones =(h. Halbinsel Krim), ein wegen Seeräuberei verrufenes Volk. – Goethes Iphigenie auf Tauris spielt dort.

Tauros, lat. Taurus, ein Gebirgszug im südl. Kleinasien, von Karien über Lykien bis nach Kilikien sich hinziehend.

Tautologie, gr. *tautologia,* das [zwéimalige] Sagen desselben [Gedankens], z. B. „gestatten Sie, daß ich Sie einladen darf?“, „ich bin nicht in der Lage, Ihnen das sagen zu können“.

Taxameter (gr. *hodometron,* von *hodos* = Weg, *metron* = Maß), ein von → Heron beschriebener Apparat, bei dem die Radumdrehungen durch ein sinnvolles Zahnrädersystem auf einen Zeiger übertragen werden, diente im Altertum zur Messung größerer Wegstrecken (auch bei Seereisen; → Log).

Taygetos, Gebirgszug, der in NS-Richtung durch die → Peloponnes verläuft und → Lakedaimon von Messenien trennt; höchste Erhebungen rund 2400 m.

Technik. Entgegen weitverbreiteter Ansicht waren die Griechen keine Verächter der T. (→ Banause), vielmehr betrieben sie, entsprechend ihrer Veranlagung (→ Theorie; Wissenschaft) vorwiegend „Grundlagenforschung", wodurch die moderne T., „der ins Riesenhafte gewachsene Vollzug der antiken T." geworden ist (W. Schadewaldt). Vor allem verspürten die Griechen nicht den Drang, sich die Kräfte der Natur zu unterwerfen; die Welt betrachteten sie mehr als Forschungsfeld denn als Ausbeutungsobjekt. Der gesamten Antike fehlte zudem jeder Zwang, mangelnde menschliche Arbeitskraft durch technische Hilfen zu ersetzen (→ Maschine; Mechanik). Trotzdem gelangen schon früh bewunderswerte techn. Leistungen (→ Suezkanal; Athoskanal; Brücken; Tunnel; Archimedes). Die hellenist. Zeit verwandte beachtliches Geschick vielfach auf reine Spielereien (→ Heron; Ktesibios; Automaten; Taxameter; Uhren). Dagegen bewiesen die Römer, ihrer Eigenart entsprechend, ihre technischen Fähigkeiten mehr an praktischen, teilweise erstaunlich großen Projekten (→ Emissar; Schiffsbau; Straßen; Wasserleitungen). Im Ganzen hat die Antike ihre techn. Kräfte am meisten auf den Gebieten des Kriegs- u. Seewesens und der Baukunst entwikkelt. → Fortschritt.

L: F. M. Feldhaus, Die T. der Antike u. d. MA., [3]1931; C. Singer u. a., *History of Technology,* Oxf. V 1954ff.; W. Klingelhöfer, Röm. T., 1961; A. G. Drachmann, *The Mechanical Technology of Greek and Roman Antiquity,* 1963; ders., Große gr. Erfinder, d. 1967; R. J. Forbes, *Studies in Ancient Technology,* Leiden IX 1964–72; L. Sprague de Camp, Ingenieure der Antike, [4]1966; F. Kretzschmer, Bilddokumente röm. T., [5]1983, neu 1993; K. D. White, Greek and Roman Technology, Lond. 1984; H. Schneider, Das gr. T.verständnis, 1989; ders., Einf. in d. antike T.geschichte, 1992; J. Gray Landels, Die T. in d. antiken Welt, d. 1989.

Tegea, gr. Stadt im östl. Arkadien, Mitglied im Peloponnes., später im Achaiischen Bund; auf der Akropolis ein Tempel der Athena Polias, außerhalb der Stadt ein Tempel der Athena Alea, von → Skopas erbaut und ausgeschmückt.

C. Dugas, *Le sanctuaire d'Aléa ...,* Paris 1924.

Teiresias, Prophet in Theben, → Oidipus; Odysseus.

Teisias aus Syrakus, im 5. Jh. v. Chr. Verfasser einer rhetorischen Technik, Schüler des → Korax, Lehrer des Gorgias, Lysias und Isokrates.

Telegraphie, gr. *tele* = fern, *graphein* = schreiben; das Wort ist nicht antik, wohl aber die Sache. Man übermittelte zunächst nicht eigentlich Nachrichten, sondern Signale, deren Bedeutung verabredet war, durch Feuerzeichen, mindestens seit dem 5. Jh. v. Chr.; Aischylos im Agamemnon konnte voraussetzen, die Kunde von Troias Fall sei schon in der folgenden Nacht nach Griechenland gelangt. Interessantes Beispiel einer erfolgreichen Störung und Verwirrung der gegnerischen Signale bei der Belagerung von Plataiai 428 v. Chr., Thukydides III 22, 7–8. Die Römer richteten ganze T.-Linien ein, mit Türmen für die Signale, so an der ganzen Küste Südkleinasiens, Nordafrikas, Spaniens, um die Ankunft von Seeräubern weiterzumelden.

Diese T. darf man sich nicht als primitiv vorstellen. Ein Telegramm aus einer Stadt im Osten nach einer St. weit im W. kommt scheinbar eher an, als es aufgegeben wurde. Das beobachtete man an der antiken T. und erschloß daraus eine Tatsache, die uns heute Binsenwahrheit ist, die aber doch erst einmal ermittelt werden mußte, es sei nicht zugleich auf der ganzen Erde Tag und Nacht (Plinius, *nat. hist.* II 181). Theoretisch wurde die Feuert. durch den Historiker → Polybios so verbessert, daß man auch Worte übermitteln konnte; aber wir wissen nicht, ob diese Verbesserungen praktisch verwandt wurden. – Die antike T. blieb stets nur optisch.

W. Riepl, Nachrichtenwesen im Altertum, 1913, neu 1968; W. Leiner, D. Signaltechnik der Antike, 1982.

Telemachos, Sohn des Odysseus. Der Name bedeutet „(Sohn des) in der Ferne Kämpfenden". T. zog, als er erwachsen war, in Nachbarländer, um sich nach des Vaters Schicksal zu erkundigen und endlich die Erbschafts- und Nachfolgefrage zu klären (Sog. Telemachie, die Bücher 1–4 der homerischen *Odyssee*). Erfolglos zurückgekehrt, half er seinem heimgekommenen Vater bei seiner Rache.

Tell el Amarna, Residenz des Pharao Amenophis IV. (des „Ketzerkönigs") Amenhotep Echnaton (sein „Sonnengesang" hat Ähnlichkeiten mit dem 104. Psalm), von ihm etwa 1360 v. Chr. erbaut, nach seinem Tode sogleich wieder verlassen, seitdem in Trümmern; diese von deutschen und engl. Archäologen 1911–14 freigelegt; vorher bereits war 1887 ein Tontafel-Archiv entdeckt worden, das die Korrespondenz des Pharao mit vorderasiatischen Königen, z. B. den Hethitern, enthält. Interessant ist auch, daß ein inzwischen berühmter Fußboden dort von kretischen Künstlern hergestellt war (heute zerstört), die also, entgegen früherer Ansicht über freiwillige Abschließung Ägyptens von der Außenwelt, schon damals in Ägypten Zutritt hatten. Ein kleines, von seiner Umgebung abweichendes Anwesen läßt den Archäologen schließen, daß hier „der unvermeidliche griech. Kolonialwarenhändler jener Tage" gewohnt habe (Wilson). Ferner lehrte der Fund der Korrespondenz des Pharao eindeutig, daß „die Völker des Altertums nicht nebeneinander gewohnt, sondern miteinander verkehrt haben" (Ebers). → Ugarit.

J. A. Knudtzon, Die El-Amarna-Tafeln, II 1907–15; J. D. S. Pendlebury, *T. el A.*, Lond. 1935; K. Lange, König Echnaton u. d. Amarna-Zeit, 1951

Tempel. Die wichtigsten erhaltenen antiken T.: der schönste des gr. Altertums der → Parthenon, des röm. das → Pantheon. Der besterhaltene gr. das sog. Theseion in Athen (→ Hephaistos); sehr gut erhalten der zierliche Niketempel auf der Akropolis in Athen, die überaus mächtigen in → Paestum und auf Sizilien: in Akragas, Segesta, → Syrakus; die maison carrée in → Nîmes; auch in vollkommenem Ruin noch mächtig in → Selinus.

T.-Bau nicht in → kretisch-myken. Kultur, trotz deren sonst großartiger Bauten; nur kleine Kapellen und Kulträume; von den Griechen etwa im 8. Jh. v. Chr. begonnen (der älteste bekannte in Dreros auf Kreta aus dem frühen 7. Jh.); vorher Altar und Hain, vgl. Delphoi und Olympia; die T. aber mit ganz anderer Zweckbestimmung als unsere Kirchen, → Altar; eigentliche Kirchenbauten, d. h. Häuser zur Aufnahme der Beter (abgesehen von → Eleusis), zuerst im Kult des Mithras, aber höchst bescheiden; vom Christentum der Kirchenbau mit der neuen Zweckbestimmung glänzend schon im späten Altertum (Ravenna; Sophienkirche in Konstantinopel) und im Mittelalter entwickelt, im Okzident zunächst als romanische Bauten, noch mit Anschluß an den Grundriß der antiken → Basilica.

T.-Grundrisse (nur die wichtigsten; von der einfachsten Form zur reichsten aufsteigend; → Säulenbauten): Antentempel, lat. *templum in antis*. Die Tempelwände springen an beiden Schmalseiten etwas vor, so daß beiderseits ein Vorraum entsteht. Diese Vorsprünge heißen *antae* (Grundbedeutung unklar). Zwischen ihnen stehen da, wo sie endigen, 2 Säulen. Prostylos (gr. *pro* = vor, *stylos* = Säule), T. mit einer Säulenvorhalle an einer Schmalseite, wo der Eingang ist. Amphiprostylos (gr. *ampho* = beide), desgl. an beiden Schmalseiten (dieses Wort ist nicht antik). Peripteros, auf allen 4 Seiten mit Säulen. Dipteros, desgl., aber mit einer doppelten Säulenreihe umgeben. *peript.* heißt „rings beflügelt", *dipt.* „zweiflügelig"; warum man die Säulen als Flügel gedacht hat, ist unbekannt.

T. trugen folgenden Schmuck: Im Inneren das Kultbild; nicht zum eigentlichen T. gehörig, sondern das Hauptstück der ganzen Anlage, für das der Tempel nur die äußere Hülle bot (→ Altar); aber auch seinerseits oft künstlerisch höchst wertvoll. Die Statuen oder Hochreliefs in den beiden dreieckigen Giebeln über den Schmalseiten des Tempels. Um den ganzen Tempel umlaufend ein Fries mit Reliefs, manchmal auf → Metopen, zwischen denen Triglyphen stehen (so an dorischen Tempeln), manchmal mit einer ununterbrochenen Figurenreihe (an ionischen Tempeln; am Parthenon beides). Statuen auf den drei Ecken der Giebeldreiecke. Doch findet sich dieser vierfache Schmuck selten vereint; an ionischen Tempeln fehlt wohl der plastische Schmuck des Giebelfeldes. Viele dieser Schmuckteile erklären sich aus der bis zum 6. Jh. v. Chr. weithin üblichen Verwendung von Holz für Aufbauten u. Dachstuhl der T. („Gebälk"; → Säulenordnungen). Im hl. Bezirk (gr. *temenos*) befanden sich weitere Kunstwerke, Weihungen Frommer an die Gottheit, manchmal in Überfülle (z. B. in → Delphoi). Nicht von ungefähr sind manche heutigen italienischen Kirchen wahre Museen; den Italienern lag Ausschmükkung des Gotteshauses als eine Erbschaft aus dem Altertum.

Die antiken T. waren nicht so zahlreich wie in der Gegenwart die kirchlichen Bauten. Weit mehr T. als die Griechen errichteten die Römer; ihre etwa 200 T. machten Rom zur tempelreichsten Stadt des Altertums. Das hat sich bis heute erstaunlich getreu bewahrt; auch jetzt ist Rom die kirchenreichste Stadt der Welt.

Der T. hieß bei den Griechen *hieron* = das Heilige, ein einzelner T. auch nach der darin verehrten Gottheit: *Erechtheion, Heraion, Olympieion, Parthenon* usw., d. h. T. des attischen Stammvaters Erechtheus, der Hera, des (Zeus) *Olympios,* der (Athena) *Parthenos* usw. Die meisten antiken T. hatten um sich einen hl. Bezirk, der von einer Festungsmauer umgeben war. Die Mauer schützte den oft enormen Wert der der Gottheit dargebrachten Weihgeschenke (→ Schatzhäuser) und des in dem Tempel als einer → Bank liegenden Kapitals. Sie umgab oft ein großes Areal, das größte in → Palmyra. Der heilige Bezirk hieß *temenos* = Abgeschnittenes, d. h. Abgegrenztes (zu *temnein* = schneiden). Davon leitet man auch lat. *templum* ab. Die Auguren beobachteten nicht beliebige Vögel, sondern die in einem bestimmten Bezirk = *(templum),* den sie sich vorher abgegrenzt hatten.

G. Rodenwaldt, W. Hege, Gr. T., [2]1951; H. Koch, D. gr.-dorische T., 1951; K. Latte, Röm. Religionsgesch. (Verzeichnis aller stadt-röm. T.), 1960; H. A. Stoll, Gr. T., 1961; K. Helbig, G. Gaiser, T. Siziliens, 1963; H. Kähler, Der gr. T., Wesen u. Gestalt, 1964; ders., Der röm. T., 1970; H. Richard, V. Ursprung d. dor. T.s, 1970; G. Gruben, die T. der Gr., [4]1986.

Temperament, eigentlich „die richtige Mischung" der Säfte des menschlichen Körpers; → Heilkunde.

Tenkterer, ein Germanenstamm, der mit den Usipetern zusammen aus Innerdeutschland verdrängt und 56/55 v. Chr. von Caesar fast vernichtet wurde. Später wird als Wohnsitz beider Stämme das Gebiet zwischen Lahn und Lippe genannt, die T. erscheinen noch bei Ptolemaios. Sie gingen in den Franken auf.

Teppich, wohl persisches Wort, gr. *tapes,* lat. *tapetum;* Fußbodenbelag, im Altertum selten; Tischdecke, noch seltener, erst spät (→ Mahlzeiten); „aufs Tapet bringen", Akten auf den gedeckten Tisch legen; Wandteppich, schon im Altertum; als dessen moderner Ersatz, aber mit demselben Namen, bedrucktes Papier, Tapete.

Terenz. Publius Terentius Afer, ca. 195–159 v. Chr., nach Plautus der größte röm. Lustspieldichter, ein Berber, kam als Sklave aus Afrika nach Rom. Dort wurde er freigelassen und trat mit dem feingebildeten, für gr. Kultur begeisterten Scipionenkreis in enge Fühlung. Seine sechs Komödien, die alle erhalten sind, entstanden so unter anderen Voraussetzungen als die seines Vorgängers Plautus. Auch er schuf Nachbildungen der neuen attischen Komödie, lehnte sich aber viel enger an seine Originale an und suchte deren reife Kunst aufs peinlichste nachzuahmen; so bemühte er sich um eine einheitlich und folgerichtig durchgeführte Handlung und klare Charakterzeichnung; an Stelle der derben Volkssprache trat der elegante Unterhaltungston der Gebildeten; grobe Verletzungen der Wahrscheinlichkeit und drastische Witze wurden vermieden. Die tolle Posse ist also zum feinen Konversationslustspiel geworden, das zwar die urwüchsige Frische und überwältigende Komik vermissen läßt, aber den künstlerischen Charakter der Dichtung wahrt und dem Geschmack der vornehmen Kenner entspricht. Die Stücke heißen: *Adelphoe* (Die Brüder), *Andria* (das Mädchen von Andros), *Eunuchus* (der Eunuch), *Heau-*

tontimorumenos (der Selbstquäler), *Hecyra* (die Schwiegermutter), *Phormio* (betitelt nach dem Parasiten des Stückes). Die große Masse schätzte T. zunächst nicht. Später galt er wegen seiner Feinheit und Formvollendung als der klassische Lustspieldichter; seinen Einfluß auf die Gestaltung des modernen Dramas zeigt Lessing, der in der Hamburgischen Dramaturgie die Vorzüge seiner Technik erörtert. Seinen Platz als Schulautor verlor T. erst im 19. Jh. – → Menandros (dort auch über Kontamination); Hrotsvitha.

W: Hg. S. Prete, 1954; hg. R. Kauer, W. M. Lindsay, Oxf. ^{2}1959. – *Ü:* V. v. Marnitz, 1960.

L: E. Reitzenstein, T. als Dichter, 1940; H. Haffter, T. u. s. künstler. Eigenart, 1967; K. Büchner, Das Theater des T., 1974.

Tereus, mythischer König von Thrakien, verheiratet mit → Prokne; auch → Philomela.

Terpandros, Musiker und Dichter von d. Insel Lesbos, um 675 v. Chr., musikalischer Neuerer, der die sog. Nomen (gr. *nomoi*) einführte, musikalische Sätze, die von Solisten unter Instrumentalbegleitung bei Götterfesten vorgetragen wurden. Die Stoffe der N. entnahm er den homerischen Dichtungen. Er soll auch die alte 4saitige Lyra zu der 7saitigen erweitert haben. Unter seinem Namen erhaltene Gedichte sind wohl unecht.

W: ALGr.

Terpsichore, eine der neun → Musen.

Terrakotten, von ital. *terracotta,* Figürchen aus gebrannter (*c.:* wörtlich „gekochter"; das Wort bedeutet aber auch „gebraten", „gebacken", „gebrannt") (Ton-) erde, Tonfiguren; → Tanagrafiguren.

H. Köster, Die antiken Terrakotten, 1926; G. Bruns, Antike T., 1946; E. Rohde, Gr. T., 1970.

terra sigillata, antikes Geschirr aus (roter Ton)erde (lat. *terra*) mit oder ohne Reliefverzierung (*sigilla;* → Saturnalien; der Name *t. s.* ist nicht antik), wurde wohl zuerst in Griechenland oder im gr. Kleinasien hergestellt. In großem Umfang wird T. S. seit ungef. 30 v. Chr. in Arretium in Italien, heute Arezzo, in mehreren Töpfereien hergestellt, von denen die der *Perennii,* die wir durch einige Generationen hindurch aufgrund der Stempel verfolgen können, die größte war. Es sind Vasen allerfeinster Art, mit Figuren, die mit reinstem Stilgefühl und in bewunderswertester Kleinarbeit hergestellt sind. Von A. aus kam die T. S.-Herstellung gegen 20 n. Chr. nach Frankreich (Haupttöpfereien in Lezoux [Allier] und in la Graufesenque [Aveyron]), dann in das röm. Germanien (Rheinzabern, Trier), während die Produktion in Arretium in flavischer Zeit wohl wegen der scharfen Konkurrenz der neuen Erzeugnisse aufhörte. Diese T. S. wurde nun rein fabrikmäßige Massenherstellung; zuletzt sind die Figuren plump und verwaschen. Diese Massenware hat bis zum Untergang des Altertums das ganze Westreich beherrscht (Töpfereien auch in Britannien); in der Spätantike wurde die Ware mit Stempeln verziert. Man findet Scherben von T. S. massenhaft von England tief bis in die Sahara: Tischgeschirr der röm. Kaiserzeit (Teller, Tassen, Schüsseln, Becher). Die Gefäße wurden vom Hersteller meist mit einem Stempel seiner Firma signiert. Nach dem Buchstabencharakter und nach anderen Merkmalen kann man die stilistische Abfolge der Gefäßformen und Figuren datieren, für Perioden, aus denen wir noch besonders viel T. S. haben, bis auf ein Jahrzehnt genau. Das ist dann wieder für die Zeitbestimmung von Gebäuderesten, Gräbern usw., wo man auch T. S.-Scherben findet, sehr wichtig. Die T. S.-Herstellung muß infolge des großen Absatzes sehr lohnend gewesen sein. Die Germanen haben nach dem Zusammenbruch der röm. Herrschaft diese Großtöpfereien zerstört. Kurze Zeit strichen sie ihr Geschirr noch rot an, verwandten aber dann bald nur noch das einheimische. – Ser Ristoro d'Arrezzo berichtet in seiner *Compositione del Mondo* von 1282, daß Funde von Arretiner Keramik bei Künstlern der Zeit größtes Aufsehen erregten. Man glaubte, sie seien vom Himmel gefallen, da sie nicht von Menschenhand gefertigt sein könnten. Es ist erstes Ahnen von der Wertschätzung und Vorbildhaftigkeit, die man in der Renaissance der antiken Kunst geben sollte.

F. Oswald, D. T. Pryce, T. S., 1920; K. Kubler, Spätantike Stempelkeramik, 1931; A. Oxé, Arretin. Reliefgefäße v. Rhein, 1933; ders., Frühgall. Reliefg. v. Rh., 1934; F. Hermet, *La Graufesenque,* 1934; H. Dragendorff, *Arretina,* 1935; ders., C. Watzinger, Arretinische Reliefkeramik, 1948; H. Ricken, Die Bilderschüsseln der röm. Töpfer von Rheinzabern, 1963; R. Knorr, T.-S.-Gefäße, 1952.

Tertullianus, einer der lat. → Kirchenväter.

Tetralogie, vier nacheinander aufgeführte Dramen, drei Tragödien (die eine Trilogie bildeten; → Tragödie) und ein → Satyrspiel.

Tetrameter → Anapäst; Trochäus.

Teufel, von gr. *diabolos* = Verleumder, das wiederum Lehnübersetzung des hebr. *satan* = Widersacher, Verleumder ist. Die Vorstellung eines dem guten Gott prinzipiell entgegenstehenden bösen Wesens ist der heidn. Antike fremd.

Teutoburger Wald, *saltus Teutoburgiensis,* bei Tacitus ein Waldgebirge in Westfalen, wo Arminius 9 n. Chr. die 3 Legionen des Varus vernichtete. Was man heute T. W. nennt, verdankt seinen Namen erst der gelehrten Forschung, die das Schlachtfeld suchte. Über dessen Lage gibt es viele Hypothesen. Die älteste setzt es in die Nähe von Detmold (daher Denkmal auf der Grotenburg), Mommsen am Wiehengebirge, andere am Dörenberg, neuerdings am Kalkrieser Berg nördl. von Osnabrück. Noch keine endgültige Klarheit.

W. John, P. Quinctil, Varus u. d. Schlacht im T. W., 1963; W. Leise, Wo Arminius die Römer schlug, 1986.

Teutonen (lat. *Teutoni* oder *-nes*), Volksstamm unsicherer Herkunft, wohl Germanen in Jütland. Sie zogen 120 v. Chr. mit den → Kimbern nach Süden, um neue Sitze zu suchen. Bei dem Versuch, nach Italien einzufallen, trennten sie sich von den Kimbern und wurden, ehe sie die Alpen überschritten, von Marius 102 v. Chr. bei Aquae Sextiae *(Aix)* in der Provence vollständig aufgerieben. Ihr König Teutoboduus wurde gefangen, die Männer wurden als Sklaven verkauft.

L. Schmidt, Gesch. d. germ. Frühzeit, 1925; W. Capelle, D. Germanen im Frühlicht d. Gesch., 1928.

Thaleia, Thalia → charis; Musen.

Thales von Milet kam als Kaufmann weit umher, u. a. nach dem Land uralter Weisheit, Ägypten, und erwarb sich große Kenntnisse auf verschiedenen Gebieten (→ Magnet). In der Geometrie hießen nach ihm eine Anzahl wohl von ihm gefundener Sätze. Er lehrte die Bedeutung des kleinen Bären für die Nachtfahrt der Schiffe und berechnete die Höhe der Pyramiden aus der Länge des Schattens; vor allem sagte er am 28. Mai 585 eine Sonnenfinsternis voraus. Auch als geschäftstüchtiger Spekulant und als kluger polit. Ratgeber war Th. tätig. Seine Erkenntnisse teilte er in Weisheitsprüchen (→ Erkenne dich) mit. Er wurde unter die → Sieben Weisen gerechnet. Als Philosoph steht in T. der älteste Vertreter der → ionischen Naturphil. vor uns: Als den Stoff, aus dem die Welt bestehe, soll T. das Wasser (oder die Feuchtigkeit) angesehen haben; Näheres wußte schon Aristoteles nicht mehr, da die Schriften des T. schon damals nicht mehr vorhanden waren; so sind auch wir auf Vermutungen zu diesen Gedankengängen angewiesen: Das Wasser als Urstoff lag vielleicht deshalb nahe, weil es sich den Sinnen fest, flüssig und gasförmig als Eis, Wasser oder Dampf zeigt. Jedenfalls haben wir den ersten Versuch vor uns, die Vielzahl der Erscheinungen auf einen einzigen Urstoff zurückzuführen.
W: FdV, I.
L: O. Gigon, D. Ursprung d. gr. Phil., 1946.

Theagenes v. Rhegion (h. Reggio), gr. Philosoph des 6. Jh. v. Chr., begründete die allegorische Homer-Interpretation, womit er in den Götterschilderungen einen tieferen Sinn aufdecken wollte, der auch für Philosophen annehmbar sein sollte. Vor allem im → Stoizismus wurde die allegor. Dichtererklärung gern betrieben.
W: FdV.

Theater, von gr. *theatron* = Schauhaus, ist in seiner eigenartigen griechischen und in der von dieser abgeleiteten, heute internationalen Form in Athen entstanden. Freilich besaß Athen im 5. Jh. v. Chr., in der klassischen Zeit seines Dramas, kein festes Th. Nur der Aufführungsplatz im Heiligtum des *Dionysos Eleuthereus* am Südosthang der Burg stand fest; vielleicht war auch die damals noch kreisrunde Orchestra, der Tanzplatz des Chores, fest angelegt. Das Bühnengebäude und die Zuschauertribüne wurden jedoch für jede Aufführung aus Holz aufgebaut und dann wieder abgebrochen. Erst unter der Finanzverwaltung des Lykurgos (338–327 v. Chr.) wurde das steinerne Th. angelegt, das mit einigen baulichen Änderungen noch erhalten ist. Die Orchestra ist hier halbkreisförmig geworden. Sie ist am Rund von den Sitzstufen umgeben, die keine Rückenlehne haben und nach oben stufenförmig ansteigend in den Felsen der Burg eingemeißelt sind. Die gleiche Stufe dient als Sitz und als Platz für die Füße des Darübersitzenden. Die Sitzreihen sind an bestimmten Stellen durch Treppen unterbrochen, auf denen man von unten zu den höheren Reihen gelangt. In der untersten Reihe stehen die marmornen Prunkstühle der Priester. An der geraden Seite der Ochestra stand die *skene,* lat. *scaena,* die „Bühne" (eig. Zelt), die in der langen Geschichte des antiken Th. die größten Veränderungen durchgemacht hat. Die dem Zuschauer zugekehrte Wand der Szene, das *proskenion,* lat. *proscenium,* war anfangs einfach gegliedert. In der Mitte war eine lange schlichte Wandfläche, an der wahrscheinlich oft eine Art Kulissen angebracht wurden, dreieckige Pfeiler, die, mit Gemälden geschmückt, gedreht werden konnten, um den Wechsel der Szene anzugeben. Hinter zwei säulengeschmückten Vorbauten, *paraskenia,* auf den beiden Flügeln der Skene waren Türen, durch die die Schauspieler auftraten. Später wurde diese Bühnenwand immer prächtiger ausgestaltet; in röm. Zeit war sie eine mächtige Prunkfassade mit blinden Fenstern und Nischen, in denen Statuen standen (z. B. in Orange und Sabratha in Tripolitanien). Im Bühnengebäude befanden sich die Theatermaschinen, vor allem eine Schwebemaschine → *deus ex machina;* nicht sicher erklärbar ist das → *ekkyklema.* So sind die Hauptteile des antiken Th. ungefähr die gleichen wie heute. Der Hauptunterschied besteht darin, daß die antiken Th. meist kein Dach hatten. Da das Bühnenhaus zuerst niedrig war, so blickte der Zuschauer über die Szene hinweg in die freie Natur. Viele Th. sind mit deutlicher Absicht so angelegt, daß man diesen Weitblick genießen kann, z. B. in Pergamon, → Epidauros; → Segesta; Taormina. Voraussetzung einer Aufführung im Freien ist bekanntlich eine gute Akustik: Es ist immer wieder erstaunlich, wie deutlich man noch auf der obersten Stufe jedes in der Orchestra gesprochene Wort versteht. – Ein gedecktes Th. hieß gr. *odeion,* lat. (Fremdw.) *odeum.* Es diente nach Ausweis seines zu gr. *ode* = Lied gehörigen Namens zuerst zu musikalischen, später aber auch zu Th.-Aufführungen; so das besterhaltene O., am Südwestabhang der Burg von Athen, das Herodes Attikos um 150 n. Chr. den Athenern schenkte. – Th. und Odeen wurden auch für Volksversammlungen und Gerichtssitzungen benutzt.

Das römische Th. ist im wesentlichen vom griech. abhängig. Das erste steinerne Th. in Rom erbaute Pompeius 55 v. Chr.; es ist in der halbrund verlaufenden Straße bei S. Maria di Grottapinta noch kenntlich. Weit besser erhalten ist das Th., dessen Bau Caesar begann und 13 v. Chr. Augustus beendete, der es nach seinem Neffen Marcellus benannte. – Am besten erhalten ist das Th. in Epidauros. Von der Größe antiker Th. geben die in Rom einen guten Eindruck. Das Th. des Balbus faßte 6000–7000, des Marcellus 10000, des Pompeius 12000 Zuschauer. – → Amphitheater.

E. Fiechter, Baugeschichtl. Entwickl. d. antiken Th., 1914; ders., Antike gr. Th.-Bauten, IX 1930ff.; ders., Das Dionysos-Th. in Athen, 1933–50; M. Bieber, D. Denkmäler z. T.-Wesen im Altert., 1920; dies., *History of Greek and Roman Theatre,* Princeton [2]1961; C. Fensterbusch, D. T. im Altert., 1930; A. W. Pickard-Cambridge, *The Theatre of Dionysos,* Oxf. 1946; ders., *The dramatic festivals of Athens,* Oxf. [2]1968; H. Bulle, H. Wirsing, Szenenbilder z. gr. T. d. 5. Jhs. v. Chr., 1950; P. Arnott, *Greek scenic conventions . . .,* Oxf. 1962; T. B. L. Webster, Gr. Bühnenaltertümer, d. 1963; ders., *Greek theatre production,* Lond. [2]1970; W. Beare, *The Roman stage,* Lond. 1964; D. de Bernardini, *Teatri classici in Asia Minor,* 1966; E. Simon, D. gr. Th., 1972; P. Kallistow, Antikes Th., d. 1974; H. D. Blume, Einf. in d. antike Th.wesen, [2]1984; F. Stoessl, D. Vorgeschichte d. gr. Th., 1987.

Thebais, ein Epos, das die Sagen über das Königshaus in → Theben behandelt; → Epischer Kyklos; Statius.

Theben, gr. *Thebai,* nach der Überlieferung von dem Phoiniker → Kadmos (16. Jh. v. Chr.) gegründet, unter dessen Nachkommen sich furchtbare Greuel abgespielt haben sollen (→ Sphinx; Oidipus: Antigone; *Sieben gegen Th.; Thebais*); „das 7torige" im Gegensatz zum „100torigen" Th. in Ägypten. Im klassischen Altertum die bedeutendste Stadt Boiotiens, meist Gegnerin Athens und des diesem befreundeten Plataiai; 371–362 v. Chr. im Besitz der → Hegemonie; 335(?) v. Chr. bis auf die Tempel, die Burg (Kadmeia) und das Haus des größten Sohnes der Stadt, Pindars, von Alexander d. Gr. zerstört, 316 v. Chr. von Kassandros wieder aufgebaut. Unter den Römern ohne größere Bedeutung. – Neue interessante Funde (darunter babylonische Rollsiegel aus dem 14. Jh. v. Chr.) können der → Kadmos-Sage einen unerwarteten historischen Hintergrund verleihen.

P. Cloché, *Thèbes,* Paris 1952; F. Vian, *Les origines de Th.,* Paris 1963; H. Beister, Unters. zu d. Zeit der theban. Hegemonie, 1970; I. Krauskopf, Der theban. Sagenkreis, 1974.

Themis, gr. Göttin der Rechtsordnung, z. B. in Versammlungen, die auch in ihrem Namen einberufen wurden. Th. war Gemahlin des Zeus und Mutter der → Moira. – Plastik im Nat.-Museum in Athen.

J. E. Harrison, Cambr. [2]1927; H. Voss, Utrecht 1956.

Themison v. Laodikeia, gr. Arzt der augusteischen Zeit, einer der Begründer der Methodikerschule (→ Heilkunde), schrieb über Fieber und Krankheiten.

Themistokles, vornehmer Athener (Archon 493/492 v. Chr.), der als Fortschrittler erkannte, die Zukunft Athens liege im Seehandel und in einer starken Kriegsflotte. Zwischen dem 2. und 3. Perserzug (490, 480 v. Chr.) setzte er gegen den Widerstand der konservativen agrarischen Adelskreise und ihres Führers Aristeides den Bau von 100 Kriegsschiffen durch. Die Kosten wurden aus den Erträgnissen der staatlichen Bergwerke in Laurion beschafft. Die Richtigkeit dieser Politik zeigt die Schlacht bei Salamis, die durch die List des Th. zustande kam. Durch listige, geschickte Diplomatie erwirkte Th. auch gegen den Widerstand der Spartaner den Wiederaufbau der von den Persern zerstörten Mauern Athens. Um 474 wurde er durch → *Ostrakismos* aus Athen verbannt. Er ging nach Persien, wo er als Fürst mehrerer kleinasiatischer Städte 459 starb. – Die Beurteilung des Th. hängt von der zweier Briefe ab, die er vor und nach der Schlacht bei Salamis an der Perserkönig Xerxes schrieb. In dem ersten teilte er ihm die Absicht der Peloponnesier mit, auseinanderzugehen und sich in ihre Heimatstädte zu begeben; dann hätte Xerxes sie einzeln bekämpfen müssen. Um das zu vermeiden, griff der Perserkönig bei Salamis an, was sein Verhängnis wurde; er konnte in dem engen Meer seine Flotte nicht entfalten. Der zweite Brief meldete Xerxes den

Plan der Griechen, die Hellespontbrücken der Perser zu zerstören; darauf zog sich Xerxes mit dem größten Teil seines Landheeres sofort zurück, um zu vermeiden, daß ihm der Rückweg abgeschnitten wurde. Beide Briefe kann man als geglückte Kriegslisten auffassen; Th. erzwang die Seeschlacht an einer für die Griechen günstigen Stelle, und er befreite Griechenland von dem größten Teile des Perserheers ohne Schwertstreich. Aber es ist auch eine andre Auffassung möglich. Siegte Xerxes bei Salamis, so konnte Th. den höchsten Dank des Perserkönigs fordern, denn er hatte ihm ja den Sieg erleichtert. Auf den zweiten Brief als eine Wohltat für das Perserheer, die ihm den Rückzug ermöglichte, hat sich Th. bei Xerxes' Nachfolger Artaxerxes direkt berufen, als er nach dem Ostrakismos nach Persien ging; und Artaxerxes hat den Brief auch so aufgefaßt, da er Th. die Einkünfte mehrerer Städte überließ. Die Briefe sind also sehr doppeldeutig; Th. hatte durch sie seinen Vorteil auf alle Fälle. Daran haben die Griechen kurz nach dem Sieg bei Salamis keinen Anstoß genommen; Th. wurde sehr geehrt. Später tauchten Zweifel an der Lauterkeit seiner Absichten auf; obwohl er Griechenland aus schwerster Gefahr gerettet hatte, wurde die Bestattung seiner Leiche in heimischer Erde verboten, doch Freunde brachten seine Gebeine heimlich nach Attika, und später wurde das Grab (beim Peiraieus) auch offenkundig geschmückt. – Biographien von Plutarchos und Nepos.

A. Bauer, F. J. Frost, Chic. 1966; F. Schachermeyr, 1969.

Theoderich d. Gr., König der Ostgoten (sein got. Name entspricht dem hochdtsch. *Dietrich;* Th. ist Gräzisierung), 493–526 als Patricius und Consul Herr Italiens. Als erster germanischer Fürst erkannte er die Größe der röm. Kultur und suchte ihrem durch die Kriege des letzten Jahrhunderts veranlaßten Verfall zu steuern. Er umgab sich mit röm. Ratgebern (→ Boëthius; Cassiodor) und sorgte für die Sicherheit der Straßen, stellte Kanäle, Häfen und Wasserleitungen wieder her. Seine Regierung war für Goten und Römer eine Zeit des Wiederaufstiegs und Wohlstands. Darüber hinaus erstrebte er einen friedlichen Ausgleich zwischen Römern und Germanen und wollte seine Goten in die röm. Kultur einordnen. Dieses Streben scheiterte an den großen nationalen und religiösen Unterschieden der beiden Völker (die Goten waren Arianer). Die nationalen Goten lehnten sich gegen die Romanisierung auf, die Römer aber ertrugen die Herrschaft der „Barbaren" trotz aller Vorteile nur widerwillig (Empörungsversuch, bei dessen Unterdrückung Boëthius hingerichtet wurde). In Ravenna ist sein mächtiges Grabmal fast vollständig, sein Palast in geringen Resten (Mosaikfußboden) erhalten; dessen Säulen ließ 784 Karl d. Gr., als Rechtsnachfolger Th.s Besitzer des Baues, nach Aachen bringen. → Verona (Dietrich von Bern).

W. Ensslin, [2]1959; R. Heidenreich, 1971.

Theodoros Atheos (d. h. der Gottlose) von Kyrene, gr. Philosoph des 4./3. Jh. v. Chr., gehörte zu den Schülern des → Aristippos von K. und griff in einer verlorenen Schrift die traditionellen Gottesvorstellungen an. – → Atheismus.

Theodosius. Flavius Th., in Spanien als Sohn eines kaiserlichen Feldherrn geboren, diente als Soldat und wurde von Gratian zuerst zum Augustus des Ostreiches gemacht. Er regierte 379–395 n. Chr., wegen seiner Verdienste der Große genannt. Es gelang ihm, die Germanenschwärme, die, durch die Hunnen aufgescheucht, über die Donau gedrungen waren, abzuwehren und sie z. T. am Südufer der Donau als *foederati* (Verbündete) anzusiedeln. Nach Gratians Ermordung griff er auch im Westreich ein und vereinigte nach schweren Kämpfen, besonders gegen seinen besten General, den Franken Arbogastes, 394 das ganze Reich in seiner Hand. Als heftiger Feind des Heidentums verbot er 392 alle heidnischen Opfer und schloß 393 (?) die Olympischen Spiele. Auf dem 2. ökumenischen Konzil in Konstantinopel 381 verhalf er gegenüber der schon auf dem ö. K. in Nikaia 325 verworfenen Lehre des Areios (lat. Arius), wonach Christus Gott-Vater untergeordnet war, der Lehre des Athanasios endgültig zum Siege, die Chr. als mit G. wesensgleich auffaßt. Bei seinem Tode teilte er das röm. Reich unter seine Söhne Arcadius (Ostreich; → Ephesos) u. Honorius (Westr.); → Stilicho.

W. Ensslin, Die Religionspolitik d. Kaisers Th. d. Gr., 1953; A. Lippold, 1968; ders., Die Kaiser Th. I./II. (RE-Sonderdr.), 1972.

Theognis aus Megara (in Mittelgriechenland), um 544 v. Chr., Aristokrat, schrieb Gedichte, von denen eine Sentenzensammlung von etwa 1400 Versen erhalten ist. Den Kern bildet ein Spruchgedicht an einen adligen jungen Herrn, Kyrnos, den der Dichter in die Lebensweisheit und Grundsätze aristokratischer Lebensauffassung einführt. Daneben stehen Elegien an seine Freunde. Das Werk, eine langsam entstandene Blütenlese, bietet dem Betrachter viele Rätsel: Es finden sich darin auch Verse anderer Dichter, alle jedoch im eleg. Versmaß.

W: Hg. D. Young, [2]1971; auch ALGr, fasc. 2, [3]1950. – *Ü:* E. Geibel, Klass. Liederb., 1875; E. Mörike, neu 1960.
L: J. Kroll, Th.-Interpretationen, 1936.

Theogonie (gr.), „Entstehung der Götter", also eine genealogische Darstellung der Götterwelt, gibt es von → Hesiod, aber auch in den orphischen Schriften (→ Orpheus).

Theokrit, gr. Theokritos, geb. etwa 305 v. Chr., bedeutender Dichter der hellenistischen Zeit. Über seine Herkunft, sein Leben, sogar seinen Namen ist viel gestritten worden. Er stammte aus Syrakus und hat lange Zeit auf der Insel Kos sowie an den Höfen Hierons in Syrakus und des Ptolemaios Philadelphos in Alexandreia gelebt. Zeit und Reihenfolge der Aufenthalte ist unsicher, Ort und Zeit seines Todes unbekannt. Wie die übrigen hellenistischen Dichter hat Th. in verschiedenen Gedichtgattungen gearbeitet, in Liedern, Elegien, Iamben, Epigrammen. Für uns ist er nach den → Idyllen, die von ihm erhalten sind, vor allem bukolischer Dichter. Die → buk. Poesie stellte ein erträumtes, idealisiertes Hirtenleben dar; Th. ist Begründer und zugleich hervorragendster Vertreter dieser literarischen Gattung. Die 31 Idyllen sind gekennzeichnet durch dramat. Komposition, realist. Schilderung und große Einfühlungsgabe des Dichters, sie enthalten jeweils meist eine kleine Szene, oft Dialog im Wettstreit oder -gesang: 10 Szenen aus dem Landleben, drei aus der Großstadt (darunter die komödienhafte Szene mit den Frauen beim Adonisfest), dazu mythologische, erotische und hymnenartige Dichtungen. Von den Schilderungen des Hirtenlebens und der ländlichen Welt durch Th. führt eine deutliche Kontinuität über Vergils Hirtendichtung bis auf Renaissance und Barock. –→ Sophron.

W: Hg. u. d. F. P. Fritz, 1970; hg. u. komm. A. S. F. Gow, Oxf. ²1952. – *Ü:* F. Rückert, 1858; E. Mörike, neu 1960; E. Staiger, 1970. *L:* W. Meineke, Unters. zu . . ., 1966; A. E. A. Horstmann, Ironie u. Humor bei T., 1976; B. Effe (Hg.), Th. u. d. gr. Bukolik, 1986.

Theophrast, gr. Theophrastos, etwa 372–287 v. Chr., Schüler des Aristoteles, nach dessen Tod Vorsteher der peripatetischen Schule, war so vielseitig wie sein Meister, dessen Lehre er in mancher Weise ergänzte. Er schrieb zahlreiche wissenschaftliche, besonders naturwissenschaftliche Werke, z. B. über Zoologie, Botanik, Mineralogie, Physik, Astronomie, Meteorologie, auch zur Philosophie, zu Politik und Wirtschaft, Poetik und Rhetorik. Sein Werk *physikon doxai,* d. h. „Meinungen der Physiker", die älteste griech. Philosophiegeschichte, ist verloren; es war eine wichtige Materialsammlung zur Philosophiegeschichte. Von den ethischen Werken haben sich die 30 Charakterzeichnungen erhalten *(charakteres),* die in Skizzenform menschliche Schwächen und Alltagsfehler schildern: Schmeichler, Schwätzer, Prahler, Geizhals, Intrigant, Feigling, Angeber usw. Knappe, aber lebensechte Schilderungen, gelegentlich Karikaturen, die nebenbei auch ein lebendiges Bild der athen. Gesellschaft dieser Zeit bieten. Der bedeutendste Nachahmer dieser Skizzen war J. de la Bruyere, Paris 1688.

W: Gesamtausgabe: F. Wimmer, III 1854–62. Charaktere: Hg. u. d. D. Klose, 1970; hg. u. komm. P. Steinmetz, II 1960–62. – *Ü:* H. Rüdiger, 1938 und 1974. *L:* G. Woehrle, Th.s Methode, Amsterd. 1985.

Theopompos, 376 v. Chr. in Chios geb., in Athen Schüler des Isokrates, Rhetor, Historiker, verfaßte *Hellenika,* ein Geschichtswerk in 12 Büchern, das im Anschluß an Thukydides die Ereignisse von 410–394 behandelte; *Philippika* in 58 Büchern, die Geschichte Philipps v. Makedonien, den Th. sehr bewunderte, mit vielen ausführlichen Exkursen; nur in Fragmenten und Exzerpten erhalten.

W: FGrH.

Theorie, gr. *theoria,* das Schauen. Das Wort *theorein* = schauen bildet bei Herodot zusammen mit *historein* (→ Historie) die Grundlage der Geschichtswissenschaft. Bei den ionischen Naturphilosophen erhielt es den Sinn des „geistigen Schauens abstrakter Dinge". In dieser Bedeutung kam es zu den Griechen des Mutterlandes. Für Aristoteles ist der *bios theoretikos* (das „theoretische Leben") das „der denkenden Betrachtung der Dinge gewidmete Leben" des philosophischen Forschers. Daher *theoria* = wissenschaftliche Untersuchung, Wissenschaft (im Gegensatz zur *praxis* = Tätigkeit); erst in der Neuzeit = Ansicht eines Gelehrten; ferner mit tadelndem Nebenbegriff: „graue" Th.

Thera, heute auch Santorin, gr. Insel, Mutterinsel von Kyrene (→ Kolonien; Kyr.), wichtig durch eine guterhaltene antike Stadt aus hellenist. u. röm. Zeit: Theater, Gymnasien, Tempel, Garnison, ganze Straßen mit Privathäusern. Ein ungeheurer Vulkanausbruch (→ Deukalionische Flut) verwandelte um 1500 v. Chr. die ehemals große Insel in einen riesenhaften Krater, dessen Ränder die heutige Insel bilden; dieser Ausbruch vernichtete eine minoische Siedlung. Erfolgreiche Ausgrabungen seit 1967 haben diese Siedlung freigelegt: Häuser, gepflasterte Straßen, Treppen, Möbel, Amphoren sogar mit Lebensmittelresten, dazu farbenfrohe Fresko-Wandmalereien. – Später besiedelten Dorier die Insel, die in späteren Jahrhunderten ein wichtiger Flottenstützpunkt wurde.

F. Hiller v. Gaertringen, Th., IV 1899–1909; S. Marinatos, *Excavations at Th.,* Athen VIII 1967–73; ders., *Treasures of Th.,* Athen 1972; ders. u. M. Hirmer, Kreta, Th. u. d. myken. Hellas, d. ³1986; N. Marinatos, *Art and Religion in Th.,* Athen 1984; C. G. Doumas, Th./Santorin, 1991.

Theramenes, athenischer Politiker, Aristokrat, einer der Urheber der Revolution gegen die Demokratie 411 v. Chr., 404 einer der 30 Tyrannen, wurde als Führer der Gemäßigten von Kritias angeklagt und hingerichtet.

Thermen (gr.) warme Bäder. → Bäder.

Thermopylai (gr. *thermos* = warm, *pyle* = Tor), Engpaß am Malischen Meerbusen in Griechenland, zwischen dem Meer und dem steilen Oitegebirge der beste Weg von Thessalien nach Mittelgriechenland. Im Altertum war er an beiden Enden durch je ein Tor gesperrt; deswegen und nach noch vorhandenen heißen Quellen hieß er Th. = Heiße Tore. Wegen ihrer strategischen Wichtigkeit haben die Th. oft eine Rolle gespielt. Die bekannteste Th.-Schlacht ist die von 480 v. Chr., → Leonidas. 346 v. Chr. bemächtigte sich Philipp v. Makedonien der Th. und erhielt damit den Zugang zu Mittelgriechenland. 191 v. Chr. zersprengte Manius Acilius Glabrio in den Th. das Heer des Antiochos. Noch im Mittelalter und in der Neuzeit (1941, deutscher Einfall nach Griechenland) wurde in den Th. gekämpft. Heute ist der Engpaß verschwunden; der dort mündende Spercheios hat durch Anschwemmungen die Küste ostwärts verschoben. Ein Denkmal kennzeichnet den Ort der Schlacht.

Das bekannte E p i g r a m m auf die Thermopylenkämpfer v. 480 v. Chr. (von einem unbekannten Dichter; → Simonides) ist oft übersetzt worden, von Cicero, Schiller u. a.; Geibels Übersetzung:

Wandrer, meld' es daheim Lakedaimons Bürgern: erschlagen
Liegen wir hier, noch im Tod ihren Geboten getreu.

Sehr lehrreich Gellius *Noctes Atticae* III 7; der ältere Cato berichtet von 400 Römern, die einen ähnlichen Heldentod starben wie die Th.-Kämpfer, die aber unberühmt blieben, weil den Römern das „Erhabene der griech. Beredsamkeit" fehlte.

Thersites, der erste gr. → Demagog, den Homer (*Ilias* II 211 ff.) in der berühmten Streitszene als abschreckend häßlich, dabei zungenfertig und frech schildert. Von ihm sagt Sophokles (*Philoktet* 446): Unkraut verdirbt nicht.

thesauros (gr.), das → Schatzhaus; Fundgrube des Wissens, in der Neuzeit speziell ein großes Lexikon.

Theseus, sagenhafter Nationalheld und Gründungskönig der Athener, schon mit 16 Jahren stark und mutig, wollte den Ruhm des ihm verwandten Herakles erreichen, verrichtete ebenfalls kühne Taten, erschlug Räuber, Frevler (den *Pityokamptes,* „Fichtenspanner", den → Prokrustes) und schädliche Tiere (→ Herakles), besonders den → Minotauros; veranlaßte irrtümlich den Tod seines Sohnes Hippolytos, den er in seine Stiefmutter Phaidra frevlerisch verliebt wähnte (berühmte Dramen des Euripides, Seneca, Racine); noch andere Abenteuer. Es handelt sich dabei um eine Mischung von Lokalsagen und historischen Erinnerungen, die das Bestreben der Athener zeigen, die Vergangenheit ihrer Stadt zu idealisieren. – Th.' Taten auf den Metopen des Hephaisteion in Athen; viele Vasenbilder und Wandgemälde des Altertums, Bilder aus allen Jahrhunderten (bis zu Kokoschka 1958), dramat. Bearbeitungen u. Opern → Ariadne; Plutarch.

A. v. Salis, Th. u. Ariadne, 1930; Cg. Dugas, R. Flacelière, *Thésée,* Paris 1958; H. Herter, Th. (RE-Sonderdr.), 1973.

Thespis, Attiker aus dem ländlichen Gau Ikaria, wurde 534 v. Chr. der Schöpfer der Tragödie, als er an den Dionysien einen Chor aufführte u. einen Sprecher einleitende u. verbindende Worte zwischen den Chorversen sagen ließ. – (Der „Th.-Karren" des Horaz vielleicht Fiktion.) → Schauspieler; Drama.

E. Tièche, Leipzig 1933; T. H. Gaster, N. Y. 1950; H. Patzer, Die Anf. der gr. Trag., 1962.

Thessalien, nordgr. Landschaft, von Gebirgen umrandete, fruchtbare Ebene, im Norden durch den Olymp von Makedonien getrennt; die Bewohner beider Landschaften wurden im Altertum trotz völkischer u. sprachlicher Verwandtschaft von den übrigen Griechen als Fremde betrachtet. Reste einer bäuerlichen Kultur sind in Th. schon zwischen 3000 u. 2500 v. Chr. nachweisbar; eine jüngere, zur Bronzezeit überleitende Kultur zeigt Merkmale kriegerischen Herrentums mit befestigten Fürstensitzen; der Typ des → Megaron taucht hier schon auf. Wegen der von den engräumigen Landschaften des übrigen Griechenland abweichenden Landesnatur bestand in Th. eine andere Sozialordnung: Großgrundbesitzer, Fürsten regieren hier, am Rand der Ebene gibt es mykenische Burgen. Wirtschaftliche Bedeutung besaß u. besitzt für Th. die Pferdezucht. – Eine Rolle in der gr. Geschichte hat das Land nie gespielt; Philipp II. hat es unterworfen u. mit Makedonien verbunden.

F. Stählin, Das hellen. Th., 1924, neu 1967.

Thessalonike früher auch Saloniki, gr. Hafenstadt in Makedonien, nach der Halbschwester → Alexanders d. Gr. benannt, die mit → Kassandros verheiratet war.

Ch. Diehl, *Salonique,* Paris 1920.

Thessalos v. Tralleis, gr. Arzt des 1. Jh. n. Chr., arbeitete sehr praxisbezogen und gehörte zur medizin. Richtung der Methodiker, als deren Schulhaupt er sich fühlte. → Heilkunde.

W: Hg. H. V. Friedrich, 1968 (mit lat. *Ü*).

Thetis, eine schöne → Nereïde, Gemahlin des Peleus, Mutter des Achilleus. Sie wollte ihren Sohn durch heiliges Feuer unverwundbar machen, wurde aber daran von Peleus gehindert; dieser wußte nicht, was seine Gattin mit dem Kind vorhatte. Eine Stelle an der Ferse, an der Th. das Kind gehalten hatte, blieb daher verwundbar („Achillesferse"), und an einer Wunde in der Ferse starb später A. (Parallele: das Lindenblatt Siegfrieds).

Thrakien, gr. *Thrake,* östlich von Makedonien bis zum Schwarzen Meer, zwischen Donau im N und Ägäischem Meer und Marmarameer im S. In ältester Zeit starke thrakische Einflüsse auf die griech. Religion (→ Dionysos; Orpheus); später Thrakien unter griech. Kultureinfluß (der heutige Name der Halbinsel Gallipoli geht auf den Namen der griech Stadt Kallipolis = „Schönheitsstadt" zurück); das Land erhielt sich, obwohl vorübergehend in fremdem (persischem, makedonischem) Besitz, unter eignen Königen, bis der Norden wohl 9 nach Chr. unter dem Namen *Moesia,* der Süden 46 n. Chr. als *Thracia* römische Provinz wurde; Grenzlinie auf dem Balkan (gr. *Haimos,* lat. *Haemus*); in M. *Naïssos,* lat. *Naissus,* jetzt Nisch, in Thr. Philippopolis 395 n. Chr. oströmisch, seit dem 15. Jh. türkisch; im 19. Jh. allmähliche Befreiung.

J. Wiesner, Die Thraker, 1963; C. Danov, Alt-Thrakien, d. 1973; M. Oppermann, *Thrake,* 1984.

Thrasybulos (gr. *thrasys* = kühn, *bule* = Rat; also Thr. = Konrad). Athenischer Demokratenführer in der letzten Zeit des peloponnesischen Krieges, Gegner der Aristokraten in den Revolutionen von 411 und 404, stellte 403 die von den Spartanern 404 beseitigte Demokratie wieder her.

Thrasybulos, Tyrann von → Milet gegen Ende des 7. Jh. v. Chr.

threnos (gr.), Klagelied; das schönste erhaltene von → Simonides.

Thron, gr. *thronos,* → Amtsabzeichen; Stühle.

Thukydides aus einem vornehmen Geschlecht in Athen war mit der Familie des → Miltiades und einem thrakischen König verwandt. Er besaß ergiebige Goldbergwerke in Thrakien in Erbpacht. Von seinen Lebensschicksalen wußte man schon im Altertum wenig. Bei Ausbruch des peloponnesischen Krieges war er erwachsen; er war also um 455 geboren. 424 sollte er als Stratege mit einer Flotte die Chalkidike gegen den spartanischen Feldherrn Brasidas decken. Es gelang ihm nicht, Amphipolis zu retten; deswegen ging er freiwillig in die Verbannung. Nun sammelte er bei beiden Parteien Material für eine *Geschichte des peloponnesischen Kriegs.* Dessen Ende hat er erlebt; er starb wohl zwischen 399 und 396. Erst nach seinem Tode wurde sein Werk in 8 Büchern aus dem Nachlaß unvollendet herausgegeben. Es bricht mitten im Krieg mit dem Jahr 411 ab. Das 8. Buch (die Einteilung stammt wahrscheinlich aus hellenistischer Zeit) ist nicht fertig; vor allem fehlen die Reden, in denen Th. die handelnden Personen glänzend zu charakterisieren (→ Leichenfeier [Leichenrede]) und seine Ansichten über die Maßnahmen des Krieges auszusprechen verstand. Als Person tritt Th. ganz zurück; er beschränkt sich auf Mitteilung der Tatsachen. Darzustellen, „wie es wirklich gewesen ist und also, bei der Natur des Menschen, in Zukunft immer wieder so oder so ähnlich zugehen wird", ist nach dem berühmten Kap. I, 22 die Absicht des Verfassers, und durch eine ungeschminkte Darstellung soll der künftige Politiker für seine Zeit lernen. Das Ringen nach Wahrheit zeigt sich auch im Stil. Der attische Dialekt war damals noch wenig durchgearbeitet und hatte noch nicht die Geschmeidigkeit der späteren Zeit, durch die er sich jeder Nuance anpaßte. Th. kämpft mit der Sprache und schreibt oft schwerverständliche und unübersichtliche Perioden. Mit dem Streben nach Wahrheit wurde Th. der Schöpfer der objektiven Geschichtswissenschaft in unserem Sinne. Darüber hinaus suchte er das als wahr Erkannte in seinem inneren Zusammenhang zu erfassen und zu deuten; damit begründete er die sog. pragmatische Geschichtsschreibung. Hierzu leitete ihn seine angeborene Veranlagung; er war eine rein logische Natur. Als aufgeklärter Denker war er Schüler der → Sophisten, ohne aber in ihre Fehler zu verfallen. Die Götter, die bei Herodot zur Deutung des historischen Geschehens noch so ungemein wichtig sind (z. B. Neid der G. in der Geschichte des Polykrates), ließ er völlig unerwähnt. Die Notwendigkeit, d. h. die Kausalität spielte bei ihm eine entscheidende Rolle. Die Kriegsereignisse ergaben sich ihm auf ganz natürlichem Wege aus dem Charakter der handelnden Personen. Auf das Studium der Charaktere und ihre Herausarbeitung in seiner Darstellung hat er viel Mühe verwendet, und mit großem Erfolg. Durch ihn sind Perikles, Kleon, Alkibiades usw. zu den festumrissenen Gestalten geworden, die wir heute kennen. Wir haben wenig Möglichkeiten, die Richtigkeit seiner Darstellung nachzuprüfen, aber Th. erreichte ein Höchstmaß an chronolog. und sachlicher Zuverlässigkeit; unter Ausschaltung allen mytholog. und novellistischen Materials wollte er Tatsachen beschreiben nach wissenschaftlichen Methoden, die denen der zeitgenössischen Medizin ähnelten (Beschreibung der Pest in Athen). Im histor. Urteil zurückhaltend, scheinbar leidenschaftslos, konsequent in der Handhabung historisch-objektiver Methoden: So schuf Th. das erste Werk politischer Geschichtsschreibung. Damit wurde sein Werk, was es nach seiner Absicht sein sollte, ein „Besitz für immer" (→ *ktema*). – Heute steht Th.' Bedeutung für die Entstehung einer wissenschaftlichen Politik im Vordergrund des Interesses.

W: Hg. H. S. Jones, J. E. Powell, Oxf. [2]1942; J. de Romilly u. a., Paris VIII 1953–72 (mit frz. *Ü*); hg. u. d. G. P. Landmann, 1993; Komm. A. W. Gomme (engl.) III, Oxf. [2]1950–70. – *Ü:* C. ten Holder, D. Meliergespräch, 1956; D. pelop. Krieg, A. Horneffer,

G. Strasburger, 1957; Der große Krieg, H. Weinstock, [5]1959.
L: H. Patzer, Das Problem der Gesch.schr. des Th., 1937; H. Berve, 1938; J. de Romilly, Paris [2]1951 u. 1956; H. Herter (Hg.), 1968; O. Luschnat (RE-Sonderdr.), 1971; K. Gaiser, D. Staatsmodell d. Th., 1975; D. Proctor, Warminster 1980; N. Marinatos, *Th. and Religion,* Königstein 1981.

Thule, der nördlichste im Altertum von Reisenden erreichte Punkt, eine von → Pytheas jenseits von Britannien entdeckte Insel (*ultima Th.*): Vielleicht Island oder eine der Shetlandinseln.

Thurioi, Stadt in Unteritalien, die Perikles 444/443 v. Chr. neben dem zerstörten Sybaris gründete und von Hippodamos von Milet (→ Stadtanlagen) nach modernen Gesichtspunkten anlegen ließ. Die Gründung war als eine gesamtgriech. Unternehmung unter Führung Athens gedacht. Auch Herodot nahm daran teil; er heißt daher häufig Thurier.

Thusnelda, Tochter des Segestes, Gemahlin des → Arminius. Vom Vater zurückgeholt und dem Germanicus ausgeliefert, wurde sie in Rom im Triumph mitgeführt und lebte später in Italien in fürstlicher Haft.

Thyestes, Sohn des Pelops, konnte sich mit Hilfe des Aigisthos an seinem Bruder → Atreus rächen und wurde König von Argos; die Feindschaft der Brüder wurde auf die nächste Generation übertragen: → Agamemnon. – Tragödien von Sophokles und Euripides verloren, erhalten die von Seneca.

Thyrsosstab, gr. *thyrsos* (Grundbedeutung unbekannt), Rohrstab mit einem Pinienzapfen u. flatternden Bändern, mit Efeu u. Weinlaub umwunden, Abzeichen des Dionysos, seines Gefolges und der Bakchen (→ Bakchai).

Tiber (lat. *Tiberis*), Hauptfluß Mittelitaliens, der die Grenze von Etrurien und Latium bildete. Er war im Altertum bis oberhalb von Rom schiffbar. An seiner Mündung in das Tyrrhenische Meer lag → Ostia, der Seehafen Roms. Im Frühjahr waren in Rom Überschwemmungen häufig. Als Gott wurde Tiber unter dem Namen *Tiberinus* verehrt. Sein Tempel lag auf der Tiberinsel.

Tiberius Iulius Caesar, vor seiner Regierung T. Claudius Nero genannt, 42 v. Chr. geb., wurde durch die Verheiratung seiner Mutter → Livia mit Augustus Mitglied der kaiserlichen Familie. Schon 16 v. Chr. wurde er mit seinem jüngeren Bruder → Drusus nach Gallien geschickt und führte dann gegen die Germanen Krieg, den er auch nach Drusus' Tod fortsetzte. Seit 6 v. Chr. im Osten tätig, zog er sich, erbittert über die Ausschweifungen seiner Gemahlin, der Kaisertochter Iulia, nach Rhodos zurück. Nach der Aussöhnung ging er wieder nach Germanien (4. v. Chr.) und unterwarf ganz Nordgermanien, so daß dort die Provinzverwaltung eingeführt wurde. Auch nach der Varusschlacht blieb er in Germanien und zeigte die röm. Waffen, ohne zu erobern. 56 Jahre alt kam er auf den Thron. Als Kaiser (14–37 n. Chr.) war er ein entschlossener, erfahrener Regent. Er überließ die Germanen ihrem Zwist und hielt nur die Rheingrenze. In den Provinzen sicherte er überall die Ruhe. In Rom führte er die Regierung verständig und ohne Gewalt, war allerdings auf Sicherung des monarchischen Regiments bedacht. Das brachte ihn in Gegensatz zu den Senatoren, gegen die er in Majestätsprozessen vorging. 26 zog sich T. nach Capri in ein festes Felsenschloß zurück. Finster und mit der Welt zerfallen, lebte er hier, während Seianus, der allmächtige Gardepraefect in Rom, Schrecken auf Schrecken häufte und dadurch die Regierung des T. diskreditierte. 31 ließ er Seianus, dem man nachsagte, er strebe nach dem Thron, hinrichten. 37 wollte er, als er sein Ende nahe fühlte, nach Rom zurückkehren. In seiner Villa am Kap Misenum starb er, angeblich durch Mord (Geibel, *Tod des Tiberius*). Die ungünstige Beurteilung der Regierung und Person des T. ist hauptsächlich durch Tacitus' *Annalen* verschuldet. In der Gegenwart sucht man jedoch dem seltsamen Menschen gerechter zu werden. Man erkennt an, daß er auf strenge Zucht und Ordnung hielt. Das einfache Volk hatte es gut unter ihm, die Provinzen blühten auf; nur die Vornehmen traf sein Mißtrauen und sein Despotismus; hinter beidem vermutet man heute krankhafte Einflüsse. Aber kennzeichnend für ihn ist, daß er Schmähungen und Spottgedichte ruhig ertrug und sagte, *in civitate libera linguam mentemque liberam esse debere,* „in einem freien Staate müßten Zunge und Geist frei sein" (Sueton, *Tiberius* 228).

E. Kornemann, T., 1960; F. B. Marsh, *The reign of T.,* Oxf. 1931, neu Cambr. 1959; W. Collub, 1959; J. H. Thiel, Kaiser T., 1970; C. E. Smith, *T. and the Roman empire,* Lond. 1972.

Tibull. Albius Tibullus, ca 54–19 v. Chr., neben Properz der größte Vertreter röm. Elegiendichtung; ein weicher, verträumter Stimmungsmensch, der meist in ländlicher Zurückgezogenheit und Stille lebte und dessen Todesahnungen sich allzufrüh bestätigten. In seinen Elegien ist der Liebe Lust und Leid das vorherrschende Thema; besonders die zarten Liebeslieder auf Delia haben ihn berühmt gemacht. Neben der Liebe besingt er den idyllischen Frieden und das stille Glück des schlichten Bauern; er sehnt sich ins goldene Zeitalter zurück, das keinen Krieg und keine Waffen kannte, und preist der Vorfahren einfache Sitten und biedere Frömmigkeit; Abscheu gegen großstädtische Unrast, Haß gegen Kriege gehören seiner Gefühlswelt, die außerdem gekennzeichnet ist durch Eindrücke des Verlusts und der Bedrohung; Trauer und Resignation sprechen aus vielen Gedichten, die wirklich „elegisch" sind im heutigen Wortsinn. Sprache und Vers sind von vollendeter Reinheit und Eleganz; keine aufdringliche Gelehrsamkeit trübt den Genuß des Lesers. – In der unter seinem Namen überlieferten Elegiensammlung stehen auch fremde Gedichte, alle überragend die der → Sulpicia.

W: Hg. u. d. G. Luck, 1990; hg. u. d. R. Helm, 7 1988; komm. K. F. Smith, 1913, neu 1985. – *Ü:* J. H. Voss, 1810.
L: R. Ball, *T. the Elegist,* 1983; C. Neumeister, Einf. in T., 1986.

Tibur, heute Tivoli, alte Latinerstadt, jetzt Villenvorort von Rom; Kaiser → Hadrian ließ sich dort wie viele andere vornehme Römer eine Villa erbauen, die in Wirklichkeit einen sehr eigenartigen Gebäudekomplex darstellt (Villa Hadriana mit Thermen, Wasserspielen, Bibliothek, Theater, alles reich geschmückt mit Mosaiken, Wandmalereien und Skulpturen).

H. Kähler, Hadrian u. s. Villa bei Tiv., 1950; S. Aurigemma, *Villa Adriana,* Rom 1962.

Tierkreis → Sternbilder.

Tierkult. Letzte Reste eines vorgeschichtlichen T.s finden sich in Griechenland, z. B. in Epidauros; dort wurde der Heilgott Asklepios zwar auch in menschlicher Gestalt dargestellt, aber eigentlicher Gegenstand der Verehrung waren doch die heiligen Schlangen im Kurbezirk. Auch in Athen wurde auf der Burg eine der Athena heilige Schlange gehalten. Der Übergang vom tier- zum menschengestaltigen Gott vollzog sich in verschiedenen Formen: man gab dem Tier einen Menschenkopf (→ Seirenen; beim → Minotauros vielleicht der umgekehrte Vorgang) oder einige andere tierische Glieder (→ Pan; Satyr). Homer nennt Hera „kuh-“, Athena „eulenäugig“; man deutet das so, H. und A. seien ursprünglich in Gestalt einer Kuh, Eule verehrt worden (daher noch später die vielen Eu. in Athen); man gab das Tier dem menschgestaltigen Gott als hl. Tier bei (so auch bei den Germanen): dem Zeus den Adler, dem Asklepios die Schlange, der Hera den Pfau, der Aphrodite die Taube, der Artemis das Reh, der Iuno die Gans, der Athena die Schlange und Eule. Doch ist hier von Fall zu Fall zu untersuchen, ob wirklich das Tier der Vorläufer des Gottes war (so die Schlange der des Asklepios) oder ob man der Gottheit ein Tier beigab, weil es zu ihrer Natur zu passen schien (Hera, Pfau). Die hl. Tiere liefen z. T. in den Tempelbezirken frei umher und wurden vom Publikum gefüttert.

Tiersektionen in der gr. Medizin seit ungefähr 500 v. Chr.; Vivisektionen, auch an Menschen (Verbrechern), zuerst im Museion (→ Museum) in Alexandreia.

Tierzucht. Die Klein-T. stand im Altertum viel höher als heute. Im Altertum züchtete man Austern, Schnecken, Geflügel, Hasen systematisch. Als besondrer Leckerbissen galten und gelten im Süden die Haselmäuse (Siebenschläfer), lat. *glires;* auch züchtete man sie in besonderen Farmen. – Ausgebildete Schweinezucht schon in der Odyssee (der Schweinehirt Eumaios). Von der Höhe der attischen Pferdezucht gaben die → *Elgin Marbles* ein überraschendes Bild.

O. Keller, Die antike Tierwelt, II 1909–20, neu 1963; J. M. C. Toynbee, *Animals in Roman life and Art,* Lond. 1973.

Tigranes, König von Armenien (95–55 v. Chr.), Schwiegersohn des → Mithradates, kämpfte für diesen gegen die Römer (→ Lucullus), wurde aber schließlich von Pompeius als König belassen.

Timaios, ca. 346–ca. 250 v. Chr., aus Taormina auf Sizilien, lebte 50 Jahre in Athen und schrieb eine Geschichte Siziliens in 38 Büchern mit zahlreichen geographischen Exkursen. Das auf großer Belesenheit und gründlicher Benutzung der Quellen aufgebaute Werk ist leider bis auf Fragmente verloren.

W: FGrH.

Timgad, lat. *Thamugadi,* das algerische Pompeii, Römerstadt im

Aurèsgebirge (einem Teil des Atlas), 1100 m hoch, auf Befehl des Kaisers Traian in bis dahin unwirtlicher Gegend binnen einem Jahre, 100 n. Chr., erbaut. Im 7. Jh. wurde T. von den einheimischen Berbern zerstört. Seit 1881 haben die Franzosen die Ruinen freigelegt: Aus dem Sand stieg eine sehr eindrucksvolle Stadt mit breiten, sehr gut gepflasterten und kanalisierten „hippodamischen" (→ Stadtanlagen) Straßen hervor, die zum Schutz der afrikanischen Sonne alle → Säulenstraßen sind; hunderte dieser Säulchen sind erhalten. Die Stadt hatte 4 große öffentliche Bäder, im N, S, W und O, dazu viele Privatbäder, ein großes Forum, Theater, eine öffentliche Bibliothek, einen schönen Ehrenbogen (→ Bogen) für Traian, u. a.

A. Ballu, *les ruines de T.*, Paris III 1897–1911; Ch. Courtois, Algier 1951; S. Germain, *Les mosaiques de T.*, Paris 1969.

Timokratie, bei Aristoteles eine besondere Art der Aristokratie, in der die politischen Rechte nicht nach Geburt, sondern nach Vermögen vergeben wurden; → Solon; Solonische Verfassung; Servius Tullius.

Timoleon aus Korinth, rechtschaffener, sittenstrenger Demokrat, Führer der korinthischen Flotte, die 345 v. Chr. den Syrakusanern gegen den launenhaften Tyrannen → Dionysios d. J. Hilfe brachte. Nach dem Sturz des Tyrannen richtete er in Syrakus eine republikanische Verfassung auf gemäßigt demokratischer Grundlage ein. Er kämpfte auch glücklich gegen die Karthager. Dann legte er sein Amt nieder und lebte bis zu seinem Tod hochgeehrt in Syrakus, wo später sein Grab verehrt wurde. Vielleicht stand er unter platonischem Einfluß, der in Syrakus seit Dion lebendig war, und suchte durch seine Politik die Ansicht Platons von dem „Politiker" als „Vater des Volkes" in die Wirklichkeit umzusetzen.

M. Sordi, *Timoleonte*, Palermo 1961.

Timon aus Athen, um 415 v. Chr. als schwieriger Charakter, Einzelgänger und Menschenhasser *(misanthropos)* legendär geworden; Typenfigur des Misanthropen in zahlreichen Lustspielen (→ Menandros), bekannt auch durch Lukians Schrift T. – Titelgestalt bei Shakespeare.

Timon v. Phlius, gr. Philosoph etwa 320–230 v. Chr., war Schüler des → Pyrrhon v. Elis und daher → Skeptiker, auch Verfasser von Spottgedichten.

W: Poetarum Philosophorum Fragmenta, hg. H. Diels, 1901. – *Ü:* W. Nestle, Die Nachsokratiker, 1923.

Tinte ist wohl sicher in Ägypten erfunden worden; in Europa wurde sie zuerst im 2. Jahrt. v. Chr. auf Kreta verwendet. Bei uns ist T. ein Lehnwort aus dem Lat. (*[aqua] tincta* = gefärbtes [Wasser]), weil wir das Schreiben und die Fachausdrücke dafür von den Römern übernahmen; → Buchstabenschrift. – Zu T. gehört sprachlich auch Tinktur; franz. *teint* = Hautfarbe.

Tiresias → Teiresias, ein Seher in Theben.

Tiro. M. Tullius T. war Sklave Ciceros, später von ihm freigelassen und sein Privatsekretär, Biograph und Herausgeber der Briefe und Reden seines Patrons; er entwickelte ein bereits älteres → Stenographie-System weiter fort; diese nach ihm so genannten „Tironischen Noten" (*notae Tironianae,* bestehend aus besonderen Zeichen, die ganze Wörter oder wenigstens Silben verkürzend darstellten) wurden bis in das MA. hinein in Schreibstuben und Kanzleien beibehalten und den verschiedenen Bedingungen angepaßt.

W: A. Schmitz, *Commentarii notarum Tironianarum,* 1893, neu 1968.
L: → Stenographie.

Tiryns, gr. Burg des 2. Jahrt. v. Chr., in der Argolis (Landschaft der Peloponnes), mit der in Mykenai die älteste Burg Europas (der jetzt noch in Resten erhaltene Palast wurde an Stelle älterer Bauten im 13. Jh. v. Chr. errichtet), ein Bauwunder infolge der → kyklopischen Mauern, aber auch sonst durch die klug durchdachte Festungsanlage (nur durch Hunger oder Verrat, sonst nicht einzunehmen), auch durch den einstigen reichen Schmuck (Reste im Archäolog. Nationalmuseum in Athen). T. ist als Nebenburg zu Mykenai zu denken, besonders zur Überwachung der Küste angelegt; in Kriegszeiten zogen sich die Bewohner der (erst z. T. freigelegten) Siedlung in die Fluchtburg zurück, die sich im Norden an den Palast anschloß. Burgfläche 20000 qm (Mykenai 30000 qm). Verlassen am Ende des 2. Jahrt. v. Chr., 468 v. Chr. von den Argeiern zerstört, soweit das möglich war; später nicht weiter beschädigt, weil die schweren Blöcke niemand wegschleppen kann. 1884/1885 von Schliemann und Dörpfeld freigelegt, später von Deutschen noch näher erforscht, mit reichen neuen Erkenntnissen über die Baugeschichte und die Festungsanlage.

H. Schliemann, T., 1886; G. Rodenwaldt, K. Müller, T., Ergebnisse der Ausgr. IV 1912–1938, Band V, hg. U. Jantzen, 1971; G. Karo, Führer durch T., Athen [2]1934; W. Voigtländer, Athen 1972.

Tisch, gr. *trapeza* = vierfüßig. Neugr. *tr.* = T., Bank (als Geldinstitut; → Bankwesen). Trapez (Turngerät), mit auffälligem Bedeutungswandel. – Lat. *mensa* = „die abgemessene" Mahlzeit?; *tabula,* das als „Tafel" ins Deutsche übergegangen ist, findet sich im Altertum noch nicht in der Bedeutung T. – Die Germanen kannten nach Tacitus (*Germania* 22) T., und zwar für jeden Speisenden einen. Das Wort T. ist Lehnwort von gr. → *diskos.*

Titanen, in der gr. Religion die zwölf Kinder des zuerst entstandenen Himmels (Uranos) und der Erde (Gaia → Ge), darunter Okeanos, Hyperion, Iapetos, Kronos und Thetys. Die Kinder des Kronos, die Kroniden, an deren Spitze → Zeus stand, unterwarfen die T. und sperrten sie in den Tartaros ein. Die T. verkörpern die Auflehnung gegen das Regiment der olymp. Götter; hinter ihnen glaubte man früher das verdrängte Göttergeschlecht der vorgriech. Bevölkerung zu sehen, doch hat die hier geschilderte Ablösung mehrerer Göttergenerationen (Uranos – Kronos – Zeus) ihre Vorbilder in sehr alten Göttersagen des Vorderen Orients (Hethiter, Churriter).

F. G. Jünger, Die T., 1944; J. Dörig, O. Gigon, Der Kampf der Götter und T., 1961.

Titel entwickelten sich (schon unter den Diadochen? und) bei den

Römern, zuerst *vir consularis* = ehemaliger Consul, bei Cicero schon *vir clarissimus* als T. für Senatoren, dann in der römischen Kaiserzeit je später, desto reicher; z. B. *Vestra excellentia* = „Eure Ausgezeichnetheit"; am meisten im byzantinischen Reich. Von Konstantinopel gingen die T. mit dem → Hofzeremoniell auf das übrige Europa über. – Schon bei Homer findet sich statt der Bezeichnung eines Menschen mit seinem Namen eine solche nach einer rühmenswerten Eigenschaft, z. B. statt Priamos: *bie Priamoio* = Kraft des Pr. Das wurde die Grundlage einer besonderen Art von T., die sich z. T. noch erhalten haben, z. B. (lat.) *Tua celsitudo* = Deine Erhabenheit, *Tua maiestas* = Deine Größe, *Tua magnificentia* = Deine Großartigkeit; → duzen. Die Dekane mancher deutschen Universitäten wurden früher mit Ew. Spektabilität angeredet; *spectabilitas Tua* = Deine Ansehnlichkeit findet sich schon im späten Altertum.

Titus. Titus Flavius Vespasianus, 39 n. Chr. geb., begann seine militärische Laufbahn schon einige Jahre, ehe sein Vater Vespasian Kaiser wurde. Dieser konnte ihm die Beendigung des jüdischen Krieges übertragen, als er selbst nach Rom aufbrach, um Kaiser zu werden. Es gelang T. 70 n. Chr., Jerusalem trotz tapferster Gegenwehr einzunehmen. Der Tempel ging in Flammen auf, die ganze Stadt wurde zerstört. Das Denkmal dieses Sieges ist der in Rom erhaltene Titusbogen (→ Bogen). Nach Vespasians Tod (79) wurde T., der schon seit 70 Mitregent war, Kaiser. Er war ein so wohlmeinender, edler Fürst, daß die bewundernde Liebe der Zeitgenossen ihn die „Wonne des Menschengeschlechts" nannte; (→ *diem perdidi*). Diese Milde zeigte er besonders durch seine Hilfe bei dem Ausbruch des Vesuvs 79. Gest. 81 am Fieber. Zahlreiche Büsten erhalten, eine Statue im Nat.-Museum in Neapel. Biographie von Sueton. – → Colosseum.

M. Fortina, *L'imperatore Tito,* Turin 1955; M. Wegener, Die Flavier, 1966

Tivoli, früher → Tibur; auch → Hadrian.

Todesgott → Hades; **-göttin** → Persephone.

Todesstrafe → Strafen.

toga → Kleidung. Anziehen einer *t.*: man nehme ein sehr großes Tischtuch bei einem Zipfel in die l. Hand, halte es über die l. Schulter auf den Rücken, greife es mit der r. Hand, führe es vom Rücken her vor der Brust vorbei und werfe es über die l. Schulter. Eine ganz richtige röm. *t.* ergibt das allerdings noch nicht, denn diese war besonders zugeschnitten. – *t. praetexta,* mit Purpur verbrämt; → Drama; Kandidat.

L. M. Wilson, *The Roman toga,* Baltimore 1924.

Tomis (gr.), milesische Kolonie am Schwarzen Meer, südlich der Donaumündung, heute Konstanza, rumän., bedeutender Hafen, Seebad; mit einem Denkmal → Ovids, der dort in der Verbannung lebte.

Totenfeiern, -fest. Die Leiche erhielt den Charonsgroschen (→ Münzen im Munde), wurde aufgebahrt, beklagt, dann beigesetzt oder verbrannt; → Leichenfeier.

Nach der → Bestattung fanden an drei verschiedenen Tagen T. mit Schmäusen, bei Homer und den Etruskern (ursprünglich auch den Römern) mit Kampfspielen statt; ferner jährlich ein Totenfest zum Gedächtnis aller früher Gestorbenen; → Seele; Grab; Caecilia Metella; Mausoleum. Toten-Maske: Manchen vornehmen Toten der mykenischen Zeit (→ kretisch-myk. Kultur) wurde das Gesicht mit einer T. aus dünnem Goldblech bedeckt. Da sich statt der T. auch Goldplättchen finden, die nur den Mund verschließen, sollte die T. ursprünglich wohl verhindern, daß die Seele als Hauch aus dem Munde des Toten entweicht (→ Seele). Statt der T. benutzten die Griechen in Ägypten Porträts, → Bilder. Die wächsernen T. vornehmer Römer wurden nicht ins Grab gelegt, sondern blieben im Hause der Nachkommen; → *ius imaginum*.

Tragödie (→ auch Drama). Der Name bedeutet sicher „Bocksgesang" (gr. *tragos* = Bock, *ode* = Gesang). Über die Entstehung dieses sonderbaren Namens gibt es mehrere Hypothesen, von denen keine völlig überzeugt. „Gesang der Böcke", d. h. von Bauern, die Chortänze aufführten. Deren Entstehung leitet man her aus dem → Dithyrambos, bei dem die Entwicklung zur Heldenballade greifbar ist, die ihrerseits im dialogischen Aufbau den uns bekannten frühen Tr. schon nahestehen. Die Sänger kleideten sich in Bocksfelle, wobei man an die dem Dionysos folgenden Satyrn dachte. Aus diesen Gesängen stammen sowohl Dithyrambos u. Tr. als auch Satyrspiel u. Komödie: sie sind „Gewächse aus derselben Wurzel" (Lesky). Später zogen diese Lieder den Heldenmythos an sich; die Hinzuziehung des Sprechverses in Form eines Vorspruches brachte es mit sich, daß der Sprecher mit dem Chorführer ins Gespräch kam. Erst von hier an kann von dramatischer Gestaltung gesprochen werden (534 v. Chr., → Thespis). Einige Dichternamen sind: Pratinas, Choirilos, Phrynichos. Die Blütezeit der Tr. war das 5. Jh. v. Chr., die klassischen Vertreter waren Aischylos, Sophokles und Euripides. Nach dem Tod der beiden letzten (406) fehlte es zwar nicht an neuen Stücken. Doch ist von den zahlreichen späteren Tr. wenig erhalten; sie wurden offenbar vergessen, weil sie die frühere Höhe nicht erreichten. Dagegen wurde es um die Mitte des 4. Jhs. üblich die Klassiker wieder aufzuführen (1. Wiederholung 386; → Aristophanes, *Frösche*).

Eine wirkliche Handlung ließ sich mit dem einen → Schauspieler, den es ursprünglich nur gab, nicht darstellen; dies wurde erst möglich, als Aischylos den 2. Sch. hinzufügte. Damit trat neben den Chortanz, der bisher die Hauptsache war, eine von den Schauspielern ausgeführte dramatische Handlung, die den Chor zurückdrängte. Damit hatte die Tr. ihre klass. Form nach Inhalt und Aufführung durch Aischylos erhalten; die späteren Dichter haben nur Unwichtiges geändert. Lediglich der Chor trat immer mehr zurück, war in der hellenistischen Zeit nur noch Beiwerk und verschwand später ganz. Schillers Versuch, dem Chor in der Tr. wieder eine Rolle zuzuweisen

(Braut v. Messina), wurde zunächst nicht nachgeahmt, doch erfüllt der Chor in Dramen einiger moderner Autoren wieder eine wichtige Rolle (Eliot, *Mord im Dom;* Frisch, *Biedermann u. d. Brandstifter;* Dürrenmatt, *Besuch d. alten Dame*). Die Stoffe wurden in der klassischen Zeit im wesentlichen der Mythologie entnommen. Phrynichos und Aischylos *(Perser)* haben sich vergeblich bemüht, auch zeitgenössische St. einzuführen. Den ganzen Sagenstoff, den der Dichter behandeln wollte, verteilte er auf 3 Tr.; denn er mußte mit einer Trilogie und einem → Satyrspiel auftreten. In manchen Trilogien war freilich nicht der genau gleiche Sagenstoff behandelt; ferner begann Sophokles damit, auch drei Einzeldramen mit in sich abgerundeter Handlung aufzuführen. – (Die vielzitierten Einheiten von Ort, Zeit u. Handlung stammen aus den Forderungen der franz. Klassiker. Aristoteles, *Poetik* 6. Kap., fordert nur die Einheit der Handlung.) Eingeleitet wurde die Tr. durch einen Prolog, durch den ein Schauspieler in die Handlung des Stückes einführte. Ihm folgte die *Parodos,* der Einzug des Chores meist in Marschrhythmen (→ Anapäst) gedichtet. Dann kamen die → *Epeisodia,* in denen sich die Handlung des Stückes entwickelte. Sie wurden durch → *Stasima* unterbrochen, Lieder des Chores, die den Dialog in Akte teilten. Den Abschluß bildete die *Exodos,* der Ausmarsch des Chores. Eine besondere Feinheit der Dialogpartien stellte der *Kommos* (eig. Klagelied) dar, ein Duett zwischen der Hauptperson und dem Chor, in lyrischen Versmaßen, das gewöhnlich am Höhepunkt eingelegt wurde. Manchmal steigerte sich die Unterhaltung zur → Stichomythie. – Auf die ernste Trilogie folgte ein heiteres → Satyrspiel.

Während es die Römer in der Komödie zu zwar nicht völlig selbständigen, aber in ihrer Art doch bedeutenden Leistungen brachten (→ Plautus; Terenz), haben sie die Tr. nicht weiterentwickelt, sondern blieben darin ganz von den Griechen abhängig. Die einzig erhaltenen röm. Tr. waren wahrscheinlich nicht zur Aufführung bestimmt, sondern nur zum Lesen; (→ Seneca); vor allem war die röm. Tr. niemals in eine Kultfeier eingebettet. – Nach dem Ende des MA., das wenig Sinn für tragische Erfahrungen besaß, kam eine neue Blüte der Tr. erst mit Shakespeare und den franz. Klassikern (vor allem Corneille und Racine), die sich auch in formaler Hinsicht wieder stärker an die griech. (Euripides) und röm. Tr. (Seneca) anschlossen. An der deutschen Tr. ist seit Lessing eine vielfältig-reiche Entwicklung abzulesen, die von den Welterfahrungen verschiedener Epochen geprägt wurde. Bei aller Entfernung vom gr. Vorbild ist auch die moderne Tr. nie völlig von jenen Modellgestalten losgekommen, deren existentielle Grenzsituationen und tragische Konflikte am Anfang der europ. Theatergeschichte stehen.

Von der im 17. Jh. wiederbelebten antiken Tr. waren auch starke Einflüsse auf das sich entwickelnde europ. Musiktheater ausgegangen: Sowohl Gluck im 18. als auch Wagner im 19. Jh. nahmen Anregungen auf, die sie aus dem

Studium der gr. Tr. gewonnen hatten. – Das für die gr. Tr. charakteristische Zusammenspiel von Wort, Musik und Tanz fordert das moderne Theater zu immer neuer, experimenteller Auseinandersetzung heraus, doch kann die authentische Spielform wegen des fast totalen Verlustes der gr. → Musik nicht mehr wiederhergestellt werden.

W: Fragment-Sammlungen: *Tragicorum Graecorum Fragmenta* (TGF), hg. A. Nauck, ²1889, neu 1964; *Tragicorum Graecorum Fragmenta* (TrGF), hg. B. Snell, bisher I 1971; *Tragicorum Romanorum Fragmenta* (TRF), hg. O. Ribbeck, ²1898, auch neu als *Scaenicae Romanorum poesis,* II 1962.

L: U. v. Wilamowitz, Einl. i. d. att. Tr., 1889, neu 1959; W. Schadewaldt, D. ant. Tr. auf d. modernen Bühne, 1957; H. Schrekkenberg, Vom Werden d. gr. Tr. aus d. Tanz, 1960; A. M. Webster, *Words, Music and Dance,* London 1960; A. Pickard-Cambrigde, *Dithyramb Tragedy and Comedy,* Oxf. ²1962; H. Patzer, Die Anfänge der gr. Tr., 1962; K. v. Fritz, Antike u. moderne T., 1962; M. Pohlenz, D. gr. Tr., ³1964; W. H. Friedrich, Vorbild u. Neugestaltung, 1967; K. Hamburger, Von Sophokles zu Sartre, Gr. Dramenfiguren – antik und modern, ⁴1968; K. Heinemann, D. trag. Gestalten d. Griechen in d. Weltlit., II ²1968; W. Jens (Hg.), Die Bauformen der gr. Tr., 1971; A. Lesky, D. trag. Dichtung. d. Hellenen, ³1972; ders., D. gr. Tr., ⁵1984; S. Melchinger, Das Theater der Tr. (Aisch., Soph., Eurip. auf der Bühne ihrer Zeit), 1974; C. Trilse, Antike u. Theater heute, 1975; G. A. Seeck, Dramat. Strukturen d. gr. Tr., 1984; B. Zimmermann, Die gr. Tr., 1986; Ch. Segal, *Interpreting Greek Tr.,* Lond. 1986; A. Poole, *Shakespeare and the Greek Example,* N. Y. 1987; Ch. Meier, D. polit. Kunst d. gr. Tr., 1988; J. Latacz, Einf. in die gr. Tr., 1994.

Traian. Marcus Ulpius Traianus, der erste Römer aus der Provinz auf dem Thron (geb. 53 n. Chr., Kaiser 98–117). Das Geschlecht stammte aus Italica in Spanien, wo auch Tr. geboren war. Der Vater war unter den Flaviern Legat in Syrien. Dort begann Tr. seine Laufbahn und wurde unter Domitian Statthalter in Obergermanien, wo er den → Limes ausbaute. 97 wurde er vom Kaiser → Nerva, der sich nur als Platzhalter für einen jüngeren, tatkräftigeren Mann ansah, adoptiert und nach dessen Tod Kaiser, der erste Adoptivkaiser (→ Adoption). Seine Regierung war ein großer Segen für das Reich. Im Innern setzte er die Versorgung der Witwen und Waisen, die Nerva begonnen hatte, fort, gründete öffentliche Erziehungsanstalten, erleichterte Handel und Verkehr durch Anlage von Heerstraßen, Kanälen, Brücken, Häfen und Postverbindungen. An den Grenzen trieb er eine tatkräftige Politik. In zwei Kriegen (101/102 und 105–107) besiegte er die kriegerischen Daker im heutigen Siebenbürgen (Bilderfries der Traianssäule, darauf auch die 1070 m lange Donaubrücke mit 20 Steinpfeilern, bei Orsova, abgebildet). In der Dobrudscha legte er einen Limes an, den sog. Traianswall, eine steinerne Mauer, die z. T. beiderseits noch durch Erdwälle gesichert war. Im nördlichen Arabien eroberte er die Städte Bosra und Petra, welche die Handelsstraßen Arabiens beherrschten. Im Orient dehnte er die Reichsgrenzen durch Umwandlung von Armenien, Assyrien und Mesopotamien in röm. Provinzen bis über den Tigris aus. Im Osten ereilte ihn über großen Plänen der Tod bei Selinus in Kilikien. T. war eine der kraftvollsten Persönlichkeiten auf dem röm. Kaiserthron. Das röm. Reich erlangte unter ihm seine größte Ausdehnung. – Über seine Briefe und seine Stellung zum Christentum → Plinius der Jüngere. – Überraschender Fund eines Originalbildnisses 1947 in

Ankara: eine sog. Schildbüste. – Von seiner großartigen Bautätigkeit zeugt noch das einst von prächtigen Hallen umgebene Traiansforum in Rom, das schönste der Kaiserfora. Es wurde 111–114 von dem Architekten Apollodoros aus Damaskus errichtet, und zwar an Stelle eines Hügels, der abgetragen wurde. → Ehrensäule; Forum; Timgad.

W. H. Groß, Bildnisse Traians, 1940; K. Lehmann-Hartleben, Die Tr.-Säule, II 1926; A. Munoz, *Il parco di Traiano*, Rom 1936; A. Passerini, *Il regno die Traiano*, Mail. 1950.

Trasimenischer (od. **Trasumenischer) See,** in Etrurien; → Punische Kriege.

J. Kromayer, G. Veith, Antike Schlachtfelder III, 1912.

Trauerfeier → Totenf.

Traumdeutung war seit alters her ein Versuch, göttl. Einflüsse auf das menschl. Leben zu deuten (→ Orakel). Dazu gab es einen eigenen Berufsstand und eine Spezialliteratur.

B. Büchsenschütz, Traum u. T.deutung im Altert., 1868, neu 1967; P. Frisch, Träume bei Herodot, 1968.

Trauringe → Fingerring. – Trauung → Ehe.

Travestie (lat.-ital.), „Verkleidung" eines ernsten Stoffes durch Wiedergabe in anderer, meist lächerlich-verzerrender Form, im Gegensatz zur →Parodie mit meist harmlosem, unterhaltendem Charakter. So arbeitete etwa die gr. Komödie und vor allem das → Satyrspiel mit Mythentravestien u. auch -parodien.

tres faciunt collegium, „drei bilden ein Kollegium", d. h. es gehören mindestens drei dazu, um eine rechtsfähige Genossenschaft zu bilden; Rechtsspruch aus den Digesten des → *corpus iuris.*

Treverer. Unter den germanischen Stämmen waren die fortschrittlichsten die Goten, die schon früh die Schrift und das Christentum annahmen, und die T., die, am weitesten nach Westen vorgeschoben, bei Trier, das nach ihnen heißt, wohnten. Sie waren schon von der keltischen Kultur beeinflußt und nahmen dann auch die röm. an. Bedeutende Reste ihrer Steinbauten in einem Tempelbezirk sind im Altbachtal gefunden worden. → Trier.

Tribun (lat. *tribunus*), ursprünglich der Vorsteher einer städtischen →Tribus. Im Laufe der röm. Geschichte wurden verschiedene Beamte als Tr. bezeichnet. Besonders häufig war der Name im → Ständekampf. Die Patrizier wählten von 444 v. Chr. ab mehrere Jahre lang Militärtribunen *(tribuni militum consulari potestate)* statt der Consuln, um die Wahl von plebeischen Consuln zu verhindern. Die Plebs wählte seit 494 v. Chr. Volkstr. *(tr. plebis)*. Dies revolutionäre Amt wurde später weiter ausgebaut und zu einer ständigen Einrichtung. Die Tr. waren Beamte zum Schutze der Plebs und hatten das Recht und die Pflicht, jeden Plebejer vor Übergriffen der Patrizier zu bewahren. Ferner hatten sie das Einspruchsrecht (→ *veto*) gegen alle Handlungen der curulischen Beamten, sogar der Consuln und des Senats. Auch konnten sie selbständig Versammlungen der Plebs einberufen und gültige Beschlüsse fassen lassen. Später verhandelten sie auch mit dem Senat. Die Grundlage dieser außerordentlichen Machtfülle war die ursprünglich nur von der Plebs garantierte persönliche Unverletzlichkeit (→ sakrosankt). – In der Kaiserzeit wurde die Machtbefugnis der Tr. mehr und mehr beschränkt. Um 250 n. Chr. erlosch das Amt als solches; das Wort *tr.* bezeichnete seitdem Unterbeamte verschiedener Art. – Als in der italienischen Renaissance die Studien der Antike wieder aufblühten, erhielt der Name neuen Inhalt; Cola di Rienzi, der Tr. Roms; aber seitdem ausgestorben. – Militärtr., *tribuni militum* → Offiziere.

J. Bleicken, D. Volkstribunat, [2]1968.

Tribus, die Stadtteile Roms, ursprünglich 3 (patrizische); daher der Name, zu *tres* = drei. Er wurde auch beibehalten, als er bei höherer Zahl der Tr. sinnlos geworden war; diese wuchs durch die Vergrößerung der röm. Gemeinde und des Stadtgebietes auf 35. Auch die ländliche Umgebung Roms war in Tr. eingeteilt. Als die Bundesgenossen das Bürgerrecht erhielten, wurden die neuen Bürger in die alten Tr. mit eingeschrieben. Die Tr. hatten eigene Versammlungen *(comitia tributa),* in denen ihre besonderen Angelegenheiten beraten, aber auch niedere Beamte, z. B. die → Quaestoren, gewählt wurden.

triclinium → Mahlzeiten.

Trident (Schiller, *Eleusisches Fest*) → Dreizack.

Trier, lat. *Augusta Treverorum,* war schon vor der röm. Stadtgründung ein religiöses u. politisches Zentrum der → Treverer, die schon 57 v. Chr. unter Caesar auf röm. Seite kämpften; die Siedlung wurde um 16 v. Chr. von Augustus als röm. Gemeinwesen unter dem Namen *Aug. Tr.* zusammengefaßt, unter Kaiser Claudius zur *Colonia* erhoben (daher 1984 die 2000-Jahr-Feier). Damit bezeichnet sich T. als die älteste Stadt Deutschlands; dagegen → Mainz. Im Gegensatz zu Mainz u. Köln behielt T. stets den Charakter einer zivilen Siedlung, nicht einer Grenzfestung (Barbarathermen, Amphitheater), es wurde bald Versorgungszentrum für die beiden Rheinarmeen u. hatte besonders enge Beziehungen zum gall. Hinterland. Im Zuge der Reformen des Kaisers Diokletian wurde T. von 286–395 n. Chr. eine der Hauptstädte des Reiches; damals erlebte T. eine Blütezeit, von der zahlreiche Großbauten künden: Zum Palastbezirk gehören der Kernbau des Domes, die Palastaula (oder sog. Basilika, heute Kirche), die Kaiserthermen; es entstanden die steinerne Moselbrücke, der Moselhafen, gewaltige Speicheranlagen; die Porta Nigra, nach neuesten Forschungen bereits im 2. Jh. n. Chr. erbaut, wurde in die Stadtbefestigung einbezogen. Seit dem 4. Jh. n. Chr. ist T. Sitz eines Bischofs, ferner der Zentralverwaltung der nordwestl. Reichsteile mit etwa 2000 Zivilbeamten; es gab dort eine Münzprägestätte. Als die röm. Truppen zum Schutze Italiens abgezogen wurden, nahmen nach mehreren Eroberungen die Franken 460 endgültig Besitz von der Stadt; in der Basilika residierte später ein merowingischer Gaugraf. Die Erhebung T.s zum Erzbistum durch Karl d. Gr. leitete eine neue Aufwärtsentwicklung ein. – T. birgt die eindrucksvollsten Großmonumente der

Antike nördlich der Alpen; neben die antike Tradition tritt untrennbar die christliche. Anschauliche Sammlungen im Rhein. Landesmuseum, im Bischöfl. Museum u. in der Stadtbibliothek. Noch immer kommen beachtliche Funde ans Licht.

J. Steinhausen, Archäolog. Siedlungskunde des Trierer Raumes, 1936; H. Eichler, T., 1952; W. v. Massow, D. röm. T., 1956; Aus d. Schatzkammer des antiken Tr., [2]1959; W. Picht, Tr., Geist u. Gestalt, 1966; E. Gose (Hg.), Die Porta Nigra, II 1969; R. Schindler (Bonner Jb.), 1972; W. Reusch, *Aug. Trev.*, [9]1974.

Triere, gr. *trieres;* lat. *triremis,* zu *remus* = „Riemen", d. i. Ruder. – Die Tr. war der häufigste griech. Kriegsschiffstypus in klassischer Zeit; ein leichtgebauter und leichtbeweglicher „Dreiruderer". Schiffsbau-Werkstätten wurden im → Peiraieus ausgegraben. Nachbauversuche bereits seit 1861, erfolgreich aber erst seit 1980: Stapellauf der „Olympias" 1987 mit 37 m Länge, 5 m Breite, Tiefgang 1,5 m, zwei Segeln und 170 Ruderern auf drei Ebenen. Einst kamen 20 Matrosen hinzu und ein Dutzend Seesoldaten. → Flotte; Schiffsbau; Seeschlacht.

L. Casson, *Ships and Seamanship in the Ancient World,* 1971; J. S. Morrison, J. F. Coates, Die athen. Tr., d. 1990.

Triglyphen → Metopen.

Trilogie → Tetralogie; Tragödie.

Trimeter → Iambus.

Tripolitanien in Nordafrika, im röm. Altertum eine blühende, reiche Provinz mit den prächtigsten Bauten. Rückgang unter den → Vandalen, die, um den Widerstand der Römer gegen ihre Herrschaft unmöglich zu machen, die Stadtmauern einreißen ließen, damit aber die Städte den Plünderungen der Berber preisgaben. – Tripolis, „Dreistadt", aus den Teilen Oea, Sabratha und → Leptis gebildet.

R. Bartoccini, *Le antichità della Tripolitania,* Mailand 1926; D. E. L. Haynes, *The Antiquities of Tripolitania,* [4]1965.

Tritogeneia, Beiname der Athena, unerklärt; alle antiken und modernen Deutungen sind unsicher.

Triton, Sohn des → Poseidon, ein Meeresgott, später vervielfacht und den → Nereiden zugesellt und gern als Brunnenfigur verwendet.

E. Buschor, Meermänner, 1941.

Triumph. Dem röm. Feldherrn konnte nach siegreich beendetem Krieg, wenn in einer Schlacht mindestens 5000 Feinde gefallen waren, als höchste Ehrung vom Senat der *triumphus* (Grundbedeutung unklar; von gr. *thriambos* = Festzug?) bewilligt werden, ein prunkvoller Festzug vom Marsfeld aus durch die Stadt zum Forum und von da zum Capitol. Voran schritten Senat und Magistrate; dann folgte in langem Zuge die Kriegsbeute: eroberte Waffen und Feldzeichen, Kunstschätze, plastische Modelle der genommenen Festungen und Schiffe, Gemälde, auf denen das unterworfene Land oder ganze Schlachten dargestellt waren; schließlich die goldenen Kränze und anderen Ehrengaben für den Feldherrn. Vor dem Triumphwagen wurden festlich geschmückte Opfertiere und die vornehmsten Gefangenen, oft Könige und Fürsten, geführt; dann kam der triumphierende Feldherr selbst, auf einem von vier weißen Rossen gezogenen Prunkwagen stehend, in goldgesticktem Purpurgewand, das elfenbeinerne Adlerszepter in der Hand und Lorbeer auf dem Haupte, gleichsam die Verkörperung des siegreichen Iuppiter, dem der Tr. eigentlich galt. Den Schluß des Zuges bildete das lorbeergeschmückte Heer, das Ruhmeslieder oder auch ausgelassene Spottverse auf seinen Feldherrn sang. Auf dem Capitol wurde der Lorbeerkranz des Triumphators im Iuppitertempel niedergelegt und ein Dankopfer dargebracht; Festmahl, Beschenkung und Bewirtung von Heer und Volk beschloß die Feier. Ursprünglich dauerte der Tr. einen Tag, später mehrere. In der Kaiserzeit nahm der Kaiser das Recht des Tr. allein für sich in Anspruch, während seine siegreichen Generäle durch die Triumphinsignien, d. h. Ehrengewänder, Elfenbeinstab, Lorbeerkranz u. dgl. ausgezeichnet wurden. – *ovatio* (zu *ovare* = jubeln), der kleine Tr., bei dem der Feldherr nicht im Wagen und mit Lorbeer, sondern zu Fuß oder zu Pferd und mit einem Myrtenkranz einherzog. – Ohne Bewilligung des Senats und auf eigne Kosten konnte ein siegreicher Feldherr einen Tr.-Zug auf den Mons Albanus *(Monte Cavo)* bei Rom veranstalten. – Viele Tr.-Züge wurden durch ihren Glanz berühmt, besonders der des Aemilius Paullus nach der Schlacht bei Pydna 168 v. Chr. – → Bogen.

P. St. R. Payne, *The Roman Triumph,* Lond.–N. Y. 1963; E. Künzl, D. röm. Tr., 1988.

Triumvirat, eine Kommission von drei Männern zur Erledigung politischer oder religiöser Angelegenheiten, wurde in Rom oft eingesetzt. Davon ist das Tr. im speziellen Sinne zu scheiden, bei dem die Drei nicht gewählt wurden, sondern sich nach eigenem Entschluß zusammentaten; man bezeichnet dieses Tr. besser als Dreibund. Das erste „Tr.", das Caesar, Crassus und Pompeius schlossen, war eine private Verabredung, die eine gesetzliche Bestätigung weder suchte noch fand. Der Abschluß des Bundes ist nicht genau zeitlich fixierbar (wohl 60 v. Chr.). Die Bedeutung, die er tatsächlich gehabt hat, erhielt er durch die Macht der 3 Männer und dadurch, daß sie sich in allen Dingen in die Hände arbeiteten. In Luca (heute Lucca in Toscana) wurde der Bund 56 noch fester geknüpft. Pompeius und Crassus wurden für 55 Consuln, Pompeius erhielt dann Spanien, Crassus Syrien auf 5 Jahre (54–50). Crassus fiel bei Carrhae gegen die Parther. Zwischen Pompeius und Caesar brach der Bürgerkrieg aus (49–45). Das (zweite) Tr. schlossen Octavian, Lepidus und Antonius. Dieses wurde nachträglich gesetzlich sanktioniert; durch Gesetz vom 27. Nov. 43 wurde den 3 Männern consularische Amtsgewalt zur Wiederherstellung des Staates übertragen *(III viri rei publicae constituendae consulari potestate)*. Die Hauptaufgabe, die O. und A. übernahmen, war die Niederwerfung der Caesarmörder; L. trat dazu sein Heer ab. Während A. in den Armen → Kleopatras die Zeit vergeudete, schuf O. im Westen, besonders gegen Sextus Pompeius, Ordnung. L. wurde 36 durch O. seiner Würden entkleidet. Bald darauf kam es zum Kampf zwischen O. und A. Das Jahr 33 wurde schon von O. im → *Monumentum Ancyranum* als das Ende des 2. Tr. bezeichnet.

trivial (zu tres = 3, via = Weg gehörig). Als Trivium, als elementare Unterstufe der Wissenschaft bezeichnete man nach → Cassiodor im Mittelalter die 3 freien Künste der Grammatik, Dialektik und Rhetorik, also die „niedrige" Vorstufe der → 7 freien Künste.

Trochäus, gr. *trochaios,* der Versfuß (→ Metrik) –◡, eigentlich „der laufende", weil trochäische Verse glatt dahinrollen. Damit kommen sie der gesprochenen Rede nahe, aber nicht so sehr wie die iambischen (→ Iambus); sie sind etwas lebhafter, auch lustig: *Cras amet, qui nunquam amavit; quique amavit, cras amet!* „Sei verliebt, wer nie geliebt hat; wer geliebt hat, sei verliebt!" (Refrain des *Pervigilium Veneris,* des „Nachtfests der Venus").

Troia, auch *Ilion* (oder bei Homer *Ilios*) genannt, ist eine uralte Stadt an der NW-Ecke Kleinasiens, schon sehr früh bewohnt, auf einem Hügel etwas abseits vom Meer, so daß sie den Angriffen feindlicher Schiffe nicht unmittelbar ausgesetzt war, aber das Meer, d. h. die Einfahrt in die Dardanellen, beherrschte. Wegen der günstigen Lage blühte die Stadt auf, wurde von Feinden immer wieder geplündert u. zerstört, aber aus dem gleichen Grunde immer von neuem besiedelt. Um die Mitte des 3. Jht. v. Chr. war T. ein Umschlagplatz für den Metallhandel; Güteraustausch bestand mit den Inseln, dem griech. Festland u. der ganzen kleinasiat. Küste. Die Brandschicht, die → Schliemann bei seinen berühmt gewordenen Ausgrabungen 1870 für die Reste des homerischen Troia hielt, gehört zu einer zweiten Burg; insgesamt unterschied Dörpfeld später neun verschiedene Schichten der Bebauung, deren letzte der hellenist.-röm. Zeit angehört. Amerikanische Ausgrabungen 1932–38 differenzierten durch spezialisierte Untersuchungsmethoden über 40 solcher Schichten. Die zeitliche Abfolge der z. T. sehr alten Schichten („Troia 0" schon im 4. Jahrtausend vor Chr.!) ist auch durch längere deutsche Grabungen seit 1988 noch immer nicht endgültig geklärt. Diese Grabungen galten dem Burgberg und der Unterstadt und legten eine Verteidigungsmauer und Reste von Gebäuden frei, die der Phase Troia VI zuzuschreiben sind. Diese Burganlage, die Homer anscheinend gekannt hatte, fiel vermutlich einem Erdbeben zum Opfer. Eine alsbald wieder aufgebaute Burg, Troia VII A benannt, wurde um 1250 vor Chr. durch Brand zerstört; eine Schicht VII B läßt neue Einsiedlung erkennen; nach Zerstörungen wurde der Siedlungsplatz jeweils bald wieder bewohnt. „Die VI. Burg ist das Troia Homers, aber ihre Zerstörung durch die Griechen ist nicht historisch. Die Überwältigung von Tr. VII A stellt sich dagegen in eine Reihe mit den ungefähr gleichzeitigen Zerstörungen in Griechenland" (F. Matz); T. ist also ebenso wie das mykenische Kulturgebiet von der → Ägäischen Wanderung erfaßt worden; das Ende dieser Katastrophe ist der Fall von → Mykenai um 1150 vor Chr. → Seevölker; Dorier; Zeittafel S. 832). Die endgültige Klärung der Lage steht also noch

aus. Antike Gelehrte setzen den Fall des homerischen T. ins Jahr 1184 v. Chr., haben also nicht ganz so falsch gerechnet.
Besichtigungsreisen nach T. gehörten schon im Altertum zum guten Ton, auch Alexander d. Gr. machte einen Besuch dort. Der Ort geriet in Vergessenheit, bis Schliemann in seinem unbeirrbaren Glauben an Homer den Spaten in Hissarlik ansetzte u. T. freilegte. Wenig eindrucksvolle Reste: Burgmauern, eine Rampe führt zu einem Tor. Die Funde (sog. Schatz des Priamos) lagen bis 1945 in Berlin, seitdem in Moskau.

H. Schliemann, T., 1884; W. Dörpfeld, Troia u. Ilion, II Athen 1902, neu Osnabr. 1968; C. W. Blegen, *Troy,* VIII Princeton 1950–58; ders., *Troy and the Trojans,* Lond. 1963; F. Matz, Kreta, Mykene, T., [2]1963; M. I. Finley, *Schliemann's Troy 100 years after,* Oxf. 1975; M. Wood, D. Krieg um T., 1985; E. Zangger, Ein neuer Kampf um Troja, 1994.

Troia-Burgen → Labyrinth.

Troischer Krieg, nach antiker Angabe 1194–1184 v. Chr., ein Kampf der Griechen gegen die Troer, Bewohner der Stadt Troia, sollte nach der Sage dem Gr. Menelaos seine ihm von dem Tr. Paris geraubte Gattin → Helene wiedergewinnen. Hauptheldren der Griechen: → Agamemnon, Gemahl der Klytaimestra, den die Gr. zum obersten Führer wählten; sein Bruder Menelaos; Achilleus (lat. *Achilles*), der tapferste; der greise Nestor, der erfahrenste; Odysseus (lat. *Ulixes*), der schlaueste; der große und der kleine Aias; Diomedes. Die Troer wurden nicht von dem greisen Könige Priamos (seine Gattin → Hekabe), sondern von deren ältestem Sohne Hektor geführt (dessen Gattin Andromache); neben dem tapferen H. erscheint Paris, der den Krieg verschuldet hatte, als feig und weibisch. – Zur Vorgeschichte: Von → Eris gereizt, hatten die Göttinnen Hera, Athena und Aphrodite sich einem Schönheitswettbewerb gestellt und zum Schiedsrichter → Paris gewählt; aus dessen Entscheidung ergab sich eine erbitterte Feindschaft zwischen den Göttinnen und den meisten anderen Göttern, die damit teils für, teils gegen Paris und Troia Partei ergriffen und das Kriegsgeschehen beeinflußten; die Troia-feindliche Partei behielt endlich die Oberhand. – Die griech. Fürsten, durch den Eid der Freier zum gemeinsamen Rachezug verpflichtet, belagerten 9 Jahre lang Troia vergeblich; im 10. Jahr brach ein Streit aus zwischen Agamemnon und Achilleus; diese Episode wird in der *Ilias* geschildert (Homerische Dichtung 1), während die späteren Ereignisse nach dem Tod des Achilleus dem → Epischen Kyklos entnommen werden können: → Philoktetes kann Paris zwar töten, die Stadt jedoch fällt schließlich erst durch eine List: Odysseus läßt das hölzerne Pferd bauen, das von den verblendeten Troern in die Stadt gezogen wird (→ Kassandra; Laokoon); durch die in die Mauer geschlagene Bresche dringen die Griechen in die Stadt ein und vereinigen sich mit den Helden, die im Inneren des Pferdes verborgen waren; die Sieger wüteten grausam, von den Besiegten entkam lediglich → Aineias. – Die Griechen haben an der Geschichtlichkeit des Tr. Kr. nie gezweifelt; → Frühgeschichte. In der Neuzeit hielt man ihn nicht für historisch. Die Sachlage änderte sich von Grund aus durch → Schliemann; aber es dauerte lange, bis dessen Entdekkung sich auswirkte. Denn auch Schl. verfuhr zunächst ganz unkritisch. Durch die Mitarbeit von Dörpfeld wurde es aber unbezweifelbar, daß im allgemeinen die Sage vom tr. Kr. einen historischen Hintergrund hat; Zweck des Krieges war Festsetzung der Griechen an den Dardanellen. Inwieweit freilich in vielen Einzelheiten ein historischer Kern vorliegt, ist noch zu untersuchen. – Dichterisch verarbeitet sind alle diese Ereignisse in verschiedenen Epen (→ Homerische Dichtung 1; *Kypria;* Quintus Smyrnaeus; Vergil) und zahlreichen Dramen (zum Kriegsende besonders die *Troerinnen* des Euripides, nach ihm von Seneca, später von F. Werfel, 1915, und J. P. Sartre, 1965); unter anderen Dramatisierungen die von H. Sachs, 1555, J. Giraudoux, 1935; Opernfassung von H. Berlioz, 1890. Künstlerische Darstellungen schon auf Wandgemälden in Rom (Haus der Livia, Palatin) und Pompeii (jetzt im Nat.-Mus., Neapel), später von Malern aller Zeiten (Carracci, Elsheimer, Tiepolo, Corinth).

E. Bethe, Die Sagen vom Tr. K., 1927; A. Alföldi, Die trojan. Urahnen der Römer, Basel 1957; M. R. Scherer, *The legends of Troy in art and lit.*, N. Y. 1964; H. Weigel, Der Trojan. Krieg, 1970.

Trojanisches Pferd: Auf Anraten des Odysseus bauten die Griechen ein großes, hölzernes Pferd, in dessen Bauch sich 30 Helden versteckten; als die getäuschten Troer das angebliche Denkmal gegen den Rat des → Laokoon in die Stadt gezogen hatten, war ihr Schicksal besiegelt: In der Nacht entstiegen die Griechen ihrem Versteck und vereinigten sich mit dem von außen herankommenden Heer. – Daß das Pferd eine Symbolfigur für den Gott → Poseidon darstellen soll, der Troia durch Erdbeben oder Flutwelle zerstört habe, ist der eigenwillige Versuch einer Interpretation dieser Geschichte. – Das Tr. Pferd bezeichnet seitdem sprichwörtlich die Gefahr, die Verblendete sich selbst in Haus holen.

F. Schachermeyr, Poseidon ..., 1950.

Troß. Dem griechischen Heer folgte ein gewaltiger T., der ihm an Zahl mindestens gleich war; er bestand aus Gepäckträgern und Schildknappen für die Schwerbewaffneten, Trompetern, Herolden zur Vermittlung der Befehle und des Verkehrs zwischen den feindlichen Heeren, Sehern, die vor dem Kampfe das übliche Opfer darbrachten, Ärzten und Marketendern; dazu kam für den Transport des großen Gepäcks, besonders des Kriegsmaterials, des Proviants und der Zelte eine große Menge Last- und Zugvieh, bei den Söldnerheeren namentlich der hellenistischen Zeit oft sogar noch Weiber und Kinder. Auf dem Marsche zog der Tr. hinter dem ganzen Heer; in der Nähe des Feindes nahm man ihn gern in die Mitte.

Die Römer suchten den Troß möglichst zu entlasten; besonders Caesar duldete bei seinen schnellen Märschen keine große Tr.-kolonne (*impedimenta,* „Hindernisse"). Infolgedessen war der röm. Soldat mit seinem persönlichen Gepäck schwer belastet. Er trug außer seinen Waffen Lebensmittel, Kochgeschirr, Schanzpfähle, Spaten, Axt und sonstiges Gerät, so daß er 30–40 kg zu schleppen hatte; man befestigte das Gepäck an einer Stange, die man auf die rechte Schulter nahm (*mulus Marianus* → Maultiere), während die Linke die Wurfwaffen hielt, am l. Arm der Schild und vor der Brust der Helm hing. Das schwere Gepäck der Legion, das aus Proviant, Handmühlen, Zelten, Geschützen, Waffenvorräten u. dgl. bestand, wurde auf Lastvieh (besonders Maultieren) befördert; den Troß begleiteten Offiziersburschen, Maultiertreiber, Ärzte, Opferbeschauer, Marketender und Kaufleute, die den Soldaten die Beute abkauften.

Trug-, Fangschlüsse. Zuerst die → Eleaten bezweifelten die absolute Richtigkeit des menschlichen Denkens; die Sophistik bildete mit dem Hinweis auf die Möglichkeit der Tr. und F. diese Zweifel aus. Ein Tr. sucht dem Hörer eine verblüffende Schlußfolgerung aufzuzwingen. „Koriskos ist ein anderer als Sokrates. Sokrates ist ein Mensch. Also ist K. kein Mensch." (Der Fehler liegt darin, daß statt „ein anderer", nämlich Mensch, „ein anderes", nämlich Wesen, eingeschmuggelt wird). „Was du nicht verloren hast, hast du noch. Nun hast du Hörner nicht verloren. Also hast du H." (der „Hörnerschluß", auf den Luther auf dem Reichstage in Worms anspielte). Ein F. sucht den Hörer in eine Enge zu treiben, in der er den Fehler gar nicht finden kann. „Ein Kreter sagt, alle Kreter lügen" (Paulus, *Brief an Titus* 1, 12). Wegen des Gaukelwerks ihrer Tr. und F. werden die Sophisten oft gescholten. Mögen sie aber damit oft nur geblendet haben, um sich ein Ansehen zu geben, so trugen sie doch dazu bei, die Allgemeinheit zum Denken zu erziehen, und veranlaßten in der Wissenschaft Aristoteles' großartige u. grundlegende Untersuchungen über die Gesetze des Denkens; → Aristoteles (der ein Werk *Sophistische Beweise* schrieb); → Logik.

Sokrates ist nicht Sokrates. Klass. Trug- u. Fangschlüsse, dargest. u. aufgelöst von H. Rüdiger, [3]1984.

Tugend. Griech. *arete* bedeutet „Vortrefflichkeit an Körper u. Geist", (ursprünglich nur dem Adel zugesprochen, → *paideia*), auch gute Eigenschaft an Charakter, Gesundheit, Besitz u. Können, z. B. „T." eines Steuermanns. Bessere Übersetzung eigentlich: Tüchtigkeit (vgl. Artikel 148 der Weimarer Verfassung). Bei Platon bedeutet T. die Tauglichkeit der Seele zu dem ihr gemäßen Werke, zu Weisheit, Tapferkeit, Maßhalten und Gerechtigkeit. Lat. *virtus* = Eigenschaft eines *vir,* eines Mannes. An christliche T.en ist bei *arete* u. *virtus* also nicht zu denken.

H. J. Krämer, Arete bei Platon u. Aristoteles, 1959; W. Eisenhut, *virtus Romana*, 1973; E. Brezinka, Tüchtigkeit, 1987.

Tullia, Tochter → Ciceros. Ihr Tod im J. 45 v. Chr. traf den Vater um so schwerer, als dieser schon durch seine Verdrängung aus dem politischen Leben (seit 47, durch das Aufkommen Caesars) sehr verletzt war. C. suchte in der Stille → Tusculums und in angestrengter wissenschaftlicher Arbeit Vergessenheit. Damals entstanden seine philosophischen Schriften.

Tullianum → Carcer M.

Tullus Hostilius, 3. König Roms, bekannt durch die Eroberung von Alba Longa, das zerstört wurde (→ Curiatier.)

Tumulus → Grab.

Tunesien → Nordafrika; Karthago.

tunica → Kleidung.

Tunnels verkürzten schon im Altertum dem Reisenden den Weg über den Berg. Oft legte man auch T. für Wasserleitungen an, wenn zwischen einer guten Quelle und der Stadt ein Berg lag. Meist begann man die T. von zwei Seiten her zu bohren. Das Nivellement hierfür herzustellen war nicht leicht; ob es richtig war, zeigte sich erst im Moment des Durchschlagens. Beim Bau des T. der Siloahwasserleitung in Jerusalem, wohl aus der Zeit des Königs Hiskia (Jes. 22, 11), etwa 700 v. Chr., hielt man die Erinnerung an das Durchschlagen mit einer Inschrift fest, die sich 1880 im Tunnel fand. Nicht gelungen ist das Nivellement bei dem T., den der Ingenieur Eupalinos wohl unter dem bekannten Polykrates auf Samos bohrte und den Herodot III 60 beschreibt (6. Jh. v. Chr.). Er ist noch zugänglich und etwas über 1000 m lang und 1,75 m hoch und breit. In der Mitte kam man beim Durchschlagen nicht zusammen; die Decke des S.-Stollens lag über 1 m tiefer als der Boden des N.-Stollens und dazu etwa 3 m weiter westlich. Aber es ließ sich ein Ausgleich schaffen. Der Tunnel ist heute wieder begehbar (deutsche Ausgrabungen). – Durch einen T. bei Rimini in Italien, aus dem Jahre 76 oder 77 n. Chr., mit Bauinschrift des Kaisers Vespasianus, heute Passo del Furlo genannt, führt noch heute die Autostraße. Berühmte Tunnels in Neapel, unter dem Posilipo, sind die Grotta Vecchia (3. Jh. v. Chr.?), 708 m lang, und die sog. Grotte des Seian (900 m lang); ebenso die Grotta Pace bei Cumae (rund 1000 m lang, von Agrippa erbaut? 1943 beschädigt); ferner auch ein T. von 428 m Länge bei Bejaia/Algerien mit interessanter Bauinschrift von 151 n. Chr. → Emissar; Wasserleitungen. – Der T. hieß im Lat. *forulus* (zu *forus* = Gang; daher Passo del Furlo). – Den Verfall im Mittelalter verdeutlicht der Umstand, daß die Griechen und Italiener auch ihre Wörter für T. vergaßen! Die Neugr. sagen *tuneli,* die Italiener *galleria.*

Turm. Das Wort geht auf lat. *turris* zurück (vgl. gr. *tyrsis,* damit verwandt die Stadt in Kleinasien, welche vielleich die Heimat der *Tyrsenoi* [= Etrusker] war). Wenn man es im Deutschen aus dem Lat. übernahm, so bedeutet dies eine Übernahme auch des T.-Baus an sich aus dem Süden. – Der „T." zu Babel war kein T., sondern eine Art Stufenpyramide. Aus vorgesch. Zeit haben sich im ganzen Mittelmeergebiet Reste und Spuren von Wohntürmen erhalten, die den → Nuragen sehr ähnlich waren. Die ältesten wirklichen T. waren Zweckbauten, vor allem Festungst. und → Leuchtt. Als Schmuck der Fassade wurden sie zuerst im Orient verwendet; die älteste bekannte T.-Fassade, ein Eingang zwischen zwei flankierenden, wenn auch niedrigen „Türmen", findet sich an den Pylonfassaden der ägyptischen Tempel, weiter in Asien, z. B. am Dareiospalast in Persepolis. Doch setzte sich der T. erst in der röm. Kaiserzeit als Schmuck langsam durch. Er findet sich an der Porticusvilla (→ Haus), an den Propyläen des großen Tempels in → Baalbek, an den christlichen Kirchen in Asien (Turmanin), in Europa diesseits der Alpen (Frankreich u. Deutschland, nicht Italien). – T. der Winde in Athen, eine öffentliche Normaluhr, aus dem 1. Jh. v. Chr., 12,8 m hoch, 8seitig, mit Darstellung der acht Hauptwinde, Sonnenuhr (fast ganz zerstört), im Innern Wasseruhr (zerstört).

Turnen → Sport.

Tusculum, (wohl von *Tusci* = Etrusker abgeleitet), uralte Stadt in der Gegend des heutigen Frascati, schon in republikanischer Zeit zu einer Art Vorort Roms geworden, in dem viele vornehme Familien ihre Villen hatten. Am bekanntesten das *Tusculanum,* Ciceros geliebter Landsitz, in den er sich zu wissenschaftlicher Tätigkeit zurückzuziehen pflegte; darum reden wir heute noch vom *Tusculum* als einer Stätte stiller wissenschaftlicher Arbeit. Hier entstanden u. a. 45 v. Chr. seine philosophischen Gespräche über Tod, Schmerz und Glückseligkeit, die *Tusculanae disputationes.*

Tyche (gr.; lat. *Fortuna* = Schicksal, Zufall), wichtige Göttin. Schon Hesiod nennt sie; die Kunst stellte sie mit → Füllhorn und Steuerruder (als Lenkerin des Schicksals), Rad, Kugel und Flügeln dar (weil sie wieder entrollt, entflieht). Besonders verehrt wurde sie, seitdem die Sophisten den Glauben an die anderen Götter zerstört hatten, vor allem in dem Auf und Ab der hellenistischen Zeit; „sie wurde die eigentliche Repräsentantin des Weltlaufs, der in keiner Beziehung zu den ethisch. Gesetzen steht" (Kaerst). Die Diadochen fühlten sich ihr besonders verbunden, und selbst Städte, so Antiocheia am Orontes, wählten sie zu ihrer Stadtgöttin; Kopie einer Bronzestatue dieser T. v. Antiocheia von Eutychides im Vatikan, Rom). Im Namen des guten Schicksals (*agathe* T.) wurde jede wichtige Handlung begonnen. → Schicksal.

A. Doren, Fortuna im MA. u. in d. Ren., 1924; H. Strohm, 1944; T. Dohrn, Die T. v. Antiochia, 1960.

Tyrann. Nichtgr. Wort (karisch oder lydisch?) = Herr, verwandt mit etrusk. *turan* = Herrin und *tyrsis* (griech.) = Burg. – Verfassungswidriger Alleinherrscher → Tyrannis; dort auch über Entstehung der heutigen Auffassung des Wortes T. = grausamer Herrscher. – Die 30 T.en in Athen, der oligarchische Ausschuß, der nach der Revolution von 404 v. Chr. an die Spitze des Staates trat. Unter ihm standen 3000 reiche Bürger, die allein das Vollbürgerrecht erhielten; die anderen waren rechtlos. Im Anfang war → Theramenes der führende Kopf, nach dessen Sturz

→ Kritias. Gestürzt wurden die 30 T. von → Thrasybulos.

Tyrannenmörder → Antenor; Harmodios.

Tyrannis (gr.), die Art der Alleinherrschaft, die in vielen gr. Städten mit einer gewissen Zwangsläufigkeit in der Zeit der entartenden Aristokratie und des aufstrebenden Bürgertums entstand. Das reichgewordene Bürgertum besaß im 7. und 6. Jh. v. Chr. noch nicht die politische Erfahrung, um sich selbst zu regieren. Diesen Umstand benutzte häufig der Führer der Demokraten, meist ein aristokratischer Renegat, um sich zum Alleinherrscher zu machen. (Eine andere Möglichkeit der Regelung war das Aisymnetenamt, das eines zur Beilegung des Zwists zwischen Adel und Bürgern gewählten *Aisymnetes* [gr. = Ordner, Richter], das sich nicht durch die Machtfülle, sondern durch die Gesetzmäßigkeit der Einsetzung von der T. unterschied.) Die gr. Tyrannen fanden sich in der älteren Zeit nur in den wirtschaftlich fortgeschrittenen Städten, in den Kolonien Kleinasiens und Siziliens und den Handelsstädten des Mutterlandes. Sie schützten überall das Volk gegen den Adel und suchten durch einen glänzenden Hof und durch Unterstützung von bildender Kunst und Dichtung Anhänger zu gewinnen. Fast überall waren sie großzügige Förderer der Städte, die durch sie auch für später große Macht gewannen. Die heutige verzerrte Auffassung der T. entstand erst in der Zeit der Demokratie aus prinzipieller Abneigung gegen jede Alleinherrschaft. Die glänzendsten Vertreter waren Kypselos und Periandros in Korinth, Polykrates auf Samos, Peisistratos in Athen, Gelon u. Hieron I. in Syrakus, Thrasybulos von Milet (→ Einzelartikel; Wasserleitung; Tunnel; über Pheidon von Argos → Geld; unter Peisistratos entstand die Tragödie). – Die spätere, sog. 2. T. ist auf sophistischer Grundlage erwachsen; Individualismus und Machtgedanke waren ihre ausschlaggebenden Faktoren. Solche Männer konnten sich im Mutterland (→ Alkibiades) nicht durchsetzen; sie herrschten aber lange in Sizilien, wo die beiden Dionysioi und Hieron II. die Hauptvertreter waren.

A. Andrewes, *The Greek Tyrants,* Lond. 1956; H. J. Diesner, Gr. T. u. gr. Tyrannen, 1960; L. Strauß, Über T., d. 1963; G. W. F. Hallgarten, Dämonen oder Retter?, 1966; H. Berve, Die T. bei den Griechen, II 1967; K. Kinzl (Hg.), Die ältere T. bis zu d. Perserkriegen, 1979.

Tyros, uralte phoinikische Stadt auf einer Insel nahe dem Festland, mit Sidon der Mittelpunkt der politischen und wirtschaftlichen Machtstellung der Phoiniker. Ihre Stärke beruhte auf dem Handel zwischen Mesopotamien und Ägypten. Berühmt war ihre Industrie (→ Glas; Purpur). Die Stadt litt sehr unter den Zügen der Assyrer, zu deren Reich sie lange gehörte, später, bis 538, zum neubabylonischen und seitdem zum persischen Reich. Ihr Mittelmeerhandel ging an die Griechen über. Trotzdem war T. auch später eine große, blühende Stadt und stellte den größten Teil der persischen Flotte. 332 wurde es von Alexander d. Gr. nach

7monatiger Belagerung eingenommen und (nicht ganz) zerstört. Doch hat es sich davon bald wieder erholt. Unter den Römern war es eine freie Stadt. Jesus weilte in der Gegend von T., *Evang. nach Marcus* 7, 24; Paulus in T., *Ap.-Gesch.* 21, 3ff. Noch im Mittelalter sehr wichtig, für fast uneinnehmbar gehalten; 1124–1291 im Besitz der Kreuzfahrer. Unter muslimischer Herrschaft verfallen, heute unbedeutend.

W. B. Fleming, *A history of T.*, N. Y. 1915; A. Poidebard, II Paris 1939.

Tyrtaios. Nach der Sage schickten die Athener im 2. messenischen Krieg den hilfesuchenden Lakedaimoniern nur einen lahmen Schulmeister, T., der aber die L. durch seine Kriegslieder so begeisterte, daß sie die Feinde schlugen. Sicher war T. weder Athener noch Spartaner, sondern Ioner; im 7. Jh. v. Chr. wanderten viele ionische Sänger nach dem Mutterland aus und fanden dort eine neue Heimat. In seinen Gedichten ist T. typischer Spartaner geworden. Seine Lieder *(elegeia)*, in homerischer Sprache, behandeln das spartanische Lebensideal. Sie wurden als Mittel zur Erziehung zu spart. Tapferkeit und Gesinnung sehr beliebt. → Elegie.

W in: Iambi et Elegie, Band II, hg. M. L. West, Oxf. 1972; auch in ALGr. – *Ü:* E. Geibel, Kl. Liederb., 1875; E. Mörike, neu 1960.

Tzetzes, Johannes, ein byzantin. Philologe des 12. Jh., schrieb zahlreiche Kommentare und Materialsammlungen, umfangreich und vielseitig, aber unzuverlässig und unkritisch. Eines seiner → Schulbücher: Die *Chiliades,* über 12000 Verse. → Lehrgedichte.

u. Das griech. Zeichen für u war Y; → Kupfer; Zypresse. Seitdem dies aber zu Ypsilon geworden war, schrieb (und schreibt) man für u oy, was (auch im Neugr.) als u gesprochen wird. Das Lateinische hatte nur den Buchstaben V (nicht U); er war zugleich Vokal (u) und Konsonant (w). Die Scheidung glückte erst lange nach Claudius, und anders, als er sie plante, mit Abrundung des V als Vokal: U. – Aus der Zeit, in der man u noch als V schrieb, stammt die Redensart: ein x für ein u machen, d. h. die Zahl 10 (X) statt 5 (V) einsetzen (auf der Wirtshausrechnung!).

ubi bene, ibi patria (lat.) = „wo (ich mich) wohl (befinde), da (ist mein) Vaterland". In dieser kurzen Fassung finden sich die Worte im Altertum nicht; etwas ausführlicher bei Cic. *Tusc.* V 108. Dem Sinne nach entsprechen sie dem antiken → Kosmopolitismus.

Ubier, lat. Ubii, ein german. Stamm, der sich früh unter röm. Schutz gestellt hatte; die U. besaßen eine zentrale Kultstätte am Rhein: → Köln.

Übermensch Nietzsches → Machtmensch.

Ugarit, Stadt am syrischen Vorgebirge Ras Schamra, bedeutendes Handels- u. Kulturzentrum um die Mitte d. 2. Jahrt. v. Chr.; es unterhielt Beziehungen zu fast allen Kulturen des östl. Mittelmeerrandes, sogar nach Kreta;

möglicherweise bestand dort eine mykenische Kolonie. Interessant ist das dort aufgefundene Archiv (frz. Ausgrabungen seit 1929) von Texten, die in einem besonderen Keilschriftalphabet abgefaßt sind (→ Buchstabenschrift).

R. de Langhe, *Les textes de Ras Shamra-U.*, Paris 1945; S. F. A. Schaeffer, *Ugaritica*, Paris 1939–49; ders., *Le palais royal d' U.*, Paris 1955; F. Gössmann, *Ugaritic Literature*, Rom 1949; H. Haag, Homer, U. u. d. Alte Testament, 1962; O. Loretz, U. und die Bibel, 1990.

Uhr, gr. *gnomon,* lat. *solarium* (Sonnen-U.); gr. *hydor* = Wasser, *horologion* = Stundennenner, lat. *aqua* = Wasser, *horarium* oder bloß *horae* – die Stunden (Wasser-U.). Der Gedanke, die Zeit, d. h. etwas, was man nicht sieht und nicht greifen kann, zu messen, ist eine große Erfindung der Menschen. Sonnen-U.: Man maß die Zeit wohl zuerst in dem fast stets sonnigen Ägypten, indem man die Länge seines Schattens so abschritt, daß man immer Fuß dicht vor Fuß setzte; es hieß also nicht: es ist 7 Uhr, sondern: es ist 7 Fuß. Die Obelisken sind wohl öffentliche U.; man maß die Zeit an der Länge ihres Schattens. Dann erfand man (→ Anaximandros) die Sonnen-U. in der noch heute bekannten Form, in der man die Sonnenstellung mißt; viele Exemplare aus dem Altertum sind erhalten. – Wasser-U. messen die Zeit nach der Menge Wasser, die in einen Behälter einströmt. Eine solche U. war die *klepsydra,* mit der man den Rednern vor Gericht die Redezeit zumaß; ihren auffälligen Namen „Wasserdiebin“ erklärt man damit, daß sich das langsam durch eine dünne Röhre fließende Wasser durch diese hindurchstahl. Die Herstellung solcher Uhren für wirkliche Stundenmessung war bei dem sonderbaren Stundenmaß des gr.-röm. Altertums, bei dem die Länge der Stunde täglich wechselte (→ Siesta), recht schwer. Das Problem wurde von → Ktesibios von Alexandreia verblüffend gelöst: bei täglich gleichmäßiger Wasserzufuhr braucht man nur täglich ein anders graduiertes Zifferblatt hinter den Zeiger zu bringen (der sich bei diesen Uhren nicht dreht, sondern mit dem Wasserstand hebt; er ruht auf einem Korkschwimmer), im Sommer mit langen, im Winter mit kurzen Tagesstunden; wie auch die Auswechslung der Zifferblätter nur mit je einem Fingerdruck vor sich geht, sieht man an der Nachbildung der Ktesibiosuhr im Deutschen Museum in München. – Schlag-U.: Platon erfand eine U., die zu einer bestimmten Zeit pfiff, wenn nämlich automatisch eine größere Menge Wasser plötzlich in einen geschlossenen Behälter stürzte und die Luft aus ihm durch eine an ihm angebrachte Pfeife verdrängte. Oder man ließ in einer Bronzeschale Kerzen abbrennen, in die in Abständen Metallkugeln eingefügt waren; beim Schmelzen des Wachses fielen die Kugeln in die Schale, und die Uhr schlug. – Taschen-U. waren selten. Im Röm.-Germ. Zentralmuseum in Mainz eine Taschensonnen-U., so groß wie eine jetzige T.-U., aus Elfenbein, mit Deckel, in der Mitte mit Düsen, in die man ein Stäbchen (gr. *gnomon*) steckte; an dessen Schatten und den unten angebrachten Strichen maß man die Zeit. Ein griech. Arzt, Herophilos, hatte eine Taschenwasser-U.;

in der Wohnung des Kranken schloß er sie wohl an die (überall vorhandene) städtische Wasserleitung an und maß dann den Puls; sie muß also sehr genau gegangen sein. – Figuren-U., bei denen am Stundenschluß aus Türchen kleine Figuren heraustreten, die tanzen oder kämpfen, sind antik; wir besitzen noch die Beschreibung einer solchen um 500 n. Chr. in Gaza in Palästina aufgestellten Kunst-U. von Prokopios von Gaza. Sie haben sich über das Mittelalter bis heute erhalten. – → Vitruv (U.-Bau). – Die Araber übernahmen die U. sehr schnell. Von den Germanen ließ, soweit bekannt, nur Theoderich in Italien zwei Figuren-U. bauen. Deswegen finden sich U. in Moscheen des Orients in einer Zeit, in der sie in Deutschland nicht vorhanden waren. Die erste U., die wir nach den U. der Römer auf germanischem Boden kennen, war die Figuren-U., die Harun al Raschid Karl d. Gr. zusammen mit dem Abul ul Abbas (→ Reisen) von Bagdad nach Paderborn schickte. Im Mittelalter und besonders in der Renaissance benutzte man Sonnenuhren nach antikem Muster, bis Peter Henlein (1480–1542) die Federuhr erfand („Nürnbergisch Ei"). Die Begriffe Stunde, Minute, Sekunde u. die Wörter dafür haben sich spät u. langsam entwickelt. Das gr. Wort *hora* (danach Fremdwort im Lat., Dt., Engl. u. Frz.) ist erst allmählich auf den Begriff Stunde eingeengt worden. Es bedeutet ursprünglich Jahreszeit, dann die schöne J., der Frühling, dann die Tageszeit, dann $^1/_{12}$ der T. Wir verwenden das Wort in doppeltem Sinne: Stunde (es ist 12 U.); Stundennenner = U. Auch das deutsche Wort St. (wohl zu stehen, Stand, nämlich der Sonne) bedeutete ursprünglich nicht das, was es heute besagt, einen Zeitraum von 60 Min., sondern überhaupt „Zeitabschnitt", "Zeit". Minute, Sekunde sind zwar lat. Wörter, tauchen aber erst seit dem 15. Jh. auf. Dabei liegt eine Sprachwillkür vor. Gedacht ist: *(prima) minuta pars* = (1.) verkleinerter Teil (der Stunde, auf 60 Minuten; → Sexagesimalsystem); *secunda m. p.* = 2. verkl. T. (der Minute, auf 60 Sek.). Weil man nun aber, als man die Minute schuf, noch nicht daran dachte, man würde auch (zweitens) die S. schaffen, nannte man diesen verkleinerten Teil der Stunde eben nur „verkleinerten", M.; als man aber weiter verkleinerte, nannte man den zweitverkleinerten Teil nicht so, sondern nur einfach „zweiten". Einteilung in Minuten und Sekunden nach dem (babylon.) Sexagesimalsystem wird höchstwahrscheinlich arabischen Astronomen (Al Biruni, um 1000 n. Chr.) verdankt; in Europa findet sie sich erst am Ausgang des Mittelalters. – Pünktlichkeit war im Altertum also unmöglich. Caesar läßt nicht „früh 4 Uhr", sondern „um die 4. Nachtwache" marschieren. Bei den Germanen dauerte es gar 2 bis 3 Tage, bis alle zum Thing zusammengekommen waren (Tac. *Germ.*). Damit war auch Zeitausnutzung in unserem Sinne undenkbar.

G. Bilfinger, Zeitmesser d. ant. Völker, 1886; H. Diels, Antike Technik, [3]1924, neu 1965; F. J. Britten, *Old clocks and watches*, London [7]1956; L. M. Loske, Die Sonnenuhren, 1959; E. v. Bassermann-Jordan, U.en, [4]1961.

Ulpianus, Domitius, röm. Jurist um 200 n. Chr., in Rom im höheren Dienst tätig, unter Kaiser Septimius Severus sehr einflußreich, wurde endlich von Prätorianern ermordet; von seinem umfangreichen Werk wurden weite Teile in die Digesten des → *corpus iuris* übernommen; nur geringfügige Teile sind erhalten, darunter ein Buch regulae nur in Auszügen.

W: Hg. u. komm. F. Schulz, 1926.

ultra posse nemo obligatur, „mehr zu tun, als er kann, ist niemand verpflichtet"; latein. Sprichwort, das auf einen Satz des Juristen Celsus im → *corpus iuris* zurückgeht.

Ungarn, im Altertum römisch (→ *Pannonia*), daher mit vielen Resten. *Aquincum* (bei dem heutigen Budapest) ist übersichtlich ausgegraben; Funde in einem schönen Museum.

E. B. Thomas, Archäolog. Funde in Ungarn, Budap. 1956; J. Szilagyi, Aquincum, Bud. 1956; A. Mocsy, *Pannonia* ..., Lond. 1974.

Universitäten fehlten in der klassischen Zeit des Altertums völlig; die Akademie (um 387), der Peripatos (335 gegründet) und die übrigen Philosophenschulen Athens, ja noch das Museion in Alexandreia (→ Museum) stellten nur Anfänge von U. dar. Im späteren Altertum blühten die U. von [Athen,] Rhodos, Beirut (Juristenfakultät), Lyon, Bordeaux (→ Ausonius; auch Bologna?; Gründungszeit unsicher, aber sie ist die älteste aller heute bestehenden). – Im frühen Mittelalter verfielen die U. des Westens, unter den Türken die des Ostens fast völlig und wurden nur für das Allernötigste aufrechterhalten (Ärzteschule in Salerno seit dem 10. Jh.; theologische „U. der Inseln" auf Patmos). Der Niedergang wurde zuerst in Italien wieder überwunden, seit Irnerius um 1100 in Bologna dem Rechtsstudium das *corpus iuris* zugrunde legte und damit dieser U. zu neuer Blüte verhalf (im 10. und 11. Jh. schon Rechtsschule von Pavia). Von Bologna aus hat sich das U.-Wesen verbreitet; 1203 Paris; erste deutsche U. in Prag 1348; Heidelberg 1386; Leipzig 1409; in Griechenland bald nach der Neugründung des Königreichs U. Athen 1837.

F. Paulsen, Gesch. d. gelehrten Unterrichts ..., II ^{3}1919–21, neu 1960; R. Rüegg (Hg.), Gesch. der Universität in Europa, I 1993.

Unsterblichkeit. Die griech. Götter wurden als unsterbl. gedacht, besonders die homerischen (→ Religionen), deren U. mit *athanatoi theoi* = „todeslose G." oft besonders hervorgehoben wird; ebensowohl auch die italischen → *di indigetes*. In der gr. Religion konnte höchstens eine Baum-, Quellnymphe sterben, wenn ihr Baum einging oder die Quelle versiegte. – Denkenden Griechen, die mit der jüdischen Lehre bekannt wurden (→ *Septuaginta*), mußte diese richtiger erscheinen als die eigne. Denn von der Entstehung Jahwes wird nichts gesagt, sondern er wird als von Ewigkeit her existierend gedacht. Wenn dagegen die griech. Götter entstanden waren (→ Theogonie; Titanen), so waren sie doch wohl auch vergänglich. – Andre Religionen des Orients kannten G., die sterben und wieder auferstehen, z. B. Adonis, Osiris; → Mysterien. Die Verehrer dieser Götter wurden um so leichter für das Christentum gewonnen, weil in diesem neben dem ewigen Gott der geborene, gestorbene und wiederauferstandene Sohn steht (→ Christentum; Seele).

G. Pfannmüller, Tod, Jenseits u. U. in der Rel., Lit. und Philosophie der Gr. u. Römer, 1953.

Unterricht → Schulbücher; Schule; marmor Parium.

Unterwasser-Archäologie, ein besonderer Zweig der → Archäol., deren Vertreter mit großem sportlichen Können und hochentwickelten technischen Hilfsmitteln erstaunliche Ergebnisse ans Tageslicht fördern, Einzelfunde, aber auch ganze Schiffe samt ihren Ladungen. Die wichtigsten Funde: 1901 Antikythera, Wrack mit Bronzen und Marmorskulpturen, darunter der sog. Jüngling v. A. (→ Log); 1907 Mahdia (Tunesien), Schiff mit Ladung; 1928 Kap Artemision, Poseidon, Bronze im Nat.-Museum, Athen; 1950 Albenga (NW-Italien), Schiff mit über 1000 Amphoren; 1959 → Peiraieus; 1967 Kyrenia (Zypern), Amphorentransportschiff (gehoben und nachgebaut, 1985 seetüchtig); 1970 Straße v. Messina, Schiff des 5. Jh. v. Chr.; 1972 bei Riace (Kalabrien) zwei bronzene Kriegerstatuen (Originale!); 1983 vor Haifa (Israel) mehrere gesunkene Schiffe. Nebenbei ergeben sich neue Kenntnisse über Hafenanlagen, Schiffsbau, Frachten, Warenbedarf, Handelswege. Auch → Nemi-See.

F. Dumas, *Deep Water Archaeology*, Lond. 1962; G. F. Bass, Arch. unter Wasser, d. 1966; *Underwater Archaeology* (hg. Unesco), 1972; P. C. Bol, Die Skulpturen des Schiffsfundes von Antikythera, 1972; P. A. Gianfrotta, P. Pomey, *Archeologia subacquea,* Mail. 1980; A. Busignani, *Gli eroi di Riace,* 1981.

Unterwelt, -sgötter → Hades; Persephone; Erinyen; Bestattung; Seele.

unus pro multis, „einer für viele", nach Vergil, *Aeneis* V 815, wo Palinurus zur Rettung der andern sein Leben lassen muß.

Unze, lat. *uncia* als röm. Gewicht (noch jetzt in Italien beim Volke *oncia;* in England und den USA. *ounce*); als Münze in alter Zeit $^1/_{12}$ des Kupferas. → Gewichte; Tabelle S. 830.

Urania, eine der neun → Musen.

Uranos (gr.), der Himmel, in der Sage der Gemahl der Gaia (Erde) und Vater der → Titanen und → Kyklopen; der jüngste Sohn Kronos entmannt den Vater U., also ein Mythos für die Scheidung von Himmel und Erde.

W. Staudacher, Die Trennung von Himmel u. Erde, 1942; F. Lämmli, Vom Chaos zum Kosmos, Basel II 1962.

Urne, lat. *urna,* ein bauchiges Wasser-Schöpfgefäß; das Wort im Deutschen zuerst in der Gelehrtensprache verwendet, dann als Wahl-, Aschen-U. gebräuchlicher, als Wahlen und die Feuerbestattung wiederauflebten. – Särge und U. haben vielfach Hausform; man bettet den Toten in einem kleinen Haus. Der moderne Sarg hat das schräge Dach des nordischen Hauses. Ähnlich im gr.-röm. und germanischen Altertum die U.; namentlich sehr alte U. aus Ton lehren manches über älteste Hausformen; → Italiker. – Marmorne U. tragen oft prächtige Reliefverzierung. Im späteren Altertum sehr oft gläserne U.

Urstoff, gr. *hyle,* → ionische Naturphilosophen; Elemente; Empedokles; Atomisten.

ut desint vires, tamen est laudanda voluntas, „mögen auch die Kräfte fehlen, so ist doch der gute Wille zu loben"; Ovid *Epistulae ex Ponto* III 4, 79.

Utica, die älteste phoinikische Gründung in Afrika, in der Nähe

Karthagos, wurde langsam durch dieses überflügelt und blieb dann auf seiner Seite. Nach der Zerstörung Karthagos war es die erste Stadt der Provinz Afrika und Sitz des röm. Proconsuls. Seit dem 3. Jh. n. Chr. ging es durch Versandung des Hafens zurück. Seit 1922 systematische Ausgrabungen: Rest eines Amphitheaters. – Cato Uticensis → Cato.

Utopie, nicht zu verwirklichender Idealstaat (erst im übertragenen Sinne: eine solche Idee). Das Wort und die Sache sind dem Altertum fremd und gehen nur mittelbar darauf zurück. Utopische Beschreibungen fremder Länder, Sitten und Bräuche tauchen häufig im Altertum auf, teils als Reisebeschreibungen (→ Euhemeros; Hyperboreer), teils in phantastisch-märchenhafter Verkleidung (Aristophanes: *Vögel*). Platon dachte seinen Idealstaat zunächst nicht als U., noch Plotinos suchte ihn in einer zu gründenden Stadt Platonopolis zu verwirklichen. Einen eigentlichen, nur in der Phantasie möglichen I. schilderte, indirekt wohl im Anschluß an Platon, direkt nach dem Staat der Mönche auf dem Athos, zuerst der Engländer Thomas More (Morus; 1480–1535); er deutete in dem Namen, den er ihm gab, *Utopia* (gr. *u* = nicht, *topos* = Platz, also „Nirgendplatz") an, dieser Idealstaat sei nicht zu verwirklichen. Seitdem sind viele U.n geschrieben worden, teils mit politischen Absichten (Campanella, Bacon), teils in der Form des Reiseberichtes (Robinson, Gulliver), des Zukunfts-Romans (Huxley, Orwell) oder in anderen literarischen Einkleidungen (Hesse, Werfel, Jünger u. v. a.).

E. Bloch, Geist der U., 1918, neu 1964; E. Salin, Platon u. die gr. U., 1921; ders., *Civitas Dei,* 1926; K. Gronau, Der Staat der Zukunft von Platon bis Dante, 1933; H. Freyer, Die polit. Insel. Gesch. d. U. von Platon bis zur Gegenw., 1936; H. Kesting, U. und Eschatologie, 1952; K. Mannheim, Ideologie und U., [3]1957; A. L. Morton, Die engl. U., d. 1958; R. A. Lettau, U. und Roman, Harvard Univ. 1960; H. Schulte-Herbrüggen, U. und Anti-U., 1960; R. Villgradter, F. Krey (Hg.), Der utop. Roman, 1973; W. Biesterfeld, Die literarische U., 1974; H. Flashar, Formen utop. Denkens bei den Griechen, 1974.

vae victis! „Wehe den Besiegten!", bei Plautus, *Pseudolus* 1317 und sonst zitiert; nach Livius V 48 Ausruf des siegreichen Gallierfürsten → Brennus.

Valens, Flavius, Bruder und Mitregent des Kaisers → Valentinianus seit 364.

Valentinianus, röm. Kaiser 364–375 n. Chr., stammte aus einer pannonischen Soldatenfamilie, trat unter → Iulian als Feldherr hervor u. wurde 364 nach Iovians Tod von den Legionen zum Kaiser ausgerufen; er setzte seinen jüngeren Bruder Valens im Osten als Mitregenten ein (364–378). Den beiden Kaisern gelang es, die Grenzen gegen die Feinde zu schützen. Sie kämpften am Rhein und an der Donau, in Britannien und Afrika. V. starb im Feldlager bei Brigetio an der Donau, Valens fiel 378 in der Schlacht bei Adrianopel gegen die Westgoten, die vor den Hunnen auf röm. Gebiet ausgewichen waren. – Die kolossale Bronzestatuette in Barletta (b. Bari), die meist für ein Bild des V. gilt, stellt wohl eher den Kaiser Marcian (450/457 n. Chr.) dar (noch heute dort neben der

Kirche S. Sepolcro). – → Wasserleitungen (Valens).

J. Kollwitz, Oströｍ. Plastik, 1941 (Nr. 30 u. 42).

Valerianus. Publius Licinius V. entstammte einer vornehmen altröm. Familie, war Statthalter in Germanien und 253–260 Kaiser. Er ernannte, da er der unendlichen Schwierigkeiten nicht Herr werden konnte, seinen Sohn Gallienus zum Caesar und bald zum Augustus (253–268). Unter V. wurden die Grenzen von Feinden überflutet, von Alemannen am Oberrhein, von Franken in Gallien bis nach Spanien, von Sachsen am Niederrhein, von Goten in den Donauländern. Im Kampf gegen die Parther wurde er gefangen und schmachtete lange Jahre in Gefangenschaft. Seine Regierung endete mit völliger Anarchie durch Angriffe äußerer Feinde und innere Thronschwierigkeiten.

G. Pugliese Carratelli, *L'età di Valeriano e Gallieno,* 1951; G. Lopuszanski, *La date de la capture de Valerien...,* 1951.

Valerius Flaccus, röm. Dichter des 1. Jh. n. Chr., widmete dem Kaiser Vespasianus seine epische Darstellung der Argonauten-Sage (*Argonautica,* 8 Bücher); er hielt sich eng an das gr. Vorbild des → Apollonios Rhodios, gewann aber eigenes Profil durch Vertiefung der psycholog. Momente und durch poetische Ausschmückung.

W: Hg. W. W. Ehlers, 1980; hg. J. H. Mozley, Lond. ³1958 (m. engl. *Ü*). – *Ü:* E. C. F. Wunderlich, 1805.

Valerius Maximus verfaßte um 31 n. Chr. eine Sammlung historischer *exempla* (Taten u. Reden berühmter Männer), die er dem Kaiser Tiberius widmete, gegliedert nach sachlichen Gesichtspunkten (Religion, Freundschaft, Dankbarkeit). Das Sammelwerk war zum praktischen Gebrauch des Redners gedacht, auch für Schülerübungen, und erfüllt daher keine weiteren künstlerischen Ansprüche.

W: Hg. C. Kempf, ²1888, neu 1982; hg. u. franz. P. Constant, Paris II 1936. – *Ü:* F. Hofmann, 1828–29.

Valerius Poplicola. Publius V. P. stürzte mit → Brutus und Collatinus zusammen das Königtum der Tarquinier in Rom und wurde an Stelle des Collatinus (→ Tarquinius Coll.) 510 v. Chr. zum Consul gewählt. Er zeichnete sich in den ersten Kriegen der Republik gegen Porsenna und die Etrusker aus; durch volksfreundliche Gesetze erwarb er sich den Namen P. = Volksfreund. Seine Geschichte ist ganz von Sage überwuchert.

Vandalen werden zuerst im 1. Jh. n. Chr. als große germanische Stammesgruppe zwischen der oberen Weichsel und den Sudeten, hauptsächlich im heutigen Schlesien genannt, wo sie mit den Markomannen u. Quaden kämpften. In den nächsten Jhh., besonders seit dem Markomannenkrieg des → Marcus Aurelius, suchten sich Teile der V., ebenso wie andere ostgerm. Stämme, z. B. die Goten, nach Süden auszubreiten. Im 3. und 4. Jh. saßen sie im Theißgebiet, von wo sie kurz nach 400 abzogen. 406 überschritten sie den Rhein und fielen 409 in Spanien ein. Nach längerem Aufenthalt dort gingen sie 429 nach Afrika. Unter Geiserich (427–477) erreichte das hier gegründete, mächtige Reich seine höchste Blüte und umfaßte Nordafrika, die Inseln des westlichen

Mittelmeeres einschließlich Sardinien und Korsika, zeitweise auch Sizilien. Die V. unternahmen sogar einen Beutezug nach Italien und plünderten 455 Rom. Die reiche röm. Beute kam nach Karthago; → 7armiger Leuchter. Unter den Nachfolgern rascher Verfall des Reiches infolge Verweichlichung. 533/534 Vernichtung des Reiches durch den oström. Feldherrn → Belisar. Seitdem verschwinden die V. aus der Geschichte. „Vandalismus" → Rom.

Ch. Courtois, *Les Vandales et L'Afrique,* Paris, 1955; H. J. Diesner, D. V.-Reich, 1966.

variatio delectat, "Abwechslung erfreut"; lat. Sprichwort bei Phaedrus II, Prolog v. 10 in der Form *„varietas d."* überliefert.

Varro. Marcus Terentius V., 116–27 v. Chr., der größte Gelehrte und fruchtbarste Schriftsteller des antiken Rom, der auf vielen Gebieten, besonders zur Erforschung des röm. Altertums, eine umfassende und gründliche wissenschaftliche Tätigkeit entfaltete (→ Enzyklopödie). Seine Werke sollen 600 Bücher umfaßt haben u. wurden viel studiert. Einzig stand in der röm. Literatur sein historisches Bilderbuch *(imagines)* da, in dem 700 → Bilder bedeutender Griechen und Römer, jedes mit einem Epigramm, einander gegenübergestellt waren. Zu nennen wäre eine röm. Altertumskunde, kulturgeschichtl. u. mythologische Schriften, ferner solche zum Zivilrecht, über Seefahrt, über die Feldmeßkunst, auch über die Topographie und die Gründung Roms; historisch-antiquarische und philologisch-philosophische Werke stehen im Mittelpunkt. Erhalten ist aus der großen Zahl seiner Schriften nur ein Lehrbuch der Landwirtschaft *(rerum rusticarum libri tres)* und ein Teil des Werkes über die lateinische Sprache *(de lingua Latina);* dazu viele kleine Bruchstücke seiner Menippeischen Satiren (→ Sat.), in denen er in scherzhaftem Ton ernste Wahrheiten der praktischen Philosophie behandelt und die Torheiten der verderbten Gegenwart witzig geißelt; ein interessantes Werk voll frischer Ursprünglichkeit, dessen Verlust die Kulturgeschichte besonders beklagt. Rund 600 Fragmente ermöglichen jedoch einen Einblick in den Reichtum der Themen, Stoffe und auch des Witzes, dessen der Verfasser fähig war.

W: de lingua Lat., hg. G. Götz, F. Schöll, 1910, neu Amsterd. 1964; hg. u. engl. R. G. Kent, London [2]1951; *rer. rust. libri* III, hg. G. Götz, [2]1929; *Sat.:* Hg. A. Riese, 1865, neu 1968, auch in der Petron-Ausgabe v. F. Bücheler, G. Heraeus, [6]1922. – *Ü:* Landwirtschaft: G. Grosse, 1788. – Röm. Satiren, O. Weinreich, 1962.

L: J. Collart, *V., grammairien latin,* Paris 1955.

Varus. Publius Quin(c)tilius V. entstammte einem altpatrizischen Geschlecht und war um 22 v. Chr. Quaestor in Achaia, um 7/6 v. Chr. in der Provinz Africa, etwa 6–4 als legatus in Syrien. Mit den Regierungsprinzipien, die er bei den geduldigen, passiven Orientalen gelernt hatte, wollte er auch gegen die Germanen verfahren, als er 7 n. Chr. als *legatus Germaniae* nach Germanien kam, das Augustus für völlig unterworfen hielt. Infolge Einführung der harten röm. Rechtsprechung mit Todes- und Prügelstrafe kam es zur Verschwörung des → Arminius und zur Schlacht im → Teutoburger Wald 9 n. Chr., in der die 3 Legionen des V. mit vielen Hilfstruppen und großem Troß an 3 oder 4 stürmischen Regentagen vernichtet wurden. Die Adler gingen verloren, V. gab sich den Tod. Augustus betrauerte diese Niederlage monatelang mit dem wiederholten Rufe: Qu. V., gib die Legionen zurück! (*Quintili Vare, legiones redde!,* Sueton, *Augustus* 23). Er gab nunmehr Nordgermanien bis zur Elbe auf und sicherte nur die Rheingrenze.

W. John, P. Q. Varus u. d. Schlacht im T. W. (RE-Sonderdr.), 1963.

Vasen heißen in der Archäologensprache im Anschluß an das italien. *vaso* alle Gefäße, besonders die aus Ton. V.-Kunde bildet einen besonderen Zweig der Archäologie. Die Bedeutung der V. beruht darauf, daß sie als originale Werke in großer Zahl alle Epochen der antiken Kunst begleiten: Tatsächlich waren die V. (meist in unverzierter Form) Gebrauchsgegenstände im Haus, während die bemalten V. meist als Zier- und Kultgefäße dienten: Als Vorratsgefäße (→ Amphora, Stamnos), Misch- (Krater), Schöpf- (Hydria, Oinochoe) und Trinkgefäße (Kantharos, Kylix, Skyphos), auch für Kult (→ Lekythos) und zur Aufbewahrung (Pyxis, eine Büchse). Durch die Wandlungen der Formen und des Dekors geben sie uns Aufschlüsse über die Kunstentwicklung nicht zuletzt auch dort, wo originale Werke der betr. Zeit fehlen oder nur vereinzelt u. fragmentarisch erhalten sind. Dies gilt vor allem für die Frühzeit (→ archaisch) u. den glänzendsten Zeitabschnitt der griech., ja der antiken Kunst überhaupt, das 6. u. 5. Jh. v. Chr. Daneben bieten uns die Figurenbilder, die sich als Dekor vor allem auf den → schwarzfigurigen u. rotfig. Vasen des 6. bis 4. Jhs. v. Chr. befinden, eine vielseitige Illustration zu den Nachrichten der antiken Literatur, gewähren uns tiefe Einblicke in das Leben, die Religion, Mythologie, die uns die ohnehin nur fragmentarisch überlieferte Literatur nicht geben kann, zumal sie das Alltagsleben u. den Volksglauben nur selten berührt. – Von weiterer Bedeutung sind die V. dadurch, daß sie nach Gefäßform, Dekor oder auch Inschriften (z. B. Stempel der Beamten auf den für den Weitertransport verwendeten Amphoren aus Chios, Thasos) datierbar sind. V.-Scherben, die bei Ausgrabungen mitgefunden werden, geben also Auskunft über die Zeitstufe, die der jeweiligen Fundschicht zuzuweisen ist; dadurch wird oft die Datierung anderer Funde überhaupt erst möglich. – Nicht zuletzt können uns Funde von V., tönernen wie metallenen, wichtige Aufschlüsse geben über den antiken Handel, von dem wir in vielen Fällen in Ermangelung schriftlicher Nachrichten sonst keine Kenntnis besäßen, z. B. über den Handel von Korinth, Athen u. Chalkis aus bis nach Großgriechenland u. Etrurien im 6. u. 5. Jh. v. Chr. So muß etwa der V.-Export vom 6. bis 4. Jh. v. Chr. für die athenische Handelsbilanz ein wichtiger Aktivposten gewesen sein.

Handgemalte mit Oberflächenmustern verzierte Keramik gibt es schon seit dem 6. Jahrtausend vor Chr. (Funde in Syrien); im 2. Jahrt. v. Chr. war Kreta ein wichtiges Zentrum der Töpferkunst. Als „Erfinder“ der handgedrehten Töpferscheibe bezeichneten sich die Athener (Athenaios I. 28 c); tatsächlich ist die athenische Töpferware schon in geometrischer Zeit führend (→ Dipylon). Seit der zweiten Hälfte des 8. Jhs. v. Chr. steht Korinth mit Athen für etwa 2 Jahrhunderte in heftiger Konkurrenz; auch Kreta, Naxos u. vor allem Rhodos, Samos, Chios, Chalkis, Lakonien haben eigene Manufakturen bemalter V. Seit dem Ausgang des 6. Jh. v. Chr. dominiert eindeutig Athen; von dieser Zeit an sind zahlreiche Töpfer und/oder Maler durch Signatur auch namentlich bekannt (andere werden erschlossen und gekennzeichnet): → Amasis, Andokides, Exekias noch im 6. Jh., ab 500 Duris, Euphronios, Sosias, der Berliner und der Brygos-Maler. Von allen genannten Künstlern gibt es Werke oder Fragmente in Berlin (Antiken-M.), München (Antiken-Slg.), Würzburg (Residenz) und anderswo. Mit dem Ende des 5. Jh. v. Chr. treten italische Werkstätten auf (Latium, Apulien), deren Erzeugnisse die attische Produktion begleiten. Die Herstellung bemalter Keramik läuft mit dem Ende des 3. Jh. v. Chr. aus und weicht den Reliefgefäßen, die schon früher aufgetreten waren: Diese Ware ist billig, da sie, aus der Form gepreßt, in Massen hergestellt werden kann.

Corpus Vasorum Antiquorum (CVA, Tafelwerk), seit 1923; A. Furtwängler, D. Reichhold, Gr. V.malerei, 1904ff.; E. Buschor, Attische Lekythen, 1925; ders., Gr. V.malerei, III [2]1925; ders., Gr. Vasen, [2]1940, neu 1969; J. D. Beazley, *Attic white lekythoi,* Lond. 1938; W. Schmalenbach, Gr. V.bilder, 1948; J. L. Benson, Die Gesch. der korinthischen V., 1953; P. E. Arias, M. Hirmer, 1000 Jahre gr. V.kunst, 1960; F. Brommer, V.listen zur gr. Heldensage, [2]1960; R. M. Cook, *Greek painted pottery,* 1960; H. Sichtermann, Die gr. Vase, 1963; ders., Gr. V. in Unteritalien, 1966; W. Schiering, Gr. Tongefäße, 1967; M. Wegner, Duris, 1968; ders., Der Brygosmaler, 1973; T. B. L. Webster, *Potter and Patron in Class. Athens,* 1972; E. Simon, Die gr. Vase, 1976; J. Boardman, Schwarzfig. V. aus Athen, d. 1977; ders., Rotfig. V. aus Athen, d. 1981; ders., Keramik d. Antike, d. 1985; D. P. S. Peacock, *Pottery in the Roman World,* Lond. 1982; T. Scheibler, Gr. Töpferkunst, 1983; D. v. Bothmer, *The Amasis-Painter,* Athen 1985.

Vegetarismus. Der Name V. ist erst um 1487 aufgekommen, abgeleitet vom lat. *vegetus* (gesund), zu Bezeichnung einer gesunden Lebensweise, die vor allem bestimmte Folgeerscheinungen der Zivilisation, so besonders den Fleischgenuß, ablehnte. Die Sache selbst ist keine Errungenschaft moderner Hygiene, sondern uralt und geht vielleicht auf Indien zurück, wo noch jetzt Tiere zur Nahrung, aber auch dem Menschen schädliche oder lästige, wie Insekten, von Frommen nicht getötet werden. Im gr. Altertum waren z. B. die → Orphiker und Pythagoreer Vegetarier (wegen der Seelenwanderungslehre; → Seele). In der platonischen Akademie stritt man im 4. Jh. v. Chr. über Zulässigkeit der Fleischnahrung; ein Niederschlag dieses Streites noch aus dem 3. Jh. nach Chr. ist Porphyrios' Schrift *Enthaltsamkeit von Beseeltem.* Vegetarier waren auch die → Kyniker. Als man die Seelenwanderungslehre aufgab, verlor der V. an Bedeutung, gewann aber in der Neuzeit aus medizin. Gründen neue Anhänger.

W: Porphyrios, *de abstinentia,* hg. A. Nauck, [2]1886, neu 1963. – *Ü:* E. Baltzer, [2]1879. *L:* J. Haußleiter, Der V. in der Antike, 1935.

Vei, südetruskische Stadt (heute Isola Farnese), wie fast alle etr. Städte auf einem Hochplateau gelegen und stark befestigt. Die

Römer führten zahlreiche Kriege gegen V. Um 400 v. Chr. belagerte Furius Camillus die Stadt 10 Jahre; nach der Sage soll er sie schließlich 396 v. Chr. durch einen unterirdischen Gang eingenommen haben. Zahlreiche Reste; Grabkammern; Apollon von V., lebensgroße bemalte (→ Polychromie) Terrakottastatue, 1916 gefunden, jetzt im Museum der Villa Giulia in Rom.

Velleius Paterculus, C., etwa 19 v. Chr. bis 31 n. Chr., verfaßte einen Abriß der Röm. Geschichte (*Historia Romana,* 2 Bücher), mit der Zerstörung Troias beginnend, sehr knapp gehalten, aber immerhin auf die Kulturgeschichte eingehend. Ausführlicher behandelte V. P. die selbsterlebte Zeit; seine Darstellung des Kaisers Tiberius dient als Korrektiv zu → Tacitus. – Für unsere Kenntnis Germaniens besitzt das Werk Quellenwert; V. P. hatte als Offizier unter dem späteren Kaiser Tiberius in Germanien und Pannonien gedient.

W: Hg. C. Stegmann v. Pritzwald, [2]1933, neu 1968. – *Ü:* F. Eissenhardt, [2]1913.

Veneter, lat. Veneti, ein zwischen Alpen und Adria ansässiges indoeurop. Volk. Das Gebiet (Venetia) wurde durch Augustus als nordöstl. Region in die Verwaltung Italiens einbezogen. Einer der Hauptorte der V., Aquileia, wurde 452 durch Attila erobert; die fliehenden Bewohner gründeten neue Siedlungen auf den Lagunen-Inseln der Adria, das spätere Venedig.

H. Krahe, Das Venetische, 1950; *Storia di Venezia,* Venedig seit 1957.

veni, vidi, vici, „Ich kam, sah, siegte" (Sueton, *Caesar* 37); so, im Telegrammstil, meldete 47 v. Chr. Caesar einem Freund in Rom seinen schnellen Sieg über Pharnaces bei Zela (nach Plutarch, *Leben Caesars* 50).

Venus. Vielleicht ursprünglich keine selbständige Gottheit, sondern nur eine göttliche Funktion (*V.* ist der Form nach ein Neutrum). Spätere Kultverbindungen mit Ceres und Kultnamen wie *V. Iovia* sind bis heute unerklärt („Schützerin der Gärten"?). Zu unbestimmter Zeit verselbständigte sich V. und wurde zur Liebesgöttin, die mit der griech. → Aphrodite gleichgesetzt wurde. In Latium war ein V.-Kult schon sehr früh verbreitet (Heiligtum in Ardea); in Rom ist sie zunächst unbekannt. So wird sie auch im ältesten röm. → Kalender nicht angeführt. Der Tempel beim Circus Maximus, das früheste datierte Heiligtum der V. in Rom, wurde im Jahre 295 v. Chr. begonnen. Andere Heiligtümer des 3. und 2. Jhs. waren der V. geweiht, die mit der Aphrodite vom Berge Eryx, einer ursprünglich punischen Göttin, gleichgesetzt wurde. Unter dem Einfluß der griech. Literatur erscheint V. schließlich als die griech. Aphrodite. Wenn V. allerdings in spätrepublikanischer Zeit gewisse der → Fortuna ähnliche Züge zeigt, so mag hier noch die alte Bedeutung der zur selbständigen Göttin gewordenen V. als Funktion des Iuppiter durchschimmern. Als *V. Genetrix,* als Stammutter des iulischen Geschlechts, das seinen Ursprung auf → Aineias, den Sohn der V., herleitete, gewann die Göttin Bedeutung für den Kaiserkult. Sie wurde zusammen mit → Mars in dem von Augustus im Jahre 2 v. Chr. erbauten Tempel des Mars Ultor auf dem Augustusforum verehrt, nachdem bereits Caesar ihr im Jahre 46 v. Chr. einen Tempel auf dem von ihm erbauten Forum gestiftet hatte. → Cloaca maxima; Libitina.

R. Schilling, *La religion romaine de Vénus,* Paris 1954; A. Wlosok, D. Göttin V. in Vergils Aeneis, 1967.

Verbannung → Strafen; Exil.

Vercingetorix, Adliger des keltischen Stamms der Arverner in Mittelgallien, der tapfere Führer des großen nationalen Aufstandes der Gallier gegen Caesar 52 v. Chr., in dem sich der Nationalstolz und Freiheitsdrang der Gallier gegen die Unterwerfung unter die Römer aufbäumte. In der Bergstadt Gergovia, seiner Heimat, trotzte V. allen Angriffen Caesars, der schließlich in die größte Not kam, ihn aber dann in Alesia einschloß. Trotz heldenhafter Verteidigung mußte sich V. ergeben. 46 wurde er im Triumph in Rom aufgeführt und dann im → carcer Mamertinus enthauptet. – Den Franzosen gilt V. soviel wie uns Arminius; unserem A.-Denkmal im Teutoburger Walde entsprechen die Denkmäler, die die Franzosen V. über den Trümmern Gergovias und in Alesia (Alise-Sainte-Reine) errichtet haben.

C. Jullian, Paris 1963; J. J. Rochard, *V. le Gaulois,* Paris 1967.

Vereinswesen entwickelte sich im 5./4. Jh. v. Chr., war in hellenistischer und röm. Zeit völlig ausgebildet und erhielt sich bis zum Ende des Altertums. Dann starb es im Westreich ab, während das gr. V. im Ostreich die Grundlage des mittelalterlichen (byzantinischen) wurde. Man vereinigte sich zunächst in Kultgemeinschaften; auch Vereine, die besondere Zwecke verfolgten, wahrten doch meist den kultischen Charakter. Solche besonderen Ziele waren gemeinschaftliche Studien (Platons Akademie war eine Art Verein), Wahrung gemeinsamer Interessen (z. B. in kaufmännischen Vereinen; in politischen Klubs; in Begräbniskassen oder gemeinsame Vergnügungen).

E. Ziebarth, D. gr. V., 1896; F. Poland, Gesch. d. gr. V., 1909, neu 1967.

Verfassungen → Athens, röm., solonische, Spartas V.; Aristoteles (polit. Schriften); Utopie.

Vergil. Publius Vergilius Maro, 70–19 v. Chr., der erste und berühmteste Dichter der augusteischen Zeit, geb. in Andes bei Mantua, in einfachen Verhältnissen aufgewachsen. Studium in Mailand u. Rom, Neigung zur Philosophie. Für den Verlust seines Gutes bei der Landverteilung an die Veteranen Octavians (41 v. Chr.: → Kolonien) wurde er durch Vermittlung von Asinius Pollio entschädigt; durch ihn ist V. auch bei Octavian eingeführt worden. Die in diesen Jahren entstandenen *Eklogen* begründeten V.s Ruhm. In den Kreis um → Maecenas eingeführt, verfaßte er auf dessen Anregung 37–29 sein *Gedicht über den Landbau* und arbeitete dann elf Jahre lang bis zu seinem Tode an der *Aeneis,* die vor allem seinen Ruhm begründen sollte. Auf der Heimkehr von einer Reise nach Griechenland starb er in Brundisium und wurde in Neapel, seinem Lieblingsaufenthalt, begraben; ob in dem heute dort als sein Grab gezeigten Bau, ist zweifelhaft. – Die *Eklogen* (d. h. ausgewählte Gedichte), auch *Bucolica* genannt (d. h. Hirtenlieder, von gr. *bukolos* = Hirt), schildern nach dem Vorbild der Idyllen → Theokrits das Leben der italischen und sizilischen Hirten, die für ein ideales, weltentrücktes Glück schwärmen und damit die romantische Sehnsucht ihrer Zeit zum Ausdruck bringen; in diese Schäferszenen sind viele Anspielungen auf bekannte Persönlichkeiten und bedeutsame Ereignisse der Gegenwart verwoben. In der berühmten 4. Ekloge, die das Nahen eines goldenen Zeitalters verkündet und rätselhaft von der bevorstehenden Geburt eines göttlichen Knaben spricht, sah das Christentum irrtümlich eine messianische Weissagung. So trägt dieses Eklogenbuch den Charakter des geistreichen Spiels, das viele Rätsel in sich birgt; es wurde erstes Ausdruckszeugnis einer neuen Dichtersprache. – Die *Georgica* gelten als Meisterstück des Dichters und gehören zu den künstlerisch bedeutendsten Erzeugnissen der röm. Literatur; ein Lehrgedicht über den Landbau, das eine lebenswarme, von schönen Episoden und geschmackvollen Vergleichen gewürzte Schilderung von Ackerbau, Baumzucht, Vieh- und Bienenzucht gibt und so die Freude an der heimischen Scholle und an der dichterisch verklärten Tätigkeit der Bauern neu zu beleben sucht: Hinweis auf den großen Ordnungszusammenhang der Natur, auf die Arbeit des Landmanns als Sinnbild jeder menschlichen Kultur, auf den zeitlosen Charakter der bäuerlichen Lebensform, aber auch eine „Apotheose römischen Wesens im bäuerlichen Tagewerk“ (Bieler). – Seine Unsterblichkeit verdankt V. der *Aeneis,* dem röm. Nationalepos, das, äußerlich im engsten Anschluß an Homer (→ Rahmenerzählung), die Irrfahrten des Aeneas und die Kämpfe der Troer um den Besitz von Latium besingt. In kunstvoller Gesamtkomposition kehren hier *Odyssee* und *Ilias* wieder: Die Bücher 1–6 enthalten die Irrfahrten des Aeneas von der zerstörten Heimat Troia nach Italiens Küste, 7–12 die Kämpfe in Latium. Auch hier berichtet der Held in einem großangelegten Rückblick seine früheren Erlebnisse (2. u. 3. Buch); Begegnung mit → Dido in Karthago, der Abstieg zur Unterwelt (6. Buch; → Nekyia), dann die wechselvollen Kämpfe in Latium bis zum Ende des großen Gegners Turnus. – Den Bestrebungen des Kaisers Augustus entsprechend wird hier die Vorzeit Roms als Ideal für die Gegenwart dargestellt; der Glaube an die Götter und an eine weise waltende Vorsehung soll gestärkt und eine höhere sittliche Weltanschauung durch das leuchtende Beispiel der alten Helden gepredigt werden. Diese religiöse und nationale Tendenz, die dramatisch geführte Handlung, die feine psychologische Motivierung und Verinnerlichung des Geschehens sind ebenso wie die reife Sprach- und Verskunst unbestreitbares Eigentum V.s; an ursprünglicher Schöpferkraft und frischer Lebendigkeit der Erzählung bleibt er jedoch hinter seinem unerreichbaren Vorbild Homer zurück. Mittelalter und Renaissance sahen in V. den größten aller Dichter; man verehrte ihn sogar als Zauberer und benutzte seine Gedichte zu Weissagungen.

Durch seine Werke, besonders die *Aeneis,* die lange Zeit als das absolut klassische Epos galt, hat er die Weltliteratur aufs nachhaltigste beeinflußt, besonders die der romanischen Völker (Dante). → Bukolische Poesie; Epos. – Unter dem Titel *Katalepton* (= „Kleinigkeiten") ist eine Reihe kleiner Dichtungen gesammelt, unter denen sich einige befinden, die sicher nicht von V.s Hand stammen. – → Restaurants.

W.: Gesamtausg.: Hg. W. Janell, ^{2}1930; hg. R. A. B. Mynors, Oxf. 1969. *Appendix:* Hg. W. V. Clausen u. a., Oxf. 1966. *Buk., Georg., Katal.:* Hg. u. d. J. Götte, K. Bayer, ^{5}1987; *Buk.:* Hg. H. Naumann, 1968; *Georg.:* Ders., 1970 (jeweils mit Ü); hg. u. komm. W. Richter, 1952. *Aeneis:* Hg. u. d. J. Götte, ^{8}1994; Komm. 6. Buch: E. Norden, ^{4}1984 (m. Ü). – *Ü:* Gesamtwerk J. H. Voss, 1799 u. ö.; R. A. Schröder (Ges. W., V.), 1952, neu 1963; *Aeneis:* F. v. Schiller (II. u. IV. Buch), 1791–92; Th. v. Scheffer, ^{2}1953. *L:* Th. Haecker, V., Vater d. Abendlandes, ^{7}1952; K. Büchner, 1955; ders., V., d. Dichter d. Römer, 1961; F. Klingner, V.s Georgica, 1963; ders., Virgil, 1967; V. Buchheit, V. über die Sendung Roms, 1963; V. Pöschl, D. Dichtkunst V.s, ^{2}1964; ders., D. Hirtendichtung V.s, 1964; G. N. Knauer, Die Aeneis u. Homer, ^{2}1979; Th. Halter, V. u. Horaz, 1970; G. Binder, Aeneas u. Augustus, 1971; W. R. Johnson, *Darkness visible,* Berkel. 1976; H. Oppermann (Hg.), Wege zu V., ^{2}1976; R. Heinze, V.s epische Technik, ^{7}1982; Th. Berres, D. Entstehung der Aeneis, 1982; W. Moskalew, *Formular language,* Leiden 1982; D. O. Ross, *V.s Elements,* Princeton 1987; P. Grimal, d. 1987.

Verginia → Virginia.

Vergottung von Menschen, gr., *apotheosis* [dazu spöttisch *apocolocyntosis,* → Seneca]. – Der gr. Philosoph → Euhemeros lehrte, die Götter seien mächtige sterbliche Herrscher gewesen, die von Untertanen höhere, göttliche Ehren gefordert und auch erlangt hätten. Ob das für die Entstehung des Glaubens an die gr. Götter zutrifft, ist fraglich; aber für den Diadochenkult seiner Zeit hatte Eu. recht. Dieser fußte auf der V. früherer orientalischer Herrscher, die absolut und dadurch so mächtig und auch so reich waren, daß sie als höhere Wesen angesehen wurden; der Pharao war rechtlich ein Sohn des Gottes Ammon (→ Ammon). – Die freien Griechen (→ Beten; Grußformen) lehnten das zunächst ab. Aber später drang diese oriental. Vorstellung so wie andere, namentlich religiöse (→ Religionen), bei ihnen ein. An die Möglichkeit einer vorübergehenden Erscheinung eines Gottes unter Menschen, einer *epiphaneia* (daher auch unser → Epiphaniasfest), hatten sie immer geglaubt; davon erzählten ihre alten Göttersagen viel; nun glaubten sie auch, ein Gott weile dauernd unter ihnen. Wenigstens innerhalb seiner Schule wurde schon → Empedokles als Gott anerkannt. Der erste Mensch in Europa, der schon bei Lebzeiten offiziell wenigstens zum → Heros erhoben wurde, war Lysandros, der Griechenland von dem 27jährigen Elend des peloponnesischen Kriegs befreit hatte. Als Gott verehrt wurde dann Alexander d. Gr., zuerst in Ägypten, wo man ihn rechtlich als Pharao anerkannte. Die Diadochen übernahmen die V. und machten dadurch den Griechen die diesen verhaßte → Monarchie erst erträglich, weil man sich einem Gotte ja schließlich unterwerfen konnte. Die Römer vergotteten zuerst Caesar, aber erst 42 v. Chr., d. h. nach seinem Tode (*divus Iulius,* „der göttlich verehrte I."). Über die V. des Augustus im Orient schon bei seinen Lebzeiten → Aug.; im Westen begnügte er sich mit dem Namen Augustus, und als *filius*

Divi = Sohn des göttlich verehrten (nämlich Caesar) war er über die anderen Sterblichen herausgehoben. Unter den Nachfolgern des Augustus entwickelte sich ein regelrechter Kaiserkult als Reichsinstitution und Huldigung an den Herrscher und sein Reich, anfänglich je nach der Persönlichkeit und nach den Anschauungen der einzelnen Kaiser verschieden. Caligula und Domitian wollten zu Lebzeiten Götter sein, während Vespasian, Titus und Traian nicht viel Gewicht auf den Kaiserkult legten. Sehr verbreitet hat sich dieser seit Hadrian. Im 3. Jh. ließ sich Aurelian (270–275 n. Chr.) offiziell als Herr und Gott *(dominus et deus)* anreden. Auch auf die Mitglieder der kaiserlichen Familie wurde der K. ausgedehnt. Man baute dafür (häufig zusammen mit dem Kult der Roma) besondere Tempel; eigne Priesterschaften besorgten die vorgeschriebenen Opfer. Die Christen und die Juden lehnten den Kaiserkult zunächst ab, weil er gegen den Monotheismus verstieß. Sie kamen dadurch mit den röm. Behörden in Konflikt und wurden als Staatsverbrecher verfolgt. Allmählich wurde dann der Kaiserkult zu einer bloßen Form; nunmehr führten auch christliche Kaiser, die doch Monotheisten sein wollten, den Titel *dominus et deus*. Die Staatskasse hieß „der heiligste Fiskus"; Nichtzahlung von Steuern konnte nun als Religionsverbrechen bestraft werden. In dieser veräußerlichten Form lebte der K. bis ins 5. Jh. → Münzen.

L. Taylor, *The divinity of the roman emperor*, Middletown 1931; W. Ensslin, Gottkaiser u. Kaiser von Gottes Gnaden, 1943; H. P. L. Orange, *Apotheosis in Ancient Portraiture*, Oslo 1947; F. Taeger, *Charisma*, II, 1957–60; H. Gesche, Die V. Caesars, 1968; C. Habicht, Gottmenschentum u. gr. Städte, [2]1970; A. Wlosok (Hg.), Röm. Kaiserkult, 1978.

Verkehr → Handelswege; Post; Reisen; Schlafwagen; Straßen; Via; Wagen.

Verlagsbuchhändler, Verlags-, Urheberrecht im Altertum. Wahrscheinlich ist, daß die Verfasser ihre Manuskripte einem Verleger überließen, so Cicero dem T. Pomponius → Atticus, Horaz der Firma Gebr. Sosii. Der V. ließ das Buch auf seine Kosten vervielfältigen und vertrieb es von sich aus durch Ladenbuchhändler. Honorar zahlte er aber nicht, sondern der Verf. erhielt ein solches von einem Gönner, dem er sein Buch gewidmet hatte (→ z. B. Vitruv). Nicht abgesetzte Exemplare wurden als Einwikkelpapier verkauft, → Papyros. Ein Recht an den Werken seines Verlags hatte sonderbarerweise der V. nicht; jeder andre V. konnte ein Buch von sich aus vervielfältigen lassen. Ebenso fehlte ein Rechtsschutz für das geistige Eigentum der Autoren; ein Autor konnte aus fremden Büchern beliebig viel abschreiben und als sein geistiges Eigentum ausgeben, was man auch ohne moralische Bedenken nicht selten tat. → Buchhandel; Plagiat.

T. Kleberg, Buchhandel u. Verlagswesen in d. Ant., d. [2]1969.

Verona. Wann und von welchem Volke V. gegründet ist, ist unsicher. Um 89 v. Chr. wurde es röm. Kolonie und bald sehr bedeutend; es deckt Italien militärisch gegen den N („Veroneser Klause" an der Brennerstraße) und liegt am Schnittpunkt dreier Straßen. Unter Gallienus (260–268 n. Chr.) erhielt es seine Mauern, die es jedoch in der Völkerwanderung nicht schützen konnten. Es fiel in die Hände der Ostgoten (Theoderich, 493–526, = „Dietrich von Bern", weil er oft in V. residierte), dann der Langobarden, später der Karolinger. Im 11. Jh. gehörte es zu der Mark Bayern. Unter den Scaligern (1260–1405) selbständig; besondere Blüte der Kunst. Seit 1405 venezianisch, 1814–1866 österreichisch, seitdem italienisch. Bedeutende Reste aus dem Altertum: Amphitheater für 22000 Personen, nie verschüttet, noch jetzt zu Aufführungen verwendet; großes, schön am Etschufer gelegenes, gut ausgegrabenes röm. Theater; Teil und Tore der alten Stadtmauer. Die berühmte Piazza delle Erbe („Gemüseplatz") ist das alte Forum; hier hält man Markt seit 2000 Jahren. – → Palimpsest. – Der Name Veronica hat mit V. nichts zu tun; → Berenike.

T. Lenotti, Die Arena von V., 1959; L. Franzoni, *V.*, Verona 1965.

Verres. Gaius V. wurde durch die Anklagereden Ciceros als Typus des verbrecherischen röm. Statthalters bekannt. Schon als Legat plünderte er die kleinasiat. Provinz aus; am schlimmsten aber wütete er als Statthalter in Sizilien 73–71 v. Chr. Auf Ciceros Anklage hin wurde er verbannt und zu Schadenersatz verurteilt. – Die IV. Rede Ciceros gegen V. ist für unsere Kenntnis antiker Kunst wichtig (→ Kunstgeschichte); sie klagt V. wegen Raubes von Kunstwerken an. – → Cicero.

Verrius Flaccus, Marcus, röm. Grammatiker der augusteischen Zeit, war ein bedeutender Gelehrter und vielseitiger Schriftsteller; nur von seinem Hauptwerk, einem Lexikon zur Wortbedeutungslehre, sind Teile erhalten, allerdings in Verkürzung durch Festus (2. Jh. n. Chr.).

W: Hg. W. M. Lindsay, 1913, neu 1965.

ver sacrum (lat.). In Fällen großer Not gelobten die Italiker der älteren Zeit, die im nächsten Frühling geborenen Menschen u. Tiere dem → Mars zu weihen; ein solcher Fr. hieß *v. s.* = heiliger Fr. Die Tiere wurden geopfert, während die Menschen, nachdem sie herangewachsen waren, auswandern mußten, um eine neue Gemeinde zu gründen. Sinn dieses Opfers war es offenbar, wenn die Ernährungsgrundlage zu klein wurde, die Gemeinde von dem Bevölkerungsüberschuß zu befreien. Dem Brauch des v. s. verdankten die Italiker einen guten Teil ihrer expansiven Kraft, die sie befähigte, sich über ganz Italien auszubreiten. Die letzten und für Rom zugleich die ersten historisch gesicherten Gelübde eines v. s. fallen in die Not des hannibalischen Krieges (217 u. 216 v. Chr.); doch wurden damals nur noch Tiere geopfert.

Versbau. Die antiken Verse, die durch Aneinanderreihung von langen (–) und kurzen (⏑) Silben entstanden (→ Metrik), wären dadurch an sich unendlich eintönig geworden. Die Eintönigkeit wurde durch folgende Mittel vermieden: 1. Nach bestimmten Gesetzen kann eine Länge – durch eine Doppelkürze ⏑⏑, eine Doppelk. durch eine L., manchmal auch eine einfache Kürze durch eine Länge ersetzt werden. 2. Der Vers wurde an bestimmten

Stellen dadurch zerschnitten, daß man dort ein Wort enden ließ. Diese Einschnitte (Caesuren) legte man meist nicht an das Ende eines Versfußes, sondern in ihn hinein. 3. Der letzte Fuß eines Verses ist manchmal unvollständig. Z. B. folgt im daktylischen Hexameter auf fünfmaliges – ◡ ◡ als 6. Fuß nur – ◡; in den daktylischen Rhythmus hinein klingt also ein trochäischer. Solche Verse heißen katalektisch (von *katalegein,* aufhören); Gegensatz akatalektisch; *katalexis* = „Verkürzung am Ende eines Verses". 4. In jedem gr. und lat. Verse kann die letzte Silbe kurz oder lang sein (*syllaba anceps* = doppelartige S.).

Versfuß, Versmaß → Metrik; Versbau.

Verus. Lucius Aurelius V., Sohn des tüchtigen Lucius Ceionius Commodus, den Hadrian zur Nachfolge ausersehen hatte, der aber 138 n. Chr. vor ihm starb. Hadrian adoptierte nun den Antoninus Pius, der seinerseits den späteren Kaiser Marcus Aurelius und den jungen Lucius Aurelius V. adoptieren mußte (→ Adoption). Dieser war 161–169 Mitregent des Marcus Aurelius, jedoch seiner hohen Stellung nicht gewachsen. Er starb im Markomannenkrieg in Pannonien (Ungarn). Eine überlebensgroße Büste des Kaisers aus Silber befindet sich im Museum zu Turin.

M. Wegner, Die Herrscherbildnisse antonin. Zeit, 1939.

Verwandtschaftsbezeichnungen der idg. Sprachen schwanken in der Bedeutung: gr. *mamma* heißt Mama, aber auch Großmama; *avunculus* = Großväterchen (?) erhielt im Lat., Franz., Deutschen die Bedeutung Onkel; lat. *nepos* = Enkel wurde zu frz. *neveu,* deutsch = Neffe; gr. *meter,* lat. *mater,* deutsch *Mutter* liegt im Albanischen als *motre* vor, bedeutet da aber Schwester. Erklärungsversuche für diese Schwankungen sind sehr unbefriedigend. – Die latein. V. sind erstaunlich genau ausgebildet, z. B.: *avus* = Großvater, *proavus* = Urgroßvater, *abavus* = Ururgr., *atavus* Urururgr., *tritavus* = Ururururgr.; ähnlich für Großmutter usw. Daneben gibt es noch eigne Wörter für Bruder, Schwester des Urgroßvaters, der Urgroßmutter u. a.

Vespasianus. Titus Flavius V., 9. n. Chr. als Sohn des Zollpächters F. Sabinus geboren (die Familie war etruskischer Herkunft), schlug die Beamtenlaufbahn ein. Unter Claudius war er Legat in Germanien und Britannien, 67 Oberfeldherr im jüdischen Krieg. Dort wurde er 69 zum Kaiser ausgerufen und zog nach Rom gegen Vitellius, der bei der Eroberung der Stadt den Tod fand. V. (69–79) war der erste in der Reihe trefflicher Männer, die die nach dem Tode Neros erschütterte Ordnung im Reiche wiederherstellten u. die Grenzen sicherten. Er hatte schwere Kriege zu führen, in Gallien gegen Iulius Civilis (Aufstand der Bataver 69–71), in Britannien, das der kriegskundige → Agricola 77–85 unterwarf, und in Palästina, wo der Aufstand der durch innere Zwietracht zerrissenen Juden durch den hochbegabten Sohn des V., Titus, beendet wurde (Zerstörung Jerusalems 70 n. Chr.). Im Innern war die Verwaltung vortrefflich. V. schmückte die Hauptstadt mit großartigen Bauten, dem Amphitheatrum Flavium (→ Colosseum) und dem *Forum Pacis.* Die Schäden der neronischen Mißwirtschaft glich er durch weise, berechnete Sparsamkeit aus (die man ihm freilich als Knauserei auslegte, → *non olet*). – Biographie von Sueton.

A. Calderini, *Vespasiano e Tito,* Rom 1941; L. Homo, *Vespasien ...,* Paris 1949.

Vesta. Nach altrömischer Auffassung begriff man die Gemeinde als eine Großfamilie. Man übertrug daher den Kult der V., der Göttin des häuslichen Herdes (gr. entsprechend → *Hestia*), auf die staatliche Gemeinschaft. Zusammen mit den *Penates rei publicae* (→ *Di Penates*) war V. Schutzgottheit des Staates. Sie wurde verehrt in einem Tempel ohne Kultbild, in dem das Herdfeuer der Gemeinde, dessen Verkörperung V. war, beständig unterhalten wurde. Neben diesem Tempel auf dem Forum lag das *atrium Vestae,* in dem die mit der Versorgung des Feuers beauftragten Vestalinnen lebten. Das Amt der V. war hochgeehrt. Ursprünglich war es nur vornehmen Mädchen zugänglich; sie traten zwischen dem 6. und 10. Lebensjahr ein und mußten 30 Jahre im Dienst und jungfräulich bleiben. Die Verletzung der Jungfräulichkeit wurde schwer bestraft (→ Rea S.). Verbrecher wurden frei, wenn ihnen zufällig eine V. begegnete. Den V. stand eine *Virgo Vestalis Maxima* vor. Das *atrium V.* durften die V. nur bei feierlichen Gelegenheiten verlassen. Die christlich gewordenen Römer zogen 382 den Dienst der V. ein; das *atrium Vestae* diente nun für die kaiserliche, dann für die päpstliche Hofhaltung. Seit dem 12. Jh. ist es verfallen.

T. C. Worsfold, *The history of the Vestal Virgins,* London 1932, neu Groningen 1968; O. Huth, 1943; A. Brelich, Zürich 1949.

vestigia terrent, „die Spuren schrecken (mich ab)“; Horaz *Episteln* I 1, 74, nach einer bekannten Erzählung des Aisopos, wo der Fuchs ablehnt, in die Höhle des kranken Löwen zu kommen, weil ihn die Spuren (der vom L. getöteten Tiere) abschrecken, die alle hineinführen, aber nicht wieder heraus.

Vesuv, lat. *Vesuvius,* der 1270 m hohe Vulkan an der ital. Westküste bei Neapel; am 24. August 79 n. Chr. vernichtete er die beiden Städte, → Pompeii, → Herculaneum u. Oplontis; später häufige Ausbrüche, die letzten 1906 u. 1944. → Plinius d. Ä.; Volcanus.

G. B. Alfano, I. Friedländer, Die Gesch. d. V., d. 1929.

Veteranen. Unter *veterani* verstand der Römer, anders als wir, altgediente, bewährte Soldaten, die man nach ihrer (rund) 20jährigen Dienstzeit beim Heer zurückhielt, um ihm erfahrene und zuverlässige Leute zu sichern; von den gewöhnlichen Dienstleistungen, wie Schanzarbeit, Wachdienst u. dgl. blieben sie befreit und genossen auch sonst manchen Vorzug.

veto, lat. = ich verbiete. Mit diesem Wort konnte der Volkstribun (→ Tribun) jede Handlung eines röm. Beamten verhindern. Auch die Senatssitzung mußte auf Grund dieses Einspruches abgebrochen werden. Die Macht des Volkstr. war also ungemein groß! – Das *veto* lebte im *liberum veto* des polnischen Reichstags seit 1572 wieder auf; vgl. das V. im Sicherheitsrat der Vereinten Nationen.

Vettierhaus in Pompeii gibt einen guten Eindruck von der Dekoration u. Ausstattung eines antiken Wohnhauses; es ist das Haus einer wenn nicht vornehmen, so doch reichen Familie, elegant u. wohnlich, mit zahlreichen schönen Wandbildern geschmückt, die Zeugnis ablegen von der hohen Qualität des Kunsthandwerks in einer Provinzstadt.

K. Schefold, Pomp. Malerei, 1952; Th. Kraus, Lebendiges Pompeji, 1977.

Via (→ Straßen). Fernverbindungen: Die Via Aemilia, 240 km lang, wurde 187 v. Chr. v. M. Aemilius Lepidus erbaut; ihr Name lebt noch in der Bezeichnung des Gebiets, das sie durchschneidet, als Emilia. V. Appia, die erste große röm. Militärstraße, 312 v. Chr. von dem Censor Appius Claudius Caecus begonnen, von Rom nach Capua, später über Beneventum bis Brundisium verlängert. Glanzleistungen die Strecke durch die → Pomptinischen Sümpfe und bei Terracina, wo eine Felsnase 35 m hoch abgearbeitet ist; 1850/1853 von Rom aus bis zum 11. Meilenstein ausgegraben. V. Flaminia → Flaminius. – In der Stadt Rom: Via lata = Breite Straße, der Anfang der Via Flaminia, solange sie in Rom selbst verläuft, heute Corso, noch jetzt die Hauptstraße Roms. Sacra Via = Heilige Str., auf dem Forum Romanum nördlich der Basilica Iulia, südlich des Faustinatempels und der Constantinsbasilica, im Altertum die Hauptgeschäftsstraße, mit vornehmen Läden; ihr gegenüber, südlich des Vestalenhauses, die Nova Via = Neue Str.

Victoria (lat.), Sieg, die Siegesgöttin entsprechend der gr. → Nike, besaß einen eigenen Tempel auf dem Palatin in Rom und einen Altar, den Kaiser Augustus in der curia Iulia hatte errichten lassen; um ihn entbrannte im 4. Jh. ein Streit zwischen konservativen Heiden und christl. Kaisern.

T. Hölscher, *Victoria Romana,* 1967; R. Klein (Hg.), D. Streit um d. V.-Altar, 1972.

victrix causa . . ., der stolze Ausspruch des Jüngeren → Cato.

videant consules, *ne quid res publica detrimenti capiat,* „die Consuln mögen zusehen, daß der Staat keinen Schaden nehme". Durch diese feierliche Formel (*senatus consultum ultimum,* d. h. der weitestgehende Senatsbeschluß; eine Art „Ermächtigungsgesetz") wurde in kritischer Lage den röm. Consuln vom Senat dictatorische Gewalt zuerkannt. Heute abgekürzt (nur *videant consules*) sprichwörtlich als Warnung vor Gefahr.

vigiles (lat.), die Wachsamen, die städt. Feuerwehr von Rom, seit Kaiser Augustus kaserniert und offenbar gut organisiert, mit der → Feuerspritze ausgerüstet.

vincere scis, *Hannibal, victoria uti nescis,* „Hannibal, zu siegen verstehst du, den Sieg auszunutzen verstehst du nicht". Diesen Ausspruch legt Livius (XXII 51, 4), der es liebt, Urteile über historische Fakten nicht von sich aus, sondern indirekt durch beteiligte Personen zu geben, dem punischen Reiterführer Maharbal in den Mund. Er wunderte sich darüber, daß H. seine großen Siege nicht rücksichtslos ausnützte, und besonders, daß er nach den Schlachten am Trasimenischen

See und bei Cannae nicht gegen Rom rückte.

Virgil (→ Vergil). Alle V.-Handschriften bieten die Form *Vergilius;* so erscheint der Name auch stets auf alten Inschriften; *Virg.* taucht erst im 5. Jh. n. Chr. auf.

Virginia, Tochter des Lucius Verginius aus dem vornehmen plebejischen Gechlecht der Verginier, wurde 449 v. Chr. in öffentlicher Gerichtsverhandlung von ihrem Vater erdolcht, um sie der Entehrung durch Appius Claudius, den Führer der Decemvirn, zu entziehen. Da die → Annalisten in dieser Geschichte die altröm. Sittenstrenge besonders rührend dargestellt fanden, haben sie sie mit großer Liebe zu einer ergreifenden Novelle ausgestaltet; danach namentlich Livius III 47ff. und Dionysios v. Halikarnassos XI 33ff. – Als Beispiel für röm. Ehrauffassung, auch ganz allgemein für weibliches Ehrgefühl wurde die Novelle auch häufig für das Theater bearbeitet: Lessings *Emilia Galotti* (1772) ist das bekannteste Stück.

vita brevis, ars longa, „das Leben ist kurz, die Kunst aber lang" (und jenes reicht nicht aus, um diese voll zu erlernen); Anfangsworte der *„Aphorismen"* des berühmtesten gr. Arztes, Hippokrates; mit „Kunst" ist die ärztliche gemeint; in der lat. Fassung bei Seneca, *de brevitate vitae* („Die Kürze des Lebens") I 1.

Vitellius. Aulus V., 15 n. Chr. geb., lebte in seiner Jugend bei Tiberius auf Capri und war dann Legat in Afrika, 68 schloß er sich an Galba an, der ihn zum Legaten Germaniens ernannte. Von den rheinischen Legionen wurde er Jan. 69 in Köln als Kaiser ausgerufen. Er besiegte den von den Prätorianern zum Kaiser ernannten Otho, wurde vom Senat anerkannt, vermochte aber die Mißstände im Reich nicht zu beseitigen. Vielmehr verpraßte er in kurzer Zeit ungeheure Summen und suchte sie durch gewaltsame Erpressungen wieder einzubringen. Die syrischen und ägyptischen Legionen riefen deswegen → Vespasian zum Kaiser aus. V. wurde 69 bei Bedriacum (in Oberitalien) geschlagen. Seine Anhänger wurden niedergemacht, er selbst getötet (Tacit., *hist.* II, 3).

Vitruvius Pollio, röm. Baumeister und Ingenieur, widmete dem Kaiser Augustus sein Werk „Architektur" *(de architectura),* das uns als die einzige aus dem Altertum erhaltene Darstellung der Baukunst und Ingenieurstechnik höchst wertvoll ist. Über V. wissen wir außer den spärlichen Angaben, die er selbst macht, nichts. In knapper u. ungelenker Diktion, oft schwer verständlich, erörtert er nach einer allgemeinen Darlegung der Architektur u. des Studienganges eines Architekten die Anlage von Städten, den Bau von Tempeln, Theatern, Privathäusern, Bädern und Wasserleitungen und außerdem die Konstruktion von → Uhren und Maschinen. Zu beachten ist, daß V. im wesentlichen nur über die Architektur der späthellenist. u. frühaugusteischen Zeit Auskunft gibt. Er vermittelt also nicht, wie die Renaissance glaubte, einen systematischen Überblick über die antike Architektur in ihrer Gesamtheit. Immerhin verdanken wir V. P. die Kenntnis der meisten röm. Großbauten und gründliche Informationen über das Maschinenwesen (Pumpen, Mühlen, Hebevorrichtungen). Die dem Werk beigegebenen Zeichnungen sind verloren.

W: Hg. u. d. C. Fensterbusch, [5]1991; hg. u. komm. F. Soubiran, Paris 1969 (mit franz. Ü). – *Ü:* J. Prestel, [2]1959.

L: H. Koch, Vom Nachleben des V., 1951; H. Knell, V.s Architektur-Theorie, [2]1991.

Vivisektionen → Tiersektionen.

Völkerkunde. Die Griechen sind die Schöpfer der beschreibenden V. (Ethnographie), zu der sie durch ihre kolonisatorische Tätigkeit und die dadurch herbeigeführte Berührung mit fremden Völkern schon früh geführt wurden. Diese Erfahrungen der gr. Kaufleute und Reisenden fanden ihren Niederschlag in Schriften, die den praktischen Zwecken des Kauffahrers dienten, bald aber auch in Werken, die lehrhafte und wissenschaftliche Zwecke verfolgten, und sie riefen Reisen hervor, die eigens der Erforschung fremder Länder und Völker dienten. Von solchen hören wir bereits vom 6. Jh. v. Chr. an. So entstanden zuerst im ionischen Kleinasien, das damals vorzüglich Träger des griechischen Handels war, auch wissenschaftliche Werke geographisch-ethnographischen Inhalts (→ Geographie), so um 500 das Werk des → Hekataios, von dem uns noch Bruchstücke erhalten sind. → Herodots Werk, das wir noch besitzen, enthält eine Fülle dieser ionischen ethnographischen Erkundung, die auch in den einleitenden Worten (*histories apodexis,* d. i. Darlegung der Erkundung), in denen er den Zweck seines Werkes umreißt, ausgesprochen wird. Aber in dieser universalen Kulturgeschichte, die alle Völker von Indien bis an die Küsten des Ägäischen Meeres und vom Skythenland bis nach Aethiopien und Arabien umfaßt, tritt die volkskundliche Beschreibung des eigenen, des griechischen Volkes ganz zurück. Nur in spärlichen Exkursen sagt er einiges über die griechische Urgeschichte und die Herkunft der griechischen Religion, einiges über das gr. Kolonialland in Kleinasien und über die Auslandsgriechen in der Diaspora, im Innern Persiens, in Ägypten und im Wolgagebiet. So ist also die V., d. h. die Betrachtung fremder Völker, sehr viel früher entstanden als die Volkskunde, die volks- und landeskundliche Erforschung des eigenen Volkes. Als Fortsetzer der ion. Ethnographie erscheint am Ende des 5. Jhs. v. Chr. → Hellanikos. Doch haben wir von ihm fast nur Titel seiner Werke. Die volkskundliche Erforschung des eigenen Volkes tritt schließlich gegen Ende des 5. Jhs. in Athen hervor, wo → Kritias in seiner landes- und volkskundlichen Beschreibung der Thessalier, Lakedaimonier und Athener die erste griechische Volkskunde, soviel wir wissen, lieferte, die uns freilich bis auf wenige Bruchstükke verloren ist. Aristoteles hat dann in der Sammlung seiner 158 Verfassungen ein ungeheures volkskundliches Material zusammengetragen. Für Kritias wie für Aristoteles stand die Volkskunde in engstem Zusammenhang mit der Staatswissenschaft; die Titel ihrer Werke lauten übereinstimmend *politeiai* (= Verfassungen). Anders war es, wenn naturwissenschaftliche Interessen im Vordergrund standen: → Hippokrates' Schrift *Über die Umwelt* untersucht die mannigfachen Umwelteinflüsse, als deren "Produkt" der Mensch angesehen werden kann. Vergleichende Untersuchungen zur V. finden sich bei vielen Historikern und Geographen (→ Poseidonios; Diodor; Strabon); das für uns wichtigste Werk antiker V. ist die *Germania* des Tacitus.

K. Trüdinger, Studien z. Gesch. d. gr.-röm. Ethnographie, Basel 1918; K. E. Müller, Gesch. d. antiken Ethnographie, I 1972.

Völkerrecht → fetiales; Kriegsrecht.

Völkerwanderung. Die durch die → Hunnen ausgelösten Bewegungen zahlreicher europ. Stämme. → Altertum; Germanen; Goten; röm. Geschichte.

M. Maczynska, Die V., 1993.

Vogelschau, -zeichen → Augures.

Volcae, mächtiger keltischer Stamm; sein Name lebt in dem Wort „welsch", d. h. fremd fort; vgl. Kauderwelsch.

Volcanus *(Vulcanus),* röm. Gott des Feuers. Ihm waren die *Volcanalia* geweiht, die am 23. August zur Zeit der größten Dürre gefeiert wurden, offensichtlich um Feuersbrünste abzuwenden. Dabei opferte man dem V., wohl als Ersatzopfer, kleine lebende Fische. In Ostia, wo die brandgefährdeten Getreidevorräte im Hafen lagerten, war V. Hauptgott. V. wurde mit → Hephaistos identifiziert.

Volksetymologie → Etymologie; atrium; lucus.

Volkslieder. Die Stoffe und mannigfachen Versmaße der griech. Lyrik haben die Dichter sicher aus volkstümlichen Anfängen weiterentwickelt. Von diesen Liedern ist fast nichts überliefert; nur einige Trink- (→ Skolion), Spinner- und Kelterlieder, vor allem ein rhodisches Betteljungenlied („es kam, es kam die Schwalbe") sind erhalten. Auch von lat. V. ist nur wenig erhalten. → Lyrik.

Volkstribun → Tribun; Volksversammlung; veto.

Volksversammlung. Schon bei Homer entschied über die kriegerischen Maßnahmen nicht allein der oberste Heerführer, sondern auch die Heeresvers. *(agore),* in der, was freilich selten erwähnt wird, auch der gemeine Mann zu Worte kommen konnte (Thersites). Die *Odyssee* kennt im Königreich der Phaiaken eine völlig organisierte V. mit steinernen Sitzplätzen für die Teilnehmer. Später wurde in allmählicher Entwicklung die Macht der Könige und weiterhin in den aristokratischen Staaten die des Adels immer mehr geschmälert, die der V. immer mehr verstärkt. Einigermaßen eingeschränkt blieb die Kompetenz der V. in Sparta; → Spartas Verfassung. Dagegen war in der Zeit der voll entwickelten Demokratie (in Athen seit → Kleisthenes) die V. (→ Ekklesia) der eigentliche Träger der Staatsgewalt; ihr fiel die Beschlußfassung über Krieg und Frieden zu, über Staatsverträge und Bündnisse, über Leben, Freiheit, Recht, Vermögen aller Staatsangehörigen, Wahl der Beamten, Ehrung verdienter Bürger und z. T. die Gesetzgebung. Damit war das Volk (der *demos*) der alleinige Souverän; die Beamten waren seine ausführenden Organe. Das souveräne Volk saß (anders in Rom). An sich konnte in der V.

jeder sprechen. Da aber dazu Kenntnis der Gesetze und der politischen Lage gehörte und, bei der Bedeutung der antiken → Beredsamkeit, auch an die Reden als solche hohe Anforderungen gestellt wurden, sprachen meist nur die politischen Führer. Die parlamentarischen Sitten wurden nicht immer gewahrt; der Vorsitzende konnte aber z. B. bei Ruhestörung Ordnungsstrafen, in Athen zwischen 50 u. 500 Drachmen, verhängen und Widerspenstige durch anwesende Polizisten von der Rednertribüne herunterholen (Platon, *Protagoras* 319 c) oder aus der V. hinausweisen lassen. Den Vorsitz führten die → Prytanen, den Vorsitz über diese der *Epistates* (Vorstand) der Pr. Da die Pr. und ihr E. aus der gesamten Bürgerschaft durch das Los bestimmt wurden, so konnte jeden die Aufgabe des Vorsitzes in der V. treffen. Ein Vorsitzender, der gegen die Geschäftsordnung verstoßen hatte, wurde belangt; so wurde das Volk dazu erzogen, sich um Politik u. ihre Spielregeln zu kümmern! Seit Perikles wurde die Teilnahme an der V. vergütet; dadurch wurde sie allen möglich, auch den Ärmsten, denen sonst bei Anwesenheit in den langen, schon zeitig morgens beginnenden Versammlungen ein Tagesverdienst entgangen wäre. Die Sitzungen fanden im Freien statt, in Athen auf dem Markt, auf der → Pnyx oder im Dionysostheater. Bei schlechtem Wetter, namentlich im Winter, wird die Beteiligung deswegen nicht groß gewesen sein; manchen war wohl auch, seitdem nach Einführung der Diäten die unteren Schichten in der V. überwogen, diese überhaupt zuwider geworden. Jedenfalls traf man Maßnahmen gegen V.-Flucht (*schol. Aristoph. Acharn.* 22). Im ganzen war aber den durchaus demokratischen Griechen die Regierung durch die V., sogar trotz unleugbarer Mißstände (→ Athens Verfassung), etwas so Selbstverständliches, daß auch die Diadochen und später die Römer als Herren Griechenlands sie belassen mußten.

Auch in Rom gab es nach der Überlieferung schon in der Königszeit eine V. Ihre eigentliche Bedeutung erlangte diese aber erst in der Zeit der Republik; doch hatte sie auch in dieser nie die Stellung wie in Athen. Vielmehr war die Regierungsgewalt zwischen Senat, V. (→ SPQR) und den Beamten geteilt; die Kompetenz der V. war durch mehrfache Rechte des Senats und der Beamten eingeschränkt. In den *contiones* (→ u.) stand das Volk (anders in Griechenland). Die röm. V. hat trotzdem nie versucht, ihre Befugnisse zu erweitern; wenigstens in der alten Zeit vertraute das Volk bedingungslos der politischen Klugheit und Uneigennützigkeit der führenden Schicht, der Nobilität, die die Beamten stellte und den Senat besetzte. – Die V. teilten sich in 1. *contiones* (aus *conventio* = Zusammenkunft). In diesen nahm das Volk lediglich Mitteilungen über Gesetzentwürfe, Kandidaten, Kriegsereignisse usw. entgegen. In dem vom Vorsitzenden gewünschten Rahmen war Diskussion möglich. 2. *comitia,* die beschließenden V. Diese gliederten sich nach ihrer Zusammensetzung in rein patrizische, rein plebeische und allgemeine

V. Die wichtigsten waren die allgemeinen, von denen es wiederum zwei Unterarten gab. a) In den *comitia centuriata* versammelte sich die gesamte Bürgerschaft *(populus)* als Heergemeinde, deswegen auch auf dem Exerzierplatz, und stimmte nach Hundertschaften *(centuriae)*, den militärischen Verbänden, ab. Ihre Bedeutung lag in ihrer gesetzgebenden Gewalt; sie wählten auch die höheren Staatsbeamten und überprüften als oberste Gerichtsinstanz in Kapitalsachen im Falle der → *provocatio ad populum* das Urteil der Beamten. Weniger bedeutend waren b) die *comitia tributa*, in denen Patrizier u. Plebejer zusammentraten; → Tribus. Dort wurden die niederen Beamten gewählt. c) Die *comitia curiata*, die älteste, nach Sippenverbänden gegliederte Form der V., besaßen seit der Königszeit sakralrechtliche Funktionen bei rituellen Handlungen (Einführung eines neuen Königs). Seit dem → Ständekampf gewannen ferner die *concilia plebis* unter dem Vorsitz der dort auch gewählten Volkstribunen steigende Bedeutung. Durch das Gesetz des Hortensius von 287 v. Chr. wurden ihre → Plebiszite den Gesetzen der Centuriatsversammlungen gleichgestellt. In welcher Versammlungsform ein Gesetz beschlossen wurde, war seit dieser Zeit bedeutungslos. Veranstaltet wurden die V. z. T. auf dem Comitium, einem kleinen Platz neben dem Forum Romanum, z. T. außerhalb der Stadtmauern, so die wichtigen *comitia centuriata* meist auf dem Marsfeld. – In der Kaiserzeit verloren die röm. V. naturgemäß immer mehr an Bedeutung (Gesetzgebung und Gerichtsbarkeit gingen auf den Kaiser über, das Wahlrecht übertrug Tiberius dem Senat), gingen schließlich ein und sind seither nie wieder aufgelebt.

G. W. Botsford, *The Roman assemblies*, N. Y. 1909; W. v. Lübtow, D. röm. Volk, 1955; L. Ross Taylor, *The voting districts of the Roman rep.*, Rom 1960; E. Meyer, Röm. Staat u. Staatsgedanke, [4]1964; J. A. O. Larsen, *Representative government in Greek and Roman history*, Berkeley 1965f.; J. Bleikken, D. Volkstribunat, [2]1968; ders., D. Verfassung d. röm. Rep., 1975.

Volkszählungen im Altertum fanden statt (*Ev. nach Luk.* 2, 2; gr. *apographe*, das Luther mit „Schätzung“ übersetzt, heißt wörtlich „Aufschreibung“) weniger zu rein statistischen als zu Steuer- und militärischen Zwekken (→ *census*). Ein Resultat einer solchen V. ist uns aus der Zeit des → Demetrios von Phaleron bekannt: in Attika 21000 Bürger, 10000 Metöken, 400000 Sklaven (Athenaios VI 272c); die Zahl 400000 ist vielleicht falsch überliefert. Neben dieser Überlieferung gibt es Schätzungen moderner Forscher, deren Ergebnisse oft weit auseinanderliegen: Für Attikas Bevölkerung werden etwa 2–300000 Einwohner angenommen, von denen etwa die Hälfte in Athen wohnte; nur rund 35–40000 von ihnen dürften Bürgerrecht besessen haben. Griechenland einschließlich Makedonien soll zu Beginn des Pelop. Krieges 3 Millionen Einwohner gehabt haben, von denen 1 Mill. Sklaven waren. Ägypten habe zu Neros Zeit 7,5 Mill. Bewohner gehabt, teilt → Iosephus mit. – Für das Röm. Reich hingegen sind einige Zahlen überliefert: Von Zählungen röm. Bürger (also nur der männlichen Personen) liegen einige verläßliche Angaben vor: Im Jahre 294/3 v. Chr.: 262 000 Bürger; 204/3 v. Chr., also gegen Ende des 2. Pun. Krieges: 214 000; 70/69 v. Chr.: 910 000! Die Zahl der röm. Bürger betrug nach den V. des Augustus im Jahre 29 v. Chr. 4 063 000, im J. 14. n. Chr. 4 937 000 (*Mon. Ancyr.* II 8). Meist müssen wir aber die Bewohnerzahlen der antiken Länder und Städte anderweitig zu ermitteln suchen, was nur sehr unvollkommen gelingt. Für die gesamte Reichsbevölkerung liegen die angenommenen Werte zwischen 35 und 80 Millionen Menschen.

K. J. Beloch, Die Bevölkerung der gr.-röm. Welt, 1886; A. W. Gomme, *The population of Athens* . . ., Oxf. 1933; P. A. Brunt, *Italian Manpower,* Oxf. 1971; N. Brockmeyer, Sozialgesch. d. Antike, 1972; P. Salmon, *Population et dépopulation dans l'Empire Romain,* Brüssel 1974.

Volsker, tapferer italisch. Stamm (→ Italiker) im oberen und mittleren Liristal; Hauptstadt Antium (südlich von Rom). Die V. fochten in der älteren Zeit Kämpfe mit den Römern aus (→ Coriolanus); nach dem Bundesgenossenkrieg erhielten sie 338 v. Chr. zusammen mit den → Latinern das Recht bevorzugter röm. Bundesgenossen. Später gingen sie unter den anderen Latinern auf; nur ihr Name lebt noch in dem des V.-Gebirges (ital. *Monti dei Volsci*).

Voluten = Windungen, die spiraligen Verzierungen des ionischen Kapitells, → Säulenordnungen.

Vor den Erfolg haben die Götter den Schweiß gesetzt, ist eine der Wahrheiten, die Hesiod (*Werke und Tage* 289) seinem Brud. Perses zuruft.

Vornamen → Eigennamen. Die Abkürzungen der gebräuchlichsten sind: A(ulus), C. = Gaius, Cn. = Gnaeus, D(ecimus), L(ucius), M(arcus), M.' = Manius, P(ublius), Q(uintus), Sex(tus), Sp(urius), T(itus), Ti. oder Tib. = Tiberius.

Vorsokratiker. An dieser (modernen) Bezeichnung aller Philosophen vor Sokrates wird die Bedeutung klar, die man S. zumißt; er machte Epoche (gr. *epoche* = das Anhalten, der Haltepunkt, der Abschnitt durch ein bedeutendes Ereignis). Daß schon das Altertum ähnlich urteilte, darf man vielleicht daraus schließen, daß man nach dem Auftreten des S. die Schriften seiner Vorgänger nur noch selten abschrieb. Deswegen sind sie nur in Fragmenten erhalten. Die wichtigsten V. waren: Thales; Anaximandros; Anaximenes (die sog. Milesier); Pythagoras; Xenophanes, Heraklit, Parmenides, die Eleaten; Empedokles; Anaxagoras; die Vertreter der → Atomistik; schließlich die Sophisten (→ Einzelartikel). Allein die verschiedenen Herkunfts- und Wirkungsstätten dieser Denker verbieten schon eine Zusammenfassung zu einer Gruppe; der Vielfalt der philosophischen Systeme aller dieser Philosophen und Philosophenschulen wird der formale Hilfsbegriff V. nicht gerecht. Mit mehr sachlicher Berechtigung hingegen spricht man von den → Sokratikern.

WÜ: H. Diels, Die Fragm. d. Vorsokr., III $^{16-17}$1972–84; W. Capelle, Die Vorsokr., ^{8}1968; Vorsokrat. Denker, hg. u. d. W. Kranz, ^{4}1974.

L: F. Nietzsche, Die Phil. im trag. Zeitalter der Griechen, 1873; J. Kerschensteiner, Kosmos (Quellenkrit. Unters. z. d. Vorsokratikern), 1962; W. Bröcker, D. Gesch. d. Philos. vor Sokrates, 1965; U. Hölscher, Anfängliches Fragen, 1968; K. Hildebrandt, Frühe gr. Denker, 1968; P. D. Mourelatos, *The Pre-Socratics,* N. Y. 1974; H. G. Gadamer (Hg.), Um d. Begriffswelt d. V., [3]1989; T. Buchheim, Die V., 1994.

Vortumnus. Hauptgott der etruskischen Stadt Volsinii, nach deren Eroberung in der ersten Hälfte des 3. Jhs. v. Chr. durch die Römer V. in Rom einen Tempel erhielt. Sein Heiligtum bei Volsinii war offenbar das etruskische Bundesheiligtum. Über Wesen und Funktion des V. ist nichts bekannt. Properz hat einer Statue des Gottes, die in Rom im Vicus Tuscus stand, ein Gedicht gewidmet (4, 2; Vegetationsgott? Wandlungsfähigkeit?).

Vorzeichen, lat. *omen,* Wunderzeichen, lat. *prodigium,* irgendein gleichgültiges (Niesen, Ohrenklingen, Vogelflug) oder auffälliges Geschehnis (z. B. die Geburt eines Kalbs mit 5 Beinen), das man abergläubisch deutete (→ Orakel). In Rom wurden vom → *pontifex maximus* die *prodigia* aufgezeichnet; → *haruspices.*

E. Stemplinger, Antiker Volksglaube, neu 1948.

vox populi, vox dei, „des Volkes Stimme (ist) Gottes Stimme"; die Herkunft dieses Wortes vielleicht nach Hesiod, *Werke und Tage* 763 f.: „das Gerücht, das viele im Munde führen, ist ein Gott".

Vulcanus → Volcanus.

Vulgärlatein nennt man die vom Großteil der Bevölkerung verwendete Umgangssprache, deren Gegenform die Literatursprache ist; beide Sprachformen können über Jahrhunderte nebeneinander existieren (→ Griech. u. lat. Sprache). Dieses V. wurde von geographischen Dialekten beeinflußt wie auch von Sondersprachen einzelner Berufsgruppen und Bevölkerungsschichten (Soziolekte). Die wenigen Zeugnisse dieses V. finden sich z. B. an den Wänden von → Pompeii. Erst mit dem Christentum drangen Einflüsse des V. auch in die Literatur ein, weil dort Verständnisbarrieren abgebaut werden sollten. Aus dem V. haben sich durch Aufsplitterung und in vielen fließenden Übergängen die romanischen Tochtersprachen des → Latein entwickelt, während die lat. Hoch- und Literatursprache im Latein des MA., dem sog. Mittellatein, weitergepflegt wurde.

K. Vossler, Einf. ins V., 1954; C. Vossen, Mutter Latein u. ihre Töchter, 1968.

Vulgata = die lat. Bibelübersetzung des Kirchenvaters → Hieronymus.

Wachsmasken der Vorfahren im Atrium des Hauses aufzubewahren und bei feierlichen Gelegenheiten (→ Leichenfeier) in der Öffentlichkeit zu zeigen, war das Vorrecht adliger Familien in Rom, die das → *ius imaginum* besaßen.

Waffen. Die Schutzw. der Griechen in historischer Zeit waren der mannigfach gestaltete Helm, der sich aus der einfachen Fellkappe zur Lederhaube und zum bügelgeschmückten, mit Roßhaarbusch gezierten Metallhelm entwickelte; der meist runde, flachgewölbte Schild aus Leder oder Holz, mit Metall beschlagen, vom Kinn bis zum Knie reichend oder kleiner (während er in der Frühzeit manchmal den ganzen Mann deckte); der Panzer, ursprünglich ein bronzener Brustharnisch, dann ein Lederkoller, das Rücken und Brust umgab und durch herabhängende metallbeschlagene Lederstreifen auch den Unterleib schützte; schließlich Beinschienen aus Bronzeblech, vom Knie bis zum Knöchel. Als Angriffsw. für den Nahkampf dienten die 2–3 m lange Lanze aus Holz mit Metallspitze, zum Stoß oder (seltener) zum Wurf gebraucht; das zweischneidige Schwert, der etwas gebogene, einschneidige Säbel und der kurze Dolch; für den Fernkampf der Wurfspeer, der Bogen und die Schleuder zum Werfen von Steinen, Ton- und Bleikugeln. – Die Bewaffnung der römischen Legionssoldaten zu Caesars Zeit war im wesentlichen die gleiche: Metall- oder Lederhelm; Lederpanzer, auch Schuppen- und Kettenpanzer, Beinschienen und (an Stelle des früheren runden Metallschildes) meist ein viereckiger, zylinderförmig gewölbter Schild aus Holz, mit Leder überzogen und oben und unten mit Metall beschlagen; zum Angriff als Hauptkampfesw. das spitze, zweischneidige, nur etwa $^2/_3$ m lange Schwert zu Hieb und Stoß und neben der Stoßlanze ein Wurfspeer *(pilum),* der vor dem Schwertkampf gegen den Feind geschleudert wurde; für die Hilfstruppen leichterer Bewaffnung ein kleiner Rundschild, Bogen und Schleuder. – Unter dem Panzer wurde wohl ein Hemd getragen, darüber ein kurzer Mantel *(sagum),* aber sonst keine Kleidung. In Gebieten mit kälterem Klima (Germanien) bekamen die Soldaten z. T. noch Kniehosen und ein Halstuch *(focale).* Anschauliche Modelle im Röm.-German. Zentralmuseum, Mainz. → Kriegswesen.

Wagen waren den → Indogermanen in ihrer gemeinsamen Urheimat wohl nicht bekannt; sie haben kein gemeinsames Wort dafür. Die Erfindung des W. wird wohl den Hethitern (→ Streitw.) verdankt. Der myk. und der gr.-röm. Kultur sind W. geläufig. Namen: griech. *harma,* wohl der „zusammengefügte"; lat. *currus* = der Läufer. – Gute und auch tragfähige W. haben eigentlich erst die Römer gebaut: Der einachsige → Streitwagen war allerdings schon seit alter Zeit im Kampf verwendet worden, in Rom daher auch zum →Triumph und zur Volksbelustigung (→ Rennen); kleinere Militärtransport-W. *(carrus),* schnelle, kleine Reise-W. (*essedum,* alle diese zweirädrig), große Last-W. für Gütertransporte *(plaustrum),* geräumige und bequeme Reise-W. (*carruca,* auch *reda,* beides keltische Worte), als Postkutsche und sogar als → Schlafwagen verwendet. Ein Modell steht im Röm.-Germ. Museum in Köln. – Aus dem Lat. stammen daher Karren und Karosse.

J. C. Ginzrot, Die W. und Fahrwerke der Griech. u. Röm., II 1817, neu 1981; Th. Wolf, Vom Ochsenwagen z. Automobil, 1909.

Wagenlenker aus Bronze, Großplastik des frühen 5. Jh. v. Chr. im Museum in Delphoi, eines der wenigen gr. Originale, die nahezu unversehrt erhalten sind.

Wandmalerei. Schon für die minoische u. mykenische Kultur bezeugen die erhaltenen Reste der in Fresko-Technik aufgetragenen W. den hohen Stand dieser Kunst in Palästen u. Wohnhäusern. Neben ornamentalem Schmuck auch figürliche Kompositionen (Palast von Knossos, Burg von Mykenai). Die früheste W. aus gr.-röm. Zeit stammt aus etruskischen, kampanischen u. makedonischen Gräbern; neuentdeckte Malereien attischer Herkunft aus dem 5. Jh. v. Chr. bei Paestum bilden eine seltene Ausnahme. Die auf Holztafeln aufgetragenen Wandbilder → Polygnots u. anderer Maler klassischer Zeit in der → *Stoa poikile* sind untergegangen. Reste sind uns erst wieder aus hellenist. Zeit erhalten (Pydna, Delos, Athen), meist monumentale Dekorationen zur Imitation vorgeblendeter Architektur. Es schließt sich an die W. in den vom Vesuv zerstörten Städten → Pompeii, Herculaneum u. Stabiae, hier wiederum in Fresko-Malweise von besonderer Widerstandsfähigkeit. Daher hat sich hier aus fast 2 Jahrhunderten so viel erhalten, daß man eine Stilentwicklung bis zum Untergang der Städte im Jahre 79 n. Chr. feststellen konnte, deren einzelne Phasen man als 1. bis 4. Stil bezeichnet. Charakteristisch sind die seit dem 2. Stil in der gemalten Scheinarchitektur eingesetzten figürlichen Bilder, die z. T. Kopien nach Werken klass. u. hellenist. Meister sind (→ Mysterienvilla; Vettierhaus). W. gleicher Art kannte man auch in Rom (→ Palatin; Goldenes Haus →Neros). Im 2. u. 3. Jh. n. Chr. findet sich gleiches Dekorationsschema in Rom auch in den christl. → Katakomben. W. des 2. Jh.s n. Chr. wurden auch in → Dura gefunden. Reste röm. W. finden sich auch in Deutschland: Deckenmalerei aus dem Helena-Palast in Trier (jetzt im Bischöfl. Museum dort), neuerdings auch in Köln, sogar in einem einfachen Kastell (Echzell, aufgestellt in der Saalburg). → Mosaik; Malerei.

F. Wirth, Röm. W., 1934; H. G. Beyen, Die Pompejan. Wanddekoration, II 1938–60; W. Drack, D. röm. W. in d. Schweiz, 1950; K. Parlasca, Röm. W. in Augsbg., 1956; K. Schefold, Die Wände Pompejis, 1957; ders., Vergessenes Pompeji, 1962; L. Curtius, Die Wände Pompejis, [2]1960; St. Steingräber, Etrusk. W., 1985.

Wasserleitungen. Der heiße Süden muß auf W. viel mehr Wert legen als der Norden und hat das im Altertum in Staunen erweckender Weise getan (→ Tunnel). Es gab zwei Arten von W.: die Bogenw., die das Wasser von einer in den Bergen gelegenen Quelle in Rohren oder Kanälen, auf Bogenstellungen über unebenes Gelände geführt, in sanftem Gefälle in die Stadt leiteten. Ruinen solcher Bogen finden sich fast überall, wo einst Römer wohnten: Zur Versorgung → Kölns leitete man das Trinkwasser aus der Eifel über eine 77 km lange Leitung in die Stadt (ähnlich auch in Saarbrücken, Koblenz, Düren und → Mainz). Die bekanntesten W. sind die in der röm. Campagna, die gewaltigsten die Aquädukte von Segovia und Tarragona in Spanien, der Pont du Gard in Südfrankreich und der A. des Valens in Konstantinopel (→ u.). Die Griechen bevorzugten die W. mit natürlichem Gefälle, bei denen das Wasser von einer hochgelegenen Quelle direkt in die Ebene hinab- und in dieser bis in eine Zisterne der Stadt weitergeführt wurde. Die hellenistische Technik legte auch auf wissenschaftlicher Grundlage konstruierte Hochdruckw. an, die älteste wohl in Pergamon, wo das

Wasser die letzten $3^1/_2$ km unter 18 Atmosphären Druck durch Metallröhren auf den Burgberg strömte. In röm. Zeit erhielten noch andere Städte im Osten Hochdruckw. (Aspendos, Smyrna u. a.). Berühmte gr. W. haben Polykrates auf → Samos und Peisistratos in Athen anlegen lassen, beide in der 2. Hälfte des 6. Jhs. v. Chr. Den Leitungen, die das Wasser von außerhalb in die Stadt führten, entsprach im Stadtinnern schon in archaischer Zeit ein ausgedehntes Entwässerungsnetz. Die W. endeten in der Stadt in zahlreichen Brunnen. Nur in Ausnahmefällen wurde in gr. Zeit wenigstens das Wasser in die einzelnen Häuser geleitet. – Zum Auffangen des Wassers dienten in wasserarmen Gegenden, so in Nordafrika in röm. Zeit, Talsperren (die besterhaltene ist die von Kasrin in Tunesien) oder unterirdische → Zisternen. Die Stadt Rom hatte in der Kaiserzeit 11 große W. von zusammen etwa 430 km Länge; die älteste wurde bereits von dem Censor Appius Claudius Caecus 312/311 v. Chr. errichtet. Zins für Wasserentnahme in den Privathäusern brauchte man seit 11 v. Chr. nicht mehr zu zahlen. Im 1. Jahrhundert n. Chr. besaß die Hauptstadt ein Netz von W. mit einer Gesamtlänge von etwa 400 km, von denen rund 350 km unterirdisch, etwa 47 km über Bogen geführt wurden; dieses Versorgungsnetz speiste die Privathäuser, über ein Dutzend riesiger → Thermen und, nach einer Stadtbeschreibung noch des 4. Jhs. n. Chr., 856 kleinere Bäder und 1352 Bassins und Röhrenbrunnen. Über diese W. sind wir ziemlich gut unterrichtet, weil ein Werk darüber von Sex. Iulius → Frontinus, der 97 n. Chr. Direktor der städt. W. in Rom wurde (*de aquis urbis Romae,* „Die W. Roms“), erhalten ist und allenthalben große Ruinen davon stehen; aus Frontinus' Angaben versucht man, die täglich nach Rom fließende Wassermenge und damit den Wasserverbrauch der Einwohner zu errechnen; wegen mancherlei Schwierigkeiten (→ Volkszählungen) schwanken die Schätzungen erheblich, nämlich zwischen 5–700 000 Kubikmetern täglich.

Zwei große W. in Konstantinopel: Der sog. Iustinianos-Aquädukt mit großartigem, 35 m hohem Aquädukt über das Tal des Ali Bey Suyu (→ Zisternen), und der große Aquädukt des Kaisers Valens, gegen 368 vollendet, ein Wahrzeichen der Stadt; von dieser W. stehen noch rund 800 m. Im allgemeinen verfielen die W., die ja immer in Stand gehalten werden müssen. Insbesondere zerstörten 536 Vitigis und die Goten 587 bei Belagerungen Roms die W. dieser Stadt, so daß die Römer sich mit Wasser aus dem Tiber behelfen mußten. – → Belisar stellte die W. zwar wieder her, doch verfielen sie wie die Thermen und → Nymphäen bald wieder. Aber bis heute versorgen 3 große W. noch immer die Stadt Rom: Aqua Virgo (Fontana di Trevi; Barkenbrunnen an der Span. Treppe), Aqua Marcia (Mosesbrunnen) und Aqua Traiana (Fontana Paolina).

W: Frontinus, hg. F. Krohn, 1922, neu 1967. – *Ü:* A. Dederich, 1841.

L: Th. Wiegand, Die gr. Hochdruck-W. in Pergamon, 1933; K. O. Dolman, Der Valensaquädukt in Konst., Istanbul 1933; M. Hainzmann, Unters. zur Gesch. d. W., 1973; K. Grewe, Planung u. Trassierung röm. W., 1985; Die Wasserversorgung antiker Städte (hg. Frontinus-Gesellsch.), III 1987f.; K. Grebe (Hg.), Atlas d. röm. W. nach Köln, 1986. – → Technik.

Weihnachtsfest, in Rom 354 zum erstenmal urkundlich nachweisbar, Entstehung näherhin ungeklärt. Die östlichen Regionen begingen statt des Geburtstages Christi dessen → Epiphanie; von Rom aus setzte sich dann der 25. Dezember als Geburtsfest Christi durch; dieser Tag war ursprünglich der Geburtstag des Gottes → Mithras (der wiederum dem Sonnengott gleichgesetzt worden war; → Helios). Die Parallele zum *Sol invictus* des Mithraskultes entspricht der Allgemeinerscheinung, daß das Christentum, wie alle anderen Religionen, natürliche Erscheinungen (hier die Wintersonnenwende) zur Erklärung seiner Glaubenslehre verwendete. Im *Johannesevangelium* ist Christus das Licht, das in die Finsternis der Welt kam. Augustinus sagt in einer Ansprache (*sermo* 290): „Bei der Geburt Christi wächst der Tag". – Bis weit in das MA. hinein war das W. gleichzeitig auch Jahresanfang; die Feiern dieses Doppelfestes wiesen sogar noch Einflüsse der → Saturnalia auf. Erst durch den Gregorianischen Kalender 1582 wurde das Neujahrsfest wieder selbständig (→ Januar).

H. Usener, Das W., ^{2}1911, neu 1969; A. Meyer, Das W., 1913; R. Frauenfelder, Die Geburt des Herrn, 1939.

Wein wächst wild im Kaukasus und kam früh, aber nicht in allerältester Zeit (→ Komos; Zwölfgötter), zu den Griechen. Über Widerstand gegen die Einführung des W. und seinen Übergang nach Indien → Dionysos. Sicher gelangte der W.-Bau von Griechenland nach Italien und von dort nach Frankreich, ferner nach antiken Angaben unter Kaiser Probus (276–282) auch nach Deutschland und Ungarn. An der Mosel haben jedoch die Römer nach Ausweis der Funde W. schon eher angebaut. Von ihnen übernahmen die Germanen den W.-Bau und z. T. auch seine Fachausdrücke, die lat. Ursprungs sind, z. B. Winzer, Keller. Es gab eine Unmasse Sorten und trotz reichlichsten Anbaus von Reben auch Obst- u. Beerenw., aber auch aus 10 Arten Gartenpflanzen (z. B. aus Spargelwurzeln) schuf man W. (Plinius, *nat. hist.* XIV 105). Niedergang des Edelweinbaus im frühen Mittelalter; von den vielen Sorten, die Horaz nennt, gibt es nur noch → Falerner.

Ein gr. Weinfeld sieht aus wie bei uns ein Kartoffelfeld (ähnlich auf der Reichenau i. Bodensee). Man hält die Stöcke ganz niedrig, so daß die Trauben am Boden liegen und in der Nacht die Wärme aufnehmen, die die Erde ausstrahlt. Deswegen ist gr. Wein oft sehr stark. In Italien Weinlauben (lat. *vinea,* ital. *vigna*) oder in Girlanden (so nach antiken Abbildungen schon im Altertum). Der fruchtbare ital. Boden gibt auf ein und derselben Stelle eine dreifache Ernte: Getreide (oder Kohl, Melonen usw.), Obst von Bäumen, die im Felde stehen, und W., der sich in Girlanden von Baum zu Baum schlingt: So nachzuweisen in einem 1930 freigelegten Weingarten in Pompeii. Griechen und Römer tranken W. sehr mäßig. Man mischte ihn im Altertum mit Wasser. Im Neugr. heißt der Wein nach dieser Sitte *krasi* (zu *krasis* = Mischung; *oinos* ist nicht mehr üblich).

W.-Handel war einer der wichtigsten Zweige des italischen Exporthandels mit den Grenzvölkern, bis Kaiser Probus auch den W.-Anbau in den Provinzen gestattete; seitdem gab es einen regen W.-Handel innerhalb des ganzen Mittelmeergebiets mit Qualitätsweinen, nach Ausweis der Amphorenstempel, die die Herkunft angeben, auch auf sehr weite Entfernungen. → Monte Testaccio. Ein Wein-Museum befindet sich in Speyer.

P. Remark, Weinbau im Römerreich, 1927; S. Loeschke, Denkmäler v. Weinbau aus d. Zeit d. Römerherrschaft, ²1934; F. v. Bassermann-Jordan, Gesch. d. Weinbaus, III ²1923; ders., D. Weinbau d. Pfalz im Altert., 1947; C. Seltman, *Wine in the Ancient World,* Lond. 1957; D. B. Thompson, *Garden lore of ancient Athens,* 1963; K. W. Weeber, Die Weinkultur der Römer, 1993.

Weissagung → Orakel.

Weiterleben der Antike läßt sich in dreifacher Hinsicht feststellen:
1. Direktes, ununterbrochenes W. seit dem Altertum und Wahrung einer gewissen Kontinuität kann man auf vielen sachlich-technischen Gebieten beobachten: → Amtsabzeichen; Bankwesen; Hypokausten (Zentralheizung); Jahreszählung; Januar; Kaufmann; Landkarte; Leuchttürme; Schule; Tunnel. Im technisch-wissenschaftlichen Bereich verwenden wir noch heute die Terminologie der Alten (→ Grammatik; Mathematik; Staatsformen; Staatstheorie).
2. Eine Wiederbelebung antiker Kultur war das erklärte Ziel der → Renaissance und auch der → Franz. Revolution. Ein solches Wiederaufleben, oftmals nach Jahrhunderten der Vergessenheit, trat meist als Folge gelehrter Bemühungen ein: → Altertumswissenschaft; Humanismus; Petrarca; Philologie; Winckelmann; Wirkung der Antike auf die deutsche Klassik u. Romantik. Manchmal lösten auch überraschende Entdeckungen ein erneutes Interesse an der antiken Kultur aus: → Archäologie; Kreta; Pompeii; Schliemann.
3. Ein Nachwirken der Antike liegt auch in Fernwirkungen geistiger Kontinuität vor: So hat sich beispielsweise die Welterfahrung der Griechen zu einprägsamen Bildern verdichtet; Gestalten wie Antigone, Oidipus, Orestes, Prometheus u. a. sind nicht historische Phänomene vergangener Zeit, sondern sind Modellgestalten menschlicher Daseinsformen, an denen Grunderfahrungen des Mensch-Seins sichtbar werden können (→ Mythos). Ferner hat die Überlieferung uns gewissermaßen Denk-Modelle aufbewahrt, geistige Urphänomene, vor allem in der von den Griechen ausgebildeten → Wissenschaft (z. B. → Heilkunde; Naturforschung; Ethik; Metaphysik). Außer dem Erfahrungsschatz des Altertums, der uns im Mythos, in Dichtung und Wissenschaft vorliegt, beeinflussen uns stark die Urformen der antiken → Kunst. Die Griechen haben auch zum ersten Male politische Grunderfahrungen praktisch verwertet und theoretisch ausgearbeitet; Rom wurde mit der Ausbildung des → Rechts zur „stolzen Gesetzgeberin aller Nationen" (Herder). Beide Völker hinterließen der Gegenwart beziehungsreiche Beispiele politischer Ordnungs- und Gestaltungskraft. Mit alledem haben Griechen und Römer das geistige Fundament geschaffen, auf dem unsere geschichtliche Existenz ruht.

L: O. Immisch, Das Nachleben der Antike, 1919; F. Boll, E. R. Curtius, Vom Altertum zur Gegenwart, 1921; G. Highet, *The Classical Tradition (Greek and Roman Influences in Western Literature),* Oxf. [4]1959; R. Newald, Nachleben d. antiken Geistes im Abendland b. z. Beg. d. Humanismus, 1960; F. Wehrli, Das Erbe der Antike, 1963; F. Rosenthal, Das Fortleben der Antike im Islam, 1965; Lebendige Antike (Symposion R. Sühnel), 1967; B. Wyss, Vom verborgenen gr. Erbe, Basel 1968; Kulturbruch oder Kulturkontinuität von der Antike zum MA. (WdF), hg. P. E. Hübinger, 1968; W. Jens, Antiquierte Antike?. 1972; Kontinuität – Diskontinuität in d. Geisteswissenschaften, hg. H. Trümpy, 1973; R. R. Bolgar (Hg.), *Class. Influences on European Culture A. D. 500–1500,* Cambr. 1971; K. Büchner (Hg.), Latein u. Europa, 1978; F. Klein-Franke, D. klass. Antike in der Tradition des Islam, 1980.

Welsche → Volcae.

Weltalter → Zeitalter.

Weltkarte → Landkarten.

Weltwunder → Sieben W.

Winckelmann, Johann Joachim, 1717–1768, armer Schuhflickersohn aus Stendal, 1743 Konrektor an einer kleinen Schule, später Bibliothekar bei dem Minister v. Bünau in Nöthnitz bei Dresden. Dort lernte er die Dresdener Antiken kennen und begeisterte sich so dafür (→ Herculaneum), daß er vom Protestantismus zum Katholizismus übertrat, um eine ihm in Rom angebotene Stellung annehmen zu können; 1763 Oberaufseher aller Altertümer in und um Rom; 1768 von einem Dieb ermordet. Durch seine Schriften wurde er der Begründer der Archäologie und auch der Kunstgeschichte. Freilich sah er in Rom fast nur → Kopien antiker Kunstwerke. Die Nachrichten über die Kunst des Altertums bei den antiken Autoren waren damals noch nicht, wie heute, handlich gesammelt, sondern mußten aus z. T. sehr entlegenen Werken zusammengesucht werden. Trotzdem brachte W. Licht in das Chaos der Kunstgeschichte, setzte Perioden fest und stellte für die Beurteilung der Kunstwerke Gesetze auf. Seine Interpretation der gr. Kunstwerke („edle Einfalt, stille Größe") war, historisch gesehen, eine Fehldeutung, die erst viel später (u. a. aber schon von F. Nietzsche) korrigiert wurde; es war aber ein ungeheuer fruchtbarer Irrtum mit sehr weitreichenden Einflüssen auf das europ. Antike-Bild, auf das Menschenbild der deutschen Klassik und auf das humanistische Bildungsideal (→ Humanismus; auch → nächsten Artikel). – W.s Geburtstag, der 9. Dezember, wird von den meisten deutschen archäolog. Instituten jährlich gefeiert (u. a. durch Festschriften oder Arbeitsberichte).

W: Gesamtausgabe, J. Eiselein, XII 1825–35, neu 1965. – Gesch. d. Kunst d. Altertums, 1764, neu 1993; Ewiges Griechentum, Auswahl, hg. F. Forschepiepe, 1943; Briefe, hg. W. Rehm, H. Diepolder, IV 1952–57; Kl. Schriften u. Briefe, hg. W. Senff, 1960, auch von H. Rehm, IV 1952–57.
L: J. W. v. Goethe, W. u. s. Jahrhundert, 1805 u. ö.; E. Aron, Die deutsche Erwekkung des Griechentums durch W. und Herder, 1929; H. Trevelyan, Goethe und die Griechen, d. 1949; H. Koch, W. und Goethe in Rom, 1950; K. Justi, W. u. s. Zeitgenossen, [5]1956; W. Leppmann, J. J. Winckelmann (Biogr.), 1971; N. Himmelmann, W.s Hermeneutik, 1971; B. Häsler (Hg.), Beiträge zu einem neuen W.-Bild, 1973; M. Käfer, W.s hermeneutische Prinzipien, 1986.

Wirkung der Antike auf die deutsche Klassik und Romantik. Jeder Zeitraum deutscher Dichtung spiegelt ein anderes Bild der Antike wider, jeder das seiner Reife und Zeitaufgabe gemäße. Als am Ende des 18. Jhs. die deutschen Klassiker Goethe und Schiller den griech. Menschen in ihren Werken zu gestalten suchten, war schon seit Jahrhunderten die antike Kunst Muster und Beispiel deutscher Kultur gewesen. Lessing und vor allem Winckelmann stehen an der Wende zur neuen Griechenliebe (die Griechen hatten die Römer endgültig abgelöst); Lessing noch verhaftet in der Regelgläubigkeit der deutschen Aufklärung, Winckelmann schon der moderne Geist, der nachahmen will, um zu eigner Ursprünglichkeit zu kommen. Lessing will die Regeln klassischer Ästhetik neu erkennen; denn den positiven Inhalt seiner Kritik, die ewigen Normen und Muster aller Kunst, fand er im Altertum. Er steht mit seiner Auffassung des griech. Altertums bereits unter dem Einfluß Winkkelmanns (*Gedanken über die Nachahmung der griech. Werke in der Mahlerey und Bildhauerkunst,* 1755). Mit Winckelmann glaubte das ausgehende 18. Jh. an das Maß der „edlen Einfalt u. stillen Größe" (*Geschichte der Kunst des Altertums,* 1764), das man in der griech. Plastik des 5. Jhs. für ewig gestaltet sah und das Lessing selbst noch in die Laokoongruppe, ein Werk griech. Barocks, hineindeutete. Diese Abhängigkeit und Überzeugung von der kanonischen Bedeutung der griech. Plastik bewirkte, daß Lessings *Laokoon* das wirksamste Mittel wurde, den Winckelmannschen Kunstanschauungen Geltung zu verschaffen. Winckelmann, der Programmatiker der klass. Kunst und klass. Kunstgeschichte, sah den stärksten Ausdruck des klass.-griech. Menschen, wie er es bezeichnet, in der bildenden Kunst. Die griech. bildende Kunst wird ihm zum reinsten Ausdruck der vollendeten Schönheit, die Offenbarung des Göttlichen ist. Platonische und neuplatonische Gedanken brechen hier wieder durch. In Italien schaute und erlebte er die antike Welt, wie später Goethe (1786–1788), nach den Jahren des Sturms und Drangs, aus verwandtem Wesen getrieben, in ihr die Möglichkeit erblickte, zu klarer, innerer Schönheit harmonischen Daseins zu reifen. „Die Griechen sind mein einzig Studium", äußerte schon der junge Goethe: „Homer und Sophokles und Theokrit" haben ihn die griech. Seele fühlen gelehrt: drei Namen, die ebenso viele Namen griech. und jeder echten Poesie überhaupt bedeuten. Bei den Griechen fand der junge Goethe die reine Natur, die er der willkürlich-konventionellen Kultur seiner Zeit gegenüberstellt. Aber in Italien reifen erst die besten Werke deutscher Klassik, geformt unter der Winckelmannschen Idee und der Idee der Humanität: *Iphigenie,* die deutsche Orestie, *Nausikaa,* der Versuch einer tragischen Odyssee, *Tasso* und die nach dem italienischen Aufenthalt entstandenen *Römischen Elegien,* die fast Übersetzungen antiker Liebeslyrik sein könnten. An Properz und Tibull lernt Goethe die Form des Distichons, die recht eigentlich die Form des deutschen Hochklassizismus wurde, an Martial die Form seiner *Venezianischen Epigramme.* Auch die klass. Ependichtung wirkt entscheidend auf ihn ein: *Hermann und Dorothea* (1796) steht unter dem Eindruck der Homerverehrung. Homerischen Geist atmet vor allem Goethes kühnster Epenplan, mit einer *Achilleis* (1799), der Schilderung vom Tode des Achilleus und Aias, eine Fortsetzung der Ilias zu schaffen. Die Kraft, die vom Griechentum ausging, ließ selbst einen im Grunde so ungriech. Menschen wie Schiller sich nach ihren Mythen und Formen sehnen (*Die Götter Griechenlands,* 1788), die er in seinen Balladen und kulturphilosophischen Gedichten zu gestalten suchte. In den Elegien und antiken Strophen (*Der Spaziergang, Pompeii und Herkulaneum, Kassandra, Das Siegesfest, Klage der Ceres, Das Eleusische Fest*) drückt sich sein sehnlicher Wunsch aus, sich ganz des antiken Ausdrucks zu bemächtigen. Seine Meisterdramen gestaltete er in einer Zeit, wo ihm Sophokles' *Oidipus* als das Urbild und Meisterwerk der analytischen Tragödie erschien (*Brief an Goethe* v. 2. Oktober 1797), welchem Typus er sich immer mehr näherte vom *Wallenstein* bis zur *Braut von Messina,* die sich ganz der griech. Form anpassen sollte und doch weniger eine analytische Tragödie wurde als die voraufgegangenen Dramen. Am reinsten aber im Sinne seiner Zeit erfaßte Schiller den griech. Geist, wo er sich theoretisch mit ihm auseinandersetzte: in seiner Abhandlung *Über naive und sentimentalische Dichtung* (1795) und in seinen *Gedanken über die ästhetische Erziehung* (1795). Hier finden sich Schiller und Goethe zur gemeinsamen Erziehung des Geschmacks, deren polemischer Ausdruck der Xenienkampf ist. Der Sinn der deutschen Klassik erfüllt sich in dieser Erziehung zum „reinen großen Ausdruck" eigenen, ewigen Wesens; die klassische Kunst ist Wegbereiterin. Sie öffnet auf dem Weg des Schönen das Gesetz des Kosmos: das ist der an den Griechen geschaute Glaube eines Winckelmann und Goethe, Schiller und Humboldt.

Die Stellung der Romantik zur A. wandelt sich gemäß der Entwicklung von Frühr. zu Spätr. Steht am Anfang im Anschluß an Winckelmann und die deutsche Klassik die hellste Begeisterung für die griech. Literatur, so endet sie nach der Jahrhundertwende in kühlster Ablehnung. Nur der einsame Hölderlin bleibt bis in die Tage seiner Umnachtung der Liebe zu Hellas treu, und abseits vom literarischen Treiben ringt Heinrich v. Kleist um die gewaltige Synthese von Shakespeareschem und griech. Drama (*Amphitryon; Penthesilea,* 1808; *Robert Guiskard*), während noch einmal reinste klass. Form schon mitten im Aufbruch des realistischen Zeitalters in den Oden, Eklogen und Hymnen, in den Lustspielen und Balladen Platens sich klar, aber doch schon als müde Nachblüte gestaltet. Aber in dieser ungeheuren Bewegung deutschen Geistes, welche die Namen Kant und Hegel abgrenzen, lebt überall der Geist des Griechentums, sichtbar oder unsichtbar. „Nichts Modernes ist mit etwas Antikem vergleichbar", so will es der Neuhumanismus eines Wilh. v. Humboldt, des Gründers der Universität Berlin und Schöpfers des deutschen Gymnasiums. Wortführer und Theoretiker der frühromantischen Generation, die bildungsmäßig mit der Überlieferung der Antike, mit den Gestalten und Formen der Kunst oft bis zur spielerischen Virtuosität vertraut ist, ist Friedr. Schlegel. Platons Schriften, die tragischen Dichter der Griechen und Winckelmanns Werke legen den Grund seiner Bildung und begeistern ihn zum Studium der griech. Literatur, die ihm eine „allgemeine Naturgeschichte der Dichtkunst" ist (*Geschichte der Poesie der Griechen und Römer,* 1798). Er will der Winckelmann der griech. Poesie werden, das Gesetz des Schönen durch das Studium der Literatur gewinnen, d. h. mit dem Auge der Philosophie in ihren Geist blicken; mit dem Auge der Ästhetik die feinen Schönheiten zergliedern; mit dem Auge der Geschichte „Zeit gegen Zeit, Land gegen Land und Genie gegen Genie halten", wie es Herder fordert; denn die „reine Griechheit" soll der moderne Dichter sich aneignen, indem er sie versteht. Der historische Sinn der Romantik ist erwacht; er führt Fr. Schlegel und die Romantiker zur tiefen geschichtlichen Erfassung des Griechentums, aber er führt sie auch von der Antike weg zur Erschließung des christlichen Mittelalters. Knapp ein Jahrzehnt nach seiner ersten Griechen-Begeisterung spottet Fr. Schlegel über seine „Gräcomanie", und Novalis, der noch in der fünften *Hymne an die Nacht* der antiken Götter gedenkt, beginnt die Verehrung Marias und die Hinwendung zur mittelalterlichen Welt, auf deren Kunst Wackenroder und Tieck nun aufmerksam machen. Und zeugt auch Schleiermachers geniale Platon-Übersetzung (1804–1809) für die Lebendigkeit griech. Geistes, so stehen ihr ebenbürtig die Übersetzungen Shakespeares und Dantes durch A. W. Schlegel gegenüber, der bei aller Hochschätzung doch die Vorbildlichkeit der Griechen bezweifelt. In Hölderlin aber erfüllt sich noch einmal die Größe und Tragik deutscher Griechensehnsucht, ihre Lust und Qual zu künden, ehe, wie es scheint, das neu heraufziehende Zeitalter sie verschlingt. Aus dem Innersten seiner zutiefst hellenischen Natur läßt er die Götter Griechenlands erstehen, aber nicht mehr Apollon, wie in Winckelmanns und Goethes Griechenbild, sondern Dionysos ist Schöpfer der Welt. Von früh auf mit der antiken Literatur und Platons Philosophie vertraut, erstrebt er in Auseinandersetzung mit der Weltanschauung Kants, Schillers und Fichtes eine neue, den Griechen ebenbürtige Kultur, in der ihm Deutschland als Führerin erscheint. Auf der Suche nach seinem Gott und gläubigen Menschen findet er Griechenland, ohne daß es seiner ewigen Sehnsucht nach harmonieerfüllter Ruhe eine Heimat werden konnte. Modernes u. Antikes gestalten sich zu einem Bilde, die Idee des Christentums verbindet sich mit der Vorstellung der griech. Götterwelt zu einer großen Einheit *(Brot und Wein; Patmos),* in der ihm Christus zum letzten der antiken Götter wird. Hölderlin wird zum Seher und Künder eines neuen gotterfüllten Reichs, doch das Dunkel seiner Umnachtung verhüllt seinen Traum und läßt ihn in sich zugrunde gehen. *Hyperion oder der Eremit von Griechenland,* seine Hymnen und Oden, der *Archipelagus,* das Empedoklesdrama und seine Übersetzungen des Sophokles *(Oedipus der Tyrann* und *Antigone)* sind unvergängliche Denkmale der Griechenliebe der deutschen Klassik und Romantik.

K. Borinsky, Die Antike in Poetik u. Kunsttheorie, II 1914–24, neu 1965; M. Enzinger, Der Humanismus der deutschen Klassik, 1947; A. Beck, Griech.-deutsche Begegnungen, 1947; E. Grumach, Goethe u. d. Antike, II 1949; W. Rehm, Götterstille u. Göttertrauer (Aufs. z. deutsch-antiken Begegnung), 1952; ders., Griechentum u. Goethezeit, [4]1969; F. Prader, Schiller u. Sophokles, Zürich 1954; W. Mettler, Der junge Schlegel u. die gr. Lit., 1956; W. Schadewaldt, Goethe-Studien (Natur u. Altertum), 1963; E. Schmalzriedt, Inhumane Klassik, 1971.

Wirtschaft der Antike, → die Sonderartikel über Landwirtschaft, Handel, Industrie. Hier sollen nur die Wechselbeziehungen zwischen diesen 3 Hauptgebieten besprochen werden.

Auch in der W. sind Griechen nicht schlechthin Neuschöpfer gewesen. Schon in vorgriechischer Zeit hatten die Träger der → kretisch-mykenischen Kultur die reine Naturalw. längst hinter sich. Die Ausgrabungen in Knossos und Phaistos, Funde kretischer Waren in Ägypten, Syrien und Griechenland zeigen, daß die Landw. schon zu den feineren Kulturen des Ölbaus übergegangen war; das Handwerk, besonders Metallbearbeitung und Töpferei, hatte sehr komplizierte Arbeitsmethoden entwickelt, wurde im großen betrieben und arbeitete für den Export. Vor allem blühte der Handel. Der kretische Kaufmann beherrschte mit seinen Schiffen das ganze Mittelmeer von Syrien und Ägypten bis nach Spanien (Tartessos). Da der Handel außerdem durch feste Gewichte und Münzen geregelt war und im Innern die Bevölkerung in gutgebauten Städten (Gurnia, Knossos, Gortyn) wohnte und offenbar ein durch Gesetze wohlgeordnetes Recht besaß, existierte im 2. Jahrt. in Kreta schon ein sehr gut organisierter und komplizierter W.sorganismus. Auch die mykenische Kultur (→ Linear B; Kataloge) besaß eine wohlorganisierte W.struktur; mykenische Kolonien (→ Ugarit; Tell el Amarna) zeigen einen lebhaften Warenaustausch im Raum des östlichen Mittelmeeres.

Diese hochentwickelte Wirtschaft ging bei der Eroberung Kretas durch die → Dorier fast völlig zugrunde. Die Phoiniker wurden für mehrere Jahrhunderte die Händler des Mittelmeeres. Das griechische Mutterland war wieder ganz zur Naturalw. zurückgekehrt. Der begüterte Adel lebte, auch wenn er in Städten wohnte, von den Erträgnissen der Landw. und achtete den Kaufmann, der mit dem Schiff weit herumkam, gering (*Od.* VIII, 162); die Handwerker arbeiteten nur für den unmittelbaren Hausbedarf. Diese Periode der reinen Naturalw. wurde zuerst bei den kleinasiatischen Griechenstädten (besonders Milet, Ephesos) überwunden, wo aus der Berührung mit dem Orient ein gewinnbringender Handel entstand. Durch die Bedürfnisse der reichgewordenen Kaufleute blühte das Handwerk auf, dessen Erzeugnisse dann die Händler nach Griechenland und dem Norden exportierten. So entstand in den neuen ionischen Handelszentren zuerst eine blühende Exportindustrie. Besonders früh entwickelte sich die Töpferei, die bald weite Absatzgebiete eroberte und beherrschte. Man ging dabei auch wohl bald zur Herstellung im Großbetrieb über. Als besonders geeignet für solche „Industrialisierung" erwiesen sich im ganzen Altertum, auch in der röm. Zeit, die Töpferei und die Metallbearbeitung. Den großen Vorzügen seiner Tonwaren verdankte z. B. Athen nicht zuletzt seinen Aufstieg zur ersten Handelsmacht des östlichen Mittelmeeres. Soweit wir erkennen, versuchten die Athener zuerst, aus dem östlichen Mittelmeer ein geschlossenes Wirtschaftsgebiet zu machen, indem sie die Waren allein vertrieben und die Produktion bestimmend beeinflußten. Das ist ihnen im 5. Jh. v. Chr. lange Zeit gelungen, wenn auch manchmal der rücksichtslose Einsatz politischer Machtmittel nötig wurde (gegen → Aigina; Megara). Deren Stolz und wirtschaftlicher Anspruch wurde aber keineswegs ganz gebrochen. Als Athens Macht im peloponnesischen Kriege geschwächt war, fielen sie ab. Schon vorher waren die Versuche, das W.sgebiet Athens über das östliche Mittelmeer hinaus zu erweitern, mißlungen. 456 scheiterten die Versuche, den Handel nach Ägypten und Syrien in die Hand zu bekommen; in der Schlacht an der mendesischen Mündung des Nil und mit dem Fehlschlag der Sizilischen Expedition 411 v. Chr. schwanden die jahrelangen Hoffnungen der attischen Handelskreise (443 Gründung von Thurioi, 427 erste Sizil. Expedition), Sizilien und das Westmeer für den attischen Handel zu gewinnen. Um ein so großes Handelsgebiet wirksam zu kontrollieren, reichten offenbar die Kräfte einer antiken Polis mit ihrer geringen Einwohnerzahl nicht aus. Eine entscheidende Wende brachte daher die gewaltige Erweiterung des W.sgebietes durch die Züge Alexanders nach Asien und die Erschließung des Weges nach Indien. Die gewaltige Menge der orientalischen Waren steigerte die Handelstätigkeit ganz außerordentlich. Industrie und Gewerbe scheinen nicht in der gleichen Weise gewachsen zu sein, so gibt der Handel der W. dieses Zeitalters das Gepräge. Händler waren es, die die großen Gewinne machten und große Vermögen erwarben, sie waren auch die großen wirtschaftlichen Pioniere der Zeit, die durch kühne Reisen in unbekannte Länder ihren Wagemut bewiesen. Wegen des Reichtums des neuerschlossenen Orients verarmten die W.szentren im Mutterland, neue im Osten entstanden. Sie waren Händlerstädte, vor allem Rhodos, Alexandreia und Antiocheia. Große Bedeutung gewann auch die Monarchie, da die Könige des Ostens, die Ptolemaier und Seleukiden, nicht nur selbst die größten Unternehmer waren, sondern auch Handel, Industrie und Landw. förderten. Besonders die Hauptstädte erfreuten sich ihrer tatkräftigen Protektion, von wo aus neue Wege nach den ersehnten Rohstoffländern erschlossen wurden (→ Suezkanal). Durch diese merkantilistischen Tendenzen der Diadochen überflügelten die Reiche des Orients das Mutterland immer mehr, das durch die Abwanderung des Handels und der Industrie zu einem stillen Land der Pensionäre, Philosophen und alter, verfeinerter Kultur wurde. So war im Hellenismus das riesige Gebiet von Sizilien bis nach Indien und von Innerafrika bis nach dem Schwarzen Meer zu einem großen

einheitlichen W.sorganismus zusammengeschlossen, in dem die gr. Sprache und gr. Wesen herrschten.
Im westlichen Mittelmeergebiet hatten zuerst nur die Karthager und Etrusker als Konkurrenten der Griechen Handel getrieben. Seit dem 2. Jh. v. Chr. nahmen auch die Römer in steigendem Maße an dieser internationalen W. teil. Als Bauernvolk waren sie lange auf dem Stand der reinen Naturalw. stehengeblieben und hatten im Stadtgebiet selbst nur geringwertige Kupfermünzen verwendet, als sie bereits in Capua für die unterworfenen Campaner, die für ihren Handel höhere Münzwerte brauchten, Silbermünzen prägten. Sie hatten also ganz bewußt versucht, die Kommerzialisierung ihres Gebietes zu unterbinden. → Handel. Im 3., besonders aber im 2. Jh. v. Chr. entwickelte sich auch in Rom ein sehr wohlhabender und einflußreicher Händlerstand (die Ritter), der die staatlichen Machtmittel für seine Interessen einsetzte und so eine führende Stellung in der W. des gesamten Mittelmeeres gewann. An vielen Stellen schlossen sich die röm. Kaufleute zu *conventus,* festen Organisationen, zusammen, um sich gegenseitig zu unterstützen. Dazu kam die energische Unterstützung der W. durch die politischen Organe, vor allem das Vorgehen gegen alle Konkurrenten (Karthago, Korinth, Rhodos). Durch diesen politischen Protektionismus und rücksichtslosen wirtschaftlichen Imperialismus wurde Rom zum beherrschenden W.s-zentrum der damaligen Welt (nur Alexandreia behauptete neben ihm eine gewisse Selbständigkeit). Auch hier spielten die Händler die Hauptrolle. Obgleich in der Hauptstadt der Welt unzählige Handwerker den täglichen Bedarf der Millionenbevölkerung an Gebrauchsgegenständen deckten, kam es doch nicht zur Entwicklung einer ausgesprochenen röm. Industrie, die spezielle und für den Export bestimmte Waren herstellte, wie das früher in den Handelszentren gewesen war. Die Industrie folgte nicht mehr dem Handel, sondern blieb an den Plätzen des Weltreiches bestehen, wo sie von früher her bestand. Die damit zusammenhängende Dezentralisierung der Warenerzeugung und die Spezialisierung auf bestimmte Industrieprodukte, die schon in hellenistischer Zeit eingesetzt hatte, nahm in diesen Jahrhunderten weiter zu. Rom war in erster Linie eine Verbraucherstadt, die größte Warenkonsumentin der damaligen Welt. Der dort herrschende Wohlstandsbedarf, aber auch die Versorgung der ärmeren Bevölkerungsschichten erforderte riesenhafte Summen, die durch schwere finanzielle Opfer der arbeitenden Bevölkerung im Osten und Westen des Reiches beschafft wurden. Durch harte Steuern und Zölle (→ Finanzen) und durch Erpressungen suchten die Ritter und senatorischen Beamten Geld zu erwerben. So war die Stadt Rom am Ende des 2. und zu Beginn des 1. Jhs. v. Chr. für die Weltw. eine schwere Belastung, besonders da fortgesetzte Kriege den Welthandel in Unordnung brachten. Erst als in der Kaiserzeit Ruhe und Frieden im Innern des Reiches herrschten und durch die Autorität der Kaiser die ungerechten und sinnlosen

Eingriffe der röm. Beamten und Ritter unterblieben, blühte die Weltw. auf und erreichte im 1. Jh. n. Chr. ihre Höhe. Da jetzt die frühere Protektion der Römer und Italiker durch den Staat aufhörte und der freie Wettbewerb aller Nationalitäten den kaufmännischen Unternehmungsgeist besonders in den Provinzen mächtig anregte, wuchsen auch die westlichen Reichsteile (bes. Gallien), die bisher wirtschaftlich zurückgestanden hatten, in den Produktionsprozeß hinein, Handelsniederlassungen entstanden, und ihnen folgte eine aufblühende Industrie, die die Fabriken in anderen Reichsteilen bald mit ihren Leistungen einholte und sie sogar überflügelte (Glas in Köln, Tuch in Trier). Mit Handel und Industrie zog röm. Wesen ein, und so wurden diese Länder durch die röm. W. schließlich völlig romanisiert. Auch über die eigentlichen Reichsgrenzen hinaus warben die Waren der Kaufleute für die röm. Kultur und machten die Nachbarvölker reif für die Übernahme der röm. Zivilisation. So erfüllte die röm. W. eine sehr wertvolle kulturelle Aufgabe, deren Bedeutung man kaum unterschätzen kann. Das große geschlossene W.sgebiet reichte von der Nordspitze Englands bis nach Indien und China, von der Ost- und Nordsee bis nach Innerafrika und den Küsten von Ostafrika. Es war ein Gebilde von imponierender Größe; erst die Weltw. der Gegenwart hat ähnliches geschaffen. Zu Beginn des 3. Jhs. n. Chr. wurde das feste Gefüge dieser W. erschüttert. Innere Krisen und → Inflationen brachten die Wertverhältnisse der Waren untereinander und ihre Beziehung zu dem Preis der Arbeitskraft in Unordnung. Durch behördliche Maßnahmen (→ Diokletian) wurde man zwar der einreißenden Unsicherheit zunächst Herr. Trotzdem war die W. aus dem Gleichgewicht gebracht. Noch mehr schadete die Unruhe, die durch die Angriffe der Germanen auf das Reichsgebiet hervorgerufen wurde. Während das Ostreich im wesentlichen die Germanenstürme abwehren konnte, brach im Westen die Geldw. im 4. und 5. Jh. n. Chr. fast ganz zusammen. Als die Germanen die wertvollsten Provinzen, bes. Afrika, die Kornkammer Roms, besetzten, kehrte man in Italien notgedrungen zur Naturalw. zurück. Aber als im Zusammenhang mit den Kreuzzügen die italien. Städte durch den Handel mit dem Osten aufblühten, erwachten die antiken Formen des Verkehrs zu neuem Leben, und die Italiener schufen, angeregt durch das antike Erbe, die Einrichtungen des wirtschaftlichen und finanziellen Lebens der Gegenwart.

T. Frank, *Economic history of Rome*, Baltim. [2]1927; ders., *An economic survey of ancient Rome*, Baltim. V 1933–40, neu N. Y. 1959; L. Brentano, Das W.leben der antiken Welt, 1929, neu 1961; A. M. Andreades, Gesch. d. gr. Staats-W., I 1931; M. Rostovtzeff, Gesellsch. u. W. im röm. Kaiserr., II 1931; ders., Gesellschafts- u. Wirtschaftsgesch. der hellenist. Welt, III 1955–56, neu 1984; J. Hasebroek, Gr. W.- u. Gesellsch.-Gesch., I 1931, neu 1966; F. M. Heichelheim, Wirtschaftsgesch. d. Altert., Leiden III 1964–69; H. Michell, *The economics of Ancient Greece*, Cambr. 1940, neu 1963; F. Altheim, R. Stiehl, Finanzgesch. d. Spätantike, 1957; U. Kahrstedt, D. wirtschaftl. Gesicht Griechenlands in d. Kaiserzeit, Bern 1954; ders., Die wirtschaftl. Lage Großgriechenlands in d. Kaiserzeit, 1960; E. C. Welskopf, Die Produktionsverhältnisse im alten Orient u. in d. gr.-röm. Antike, 1957; R. Duncan-Jones, *The Economy of the Roman Empire*, 1974; A. H. M. Jones, *Roman economy*, Oxf. 1974; H. Schneider (Hg.), Sozial- u. Wirtschaftsgesch. d. späten röm. Rep., 1976; ders. (Hg.), S.- u. W.gesch. d. röm. Kaiserzeit, 1981; Th. Pekary, D. Wirtschaft d. gr.-röm. Antike, ^{2}1979; M. I. Finley, D. antike W., d. ^{2}1983; M. Austin, P. Vidal-Naquet, Gesellsch. u. W. im alten Griechenland, d. 1984; F. de Martino, W.geschichte d. Alten Rom, 1985; H. Kloft, Die Wirtschaft der gr.-röm. Welt, 1992.

Wissenschaft ist im gr. Kolonialland, auf dem ionischen Boden Kleinasiens, entstanden; die von den Griechen geschaffene W. bildet in vielem noch die Grundlage der heutigen. In der Frage nach der Stellung der W. innerhalb des Lebens des Volkes und zum Leben und zur Praxis selbst lassen sich in den einzelnen Epochen Unterschiede feststellen. In der vorwissenschaftl. Zeit bis zum 6. Jh. v. Chr. besaßen die Menschen eine Fülle von praktisch erworbenen und auf Erfahrung sich stützenden Kenntnissen, die sich vor allem in techn. Meisterwerken zeigt, so in Ägypten und in Griechenland selbst (Kuppelgräber, Löwentor, Wasserleitungen, Kyklopische Mauern). Diese Kenntnisse waren aus dem Leben unmittelbar geschöpft und dienten wieder dem Leben. Die erste gr., die ionische W., im 6. Jh. entstanden aus dem Überfluß der reichen Handelsstädte (Milet), war zunächst eine Forschung um ihrer selbst willen, ohne Rücksicht auf ihre praktische Verwertbarkeit (→ Thales; Anaximandros; Anaximenes; Hekataios). Bald aber wurde auch die ionische W. dem Leben dienstbar gemacht; es entstand, um nur eines zu nennen, die Medizin der hippokratischen Schule (→ Heilkunde). Die → Sophisten im 5. Jh. v. Chr., bes. in Athen, sind die Vertreter der lebensgebundenen W., die für den Nutzen bestimmt war. Durch die Entwicklung neuer Vermittlungstechniken und durch ihre Praxisnähe wurden die Sophisten bahnbrechend für den Ausbau der Einzelwissenschaften (Ethik, Logik, Rhetorik, Pädagogik, Etymologie, Rechts- und Verwaltungskunde u. a.). Diese Entwicklung wurde noch erheblich weitergetrieben von der Schule der → Peripatetiker, an der ein erstaunlich modern anmutender W.-Betrieb organisiert war (Archive und Bibliotheken, Materialsammlungen, Team-Arbeit) und wo sich daher der Trend zur wissenschaftlichen Einzelforschung verstärkte. Daher entwickelten sich alte W.-Disziplinen erheblich weiter (z. B. Geographie, Ethnographie), wurden neue Gebiete erschlossen (Ästhetik, Poetik, Psychologie, Biologie, besonders Zoologie u. Botanik). In den Diadochenreichen der hellenist. Zeit entstanden regelrechte W.-Zentren, an deren Bibliotheken und Instituten (→ Museum) unter großzügiger staatlicher Förderung intensive Forschungsarbeit geleistet werden konnte (Alexandreia, Pergamon, Rhodos).

Ein neuer Typus des Wissenschaftlers tritt uns bei den Römern entgegen. Sie waren feind aller grauen Theorie, aber darum noch nicht feind aller W. Sie ist gut und zu brauchen, wenn sie dem Staat nützt. Aber die Römer forschten nicht selbst, sondern sie verwerteten im wesentlichen die Ergebnisse der Forschung der Griechen. So sind sie die Schöpfer großer enzyklopädischer Werke geworden, wie etwa der ältere → Plinius; andererseits aber hörte allmählich mit dem Ausgang des Altertums die selbständige Forschung auf; es begann, schon in vorchristlicher Zeit, der Traditionalismus der W., d. h. ein Weitergeben der bisherigen Forschungsergebnisse in immer kürzer werdenden Kompendien und Lehrbüchern. Dadurch gerieten manche Errungenschaften der gr. W. in Vergessenheit, z. B. die Entdeckung, daß die Erde sich um die Sonne drehe (→ Kopernikus), die bereits Aristarchos gemacht hatte. Mit der Zeit der Renaissance begann dann auch für die W. eine neue Epoche, in der an die antike W. wieder angeknüpft wurde.

A. Rehm, K. Vogel, Exakte W.en, 1933; W. C. Dampier, *A History of Science,* Cambr. [2]1948; J. Jeans, D. Werdegang der exakten W.en, d. 1948; K. Reidemeister, Das exakte Denken d. Griechen, 1949, neu 1972; G. Sarton, *A History of Science,* Cambr./Mass. II 1952–59; B. Farrington, *Greek Science,* Lond. 1953; ders., *Science in Antiquity,* Oxf. [2]1969; C. I. Marshall, *Greek Science in Antiquity,* N. Y. 1955; M. Clagett, *Greek Science in Antiquity,* Lond. 1957; O. Neugebauer, *The exact Sciences in Antiquity,* Princeton [2]1957; W. Burkert, Weisheit und W., 1962; B. L. van der Waerden, Erwachende W., d. I [2]1966, II 1968; K. v. Fritz, Grundprobleme der Gesch. d. antiken W., 1971; I. D. Rozanskij, Gesch. d. ant. W., d. 1984. → Mathematik; Naturforschung; Technik.

Woche taucht bei den Griechen als *hebdomas, heptas* = 7tägig zuerst bei Aristoteles auf. Die älteren Römer kannten einen an jedem 9. Tag gehaltenen Markttag *(nundinae)*. Beiden W. fehlte aber die Sonntagsruhe. Die siebentägige W. wurde durch Kaiser Konstantin gesetzlich eingeführt, damit auch die regelmäßige Sonntagsruhe am „Tag des Herrn" (*dies dominicus,* daher *dimanche*). → Feste.

Wochentagsnamen waren im Altertum weder bei Juden noch bei Griechen üblich. Die Juden kannten den „Rüst-Tag" (Freitag) und den Sabbat (Samstag); die folgenden Tage zählte man einfach: Der erste (Sonntag) usw. Kaiser Constantin machte den → Sonntag zum „Tag des Herrn" *(dies dominicus);* danach zählten die Griechen weiter: Der zweite Tag (Montag) usw. Die übrigen lat. W. weisen Namen antiker Götter auf, gemeint sind aber die nach ihnen genannten Planeten. Sie lauten: *dies Lunae, Martis, Mercurii, Iovis, Veneris, Saturni,* d. h. Tag den Mondes, Mars, Mercurius, Iuppiter, der Venus, des Saturnus. Diese spätlat. Reihenfolge der Planeten ist anders als in der klassischen Antike. – Die italien. und französ. W. sind bloße Abwandlungen dieser lat., z. B. it. *lunedì,* fr. *lundi,* Montag usw. Dagegen sind die dt. und engl. W. wenigstens teilweise nach den jeweils entsprechenden germ. Gottheiten benannt worden: Dienstag-Tuesday (Ziu), Wednesday (Wodan), Donnerstag-Thursday (Donar), Freitag-Friday (Freya-Frigg). Mittwoch ist der einzige völlig selbständige deutsche W.

W. Gundel, Z. Herkunft unserer W. (Festschr. Hepding), 1938; R. Baehr, Zu den roman. W. (Festschr. Rohlfs), 1958; G. Schreiber, Die Wochentage im Erlebnis der Ostkirche u. d. christl. Abendlands, 1959.

Wölfin (lat. *lupa*), das hl. Tier des Kriegsgottes und Vaters der Gründer Roms, des Mars. Wölfe gab es in der Umgebung Roms noch zu Horazens Zeit (*Oden* III 27, 3). Die wunderbare Errettung der Gründerheroen (→ Romulus) wurde in Rom häufig dargestellt, z. B. auf Münzen capuanischer Prägung (→ Italiker), u. in einer Statuengruppe, einem etruskischen Bronzeguß (des frühen 5. Jhs. v. Chr.) auf dem Capitol. Cicero berichtet *de divinatione* I 12, 20 und in der *III. Catilinarischen Rede* 8, 19, sie sei 65 v. Chr. vom Blitz getroffen worden; die Figur des Romulus schmolz dabei. Dieses Bronzebild, eine der wenigen antiken Bronzen, die nie unter die Erde geraten sind (→ Dornauszieher), stand im 10. Jh. als Wahrzeichen Roms am lateranischen Palast und wurde 1471 wieder auf das Capitol gebracht, wo es sich noch befindet (im Konservatorenpalast). Die jetzt unter dem Tier befindlichen Zwillinge wurden in der Renaissance (1474?) ergänzt.

Wolkenkuckucksheim nennt Aristophanes eine Stadt, die in seiner Komödie *Die Vögel* von diesen in die Luft gebaut wird; sprichwörtlich für ein Phantasiegebilde.

Wortabteilung. Wie keine → Worttrennung, so hatte man im Altertum auch keine Regeln für W. Man setzte beliebig mitten im Wort ab, wenn die Zeile zu Ende war; so namentlich auf Steininschriften, auf denen jeder Buchstabe für sich in einem kleinen Quadrat steht (oft hat sich der Steinmetz diese Quadrate vorgezeichnet).

Worttrennung. Man trennte im älteren Altertum in Büchern, Briefen und Inschriften die Wörter nicht, sondernmanschriebimmerhintereinanderweg; später setzten die Römer wenigstens bei großen, monumentalen Inschriften hinter · jedes · Wort · einen · Punkt · in halber Zeilenhöhe. Der Mangel an W. erschwert das → Lesen antiker Inschriften und Papyri dem Anfänger sehr. Auch → Wortabteilung gab es nicht, und → Interpunktion in unserem Sinne nur wenig.

Würfel → Spiele; *alea.*

Xanten, ein als Castra Vetera angelegtes Römerlager, das allerdings 70 n. Chr. erobert und zerstört wurde; ein neues Lager, Vetera II heute genannt, an günstigerer Stelle erbaut, bildete den wichtigsten Stützpunkt der Römer am Niederrhein gegenüber der Lippemündung; in der Nähe entstand eine Siedlung, der Kaiser Traian den Rang einer → colonia gab (Colonia Ulpia Traiana). Das Kastell wurde 276 bei einem Frankeneinfall aufgegeben. Nach einer Märtyrerlegende erhielt die Stadt eine Kirche ad sanctos martyros (= Zu den hl. M.), woraus der Name X. entstand. Die heutige Stadt X. liegt über dem Gräberfeld der röm. Siedlung. Die systemat. Ausgrabungen sind noch im Gang (Archäolog. Park: Amphitheater, Torbauten, Tempel am Hafen).

H. Hinz, X. z. Römerzeit, 1963; W. Böcking, Die Römer am Niederrhein u. in Norddeutschland, 1974.

Xanthippe, Gemahlin des Sokrates, dem sie drei Söhne schenkte. Ihren Ruf als zanksüchtige Frau führt man auf weiberfeindliche kynische Verleumdung zurück. Die Geschichten über sie waren wohl erfunden, um das mangelnde Verständnis der Frau für Philosophie zu erweisen. Doch findet sich ein absprechendes Urteil über sie schon bei Xenophon, *Sympos.* 2, 10. Vom bürgerlichen Standpunkt wäre zu begreifen, wenn X. sich ärgerte, daß ihr

Mann, ohne Vermögen, sein Handwerk vernachlässigte und nur der Bildung nachging.

Xenien. Das 13. Buch von → Martials Epigramm-Sammlung heißt (mit einem gr. Fremdwort) „*Xenia*" (Gastgeschenke); es enthält harmlos-einfache, aus einem Distichon bestehende Begleitverse zu Geschenken, meist Lebensmitteln verschiedenster Art, die man an den → *Saturnalia* seinen Bekannten schickte. Ebenso nannten Goethe und Schiller ihre in Martials Geiste gedichteten polemischen Spottepigramme, in denen sie gegen die literarischen Zustände ihrer Zeit kämpften und mittelmäßigen Literaten derbe Abfuhren erteilten; bei aller inhaltlichen Unabhängigkeit von Martials Xenien bezeichneten sie also ihre Distichen nach dessen Vorbild ironisch als poetische Festgeschenke für ihre literarischen Gegner.

G. Thiemann, Schiller u. Goethe in den X., 1909; F. Meyer, Xenien, II 1939.

Xenophanes aus Kolophon im westl. Kleinasien, etwa 570–470 v. Chr., zog nach der Eroberung seiner Heimat durch die Perser als Rhapsode in die Fremde und fand in Elea in Unteritalien eine neue Heimat. Er bewies durch Aufspüren logischer Widersprüche schlagend die Haltlosigkeit der landläufigen gr. Religion (→ Religionen im Altertum). Als der erste konsequente Logiker lehnte er Wunder, Mystik, Mantik und die Seelenwanderungslehre (→ Seele) ab; nicht durch Offenbarung, mystische Schau, religiöses Empfinden, sondern durch logische Schlüsse suchte er zu dem wirklichen Wesen der Gottheit vorzudringen. Er fand sie im Sein, das ewig, allmächtig, unendlich, unbeweglich, bedürfnislos sein müsse. Damit lieferte er zuerst den sog. ontologischen Gottesbeweis. An die Stelle der aus dem Volksglauben erwachsenen polytheistischen Vorstellung setzte X. den einen Gott, der mit der Kraft seines Gedankens das All regiert; dieser Allgott, der „ganz Geist ist", stellt das geistige Prinzip dieser unserer Welt dar: die reinste Form des Monotheismus. Damit rückt X. in die unmittelbare Nähe des → Parmenides; als dessen Lehrer und als Gründer der eleatischen Philosophenschule bezeichnet ihn die antike Überlieferung (→ Eleaten). Diese Fragen sind weithin noch ungeklärt, beide Denker waren eigenwillige Einzelgänger, außerdem besaß X. noch weiterführende Interessen naturwissenschaftlicher Art (Astronomie; Paläontologie); aus Fossilien schloß er auf früheren Meeresstand: → Geographie; Sport.

W: Hg. u. d. E. Heitsch, 1983; auch in FdV, I; Elegien-Fragmente in ALGr.

L: A. Lumpe, Die Philos. des X. v. Kolophon, 1952; H. Thesleff, *On dating X.*, Helsingf. 1957; W. Jaeger, D. Theologie d. frühen gr. Denker, ²1964.

Xenophon, etwa 430–354 v. Chr., aus vornehmer athenischer Familie, wuchs in der Welt des mit den Doriern sympathisierenden attischen Adels auf. Er war zeitlebens ein leidenschaftlicher Sportsmann, Landwirt und Offizier. Als junger Mann gehörte er zum Kreis des Sokrates, obgleich er diesen wohl kaum in seiner ganzen Bedeutung verstand. Da die Verhältnisse in dem rein demokratischen Athen dem Aristokraten nicht zusagten, folgte er 401 der Einladung eines Freundes nach Sardeis und nahm an dem Zug des jüngeren → Kyros gegen Artaxerxes teil. Nach Kyros' Tode in der Schlacht bei Kunaxa führte er mit anderen dessen 10000 griech. Söldner von Babylonien auf gefahrvollen Wegen bis nach Thrakien. Dann schloß er sich dem Spartanerkönig Agesilaos an, den er in einer besonderen Schrift als Typus des Spartaners verherrlichte. Seine Hinneigung zu Sparta war so groß, daß er sogar auf spartan. Seite ins Feld zog, und zwar gegen das mit seiner Vaterstadt verbündete Theben. Deswegen aus Athen verbannt, lebte er auf einem Gut bei Olympia in Elis. Dort entstanden in ländlicher Abgeschiedenheit seine Werke. Seit der Schlacht bei Leuktra lebte er in Korinth, wo er wohl auch gegen 354 starb. Nach allgemeiner Ansicht wurde X. unter die Philosophen gezählt; trotz der Spannungen errichteten ihm die Athener eine Ehrenstatue (röm. Kopie in Alexandreia). – Als Schriftsteller war X. erstaunlich vielseitig; alle seine Werke sind erhalten, wurden wegen der leicht faßlichen Verständlichkeit und wegen der schlichten attischen Diktion stets gelesen und geschätzt. Sein bekanntestes Werk ist die *Anabasis*. Darin schildert er den berühmten Zug der 10000 Griechen und ihre Rückkehr bis nach Thrakien; der Titel des Buches, „Hinaufmarsch", ist also nicht genau. Das Buch sollte gegenüber früher erschienenen Darstellungen des Zuges ohne Ruhmredigkeit X.s eigene Verdienste ins rechte Licht setzen. Seine *Hellenische Geschichte* stellt die gr. Geschichte im Anschluß an Thukydides bis 362 v. Chr. dar, umfaßt also das Ende des Pelop. Krieges, die Zeit der sog. Dreißig Tyrannen in Athen und die der spartan. → Hegemonie. Staatspolitische Schriften sind der *Agesilaos,* der *Staat der Lakedaimonier,* worin er die spartanische Verfassung als Grund für Spartas Macht bezeichnete, und eine interessante Studie über die athenischen *Staatsfinanzen,* zu deren Sanierung X. ein Programm vorlegte. Ein aus mehreren Gründen interessantes Werk ist die *Kyrupaideia,* ein pädagogisch-politischer Tendenzroman und zugleich der älteste → Roman der abendländischen Weltliteratur; er legt in der Einkleidung einer Lebensgeschichte des älteren → Kyros seine Gedanken über den Idealkönig, dessen Erziehung und Amtsführung dar; die historischen Daten aus dem Leben des K. verwandte X. dabei willkürlich. Philosophischen Inhalt haben vor allem die *Erinnerungen an Sokrates* (*Apomnemoneumata,* lat. *Memorabilia*), das → *Symposion* und die → *Apologie,* die beide freilich die zwei gleich betitelten Werke Platons in Stil und Gedankentiefe nicht erreichen. In diesen Werken hat X. seine Ansichten über Sokrates in Berichten über dessen Handlungen, Anschauungen, Gespräche und Äußerungen festgehalten. Sie veranlaßten in der Neuzeit den großen Streit, ob der Xenophontische oder der Platonische Sokrates der historische sei, d. h. ob X. oder Platon Sokrates getreuer schildert; denn beide weichen voneinander ab. Vieles, was X. berichtet, ist sehr banal, so daß man sich instinktiv dagegen wehrt, diese Anekdoten für historisch zu halten; in vielen philosophischen Fragen wird Platon, der sonst weit weniger historische Treue erstrebt, sachlich Sokrates besser verstanden haben als der biedere X. Dabei hat X. sowohl die Schriften anderer → Sokratiker verwandt als auch persönliche Erinnerungen verwertet. X. versucht, Sokrates als tugendhaften Bürger darzustellen u. ihn nachträglich von allen Anklagen freizusprechen; Platon dagegen zeigt uns den Denker Sokrates u. entwickelt an ihm und durch ihn seine eigenen philosophischen Ideen. Von einem bösen Ruf, in den X. als unphilosophischer Moralist im 19. Jh. geraten war, befreite ihn die moderne Forschung durch ein angemessenes Urteil. – Nebenbei verfaßte X. einige sehr sachkundige Schriften über *Hauswirtschaft, Jagd* und *Pferdezucht.*

W: Gesamtausgabe: E. C. Marchant, Oxf. V 1900 bis 1920; *Reitkunst:* Hg. u. d. K. Widdra, 1965; *Anab.:* C. Hude, J. Peters, [2]1972; hg. u. d. W. Müri, 1990; *Hell.:* Hg. u. d. G. Strasburger, [2]1988; *Staatsfinanzen:* Hg. u. d. E. Schütrumpf, 1982; *Kyrup.:* Hg. u. d. R. Nickel, 1992; *Mem.:* Hg. u. d. G. Jaerisch, [4]1987; komm. O. Gigon, II 1953–56; *Symp.:* Hg. u. komm. G. J. Woldinga, Hilversum 1938–39. – *Ü:* Anab.: K. Vretska, 1958; Hell. Gesch.: W. Wernicke, 1901; Mem.: R. Preiswerk, 1953 und 1971; J. Irmscher, 1955; Gastmahl: Chr. M. Wieland, 1801 u. ö.; G. P. Landmann, 1957; Die sokrat. Schriften: E. Bux, 1953.
L: K. Joel, D. echte u. d. xenophont. Sokrates, III 1893–1901; E. Scharr, X.s Staats- u. Gesellsch.-Ideal u. s. Zeit, 1919, neu 1970; E. Breitenbach, Historiogr. Anschauungsformen X.s, Basel 1950; ders., X. (RE-Sonderdr.), 1966; J. Luccioni, *X. et le Socratisme,* Paris 1953; R. Nickel, 1979.

Xerxes, Perserkönig 485–465 v. Chr., Sohn und Nachfolger des Dareios, setzte die Politik seines Vaters gegen die Griechen fort. 480 zog er nach langen, großen Vorbereitungen gegen die Griechen, wurde jedoch geschlagen (→ Salamis; Plataiai; Themistokles; Aischylos). Ein neuer Zug kam nicht zustande; X. wurde von Adligen, die sich gegen ihn verschworen hatten, ermordet.

E. Obst, Der Feldzug des X., 1914, neu 1963; Ch. Hignett, *Xerxes' invasion of Greece,* Oxf. 1963.

xoanon (von *xyo* = schaben), ganz allgemein geschnitztes Götterbild, vornehmlich aus Holz, meist speziell gebraucht für rundplastische und menschengestaltige Holzfiguren ohne Rücksicht auf Größe oder Qualität oder Alter, in späterer Zeit manchmal auch altertümliche Götterbilder. – Holz ist in der Antike zu allen Zeiten natürlich als Rohstoff für Götterbilder verwendet worden (→ Herme; Priapos). Erhalten hat sich kaum etwas (Statuetten aus Samos, aus Klazomenai, Sizilien).

A. Homann-Wedeking, Die Anfänge der gr. Großplastik, 1950.

Zäsur in Versen → Versbau.

Zahlen. Das Griech. hat 3 Zahlenreihen, Kardinal-, Ordinalz. und Zahladverbien, d. h. besondere Zahlwörter für einmal, zweimal usw.; das Lat. noch eine 4. Reihe, Distributivz., Zahlw. für je 1, je 2 usw. Das Italienische hat die 3. und 4. Reihe verloren. Das Französische benutzt beispielsweise bei Datumsangaben seine Ordinalzahlen nicht mehr. Auch sonst haben die modernen Sprachen den Formenreichtum der alten vielfach verloren; → Dual.

Zahlenmystik wurde (zuerst?) von → Pythagoras ausgebildet, für den die Zahl das formende Prinzip der Welt war; seine Art der Z. (z. B. die heilige Zehnzahl, da 10 gleich der Summe der ersten vier natürlichen Zahlen) wurde für seine Anhänger wichtig, aber auch noch bei Platon finden sich mehrfach Berücksichtigungen von (abstrus erscheinenden) Zahlengesetzlichkeiten. Eine andere Art von Z. wurde volkstümlich. Da gr. Buchstaben auch als Zahlen verwendet wurden (a = 1, b = 2 usw., → Zahlenschreibung), konnte man von jedem gr. Worte auch die Quersumme bilden oder andere Sinnbeziehungen aufsuchen, die zwischen Wörtern oder Sätzen mit dem gleichen Zahlenwert bestehen (gr. *isopsephon,* in der Politik: gleichberechtigt; bei Zahlen: gleichwertig). Der so bestimmte Zahlenwert des Namens Neron (gr. Form für den Kaisernamen Nero) beträgt 1005; denselben Zahlenwert ergeben auch drei gr. Wörter, die besagen: „tötete eigne Mutter". Da das stimmte, denn Nero war Muttermörder, so fand man hier einen inneren Zusammenhang. Auf diese Weise wurde entsetzlich viel geheimnist; so ist auch *Offenb. Joh.* 13, 18 (nach dem Zahlenwerte der aramäischen Buchstaben) zu erklären. – Der Architekt Ailios Nikon in Pergamon (um 100 n. Chr.) schrieb Verse, in denen allemal 4 Zeilen zusammen 15 000 ergaben, eine unglaubliche Geduldarbeit! – → Sieben.

M. Cantor, Vorlesungen über Gesch. d. Math., Bd. I, ^{3}1907, neu 1965; F. C. Endres, Mystik u. Magie der Zahlen, ^{3}1951; M. Riemschneider, Von 0 bis 1001. Das Geheimnis der numinosen Zahl, 1966.

Zahlennamen. Bei primitiven Völkern beobachtet man, wie schwer dem Menschen das Zählen und die Erfindung von Z. geworden ist. Über unsere indoeurop. Z. hat man bis jetzt nur folgendes mit einiger Sicherheit ermittelt. **1–4,** die allerältesten Zahlen, sind unerklärt. **5** heißt gr. *pente,* lat. *quinque.* Nun heißt das angehängte gr. *-te,* lat. *-que* „und". *pente, quinque* würde also vielleicht „und 5" bedeuten. Wir im Deutschen, aber auch die Italiener, kommandieren: eins – zwei – und drei! Vielleicht benannte man ähnlich, als man über das Zählen bis 4 hinauskam, die neue Errungenschaft „und fünf". Diese Erklärung stünde auf schwachen Füßen, käme nicht für ursprüngliches Zählen nur bis 4 auch die 8 und 9 dazu. – **8,** gr. *okto,* lat. *octo,* ist nach der Endung *-o* ein → Dual; also 2 × 4; d. h., man hätte nur gelernt, die ursprüngliche Endzahl 4 zwei × zu nehmen. Doch weiß man nicht, was *okt-* bedeutet, d. h., was nun 2× genommen wurde. – **9.** Die 8 wäre dann wieder lange die Endzahl geblieben. Als man weiter zählen lernte, mußte man sich einen Ruck geben und „von neuem" anfangen. Denn in den idg. Sprachen, nicht nur im Deutschen, klingt „neun" an „neu" an. – Doch sind das alles nur Vermutungen. Etwas sicherer wird die Sache erst bei **10.** Dieser Z. ist nach der Bezeichnung von etwas in der 10-Zahl Vorkommendem geschaffen, der Finger. Gr. *deka,* lat. decem, deutsch *zehn* gehört wohl zu gr. *dekomai* = ich nehme an; „Finger" sind also die „Nehmenden", deutsch die „Fangenden". **20–90** sind Weiterbildungen von 2–9. – **100.** gr. *hekaton* (eigentlich „einhundert"; *he* = eins), lat. *centum,* deutsch *hundert* sind sprachlich dasselbe, idg. *(d)kmtom* eine Weiterbildung von *deka,* „(Zehner)-dekade". – **1000.** gr. *chilioi,* lat. *mille,* deutsch *tausend* sind sprachlich ganz unvereinbar. Also konnten die Idg. in ihrer Urheimat bis 100 zählen, nicht bis 1000. – **10000.** Die noch höheren Z. wurden relativ spät ausgebildet. Die Gr. hatten über 1000 hinaus ein Wort *myrioi* = unzählige. Erst in hellenistischer Zeit schufen sie mit an sich rein willkürlicher Unterscheidung den Z. *mýrioi* = 10000, wovon man *myríoi* = unzählige schied. In dem gleichen Sinne gebrauchte der Römer *sescenties* = 600 mal; wir sagen tausendmal. Der Grieche hatte also schon früh eine relativ hohe Zahlenvorstellung. Die modernen Sprachen haben für 10000 überhaupt noch keinen eigenen Z. – Million ist ital. Bildung mit der Vergrößerungssilbe *-one* und bedeutet also „ein großes *mille*" (über das „große Dutzend" → Sexagesimalsystem). – Milliarde hat ebenfalls eine ital. Endung, wie Savoyarde. – Billion, Trillion sind nach lat. *bis* = 2×, *ter* (gr. *tris*) = 3× gebildet, aber ganz ungeschickt, da 1 B., Tr. nicht 2×, 3× je 1 Million sind. – Million entstand aus den Bedürfnissen des Handels, Milliarde, B., Tr. aus denen der Wissenschaft, namentlich der Astronomie, die am meisten große Z. braucht. Noch höhere Zahlen können wir nur schreiben, haben aber noch keine Namen dafür ausgebildet, oder diese sind der Allgemeinheit unverständlich, z. B. Billiarde.

K. Sethe, Von Zahlen u. Zahlwörtern ..., 1916; F. Sommer, Zum Zahlwort, 1951; L. Hammerich, Zahlwörter u. Zahlbegriff, 1966.

Zahlenschreibung. Die ältesten bekannten Schriftsysteme kannten noch keine besonderen Zahlzeichen; man schrieb die Zahlennamen mit Buchstaben. Älteste Z. in Europa, noch vorgriechisch, → Dezimalsystem. In Attika und anderen Staaten des europäischen Griechenlands waren folgende Zahlzeichen in Gebrauch (sog. attische oder herodianische Zeichen): **I II III IIII;** die anderen Zahlen bezeichnete man mit den Anfangsbuchstaben der Zahlennamen, z. B. 10 mit Δ, 100 mit H (→ Orthographiereform), den A. von *deka, hekaton;* 11 = ΔI, 200 = HH usw. In Ionien benutzte man, wie im Hebräischen, die Buchstaben des Alphabets als Zahlzeichen: A = 1, B = 2 usw.; → Zahlenmystik. Bei höheren Zahlen unterschied man A', B' = 1, 2 usw., ,A, ,B = 1000, 2000, 'A', 'B' = 10000, 20000. – Die Römer schrieben die bekannten lat. Zahlzeichen. Davon sind **I, II, III, IIII** (nie IV), ohne weiteres klar. C = 100 u. M = 1000 sind nicht einfach Abkürzungen von *centum, mille,* sondern Umformungen gr. Buchstaben, die aber in Angleichung an die Anfangsbuchstaben von *c. m.* ihre spätere Form erhielten. L = 50 ist Verkürzung von ⊥, einer Abart des gr. Buchstabens X. Wie V = 5, X = 10, D = 500 entstanden sind, ist nicht recht klar. Um die Zahlzeichen als solche kenntlich zu machen (II konnte als *duo* = zwei, aber auch als *ii* = diejenigen gelesen werden), setzte man einen Strich darüber: (I = i, $\bar{\text{I}}$ = I; dann dicht daran: **T,** später um der Gleichmäßigkeit willen auch unten: **I.** Z. T. aber bezeichnet der Strich die Zahl auch als Tausender: XVIII = 18, $\overline{\text{XVIII}}$ =

18000, eine Umrahmung der Zahl mit ⊓ diese als Hunderttausender: ⌈II⌉ = 200000; ⌈II⌉ $\overline{\text{LXXXVIII}}$DCCCLXXXVIII = 288888. Manchmal bezeichnete man auch die Tausender nur durch Stellung links von den Hunderten, die Hunderttausende links von den Tausenden und fügte zu größerer Deutlichkeit Punkte zu: XVI · DCCCX = 16810; LXXII · LXXX · CCCC = 7280400. All dies ist, wie man sieht, sehr umständlich (→ Mathematik). Eine praktische Z. erfanden erst die Inder mit Einführung eines Zeichens für Null, das allen früheren Z. fehlte und eine Zahl, zu der man es fügt, verzehnfacht. Diese Z. gelangte durch Vermittlung der Araber nach Europa.

G. Friedlein, D. Zahlzeichen u. d. elementare Rechnen d. Gr., 1869; G. Gundermann, D. Zahlzeichen, 1899; K. Menninger, Zahlwort u. Ziffer, [2]1958; F. A. Willers, Zahlzeichen u. Rechnen im Wandel d. Zeiten, 1949; F. Sommer, Zum Zahlwort, 1951.

Zahnärzte, -ersatz, -pflege, → Heilkunde. Z.-Pulver wird erst im 1. Jh. n. Chr. erwähnt (*dentifricium,* Plin. *nat. hist.* XXVIII 178, aus gemahlenem Hirschhorn oder die Asche von verbranntem H.), ebenso der Z.-Stocher (aus Mastixholz, Silber [*spina argentea]).*

Zaleukos aus Lokroi (Unteritalien) wurde um 600 v. Chr. von den Lokrern nach wilden Bürgerkriegen zum Ordner (Aisymnet) des Staates gewählt und soll die erste gr. Rechtskodifikation veröffentlicht haben, eine strenge Rechtsordnung nach dem Vergeltungsprinzip. Starke Legendenbildung um Person und Gesetze. → Charondas.

Zama → Punische Kriege.

Zankapfel, der sprichwörtlich gewordene Apfel der Göttin → Eris.

Zauber (aus dem Althochdeutschen) bedeutet eigentlich Mennig, speziell den, mit dem die Runen auf Steinen nachgezogen wurden (Geheimschrift, Zauberschrift, Z.sprüche?). Runen (gotisch *runa* = Geheimnis; dazu „raunen"; auch *„Alraune"*) und ihre Kenntnis sah also das Volk als Z. an. Der Glaube an Zauberer (pers.-gr. *magoi,* Magier) ist orientalisch, taucht aber schon sehr früh bei den Griechen auf, nämlich bei Homer, wo mehrfach Götter zaubern (Athena, Kirke, Hermes). Im Volksglauben spielte Z. eine große Rolle, z. B. als Wetterzauber zur Abwehr von Ungewittern, sogar eine Z.-Göttin gab es (→ Hekate). Mit dem → Aberglauben wuchs auch die Bedeutung des Z.s: Für Liebes-Z. ist die 2. Idylle des → Theokrit ein schönes Beispiel; für weitverbreiteten Verfluchungs-Z. zeugen rund 60 gr. Z.-Papyri einer Sammlung aus Ägypten und viele Fluchtäfelchen aus Blei, auf denen Z.-Formeln eingeprägt sind; solche magischen Formeln für alle Lebenssituationen (Geburt, Krankheit, Not, Schulden, Liebesleid, Gefahren usw.) bezog der einfache Mann vom *magos;* diese Berufsbezeichnung wurde allerdings mit der Zeit eine Sammelbezeichnung für Astrologen, Traumdeuter, Scharlatane und sogar Gaukler; ein anderes gr. Wort für Zauberer, *goes,* wurde schon früh in der Bedeutung „Betrüger", verwendet, und Zauberer wurden bestraft (→ Asebie). – Bei den Römern war Z. durch das → Zwölftafelgesetz bereits verboten worden, spielte aber im Privatleben eine große Rolle (Heilungs-, Fruchtbarkeits-, Liebes-, Fluch-Z.). Auch das Christentum hat den Z. nie ganz beseitigen, nur weitgehend aus dem öffentlichen Leben verdrängen können. → Magier.

W: Papyri Graecae magicae, hg. K. Preisendanz, II [2]1974.
L: R. Wünsch, Aus einem gr. Zauberpapyros, 1911; ders., Antike Fluchtafeln, [2]1912; L. Thorndike, *A history of Magic . . .,* Lond. VIII 1923–58; K. Aram, Magie u. Zauberei in d. ant. Welt, 1927; E. M. Butler, *Ritual Magic,* Cambr. 1949; C. Bonner, *Studies in magical Amulets,* 1950; E. R. Dodds, *The Greeks and the Irrational,* Los Ang. 1956; J. Hampp, Beschwörung – Segen – Gebet, 1961; G. Luck, Hexen und Zauberei in der röm. Dichtung, 1962; ders., *Arcana imperii,* Lond. 1985; Magie u. Religion, hg. L. Petzold, 1978.

Zehn attische Redner. Die bedeutendsten a. R. wurden von den gr. Grammatikern, vielleicht von pergamenischen, in einem → Kanon zusammengefaßt. Es sind Antiphon, Andokides (5. Jh. v. Chr.), Lysias, Isokrates, Aischines, Demosthenes, Hypereides, Lykurgos, Isaios und Deinarchos (4. Jh. v. Chr.; → Einzelartikel). Die Zusammenstellung dieser Namen ist offenbar das Ergebnis einer Auslese, vielleicht mit Rücksicht auf die Verwendbarkeit im Unterricht getroffen.

Zehntland, sehr zweifelhafter Übersetzungsvorschlag für die *agri decumates* (→ Decumatland), das Gebiet zwischen Rhein und Donau; die Erklärung des Namens ist strittig.

Zeitalter. Die Griechen kannten in der Sage ein goldnes Z. des Glückes, dem paradiesischen der Bibel entsprechend (→ Pandora; Saturnalien), und weiter mit allmählicher Verschlechterung bis zum völligen sittlichen Verfall durch Habgier, Krieg u. ä. ein silbernes, bronzenes und eisernes Z.; diese Sage von den Zeit- oder Weltaltern schildert erstmalig → Hesiod (*Werke u. Tage* 106–201) und später sehr anschaulich → Ovid (*Metamorphosen* I 89–150). Ihre Versionen stimmen nicht in allen Punkten überein (4 oder 5 Z.?), sie zeigen aber übereinstimmend den Versuch einer Periodisierung der Menschheitsgeschichte mit gemeinsamen Merkmalen: Ausgangspunkt war ein „Goldenes Z." mit paradiesischen Zügen; allmähliche Verschlechterung der politischen, wirtschaftlichen und sozialen Verhältnisse bis zur völligen Entartung; grenzenloser Pessimismus in der Beurteilung der weiteren Menschheitsentwicklung. Dieser Niedergang ist ursächlich verknüpft mit der Generationenfolge der „Götterkönige" Uranos – Kronos – Zeus. Die Forschung hat gezeigt, daß Hesiod hier uraltes religiöses Gedankengut des Vorderen Orients benutzte und abwandelte; zahlreiche gr. und röm. Dichter griffen diese Darstellungsweise von der Abfolge der Z. nach Hesiod ebenfalls auf; dabei spielt die Sehnsucht nach dem „verlorenen Paradies" und der Traum von einem Goldenen Z. eine wichtige Rolle, z. B. in der dichterischen Verklärung des Augusteischen Z. durch Vergil, Horaz, Tibull, auch Properz. – Neben dieser pessimistischen Analyse der Geschichte gibt es im Gegensatz dazu auch die Ansicht von einer allmählichen Höherentwicklung der Menschheit; → Prometheus. Diese beschreiben Platon im *Protagoras* 322 (ebenso 320/321 die Entwicklung der Tierwelt) und Lucrez,

De rerum natura V 925 ff. – Darstellungen der 4 Z. auf Gemälden von Zucchi, Rottenhammer (Hamburg), van Haarlem (Braunschweig) u. a. Schillers Gedicht *Die vier Weltalter,* 1802.

R. Reitzenstein, Vom Töpferorakel zu Hesiod, 1926; R. Walker, *The Golden Feast,* N. Y. 1952; H. Gross, Die Idee des ewigen u. allg. Weltfriedens . . ., 1956; G. Steiner, Der Sukzessionsmythos in Hesiods Erga, 1958; W. Veit, Studien zur Gesch. des Topos vom Gold. Z. von der Antike . . ., 1961; P. Walcot, *Hesiod and the Near East,* Cardiff 1966; B. Gatz, Weltalter, goldene Zeit . . ., 1967.

Zeitrechnung → Jahreszählungen.

Zeitung. Im Z.-Wesen war das Altertum merkwürdig rückständig. Es gab neben einigen Privat-Z. nur eine große Z., die erst 59 v. Chr. von Iulius Caesar gegründeten *acta diurna,* d. h. „Tägliche Geschehnisse" (wohl keine Tages-Z., sondern eine Z., die die Ereignisse in der Reihenfolge der einzelnen Tage meldete); auch *a. urbis* = Stadtz. und anders genannt. Später ließ man a. weg, sprach nur noch von *d.* und bildete von diesem Adjektiv ein neues Adjektivum *diurnalis* (eigentlich: täglichlich); von diesem sonderbaren Worte stammt ital. *giornale,* franz. *journal.* Eine Nummer der *a. d.* ist nicht erhalten; über die Herstellung sind nur Vermutungen möglich; die Höhe der Auflage ist unbekannt. Aus zahlreichen Zitaten kennt man aber den Inhalt. Die *a. d.* enthielten Berichte über Staatsangelegenheiten, so über wichtige Reisen hoher Beamter, öffentliche Bauten; über Vorgänge in der kaiserlichen Familie, Geburtstage, Begräbnisse, über Tagesneuigkeiten, so einen Ausbruch des Vulkans auf → Thera; Familiennachrichten, die von Privaten an die Redaktion zur Aufnahme eingesandt wurden, Geburts-, Heirats-, Scheidungs-, Todesanzeigen. Diese Blätter scheinen von Privatunternehmern vervielfältigt und auch versandt worden zu sein, jedenfalls konnte man die *acta* in den Provinzen regelmäßig beziehen. Untergegangen scheinen die *a. d.* zu sein, als 330 die Residenz von Rom nach Konstantinopel verlegt wurde.

W. Riepl, Nachrichtenwesen des Altertums, 1913.

Zenobia, die geistreiche, schöne und heldenmütige Gemahlin des Odainathos, Königs von → Palmyra, die nach dessen Tode 266 n. Chr. die Herrschaft weiterführte. Unter ihr und ihrem Gemahl wurde Palmyra mit herrlichen Bauten geschmückt und Mittelpunkt eines großen Reiches, das sich mit Erfolg der Parther erwehrte. 273 wurde jedoch Z. von Aurelian, der die Reichseinheit nach der Zeit der Anarchie wiederherstellte, bei Antiocheia und Emesa besiegt und gefangen. Sie lebte (in fürstlicher Haft in Hadrians Villa?) in Tivoli bei Rom und ist dort auch gestorben.

E. Kornemann, Große Frauen d. Altert., 1947.

Zenon aus Elea, um 460 v. Chr., Schüler des → Parmenides, versuchte dessen Lehre durch verblüffende dialektische Kunststückchen zu stützen; er ging vom Gegenteil der parmenideischen Ansicht aus und bewies, daß dies zu Widersprüchen führte. In diesem indirekten Beweisverfahren entwickelte Z. eine hohe Meisterschaft; besonders berühmt waren seine vier Aporien, d. h. Schwierigkeiten, Untersuchungen, in denen er den Widersinn der → Erscheinungswelt darzulegen u. die Realität der Bewegungen zu bekämpfen versuchte (→ Dialektik). Die bekanntesten sind: der *Wettlauf zwischen Achilleus und der Schildkröte,* bei dem nach Z. die Sch. siegt, und *„der fliegende Pfeil ruht“;* denn er ist jeden Augenblick nur an einem Ort. Worin in diesen Deduktionen der Fehler liegt, hat Aristoteles nachgewiesen.

W: Hg. H. D. P. Lee, Cambr. 1936, neu Amsterd. 1967 (mit engl. *Ü*); auch in FdV, I. *L:* A. Grünbaum, *Modern Science and Z.'s Paradoxes,* Lond. 1967.

Zenon aus Kition (auf Kypros), 332–262, seit etwa 312 in Athen. Schüler des Kynikers Krates, Begründer einer eigenen Schule, deren Unterricht in der → stoa poikile stattfand (daher → Stoizismus). Das von ihm entworfene philosophische System wurde allerdings durch → Chrysippos so sehr verändert, daß dieser damit als Neugründer der stoischen Schule angesehen wird. → Selbstmord.

W: SVF I. – *Ü:* W. Nestle, Die Nachsokratiker, II 1923; – *L:* A. Graeser, 1975.

Zensur im Sinne von Prüfung, Kontrolle kommt von lat. *censura* oder → *census.*

Zentralheizung → Hypokausten.

Zeus, der höchste gr. Gott, wohl der einzige, den die Griechen mit anderen Indogermanen gemeinsam hatten; das Wort Z. hängt mit lat. → Iuppiter und germ. Zio zusammen. Z. raubte mit seinen Geschwistern, den → Kroniden, seinem Vater Kronos, einem → Titanen, die Herrschaft, teilte sie mit den Geschwistern und heiratete seine Schwester Hera (→ Ehe). Ursprünglich war er ein Himmelsgott, der Regen, Schnee, Wind, Gewitter, Tag und Nacht vom hohen Olymp herabsendet und daher als Zeichen Blitz und Donnerkeil in den Händen hält; →Iuppiter *(sub divo, Iove).* Später wurde er König der Götter, auch Gott der Weissagekunst, und schließlich ein sittlich waltender Gott, der die menschliche Ordnung, die Könige, die Familie, die Fremden und um Schutz Bittenden schützte und Vertrags- und Eidbruch (→ Religionen im Altertum) bestrafte und damit Hüter und Garant der Rechts- und Sittenordnung war. Aber seine eigene Ehe war nicht mustergültig; er hatte zwar Kinder von Hera (Ares, Hephaistos, Hebe), aber sonst viele von anderen Frauen (Apollon, Artemis, Persephone, Dionysos, ferner die Musen, Horen, Nymphen, Moiren, Hesperiden); seinem Haupte entsprang Athena. Diese zahlreichen Verbindungen (zu Alkmene, Danae, Europa, Leda, Semele, Io u. a.) werden damit erklärt, daß dieser höchste Gott der griech. Einwanderer mit den Göttern der einheimischen Bevölkerung familiäre Verbindungen einging, daß umgekehrt zahlreiche Lokalkulte damit einen erwünschten Anschluß an den olympischen Z. fanden. Durch seine überragende Stellung unter den Göttern („Vater der Menschen und Götter“ nannte ihn schon Homer) gewann Z. nahezu die Züge eines Allbeherrschers, wurde z. B. von dem Stoiker → Kleanthes zum Weltherrscher, zur Weltvernunft hinaufstilisiert. Wichtige Kultstätten: → Dodone; Olympia. Heiliges Tier: Der Adler; hl. Baum: Die Eiche. – Berühmte künstlerische Darstellung durch → Pheidias; →Sieben Weltwunder; Ägis. Büste: Der Z. von Otricoli (Vatikan, Rom); viele Gemälde (Carracci, Teniers, Watts, Corinth.)

A. B. Cook, Cambr. III 1914–40, neu N. Y. 1964–65; H. Oppermann, Z. Panamoros, 1924; U. v. Wilamowitz-Möllendorff, 1926; L. Curtius, Z. u. Hermes, 1931; H. W. Parke, *The Oracles of Z* . . ., Oxf. 1967; H. v. Hülsen, Z., Vater der Menschen u. Götter, 1967; K. Kerényi, Z. u. Hera, Leiden 1972. – J. Liegle, Der Z. des Phidias, 1952.

Zeuxis, gr. Maler, am Ende des 5. Jhs. v. Chr., mit neuer virtuoser Technik (Verfeinerung der Verteilung von Licht und Schatten u. a.), bekannt für seine Darstellungen von Tiermenschen und Fabelwesen (Kentaurenfamilie, Pan, Triton, Marsyas); eine von ihm gemalte Helene (Heratempel, Kroton) wurde oft gelobt.

W. Kraiker, Das Kentaurenbild des Z., 1950.

Ziegel, im Orient uralt (die Juden in Ägypten zum Z.-Streichen gezwungen, *Moses* II 1, 14), wohl schon dort der Verwendung nach als Mauer- und Dachz., der Art nach als gebrannte und Luft-Z. geschieden; in Griechenland ebenfalls sehr früh, in Bauten der kretisch-myk. Kultur; wohl aus dem Orient übernommen; das gr. Wort *plinthos* Fremdw. aus dem Kretischen; doch verschwand in Griechenland die wichtige Kenntnis des Z.-Brennens noch vor 1000 v. Chr. und taucht erst im 7. Jh. v. Chr. wieder auf; in Rom wurden Z. von Griechenland her erst um 80 v. Chr. eingeführt. Die Herstellung von Z. wurde aber dann von den Römern sehr vervollkommnet; röm. Z. sind konsistenter, schwerer und dauerhafter als moderne. In Deutschland hat man Z. übernommen, und zwar, wie das deutsche Wort Z. beweist, zuerst als Dachz. (es ist Umbildung von lat. *tegula,* das wörtlich „Deckerchen" bedeutet), dann als Mauerz. Griech., vor allem röm. Z. tragen im Gegensatz zu unseren oft einen Stempel des Herstellers. Oft wurden die röm. Soldaten in Friedenszeiten mit Herstellung von Z. beschäftigt; dann nennt der Z.-St. die betr. Legion. Wesentlich darauf beruht unsere Kenntnis der Standorte der einzelnen L.en. Aus dem Charakter der Buchstaben, der sich ja immer änderte, kann man auch wertvolle Schlüsse auf die Zeit der Entstehung der einzelnen Bauten ziehen.

Ziffern → Zahlenschreibung.

Zinn, gr. *Kassiteros,* im Lat. ohne eigenen Namen durch *plumbum album* = weißes Blei bezeichnet, war als Bestandteil der → Bronze ein begehrtes Metall; man konnte es fast nur aus Britannien beziehen, woher es bereits die Phoiniker geholt haben sollen: „Zinn-Inseln" nannte man die Scilly-Inseln (und Cornwall?); ihre Bedeutung sank mit der Entdeckung größerer Z.-Vorkommen in Spanien. →Bronze; Kupfer.

Zirkus → Circus.

Zisternen. Die Z. spielen bei uns keine Rolle, weil wir an Wassermangel sogar kaum in ganz heißen Sommern leiden. Anders im Süden, namentlich im Altertum, das auf Wasserversorgung größeren Wert legte und daher an vielen Orten große, auch unterirdische Z. erbaute. Wohl die zisternenreichste Stadt ist Konstantinopel; die meisten Z. dort waren unterirdische, gewölbte, mehrschiffige Säulenhallen. Aus der Zeit des Kaisers Iustinian stammen zwei gedeckte Z., „das versunkene Schloß“ (mit einem Boot befahrbar) und die „Z. der 1001 Säulen“. → Wasserleitungen.

Zivilprozeß → Prozeß.

Zoll. Das Wort ist griechisch, *telos* (→ Finanzen); Zollamt *telonion;* neugr. *telonion;* Zollbeamter gr. *telones,* lat. *telonarius;* daher deutsch Zöllner. *t.* bedeutet Steuern; die in der Bibel sog. „Zöllner“ waren Steuerbeamte (→ publicanus), nicht Zollbeamte an der Grenze; Z. für Waren beim Überschreiten von Grenzen, lat. *portorium, vectigal,* und zwar der Reichsgrenzen, aber auch der Grenzen der einzelnen Provinzen; diese Zölle bildeten seit Caesar eine wichtige Einnahmequelle des kaiserlichen → fiscus. Die Höhe der Abgaben betrug etwa 2% des Warenwertes, gelegentlich mehr.

Zoologie. Das Wort (gr. *zoon* = Tier, *-logia* = Kunde) findet sich weder bei antiken griech. noch bei lat. Schriftstellern. Man trieb also Z. nicht als Spezialwissenschaft; deswegen hatte man kein Wort dafür. Beschäftigt hat man sich aber mit Tierkunde sehr intensiv (→ Aristoteles; auch im Museion in Alexandreia); nur geschah dies im Zusammenhang mit philosophischen Studien und gleichsam als Tochter-, nicht als Eigenwissenschaft. Trotzdem wurde, was die antike Forschung in der Z. erreichte, die Grundlage der modernen. Die Einteilung der Tiere durch Aristoteles (Blut- und blutlose Tiere) fand wenig Anklang, die des → Plinius in seiner *Naturkunde* (Land-, Wasser- und Lufttiere) dagegen wurde beibehalten bis zur beginnenden Neuzeit.

G. Senn, D. Entw. d. biolog. Forsch.methode in d. Antike, 1933; G. Koller, Daten zur Gesch. d. Z., 1949; F. S. Bodenheimer, *Hist. of biology,* 1958.

Zucker, gr. *sakchar(on),* Fremdwort aus dem Indischen, lat. *saccharon, succarum,* danach deutsch Z. Daß die ersten Europäer, die Z. aßen, Soldaten Alexanders d. Gr. auf dessen Zug nach Indien waren, ist wahrscheinlich, aber nicht urkundlich zu belegen. In der Kaiserzeit führte man Z. aus Indien ein; richtig eingebürgert in Europa haben ihn aber erst die Araber, und in Deutschland süßte man noch im späten Mittelalter viel mehr mit Honig als mit Z.

E. O. v. Lippmann, Gesch. d. Z., ^{2}1929.

Zurück zur Natur. In der Sophistik, der Aufklärung des 5. Jhs. v. Chr., spielte die Natur als Richtschnur des Handelns eine große Rolle. Unter den Philosophen waren besonders die Kyniker Feinde der überfeinerten Stadtkultur. Sie predigten die absolute Bedürfnislosigkeit als den eigentlichen Sinn des naturgemäßen Lebens. Ähnliches, wenn auch nicht so schroff, lehrten die Stoiker. – Der gleichen Sehnsucht nach der Natur verdankt die → bukolische Dichtung ihre Entstehung, die den Höhepunkt der hellenistischen Dichtung darstellt.

Zweitausend-Jahr-Feiern begingen oder begehen im ausgehenden 20. Jh. mehrere von den Römern gegründete europäische Städte: Bereits 1962 → Mainz,

1984 → Trier, 1985 Augsburg (→ Raetien), 1986 Zürich (→ Schweiz), 1988 Andernach, 1989 Bonn, 1990 Speyer (→ Noviomagus), 1992 Koblenz.

Zwölfgötter, die 12 olympischen obersten G.: Zeus, Hera, Apollon, Artemis, Ares, Athena, Aphrodite, Hephaistos, Hermes, Poseidon, Demeter, Hestia. Diese 12-Zahl wurde erst nach Homer festgestellt; später wurde noch Dionysos (→ Wein) olympischer Gott. – Ennius nennt die lat. Namen der 12-G. in zwei Versen:

Iuno, Vesta, Minerva, Ceres,
Diana, Venus, Mars,
Mercurius, Iovi(s), Neptunus,
Vulcanus, Apollo.

Zwölftafelgesetze (lat. *leges duodecim tabularum*). Anfangs bestand in Rom ein Gewohnheitsrecht, das nur die Patrizier kannten und willkürlich handhabten. Es bedeutete eine wichtige Etappe im Ständekampf der Plebejer gegen die herrschende Klasse, daß 451 v. Chr. ein Kollegium von zehn Männern *(decemviri)* beauftragt wurde, das geltende Stadtrecht urkundlich festzustellen und niederzuschreiben. Dies auf zwölf Bronzetafeln öffentlich ausgestellte Gesetzbuch wurde bezeichnenderweise das erste Schriftwerk, in dem der röm. Geist sich offenbarte; bereits hier erscheint das röm. Recht auf einer verhältnismäßig hohen Stufe der Entwicklung. Inhaltlich war die Wirkung so groß, daß die Kraft der nächsten drei Jahrhunderte auf die Auslegung und volle Entfaltung dieses Gesetzes gerichtet war; ja sogar bis zum Ausgang der röm. Rechtsentwicklung, also ein ganzes Jahrtausend lang, galt in der Theorie noch immer die Rechtskraft der 12 T. als Quelle des gesamten röm. Rechts, entsprechend dem konservativen, in allen rechtlichen Dingen höchst vorsichtigen Sinn der Römer; durch Interpretation wurde das Recht fortentwickelt, während der Buchstabe des Gesetzes unverändert blieb. Neben ihrer innerpolitischen, literarischen und juristischen Bedeutung hatten die Zw. auch pädagogische Wirkung; die röm. Jugend lernte daran lesen und fand darin die fürs Leben nützliche Rechtsbelehrung; so wurden sie das erste röm. Schulbuch. Die Tafeln selbst gingen im gallischen Brand (387 v. Chr.) zugrunde; durch Schriftstellerzitate sind einzelne interessante Reste erhalten: Lapidare Kürze kennzeichnet den Text, der zumeist aus formelhaften Strafandrohungen, in Bedingungssätze gekleidet, besteht. Geregelt wurde damit vor allem das Prozeßverfahrensrecht.

W: Hg. R. Schöll, 1966; hg. u. d. R. Düll, [6]1989.

Zypern → Kypros; Zypresse.

Zypresse, gr. *kyparissos;* Kypros (Zypern) = Zypresseninsel. Als y noch als u gesprochen wurde, kam die Z. als *cupressus* und ein Metall von der Insel Kypros als *cuprum* zu den Römern (später als → Kupfer zu uns).

Maße und Gewichte

Allgemeinverbindliche Werte kannte das Altertum nicht; die hier verzeichneten Maße waren örtlichen Schwankungen unterworfen.

1. Längenmaße:

griechisch			römisch
daktylos, Finger	1,9	cm	*digitus,* Finger
pous, Fuß	30	cm	*pes,* Fuß
pechys, Elle	45	cm	*cubitus,* Elle
	1,5	m	*passus,* Doppelschritt
orgyia, Klafter	1,8	m	
plethron, „Furchenlänge“	30	m	
stadion, Kampfbahn	180	m	
	1,5	km	*mille passus,* „Meile“

2. Flächenmaße:

	0,09	m^2	*pes quadratus,* Quadratfuß
plethron	876	m^2	
	1250	m^2	*actus quadratus*
	2500	m^2	*iugerum,* Morgen („Joch“)

3. Hohlmaße:

a) Trockenes

choinix, Tagesration	1	l	
	8,7	l	*modius,* Scheffel
medimnos, Scheffel	52	l	

b) Flüssigkeiten

kyathos, Schöpfbecher	0,05	l	*cyathus*
kotyle, Schale	0,25	l	
	0,5	l	*sextarius,* Schoppen
	26	l	*amphora,* Krug
metretes, Maß	39	l	

4. Gewichte:

obolos, Metallstab	0,73	g	
drachme, Handvoll	4,3	g	
	27,3	g	*uncia,* „Zwölftel“
	327	g	*libra,* Pfund
mna, Mine	436	g	
talanton, Talent	26,2	kg	

Zur nachfolgenden Zeittafel:

Die angegebenen Periodengrenzen sind mittels archäologischer und anderer nicht-literarischer Hilfsmittel erschlossen oder errechnet; die einzelnen Zahlenwerte werden von verschiedenen Forschern z. T. sehr unterschiedlich angesetzt und können noch keinesfalls als allgemein anerkannt betrachtet werden. Unterteilungen sehr differenzierender Art (z. B. Früh-Minoisch I–III) sind hier unberücksichtigt geblieben.

Literatur: → Ägypten; Griech. Geschichte; Hethiter; Kreta; kretisch-mykenische Kultur; Mykenai; Troia.

Chronologie der Frühzeit

v. Chr.	Griechisches Festland	Griechische Inselwelt	Kreta	Troia	Anatolien (Hethiter)	Ägypten	v. Chr.
2500							2500
2400				I–II		Altes	2400
2300	Früh-	Früh-	Früh-			Reich	2300
2200	Helladisch	Kykladisch	Minoisch				2200
2100						3.–10. Dynastie	2100
2000				III–V			2000
1900						Mittleres Reich	1900
1800	Mittel-Helladisch	Mittel-Kykladisch	Mittel-Minoisch			12.–13. Dynastie	1800
1700							1700
1600				VI	Altes Hatti-Reich	Hyksos-Zeit	1600
1500							1500
1400							1400
1300	Spät-Helladisch = Mykenisch	Spät-Kykladisch	Spät-Minoisch		Neues Hatti-Reich	Neues	1300
1200				VII A		Reich	1200
1100				VII B		18.–20. Dynastie	1100
1000	Proto-geometrisch						1000

AUS DEM VERLAGSPROGRAMM

Die Vorsokratiker

Fragmente und Quellenberichte. Übersetzt und eingeleitet von Prof. Dr. W. Capelle. 8. Aufl. 1968. XX, 504 Seiten, mit Stammbaum der Quellen. Leinen

ISBN 3 520 11908 0 (KTA 119)

Beginnend mit den Orphikern und Thales enthält die Sammlung die Originalfragmente und die antiken Nachrichten über die frühen Philosophen von den Anfängen über vier Jahrhunderte hinweg bis zur Sophistik des Protagoras und Gorgias.

Platon · Der Staat

Deutsch von A. Horneffer. Eingel. von Prof. K. Hildebrandt. Nachdr. der 10. Auflage 1982. 413 Seiten. Leinen

ISBN 3 520 11110 1 (KTA 111)

Platon · Hauptwerke

Ausgewählt und eingel. von Prof. Dr. W. Nestle. 8. Aufl. 1973. XXVII, 336 Seiten. Leinen

ISBN 3 520 06908 3 (KTA 69)

Eine geschlossene und zuverlässige Auswahl aus den unvergänglichen Werken Platons.

Aristoteles · Hauptwerke

Ausgewählt, übersetzt und eingel. von Prof. Dr. W. Nestle. 8. Aufl. 1977. XLVIII, 410 Seiten. Leinen

ISBN 3 520 12908 6 (KTA 129)

In zusammenhängender Form, durch Zwischenberichte miteinander verknüpft, enthält die Ausgabe alle wesentlichen Partien der Schrift über die Seele, der Metaphysik, der Eudemischen und Nikomachischen Ethik, der Psychologie, Politik und Poetik.

Epikur · Philosophie der Freude

Eine Auswahl aus seinen Schriften. Übers., erläutert und eingel. von Prof. Dr. J. Mewaldt. 5. Aufl. 1973. 95 Seiten. Leinen

ISBN 3 520 19805 3 (KTA 198)

Dieser Band fügt alles Wichtige an Zeugnissen über die weltphilosophische Persönlichkeit Epikurs zusammen und läßt seine Lehre der edlen Menschlichkeit in ihrer ursprünglichen Reinheit erkennen.

Seneca · Vom glückseligen Leben

Eine Auswahl aus seinen Schriften. Herausgegeben von Prof. Dr. Heinrich Schmidt. Eingeleitet von Prof. Dr. Jürgen Kroymann. 14. Aufl. 1978. 270 Seiten. Leinen

ISBN 3 520 00514 X (KTA 5)

Seneca hat seine stoische Lebensauffassung in zahlreichen Briefen und philosophischen Schriften niedergelegt, deren wichtigste in der vorliegenden Übersetzung zusammengefaßt sind.

Epiktet · Handbüchlein der Moral und Unterredungen

Herausgegeben von Prof. Dr. Heinrich Schmidt. 11. Aufl. 1984. 126 Seiten. Leinen

ISBN 3 520 00211 6 (KTA 2)

Die aus der Antike überlieferte Sammlung von Weisheiten und Lebensregeln des stoischen Philosophen hat ihre Bedeutung als echtes Trostbüchlein durch die Jahrhunderte bewahrt.

Marc Aurel · Selbstbetrachtungen

Übertragen und mit Einleitung von Prof. Dr. Wilhelm Capelle. 12. Aufl. 1973. LX, 204 Seiten. Leinen

ISBN 3 520 00412 7 (KTA 4)

Wie kaum ein anderes Buch der Weltliteratur haben die »Selbstbetrachtungen« Marc Aurels, des »Philosophen auf dem Kaiserthron«, zu allen Zeiten ihre aufrichtende Kraft ausgeübt.

Wilhelm Nestle · Vom Mythos zum Logos

Die Selbstentfaltung des griechischen Denkens von Homer bis auf die Sophistik und Sokrates. Neudruck der 2. Aufl. von 1941. VIII, 580 Seiten. Oktav, Leinen

ISBN 3 520 81202 9

Durch das Zurückgreifen auf die Quellen selbst und ihre lebendige Interpretation erleben wir, wie das ursprünglich mythologische Denken Schritt für Schritt durch das rational-forschende überwunden wird.

Karl Büchner · Römische Literaturgeschichte

Ihre Grundzüge in interpretierender Darstellung. 6. Aufl. 1994. 584 Seiten. Leinen

ISBN 3 520 24706 2 (KTA 247)

Sarah B. Pomeroy · Frauenleben im klassischen Altertum

Übers. von N. F. Mattheis. 1985. XIX, 416 Seiten. Leinen

ISBN 3 520 46101 3 (KTA 461)

Eine wissenschaftlich fundierte und zugleich höchst lesbare Darstellung des öffentlichen wie privaten Lebens der Frauen in der Antike von 1200 v. bis 300 n. Chr.

Georg Luck · Magie und andere Geheimlehren in der Antike

1990. XVII, 499 Seiten. Leinen

ISBN 3 520 48901 5 (KTA 489)

Dieses Werk stützt sich auf die wichtigsten Quellen des Altertums vom 8. Jh. v. Chr. bis zum 4. Jh. n. Chr. Sie werden dem Leser in 6 Kapiteln mit informativen Zwischentexten präsentiert. So erhält man präzise, wissenschaftliche Einblicke in den Wunder- und Dämonenglauben, in Techniken der Weissagung, Astrologie und Alchemie.

Stand Frühjahr 1995.
Verlangen Sie unser Gesamtverzeichnis.